CB075783

John Feinberg lê a teologia com o olhar de um filósofo e a escreve com a sensibilidade de um filósofo ao ilógico e à incoerência. A excelência característica desta longa, erudita, clara e completa exposição da crença cristã histórica sobre Deus é o fruto da brilhante obra filosófica do último meio século que elimina confusões da cena teológica. Este é o novo relato histórico sobre Deus que Bavinck poderia ter produzido caso tivesse escrito sua excepcional *Dogmática reformada* um século mais tarde. Feinberg torna as análises filosóficas tão aceitáveis quanto possível, e os alunos que puderem manejá-las, além de apreciar pesquisas textuais extensas, considerarão este livro um recurso permanentemente frutífero e fidedigno.

J. I. PACKER (1926-2020)
Ex-professor de Teologia
Regent College

Do ponto de vista bíblico e filosófico, este é um estudo extraordinário acerca da doutrina de Deus definida no contexto de uma análise investigativa do conceito de Deus no pensamento contemporâneo. Feinberg reconstrói cuidadosamente aspectos da visão clássica de Deus de uma forma que se mostra mais fiel do que a teologia do processo e o teísmo aberto. Esse é, seguramente, o melhor estudo de teologia já impresso.

BRUCE DEMAREST
Professor de Teologia e Formação Espiritual
Denver Seminary

Este livro contém algumas combinações raras: primeiro, um autor que se preocupa com a aclaração conceitual, bem como com a veracidade absoluta do texto bíblico; segundo, um argumento que evita o habitual "ou um ou outro" e defende a importância da soberania divina e da solicitude divina em igual medida; terceiro, uma abordagem que abraça o determinismo divino e a temporalidade divina. *O Pai: a doutrina de Deus* assume os desafios intelectuais mais difíceis da teologia evangélica contemporânea.

KEVIN VANHOOZER
Professor-pesquisador em Teologia Sistemática
Trinity Evangelical Divinity School

Poucas questões na teologia contemporânea são tão complexas e desafiadoras como o conceito de Deus. Nesta importante obra, o professor Feinberg combina de forma hábil a exegese bíblica, a teologia histórica e a filosofia em uma discussão de argumentos criteriosos, resultando em uma reformulação muito impressionante do teísmo cristão que não pode ser ignorada por nenhum estudante sério de teologia.

HAROLD NETLAND
Professor-associado de Filosofia da Religião e Missões
Trinity Evangelical Divinity School

A doutrina fundamental de Deus tem estado em muitas discussões recentemente. Nesta abordagem abrangente, John Feinberg utiliza com habilidade tanto recursos bíblicos como filosóficos para lidar com importantes questões que estão sendo discutidas. Sua obra será de grande ajuda para a igreja.

MILLARD J. ERICKSON
Professor emérito de Teologia
Truett Theological Seminary, Baylor University

Um estudo abrangente, detalhado e excelente sobre a natureza de Deus. Esta obra tira todos os obstáculos do caminho e não deixará nenhum leitor sem ser influenciado.

DAVID F. WELLS
Professor emérito da Cátedra Andrew Mutch
de Teologia Histórica e Sistemática
Gordon Conwell Theological Seminary

O PAI

A DOUTRINA DE DEUS

O PAI
A DOUTRINA DE DEUS

JOHN FEINBERG

FUNDAMENTOS DA TEOLOGIA CLÁSSICA

Título original: *No One Like Him*
©2001 John S. Feinberg
Publicado por Crossway
Wheaton, Illinois, EUA.

©2021 da edição brasileira:
Editora Hagnos Ltda.

1ª edição: fevereiro de 2021

Tradução
Vera Jordan

Revisão de tradução
Luiz Werneck Maia
Priscila M. Porcher

Diagramação
Sonia Peticov

Revisão de provas
Francine da Silva
Raquel Fleischer

Capa
Rafael Brum

Editor
Aldo Menezes

Coordenador de produção
Mauro Terrengui

Impressão e acabamento
Imprensa da Fé

As opiniões, as interpretações e os conceitos emitidos nesta obra são de responsabilidade do autor e não refletem necessariamente o ponto de vista da Hagnos.

Todos os direitos desta edição reservados à
Editora Hagnos Ltda.
Av. Jacinto Júlio, 27
04815-160 — São Paulo, SP
Tel.: (11) 5668-5668

E-mail: hagnos@hagnos.com.br
Home page: www.hagnos.com.br

Dados Internacionais de Catalogação na Publicação (CIP)
Angélica Ilacqua CRB-8/7057

Feinberg, John S.

O Pai: a doutrina de Deus / John S. Feinberg; tradução de Vera Jordan. — São Paulo: Hagnos, 2021. (Série Fundamentos da Teologia Clássica)

ISBN 978-65-86048-66-7

Título original: No One Like Him

1. Deus 2. Teologia dogmática 3. Deus — Atributos 4. Revelação — Igreja cristã I. Título II. Vera, Jordan

20-445 CDD 231

Índices para catálogo sistemático:
1. Deus

Editora associada à

abdr
Associação Brasileira de
Direitos Reprográficos

Em memória de minha maravilhosa mãe,
Anne Priscilla Fraiman Feinberg,
uma das primeiras a me ensinar sobre Deus.

Sumário

Apresentação 13
Introdução á Série Fundamentos da Teologia Clássica 17
Prefácio 21
Lista de abreviações 25

1. **Introdução**   27

PARTE UM: CONCEITOS DE DEUS

2. **Deus: A própria ideia**   33
   Que tipo de realidade Deus é/Deus tem? 39
   Que papel, ou papéis, Deus desempenha no universo? 56
   Como deveríamos entender a linguagem a respeito de Deus? 83

3. **O que acontece com Deus no pensamento contemporâneo?**   91
   O que é modernidade? 95
   O que é pós-modernidade? 109
   Deus no pensamento contemporâneo 127

4. **Teologia do processo**   178
   Origens da teologia do processo 180
   Principais conceitos no pensamento do processo 190
   Avaliação da teologia do processo 206

PARTE DOIS: O SER E A NATUREZA DE DEUS

5. A existência e o ser de Deus — 221
Introdução às provas teístas 223
O argumento ontológico 225
O argumento cosmológico 230
Argumentos teleológicos 237
Argumentos morais 242
Valor geral dos argumentos teístas 247
A realidade de Deus 247
Deus como um ser perfeito, necessário e infinito ... 254
Deus como espírito 260
Implicações de Deus como espírito 272
Deus como pessoa/pessoal 274

6. Os atributos de Deus — 282
Classificação dos atributos divinos 285
Atributos não morais 287

7. Os atributos divinos não morais (II) — 338
Onipotência 338
Soberania 359
Onisciência 366
Sabedoria 394
Unidade 397
Simplicidade 400

8. Os atributos morais de Deus — 417
Santidade 418
Justiça 424
Amor 429
Graça 435
Misericórdia 441
Longanimidade 446
Bondade 450
Benignidade 455
Verdade 456

9. Deus, tempo e eternidade — 463

A Bíblia e a eternidade divina 468
Interlúdio histórico 469
Argumentos para a eternidade atemporal 475
Argumentos contra a eternidade atemporal 489
Deus atemporal ou um Deus temporal? 531

10. A doutrina da Trindade — 543

A Bíblia e a doutrina da Trindade 551
A história e a doutrina da Trindade 586
Formulação da doutrina da Trindade 605
A lógica e a doutrina da Trindade 613

PARTE TRÊS: OS ATOS DE DEUS

11. O decreto de Deus — 623

Existe um decreto divino? Posições descritas 626
As Escrituras e o decreto 635
Formulação teológica adicional da doutrina do decreto de Deus 655
A ordem dos decretos 662
Ordem dos decretos (quatro visões) 665

12. A doutrina da criação — 668

Várias teorias das origens 672
Ensino bíblico sobre a criação 686
Gênesis 1—2 e os dias da criação 705

13. Providência divina: o decreto e a liberdade humana — 780

Definições básicas 782
Modelos de providência 803
Um argumento para as teologias da soberania geral 821

14. Uma argumentação para um modelo de soberania específica compatibilista — 847

Argumentos bíblicos/teológicos para a soberania específica compatibilista 847
Considerações filosóficas 895

15. A questão da liberdade e do pré-conhecimento   **922**

   Esclarecendo o problema 923

   Respostas deterministas ao problema liberdade/
      pré-conhecimento 928

   Respostas indeterministas ao problema liberdade/
      pré-conhecimento 930

   Conclusão 973

16. A providência divina e o mal   **975**

   Apresentação do problema 975

   Estratégia de defesa e teodiceias 980

   Conclusão 999

17. "Ninguém como eu"   **1000**

Notas 1005

Índice geral 1087

Índice das Escrituras 1101

Apresentação

O PAI: A DOUTRINA DE DEUS, de John Feinberg, é uma obra magistral que realmente merece ser chamada de *magnum opus*. Com tamanho imenso, revela seu autor como um dos únicos — talvez o único — estudiosos modernos cuja obra, assim como a de Carl F. H. Henry, possa ser comparada em tamanho, detalhe, abrangência e inteligência intelectual com os feitos do falecido Karl Barth, que, por sua vez, talvez seja o único teólogo contemporâneo cuja obra rivalize com a dos antigos mestres Lutero e Calvino em escopo. No entanto, existe uma diferença importante entre Henry e Feinberg, de um lado, e Karl Barth, de outro: Henry e Feinberg estão firme e propositalmente na tradição que o falecido Francis A. Schaeffer chamou de "protestantismo histórico"; Barth, apesar de seu conservadorismo genuíno e de sua ortodoxia em muitos pontos, não está nela de jeito nenhum. Karl Barth produziu sua teologia em uma atmosfera dominada pelo liberalismo do final do século XIX e início do século XX. Henry e Feinberg trabalham numa época em que o liberalismo protestante foi considerado obsoleto, superado por todo tipo de teologias inventivas, e num momento em que a própria teologia evangélica às vezes fica de pernas trêmulas em um declive escorregadio, disposta a barganhar com a modernidade e até mesmo com o pós-modernismo o máximo que puder, sem cair no abismo do que Georges Florovsky chamou de "ateísmo piedoso", que é cada vez mais característico do protestantismo moderno e pós-moderno.

Henry e Feinberg abordam a questão fundamental de Deus e o mundo, o tempo e a eternidade, a encarnação e a expiação, o pecado e a salvação, baseados numa confiança certa e segura nas Sagradas Escrituras como Palavra inerrante e infalível de Deus, ao passo que, para o mestre suíço, a Bíblia é apenas a testemunha da revelação de Deus, a testemunha fidedigna e essencial, claro, mas, ainda assim, uma testemunha da Palavra, não a Palavra em si. Há uma diferença entre a obra magistral de Henry (*Deus, revelação e autoridade*) e a de Feinberg, no sentido de que Henry escreveu em um tempo em que o evangelicalismo estava apenas emergindo das controvérsias fundamentalistas, ao passo que Feinberg escreve uma geração depois, quando os atores do campo teológico mudaram e, em certa medida, as regras mudaram; mas o objetivo do teólogo evangélico é falar a verdade — em amor, que fique bem entendido —, mas falar a verdade de modo simples e claro.

O fato de John Feinberg competir com Karl Barth e Carl F. H. Henry em completude e erudição, enquanto concorda com o último em sua fidelidade às Escrituras como sendo revelação divina, não meramente testificando dela, faz da sua obra um guia confiável para o leitor cristão questionador, em um nível que nem sempre é o caso em relação ao autor da pesada obra *Dogmática eclesiástica*.

A obra de Feinberg é quase metade do tamanho das *Institutas da religião cristã*, de João Calvino, mas, ao contrário da grande obra do reformador, que abrange todo o âmbito da doutrina cristã, John Feinberg limita-se ao que se chama de teologia especial, ou seja, a doutrina de Deus. Os leitores que acham Calvino formidável e, portanto, podem desanimar por essa comparação ou pelo enorme volume da obra de Feinberg, devem notar que não é de todo necessário lê-la de capa a capa para tirar dela um grande benefício. Longe de ser apenas mais um curso universitário ou de pós-graduação na doutrina de Deus, ele é realmente um guia através de vários séculos de pensamento cristão. Consequentemente, pode servir como um manual imensamente útil, que oferece informações precisas e claras sobre um grande número de pensadores tão diversos como Plotino, do neoplatonismo, e a feminista pós-modernista Nancey Murphy.

Feinberg oferece um tratamento sucinto e equilibrado das abordagens especulativas e esotéricas para compreender a realidade divina, do cristão liberal ao pagão moderno, e com ele combina uma explicação clara e profunda, bem como uma crítica dos esforços dos pensadores contemporâneos dentro da tradição evangélica ou próximo a ela. Oferece uma discussão aprofundada e matizada de pontos específicos de controvérsia entre cristãos protestantes ortodoxos, tais como se Deus vive na eternidade atemporal ou no tempo eterno. O tratamento que ele dá à eternidade de Deus, bem como à predestinação, presciência e liberdade humana é fascinante, embora — precisamente porque estas são e continuam sendo *questiones disputatae* — suas recomendações para a solução não encontrem acordo universal entre seus colegas evangélicos. Por sua grandiosidade e abrangência, é certo que esta obra atrairá fogo amigo e inimigo de vários círculos, mas como a de Henry, emergirá incólume, sem dúvida.

Se o dogma da evolução naturalista, materialista, do acaso e da necessidade como origem de tudo o que existe, conforme o falecido ganhador do Prêmio Nobel, Jacques Monod, e um grande número de autoridades menores considerariam, não pode ser contestado, então o trabalho de Feinberg é irremediavelmente supérfluo. Porém, na verdade, não são apenas os teólogos cristãos, mas cientistas e estudiosos de outras áreas estão chamando cada vez mais a atenção para a falha no dogma evolucionário. Lidar com a doutrina de Deus exige que lidemos com a doutrina de suas obras, e em especial com a criação, e aqui John Feinberg faz uma contribuição distinta para a discussão. É completa e equilibrada a sua abordagem dos vários esforços cristãos em relacionar o relato da criação em Gênesis com as diversas teorias seculares que questionam ou negam o *design* inteligente e o propósito divino. Quando passa da crítica dos erros para uma tentativa de apresentar a verdade, raciocinando principalmente com base no testemunho bíblico e nas considerações hermenêuticas, ele chega a uma conclusão que será apreciada pelos defensores de uma criação de seis dias de 24 horas, mas que não parecerá convincente para todos os partidários da inerrância bíblica.

As doutrinas da criação e dos outros atos de Deus, por mais importantes que sejam, não são o principal interesse de Feinberg nesta obra. Em vez disso, seu interesse é a doutrina da natureza e dos atributos do Deus pessoal infinito. Aqui observamos uma interação detalhada com alternativas à ortodoxia clássica partindo de dentro da comunidade cristã, tais como o panteísmo e a teologia do processo, e às vezes até mesmo de outros evangélicos, tais como o conceito da abertura de Deus [também chamado de "teísmo aberto"]. Com respeito à Trindade e à encarnação, Feinberg interage extensivamente com interpretações e explicações oferecidas pelos primeiros pais da igreja, escolásticos medievais, pensadores da Reforma e figuras contemporâneas de vários matizes. Sem disposição em deixar as doutrinas da Trindade e da encarnação inteiramente no reino do mistério transcendente, como muitos fazem, ele procura ir além do dogma tradicional niceno e calcedoniano e tornar os mistérios tão acessíveis à análise reverente quanto possível.

Não se pode fazer jus à obra de John Feinberg em alguns parágrafos ou mesmo em dezenas de páginas, mas é evidente que mesmo leitores despreparados para entender cada um de seus argumentos e endossar plenamente cada uma de suas conclusões devem se admirar de seu feito. Não há risco em prever que sua obra, *O Pai: a doutrina de Deus*, virá a ser um marco na teologia evangélica.

Harold O. J. Brown

Introdução à Série
Fundamentos da Teologia Clássica

Por que outra série de obras sobre teologia sistemática evangélica? Esta é uma pergunta especialmente correta levando-se em conta que os evangélicos são plenamente comprometidos com uma Bíblia inspirada e inerrante como sua autoridade máxima de fé e prática. Então, visto que nem Deus nem a Bíblia mudam, por que há necessidade de refazer a teologia sistemática evangélica?

A teologia sistemática não é revelação divina. A teologização de qualquer tipo é um empreendimento conceitual humano. Pensar que ela é igual à revelação bíblica é uma interpretação errada da natureza tanto das Escrituras como da teologia! Uma vez que contenha proposições que reflitam as Escrituras com precisão ou que se conectem com o mundo e sejam consistentes com a Bíblia (nos casos em que as proposições não venham *per se* das Escrituras), nossa teologia é baseada na Bíblia e está correta. Porém, ainda que todas as proposições de uma teologia sistemática sejam verdadeiras, essa teologia ainda não será equivalente à revelação bíblica! Ainda será uma conceitualização humana de Deus e da sua relação com o mundo.

Embora isso possa perturbar alguns que veem a teologia como nada mais do que uma exegese cuidadosa de uma série de passagens, e outros que a veem como nada mais do que teologia bíblica, esses métodos de fazer teologia de forma alguma produzem uma teologia que seja equivalente à revelação bíblica. A exegese é um empreendimento conceitual humano, assim também o é a teologia bíblica. Todas as disciplinas teológicas envolvem a participação intelectual humana. Porém, o intelecto humano é finito e, portanto, sempre há espaço para revisão da teologia sistemática à medida que o conhecimento aumenta. Embora Deus e sua Palavra não mudem, a compreensão humana de sua revelação pode crescer, e nossas teologias devem ser retrabalhadas para refletir tais avanços na compreensão.

Outra razão para os evangélicos retrabalharem sua teologia é a natureza da teologia sistemática em oposição a outras disciplinas teológicas. Por exemplo, enquanto a tarefa da teologia bíblica é mais descrever o ensino bíblico sobre quaisquer tópicos que a Bíblia abordar, a sistemática deve defender uma ideia a fim de relacionar suas conclusões às questões da nossa época. Isto não significa que o sistematizador ignore os tópicos que os escritores bíblicos abordam. Também não significa que os teólogos devam distorcer as Escrituras para abordar questões que nunca pretenderam abordar. Ao contrário, sugere que além de expor o que os escritores bíblicos ensinam, o teólogo deve tentar tomar esses ensinamentos bíblicos (juntamente com a mentalidade bíblica) e aplicá-los a questões que estão confrontando especificamente a igreja na época do próprio teólogo. Por exemplo, há 150 anos, um teólogo evangélico trabalhando a doutrina do homem provavelmente teria discutido questões como a criação do homem e as partes constituintes do ser humano. Tal teologia poderia até ter incluído uma discussão sobre instituições humanas como o casamento, observando de modo geral os respectivos papéis dos maridos e esposas no matrimônio. Contudo, é duvidoso que houvesse alguma longa discussão com várias opiniões sobre os respectivos papéis do homem e da mulher no matrimônio, na sociedade e na igreja. Porém, em nosso momento na história e por causa do movimento feminista e das questões que ele tem levantado até mesmo entre muitos cristãos conservadores, seria insensato escrever uma teologia do homem (ou, deveríamos dizer: uma "teologia da humanidade") sem uma discussão completa da questão dos papéis do homem e da mulher na sociedade, no lar e na igreja.

Pelo fato de a teologia sistemática tentar se voltar não apenas às questões atemporais apresentadas nas Escrituras, mas também às questões atuais de nossos dias e cultura, cada teologia precisará, até certo ponto, ser refeita em cada geração. A verdade bíblica não muda de geração em geração, mas as questões que confrontam a igreja sim. Uma teologia que era adequada para uma época e cultura diferentes pode simplesmente não ser relevante para questões-chave em uma determinada cultura num determinado momento.

Por isso, nesta série estamos remodelando a teologia sistemática evangélica, embora o façamos com a compreensão de que nas gerações futuras haverá espaço para uma nova revisão da teologia.

De que modo, então, os colaboradores desta série compreendem a natureza da teologia sistemática? A teologia sistemática, feita a partir de uma perspectiva cristã evangélica, envolve o estudo da pessoa, das obras e dos relacionamentos de Deus. Como evangélicos comprometidos com a inspiração plena, com a inerrância e com a autoridade máxima das Escrituras, exigimos que o que quer que seja que apareça em uma teologia sistemática corresponda à forma como as coisas são e não contradiga nenhuma afirmação ensinada nas Escrituras. A Bíblia é a pedra de toque da nossa teologia, mas nós não limitamos a fonte de material da sistematização apenas às Escrituras. Portanto, qualquer informação proveniente da história, ciência, filosofia e afins que seja relevante para a nossa compreensão de Deus e de sua relação com o nosso mundo é alvo para a sistematização. Dependendo dos interesses e do conhecimento dos colaboradores desta série, suas respectivas obras exprimirão a interação com uma ou mais destas disciplinas.

Qual é a razão de apelar para outras fontes além das Escrituras e outras disciplinas que não as bíblicas? Desde que Deus criou o universo, há revelação dele não só nas Escrituras, mas também na ordem criada. Há muitas disciplinas que estudam o nosso mundo, exatamente como o faz a teologia. Porém, uma vez que o mundo estudado pelas disciplinas não teológicas é o mundo criado por Deus, quaisquer dados e conclusões nas chamadas disciplinas seculares que reflitam precisamente o mundo real também são relevantes para o nosso entendimento do Deus que fez este mundo. Portanto, em sentido geral, uma vez que toda a criação é obra de Deus, nada está fora do reino da teologia. As chamadas disciplinas seculares precisam ser pensadas num contexto teológico, porque estão refletindo sobre o universo que Deus criou, da mesma maneira que o teólogo está. E, claro, há muitas teses nas disciplinas não teológicas que são geralmente aceitas como verdadeiras (embora isso não signifique que todas as teses nas disciplinas não teológicas sejam verdadeiras, ou que estejamos numa posição de saber se cada proposição é verdadeira ou falsa). Já que é assim, e já que todas as disciplinas estão de um jeito ou outro refletindo sobre nosso universo, um universo feito por Deus, qualquer afirmação verdadeira em qualquer disciplina deve, de alguma forma, ser informativa para a nossa compreensão de Deus e da sua relação com nosso mundo. Por isso, achamos correto incorporar dados que não estão na Bíblia em nossas formulações teológicas.

Quanto ao *design* específico desta série, nossa intenção é abordar todas as áreas da teologia evangélica com ênfase especial nas questões-chave em cada área. Enquanto outras séries podem se parecer mais com uma história da doutrina, esta pretende incluir *insights* provenientes das Escrituras, da teologia histórica, filosofia etc., a fim de produzir uma obra atualizada em teologia sistemática. Embora todos os colaboradores da série sejam completamente evangélicos em sua teologia, abraçando as doutrinas históricas ortodoxas da igreja, a série como um todo não tem o propósito de se inclinar na direção de uma forma de teologia evangélica. Apesar disso, a maioria dos escritores vem de uma perspectiva reformada, mas são discutidas opções evangélicas e não evangélicas.

Quanto ao estilo e público pretendidos, esta série deve contemplar o melhor da erudição e ao mesmo tempo ser compreensível ao iniciante em teologia e também ao teólogo acadêmico. Com isso em mente, os colaboradores estão escrevendo em um estilo claro, tendo o cuidado de definir quaisquer termos técnicos que utilizem.

Por fim, acreditamos que a teologia sistemática não é apenas para a compreensão. Ela deve se aplicar à vida e deve ser vivida. Como Paulo escreveu a Timóteo, Deus tem dado revelação divina para muitos propósitos, inclusive para os que precisam fazer teologia, mas a razão maior de se dar revelação e de os teólogos fazerem teologia é para que o povo de Deus possa ser preparado para toda boa obra (2Tm 3.16,17). Dada a necessidade de a teologia estar atrelada à vida, cada um dos colaboradores não só formula doutrinas, mas também explica como tais doutrinas se aplicam de modo prático à vida cotidiana.

A nossa mais sincera esperança é que o trabalho que fizemos nesta série glorifique e agrade primeiro a Deus e, em segundo lugar, instrua e edifique seu povo. Que Deus se compraza em usar esta série para esses fins, e que Ele o abençoe ricamente à medida que você ler os frutos do nosso labor.

JOHN S. FEINBERG
Editor geral

Prefácio

Eu devia estar louco ao pensar que poderia escrever um livro sobre a doutrina de Deus. Ainda assim, como a mariposa atraída a uma chama, eu continuo voltando a este tema. De uma forma ou de outra, ele tem sido a preocupação de grande parte do meu pensamento intelectual adulto e das minhas publicações. É claro, o assunto é mais do que digno de nossa atenção, porque nada poderia ser mais importante do que vir a entender Deus melhor e, portanto, adorá-lo mais.

Porém, com maior intensidade no meio contemporâneo, este assunto assumiu proporções enormemente significativas. Os movimentos na cultura em geral e na teologia especificamente durante o século passado têm sido fenomenais. O advento e a crescente consolidação da mentalidade pós-moderna, não apenas em nossas universidades, mas na cultura em geral, tiveram implicações dramáticas à nossa compreensão de quem é Deus e o que Ele é. Teólogos e não teólogos estão clamando por um Deus que seja envolvido em nossas vidas e atento às nossas necessidades. O Deus remoto do cristianismo clássico parece irrelevante aos nossos contemporâneos. Mesmo os cristãos na comunidade evangélica em geral sentem a necessidade de substituir ou pelo menos alterar significativamente o conceito do Deus clássico.

No início eu havia planejado um volume padrão sobre a doutrina de Deus, mas ao ler e refletir sobre o que está acontecendo com Deus no pensamento contemporâneo, vi que algo mais era necessário. A maioria dos tópicos comuns à doutrina de Deus será abrangida, mas agora toda a discussão deve ser estruturada à luz das questões do nosso tempo. Em suma, a questão que confronta o teólogo evangélico é o que fazer com a concepção clássica de Deus que tem sido transmitida por séculos de história da igreja. Teólogos do processo e defensores da abertura de Deus nos encorajam a abandonar esse Deus e substituí-lo por suas versões de um Deus mais responsivo. Embora ache que as reclamações deles acerca do Deus tradicional sejam instigantes, eu não posso concordar que seus "Deuses" substitutos sejam a resposta ou que expressem mais precisamente a revelação bíblica acerca de Deus. Em vez de abandonar totalmente o conceito tradicional de Deus, o reparo substancial e a reconstrução parecem mais apropriados. Nas páginas deste livro você verá os resultados de tais modificações.

Uma das razões para escrever um livro exclusivamente sobre a doutrina de Deus é que permite uma maior abrangência da doutrina do que se estivéssemos escrevendo uma teologia sistemática padrão. Mesmo assim, sempre há decisões a se tomar sobre o que incluir e o que omitir. Uma vez decidido abordar diretamente a situação contemporânea nas discussões acerca de Deus, foram necessárias algumas decisões. Uma das primeiras baixas foi uma seção sobre anjos, Satanás e demônios como uma extensão da doutrina da criação. Agora essas doutrinas serão abordadas em outro volume desta série, juntamente com a doutrina do homem. Então, no início eu havia planejado incluir um capítulo sobre os nomes de Deus, um tema mais digno, mas como vi que o manuscrito estava se alongando demais, tive de tomar outra decisão. Pelo menos durante o último meio século não houve muitos desdobramentos no que diz respeito à compreensão dos nomes divinos, de modo que me pareceu um candidato potencial à exclusão. Aqueles interessados em seguir esse tema podem facilmente fazê-lo em várias teologias evangélicas padrão. E então, ao ver novamente a necessidade de abordar em detalhes as questões referentes à doutrina da providência, tornou-se evidente que eu não poderia cobrir também todas as outras ações divinas. Consequentemente, embora a intervenção milagrosa no nosso mundo seja certamente algo que Deus pode fazer e faz de vez em quando, eu não abordei o tópico desse modo. Em muitos aspectos, sinto que ele é mais bem tratado numa obra mais geral sobre apologética.

Apesar dessas omissões, logo percebi que o que eu estava fazendo neste livro não se faz com frequência. Há muitos livros escritos exclusivamente sobre a providência divina, ou sobre a criação, ou sobre os atributos divinos.

Prefácio

Não há muitos livros escritos que tentem abranger toda a doutrina de Deus em um único volume. Durante os muitos anos que levei para pesquisar e escrever este livro, eu pensei com frequência na loucura que é tentar fazer tudo isso em um só volume. E ainda assim, pela bondade e graça de Deus, esta obra foi finalizada e me deu a chance de olhar para Ele holisticamente. É minha esperança e oração que os leitores considerem a estrutura e a estratégia do livro úteis e estimulantes, independentemente de concordarem ou não com minhas conclusões.

Ao realizar um projeto deste tipo, a ajuda de terceiros tem sido inestimável, e eles devem ser reconhecidos. Primeiro, vários colegas leram e comentaram capítulos deste livro em um estágio ou outro. Tais colegas incluem Harold O. J. Brown, Paul Feinberg, Wayne Grudem e Bruce Ware. Contudo, a leitura cuidadosa e os comentários detalhados de capítulos específicos do manuscrito por Kevin Vanhoozer, Willem VanGemeren e Harold Netland tiveram um significado especial. Em particular, Harold Netland leu a maior parte deste manuscrito em uma ou outra etapa da produção. Pelas sugestões e interações feitas especialmente por Harold, Kevin e Willem, esta obra foi muito beneficiada. Quaisquer erros que porventura existam devem ser atribuídos a mim.

Ao longo dos anos também houve diversos alunos assistentes que me ajudaram coletando bibliografia para este projeto ou revisando várias partes do manuscrito. Em diversos casos, esses irmãos já se formaram há muito tempo e estão pessoalmente envolvidos no ensino e na produção escrita em vários seminários. Steve Wellum, Gregg Allison e Adam Co são dignos de nota. Outros assistentes também ajudaram, mas estes três foram especialmente relevantes.

Então, faz-se apropriada uma palavra de apreço à direção e administração da Trinity Evangelical Divinity School. Sua concessão graciosa de dias sabáticos, durante os quais escrevi a maior parte deste livro, foi inestimável. Sem sua ajuda, este livro não poderia ter sido escrito. Em seguida, devo também expressar minha gratidão à Crossway Books. Não fosse a sua aprovação original desta série, quanto mais deste volume, e a ajuda e o encorajamento ao longo do caminho, este trabalho não teria sido feito. A extraordinária competência e o cuidado de Bill Deckard na edição são de importância fundamental. Qualquer acadêmico desejaria ter um editor assim. Além disso, a paciência graciosa da Crossway ao longo dos anos em que esperaram por este volume foi grandemente apreciada. Por fim, uma palavra de agradecimento à minha esposa e filhos pelo apoio e encorajamento. Foram muitas as vezes em que eles abriram mão do tempo comigo para que eu pudesse trabalhar neste projeto, e sou profundamente grato pelo sacrifício deles.

Tenho esperança e oro para que as páginas que se seguem não só o informem, mas também o estimulem a amar, adorar e servir ainda mais o nosso grande Deus! Confio que elas também ajudarão todos nós a recapturar o sentido da maravilha e grandiosidade de Deus. Mais que tudo, eu oro para que o que escrevi seja agradável ao próprio Deus e lhe traga glória. Ele é quem mais merece toda a nossa adoração e louvor, pois não há ninguém como Ele!

John S. Feinberg
Julho de 2000

LISTA DE ABREVIAÇÕES

Amer Phil Quart	*American Philosophical Quarterly*
Austl J Phil	*Australasian Journal of Philosophy*
CSR	*Christian Scholar's Review*
Faith Phil	*Faith and Philosophy*
ICC	*International Critical Commentary.* Edinburgh: T. & T. Clark.
Int J Phil Relig	*International Journal for Philosophy of Religion*
J Relig	*The Journal of Religion*
JETS	*Journal of the Evangelical Theological Society*
J Phil	*The Journal of Philosophy*
JTS	*Journal of Theological Studies*
Mod Theol	*Modern Theology*
Perspect Rel S	*Perspectives in Religious Studies*
Phil Quart	*The Philosophical Qarterly*
Phil Rev	*The Philosophical Review*
Phil Stud	*Philosophical Studies*
Phil Phenomenol Res	*Philosophy and Phenomenological Research*
Phil Rel	*Philosophy of Religion*
Process Stud	*Process Studies*
Relig Hum	*Religious Humanism*
Relig Stud	*Religious Studies*

Relig Stud Rev	*Religious Studies Review*
SJT	*Scottish Journal of Theology*
Theol Stud	*Theological Studies*
TDNT	*Theological Dictionary of the New Testament.* G. Kittel e G. Friedrich (eds.). Tradução de G. W. Bromiley. 10 vols. Grand Rapids, Mich.: Eerdmans, 1964-1976.
TWOT	*Theological Wordbook of the Old Testament.* R. Laird Harris, Gleason Archer e Bruce K. Waltke (eds.). 2 vols. Chicago: Moody, 1980.
Theol Today	*Theology Today*
Trin J	*Trinity Journal*
Tyndale Bul	*Tyndale Bulletin*
WTJ	*Westminster Theological Journal*

Capítulo Um

INTRODUÇÃO

Em Isaías 46, o Deus de Israel se compara aos deuses dos babilônios. Estes são meros ídolos, mas o Deus verdadeiro e vivo de Israel não é assim. Na verdade, nenhuma nação tem um Deus como o de Israel. No versículo 9 Deus diz: "eu sou Deus, e não há outro, eu sou Deus, e não há outro semelhante a mim". Ninguém como o Deus de Abraão, Isaque e Jacó! Ninguém como o Deus e Pai de nosso Senhor Jesus Cristo!

Porém, se não há ninguém como este Deus, isso ainda não nos diz como Ele é.

Embora não pareça difícil descrever o Deus da Bíblia, em nossos dias há vários entendimentos sobre Ele. Durante muitos séculos de história da igreja, o retrato predominante de Deus foi aquele pintado por Agostinho, Anselmo e Aquino. Em nossos dias, muitos teólogos estão dizendo que este conceito de Deus é ultrapassado e antibíblico. O Deus absolutamente imutável, impassível, autossuficiente, soberano e onisciente da tradição cristã clássica, dizem-nos, é dominador demais, austero demais e distante demais para ser religiosamente adequado. Esse Deus monopoliza todo o poder e se recusa a compartilhá-lo com alguém. Se as criaturas humanas não gostam disso, problema delas.

Os teólogos do processo afirmam que esse Deus clássico está muito contaminado com a filosofia grega antiga; o Deus de Anselmo e Aquino não é o Deus de Abraão, Isaque e Jacó. Em vez do Deus clássico, os pensadores do processo propõem um Deus mais relacional e vulnerável. Ele é um Deus que sofre conosco e muda à medida que nós mudamos. Ele cresce em conhecimento à medida que interage continuamente conosco e com nosso mundo. O Deus do processo de Whitehead, Hartshorne e Cobb não é um monarca divino que governa com cetro de ferro. Em vez disso, Ele compartilha seu poder com suas criaturas. Ele não forçará suas criaturas a fazer o que Ele quer, mas de forma amorosa tenta persuadi-las a fazer o que Ele julga melhor. É claro que elas podem recusar, e se o fizerem, esse Deus não violará a liberdade delas.

Os teólogos do processo não se proclamam evangélicos, mas pensam que sua representação de Deus está mais afinada com as Escrituras do que a do teísmo cristão clássico. Defensores do que é conhecido como a visão aberta de Deus concordam que o Deus bíblico é muito mais generoso e gentil do que o Deus do teísmo clássico. Entretanto, os defensores da visão aberta acreditam que os pensadores do processo se desviaram muito da revelação bíblica. A visão aberta de Deus alega oferecer uma posição de mediação entre a visão clássica e a visão do processo. Os defensores da visão aberta acreditam ter capturado as melhores percepções das tradições clássicas e do processo ao formularem o conceito de Deus de forma a exprimir a revelação bíblica com mais precisão.

Certamente há muito a criticar nos dois conceitos referentes a Deus, o clássico e o do processo. Isto não significa, porém, que a visão aberta deva ser aceita como a melhor alternativa. Eu concordo que precisamos de uma posição mediadora entre a visão clássica e a visão do processo a respeito de Deus, mas a visão aberta não é essa posição. Consequentemente, neste livro, eu não venho para enterrar Deus, mas para reconstruí-lo — no mínimo, para remodelar a ideia de Deus a partir de uma perspectiva evangélica. Não me iludo com a ideia de que todos os evangélicos adotarão minha reconstrução. Porém, pretendo oferecer um relato de Deus que seja sensível às preocupações do processo e da visão aberta, sem abandonar totalmente as melhores percepções da concepção clássica. E pretendo fundamentar essa concepção nas Escrituras.

Então, como é meu modelo de Deus? Os pensadores do processo e da visão aberta parecem acreditar que um compromisso com os atributos não morais do Deus clássico (imutabilidade absoluta, impassibilidade, eternidade, simplicidade, onipotência etc.) requer um Deus monárquico que esteja distante, não se relacione e não esteja preocupado com o mundo que Ele fez, e ainda exerça controle absoluto sobre tudo o que acontece nesse mundo. Proporcionalmente, se nos voltarmos a Deus como Rei soberano, considera-se inevitável que adotemos o pacote clássico de atributos divinos.

Apesar de tais pressupostos, não há qualquer vinculação entre os dois. O Deus que descreverei é realmente um Rei, mas Ele é o Rei que se importa! Acredito que as críticas do processo e da visão aberta ao Deus clássico são mais persuasivas em relação aos atributos clássicos, mas a minha nuança desses atributos até difere de suas análises. Quando se trata do modo como Deus se relaciona com o mundo e o governa, na minha lógica os conceitos do processo e da visão aberta são menos persuasivos. O Deus que apresento é absolutamente soberano, mas Ele não é um tirano nem é o Deus distante e não relacional do teísmo clássico. Em vez disso, Ele é o Rei que se importa!

Na verdade, não há ninguém como Deus, o Rei que se preocupa. Porém, embora não haja ninguém como Ele, não faltam concorrentes em nossos dias, assim como havia muitos deuses falsos nos tempos bíblicos. A fim de entender mais precisamente a singularidade do Deus cristão, devemos colocá-lo ao lado do panteão de impostores. Consequentemente, a primeira seção deste livro se dedica a descrever os vários modelos e concepções de Deus no meio intelectual e espiritual de nossos dias. Isso ilustrará as questões que estão na mente dos nossos contemporâneos à medida que pensam em Deus e nos ajudará a entender por que os não evangélicos e muitos evangélicos estão clamando por uma revisão a respeito de Deus. Pelo fato de as duas partes finais do livro se dedicarem a articular uma concepção especificamente cristã de Deus, a primeira seção enfatizará fortemente as noções não cristãs e não evangélicas a respeito dele. Isto não significa que nada de relevante será dito sobre o conceito cristão evangélico, mas apenas que devemos primeiro compreender toda a gama de opiniões sobre Deus no pensamento contemporâneo e na religião, a fim de ver melhor que realmente não há ninguém como o Deus bíblico!

Na segunda seção do livro, a discussão se voltará diretamente para o Deus cristão. Aqui o foco será o ser e a natureza de Deus. Nessa parte do livro, apresentarei minha nuança dos atributos divinos. Haverá algum acordo com as compreensões desses atributos por parte do processo e da visão aberta, mas também haverá diferenças significativas.

Depois de termos visto quem e o que o Deus cristão é, a terceira seção do livro se voltará para o que Deus faz — seus atos. Há muitas coisas que Deus faz que são tratadas em outros volumes desta série. Por exemplo, Deus está na tarefa de salvar os homens de sua condição perdida e desesperada de pecado, mas suas ações na redenção da humanidade perdida são abordadas no volume sobre a cruz e a salvação.[1] Deus também se revelou de muitas maneiras, inclusive nas Escrituras, mas as doutrinas da revelação, inspiração e inerrância são tratadas no volume sobre as Escrituras. O foco neste volume será sobre os atos divinos da criação, seu decreto e seu controle providencial sobre nosso universo. É sobre os dois últimos assuntos que a maior diferença entre minhas opiniões e as da visão aberta se tornará aparente. O Deus que apresento se relaciona com suas criaturas e se preocupa com elas, mas Ele é Rei, inquestionavelmente. Ele não só tem poder soberano, mas o utiliza em nosso mundo — mas não para eliminar a liberdade e a dignidade humana. É impossível, você pensa, combinar controle divino com liberdade humana? Talvez sim para alguns modelos rigidamente deterministas a respeito de Deus, mas não para o modelo determinista brando que oferecerei.

É desnecessário dizer que as questões consideradas neste volume são tanto controversas quanto extremamente importantes para a doutrina e prática cristãs. Embora minha intenção seja oferecer uma peça construtiva de teologia cristã, por causa da controvérsia envolvendo grande parte da doutrina de Deus em nossos dias, por necessidade, não podemos escapar completamente da polêmica. Meu objetivo, contudo, é me envolver nesses debates para esclarecer uma noção evangélica biblicamente precisa e religiosamente adequada a respeito de Deus. Esta não é uma tarefa fácil, mas ousamos não permitir que a dificuldade das questões nos detenha, pois há muito em jogo para o pensamento e a vida cristã.

Parte Um

CONCEITOS DE DEUS

Capítulo Dois

DEUS: A PRÓPRIA IDEIA

Os seres humanos são "incuravelmente" religiosos. Nós sentimos que não estamos sozinhos no universo. Ao contemplarmos a glória da criação, é natural pensarmos que alguém ou algo com poder superior, sabedoria e bondade fez tudo. O salmista (Sl 19.1) nos diz que é assim que é, e o apóstolo Paulo faz o mesmo (Rm 1.19,20). É difícil imaginar que simplesmente "aconteceu".

Os humanos também têm a percepção de que existem regras de certo e de errado às quais prestamos contas. Porém, em vez de uma mera obrigação para com alguma noção abstrata como a lei moral, sentimos que deve haver um legislador moral. Essa percepção de prestação de contas só aumenta quando desobedecemos a essas regras morais e nos julgamos dignos de punição. Embora algumas pessoas pensem que não há um dia de julgamento perante um ser sobrenatural e, portanto, que somos livres para criar nossa própria moralidade, ainda há a questão insistente sobre se não há um legislador supremo.

Contudo, a crença em Deus não provém meramente de uma necessidade percebida de explicar a existência do cosmos, nem meramente da necessidade de ter uma base de moralidade em um árbitro máximo do que é correto. Ela resulta também do desejo de compreender quem somos e por que estamos aqui. Surge da necessidade de um amigo em tempos de dificuldades, um amigo que não apenas se solidariza com nossa situação difícil, mas é capaz de fazer algo para mudá-la. Surge da necessidade de alguém com conhecimento e sabedoria além até mesmo da sabedoria coletiva de toda a humanidade para nos guiar enquanto enfrentamos as circunstâncias que vão mudando na vida. Porém, acima de tudo, a crença em Deus vem do fato de que existe um Deus e Ele se revelou para a humanidade. Ele o fez por meio do mundo natural, por meio de milagres, por meio da Bíblia, e mais plenamente em seu Filho Jesus Cristo. Para o cristão comprometido com a inspiração e a inerrância da Bíblia, Deus é o ponto de partida para tudo o mais que pensamos e fazemos. Porém, mais do que isso, Ele deve ser nosso maior desejo, alegria e deleite!

Contudo, não são somente os cristãos que acreditam em Deus. Pessoas de todas as eras e lugares tiveram alguma noção dele. Essa ideia nem sempre foi monoteísta, mas foi de alguma coisa ou coisas que transcendem a humanidade. É claro que há ateus, mas mesmo essas pessoas têm alguma ideia de como Deus seria caso existisse um. Para outros, a crença em algum tipo de Deus tem parecido necessária, mesmo que seja só para ter alguém para culpar ou amaldiçoar quando as coisas não vão a contento. Por estas e muitas outras razões, pode-se certamente compreender e, até certo ponto, concordar com o comentário de Voltaire: "Se Deus não existisse, seria necessário inventá-lo". Porém, até Voltaire acrescentou: "mas a natureza toda grita que Ele deve existir".[1]

Com a consolidação da mentalidade moderna ao longo dos últimos séculos, muitos têm achado cada vez mais difícil argumentar racionalmente a existência de Deus e, consequentemente, a crença nele. Contudo, com o avanço de um paradigma intelectual pós-moderno nas últimas décadas do século XX, tornou-se novamente aceitável, ainda que não inteiramente na moda, professar a crença em alguma divindade. Logo, falar com muitas pessoas que não conhecem a Cristo como Salvador, "argumentando" primeiro a existência de algum Deus está longe de ser tão necessário como era trinta ou quarenta anos atrás. Isso não significa que deveríamos jogar fora todos os vestígios da modernidade e abraçar calorosamente tudo que é pós-moderno. O pós-moderno apenas se refere a uma mudança cultural nas atitudes relativas à crença em Deus.

Contudo, para que os cristãos não fiquem profundamente animados com esses desdobramentos, devemos ver que tipo de Deus é esse em quem as pessoas estão acreditando agora. Aqui nos deparamos com uma miríade de modelos, concepções, imagens e temas para compreender Deus. Em muitas culturas onde o cristianismo tem sido dominante, estes diferentes modelos afirmam exprimir a perspectiva da Bíblia. Porém, as noções que encontramos de Deus são tão diversas que é questionável se todas são justificadas por bases bíblicas. Além disso, as nações e culturas contemporâneas são tão diversificadas culturalmente que, com as várias concepções "cristãs" de Deus, vêm junto muitas visões do absoluto religioso de outras religiões do mundo.

Por causa dessa diversidade de compreensão e de compromisso com Deus, devemos começar examinando as diferentes concepções que se tem dele no mundo de hoje. Ainda, este livro pretende ser uma peça de teologia cristã evangélica, não um texto apologético ou uma obra em religiões comparativas. Porém, por haver tanta diferença de opinião sobre assuntos como o significado e a referência do termo "Deus", a concepção bíblica de Deus, a forma mais apropriada de entender a relação do Deus cristão com o nosso mundo, e como deveríamos entender a linguagem em relação a Deus, antes de expressarmos concepções cristãs distintamente evangélicas de Deus, devemos definir essas concepções dentro de um contexto mais amplo de crenças mundiais acerca dele. Isto inclui o que poderíamos chamar de noções "seculares", não religiosas de Deus.

Para ilustrar a diferença de opinião e, até certo ponto, a confusão ocasionada por essas questões, considere por um momento o significado do termo "Deus". Quando nos referimos ao significado de uma palavra, podemos diferenciar entre o sentido do termo e sua referência. O sentido de uma palavra é sua definição básica; uma definição que se pode encontrar em um dicionário. O sentido nos diz como a palavra é usada em vários contextos. Por outro lado, a referência de uma palavra é o objeto, pessoa, ação ou evento em nosso mundo para o qual a palavra aponta (se é que aponta).

Como exemplo, considere a frase "o presidente dos Estados Unidos". O sentido da frase é certo cargo político, governamental, e a pessoa que tem esse cargo nos Estados Unidos. O sentido desta frase permaneceu o mesmo ao longo da história dessa nação. Por outro lado, enquanto escrevo esta frase, a pessoa a quem a frase se refere é William Clinton. Antes de Clinton, George Bush ocupava o cargo, antes dele, Ronald Reagan foi presidente etc. Cada referente é uma pessoa diferente, mas o cargo dessas pessoas é corretamente designado pelo sentido de "o presidente dos Estados Unidos".

O que devemos dizer sobre o sentido e a referência de "Deus"? Aqui encontramos uma grande variedade de ideias sobre ambos, o sentido e a referência dessa palavra. Por exemplo, Anselmo afirmou que o sentido de "Deus" é "o ser do qual não se pode pensar nada maior".[2] Para Paul Tillich, "Deus" é "o nome para aquilo que preocupa o homem de forma última".[3] Ainda, para outros, "Deus" significa "o Único", "o Absoluto", "o plenamente Outro", e assim por diante.

Também há grande diversidade de opiniões sobre o referente de "Deus". Para Tillich, o que nos preocupa em última análise só pode ser algo que determina o nosso ser ou não ser. Consequentemente, o Deus de Tillich é identificado como a base de todo ser ou ser em si. Para outros, o referente de "Deus" é um entre muitos seres finitos que é responsável por uma área da vida ou outra (como no panteão greco-romano de deuses). Para Anselmo, o referente é um ser imaterial com todas as perfeições. Para os panteístas, o nosso universo é Deus. Se eles acreditarem que o universo é apenas material, então a matéria é, de alguma forma, viva ou divina de um modo que nenhum materialista ateu aprovaria. Assim, o referente de "Deus" é o universo material. Outros panteístas que pensam que há coisas imateriais assim como materiais identificam o referente de "Deus" como a totalidade de coisas materiais e imateriais em nosso universo. Para John Hick, Deus é "o Real". O que isto é de fato não podemos saber. Ainda, "o Real" é a realidade máxima no universo.[4]

Então, como deveríamos entender o significado de "Deus"? Quanto ao seu sentido na teologia cristã, inicialmente poderíamos ser tentados a usar a frase de Tillich: "aquilo que preocupa o homem de forma última", mas eu acho que isso é muito amplo e ambíguo. Tillich menciona que várias culturas tiveram seus deuses, e esses deuses transcendem o reino da experiência comum, tanto em poder como em significado. No entanto, ele afirma que tais deuses são, em última análise, finitos. "Eles são imagens da natureza humana ou poderes subumanos elevados a um reino sobre-humano".[5] Visto que são projeções, eles não podem ser o que, ao fim e ao cabo, nos preocupa, já que nossa preocupação maior é qualquer coisa que determina nosso ser ou não ser. Todas as outras preocupações são preliminares, independentemente de quanta ênfase coloquemos nelas.

Não obstante as afirmações de Tillich, para muitas pessoas a "preocupação máxima" evoca ideias da maior paixão de suas vidas. Em muitos casos, essa paixão maior não é nada igual ao que a tradição cristã quer dizer com "Deus", nem corresponde ao que Tillich pensa ser realmente de maior preocupação. Por exemplo, às vezes dizemos de alguém: "Da riqueza (ou do prazer) ele está criando um deus". O que queremos dizer com isso normalmente é que essa pessoa está vivendo como se a riqueza (ou o prazer) fosse a coisa mais importante da vida; sua maior preocupação. Enquanto diriam que coisas como riqueza ou prazer se caracterizam como seres sobre-humanos, poucos poderiam concordar que elas são o que mais os preocupa. Assim, se "Deus" significa qualquer coisa que nos preocupa de forma última, parece amplo demais para ser compreendido e acaba se afastando muito do que a maioria das religiões e o próprio Tillich querem dizer com Deus.

Para nossos propósitos, prefiro algo como o sentido que Anselmo dá para "Deus". "Deus" significa o ser supremo, até mesmo o maior ser concebível (síntese para a frase de Anselmo, "ser do qual não se pode pensar nada maior"). Isto não significa que devemos concordar com tudo o que Anselmo pensava que torna Deus o maior ser concebível. Significa apenas que esta é uma definição apropriada do que o termo significa pelo menos para tradições como judaísmo, cristianismo e islamismo. Essas tradições veem Deus como infinito/ilimitado e superior a qualquer ser que exista ou possa existir. Naturalmente, é discutível o fato de isso satisfazer os adeptos de várias formas de hinduísmo, budismo ou xintoísmo.[6]

E que tal o referente de "Deus"? Se "Deus" significa "o maior ser concebível", que tipo de ser é esse? Para alguns, esta pergunta pode parecer estranha. Afinal, existe apenas um Deus, e devemos pensar nele como Ele se revelou. Concordo que existe um só Deus, que Ele existe independentemente de qualquer concepção a respeito dele, e que de fato Ele se revelou. Ainda, essa revelação não nos diz tudo sobre Ele, nem é totalmente inequívoca. Além disso, mesmo as partes da revelação de Deus sobre si mesmo que são claras ainda precisam ser compreendidas.

Portanto, temos de pensar em o que e quem deveríamos entender como sendo o referente de Deus. A necessidade de esclarecer nossa ideia de Deus torna-se ainda mais evidente quando lemos as obras de vários teólogos e filósofos. Mesmo dentro do cristianismo conservador, a noção de Deus não tem sido uniforme, e ao avançarmos para além da teologia evangélica e até mesmo do cristianismo, encontramos muitas noções diferentes de Deus. Deveríamos pensar em Deus como um ser ou como um conceito? Como totalmente transcendente e sem relação com o universo que Ele criou, ou como imanente e até mutuamente dependente de suas criaturas? Deus pode saber quando estamos sofrendo e até mesmo sentir a emoção da solidariedade, ou está totalmente alheio às nossas situações, tanto no pensamento como na emoção? O nosso Deus é um Deus ao qual podemos nos achegar em oração para receber conselhos e consolo, ou nossas orações não passam de falar ao vento — talvez terapêuticas para nós, mas sem valor real? O modo como respondemos a essas e outras perguntas tem implicações significativas não só para a forma como pensamos sobre Deus, mas também se o Deus que vislumbramos é apropriado para atender às nossas necessidades religiosas.

Examinar as várias concepções de Deus pode ser confuso. Parte do problema, creio eu, resulta de termos como "inefável", "transcendente", "ser-em-si", "incompreensível" e "imanente", usados em várias concepções e sistemas de classificação para entender Deus. Meu argumento é que esses termos e as ideias que eles denotam não cabem todos em um único sistema de classificação. Em vez disso, são maneiras pelas quais os teístas respondem a perguntas distintas sobre Deus.

Especificamente, devemos discernir três questões diferentes. Na verdade, é em torno das respostas a essas três perguntas que proponho organizar nosso pensamento mais básico sobre Deus (assim como o restante deste capítulo). Primeiro, muitos conceitos acerca de Deus têm a intenção de responder *que tipo de realidade Ele é*, ou *que tipo de realidade Ele tem*. Esta é, naturalmente, uma questão ontológica; indaga o que o ser supremo é. Eu tenho formulado esta pergunta intencionalmente em termos da realidade de Deus, em vez de o ser de Deus, porque enquanto uma resposta a esta pergunta é que Deus é um ser, como veremos em breve, existem outras respostas sobre o tipo de realidade que Ele tem.

A segunda questão é *que tipo de papel, ou papéis, Deus desempenha no universo*? Em outras palavras, de que modo Deus se relaciona com nosso universo, se é que se relaciona? A resposta a esta pergunta tem ocasionado o maior debate em todos os níveis do cristianismo, inclusive do evangelicalismo, nos últimos anos. Ao respondê-la, alguns têm retratado Deus como um monarca absoluto controlando seu domínio a distância. Outros preferem retratar Deus como um amigo e confidente, imanentemente envolvido em tudo o que se passa em nosso mundo. E, claro, há várias outras metáforas, modelos e imagens[7] que têm sido usadas para conceituar as relações e funções de Deus em nosso mundo.

Uma terceira questão indaga *como devemos entender a linguagem a respeito de Deus*. Alguns entendem que essa questão investiga se, ao usarmos a linguagem religiosa e teológica, estamos fazendo afirmações sobre o mundo, simplesmente expressando nossa reação emocional às coisas, ou estamos declarando nossas intenções de agir de certa maneira. Esta é uma questão importante para a epistemologia religiosa, mas não é o ponto que proponho discutir neste capítulo. Em termos simples, assumindo que nossa linguagem pretende fazer afirmações descritivas sobre Deus, nós deveríamos entendê-la como literal ou como figurada e metafórica? Na realidade, a linguagem humana pode nos dizer como Deus é?

Pode parecer que esta terceira pergunta deva ser tratada mesmo antes de se abordar as outras duas. Afinal de contas, como podemos descrever a realidade de Deus e como Ele se relaciona com o nosso mundo antes de sabermos de que modo funciona e se funciona nossa linguagem a respeito dele? Embora seja solidário a esse ponto de vista, eu acredito que, antes de podermos perguntar se nossa linguagem a respeito de Deus deve ser entendida literalmente, analogicamente, metaforicamente ou de nenhuma destas formas, devemos saber que tipo de ser estamos tentando retratar com nossa linguagem. Quando entendermos o tipo de realidade que Deus é, poderemos concluir que a linguagem humana é incapaz de descrever literalmente as qualidades que Ele tem e as ações que Ele faz. Podemos concluir algo diferente, mas, de qualquer modo, devemos ter alguma ideia do que Deus é antes de decidirmos se e como outras afirmações sobre Ele têm significado.

QUE TIPO DE REALIDADE DEUS É/DEUS TEM?

D. Z. Phillips escreve que "teologia é a gramática do discurso religioso".[8] O que ele quer dizer com isso é que a tarefa da teologia é explicar de que tipo de realidade o discurso religioso fala. Cada frase tem sua estrutura básica (por exemplo, sujeito, verbo, objeto direto), mas essa é sua gramática superficial. O que queremos saber é o que alguns chamaram de gramática profunda, ou seja, de que tipo de coisa se está realmente falando. "Ele organiza seu quarto" e "ele organiza sua mente" têm a mesma gramática superficial, mas organizar nosso quarto difere significativamente de organizar nossa mente. A questão de Phillips, então, é chegar à gramática profunda do discurso religioso, explicar do que se trata de fato e à qual realidade, ou realidades, ele se refere. Esse também é o propósito desta seção.

Nas várias religiões do mundo, inclusive no cristianismo, as respostas a esta pergunta não têm sido uniformes. De fato, há várias respostas diferentes para esta pergunta dentro de algumas religiões. Isso tende a dificultar a aplicação de qualquer taxonomia específica a todas as religiões, especialmente porque muitos crentes religiosos podem ser um pouco inexatos em suas concepções a respeito de Deus. Ainda, podemos oferecer um sistema de classificação genérica como uma forma de começar a organizar nossos pensamentos sobre a realidade de Deus. Contudo, devo acrescentar que a taxonomia a ser usada não é uma taxonomia de *religiões*, mas um sistema para organizar vários entendimentos da realidade de Deus. A distinção é importante, pois existem algumas tradições religiosas, tais como o jainismo, zen ou o budismo Theravada, e algumas formas de hinduísmo, que na verdade são ateístas e negam todas as divindades. Estas são religiões legítimas, mas não se encaixam em nenhum lugar da minha taxonomia de respostas sobre *a realidade de Deus*. Não obstante, as respostas básicas para a questão ontológica são: Deus como uma projeção mental, como ser-em-si, como um ser, e Deus sem ou além do ser, mas há variações nestas categorias amplas.

Deus como projeção mental

Uma resposta inicial à questão metafísica é que a realidade de Deus é a de uma ideia ou projeção mental. Deus não existe como algo externo à nossa mente, mas é meramente uma ideia (geralmente uma projeção) de algum tipo. Ludwig Feuerbach (1804-1872) é um famoso defensor dessa opinião. Em *A essência do cristianismo*, Feuerbach explica que a religião não surge de um Deus transcendente que se revela a nós. Em vez disso, a religião surge de dentro de nós, na medida em que Deus é simplesmente nossa autoconsciência projetando as próprias características em um Deus que achamos que tem esses atributos de modo infinito. Feuerbach escreve:

> E aqui pode ser aplicada, sem qualquer limitação, a proposição: o objeto de qualquer assunto nada mais é do que a própria natureza do assunto tomada de modo objetivo. Tal como os pensamentos e as inclinações do homem, assim é o seu Deus; tal o valor que um homem tem, assim tem o seu Deus, e não mais. A consciência de Deus é autoconsciência, o conhecimento de Deus é autoconhecimento. Por seu Deus se conhece o homem, e pelo homem, o seu Deus; os dois são idênticos. Seja Deus o que for para o homem, assim são o coração e a alma deste último; e ao contrário, Deus é a natureza interior manifestada, o eu expresso de um homem — religião é a revelação solene dos tesouros ocultos de um homem, a revelação dos seus pensamentos íntimos, a confissão aberta de seus segredos de amor.[9]

Feuerbach acrescenta que as pessoas nem sempre percebem que seu Deus é um produto da própria construção mental, mas, no entanto, é assim mesmo. É claro que, à medida que se cresce na vida, se pode chegar a ver que o que se adorava numa fase anterior era apenas uma objetificação das próprias características. Isto é, ignora-se que se estava realmente adorando um ídolo.

Isso não resulta no descarte completo da religião por parte de uma pessoa. Ao contrário, o que acontece tipicamente é que uma forma mais antiga de religião é substituída por uma noção mais nova e sofisticada de Deus, mas também que uma religião mais desenvolvida é uma projeção das próprias características em um ser supremo.[10] Como diz Feuerbach:

> Agora, quando se mostra que o que o sujeito é está inteiramente nos atributos do sujeito; isto é, que o predicado é o verdadeiro sujeito; também se prova que se os predicados divinos são atributos da natureza humana, o sujeito desses predicados também é da natureza humana.[11]

Sigmund Freud é um segundo exemplo dessa abordagem da realidade de Deus. Segundo Freud, a crença em Deus é simplesmente a realização de um desejo. As religiões monoteístas particularmente substituem um pai humano falível por um Pai onipotente e infalível. Freud explica que essa crença religiosa permite que as pessoas mantenham certos padrões de comportamento infantil mesmo na vida adulta, em especial, o comportamento infantil em relação à culpa e ao perdão.[12] Como outros mencionaram, Freud também teorizou que os indivíduos desenvolveriam conflitos de Édipo que poderiam ser resolvidos com a pessoa passando a acreditar em Deus.[13]

Visto que Freud via a religião como a realização de um desejo, isso o teria levado a pensar que era falsa? MacIntyre diz que não, porque

> A falsidade das crenças religiosas não é causada, é claro, pelo fato de elas serem o produto de uma realização do desejo. Freud acreditava na sua falsidade por outras razões. Porém, ele pensava na religião como uma espécie de engano particularmente prejudicial, precisamente porque ela milita contra o esforço científico de diferenciar o que a realidade é de fato e o que nós queremos que ela seja.[14]

Deus como ser-em-si

Uma segunda resposta à pergunta sobre a realidade de Deus é que Deus é ser-em-si. Embora alguns possam pensar que esta é a noção que Martin Heidegger tem de Deus por causa de sua ênfase no Ser, não é assim.[15] Em vez disso, a *Teologia sistemática* de Paul Tillich é o exemplo mais conhecido desta opinião. Tillich se refere a Deus como "ser-em-si", "o fundamento do ser", "o poder do ser", "a estrutura do ser". Não está totalmente claro se todos esses termos são sinônimos, embora Tillich pareça usá-los de forma intercambiável. Contudo, Tillich é claro sobre o que ele *não* quer dizer com "ser-em-si".

Para Tillich, Deus é ser-em-si, mas isso não o torna um ser. Pensar em Deus como um ser ao lado de outros seres ou como um ser acima dos outros (mesmo o ser mais elevado) é incorreto. Na qualidade de ser, Deus ainda estaria sujeito às categorias de finitude, especialmente de espaço e substância. A melhor maneira de evitar tal confusão é pensar em Deus como o fundamento do ser, ou ser-em-si.[16] Entendido como o poder do ser, Deus é o poder que resiste ao não-ser, um poder natural em tudo.

Tillich distingue dois tipos de não-ser em oposição a ser. Um é *ouk on*, e o outro é *me on* (estes termos vêm do particípio do verbo grego *eimi*, "ser", e as palavras gregas para negação, "não"). O não-ser *Ouk on* é o nada absoluto. Não tem nenhuma relação com o ser além de se tratar de seu oposto absoluto. O não-ser meôntico, em contraste, é o não-ser dialético. Este tipo de não-ser é finidade ou finitude. Todas as coisas no universo além de Deus, incluindo os seres humanos, são uma mistura de ser e não-ser meôntico. Como ser-em-si, Deus não é não-ser em nenhum sentido. Além disso, esta concepção de Deus significa que Tillich pensa que Deus tem realidade independente das mentes que o concebem.[17]

Pensar em Deus como ser-em-si tem certas implicações para Tillich. Uma delas é que é igualmente ateísta falar da existência de Deus como de sua inexistência. Isto porque tais categorias invocam distinções entre a existência e a essência das coisas, mas tal fala só faz sentido em relação aos seres finitos limitados. Deus não é finito e não é mais um ente entre outros. Não se pode dizer propriamente que Ele existe ou não existe porque Ele transcende tais categorias. Embora possamos comparar vários entes quanto à sua mistura de ser e não-ser *meôntico*, todas essas coisas são finitas em um grau ou outro. Deus não pode ser colocado em uma tabela onde é comparado com outros entes, pois há uma separação radical e absoluta entre todos os entes (independentemente de sua finitude) e Deus.[18]

Deus é ser-em-si, mas a maioria das coisas que dizemos acerca dele o trata como um ser, e Tillich acredita que isso é errado. Segundo ele, uma vez que entendemos que Deus não é um ser, mas um ser-em-si, conseguimos ver que a única coisa que podemos dizer a seu respeito de modo não simbólico é que Ele é ser-em-si; tudo o mais que poderíamos dizer é simbólico. Portanto, podemos usar a linguagem a respeito de Deus como usamos para outros seres, mas tal linguagem jamais pode ser considerada literalmente. Ela aponta para além de si mesma, para Deus, mas faz isso de modo simbólico.[19]

Outro teólogo que pensa na realidade de Deus como ser ou ser-em-si é John Macquarrie, um teólogo do século XX. Macquarrie é fortemente influenciado pela análise do ser de Heidegger; embora Heidegger não iguale Deus e ser, Macquarrie o faz. Para Macquarrie, ser não é *um* ser, nem é uma propriedade, classe, espécie ou substância. Também não é a compilação de todos os seres em nosso universo. Nem deve ser entendido como um reino invisível que está por trás do mundo das aparências.

Então, ser não é de fato nada? Não para Macquarrie,[20] que oferece dois argumentos principais sobre ser. Primeiro ele menciona que transcende todos os seres, pois sem ele nada pode existir ou existe de fato. Por outro lado, ser é o deixar ser de todos os seres na medida em que os possibilita e os capacita a ser, e é isso que traz as coisas à existência.[21] Portanto, o ser é inclusivo de tudo o que é, mas está por trás de todos os seres e é mais importante. Esta claramente não é uma visão panteísta, que vê o ser de Deus como idêntico ao ser do universo. Além disso, não é exatamente uma visão panenteísta, segundo a qual tudo existe em Deus, que interpenetra todas as coisas sem ser idêntico a elas (embora ocasionalmente se veja a visão de Macquarrie mencionada como panenteísmo). Os comentários de Bradshaw sobre a noção de Macquarrie sobre Deus como ser são úteis:

> Considerar Ser como um Ser pressupõe colocar uma lacuna entre o ser subjetivo finito que pensa e o Ser que é o objeto deste pensamento. Ser não pode estar na ordem dos objetos, e seres são sustentados pelo Ser. A única relação possível entre o Ser e os seres, portanto, é aquela semelhante à relação da vida com os membros do corpo. A vida transcende os membros, mas nenhum é concebível sem o outro.[22]

Ao refletir sobre os comentários de Macquarrie de que ser é a condição prévia de qualquer coisa que existe, e é o "deixar ser" que permite que as coisas sejam, nos perguntamos por que o ser não poderia ser um ser. Como explica O. C. Thomas: "A única resposta de Macquarrie a isso é que 'tal ser não seria supremo porque ainda poderíamos perguntar acerca de *seu* ser'".[23]

Embora a apresentação de Macquarrie não inclua todos os detalhes e distinções que encontramos em Tillich, sua concepção principal da realidade de Deus concorda com a visão de Tillich.[24] Falarei mais dessa concepção ao discutir o papel de Deus no mundo e sua relação com ele, e num capítulo posterior falarei do ser de Deus. Por enquanto, porém, estas duas teologias são exemplos de se pensar a realidade de Deus como ser-em-si.

Deus como um ser

Uma terceira resposta à pergunta sobre a realidade de Deus é que Ele é um ser. De fato, a maioria das concepções de Deus o percebe como um ser que existe independentemente da capacidade de qualquer pessoa conceituá-lo. Embora as opiniões a serem discutidas tenham estes elementos em comum, é aí que sua semelhança termina. A maior parte das religiões e dos teólogos percebe Deus como um ser de algum tipo, mas há pouca concordância sobre sua natureza. Além disso, algumas concepções são delineadas com ambiguidade suficiente para levar alguém a se perguntar se elas pertencem a esta categoria ou se os teólogos que sustentam tais opiniões realmente pensam em Deus como ser-em-si ou até mesmo como um simples conceito. Portanto, há espaço para interpretações variadas de algumas das opiniões a serem discutidas.

Em geral, posições que concebem Deus como um ser o retratam de uma das três maneiras a seguir: um ser imaterial, um ser material, ou um ser com partes imateriais e materiais. Examinemos uma de cada vez. A seguir, algumas opiniões serão associadas a um pensador que as sustenta; em outros casos, simplesmente descreverei a opinião como uma possível variação que alguém possa defender.

Deus como um ser imaterial. Uma visão inicial nesta categoria é o animismo. Animismo é o termo utilizado em uma teoria apresentada por E. B. Tylor (1832-1917), um dos fundadores da antropologia moderna, para explicar a origem e o desenvolvimento da religião. Esta teoria harmonizava com a teoria da evolução em sua época. Seguindo a teoria da evolução, Tylor argumentou que, nos estágios iniciais da evolução, os humanos desenvolveram religiões mais primitivas. Animismo foi o nome que Tylor propôs para essa religião mais primitiva, a qual associava uma pluralidade de espíritos e fantasmas por trás do mundo natural e dos corpos de pessoas mortas. Tylor teorizou que, conforme os humanos evoluíram, também evoluíram suas religiões, passando do animismo ao politeísmo e, finalmente, ao monoteísmo.

Contudo, conforme vários estudiosos mencionam, a teoria de Tylor não é embasada por dados empíricos e históricos. Mesmo aqueles que acham a evolução convincente enquanto teoria das origens naturais rejeitam a aplicação de Tylor à religião.[25] Ainda, se removermos a ideia do animismo como associado às culturas primitivas e ligado à evolução, ele representa as crenças de várias pessoas. Em termos gerais, animismo é a crença de que existem seres imateriais, espirituais, que, ou estão ligados a corpos dos quais são a verdadeira personalidade, ou, em outros casos, não têm nenhuma conexão necessária com um corpo específico. Em suas diversas formas, animismo pode se referir à adoração de espíritos ou seres espirituais atrelados a corpos mortos ou a vários elementos do mundo natural (sol, lua, estrelas etc.), ou espíritos existindo de forma diferente de qualquer objeto físico específico. Em nossos próprios dias, encontramos animismo em algumas culturas altamente desenvolvidas. Isso é verdade para muitos japoneses, e é discutível a existência de elementos de animismo na Nova Era contemporânea e no pensamento neopagão.[26]

Uma segunda forma de crença em Deus como um ser imaterial pode ser amplamente rotulada de *politeísmo*. Politeísmo é a crença em mais de um deus (normalmente, uma crença em muitos deuses). Dependendo da religião, os deuses podem ser materiais e imateriais (uma combinação de ambos, matéria e alma), ou pode haver alguns deuses materiais e outros imateriais. Alguns exemplos ilustram esse tipo de religião. Nas culturas ocidentais, o tipo mais conhecido de politeísmo é o panteão greco-romano. Os gregos e romanos acreditavam em muitos deuses diferentes, que muitas vezes nada mais eram do que uma personificação de alguma profissão, objeto ou qualidade da personalidade humana. Marte era o deus da guerra, Ceres era a deusa dos grãos, Zeus, o rei dos deuses e assim por diante. Na arte e literatura greco-romanas, os deuses são tipicamente retratados em termos bem físicos, mas estas provavelmente são representações materiais do que eram considerados seres fundamentalmente imateriais.

Nas culturas orientais também existem religiões politeístas. Embora seja difícil caracterizar o hinduísmo como um todo, devido às muitas crenças e práticas diferentes que se enquadram nessa categoria — pelas mudanças durante sua história e por suas diferentes formas —, é justo dizer que algumas formas são politeísticas. Como Netland explica, alguns hindus não acreditam em um ser supremo, outros acreditam em um só Deus, ainda outros acreditam em diversos, e outros ainda acreditam em muitos.[27] Entre esses deuses estão Shiva e Vishnu, e pensa-se que Vishnu teve várias manifestações ou aparições (conhecidas como *avatares*) na terra.[28] Não está totalmente claro se todos eles são imateriais, porque se diz que alguns se manifestam na terra de uma forma presumivelmente material. No entanto, é provável que alguns sejam considerados imateriais.

Além disso, para muitos hindus, a realidade última é concebida como Brâman, o poder sustentador do cosmos. Como Netland explica, nas Upanishads dá-se muita atenção à natureza de Brâman e sua relação com os humanos. Brâman é identificado com o eu (*atmã*). Brâman permeia toda a realidade e é a base das aparências externas. Uma maneira de os humanos alcançarem a perfeição é o caminho do conhecimento superior ou *insight*, que culmina na compreensão de nossa identidade com Brâman.[29] Quanto ao mais que se pode dizer de Brâman, Netland explica:

> Em geral, Brâman era considerado como alguém totalmente além da caracterização, incapaz de ser explicado em conceitos humanos ou símbolos linguísticos e sem qualidades — Ser não pessoal (*nirguna* Brâman). Porém, os últimos Upanishads revelam um interesse crescente no aspecto pessoal do Brâman e dão evidência de uma ênfase teísta emergente. Esta mudança é aparente na Upanishad Svetasvatara (quinto ou sexto século a.C.), que, embora ainda preocupada com a libertação do *samsara*, sugere que tal libertação não vem do conhecimento da *nirguna* não pessoal Brâman, mas sim do conhecimento do Senhor pessoal identificado como Rudra ou Shiva, a manifestação pessoal de Brâman.[30]

À luz do que se diz a respeito de Brâman, ele parece ser imaterial, e juntamente com outros deuses hindus, mostra que algumas formas de hinduísmo são politeístas, e muitos de seus deuses são imateriais.

O xintoísmo é um exemplo importante de uma religião politeísta com deuses imateriais. Aqui os *kami* multitudinários funcionam como deuses. Como Netland explica, a noção de *kami* é mantida intencionalmente vaga e imprecisa, "mas não há dúvida de que o conceito de *kami* é politeísta".[31] Contudo, colocar o xintoísmo nesta categoria não significa que todos os *kami* sejam imateriais. Na verdade, os *kami*, como as divindades do céu e da terra que são referenciadas nos registros antigos, mais os espíritos dos templos onde essas divindades são adoradas, são imateriais. Porém, existem outros *kami*, como pássaros sagrados, animais, árvores, montanhas e mares, que são certamente materiais.[32] Todos os adeptos do xintoísmo podem adorar qualquer combinação desses *kami*.

Ao avançar para além das religiões politeístas que retratam Deus como um ser imaterial, ou seres imateriais, aproximamo-nos do panteísmo. Em termos gerais, o panteísmo é a crença de que tudo é Deus, mas existem diferentes versões do panteísmo, e pelo menos duas concebem Deus como um ser imaterial. Em ambos os casos, a única coisa ou coisas que existem são totalmente imateriais. Em uma versão, há muitos seres imateriais diferentes, mas cada um é uma parte de Deus ou do divino. Isto oferece uma visão um tanto "coletiva" de Deus, na qual muitos seres diferentes compõem o ser de Deus. Contudo, tudo que existe é imaterial, e assim também é Deus. A outra forma de panteísmo pode ser rotulada como "monismo panteísta psíquico". De acordo com essa visão, existe apenas um ser no universo, um ser imaterial. Tudo o que existe é simplesmente uma modalidade ou expressão desse ser. Os estudantes de Spinoza reconhecerão isso como uma variação de seu panteísmo. Para Spinoza, o universo contém apenas uma substância, e essa substância é Deus. Todas as coisas individuais, sejam materiais, imateriais ou uma combinação de ambas, são simples modalidades dessa única substância que engloba tudo. O monismo panteísta psíquico diz basicamente a mesma coisa, exceto que cada modalidade do ser único é imaterial, assim como a substância desse mesmo Deus.

Outra visão panteísta possível aparece na obra do grande filósofo alemão G. W. F. Hegel (1770-1831). Eu digo "possível" porque a filosofia de Hegel inclui, na verdade, uma série de conceitos diferentes de Deus, sendo que um deles é Deus igual a Espírito, e não está inteiramente claro se esse Deus é panteísta ou monoteísta. O que está claro é que esse Deus é imaterial. A noção básica de Hegel com respeito ao "Espírito" ou *Geist* se refere a algum tipo de consciência geral, uma "mente" única comum a todas as pessoas. Para Hegel, o Espírito é Absoluto, mas devemos esclarecer o que ele quer dizer com "Espírito". Não é o sentido comum do espírito que se opõe à matéria, nem é algo inteiramente transcendente do nosso mundo. Além disso, não é uma consciência universal, no sentido de que todos nós temos os mesmos pensamentos, ideias e sentimentos e somos realmente uma única mente universal. Hegel não nega a individualidade das mentes ou a privacidade dos pensamentos. Além disso, o Espírito não é uma consciência universal no sentido de uma entidade abstrata, incluindo as propriedades comuns de todos os indivíduos. Por exemplo, não é como "o americano comum, suburbano, de classe média". O Espírito não é para Hegel tal entidade ou ideia abstrata. Nem é uma Alma-Deus imanente que se pode descobrir por *insight* místico. O Espírito é imanente, mas não nesse sentido.

Para Hegel, o Espírito é tanto uma coisa ou fenômeno como uma atividade. Como coisa, ele é o fenômeno ou força da consciência universal.

O Espírito é o princípio subjacente da consciência e, ao mesmo tempo, a vontade racional subjacente a toda razão e ação prática. Este princípio subjacente é uma duplicação da autoconsciência, pela qual cada autoconsciência individual reconhece o outro e reconhece a unidade de todas as autoconsciências. Como Jean Hyppolite explica, "A autoconsciência universal que Hegel afirma alcançar, então, não é o 'eu penso em geral' de Kant, mas realidade humana como uma *intersubjetividade*, um nós que é concreto por si só. O Espírito é este nós precisamente na medida em que causa ao mesmo tempo a unidade e a separação dos eus".[33]

Com esta visão do Espírito, torna-se claro por que tantos pensaram se tratar de panteísmo. Por outro lado, também é possível ver o Espírito (como coisa em vez de atividade) como *um* fenômeno, embora presente em todas as pessoas. Porém, isso não é o fim da história, pois Hegel vê o Espírito não só como uma coisa, mas também como uma atividade de si mesmo. Essa atividade é a capacidade do Espírito de reter suas fases precedentes. Assim, em vez de isolar uma autoconsciência de outra ou um conceito de outro, o Espírito é a atividade de residir em cada indivíduo e retê-lo. O Espírito se move a partir de alguma divisão entre as coisas para uni-las. Um exemplo seria a duplicação da autoconsciência, isto é, conectando-as. É fácil perceber como essa atividade se relaciona com a dialética hegeliana, pois esse movimento dialético sintetiza contradições em realidades cada vez mais complexas e abrangentes até finalmente englobar toda a realidade como o Absoluto.[34]

Para Hegel, então, Deus como Espírito é tanto um ser quanto uma atividade. Esse "Deus" é imaterial e muito imanente em nosso mundo, mas não especificamente pessoal. O nosso próximo exemplo de Deus como um ser imaterial é a noção que John Hick tem de Deus como "o Real". Contudo, devo acrescentar imediatamente que classificar essa noção nesta categoria (em oposição, por exemplo, a Deus como ser-em-si) não é absolutamente correto por causa do que Hick diz sobre o Real. Hick utiliza a distinção que Immanuel Kant faz entre "as coisas em si mesmas" e "as coisas conforme aparecem a nós". Kant chama as primeiras de *noúmenos*, e as outras de *fenômenos*. De acordo com Kant, um *noúmeno* está além do conhecimento humano. Por exemplo, ninguém pode ver uma coisa como ela é em si mesma. Porque a nossa compreensão das coisas no mundo é mediada por nossos órgãos sensoriais e por nossa mente, tudo o que podemos saber é como as coisas nos aparecem, os fenômenos do nosso mundo.

Hick aplica a noção de um noúmeno à realidade última, Deus, a quem chama de "o Real". O Real existe independentemente de nossas mentes, mas nenhum dos nossos conceitos ou atributos pode ser aplicado ao Real como ele é em si mesmo. Portanto, não está totalmente claro se o Real é um ser em vez de ser-em-si ou o fundamento do ser. De que modo então o Real se relaciona com os vários deuses das religiões do mundo? Para Hick, os deuses das religiões do mundo são todos produtos do Real que afetam a nós e as nossas respostas — cultural e historicamente condicionadas — ao Real. Essas respostas tentam, por assim dizer, colocar um "rosto" no Real. Na verdade, Hick afirma que todos esses deuses que representam "Deus para nós", o Deus que podemos experimentar, na verdade apontam para a mesma coisa, a saber, a realidade última, o Real. Hick chama de *personae* as percepções do Real como pessoal; as percepções do real como impessoal são rotuladas de *impersonae*. Embora nenhuma dessas máscaras seja realmente a realidade última, todas apontam para a mesma realidade última, o Real. Portanto, todos os povos realmente adoram a mesma realidade suprema, embora conceituem essa realidade de várias maneiras diferentes.[35] Hick explica:

> Eu quero dizer que o Real numenal é experimentado e pensado por diferentes mentalidades humanas, formando e formado por diferentes tradições religiosas, como o leque de deuses e absolutos que a fenomenologia da religião relata. E estas *personae* divinas e *impersonae* metafísicas, como as chamarei, não são ilusórias, mas são empiricamente, isto é, experiencialmente reais como manifestações autênticas do Real. Porém, para Kant, Deus é postulado, não experienciado. Parcialmente em acordo, mas também parcialmente em desacordo com ele, quero dizer que o Real *an sich* é postulado por nós como um pressuposto, não da vida moral, mas da experiência religiosa e da vida religiosa, enquanto os deuses, bem como os misticamente conhecidos Brâman, Sunyata etc., são manifestações fenomenais do Real que ocorrem dentro do reino da experiência religiosa. Ao mesclar essas duas teses, pode-se dizer que o Real é experienciado por seres humanos, mas experienciado de maneira análoga àquela em que, segundo Kant, nós experienciamos o mundo: a saber, por meio de dados informacionais da realidade externa sendo interpretados pela mente em termos do próprio sistema categórico, e assim vindo à consciência como experiência fenomenal significativa. Tudo que temos o direito de dizer sobre a fonte numenal desta informação é que ela é a realidade cuja influência produz, em colaboração com a mente humana, o mundo fenomenal da nossa experiência.[36]

Embora tenhamos estudado várias concepções da realidade de Deus como um ser imaterial, temos de discutir mais uma antes de nos voltarmos ao próximo conjunto de concepções. É o conceito de Deus encontrado no judaísmo, cristianismo e islamismo. Há diferenças óbvias entre essas religiões quanto à noção de Deus, mas todas as três compartilham o compromisso com um Deus que é um ser imaterial. Além disso, esse Deus é distinto de todos os outros seres no universo, e para essas três religiões, o universo à parte de Deus é povoado por seres, alguns dos quais são materiais, outros imateriais, e ainda outros tanto materiais quanto imateriais. Esta concepção de Deus em sua expressão cristã (um Deus em três pessoas) é a que eu defendo e desenvolvo neste livro. Como veremos, no teísmo cristão há diferentes modelos para conceber os atributos divinos e a relação do poder divino com o nosso mundo. Porém, os modelos que descreverei, incluindo aquele que adoto, concebem Deus como um ser imaterial.

DEUS COMO UM SER MATERIAL. A nossa discussão pode ser mais breve aqui, à luz das posições já discutidas. Qualquer pessoa que acredita que Deus é um ser e acredita também que tudo no universo é material defende crenças que se enquadram nesta categoria. Começamos com várias formas de politeísmo. Como mencionado ao discutir o panteão greco-romano, não está claro se esses deuses eram considerados puramente imateriais, uma combinação de matéria e espírito, ou puramente materiais. No entanto, eles são retratados na mitologia e na arte grega de formas bem físicas. É claro que há incerteza quanto a se o povo romano e grego, que acreditava nos deuses, entendia a natureza deles.

Uma forma mais clara de politeísmo material é representada por muitos dos *kami* do xintoísmo. A noção de *kami* é tão difusa no pensamento xintoísta que se espera que pelo menos alguns sejam físicos. Enquanto muitos dos *kami* são puramente imateriais, vários outros são físicos. Árvores, rios, montanhas, animais e pássaros podem estar entre os *kami,* mas nem todos estão. Coisas materiais que são *kami* se tornaram sagradas por alguma qualidade inspiradora que possuem. O que isso significa é que, na visão de mundo xintoísta, não há distinção ontológica clara entre o sobrenatural (*kami* e espíritos dos antepassados) e o universo físico.

Além disso, qualquer forma de adoração de ídolos que vê os próprios ídolos materiais como deuses (em vez de entender o ídolo como representando um deus espiritual que está além do próprio ídolo) se encaixa nesta categoria. Normalmente, a adoração de ídolos é associada a culturas mais primitivas. Dependendo da pessoa e da religião, o foco pode estar em muitos desses ídolos ou apenas em um. Algumas das culturas pagãs mencionadas no AT provavelmente se encaixariam nesta categoria.

Avançando para além do politeísmo, que acredita em muitos deuses, mas não equipara tudo a Deus, chegamos a várias formas de panteísmo. Uma forma pode ser rotulada de *panteísmo materialista monista*. Segundo essa visão, há apenas uma substância no universo e ela é material. Cada coisa individual é apenas uma modalidade dessa única substância material; consequentemente, há somente coisas materiais em nosso mundo. Ademais, essa única substância material é Deus.

A outra variação principal do panteísmo que se encaixa nesta categoria pode ser chamada de *panteísmo materialista pluralista*. Essa visão defende que o universo é composto de muitas coisas distintas, todas elas são apenas materiais e todas elas são divinas. Ou cada coisa distinta é um Deus individual ou todas as coisas consideradas coletivamente compõem o ser de Deus. A diferença entre essa visão e a precedente é que, enquanto o *panteísmo materialista monista* afirma que todas as coisas são modalidades da única substância material que é o universo, esta visão garante que existem coisas materiais distintas. No entanto, todas elas são divinas e, juntas, representam o ser material de Deus.

Finalmente, nos últimos tempos tem havido uma conversa sobre o universo (ou pelo menos sobre o planeta Terra) como corpo de Deus. Nem sempre fica claro se tal linguagem é puramente metafórica ou se tem a intenção de ser literal. Além disso, nem sempre fica claro se Deus é identificado como o corpo ou se é uma coisa imaterial que interpenetra todas as coisas materiais. E há uma diferença entre dizer que Deus é apenas um corpo (a tese de identidade que torna Deus totalmente material) em oposição a dizer que Ele tem um (assim, provavelmente, não seria material, mas teria acesso à matéria a fim de fazer coisas em nosso universo). Novamente, dependendo da visão em questão, ela poderia tomar a forma de panteísmo ou, inversamente, poderia afirmar que, embora Deus seja material, existem outras coisas materiais distintas em nosso universo (logo, o panteísmo seria descartado). Várias obras contemporâneas seguem tais linhas de pensamento. Entre elas estão *God's World, God's Body*, de Grace Jantzen (Westminster, 1984); *The Quest for Eternity*, de J. C. A. Gaskin (Penguin, 1984); e talvez *Models of God: Theology for an Ecological, Nuclear Age*, de Sallie McFague (Fortress, 1987). Eu digo "talvez" porque não está totalmente claro que, para McFague, Deus simplesmente é idêntico ao mundo. De qualquer forma, esta questão metafísica (seja qual for a visão da autora) não é sua principal preocupação, como veremos ao discutir concepções diferentes sobre o papel de Deus no universo.[37]

DEUS COMO UM SER IMATERIAL E MATERIAL. Esta categoria contém diversas opções. Nós já colocamos várias formas de politeísmo nas duas categorias anteriores, e deveríamos mencionar o politeísmo aqui também. Em alguns casos, os deuses são pouco mais do que seres humanos glorificados. Como tal, eles são uma combinação de partes materiais e imateriais. Como já foi mencionado, é possível que esta seja a forma como os deuses e deusas greco-romanos eram entendidos.

Segundo, deveríamos incluir duas formas de panteísmo sob este título. De acordo com uma versão, existe apenas uma substância no universo, embora ela tenha várias modalidades de expressão. Algumas modalidades são mentais, outras são físicas, e outras ainda, tais como os seres humanos, são uma combinação de material e imaterial. Um exemplo dessa forma de panteísmo é encontrado no pensamento da Nova Era. Como veremos no Capítulo 3, a teologia da Nova Era acredita que todas as coisas são deus. Afirma também que todas as coisas são uma só, e isso significa que tudo é inter-relacionado, interdependente e interpenetrante. Assim, as diferenças percebidas entre uma árvore, uma maçã, um cão e uma pessoa são simplesmente isto — apenas percepções. As diferenças não são reais.[38]

Outra versão do panteísmo defende que há muitas coisas distintas em nosso universo, mas todas elas formam coletivamente o ser de Deus. Algumas coisas são apenas materiais, e outras (espíritos) são apenas imateriais, mas há outras que são uma combinação de material e imaterial. Novamente, este é um conceito "coletivo" de Deus, segundo o qual Ele não existe em sua totalidade em lugar nenhum. Cada indivíduo tem o seu próprio lugar como parte do todo de Deus.[39]

Outra forma da visão de que Deus é tanto material quanto imaterial é conhecida como panenteísmo (tudo em Deus). Esta visão está associada especialmente à teologia do processo, tal como foi originalmente estabelecida por Alfred N. Whitehead e desenvolvida por discípulos, incluindo Charles Hartshorne, Schubert Ogden, John Cobb e David Griffin. Visto que haverá uma discussão extensa sobre teologia do processo no Capítulo 4, aqui eu apenas a descreverei brevemente. De acordo com o teísmo do processo, Deus é uma entidade real. Todas as entidades reais são dipolares ou bipolares, e assim também é Deus. Deus tem um polo primordial, eterno, potencial, e um polo temporal, consequente e real. De acordo com o pensamento do processo, há certos objetos eternos que podem entrar no nosso mundo para se tornarem entidades reais. Tais objetos eternos são simples potenciais, e simples potenciais não podem se ordenar e se relacionar, isso deve ser feito por uma entidade real. Consequentemente, há necessidade de alguma entidade real não temporal, e isso é Deus em sua natureza primordial. Em sua natureza primordial, Deus é como um diretor de bastidores que alinha as formas, preparando-as para entrar no palco do mundo temporal. Contudo, a natureza primordial de Deus não deveria ser vista como diferente da ordem dos objetos eternos, ou seja, a ordem é sua natureza primordial. O polo primordial e conceitual de Deus é claramente imaterial. Por outro lado, como todas as outras entidades reais, Deus tem um polo físico concreto para completar a "visão" de seu polo potencial. No caso de Deus, o polo consequente é o universo. Isso não significa que o polo real de Deus seja meramente idêntico ao universo que nos rodeia. Em vez disso, os teístas do processo gostam de dizer que o ser de Deus interpenetra tudo sem ser idêntico a tudo. Consequentemente, eles preferem rotular sua visão de "panenteísmo" em vez de "panteísmo", pois tudo existe em Deus sem ser idêntico a Ele. Deus e o mundo são mutuamente interdependentes, e o que acontece com um afeta o outro. Portanto, Deus é um ser finito com elementos materiais (natureza consequente) e imateriais (polo primordial).

Finalmente, há visões que enxergam o mundo como o corpo de Deus, porém, uma vez mais, não dão a impressão de que Deus é idêntico ao mundo no sentido exato de identidade. Em vez disso, essas opiniões parecem retratar Deus como imaterial em certo sentido, mas conectado ao mundo material como seu corpo. Isso parece teologia do processo, mas há diferenças. Embora possam ser rotuladas como panenteístas porque Deus está em todas as coisas, essas opiniões diferem do teísmo do processo visto que não entendem Deus como sendo dipolar. Um exemplo dessa opinião é encontrado no pensador indiano Ramanuja, que viveu no século XI, muito tempo antes de Whitehead ser considerado um teísta do processo. Em vez disso, Ramanuja via o relacionamento entre Deus e o mundo como análogo ao relacionamento alma e corpo.[40]

Um segundo exemplo possível dessa opinião é a concepção de Sallie McFague. Como já foi mencionado, ela retrata o mundo como o corpo de Deus. Embora afirme que se trata de uma metáfora (assim como outras descrições de Deus como Pai, Rei ou Pastor), ela claramente quer afirmar que todas as coisas estão interligadas. Embora não esteja claro se, para McFague, Deus é totalmente material, ou imaterial no universo material, sente-se que é este último quando ela diz que realmente ignoramos quem ou o que Deus é e como Ele está relacionado com o mundo.[41] Se o universo material ou somente nosso planeta fosse idêntico a Deus, seria difícil imaginar por que estaríamos em profunda ignorância do que Deus é e como Ele se relaciona com o mundo. Em um simpósio sobre seu livro, ela explica um pouco mais sua opinião e diz:

> O corpo de Deus, então, é criação, entendida como a autoexpressão de Deus; é formado na própria realidade de Deus, corporificado nos eones do tempo evolutivo, e fornecido com os meios para nutrir e sustentar bilhões de formas diferentes de vida. E o que poderia ser esse corpo senão a própria criação de Deus? [...] Em uma teologia monoteísta e panenteísta, se for para entender Deus em certo sentido como físico, e não apenas espiritual, então todo o "corpo" do universo está "em" Deus e é a autoexpressão visível de Deus. Este corpo, embora estranho se tomarmos o nosso como modelo, pertence a Deus.[42]

À luz da penúltima frase do material citado, parece que McFague pensa em Deus como um ser que é tanto imaterial como material.

Deus sem ou além do ser

Uma resposta final à nossa pergunta metafísica provoca desdobramentos durante a última parte do século XX. Aqui não podemos oferecer um tratamento exaustivo, mas quero ao menos introduzir essa forma de entender a realidade de Deus.

Durante as últimas décadas do século XX, surgiu uma mentalidade pós-moderna. Esta cosmovisão será descrita mais detalhadamente no próximo capítulo, mas alguns pós-modernos aplicaram aspectos dessa mentalidade a um novo tipo de concepção teológica da realidade de Deus. Como muitos argumentam, as teologias da "morte de Deus" não rejeitaram todos os deuses, exceto certo tipo de Deus. O que se rejeitou foram sistemas teológicos e metafísicos que pretendem oferecer uma perspectiva da realidade como um todo unificado. Invariavelmente, tais sistemas fundamentam a realidade em algo supremo que é a fonte de tudo o mais e dá sentido elucidativo a todas as outras realidades existentes. Normalmente, esse fundamento básico é Deus, o ser supremo e absoluto.[43]

Em contraste com esta teologia e metafísica do ser, filósofos como Nietzsche, Heidegger e muitos de seus seguidores argumentaram que não há tal princípio unificador ou ser que seja a fonte e explicação de tudo o que existe. De acordo com esses pensadores, os sistemas que postulam tal fundamento são invariavelmente construídos para legitimar alguma estrutura social, política ou eclesiástica que exclui quase todos do poder. Em vez disso, há apenas seres individuais com suas perspectivas diferentes. Nenhuma narrativa implícita grandiosa unifica e explica nosso mundo. A metafísica e a teologia feitas de modo tradicional já não são mais viáveis.

Que significado tem para a realidade de Deus se a teologia do ser (muitas vezes chamada de ontoteologia) for negada? Teólogos pós-modernos como Jean-Luc Marion argumentam que devemos pensar em Deus como além do ser ou sem ser. Isso não é uma rejeição da existência de Deus, afirmam eles, mas uma rejeição da teologia do ser e da metafísica. Segundo a ontoteologia, Deus é apenas um ser (embora seja o supremo) entre outros, para os quais Ele é a fonte e a base. Se imaginarmos o ser como uma grande cadeia de coisas existentes (uma imagem predominante na filosofia e teologia ocidental durante séculos), que vai de ser infinito (Deus) a finitude absoluta (não-ser total), Deus, em certo sentido, é distinto de tudo o mais, mas ainda é parte de uma estrutura global que Ele fundamenta. Porém, isso apenas repete o mesmo erro cometido no pensamento ocidental que defende uma compreensão da realidade e da verdade absoluta, em vez de perspectivas diferentes sobre a verdade (que permitem espaço para aquele que é diferente, o excluído).

O que precisamos, então, é da concepção de um Deus que transcenda as próprias categorias da teologia do ser. Voltando a Aquino, Marion distingue o *ens commune* (ente em geral) do ser divino ou *esse*. A teologia tradicional tende a unificar todo ser, inclusive Deus, mas mesmo Aquino viu uma diferença entre o *esse* divino e o *ens commune* criatural. Em todas as criaturas, há uma distinção entre sua essência e sua existência. Ou seja, podemos descrever como seriam se existissem, mas, para existirem, elas têm de ser trazidas à existência. No caso de Deus, a distinção entre essência/existência cai por terra; Ele simplesmente é. Se considerarmos o que Aquino está dizendo, então, argumenta Marion, claramente não se deveria pensar em Deus nas linhas tradicionais que usamos para pensar em outros seres. Marion explica:

O *esse* divino supera imensuravelmente (e dificilmente mantém uma analogia com) o *ens commune* das criaturas, que se caracterizam pela distinção real entre *esse* e sua essência [...]. Deus é explicado como *esse*, mas o *esse* é falado somente de Deus, não dos seres da metafísica. Neste sentido, o Ser não ergue um ídolo diante de Deus, mas mantém distância.[44]

Este tipo de teologia pós-moderna, então, prefere ver Deus como além do ser ou sem ser, mas isto só significa que ela rejeita as categorias tradicionais que a teologia e a metafísica têm usado durante séculos para compreender Deus e o nosso mundo. Ele não é apenas mais um ser (mesmo um ser supremo) entre muitos, mas, como diz Marion, supera imensuravelmente tudo o mais. Numa primeira reflexão, isso pode parecer equivalente ao Deus de Tillich, como o fundamento do ser ou ser-em-si, mas não é. Pois até mesmo a concepção que Tillich tem de Deus adota e perpetua a ontoteologia, em que todos os seres estão relacionados e fundamentados em alguma fonte suprema.

Mediante mais reflexão, "Deus para além do ser" pode soar como as teologias dos místicos e daqueles que afirmaram que Deus é inefável, não podendo ser capturado por categorias de razão e linguagem humanas. Embora tais teologias apofáticas possam de fato estar mais próximas do que Marion, Derrida, Levinas e outros têm em mente, nem mesmo isso está claro em suas obras. Se lhes perguntarmos que tipo de realidade Deus é ou tem, encontraremos pouca resposta. Fala-se de Deus frequentemente como dom ou amor, mas o que isso quer dizer acerca da "coisidade" ou realidade de Deus não está claro.[45] O que é claro para estes pós-modernos é que não devemos pensar na realidade de Deus de nenhuma forma que invoque a velha ontoteologia ou ontometafísica.

QUE PAPEL, OU PAPÉIS, DEUS DESEMPENHA NO UNIVERSO?

Muitas opiniões diferentes sobre a natureza da realidade de Deus foram discutidas anteriormente neste capítulo, mas nenhuma delas explica o papel e a relação de Deus conosco e com o nosso universo. Deus é alheio à criação e não está envolvido nela nem interage intimamente com suas criaturas? É melhor pensar em Deus como um monarca absolutamente soberano ou como um amigo e confidente? De que modo a Bíblia retrata o relacionamento de Deus com o mundo, e o que ela nos permite dizer sobre seu papel em nossas vidas e em nossas comunidades coletivas? Há uma série de respostas desconcertantes a estas e outras perguntas sobre o relacionamento de Deus com o nosso universo. E a superabundância de opiniões não se encontra apenas fora do âmbito da teologia evangélica. Atualmente há uma grande quantidade de discussão sobre todos esses assuntos dentro do evangelicalismo.

Ao tratar deste assunto, acho melhor subdividir a discussão. Por isso, inicialmente vou olhar para várias imagens, temas e metáforas bíblicas usadas para descrever o relacionamento de Deus conosco. Então, pelo fato de uma discussão sobre o papel de Deus em nosso mundo invariavelmente invocar as categorias de transcendência e imanência divina, olharemos vários retratos (dentro do cristianismo e fora dele) de como devemos entender essas duas noções. Finalmente, descreverei vários modelos amplos dentro do cristianismo contemporâneo para entender e explicar um grande número de atributos e ações divinas em relação ao nosso mundo.

Imagens, temas e metáforas bíblicas para Deus

Várias imagens e metáforas usadas para descrever Deus falam não apenas dos diferentes papéis que Ele desempenha e do modo como Ele age em nosso mundo, mas também dos relacionamentos que Ele firma com suas criaturas. Antes de me referir a esses temas, devo explicar o que quero dizer com tais termos. Eu não os uso para captar uma concepção metafísica completa de o que Deus é e faz em nosso universo. Eu reservo o termo "modelo" para essa ideia e pretendo usar "modelo" mais como os cientistas fazem quando falam de uma construção teórica para organizar e explicar o máximo de dados possível. O meu uso de "imagem" e "tema" é muito menos pretensioso. Designa apenas um tipo de papel ou relacionamento que Deus tem com o universo, e não faz nenhum comentário metafísico sobre a natureza e estrutura última de toda a realidade. Depois, eu emprego o termo "metáfora" porque muitas das imagens e temas a serem mencionados não podem ser literalmente verdadeiros se se pensar em Deus como imaterial, como cristãos e judeus fazem tradicionalmente. Para Deus funcionar literalmente como essas imagens sugerem, seria necessário um corpo, consequentemente, muitas dessas imagens são metafóricas. Contudo, isso não significa que elas não sejam verdadeiras em relação a Deus, mas apenas que os autores bíblicos ensinam sobre os papéis de Deus utilizando linguagem metafórica.

Na Bíblia, uma ampla variedade de imagens retrata a relação de Deus com suas criaturas. Ian Ramsey é muito prestativo ao dividir esses temas e metáforas em três categorias amplas.[46] Uma primeira categoria de imagens das Escrituras é retirada da vida familiar e dos relacionamentos interpessoais. Ela inclui a imagem de Deus como um Pai. No AT, a relação de Deus com Israel é comparada com a de um pai e seu filho. Em Êxodo 4.22, Deus fala para Moisés dizer ao faraó que Israel é seu filho, seu primogênito; Faraó deve deixar o filho de Deus ir.

Provavelmente, o exemplo mais terno do cuidado e amparo de um pai amoroso para com seu filho é visto nos comentários de Oseias sobre a relação de Deus com Israel. Em Oseias 11.1 Deus diz: "Quando Israel era menino, eu o amei; e do Egito chamei o meu filho". Mais tarde (v. 3,4) Ele acrescenta: "Todavia, eu ensinei a andar a Efraim; tomei-os nos meus braços, mas não atinaram que eu os curava. Atraí-os com cordas humanas, com laços de amor; fui para eles como quem alivia o jugo de sobre as suas queixadas e me inclinei para dar-lhes de comer". Veja também Isaías 63.16; 64.8; Jeremias 31.9; Malaquias 3.17. Porém, Deus não é meramente um Pai para Israel, pois Ele é retratado como Pai para todos os que invocam como Deus. O salmista escreve (Sl 103.13): "Como um pai se compadece de seus filhos, assim o Senhor se compadece dos que o temem". No NT, Deus também é retratado como um Pai. Por isso, Jesus diz a seus discípulos que, quando orarem, eles devem dizer: "Pai nosso, que estás nos céus..." (Mt 6.9). Mais adiante no mesmo capítulo, Jesus diz a seus discípulos para não se preocuparem com comida para comer, roupas para vestir ou um lugar para dormir, porque seu Pai celestial provê todas essas necessidades para as aves do céu, e certamente seu povo lhe é de maior preocupação (Mt 6.26). Na verdade, o sermão do monte (Mt 5—7) está repleto de referências a Deus como nosso Pai. Além disso, em todas as epístolas paulinas, a saudação típica de abertura de Paulo deseja aos seus leitores graça e/ou paz da parte de Deus, nosso Pai (Rm 1.7; 1Co 1.3; 2Co 1.2; Gl 1.3; Ef 1.2; Fp 1.2; Cl 1.2; 1Ts 1.1; 2Ts 1.2; 1Tm 1.2; 2Tm 1.2; Tt 1.4; Fm 3).

Deus também é caracterizado metaforicamente como mãe. Em Deuteronômio 32.18 os judeus são acusados de abandonar a rocha que os gerou e de esquecer o Deus que os formou. Isaías fala de um dia vindouro e registra a palavra de Deus para Israel (Is 66.13): "Como alguém a quem sua mãe consola, assim eu vos consolarei; e em Jerusalém vós sereis consolados". Em Isaías 49.14,15 vemos que, embora Israel pensasse que Deus o tinha abandonado, Ele responde perguntando: "Acaso, pode uma mulher esquecer-se do filho que ainda mama, de sorte que não se compadeça do filho do seu ventre? Mas ainda que esta viesse a se esquecer dele, eu, todavia, não me esquecerei de ti". O amor de Deus por seu povo é comparado ao amor de uma mãe pelo filho que mama em seu peito. Veja também Isaías 42.14, onde o Senhor diz que as coisas vão mudar para Israel: "Por muito tempo me calei, estive em silêncio e me contive; mas agora darei gritos como a parturiente, e ao mesmo tempo ofegarei, e estarei esbaforido". E Jesus compara seu desejo de comunhão com Israel com o jeito como uma galinha reúne seus pintinhos (Mt 23.37).

Deus também é retratado como um marido no AT. Sua relação de aliança com Israel é quase sempre apresentada na imagem da relação de um marido com sua esposa. Infelizmente, como no caso de Oseias, Israel foi uma esposa infiel. Deus é retratado como o marido injustiçado que continua a amar sua esposa que se foi, e faz o que for preciso para trazê-la de volta (Os 3.1-3). De modo semelhante, o NT apresenta Cristo como o esposo da igreja, e esta como sua noiva. De fato, Paulo ensina que maridos e esposas humanos deveriam ter como padrão para seus relacionamentos o que Cristo tem com sua igreja (Ef 5.22-32). Além disso, em uma das cenas culminantes do livro de Apocalipse, encontramos as bodas do Cordeiro, em que Cristo, o noivo, celebra a união com sua esposa, a igreja (Ap 19.7-9).

Duas outras imagens tiradas de relacionamentos familiares e interpessoais são usadas acerca de Deus. Uma é a de um amigo. Deus diz a Israel: "Não é fato que agora mesmo tu me invocas, dizendo: Pai meu, tu és o amigo da minha mocidade?" (Jr 3.4). Além disso, várias vezes Abraão é mencionado como o amigo de Deus, ou simplesmente "meu amigo" (2Cr 20.7; Is 41.8; Tg 2.23). A outra imagem é aquela a que McFague nos insta, e é a de um amante.[47] Se, por exemplo, a poesia de amor do Cântico dos Cânticos de Salomão for considerada um tipo de Cristo e sua relação com a igreja (ou até mesmo a relação de Deus com seu povo), então o livro está repleto de imagens poderosas de Deus como um amante. Fora do Cântico dos Cânticos de Salomão, a relação de Deus com Israel, conforme vista em Oseias, é a de um marido que tem uma preocupação muito terna e amorosa com sua esposa.

Todas essas imagens tiradas da família e dos relacionamentos interpessoais mostram que Deus está muito próximo, envolvido e interagindo com suas criaturas. O mesmo é verdade quanto ao segundo conjunto de imagens e temas bíblicos que Ramsey compartimentaliza. Estas metáforas retratam Deus em termos de trabalho, habilidades, profissões e vocações. Uma das metáforas mais conhecidas e amadas é a de Deus como Pastor. Em Ezequiel 34.31, Ele é um Pastor para seu povo, Israel. Ele diz: "Vós, pois, ó ovelhas minhas, ovelhas do meu pasto; homens sois, mas eu sou o vosso Deus, diz o Senhor Deus" (ver também Jr 23.1ss; Sl 78.52; 80.1). Deus é o Pastor não só de povos inteiros, mas também de indivíduos. Qual estudante da Palavra de Deus não ama o Salmo 23? Muitos de nós gravamos este salmo na memória já na primeira infância. O salmista retrata Deus como nosso Pastor em cada etapa e em cada experiência da vida. No NT encontramos uma relação semelhante entre Cristo e seu povo, Deus e seu rebanho. Pense na parábola da ovelha perdida (Lc 15.3-7). As palavras de Jesus não retratam apenas um comerciante fazendo seu trabalho, pois Cristo diz que ama as ovelhas e "dá a vida pelas ovelhas" (Jo 10.11; ver também v. 12-16). Além disso, depois de sua ressurreição, Cristo perguntou três vezes a Pedro se este o amava. Pedro ficou um pouco irritado, mas respondeu afirmativamente as três vezes. Então, Cristo lhe falou para mostrar esse amor alimentando e cuidando de suas ovelhas (Jo 21.15-17). Apesar de se perturbar com a repetição da pergunta, Pedro evidentemente entendeu, pois em 1Pedro 5.1,2 ele instrui aqueles que seriam anciãos na igreja: "pastoreai o rebanho de Deus que há entre vós". Nestas palavras de instrução a respeito do rebanho de Deus, pode-se ouvir a voz de Jesus falando para Pedro alimentar suas ovelhas.

Deus também é retratado como um artista. "Os céus proclamam" a glória de Deus, "e o firmamento anuncia as obras das suas mãos", diz o salmista (Sl 19.1), assim como o cavalete do pintor demonstra seu talento artístico. Porém, diferente de outros artistas, Deus cria pelo poder absoluto de sua palavra (2Pe 3.5). Ele também é comparado a um oleiro moldando e dando forma ao barro (Is 64.8; Jr 18.6; Rm 9.20,21). Ele ainda é descrito como um construtor (Am 7.7), um mestre e escriba (Is 2.3; Jr 31.33), um guerreiro (Is 42.13) e um comerciante (Is 55.1). O mensageiro da aliança, que muitos pensam ser o Cristo pré-encarnado, é comparado a um metalúrgico (Ml 3.2,3). Tudo isso mostra Deus muito envolvido em nosso mundo.

Uma última categoria de imagens bíblicas é tirada de cenários nacionais. Sem dúvida, o tema mais frequente retrata Deus como monarca que governa. O universo é seu domínio, e um dia Ele realmente governará e reinará a partir de Jerusalém (Jr 3.17; Is 2.2-4). Em Jeremias 10.7-10, Ele é descrito como "Rei das nações" e "Rei eterno". Também somos lembrados das majestosas palavras de Apocalipse 11.15, incorporadas ao refrão Aleluia da música *O Messias*, de Handel: "O reino do mundo se tornou de nosso Senhor e do seu Cristo, e ele reinará pelos séculos dos séculos".

Outro tema tirado de cenários nacionais e até mesmo cívicos apresenta Deus como Juiz. Embora não seja uma imagem particularmente popular de Deus, esta é uma imagem que as Escrituras oferecem de forma clara. Aqui se pensa em passagens como Gênesis 18.25; Isaías 2.4; Atos 10.42; e Hebreus 12.23. E há a imagem maravilhosa de Deus no trono, no julgamento do grande trono branco (Ap 20.11-15).[48]

Finalmente, Deus é retratado como salvador, libertador, redentor do seu povo. Às vezes, isso se apresenta em termos de um parente da família, o parente redentor (cf. Rute), mas na maior parte das vezes (especialmente no NT), a figura é de alguém, não um membro da família, que vai à praça pública e paga o preço para nos comprar da escravidão do pecado (Gl 3.13; 1Co 6.20; 1Pe 1.18,19). Porém, até mesmo o AT oferece esta imagem de Deus, por exemplo, no que Oseias faz para trazer de volta a esposa distante, Gômer (Os 3.2; cf. Is 4.3,11).

Todas estas imagens, temas e metáforas mostram Deus como alguém que está muito envolvido em nosso mundo. Mais ainda, eles o retratam como alguém preocupado com nosso bem-estar e desejando um relacionamento conosco.

A transcendência e imanência de Deus

Outra forma de abordar questões relativas ao papel de Deus no nosso mundo e seu relacionamento com ele foca os conceitos de transcendência e imanência. Teólogos e filósofos discutem com frequência se as concepções de Deus o retratam como distante ou próximo à sua criação. Embora se possa pensar que as opiniões que enfatizam a transcendência de Deus o tornam remoto, ao passo que aquelas que enfatizam sua imanência o tornam próximo e envolvido, não é necessariamente assim. De fato, algumas concepções de Deus o retratam como bem diferente de sua criação (logo, transcendente), embora estando muito envolvido com ela. Outras o entendem como espaço-temporalmente muito próximo do mundo, embora sem nenhuma relação interpessoal particular com ele.

O comentário sobre as relações interpessoais levanta outro ponto. Assume-se com grande frequência que, como imanente, Deus é muito envolvido pessoalmente com suas criaturas (um Deus pessoal), ao passo que, como transcendente, Ele deve ser impessoal e destituído de envolvimento na vida de suas criaturas. Embora alguns conceitos de Deus sigam de fato essa abordagem, veremos também teologias nas quais Deus, embora transcendente, se envolve em muitas relações pessoais, e outras em que Ele, embora interligado com o mundo natural, não se relaciona com suas criaturas de nenhuma forma pessoal.

Agora, voltando para a imanência divina: imanência significa que Deus está presente para e na ordem natural, na natureza humana e na história. Dependendo da concepção de Deus, imanência também pode significar que Ele está espaço-temporalmente próximo de sua criação ("próximo" é intencionalmente ambíguo para permitir que minha ideia se refira a opiniões de Deus que sejam panteístas, panenteístas, ou que retratem Deus como ontologicamente distinto de sua criação, mas onipresente nela). A proximidade também pode indicar que Ele interage e se relaciona com suas criaturas, embora em alguns casos Deus esteja metafisicamente próximo ao nosso mundo, mas relacionalmente distante.[49]

Uma série de concepções de Deus o vê como imanente em nosso mundo. Várias formas de politeísmo, tais como as religiões animistas e o panteão greco-romano, tendem a representar os deuses como muito próximos do nosso mundo. Além disso, os deuses greco-romanos são retratados, pelo menos na mitologia, respondendo e interagindo com mortais. Do mesmo modo, aqueles que acreditam em alguma forma de animismo sentem, muitas vezes, vários espíritos interagindo com eles e agindo nos episódios de suas vidas. O mesmo pode ser dito dos muitos *kami* xintoístas.

Passando do politeísmo para o panteísmo, encontramos opiniões segundo as quais Deus é muito imanente em nosso mundo. Dependendo da versão do panteísmo, Deus pode ou não ser muito pessoal e interativo com o universo. Por exemplo, no panteísmo da Nova Era, uma vez que todos são divinos, e uma vez que se pensa ser possível contatar espíritos de amigos e entes amados que partiram, o Deus imanente é muito pessoal e bem envolvido na vida de todos os seres vivos. Por outro lado, o Deus imanente de Hegel como Espírito, a consciência universal que une todas as pessoas, parece despersonalizar Deus. É difícil imaginar, por exemplo, alguém orando ao Espírito, e nem está claro como o Espírito poderia responder a tais orações.

As opiniões de Tillich e Macquarrie a respeito de Deus como ser-em-si também tornam Deus, em certo sentido, muito imanente. Como o poder do ser que dá a todas as coisas seu ser (ou, no sentido de Macquarrie, permite que todas as coisas sejam), Deus está muito envolvido em todas as coisas. Porém, nada disso significa que Ele seja pessoal. Uma vez que ser-em-si não é um ser, é difícil saber se Ele pode raciocinar, querer e sentir — características que parecem necessárias para os relacionamentos pessoais. Portanto, Deus como ser-em-si é bastante imanente, mas não necessariamente envolvido de alguma forma interativa na criação.

Finalmente, um dos aspectos das visões panenteístas, seja na teologia do processo ou em qualquer outra, é que Deus interpenetra tudo o que existe. A transcendência é radicalmente subestimada. Os sistemas panenteístas também sustentam que seu Deus é muito envolvido pessoalmente com o universo. Os teístas do processo, por exemplo, dizem que seu Deus é afetado pelo que acontece conosco; Ele muda conosco, crescendo sempre, de momento a momento, em seu conhecimento. Além disso, visto que seu corpo é o nosso mundo, Ele não só se solidariza conosco quando sofremos, mas de fato sente nossas dores e se alegra com nossas alegrias. Esse não é um Deus distante, desinteressado e indiferente.

Ao contrário da imanência, a transcendência divina significa que Deus é separado e independente da ordem natural e dos seres humanos. Isso geralmente significa também que Ele é superior a todas as coisas em nosso mundo.[50] Como Erickson explica, dentro do retrato bíblico de Deus, sua transcendência quase sempre é descrita em termos espaciais. Ele é descrito como "alto e elevado", "o que habita nas alturas" e assim por diante. Embora a transcendência divina pudesse sugerir um Deus distante interpessoalmente, nem sempre é assim. O Deus transcendente pode, de fato, ser muito envolvido na vida de suas criaturas.

Há muitas religiões com um Deus transcendente. Alá, o Deus do Islã, é o único Deus, e todos os demais são diferentes dele e inferiores a ele. Igualmente, certas formas de judaísmo ortodoxo e de cristianismo tradicional retratam Deus como uma divindade de magnífica grandeza, completamente separada da humanidade. Não há nada nem ninguém como Ele. Dependendo da teologia particular, este Deus totalmente diferente pode estabelecer relação com suas criaturas ou permanecer distante e indiferente ao que acontece com elas. Como veremos na próxima seção, uma forma de teísmo cristão associado a Anselmo e Aquino retrata Deus como um monarca absolutamente soberano, que se assenta nos céus indiferente e desconectado do que se passa em nosso mundo.

Há também um sentido em que o Brâman do hinduísmo é totalmente transcendente. E não é preciso dizer que o Deus do misticismo em suas várias formas é, em geral, totalmente transcendente e majestoso. Dependendo da forma de misticismo, quando um humano alcança de fato a união espiritual com esse Deus, essa união pode ou não obliterar a personalidade individual do místico.

Além disso, deveríamos mencionar também as visões do grande reformador cristão, Martinho Lutero. Lutero diferenciou o que chamou de *deus absconditus* (o Deus oculto) do *deus revelatus* (o Deus revelado). O último se refere especificamente a Jesus Cristo, enquanto o primeiro fala de Deus como um ser imaterial sobre o qual sabemos muito pouco. Jesus, a revelação mais completa de Deus, mostra-nos de algum modo como é o Deus oculto, mas jamais conseguimos obter uma imagem precisa do Deus oculto.

Muitos pensadores neo-ortodoxos, como Karl Barth,[51] e seus antecessores, como Søren Kierkegaard, assimilaram a diferenciação feita por Lutero. Embora nem sempre utilizem a terminologia de Lutero, e embora seus ensinamentos sobre o Deus oculto e o Deus revelado sejam diferentes dos de Lutero, eles de fato incluem essa distinção em sua obra. Deus, o Pai, é retratado como altamente acima de nós, totalmente diferente do que somos. Assim, o Deus do qual podemos saber muito é o Deus que se revela a nós. Tanto para Kierkegaard como para o Barth da *Dogmática eclesiástica*, essa revelação vem em Jesus Cristo e nos é dada num encontro pessoal. Para Barth, em especial, Jesus Cristo, não a Bíblia ou qualquer outra coisa, é o teor da revelação. Portanto, para esses teólogos, Deus é o Deus totalmente transcendente que se aproxima de nós na pessoa de Jesus Cristo. Por meio de Cristo, nós estabelecemos um relacionamento com Deus. Porém, como Barth nos lembra com frequência, em Cristo, Deus tanto se aproxima de nós como também permanece escondido. Deus é ocultado em sua revelação e revelado em sua ocultação.[52]

As visões deístas estão muito menos preocupadas em se adequar ao relato bíblico de Deus. O deísmo foi especialmente popular durante os séculos XVII e XVIII. Com os avanços da ciência, pensava-se que a natureza funcionava como uma máquina cujas leis podiam ser verificadas pela simples razão e pesquisa científica. Como resultado, ocorrências naturais que antes eram inexplicáveis podiam agora ser explicadas em termos do funcionamento normal da ordem natural. Não havia mais necessidade de apelar a Deus como causa máxima de tais eventos. A situação estava perfeita para o surgimento do deísmo. De acordo com essa visão, Deus é diferente de tudo em nosso mundo e não interage com ele. No início Ele criou o universo, mas depois se retirou dele para deixá-lo funcionar por si mesmo. Às vezes isso tem sido comparado a dar corda em um relógio e deixá-lo funcionar. O Deus deísta não age no mundo nem o sustenta, mas permanece completamente distante dele. De um ponto de vista prático, essa opinião é equivalente ao ateísmo, mas conceitualmente não o é, pois nega apenas a interação de Deus com nosso mundo, não a sua existência.

Nestes exemplos de imanência e transcendência divina, pode ser difícil reconhecer qualquer coisa que corresponda ao Deus bíblico. Nas Partes 2 e 3 deste livro, apresentarei o retrato de um Deus que é tanto imanente como transcendente. Ele é transcendente porque é um ser distinto que é infinito em seus atributos, ao passo que tudo o mais que existe é finito. Ninguém pode se comparar a Ele, e todos os outros deuses empalidecem em obscuridade e pequenez em contraste com Ele. Jó se impressionou com a revelação de Deus acerca de seu incrível poder e majestade, e qualquer um que venha a entender esse Deus, ainda que remotamente, reconhecerá que não há nada no universo que se equipare a Ele ou mesmo se aproxime.

Por outro lado, Ele é imanente como onipresente. Como disse Davi (Sl 139.7-10): *Para onde me ausentarei do teu Espírito?* Ninguém e nada que aconteça pode escapar à consciência de Deus. Porém, isso não significa que devamos adotar uma concepção panteísta ou panenteísta de Deus. A Bíblia ensina que Deus está presente com tudo o que existe, mas é distinto de tudo. Deus também é imanente no sentido de que é muito envolvido em nosso mundo (isto é, embora transcendente ontologicamente, Deus pode estar muito próximo de nós relacionalmente). A Bíblia nos mostra um Deus que se preocupa conosco profundamente e que responde às nossas necessidades. A linguagem que fala dele como o que responde às orações, vai à guerra em nosso favor, nos consola em tempos de tristeza não deve ser entendida de modo antropomórfico. Ele é o Rei que se preocupa.

Diversos modelos de teísmo cristão

Nesta seção nos voltamos para concepções de Deus que correlacionam uma série de ideias sobre Ele em um modelo explicativo geral para sua relação com o universo. Aqui eu uso o termo "modelo" para representar um sistema de ideias coerentes que pretende oferecer uma explicação bem fundamentada sobre quem Deus é e como Ele se relaciona com o mundo. Estou usando-o mais como faz um cientista quando fala de diferentes modelos ou hipóteses para explicar uma série completa de dados. Minha preocupação nesta seção são os modelos da tradição cristã.[53]

Durante muitos séculos de história da igreja houve uma maneira predominante de vislumbrar Deus, seus atributos e seu relacionamento com o mundo. Refere-se a esse modelo geralmente como a concepção cristã tradicional ou clássica de Deus. Contudo, nos últimos séculos, especialmente no século XX, houve desafios significativos para esse modelo. Mesmo entre os teólogos comprometidos com o cristianismo evangélico, o modelo clássico foi fortemente criticado e modificado. Por outro lado, teólogos e filósofos fora do campo evangélico abandonaram o modelo clássico em prol de formas completamente diferentes de compreender Deus.

O resultado é que, na cena contemporânea, há dois grandes modelos concorrentes de Deus: o modelo clássico e o modelo do teísmo do processo. Os teístas do processo retratam essas duas opções para os cristãos como uma coisa ou outra; por acreditarem que o modelo clássico está completamente ultrapassado, religiosamente inadequado e com menos apoio bíblico do que o próprio retrato que eles têm de Deus, os pensadores do processo acreditam que a escolha apropriada entre os dois é óbvia. Muitos teólogos concordam e, em menor ou maior grau, adotaram a compreensão que o processo tem de Deus.

Como estes são os principais modelos de Deus que competem no cristianismo, devemos entender o que cada um diz. Além disso, visto que a teologia do processo é uma rival importante para o cristianismo tradicional, pretendo fazer uma análise mais profunda desse assunto no Capítulo 4. Ainda assim, podemos descrever os contornos básicos de cada modelo neste capítulo. Porém, muitos pensadores cristãos consideram inaceitável ter de escolher uma coisa ou outra no teísmo clássico *versus* teísmo do processo. Consequentemente, houve no evangelicalismo dos últimos anos um repensar importante dos modelos de Deus com a intenção de formular uma posição mediadora entre o Cila do teísmo clássico e o Caríbdis da teologia do processo. A mais notável entre essas tentativas é a visão aberta de Deus (às vezes chamada de teísmo do livre-arbítrio). Nossa tarefa nesta seção é descrever esses três modelos de Deus. A crítica será reservada para os capítulos seguintes, mas a posição que defenderei neste livro não é representada por nenhum dos três. Eu oferecerei uma posição diferente, mediadora, o modelo do Rei que se importa.

O MODELO CLÁSSICO. Este modelo de Deus tem dominado o pensamento cristão na maior parte da história da igreja. Está ligado mais intimamente a Tomás de Aquino e Anselmo. Muitas vezes os opositores reclamam que também está enraizado na filosofia grega antiga. De fato, na literatura sobre as diferentes concepções de Deus encontramos com frequência uma disjunção entre "o Deus dos filósofos" e "o Deus de Abraão, Isaque e Jacó, o Deus da Bíblia". O primeiro é o Deus de Aristóteles e de outros filósofos gregos, e os críticos também acreditam que é muito parecido com o Deus do teísmo clássico. Assim, somos informados de que o Deus clássico não é o Deus da Bíblia.

Quanto ao contexto filosófico do modelo clássico, os filósofos gregos antigos estavam preocupados em encontrar algum elemento de estabilidade em um mundo onde tudo parecia estar mudando e no processo de vir a ser. Heráclito argumentou que toda a realidade está num estado de fluxo, mas esse pensamento era perturbador para a mente grega. Se tudo estiver mudando, e vem mudando desde toda a eternidade, como poderia ter havido um começo, uma criação de qualquer coisa que existe? Não é necessário haver alguma estabilidade num mundo de mudança para fundamentar esse mundo? Parmênides, Platão, Aristóteles e os estoicos não deram exatamente a mesma resposta, mas todos postularam algum elemento de permanência em um mundo de fluxo.

A resposta de Aristóteles é digna de nota, já que ele teve forte influência sobre Aquino. Aristóteles quis explicar tanto a estabilidade necessária para fundamentar o mundo, como o movimento ou a própria mudança. Para fundamentar o mundo, deve haver uma força motora que seja imóvel. Aristóteles argumentou que essa força imóvel deve ser "não-vir-a-ser" (perfeita), sem nenhuma potencialidade não realizada. Se houvesse potência na força imóvel, ela não seria necessariamente autossuficiente, pois alguma outra coisa, "não-vir-a-ser", seria necessária para causar seu movimento em direção ao ato. Visto que Aristóteles não defendia uma corrente de forças, em algum lugar essa corrente tinha de terminar com um ser que fosse um "não-vir-a-ser", sem motivo para mudar, porque já era perfeito e não poderia se tornar melhor. Essa força imóvel era suficiente para a própria existência, e não mudava e não podia mudar de forma alguma. A mudança seria apenas para melhor ou para pior, mas um ser perfeito não poderia melhorar, e não haveria razão para piorar.

Embora tenha fundamentado o universo em algo permanente, a força motora imóvel de Aristóteles não explicou o movimento dentro do universo. Pois, se uma força motora imóvel não pode mudar de jeito nenhum, como pode iniciar o movimento e a mudança no universo? Aristóteles respondeu que ela não o faz agindo sobre o mundo, pois isso exigiria uma mudança nela. Em vez disso, ela causa movimento por ser tão bela e perfeita que o universo deseja ser como ela, e por isso se move em direção a ela.

Pode-se falar muito mais de Aristóteles e outros filósofos gregos, mas já é suficiente para nossos propósitos. John Sanders argumenta que a ponte da filosofia grega para o pensamento cristão foi o pensador judeu Fílon de Alexandria (25 a.C.-45 d.C.), que tentou harmonizar o ensino bíblico com a filosofia grega.[54] Independentemente do modo exato pelo qual essas ideias encontraram o caminho para a teologia cristã, os estudiosos concordam que a influência grega no modelo clássico de Deus é inegável. A confiança de Aquino em Aristóteles é inquestionável. O que nos preocupa agora, no entanto, são os detalhes do modelo clássico.

O modelo clássico enfatiza fundamentalmente duas coisas. Por um lado, refere-se a um conjunto de atributos predicados de Deus. Fundamental para a compreensão clássica dos atributos divinos é que eles são todos perfeições em Deus, as quais Ele tem em um nível infinito.[55] Por outro lado, trata-se de quanto poder Deus tem e como Ele escolhe usá-lo em nosso mundo. Ronald Nash[56] e William Alston[57] são especialmente prestativos ao explicarem os atributos que vêm com o modelo clássico. Nash baseia-se no retrato do pensador do processo, David Ray Griffin (*God, Power and Evil* [Deus, poder e mal]), enquanto Alston apela para a comparação que o teólogo do processo, Charles Hartshorne, faz entre os modelos clássico e do processo (*Man's Vision of God* [A visão de Deus segundo o homem] e *The Divine Relativity* [A relatividade divina]).

Quanto aos atributos do Deus clássico, Nash (por meio de Griffin) destaca oito: pura realidade, imutabilidade, impassibilidade, atemporalidade, simplicidade, necessidade, onisciência e onipotência. Seguindo Hartshorne, Alston identifica nove: completude, pura realidade, necessidade total, simplicidade absoluta, criação *ex nihilo* por um ato livre de Deus, onipotência, incorporeidade, intemporalidade, imutabilidade e perfeição absoluta. Hartshorne divide esses atributos em dois grupos: o primeiro contém os quatro primeiros, e o segundo contém os cinco restantes. É claro que há sobreposição nas listas de Nash e Alston. Ao colocar as listas lado a lado, obtemos os seguintes atributos de Deus: 1) completude, 2) perfeição absoluta, 3) pura realidade, 4) necessidade, 5) imutabilidade, 6) impassibilidade, 7) atemporalidade, 8) simplicidade, 9) onisciência, 10) onipotência, 11) criação *ex nihilo* e 12) incorporeidade. Deixe-me definir cada um brevemente, pois assim surge uma imagem específica de Deus.

Primeiro, Deus é absoluto. Hartshorne quer dizer com isso que o Deus clássico é interna e totalmente desconectado do mundo. Ele não tem nenhuma relação com o mundo, seja pelo conhecimento que tem deste ou por suas ações.[58] Segundo, como absolutamente perfeito, o Deus clássico não pode se tornar melhor do que é, pois Ele já é o melhor. Nenhum ser o supera ou poderia superá-lo, pois Ele é o maior ser concebível.[59]

Terceiro, a noção de Deus como pura realidade remete a Aristóteles. Para Aristóteles e seus seguidores, cada coisa existente, exceto Deus, é uma combinação de realidade e potencialidade. Consequentemente, essas coisas podem crescer e mudar e de fato o fazem. Contudo, Aristóteles concluiu que a potencialidade é uma imperfeição, pois qualquer coisa que tenha potencialidade não é plenamente o ser que poderia ser. Ambos, Aristóteles e Aquino, concluíram que, visto ser Deus um ser perfeito, Ele deve ser totalmente real, sem potencialidade de se tornar algo mais do que é. Mas, então, quando se é perfeito, qual a necessidade de haver capacidade de mudar?[60]

Quarto, Deus é necessário, e isso envolve várias coisas. Significa que Deus existe necessariamente, e não de forma contingente. Diferente das coisas contingentes, que podem vir a existir ou deixar de existir, Deus, conforme é necessário, não pode fazer isso. É impossível para Ele não existir. Além disso, a necessidade significa que os vários atributos divinos são essenciais para seu ser; se perdesse qualquer um deles, Ele não poderia ser Deus. Finalmente, necessidade divina significa que toda verdade sobre Deus é necessariamente verdadeira. Não há afirmações sobre Ele que por acaso são verdadeiras, mas não precisariam ser (ou seja, contingentes). Toda verdade sobre Ele é necessária.[61]

Quinto, o Deus clássico é imutável no sentido sólido do termo. Isto significa que Ele é desprovido de qualquer mudança e, de fato, não pode mudar. Ele é imutável em seu ser, atributos, vontade e propósitos, mas seu conhecimento também é imutável e Ele não pode mudar em nível relacional. Ele não pode decidir abandonar alguma ação que pretendia realizar, e mesmo que um pecador se arrependa, Deus não pode mudar sua relação com ele de alienação e julgamento iminente para comunhão e bênção. A linguagem bíblica que sugere um modo diferente deve ser entendida de maneira antropomórfica e, portanto, não como uma verdade literal de Deus. A impassibilidade (sexto) vem com a imutabilidade, pois se não pode mudar de jeito nenhum, Deus também não pode mudar emocionalmente, e os teístas clássicos concordam que Deus não pode se zangar, entristecer ou ficar feliz. Como Anselmo explica em uma passagem citada com frequência, o fato de Deus ser compassivo significa que nós experimentamos coisas em tempos de necessidade que sugerem sua compaixão, mas, na verdade, Ele não sente essa emoção ou qualquer outra.[62] Quer esteja ou não consciente de nossa dor enquanto sofremos, Ele certamente não pode senti-la e sofrer conosco. A impassibilidade também significa que Deus não pode obedecer a ordens. Portanto, os relatos bíblicos de Moisés persuadindo Deus a ceder em sua decisão de destruir Israel (Êx 32.1-14) são antropomórficos. Orações ou argumentos de nenhuma pessoa podem realmente mover Deus a fazer algo que Ele já não tivesse planejado fazer.[63]

Sétimo, Deus também é atemporal, e isso se dá por causa de sua imutabilidade. Todos os cristãos conservadores consideram que Deus é eterno, mas os pensadores cristãos têm lutado com a forma de entender essa eternidade. Isso significa que Deus existe para sempre dentro do tempo, ou que existe fora do tempo? A noção clássica de Deus opta pela última, pois se Deus é totalmente imutável, Ele não pode sequer passar pela mudança da sucessão temporal. Embora esteja fora do tempo, Ele vê isso tudo como um eterno "agora".

Um corolário da imutabilidade, da impassibilidade e da eternidade é a simplicidade divina (o oitavo atributo clássico). Essa doutrina diz que Deus é desprovido de toda composição; Ele não é feito de partes diferentes. Isto significa, entre outras coisas, que não podemos separar a essência de Deus de seus atributos, nem um atributo é ontologicamente separado de outro. Os atributos de Deus são idênticos à sua essência, e isso requer, por implicação lógica, que cada um de seus atributos seja idêntico ao outro. Embora em pensamento possamos distinguir analiticamente os vários atributos divinos, em Deus essas qualidades não são ontologicamente diferentes umas das outras. Será falado mais sobre a simplicidade divina quando discutirmos os atributos divinos, mas por ora eu digo que, embora pareça muito estranha, essa doutrina é parte essencial da percepção clássica de Deus.

A seguir vêm a onisciência e a onipotência divina. Conforme a primeira, Deus conhece exaustivamente tudo o que pode ser conhecido. Ele não tem crenças falsas, e não há nada que Ele poderia aprender. Isso também significa que Ele tem conhecimento total do futuro, inclusive das ações de todos os seus seres criados. Ao longo dos séculos se tem discutido como isso pode ser assim ao se levar em conta a liberdade humana. Várias respostas foram oferecidas, mas uma coisa permaneceu estável: a visão clássica atribui a Deus o conhecimento do futuro.

Quanto à onipotência divina, alguns entendem seu significado como Deus podendo fazer qualquer coisa, até mesmo realizar uma incoerência, mas a visão predominante dentro do teísmo clássico coloca alguns limites ao poder divino. Deus não pode realizar uma incoerência, mas ninguém pode, portanto, não se julga isso como uma limitação significativa sobre Deus. Ele também não pode fazer nada contrário à sua natureza, tal como pecar, pegar um resfriado ou falhar em um teste. Como tudo isso significa que Deus deve ser quem é, nada disso é visto como um limite significativo sobre Ele.

Deus usou seu poder para criar nosso universo, e o entendimento mais típico dentro da tradição clássica é (atributo número onze) que Deus fez isso do nada (*ex nihilo*). Além disso, geralmente se argumenta que criar um mundo é uma coisa apropriada para Deus fazer, mas não é a única coisa apropriada. Não criar teria sido igualmente apropriado.[64] Assim, Deus é livre para criar ou não criar, e Ele é livre para escolher qualquer mundo que quiser criar.

Finalmente, o Deus clássico é uma substância imaterial. Como tal, não é composto de matéria, de forma alguma. Essa é uma razão para manter a simplicidade divina (como incorpóreo, Ele não tem partes físicas), mas não a única. O retrato que emerge dessa lista de atributos divinos é o de um Deus autossuficiente que não precisa de nada. Ele não muda de jeito nenhum e parece distante do nosso mundo. Embora a tradição clássica sustente que Deus de alguma forma pode e age em nosso mundo (a visão clássica não é deísmo), para a maioria a figura é de um Deus indiferente e distante.

Há um segundo elemento para a figura clássica, e ele só reforça o retrato de um Deus impessoal e distante. De acordo com a visão clássica, Deus é o monarca absolutamente soberano sobre o mundo. Ele faz sua vontade e do seu jeito em todas as coisas. Pouquíssimo poder, se é que algum, é doado à sua criação. Os opositores condenam isso afirmando que não deixa espaço para a liberdade humana e para a responsabilidade moral. No entanto, o Deus clássico culpa moralmente os humanos por suas ações, mesmo que eles estejam simplesmente seguindo o curso divinamente decretado para sua vida.

Os críticos da visão clássica acreditam que ela enfrenta problemas insuperáveis quanto à questão do mal. Se Deus ordena todas as coisas e realiza seus desejos em nosso mundo, como pode escapar da responsabilidade moral pelo mal que ocorre? Além disso, os críticos reclamam que esse Deus é um valentão cósmico que manda e que consegue o que quer, seja lá o que for. As críticas feministas, em particular, sustentam que é esse Deus dominador, tirânico, indiferente, distante e autossuficiente que tem sido usado para legitimar as sociedades patriarcais e opressivas ao longo de toda a história. A ideia de um Deus que é amigo e confidente, solidário às nossas necessidades e preocupado em nos ajudar a desenvolver as próprias potencialidades parece longe do Deus do teísmo clássico.

Ainda está por se verificar se as feministas estão certas, se um Deus com esse tipo de controle soberano é realmente um valentão cósmico e se esta visão não pode lidar com o problema do mal. Além disso, os defensores da visão aberta de Deus (como os teístas do processo) parecem pensar que a lista de atributos descrita acima está intricadamente ligada a essa noção de poder e controle divino em nosso mundo, de modo que, se tiver esses atributos, Deus inevitavelmente exerce esse tipo de soberania sobre o mundo (e vice-versa). Eu argumentarei que não há nenhum vínculo lógico entre os dois, mas os teístas do processo (e os adeptos da visão aberta, eu argumentaria) querem que acreditemos que há, pois então sua alternativa à visão clássica parece ser a única viável.

O MODELO DO PROCESSO. Os teólogos do processo adoram usar o modelo clássico como seu paralelo, e se deleitam em dizer que sua noção de Deus tanto corrige os excessos do Deus clássico como representa com mais precisão o Deus da Bíblia. Visto que eu pretendo dedicar um capítulo exclusivo a essa teologia, deixe-me apresentar aqui apenas as visões do processo relativas aos dois principais itens elaborados no modelo clássico: a lista de atributos divinos e a visão do controle divino em nosso mundo. À medida que prosseguimos, devemos lembrar que o Deus do processo é dipolar. Deus tem um polo imaterial, primordial, conceitual, e um polo físico, consequente. Este último polo é nosso mundo, e isso nos ajuda a antecipar o que os teístas do processo dirão sobre os atributos divinos.

Ao nos voltarmos aos atributos divinos, chegamos primeiro à completude. Os teístas do processo negam isso acerca de Deus, pois eles o veem como internamente ligado às suas criaturas por meio de seu conhecimento delas e da sua interação com elas.[65] Ele não é desinteressado e distante, mas essencialmente envolvido com sua criação. Ele é um Deus social, engajado em todos os tipos de relacionamentos com suas criaturas.

Segundo, nega-se a perfeição absoluta do Deus do processo. Visto que Deus, como todas as entidades verdadeiras, está constantemente no processo de se tornar, sempre é possível superar sua grandeza atual. Suas criaturas continuam adicionando-lhe valor. O Deus do processo é mais perfeito em qualquer momento do que qualquer outra entidade, mas à medida que continua a crescer e se desenvolver, Ele sempre supera sua grandeza anterior.[66]

Terceiro, a realidade pura é negada com relação ao Deus do processo. Ele não é tão perfeito quanto poderia ser e será, mas tem muitas possibilidades de mudança e melhoria. Isso não quer dizer que Deus concretizará todo o potencial inerente à sua natureza primordial, mas apenas que, em contraste com o Deus clássico, há possibilidades de Ele realizar à medida que cresce. Quanto à necessidade, os teístas do processo afirmam que a existência de Deus é necessária, mas isso não significa que não há contingência em Deus. Por exemplo, o fato de que Ele vai mudar parece inerente ao seu ser, mas o que Ele vai se tornar especificamente é contingente, dependendo de como suas criaturas crescem e se desenvolvem.[67]

Isto nos leva à imutabilidade, impassibilidade e atemporalidade, e as visões do processo são, uma vez mais, bastante previsíveis. Tendo um polo físico, Deus é claramente capaz de mudar e o faz. Ele muda não apenas em seus relacionamentos, mas também no próprio ser e em seus atributos. Seu conhecimento está constantemente crescendo à medida que Ele experimenta coisas novas com suas criaturas. Charles Hartshorne diz que o Deus do processo é imutavelmente mutável (variável). Igualmente, esse Deus é totalmente passível. Ao invés de simplesmente se identificar com nossas alegrias e tristezas de longe, já que estamos intimamente ligados com seu ser, Ele vivencia de fato nossas experiências à medida que as temos. Ele sofre conosco e também se alegra quando nós nos alegramos. Além disso, Ele responde quando oramos. Embora o Deus do processo não se sobreponha à liberdade humana, Ele se preocupa muito conosco e tenta gentilmente nos atrair para o melhor que Ele tem para nós. Consequentemente, buscar sua ajuda e consolo por meio da oração realmente produz algo. A linguagem bíblica acerca de Deus mudando sua mente ou estado emocional é para ser tomada à letra, e não tratada como antropomórfica. Além disso, o Deus do processo está preso no tempo, pois seu polo consequente está sujeito ao temporal, tornando-se exatamente como nós. Ele sabe que horas são e o que está acontecendo em nossa vida quando tal coisa acontece.⁶⁸ Os pensadores do processo argumentam que essas características (mutabilidade, passibilidade e temporalidade) tornam seu Deus muito mais adequado religiosamente do que o Deus do teísmo clássico. E, é claro, não há espaço para a simplicidade divina no Deus do processo. Se não houver nada mais, o polo físico de Deus é repleto de muitas partes diferentes e composto por elas.

Quanto à onisciência e onipotência, o Deus do processo tem limitações. Sendo mutável e estando envolvido no processo de se tornar, seu conhecimento é finito e cresce e muda constantemente. Além disso, por causa da liberdade humana, ninguém pode conhecer o futuro com segurança. Ter um polo primordial que seja o repositório de todas as possibilidades não ajuda nada a conhecer o futuro, pois ninguém sabe quais possibilidades se tornarão reais até que assim seja. Se a onisciência for definida como saber tudo o que há para saber, a ignorância do Deus do processo acerca do futuro não é limitação, pois ninguém pode conhecer o futuro. Quanto à onipotência, Deus tem todo poder que qualquer agente pode ter, mas isso não significa que Ele seja infinito em poder, nem mesmo que Ele possa fazer todas as coisas que são logicamente possíveis. Seu poder é finito e, é claro, sua operação em nosso mundo está sempre sujeita às limitações que lhe são impostas pela liberdade humana.

No que tange à atividade criativa de Deus no mundo, o teísmo do processo nega a criação *ex nihilo*. O Deus do processo é um Deus muito criativo, mas sua criatividade é exercida pela oferta contínua de novas possibilidades (por meio de seu polo conceitual) de se tornar. Segundo os pensadores do processo, a matéria é eterna, então Deus e o mundo das criaturas são necessários, mas o que Deus ou suas criaturas se tornarão especificamente depende do uso da liberdade das criaturas.⁶⁹

Finalmente, a teologia do processo nega o atributo divino clássico da incorporeidade. O polo primordial de Deus é imaterial, mas não é um ser distinto. Seu polo consequente, o mundo, está muito repleto de coisas corpóreas.

A concepção que o processo tem dos atributos divinos é bastante diferente da visão clássica, e o é intencionalmente. Porém, a história não termina aí, pois quando se trata de quanto poder o Deus do processo tem e usa em nosso mundo, há novamente um forte contraste com a visão clássica. O Deus do processo não é um monarca absoluto nem um negociante poderoso, desinteressado e indiferente que exige e consegue o que quer que seja. Embora os teístas do processo não utilizem as imagens de um amigo, seu Deus se parece muito mais com um amigo do que com um rei. É claro que alguns amigos podem ser muito exigentes e dominadores, mas não o Deus do processo. Ele nos encoraja de fato a seguir o que Ele tem de melhor para nós, mas jamais nos obriga a fazer nada contra nossa vontade. Em vez disso, Ele tenta nos atrair ao seu melhor com uma persuasão gentil.

Como um corolário, os teístas do processo acreditam uniformemente que os humanos possuem livre-arbítrio libertário, segundo o qual as ações são livres apenas se não forem determinadas de modo causal. Portanto, não importa quanto Deus quer que sigamos o objetivo que Ele tem para nós, Ele não pode garantir nenhum resultado. Nós sempre podemos lhe resistir e fazer o que escolhermos fazer. Por causa disso, Deus não pode remover o mal que produzimos ao abusarmos de nossa liberdade, mas Ele pode e, de fato, sofre conosco ao passarmos por provações e tribulações nesta vida. Os teístas do processo acreditam que esta é uma resposta mais satisfatória do que a do teísmo clássico para o problema do mal.

Ao refletir sobre o modelo do processo, devemos dizer que esse Deus certamente parece um companheiro muito simpático. Ele está sempre conosco e se preocupa profundamente conosco. Ele nos faz poucas, se é que alguma, exigência e sempre nos deixa fazer o que queremos. Quando rejeitamos suas tentativas de nos persuadir a escolher seus objetivos e nos colocamos em apuros, Ele não diz: "Eu avisei", nem tem o poder de nos livrar desse problema, mas se posiciona amorosamente ao nosso lado e sofre conosco.

Se fosse para construir um Deus conforme o próprio gosto, muitos provavelmente pensariam que esse Deus tem as qualidades necessárias. Como resultado, o modelo do processo é uma visão muito poderosa de Deus nos tempos atuais, mesmo entre muitos que não engolem tudo o que envolve a metafísica de Whitehead. Encontramos feministas e outros teólogos da libertação muito atraídos a esse Deus que parece estar sempre do lado dos oprimidos, sem jamais Ele próprio oprimir ninguém. Porém, como veremos no Capítulo 3, essa visão tem vários outros apoiadores provenientes de uma variedade de grupos contemporâneos.[70]

A VISÃO ABERTA. Apesar de haver os que são atraídos pela visão do processo, outros continuam pouco convencidos. Contudo, eles não defendem um retorno ao Deus clássico. Eles argumentam que o teísmo clássico e o teísmo do processo não são as únicas opções, pois propõem uma solução mediadora para ambos, a qual chamam de visão aberta de Deus.[71]

Embora a visão aberta tenha afinidades com ambas, a teologia clássica e a teologia do processo, também há diferenças significativas. Assim como a visão de processo, a visão aberta retrata Deus como profundamente apaixonado por sua criação e mais responsivo a ela. Porém, os defensores da visão aberta rejeitam a noção que o processo tem de um Deus dipolar. O Deus incorpóreo metafisicamente distinto do teísmo clássico é suficiente para os teístas abertos, desde que não inclua também o isolamento e a ausência de relação tradicionalmente associados ao Deus clássico. Além disso, os defensores da visão aberta não querem um Deus tão impotente e finito como o Deus do processo, por isso admitem que Deus tem todo o poder que a visão tradicional atribui a Ele. A questão é que normalmente Ele opta por não exercê-lo, de modo a dar lugar ao livre-arbítrio libertário humano. Em suma, os defensores da visão aberta acreditam que sua imagem de Deus é mais fiel à Bíblia, ao mesmo tempo em que oferece uma visão religiosamente adequada de Deus. Além disso, eles acham que suas opiniões realmente combinam com a maneira como a maioria dos cristãos conservadores pratica sua religião, mesmo que a prática desses cristãos pareça inconsistente com o Deus clássico que eles aparentemente adotam.[72]

Richard Rice oferece evidência bíblica para essa visão. Ele inicia sua descrição do Deus aberto dizendo que o livro *The Openness of God* [A abertura de Deus] "apregoa duas convicções básicas: o amor é a qualidade mais importante que atribuímos a Deus, e o amor é mais do que cuidado e compromisso; tem a ver também com ser sensível e responsivo".[73] Como resultado, a visão aberta oferece um Deus cuja relação com o mundo é dinâmica, em vez de estática.[74] O amor se torna primordial e é o atributo divino controlador tanto no Antigo como no Novo Testamento.

O que isto significa para os atributos divinos associados ao teísmo clássico e tão fortemente atacados pelos teístas do processo é que, na maior parte das vezes, a visão aberta toma o partido dos pensadores do processo, embora em algumas áreas eles concordem com a visão clássica. Por exemplo, eles concordam com a visão clássica de que Deus é incorpóreo, eles acreditam que Deus criou o universo *ex nihilo* e defendem que Deus tem existência necessária e é absolutamente perfeito. No entanto, eles aceitam a alegação do processo de que certas coisas acerca de Deus são contingentes. Quanto à realidade pura, eles rejeitam a visão que o processo tem de um "Deus em crescimento e desenvolvimento", que tem possibilidades metafísicas ainda não realizadas. Para a visão aberta, a natureza e os atributos de Deus estão definidos, mas, devido à noção da realidade pura estar tão ligada, na visão tradicional, a um Deus estático que não pode mudar de jeito nenhum, eles abdicam de usar tal linguagem sobre Deus.

A maior deserção da visão clássica por parte dos teístas abertos envolve os outros atributos divinos. Por exemplo, os defensores da visão aberta negam que Deus não esteja internamente relacionado à sua criação (isto é, que Ele seja absoluto). Na verdade, um Deus que é dinamicamente relacionado e responsivo às suas criaturas é uma das marcas desta perspectiva. Por causa da responsividade de Deus, as doutrinas tradicionais de imutabilidade e impassibilidade fortes são rejeitadas. Contudo, quanto à imutabilidade, o Deus da visão aberta não está tão "em construção" como o Deus do processo. Os defensores da visão aberta afirmam que a natureza e os atributos de Deus são imutáveis. Ele não deixará de ser amoroso, justo, benevolente ou santo, nem se tornará mais amoroso, justo e assim por diante; mas Deus não é inteiramente imutável. Por um lado, Ele muda seus relacionamentos. Como exemplo, diz Rice, o livro de Oseias mostra Deus expulsando seu povo Israel por sua infidelidade (Os 2.2) e decidindo colocá-los em desgraça pública (2.10), mas mais tarde retrata Deus como se estivesse mudando da vingança para a reconciliação (2.14,19,20).[75] Além disso, a Bíblia quase sempre retrata Deus como mudando sua mente, e essa linguagem não deve ser entendida antropomorficamente; ela sinaliza mudanças reais no pensamento de Deus. Por isso, o Senhor lamentou ter criado a humanidade, porque eles eram tão maus, e decidiu destruí-los com o dilúvio noético (Gn 6.6). Ele se arrependeu de ter feito Saul rei de Israel (1Sm 15.35) e decidiu removê-lo. Ele estava preparado para destruir Israel porque eles haviam adorado o bezerro de ouro, mas Moisés intercedeu e persuadiu Deus a mudar de ideia (Êx 32.12-14). E, é claro, por intermédio de Jonas Ele prometeu destruir Nínive incondicionalmente, mas mudou de ideia quando essa cidade se arrependeu.[76]

O NT também mostra Deus mudando os relacionamentos. A própria encarnação demonstra o desejo de Deus de ter um relacionamento mais próximo conosco. Quanto a restaurar os relacionamentos consigo mesmo, os quais são destruídos pelo pecado, Rice diz que 2Coríntios 5.18-20 "ressalta a verdade central do Novo Testamento de que Deus é sempre o sujeito, e nunca o objeto da reconciliação. Ele é o agente, não o recipiente da reconciliação".[77] Este não é um Deus que permanece distante e desligado de nós.

A impassibilidade divina também é negada, porque a Bíblia retrata Deus como alguém com sentimentos e emoções. Diz-se que Deus tem deleite ou prazer em muitas coisas diferentes (p. ex., Dt 30.9; Sl 149.4; Jr 9.24). Ele é um Deus de compaixão e amor (Jr 31.20; Os 11.1,3,4,8), mas às vezes um Deus que também se irrita e ameaça o juízo (Os 2.2,4,9,10).[78] A vida e o ministério de Jesus são outros exemplos das emoções de amor e compaixão de Deus por nós. Rice acha especialmente reveladoras as parábolas de Lucas 15, pois as parábolas da ovelha perdida, da dracma perdida e do filho pródigo ilustram vividamente a atitude de Deus para com os pecadores. Elas mostram não apenas a restauração que Deus dá aos pecadores perdidos, mas também sua total alegria em recuperar o que estava perdido.[79] Além disso, esse Deus não só se solidariza conosco, mas também sofre conosco na pessoa de Cristo. E a morte de Cristo mostra o compromisso de Deus em estabelecer um relacionamento com suas criaturas, pois isso foi algo que Deus planejou com muita antecedência (1Pe 1.20; At 2.23).[80]

Os teístas abertos também rejeitam a atemporalidade divina, pois um Deus tão intimamente envolvido em nosso mundo deve estar consciente da passagem do tempo e sujeito a ela. Além disso, visto que as mudanças temporais (representadas pelas diferentes ações e reações de Deus) dão uma sequência à sua experiência, não podemos mais dizer que sua experiência é desprovida de partes ou indivisível em experiências distintas.

Os próximos são onipotência e onisciência, e a compreensão que a visão aberta tem desses atributos está interligada ao seu ensinamento a respeito do controle soberano divino sobre o mundo. Porque os defensores da visão aberta veem esta última questão ligada tão intimamente à visão dos atributos de Deus, ao longo de sua obra eles dão a impressão de que, se alguém comprar um pacote (a compreensão clássica dos atributos divinos ou a visão clássica de Deus como monarca absoluto), o outro automaticamente vem junto. É central para a visão aberta a crença de que os humanos têm livre-arbítrio libertário. Esta é a visão de que "um agente é livre com respeito a determinada ação em determinado momento se nesse momento estiver dentro do poder de tal agente realizar a ação e também se estiver no seu poder evitar a ação".[81] As ações não são determinadas causalmente, mas livres. David Basinger admite que, às vezes, Deus pode se sobrepor à nossa liberdade para alcançar seus objetivos, mas normalmente não o faz.[82]

O compromisso com a liberdade libertária significa que Deus é impotente em vez de onipotente? De modo algum, diz o teísmo aberto. Deus é absolutamente soberano, mas por amor às suas criaturas Ele lhes concedeu algum poder e evita exercer todo o seu poder. Isso mostra mais uma vez um Deus que é sensível às nossas necessidades e desejos, mas ainda é tão soberano quanto a visão clássica sugere; Ele apenas escolhe não usar esse poder. Deus também é onipotente no sentido de que pode fazer o que quer que seja logicamente consistente e consistente com a sua natureza. É claro, controlar as ações livres de suas criaturas não é algo que Ele possa fazer, nem qualquer outra pessoa pode. Tudo isso significa que Deus assume riscos conosco. Podemos usar nossa liberdade para amá-lo e escolher seu caminho, mas também podemos usá-la para rejeitá-lo e desapontá-lo. Portanto, Deus é vulnerável, mas como o Deus carinhoso e amoroso que é, decidiu assumir os riscos que as criaturas livres apresentam.[83]

Tais visões têm implicações para o conhecimento de Deus. Ele é onisciente, contanto que onisciente signifique conhecer tudo o que pode ser conhecido. Com criaturas que têm livre-arbítrio libertário, não há maneira segura de saber ao certo o que elas vão fazer. Por isso, a visão aberta rejeita as tentativas de sintetizar o pré-conhecimento divino e o livre-arbítrio libertário e afirma que Deus não conhece o futuro. Ele tem um conhecimento total do passado e do presente, e nos conhece completamente. Isso quase sempre permite que Ele tenha uma boa ideia do que vamos fazer, mas até que o façamos, não há garantias.[84] A falta de conhecimento de Deus sobre o futuro também significa que, embora tenha esperanças e planos para o que vai acontecer, Ele pode precisar descartá-los e escolher outro curso de ação, uma vez que vir o que fazemos.[85]

Alguns se perguntarão de que modo essa noção de onisciência divina pode se ajustar à profecia bíblica. Os defensores da visão aberta antecipam essa objeção e respondem dividindo as profecias bíblicas em três tipos. O primeiro conjunto revela as intenções que Deus tem de fazer algo no futuro, independentemente do que suas criaturas fazem (p. ex., Is 46.10,11). Rice diz acerca dessas profecias: "Se a vontade de Deus é a única condição necessária para que algo aconteça, se a cooperação humana não está envolvida, então Deus pode garantir unilateralmente o seu cumprimento e pode anunciá-lo antecipadamente".[86]

Um segundo conjunto de profecias indica "o conhecimento de Deus de que algo vai acontecer porque as condições necessárias para isso foram cumpridas e nada poderia concebivelmente impedir".[87] A previsão que Deus fez sobre o comportamento do faraó parece se encaixar nessa categoria, pois seu comportamento era tão rígido que Deus pôde prever precisamente o que ele faria.[88] A última categoria de profecias nos diz o que Deus pretende fazer se certas condições prevalecerem. Como essas profecias estão condicionadas ao que fazemos, se não cumprirmos as condições, Deus não fará o que pretendia fazer caso tivéssemos cumprido as condições. Nada disso significa que Deus está equivocado ou mentiu sobre o futuro, mas apenas que estas não são previsões seguras sobre o que acontecerá. Jeremias 18 é um exemplo desse tipo de profecia, pois prediz a destruição a menos que o povo de Israel mude seus caminhos.[89]

Também ocorre nesse modelo de Deus que Ele não predeterminou o que quer que aconteça. Fazer tal coisa seria agir como um monarca dominador preocupado apenas com o que Ele quer. Como esse não é o Deus aberto, a história não é a prática de seus decretos predeterminados, irresistíveis e às vezes inescrutáveis. Pelo contrário, a história está aberta ao que quer que façamos dela. Isto torna o futuro uma aventura desconhecida, não só para nós, mas também para Deus. Além disso, com um Deus assim, nossas orações e petições realmente importam, pois por elas podemos mover Deus a fazer coisas que, do contrário, Ele não planejou fazer.[90]

Os defensores da visão aberta também afirmam que sua posição oferece o melhor tratamento do problema do mal. Diferentemente da visão do processo, a visão aberta não resolve o problema do mal tornando Deus tão impotente e finito que Ele não é culpado pelo que acontece em nosso mundo porque não pode fazer nada a respeito. Deus tem o poder de abater o mal e, ocasionalmente, Ele intervém para fazê-lo. Porém, a principal razão pela qual Deus não remove o mal, de acordo com o teísmo aberto, é que fazê-lo eliminaria a liberdade humana. Tendo decidido nos dar tal liberdade, Deus não pode nos obrigar a fazer livremente o que é certo. Logo, Deus não é o autor do mal, e tem razão moral suficiente para não o impedir.[91] Além disso, a visão aberta considera esse tratamento do problema do mal como superior à visão clássica. Na visão clássica, tudo que acontece resulta dos decretos eternos de Deus e da aplicação que faz deles na história. Porém, como os planos de Deus para o nosso mundo incluíam evidentemente o mal, a visão aberta afirma que o Deus clássico deve ser culpado por fazer este mundo, tanto por não remover o mal que há nele como porque, por meio de seus decretos eternos, Ele é o autor do mal. Os defensores da visão aberta veem a posição clássica como irremediavelmente falha neste aspecto, ao passo que pensam que sua visão evita tais problemas, responde satisfatoriamente ao problema do mal, e o faz sem se render à visão do processo de Deus como impotente.[92]

A visão aberta é uma alternativa distinta aos modelos clássico e do processo de Deus.[93] É um lembrete útil de que essas duas opções não são as únicas escolhas. Contudo, neste livro eu argumentarei que todos os três modelos devem ser rejeitados em favor de outra alternativa que tente mediar entre a visão clássica e a do processo. Os contornos exatos desse modelo aguardam explicação nos próximos capítulos deste livro.

Três compreensões da metafísica da teologia cristã

Há outra forma geral de classificar as teologias cristãs. O foco são as obrigações de Deus com relação a criar um mundo ou não, e que tipo de poder Deus tem e usa para criar um mundo e estabelecer sua governança moral. Esses sistemas também abordam como os seres humanos aprendem quaisquer regras que Deus tenha estabelecido. A descrição desses sistemas teológicos é preparatória para estudar o problema do mal, e como discutirei esse tópico no Capítulo 16; vou esboçar aqui apenas as linhas gerais desses sistemas.

O primeiro sistema é conhecido como teonomia. Esta visão de mundo deve ser diferenciada das abordagens contemporâneas da ética que compartilham o mesmo rótulo e são exemplificadas na obra do eticista e apologista Greg Bahnsen. Na Idade Média, a teonomia como sistema metafísico era chamada de voluntarismo e era exemplificada no pensamento de filósofos/teólogos como Guilherme de Ockham. Segundo esta visão, só Deus deve existir, e Ele deve ter liberdade ilimitada e irrestrita para fazer o que lhe agradar. Em formas mais radicais de teonomia, Deus tem poder até mesmo para violar a lei da não contradição. De acordo com a teonomia, sejam quais forem as regras de ética, epistemologia, física etc. que existam em nosso universo, são escolhidas por Deus, e Ele é livre para escolher as leis que quiser. Além disso, se quiser mudar essas leis mais tarde, Ele tem poder para fazer isso. Quanto à moralidade, nenhuma ação é intrinsecamente boa ou má, ou melhor ou pior, pois cada uma tem seu valor apenas conforme o valor que Deus coloca sobre ela. Deus está sujeito a essas leis somente se assim decidir obrigar a si mesmo; caso contrário, Ele está além das regras do bem e do mal que ordena a nós. Visto que Deus pode escolher e mudar as regras em qualquer área da vida (mesmo arbitrariamente, de acordo com algumas formas da teonomia), a única maneira de saber como o universo opera e quais são as regras é por meio da revelação divina das escolhas de Deus, e de maneira alguma pela razão. Dentro da tradição cristã, teologias que enfatizam a transcendência absoluta e o poder ilimitado de Deus pendem na direção da teonomia. Por isso, algumas formas do teísmo clássico se encaixam na abordagem teonomista, mas um teísta clássico não precisa ser um teonomista. Deveríamos notar também que os sistemas judaico e islâmico fortemente ortodoxos tendem à teonomia.

Um segundo sistema aparece na obra do filósofo racionalista Gottfried Wilhelm Leibniz. Ao contrário da teonomia, onde a vontade de Deus governa, no universo de Leibniz a razão governa. Em seu sistema racionalista extremo, todas as leis da lógica, da ética etc. são leis necessárias no universo. Seja o caso qual for, ele assim é em virtude do princípio da razão suficiente, que estipula que, para qualquer coisa que acontece, deve haver uma razão suficiente para ter acontecido, e não outra coisa qualquer. Além disso, no sistema de Leibniz Deus deve criar um mundo, e deve ser o melhor de todos os mundos possíveis (para Leibniz, a ideia de um mundo melhor é explicável). E qualquer coisa que seja verdadeira nesse universo pode ser discernida somente pela luz da razão pura, sem auxílio da revelação. Na teonomia Deus antecede a lógica, mas no racionalismo Leibniziano, a lógica antecede a teologia. Nem mesmo Deus ousa violar as doutrinas da razão.

Uma posição final e mediadora é chamada de racionalismo modificado. É como a teonomia ao não reivindicar que tudo pode ser discernido somente pela razão, nem sustentar que tudo relacionado ao mundo exprime alguma lei necessária. Além disso, o racionalismo modificado não exige que Deus crie um mundo, mas sustenta que criar um mundo é algo apropriado a Deus fazer (não criar seria igualmente apropriado). Para o racionalismo modificado, não existe um possível mundo melhor, mas apenas possíveis mundos bons e maus. Se Deus decidir criar um mundo, Ele deve escolher um dos possíveis mundos bons para não ser culpado de fazer algo errado ao criar um mundo.

O racionalismo modificado também difere da teonomia ao afirmar que há coisas que são inerentemente boas ou más, à parte do que Deus diz sobre elas. Além disso, enquanto apenas algumas formas de teonomia exigem que o poder de Deus esteja sujeito à lei da não contradição, a maioria dos sistemas racionalistas modificados define a onipotência divina para que Deus trabalhe dentro das regras da razão. Portanto, em tal universo, as coisas prevalecem de acordo com a razão, e quase sempre se pode discernir por que as coisas são como são usando a razão. Contudo, algumas coisas só podem ser conhecidas por revelação.[94]

Em relação à nossa discussão anterior sobre os três modelos diferentes de teísmo cristão, muitos defensores de um modelo clássico concordariam com o racionalismo modificado. A visão aberta também pressupõe a metafísica racionalista modificada, e a minha posição pessoal também o faz. Na verdade, muitas teologias estão debaixo do guarda-chuva do racionalismo modificado. Contudo, o modelo do processo vai além do limite do cristianismo evangélico histórico (representado mais pela teonomia e pelo racionalismo modificado) e não se encaixa em nenhum desses três sistemas (embora, dos três sistemas, o teísmo do processo pareça mais com o racionalismo modificado).

Como deveríamos entender a linguagem a respeito de Deus?

Têm surgido várias questões sobre a significação da linguagem teológica e religiosa. Uma delas pergunta a que o termo "Deus" se refere e até mesmo o que quer dizer.[95] Outra questiona o que os usuários da linguagem religiosa pretendem fazer ao usar tal linguagem. Tem-se argumentado que, caso esses usuários pretendam afirmar fatos (como se faria na história e na ciência), isso seria uma interpretação incorreta da natureza da religião e da linguagem religiosa.[96]

Embora ambas sejam importantes e interessantes, não podemos abranger aqui todas essas questões filosóficas. No entanto, existe outro problema (no mínimo tão antigo quanto a era medieval) que é relevante para o restante deste livro. Em vários capítulos eu discutirei o ser de Deus, os atributos divinos e as ações divinas. Porém, como devemos entender essas afirmações sobre Deus? A maioria das afirmações que faríamos sobre Deus utiliza linguagem que os seres humanos utilizam, mas Deus não é um ser humano. Especificamente, Ele não tem corpo, mas muitos atributos e ações que afirmamos acerca dele parecem exigir que Ele tenha um corpo. Além disso, mesmo quando não se faz necessária nenhuma referência às partes materiais para se afirmar algo sobre Deus, como é que sabemos que nossas palavras, quando usadas em relação a Deus, significam o que significam quando usadas em relação aos humanos, já que Deus é infinito e nós somos finitos? Na verdade, como sabemos que nossas palavras a respeito de Deus têm algum significado?[97]

William Alston ajuda a explicar a natureza do problema distinguindo os predicados "extrínsecos" e "negativos", por um lado, e os "intrínsecos" e "positivos", por outro. Os primeiros não dizem nada de como é o sujeito, enquanto os últimos atributos sim.[98] Alston explica que a questão não é se podemos fazer quaisquer afirmações verdadeiras a respeito de Deus, mas se alguma de nossas afirmações intrínsecas e positivas diz algo literalmente verdadeiro a respeito dele.[99]

Então, o que podemos dizer a respeito de Deus verdadeiramente? E entendemos tais afirmações como literalmente verdadeiras ou não? Houve várias respostas ao longo da história dessa discussão. Uma primeira resposta nega que possamos dizer qualquer coisa sobre Deus, literal ou figurativamente, porque Deus é incompreensível e, portanto, inefável. Vários místicos adotaram essa visão, mas outros também a defenderam. Alguns teólogos qualificam a visão distinguindo Deus entre como Ele é em si e como Ele é em sua relação conosco. Em si mesmo, Ele é totalmente incompreensível, então, mesmo que possamos dizer algo sobre suas relações conosco, nada disso capta o que Ele é em si mesmo. Portanto, não sabemos realmente o quanto nossa linguagem a respeito das relações de Deus conosco nos diz a respeito dele próprio.[100]

Harold Netland oferece uma pesquisa muito útil das posições que afirmam que Deus é incompreensível e inefável,[101] e levanta objeções significativas a elas. Como argumenta, há algo correto nessa visão, apesar dos problemas relevantes. O aspecto essencial da verdade é que não podemos saber tudo a respeito de Deus. Sem dúvida, há mistérios sobre Ele que nenhum de nós compreende. Porém, devemos reconhecer que isso não significa que não saibamos nada sobre Ele, de maneira alguma, ou que nenhuma de nossas afirmações, quer literal ou simbólica, seja verdadeira.

Como mostra Netland, o maior problema com a posição da inefabilidade é que é difícil formulá-la de um modo que faça sentido. Ainda mais, é difícil ver como ela evita refutar a si mesma. Netland oferece quatro formulações possíveis e mostra que cada uma apresenta esses problemas.[102] Sua primeira formulação ilustra os problemas. Ela diz assim: "Não se pode fazer quaisquer declarações significativas e informativas a respeito de Deus".[103] Netland a analisa corretamente, conforme segue:

> Primeiro, essa formulação exclui a possibilidade de qualquer conhecimento de Deus ao sugerir que não se podem fazer afirmações verdadeiras ou falsas a respeito dele. Isso não só é teologicamente inaceitável, mas também devemos perguntar com que base se pode fazer tal negação categórica do conhecimento de Deus. Segundo, essa tese é autorrefutável. Ela expressa de fato uma declaração sobre Deus — a saber, que sendo o que é a natureza de Deus, não se pode fazer nenhuma declaração significativa a respeito dele.[104]

Uma segunda resposta de como podemos falar de Deus de forma significativa é menos pessimista do que a primeira. Ela concorda que Deus é incompreensível, mas afirma que podemos fazer alguns comentários verdadeiros a respeito dele. Contudo, para esta visão, é vital a noção de que não podemos fazer quaisquer afirmações positivas de Deus, apenas negativas. Esta abordagem é conhecida como a *via negativa*, que sustenta que as únicas coisas que podemos afirmar a respeito de Deus são coisas que dizem o que Ele não é. Assim, atribuir a Ele a incorporeidade, infinitude, onipotência e onisciência significa que Ele não tem corpo, não é limitado, não é impotente e não é ignorante.[105] Porém, nada disso nos diz positivamente o que são de fato a inteligência divina, o poder etc. Dada a diferença entre um Deus infinito e criaturas finitas, não podemos saber nada positivamente, com certeza, a respeito de como Deus exemplifica esses atributos, muito embora saibamos como nós o fazemos.

Como Armstrong demonstrou, a *via negativa* tem uma longa tradição na filosofia e remonta pelo menos ao antigo filósofo grego Plotino. O filósofo judeu Maimônides defendeu essa abordagem, e houve outros dentro da tradição cristã que também o fizeram.[106] Apesar de seus adeptos, ela tem alguns problemas relevantes. Quando dizemos que Deus é onisciente, não estamos de fato querendo dizer nada mais do que "Ele não é ignorante"? A maioria diria que o significado disso é que pelo menos Deus conhece todas as coisas que se podem conhecer e não tem crenças falsas. Isso não é algo positivo que podemos afirmar a respeito de Deus? Sem dúvida, termos como "incorpóreo" e "infinito" se encaixam melhor no conceito básico da *via negativa*, mas isso não significa que o mesmo seja verdadeiro para todos os atributos divinos. Além disso, fazemos afirmações positivas a respeito de Deus quando predicamos seus atributos morais, tais como amor e justiça. Por isso, embora a *via negativa* seja útil até certo ponto e nos lembre de especificar da maneira mais clara possível o que significam as afirmações a respeito de Deus, ela não parece ser a melhor maneira de lidar com a questão que está diante de nós.

Uma terceira abordagem a essa questão garante que Deus é, em última análise, incompreensível e "totalmente diferente" de nós. No entanto, não conclui que não podemos dizer nada sobre Deus ou apenas falar do que Ele não é. Pelo contrário, todos esses fatores a respeito de Deus nos fazem concluir que devemos sempre considerar metafórico ou simbólico o discurso acerca dele. Esta posição se tornou popular na teologia contemporânea. Tillich diz que tudo o que dizemos a respeito de Deus é simbólico, exceto a afirmação de que Ele é ser-em-si ou o fundamento do ser. Outros têm afirmado que, devido à diferença de Deus em relação a nós, tudo o que dizemos a respeito dele é metafórico.[107]

Esta proposta tem mérito, mas também tem problemas importantes. Do lado positivo, é verdade que várias afirmações bíblicas devem ser vistas como metáforas. Chamar Deus de rocha, pastor ou fogo consumidor, ou ainda dizer que Jesus é a porta, é usar a linguagem não de modo literal, mas metafórico. Além disso, se assumimos que Deus é puro espírito, quando os escritores falam da "mão de Deus", "os olhos de Deus", "a face do Senhor", suas afirmações são antropomórficas e, como tais, metafóricas. Portanto, há um elemento de verdade no que esta posição afirma.

Contudo, também há um grande problema em sustentar que *toda* linguagem a respeito de Deus é metafórica. Este é o caso mesmo se considerarmos a única afirmação literal de Tillich de que Deus é ser-em-si. As figuras de linguagem (metáforas, símiles etc.) comparam coisas, todas elas conhecidas. Entendemos a metáfora porque sabemos o suficiente do que é literalmente verdadeiro a respeito de cada coisa que é comparada. Se eu disser: "as árvores baterão palmas e cantarão", estou comparando humanos e árvores. As árvores não têm mãos, mas elas têm galhos e folhas que farfalham ao vento. Também sei que quando os humanos batem palmas e cantam, o significado é aprovação, alegria ou ambas. Pelo fato de saber o suficiente sobre o que é literalmente verdade a respeito das árvores e dos humanos, posso entender a figura de linguagem contida em "as árvores baterão palmas e cantarão". Porém, e se eu fosse ignorante quanto à natureza e às atividades das árvores ou dos humanos? Como então eu poderia entender a metáfora? Parece que eu tenho de conhecer pelo menos alguma coisa literalmente verdadeira acerca de ambos se quiser fazer mais do que apenas adivinhar o significado da metáfora. E se isto é assim para as coisas na terra que são constituídas de uma parte material, quanto mais deverá ser quando uma das coisas que se estiver comparando for imaterial e não sujeita à observação empírica! Portanto, para que as metáforas a respeito de Deus façam sentido, eu tenho de conhecer algumas coisas a respeito dele que sejam tanto literais como verdadeiras.[108]

Se tivéssemos de dizer algo literal sobre Deus, isso significaria que a linguagem usada em relação a Ele teria de ter o mesmo sentido de quando usada em relação aos humanos? Se não, significaria que seria utilizada equivocadamente em relação a Deus e a nós? Tomás de Aquino levantou essas questões há muito tempo, e suas respostas ainda são muito úteis. Predicar os termos de Deus com o significado exato que eles têm quando usados em relação a nós é chamado de predicação unívoca. Tomás de Aquino negou que nossa linguagem de Deus funcione assim. "A predicação unívoca é impossível entre Deus e as criaturas. A razão [sic] disso é que todo efeito que não seja resultado proporcional do poder da causa eficiente recebe a semelhança do agente não em sua totalidade, mas em uma medida que não é satisfatória; de modo que o que se divide e se multiplica nos efeitos reside no agente simplesmente, e de maneira invariável".[109] Essa resposta apela para a doutrina de Aquino de que as coisas verdadeiras acerca de um efeito são assim porque são derivadas de uma causa com as mesmas qualidades. Consequentemente, o amor em um ser humano vem do Deus Criador, que também é amor. Contudo, Deus e nós somos tão diferentes que não podemos ter certeza de que o amor que "reside no agente simplesmente" (isto é, em Deus) é a mesma coisa que suas criaturas possuem quando são amorosas.

Se a diferença entre o Criador e a criatura significa que o mesmo termo não pode ser predicado a respeito de ambos univocamente, seria então usado equivocadamente a respeito dos dois, ou seja, em sentidos completamente diferentes? Ao responder negativamente, Aquino explica que tal linguagem não pode ser equívoca, "porque, se assim fosse, seguir-se-ia que das criaturas nada poderia ser conhecido ou demonstrado a respeito de Deus; pois o raciocínio estaria sempre exposto à falácia do equívoco".[110] Alguns podem pensar que isso apenas mostra que devemos obter nossas ideias de Deus a partir da revelação, não da razão. Porém, esse não é o verdadeiro sentido, pois mesmo que nossa ideia de Deus venha, por exemplo, apenas das Escrituras, como saberíamos que quando a Bíblia diz que Deus é amor, esse amor significa o que significa quando usado a nosso respeito? Já que Deus é tão diferente de nós, quando as Escrituras dizem que Ele é amor, talvez não saibamos o que isso significa.

À luz destes problemas, Aquino oferece uma resposta aceita por muitos. Aquino afirma que nós predicamos qualidades de Deus analogamente, ou seja, conforme explica ele, de acordo com a proporção. Tanto Deus como os humanos são amorosos, então ambos possuem esse atributo, mas não na mesma medida. Ainda, a diferença não é tão grande que devamos dizer que o primeiro possui o atributo e o segundo nem o considera. Eles o possuem analogicamente. Aquino escreve: "Pois em analogias a ideia não é, como é em unívocos, uma única coisa; contudo, não é totalmente diversa como em equívocos; mas o nome que então é usado em um sentido múltiplo significa várias proporções para uma coisa".[111]

Embora a predicação analógica de Aquino tenha muito mérito, eu acho ainda mais convincente a proposta de William Alston em *Functionalism and Theological Language* [Funcionalismo e linguagem teológica].[112] Alston começa lembrando-nos que, não importa o quanto tentemos desintoxicar a linguagem a respeito de Deus da linguagem usada para as criaturas, não conseguimos ter sucesso absoluto. Nem mesmo chamar Deus de ser-em-si evita tal linguagem, pois "ser" é um termo que usamos para as criaturas.[113] A proposta de Alston foca em termos psicológicos, tais como "saber", "vontade", "intenção" e "amor", pois é a psicologia divina que entra em nossas tratativas com Deus como um cenário essencial para a ação divina. Isto é, Deus afeta nossas vidas como um agente, fazendo várias coisas como guiar, ordenar, punir e redimir, e tais ações pressupõem algum estado psicológico antecedente em Deus.[114]

Com a psicologia divina e humana como foco, Alston argumenta que, embora existam diferenças substanciais entre Deus e os seres humanos, há alguma univocidade nas predicações. Especificamente, é possível "identificar um núcleo comum de significado nos termos usados para os estados psicológicos humanos e divinos".[115] Consequentemente, "a alteridade radical de Deus pode se manifestar no modo como as características abstratas comuns são percebidas no ser divino, em vez de se manifestar na ausência de características comuns".[116] Alston propõe que nos voltemos ao funcionalismo, um movimento na filosofia contemporânea da mente. Ele o define conforme segue:

> A ideia básica, a fonte do nome, é que o conceito de uma crença, desejo ou intenção é o conceito de uma *função* específica na economia psicológica, um "trabalho" específico feito pela psique. Uma crença é uma estrutura que realiza esse trabalho, e o que o estado psicológico é — que é uma crença, e uma crença com esse conteúdo específico — é determinado pelo que esse trabalho é.[117]

Então, há alguma coisa que realiza certa função. Alston repete a afirmação crucial de que a natureza interna da coisa que realiza não é especificada. Em suas palavras, o ponto crucial é que "um conceito funcional de X é inconclusivo quanto à natureza intrínseca, ao caráter, composição ou estrutura de X".[118] Assim, por exemplo, faz certo sentido literal dizer que um computador, um robô e um ser humano "tomaram uma decisão" mesmo que a estrutura interna de cada um seja bem diferente. Alston acrescenta outro ponto antes de aplicar tudo isso à predicação teológica. Ele observa que a função fundamental da psique, segundo o funcionalismo, é regular o comportamento. Quer o comportamento seja realizado por um corpo físico, como ocorre geralmente em nosso caso, ou de alguma outra forma, a regulação desse comportamento é papel da psique.[119]

Como isso se aplica à linguagem teológica? Alston explica que o que ele pensa por ora é bastante óbvio. O mesmo conceito funcional, por exemplo, de saber algo pode ser igualmente aplicável a Deus e a nós, mas o que é saber que algo é verdadeiro pode diferir radicalmente entre Deus e nós. A função desempenhada por ambas as psiques, divina e humana, é a mesma, muito embora o modo como Deus lida com o saber possa ser um mistério para nós. O mesmo serve para a intenção ou o propósito dele ao criar alguma coisa. Embora não saibamos exatamente o que é ter propósito como Deus sabe, sabemos o resultado e sabemos o que significa para nós ter um propósito e criar alguma coisa. Tanto a psique de Deus como a nossa podem funcionar de maneiras semelhantes, mesmo que não entendamos tudo sobre o que é ser Deus ou sobre saber e ter propósitos como Ele sabe e tem.[120]

Alston aplica sua proposta a qualidades como a infinitude e a incorporeidade que predicamos a respeito de Deus. O tratamento que ele dá à incorporeidade ilustra seus pontos de vista. Alston pergunta se Deus pode, de fato, realizar algumas das mesmas funções psicológicas que os seres com corpos realizam. Ele menciona várias ações humanas, cada uma das quais requer certas funções psicológicas, mas também requer um corpo para realizar. Para fazer tais coisas, Deus precisa estar apto ao comportamento, mas, como não possui corpo, tal comportamento parece impossível. Alston explica:

> Se Deus não tem corpo para se mover, como pode fazer qualquer coisa, no mesmo sentido em que um ser humano com corpo faz as coisas? Mas esta não é uma dificuldade insuperável. O conceito central da ação humana não é o *movimento do próprio corpo, mas sim trazer uma mudança ao mundo — direta ou indiretamente — por um ato de vontade, decisão ou intenção*. Esse conceito pode ser claramente aplicado a uma divindade puramente espiritual. A única questão é que teremos de pensar em Deus como trazendo mudanças ao mundo "externo" diretamente por um ato de vontade — não indiretamente pelo movimento de seu corpo, como no nosso caso.[121]

Análises como esta ilustram as afirmações de Alston sobre a significação da linguagem teológica. Ele conclui que, apesar das diferenças entre Deus e nós, há bastante uniformidade nos estados psicológicos funcionais para se dizer que nossos conceitos psicológicos humanos a respeito desses estados funcionais produzem ideias que se aplicam literalmente a Deus e, portanto, geram "afirmações teológicas que seguramente possuem valores de verdade".[122]

Esta abordagem me parece a mais válida. Evita a posição autodestrutiva de que não podemos dizer nada a respeito de Deus, mas, por outro lado, resiste às posições igualmente problemáticas de que toda fala a respeito de Deus ou é literalmente verdadeira ou é equivocada, ou de que somente podemos falar coisas a respeito de Deus que nos dizem o que Ele não é. Além disso, permite que parte de nossa linguagem a respeito de Deus seja metafórica e antropomórfica. Eu nem sequer penso que Alston rejeitaria a visão de que muitas vezes utilizamos a linguagem a respeito de Deus de forma análoga. Na verdade, seu argumento é que existem certos estados psicológicos humanos, e funções que eles produzem, que são tão análogos aos estados e funções psicológicas divinas que, no caso de Deus, faz sentido predicar literalmente a linguagem acerca desses estados e funções. A proposta de Alston também nos permite evitar dizer que tudo o que falamos a respeito de Deus é metafórico, deixando-nos na posição incômoda de explicar o que significa a metáfora, já que se refere a um Deus sobre o qual não sabemos nada literalmente. E a visão de Alston nos permite dizer que, quando Deus revela algo nas Escrituras sobre seus pensamentos, sentimentos e ações, essas afirmações nos revelam algo de fato. Não estamos confusos quanto ao significado delas.

Claro, nada disso nos diz se algum atributo ou ação predicada de Deus é metáfora, analogia ou literal (no sentido de Alston). Por exemplo, alguns podem se perguntar se a linguagem sobre o arrependimento de Deus é literal ou metafórica e/ou antropomórfica, e podem se perguntar também de que modo nós podemos distingui-las. Abordarei tais questões mais diretamente nos capítulos que falam do ser de Deus e de suas ações. Por ora, basta dizer que, uma vez que determinamos se tal linguagem é metafórica ou não, e (se não literal) o que significa a metáfora/antropomorfismo, então, devido ao relato funcional da linguagem religiosa de Alston, podemos dizer que Deus desempenha a função designada pela linguagem (literal ou metafórica) como nós fazemos. Assim, a proposta de Alston oferece uma maneira, juntamente com a exegese cuidadosa do texto das Escrituras e a análise conceitual cuidadosa do que exatamente Deus é e faz, para responder perguntas sobre o que a linguagem a respeito dele significa. Isso nos assegura de que podemos falar dele de modo significativo.

CAPÍTULO TRÊS

O QUE ACONTECE COM DEUS NO PENSAMENTO CONTEMPORÂNEO?

DISCUTIMOS DIVERSAS VISÕES da realidade de Deus e de seu papel, ou papéis, e relacionamentos em nosso mundo. Muitas dessas visões almejam ser alternativas e até mesmo rejeições das ideias cristãs evangélicas tradicionais de Deus. Contudo, grande parte da nossa ênfase esteve nos modelos de Deus dentro de teologias geralmente evangélicas. A incumbência deste e do próximo capítulo é examinar as principais tendências de nossa época em relação às percepções de Deus. Isso deve ajudar a esclarecer onde as ideias evangélicas de Deus e do modelo que desenvolverei se encaixam entre as ideias contrárias.

Isso não deve ser mal entendido. Pretendo apresentar um modelo de Deus que seja consistente tanto com as Escrituras como com as principais visões que os cristãos conservadores têm tido a respeito de Deus ao longo dos séculos de cristianismo. Porém, tenho lido e considerado seriamente as ideias evangélicas e não evangélicas contemporâneas a respeito de Deus e não sou insensível às suas preocupações. Além disso, não rejeito tudo o que outros modelos diferentes do meu adotam. Portanto, a razão da existência dos Capítulos 2 a 4 deste livro é primeiramente ajudar os leitores a compreender melhor a que estou reagindo e por quê quando esboço minha compreensão de Deus. Minhas nuances de atributos e ações divinas, por exemplo, podem parecer propostas estranhas neste momento da história se não houver uma compreensão do contexto intelectual de onde elas provêm e ao qual elas reagem. Além disso, parece difícil falar à cultura contemporânea de um modo que ela entenda se tivermos pouca ideia do que ela está pensando, especialmente do que ela está pensando sobre o tema mais importante, Deus. Espero também que não evangélicos leiam este livro; se eu não mostrar que tenho consciência do que eles estão pensando sobre estes temas, eles podem se desinteressar totalmente em dialogar com o que estou escrevendo.

Livros inteiros foram escritos sobre a teologia contemporânea, mas devemos colocar algumas limitações à nossa investigação, já que este não é, por si só, um livro sobre teologia contemporânea. Primeiro, o nosso tema neste capítulo é Deus no *pensamento contemporâneo*. Em nossos dias, o "moderno" tem um significado específico em oposição ao pós-moderno. Como pretendo cobrir os dois movimentos, "contemporâneo" é mais genérico e me permite cobrir toda uma série de posições. Além disso, falo do *pensamento* contemporâneo em vez de *teologia*, porque modernidade e pós-modernidade são movimentos amplos que abrangem muito mais do que apenas teologia. Para compreender as *teologias* contemporâneas, precisamos compreender a filosofia, a cultura contemporânea etc., portanto, este estudo requer mais do que um ensaio das visões a respeito de Deus nas teologias contemporâneas.

Segundo, as discussões sobre o movimento carismático, a teologia dispensacional *versus* teologia não dispensacional, ou mesmo as noções calvinistas *versus* arminianas de Deus, são todas questões teológicas e contemporâneas. Contudo, o foco deste capítulo não são debates tão internos entre cristãos cujo entendimento fundamental da natureza, dos atributos e ações de Deus é totalmente evangélico. Ao invés disso, minha preocupação são os movimentos no pensamento não evangélico. Uma das marcas dessas visões é sua interação com as filosofias de seu tempo. É claro, toda teologia interage com alguma ou algumas posições filosóficas e as internaliza.[1] A diferença neste assunto entre as teologias não evangélicas e as teologias evangélicas contemporâneas resulta das percepções que elas têm de sua autoridade suprema e do próprio papel da filosofia na formulação teológica. Embora as teologias evangélicas incorporem alguma filosofia, uma de suas ênfases é que as Escrituras são a autoridade máxima para a fé e a prática. Portanto, os teólogos evangélicos não deveriam incluir em seus sistemas quaisquer ideias filosóficas que contradigam o ensino bíblico. Por outro lado, as teologias não evangélicas normalmente fazem da razão ou da experiência pessoal o último tribunal de recurso. Além disso, para muitos destes sistemas, a filosofia é a norma orientadora (assim como é grande parte de seu teor real).

Terceiro, devido a limitações de espaço, eu não posso discutir cada pensador contemporâneo. Além disso, os teólogos que serão tratados oferecem mais do que uma mera percepção de Deus, mas devo limitar a discussão em grande parte às suas visões a respeito de Deus. Consequentemente, ofereço uma "amostra" dos pensadores contemporâneos sem descrever tudo o que eles dizem. Há outra forma de limitar o nosso tema, à qual pretendo resistir. Nossa discussão poderia simplesmente passar depressa de um pensador para o próximo, mencionando com um mínimo de explicação o que dizem sobre Deus, mas fazer isso trataria os diversos pensadores e movimentos como isolados e desconectados de outros pensadores e das tendências intelectuais e sociais de seu tempo. Isso não explicaria de fato o que eles estão dizendo ou por que o dizem. Logo, precisamos de alguma informação de fundo, ou seja, alguma compreensão dos amplos movimentos e tendências intelectuais, culturais e sociais do período contemporâneo, a fim de ter a estrutura para perceber como as várias teologias entendem Deus e o nosso mundo.

Com isso em mente, proponho que a estrutura adequada para entender esses vários pensadores contemporâneos seja uma compreensão da *modernidade* e da *pós-modernidade* e como elas se relacionam uma com a outra. Ou seja, uma grande ajuda na compreensão das ideias contemporâneas de Deus é vê-las contra o pano de fundo da modernidade e pós-modernidade. Isso significa, é claro, que tenho primeiro de esclarecer o que são a modernidade e a pós-modernidade.

Antes de passar a essa tarefa descritiva, devo mencionar outros temas que acredito que estão presentes em várias teologias contemporâneas. Um deles é a interação entre a transcendência e a imanência divina. Várias teologias enfatizam uma ou outra, e acredito que, à medida que avançamos no período contemporâneo (e especialmente com as teologias pós-modernas), a ênfase muda da transcendência divina (dado que foi enfatizada nas teologias mais antigas) para Deus sendo muito imanente em nosso mundo.

Outra tendência que devemos observar é como essas teologias ou divinizam o homem ou humanizam Deus. Tanto nas teologias modernas como nas pós-modernas, eu defendo que há uma forte tendência a fazer exatamente isso, e essa tendência se torna especialmente comum entre as teologias pós-modernas. Além disso, quanto mais uma teologia salienta as diferenças entre Deus e o homem (enfatizando Deus como um transcendente "totalmente diferente"), mais essa teologia se inclina para uma visão de que tal Deus está morto. À medida que avançamos para o período pós-moderno, as teologias contemporâneas se recusam cada vez mais a imaginar um Deus distante.

Um corolário para ambos os pontos que acabaram de ser mencionados é que, no período contemporâneo, as teologias cristãs não evangélicas colocam cada vez mais sua ênfase em Jesus, especialmente, e no Espírito Santo. Cada vez menos se fala do Deus oculto, do Deus Pai do teísmo tradicional. A razão, em parte, é que principalmente Jesus (o Espírito Santo também) torna Deus imanente, relacionado a nós, não distante e inacessível. É claro, a teologia feminista fala muito de Deus como Pai, mas o faz principalmente para se queixar de que as teologias que enfatizam Deus como Pai são patriarcais e androcêntricas, e deveriam se rejeitadas. Jesus, não na sua masculinidade, mas na sua proximidade, capacidade de se relacionar, amor e compaixão (tal como sugerido por sua encarnação), mais o Espírito Santo, recebem maior louvor na teologia feminista do que Deus Pai.

Duas outras tendências são dignas de nota ao estudarmos o período contemporâneo. Primeiro, à medida que a teologia vai da ênfase moderna para a pós-moderna, o foco muda cada vez mais de teologias que refletem sobre o ser de Deus para aquelas que enfatizam sua atuação em nosso mundo. Isso não deveria ser mal interpretado, pois os pensadores neo-ortodoxos certamente estavam preocupados, por exemplo, com os *atos* reveladores de Deus. Meu argumento é que, embora houvesse ênfase em tais atos de Deus, também havia reflexão sobre o Deus oculto, o totalmente diferente, exclusivamente em termos de como Ele é. Por outro lado, as teologias pós-modernas, especialmente as teologias da libertação em várias formas, falam apenas de um Deus de práxis, um Deus de ação. Esta mudança de ênfase pode ser descrita como um movimento de uma metafísica de substâncias para uma metafísica de ação e relacionamentos.

O outro ponto é que os pensadores que vieram após Immanuel Kant levam muito a sério sua ênfase no empirismo, sua revolução copernicana na filosofia e sua alegação de ter posto um fim à metafísica. Tudo isso será explicado, e à medida que avançarmos, veremos que nem todos reagem às doutrinas de Kant da mesma forma. Contudo, o período contemporâneo leva muito a sério Kant e seus principais *insights* em epistemologia e metafísica.

Com estas palavras iniciais de definição, limitação e explicação, podemos focar a modernidade e a pós-modernidade. Minha intenção neste capítulo não é nem apologética nem polêmica, mas sim descritiva. Sem dúvida, haverá pontos de crítica de vários pensadores, mas meu principal objetivo é familiarizar o leitor com as principais tendências do pensamento contemporâneo a respeito de Deus.

O QUE É MODERNIDADE?

Modernidade e pós-modernidade representam uma série de itens diversos que, em conjunto, oferecem um panorama intelectual e cultural básico da realidade. Meu foco é descrever os elementos de cada um que sejam significativos para a filosofia e para a teologia. Embora haja espaço para debate, em termos gerais, a era moderna começou, num sentido mais relevante, com René Descartes (1596-1650) na filosofia e com Galileu e Isaac Newton na ciência. O período continuou até o racionalismo e o cientificismo do século XIX, que ainda influenciam nosso próprio tempo.[2] É seguro dizer, contudo, que o projeto moderno, muitas vezes chamado de Iluminismo, esteve em seu ápice durante o século XVIII e parte inicial do século XIX. Sobre a modernidade, Jürgen Habermas escreve:

> O projeto de modernidade formulado no século XVIII pelos filósofos do Iluminismo consistia em seus esforços de desenvolver ciência objetiva, lei e moralidade universal, bem como arte autônoma de acordo com sua lógica interior. Ao mesmo tempo, este projeto pretendia libertar os potenciais cognitivos de cada um destes domínios a partir de suas formas esotéricas. Os filósofos do Iluminismo queriam utilizar esse acúmulo de cultura especializada para o enriquecimento da vida cotidiana — ou seja, para a organização racional da vida social cotidiana.[3]

Estes comentários nos introduzem ao assunto, mas há muito mais a dizer. Vários autores enfatizam uma ou outra tendência ao descrever a modernidade. Langdon Gilkey, ao falar do fermento teológico no final dos anos 1960, enquanto culturas ocidentais se afastavam da mentalidade moderna, caracteriza o estado de espírito dos tempos (e, portanto, o estado de espírito geral da modernidade) como o de uma secularização. Ele identifica quatro características gerais do espírito secular: contingência (o mundo ao nosso redor "é resultado de causas que não são necessárias, racionais nem propositais"), relativismo, a temporalidade ou efemeridade de todas as coisas (tudo está mudando e, no final, perecendo) e a autonomia e liberdade do homem.[4] Embora eu acredite que isso é verdade a respeito da era moderna (e também da era pós-moderna), trata-se apenas de parte de um quadro mais amplo.

Nancey Murphy e James McClendon são prestativos na captura do estado de espírito dos tempos. Eles identificam o pensamento moderno como descritível em três eixos separados, e cada eixo foca uma questão-chave característica da era moderna. Um eixo é epistemológico e se move entre o fundamentalismo e o ceticismo como os dois extremos. Um segundo eixo foca teorias de significado na filosofia da linguagem. Os dois extremos aqui são o que eles rotulam de uma teoria representativa (referencial) da linguagem e uma teoria expressivista (emotivista) da linguagem. O terceiro eixo é de natureza mais ontológica, pois o foco é se a realidade deveria ser entendida em termos atomísticos, individualistas, ou em termos relacionais, coletivos. Os dois extremos deste eixo são o individualismo e o coletivismo.[5]

Embora eu concorde que as questões levantadas por Murphy e McClendon são importantes para a mentalidade moderna, acho que há mais do que isso. Por exemplo, o que eles discutem sob os dois primeiros eixos é parte da área geral da epistemologia moderna, e seu terceiro eixo é parte de uma ênfase maior na liberdade e individualidade humana, mas há mais acerca do espírito moderno do que apenas isso. Particularmente, eu proponho discutir a modernidade sob os seis títulos a seguir: consciência humana ("a virada subjetiva"), epistemologia, naturalismo, liberdade humana e individualidade, ciência e progresso, e a bondade da natureza humana.

Consciência humana ("a virada subjetiva")

Pensa-se que o período moderno (pelo menos filosoficamente) foi iniciado com Descartes. A era anterior a Descartes foi de tradição e autoridade. Várias ideias eram consideradas corretas, e quem trabalhasse dentro da tradição dessas ideias as sustentava. Além disso, no âmbito governamental e eclesiástico, também era uma era de autoridade. Descartes nasceu na véspera da Reforma. A igreja basicamente dizia às pessoas o que era correto crer e, se fosse cristã, a pessoa obedecia. Filósofos que trabalhavam dentro da tradição ocidental também eram, muitas vezes, teólogos. O interesse da filosofia não era basicamente provar a existência de Deus (embora encontremos muito disso em pensadores como Anselmo e Aquino), mas entender a fé das pessoas (*fides quaerens intellectum*, o lema de Anselmo). Deus foi, por assim dizer, o ponto de partida da filosofia, e se alguma prova de sua existência tivesse de ser dada, essa era uma das primeiras coisas feitas nos escritos filosóficos e teológicos (veja, por exemplo, *Summa Theologiae* de Aquino).

Com Descartes as coisas mudaram, porque ele quis saber se o que acreditava acerca de qualquer coisa poderia ser respaldado por prova e argumento. Então ele questionou tudo em que havia acreditado, com o propósito de verificar se havia algo que ele afirmava saber que não pudesse ser razoavelmente duvidado. Se houvesse algo desse tipo, serviria como base ou fundamento sobre o qual construir tudo o mais que ele sabia. A busca de Descartes pela certeza acabou por levá-lo a concluir que apenas uma coisa não podia ser razoavelmente duvidada. Não fazia sentido duvidar da própria existência como coisa pensante, pois, no momento em que duvidasse, ele provaria que era verdade. As coisas inexistentes não fazem absolutamente nada, nem mesmo duvidar da própria existência.

Descartes considerou o *cogito ergo sum* ("Penso, logo, existo") a única verdade indubitável a partir da qual se pode construir conhecimento em todo e qualquer campo. É claro, o *cogito* somente é verdade para cada pessoa com relação a si mesma. Eu não posso saber com certeza que você existe, nem você pode saber se eu existo. Então, Descartes ainda estava com dificuldade para justificar todos os outros conhecimentos. Ele acabou chegando a uma conclusão racionalista de que, se tivesse uma ideia clara e distinta acerca de algo, isso teria de ser verdade em relação ao mundo. Porém, como se poderia ter certeza de que, ao pensar que está tendo uma ideia clara e distinta de algo, é realmente assim? Essa pergunta levou Descartes a formular sua versão do argumento ontológico para a existência de Deus. Se Deus existisse, conclui ele, Ele garantiria que sempre que eu pensar que estou tendo uma ideia clara e distinta a respeito de algo, eu realmente estou.

Os detalhes do argumento ontológico de Descartes não precisam nos deter, mas a questão deve estar clara. Deus já não é mais o "ponto de partida" da filosofia. A consciência humana o é, e com ela vem a epistemologia como peça central da filosofia. Cabe à consciência humana estruturar e certificar o que quer que seja verdade. Talvez o comentário de Davis seja um pouco forte quando ele diz que "a fabricação do sujeito moderno foi uma divinização do homem". Porém, ele certamente tem razão ao defender que "o *cogito* de Descartes, ao qual podemos rastrear a origem do sujeito moderno, transferiu ao homem a função de Deus como fonte de realidade e inteligibilidade".[6]

Para Descartes, nosso conhecimento do mundo cresceu por meio de ideias claras e distintas das coisas. Para empiristas como John Locke e David Hume, apelar para dados sensoriais a partir da experiência comum era crucial. Porém, em ambos os casos, a obtenção do conhecimento envolve uma relação sujeito-objeto, ou seja, a consciência humana é o sujeito, o conhecedor, que tenta determinar o que é verdadeiro a respeito do mundo (o objeto). A consciência humana assume o papel de julgar o que é verdadeiro em relação à realidade.

Essa ênfase na consciência humana só aumentou com a "Revolução Copernicana" de Immanuel Kant na filosofia. Antes de Kant, a mente era considerada fundamentalmente passiva no processo de conhecimento. Os dados sensoriais do mundo externo chegavam a ela por meio dos órgãos sensoriais. Esses órgãos podiam distorcer os dados, e pensou-se que isso explicava por que, por exemplo, duas pessoas olhando para a mesma coisa poderiam relatar que viam as coisas de forma diferente, mas esse relato ainda retratava a mente como basicamente passiva. Kant discordou e argumentou que não só o mundo age sobre a mente (por meio dos sentidos), mas a mente, em virtude de vários conceitos inerentes a ela (as categorias kantianas), também é ativa. A mente estrutura os dados sensoriais e depois faz um julgamento do que é percebido. À luz desse processo bidirecional, Kant propôs sua famosa distinção entre as coisas em si e as coisas como parecem a nós. Ele argumentou que, embora as coisas realmente existam fora de nossa mente, ninguém pode experimentá-las como elas são em si mesmas. As coisas que não são objetos de nosso conhecimento (incluindo as coisas em si), ele rotulou de númenos. As coisas como parecem a nós ele chamou de fenômenos.[7]

Com Kant, a tendência iniciada por Descartes de estruturar o mundo a partir da própria consciência continuou. A consciência humana como ativa, não passiva, torna-se ainda mais importante. Depois de Kant, seria difícil achar um filósofo que pense que a mente é passiva na aquisição do conhecimento. Ao invés disso, os filósofos têm enfatizado cada vez mais a ação da mente na compreensão que o indivíduo tem da realidade. Além disso, Kant, como outros filósofos modernos, estava preocupado em fundamentar o conhecimento basicamente em certas crenças fundacionais, mas ao contrário de Descartes, os dados empíricos eram a chave.[8] Durante todo o restante da era moderna, permanece a ênfase nos dados empíricos como a chave do conhecimento. Isso é verdade para a teologia contemporânea e nas críticas filosóficas da teologia.

Em suma, basear nossa compreensão do mundo na estruturação que a consciência humana tem dele é crucial para o início da era moderna. É claro que, com o papel dado à consciência humana, se a razão humana ou os órgãos sensoriais não funcionarem bem, os seres humanos estão em sérios problemas no que diz respeito a conhecer e viver no seu mundo. Durante a era moderna, muitos pensadores estavam bastante otimistas sobre a capacidade da mente de "entender as coisas corretamente" na sua busca pelo conhecimento. Como veremos, os pós-modernos discordam significativamente.

Conhecimento, verdade, objetividade e a teoria do significado

Visto que as mentes humanas podem interpretar mal e distorcer dados, podemos pensar que essa ênfase no papel do sujeito na aquisição do conhecimento apenas dificultaria garantir certa base para o conhecimento, mas a mentalidade moderna disse o contrário. A razão foi considerada capaz de captar e interagir corretamente com o mundo, e defendeu-se que isso é verdade para todas as pessoas. Assim como Descartes queria encontrar uma base indubitável sobre a qual fundamentar seu conhecimento, assim outros depois dele acharam que isso era necessário e possível. Uma perspectiva universal da realidade foi possível por meio da razão, e a crença na capacidade de cada um de encontrar a verdade possibilitou em cada disciplina de estudo conhecer a verdade e o erro e convencer os outros, caso se achasse que suas opiniões estavam erradas.

O quadro do conhecimento e da racionalidade que acabou de ser descrito é chamado muitas vezes de percepção da racionalidade por parte do Iluminismo. Essa noção de racionalidade estava mais ligada a uma teoria do conhecimento chamada de fundacionalismo. De acordo com o fundacionalismo, as crenças são justificadas em termos de outras crenças que, em última análise, são apoiadas por crenças que não precisam de justificação, porque elas são uma verdade evidente. Por causa da crença na capacidade da razão de apoiar crenças, o Iluminismo ou a noção moderna de racionalidade alegou que somente é racional manter uma crença se isso for feito com base em evidências suficientes, argumentos ou razões para a crença.[9] A preocupação de Descartes em acreditar apenas no que não pode ser razoavelmente duvidado está claramente interiorizada nessa ideia.

É claro, a questão seguinte é o que conta como prova suficiente, argumento ou razões para crer. Como se sabe que se tem o direito de defender determinada crença? O fundacionalismo oferece a resposta. O fundacionalismo clássico (que tem sido uma teoria do conhecimento predominante dentro da era moderna) afirma que uma crença tem apoio suficiente se for respaldada por evidências e argumentos que sejam, por fim, apoiados por (inferidos de) crenças propriamente básicas. Uma crença propriamente básica é uma crença que ou é evidente (como "todos os solteiros são homens que não são casados"), ou é evidente para os sentidos, ou é incorrigível (como o *cogito*).[10]

Enquanto para Descartes o fundamento máximo era algo racional, os empiristas enfatizaram as impressões sensoriais como as crenças mais básicas que formam os fundamentos do nosso conhecimento. Kant combinou tanto o racional (as categorias da mente que permitem à mesma estruturar a realidade) e o empírico (dados a partir da observação) como o fundacional. Para Kant, as únicas verdades sobre o mundo que são consideradas objetos de conhecimento são verdades que podem ser conhecidas por meio dos sentidos. Apesar da atividade da mente ao interagir com o mundo, havia um grande otimismo acerca da capacidade de um indivíduo saber corretamente o que é verdadeiro ou falso. Como explica David Griffin, a doutrina epistemológica básica do mundo moderno é a experiência sensorial, segundo a qual o conhecimento do mundo além de nós mesmos vem exclusivamente por meio da percepção sensorial.[11]

Porém, e se a crença não for questão de pura razão (por exemplo, "quadrados redondos não existem") nem aberta à percepção sensorial? Kant disse que as coisas em si não são objetos de percepção sensorial, tampouco o são os valores e juízos morais, o mundo como um todo ou Deus. Todos esses são númenos, não fenômenos, e como tais, não são objetos de conhecimento. Como resultado, Kant alegou pôr um fim à metafísica, pois os assuntos normalmente discutidos nessa disciplina estão além da investigação empírica.[12] Para Kant, isso não significava que não havia Deus, por exemplo. Kant acreditava ser necessário postular a existência de Deus, mas o fez como um fundamento para a moralidade. Então, segundo Kant, Deus existe, mas sua existência não é uma questão de conhecimento; é um postulado de razão prática.

Se as únicas crenças que se classificam como conhecimento são as crenças apoiadas essencialmente por crenças fundacionais que são óbvias, evidentes para os sentidos ou incorrigíveis, pareceu a muitos modernos que as crenças com maior capacidade de serem justificadas são as crenças da ciência. Na verdade, entre os atomistas e positivistas lógicos do final do século XIX e início do século XX (e muitos outros que seguiram sua ênfase empirista geral), havia um desejo de purificar a linguagem, na medida do possível, do discurso que não é empiricamente verificável. Se isso fosse feito, então nossa linguagem seria basicamente a linguagem da ciência, isto é, o que quer que esteja aberto para a verificação pela observação empírica. Porém, os positivistas lógicos eram ainda mais negativos que Kant para as coisas que ele chamava de númenos. Para os positivistas, se em princípio uma frase não for comprovável por meios empíricos, essa frase é considerada sem sentido e a coisa da qual ela fala é considerada inexistente. Isto queria dizer que falar da moral e de Deus é sem sentido, e eles não existem.[13]

Ludwig Wittgenstein foi um contemporâneo dos positivistas lógicos. Sua filosofia inicial, tal como descrita em seu *Tractatus Logico-Philosophicus,* apresentava um retrato do mundo e da linguagem que não era diferente do apresentado pelos positivistas lógicos. Embora os positivistas apreciassem a obra de Wittgenstein, este não se considerava um deles. No entanto, ele afirmava que, a menos que a linguagem retrate objetos e situações do mundo, ela não tem sentido. Se a linguagem for sobre algo não observável no mundo, ela não deve ser falada. Ao contrário dos positivistas, porém, Wittgenstein não concluiu que as coisas que eram indizíveis (por ser impossível uma verificação empírica) não existiam. Em vez disso, concluiu que tais coisas não são objetos de conhecimento e, portanto, não devem ser faladas de modo algum.[14]

Com estas crenças sobre o conhecimento, segue-se que os modernos acreditam que existe verdade, e para eles a teoria predominante da verdade é a teoria da correspondência. Segundo essa teoria, a verdade proposicional é uma relação entre a linguagem e o nosso mundo. Diz-se que o que dizemos acerca do mundo corresponde ou combina com o que é verdade acerca dele. Além disso, os modernos acreditam que é possível saber o que é verdade por meio de nossas faculdades racionais e sensoriais, e este é o caso para todas as pessoas. Qualquer ser humano pode usar suas faculdades intelectuais para chegar a uma conclusão correta sobre o mundo. Os critérios fundacionalistas podem ser satisfeitos para grande parte do que acreditamos em relação ao mundo.

Esta é uma visão muito otimista sobre a capacidade da mente de adquirir conhecimento, especialmente à luz das afirmações de Kant sobre a mente ser ativa no processo de conhecimento. Embora os modernos concordassem que, por meio de nossa subjetividade, poderíamos interpretar mal nossas observações empíricas e errar em nosso raciocínio, eles acreditavam que nada disso é inevitável. A objetividade é possível e é vista mais claramente na ciência. O fato de que a ciência trabalha com dados do mundo tangível e usa um método observacional que todos podem usar para provar ou refutar conclusões científicas parecia garantir a objetividade. É claro que os erros ainda são possíveis e, dada a exigência de justificar as crenças essencialmente por crenças que são óbvias, evidentes para os sentidos ou incorrigíveis, admitiu-se que alguns poderiam defender crenças que não são justificáveis por tais critérios. Porém, o espírito predominante durante grande parte do período moderno é o de que é possível ser objetivo em nosso tratamento de dados e saber o que é verdadeiro acerca do nosso mundo.

Nancey Murphy e James McClendon argumentam que outra característica da epistemologia moderna é sua ênfase numa teoria representacional ou referencial da linguagem. De acordo com tais teorias, palavras e frases (ou, para algumas teorias, a proposição que a frase apresenta)[15] referem-se a objetos, ações e eventos. Seu significado é aquilo a que se referem. Tipicamente, a teoria referencial em questão considera esse significado invariante. Como Murphy e McClendon demonstram, isso se encaixa muito bem com uma teoria do conhecimento que diz que as crenças devem ser justificadas em termos de crenças mais básicas. Pode-se mostrar que as crenças são verdadeiras ao se ver que as coisas a que se referem são verdadeiras no mundo.

Porém, se não nomear ou retratar algo empiricamente observável, a frase tem algum significado? Embora teorias como a da verificação do significado dos positivistas lógicos tenham concluído que tais frases não têm significado, nem toda teoria concordou. Alguns filósofos da linguagem argumentaram que essas frases têm significado sim, mas não um significado que se refira a algum objeto ou situação do mundo. Em vez disso, essas frases expressam ou a reação emocional do locutor ou intenções de agir de certa forma.[16] Por exemplo, "Deus é amor" não se refere a nada que possa ser provado por observação empírica, mas ainda assim é significativo. Em um relato emotivista da linguagem, poderia significar nada mais que "Eu gosto de Deus" ou "Eu acho que Deus é bacana". Outra teoria "expressivista" da linguagem é o que R. B. Braithwaite chama de teoria conativa. Neste caso, a frase expressa a intenção de quem fala de agir de certa forma. Assim, "Deus é amor" pode significar que o locutor pretende agir de forma amorosa, com amor ágape.[17]

Naturalismo

Os dois aspectos anteriores da modernidade focam a epistemologia, mas um terceiro tem a ver com metafísica ou ontologia. Como David Griffin argumenta, a doutrina ontológica básica da modernidade é a doutrina mecanicista da natureza. Com a ascensão da ciência newtoniana, aliada ao racionalismo e empirismo na epistemologia, pensou-se no mundo como uma máquina gigantesca. Essa visão mecanicista via o mundo físico como um composto de átomos inanimados e insensíveis que interagem uns com os outros pelo impacto determinista.[18] Leis naturais governam o que quer que aconteça em nosso mundo, e conhecendo as leis que se aplicam a certos objetos, é possível prever o que eles farão.

Como Griffin explica, com esta doutrina metafísica duas cosmovisões foram possíveis. Por um lado, seguindo o dualismo mente-corpo de Descartes, pode-se optar por uma compreensão dualista das coisas. Esta visão propõe o universo físico, natural, mais os eus ou almas humanas imateriais diferentes da ordem material. Tipicamente, a alma ou o eu é considerado o único lugar onde residem valores no mundo. Consequentemente, a moralidade e os juízos de valor não estão no mundo físico, mas sim nas mentes que refletem sobre esse mundo. Além disso, essa cosmovisão separa o eu humano do mundo natural (bem como de outros eus). Um resultado dessa fragmentação é uma divisão radical entre as ciências físicas e as ciências humanas.[19]

Desde que Descartes postulou o dualismo mente-corpo, os filósofos lutam com a forma como duas coisas tão completamente diferentes uma da outra poderiam interagir causalmente. À medida que o período moderno avançou para o século XX, cada vez mais filósofos concluíram que não há uma explicação adequada que veja a mente como imaterial. Consequentemente, a outra cosmovisão da era moderna é o materialismo, que concebe a realidade última não em termos dualistas, mas em termos monísticos. A mente se torna, em certo sentido (dependendo da teoria da mente), uma expressão da matéria, e substâncias imateriais de qualquer tipo são negadas. Claro, se o universo é apenas matéria e funciona de acordo com as leis naturais, então uma cosmovisão materialista parece ainda mais determinista do que uma baseada em algum tipo de dualismo cartesiano.

Quando mesclamos essas doutrinas metafísicas com a epistemologia mencionada acima, as únicas verdades disponíveis sobre nosso mundo vêm por meio das ciências naturais. Religião, teologia, ética e metafísica não nos dizem nada sobre o mundo.[20] À luz de tais pontos de vista, os modernos afirmaram explicar tudo o que acontece em nosso mundo em termos de processos naturais. Quando algum evento ocorre, não há necessidade de apelar a Deus para preencher as lacunas de nosso conhecimento. Para muitos, essas doutrinas metafísicas e epistemológicas significam que não há Deus. Para outros, como os deístas, existe um Deus, mas Ele não age em nosso mundo. Para outros ainda, poderia haver um Deus, mas há pouco que possamos saber ou dizer sobre Ele. Nada disto é considerado uma perda significativa, pois sempre há uma explicação naturalista para o que quer que aconteça.

Este antissobrenaturalismo tem implicações para a compreensão da Bíblia. De acordo com essa visão, deve haver alguma explicação naturalista para o que quer que a Bíblia diga que aconteceu. Relatos de milagres vêm de uma mentalidade pré-científica e devem ser entendidos como mitos. Com o surgimento de metodologias bíblicas críticas, perguntas ainda mais importantes foram levantadas sobre o fato de a Bíblia ser qualquer coisa exceto o produto da criatividade humana. Nenhuma intervenção divina para revelar a verdade aos escritores e inspirá-los a escrever foi necessária para explicar a origem da Bíblia. Além disso, com os avanços da ciência (especialmente a introdução da teoria evolutiva para explicar a origem última e o desenvolvimento de todas as coisas), foram levantadas dúvidas ainda maiores sobre a exatidão das Escrituras.

Outro resultado dessa cosmovisão naturalista é a secularização gradual da sociedade. A religião e a teologia não podiam mais ser vistas como disciplinas intelectuais sérias (a menos, é claro, que o objetivo fosse traçar a história do desenvolvimento de uma religião), e em vez disso foram marginalizadas e privatizadas. Como explica Joe Holland, isso foi feito para expandir a autonomia do secular, superior pela ciência e tecnologia.[21]

Liberdade humana e individualidade

Outra marca da era moderna é sua ênfase no indivíduo. Como escreve David Tracy, parte da "volta ao sujeito" implica enfatizar os direitos individuais e a liberdade.[22] Enquanto os pré-modernos contavam com tradição e autoridades como a igreja ou o rei para definir o que deveriam pensar e fazer, a era moderna implica lançar fora todas as autoridades em favor do indivíduo e do que ele ou ela julga apropriado. Afinal de contas, a exigência de que só se tem o direito de acreditar naquilo para o que se tem argumentos, evidências e razões suficientes significa que ninguém deveria ter que seguir os pontos de vista dos outros só porque eles assim disseram. Cada pessoa é encorajada a decidir, com base em argumento e evidência, o que é certo acreditar e fazer.

Esta ênfase na liberdade e na individualidade não se originou apenas dessas doutrinas epistemológicas, pois era também uma implicação lógica da visão da ciência sobre a natureza das coisas. O mundo era visto como composto de coisas discretas que existem isoladas de outras coisas. Esses pedaços discretos de matéria interagem causalmente uns com os outros de acordo com as leis físicas, mas o que eles são em si não depende de sua relação com outras coisas no universo.[23] Quando aplicadas aos seres humanos, essas doutrinas encorajaram o individualismo e a preocupação com o interesse próprio.

Politicamente, a ênfase na liberdade individual deu origem às democracias modernas. As sociedades são compostas por indivíduos que têm prioridade sobre o grupo coletivo. Na verdade, de acordo com a teoria do contrato social de governo, que teve muitos seguidores durante a era moderna, os indivíduos são iguais uns aos outros antes de entrarem numa sociedade. As pessoas entram em uma sociedade por interesse próprio. Elas abrem mão de certos direitos para obter outros direitos e privilégios (por exemplo, proteção por parte das forças militares de uma sociedade). Tudo isso coloca ênfase nos indivíduos, não na comunidade como um todo. As exceções mais notáveis a estas teorias sociais e políticas gerais foram encontradas em Hegel e Marx. Para Hegel, nada existe isoladamente, e para compreender o que algo é, é preciso vê-lo na sua relação com outros. O coletivismo marxista segue estas noções e as aplica tanto à política quanto à economia, mas o espírito predominante na era moderna, política e economicamente, tem sido o de passar para a democracia e para o capitalismo (ou, se socialismo, pelo menos um socialismo que reconheça e recompense o esforço individual).

Na era moderna, a individualidade e a criatividade humanas são consideradas virtudes da mais alta ordem, e sua expressão plena e livre deve ser um aspecto central de qualquer sociedade. Como Joe Holland escreve: "O mundo moderno libertou a tecnologia, a política, a economia e a cultura de quase todas as restrições".[24] Embora essa ênfase nos direitos e liberdades individuais tenha encorajado e permitido que muitas pessoas desenvolvessem e utilizassem suas habilidades de modos impensáveis nos tempos pré-modernos, ela também estimulou uma atitude de autossuficiência e autoconfiança, isolamento da comunidade e uma crença de que se pode acreditar e fazer (na moral e na religião) o que quer que seja, desde que a liberdade e os direitos de ninguém mais sejam abreviados. Nós vemos exemplos recorrentes de tais atitudes em nossos dias. O individualismo e o isolacionismo duro que acompanham a privatização da religião destroem o sentido de comunidade. Combinados com uma visão mecanicista do universo e com os problemas das cidades urbanas industriais modernas, a vida moderna pode ser muito desoladora, apesar de toda liberdade. Pensa-se no retrato da vida moderna de T. S. Eliot como uma vida devastada, em seu famoso poema com esse título. Porém, mesmo antes de Eliot e do século XX, a desolação e o desespero da vida moderna foram retratados na literatura. Tal imagem é vista nos romances de Charles Dickens, mas talvez a imagem mais deprimente venha na obra de um escritor vitoriano, James Thomson. O poema de Thomson *A cidade da noite terrível* é um retrato da vida moderna em um cenário urbano e industrial. Foi escrito quase um século antes de *Uma vida devastada* de Eliot, mas seu espírito é muito mais sombrio e sua mensagem, consideravelmente mais deprimente e pessimista do que a de *Uma vida devastada*. Em *A cidade da noite terrível* não há Deus, não há esperança, não há significado, e o suicídio é o único escape dessa condição de solidão e depressão.

A bondade da natureza humana

Uma razão pela qual tantos modernos estão dispostos a conceder tal liberdade individual é sua crença básica na bondade fundamental da natureza humana. Uma vez que as regras para proteger as crenças foram explicadas e que se deu liberdade para crer e fazer o que as pessoas queriam, não havia nada a temer. Há uma crença prevalecente de que os seres humanos, se deixados por si, transformarão positivamente a vida para si próprios e para os outros. Pense nas invenções que geraram a Revolução Industrial e que tornaram a vida muito mais fácil. Esses maravilhosos avanços por meio da descoberta científica são considerados prova do que os seres humanos podem fazer e farão se somente lhes for permitido desenvolver livremente suas habilidades inerentes.

Com frequência encontramos essa atitude em muitas políticas públicas da era moderna, que continuam até mesmo em nossos dias. À medida que as democracias começaram a surgir, muitas vezes ouvimos os pensadores políticos argumentarem que, se você der às pessoas o direito de voto e educá-las, elas usarão o poder para fazer o que é do melhor interesse de todos. Ainda hoje nós ouvimos com frequência que problemas de desemprego, crime, drogas e afins são questões que podem ser corrigidas se simplesmente educarmos as pessoas e provermos fundos para criar empregos, para que elas possam trabalhar. A suposição subjacente é que os problemas da cultura moderna não se originam de inadequações morais ou espirituais. A natureza humana basal é boa, e as pessoas são racionais o bastante para ver o que é benéfico para elas. Se nós apenas as educarmos para que tenham habilidades para trabalhar, então elas se comportarão como cidadãos positivos e produtivos. Quando foi a última vez que ouvimos um político dizer que os problemas de nossas sociedades estão na raiz espiritual e moral? Ninguém nega que as pessoas podem se tornar corruptas, mas a bondade humana central permanece, e nós podemos achar um jeito de usá-la por meio da educação.

Houve essa atitude positiva em relação à bondade humana durante grande parte do período moderno, mas no século XX aconteceram coisas que levantaram muitas dúvidas. O otimismo em relação à natureza humana recebeu um golpe tremendo da Primeira e da Segunda Guerra Mundial e das atrocidades associadas a elas. Vimos muito vividamente a desumanidade da humanidade, e vimos isso não só durante as grandes guerras do século XX, mas também na repressão dos direitos individuais por estados totalitários. Ainda assim, estamos seguros de que a resposta é a democracia, pois se você der liberdade às pessoas e educá-las, elas farão o que é certo. É claro, devemos ter cuidado para que as poucas "maçãs podres" não ganhem poder (político ou outro), pois agora entendemos que não há garantia absoluta de que todos tratarão bem os outros. No entanto, muitas pessoas ainda acreditam que, embora haja algum mal em todos, no fundo todas as pessoas são basicamente boas.

Ciência e progresso

David Tracy escreve que "a modernidade inclui todos os que ainda reconhecem a revolução científica moderna como não apenas mais um evento importante na cultura ocidental, mas como o divisor de águas que faz até mesmo a Reforma e a Renascença parecerem brigas familiares".[25] Como Joe Holland explica, antes da era moderna havia uma aceitação fatalista da natureza e da história como algo que refletia a imutável ordenação do mundo por parte de Deus. Em contraste, o espírito moderno prometeu libertar a humanidade do destino e de todas as outras restrições. "Prometeu uma nova visão, centrada na ciência secular que busca liberdade e progresso para todo o mundo".[26]

Por toda a era moderna e até mesmo em nossos dias, os avanços da ciência têm sido nada menos que impressionantes. Isso é verdade não apenas em relação à Revolução Industrial, mas também em relação aos avanços contínuos da ciência no século XX. A tecnologia da comunicação na forma de rádio, televisão e computador desenvolveu-se dramaticamente em um tempo relativamente curto. Os avanços no transporte por automóveis e aviões aproximaram muito mais o mundo. Os avanços na ciência médica também são espantosos. Em nossos dias, os transplantes de rins, fígado e até mesmo de coração, apesar de operações sérias, não são mais ficção científica. Mesmo cinquenta anos atrás, poucos teriam imaginado tais avanços, e agora estamos vendo mudanças revolucionárias no campo da genética. Uma vez concluído o projeto do genoma humano, as mudanças na medicina terapêutica serão dramáticas.

O mundo moderno claramente se baseia e depende excessivamente da ciência e da tecnologia. Além disso, a atitude predominante em relação a esses desenvolvimentos é que eles mostram a cultura humana como em progresso contínuo. A ciência e a tecnologia são vistas por muitos como as salvadoras da sociedade, tendo a capacidade de nos levar a uma utopia.

Um grande desenvolvimento científico durante o período moderno foi a teoria darwiniana da evolução. Entre seus outros feitos, a teoria da evolução tem contribuído muito para minar a confiança na veracidade das Escrituras.

Além disso, esta teoria está tão profundamente arraigada que David Tracy diz: "todos os modernos veem simplesmente o mundo da natureza e nós dentro dele no contexto de alguma forma de plano evolucionário".[27] Isso não significa que a evolução não tenha seus críticos. Há amplos motivos para rejeitá-la,[28] mas os cientistas não têm uma teoria naturalista alternativa que explique melhor a origem e o desenvolvimento da vida, e seu antissobrenaturalismo torna impossível para eles estudar um relato criacionista com seriedade. A teoria evolucionista persiste, e com ela vem a crença de que a vida, enquanto evolui, está se movendo constantemente em uma direção positiva, progressiva e ascendente. Alguns também aplicaram a teoria evolucionária às ciências sociais. Tal darwinismo social vai além do otimismo em relação ao progresso da raça humana em termos biológicos; ele postula que a humanidade também está avançando em direção ascendente no âmbito social, moral etc.

Apesar desse grande otimismo acerca do futuro, no século XX, algumas das implicações mais negativas da ciência e da tecnologia também se tornaram aparentes. O advento da guerra nuclear, biológica e química tem mostrado o mal ao qual o conhecimento científico pode ser aplicado. Além disso, os avanços científicos na indústria e afins também fomentaram a crescente poluição do nosso meio ambiente. Com o esgotamento gradual dos recursos naturais, o buraco na camada de ozônio e outros resultados da invasão científica na vida, muitos se perguntam quanto tempo nosso planeta pode continuar a sustentar a vida. Poucos argumentariam que devemos ou podemos descartar os avanços científicos e voltar às condições pré-modernas, mas há sérias questões sobre que tipo de mundo deixaremos para as gerações futuras.

Esta, então, é a imagem básica da modernidade. Muitos concordaram com seu programa ao longo do caminho e alguns ainda acreditam nos seus princípios fundamentais, mas no encerramento do século XX muitos estão pediram por uma mudança de perspectiva. Descrevendo sua insatisfação com vários elementos e implicações da cosmovisão moderna, Joe Holland e David Griffin lançam-lhe as seguintes acusações:

> Assim, vemos o clímax negativo da promessa científica moderna de liberdade e progresso: guerras cada vez mais destrutivas, ameaças de aniquilação nuclear, genocídio, totalitarismo, envenenamento ecológico, corrosão da comunidade, marginalização dos pobres e supressão pública do Mistério religioso. O que surgiu no século XVIII como um sonho ousado se converte dialeticamente ao final do século XX em um pesadelo assustador. Este é o fim cultural do mundo moderno.[29]

Essa cosmovisão também promove uma tecnologia dedicada ao aperfeiçoamento de instrumentos de coerção e morte e um sistema econômico no qual o lucro é o único padrão de excelência. Finalmente, essa cosmovisão relega a religião à ilusão; é claro, pode ser uma ilusão útil (da perspectiva moderna), na medida em que promove o nacionalismo, o militarismo e o comportamento economicamente eficiente e/ou proporciona consolo suficiente aos indivíduos para mantê-los seguindo em frente. Porém, ainda é uma ilusão.[30]

O QUE É PÓS-MODERNIDADE?

Pós-modernidade se refere a muitas tendências diferentes em vários campos, como arte e arquitetura,[31] crítica e interpretação literária, epistemologia e política. Parte do desafio ao descrever a pós-modernidade é que seus desenvolvimentos são de uma época tão recente que precisamos que passe mais tempo a fim de vermos exatamente o que várias tendências se tornarão. Os temas a serem discutidos foram "formados" durante algum tempo no século XX, mas somente ao final da década de 1960 e depois dela que tais temas se tornaram mais conscientes e explícitos, e articulados como uma visão integral da realidade substancialmente diferente da mentalidade moderna. Apesar de alguma ambiguidade sobre o que exatamente está envolvido na pós-modernidade, ainda podemos identificar alguns de seus principais temas. Em geral, podemos também dizer que muitas das principais preocupações da modernidade são rejeitadas ou significativamente modificadas pelo pós-modernismo. Começamos nossa descrição com a caracterização geral que David Griffin fez de alguns dos principais temas filosóficos das formas mais negativas do pós-modernismo:

> O pós-modernismo filosófico é amplamente inspirado pelo pragmatismo, fisicalismo, por Lud Wittgenstein, Martin Heidegger e Jacques Derrida, além de outros pensadores franceses recentes. Pelo uso de termos que surgem de segmentos particulares deste movimento, ele pode ser chamado de pós-modernismo *desconstrutivo* ou *eliminativo*. Ele supera a cosmovisão moderna por meio de uma anticosmovisão: ele desconstrói ou elimina os ingredientes necessários para uma cosmovisão, tais como Deus, eu, propósito, significado, um mundo real e a verdade como correspondência. Embora motivado em alguns casos pela preocupação ética de evitar sistemas totalitários, esse tipo de pensamento pós-moderno deságua no relativismo, até mesmo no niilismo. Também

poderia ser chamado de *ultramodernismo*, na medida em que suas eliminações resultam de levar as premissas modernas às suas conclusões lógicas.[32]

Essa descrição é a mais apropriada para o pós-modernismo desconstrutivo, mas sugere vários temas que são amplamente verdadeiros com relação ao espírito pós-moderno. Clive Marsh oferece outra explicação geral do pós-modernismo apresentando quatro temas principais: evolução, relatividade, indeterminação e participação. Cada um deles tem certas implicações epistemológicas. A evolução mostra que a humanidade é o resultado de processos naturais e aleatórios. Logo, o ser humano e tudo o mais estão em constante mudança e são radicalmente contingentes. Como resultado dessa contingência radical, a relatividade se torna crucial, pois tudo existe nas suas relações com outras coisas. Nossas crenças e ações são produtos do nosso tempo e da nossa cultura na história. Outro resultado dessa contingência e relatividade é que não há nenhuma pista sobre o futuro. É indeterminado, logo, o mistério está no âmago da realidade. Consequentemente, cada pessoa deve se concentrar no momento presente e aproveitá-lo ao máximo. Finalmente, pelo fato de participarmos do processo evolutivo e estarmos relacionados de várias maneiras a tudo o que existe, devemos rejeitar a noção de humanos como observadores isolados que podem observar sem nenhum interesse o que se passa. Em vez disso, todos os conhecedores participam do que deve ser conhecido.[33]

Estas declarações sumárias de Griffin e Marsh são muito úteis, mas se pode dizer mais.[34] Na sequência, oferecerei uma descrição das principais ênfases.

Epistemologia pós-moderna

As diferenças entre epistemologia moderna e pós-moderna são substanciais e criam grandes diferenças de abordagem de tópicos como conhecimento, verdade e objetividade. Visto que seria difícil imaginar muitas das ênfases da pós-modernidade fora de sua epistemologia, eu explicarei essa epistemologia com algum detalhe. Com Descartes, a filosofia tomou o que é chamado de "volta ao sujeito". Além disso, os modernos adotam caracteristicamente alguma forma de fundacionalismo como sua teoria do conhecimento. No período pós-moderno, cada consciência humana ainda deve estruturar sua compreensão do mundo, mas se foram as possibilidades de justificar as crenças por crenças básicas apropriadas que sejam óbvias, evidentes aos sentidos ou incorrigíveis.

Para começar a entender o que há de diferente na epistemologia pós-moderna, deixe-me voltar rapidamente a Michel Foucault, uma das principais figuras pós-modernas. Uma das ideias mais notórias de Foucault é sua proclamação da morte do homem. Em *A ordem das coisas*, ele escreve: "porém, é reconfortante e uma fonte de profundo alívio pensar que o homem é apenas uma invenção recente, uma figura que ainda não tem dois séculos, uma novidade em nosso conhecimento, e que ele desaparecerá novamente assim que esse conhecimento tiver descoberto uma nova forma".[35]

Isso soa tremendamente pessimista e até niilista, mas precisa de explicação. Charles Davis explica que Foucault usa o "homem" para se referir especificamente ao sujeito moderno (o conhecedor cuja consciência estrutura sua compreensão do mundo). Ele reserva o "ser humano" para o sentido mais amplo dos humanos como sujeitos, um sentido que vai além da noção do sujeito fabricado pela modernidade. Como Davis argumenta, a preocupação de Foucault é com o homem como sujeito do conhecimento:

> Ao ver o homem como uma invenção recente e que em breve passará, Foucault está chamando a atenção para o homem como um sujeito epistemológico, a saber, para o homem não apenas como difícil objeto de conhecimento, mas também o sujeito soberano do conhecimento. Ele é o ser por meio do qual esse conhecimento é alcançado, o que torna todo conhecimento possível. Foucault está atacando o antropocentrismo moderno, incitando-nos a despertar do nosso sono antropológico e apontando para as *aporias* às quais o nosso egocentrismo conduz.[36]

Em outras palavras, Foucault não deseja ou antecipa a extinção da raça humana, em vez disso ele rejeita certa noção de humanos. O modelo cartesiano, iluminista do homem como o conhecedor desinteressado que pode oferecer argumentos e provas de modo objetivo, a fim de provar que seus pontos de vista são verdadeiros, é o que Foucault celebra como falecido.

O que produziu tal pessimismo em relação ao conhecimento, à objetividade, à verdade e a uma história que reúne toda a realidade de uma forma universalmente aceita pela razão e experiência sensorial? Vários desdobramentos importantes na epistemologia e filosofia da linguagem têm causado essa mudança dramática na perspectiva. O primeiro é uma rejeição do fundacionalismo, no mínimo em sua forma clássica e, no máximo, em todas as suas formas. O fundacionalismo tem sido alvo de ataques crescentes nos últimos trinta a quarenta anos, por várias razões. Uma queixa importante é que, se os critérios do fundacionalismo clássico para a basicalidade apropriada forem aceitos, então o fundacionalismo deve ser rejeitado, pois não há argumento, prova e respaldo suficientes para esses critérios. O fundacionalismo clássico defendia que as crenças devem ser respaldadas por crenças superiores que sejam óbvias, evidentes para os sentidos ou incorrigíveis. Porém, nenhum desses três critérios é óbvio, evidente para os sentidos ou incorrigível, nem é respaldado por outras crenças mais básicas que satisfaçam esses requisitos. Portanto, ninguém deveria adotar o fundacionalismo.

Em lugar do fundacionalismo, os pós-modernos normalmente adotam mais uma teoria coerentista do conhecimento. Enquanto o fundacionalismo retrata o conhecimento como um edifício ou uma pirâmide que basicamente se assenta em fundamentos indubitáveis, para o coerentismo as crenças ainda devem ser justificadas por outras crenças, mas nenhuma crença é mais básica do que qualquer outra; nem há quaisquer crenças diretamente em contato com a experiência fora da mente de uma forma que as confirmaria como óbvias ou indubitáveis. Em vez de retratar o conhecimento como um edifício, agora ele é descrito como uma teia ou rede de crenças interconectadas. Tal visão é chamada, muitas vezes, de teoria holística do conhecimento.[37]

Porém, por que essa mudança, e ela faz diferença para a certeza do nosso conhecimento? A resposta começa a chegar ao âmago da questão. Como mencionado ao descrever a modernidade, os filósofos que vieram após Kant reconheceram que a mente é tão ativa na estruturação do conhecimento quanto o mundo que a confronta por meio dos sentidos. Porém, se o conhecimento é uma função tanto da mente quanto do mundo, sobrou uma pergunta angustiante quanto a se a mente poderia ser totalmente objetiva no processo de conhecimento. Foi apenas questão de tempo até que o ceticismo em relação a isso rejeitasse o ideal da objetividade pura como um objetivo inalcançável.

Durante muito tempo (especialmente no pensamento positivista), acreditou-se que o mundo era dado à mente apenas como um conjunto de fatos brutos para a nossa inspeção e compreensão objetiva. À medida que o século XX avançou, as alegações de objetividade foram sendo cada vez mais rejeitadas. Vários desdobramentos foram de vital importância. No final dos anos 1960 e início de 1970, o filósofo da ciência, Thomas Kuhn, publicou *A estrutura das revoluções científicas*. Kuhn argumentou que, apesar da crença amplamente defendida de que a ciência (de todas as disciplinas) opera com objetividade pura e sem viés no manuseio de dados, isso não é verdade.

De acordo com Kuhn, não há observações com teorias neutras nem fatos brutos em nosso mundo que aguardem nossa inspeção objetiva. Ao invés disso, as observações dos cientistas são coloridas por sua estrutura conceitual, uma estrutura que vem de sua situação de vida, treinamento como cientistas e conhecimento da teoria científica atual. Não importa com que esforço um cientista tente colocar os pressupostos de lado, é impossível fazê-lo. Inevitavelmente, as observações de dados são moldadas pela linguagem do cientista, por seus conceitos, treinamento e experiência.[38]

Kuhn diferenciou o que ele chamou de ciência normal e ciência revolucionária. Uma vez aceito um paradigma científico, como a física newtoniana, os cientistas trabalham dentro desse paradigma para explicar os fenômenos e os dados do mundo. Suas observações e conclusões são regidas pela teoria dominante. Esse tipo de ciência é ciência normal. Por outro lado, à medida que trabalham dentro de um paradigma, os cientistas notam certos dados e problemas que não se adptam muito bem à teoria predominante. Em algum momento, as anomalias com o paradigma atual se tornam tão difíceis de superar que ele é descartado em favor de um novo paradigma. A mudança, argumentou Kuhn, não vem de um processo longo e lógico que dedutiva ou indutivamente produz a nova visão, ao invés disso, vem de repente, quase como uma experiência de conversão. Isso é ciência revolucionária, e uma vez que a revolução termina, a ciência normal trabalha dentro do novo paradigma.[39]

Nos primeiros anos após o aparecimento da proposta de Kuhn, havia muitos críticos,[40] mas nas últimas décadas, apesar das críticas que persistem, a afirmação básica de Kuhn de que toda observação e todo raciocínio estão carregados de teoria tem sido amplamente aceita. As implicações de tais pontos de vista são devastadoras à ideia de conhecimento objetivo. Se nem mesmo a ciência pode saber ou ser confiável ao nos dizer a verdade sobre o mundo, que esperança há de se encontrar a verdade (sem falar em convencer alguém a respeito dela) em disciplinas mais abstratas?

Outra obra muito influente é *A filosofia e o espelho da natureza*, de Richard Rorty. Este autor argumentou que, por várias centenas de anos depois de Descartes, a filosofia foi mantida cativa por certa imagem de conhecimento. É a visão que enxerga a mente como o espelho da natureza. Várias ideias são representadas nesse espelho, e então o indivíduo compara essas ideias com o mundo fora da mente. Por esses processos empíricos e racionais, pode-se finalmente defender as crenças e assim fornecer uma base para o conhecimento. Contudo, Rorty argumenta que não se trata apenas de como a mente trabalha. Ele explica a tese de sua obra da seguinte forma:

São imagens em vez de proposições, metáforas em vez de declarações que determinam a maioria das nossas convicções filosóficas. A imagem que mantém a filosofia tradicional cativa é a da mente como um grande espelho, contendo várias representações — algumas precisas, outras não — e podendo ser estudadas por métodos puros e não empíricos. Sem a noção da mente como espelho, a noção do conhecimento como precisão da representação não teria sugerido a si mesma. Sem esta última noção, a estratégia comum a Descartes e Kant — obter representações mais precisas pela inspeção, pelo reparo e polimento do espelho, por assim dizer — não teria feito sentido.[41]

É esta imagem — a que assume a mente como um observador racional e objetivo (capaz de detectar problemas nas representações da realidade e corrigi-los) — que deve ser rejeitada. Devemos reconhecer que esta é uma rejeição muito mais radical da objetividade do que a queixa filosófica anterior de que a percepção sensorial nem sempre é precisa porque os órgãos dos sentidos podem funcionar mal ou porque as pessoas podem ver o mesmo objeto físico a partir de diferentes pontos de vista privilegiados. Em vez disso, essa visão diz que, mesmo que os órgãos dos sentidos estejam funcionando perfeitamente, e mesmo que as pessoas tenham exatamente o mesmo ponto de vista privilegiado, não há garantia de que elas relatarão ter visto a mesma coisa. Sua estrutura conceitual formada por suas experiências de vida e pela comunidade linguística e cultural em que foram criadas é um fator determinante na forma como as pessoas veem as coisas e no que elas realmente percebem. Se é assim para a percepção sensorial comum, nossa mentalidade deve ser bem mais que um fator em nossa compreensão de conceitos e teorias abstratos!

Antes de Kuhn e Rorty, Willard Van Orman Quine desafiara tanto o relato fundacionalista do conhecimento como a objetividade que ele pressupunha. Em seu inovador *Dois dogmas do empirismo*, Quine rejeitou a ideia de que todo discurso significativo pode ser traduzido ou reduzido à linguagem da experiência imediata. Isso não poderia ser feito com simples palavras ou mesmo frases inteiras. Em vez disso, alegou Quine, toda estrutura do nosso conhecimento confronta "o tribunal da experiência". Isso não significa que tenhamos a capacidade de comparar objetivamente nossas crenças com a experiência para ver se elas combinam. Pelo contrário, Quine, incorporando a visão crescente de que o que conhecemos e entendemos é um produto das comunidades em que fomos criados, escreveu o seguinte:

A totalidade do nosso chamado conhecimento ou crenças, desde os assuntos mais casuais da geografia e história até às leis mais profundas da física atômica ou mesmo da matemática pura e lógica, é uma *estrutura feita pelo homem* que impacta a experiência somente nas bordas. Ou, para mudar a figura, ciência total é como um campo de força cujo valor de contorno é a experiência. Um conflito com a experiência na periferia ocasiona reajustes no interior do campo. Valores de verdade têm de ser redistribuídos em algumas afirmações. A reavaliação de algumas afirmações requer a reavaliação de outras, por causa de suas interligações lógicas — sendo as leis lógicas, por sua vez, simplesmente certos elementos adicionais do campo. [...] Porém, o campo total é tão subdeterminado por seu valor de contorno e experiência que há muito espaço de escolha quanto a quais afirmações reavaliar à luz de qualquer experiência contrária única. *Não há experiências particulares ligadas a quaisquer afirmações particulares no interior do campo*, exceto indiretamente por meio de considerações de equilíbrio que afetam o campo como um todo (itálicos meus).[42]

Que afirmações extraordinárias! Se toda a nossa linguagem é feita pelo homem, então o mundo não está simplesmente espelhado em nossa mente, permitindo-nos objetivamente ler os resultados. Nem nossas observações e raciocínio "veem as coisas como elas são". O que alegamos saber é na verdade uma teia interligada de crenças que tocam a realidade e a experiência apenas nas beiradas dessa teia. Porém, observe que Quine diz que o campo total de nosso conhecimento é subdeterminado pela experiência. Isso significa que a experiência e o nosso contato com ela são tais que simplesmente não há prova suficiente a partir da experiência para sabermos quais crenças são verdadeiras ou falsas ou se toda a nossa perspectiva do mundo está certa ou errada. Certamente não há maneira de voltarmos às fundações indubitáveis baseadas na experiência, especialmente quando Quine diz que não há experiências particulares ligadas a *quaisquer afirmações* (crenças) *particulares* dentro da teia de nossas crenças. Portanto, somos livres para reavaliar qualquer afirmação que quisermos e fazer ajustes em outras afirmações para o bem da coerência lógica na "história geral" que contamos, mas isso não significa que estejamos numa posição de saber ou provar que toda a história (ou mesmo afirmações individuais dentro dela) combina com o mundo.

Quine rejeita claramente o "mito do dado", a ideia de que o mundo está lá para nós como um conjunto de fatos brutos, neutros em termos de teoria, o qual podemos conhecer objetivamente. Em vez disso, o que vemos é nossa estruturação da realidade a partir da perspectiva de nossa própria grade conceitual. Quanto à verdade, para a maioria dos pós-modernos, a teoria da correspondência da verdade está fora de questão. Eles gostariam de poder dizer que suas crenças correspondem ao mundo, mas a condição humana é tal que não estamos em posição de saber isso, seja por meio de nossos sentidos ou por meio da razão. Nossas observações e raciocínio estão muito cheios de teoria para permitir isso. Assim, os pós-modernos normalmente adotam alguma forma da teoria da coerência da verdade, a teoria pragmática da verdade, ou uma combinação de ambas. Segundo a teoria da coerência da verdade, o que é verdade é o conjunto de frases que se entrelaçam sem contradizer uma a outra (pense aqui na imagem de Quine de uma teia de crenças interconectadas que pode exigir o reajuste de alguns de seus componentes para o bem da coerência lógica). De acordo com a teoria pragmática da verdade, o que é verdade é o que oferece os resultados mais práticos quando acreditado. Os pragmáticos antigos defendiam que a verdade como correspondência era possível, mas pensavam que, para que algo fosse verdade, deveria fazer mais do que nos dizer isso; deveria nos guiar a crenças e ações que tivessem os resultados mais desejáveis.[43] Os pragmáticos pós-modernos discordam sobre a questão da correspondência. Não se pode saber o que combina com o mundo; o melhor que se pode fazer é escolher crenças que pareçam funcionar para a pessoa.[44]

Em resposta, pode-se perguntar se não há alguma maneira de validar uma cosmovisão em oposição à outra. Se cada cultura e pessoa tem sua versão da realidade, não existe ainda uma história grandiosa e universal que nos diga quais são as narrativas verdadeiras e quais são falsas? Os pós-modernos, ao tirar conclusões lógicas de seus pontos de vista, respondem que não há nenhuma história grandiosa, nenhuma "metanarrativa" que, de alguma forma, extraia sentido de tudo. Uma obra muito influente que tem esse como um de seus temas principais é *A condição pós-moderna: um relatório sobre o conhecimento*, de Jean-François Lyotard. Na verdade, muitos datam a introdução do termo pós-moderno a partir de sua utilização no livro de Lyotard. Este autor argumenta que nas sociedades pré-modernas existiam convenções sobre quem contaria a história e quem deveria ouvir. É claro, isso permitiu aos que estavam no poder repetir o relato da realidade que os mantinha no poder. Na era moderna ainda há narrativas, mas elas devem ser legitimadas. Para os modernos, a ciência legitima e verifica o relato da realidade oferecido. Isso parece libertar as pessoas da opressão autoritária do pré-moderno, mas o que realmente acontece é que a ciência depende de uma narrativa própria, de certa história de como alcançar, verificar e falsificar crenças. Lyotard argumenta que essa metanarrativa também é autoritária e deve ser rejeitada. O que toma o seu lugar? Lyotard responde que não há uma narrativa grandiosa, nenhuma grande imagem que extraia sentido de tudo. Há apenas nossas narrativas individuais, nossas percepções individuais da realidade tal como a vemos.[45]

Este repúdio às habilidades de nossas faculdades mentais e sensoriais de conhecer o mundo corretamente pode parecer desconcertante, pois, como Diógenes Allen argumenta, Kant, com sua distinção entre as coisas em si e as coisas como aparências, concordou fundamentalmente que não temos acesso direto ao mundo como ele é, mas ainda acreditava que os conceitos de razão pura e prática eram universais e que a mente e os sentidos podem construir a realidade de uma forma que todas as pessoas concordam.[46] Por que os pós-modernos são tão céticos sobre isso? Além dos itens já mencionados, Diógenes Allen argumenta que o relativismo cultural é um fator-chave. Não apenas o fundacionalismo epistemológico foi rejeitado, mas também são negadas todas as alegações de que qualquer ponto de vista seja fundacional no sentido de ter uma situação privilegiada de ser assumido como verdadeiro e isento de crítica. Pois alguém manter sua perspectiva como isenta de objeções e inquestionavelmente verdadeira (no sentido de correspondência) é mostrar fanatismo e confusão em relação ao *status* do conhecimento. Quer concordemos ou não com Allen que o relativismo cultural é o ingrediente--chave no pós-modernismo, parece indubitável que esse relativismo cultural é muito importante. Allen explica:

> Quando o relativismo cultural é adicionado aos lugares-comuns que mencionamos, temos então o fenômeno de um credo pós-modernista em filosofia e literatura. É apenas quando se diz que os conceitos que usamos na ciência, literatura e filosofia estão totalmente inseridos na cultura, juntamente com o fato óbvio de que as culturas diferem, que obtemos a mistura inebriante do pós-modernismo. Estamos mergulhados no seu tipo particular de relativismo. Nós não apenas construímos o mundo, de modo que todo conhecimento, valor e significado sejam relativos aos seres humanos, como os idealistas desde Kant têm argumentado, mas agora se tira a conclusão radical de que não há realidade que seja construída universalmente, porque as pessoas, em diferentes períodos da história e em diferentes sociedades, a constroem de forma

diferente. Não há nenhum procedimento definitivo ou base universal para resolver disputas nas ciências naturais, na ética e na interpretação da literatura. Todo domínio de investigação e todo valor são relativos a uma cultura e até mesmo a subculturas.[47]

Em suma, segundo o pós-modernismo, não há verdade absoluta ou, se houver, ninguém está na situação de saber o que é. Através disso tudo, insinuei outro elemento-chave nessa mistura. Diz-se que todos são um produto da sua comunidade cultural e linguística. É para este último argumento, um argumento sobre uma compreensão diferente do que é a linguagem e como ela funciona, que devemos nos voltar agora. Ao descrever a modernidade, percebemos que as teorias predominantes sobre o significado da linguística eram referenciais ou representacionais. Como resultado da obra de J. L. Austin e da filosofia ulterior de Wittgenstein (como se viu em suas *Investigações filosóficas*), houve a mudança para uma teoria do significado como *uso*. Wittgenstein e Austin propuseram e explicaram suas teorias desde os anos 1930 até os anos 1950. Deixe-me focar em Wittgenstein, pois sua teoria do uso tem sido mais influente.

A filosofia anterior de Wittgenstein (*Tractatus logico-philosophicus*) adotou uma teoria referencial da linguagem, a qual chamou de teoria da imagem da linguagem. Uma frase é uma imagem de uma situação. Em sua filosofia ulterior, Wittgenstein criticou e rejeitou essa primeira teoria. Ele passou a ver as palavras como algo que não tem uma referência fixa que seja seu significado invariável, independente do contexto. Em vez disso, Wittgenstein via palavras e frases como ferramentas numa caixa de ferramentas, com as quais se podia fazer uma variedade de coisas, dependendo do contexto. Não há referente invariável para cada palavra, em vez disso, o significado de uma palavra, frase ou sentença depende de seu uso em um contexto.

Wittgenstein introduziu o conceito de linguagem como um complexo de jogos de linguagem. Ele reconheceu que a linguagem, nosso comportamento verbal, está inserida em um contexto mais amplo do que simples palavras. Está inserida em toda uma matriz de comportamento não verbal e verbal adequado a uma dada situação social e meio cultural. Portanto, um jogo de linguagem é uma forma de vida, um jeito completo de fazer alguma atividade, incluindo o comportamento verbal e não verbal. Nós não aprendemos primeiro a língua e depois aprendemos a cultura com suas convenções sociais específicas. Também não aprendemos primeiro a cultura e depois a língua.

Ao invés disso, ao aprender uma língua, aprendemos uma cultura com suas convenções sociais sobre comportamento não verbal e verbal, ou seja, aprendemos toda uma forma de vida.

Quantos jogos de linguagem existem? De acordo com Wittgenstein, números incontáveis, pois há inúmeras formas como a língua pode ser utilizada em várias situações. E o número e a natureza dos jogos de linguagem não são definidos ou fixos; eles podem mudar para atender a novas necessidades. Wittgenstein diz, "para uma *grande* categoria de casos — embora não para todos — nos quais empregamos a palavra 'significado', pode-se definir assim: o significado de uma palavra é o seu uso na língua".[48] O mesmo é verdadeiro para as frases, pois devemos "olhar para a frase como um instrumento, e para o seu sentido como o seu emprego".[49]

Para ilustrar o que Wittgenstein quer dizer com inúmeros jogos de linguagem, pense no ato de levantar a mão. Coloque essa ação em uma sala de aula com alunos interagindo com um professor. Agora pense nessa ação ocorrendo num culto da igreja, durante um tempo de adoração. Mais uma vez, pense nessa mão se levantando quando alguém está na esquina de uma rua tentando chamar um táxi. Em cada caso, o comportamento físico ou não verbal é o mesmo, mas seu uso em cada contexto dá ao comportamento seu significado peculiar, e o comportamento em contextos diferentes denota jogos de linguagem distintos.

Mais dois pontos sobre os jogos de linguagem são importantes para nossos propósitos. Um é que, ao aprender um jogo de linguagem, se aprende uma forma de vida, uma forma de fazer as coisas que é completa e distinta em si mesma. Cada jogo de linguagem tem as próprias regras de procedimento, e joga-se o jogo seguindo as regras. Por exemplo, a pessoa que move uma peça de xadrez para capturar uma peça do adversário e diz: "Golpe três, você está fora" é alguém que não conhece o jogo de linguagem. Não é que ele tenha violado um conhecimento que tem origem em algumas crenças fundacionais indubitáveis sobre o mundo. Pelo contrário, cada jogo de linguagem tem regras e procedimentos para realizar um movimento ou outro. A pessoa que diz "Golpe três" no jogo de xadrez simplesmente não entende como jogar o jogo. O que ela precisa é de treinamento e prática, assim como a pessoa que pensa que a resposta para 2 + 2 no jogo de linguagem da matemática é "falsa".

O argumento de Wittgenstein é que os jogos de linguagem são logicamente independentes uns dos outros. Logo, as regras que regem o jogo de linguagem da religião são independentes daquelas que regem os jogos de linguagem da ciência ou da história. Além disso, mesmo que os jogos de linguagem da história e da ciência envolvam uma investigação empírica, isso não os torna idênticos no sentido de como essa investigação funciona ou o que ela prova. Tampouco significa que qualquer outra coisa nos dois jogos seja idêntica ou mesmo se sobreponha.

A noção de significado como uso e a identificação de vários jogos de linguagem parecem não ter objeções, especialmente porque não excluem palavras que se referem a objetos, pessoas ou eventos. Wittgenstein jamais rejeitou que as palavras têm referência, mas apenas argumentou que o significado e a referência de uma palavra dependem de seu contexto (seu uso num dado jogo de linguagem), e que as decisões de que as palavras serão usadas de tal forma nesses contextos são uma questão de convenção social e linguística. Isto não exclui de forma alguma um elemento referencial para a linguagem, nem requer relativismo social ou intelectual. Apenas reconhece como a linguagem funciona.

A ideia específica que os pós-modernos acham tão importante e adaptam aos próprios propósitos é a noção de que cada pessoa é um produto de sua comunidade linguística e cultural. Não se aprende a linguagem fora da cultura ou a cultura fora da linguagem; elas vêm juntas. Logo, ao aprender um jogo de linguagem, aprende-se um relato particular de algum aspecto da realidade, um relato que é logicamente independente e distinto de outros relatos e de outros jogos de linguagem. Como explica Wittgenstein, nossa percepção do mundo, "nosso ver", é sempre "ver como", ou seja, é guiado e formado à luz dos conceitos, da linguagem e da cultura em que fomos criados. Não podemos escapar de nossa grade conceitual nem dos jogos de linguagem que aprendemos a jogar. Podemos aprender outros jogos de linguagem, mas ainda somos produtos desses vários jogos de linguagem.

Não existe algum jogo de linguagem grandioso, um jogo abrangente que nos diga, por exemplo, se o jogo de linguagem do cristianismo ou do budismo está correto? Na filosofia de Wittgenstein não existe tal jogo de linguagem. Há apenas uma descrição das muitas maneiras como as pessoas usam a linguagem em contextos diferentes para desempenhar várias atividades. Tudo isto se encaixa bem com os outros elementos da epistemologia pós-moderna já descrita. Esta ênfase na linguagem como constitutiva das culturas e das pessoas é uma ampla parte da razão pela qual a pós-modernidade é chamada de "a virada linguística" (em oposição à moderna "virada subjetiva").[50]

Naturalismo, mas...

Anteriormente, observei que o paradigma científico predominante para grande parte da era moderna foi a física newtoniana. No século XX, antes do alvorecer do período pós-moderno, a ciência mudou os paradigmas para a física quântica e a teoria da relatividade. Discutirei isso com mais detalhe no Capítulo 4, referente à teologia do processo, mas agora ofereço vários argumentos. Primeiro, em contraste à física newtoniana, que via o universo como composto de pedaços de matéria estática e imutável que interagem de acordo com leis naturais estabelecidas, a nova ciência alega que as coisas em nosso mundo estão inter-relacionadas em um processo contínuo de mudar e se tornar. Mesmo nos pedaços mais sólidos de matéria (nos níveis atômico e subatômico), as coisas não são estáticas, mas móveis. Além disso, em virtude dessas características da matéria, combinadas com a teoria da relatividade, o que uma coisa é e como ela deve ser entendida só pode ser determinado em termos de suas relações com outras coisas. Não somente as coisas individuais interagem para compor totalidades, mas o oposto também é verdadeiro. Como Murphy explica:

> Contra a visão de que as partes determinam unilateralmente as características e o comportamento das totalidades, esses teóricos sustentam que aspectos irredutíveis do todo também ajudam a determinar as características das partes. Os bioquímicos estavam entre os primeiros a observar isso; as reações químicas não funcionam da mesma forma em uma placa de Petri como funcionam dentro de um organismo vivo. Assim, o sistema com nível mais elevado, incluindo a entidade e seu ambiente, precisa ser considerado ao dar um relato causal completo. Assim, uma rejeição pós-moderna do atomismo implica o reconhecimento de influências de duas vias entre uma parte e o todo.[51]

Assim, o universo não é repleto de pedaços discretos de matéria isolada, mas sim de "bolsos" de energia/massa que estão constantemente mudando e interagindo com outras coisas do tipo. Além disso, ao contrário da física newtoniana, que defendia que as coisas físicas interagem de acordo com leis físicas estabelecidas, a física quântica afirma que há certa indeterminação pelo menos nos níveis de existência atômicos e subatômicos. Isso significa que, em vez de coisas que funcionam de acordo com leis fisicamente determinantes, há uma contingência genuína mesmo em coisas inanimadas. Muitos têm aplicado à liberdade humana o princípio da incerteza de Heisenberg e o usaram para argumentar sobre o livre-arbítrio indeterminista.[52]

O que isso significa com relação a Deus atuar em nosso mundo? Alguns argumentam que a teoria da relatividade sugere que não podemos ter certeza absoluta de que Deus não poderia agir em nosso mundo de maneiras inesperadas e imprevisíveis.[53] No entanto, a maioria dos pós-modernos ainda vê o universo como um sistema fechado que não admite eventos sobrenaturais. Os pós-modernos não estão prontos para voltar aos conceitos pré-modernos que permitem intervenções sobrenaturais em nosso mundo. Os relatos bíblicos de milagres ainda são vistos como mitos.

Porém, isso não é o fim da história. A linguagem religiosa não é mais considerada absurda e sem sentido, pois a religião e o discurso religioso ocupam seu próprio jogo de linguagem. Na verdade, não é um jogo de linguagem onde as afirmações podem ser empiricamente provadas ou reprovadas. Porém, como outros jogos linguísticos, a linguagem religiosa tem um significado e apresenta uma dada perspectiva da realidade. Além disso, falar de Deus e de sua ação em nossas vidas e no mundo passou a estar mais na moda. É óbvio que nem sempre está claro se tal discurso deve ser tomado como parte do jogo de linguagem da religião (que muitos pensam que não tem a pretensão de fazer declarações de fato) ou se o locutor pensa que está falando de coisas que realmente ocorrem no nosso mundo.

Embora algumas variedades do pós-modernismo incluam Deus, isso não significa que o Deus imaginado tenha muito em comum com o Deus da tradição judaico-cristã. Seja o Deus dos teólogos da esperança, o Deus do processo, o Deus (ou deuses) da Nova Era, ou as noções feministas e de libertação a respeito de Deus, existem diferenças significativas em relação ao Deus tradicional. Ainda, muitos pós-modernos que acreditam em Deus afirmam sentir a presença desse Deus de maneiras especiais e incomuns. A teologia pós-moderna de David Griffin, que se baseia fortemente na filosofia de Whitehead, apela à percepção pré-sensorial ou não sensorial, chamada preensão, a qual difere da percepção sensorial comum. Como Griffin explica, a percepção sensorial comum não pode fornecer evidências adequadas de um mundo real além de nós mesmos (observe a adoção da epistemologia pós-moderna em oposição às noções modernas). Porém, há uma forma primitiva de percepção compartilhada por humanos, cães, insetos etc., que nos permite "saber" que existe um mundo real lá fora. Por meio dessa percepção não sensorial podemos sentir qualquer número de coisas além de nós, inclusive Deus (é claro, para Griffin é o Deus do processo de Whitehead).[54] Quer seja por meio dessa percepção não sensorial, por ESP e canalização no pensamento da Nova Era, ou por algum outro meio, muitos pós-modernos concluem que existe um Deus e alegam que o experimentam. Como vimos no Capítulo 2, outros teólogos pós-modernos também estão dispostos a acreditar em Deus desde que seja um Deus além do ser.

Embora essas noções metafísicas tenham certa continuidade com as visões modernas, também existem diferenças significativas. A visão predominante ainda é o naturalismo e o antissobrenaturalismo, mas pelo menos os pós-modernos permitem que a linguagem religiosa seja significativa e referente a algo que de alguma forma pode ser experimentado. A física quântica e a teoria da relatividade, com suas doutrinas da interconectividade e do movimento de todas as coisas, sugerem que tudo está se esforçando em conjunto num processo de se tornar. Isso está em contraste total com a doutrina de Newton referente à matéria estática, isolada, desconectada. Na *ontologia*, essa doutrina metafísica é análoga ao que a *epistemologia* de Quine e dos coerentistas diz sobre as crenças como uma teia interconectada de ideias, nenhuma delas mais fundacional do que a outra. Assim, o pós-modernismo defende o naturalismo, mas não a versão exata contada pela modernidade, nem com as mesmas implicações para a crença, experiência e significação de Deus.

Liberdade humana em comunidade

Segundo a modernidade, a liberdade humana e a individualidade são valores supremos e devem ter todas as oportunidades de expressão. Infelizmente, a ênfase no indivíduo tende a isolar e fragmentar as pessoas e a encorajá-las a perseguir apenas os próprios interesses. Em contrapartida, o espírito pós-moderno coloca um alto valor na relação e na comunidade. A liberdade humana não deve ser suprimida, mas apenas usada para promover objetivos e desenvolvimento pessoal como parte de um programa maior para o crescimento de toda a comunidade. Esta ênfase na comunidade significa que o indivíduo forte, isolado do resto da comunidade, já não é o ideal. Tal individualismo levou a males modernos como a corrosão da família e da comunidade e a poluição (até mesmo destruição) do meio ambiente para promover ganho pessoal (geralmente econômico) pela exploração.

Em contrapartida, a noção pós-moderna de comunidade inclui não apenas seres humanos, mas também o mundo natural como parte de uma comunidade cósmica. Ronald Allen escreve sobre o significado de comunidade no pensamento pós-moderno:

A visão pós-moderna retoma da pré-modernidade a ênfase na comunalidade. Nas melhores comunidades, todas as realidades vivem em relacionamento com outras realidades em mutualidade, encorajamento e apoio. Tal como seus colegas pré-modernos, as pessoas pós-modernas pensam na natureza como algo vivo. A humanidade e a natureza vivem juntas em parceria. Mesmo as formas mais pequeninas de vida e as mais (aparentemente) inanimadas têm a própria integridade.

Essa comunidade é o contexto no qual as entidades alcançam a realização máxima; a própria comunidade é aprimorada pela realização de seus membros. No entanto, o pós-modernismo valoriza a sacralidade do indivíduo. As decisões comunitárias são julgadas, em parte, por seu efeito sobre os indivíduos. O bem-estar individual não pode ser casualmente sacrificado em nome da comunidade.[55]

Isso deve ressoar entre aqueles que estão familiarizados com as ênfases contemporâneas, tais como construir a comunidade por meio do envolvimento de todos os membros trabalhando juntos e protegendo o meio ambiente. Observe também a ênfase na mutualidade e na parceria. Como Allen diz, a ênfase na comunidade, de certa forma, retorna ao pensamento pré-moderno, mas a comunidade imaginada é muito diferente. Em vez de comunidade unida pelo controle autoritário bastante pesado de um rei ou da igreja, a comunidade vislumbrada pelos pós-modernos é aquela em que todos os membros são iguais e parceiros, não apenas em compartilhar responsabilidades, mas também em compartilhar poder. Essas ideias têm implicações para os relacionamentos no lar, na igreja, no escritório da empresa e na sociedade em geral. O desenvolvimento individual é crucial, mas sempre no contexto de comunidade, e não à custa dos outros.

Esta faceta do espírito pós-moderno acomoda bem outros temas pós-modernos. A interconectividade das comunidades e das relações sociais, por assim dizer, reflete o que a ciência nos diz sobre uma compreensão adequada do mundo natural. Um universo de matéria interconectada no processo de se tornar, juntamente com todas as outras coisas em desenvolvimento, é análogo às agendas sociais, econômicas e políticas pós-modernas. Também vale a pena notar que esse comunalismo combina com a "redescoberta" da doutrina da Trindade por parte de muitos teólogos pós-modernos. Deus é visto como comunal, no nível mais básico de seu ser. Da mesma forma, as teologias que enfatizam a conexão de Deus com o mundo são muito atraentes para a mente pós-moderna.

Observe também como isso sintoniza com certas doutrinas epistemológicas pós-modernas. A noção de pessoas sendo moldadas por suas comunidades linguísticas e culturais enfatiza novamente a nossa interdependência. Como produtos da nossa cultura e educação, a ideia de um indivíduo isolado olhando somente para o próprio bem faz pouco sentido. Deveríamos desejar retribuir à comunidade que "nos fez". Além disso, o holismo epistemológico que vê o nosso conhecimento e as nossas estruturas de crenças como uma teia interligada de crenças, nenhuma mais básica do que a outra, é um paralelo aplicável em termos epistemológicos ao que os pós-modernos dizem sobre as realidades sociais e políticas.

O coletivismo, mas não o totalitarismo, é a ordem do dia. Economicamente, isso não é regra no socialismo e exclui o capitalismo, mas sugere que o tipo de capitalismo que faz um grande abismo entre ricos e pobres e que perpetua a opressão e a exploração destes últimos deve ser rejeitado. Se todos em uma sociedade capitalista podem se beneficiar e compartilhar a riqueza, tudo bem. Caso contrário, seria preferível alguma forma de socialismo que garanta a partilha de riqueza. A comunidade inteira crescendo em virtude do desenvolvimento de cada membro como parte do todo é a chave.

A bondade da natureza humana?

No século XX, mesmo antes do advento do etos pós-moderno, havia sinais mistos sobre a bondade da natureza humana. As diversas atrocidades daquele século desiludiram muitos a ponto de verem a natureza humana e a condição humana como sem esperança e sem sentido. Apesar desse desespero, os existencialistas disseram que nos é dada liberdade radical, a qual devemos abraçar e usar para criar nosso próprio significado num mundo normalmente absurdo e brutal. Porém, se há questionamentos sobre a bondade inerente da natureza humana, não deveríamos ter um pouco de medo do que acontecerá se as pessoas abraçarem e usarem sua liberdade para criar o próprio significado?

Assim como o final do período moderno testemunhou essa tensão em relação à natureza humana, também os pós-modernos têm, por vezes, defendido opiniões aparentemente esquizofrênicas sobre esta questão. Por um lado, os pós-modernos estão dolorosamente conscientes da capacidade humana de desumanidade para com os outros e de destruição do próprio mundo em que vivemos. Além disso, como não existe um método universal para saber o que é verdadeiro e certo, o otimismo da modernidade de que as pessoas usarão a razão para discernir o que é certo e então fazê-lo é injustificável. Os pós-modernos mais pessimistas parecem niilistas em relação a tudo, inclusive em relação aos seres humanos.

Por outro lado, há sinais de otimismo com relação à natureza humana entre os pós-modernos. Para começar, a ênfase na comunidade e no desenvolvimento mútuo do todo parece pressupor que vale a pena "redimir" a todos e a tudo, se possível. Além disso, a postura moderna de que, se forem educadas e tiverem oportunidade econômica, as pessoas serão cidadãos responsáveis ainda é ouvida hoje, e não apenas dos políticos. E, como veremos, algumas formas de religião pós-moderna equivalem a uma deificação de tudo, inclusive dos seres humanos. Porém, se essas religiões acreditam que somos divinos, não deve haver um grande otimismo em relação à natureza humana e à bondade? Não há razão para ser otimista sobre o futuro que criaremos para as próximas gerações? É claro, ainda há alguns que negam a igualdade de todas as pessoas e querem usar o poder para explorar e oprimir os outros, mas o restante de nós pode ficar de olho nessas pessoas e, com sorte, mantê-las sob controle.

Então, os pós-modernos enviam mensagens confusas sobre a natureza humana. No entanto, com todos os programas de autorrealização e autoajuda e toda a propaganda exagerada sobre a psicoterapia e afins ajudando-nos a perceber nosso potencial, apesar das coisas horríveis que os humanos fizeram uns aos outros no século XX, há, segundo muitos pós-modernos, espaço para otimismo em relação ao futuro.

Ciência e progresso

A perspectiva pós-moderna em relação à ciência e ao progresso é previsível à luz dos outros elementos do estado de espírito pós-moderno. Os pós-modernos sabem que só no século XX a ciência fez avanços dramáticos em muitos campos, e a maioria desses avanços tornou a vida mais agradável e melhor. As descobertas científicas no campo da medicina e da genética sustentaram grande esperança para pessoas que, do contrário, teriam doenças incuráveis. As tecnologias de reprodução permitem agora que pessoas que antes não podiam tenham filhos. Da mesma forma, os desenvolvimentos na tecnologia das comunicações foram dramáticos. Todos esses avanços são bem-vindos, e poucos pós-modernos os desaprovariam.

Por outro lado, os pós-modernos estão dolorosamente conscientes (e frequentemente nos lembram) das capacidades destrutivas de vários avanços da ciência. Não só a aniquilação nuclear é uma ameaça contínua, mas outras invenções científicas estão envenenando nosso ambiente. Visto que a preocupação pós-moderna com a comunidade inclui o mundo natural como parte dessa comunidade, as preocupações ecológicas estão no topo da agenda dos pós-modernos. Os desenvolvimentos científicos e tecnológicos que ameaçam esgotar os recursos naturais ou danificar o meio ambiente são denunciados.

Assim, a ciência e a tecnologia são vistas como bênção e maldição, e da perspectiva pós-moderna nem todas as descobertas científicas são progresso. Em alguns casos, devemos esperar para ver se os avanços científicos são benéficos para a vida neste planeta.

Finalmente, a evolução continua fortemente consolidada. É difícil saber se os pós-modernos se recusam a rejeitá-la — apesar de tanta evidência contrária — devido à sua visão de que ninguém sabe realmente a verdade e, de qualquer forma, a evolução ainda é uma teoria útil, ou se a influência da evolução sobre a ciência e a cultura contemporâneas resulta da crença de que a única alternativa (o criacionismo) não pode ser aceita em virtude de seu sobrenaturalismo. Seja qual for o caso, os cientistas analisam continuamente a teoria da evolução nas tentativas de tapar um vazamento após outro. Sem outra teoria naturalista no horizonte, não é provável que a evolução desapareça logo.

Além disso, a evolução se encaixa bem com algumas das outras doutrinas pós-modernas. Por exemplo, a preocupação com a comunidade e o respeito mútuo por todos os seres vivos se encaixam perfeitamente com a ideia de que tudo o que existe vem basicamente de processos evolutivos que trabalham com a mesma matéria eternamente existente. Se já estamos ligados ontologicamente a tudo o mais em nosso mundo pelo processo de evolução, a resposta mais razoável a outras formas de vida (e a outras pessoas) é o respeito mútuo e a preservação. Adicionar a isso a teoria da física quântica e da relatividade, que também enfatizam a conexão e a interconexão, e o que os pós-modernos adotam em sua teoria social, política e econômica (assim como na teologia) parece a conclusão natural.

DEUS NO PENSAMENTO CONTEMPORÂNEO

Com essas descrições da modernidade e pós-modernidade, estamos agora prontos para examinar os pontos de vista de Deus nesse meio em transformação. Dividirei a discussão em duas seções principais, uma que trata das teologias apresentadas contra o pano de fundo da modernidade e a outra que descreve as teologias mais bem vistas como pós-modernas.

Teologias contemporâneas na mentalidade moderna

KANT. Nossa discussão começa com Immanuel Kant, mas podemos ser breves à luz do que já foi dito. Como já mencionado, Kant distinguiu o numenal do fenomenal. O primeiro contém coisas que não são objetos de investigação empírica e, portanto, não são objetos de conhecimento. Entre as coisas que Kant pôs no reino numenal se encontra Deus. Embora a existência de Deus não possa ser provada, Kant acreditava que deve ser um postulado de razão prática, necessário para o governo moral do nosso mundo.

HEGEL. O próximo é Hegel (1770-1831), que é uma figura extremamente importante tanto para a filosofia como para a teologia. Grande parte da teologia contemporânea na perspectiva não evangélica reage de uma forma ou de outra a Hegel. Ele queria construir uma filosofia abrangente que cobrisse toda a realidade. Para isso, Hegel não podia colocar a religião e a filosofia uma contra a outra; ao contrário, sua filosofia tinha de incorporar entidades religiosas. Além disso, seu objetivo era uma filosofia que unificasse todas as coisas sem destruir a peculiaridade de cada item, relacionando-o com o todo. Como resultado, Hegel precisava de uma religião para a sua filosofia final que unificasse toda a realidade sem destruir a singularidade de cada parte.

Hegel concluiu que o cristianismo era a religião certa para esse projeto. Ele já tinha o conteúdo correto de sua filosofia final; apenas aguardava uma razão especulativa para transformá-lo na forma adequada. O cristianismo foi considerado a religião apropriada para esta filosofia final porque dentro dele há uma junção do infinito e do finito, e esta junção une o finito e o infinito enquanto lhes permite manter suas peculiaridades. Isso acontece no cristianismo, argumentou Hegel, em dois aspectos importantes. O primeiro é a pessoa de Jesus Cristo. NEle estão unidos o infinito e o finito, mas essa união é tal que não oblitera a diferença e a distinção de cada natureza. A segunda forma em que o cristianismo une o finito e o infinito é em seu ensinamento sobre a relação de Deus conosco por meio de Jesus Cristo. Deus, em graça, se dirige a nós, e nós, em liberdade, nos dirigimos a Ele a fim de estabelecer essa relação. Além disso, ao acreditar em Cristo e adorá-lo, nós adoramos alguém que é como nós, mas também é como Deus. Logo, nossa relação com Deus une a criatura finita com um Deus infinito sem destruir a peculiaridade de nenhum dos dois.[56]

Porém, como é o Deus de Hegel? No estudo de sua filosofia não é encontrado um conceito único de Deus. Em vez disso, podem-se identificar ao menos cinco ideias distintas acerca de Deus. A primeira vem da

Fenomenologia do Espírito criada por Hegel. Na seção sobre a consciência infeliz, Hegel se refere a um Deus.[57] No entanto, como Hegel está falando de autoconsciência, muitos afirmam que esse Deus não é mais do que uma projeção da mente humana numa tentativa de uni-la a si própria. Assim, para Hegel, numa ideia inicial Deus é visto como uma projeção psicológica.

Segundo, Hegel também vê Deus como igual a Espírito, mas não no sentido judaico-cristão de Deus como um ser imaterial. No Capítulo 2, eu descrevi essa visão como a que retrata Deus como uma força ou consciência geral unindo todas as consciências finitas. Esta ideia de Deus não permite que Ele seja uma pessoa que interage pessoalmente conosco, mas o torna muito imanente em nosso mundo.

Uma terceira ideia de Deus na obra de Hegel O retrata como igual ao infinito. Em várias obras, Hegel fala da filosofia ascendendo ao infinito. Hegel chama isso de ascensão à divindade ou a um ponto de vista divino. Assim, "Deus" ou "divindade" parecem ser equivalentes ao pensamento transcendente e abrangente. É claro que Hegel pensou que tivesse construído uma filosofia que realmente se elevava a esse ponto de vista privilegiado, infinito e divino. Nesse conceito de Deus, Ele é transcendente, mas não é necessariamente uma pessoa.

Um quarto conceito de Deus vem do entendimento de Hegel a respeito da natureza da religião. Hegel acreditava que toda religião genuína era uma relação do humano com o divino, na qual o divino é diferente do humano, porém interiormente relacionado a ele. Hegel enumerou três características básicas de toda religião genuína que têm a ver com relacionar o divino com o humano: sentimento, representação religiosa e culto. Quanto ao primeiro, envolve ser orientado ao sentido, mas não pode ser um sentimento totalmente subjetivo; deve haver um objeto. Além disso, esse objeto deve ser superior a um ser humano para que possa ser adorado como Deus, não como um ídolo. Hegel diz então que a representação é o uso humano da linguagem e do pensamento (que são limitados) para apontar para um objeto que é infinito. Esse objeto infinito deve ser radicalmente diferente de nós, ou então a relação não seria genuinamente religiosa; mas não pode ser totalmente diferente a ponto de ser totalmente inacessível e nossas representações dele não apontarem para nada ou para algo do qual nada sabemos. Logo, a fim de podermos dar sentido ao objeto do nosso sentimento, derivamos símbolos que, embora finitos, apontam para um infinito sobre o qual sabemos algo. Essa representação nos ajuda a pensar no objeto do nosso sentimento e a nos relacionar com ele. Culto, o terceiro elemento, é como encenamos a relação entre o divino e o humano. É uma forma tangível de manter nossos sentimentos e representações juntos. Hegel achava que os aspectos da vida de culto que mais unem o divino e o humano desta forma são o batismo e a santa ceia.[58]

Com essa descrição das religiões genuínas podemos dizer que o quarto conceito de Deus no pensamento de Hegel o vê como o objeto para o qual a representação religiosa aponta simbolicamente. Ele é totalmente transcendente e não parece agir no mundo. Ele pode ser pessoal, mas é tão plenamente diferente que é impossível saber exatamente como descrevê-lo. A compreensão de Hegel a respeito do Deus do judaísmo como um Deus transcendente com o qual não podemos estar unidos pode muito bem ser um exemplo desse conceito do divino.

Uma última ideia vê Deus como Cristo, mas não está totalmente claro se o significado é literal para Hegel ou se ele vê Cristo como um símbolo do que quer dizer com a união do transcendente e do imanente. Em ambos os casos, Hegel vê Cristo como o que une o infinito e o finito de duas maneiras. Em Cristo, enquanto encarnado, Deus e o homem estão unidos, mas além da encarnação, o cristianismo instrui seus seguidores a acreditar em Cristo e segui-lo. Isso significa que deveríamos adorar uma pessoa que é diferente de nós (transcendente nesse sentido) e, ao mesmo tempo, igual a nós (imanente no sentido de que é humano como nós somos). Assim, nossa relação com Cristo ilustra ainda mais a união do transcendente e imanente.[59]

Esse conceito final é provavelmente o mais próximo de qualquer coisa no conceito cristão tradicional de Deus, mas não está claro se Hegel quer que entendamos Jesus como literalmente Deus. Hegel raramente fala de Cristo como Deus; a maioria das vezes Ele é chamado de Deus-homem para mostrar sua importante função de unir o imanente ao transcendente. Logo, é duvidoso que essa ideia a respeito de Deus tenha muito a ver com a teologia tradicional e evangélica.

Em suma, os conceitos de Hegel a respeito de Deus incorporam muitos temas da modernidade. A ênfase na capacidade da consciência de estruturar o mundo e o papel da razão na construção de um relato coerente de toda a realidade são muito modernos. A ênfase de Hegel na conexão de todas as coisas prefigura as ênfases pós-modernas, mas sua preocupação em unir coisas distintas sem destruir sua peculiaridade e individualidade tem afinidades tanto com as preocupações modernas como pós-modernas.

SCHLEIERMACHER E TEOLOGIA LIBERAL. Depois de Hegel, voltamo-nos aos teólogos liberais clássicos. Esses teólogos trabalharam exatamente dentro da mentalidade moderna e levaram muito a sério as implicações da rejeição de Kant à metafísica, os vários desdobramentos na crítica bíblica que minaram a confiança na veracidade das Escrituras, bem como as implicações da evolução. Os principais pensadores liberais clássicos são Friedrich Schleiermacher (1768-1834), Albrecht Ritschl (1822-1889), Ernst Troeltsch (1865-1923), Adolf von Harnack (1851-1930) e, na América, Walter Rauschenbusch (1861-1918) e Shailer Mathews (1863-1941). O espaço não permite tratar sobre todos eles, mas devemos considerar Schleiermacher como o pai do movimento, e acrescentar alguns comentários sobre a perspectiva geral do liberalismo teológico.

De acordo com a racionalidade do Iluminismo, as crenças só devem ser mantidas se respaldadas por evidências suficientes. As objeções de Hume à teologia natural e as críticas de Kant aos argumentos teológicos tradicionais para a existência de Deus dificultaram o encontro de evidências suficientes para a crença teísta. Enquanto muitos baseavam a religião e especialmente a crença em Deus no fundamento das Escrituras, os resultados da alta crítica bíblica as desautorizaram como um apoio à religião. Se Deus não pode ser conhecido por meio de eventos históricos e documentos (a Bíblia), então qual é a base da religião? Os teólogos liberais mudaram a base da religião para a experiência religiosa.

Schleiermacher é considerado o pai desta tradição liberal na teologia. Suas duas obras mais conhecidas são *On Religion, Speeches to its Cultured Despisers* [Sobre a religião: Discursos a seus menosprezadores eruditos] (1799) e *The Christian Faith* [A fé cristã] (1821,1822). Nesta última, Schleiermacher argumentou que a religião se baseia num sentimento de absoluta dependência. Este sentimento é idêntico ao da consciência do ser em relação a Deus. Richard Niebuhr argumenta que várias ideias dão uma compreensão adequada do que Schleiermacher quis dizer. Primeiro, esse sentimento de dependência absoluta é também o sentimento de identidade de uma pessoa, "por meio do qual o indivíduo está consciente de sua singularidade interior".[60] Segundo Niebuhr, isso significa que a identidade ou unidade de vida de uma pessoa não é tirada de qualquer relação intelectual ou volitiva do eu com outras pessoas ou forças. Em segundo lugar, Schleiermacher considerou este sentimento de dependência absoluta idêntico ao que ele rotulou de "autoconsciência imediata" ou "consciência de Deus". Somos capazes de discernir esse sentimento, disse ele, porque a autoconsciência envolve pensar e querer, o que permite que nos relacionemos racionalmente com nosso mundo. Por meio disso tudo, podemos distinguir o nosso sentimento de dependência absoluta em relação a Deus de um sentimento de dependência relativa das coisas do mundo. Isso acontece porque "neste último uma pessoa está em relações de comunidade e reciprocidade com a natureza e a sociedade, enquanto no sentimento de dependência absoluta não há reciprocidade presente".[61] Logo, podemos diferenciar um sentimento de dependência de Deus de uma dependência de coisas relativas em nosso mundo. O que isso significa para a forma como Schleiermacher entende Deus? Niebuhr explica:

> O significado original da palavra "Deus" não é um conceito de ser perfeito, ou algo parecido, mas a relação sentida de dependência absoluta. Portanto, a religião não surge nas ideias, nem — para essa questão — na vontade, mas na consciência imediata do que Schleiermacher descreveu para Lucke como "uma relação de existência imediata". [...] Então, na verdade, a religião é mais do que uma determinação de sentimento; é o nome que Schleiermacher dá à autoconsciência pessoal, na qual o sentimento de dependência absoluta e a consciência do mundo coexistem e devem alcançar ou receber uma ordem viva e estável.[62]

Segundo Schleiermacher, cada grande religião surge de uma forma social e histórica específica. O cristianismo está totalmente associado ao seu fundador, Jesus Cristo. Nosso relacionamento com Deus em todas as suas partes é também uma relação em que nossa relação com Cristo está ativamente presente. Niebuhr conclui,

> Assim, em sua concepção do sentimento de ser absolutamente dependente, Schleiermacher reavivou a noção agostiniana da inseparabilidade do conhecimento da alma e do conhecimento de Deus; ao mesmo tempo, originou a forma distintiva da teologia protestante moderna — o cristocentrismo, ou Cristo como centro da consciência religiosa interior do indivíduo.[63]

Ao avaliar estes pontos de vista, é difícil dizer se o Deus de Schleiermacher é um ser distinto de nós ou simplesmente uma projeção da autoconsciência humana. Em ambos os casos, parece ser um ponto de vista que torna Deus muito imanente, mesmo que não seja uma pessoa distinta com a qual podemos interagir. Quanto ao movimento mais amplo da teologia liberal, a descrição de Langdon Gilkey é especialmente proveitosa. Depois de Schleiermacher, o próximo grande membro dessa tradição é Albrecht Ritschl. Este autor rejeitou os apelos tanto à metafísica como à experiência religiosa como base da doutrina cristã. Em vez disso, em conformidade com as opiniões de Kant, ele enfatizou a natureza moral do homem como a base da religião. Ritschl defendeu que a religião fornece a atitude básica para com a realidade e os valores básicos que tornam possível o desenvolvimento pessoal e histórico dos seres humanos como seres morais.[64] Como observa Gilkey, as várias teologias liberais que se seguiram basearam a religião ou na experiência religiosa, ou na natureza moral do homem ou em alguma combinação delas. A investigação racional, a experiência religiosa ou a experiência moral foram as bases dessas teologias.[65]

Como explica Gilkey, essas teologias liberais do século XIX refletiam o espírito e as ideias orientadoras da época:

> Para esta era científica, imanentista, otimista e progressista, conceitos tradicionais como o sobrenatural e o transcendente, e as crenças ortodoxas na intervenção milagrosa, na queda do homem na depravação, na incapacidade do homem de conhecer ou fazer o bem, e numa condenação definitiva da maioria dos homens por toda a eternidade, pareciam bárbaros ao extremo, algo dependente da escuridão sacerdotal dos primórdios, e de forma alguma aceitável para um homem moderno.[66]

Em lugar dessas ideias, o liberalismo adotou crenças mais consistentes com as atitudes mundanas da época. Em particular, era predominante a ideia da realidade como um processo evolutivo e imanente de desenvolvimento, que move as coisas gradualmente do caos relativo para formas mais elevadas de vida e cultura. "A força divina [...] cujo trabalho imanente no processo trouxe tal progresso em direção a objetivos mais elevados, mais coerentes, mais adaptativos e mais morais, é o que os homens chamaram de Deus".[67]

Gilkey observa também que a teologia liberal era secular, na medida em que aceitava como critérios normativos para a teologia as ideias filosóficas, científicas e morais predominantes na cultura, e na medida em que via a fé cristã como relevante para o homem moderno por causa de suas potencialidades criativas para transformar a vida das pessoas em suas situações históricas e culturais.[68] Gilkey vê a teologia liberal acomodando-se à modernidade de quatro maneiras criativas. Primeiro, por causa dos avanços, descobertas e novas teorias na ciência física, rejeitou-se a noção de verdade cristã como proposições infalíveis divinamente concedidas sobre qualquer coisa que os escritores bíblicos discutissem. Em vez disso, as afirmações doutrinárias foram vistas como construções humanas que tentavam explicar o mistério da realidade. Elas são relativas ao tempo e ao lugar, mas, como meros símbolos humanos com o objetivo de explicar criativamente a natureza da realidade, as doutrinas não estão em conflito com o conhecimento científico ou histórico aceito na época.

Uma segunda e consequente acomodação é que as próprias doutrinas não deviam mais ser vistas como verdades eternas e imutáveis, mas como afirmações para uma determinada era e tempo com o objetivo de refletir a situação cultural e histórica da própria época dos teólogos.

Terceiro, não se via mais a vida cristã como dirigida por regras divinas de santidade, em preparação para alcançar o céu após a morte. Em vez disso, a finalidade da vida cristã era viver uma vida dedicada a fazer a diferença no mundo atual. A promoção de valores terrenos como a justiça, a liberdade e o bem-estar de todos os povos (em uma espécie de evangelho social) tornava-se agora o ponto e a ênfase do estilo de vida cristão.

Uma última forma em que a teologia liberal se acomodou ao mundo moderno foi afirmar que a principal obrigação de um cristão é amar e tolerar todas as pessoas, independentemente de compartilhar ou não de seus compromissos doutrinários. Em vez de separar as opiniões consideradas heréticas, a ordem do dia era o amor e a tolerância para com aqueles de quem discordássemos.[69] Sempre somos lembrados da frase "a paternidade de Deus e a fraternidade dos homens" como ilustração da mensagem central deste movimento. Esta ênfase na tolerância da liberdade pessoal de manter as próprias crenças é muito moderna.[70]

SØREN KIERKEGAARD. Søren Kierkegaard (1813-1855) foi um contemporâneo de Schleiermacher e Ritschl, mas sua teologia seguiu uma direção definitivamente diferente. Grande parte da obra de Kierkegaard é uma reação deliberada contra a filosofia de Hegel e a marca hegelianizada do cristianismo entre seus compatriotas dinamarqueses.

Hegel desejou produzir o sistema filosófico abrangente que explicaria tudo de modo racional. Conforme foi aplicado ao cristianismo segundo a prática deste na Dinamarca, resultou em uma ortodoxia morta na igreja. Kierkegaard reclamou que o sistema de Hegel, que tratava a verdade como um conjunto de proposições objetivas dispostas lado a lado, na verdade deixou de fora a coisa mais importante. O que nenhum plano conceitual jamais poderia captar é o indivíduo existente no ato de "se tornar". O ser humano é livre e está em constante mudança; um conjunto de ideias é um objeto estático que não pode captar o que é existir. Portanto, a vida (especialmente a vida cristã) não envolve uma reflexão desapaixonada sobre um conjunto de ideias, mas sim o envolvimento apaixonado e pessoal com o Deus vivo.

Grande parte da preocupação de Kierkegaard era articular o que significa ser um cristão, um discípulo — e tornar-se ele próprio um. Ser cristão não implica conhecer um monte de fatos objetivos e realizar um conjunto de rituais religiosos. Em vez disso, afirmou Kierkegaard, consiste em se tornar um contemporâneo espiritual de Cristo. Em tudo isso, Kierkegaard acreditava que Hegel havia desviado as pessoas da verdadeira natureza do cristianismo.

Embora possa parecer que o objetivo de Kierkegaard era afastar as pessoas da filosofia e trazê-las de volta à Bíblia, esse não era seu ponto. A Bíblia, também, era um objeto histórico, um conjunto objetivo de proposições. Kierkegaard estava bem ciente da crítica negativa das Escrituras nas mãos das altas críticas; mais ainda, ele foi cativado pelo alemão Gotthold Lessing e seus comentários sobre a natureza de qualquer coisa histórica. Lessing argumentou que existe um tremendo fosso de tempo entre os nossos dias e qualquer evento histórico passado. Não importa quanta informação tenhamos sobre esse evento, nunca estamos em condição de voltar atrás e ver se os relatos são precisos. Portanto, deve haver sempre um grau de incerteza sobre qualquer coisa histórica. Para alguém vivendo dentro da era moderna com sua preocupação com certos conhecimentos, esta era uma proposta inquietante, de fato.

Kierkegaard aplicou as implicações do chamado "Fosso de Lessing" à teologia e aos estudos bíblicos. Mais ainda, ele as aplicou à certeza pessoal de nossa relação com Deus e Cristo. Em suas obras *Fragmentos filosóficos* e *Pós-escrito final não científico às migalhas filosóficas*, Kierkegaard abordou esses assuntos, entre outros. A questão geral dos *Fragmentos* é uma comparação entre o idealismo (hegeliano, em particular) e o cristianismo. Kierkegaard quis mostrar que o sistema de Hegel e sua aplicação ao cristianismo conforme praticado na Dinamarca não tinham nada a ver com o cristianismo do NT.

De acordo com o idealismo, a verdade está dentro de cada pessoa e apenas precisa ser recordada. Um professor, se se tiver um, pode no máximo servir como catalisador para fazer as perguntas certas e apontar na direção certa. Como resultado de tal sondagem, o indivíduo será conduzido à verdade que está dentro dele. Tudo isso combina com a ideia de Hegel sobre o desenvolvimento do grande sistema filosófico. Visto que reflete sobre si mesmo, o pensamento revela gradualmente o sistema que lhe é imanente.[71]

Em contraste, Kierkegaard argumentou que no cristianismo genuíno, a verdade não está no indivíduo, mas fora dele. Nenhum professor, ao fazer as perguntas certas, pode ajudar uma pessoa a descobrir a verdade que está escondida dentro dela. Como, então, uma pessoa chega à verdade? Talvez por meio de pesquisas históricas e documentos históricos como as Escrituras, mas essa não foi a resposta de Kierkegaard. As altas críticas haviam lançado dúvidas sérias sobre a veracidade das Escrituras, mas, além disso, Lessing havia ensinado a Kierkegaard a contingência e a incerteza que rondam qualquer coisa histórica. No *Pós-Escrito*, Kierkegaard esclarece, sem dúvida, sua crença sobre se podemos chegar à verdade por meio de algo objetivo, tal como a história e os documentos históricos. Ele argumenta que, no máximo, o que se encontra por meio da pesquisa histórica é uma aproximação da verdade. Isso, sustenta Kierkegaard, não é suficiente, pois quem seria tão tolo a ponto de colocar seu destino eterno em algo contingente que é, na melhor das hipóteses, uma aproximação da verdade?[72]

Então, como podemos ter certeza da existência de Deus e de nossa relação com Ele? Como podemos saber a verdade? Kierkegaard explica nos *Fragmentos* que a verdade não está latente em nós, à espera de ser recordada, mas reside somente em Deus. Para que alguém receba a verdade, Deus deve levá-la ao indivíduo. Isto só acontece quando Deus, na graça, encontra o indivíduo e lhe dá a verdade e também a fé para compreendê-la.[73] Especificamente, Deus nos dá a verdade na pessoa de Jesus Cristo, que é dado a nós no encontro pessoal. Por meio de repetidos encontros e de nossa resposta de fé, tornamo-nos espiritualmente contemporâneos de Cristo. Fazemos a ponte para o fosso de Lessing e ganhamos a certeza da existência de Deus e de sua relação conosco por meio desse encontro em nossa existência atual.

A fé que Deus nos dá não é um simples acordo frio e intelectual, mas um apego apaixonado que, racionalmente falando, faz pouco ou nenhum sentido. Na verdade, usando a oferta que Abraão fez de Isaque como caso paradigmático da fé verdadeira, Kierkegaard argumenta que a fé requer um duplo movimento. Primeiro há um movimento para a resignação, ou seja, resigna-se a perder aquilo que se espera ganhar ou manter. O segundo movimento é um salto paradoxal de fé para acreditar que, apesar de perder o objeto de esperança, de alguma forma ainda o terá de volta.[74]

Em tudo isso, Kierkegaard afirma que o cristianismo verdadeiro é completamente diferente da versão hegelianizada, presente na Dinamarca de sua época. Além disso, ele quer que seus leitores vejam que não é fácil ser um cristão. Envolve fé, sofrimento e o tornar-se espiritualmente contemporâneo de Cristo. Por isso, a pessoa está sempre em processo de se tornar cristã.

A partir dessa teologia, obtemos uma imagem distinta do Deus de Kierkegaard. Passa-se a conhecer Deus pela experiência pessoal, mas este não é um Deus como o de Schleiermacher. O sentido de dependência absoluta de Schleiermacher propõe um Deus muito imanente, talvez parte de nossa autoconsciência. Em contraste, o Deus de Kierkegaard é o Deus transcendente do céu. Porém, não devemos falar apenas deste Deus, mas também de Jesus Cristo. Kierkegaard refere-se a Cristo como o Paradoxo Absoluto. É paradoxal e uma ofensa à razão pensar que a pessoa histórica, Jesus, é também Deus. Esta é uma verdade que só pode ser compreendida pela fé.

O conceito que Kierkegaard tem de Deus é uma reminiscência da distinção de Lutero entre o Deus oculto (*deus absconditus*) e o Deus revelado (*deus revelatus*). Porém, a forma como se conhece esse Deus, segundo Kierkegaard, difere significativamente em relação à teologia de Lutero. Não se conhece Deus por meio de algo objetivo como eventos históricos, livros históricos como a Bíblia, ou por meio de argumentos racionais. A pessoa vem a conhecê-lo de uma forma que está acima da razão e implica um encontro pessoal. Essa experiência pessoal não é de algum sentido do numinoso ou algum sentimento de dependência absoluta, mas sim um encontro entre duas pessoas. Em sua obra *Fragmentos*, Kierkegaard não diz explicitamente que o encontro é com Cristo, mas o diz indiretamente ao argumentar que, para ser um verdadeiro discípulo de Cristo, devemos nos tornar espiritualmente contemporâneos dele por meio do encontro. Juntando isso com suas afirmações de que Deus deve nos trazer a verdade no momento do encontro, parece claro que Kierkegaard acreditava que o encontro é com Jesus Cristo, o *deus revelatus*.

Uma última questão sobre Kierkegaard em relação a Deus tem a ver com a capacidade da razão de descobri-lo. Coerente com a rejeição da crença hegeliana de que a razão pode saber e provar tudo, e em conformidade com sua crença sobre a contingência de todas as coisas históricas, Kierkegaard argumenta no *Pós-Escrito* que o destino eterno de uma pessoa não deve depender dos ditames da razão. Consequentemente, Kierkegaard rejeita as tentativas de argumentar a existência de Deus (e, portanto, de oferecer garantia da mesma) e de estabelecer uma relação com Ele usando a razão. O ponto de vista de Kierkegaard não é tanto que há boas objeções contra os argumentos tradicionais da existência de Deus, mas que, independentemente de quão convincentes sejam intelectualmente, esses argumentos não trarão ninguém para a fé ou para fora dela. Para alguém que experimentou Deus através do encontro pessoal com Cristo, como um argumento racional poderia deixar essa pessoa mais segura da existência dele? Além disso, quaisquer argumentos racionais contra a existência de Deus seriam insignificantes para essa pessoa, já que ela sabe que existe um Deus por ter experiência pessoal com Ele. Quanto aos incrédulos, nenhum argumento ou evidência poderia convencê-los e, dada a contingência de nosso conhecimento, por que eles baseariam algo tão importante como seu destino eterno em tais argumentos?[75]

KARL BARTH. Søren Kierkegaard é considerado o pai do existencialismo cristão, enquanto Nietzsche é o pai do existencialismo ateísta. Ambos viveram no século XIX, bem antes do movimento do século XX que seu pensamento gerou. Em Karl Barth (1886-1968), vemos a reprodução de muito do que vimos em Kierkegaard. Barth não cita Kierkegaard simplesmente, mas sabemos que ele o leu e foi muito influenciado por seu pensamento. Barth também foi influenciado por desdobramentos nas altas críticas, bem como na teologia liberal, mas ele e outros pensadores neo-ortodoxos perceberam que o liberalismo era inadequado. Bernard Ramm explica um pouco do que a neo-ortodoxia achou inadequado:

> Doutrinas específicas do liberalismo foram severamente criticadas. Sua doutrina da revelação não podia diferenciar a voz de Deus da voz do homem. Sua cristologia tornou Jesus um galileu simpático e romântico, moldado à nossa imagem, e não à de Deus. O pecado não foi visto em seu terror e inimizade contra Deus, nem por sua qualidade absoluta de rebelião contra a vontade divina. A expiação foi reduzida à aceitação psicológica. A justificação pela fé passou a significar que não havia raiva nem ira em Deus. O evangelho do liberalismo foi rejeitado como um evangelho sem ira, uma cruz sem juízo, e uma ressurreição na qual nenhum selo romano foi quebrado.[76]

Com tais queixas, pode-se pensar que é o momento certo para um retorno à ortodoxia, mas Barth e outros como ele viviam no mundo moderno e não podiam aprovar um retorno completo ao que eles viam como entendimento pré-moderno. Barth, em particular, preocupava-se com que a revelação fosse vista novamente como uma palavra proveniente de Deus, mas nem ele nem seus colegas podiam acreditar que a Bíblia é a Palavra de Deus. As altas críticas haviam desautorizado demais a Bíblia para equipará-la às palavras de um Deus absolutamente perfeito. Para Barth, a revelação não vem em proposições — em palavras —, mas em uma pessoa. O conteúdo da revelação é o próprio Deus dado ao homem em um encontro não verbal e pessoal com Jesus. A Bíblia ainda é valiosa, mas como um sinal que nos aponta para outros tempos em que Deus encontrava as pessoas. E Deus poderia usar novamente a leitura ou pregação da Bíblia como uma ocasião para aparecer e encontrar o leitor ou ouvinte.[77]

O conceito que Barth tem de Deus não é de surpreender, dada sua doutrina da Palavra de Deus. No entanto, seus pontos de vista mostram o desenvolvimento em várias fases de sua vida. Para Barth em sua fase inicial, a maioria pensa na obra *Dogmática eclesiástica*, volume 1, parte 1. Ali, Deus é retratado como totalmente outro, mas isso não significa que esteja tão distante que possamos ignorar falar dele e falar somente de Cristo. Deus realmente existe, mas nada se pode saber dele em sua transcendência. Nós só o conhecemos por meio da Palavra de Deus, Jesus Cristo.

Barth diz que o ato da revelação divina é a autorrevelação de um Deus que, segundo sua natureza, não pode ser revelado a nós. A inescrutabilidade e ocultação pertencem à natureza do Deus da Bíblia. Como Criador, Deus é distinto do mundo e, portanto, não pertence ao reino do que os seres humanos, como criaturas, podem conhecer diretamente sobre Ele. Além disso, Barth defendia que Deus não pode ser revelado nem mesmo *indiretamente* no mundo criado, porque Ele é o Santo que nós, em nosso pecado, não podemos ver.

O Deus que se revelou, então, é o *deus absconditus*. Este é o Deus para o qual não há caminho nem ponte, do qual não poderíamos falar, ou teríamos de dizer uma única palavra, se Ele não tivesse, por iniciativa própria, nos encontrado como *deus revelatus*.[78] Devemos ter cuidado para não interpretar mal Barth, pois nada disso significa que o Deus que se revela é na verdade o *deus absconditus*, o Deus transcendente. Em vez disso, o Deus oculto assumiu uma forma para se revelar a nós. Barth diz que, ao fazer isso, Deus está se distinguindo de si mesmo, um ser de Deus em um modo de existência, não subordinado quando comparado ao seu primeiro modo oculto de ser como Deus, mas apenas diferente.[79]

O fato de Deus assumir esse modo de existência para se revelar não significa que tal modo o revele completamente. Barth diz: "Não é a forma que revela, fala, consola, opera, ajuda, mas *Deus na forma*".[80] Além disso, esse modo de revelação não é o *sujeito* da revelação, porque isso significaria que Deus poderia ser revelado a nós afinal, e que não haveria mais necessidade de Deus (o Deus oculto) para sua revelação.⁸¹ Observe o que isso significa. Para Barth, o Deus transcendente ainda é importante, mesmo que não possamos conhecê-lo em sua transcendência. A ortodoxia defende que Deus pode ser conhecido em seu caráter transcendente. Os teólogos mais radicais que Barth dirão que o único Deus que podemos conhecer é o *deus revelatus* na forma de Cristo. Ele é o sujeito da revelação e revela o transcendente; logo, o Deus transcendente não é mais necessário. As opiniões iniciais de Barth, então, assumem uma posição mediadora entre a ortodoxia e os teólogos mais radicais.

Barth diz que, embora o Deus transcendente tenha assumido várias formas em vários momentos, Cristo é a forma em que Ele é mais revelado, bem como mais velado. Cristo é a Palavra de Deus (a revelação de Deus) para a humanidade, mas em Cristo Deus é revelado em velamento e velado em desvelamento. O desfecho disso é que nossa preocupação principal deve ser com Cristo, a Palavra de Deus para nós. Não podemos jogar totalmente fora o *deus absconditus* e nunca falar dele. Devemos falar dele conforme Ele age na criação, revelação e redenção, mas não podemos conhecê-lo em si mesmo ou falar dele de uma forma que lhe corresponda em seu eu transcendente. Nesses pontos de vista, as conexões com Kierkegaard e com a distinção de Kant entre a coisa em si e a coisa para nós são discerníveis. Observe também como isso se conforma a vários aspectos da modernidade. Por um lado, ainda há a preocupação de se encontrar certa base para o conhecimento, neste caso, o conhecimento religioso. É claro, agora a evidência é experiencial, mas aqueles que tiveram esse encontro de pessoa para pessoa com Deus sabem que existe um Deus e sabem o que Ele exige deles. Observe também a natureza individualista dessa teologia. O encontro não é uma experiência em massa que a comunidade compartilha e experimenta em conjunto. Ao contrário, encontra-se Deus como um indivíduo solitário, e Barth nega enfaticamente que o que Deus revela no encontro seja transferível a qualquer outra pessoa. As tentativas de verbalizar a revelação de Deus de modo a compartilhá-la com outras pessoas essencialmente a distorcem. Embora essa teologia difira significativamente do liberalismo, ambas são repletas de marcas de modernidade.

Em seu pensamento mais maduro, Barth não foi tão cético ao falar de Deus em si mesmo, mas isso porque ele acreditava que este é o Deus revelado em Jesus Cristo. Vemos isso também nos demais volumes da *Dogmática eclesiástica*, onde Barth escreveu discussões substanciais sobre os atributos divinos e a doutrina da criação. Ainda assim, na obra mais madura tudo isso é considerado possível por causa do foco em Cristo como o centro da autorrevelação de Deus para nós.⁸²

PAUL TILLICH. Como já discutimos um pouco sobre Paul Tillich (1886-1965), podemos ser mais breves. Em sua *Teologia sistemática*, Tillich propõe um método de correlação como o método apropriado para a teologia. Este método requer que o teólogo primeiro analise a situação humana e depois vá para a Bíblia para ver como ela responde às questões levantadas pela situação humana. O teólogo correlaciona os símbolos bíblicos com a análise da condição humana. Tillich argumenta que tal análise em sua época deveria ser feita em termos que são chamados de existenciais. Ou seja, eles tentam penetrar no significado da existência.[83]

Tillich aplica esse método na formulação de seu conceito de Deus. Ele começa explicando que a questão do ser é a questão para a qual Deus é a resposta. Trata-se de uma pergunta ontológica que, segundo Tillich, surge em algo como um "choque metafísico" — o choque criado quando percebemos a possibilidade do próprio "não ser".[84]

Se Deus é a resposta para a questão do ser, que resposta é essa? Tillich distingue entre o sentido e a referência de "Deus". O sentido é que Deus é o nome para nossa preocupação última. O que é de maior preocupação para os humanos deve ser aquilo que é determinante do nosso ser ou não ser.[85] Quanto à referência de "Deus", Tillich diz que é ser-em-si. O ser-em-si não é apenas um ser ao lado de outros seres, pois os seres ainda estão sujeitos a finitude. Em vez disso, Deus é o fundamento do ser, o poder do ser, a estrutura do ser (embora não sujeito Ele próprio a ser). Isso é tudo que podemos dizer sobre Deus sem cair em simbolismo e metáfora.[86]

Trata-se de uma noção um tanto estranha a respeito de Deus. Por um lado, retrata-O como muito imanente a todas as coisas. Lembra o Deus de Hegel como Espírito, aquela consciência universal que penetra e une todas as coisas. Porém, apesar da imanência do Deus de Tillich, não há nenhuma pista de que Ele seja pessoal, um Deus com o qual podemos estabelecer qualquer tipo de relacionamento. Além disso, a afirmação de Tillich de que não há nada que possamos dizer literalmente sobre Deus, além de que Ele é ser-em-si, dá ao seu Deus certo afastamento e distância. Portanto, em certo sentido esse Deus é tanto imanente quanto transcendente, mas a descrição geral é de um Deus muito impessoal, remoto e transcendente.

Como poderíamos esperar, Tillich coloca grande ênfase em Jesus Cristo. Ele é a ponte entre nós e Deus. Tillich fala do "novo ser" em Jesus como o Cristo. O novo ser é ser essencial nas condições da existência, vencendo o abismo entre a essência e a existência.[87] O novo ser em Jesus como o Cristo vence todas as marcas e tipos de distanciamento entre o ser existencial e essencial do homem. No entanto, isto não significa que Tillich tenha um conceito ortodoxo de Cristo. Tillich acreditava que Jesus era o portador do novo ser, mas isso é um fato contingente da história. Se não tivesse sido Jesus, teria sido algum outro ser humano. Além disso, Jesus não é o Deus-homem, uma espécie de terceira coisa entre Deus e o homem, pois isso faria de Jesus apenas mais um deus entre muitos. Ao invés disso, temos em Jesus o ser essencial sob as condições da existência. Isso é ser-em-si nas condições concretas de finitude.[88]

O POSITIVISMO LÓGICO E WITTGENSTEIN EM SUA FASE INICIAL.
Na época em que estavam ocorrendo muitos destes desdobramentos com a teologia liberal e a neo-ortodoxia, na filosofia secular houve movimentos importantes que também impactaram a teologia. No positivismo lógico, vemos o empirismo levado a uma conclusão muito rigorosa. Os positivistas lógicos defendiam o que é conhecido como a teoria de verificação do significado, que diz que "o significado de uma proposição é seu método de verificação".[89]

De acordo com a teoria de verificação do significado, a menos que se possam especificar os procedimentos de verificação (um método de verificação) para uma proposição, esta proposição não tem sentido. Isso não significava que alguém realmente tinha de comprovar ou falsear a afirmação para que ela tivesse significado, mas apenas que, a princípio, ela fosse verificável. Se fosse impossível declarar como comprovar ou falsear uma sentença, então a frase não tinha sentido. Além disso, independente do que a sentença falasse, tal coisa não existia.

Para que tipos de sentenças se poderiam especificar os procedimentos de verificação? Fundamentalmente, apenas para as frases que são sobre coisas empiricamente observáveis no nosso mundo. Os positivistas lógicos concluíram que, embora possamos verificar proposições da ciência, quando se trata, por exemplo, de argumentos éticos ou de valor e argumentos sobre entidades religiosas ou teológicas, não podemos afirmar os procedimentos de verificação. Portanto, tais proposições são absurdas, e aquilo de que elas falam não existe.

A filosofia da fase inicial de Wittgenstein, tal como incorporada em sua obra *Tractatus Logico-Philosophicus*, apresentava várias afinidades com a filosofia dos positivistas lógicos. A teoria do significado de Wittgenstein era a teoria da imagem do significado. As palavras são os nomes dos objetos a que se referem, e as frases retratam as situações em nosso mundo. Se não retratar as situações em nosso mundo, a frase não tem sentido. Embora o ponto principal de Wittgenstein não fosse o modo como comprovamos ou falseamos uma proposição, estava claro que "as situações em nosso mundo" significavam condições empiricamente observáveis. Logo, estava claro também de que modo seriam tratados a comprovação ou falseamento de tais proposições, mas o ponto principal de Wittgenstein era que, a menos que a proposição retratasse as situações no mundo, ela não tinha sentido.

Wittgenstein concluiu que as proposições de ética, teologia e filosofia (em suas reflexões sobre si mesmas) não são sobre situações no mundo, portanto, não têm sentido. No entanto, ao contrário dos positivistas lógicos, Wittgenstein não concluiu que as coisas de que tais proposições falam são inexistentes. Elas podem de fato existir, mas não há simplesmente nada que possamos dizer sobre elas. Somente as proposições sobre situações do mundo têm sentido.

Com tais ataques à própria significação da linguagem a respeito de Deus, aliados às noções de Deus que o tornaram cada vez mais transcendente e "fora deste mundo", foi apenas uma questão de tempo até que os teólogos lessem os sinais e declarassem que Deus estava morto. Nos anos 1960, vários teólogos concluíram exatamente isso.

TEOLOGIAS DA MORTE DE DEUS. O movimento "morte de Deus" está associado especialmente aos anos 1960, mas vinha se formando por longo tempo. No século XIX Nietzsche escreveu uma famosa passagem encontrada em sua obra *A gaia ciência*. Nietzsche escreve sobre um louco correndo para a praça de uma aldeia à procura de Deus. Quando os aldeões perguntam em zombaria se Deus estava perdido ou em uma viagem marítima, o homem insano responde que "Nós o matamos, eu e você!"[90] O argumento de Nietzsche era que no mundo moderno não há lugar para Deus. A ciência pode explicar nosso mundo sem mencionar Deus, e o Deus tradicional é etéreo demais para ser relevante para o homem moderno. Além disso, como vimos no Capítulo 2, na discussão de Deus além do ser, o que Nietzsche estava rejeitando era essencialmente o Deus do que muitas vezes se chama de ontoteologia. Os seres humanos não podiam mais acreditar em um Deus absoluto que fundamentou toda a realidade como sua fonte e explicação final.

Nietzsche não via isso como algo ruim, mas sim como necessário para os seres humanos ficarem livres para progredir no mundo. Embora muitas pessoas simplesmente sigam o que Nietzsche chamou de "moral de rebanho", isso não é para todos. Há indivíduos especiais, os "super-homens" (Übermenschen), que lidam sozinhos com os problemas, vivem segundo as próprias regras ("a transvaloração dos valores", como Nietzsche chamou) e levam a sociedade e a cultura a novas alturas. Se Deus vive, há uma autoridade máxima à qual todos prestam contas, mas se Deus está morto, então qualquer coisa se torna permissível e possível.

William Hamilton diz que o movimento Deus está morto, dos anos 1960, tirou seu nome e tema principal deliberadamente do livro de Nietzsche, *A gaia ciência*.[91] Esses teólogos queriam invocar alguns dos temas principais de Nietzsche, mas acrescentam as próprias distorções. Entre este grupo de teólogos estão Paul van Buren (*The Secular Meaning of the Gospel* [O significado secular do evangelho], 1963), Thomas J. J. Altizer (*The Gospel of Christian Atheism* [O evangelho do ateísmo cristão], 1966) e William Hamilton (*The New Essence of Christianity* [A nova essência do cristianismo], 1966).

Cada teólogo tem sua nuança particular, mas o espaço não nos permite cobrir todos. Nosso "tira-gosto" é *The Gospel of Christian Atheism* [O evangelho do ateísmo cristão], de Thomas J. J. Altizer. Este autor tira suas dicas de três pensadores do século XIX, Nietzsche, William Blake e Hegel. Especificamente, é o cristianismo tradicional e seu Deus que eles acham tão ofensivos. Altizer acredita que a crítica deles destaca o problema para a pessoa moderna que fosse cristã.

Em sua "Introdução", Altizer sonda os temas principais do livro. Ele começa perguntando se a Palavra cristã é eternamente inseparável de sua base histórica na existência e no poder de Deus. Os cristãos devem falar inevitavelmente da glória e soberania de Deus?

> Estas são perguntas que a própria fé está propondo ao cristão agora, e são perguntas que devem ser tratadas pelo cristão que se atreve a aceitar o desafio contemporâneo de fé. A tese deste livro é que o cristão, e só ele, pode falar de Deus em nosso tempo; mas a mensagem que o cristão é chamado a proclamar agora é o evangelho, a boa-nova ou a boa notícia, da morte de Deus.[92]

Por que temos de falar da morte de Deus? Altizer explica:

> Durante muitos anos uma conspiração de silêncio removeu a teologia da nossa situação humana e histórica contemporânea. O teólogo moderno, embora reconhecendo que Deus já não estava visível na cultura, na sociedade e na história

de uma cristandade moribunda, estava, contudo, convencido de que Ele estava presente, e presente em sua forma eterna, numa Palavra de fé autônoma. Inevitavelmente, o preço que teve de ser pago por tal escolha foi um isolamento da fé em relação à realidade concreta e presente da existência humana. [...] Sob o impacto de uma história cada vez mais profana, essa "resposta" simplesmente evaporou ou perdeu todo o sentido humano, e a teologia foi reduzida mais uma vez a estabelecer a fé como um refúgio do vazio e das devastações de um mundo indiferente ou hostil. Enquanto isso, a teologia deixou de falar de modo significativo sobre a Palavra de fé. A linguagem do teólogo se tornou, em grande parte, a linguagem polêmica de ataque, agredindo outros teólogos, seja pelo sacrifício da fé ou pelo abandono completo de toda clareza e coerência e até mesmo, eventualmente — e isso de modo muito mais tímido! — ousando atacar o grande mundo exterior da não fé ou antifé.[93]

A resposta a este problema, diz Altizer, é a rejeição do Deus transcendente e a afirmação de um Verbo totalmente encarnado. Isso oferece uma fé totalmente comprometida com o mundo e rejeita todas as formas que não se envolvem com o mundo.[94] Ao chegar a essa posição, Altizer diz que a visão do século XIX nos ajuda. Embora esse período seja notório por seu ateísmo, é muito útil para o teólogo cristão. Altizer diz que o ataque do século XIX ao cristianismo foi dirigido, na realidade, às formas teológicas e leis morais que mais se opõem ao advento de um novo homem. Por outro lado, profetas ateus como Nietzsche eram positivos quanto a Jesus e até invocavam seu nome ou o símbolo cristão do Verbo encarnado para sancionar sua proclamação mais radical.

Por que esses pensadores do século XIX eram tão anticristianismo? Porque acreditavam que a fé cristã tradicional é uma fuga da vida, uma evasão do sofrimento, uma recusa em suportar o fardo e a angústia da condição humana.[95] Altizer se queixa de que todas as religiões, incluindo o cristianismo, são negativas para com este mundo. Porém, o que é verdadeiramente singular a respeito do cristianismo é que

> O Verbo cristão não aparece nem em uma forma primordial nem eterna: pois é um Verbo encarnado, um Verbo que só é real na medida em que se torna um com a carne humana. Se for para preservar a singularidade do Verbo cristão, não podemos entender a encarnação como um evento final, único e cabal do passado. Pelo contrário, a encarnação deve ser concebida como um processo ativo e que segue adiante, um processo que mesmo agora está tornando tudo novo.[96]

Portanto, o cristianismo deve abandonar a Totalidade primordial que nega o mundo. O que é necessário é um cristianismo sem religião, que enfatize o mundo e seja muito envolvido com ele. Altizer explica:

> Enquanto continuar sendo conhecido como transcendente e impassível, ou como uma divindade primordial que não é afetada pelos processos do tempo e da história, o Deus cristão não pode aparecer em sua forma unicamente cristã como o Verbo encarnado e o Cristo kenótico. Assim, o cristão radical inverte a confissão ortodoxa, afirmando que "Deus é Jesus"[...], em vez de "Jesus é Deus". Antes de poder ser entendida como um evento decisivo e real, a encarnação deve ser conhecida como a que influencia uma mudança ou movimento verdadeiros no próprio Deus: Deus se torna encarnado no Verbo e se torna plenamente encarnado, deixando, assim, de existir ou de estar presente em sua forma primordial. Dizer que "Deus é Jesus" é dizer que Deus se tornou o Verbo encarnado, Ele abandonou ou negou sua forma transcendente, ou melhor, Ele permanece presente e real em sua forma original somente onde a própria fé recusa se tornar encarnada.[97]

Altizer quer dizer que "Deus está morto" não apenas no sentido de que o Deus transcendente é irrelevante para o homem moderno, mas também no sentido de que Deus, ao se tornar encarnado, morreu literalmente em sua forma primordial. Por mais radical que possa parecer, essa ideia aparece em outras partes do livro.[98] Esta visão da encarnação torna a kenosis de Cristo muito importante, mas não é uma kenosis no sentido ortodoxo. De acordo com a cristologia evangélica, Cristo esvaziou-se a si mesmo, assumindo a humanidade plena ao mesmo tempo em que manteve a divindade plena. Ele não se livrou da divindade, mas, por um tempo, deixou de lado o exercício do poder e dos privilégios que o acompanham a fim de atender a nossas necessidades. Por outro lado, kenosis para Altizer significa uma transformação radical do Deus primordial em carne. Aqui Altizer apela para a ideia do Absoluto e do Espírito de Hegel e para a ideia do Espírito que se torna imanente.[99]

Uma última palavra sobre a visão que Altizer tem de Jesus. O que temos visto até agora sugere que, para Altizer, Jesus como pessoa é importante. Porém, o que encontramos é que, mais tarde, Altizer fala da identidade concreta do Verbo encarnado, e à medida que o faz, torna-se claro que, em última análise, "Jesus" funciona como um símbolo para a experiência humana. Assim, há mais acerca da reflexão sobre Jesus do que simplesmente pensar nele como um indivíduo concreto e distinto.¹⁰⁰ Para aqueles que se questionam por que não podemos acreditar tanto neste Verbo encarnado como no Deus transcendente, Altizer diz:

> Jesus não pode aparecer como a "Humanidade Universal" até que o reino transcendente tenha sido esvaziado e escurecido; com o eclipse desse reino nenhum arquétipo primordial ou paradigma permanece presente na consciência, uma vez que a humanidade evolui para uma forma plenamente universal e histórica apenas com o desaparecimento de seu fundamento em um Ser que está confinado a um momento primordial ou particular do tempo. [...] De fato, o teólogo deve inevitavelmente permanecer fechado às possibilidades redentoras de nossa história, a menos que esteja preparado para afirmar a morte de Deus como uma epifania de Cristo.¹⁰¹

Além disso, segundo Altizer, esta morte de Deus deve ser um processo contínuo!¹⁰²

Nas teologias do movimento Deus está morto encontramos uma mescla de temas modernos e pós-modernos. A ciência e a razão nos ensinaram que o Deus cristão tradicional já não faz mais sentido. Um Deus totalmente transcendente pode deixar muito espaço para a liberdade humana, mas esse Deus é distante e religiosamente inadequado. Por outro lado, a admiração que a teologia do Deus está morto tem por este mundo e por um Deus que se relaciona com ele e nele se torna encarnado, é bastante consistente com o espírito pós-moderno. Com a teologia do Deus está morto, a mesa está posta para as teologias pós-modernas.

Teologias contemporâneas na mentalidade pós-moderna

A teologia da morte de Deus apareceu aproximadamente na época em que a mudança para uma mentalidade pós-moderna estava começando. Na segunda metade do século XX surge uma série de teologias que "ressuscitam" a ideia de Deus. Para não nos empolgarmos indevidamente com isso, devemos entender que o Deus dessas teologias está longe do Deus judaico-cristão tradicional. Como veremos, para a maioria dessas teologias, Deus é imanente, de forma a excluir a transcendência. Além disso, alguns teólogos reintroduzem a metafísica, mas é uma metafísica de base muito empírica.

A CATEGORIZAÇÃO TRIPLA DAS TEOLOGIAS DE GEORGE
LINDBECK. Em um livro muito discutido, intitulado *The Nature of Doctrine: Religion and Theology in a Postliberal Age* [A natureza da doutrina: Religião e teologia na era pós-liberal] (1984), George Lindbeck propôs uma categorização tripla das teologias. O primeiro tipo enfatiza aspectos cognitivos das religiões e trata as doutrinas como afirmações de fato a respeito de realidades objetivas. Esse tipo de teologia é exemplificado pelo catolicismo tridentino e pela teologia evangélica protestante. Um segundo tipo de teologia (ligada à teologia liberal desde Schleiermacher) enfatiza os aspectos experienciais-expressivos da religião, cujo foco são as experiências do sujeito humano. Esta abordagem interpreta as doutrinas como "símbolos não informativos e não discursivos de sentimentos internos, atitudes ou orientações existenciais".[103] O terceiro tipo (que Lindbeck defende) é chamado de linguístico-cultural. Difere dos dois primeiros, como explica Lindbeck:

> Tornou-se habitual num conjunto considerável de literatura antropológica, sociológica e filosófica [...] não enfatizar os aspectos cognitivos nem os aspectos experienciais-expressivos da religião; em vez disso, a ênfase é colocada naqueles aspectos em que as religiões parecem línguas, juntamente com suas formas correlativas de vida, e são, portanto, semelhantes às culturas ([...] isto é, como expressões idiomáticas para construir a realidade e viver a vida). A função das doutrinas eclesiásticas que se torna mais proeminente nessa perspectiva é o seu uso, não como símbolos expressivos ou como afirmações da verdade, mas como regras de discurso, atitude e ação comunitariamente abalizadas. No restante do texto, essa forma geral de conceituar a religião será chamada de uma abordagem "cultural-linguística", e a visão implícita da doutrina da igreja será citada como uma teoria "regulativa" ou "regra".[104]

As conexões com a fase final de Wittgenstein devem ser óbvias, assim como a compreensão implícita de que todas as nossas percepções da realidade estão carregadas de teoria. Na verdade, sem tais teorias sobre a realidade, não poderíamos compreender o mundo ao nosso redor. É claro, essas teorias e conceitos nos são ensinados e moldados pela cultura onde fomos criados e vivemos. Como Lindbeck explica:

> Falado de modo mais técnico, uma religião pode ser vista como um tipo de estrutura cultural e/ou linguística ou um meio que molda toda a vida e o

pensamento. Funciona um pouco como um *a priori* kantiano, embora neste caso o *a priori* seja um conjunto de habilidades adquiridas que poderia ser diferente. Não é basicamente um conjunto de crenças sobre o verdadeiro e o bom (embora possa envolver essas coisas), ou um simbolismo expressivo de atitudes básicas, sensações ou sentimentos (embora eles sejam gerados). Ao contrário, é semelhante a uma expressão idiomática que torna possível a descrição de realidades, a formulação de crenças e a vivência de atitudes, sensações e sentimentos internos. Como uma cultura ou linguagem, é um fenômeno comunal que molda as subjetividades dos indivíduos, em vez de ser principalmente uma manifestação dessas subjetividades. [...] Finalmente, assim como uma linguagem (ou "jogo de linguagem", para usar a frase de Wittgenstein) está correlacionada com uma forma de vida, e assim como uma cultura tem dimensões cognitivas e comportamentais, assim é também no caso de uma tradição religiosa. Suas doutrinas, histórias cósmicas ou mitos e diretrizes éticas estão integralmente relacionados com os rituais que pratica, os sentimentos ou experiências que evoca, as ações que recomenda e as formas institucionais que desenvolve. Tudo isso está incluso na comparação de uma religião com um sistema cultural-linguístico.[105]

O que isso significa para a verdade de uma religião? A questão da verdade surge em vários aspectos. Para uma abordagem cultural-linguística da religião, "as religiões são consideradas expressões idiomáticas diferentes para interpretar a realidade, expressar experiência e ordenar a vida".[106] Uma vez que a religião consiga fazer isso, suas categorias são julgadas adequadas (a religião é "categoricamente" adequada). Segundo, a questão da verdade também surge quanto a se as várias partes de um sistema são logicamente consistentes umas com as outras. A verdade, nesse sentido, é intrassistêmica ou "intratextual".[107]

É claro que, segundo Lindbeck, nada disso garante que as realidades das quais a pessoa fala prevaleçam no mundo. De acordo com a prévia invocação da verdade, as afirmações são adequadas ou inadequadas porque suas categorias ajudam ou não a expressar a experiência e interpretar a realidade, independentemente de tais realidades realmente existirem. A segunda forma de Lindbeck falar da verdade religiosa é falar da consistência ou coerência interna da religião, mas uma história logicamente coerente sobre a realidade não é garantia de que tal história corresponde ao nosso mundo. Qualquer bom especialista em lógica pode interpretar uma história que seja coerente internamente; isso não a faz corresponder ou combinar com a realidade.

Lindbeck também fala da verdade num sentido que ele chama de verdade "ontológica" das afirmações religiosas. Para que não pensemos que Lindbeck está restabelecendo a verdade tradicional como correspondência, ele diz o seguinte dessas afirmações: "sua correspondência com a realidade na visão que estamos expondo não é um atributo que elas têm quando consideradas em si mesmas e de si mesmas, mas é apenas uma função do seu papel em constituir uma forma de vida, uma forma de ser no mundo, que em si mesma corresponde ao Mais Importante, ao Fundamentalmente Real".[108] Presumivelmente, essas frases em maiúsculas são os termos que Lindbeck usa para "Deus". Ele explica o que quer dizer apelando para o uso performativo da linguagem de J. L. Austin (como Wittgenstein, Austin defendia uma teoria de uso do significado e falava de várias ações que realizamos proferindo uma sentença em um determinado contexto). "Uma expressão religiosa, pode-se dizer, adquire a verdade proposicional de correspondência ontológica apenas na medida em que é uma execução, um ato ou ação que ajuda a criar essa correspondência".[109] Como um exemplo, Lindbeck diz que dizer "Jesus é o Senhor [...] pelo Espírito Santo" (1Co 12.3) significa simplesmente que se deve fazer algo a respeito disso, ou seja, comprometer-se com um modo de vida específico. Como outro exemplo, ele diz que a afirmação de que Deus é verdadeiramente bom em si mesmo (embora não saibamos o que isso significa literalmente, porque Deus é tão diferente de nós) é muito importante, pois "autoriza responder como se Ele fosse bom nas formas indicadas pelas histórias da criação, providência e redenção que moldam os pensamentos e as ações dos crentes".[110] Em outras palavras, uma declaração religiosa corresponde à realidade na medida em que serve para conformar aqueles que a praticam "à realidade última e à bondade que está no âmago das coisas".[111] Ou, como argumenta Lindbeck, as declarações doutrinárias são regras que regulam o comportamento. Enquanto vivemos nossas vidas em conformidade com essas afirmações, elas são verdadeiras num sentido de correspondência. Isso soa muito como a opinião de Braithwaite de que as declarações religiosas são usadas para declarar nossa intenção de agir de certa forma. O caráter pragmático dessa ideia da verdade deveria ser óbvio, embora aqui o ponto não seja tanto que nós achamos tais proposições úteis, mas sim que, em virtude dessas afirmações, nós ordenamos nossas vidas de certa maneira.

Esta é claramente uma abordagem pós-moderna da religião e da teologia. O que ela significa para a existência real e para os atributos de Deus não está claro. Porém, empiricamente, vemos as pessoas jogarem vários jogos de linguagem religiosa. Além disso, esses jogos de linguagem religiosa são constitutivos de como vivemos, mesmo que nossas comunidades culturais e religiosas tenham nos tornado as pessoas que somos. Se a religião é mais do que idealismo e esperança da existência de uma realidade última, isso está além da nossa compreensão. Pois, se soubéssemos, isso significaria que deve haver alguma metanarrativa, alguma explicação grandiosa que nos diga que as nossas religiões não são mais do que muletas úteis ou que elas realmente falam de um Deus ao qual prestamos contas. Para alguém comprometido com uma epistemologia pós-moderna, uma narrativa tão universal e completamente explicativa está inacessível.[112]

TEOLOGIA DA ESPERANÇA. A teologia da esperança surgiu na década de 1960 com uma ênfase fortemente política. Nunca se tornou tão difundida quanto as diversas formas de teologia da libertação, que também enfatizam temas sociais e políticos, mas muitas das preocupações da teologia da esperança são adotadas na teologia da libertação.

O principal teólogo da esperança foi Jürgen Moltmann. Como ele explica, visto que a neo-ortodoxia pareceu fechar Deus para fora da história, a menos que Ele escolha nos encontrar, e dada sua despersonalização por Tillich e outros, o movimento Deus está morto declarou Deus como morto. Os teólogos da esperança rejeitaram esse veredito, mas devido ao que a alta crítica e o liberalismo tinham feito à confiança nas Escrituras, não havia como buscar contato com Deus por meio da história passada e de documentos históricos. Além disso, ao contrário da neo-ortodoxia, a probabilidade de encontrar Deus no presente e de saber que é Ele mesmo parecia remota. Então, onde a humanidade poderia achar Deus, se é que poderia?

Visto que nem o céu nem a terra podiam revelar Deus, os teólogos da esperança olharam para o futuro. Isso significa que as perguntas sobre a existência de Deus são deixadas para o futuro. Futuro, esperança e promessa são as palavras-chave para este movimento. O passado e o presente têm valor apenas ao servir ao futuro. Também se concordou que a pregação às pessoas do século XX tinha de mudar para enfatizar a igreja como ativa na formação da sociedade, em vez de moldar vidas individuais. Esta ênfase em converter estruturas políticas e sociais para "trazer o reino" tornou a teologia da esperança uma teologia política.

Ernst Bloch é o filósofo que está mais imediatamente por trás desse movimento. Durante os anos 1960, ele chegou a ensinar na Universidade de Tübingen, onde cruzou por acaso com Moltmann. A filosofia de Bloch foi realmente uma adaptação do materialismo dialético de Marx. Bloch viu processos históricos avançando em direção ao futuro, mas nessa questão ele era mais como Hegel do que Marx, pois Bloch via a história indo em direção a nenhum objetivo em particular. Marx via a história movendo-se em direção a um reino comunista e proletário na terra. O cristianismo tradicional, é claro, vê a história culminando na volta de Cristo e seu reino. Em conformidade com a dialética hegeliana, que vê a história indo continuamente em frente, Bloch viu o futuro como infinito e sem fim, e os teólogos da esperança veem o futuro dessa maneira também. Por causa das possibilidades do "ainda não", há uma razão para ter esperança em relação ao futuro.

Moltmann adotou muitos desses temas. Na linha da ênfase futurista, Moltmann argumentou que a forma adequada de fazer teologia é fazê-la como escatologia. Isso significa que o cristianismo como escatologia é esperança, olhar para frente e se mover adiante. Logo, ele também revoluciona e transforma o presente. A esperança deve nos chamar para longe da utopia enrijecida do realismo. A escatologia cristã vê a realidade e a humanidade na mão daquele cuja voz inicia a história a partir de seu fim, dizendo: "Eis que eu faço novas todas as coisas". Isso dá à teologia da esperança sua ordem para marchar.[113]

O que a teologia da esperança diz sobre Deus? Moltmann levanta a questão da existência de Deus e argumenta que devemos rejeitar a ideia de que a existência de Deus pode ser provada, seja pelo mundo natural (por meio da teologia natural) ou pelo encontro existencial. A questão da existência de Deus, como todas as questões, está aberta e será resolvida no futuro. É claro, devemos lembrar que essa história é um processo sem direção. Moltmann e outros teólogos da esperança usam Deus em seu sistema, mas o fazem sem nunca responder ou permitir que seja respondida no presente a questão da existência de Deus. No futuro escatológico virá uma resposta, mas jamais fica claro quando chegaremos a esse ponto, já que a história não está indo a lugar algum especificamente.

Embora adie respostas à questão da existência de Deus, Moltmann oferece seus pensamentos sobre a natureza dele. Este teólogo não vê distinção válida entre o que Deus é em si mesmo e o que Ele faz no mundo. A essência de Deus está confinada à sua história. Além disso, Deus é conhecido e descrito no AT e no NT como um Deus de promessa. Esta é a chave para sua natureza. Moltmann explica:

Sua essência não é sua absolutez como tal, mas a fidelidade com a qual Ele se revela e se identifica na história de sua promessa como "o mesmo". Sua divindade consiste na constância de sua fidelidade, que se torna crível na contradição de juízo e graça.[114]

É claro que as promessas apontam para a esperança, e tanto a esperança como a promessa apontam para o futuro. Portanto, o Deus da Bíblia não é um Deus intraterreno ou extraterreno, mas o "Deus de esperança", um Deus com o futuro como sua natureza essencial. Carl Braaten, outro teólogo da esperança, diz que Deus é o poder do futuro pressionando por uma conversão radical do presente. O ser de Deus é seu poder escatológico; a futuridade é essencial ao seu próprio ser. Isto significa que Deus está envolto em suas promessas que apontam para o futuro, mas, como diz Braaten, "Deus não é outro além de suas promessas".[115] Braaten acrescenta que a natureza de Deus como o poder do futuro é mais bem revelada em Jesus Cristo e especialmente em sua ressurreição. O poder de Deus sobre o futuro é revelado na mensagem de Jesus sobre a vinda do reino de Deus, mas também por meio de sua ressurreição. Braaten escreve que "a esperança cristã está fundamentada na ressurreição de Jesus de Nazaré, porque por meio dela Deus definiu a si mesmo como o poder do futuro para além do fim da morte".[116]

À luz das promessas de Deus para o futuro e do seu poder de transformá-lo, Moltmann e outros teólogos da esperança chamam os cristãos ao ativismo social. Não podemos estar satisfeitos com o *status quo* social e político, dizem eles, mas devemos proclamar uma nova ordem que está por vir. Como diz Moltmann: "Aqueles que esperam em Cristo não podem mais suportar a realidade tal como ela é, mas começar a sofrer com ela e refutá-la. A paz com Deus significa conflito com o mundo, pois o aguilhão do futuro prometido apunhala inexoravelmente a carne do presente não realizado".[117] Nossa esperança nos chama ao "discipulado criativo". Moltmann escreve:

> "Discipulado criativo" não pode consistir na adaptação ou preservação das ordens sociais e judiciais existentes, e muito menos em fornecer contextos religiosos para uma situação dada ou fabricada. Deve consistir no reconhecimento teórico e prático da estrutura do processo histórico e do desenvolvimento intrínseco à situação que requer ser ordenada e, portanto, das potencialidades e do futuro dessa situação.[118]

Trata-se claramente de uma teologia com muitas ênfases pós-modernas. Ela acredita em Deus e exige que sua natureza enquanto esperança e poder sobre o futuro importe para nós agora. Além disso, há uma forte ênfase nas circunstâncias de vida das pessoas e no desejo de mudar a sociedade para cuidar das necessidades de seus membros. Isso oferece um Deus atencioso conectado a nós. Ele espera ao final da história e nos chama para transformá-la agora conforme antecipamos seu reino vindouro.

TEOLOGIA DA LIBERTAÇÃO. David Ray Griffin vê a teologia da libertação como uma das quatro formas principais de teologia pós-moderna. Os teólogos da libertação que ele mais discute são Harvey Cox (*Religion and the Secular City: Toward a Postmodern Theology* [Religião e a cidade secular: em direção a uma teologia pós-moderna], 1984) e Cornel West. Griffin argumenta que, ao contrário da ênfase da teologia moderna sobre o controle totalitário, que às vezes tendia a legitimar governos opressivos, totalitários e sistemas econômicos (capitalista e socialista), as teologias da libertação rejeitam tais sistemas e apelam para a libertação dos oprimidos. Além disso, em vez de separar a teologia da ética, como se faz muitas vezes nas teologias modernas, as teologias da libertação optam por fazer teologia como práxis e assim combinam deliberadamente a ética social com a teologia.

Cox vê a cosmovisão moderna como a dos capitalistas, a burguesia. A função da religião moderna tem sido legitimar essa cosmovisão. Por outro lado, Cox sustenta que:

> a era pós-moderna será a era dos pobres, das massas. A política e a religião serão unidas novamente. A teologia não será acadêmica, mas liberacionista, quer dizer, política desde o início. Não buscará a universalidade, mas focará as preocupações específicas da região, sabendo que a unidade não vem por meio de acordo sobre ideias, mas pelo conflito social. Pensará em termos da distinção não entre crentes e descrentes, mas entre exploradores e explorados. A teologia tentará estudar a religião popular não para torná-la crível às elites, mas para fortalecê-la como um recurso para os oprimidos. A teologia pós-moderna se preocupará menos com as ideias em si e com os argumentos apologéticos para sua verdade, do que com as fontes sociais e os usos políticos das ideias. As fontes para a teologia pós-moderna não virão do topo e do centro, mas da base e das bordas. Isso significa, concretamente, que as fontes serão a piedade popular e o contato com outras religiões. A teologia

pós-moderna implicará, portanto, uma fusão de elementos religiosos modernos e pré-modernos.[119]

Esta é uma boa introdução à teologia da libertação, mas se pode dizer mais. Em sua fase inicial de desenvolvimento, a teologia da libertação se enraizou na América Latina, mas à medida que cresceu, espalhou-se por todo o mundo de diversas formas. Na América do Norte (especificamente Estados Unidos), ela se expressou em teologia negra. Nas sociedades do Terceiro Mundo é frequentemente citada como teologia do povo.[120] Uma versão asiática, por exemplo, é a teologia coreana Minjung. Há também versões africanas, e mesmo dentro da América Latina, essa teologia tem uma nuance unicamente centro-americana, que difere da versão sul-americana. Além disso, as teologias feministas norte-americanas e as teologias *womanist* mundiais são exemplos deste amplo gênero.

Vários temas importantes estão no cerne da teologia da libertação (aqui me refiro à *Teologia da libertação*[121] de Gustavo Gutiérrez). Primeiro, esta teologia tem um método particular para a teologia, à luz da compreensão que tem de sua tarefa. Ao contrário das teologias anteriores, cujo objetivo era refletir sobre o ser e os atributos de Deus ou aplicar a razão à revelação natural e especial para discernir o que pode ser conhecido sobre Ele, a teologia da libertação se preocupa com a reflexão crítica sobre a práxis. Gutiérrez escreve que a caridade foi redescoberta como o centro da fé cristã, e isso levou muitos a ver a fé como um compromisso com Deus e com o próximo, um relacionamento com outras pessoas. Portanto, a espiritualidade cristã não implica uma vida contemplativa, monástica, mas sim uma tentativa de mesclar contemplação com ação, e a maior ênfase está na ação. A teologia deve ser reflexão crítica sobre nossas ações e nossos princípios básicos.[122] Esta não é a teologia de uma redoma de vidro com um Deus distante e desinteressado.

Segundo, visto que reflete sobre a práxis, a teologia da libertação analisa as condições sociais e políticas da sociedade e encontra a grande opressão e exploração dos pobres. Embora muitos defendam um programa de desenvolvimento para as sociedades do Terceiro Mundo para levá-las a um padrão de vida mais elevado, os teólogos da libertação rejeitam o desenvolvimentismo em favor da libertação. Gutiérrez diz que essa libertação envolve três níveis interdependentes. Por um lado, a libertação expressa as esperanças dos povos oprimidos e das classes sociais já que reflete sobre como os processos econômicos, sociais e políticos os colocam em conflito com as nações e classes ricas da sociedade. Este aspecto da libertação é o aspecto sócio-político-econômico. Por outro lado, a libertação também se aplica a uma compreensão da história. Isso se refere a libertar a psique humana de tal forma que uma nova pessoa é criada, e com essas novas pessoas, uma nova sociedade (esse é o aspecto psicológico ou humanista da libertação). Finalmente, há a faceta teológica da libertação, baseada em fontes bíblicas. Nas Escrituras, Cristo é apresentado como o libertador, aquele que salva do pecado, que é a raiz última de toda ruptura de amizade e de toda injustiça e opressão.[123]

À medida que leem as Escrituras, os teólogos da libertação encontram Deus do lado dos pobres e oprimidos. O êxodo de Israel da escravidão no Egito por meio da intervenção de Deus é um motivo importante para esse movimento. A acusação por parte de Deus (por meio dos profetas) da insensibilidade de Israel para com os pobres e oprimidos (p. ex., Is 1) mostra que Ele está do lado dos pobres. Além disso, um versículo favorito de muitos teólogos da libertação é a declaração de Jesus sobre seu chamado e missão (Lc 4.18,19), "O Espírito do Senhor está sobre mim, pelo que me ungiu para evangelizar os pobres; enviou-me para proclamar libertação aos cativos e restauração da vista aos cegos, para pôr em liberdade os oprimidos, e apregoar o ano aceitável do Senhor".

Assim como Deus está do lado dos pobres e Cristo é o libertador, também nós, como cristãos, devemos trabalhar para superar a injustiça e a opressão. Gutiérrez diz que o AT é claro sobre a relação entre Deus e o próximo. Explorar o trabalhador pobre e humilde e desprezar o próximo (Pv 14.21) ofende a Deus. Por outro lado, conhecer a Yahweh, que Gutiérrez diz ser equivalente a amá-lo, é estabelecer relações justas entre os homens e reconhecer os direitos dos pobres. O Deus da revelação bíblica é conhecido por intermédio da justiça inter-humana, mas quando a justiça não existe, Deus é desconhecido e ausente.[124] Para Gutiérrez, encontramos um ensino semelhante no NT em Mt 25.31ss. Gutiérrez pergunta: quem são as nações julgadas pelo Filho do Homem, e quem são os "mais pequeninos" (v. 40,45)? Este é um julgamento, responde ele, de todas as pessoas (cristãos e não cristãos) segundo o seu amor ao próximo, e particularmente aos necessitados, os "mais pequeninos irmãos".[125]

O retrato que a libertação faz de Deus não é um retrato metafísico abstrato que foca o que Ele é em si mesmo. Deus também não é retratado como impassível, sem vínculo ou desengajado dos assuntos humanos. Ao contrário, Deus é um Deus de ação, um libertador e um Deus que nos chama à ação. Nossas ações de libertação podem, em alguns casos, exigir uma revolução política (grande parte da teologia da libertação latino-americana inicial assimilou uma análise marxista da luta de classes e seu chamado para anular as estruturas sociais, econômicas e políticas), embora isso possa não ser necessário. Com o fim do comunismo marxista, a teologia da libertação não perdeu o fervor, pois ainda há muitas pessoas oprimidas e Deus ainda está no negócio de libertar os pobres. Além disso, a visão escatológica do reino de Deus e a esperança nele se tornam operativas quando entram em contato com as realidades sociais do mundo de hoje e geram o que tem sido chamado de teologia política. Ao resumir a posição de Ruben Alves, Ralph Moellering descreve o Deus e o programa da teologia da libertação:

> O que resulta é uma negação inflexível de "aquilo que é" — uma recusa de se limitar a precedentes anacrônicos ou de se conformar com os padrões convencionais. Deus não é o eternamente Presente que torna supérfluo o fluxo da história, mas a Liberdade que intervém no curso dos acontecimentos para impedir que o passado determine o futuro. Para ser franco, Ele é o Subversor do *status quo*.[126]

TEOLOGIAS FEMINISTAS. Desde o final da década de 1960 houve uma verdadeira explosão do pensamento teológico e da literatura feminista. Rosemary Radford Ruether, Elisabeth Schüssler Fiorenza e Mary Daly são alguns dos nomes mais conhecidos, mas várias outras mulheres levantaram a bandeira da teologia feminista. Seu argumento não é simplesmente que as mulheres querem direitos iguais no lar, na igreja e na sociedade. Elas reclamam que as religiões tradicionais como o cristianismo são patriarcais e sexistas. Essas religiões, dizem elas, retratam Deus como um soberano do mundo, isolado, dominante e monárquico, que faz o que quer; em resumo, um homem. No cristianismo, a masculinidade de Jesus enquanto encarnado é usada para legitimar a ideia de que só os homens podem representar Deus corretamente. Os homens são associados à parte racional, a alma, que (de acordo com vestígios do platonismo e neoplatonismo) é a parte mais espiritual e moralmente boa da natureza humana; e as mulheres são ligadas aos aspectos materiais, corporais e sexuais da natureza humana, e essas características são consideradas más. As feministas argumentam que religiões como o cristianismo não apenas colocam os homens no poder, mas também são tomadas como modelos para a estruturação da sociedade, ou seja, a religião patriarcal legitima o controle patriarcal da sociedade. As mulheres não somente são excluídas do controle das instituições sociais e culturais; elas não devem sequer participar dessas instituições.

A crítica feminista procura um retrato de Deus usando metáforas e temas femininos. Procura um Deus que não seja distante e dominador, mas, ao contrário, que se envolva relacionalmente com os humanos como um amigo e confidente. Algumas formas de feminismo buscam uma religião que não apenas cuide das mulheres e crianças, mas que também se preocupe com o meio ambiente em que vivemos. Estas abordagens "ecofeministas" enfatizam nossa conexão não apenas uns com os outros, mas também com o mundo ao nosso redor, que nos carregou a todos através dos longos processos de evolução.

À medida que cresceu, o feminismo também se diversificou. De fato, como observa Mary Catherine Hilkert, no final dos anos 1990, até mesmo o termo "feminista" é problemático, porque é usualmente associado a mulheres da América do Norte, em sua maioria brancas, de classe média e bem educadas; nada disso fala da experiência das mulheres negras americanas e de outros grupos. Como diz Hilkert, "Nos Estados Unidos, a teologia *womanist* das mulheres afro-americanas e a teologia *mujerista* das mulheres hispânicas tomam agora o seu lugar à mesa, juntamente com as percepções das mulheres asiático-americanas".[127]

Dentro da teologia feminista, existe outra grande divisão entre feminismo revolucionário ou radical e feminismo revisionista. As feministas revisionistas reclamam que, embora seja uma religião sexista que legitime as estruturas patriarcais na sociedade, o cristianismo ainda tem alguns lampejos úteis; portanto, elas defendem reformar ou revisar o cristianismo em vez de rejeitá-lo completamente, de modo a encorajar e apoiar as mulheres e promover seu crescimento e igualdade em todas as instituições da sociedade.[128]

As feministas radicais discordam. Elas nos lembram de que, antes das grandes religiões monoteístas do judaísmo, islamismo e cristianismo, muitas sociedades tinham religiões que adoravam uma deusa ou deusas. Quando finalmente venceram, as religiões monoteístas eliminaram a adoração de qualquer divindade feminina e instituíram a adoração do homem dominador e monárquico. As sociedades foram estruturadas para se encaixar nesse modelo, e os resultados devastadores para as mulheres são uma questão de história desde então. As feministas radicais afirmam que o sexismo e o patriarcado estão tão inteiramente na raiz do cristianismo que nenhuma revisão poderia reformá-lo no sentido de ser positivo para as mulheres e seus interesses. A única resposta é livrar-se do cristianismo em favor de alguma religião pagã que veja Deus como mulher e, portanto, empodere as mulheres. As feministas radicais voltaram-se para várias religiões "Deusas" e para a feitiçaria ou wicca feminista. Em todas essas religiões, as mulheres são retratadas como tendo poderes sobrenaturais. Afirma-se que essas religiões não apenas tratam as mulheres como iguais aos homens (em alguns casos como superiores), mas também focam as preocupações feministas quanto a promover e se relacionar com todas as pessoas. Elas também enfatizam nossa ligação com todas as coisas, inclusive com o mundo em que vivemos.

O espaço não permite uma descrição das várias versões da teologia feminista, mas podemos sentir seu sabor com um exemplo continuamente revisto e altamente elogiado, *She Who Is* [Ela que é], da feminista católica romana Elizabeth Johnson. O livro de Johnson toca em muitos dos principais temas feministas, e o faz em uma obra que é deliberadamente revisionista ou reformista,[129] em vez de radical ou revolucionária. Johnson acha que o cristianismo é reformável; *She Who Is* é sua proposta de como fazê-lo.[130]

Johnson propõe o que ela acredita ser a questão crucial: qual é a maneira certa de falar de Deus? Esta é uma pergunta importante em parte porque Deus é o mistério último que nos rodeia e dá sentido à vida, porém, Deus está tão além de nós que não sabemos exatamente como falar dele. A linguagem humana a respeito de Deus é toda simbólica, e nós não conhecemos exatamente a natureza da realidade que os símbolos retratam. Ainda assim, o modo como uma comunidade fala de Deus é muito importante, pois tal discurso e pensamento molda a identidade corporativa de uma comunidade. Além disso, diz Johnson, a maneira certa de falar de Deus é especialmente importante porque se tem falado de Deus tipicamente com símbolos e metáforas masculinos. A questão hoje é "se a realidade das mulheres pode fornecer uma metáfora adequada para o discurso a respeito de Deus".[131] Logo, a questão crucial para Johnson é "Qual é a maneira correta de falar de Deus em face às recém-apreciadas dignidade humana e igualdade das mulheres?"[132]

Contudo, por que esta é uma questão tão crucial? É essencial, afirma Johnson, no sentido de que, se a realidade de Deus é um mistério que nunca podemos compreender plenamente,[133] deveríamos perceber que é errado pensar que temos de nos referir a Ele sempre e somente com imagens masculinas. Além disso, o modo como falamos de Deus afeta a forma como pensamos sobre os homens e as mulheres e suas relações na sociedade. Uma vez que nossa cultura está passando a reconhecer o significado pleno das mulheres como *imago dei* e *imago Christi*, por que não podemos falar de Deus igualmente bem usando metáforas femininas, como fazemos ao usar metáforas masculinas?

Johnson vê seu projeto (e o de outras feministas) como necessário, porque o discurso tradicional a respeito de Deus é "humanamente opressivo e religiosamente idolátrico".[134] O principal culpado é o teísmo clássico com seu Deus masculino, dominador, o qual é imutável, impassível e desengajado da sociedade. Johnson acha que essa noção de Deus é realmente a ideia de "homem" no ideal patriarcal.[135] O cristianismo tradicional está carregado de sexismo, patriarcalismo e androcentrismo,[136] e as culturas onde ele está presente têm refletido essas posturas em suas estruturas sociais e atitudes em relação às mulheres. Como exemplo desse tipo de pensamento, Johnson cita Aquino. Segundo sua análise de Aquino, as mulheres não são subordinadas apenas porque os homens são inclinados a ser dominadores; deve ser assim porque se diz que as mulheres têm uma natureza defeituosa. Johnson cita uma passagem de Aquino que equivale a dizer que uma mulher é um homem defeituoso, isto é, a razão pela qual se concebeu uma mulher em vez de um homem é que, durante as relações sexuais que a conceberam, o pai dela não estava no melhor de sua capacidade. Se estivesse, teria concebido um homem.[137] Tal pensamento é ultrajante, é claro, mas Johnson acredita que ele foi amplamente entranhado na história da igreja cristã:

> O cristianismo perpetua essas atitudes na forma como fala de Deus. O que há de tão ruim nisso é que até mesmo para o observador casual é óbvio que a comunidade cristã normalmente fala de Deus no modelo do ser humano masculino dominante. Tanto as imagens usadas como os conceitos que as acompanham refletem a experiência de homens no comando dentro de um sistema patriarcal. A dificuldade não reside no fato de que são usadas metáforas masculinas, pois os homens também são feitos à imagem de Deus e podem servir adequadamente como pontos de partida finitos para a referência a Deus. Em vez disso, o problema consiste no fato de que esses termos masculinos são usados exclusivamente, literalmente e patriarcalmente.[138]

De que modo deveríamos incorporar imagens femininas em nosso discurso sobre Deus a fim de manter a igualdade de homens e mulheres como *imago dei*, e ambos dizendo algo instrutivo sobre o mistério divino que é Deus? Johnson vê três maneiras básicas de tentar acomodar as questões que ela levanta, mas acha que as duas primeiras são deficientes num aspecto ou outro. A primeira opção *concede qualidades "femininas"* a um Deus que ainda se imagina ser predominantemente masculino. Com esta opção, os traços típicos atribuídos a Deus são suaves, promovendo os tradicionalmente associados ao papel maternal da mulher. Isso resulta em suavizar o símbolo de Deus como Pai, que tradicionalmente contém traços desagradáveis associados a homens governantes numa sociedade orientada ao masculino, por exemplo, traços como agressividade, competitividade, desejo de poder e controle absoluto, bem como exigência de obediência. Acrescentar traços femininos a Deus lhe concede qualidades como bondade e compaixão, amor incondicional, reverência e cuidado com os fracos, sensibilidade e desejo de não dominar, mas de ser um companheiro e amigo íntimo, todos traços que tornam Deus mais "atraente".[139]

Apesar dessas adições positivas ao conceito de Deus, Johnson diz que as teólogas são praticamente unânimes em observar as deficiências dessa abordagem. Uma razão é que o padrão androcêntrico continua, pois Deus ainda é antevisto na imagem do homem dominante. Os "traços femininos" de Deus estão subordinados a um símbolo geral que permanece masculino (evidência disso, em parte, é o fato de que Deus ainda é mencionado repetidamente como "Ele").[140] Essa abordagem também "envolve estereótipos duvidosos de certas características humanas como predominantemente masculinas ou femininas".[141]

A segunda opção para falar de Deus com símbolos femininos procura *um fundamento mais ontológico para a existência do feminino em Deus*. O caminho mais frequente se encontra na doutrina do Espírito Santo, que, na teologia trinitariana clássica, é igual em natureza ao Pai e ao Filho. Embora possa parecer uma opção melhor, ela ainda é problemática. Um problema inicial é que "a dificuldade endêmica da teologia do Espírito no Ocidente assegura que essa 'pessoa' permanece um tanto incerta e invisível..."[142] Além disso, a estrutura abrangente dessa abordagem permanece androcêntrica, com o princípio masculino ainda dominante e soberano, já que o Espírito está subordinado ao Filho e ao Pai. Os estereótipos também infestam essa opção.

A terceira opção para a linguagem a respeito de Deus "fala do divino em imagens tiradas de modo equivalente da experiência de mulheres, homens e do mundo da natureza. Esta abordagem reparte com as outras duas o pressuposto fundamental de que a linguagem a respeito de Deus no sentido pessoal tem uma pertinência especial. [...] Deus não é pessoal como qualquer outra pessoa que conhecemos, mas a linguagem da pessoa aponta de modo exclusivo para as profundidades misteriosas e a liberdade de ação há muito associadas ao divino".[143] Johnson prefere essa opção, e no restante de seu livro, ela apresenta os contornos de uma teologia que foca imagens e símbolos femininos para uma compreensão feminista cristã de Deus.

Os recursos para esta teologia são três: a experiência interpretada das mulheres, as Escrituras e suas trajetórias, e a teologia clássica. É claro que as Escrituras contêm muitas imagens masculinas, mas isso somente é problemático se se tomar a imagem literalmente e considerar a Bíblia como divinamente inspirada e inerrante.[144] Ao adotar a "hermenêutica da suspeita" que outros pós-modernos aplicam às Escrituras e a todos os outros textos culturais, devemos perguntar a respeito de cada texto bíblico, *cui bono*, para benefício de quem? Com esta pergunta, o texto se desconstrói diante de nós ao percebermos que foi construído por homens no poder, que o montaram para legitimar seu controle contínuo.[145]

Por outro lado, há três grandes símbolos bíblicos que têm conotações e implicações feministas. O primeiro é o Espírito/Shekinah. O segundo, o símbolo de Sabedoria/Sophia, se torna o tema principal e símbolo para o restante do livro. Sobre esse símbolo, Johnson escreve,

> Esta é a personificação mais desenvolvida da presença e da atividade de Deus nas Escrituras hebraicas, retratada muito mais intensamente do que Espírito, torá ou palavra. O próprio termo é de gênero gramatical feminino: *hokmah* em hebraico, *sophia* em grego, *sapientia* em latim. Embora isso não determine nada em si mesmo, a representação bíblica de Sabedoria é, por si só, coerentemente feminina, apresentando-a como irmã, mãe, amada, cozinheira e anfitriã, pregadora, juíza, libertadora, estabelecedora de justiça e uma miríade de outros papéis femininos em que ela simboliza o poder transcendente ordenando e deleitando-se no mundo.[146]

Johnson observa os vários textos da literatura de sabedoria, como Jó e Provérbios, onde a sabedoria é personificada. Então, o que aconteceu com a Sophia na teologia cristã? Johnson vê os ensinamentos do cristianismo sobre o Espírito como semelhantes a esse entendimento de Sophia. Jesus enquanto Logos é realmente a adoção cristã da teologia de Sophia, embora lhe vista uma capa masculina.[147] Um terceiro e último símbolo bíblico feminino para Deus é o de mãe.[148]

O restante do livro de Johnson traz sua compreensão da teologia vista de um modo feminista, usando símbolos femininos para falar de Deus. Tudo isso é fundido no molde de Deus como Sophia. Johnson inicia sua discussão com Espírito-Sophia, porque o Espírito é o membro mais imanente da divindade, e Johnson acha que a teologia deve começar "de baixo", e não "de cima". Johnson aponta para as ações do Espírito e percebe a afinidade destas com os valores feministas, destacando como elas se movem livremente, dando vida, poder não violento que conecta, renova e abençoa. Especificamente, ela cita várias das atividades do Espírito: vivificar, renovar e empoderar, bem como agraciar. Falar do Espírito desta forma leva a três percepções importantes para a teologia feminista a respeito de Deus: sua imanência transcendente; uma paixão divina pela libertação; e a natureza constitutiva da relação.[149]

A seguir, Johnson discute Jesus-Sophia. A ideia básica da cristologia, de acordo com Johnson, é que

> Deus, que é Espírito, em ação no trágico e belo mundo para vivificar e renovar todas as criaturas por meio do poder gracioso de seu amor que habita e liberta, está presente mais uma vez por meio da história muito particular de um ser humano, Jesus de Nazaré. [...] Por meio de sua história humana, o Espírito que permeia o universo torna-se concretamente presente num pequeno pedaço dele; Sophia arma sua tenda no meio do mundo; a Shekinah habita entre o povo sofredor de uma nova maneira.[150]

Se esta é a essência da cristologia, não é de forma alguma negativa para as questões feministas, mas Johnson diz que a teologia feminista levanta uma crítica muito rigorosa, afirmando que, de todas as áreas da doutrina, a cristologia é a mais usada para reprimir e excluir as mulheres. Isso não precisa ser assim, diz Johnson, pois se olharmos o que Jesus fez e disse, acharemos inclusão nas suas relações com outros humanos e com Deus, e isso remove a ênfase masculina que tão rapidamente se volta para o androcentrismo. Especificamente, Cristo faz o seguinte: prega, reúne, confronta (a todos os quais Johnson dá um toque feminista);[151] morre e ressuscita (embora Johnson não acredite que Cristo literalmente ressuscitou). Vários outros temas cristológicos são dignos de nota: o Cristo integral — homens e mulheres compõem o corpo de Cristo juntos; Cristo é verdadeiramente Deus e verdadeiramente humano, mas o argumento da sua humanidade não é seu gênero, mas que

Ele é um com a humanidade, e isso inclui tanto homens quanto mulheres; e finalmente, Cristo como a Sabedoria de Deus (o tema Sophia é novamente invocado). Pensar em Cristo nas categorias de sabedoria também enfatiza os seguintes temas: relação com todo o cosmos; crença em uma perspectiva global, ecumênica, respeitadora de outros caminhos religiosos; ao se tornar um com a humanidade na encarnação e no sofrimento, Sophia, cujos caminhos são a justiça e a paz, mostra que a paixão de Deus tem como objetivo remover a opressão e estabelecer relações corretas.[152]

Finalmente, Johnson discute o terceiro membro da divindade, Mãe-Sophia. A ideia básica por trás desse membro da divindade é a da origem sem origem (sem começo), e por causa disso, as mulheres, enquanto mães, oferecem a maneira mais adequada de falar da Mãe-Sophia. Johnson diz que devemos pensar em Deus usando o imaginário da maternidade, mas mesmo aqui devemos ser cuidadosos. O patriarcado oferece uma ideia de maternidade, e simplesmente projetar isso em Deus só vai perpetuar o estereótipo de escravidão. Se esses problemas forem evitados, a metáfora de Deus como mãe pode ser tanto instrutiva quanto libertadora.

Johnson também escreve sobre os atos da Mãe-Sophia e enfatiza dois: ser mãe do universo e estabelecer a misericórdia da justiça, onde justiça e compaixão estão justapostas.[153] Na parte final de seu livro, o tema de Deus como Sophia permanece, mas Johnson trata de três doutrinas específicas. Ela oferece sua compreensão da Trindade, adotando uma visão comunitária social, na qual todos os membros são iguais e mutuamente relacionados. Ela também aborda o próprio ser e natureza de Deus e vê a essência de Deus como relação — relação dentro da divindade e com o mundo. Além disso, Deus está totalmente vivo e é a fonte de todos os seres viventes. Por causa disso, diz Johnson, a melhor maneira de falar de Deus, com as preocupações feministas em mente, é chamá-lo de "Ela que é" (tirado do modelo "Eu sou o que sou" e a versão masculina disso, "Ele que é"). Uma última doutrina foca Deus como sofrimento, retratado como compaixão derramada. A impassibilidade divina é completamente rejeitada.[154]

A teologia feminista, inclusive a de Johnson, é claramente uma teologia que enfatiza muitos temas pós-modernos. A versão de Johnson pode parecer bastante assustadora, mas ela se recusa a rejeitar o cristianismo e, em vez disso, opta por permanecer dentro da tradição, abraçá-la e reformá-la. Logo, sua teologia é relativamente dócil em comparação com teologias feministas mais revolucionárias e radicais.

TEOLOGIA DA NOVA ERA. A teologia da Nova Era é outro fenômeno do final do século XX. Douglas Groothuis contribuiu com vários livros que são excepcionalmente úteis na compreensão desse movimento eclético. Em suas obras *Unmasking the New Age* [Desmascarando a Nova Era], *Confronting the New Age* [Confrontando a Nova Era] e *Revealing the New Age Jesus* [Revelando o Jesus da Nova Era], Groothuis narra os fatores que contribuem para a ascensão desse movimento, seus princípios básicos e temas, seu tratamento da pessoa e obra de Cristo, as implicações e agendas dos temas da Nova Era para a ciência, política, educação e afins, e ajuda no combate a esse sistema, que é antitético ao cristianismo evangélico. O espaço só nos permite cobrir o pensamento da Nova Era a respeito de Deus.

Como observa Groothuis, trata-se de um movimento muito eclético, por isso há muitas variantes nele. Contudo, seis temas principais tipificam o pensamento da Nova Era. Primeiro, seus seguidores acreditam que *tudo é um*, o que significa que há uma unidade básica para tudo. Outro nome para esta crença fundacional é monismo, e isso significa que tudo está inter-relacionado, interdependente e interpenetrante. Logo, o que quer que exista é parte de uma realidade contínua que não tem limites nem divisões. As diferenças percebidas entre uma árvore, uma maçã, um cão e uma pessoa são apenas aparentes, não reais. Como todas as coisas são uma só, isso também significa que não há diferença entre o bem e o mal, pois eles são a mesma coisa. Groothuis observa,

> Tudo é um; a realidade última está além do bem e do mal. Este é o ensinamento essencial de grande parte da religião oriental e do ocultismo, e está sendo defendido por um batalhão de cientistas da Nova Era. O físico e filósofo Fritjof Capra diz em seu livro, *O ponto de mutação,* que o estado último de consciência é aquele "no qual todas as fronteiras e dualismo foram transcendidos e toda individualidade se dissolve em unicidade universal e indiferenciada". Não há muitos "eus", mas um "Eu", o Um.[155]

Tudo é um, mas o que é esse um? Os seguidores da Nova Era respondem que tudo é Deus, ou seja, tudo é parte da essência divina única. Isso, claro, não é novo, mas apenas o panteísmo ressuscitado e reformulado em um contexto diferente. Já que muitas partes dessa unidade têm personalidade, pode-se pensar que o Deus panteísta da Nova Era é pessoal, mas, como explica Groothuis,

... argumenta-se que, se tudo é um e se todas as dualidades na realidade se dissolvem na unidade cósmica, então isso também ocorre com a ideia de personalidade. Uma personalidade só pode existir onde ela se define em relação a outros seres ou coisas. Mesmo a autoconsciência exige alguma forma de relação. Porém, se tudo é um, então existe apenas um ser — o Um. O Um não tem uma personalidade; está além da personalidade. Deus é mais um "ele 'coisa'" do que um "ele 'pessoa'". A ideia de um Deus pessoal é abandonada em favor de uma energia, força ou consciência impessoal.[156]

Terceiro, se tudo é Deus, então os *seres humanos são Deus*, e isto é precisamente o que os seguidores da Nova Era afirmam. A doutrina da Nova Era diz:

> Nós somos deus disfarçado. Somente a ignorância nos impede de perceber nossa realidade divina. Nosso objetivo, segundo o analista da Nova Era, Theodore Roszak, é "acordar para o deus que dorme na raiz do ser humano". Swami Muktananda — uma grande influência sobre Werner Erhard, fundador da est e do Fórum — não faz rodeio ao falar do panteísmo quando diz: "Ajoelhe-se para seu próprio eu. Honre e adore o próprio ser. Deus habita dentro de você como você!"[157]

Um quarto tema decorre do anterior: se tudo é Um e tudo é Deus, por que não nos conhecemos como Deus e vemos a unidade entre todas as coisas? A razão é a ignorância, uma ignorância gerada pela cultura ocidental que moldou nossa consciência. Como resultado, estamos satisfeitos com as noções cotidianas de limitação humana e finitude. Precisamos ser iluminados para nossa verdadeira identidade. Em outras palavras, precisamos de uma *mudança na consciência*. Segundo os seguidores da Nova Era, isso pode acontecer de várias maneiras, sendo que uma é por meio do esporte. A iluminação também pode vir no laboratório do cientista. O suposto contato com um OVNI ou extraterrestre também pode fazê-lo. A mudança na consciência pode vir espontaneamente ou por meio da prática disciplinada da meditação, yoga ou alguma outra técnica de elevação da consciência. Outros estão "cantando, dançando ou saltitando em seu caminho aos estados alterados de consciência. Eles podem usar o auto-hipnotismo, a visualização interna, o *biofeedback* ou mesmo o ato sexual".[158]

Um quinto tema do pensamento da Nova Era é que todas as religiões *são uma*. Se tudo é Um e tudo é Deus, então todas as religiões devem realmente ser a mesma coisa. Embora o exterior das religiões seja diferente, a essência de cada uma delas é a mesma e se baseia na mesma experiência da unicidade de todas as coisas. Qualquer afirmação de que o cristianismo é distinto deve ser negada e dissolvida na unidade cósmica. De fato, até se afirma que os verdadeiros ensinamentos de Jesus se encaixam nos temas centrais da Nova Era. Além disso, Jesus não é quem os cristãos pensam. Como explica Groothuis,

> Não se diz mais, então, que Jesus de Nazaré é o único Filho de Deus, o Deus-homem, o Senhor e Salvador do cosmos. Ele é apenas uma das muitas aparições ou manifestações de Deus ao longo dos milênios. Sua missão foi alertar as massas adormecidas sobre sua divindade inata. Jesus é assim reverencialmente glorificado no panteão panteísta, onde Ele ecoa o coro dos iluminados: tudo é um. O Cristo da Bíblia é redefinido e transformado em marionete de ventríloquo para a Nova Era. Cristo como mediador entre Deus e a humanidade é substituído pela ideia de "consciência de Cristo", que é outra palavra para consciência cósmica. Da mesma forma, o ensino bíblico do juízo eterno (céu ou inferno) é substituído pela reencarnação em grande parte do pensamento da Nova Era.[159]

Um último tema da Nova Era é o *otimismo evolutivo cósmico*. Julian Huxley não era um seguidor da Nova Era, mas fez um comentário que tipifica o otimismo dos seguidores da Nova Era e a esperança de um futuro melhor. Huxley disse: "O homem é aquela parte da realidade na qual e por meio da qual o processo cósmico se tornou consciente e começou a compreender a si mesmo. Sua tarefa suprema é aumentar essa compreensão consciente e aplicá-la o mais plenamente possível, a fim de guiar o curso dos acontecimentos".[160] Groothuis explica, "À medida que esta filosofia ganhar terreno e infiltrar toda a vida com o evangelho da unidade cósmica, prevê-se que a humanidade estará pronta para tomar as rédeas da evolução. Teilhard de Chardin, filósofo jesuíta e paleontólogo, profetizou uma harmonização evolutiva progressiva e unificação da consciência mundial finalmente alcançando 'o Ponto Ômega', onde toda a consciência é fundida e tudo se torna um com o Um".[161]

Muito mais pode ser dito sobre o movimento da Nova Era, mas deixe-me concluir descrevendo a espiritualidade da Nova Era. Ela incorpora muitas ideias das religiões clássicas orientais, como budismo, taoísmo e hinduísmo, mas não é simplesmente reduzível a essas religiões. Também incorpora itens da cosmovisão judaico-cristã e do paganismo. O resultado é uma miscelânea de ideias e práticas. E muito disso é orientado para a preocupação do Ocidente e da América do Norte com a eficiência e os resultados imediatos. Também inclui muitas formas de práticas ocultas. Outro elemento é a adoração da Grande Deusa. A preocupação é escapar da religião patriarcal, ou seja, a religião que diviniza a masculinidade e desmoraliza a feminilidade estabelecendo a exploração masculina da mulher e da natureza. E há interesse em várias religiões pré-cristãs, tais como o xamanismo, uma ênfase animista-panteísta, por exemplo, na comunidade Findhorn do norte da Escócia. O druidismo, a espiritualidade celta e a religião egípcia são outras. Até Jesus é reformulado como um pensador oriental cujos ensinamentos ecoam as principais tônicas dos seguidores da Nova Era.[162]

O pensamento da Nova Era é claramente pós-moderno. Deus é muito imanente, relacionado, próximo de nós, pois somos Deus e tudo ao nosso redor é Deus. Assim, não só podemos falar de Deus no nosso mundo científico; devemos fazê-lo, pois uma vez que a nossa consciência está elevada para ver que somos Deus, então estamos prontos para transformar toda a vida e a sociedade à nossa volta. Perceba também quanto disso depende da experiência dos sentidos, embora grande parte vá além dos cinco sentidos normais. O pensamento da Nova Era pode afirmar satisfazer muitas das exigências de uma teologia fundamentada empiricamente. E também combina bem com os interesses feministas e ecofeministas.

TEOLOGIA DO PROCESSO. Em 1929, Alfred North Whitehead publicou *Processo e realidade*,[163] no qual ele apresentou os detalhes da metafísica do processo e as linhas gerais de um teísmo baseado nesse conceito da realidade. Embora tenha levado um tempo para que essa visão de Deus e da realidade se estabilizasse, desde a virada pós-moderna, a teologia do processo tornou-se cada vez mais popular entre os teólogos acadêmicos. Discípulos como Charles Hartshorne e John Cobb têm sido extremamente importantes na elaboração de uma teologia baseada na metafísica do processo de Whitehead. Devido à importância desse movimento na teologia contemporânea, dedicarei o próximo capítulo à teologia do processo. Logo, neste ponto minhas observações são limitadas.

Um dos principais fatores motivadores por trás da teologia do processo é sua crítica ao teísmo cristão clássico. O Deus monarca totalmente transcendente e todo-poderoso, que controla tudo, nunca muda de forma alguma nem sente quaisquer emoções, independentemente do que acontece em nosso mundo, é considerado religiosamente inadequado aos tempos contemporâneos e inconsistente com o Deus bíblico. Na verdade, a crítica básica do processo ao Deus cristão clássico é quase idêntica à encontrada no feminismo.

Além disso, os teístas do processo acreditam que a metafísica de Whitehead oferece uma metafísica baseada no empirismo e assim satisfaz as exigências do empirismo de Kant em diante. Além disso, o sistema de Whitehead incorpora a mentalidade de evolução básica, que vê todas as coisas como interligadas por meio dos longos processos de evolução, e evoluindo e mudando como fazem os organismos biológicos.

O Deus da teologia do processo, como todas as entidades reais, é dipolar. Ele tem um polo primordial, conceitual, e um consequente polo físico. O primeiro são todas as possibilidades que as entidades reais podem se tornar, enquanto o último é o mundo, o corpo de Deus, que é a atualização progressiva de várias dessas possibilidades.

Por ser tão imanente e ligado ao mundo, Deus cresce e muda como nós o fazemos. Ele sente as nossas dores e alegrias, e não somente se identifica com nossas tristezas, mas sofre realmente conosco. Por estar intimamente ligado a nós, seu conhecimento também é limitado e cresce a cada momento que passa. Os teístas do processo acreditam que seu Deus, que amorosamente nos concede liberdade para crescer e nos tornar o que escolhemos, e que é tão responsivo e interativo com suas criaturas, se encaixa mais precisamente no relato bíblico de Deus do que o Deus clássico.

Essa visão de Deus ressoa muitos temas pós-modernos familiares: um Deus que é imanente e relacional; um Deus cujo próprio ser interpenetra todas as coisas e, portanto, ressalta a conectividade de todas as coisas; um Deus que não é estático, mas está em constante mudança à medida que responde às nossas necessidades; e um Deus para o qual podemos contribuir com valor, bem como um que melhora nossa existência. Além disso, essa ideia de Deus permite levar a sério os desenvolvimentos modernos na ciência, com sua ênfase no empírico e no naturalismo, enquanto recusa, juntamente com a mentalidade pós-moderna básica, banir Deus completamente do nosso mundo e de nossas vidas.

Deve ficar claro por que algumas formas de feminismo veem o teísmo do processo como um aliado. A teologia feminista diz que tipo de personalidade Deus deve ter; o teísmo do processo concorda, e a metafísica do processo oferece um fundamento ontológico no mundo empírico para esse Deus relacional.[164] Além disso, há também uma afinidade com o pensamento da Nova Era. Embora aquela teologia seja reconhecidamente panteísta em vez de panenteísta, muitos dos mesmos temas sobre nossa relação com Deus e o restante do universo aparecem em ambas as teologias. Além disso, as agendas política, social e ecológica dos seguidores da Nova Era (feministas e ecofeministas também) se encaixam perfeitamente com o Deus do processo.

A teologia do processo constitui uma ameaça formidável ao entendimento cristão tradicional a respeito de Deus, e também oferece uma forma de sintetizar várias noções pós-modernas não evangélicas acerca dele. Não é por acaso que David Griffin, que publica uma série de livros destinados a adotar e fomentar uma visão pós-moderna da realidade, estrutura sua própria teologia (que ele chama de pós-modernismo construtivo) com a metafísica do processo de Whitehead em seu cerne. Além disso, não somente muitos não evangélicos acham o pensamento do processo atraente; os evangélicos inclinados positivamente à doutrina da "abertura de Deus" também acham grande parte dele atraente. A metafísica do processo é um conceito altamente técnico da metafísica, mas é provável que não saia de cena rapidamente.

OUTRAS TEOLOGIAS PÓS-MODERNAS. Em *Varieties of Postmodern Theology* [Variedades da teologia pós-moderna], David Griffin argumenta que as teologias pós-modernas podem ser divididas em quatro tipos. Um tipo é a variedade libertadora, discutida anteriormente. Um segundo tipo Griffin chama de pós-modernismo restaurador ou conservador, e cita a teologia do papa João Paulo II como um exemplo. Grande parte da teologia do papa critica a sociedade moderna com seu consumismo, ameaça tecnológica à existência humana no planeta e fragmentação da comunidade. O papa convoca a um retorno a noções muito tradicionais de Deus, mas também busca um repúdio aos aspectos sociais e culturais de fragmentação da mentalidade moderna a favor de uma visão mais pós-moderna e comunal da sociedade.[165]

Griffin delineia dois outros tipos de teologia pós-moderna. A forma mais radical e negativa da pós-modernidade é o desconstrucionismo, que deriva do trabalho de Jacques Derrida e seus seguidores. Derrida é completamente comprometido com a noção de que todos nós somos um produto das nossas culturas e comunidades linguísticas. Logo, enxergamos e apresentamos as coisas a partir das próprias perspectivas. Um resultado desse perspectivismo é o reconhecimento de que não existe uma narrativa abrangente que possa decidir por nós, de uma vez por todas, o que é verdadeiro e o que é falso. Uma vez que reconhecemos isso, também percebemos que, ao longo da história, as culturas foram dominadas por várias visões de realidade que alegavam ser absolutistas. Um exemplo típico, de acordo com essa linha de pensamento, é a cosmovisão cristã, que diz que é verdadeira porque se baseia em documentos considerados divinamente inspirados e inerrantes.

Contrariamente, Derrida e seus seguidores argumentam que não ousemos absolutizar nenhum texto, inclusive as Escrituras, pois cada texto reflete a cultura e o pensamento da época em que foi escrito. Em vez disso, devemos usar a "hermenêutica da suspeita" conforme lemos. Quando fazemos isso, passamos a ver que o texto é geralmente o produto dos que estão no poder, que usaram esses textos para legitimar seu controle contínuo do poder e a supressão daqueles que não se encaixaram na classe dominante. Por outro lado, quando desconstruímos esses textos e aprendemos quando e por que eles foram escritos, nós eliminamos seu controle sobre nossas vidas. A outra coisa que acontece é que nós permitimos que sejam ouvidos e valorizados os "outros", aqueles que estão às margens da vida, que foram marginalizados em favor das narrativas tradicionais dominantes que os excluíam. Na verdade, David Tracy tem argumentado que grande parte da teologia pós-moderna em geral é uma volta teológica ao "outro", uma tentativa em termos pós-modernos de incluir e celebrar os oprimidos e marginalizados.

Muitos críticos afirmam que a desconstrução, por parte de Derrida, dos textos, das instituições e das estruturas de poder que eles apoiam é um convite aberto à anarquia, mas Derrida e seus partidários alegam o contrário. John Caputo, um defensor ferrenho de Derrida, argumenta que a desconstrução não é negativa nem destrutiva, mas sim positiva. Na verdade, há uma desconstrução de textos e instituições, mas não de forma a destruir a sociedade. Em vez disso, a desconstrução é feita para "deixar entrar" os outros que foram excluídos. A intenção não é simplesmente trocar o poder dos "têm" para os "não têm", pois isso substituiria uma forma de repressão por outra. Ao invés disso, o objetivo da desconstrução para admitir a vinda ou entrada do outro é reconstruir a sociedade para ser uma nova sociedade que empodere todas as pessoas e ouça igualmente todas as diferentes perspectivas.[166]

Esta é uma introdução bastante codificada de algumas das ideias de Derrida, mas é suficiente enquanto introdução à teologia pós-moderna desconstrutiva de Mark Taylor, conforme se vê em seu *Erring: A Postmodern A/ Theology* [Errar: uma a/teologia pós-moderna]. A teologia de Taylor baseia-se principalmente no desconstrucionismo de Jacques Derrida, cujo pensamento é baseado em Hegel, Nietzsche e Martin Heidegger. O pós-modernismo de Taylor elimina várias ideias do pensamento pré-moderno ocidental que a modernidade havia retido mesmo após a "morte de Deus". Por isso, Griffin o chama de "pós-modernismo eliminativo".

Ao discutir a mentalidade básica da modernidade, percebemos sua rejeição de um Deus sobrenatural, o Deus do teísmo cristão tradicional. Em seu lugar elevou-se o homem e sua importância e poderes. Griffin diz que esse esforço de magnificar o eu eliminando Deus é, na verdade, autoaniquilação, então, tem havido de fato uma perda do eu, bem como uma perda de Deus. Muitos pós-modernos, incluindo Taylor, finalizam o processo com sucesso. A perda última do eu é vista como um ganho, porque foi a noção moderna do eu que nos trouxe à beira da destruição total.[167] A crítica do eu moderno como todo-controlador, manipulador da natureza, consumidor de todas as coisas para fins próprios, bem como focado no futuro, e não no presente, é uma crítica que muitos pós-modernos, inclusive Taylor, asseveram.

Taylor basicamente leva a moderna morte da ideia do Deus tradicional às suas conclusões lógicas. "Taylor concorda com a morte do Deus tradicional, mas ele não o substitui por alguma noção menos repressiva de Deus. A ideia de um Um unificador ou Centro de existência é eliminada completamente. Uma perspectiva central, que sirva de juiz e critério da verdade, é negada. O que resta é uma multiplicidade de perspectivas, com nenhuma delas sendo mais normativa do que a outra".[168]

Dados esses pontos de vista, conclui-se também que não há *verdade*. Isso significa mais do que nós não podermos saber a verdade (embora haja verdade); significa que não há realmente verdade. A morte de Deus significa relativismo absoluto: não há verdade eterna, mas apenas fluxo eterno.[169] Com o desaparecimento de Deus vem também o desaparecimento do eu. Segundo esta visão, o eu contido, centrado, isolado (típico da modernidade) foi realmente criado à imagem do Deus contido, centrado, isolado do teísmo tradicional. Porém, uma vez que a noção de Deus é totalmente lançada fora, assim também é essa noção do eu.[170] Em vez de ser completamente independente das relações, o eu é visto como *completamente* relacional. Enquanto o eu moderno era uma substância no sentido cartesiano, não necessitando de relações para existir, o sujeito pós-moderno é primordialmente relacional; ele é *constituído* por suas relações. Esta afirmação é radicalmente deliberada, pois não se entende o sujeito como *causa sui* em nenhum sentido. Além de não ser anterior às suas propriedades, não é sequer distinto delas. É "nada mais que a interação generativa de propriedades". Em vez de ser, de alguma forma, responsável por suas relações, é uma mera função da intersecção de estruturas impessoais: "o sujeito não é autocentrado, mas é uma cifra para forças que jogam por meio dele". Nenhuma "transcendência interior" deve ser afirmada. Assim, o eu não só é dessubstancializado, mas também completamente desindividualizado, o que significa que o eu realmente desapareceu.[171]

Também é eliminado qualquer referente translinguístico para sinais linguísticos. Os sinais referem-se apenas a outros sinais; eles não são interpretações de alguma "coisa real" para além da linguagem. Com Deus de fora, não há nenhum ponto de referência final para nenhuma de nossas línguas, pois não existe ninguém que garanta a estabilidade de nada. Portanto, os sinais linguísticos não podem se referir a nada mais do que outros sinais linguísticos. Essa visão também deriva do ceticismo acerca de nossa capacidade de ver o mundo como ele é. Uma vez que toda experiência é interpretada pela grade de nossa estrutura linguístico-cultural, não podemos ter a certeza de que nossa língua aponte realmente para outra coisa que não seja mais língua.

Sem Deus, não pode haver noção da história como um processo dirigido. O mundo não tem começo e não tem um fim em direção ao qual se move. A história é uma sequência aleatória de ocorrências sem sentido. A pessoa pós-moderna não tem qualquer objetivo que seja, mas é chamada a uma vida de erro, o que significa vaguear "sem propósito e inutilmente".[172] Griffin escreve:

> Se a história não tem sentido, o presente não pode ser comparado desfavoravelmente com o passado ou o futuro em termos de uma distinção entre realidade e idealidade. O presente não envolve queda da perfeição primordial, nem está direcionado a um fim perfeito, ou mesmo a um aumento na satisfação. Por não precisar ser justificado por referência ao passado ou ao futuro, o tornar-se pode ser avaliado a cada momento. Distrações do deleite no presente devido a sentimentos de culpa e anseios por transcendência são silenciadas pela rejeição à "oposição entre o que é e o que deveria ser".[173]

Suprimir a distinção entre o "deveria" e o "é" também significa viver para além do bem e do mal. "O pós-modernista de Taylor é chamado a seguir Nietzsche ao dizer 'Sim' a tudo com base em sua [na de Nietzsche] análise da realidade: 'No mundo real, em que tudo está ligado e condicionado por tudo o mais, condenar e refletir sobre qualquer coisa significa condenar e refletir sobre tudo'".[174] Griffin argumenta que essa posição leva ao niilismo absoluto, que "envolve também a negação de todo sentido, todo propósito, todas as normas morais e estéticas. Contudo, diz-se que essa a/teologia pós-moderna é afirmativa: em vez de sofrer essas perdas passivamente, ela abraça ativamente e de bom grado o niilismo e assim o supera".[175]

Griffin é muito crítico do pós-modernismo desconstrutivo, mas ele favorece um quarto tipo de teologia pós-moderna que rotula de pós-modernismo construtivo ou revisionista. A versão de Griffin não é o único exemplo, mas ele a oferece com algum detalhe. Muitos de seus temas são familiares, por isso podemos descrevê-los brevemente. Griffin argumenta que a maneira de superar a modernidade não é excluir todas as cosmovisões (como faz a desconstrução), mas construir uma cosmovisão pós-moderna por meio de uma revisão das premissas modernas e dos conceitos tradicionais. Isso envolverá uma nova unidade da ciência, ética, estética e religião.

Como observado antes, dois dogmas essenciais da modernidade são sua crença epistemológica na experiência sensorial e sua crença ontológica de que os existentes fundamentais do mundo são desprovidos de espontaneidade ou do poder de automovimento (uma visão mecanicista da natureza). Griffin chama esta segunda visão de visão não animista da natureza, ou não animismo. Ele acredita que ela se derivou do teísmo sobrenaturalista, com sua crença na onipotência divina. Quanto à experiência sensorial, esta também surgiu em um contexto sobrenaturalista: o que poderia ser conhecido do mundo vem da percepção dos sentidos. O conhecimento que não está disponível por meio da percepção dos sentidos seria fornecido por algum tipo de revelação divina. À medida que a modernidade adentrou seu período posterior (séculos XVIII ao XX), Deus foi omitido e as pessoas começaram a adotar o materialismo no que diz respeito à mente. Quanto ao conhecimento de Deus, do bem e do mal, foi considerado sem fundamento e discordante. O resultado epistemológico foi o solipsismo.[176]

Como uma correção para a doutrina metafísica, Griffin apela à metafísica do processo de Whitehead e escreve:

> Comparado ao não animismo da modernidade, o pós-modernismo de Whitehead desenvolve uma visão neoanimista na qual todos os indivíduos reais personificam um princípio de espontaneidade. A realidade última ou absoluta, que está personificada em todos os indivíduos reais, é *criatividade*. A criatividade oscila eternamente entre dois modos. Em um modo, ela é autodeterminação, causa final ou "concrescência", na qual um indivíduo se torna concreto criando a si mesmo a partir dos outros. [...] Tão logo este ato de autocriação é completado, a criatividade se desloca para o seu outro

modo, que é outra-criação, causação eficiente ou "transição". [...] O mundo real é constituído inteiramente de eventos criativos e das sociedades que eles formam. [...] Esta perspectiva, igualmente, não apresenta problema de como uma mente experiente pode interagir com átomos físicos não experienciais. É parte integrante desse ponto de vista neoanimista considerar todos os eventos criativos como "ocasiões de experiência". [...] Pelo fato de algum nível de experiência ser atribuído a todos os indivíduos reais, qualquer que seja, a evasão do dualismo não requer a suposição de que a mente ou alma é estritamente idêntica ao corpo (ou cérebro). A mente ou alma pode ser pensada como uma série de ocasiões de experiência, cada uma delas unifica as múltiplas experiências do corpo (e o remanescente do mundo passado) em uma experiência central de prazer e propósito. Esta doutrina evita o eu substancial e isolado do início da modernidade. [...] não há um sujeito de mudança subjacente, duradouro e imutável para o qual as relações com eventos em mudança são meramente acidentais. As coisas que perduram, tais como mentes e moléculas, "não são as coisas completamente reais". Os indivíduos completamente reais não perduram, eles ocorrem. Eles são ocasiões de experiência, que surgem de suas relações com ocasiões anteriores de experiência e as incluem nas próprias constituições. Esta visão é, de fato, tão relacional a ponto de insistir que todo o passado é incluído em cada ocasião de experiência.[177]

Griffin acrescenta que essa falta de uma substância duradoura não significa que não exista um eu completamente responsável e centrado. Cada entidade real tem o poder da autocausação e exerce a autocriatividade e a liberdade.

Quanto à experiência sensorial, o pós-modernismo revisionista baseado na filosofia de Whitehead tem uma resposta diferente. Griffin opta por uma percepção não sensorial chamada preensão. Ela nos permite perceber coisas não comumente disponíveis por meio da percepção sensorial. Griffin explica:

> Whitehead argumenta que a percepção sensorial deve ser uma forma de percepção derivada de alto nível. Ela é derivada de um tipo primordial de percepção chamada *preensão*, que compartilhamos com todos os outros indivíduos. Essa doutrina, de que os seres humanos compartilham percepção não sensorial com todos os outros indivíduos, é simplesmente o lado epistemológico da doutrina ontológica de que todos os indivíduos são "ocasiões de experiência" que surgem de suas relações com (suas preensões de) indivíduos anteriores. Whitehead usa essa doutrina de percepção pré-sensorial

para explicar nosso conhecimento de que existe um mundo real além de nós mesmos. A percepção sensorial por si só não fornece esse conhecimento. Esse conhecimento também não pode ser devido a um "julgamento" de alto nível, porque os cães e suas pulgas parecem não menos convencidos da realidade de outras coisas. Este realismo universal pode ser explicado por uma forma primitiva de percepção compartilhada por ocasiões de experiências humanas, caninas e de insetos igualmente.[178]

Onde está Deus em tudo isto? Griffin concorda com o pós-modernismo desconstrutivo que não podemos acreditar no Deus sobrenatural da teologia pré-moderna e da moderna em sua fase inicial, mas ele não remove Deus completamente. Em vez disso, opta por um Deus naturalista, não um sobrenatural. Não é surpresa que Griffin adote o Deus do processo de Whitehead. De acordo com Griffin, no teísmo sobrenatural, todo poder e criatividade pertencem apenas a Deus. No teísmo naturalista, Deus e o mundo de existentes finitos compartilham estas coisas.[179]

"O REAL" DE JOHN HICK. Nossa discussão sobre o que acontece com Deus no pensamento contemporâneo se encerra com o pluralismo religioso de John Hick. Como já foi mencionado no Capítulo 2, não precisamos reelaborá-lo aqui. Hick, adaptando a distinção de Kant entre a "coisa em si" e a "coisa para nós", argumenta que a realidade última (o Real) está além da compreensão e inspeção. Nós temos Deus somente como o experimentamos e entendemos. Hick argumenta que o Real tem sido mediado por vários meios, inclusive o mundo natural, as culturas em diferentes momentos e lugares na história. Cada sociedade conceitua a própria noção da realidade última na forma do deus ou deuses adorados nessa sociedade. Todas essas concepções em todas as religiões são tentativas humanas de articular a experiência humana e a compreensão da realidade última.

De acordo com Hick, o deus ou deuses adorados em várias religiões são todos "máscaras" que diferentes culturas criaram em resposta à "presença" e "realidade" do Real. O Real existe, mas há pouco que podemos dizer sobre o Real em si. Como outras "coisas em si mesmas", tudo o que podemos saber é como o Real aparece para nós. Os retratos que as diferentes religiões têm de Deus apontam para o Real, mas não são idênticos a ele.

O desfecho disso é duplo. Hick apresenta Deus como transcendente e como imanente. O Real, que é o genuinamente divino, é totalmente transcendente.

Os deuses específicos que conceituamos em resposta à nossa experiência do Real aproximam Deus de nós e, dependendo da religião e de sua concepção de Deus, o "Deus para nós" pode ser muito imanente (como no panteísmo e no panenteísmo) ou muito distante (como no islamismo fundamentalista e no Deus oculto da neo-ortodoxia). Devemos compreender, contudo, que nem o Deus do panteísmo, panenteísmo, neo-ortodoxia nem do islamismo é igual ao Real.

O outro resultado desta visão é que nenhuma religião é melhor ou pior do que qualquer outra. Todas apontam para a mesma coisa, o Real. Qual Deus você adora e qual religião você segue é apenas uma função do seu tempo e lugar na cultura e na história, mas todos os caminhos levam ao mesmo Deus. Portanto, não há razão para evangelizar pessoas de outras religiões, pois todos nós realmente adoramos o mesmo Deus e seremos salvos. O exclusivismo religioso é desnecessário.[180]

Ao concluir este capítulo, observo quanto o homem natural se afasta da verdade de Deus, especialmente a verdade de Deus a respeito de si mesmo. Além disso, está claro que muitas das concepções discutidas são muito atraentes para as pessoas contemporâneas. Embora não possamos conformar nossa noção de Deus aos gostos e preferências contemporâneos, precisamos de fato ser sensíveis a esses temas. Se o Deus das Escrituras realmente reflete temas como conexão e responsividade, que são tão caros aos corações e mentes dos pós-modernos, nós deveríamos dizer isso a eles e lhes mostrar os versículos que ensinam essas coisas. Além disso, em meio ao labirinto de concepções a respeito de Deus, devemos também estar prontos para, quando for necessário, defender nosso entendimento do Deus da Bíblia. Diante das queixas de que o Deus bíblico é pré-moderno e antiquado, devemos mostrar o contrário! Ao apresentarmos nossa compreensão do Deus bíblico, devemos ser sensíveis a outros pontos de vista e preocupações e ter o cuidado de mostrar que o retrato bíblico de Deus atende a essas preocupações.

CAPÍTULO QUATRO

TEOLOGIA DO PROCESSO[1]

VIMOS QUE A TEOLOGIA DO PROCESSO é uma alternativa contemporânea importante ao teísmo cristão tradicional. Além disso, acredita-se amplamente que sua crítica ao teísmo clássico destrói qualquer coisa relacionada à compreensão cristã tradicional de Deus. De fato, vimos que uma série de teologias contemporâneas, como a teologia feminista, faz as mesmas críticas básicas ao teísmo tradicional que os pensadores do processo. Além disso, vimos como várias teologias pós-modernas encontram na metafísica do processo uma compreensão empírica da realidade que parece ser uma sequência lógica da física quântica, da teoria da relatividade e da evolução; portanto, qualquer que seja a forma específica da teologia pós-moderna, a metafísica do processo de Whitehead parece se encaixar bem nela.[2]

Dada a atratividade da teologia do processo e sua poderosa crítica ao teísmo tradicional, muitos evangélicos estão achando mais difícil resistir ao seu chamado. Vimos isso ao descrever a visão aberta, mas mesmo os evangélicos que não privilegiam a visão aberta ainda acham muito persuasiva a crítica do processo aos atributos clássicos de Deus. Além disso, muitos evangélicos se veem em concordância significativa com a queixa do teísmo do processo de que a teologia tradicional está muito imersa e é cativada pela filosofia dos antigos gregos, especialmente Aristóteles.[3]

Uma mensagem clara na literatura evangélica e não evangélica contemporânea é que o teísmo do processo representa uma alternativa significativa à teologia cristã tradicional. À luz dessas afirmações e do desafio que a teologia do processo apresenta à teologia evangélica, devemos entendê-la e avaliá-la com precisão. Esta é a incumbência deste capítulo.

Em *Religion in the Making* [Religião em formação], Alfred N. Whitehead escreveu que "o cristianismo sempre foi uma religião que busca uma metafísica".[4] Ele quis dizer que, já que registra a revelação de Deus e as respostas humanas, a Bíblia registra principalmente as experiências religiosas, sem expressar com clareza uma explicação geral da realidade. Embora as Escrituras seguramente pressuponham certa visão de mundo, não há nelas nenhuma metafísica explicitamente declarada. Ao longo dos séculos, teólogos e filósofos têm usado vários entendimentos da realidade para comunicar a mensagem cristã à própria época. Whitehead pretendeu fazer o mesmo para nossa época.

Se Whitehead jamais houvesse voltado a atenção para a metafísica, ele teria sido extremamente importante na filosofia do século XX. Sua obra monumental, *Principia Mathematica*, escrita conjuntamente com Bertrand Russell, bem como seu trabalho em física o tornaram uma figura extremamente importante em filosofia da ciência. Contudo, Whitehead não se contentou em trabalhar exclusivamente em filosofia da ciência. Ele aplicou seu entendimento dos novos desenvolvimentos da ciência no início do século XX (assim como seu entendimento da filosofia e da religião em geral) na construção de um novo entendimento da realidade — metafísica do processo. O seu sistema, exposto mais profundamente em *Process and Reality* [Processo e realidade], de 1929, não foi apenas uma tentativa de estabelecer uma compreensão secular da natureza da realidade, pois os princípios do seu sistema pretendiam cobrir toda a realidade, inclusive Deus. Assim, ele conclui *Process and Reality* com um capítulo sobre Deus e o mundo.[5]

Embora Whitehead tenha plantado as sementes da teologia do processo, coube aos seus sucessores desenvolvê-la e, de fato, eles o fizeram. O termo "pensamento do processo" foi usado pela primeira vez por Bernard Loomer como título de um seminário que ele apresentou na Divinity School da Universidade de Chicago.[6] Outras figuras importantes no desenvolvimento da teologia do processo são Henry Nelson Wieman, Charles Hartshorne, John Cobb, Schubert Ogden, Bernard Meland, Daniel Day Williams, Norman Pittenger, Lewis Ford e David Ray Griffin, para citar alguns. Esses nomes representam duas abordagens distintas dentro da tradição do processo: a abordagem racionalista (exemplificada por Hartshorne) e a abordagem empírica (exemplificada por Henry N. Wieman). Hartshorne acreditava no uso da razão para sondar uma verdade *a priori*. Ele reestruturou o argumento ontológico para a existência de Deus, o qual achou que foi bem-sucedido. É claro que é um Deus de Whitehead que ele tem em mente. Os que seguiram na tradição racionalista tenderam a se preocupar mais com a retidão lógica da teologia que estavam produzindo.[7] O aspecto empírico dentro do pensamento do processo estava menos preocupado com o conhecimento conceitual de Deus e com provas racionais dele (sem falar na coerência racional das crenças). Isso não quer dizer que eles sejam antirracionais ou irracionais, mas apenas que sua ênfase estava no que poderia ser conhecido por meio de dados empíricos. Essa abordagem empírica direcionou-se mais para o pragmatismo americano.[8]

Neste capítulo, minha intenção é dupla. Pretendo inicialmente descrever a teologia do processo, o que não é uma tarefa pequena, visto que não é uma estrutura monolítica. Embora eu vá falar esporadicamente das diferenças entre os pensadores do processo, minha preocupação básica é apresentar as principais ideias do movimento como um todo. O meu segundo objetivo é criticar a teologia do processo (conquanto algumas de suas ênfases sejam benéficas). Estou preocupado especialmente em avaliar a afirmação da teologia do processo de que ela torna a mensagem cristã mais inteligível do que o evangelicalismo.

Origens da teologia do processo

Nenhum sistema conceitual surge em um vácuo intelectual total, e a teologia do processo não é exceção. Em especial, quatro influências básicas nos ajudam a entender o desenvolvimento e (até certo ponto) o apelo da teologia do processo. Elas são 1) os desenvolvimentos na ciência, 2) a percepção da inadequação do teísmo clássico, 3) as influências filosóficas por trás do sistema e 4) o clima teológico e religioso da época.

Desenvolvimentos na ciência

Algumas das principais influências que levaram Whitehead à sua nova metafísica foram os desenvolvimentos na ciência. O colapso da física newtoniana mecanicista foi especialmente importante. De acordo com a concepção de Newton, as coisas físicas são imutáveis, inertes, "semelhantes a coisas".[9] Cada coisa tem a própria localização espaçotemporal, independente de tudo mais, de modo que pedaços de matéria são essencialmente discretos e descontínuos com outros pedaços de matéria.[10] De acordo com essa visão, o único tipo de mudança possível é a locomoção. No século XVII, pensava-se que Deus interviria ocasionalmente no mundo para estimular tal movimento, mas no final do século XVIII, os cientistas haviam descoberto uma forma de tornar desnecessária a intervenção de Deus no sistema natural.[11] No final do século XIX, os cientistas haviam resolvido completamente as implicações dessa concepção mecanicista, mas anomalias haviam surgido. No século XX, Whitehead viu astutamente algumas das implicações das novas descobertas na ciência e começou a aplicá-las na construção de uma nova metafísica.

Whitehead focou vários itens. Primeiro, ele viu que, nas mãos de James Clerk Maxwell, a teoria eletromagnética tinha uma forma que exigia que houvesse ocorrências eletromagnéticas por todo o espaço. Logo, considerou-se que os efeitos eletromagnéticos surgiam de um campo contínuo.[12] Isso significou, é claro, que a ideia de pedaços de matéria descontínua, discreta e não relacionada não podia mais ser sustentada. Quanto ao conceito de energia, a questão-chave era a doutrina da conservação da energia, que implicava "uma permanência quantitativa na base da mudança".[13] Tudo isso significava que a matéria não era o único tipo de permanência, mas também que não poderia haver apenas mudança no lugar (mudança locomotiva), mas mudança na energia. Visto que a mudança na energia não é redutível à mudança locomotiva, isso significava que poderia haver outros tipos de mudança além da locomotiva no reino físico. Tanto a teoria da energia como a teoria do eletromagnetismo levaram Whitehead a rejeitar a noção do físico como matéria imutável e inerte. Em vez disso, ele afirmou que as entidades físicas primárias devem ser basicamente "semelhantes a eventos".[14] Leclerc explica o que Whitehead quis dizer com "evento" quando escreve,

> Pois "evento" não significa um mero ou puro "acontecimento". Whitehead usou a palavra "evento" no seu sentido etimológico básico de "surgir, sair" (do latim *evenire*), o que implica "algo" que sai. Isso significa que o "algo" deve necessariamente ser *contínuo* com aquilo do qual ele sai. E significa também que o "algo" deve ter uma *distinção* essencial enquanto "si mesmo", diferente daquele do qual sai.[15]

Como observa Whitehead, essas descobertas científicas no século XIX sugeriam que algo estava errado com a antiga física newtoniana mecanicista, mas foi somente no século XX que uma nova física surgiu. O aparecimento da teoria da relatividade e da mecânica quântica moldou o entendimento científico do século XX. Para resumir a questão da relatividade, Whitehead explica que, na física mecanicista, há um significado único para tempo e espaço. Assim, qualquer que seja o significado da relação espacial medida na Terra, quando medida num cometa ou por um instrumento em repouso no éter, ela deve receber o mesmo significado. O mesmo é verdadeiro no que diz respeito às relações temporais. A teoria da relatividade nega esses pressupostos.[16] Em vez disso, o que uma coisa é e como deve ser entendida jamais pode ser determinado isoladamente de suas relações com outras coisas. A noção da simples localização no espaço e no tempo (desprovida de relação com outras coisas) não poderia mais ser mantida. O que quer que seja o é, em parte, em virtude de sua relação com outras coisas.

Quanto à mecânica quântica, o principal interesse de Whitehead era que, segundo a teoria quântica, "alguns efeitos que parecem essencialmente capazes de aumento gradual ou diminuição gradual devem, na realidade, ser aumentados ou diminuídos apenas por certos saltos definitivos".[17] O resultado é uma revisão dos conceitos das coisas físicas. Em especial, é necessária uma teoria da existência descontínua. "O que se pede de tal teoria é que uma órbita de um elétron possa ser considerada como uma série de posições separadas, e não como uma linha contínua".[18] Quando combinado com outros itens da teoria científica, isso significa o seguinte: todas as coisas no mundo estão relacionadas umas às outras num processo contínuo de mudança (a teoria atômica mostra que no nível atômico e subatômico as coisas não são estáticas, mas em movimento, mesmo nos casos dos pedaços mais sólidos de matéria). O que uma coisa é deve ser entendido em termos de sua relação com outras coisas também no processo, mas isso não quer dizer que exista tal continuidade entre entidades individuais ou que essas entidades se mesclem de forma a serem indistinguíveis. Cada entidade, embora apresentando continuidade com todas as outras entidades, é, ao mesmo tempo, uma coisa distinta.

Um último item de importância da ciência é a evolução. Como observa Whitehead, uma das maiores mudanças científicas no século XIX foi o surgimento da teoria da evolução, a doutrina que "tem a ver com a emergência de novos organismos como resultado do acaso".[19] Embora alguns tenham argumentado que nem teorias evolutivas específicas nem qualquer cosmologia evolucionária abrangente desempenharam um papel significativo na metafísica de Whitehead,[20] é seguro dizer que sua metafísica pressupõe esse tipo de teoria e se encaixa nela.[21] Além disso, dentro do desenvolvimento da teologia do processo, outros pensadores não hesitam em admitir sua aceitação das ideias evolucionárias de desenvolvimento biológico ascendente.

Ataque ao teísmo clássico

Os teístas do processo acreditam que o teísmo cristão clássico é inadequado, não só porque suas concepções refletem a física ultrapassada de Aristóteles e Newton, mas também porque algumas de suas ideias básicas retratam Deus de maneiras logicamente incoerentes e moralmente repugnantes. Invariavelmente, os pensadores do processo começam sua teologia com um ataque ao teísmo tradicional. Já descrevemos a crítica do processo no Capítulo 2, então podemos ser breves aqui.

Os pensadores do processo insistem que em nosso mundo científico moderno as pessoas seculares simplesmente não podem aceitar muitas ideias associadas ao teísmo tradicional. Por exemplo, a noção de um universo criado, conforme está retratado em Gênesis 1—2, é vista hoje como mito, não como história. Além disso, relatos bíblicos de milagres, outrora considerados essenciais para a fé cristã tradicional, agora são vistos como dispensáveis porque muitos deles podem ser explicados por processos naturalistas, e outros são apenas expressões de fé, não ocorrências reais que produziram fé. Além disso, dizem esses pensadores do processo, a perspectiva escatológica das Escrituras deve ser rejeitada. A ideia de "últimos tempos", um fim para o mundo e o retorno de Cristo é claramente problemática. Estes eventos não foram cumpridos por quase 2.000 anos, e não há nenhuma razão séria para pensar que serão.[22]

Quanto à concepção cristã tradicional de Deus, os teístas do processo não gostam da quantidade de poder e controle sobre o nosso mundo que o teísmo clássico confere a Deus. Whitehead afirmou que o teísmo ocidental consiste em uma junção de três imagens diferentes de Deus. O Deus do teísmo tradicional é concebido na semelhança de um "governante imperial (associado aos césares romanos), uma hipóstase da energia moral (os profetas hebreus) e um princípio metafísico supremo (Aristóteles)".[23] Como mostra Claude Stewart, na crítica contínua ao teísmo clássico, alguns dos discípulos de Whitehead (por exemplo, John Cobb e David Griffin) afirmaram que a lista de imagens entrelaçadas inclui, na verdade, cinco imagens: "Deus como moralista cósmico, como o absoluto imutável e frio, como o Todo-poderoso controlador, como sancionador do *status quo* e como homem".[24]

Além disso, diz-se que o teísmo tradicional se baseia na metafísica dos antigos filósofos gregos, especialmente de Platão e Aristóteles. Segundo esses gregos, há dois tipos de realidade. Por um lado, há o mundo atual do devenir, do tempo, da mudança e das relações reais. Por outro, há outro "mundo atemporal, imutável e sem relação, que é o único 'real' no sentido pleno da palavra e, por isso, o único digno do epíteto 'divino'".[25] De especial repugnância é a conversa de Aristóteles sobre substâncias. Os pensadores do processo entendem que estas são coisas materiais estáticas, desassociadas e isoladas. A física quântica, a teoria da relatividade e a evolução nos ensinam, contudo, que nada é desvinculado e desassociado do restante da realidade, nem as realidades últimas são estáticas e imóveis. Os pensadores do processo afirmam que, quando a substância estática aristotélica estava ligada no teísmo tradicional a Deus e ao mundo, significava que Deus é atemporal, imutável, desassociado do mundo e indiferente ao que acontece nele (impassível). Significava também que Deus era o absoluto totalmente transcendente com o qual não se podia se relacionar, e significava que se o real não está neste mundo, mas em outro, então o que acontece neste mundo é realmente insignificante.[26] Os pensadores do processo, filósofos contemporâneos e teólogos, mais em geral, rejeitam a noção de pessoas como indivíduos isolados e distantes (ver críticas do individualismo isolado da modernidade no Capítulo 3). Assim, eles detestam falar de Deus ou qualquer outra coisa em linguagem de substância, que eles acreditam que incorpora os elementos negativos da metafísica de Aristóteles. Como James Felt mostra de modo convincente, é duvidoso que isso seja o que Aristóteles realmente disse sobre substâncias, e é igualmente claro que Whitehead o entendeu mal.[27] No entanto, essa concepção de substâncias aristotélicas persiste e, juntamente com a noção cartesiana de coisas individuais, é totalmente criticada no pensamento contemporâneo, especialmente pelos teólogos do processo.

Nada disso se encaixa bem com os pensadores do processo. Se Deus não ousa entrar em relações reais com suas criaturas porque isso pode fazê-lo mudar (como imutável, Ele não pode mudar de forma alguma), então, dizem eles, o Deus do teísmo tradicional é irrelevante para o homem moderno.[28] Para as críticas do processo, é crucial a rejeição do relato clássico da impassibilidade divina. Se Deus não pode mudar, então certamente não pode sentir emoções como compaixão, pois isso constituiria uma mudança nele. Hartshorne explica o problema apelando para a relação de pai e filho. Embora não fôssemos elogiar um pai cujas ações dependessem totalmente dos caprichos de seu filho, nem pensássemos que seria um sinal de maturidade se ele ficasse excessivamente eufórico com as alegrias de seu filho e totalmente deprimido com suas tristezas, por outro lado, não elogiaríamos um pai que fosse indiferente às ações de seu filho ou que não se sentisse tocado quando a criança estivesse feliz ou triste. No entanto, Hartshorne argumenta: "Contudo, Deus, dizem-nos, é impassível, imutável e sem acasos, é exatamente como seria em sua ação, conhecimento e ser se nunca tivéssemos existido, ou se todas as nossas experiências tivessem sido outras".[29] Hartshorne cita a afirmação de Anselmo de que Deus é frio e não sente compaixão pelo homem, embora possa expressar compaixão em termos da nossa experiência. Hartshorne afirma que isso significa que devemos amar a Deus, não porque Ele pode se solidarizar conosco (se Ele pudesse, isso poderia significar que suas disposições e sentimentos seriam, em parte, dependentes de nós, e essa dependência não é permitida no teísmo clássico), mas porque Ele pode fazer coisas para nosso benefício.

Se Deus não é afetado por nós, e se o nosso mundo não é o mundo real, então, como diz Schubert Ogden, nada do que fazemos ou sofremos faz diferença para Ele, e nada do que acontece neste mundo tem sentido.[30] Além disso, é inútil falar de nosso objetivo como o de glorificar a Deus, pois Deus é absoluto e está além de nosso poder contribuir para sua grandeza.[31] Da mesma forma, é impossível falar significativamente em servir a Deus, pois, como afirma Hartshorne, "se Deus não pode estar em dívida com ninguém, não pode receber valor de ninguém, então falar de servi-lo é entregar-se ao equívoco".[32]

O problema fundamental, segundo os teístas do processo, é que isso é muito contrário ao retrato bíblico de Deus e ao bom senso. As Escrituras mostram Deus mudando sua mente (p. ex., Gn 6.5-7), entrando em relacionamentos com as pessoas (cf. suas alianças com Abraão e Davi) e mostrando emoções como raiva e compaixão (sendo que, se o teísmo clássico estiver correto, cada uma deve ser, na melhor das hipóteses, antropomorfismo, e na pior delas, mitologia). Da mesma forma, se Deus não pode entrar no tempo porque isso envolveria o potencial para mudança e para entrar em relacionamentos, então Ele está trancado para fora do mundo, mas as Escrituras ensinam o contrário. Finalmente, se o que acontece aqui realmente não importa, por que as Escrituras registram a preocupação de Deus e suas obras para nos redimir? As Escrituras e o bom senso mostram a qualquer um que o que acontece neste mundo importa, não só para nós, mas também para Deus.

Uma última crença do teísmo clássico é especialmente perturbadora para os pensadores do processo: Deus como totalmente transcendente não pode ser completamente conhecido por nós. Podemos atribuir nossas características a Deus, mas, como Aquino nos lembra, nós o fazemos apenas de forma análoga. Quanto às qualidades divinas que não possuímos de modo algum, devemos tentar descobrir o que elas significam. Isso quer dizer que, no teísmo tradicional, não há limites para conhecer e dar nome a Deus.[33] É claro, isso significa que Deus é transcendente e basicamente envolto em mistério. Tal Deus, porém, pode facilmente ser visto como irrelevante para as necessidades contemporâneas (como nas teologias do Deus está morto). Os teístas, ao alcançar os limites do conhecimento sobre este Deus, gostam de dizer que Ele está envolto em mistério e em paradoxo. Hartshorne replica que isso é apenas um estratagema típico de um teólogo, pois "paradoxo teológico, ao que parece, é o que uma contradição se torna quando é acerca de Deus em vez de outra coisa, ou quando é entregue por um teólogo ou uma igreja em vez de um descrente ou um herege".[34] A resposta oferecida pelos teólogos do processo é reconstruir o nosso conceito de Deus para que as categorias ontológicas da teologia do processo se apliquem a todos os níveis da realidade, incluindo Deus.[35] Tal Deus, eles acreditam, pode ser compreendido.

Contexto filosófico

Muitas influências filosóficas foram importantes para Whitehead, mas, para nossos propósitos, eu menciono vários itens significativos. Primeiro, há a ligação com Platão e Aristóteles. Em sua metafísica, Aristóteles introduziu a noção de Primeiro Motor Imóvel. Fez isso não por razões religiosas, mas para completar a própria cosmologia. Da mesma forma, a metafísica do processo de Whitehead estava incompleta sem a referência a Deus, mas assim como para Aristóteles, a invocação que Whitehead fez de Deus não era para fins religiosos ou teológicos, mas para fins metafísicos e cosmológicos. Em Aristóteles, Whitehead viu um modelo não tanto de como isso poderia ser feito, mas da necessidade de que isso fosse feito, e um modelo da legitimidade de se introduzir Deus sem, desse modo, tornar a religião fundacional para a metafísica.[36] Além disso, em sua discussão sobre entidades físicas reais, Whitehead estava preocupado em relacionar a multiplicidade de todas essas entidades. Whitehead concluiu que elas são essencialmente dependentes daquilo que ele chamou de elementos formativos. Seguindo Platão e Aristóteles (que chamaram esses itens de *archai*, princípios), ele viu três desses elementos. Além da pluralidade de entidades físicas atuantes, ele viu uma atividade geral na base de todas as ocasiões de atuação individual que era a fonte máxima delas. Esta ideia era análoga (embora não idêntica) à noção de substância de Aristóteles. O segundo princípio formativo de Whitehead são os objetos eternos, e estes são coordenados com a noção de formas de Platão e Aristóteles, embora a concepção de Whitehead dos objetos eternos esteja seguramente mais próxima da concepção de Platão do que da de Aristóteles. Em Platão e Aristóteles, o terceiro elemento formativo do qual as coisas dependem é Deus, e Whitehead concordou, embora sua concepção de Deus seja diferente da de Platão e Aristóteles.[37] Ele concordou com Platão que, se fosse para haver alguma maneira de escolher entre as muitas possibilidades (algumas boas e outras más) que uma entidade poderia se tornar, um dos elementos formativos (Deus) teria que ser a fonte da distinção entre bom e mau, melhor e pior. Caso contrário, ao escolher entre as muitas possibilidades, não haveria maneira de limitar o que poderia ser escolhido, para que se pudesse realmente decidir. Tanto para Platão como para Whitehead, Deus é (na terminologia de Whitehead) esse princípio de limitação.[38]

Segundo, a influência dos empiristas britânicos, John Locke e George Berkeley, sobre Whitehead foi detectada por alguns.[39] A teoria da percepção de Berkeley teve influência especial. Berkeley observou que há diferença na aparência de um objeto, como uma torre, quando está a certa distância comparada a quando está próxima. A diferença não deve estar na torre em si, mas no ato da percepção. Portanto, o que uma pessoa percebe depende mais do ato de percepção do que da coisa percebida. Como observou Whitehead, Berkeley disse em seus *Principles of Human Knowledge* [Princípios do conhecimento humano] que "o que constitui a percepção de entidades naturais é o ser percebido dentro da unidade da mente".[40] Adaptando a percepção de Berkeley aos próprios propósitos, Whitehead escreveu que "podemos substituir o conceito, que a percepção é a junção de coisas na unidade de uma preensão; e que o que é percebido desse modo é a preensão, e não as coisas".[41] A relação desse conceito de preensão com a noção de percepção de Berkeley torna-se ainda mais clara quando se vê a definição de preensão por Whitehead:

> A palavra *perceber*, em nosso uso comum, tem muito da ideia de apreensão cognitiva. Assim é também a palavra *apreensão,* mesmo com a omissão do adjetivo *cognitiva.* Eu utilizarei a palavra *preensão* para *apreensão não cognitiva*: com isso eu quero dizer *apreensão* que pode ou não ser cognitiva.[42]

Finalmente, para entender a teologia do processo é preciso entender a epistemologia contemporânea. Desde o tempo dos empiristas (Locke, Berkeley e Hume), a epistemologia predominante tem sido o empirismo. Dentro dessa tradição geral, Kant argumentou que todo conhecimento vem, em última instância, por meio da experiência, com a qual ele queria dizer interação com o mundo empírico. Logo, Kant distinguiu dois níveis de realidade, que ele chamou de númeno e fenômeno. Como vimos, em vista dessa distinção, Kant alegou pôr um fim à metafísica tradicional ou especulativa, que lida com coisas que pertencem ao reino numenal, incluindo Deus, a alma imortal e as coisas em si, desassociadas da nossa percepção delas.

A epistemologia que se seguiu a Kant manteve a abordagem empírica fundamental. No século XX, o positivismo lógico, com seus fundamentos empíricos, estava oscilando muito. Quando Whitehead estava escrevendo *Process and Reality* [Processo e realidade], a influência do positivismo lógico era amplamente sentida. É difícil dizer até que ponto Whitehead tentou se acomodar ao positivismo e sua teoria de verificação do significado. O que está claro é que a metafísica de Whitehead, em contraste com outros planos metafísicos, foi construída sobre bases empiristas.

Whitehead procurou estruturar uma nova metafísica, e seus seguidores, de uma forma ou outra, aceitaram suas noções fundamentais sobre a realidade. Contudo, é crucial perceber que, embora possam não falar muito da epistemologia predominante de nossa época, todos os pensadores do processo, a partir de Whitehead, levaram o empirismo muito a sério.[43] Embora alguns tivessem concluído que as descobertas de Kant e dos que o seguiram realmente destruíram a metafísica por completo, Whitehead e seus seguidores concluíram que elas apenas destruíram certos tipos de metafísica, uma metafísica que vai além do empírico. O que é interessante de fato é que, embora a metafísica do processo de Whitehead tenha sido escrita durante o apogeu do empirismo rigoroso no positivismo lógico, seu sistema, especialmente do modo desenvolvido por seus seguidores, não começou realmente a se tornar popular até que o século XX estivesse se direcionando a uma mentalidade mais pós-moderna.

Clima teológico/religioso da época

No final do século XIX e início do século XX, a teologia não ortodoxa estava sob o controle do liberalismo conservador. A obra *Process and Reality*, de Whitehead, com sua visão abrangente da realidade, foi publicada em 1929, mas inicialmente teve pouco impacto sobre a teologia e a igreja. A teologia não ortodoxa havia deixado a falência do antigo liberalismo para abraçar o Barthianismo. É claro que o Barthianismo, com sua forte dependência do existencialismo, era de pouco proveito para a metafísica. Nenhum sistema metafísico poderia capturar a coisa mais importante, uma pessoa no ato de existir e de devenir. Além disso, para os pensadores neo-ortodoxos, o encontro pessoal com Deus (não o argumento fundamentado ou longas descrições da natureza de Deus como se poderia encontrar na metafísica) confirmava sua existência e revelava sua natureza.

Parte do legado da neo-ortodoxia é sua crença em um Deus transcendente, totalmente outro. Visto que teólogos existencialistas como Tillich articulavam essa ideia, entendeu-se que Deus se tornara mais distante e impessoal. Alguns teólogos, lendo os sinais na obra de Tillich e sentindo que o Deus cristão clássico era igualmente distante e impessoal, declararam pouco depois da metade do século que Deus estava morto. Se fosse para ser revivido, Ele não poderia mais ser um Deus impessoal e distante para quem nosso mundo não faz qualquer diferença. Se fosse para haver um evangelho, seria um evangelho secularizado. Presumiu-se que o teísmo clássico não era tão bom quanto o esperado, mas a neo-ortodoxia parecia um pouco melhor. Embora se pudesse supostamente encontrar Deus em sua Palavra, Jesus Cristo, tais encontros ainda deixavam Deus distante. Embora pudessem afetar o indivíduo, não tinham nenhum efeito sobre Deus, e como o encontro privado não estava disponível para a verificação pública, ninguém podia garantir que se encontrava *Deus*. Como argumentou Schubert Ogden, a época estava claramente pronta para uma nova visão da realidade e de Deus.[44]

Em meio a essas tendências teológicas, vários eventos culturais tiveram grande influência na essência da época. Em especial, não se pode subestimar a importância da Primeira e da Segunda Guerra Mundial na mentalidade daqueles dias. A velha crença na bondade e na fraternidade de todas as pessoas mal podia ser sustentada, especialmente depois da Segunda Guerra Mundial. Além disso, muitos perguntavam como poderia haver um Deus diante do Holocausto. Aqueles ainda inclinados a acreditar em Deus achavam difícil acreditar em (quanto mais adorar) um Deus que o teísmo tradicional afirmava ter predestinado o Holocausto e que estava totalmente apático a todo sofrimento que este causou. Se as pessoas do século XX ainda podiam acreditar em Deus, então Ele deveria ser profundamente solidário ao nosso sofrimento e até mesmo sofrer conosco. Além disso, definitivamente, Ele não poderia ser um Deus que predestinou eventos como o Holocausto.

A teologia do processo começou a ficar popular no final dos anos 1960, mas os pensadores do processo estiveram em ação durante a maior parte do século XX. Embora o pensamento do processo tenha ganhado aceitação primeiramente no contexto anglo-americano, sua influência continua a crescer em todo o mundo. A ênfase na relação de Deus com o mundo e sua preocupação com ele é inteiramente compatível com as percepções de teologias políticas, como a teologia da libertação, a teologia feminista e a agenda social e política do pensamento da Nova Era. Além disso, dada a abertura às religiões do mundo, como se evidencia em sua compreensão de Cristo e da redenção, a teologia do processo pode ser muito atrativa para os povos de outras culturas e religiões.[45] Parece mais que coincidente, por exemplo, que um dos maiores centros de estudos do processo (com John Cobb), Claremont School of Theology, seja também um grande centro de estudo de religiões comparativas (com John Hick).[46] É também o local do projeto de David Griffin para promover uma cosmovisão pós-moderna e, como mencionado no Capítulo 3, sua teologia incorpora o teísmo do processo de Whitehead.

PRINCIPAIS CONCEITOS NO PENSAMENTO DO PROCESSO

Definições-chave

Ao explicar ideias essenciais do processo, faz-se proveitoso entender certos termos-chave.

ENTIDADES REAIS. Para Whitehead, entidades reais são as "coisas reais definitivas das quais o mundo é feito".[47] Não há nada por trás dessas entidades ou ocasiões, tal como uma substância subjacente que seja mais real. De acordo com Whitehead, o mundo é um processo, e esse "processo é o devenir de entidades reais".[48] Além disso, ele afirma que "*o modo como* uma entidade real *devene* constitui *o que* essa entidade é. [...] seu 'ser' é constituído por seu 'devenir'".[49] As entidades reais não são estáticas, pois estão sempre em processo de mudança e desenvolvimento (devenindo), nem estão isoladas de outras entidades reais, pois cada entidade real pode ser incorporada em outra entidade e pode incorporar outras entidades reais em si mesma, e as entidades reais são frequentemente um nexo, um conjunto de entidades reais unidas por seu mútuo domínio umas das outras.[50] Além disso, como Lowe explica, cada entidade real, embora em processo de devenir, é em cada estágio de desenvolvimento uma entidade individual única.[51] Finalmente, entidades reais são sujeitos.[52] Elas são centros de sentimento, sendo que um sentimento é "a apropriação de alguns elementos do universo para serem componentes da constituição interna real de seu sujeito".[53] Isso significa que todas as entidades reais (humanos, animais, árvores, rochas etc.) são características atribuídas do mental e das pessoas; elas não são meros objetos.

PREENSÃO. "Preensão" é o termo de Whitehead para a atuação de uma entidade real sobre outra para associá-la a si mesma. Cada preensão (literalmente, cada agarrar, embora já tenhamos visto a relação disso com a percepção e apreensão) ou sentimento é uma tomada de um item dentre muitos para a unidade que surge de uma nova entidade real sintetizada a partir da antiga.[54] Em cada preensão, Whitehead enxergava três elementos: 1) o sujeito preensor (uma entidade real); 2) o *datum* ou dado, seja ele um objeto físico ou eterno, que é preendido; e 3) a "forma subjetiva" da preensão, que é como o dado é preendido. Existem várias formas subjetivas, tais como emoções, avaliações, propósitos, aversões, consciência etc.[55] Logo, se eu "preendo" um carro novo, a forma subjetiva da minha preensão pode significar que eu choro por sua beleza, eu o considero um carro pobre e decido não comprá-lo, ou eu decido levantar dinheiro para comprá-lo.

OBJETOS ETERNOS. Os objetos eternos são corolários de formas platônicas ou ideias eternas. Os objetos eternos são os simples potenciais ou possibilidades que representam o leque de possibilidades que as entidades reais podem se tornar.[56] De acordo com Whitehead, Deus não cria os objetos eternos; eles simplesmente estão lá.[57]

CONCRESCÊNCIA. Uma concrescência é o processo de composição de preensões.[58] Como Whitehead define: "no devenir de uma entidade real, a unidade *potencial* de muitas entidades — reais e não reais — adquire a unidade *verdadeira* da única entidade real; de modo que a entidade real é a verdadeira concrescência de muitos potenciais".[59]

ALVO SUBJETIVO. "Alvo subjetivo" refere-se ao propósito de uma entidade real em seu devenir.[60] Em termos aristotélicos, é a causa última de uma coisa. Whitehead refere-se a ela como a "isca, pela qual há certa concrescência".[61] Ele diz que "o 'alvo subjetivo', que controla o devenir de um sujeito, é aquele sujeito sentindo uma proposição com a forma subjetiva de propósito para percebê-lo nesse processo de autocriação".[62] Não somente há um alvo subjetivo definitivo para cada entidade real, mas há um alvo subjetivo para cada estágio no devenir emergente da entidade.

O PRINCÍPIO ONTOLÓGICO. O princípio ontológico é o princípio de Whitehead de que "toda condição à qual o processo de devenir se conforma em qualquer instância específica tem sua razão *seja* no caráter de alguma entidade real no mundo real daquela concrescência, *ou* no caráter do sujeito que está em processo de concrescência. [...] isso significa que as entidades reais são as únicas *razões*; de modo que procurar *uma razão* é procurar uma ou mais entidades reais".[63]

Conceitos centrais

Há muitas ideias-chave no pensamento do processo, mas o meu foco são as de importância para a teologia.

A REALIDADE COMO PROCESSO, DEVENIR. De acordo com os pensadores do processo, nosso mundo é um mundo de eventos (no sentido de um "sair de") e devenir. Os fatos reais definitivos são entidades reais, mas não são objetos estáticos. Tudo está no processo de devenir, e como tal, também está no processo de perecer (ou seja, seus estados anteriores passam do imediatismo subjetivo). Como eventos em processo, todas as coisas têm três elementos. Elas são os resultados objetivos dos eventos dos quais surgiram e refletem as qualidades desses eventos anteriores. No entanto, elas são "sujeitos", ou seja, centros distintos de sentimento que são combinações de suas partes constituintes e dados. E, visto que cada entidade real em cada estágio perece, ela perece a partir do imediatismo subjetivo e é engolida nos eventos seguintes. Como tal, tornam-se fatos permanentes nos dados da história, os quais influenciam novos eventos que estão devenindo.[64]

Os pensadores do processo nos lembram constantemente de que eles têm uma metafísica de eventos e devenir, não de ser e de substância.[65] Se isso soa estranho para a mente ocidental, com sua predileção por filosofias de substância, Hartshorne nos lembra de que o budismo adotou uma filosofia de devenir. Os budistas rejeitaram a noção de substâncias, inclusive a noção da alma como substância. Eles afirmaram que as realidades fundamentais são experiências momentâneas que estão num processo de devenir ou gerar novas experiências.[66] Devemos ter cuidado para não entender isso mal. Seria fácil pensar que os pensadores do processo acham que as realidades mais fundamentais são eventos ou acontecimentos, mas, é claro, pergunta-se o que é que devene. Ou seja, parece que deve haver entidades específicas no mundo que estão em processo de devenir. Ao argumentar por uma metafísica de devenir em vez de uma metafísica de ser e substância, os pensadores do processo não estão rejeitando completamente o ser. Como já vimos, Whitehead acreditava que as realidades fundamentais são entidades reais. Além disso, os pensadores do processo normalmente afirmam a eternidade da matéria. O argumento que os pensadores do processo apresentam é que não se deve pensar em um mundo de seres em que os seres *qua* são estáticos, imóveis, imutáveis. Esse tipo de metafísica de substância é que eles rejeitam. A teoria atômica, sem falar no bom senso, mostra-nos que tudo está num processo dinâmico de movimento, mesmo o pedaço mais sólido de matéria. Hartshorne é de especial proveito aqui:

> "Ser" é definido aqui pelo devenir: Pode-se dizer que isso é o que está disponível para a memória ou percepção, para integração em atos sempre novos de síntese, e nesse sentido é um potencial para todo devenir futuro. *Ser é estar disponível para todos os fatos futuros.* Deve-se notar que a doutrina mencionada anteriormente define literalmente "ser", ou realidade permanente, em termos de devenir. Assim, é um equívoco supor que a filosofia do processo, juntamente com o devenir, rejeita o ser. Ao contrário, é uma doutrina do ser *em* devenir, permanência no novo.[67]

Outro ponto significativo na compreensão da realidade como um devenir é a visão de Whitehead de que existem dois tipos de processos. O primeiro foca o movimento de uma ocasião para a seguinte (a mudança de uma entidade real estando em um estágio e, portanto, uma entidade, para outro estágio e, portanto, sendo outra entidade). Isto pode ser chamado de um processo de transição e é um processo temporal. O outro tipo de processo é um processo de vir a ser de uma ocasião em si, ou seja, seu surgimento subjetivo. Esse tipo de processo é chamado de processo genético.[68] Ele olha para o devenir a partir da perspectiva da entidade real experimentando subjetivamente esse devenir. O tipo anterior de processo olha para o movimento a partir de um estágio para outro, sem focar a experiência subjetiva de qualquer estágio. A transição envolvida no processo genético só pode ser experimentada diretamente pela entidade real envolvida na transição. Um processo de transição em dada entidade real pode ser observado por outras entidades reais, mas o que está acontecendo "dentro" da entidade em mudança só pode ser experienciado pela própria entidade.

Um dos resultados óbvios de uma metafísica do devenir é que existe novidade constante. Embora as coisas que devenem surjam, em parte, de preensões passadas e da história antiga geral, cada etapa emergente envolve a criação de uma coisa nova e única. Como Tremmel explica: "Cada ocasião no tempo é uma *nova* ocasião. É uma ocasião que acabou de passar a existir. Não há nada igual a ela em nenhum outro lugar, jamais houve nem jamais haverá de novo".[69] Isso indica tanto continuidade quanto descontinuidade.

Um último argumento sobre a realidade enquanto devenir é que ela se refere não apenas aos seres animados, mas a todas as entidades reais, desde o menor "sopro" de existência até o mais alto nível do ser. Quanto a essas entidades, "embora existam gradações de importância e diversidades de função, ainda assim, nos princípios que a realidade exemplifica, todas estão no mesmo nível".[70] Assim, todos os pensadores do processo concordam com o clássico ditado de Whitehead de que "Deus não deve ser tratado como uma exceção a todos os princípios metafísicos, invocado para salvar o colapso destes. Ele é sua exemplificação principal".[71]

DEUS COMO BIPOLAR. Até agora, pouco se falou de Deus, mas Whitehead o incluiu em seu sistema, e pensadores do processo que vieram depois desenvolveram o conceito de Deus de modo bem extensivo. Esses pensadores afirmam uniformemente que Deus, como todas as entidades reais, é dipolar ou bipolar. Deus tem uma natureza primordial (seu polo conceitual) e uma natureza consequente (seu polo físico).

A natureza primordial de Deus é permanente e imutável. É a antevisão do reino das possibilidades, dos objetos eternos, mas isso foi compreendido de várias maneiras, até mesmo por Whitehead. Os principais pressupostos metafísicos de Whitehead exigem que os princípios relevantes para Deus sejam os mesmos que os de todas as outras entidades reais. Portanto, assim como Deus imagina os objetos eternos, assim também todas as outras entidades reais devem fazer. Cada entidade real preende suas possibilidades mais o reino inteiro de todas as possibilidades. No caso de Deus, é claro, as duas são consubstanciais, ao passo que, para outras entidades reais, não o são. Como John Cobb observa, esta é a compreensão básica da relação de Deus com os objetos eternos que encontramos na obra *Religion in the Making* [Religião em formação][72] de Whitehead. É claro que Deus não só conhece as possibilidades (e as conhece mais completamente do que outras entidades reais podem conhecer), mas também as organiza com respeito ao seu valor relativo e sua possível realização conjunta em qualquer ocasião.[73] Visto que alguns pensadores do processo retratam a natureza primordial de Deus na linha dessa percepção, ela nada mais é do que a ordenação dos objetos eternos, preparando-os para o ingresso no mundo.[74]

Em *Process and Reality*, Whitehead torna a relação de Deus com os objetos eternos significativamente diferente do que vemos em *Religion in the Making*. Em *Process and Reality*, ele afirma que, já que tudo deve estar em algum lugar (ou seja, deve ser alguma entidade real), isso também deve ser verdade em relação à potencialidade geral do universo. O "algum lugar" para os objetos eternos é a entidade real não temporal (a designação de Whitehead para Deus). Ou seja, a mente primordial de Deus são os objetos eternos. Sua relação com eles não é mediada, ao passo que a relação de outras entidades reais com eles é mediada. Sobre esta visão, então, embora Deus não crie os objetos eternos, mas os ordene e avalie, eles acabam sendo basicamente equivalentes à sua natureza primordial.[75] Falando de Deus, Whitehead diz em *Process and Reality*: "Visto como primordial, Ele é a percepção conceitual ilimitada da riqueza absoluta da potencialidade. Nesse aspecto, Ele não está *diante* de toda a criação, mas *com* toda a criação".[76] Embora esta distinção possa parecer um argumento atraente em Whitehead, eu a levanto basicamente porque pretendo argumentar que, nas duas concepções, essa noção da natureza primordial de Deus apresenta problemas para a teologia do processo.

A natureza consequente de Deus, seu polo físico, é modificável e não permanente. Além disso, é concreta. Se não fosse nada mais que primordial, Deus seria apenas simples possibilidade, à parte de qualquer realidade. Logo, Ele deve ter um polo concreto, físico, para completar a visão das possibilidades. Esse polo concreto é a natureza consequente de Deus e, em essência, a natureza consequente é o mundo. Ao falar da natureza primordial e consequente de Deus, Whitehead diz que "sua 'natureza consequente' resulta de suas preensões físicas das entidades reais derivadas".[77] De acordo com a passagem citada, a natureza consequente de Deus resulta de preensões físicas dessas entidades reais.[78] Quantas? Obviamente, todas elas, mas isso significa o mundo! Logo, os pensadores do processo muitas vezes se referem ao mundo como o corpo de Deus. Da perspectiva do processo, o ser de Deus e o do mundo interpenetram um ao outro. Visto que o mundo está mudando e se desenvolvendo, assim também Deus, e as mudanças no mundo enriquecem seu ser.[79] Além disso, mesmo quando as entidades reais do mundo estão perecendo, há um senso de que Deus também está perecendo. Por outro lado, perecer significa passar do imediatismo subjetivo para a objetividade, onde o sujeito não tem apreensão direta da coisa. Por exemplo, ao escrever esta frase, as ideias e as palavras são imediatas diante da minha mente. À medida que vou avançando, a frase anterior é objetivamente real no mundo, mas passou de estar imediatamente diante do meu pensamento (e até do meu campo visual). Claramente, perecer não é ser aniquilado. Logo, os pensadores do processo falam da natureza consequente de Deus como "eterna". "Isso significa que ela envolve um avanço criativo, assim como o tempo, mas que os elementos anteriores não se perdem com a adição de novos".[80] Em outras palavras, o polo físico estará sempre lá, mas não necessariamente na mesma forma que antes.

Deus, então, é dipolar, uma unidade composta de um polo físico e um polo mental.[81] Ao ser assim, Ele é como todas as outras entidades; a realidade é bipolar. Whitehead tinha o hábito, em *Process and Reality*, de abstrair os dois polos divinos um do outro e de falar como se eles funcionassem independentemente um do outro. No entanto, embora Deus possa fazer uma coisa em virtude de seu polo físico e outra em virtude de seu polo mental, é sempre Deus como uma totalidade, a entidade real, que age.[82]

Um último ponto acerca do próprio ser de Deus resulta de um problema que Whitehead deixou para seus seguidores. Segundo ele, Deus é uma entidade real com um polo mental (os objetos eternos) e um polo físico (o mundo). Visto que o mundo está sempre em processo de devenir (concrescência), a entidade real que é Deus também está sempre em processo de devenir. Para Whitehead, no caso de qualquer outra entidade real, o que quer que esteja devenindo (sujeito) também não pode ser objeto, mas apenas objetos podem ser preendidos. Isso significa que, quando uma ocasião real está em processo de concrescer, ninguém pode agarrá-la em seu imediatismo subjetivo. Ela só pode ser preendida por outras entidades reais — enquanto estas se desenvolvem — quando tiver atingido o novo estágio de desenvolvimento e for algo objetivo. A dificuldade que isso cria para Whitehead é que Deus sempre provê o objetivo inicial (em virtude de sua natureza primordial) para qualquer entidade real, mas se as coisas que estão devenindo não podem ser preendidas, e Deus está eternamente devenindo, então Ele não pode operar no sistema de Whitehead a função que Ele opera para o restante do mundo. Ou seja, o mundo não pode preendê-lo, pois pode apenas interagir causalmente com alguma coisa determinada e objetificada, e Deus nunca se encaixa nessa descrição.[83]

Charles Hartshorne (em *The Divine Relativity* [A relatividade divina]) propôs a Whitehead uma modificação deste argumento, e muitos pensadores do processo a adotaram. Sua solução considera Deus como uma sociedade pessoalmente ordenada de ocasiões divinas. Deus como uma sociedade de ocasiões (Deus como social) poderia ser tanto sujeito quanto objeto. Cada nova ocasião divina atinge o ser objetivo à medida que Deus avança para a próxima ocasião, e todas as ocasiões objetivas estão disponíveis para preensão por parte do mundo. No entanto, como Deus está sempre devenindo, há uma nova ocasião que é sempre subjetivamente imediata a Ele. Logo, Deus como uma sociedade de ocasiões pode ser tanto sujeito como objeto e assim aparentemente resolve o problema deixado por Whitehead. Além disso, Hartshorne diz que sua percepção de Deus como uma sociedade de ocasiões é também verdadeira para todas as demais entidades reais.[84]

DEUS COMO PESSOAL, MUTÁVEL E PASSÍVEL. Os pensadores do processo rejeitam o Deus imutável e impassível do teísmo tradicional em favor de um Deus que eles acreditam ser mais pessoal. O tratamento de Hartshorne para estas questões é típico.

Em *The Divine Relativity*, Hartshorne argumenta que o Deus do processo é um Deus pessoal, mas o que é vital é sua definição de "pessoal". Para Hartshorne, ser pessoal significa ter relacionamentos.[85] Ao longo de todo o livro, a tese principal de Hartshorne é que Deus, de todos os seres, é supremamente relacionado ou "surrelativo".[86] É claro, já que o ser de Deus interpenetra o ser de tudo o mais para que sua natureza consequente seja o mundo, Ele é definitivamente o ser supremamente relativo. Como Hartshorne escreve, "um Deus pessoal é aquele que tem relações sociais, que realmente as tem, e assim é constituído por relacionamentos e, portanto, é relativo — num sentido não oferecido pela doutrina tradicional de uma Substância divina totalmente não relativa para com o mundo, embora alegadamente contendo relações amorosas entre as 'pessoas' da Trindade".[87]

Quanto à imutabilidade, pela descrição da natureza consequente de Deus, está claro que o Deus do processo é mutável. Hartshorne afirma que a mutabilidade tem sido tipicamente rejeitada porque se supõe que, se Deus mudasse, Ele teria de mudar para melhor ou para pior. Se para pior, Ele seria indigno de admiração, mas, se para melhor, então em que sentido poderíamos falar dele como perfeito, não tendo falta de nada, como normalmente fazemos?[88] Hartshorne rejeita a ideia de que Deus poderia mudar para pior, porque ele não acredita que se possa provar que há cada vez mais tristeza do que alegria no mundo. Logo, haveria sempre um aumento líquido de valor acumulando-se para Deus a todo momento. Quanto à aparente imperfeição caso Ele mude para melhor, Hartshorne responde:

> Minha resposta é que, como estamos usando o termo aqui, perfeito significa completamente digno de admiração e respeito, então a pergunta se torna: tal admirabilidade total é violada pela possibilidade de enriquecimento no valor total? Eu digo que não. Não admiramos menos um homem porque sabemos que ele seria mais feliz se seu filho, que é miserável, ficasse bem e feliz, ou porque antecipamos que quando uma criança lhe nascer, ela enriquecerá sua vida com muitas alegrias novas. A admiração não é dirigida à felicidade, exceto quando sentimos que uma pessoa atinge ou não a felicidade apropriada ao estado do mundo como ela conhece. Admiramos não a quantidade, mas a pertinência da alegria.[89]

Embora todos os teólogos do processo argumentem que Deus é fundamentalmente mutável, há um sentido no qual eles acreditam que Ele é imutável: quaisquer que sejam as qualidades que Deus tem, Ele as tem *imutavelmente*. Logo, Deus é imutavelmente mutável, imutavelmente "surrelativo", imutavelmente passível e assim por diante.

Segue-se também, segundo a teologia do processo, que Deus não é indiferente ao mundo. Ele experimenta nossos sofrimentos e alegrias conosco conforme os experimentamos.[90] Como diz Whitehead, Deus é "o grande companheiro — o companheiro-sofredor que compreende".[91] Outros escritores do processo citam esta passagem muitas vezes com apreço. O que pensamos e fazemos afeta Deus, e isso significa, entre outras coisas, que podemos melhorá-lo, enriquecê-lo e agregar valor ao seu ser por meio de nossas ações.[92] Ao descrever a teologia do processo de John Cobb, Claude Stewart escreve:

> A intenção de Cobb é trazer a noção de sensibilidade solidária para nossa compreensão do caráter divino em geral e do amor divino em particular. Tanto o conteúdo do conhecimento divino quanto "o próprio estado emocional de Deus" (!) dependem de sua percepção do que está acontecendo no mundo e da resposta a isso. O amor divino, ou ágape, não é propriamente percebido como um estado contraditório de "compaixão sem paixão", mas sim como compaixão no sentido plenamente apropriado — isto é, como inclusivo do elemento de sentimento solidário, sentimento divino de e com os sentimentos dos seres mundanos. Deus então deve ser entendido como "amor *responsivo*".

Mas, na perspectiva de Whitehead, Hartshorn e Cobb — isto é, na perspectiva do processo — Deus também deve ser entendido como "amor *criativo*".⁹³

Hartshorne acrescenta que a verdadeira religião é servir a Deus, mas servir a Deus não é simplesmente admirá-lo ou obedecê-lo, mas contribuir e conferir benefício a Ele, o que de outra maneira lhe faltaria.⁹⁴

A AÇÃO DE DEUS. Se Deus fosse tão imanente no mundo quanto acreditam os pensadores do processo, pareceria que estes o concebem como sendo muito ativo, mas não é o caso. Como veremos, a ideia de Deus como Criador é negada, milagres no sentido de intervenção divina para anular leis naturais são negados como vestígios de uma visão mitológica da realidade, e a ação de Deus em Cristo é vista realmente como um tanto passiva.

O que, então, Deus pode fazer e faz? Daniel Day Williams diz que Deus exerce a causalidade no mundo, mas sempre em relação a seres que têm a própria medida de autodeterminação causal enquanto interagem com outros.⁹⁵ Isso basicamente significa que, qualquer que seja o processo que faça, Deus não infringirá a liberdade de outras entidades reais. Em sua obra *God, Power and Evil: A Process Theodicy* [Deus, poder e mal: Uma teodiceia do processo], David Griffin distingue dois sentidos de onipotência, onipotência "I" e onipotência "C". A onipotência "I" é a capacidade de um ser onipotente de afetar unilateralmente quaisquer situações logicamente possíveis. ⁹⁶ Em contraste, a onipotência "C" significa que não é logicamente possível para Deus conspirar unilateralmente para controlar as ações de seres autodeterminados, mesmo que essas ações sejam logicamente possíveis.⁹⁷ Griffin opta pela onipotência "C", então Deus é onipotente no sentido de que pode fazer tudo o que é possível fazer, mas controlar os atos dos seres livres e autodeterminados não é algo que possa ser feito. Embora isso possa parecer equivalente à noção clássica de livre-arbítrio do defensor de tal ideia, não é totalmente assim. Com respeito à proposição "Nem todos os mundos possíveis contêm seres autodeterminados além de Deus", o indeterminista Alvin Plantinga afirma isso, enquanto Griffin nega.⁹⁸

Como, então, Deus age? Williams explica que, em sua natureza primordial, Deus age "apresentando às criaturas a unidade, a riqueza e os limites de possibilidade conforme ordenados pela sua visão".⁹⁹ Em essência, Deus age em sua natureza primordial não agindo, mas sendo. Os pensadores do processo são rápidos em perceber que isso significa que Deus fornece para cada ocasião real o seu alvo subjetivo inicial. Às vezes essa ideia é apresentada como se Deus simplesmente dispusesse todas as possibilidades sem qualquer instrução sobre o que seria melhor escolher (como apresentar uma variedade de opções), enquanto em outras ocasiões ela é retratada como se Deus conscientemente apontasse (ao mesmo tempo em que apresenta todas as outras possibilidades) o objetivo ideal para cada entidade individual. Em ambos os casos, Deus apresenta as possibilidades de devenir, mas mesmo que Ele tenha uma preferência entre elas pela entidade real específica, os pensadores do processo afirmam que cabe à entidade individual decidir qual dos possíveis objetivos realizar. Deus não limitará a liberdade dos outros. Quanto à natureza consequente de Deus, poderia se pensar inicialmente que, uma vez que Ele está constantemente preendendo o mundo para acrescentar ao seu ser, Ele deve estar agindo o tempo todo. Entretanto, o mundo é o corpo de Deus, que é composto de multidões de entidades reais que estão devenindo (e Deus não pode limitar sua liberdade), então, na verdade, a ação de Deus é realmente a ação delas. Consequentemente, como Williams explica, a natureza consequente de Deus age sendo preendida, sentida pelas criaturas.[100] Isto é, o corpo de Deus (o mundo) está objetivamente presente para cada entidade real de modo que, à medida que devine, Ele preende tanto de sua história passada particular (que é parte do corpo de Deus) como de outras entidades reais (outras partes do corpo de Deus), bem como dos objetos eternos. Williams compara isso à ideia psicológica profunda de uma pessoa absorvendo os sentimentos de outra e exprimindo-os de volta com significado transformado.[101]

Se o saber é uma ação, então, os pensadores do processo também concordam que Deus age dessa forma. Na verdade, eles concordam que Deus sabe todas as coisas. Portanto, todos os eventos passados, pessoas etc. são preservados para sempre na memória de Deus e nunca perecem nesse sentido.[102] Por outro lado, conhecer todas as coisas significa que Deus conhece tudo o que há para conhecer, mas o futuro é incognoscível. Se fosse conhecível, então as entidades reais não poderiam deixar de fazer o que é conhecido, e isso limitaria sua liberdade de fazer de outra maneira, de modo que o futuro é incognoscível.

Deus faz alguma coisa de modo unilateral no mundo? Williams responde que, em última análise, devemos permanecer agnósticos em relação a isso, pois não há como separar os atos de Deus do seu envolvimento nas atividades do mundo. Como diz Williams,

> ... atribuir qualquer evento histórico particular à ação específica de Deus no mundo é arriscar o juízo final sobre nossas afirmações. A fé nos leva a assumir

esse risco. Dizemos que Deus enviou o seu Espírito Santo no Pentecostes. Ele falou com Jeremias, Ele cura doenças, Ele enviará o Senhor novamente. Porém, todas essas afirmações, na medida em que se referem a eventos históricos, exigem que reconheçamos os limites da nossa visão e do nosso conhecimento. Em afirmações específicas sobre o que Deus está fazendo agora, ou precisamente como Ele tem agido e como Ele agirá, certamente podemos estar enganados.[103]

DEUS E A CRIATIVIDADE. Dada a descrição do Deus do processo, deve haver um mundo, e os pensadores do processo afirmam isso. Contudo, embora Deus precise de algum mundo, os pensadores do processo afirmam que não precisava ser este mundo em particular. Este mundo como uma totalidade e cada coisa individual nele são contingentes, mesmo que deva haver algum mundo.[104]

Segundo, eles sustentam que, em virtude de como Deus age, é claro que Ele não pode criar *ex nihilo*.[105] Criar *ex nihilo* não só levanta tremendos problemas do ponto de vista científico, mas permite que Deus exerça poder demais sobre o mundo. Os pensadores do processo insistem que a ação de Deus é persuasiva, não coerciva.

Terceiro, a concepção que o processo tem de Deus também requer que Ele esteja sendo criado. Na verdade, Ele deve ser o caso principal da criatividade. Como Whitehead explica: "Nem Deus nem o Mundo alcançam a conclusão estática. Ambos estão no domínio do terreno metafísico supremo, o avanço criativo para a novidade. Qualquer um dos dois, Deus e o Mundo, é o instrumento de novidade para o outro".[106]

Quarto, pelo mencionado acima, a atividade criativa específica de Deus deve estar clara. Deus cria fornecendo cada ocasião real com seu alvo subjetivo inicial e ideal. A ocasião, é claro, tem um alvo subjetivo próprio e pode rejeitar o ideal de Deus, mas, no entanto, ela O preende. O objetivo de Deus não é percebido pela força, mas à medida que consegue persuadir a entidade real a adotar seu objetivo para si mesma.[107] E, como Cobb disse, "o único poder capaz de qualquer resultado digno é o poder de persuasão".[108] Isso leva Whitehead a concluir:

> Neste sentido, Deus pode ser chamado de o criador de cada entidade temporal real. Mas a frase pode ser enganosa por sua sugestão de que a criatividade suprema do universo deve ser atribuída à volição de Deus. A verdadeira

posição metafísica é que Deus é a instância aborígine dessa criatividade e é, portanto, a condição aborígine que qualifica sua ação.[109]

Como Cobb explica, as doutrinas de Whitehead implicam certa restrição a Deus, mesmo no que diz respeito à provisão do objetivo inicial. Por exemplo, o objetivo inicial não é o ideal em algum sentido abstrato, mas o ideal de Deus *dada a situação*, ou seja, Deus deve adaptar seus propósitos ao mundo como ele é. Além disso, embora o objetivo inicial influencie grandemente a ocasião emergente, ele não a determina, pois a ocasião toma a própria decisão. Nesse sentido, a ocasião cria a si mesma (*causa sui*). E, embora o objetivo inicial apresente os objetos eternos, como vimos, Deus não tem controle sobre o que eles são, pois Ele não é seu Criador.[110]

Enquanto apresentam a concepção do processo da relação de Deus com a criatividade, as afirmações precedentes deixam a impressão de que algo diferente de Deus é a causa última da criação, e esse algo é a própria criatividade. No esquema de categorias metafísicas de Whitehead, há uma categoria que ele chama de final. Essa categoria contém criatividade, muitas e uma (Whitehead refere-se a elas como noções), que são "pressupostas em todas as categorias mais especiais".[111] Ele define criatividade como aquele "princípio último pelo qual os muitos, que são o universo disjuntivamente, tornam-se a única ocasião real, que é o universo conjuntivamente. [...] 'Criatividade' é o princípio da *novidade*".[112]

Embora possa parecer que a criatividade é criadora no sentido de causa eficiente, no sistema de Whitehead, como explica Cobb, apenas entidades reais podem ser eficientes ou causas finais, e a criatividade não é uma entidade real. Logo, a criatividade é para Whitehead o que a matéria-prima era para Aristóteles, a causa material.[113] Como tal, Cobb explica que a criatividade nunca pode explicar o que são as coisas, nem por que as coisas são, nem por que existe qualquer coisa, ou seja, nunca pode responder a perguntas elementares. De fato, a criatividade parece ser simplesmente outra palavra para a própria mudança.[114] É claro, se nem Deus nem a criatividade são a causa eficiente da criação, isso parece produzir sérios problemas para os sistemas do processo. Por isso, Cobb sugere que o Deus de Whitehead deve receber um papel mais fundamental e radical na criação do que o permitido por ele.[115]

DEUS E O MAL. Os teólogos do processo acreditam que o seu tratamento do problema tradicional do mal é muito superior ao do teísmo tradicional.

Claro que, como Michael Peterson mostra, é preciso estar disposto a aceitar certas suposições, inclusive a noção que o processo tem do mal, a fim de acreditar no próprio processo. Como Whitehead explica, "O maior mal no mundo temporal é mais profundo do que qualquer mal específico. Ele reside no fato de que o passado desaparece, e o tempo é um 'perpétuo perecer'".[116] Como Peterson explica, isso tende a diminuir o aspecto moral do mal em favor do mal como um mero princípio metafísico, ou seja, todas as coisas estão perecendo.[117]

Apesar dessa ênfase na noção metafísica do mal, os pensadores do processo abordam o mal moral e a culpabilidade de Deus por ele. A estratégia essencial das teodiceias do processo é argumentar que Deus é finito em poder. Deus não faz mal a si mesmo, mas o mal surge das escolhas livres das suas criaturas. A única maneira de Deus evitar tais escolhas é limitar a liberdade de outras entidades reais, e isso Ele não fará. Logo, o papel de Deus é apresentar cada ocasião real com sua finalidade subjetiva ideal e atraí-la (persuadi-la) a escolher de acordo com o ideal, mas Ele não pode garantir que o bem será escolhido. No entanto, Deus não é culpado pelo mal no mundo (e por isso o problema tradicional do mal é resolvido), porque Ele não tem poder para impedi-lo.[118]

Embora, de acordo com sua visão, Deus seja impotente para prevenir ou deter o mal, os pensadores do processo nos lembram de que, no entanto, Deus é profundamente solidário com nossa situação. Na verdade, Ele sofre conosco, por isso é claro que Ele se importa profundamente. Como Schubert Ogden diz sobre o mal e os sofrimentos:

> ... os nossos sofrimentos também podem ser considerados como parte de uma realidade que é inteiramente temporal e social. Eles são os produtos, em parte evitáveis, em parte inevitáveis, das escolhas livres e finitas e, como tudo o mais, são sugestivos de significado eterno. Pelo fato de também ocorrerem apenas no horizonte da solidariedade abrangente de Deus, eles são o oposto do meramente indiferente. Quando podem ser evitados, a responsabilidade por sua prevenção pode ser percebida em toda sua importância infinita; e, quando devem ser suportados, deve-se entender que até isso tem o consolo que, sozinho, capacita qualquer um de nós a suportá-los.[119]

Dada esta visão, uma paráfrase de 1Pedro 5.7 poderia ser: "Lançai sobre Ele todos os vossos cuidados, pois, embora Ele não possa fazer nada, Ele se importa convosco".[120]

TEOLOGIA DO PROCESSO E PANTEÍSMO. Embora a descrição apresentada até agora possa soar como panteísmo, os pensadores do processo negam isso veementemente. Duas das explicações mais claras de por que isto não é panteísmo vêm de Hartshorne e Ogden.

Ogden diz que as concepções do processo diferem tanto do panteísmo quanto do teísmo tradicional no sentido de que as noções do processo são dipolares, enquanto as outras duas visões são monopolares. Como monopolares, tanto o teísmo tradicional quanto o panteísmo negam "que Deus pode ser concebido de qualquer forma como genuinamente temporal e relacionado com outros".[121] Ele quer dizer que tradicionalmente tem havido apenas duas respostas para a relação de Deus com o mundo: ou Deus é totalmente independente deste mundo (teísmo tradicional) ou Ele é idêntico a ele (panteísmo). É claro, para os teístas tradicionais isso significa que Deus não está relacionado com o mundo nem é temporal, em sentido algum. Para os panteístas, significa que, já que Deus é o mundo, Ele não pode estar relacionado com nada fora dele, e este mundo particular se torna necessário se o próprio Deus for um ser necessário. Porém, isso só significa que tinha de ser o nosso mundo que foi realizado (a contingência é descartada nesse aspecto) e que o que quer que Deus faça, o mundo faz e vice-versa, mas nesse caso a livre ação dos indivíduos é uma ilusão.[122] Ogden sustenta que uma visão dipolar resolve o problema, pois permite que Deus seja realmente relacionado com o mundo, mas independente dele, de tal forma a assegurar a livre ação e a contingência no mundo.

A princípio, pode-se responder que ser dipolar significa simplesmente que Deus tem um polo eterno, e não apenas um polo físico, e que essa é realmente a única diferença entre as visões do processo e do panteísmo. Embora o polo mental seja um aspecto em que as visões do processo diferem do panteísmo, essa não é a história toda. Neste ponto, porém, Hartshorne parece mais útil do que Ogden. Hartshorne prefere o termo "panenteísmo" para descrever as visões do processo, e ele afirma que a diferença entre panteísmo e panenteísmo é que, enquanto o primeiro identifica o ser de Deus com o ser do mundo, o panenteísmo é a visão de "que a divindade é, em algum aspecto real, distinguível e independente de todos e quaisquer itens relativos, e ainda assim, considerada como um todo real, inclui todos os itens relativos".[123] Isso significa mais do que simplesmente Deus ter um polo mental, bem como um polo físico; significa que tanto em seu polo mental como em seu polo físico, o ser de Deus abrange toda a realidade e permanece distinto dela. Em outras palavras, Deus está presente em tudo e interpenetra tudo para que Ele e o mundo sejam mutuamente interdependentes, mas não presente de modo a ser literalmente idêntico ao mundo. Como Hartshorne explica, o panenteísmo concorda com o teísmo tradicional que Deus deve ser logicamente independente do mundo (e, portanto, não deve envolver nenhum mundo específico — a contingência é mantida), mas também combina com a percepção do panteísmo tradicional de que Deus não pode, "em sua realidade plena, ser menos ou diferente do que literalmente todo-inclusivo".[124]

Em resumo, panenteísmo não é panteísmo no sentido de que o primeiro é dipolar, enquanto o segundo é monopolar. Isso significa mais do que ter um polo físico e um polo mental. Significa que, mesmo em seu polo físico, Deus deve ser distinto de tudo o mais, ao mesmo tempo em que inclui tudo.[125]

IMORTALIDADE. Por causa das alegações do pensamento do processo de que tudo está perecendo, pode-se pensar que é impossível falar de imortalidade em um sistema de processo, mas não é assim. Contudo, devemos distinguir a imortalidade subjetiva da objetiva.

A imortalidade subjetiva, ou a continuação do fluxo atual de consciência após a morte, é geralmente negada pelos pensadores do processo, mas nem sempre. Como mostram Reeves e Brown, em algumas de suas obras Cobb deixa em aberto a possibilidade lógica de tal imortalidade.[126] Da mesma forma, Peter Hamilton, em *The Living God* [O Deus vivo], embora não afirmando, pelo menos pensa que é logicamente possível.[127] Por outro lado, ao discutir a ressurreição de Cristo, ele generaliza para todas as ressurreições que "tudo o que posso fazer aqui é sugerir que existe hoje um lugar para um conceito geral de ressurreição que vê significado e valor permanente em nossas vidas sem *depender da* crença na vida individual após a morte".[128]

Por outro lado, os pensadores do processo acreditam uniformemente na imortalidade objetiva. Como já foi dito, cada ocasião, tal como ocorre, tem um imediatismo subjetivo para a entidade real. Uma vez que a ocasião está completa e a entidade passa para a ocasião seguinte, a ocasião anterior perece (deixa o imediatismo subjetivo), mas ao fazê-lo não perece totalmente; tem objetividade. Para voltar a um exemplo anterior, a frase que agora escrevo perecerá de minha atenção imediata, mas ainda haverá um objeto remanescente (as palavras que escrevi) depois de avançar. O mesmo é verdadeiro para todas as entidades reais. Elas são armazenadas em Deus e lembradas por Ele como parte de sua natureza consequente. Isso é o que significa imortalidade objetiva, e isso sugere sua diferença da imortalidade subjetiva (vida consciente após a morte). Como Tremmel explica:

Pelo fato de preender todo o passado, e assim preservar todas as ocasiões passadas (todas as entidades e sistemas reais de entidades reais), Deus encarna o passado. A imortalidade está em Deus. As coisas em seu perecimento, como as observamos, não deixam de existir. Elas continuam a existir como influências no contínuo avanço criativo do mundo, e continuam a existir nas preensões de Deus. Tudo é eternamente preservado nas "lembranças" de Deus.[129]

AVALIAÇÃO DA TEOLOGIA DO PROCESSO

A teologia do processo supostamente corrige os defeitos do teísmo clássico, sintetiza melhor a filosofia e a fé cristã, e clareia elementos essenciais da fé cristã melhor do que o teísmo clássico. Há algumas contribuições positivas da teologia do processo, mas acredito que os problemas levantam sérias dúvidas sobre suas alegações de superioridade.[130]

Contribuições da teologia do processo

Há poucas dúvidas de que a teologia do processo teve contribuições significativas para a discussão teológica contemporânea. Por exemplo, os teístas do processo devem ser aplaudidos por sua tentativa de fazer metafísica e teologia sistemática em tudo. Como já observado, no século XX, muitos teólogos não evangélicos concluíram que é um erro pensar que se pode formar um sistema de pensamento que integre toda a realidade. Na verdade, no século XX, viram-se poucas teologias sistemáticas de teólogos não evangélicos. Mesmo que se discorde do sistema do processo, é encorajador ver uma escola de teólogos que pensam que é importante construir um sistema de metafísica, e não consideram que seja totalmente impossível fazê-lo.

Em segundo lugar, os teístas do processo insistem que Deus se relaciona com o mundo. Ele não está fechado fora da história, e se preocupa com o que acontece nela. Além disso, às vezes sua relação com os indivíduos muda mesmo. Por exemplo, pecadores arrependidos são perdoados, e a ira de Deus é aplacada. Tudo isso representa ensino bíblico e deve ser parte da nossa teologia e pregação. Conforme argumentarei, não é verdade que os teístas evangélicos devem negar essas verdades ou que o teísmo evangélico automaticamente exige sua negação. Contudo, aqueles teístas que negaram estes ensinamentos apresentam um relato impreciso a respeito de Deus. A crítica que o processo faz de tais ensinamentos é um lembrete útil para não ignorar ou deturpar essas facetas do ensino bíblico. Além disso, há pouca dúvida de que alguns cristãos evangélicos tendem a se concentrar tanto na majestade, no poder e na transcendência de Deus que muitas vezes Ele é retratado apenas como um juiz austero e onipotente a quem suas criaturas temem, mas acham difícil amar. É útil o lembrete de que, embora seja transcendente e santo, e seja o governante do mundo, Deus também é um consolador compassivo. Para os crentes, Ele é Pai. Para todos, Ele é aquele que *amou ao mundo de tal maneira que deu o seu Filho unigênito* (Jo 3.16) para nos redimir do pecado.

Um argumento pertinente é que, em essência, os teístas do processo estão dizendo aos evangélicos que a religião em geral e Deus em particular devem ser concebidos de modo a serem relevantes para os seres humanos. É duvidoso que o teísmo do processo satisfaça essas necessidades, mas essa ênfase é um lembrete útil aos evangélicos de que, em sua pregação e teologização, eles precisam mostrar que Deus é relevante para as necessidades contemporâneas. Não há nada de errado em sermos cuidadosos e detalhados em nossas descrições de Deus, mas em algum momento as doutrinas e os princípios devem ser aplicados à vida das pessoas. Caso contrário, elas provavelmente não verão Deus e Cristo como quem tem as respostas para as perguntas mais importantes da vida.

Finalmente, implícita e explícita na teologia do processo está a noção de que nosso conhecimento e compreensão do mundo crescem e mudam à medida que o tempo avança. Todas as pessoas são limitadas pelo tempo e pela cultura. Como resultado, devemos estar sempre reexaminando e refinando nossa teologia. Os teístas do processo afirmam que eles articularam melhor a verdade bíblica neste momento da história do que qualquer outro sistema. No mínimo, isto deveria desafiar os evangélicos a reexaminar as próprias formulações teológicas à luz das Escrituras e da era contemporânea. Isso é saudável para os evangélicos. Todos os teólogos devem lembrar que a teologia é um empreendimento conceitual humano. A Bíblia é inerrante, mas não há garantia de que a nossa teologização com base nela seja infalível. Por isso, devemos sempre manter nossa teologia com humildade e estar abertos a reexaminá-la e reformulá-la quando necessário. Isso também pode requerer um reexame da linguagem dos credos históricos do cristianismo para ver se ela expressa adequadamente tanto a revelação bíblica como a compreensão contemporânea do mundo. Nada disso significa que devemos descartar as doutrinas cardeais do cristianismo. No entanto, lembra-nos de não nos tornarmos tão rígidos em nossa teologização a ponto de sermos incapazes de criticar e corrigir nossas ideias quando necessário.

Problemas com a teologia do processo

CONCEPÇÃO FALHA DO SER DE DEUS. Embora o teísmo do processo afirme que seu conceito de Deus reflete a compreensão contemporânea da ciência e filosofia e é superior ao teísmo tradicional, é meu argumento que a teologia do processo nos oferece um Deus que não é nada/não existe ou é o Deus do panteísmo, apesar das afirmações em contrário. Posso explicar isso analisando individualmente as noções das naturezas primordial e consequente de Deus.

Ao discutir a natureza primordial de Deus, observei que há concepções diferentes a respeito dela em Whitehead, sem falar em seus seguidores. Mas, em qualquer uma das concepções, é difícil ver que ali há algo de fato. Na primeira concepção, a natureza primordial de Deus é meramente a percepção e ordenação das ideias eternas, mas sem alguém para fazer a ordenação é difícil ver como as ideias são ordenadas. A ordenação não é uma entidade real, e nesta interpretação da natureza primordial não há uma entidade real que faça a ordenação. Nessa noção, então, a natureza primordial de Deus é um nada. Mesmo no sistema de Whitehead, a noção é inadequada, pois ele afirma que somente as coisas verdadeiras são entidades reais, mas como a ordenação das ideias eternas não é uma entidade real em si, ela deve ser irreal, e como Whitehead não nos oferece ninguém que faça a ordenação (a não ser apenas dizer que é Deus, sem definir o que Ele é, exceto em termos da natureza primordial e consequente [e certamente, a natureza consequente não faz a ordenação]), é difícil ver a natureza primordial como qualquer outra coisa senão uma ideia. Na interpretação alternativa da natureza primordial de Deus (ou seja, os objetos eternos ordenados por Deus), há ainda um problema que, no mínimo, é tão antigo quanto a filosofia ocidental, a saber: essas ideias eternas são qualquer coisa além de generalidades abstratas do mundo concreto (portanto, de forma alguma substâncias ou, nas palavras de Whitehead, entidades reais), e onde elas estão? Qualquer um que não esteja convencido pela doutrina das formas de Platão dificilmente pode achar convincente a ideia dos objetos eternos de Whitehead. Além disso, como os objetos eternos representam apenas possibilidades, e não realidades, é difícil ver como em uma metafísica da substância ou em uma metafísica da entidade real de Whitehead essas ideias eternas são coisas reais. É claro, se for assim, então a natureza primordial de Deus é algo que não é nada.

Ao voltar para a natureza consequente de Deus, o truque aqui é evitar o panteísmo. Os pensadores do processo afirmam que Deus, quanto à sua natureza consequente, interpenetra e contém o mundo ao mesmo tempo em que essa natureza é distinta do mundo. Essa doutrina, se verdadeira, evita o panteísmo, mas como ela se sustenta em uma análise? Inicialmente, devemos lembrar que a natureza consequente de Deus é física e está ligada ao mundo, mas também nos é dito que o mundo é físico e ligado a Deus. Agora o problema deve clarear. Onde termina a fisicalidade de Deus e começa o mundo, e vice-versa? Se eu tiver de tomar essa decisão com base no empirismo (como exige a epistemologia de Whitehead), eu não tenho como saber que aspecto de qualquer coisa física a própria entidade é, e qual aspecto é parte da natureza consequente de Deus. Então, não é apenas uma teoria não comprovável que a natureza consequente de Deus em sua fisicalidade é distinta da fisicalidade do mundo? O resultado é que, se a natureza consequente de Deus é realmente distinta do mundo (embora amarrada a ele), não há como provar isso, então, por tudo que sabemos, não há realmente nenhum Deus, afinal de contas, distinto do mundo físico. Por outro lado, se Deus realmente está lá, a única coisa presente que pode ser verificada é o mundo físico; mas então a visão cai no panteísmo, onde Deus e o mundo são idênticos. Em suma, ou Deus, quanto à sua natureza consequente, é apenas um conceito, mas não uma coisa real (ou, se uma coisa real distinta, não de forma demonstrável e, portanto, novamente, uma coisa tão boa quanto um nada); ou Ele é real, mas então apenas no sentido que o panteísmo requer.

DEUS PODE SENTIR OU SER SENTIDO? Robert Neville levanta outro problema sério para o pensamento do processo. Como mostra, de acordo com o sistema de Whitehead, nenhuma entidade real pode ser preendida enquanto estiver no processo de gerar uma nova ocasião. Tem de ser totalmente concreta para ser preendida, mas os processos genéticos não permitem isso. *Per se,* isso não parece problemático, mas como explica Neville, a concepção do processo da natureza consequente de Deus mostra que Ele está sempre em processo de devenir; Ele nunca concresce completamente a ponto de ser uma coisa definida. Porém, se for assim, então como Deus pode ser preendido por qualquer entidade real em seu processo de devenir?[131] Este é um problema sério, uma vez que os pensadores do processo afirmam que, para uma entidade real devenir, ela deve preender Deus tanto em sua natureza primordial como consequente. Contudo, visto que o devenir de Deus é simultâneo ao das entidades reais, e as entidades que estão devenindo simultaneamente não podem preender umas às outras, há um problema de verdade. Como Neville e outros mostram, Hartshorne viu esse problema e tentou resolvê-lo dizendo que Deus é uma sociedade de entidades reais, mas isso também não resolve o problema. Visto que somente aquelas ocasiões em Deus (nesta visão) que são passadas podem ser preendidas, então Deus (a totalidade de todas as ocasiões) ainda não pode ser preendido. E, mesmo que se admita que pelo menos em parte Ele pode ser preendido (as ocasiões passadas), Ele não pode ser preendido naquelas partes de seu ser que são mais subjetivamente imediatas a si mesmo, as partes que estão devenindo.[132]

Outro problema com isso é que ninguém pode preender Deus em seu imediatismo subjetivo. E o outro lado disso é que Deus não pode nos preender em nosso imediatismo subjetivo. Se for verdade que nenhuma entidade real pode ser preendida enquanto estiver em seu processo genético, então é verdade que nenhuma entidade real pode experimentar as experiências de outra pessoa enquanto esta as está experimentando. Contudo, isso significa que realmente não temos maneira de saber o que Deus está sentindo, nem Ele pode experimentar o que nós estamos sentindo e experimentando. No entanto, uma das queixas da teologia do processo sobre o Deus do teísmo tradicional é que Ele é alheio, distante, não sabe nem se importa com o que estamos passando. Pelo contrário, afirma, o Deus do processo não apenas se importa com o que sentimos, Ele sofre conosco, pois é sua experiência também. Porém, o problema que acabei de levantar mostra que os conceitos do processo impossibilitam Deus de entrar em nosso imediatismo subjetivo, então Ele realmente não sabe como nos sentimos, nem sofre conosco ou se alegra quando nós o fazemos. Uma vez finalizada nossa experiência, Deus pode experimentar os resultados do evento, mas não antes. A única maneira de o teísmo do processo contornar isso é adotar o panteísmo, de modo que, à medida que sofremos, é Deus quem sofre, mas os teístas do processo exigem fortemente que Deus seja distinto do mundo enquanto mutuamente interdependente. Se assim for, o Deus do processo não pode sofrer conosco à medida que sofremos e se alegrar conosco à medida que nos alegramos mais do que pode o Deus clássico.

A LIBERDADE E O PODER DIVINOS. Ao analisar o relato que a teologia do processo faz da ação de Deus no mundo, conclui-se que o Deus do processo é totalmente impotente. Não é que Deus poderia agir, mas se recusa a fazê-lo para persuadir, em vez de coagir. Ao contrário, a metafísica do processo não o deixará agir. A metafísica do processo afirma que os humanos têm liberdade (indeterminista) e que Deus não limita essa liberdade. Porém,

Deus não poderia agir, de qualquer forma, quando isso não afeta as ações de suas criaturas? Dada a concepção da teologia do processo a respeito de Deus, isso é impossível. Em virtude de sua natureza primordial, Deus não faz nada. Quanto à sua natureza consequente, supõe-se que Ele seja distinto do ser do mundo, mas está entrelaçado com o mundo de tal forma que nos é dito pelos pensadores do processo que tudo o que é feito no mundo o afeta imediatamente e vice-versa. Porém, para Deus agir, também seria necessário que o mundo agisse (assumindo que podemos até distinguir o ser físico de Deus do ser físico do mundo), mas então o que quer que Ele faça teria de afetar a liberdade das suas criaturas. As únicas formas de contornar isso é dizer que Deus faz apenas o que suas criaturas fazem (logo, jamais pode haver conflito com a liberdade delas) ou dizer o que os pensadores do processo dizem, isto é, que Deus age à medida que é sentido, o que, é claro, é totalmente passivo e dificilmente se classifica como ação.

Os resultados disso são verdadeiramente problemáticos. Os pensadores do processo afirmam que sua visão de Deus reflete de modo mais preciso o Deus bíblico do que faz o teísmo tradicional. Contudo, a Bíblia retrata um Deus ativo, não um Deus que age à medida que é sentido enquanto permanece passivo. Os pensadores do processo dizem que seu Deus realmente se preocupa com as criaturas, mas que bem isso faz quando Ele não pode fazer nada para ajudá-las quando elas precisam, a fim de mostrar que se preocupa? Além do mais, o problema mais significativo é que todos e tudo no universo são livres para tomar decisões e agir (ativamente, não passivamente), mas não Deus! Isso não só contradiz a alegação de Whitehead de que Deus não é uma exceção ao que é verdade sobre o resto da realidade, mas também oferece um Deus impotente que, para todos os efeitos e propósitos, não parece diferente do Deus dos deístas. Tanto as concepções do processo como as dos deístas acerca de Deus o impedem de agir na história, mas o Deus do processo faz isso ainda mais. Ao menos os deístas permitiram a Deus "dar corda no relógio". A visão de criatividade da teologia do processo nem sequer permitirá isso. Devido a esse Deus impotente, na prática o Deus do processo parece irrelevante para este mundo.

Relato inadequado dos atributos divinos. Embora o relato do processo de muitos atributos divinos seja problemático, deixe-me focar em três. Primeiro, considere a onisciência divina. Minha objeção não é apenas que o pensamento do processo nega o conhecimento divino de eventos futuros,[133] mas que seu Deus não pode sequer conhecer a situação atual, apesar do processo afirmar que Deus está sempre ciente de tudo o que acontece e se preocupa genuinamente com isso. É claro, se Deus não pode saber o que está acontecendo, é difícil Ele se importar, mas dois fatos empíricos que a ciência nos diz tornam impossível ao Deus do processo saber tudo simultaneamente. Gruenler explica este ponto importante:

> O fato incontestável é que, se Deus se move necessariamente no tempo, Ele está limitado a alguma velocidade que é finita (digamos, a velocidade da luz, se não a velocidade de alguma partícula hipotética). Isso significa, infelizmente para o teísmo do Processo, que é impossível para tal divindade finita ter uma visão simultânea — "com os olhos de Deus" — de todo o universo de uma só vez, já que levariam milhões de anos-luz ou mais para ela receber os dados necessários de pontos e lugares distantes. O outro problema é peculiar à teoria da relatividade. A doutrina é que nenhum ser finito (incluindo Deus) poderia possivelmente abraçar todo o universo simultaneamente, porque simplesmente não há nenhuma posição finita que não seja relativa. Portanto, não existe a possibilidade de simultaneidade a partir de qualquer ponto de vista privilegiado finito possível. O tempo não avança em uma frente bem definida, mas processa em todos os tipos de padrões relativos que não podem ser correlacionados em nenhum sistema finito. Isso é o que significa relatividade. Simplesmente não existe posição privilegiada no mundo finito.[134]

Segundo, há razões para questionar a bondade e a santidade do Deus do processo, apesar das afirmações em contrário. Em nosso mundo há muito mal. Contudo, o Deus do processo, de acordo com sua natureza consequente, está ligado ao mundo, por isso, em certo sentido, o que acontece ali é também um ato dele. Como explica Neville, os pontos de vista de Whitehead fazem das ocasiões reais a causa do mal, mas na medida em que essas escolhas são restringidas pelas avaliações divinamente apresentadas das possibilidades, Deus também não será responsável? Mesmo que as escolhas sejam feitas totalmente independentes de Deus, isso não prova que Ele está livre. Neville explica:

> Por que deveríamos, em primeiro lugar, querer isentar Deus da responsabilidade pelo mal? Por causa de um compromisso anterior com a bondade dele. Porém, negar a responsabilidade de Deus negando a agência causal divina não é emprestar *apoio* à doutrina da bondade divina; apenas invalida um contra-argumento. E o preço desse movimento é tornar o curso real dos

acontecimentos *irrelevante* para o caráter moral de Deus; isso rebate o sentimento religioso de que o caráter moral de Deus é revelado em eventos, para o bem ou para o mal.[135]

A pessoa se torna ainda mais desconfiada da bondade de Deus, porque, no relato do processo, Deus não usará a força para refrear nem mesmo um Hitler! Isso se torna muito estranho quando pensadores do processo se opõem aos teístas tradicionais que respondem ao problema do mal pela defesa do livre-arbítrio, porque aqueles defensores do livre-arbítrio não deixarão Deus inibir a liberdade eventualmente para evitar males horrendos. A incoerência é problemática. Se for correto rejeitar a defesa do livre-arbítrio porque você acha que Deus poderia coagir de vez em quando, então por que voltar atrás e negar, como fazem os pensadores do processo, que Deus possa usar a coerção mesmo quando isso significaria parar um Hitler?[136]

Além disso, a teologia do processo resolve o problema do mal, mas de uma forma suscetível de objeção. Não é que o Deus do processo poderia se livrar do mal, mas simplesmente não o faz por alguma razão moralmente suficiente, como os evangélicos argumentam.[137] O Deus do processo é literalmente impotente para fazer qualquer coisa, apesar do fato de que o mal cometido é prejudicial ao seu próprio ser (por meio de sua natureza consequente). Igualmente, tendo visto o que os teístas do processo dizem sobre a capacidade de Deus agir, dificilmente se está otimista quanto à capacidade de Deus de harmonizar todo mal com o bem de modo a maximizar o bem, como Hartshorne sugere que Ele faz.

E para finalizar, que tal a imutabilidade e a impassibilidade divina? Aqui vemos realmente a impotência do Deus do processo. Ele é impotente para resistir às mudanças que seriam prejudiciais (a afirmação de Hartshorne de que a mudança não poderia ser para pior banaliza o mal no mundo e é excessivamente otimista em relação à capacidade do Deus do processo de finalmente transformar o mal em bem, dada a impotência da deidade do processo). Além disso, Ele aumenta em conhecimento a cada novo evento, mas um Deus que precisa aprender coisas novas dificilmente é um Deus em quem se pode confiar para as melhores soluções dos problemas, mesmo que Ele possa agir. O que é mais problemático é a razão pela qual a teologia do processo sentiu que era necessário postular um Deus mutável. Não creio que os pensadores do processo mostraram que todos os teístas evangélicos interpretam a imutabilidade e/ou impassibilidade de Deus do modo que eles afirmam.[138] Nem mostraram que é impossível para os teístas evangélicos extrair sentido da imutabilidade.[139]

Nos próximos capítulos sobre os atributos divinos, oferecerei um tratamento acurado de atributos divinos tais como a imutabilidade. Embora concorde com o teísmo do processo que é insensato e desnecessário considerar esses atributos como muitos teístas clássicos consideram, eu argumentarei que a noção do processo de que tudo a respeito de Deus pode mudar é exagerada. Há uma posição mediadora nessas questões, e ela também não requer a visão aberta de Deus.

CRIATIVIDADE E DEUS. A noção de criatividade que a teologia do processo tem é seriamente falha, embora seja consistente com sua visão da ação de Deus em geral. Conforme mencionado quando se falou de criatividade, Deus, de acordo com a teologia do processo, não é a causa eficiente da criação, nem a criatividade (é a causa material). É claro, isso significa que outras entidades reais diferentes de Deus são os criadores. De fato, é dito até mesmo que o mundo está envolvido na criação de Deus, o que logicamente acontece se sua natureza consequente estiver envolvida no mundo. Aqui, mais uma vez, vemos a inconsistência do pensamento do processo. Toda a realidade deve exemplificar os mesmos princípios metafísicos, porém, Deus sozinho não pode criar. Dizem-nos que Ele preende o mundo e continua a se desenvolver, mas isso deve ser metáfora, por causa do que nos dizem sobre como Deus age tanto na natureza primordial como na consequente e por quê Ele não pode ser a causa eficiente na criação (fazer isso limitaria as decisões de outras entidades sobre o que elas se tornarão, e não é permitido a Deus limitar a liberdade). Deus acaba sendo a exceção, não a regra.

Além disso, como aponta Cobb, a criatividade como a força motriz por trás da criação é inadequada; as causas materiais não realizam nada. Até Cobb argumenta que Deus deve ter um papel mais ativo. Da mesma forma, Neville explica corretamente que na concepção da criação de Whitehead o princípio ontológico explica por que as coisas são as determinadas coisas específicas que são, mas não explica de forma alguma por que nenhuma coisa deve absolutamente devenir. Isto é, admitindo que o processo criativo está em funcionamento, as opiniões de Whitehead explicam por que as entidades reais têm as características específicas que têm e também como funciona o processo de devenir; o que suas opiniões não explicam é por que o processo criativo continua e simplesmente não para. O apelo à criatividade não responde a essa pergunta![140]

Confusão da realidade de Deus e de seu papel (papéis).

No Capítulo 2 deste livro, eu mencionei que devemos distinguir entre as questões de que tipo de realidade Deus é ou tem, e qual papel (papéis) e relacionamentos Ele tem em nosso universo. É nesse ponto que sinto uma confusão no pensamento do processo. Em geral, temos a impressão de que, se comprarmos qualquer história do processo, devemos comprar a coisa toda.

William Alston argumentou algo semelhante, embora ele se concentre em aspectos diferentes da doutrina de Deus do que eu farei. Alston avalia a comparação que Hartshorne faz entre o teísmo clássico e o teísmo do processo. Conforme mencionado em meu Capítulo 2, Alston estuda dez atributos que Hartshorne discute e os divide em dois grupos.[141] Dado o ponto de vista de Hartshorne de que toda a noção que o processo tem de Deus é consistente com a rigidez lógica, se alguém aceita um dos atributos do processo, o restante se segue inevitavelmente. Por outro lado, Alston argumenta que não existe tal necessidade lógica. É possível manter uma posição de Hartshorne no primeiro grupo de atributos juntamente com um relato mais tomístico/tradicional dos atributos no segundo grupo.[142]

Embora eu não considere a consequente concepção de Deus tão palatável como Alston, um argumento fundamental que ele apresenta está correto: a escolha não é tudo ou nada, como os teístas do processo a retrataram com tanta frequência (ou toda a noção clássica de Deus, como os teístas do processo a entendem, ou o teísmo do processo). Minha preocupação, entretanto, não é com os dois grupos de atributos que Alston delineia. Ao contrário, é com a confusão entre a realidade de Deus e seus papéis. Só porque se concorda que Deus pode mudar em alguns aspectos e tem sentimentos (o papel/papéis de Deus e relacionamentos em nosso mundo), isso não significa que se deva aceitar o conceito de Deus como dipolar (a realidade de Deus). Da mesma forma, só porque se aceita um princípio no relato clássico da realidade e dos papéis de Deus, isso não significa que se deva inevitavelmente engolir a coisa toda. De modo específico, eu argumentarei nos capítulos posteriores que, só porque se defende que Deus é uma substância, isso não significa que Ele seja isolado e imóvel (mais argumentos sobre a realidade de Deus), nem significa que Ele seja alheio, desassociado e sem envolvimento com o mundo (itens que se referem ao seu relacionamento com o mundo e seu papel neste). Além disso, por ser absolutamente soberano sobre o mundo (parte de seu papel e relacionamento com o mundo), isso não significa que Deus esteja desvinculado, desassociado e não se preocupe com suas criaturas. Além disso, se admitirmos que os pensadores do processo apresentam um argumento válido sobre os papéis e relações de Deus com nosso mundo, isso não exige automaticamente que Ele recue a todo seu poder sempre que os humanos usarem o livre-arbítrio (uma questão do papel e relacionamento de Deus no mundo), nem significa que devemos aceitar a metafísica do processo de Whitehead ou o ponto de vista dipolar de Hartshorne sobre Deus (uma questão da natureza da realidade de Deus).

Em suma, minha alegação é que a abordagem tudo ou nada da teologia do processo está errada, em parte porque confunde respostas a questões sobre a realidade de Deus com questões sobre seu papel e relacionamento. Erra ainda mais ao pensar que, se concordarmos com um elemento na concepção que o processo (ou clássico) tem do papel/relacionamento de Deus com o mundo, devemos aceitar toda a história dessa visão sobre o papel/relacionamento de Deus. E finalmente, erra ao pensar que, se adotarmos um elemento na concepção do processo (ou clássica) de que tipo de realidade Deus é/tem, devemos concordar com todo o pacote do relato dessa visão da realidade de Deus.

DEUS RELIGIOSAMENTE INADEQUADO. Quando se chega ao fim de toda a teoria, a teologia do processo não oferece de fato um Deus com o qual se possa viver e adorar. Para ser religiosamente adequado, um Deus não deveria ser pelo menos tão poderoso, santo e justo como nós somos? Não teria de ser um Deus que não só se preocupasse conosco, mas que também pudesse fazer algo por nós para expressar essa preocupação? A fim de assegurar qualquer tipo de universo moral, Ele não teria de ser capaz de governar moralmente?

Se responder afirmativamente, então você deve concordar que o Deus do processo é religiosamente inadequado. Ele não é mais poderoso que os humanos, mas menos, pois não pode agir. Visto que sua natureza consequente é o mundo inteiro, Ele deve ser responsável de alguma forma pelo mal que há nele, mas o mal do todo é maior do que o de qualquer parte. Então, porém, parece que cada um de nós individualmente deve ser mais santo do que Deus. Dizem-nos que Deus cuida de nós, mas não pode fazer nada para nos ajudar. Tudo o que Ele pode fazer é nos mostrar as possibilidades de uma maneira melhor, mas então, nós poderíamos fazer isso facilmente por nós mesmos e uns pelos outros. E de que modo, na visão do processo, podemos pensar em Deus como governador moral? Se pecarmos (rejeitarmos seu objetivo inicial), o que é que Ele nos fará? De que modo Ele pode fazer alguma coisa para nós? E qual é o nosso destino final? Deus nos armazena em seu banco de memória, mas não há garantia de que a morte física não seja o fim total de qualquer existência consciente. Se a forma como Deus armazenou os bilhões que foram antes de nós para que nenhum de nós tenha qualquer ideia de quem são ilustra o modo como Deus nos imortalizará objetivamente, isso não é bom o suficiente![143]

Concluindo, embora tente ser atual em sua compreensão do mundo, o teísmo do processo é significativamente falho. Também é importante ver quantas reivindicações do processo são postuladas, mas nunca provadas. Por exemplo, a mente (ou pelo menos as funções mentais) é postulada como inanimada, mas não provada; e a natureza consequente de Deus é supostamente independente do mundo enquanto o engloba, mas isso não é provado. Na verdade, nenhuma dessas afirmações (e muitas mais) é empiricamente provável. Isso parece ser um grave defeito para uma teologia e filosofia que deveria ser baseada no empirismo e demonstrável! De fato, essa é a ironia final (assim como uma deficiência subjacente) dessa teologia empírica.

PARTE DOIS

O SER E A NATUREZA DE DEUS

CAPÍTULO CINCO

A EXISTÊNCIA E O SER DE DEUS

NA PARTE 1 VIMOS QUE, independentemente de contexto, cultura ou situação histórica, os seres humanos adorarão alguém ou algo como Deus. Embora se tenha espalhado a crença em algum Deus, ao longo dos séculos as pessoas se perguntaram se Deus realmente existe. Até mesmo a Bíblia garante que há tolos que dizem em seu coração que não há Deus (Sl 14.1; 53.1).

Algumas pessoas têm se perguntado se não há uma maneira racional de provar a existência de Deus. Durante a era moderna, o conceito predominante de racionalidade exigiu que se tivessem argumentos e evidências suficientes antes de se ter o direito de manter uma crença. Muitos, adotando essa máxima de racionalidade, sustentaram que não há evidência suficiente para garantir a crença em Deus.

As Escrituras, claro, não tentam provar a existência de Deus, mas assumem-na e então nos falam sobre esse Deus e as suas exigências para conosco. Embora as Escrituras não contenham nenhuma prova formal da existência de Deus, em algumas passagens está implícito um tipo de argumento. Três passagens ilustram meu ponto de vista. Em Salmos 19.1 afirma-se que "os céus declaram a glória de Deus e a terra mostra as obras de suas mãos" (tradução do autor). O salmo então exalta as obras e a Palavra de Deus. Embora nada disso *per se* defenda a existência de Deus, queremos perguntar ao salmista: "Como os céus declaram a glória de Deus? O que significa dizer que a Terra mostra as obras de suas mãos?" O argumento de Davi parece ser que, quando olhamos para os céus e a Terra, podemos facilmente ver que alguém com grande poder deve tê-los feito. Além disso, quando pensamos na natureza do nosso planeta especificamente, devemos perceber que quem o fez deve ter grande poder e sabedoria, e deve ser um Criador beneficente. É muito difícil imaginar que tudo isso tenha se encaixado no lugar por mero acaso. Na verdade, o mundo à nossa volta aponta para um Criador e sugere algo de sua natureza.

Se este for seu argumento, Davi usa implicitamente o fato e a natureza da criação para apontar para Deus como seu Criador. Como veremos, isso é precisamente o que os argumentos cosmológicos e teleológicos fazem, portanto, essa passagem sugere um ou outro (ou ambos) desses argumentos tradicionais para a existência de Deus.

Uma segunda passagem é Romanos 1—2 (na verdade, cada capítulo implica um argumento individual). Nesses capítulos, Paulo alega que todos, independentemente do contexto cultural e histórico, têm alguma revelação de Deus. Em Romanos 1.20 Paulo explica: "Porque os atributos invisíveis de Deus, assim o seu eterno poder, como também a sua própria divindade, claramente se reconhecem, desde o princípio do mundo, sendo percebidos por meio das coisas que foram criadas. Tais homens são, por isso, indesculpáveis". Ninguém jamais pode dizer simplesmente que teria acreditado em Deus se ao menos soubesse que havia um. Paulo diz que todos sabem, mesmo que nunca tenham ouvido falar da Bíblia ou conversado com um missionário. Tudo o que precisam fazer é abrir os olhos e olhar para o mundo ao seu redor. Então eles entenderão que existe um Deus, e discernirão alguma coisa de como Ele é. A questão é a mesma de Davi em Salmos 19.1, embora Paulo seja ainda mais explícito sobre o mundo como evidência para Deus do que Davi foi. Este é, novamente, um argumento cosmológico ou teleológico implícito, ou ambos.[1]

Em Romanos 2, Paulo continua o seu argumento de que todos têm revelação de Deus e são responsáveis pelo que fazem com ela. Nesse capítulo, porém, Paulo se volta do mundo em geral para o específico, ou seja, para as consciências dos seres humanos. Paulo diz que mesmo os gentios, que não receberam a Lei Mosaica de Deus como os judeus, ainda têm um senso de certo e errado e, de qualquer modo, fazem as coisas contidas na Lei. Isso é assim porque Deus escreveu seus preceitos morais no coração de cada pessoa (quer seja judeu ou gentio). Como resultado, a consciência de cada um o desculpa ou o acusa pelo que faz. Isso, é claro, não é uma prova formal, mas é muito semelhante ao argumento moral da existência de Deus, que pergunta por que entre os humanos existe um senso universal de certo e errado, um senso universal de uma lei moral. O argumento responde que isso é mais bem explicado pela existência de um legislador moral. Embora este exceda os detalhes de Romanos 2.14,15, essa passagem contém a ideia básica do argumento moral.

Além desses argumentos bíblicos implícitos, filósofos e teólogos dentro da tradição judaico-cristã têm oferecido vários argumentos racionais apoiando a crença em Deus. De fato, alguns têm sustentado que esses argumentos de uma forma ou de outra são provas dedutivas e proeminentes da existência de Deus. Embora este livro não seja um texto apologético, devemos ao menos entender os argumentos racionais básicos e o que eles mostram.

INTRODUÇÃO ÀS PROVAS TEÍSTAS

As provas da existência de Deus têm sido usadas de várias maneiras, e as avaliações do valor desses argumentos também têm sido diferentes. Alguns filósofos tentaram provar a existência de Deus por causa do importante papel que Ele desempenha em seus sistemas filosóficos. Por exemplo, Descartes tentou provar a existência de Deus para reforçar sua epistemologia. Ele concluiu que, se Deus existir, Ele assegura que sempre que as pessoas pensarem que estão tendo uma ideia clara e distinta de algo, elas estão. Nenhum demônio malvado está adulterando a sua razão ou percepção sensorial.[2]

Outros filósofos consideraram impossível provar a existência de Deus, mas de qualquer forma, julgaram necessária a crença nele. Immanuel Kant acreditava que nenhuma das provas teístas tradicionais era sólida, mas que devemos postular a existência de Deus de qualquer forma. Sem ela, não parece haver uma base definitiva para a moralidade. Contudo, outros filósofos afirmam que, mesmo que a existência de Deus não possa ser provada pelos argumentos tradicionais, isso não destrói o teísmo. Por exemplo, o ateu contemporâneo, J. L. Mackie, defendeu que, ainda que os argumentos tradicionais para a existência de Deus não sejam bem-sucedidos, os teístas podem alegar saber que Deus existe por alguns meios não cognitivos, tais como a experiência pessoal.[3] Ainda outros filósofos cristãos contemporâneos argumentaram que, para muitos teístas, a crença em Deus não se baseia em argumentos e provas, e nem é preciso para que eles estejam dentro de seus direitos epistêmicos de manter tal crença. Ao contrário, para esses crentes, a crença em Deus é propriamente básica e completamente racional, mesmo que eles não tenham reunido quaisquer evidências e argumento para sua crença.[4]

As opiniões dos teólogos sobre esses argumentos também variam. Alguns sustentam que os argumentos teológicos não convencerão ninguém que já não seja crente, mas para os crentes, essas provas oferecem razões para pensar que sua fé não é totalmente irracional. Outros fazem afirmações mais fortes, acreditando que um ou mais dos argumentos é bem-sucedido. Embora concordem que isso não força ninguém a estabelecer um relacionamento com Deus, eles acreditam que qualquer pessoa racional deve admitir que existe um Deus, independentemente de sua relação com Ele. Finalmente, muitos teólogos de um viés neo-ortodoxo afirmam que argumentos racionais a favor ou contra a existência de Deus são irrelevantes. Para aqueles que experimentaram Deus num encontro revelador, que argumento racional lhes poderia arrancar a crença nele? Além disso, o que uma demonstração racional da existência de Deus poderia acrescentar à sua certeza de que Ele existe? Ademais, de qualquer forma os crentes não querem o Deus que aparece no final da argumentação do filósofo. O Deus verdadeiro e vivo não é uma proposição estática que vem ao fim de uma prova demonstrativa; Ele é o Deus dinâmico e vivo do universo! Quanto aos incrédulos, é igualmente duvidoso que um argumento racional os convença da existência de Deus ou os leve a estabelecer uma relação com Ele.

Os argumentos tradicionais para a existência de Deus são ou *a priori* ou *a posteriori*. Um argumento *a posteriori* apela a alguma característica do universo como base para debater sobre Deus, enquanto um argumento *a priori* não o faz. Em vez disso, se a pessoa entender os conceitos usados no argumento, ela pode decidir se é verdadeiro ou falso independente de qualquer investigação empírica. Um verdadeiro argumento *a priori* é totalmente certo, enquanto as premissas e conclusões de um argumento *a posteriori* são, na melhor das hipóteses, 99% prováveis. O argumento ontológico é a única das provas tradicionais que representa um argumento *a priori*.

Outra característica dos argumentos *a posteriori* é digna de nota. Tais argumentos são de dois tipos básicos. Alguns, como o argumento cosmológico, passam de algum fato sobre o mundo para uma conclusão que supostamente é sequência das premissas do argumento. Embora esse fato sobre o mundo seja, na melhor das hipóteses, altamente provável (ou seja, sempre se pode estar enganado sobre uma questão empírica, ao passo que as verdades da matemática ou da lógica não poderiam estar erradas), se for admitido, contudo, alguma conclusão virá inevitavelmente na sequência. Por exemplo, se houver um efeito (o cosmos), deve haver alguma causa adequada para explicar a existência desse efeito. Se for admitida a suposição adicional de que o universo como um todo é basicamente inteligível, então, afirmam os defensores do argumento cosmológico, segue-se que deve haver uma causa última do universo, e os teístas pensam que Deus é essa causa.

Por outro lado, muitos argumentos *a posteriori* são intencionalmente probabilísticos na forma. Faz-se apelo a algum fato empírico, e várias explicações desse fato são oferecidas. Uma explicação específica é então considerada a mais provavelmente verdadeira. Os argumentos teleológicos e morais seguem tipicamente essa forma. Por exemplo, o teísta aponta para fatos sobre o mundo, tais como as ocasiões de *design* nele. O teísta não afirma que somente a existência de Deus poderia ser a causa do fato empírico, mas apenas que Deus é a causa mais provável.

O argumento ontológico

Anselmo de Cantuária foi o primeiro a formular o argumento ontológico. Aparece em *Proslógio*, que ele escreveu em 1077-1078. Desde aquela época, o argumento tem sido causa de muito debate. De certa forma, parece a menos satisfatória de todas as provas teístas, mas tem provado, até mesmo para seus críticos, ser filosoficamente a mais sugestiva de todas.

O argumento de Anselmo aparece nos capítulos 2 e 3 de *Proslógio*, e há toda indicação de que o autor pensava ter escrito apenas um argumento para a existência de Deus. Hoje em dia, existe uma concordância geral de que ele realmente produziu dois argumentos distintos. Embora poucos tenham esperança no sucesso do primeiro argumento, muitos pensam que o segundo pode ser apresentado de uma forma bem-sucedida.

Em ambos os argumentos, Deus é definido como um ser do qual nenhum maior pode ser concebido (ou o maior ser concebível). A distinção básica entre os dois argumentos é que o primeiro compara a existência à não existência (Anselmo argumenta que o maior ser concebível não seria o maior se ele não existisse), enquanto o segundo compara a existência necessária à existência contingente, e argumenta que, se Deus for o maior ser concebível, Ele deve ter a primeira, não a segunda. É claro, se Ele existir necessariamente, é impossível concebê-lo como não existindo.

Anselmo I

No capítulo 2 do *Proslógio*, Anselmo apresenta a primeira formulação do argumento. Ele explica que todos, até mesmo o tolo que nega a existência de Deus, têm algum conceito a respeito dele. A ideia de Deus como o maior ser concebível (doravante MSC) está no entendimento de todos, mas isso, é claro, na verdade não faz ninguém se comprometer a acreditar na existência de Deus. Anselmo acha que deveria, todavia, pois se realmente entendêssemos o que significa ser o MSC, deveríamos perceber imediatamente que um ser que existe tanto no entendimento quanto na realidade é maior do que um ser que existe apenas no entendimento. Portanto, Deus, o MSC, existe. Se alguém dissesse que pode pensar em um MSC como não existente, Anselmo responderia que tal pessoa não entende o conceito de MSC e/ou que não está pensando no ser que é o maior.

Embora isso possa parecer estranho, uma palavra explicativa clareia o argumento de Anselmo. Imagine qualquer número de candidatos potenciais para o título "Deus", lembre-se que Deus é o MSC, e escreva uma lista com as qualidades de todos os candidatos. Suponha que você reduza seus candidatos a dois, A e B. Você lista todos os seus atributos, e tudo em ambas as listas é idêntico, exceto uma coisa. O último item na descrição do candidato B é "existe", ao passo que isso é omitido na lista do candidato A. Qual dos dois é Deus? O argumento de Anselmo é que, embora todo o restante seja igual, o candidato B é Deus, não o candidato A. O candidato B é superior a A, porque B não só tem todos esses atributos como parte do seu conceito, mas existe na realidade. Isto é, o candidato B realmente existe fora da mente, enquanto a descrição do candidato A mostra como ele seria se existisse fora da mente, mas ele não existe. A nada mais é do que um conceito de MSC, ao passo que B é o MSC, e um Deus que existe na realidade é certamente maior do que um que meramente existe como um conceito no entendimento. Qualquer um que negar isso não entende o significado de "maior", de "Deus" nem de ambos.

Note que Anselmo não apresenta esse argumento em termos do maior ser que existe, mas em termos do maior ser que poderia existir. É tautológico dizer que o maior ser que existe existe, e só porque alguém é o maior ser que existe atualmente, isso não prova que essa pessoa é Deus. Por outro lado, não é tautológico defender que o maior ser possível é Deus e que realmente existe. A ideia de Anselmo é que Deus é o maior ser concebível, e como tal Ele existe.

O argumento contém mais duas suposições. Primeiro, parece exigir que a existência seja um atributo ou qualidade. Consequentemente, Anselmo argumenta que um Deus que tem essa qualidade é um ser maior do que um que não a tem. Ao afirmar que a existência pertence à descrição do MSC, Anselmo está sugerindo que a existência é um atributo.

Segundo, o argumento de Anselmo exige que a existência seja também uma perfeição. Se Deus é o MSC e isso implica que Ele tem todas as perfeições, então concluir que Deus existe em virtude de ter todas as perfeições é concluir que a existência é uma perfeição. Normalmente pensamos nas perfeições como qualidades morais, mas a existência não é uma qualidade moral como a justiça ou a verdade, então o que significa chamá-la de uma perfeição? A resposta procede do compromisso de Anselmo com a tradição metafísica comum de sua época. Segundo essa tradição, o ser é bom por sua mera existência, e quanto mais ser existe, mais bem existe. A falta de ser, finitude, era considerada má. Assim, quando termos como "bem" e "mal" são usados nessa discussão, não são usados basicamente num sentido moral, mas num sentido metafísico. Ou seja, eles se relacionam com o ser e com a quantidade e qualidade do ser. Assim, quando Anselmo define Deus como MSC, fica claro que o argumento não tem chance de sucesso se ele estiver pensando apenas em termos de perfeições morais. A perfeição metafísica é uma noção crucial que sustenta o argumento, e certamente, é metafisicamente melhor existir do que não existir. Logo, o MSC não pode ser metafisicamente maior e deixar de existir.[5]

CRÍTICAS DE ANSELMO I. Uma variedade de críticas ao primeiro argumento de Anselmo surgiu em vários momentos da história. A primeira crítica foi levantada por Gaunilo, um monge de Marmoutier. Seu argumento fundamental foi que a possibilidade de conceber algo não garante sua existência. Gaunilo tentou refutar o argumento de Anselmo usando um argumento *reductio ad absurdum*. Ele construiu um argumento sobre uma ilha perfeita, usando a forma básica do argumento ontológico de Anselmo. Gaunilo argumentou que só porque se pode conceber uma ilha perfeita, isso não significa que ela exista. Se houver quaisquer dúvidas, tente encontrar a ilha, e você verá que ela não existe. Logo, a possibilidade por si só não garante a existência.

Esse argumento tem sido declarado de maneiras mais sofisticadas por filósofos posteriores a Anselmo e Gaunilo. Contudo, antes de nos voltarmos a eles, devemos observar a resposta de Anselmo a Gaunilo. Anselmo disse que, embora o ponto de vista de Gaunilo esteja correto para tudo no mundo finito e contingente, não pode ser verdade para um ser infinito e necessário. Assim, embora Gaunilo possa conceber ilhas perfeitas ou qualquer outra coisa neste mundo, tais coisas não estão na mesma categoria que Deus, pois a existência deste é necessária, e a daquelas é contingente. A resposta de Anselmo contém a segunda forma do argumento, como veremos em mais detalhes a seguir.

Immanuel Kant levanta essa objeção de maneira diferente.[6] De acordo com o argumento ontológico, a afirmação "o MSC existe" é analítica. Uma declaração analítica é aquela cujo termo predicado está contido no termo sujeito. Ou seja, se entendemos o significado do termo sujeito ("MSC" neste caso) e do termo predicado ("existe" neste caso), imediatamente vemos se o que é dito é verdade, pois o significado do termo sujeito contém ou não contém o significado do predicado. Isso pode ser conhecido sem nunca se investigar nada no mundo externo. O argumento ontológico sustenta que, se entendermos o significado de "Deus", devemos imediatamente entender que Deus existe. Isso pode parecer promissor, mas Kant argumentou que todas as alegações sobre a existência de alguma coisa são sintéticas, não analíticas. Uma afirmação sintética é aquela cujo conceito predicado não está contido em seu conceito de sujeito. Ao entender o significado do termo sujeito, não se sabe automaticamente se o que é dito sobre ele (o predicado) é verdadeiro; é preciso investigar. Como "o MSC existe" é sintético, o argumento ontológico não prova sua verdade.[7]

Uma segunda objeção levantada por Pierre Gassendi e Kant é que a existência não é uma perfeição. O argumento ontológico assume que é, mas não é. A questão não é apenas (como alguns afirmaram) que é discutível se é preferível que algo exista a não existir (por exemplo, um Hitler existente seria maior ou mais perfeito do que um inexistente?). A questão é que, quando se descreve dois seres de forma idêntica e depois se acrescenta que um deles existe, não se adiciona nada à sua descrição básica. Faz sentido, afirma Norman Malcolm, argumentar a partir de nossa perspectiva que um Deus existente é mais perfeito do que um inexistente, mas isso não significa que a própria existência torna Deus mais perfeito. Na verdade, sem existência Deus não é perfeito de maneira alguma; Ele é uma não entidade. Portanto, ao observarmos que Ele existe, não acrescentamos mais perfeição. Ao invés disso, simplesmente afirmamos um fato sobre Ele que permite que todas as suas perfeições sejam instantâneas.

Esta questão ainda é discutível. Certamente, se pensarmos apenas em termos de perfeições morais, a questão é bem aceita. Por outro lado, toda a discussão assume um viés diferente quando vista da perspectiva das perfeições metafísicas. E, é claro, essa é a ideia que sustenta o argumento.

Afirmar que a existência não é uma perfeição que pode ser alistada numa descrição de Deus sugere uma última objeção ao argumento. Kant está mais associado a essa objeção, que muitos consideram o golpe decisivo. Kant objetou que a existência não é um predicado. Seu argumento é que, uma vez que se descreve a natureza de Deus (ou de qualquer outra coisa), acrescentar que Ele existe não adiciona nada à descrição de sua natureza. Em vez disso, apenas afirma que a definição se aplica a algo real no mundo. Em outras palavras, ao dizer que Deus existe, não se acrescenta nenhum atributo à descrição do conceito de Deus; apenas se diz que o conceito é provado em nosso mundo.

Anselmo II

Esta forma do argumento explora a distinção entre existência necessária e existência contingente. Anselmo argumenta que podemos pensar num ser do qual se pode conceber a não existência e também podemos idealizar um ser do qual a não existência *não pode* ser concebida. Em terminologia filosófica, o primeiro é um ser *contingente* e o segundo é um ser *necessário*. Algo contingente depende de algo diferente de si mesmo para existir e, portanto, deve ser trazido à existência. Um ser necessário não depende de nada, exceto de si mesmo, e não pode sair da existência. Anselmo conclui que se Deus é o MSC, Ele não pode ser contingente, já que então Ele não seria o MSC, pois um ser necessário é certamente maior que um contingente. Portanto, uma compreensão correta de Deus como o MSC deveria nos convencer de que Deus deve existir e deve ser como um ser necessário. Esta é realmente a chave para a resposta de Anselmo a Gaunilo de que, embora os seres contingentes não sejam reais apenas porque alguém os concebe, não é assim para Deus. Em Anselmo I, a existência é considerada uma perfeição, mas em Anselmo II, a *existência necessária* é a perfeição.

A INTERAÇÃO COM ANSELMO II. A maior parte do debate contemporâneo sobre o argumento ontológico se concentra em torno desta segunda forma. Alguns estão certos de que não funciona, mas outros estão igualmente convencidos de sua exatidão.

John Hick acredita que um grande problema com Anselmo II é o fato de que nos diz que tipo de existência Deus deve ter se Ele existir, mas não oferece prova de sua existência. Isto é, o que Anselmo realmente provou é que um ser contingente não poderia ser Deus. Qualquer ser digno do título "Deus" deve ser um ser necessário, pois a existência necessária é certamente maior do que a existência contingente. Porém, nada disso estabelece que, de fato, existe tal ser.

Apesar dessa queixa, Anselmo II teve muitos defensores. Dois dos mais habilidosos são Charles Hartshorne e Alvin Plantinga.[8] Para nossos propósitos, basta dizer que ainda não se sabe a resposta se Anselmo II é bem-sucedido. Quer seja ou não, esclarece que apenas um ser com existência necessária se qualificaria como Deus, o maior ser concebível.

O ARGUMENTO COSMOLÓGICO

O argumento cosmológico é um argumento *a posteriori*. Como no argumento ontológico, não existe tal coisa como *o* argumento cosmológico, mas sim uma série de argumentos em várias formas. Em todas elas ele começa com algum fato sobre o mundo (p. ex., existência do universo como um todo ou existência de conjuntos de objetos) e defende Deus como a causa.

O argumento cosmológico tem uma longa história que procede de Platão e Aristóteles. Floresceu especialmente durante a Idade Média com Tomás de Aquino e, em menor grau, com Duns Scotus. Foi rejuvenescido e teve uma apresentação enérgica no século XVIII por Samuel Clarke e Leibniz. Na filosofia da religião contemporânea ele também tem seus defensores, sendo que Richard Taylor e Richard Swinburne são os mais notáveis.[9] E sempre houve críticos. Nos últimos séculos, foi criticado mais severamente por filósofos como David Hume, Immanuel Kant e Bertrand Russell.

William Rowe explica (em *The Cosmological Argument* [O argumento cosmológico]) que o argumento na verdade tem duas partes. A primeira, dependendo da versão, tenta estabelecer a existência de uma causa última ou ser necessário que é uma causa suficiente para produzir o mundo (ou algum aspecto dele). Tipicamente, filósofos e não filósofos tratam esse argumento como se fosse a totalidade do argumento cosmológico. No entanto, não pode ser, pois mesmo que seja proeminente, ainda não mostra que a causa primeira ou o ser necessário é também Deus com todos os atributos divinos. Na verdade, o ser em questão poderia ser mais parecido com o primeiro motor imóvel de Aristóteles do que com o Deus cristão. Assim, a segunda parte do argumento tenta mostrar que esse ser necessário tem todas as qualidades do Deus judaico-cristão. Nossa discussão foca a primeira parte do argumento.

Os argumentos cosmológicos vêm em várias formas, mas podemos dividi-los em três tipos amplos. Alguns focam um regresso das causas; vamos chamá-los de argumentos causais. Outros enfatizam a contingência do universo e oferecem uma razão suficiente para a existência do universo contingente; podemos chamá-los de argumentos de contingência. Por último, Richard Swinburne apresenta um argumento cosmológico indutivo que depende totalmente da probabilidade.

Argumentos causais

Dois dos exemplos mais conhecidos da forma causal do argumento cosmológico são as duas primeiras das cinco vias de Aquino provar a existência de

Deus, apresentadas em sua *Summa Theologiae*. A estratégia de ambas é basicamente a mesma, mas os detalhes de cada uma são distintos. Para os nossos propósitos, a primeira via de Aquino é suficiente.

A PRIMEIRA VIA DE AQUINO. Aquino começa com o fato empírico de que algumas coisas no nosso mundo estão em movimento ou mudança. Porém, se algo está em processo de mudança para outro estado, esse algo está potencialmente em tal estado, mas não está realmente lá. Aquino argumenta que é impossível que a mesma coisa esteja, no mesmo sentido, no estado de realidade e potencialidade. Por exemplo, a água que está realmente fria não pode estar potencialmente fria ao mesmo tempo, embora possa estar potencialmente quente. Aquino afirma, então, que qualquer coisa que se mova do estado de potencialidade para realidade não pode mover a si mesma; tem de ser movida por algo que já esteja no estado de realidade. Contudo, qualquer coisa que mude outra é ela mesma mudada, mas não pode haver um regresso infinito de movedores ou modificadores, pois assim não haveria nenhum primeiro movedor e, consequentemente, nenhum outro movedor, já que movedores subsequentes só se movem à medida que são movidos pelo primeiro movedor.[10] Assim, deve haver um primeiro movedor, e ele é Deus.

Várias objeções foram registradas a esse argumento, mas duas ideias-chave chamam mais a atenção. Levantam-se objeções à noção de que se uma coisa faz com que outra mude, o movedor deve realmente estar no estado para o qual o objeto em mudança se move. Em alguns casos, isso é verdade. Por exemplo, uma toalha molhada não secará ninguém que esteja molhado. Da mesma forma, até a descoberta da eletricidade, acreditava-se que só algo quente poderia esquentar outras coisas. No entanto, há muitos contra-argumentos a este princípio. Para provocar a morte de algo, o movedor não precisa estar morto. Há coisas como correntes de eletricidade de baixa temperatura que aquecem os fios, e a pessoa que engorda o gado para o abate não precisa ser ela mesma gorda.

Alguns poderiam responder que Aquino poderia rever o argumento afirmando que, embora um movedor não precise estar no estado para o qual ele move outro, ainda assim, todas as coisas em movimento devem ser movidas por outra. Contudo, os críticos do argumento questionam exatamente esta suposição. Como explica Rowe, Aquino considera a possibilidade de que as coisas são a causa de sua própria mudança, e que elas podem ser mudadas por outra coisa. O que ele nunca considera é a possibilidade de que é apenas um fato bruto que algumas coisas estão mudando. É claro, se for um fato bruto que algumas coisas estão mudando, então o argumento apresenta problemas. Assumir sem provas que as coisas em movimento são levadas a se mover por algum agente é assumir o argumento como verdade sem discuti-lo. Como Hick argumenta, a ideia de que as coisas são como um fato bruto em movimento não é impossível, pois se encaixa na primeira lei de Newton. Além disso, também é possível que as coisas em movimento tenham estado em movimento eternamente, portanto elas nunca começaram a mudar.

A alegação de que não pode haver um regresso infinito de modificadores também foi questionada. Hick explica que o regresso infinito pode ser interpretado de modo temporal ou causal. Ou seja, Aquino pode querer dizer que é impossível ter um regresso de causas que volte no tempo infinitamente, ou pode estar dizendo que é impossível que uma série infinita de causas (talvez todas ocorrendo simultaneamente) esteja relacionada causalmente uma à outra. Se considerarmos a interpretação temporal, então a premissa é indesejável para as pessoas contemporâneas, pois elas não veem nenhum problema em um regresso temporal infinito devido à crença de que o universo é temporalmente e espacialmente ilimitado. Hick acredita que Aquino estava pensando num regresso causal. Assim, o argumento de Aquino é que é impossível ter uma série infinita de causas causalmente explicativas. Se a série for infinita, jamais teremos uma explicação do fenômeno em questão. Porém, por que tem de haver uma explicação? Tanto Hick como Rowe afirmam que a resposta é o princípio da razão suficiente, que parece sustentar muitas, se não todas as versões do argumento cosmológico. Mais adiante estudaremos mais diretamente o princípio da razão suficiente, mas agora só precisamos observar que o argumento de Aquino se baseia fundamentalmente nisso. Os críticos que rejeitam esse princípio não veem razão de não poder haver um regresso infinito de causas. Se puder haver, a primeira via de Aquino é falha.

Uma última objeção pergunta por que Deus é o que muda sem mudar Ele próprio. Se tudo o que se move é movido por outra coisa, por que Deus é uma exceção? Esta objeção pode ser considerada por uma de duas vias. De acordo com a primeira, significa que, ao admitir que há um primeiro movedor, por que pensar que aquela primeira causa se qualifica como Deus? É claro, essa objeção nos lembra de que o argumento cosmológico tem duas partes: uma para estabelecer uma causa primeira, o primeiro motor imóvel etc., e outra para mostrar que a causa primeira é o Deus judaico-cristão.

Entendida conforme uma segunda interpretação, essa objeção significa que, mesmo que o primeiro movedor seja Deus, por que deveríamos pensar que Ele é imutável? É verdade que, para interromper o regresso das causas, algo tem de ter essa qualidade, mas como sabemos que Deus é o único que a tem? A essa altura, alguns poderiam pensar que o argumento cosmológico parece desmoronar no argumento ontológico, pois se não tivéssemos concebido que Deus tem todas as perfeições, e não tivéssemos julgado que a perfeição é uma causa sem causa, por que pensaríamos que Deus se qualificaria como a causa sem causa? É claro, se somente Deus é concebido como a causa sem causa, será que precisamos mesmo do argumento cosmológico? O argumento ontológico não é suficiente?

Argumentos contingenciais

Exemplos da forma contingencial do argumento cosmológico aparecem tanto na terceira via de Aquino como na obra dos filósofos Clarke e Leibniz, do século XVIII. Esses argumentos diferem um pouco, mas cada um deles se baseia no princípio da razão suficiente e nas noções de contingência e necessidade. Por causa da semelhança, vou apresentar apenas um dos argumentos.

A formulação do argumento de Leibniz é a mais comum. Leibniz defendia o princípio da razão suficiente, segundo o qual nada acontece sem uma razão suficiente para que ocorra, em vez de qualquer outra coisa. Portanto, tudo o que acontece é explicável, pelo menos em princípio. Ao observarmos o mundo, vemos coisas contingentes, ou seja, elas foram trazidas à existência e podem sair da existência. Elas não tinham de existir, mas existem agora. Em nosso mundo, contudo, nós não vemos nada exceto seres contingentes. É claro, o que quer que seja contingente deve sua razão de existir a outra coisa. O problema é que, se tudo é contingente, então tudo deve sua razão de existência a outra coisa; precisamos de uma razão suficiente fora da série de objetos contingentes para explicar por que eles existem. Se tudo na explicação é contingente, não temos uma razão suficiente para a existência do todo. O que é necessário é um ser que não dependa de nada além de si mesmo e, portanto, não precise de mais explicações do que ele próprio para explicar por que existe. Isso significa que deve haver um ser necessário (aquele que causa sua própria existência) se quisermos achar uma razão e explicação suficiente para a existência do mundo como um todo. Esse ser necessário é Deus.

A forma de contingência do argumento cosmológico não escapou à crítica. Várias delas são dignas de nota. Defensores do argumento da contingência alegam que a existência de um Deus eterno que causa sua própria existência é uma explicação suficiente da existência do universo, ao passo que o universo físico como eterno não é uma explicação suficiente para sua existência. Entretanto, muitos oponentes do argumento perguntam por que precisa ser dito algo mais do que essa matéria ser eterna. Se as opções são que ou acreditamos na criação divina (e então o universo é inteligível) ou acreditamos que a matéria é eterna (e então o universo não é inteligível), isso não nos diz por que devemos preferir a primeira à segunda.

Alguns que levantam essa objeção acrescentam que apelar a Deus não oferece uma explicação adequada, pois ninguém realmente entende o que significa para um ser causar sua própria existência (ou ser uma causa não causada, um ser necessário). Logo, a existência de Deus parece ser, em última análise, um fato bruto inexplicável, mas, então, temos de escolher entre dois fatos brutos: ou aceitamos a existência de Deus como um fato bruto ou aceitamos um universo eterno como um fato bruto. O argumento cosmológico oferece essas duas opções, mas não dá razões para preferir uma em detrimento da outra.[11]

Bertrand Russell também afirmou que o problema com o argumento da contingência é que ele se baseia em uma concepção errada do que significa explicar alguma coisa ou torná-la inteligível. Normalmente, satisfazemo-nos em ter explicado um fenômeno se observamos os fatores causais que o cercam de perto. Podemos procurar algumas causas que são um pouco mais remotas, mas não precisamos voltar aos tempos "pré-históricos" para explicar a coisa. Por exemplo, ao explicar a causa de um acidente de automóvel, referimo-nos a eventos imediatamente anteriores ao acidente. Podemos também mencionar algo que aconteceu um pouco antes (p. ex., talvez um dos motoristas tenha bebido), mas não iniciamos nossa explicação voltando, por exemplo, ao nascimento dos motoristas. Russell observa ainda que o que incluímos em nossas explicações são séries de fatos contingentes. Consequentemente, a alegação do argumento de contingência de que algo não é realmente explicado sem um apelo a um ser necessário e sem uma longa análise histórica das causas simplesmente excede a noção normal de explicação. Não rejeitamos tipos de explicações menores como ininteligíveis quando se trata de eventos históricos, então por que devemos rejeitar um tipo similar de explicação para o cosmos como um todo? Por que nossa explicação deve terminar com um ser necessário, já que jamais exigimos isso ao explicar qualquer outro fenômeno?

Grande parte do debate sobre o argumento da contingência gira em torno do princípio da razão suficiente. Rowe explica que existe tanto uma versão forte como uma versão fraca dele. A versão forte diz que qualquer coisa que existe deve ter uma explicação para a sua existência. Essa explicação se baseia na necessidade de sua própria natureza ou no poder causal de algum outro ser. A versão fraca diz que o que quer que venha a existir deve ter uma explicação de sua existência, uma explicação que se baseie na eficácia causal de algum outro ser. Algumas formas do argumento da contingência se baseiam na versão forte, e outras na versão fraca.

Rowe observa que muitos que defendem o argumento da contingência afirmam que, se o princípio da razão suficiente estiver errado, o setor da ciência desmorona. Eles afirmam que a ciência avança sobre a suposição de que tudo tem uma causa que o explica. Rowe responde que mesmo que os cientistas trabalhem a partir dessa suposição, eles a consideram verdadeira para o que quer que aconteça, não em relação ao que quer que exista. Simplesmente não é verdade que tudo o que existe deve ter uma causa e uma explicação, diz Rowe. Este é o mesmo argumento antigo de que algumas coisas são apenas fatos brutos. O problema surge, porém, argumenta Rowe, na medida em que algumas das versões mais polêmicas do argumento cosmológico (p. ex., a de Samuel Clarke e a de Fredrick Copleston) se baseiam na versão forte do princípio da razão suficiente, que afirma que tudo o que existe tem uma causa. Um apelo à ciência certamente não apoiará essa ideia e, em consequência, não apoiará argumentos de contingência que se baseiem na versão forte do princípio.

Rowe crê que os argumentos de contingência baseados na versão mais fraca não são melhores. Na verdade, alguns filósofos acreditam que qualquer forma do princípio da razão suficiente é incorreta, pois exige que as coisas sejam completamente inteligíveis para serem inteligíveis, mas como mencionado acima, Russell considerou isso como uma concepção errada do que significa explicar algo.[12]

Se o princípio da razão suficiente for falso, significa que nada no universo é explicável ou que a ciência, por exemplo, se baseia em um erro? Os filósofos que rejeitam o princípio da razão suficiente respondem negativamente a estas perguntas. Como Russell afirmou, só damos de cara com um problema se tivermos essa estranha noção de explicação de que toda explicação deve terminar com um ser necessário. Uma vez que entendamos que algumas coisas são apenas fatos brutos e que outras podem ser explicadas satisfatoriamente listando-se um conjunto contingente de fatores, não há grande problema criado pela rejeição do princípio da razão suficiente. Porém, se tudo isso for verdade, o princípio da razão suficiente deve ser rejeitado, e todas as formas do argumento cosmológico baseado nele são incorretas. Os defensores do argumento cosmológico normalmente pensam de outra maneira.

Argumento indutivo de Swinburne

Richard Swinburne (*A existência de Deus*)[13] sustenta que falham os argumentos cosmológicos que tentam dedutivamente estabelecer a existência de Deus. Não existem premissas seguramente conhecidas, diz ele, que levem dedutivamente à conclusão de que Deus existe. Contudo, isso não significa que o argumento cosmológico esteja falido. Ele apenas mostra que tal argumento deveria ser estruturado em termos de probabilidade.

Como Swinburne mostra, os argumentos probabilísticos e indutivos podem mostrar uma de duas coisas. Afirmar que uma hipótese é confirmada pela evidência pode significar ou que 1) a evidência aumentou a probabilidade da hipótese em comparação com o que era ou teria sido sem a própria evidência, ou que 2) a evidência torna a teoria mais provável de ser verdadeira do que não. Swinburne chama de "indutivo C" os argumentos do primeiro tipo; os argumentos do último tipo ele rotula de "indutivo P". Ele diz que o argumento da existência do universo físico complexo para Deus é um bom argumento indutivo C.

Em poucas palavras, o argumento é o seguinte: todo mundo concorda que existe um universo físico complexo. A questão é como explicá-lo, e há pelo menos duas hipóteses. Uma sustenta que não há mais nenhuma causa ou explicação do universo além de sua mera existência. A outra diz que Deus o criou. Swinburne argumenta que a probabilidade de que nosso universo deva existir como resultado da criação de Deus é maior do que a probabilidade de que ele deva existir de si mesmo. Isso não significa que a probabilidade de que Deus tenha criado o mundo seja alta. Na verdade, Swinburne admite que ela é baixa, pois à primeira vista parece mais provável que não houvesse nada do que o mundo ter sido criado. Mesmo que exista um Deus, Ele não é obrigado a criar nada, mas nós temos um mundo, e devemos perguntar como ele surgiu. É mais provável que um Deus não causado o tenha criado do que o mundo ter surgido por acaso aqui. Isso não é uma prova absoluta, mas mostra que a hipótese de que existe um Deus é razoável, e ainda mais razoável do que o ateísmo.

Os críticos, é claro, não estão convencidos. Mackie, por exemplo, não vê nenhuma razão para que a hipótese de Deus seja mais provável do que uma hipótese ateia. Ele não vê problema em considerar a existência do universo como um fato bruto inexplicável. Apenas uma aceitação implícita do princípio questionável da razão suficiente, diz Mackie, move-nos a achar a hipótese de Deus mais provável. Porém, quando se olha mais de perto, a hipótese de Deus é, na verdade, bastante improvável. Por exemplo, a hipótese de Deus necessita que um ser não encarnado tenha intenções de criar um mundo e as realize, embora não tenha partes materiais em seu ser que lhe permitam fazer qualquer coisa da forma que as criaturas normalmente fazem. Devido à nossa falta de experiência com seres não encarnados, é altamente improvável, argumenta Mackie, que deva existir algum, quanto mais ele criar um mundo. Portanto, a probabilidade de um Criador não é claramente maior do que a de um mundo que existe como um fato bruto.

Em essência, essas objeções equivalem a dizer que, dependendo das nossas pressuposições, é provável que discordemos quanto à probabilidade das duas hipóteses em questão. E isso só significa que o argumento cosmológico indutivo apelará àqueles já inclinados ao teísmo e não apelará aos opositores.

ARGUMENTOS TELEOLÓGICOS

Historicamente, filósofos e teólogos têm sustentado que mais do que a mera existência do universo aponta para a existência de Deus. Todos os exemplos de *design* ou propósito em nosso universo parecem muito mais fáceis de explicar supondo-se que existe um Deus do que supondo-se que não existe um Deus. O argumento teleológico ou argumento a partir do *design* é um dos mais antigos argumentos para a existência de Deus. Filósofos têm sugerido que suas raízes são evidentes até mesmo em Platão. Platão sustentava que o universo físico não pode ser entendido à parte da mente que o move e ordena. Embora de certa forma reflita o argumento cosmológico, também tem afinidade com as noções centrais do argumento do *design*.

Conquanto o argumento aparentemente tenha sido introduzido na Grécia antiga, ele teve uma popularidade muito maior nos séculos posteriores. Provavelmente a exposição mais famosa do argumento é a de William Paley (1743-1805), um teólogo britânico. Muitos afirmam, contudo, que a versão mais sofisticada é a de F. R. Tennant (1866-1957), cátedra da Universidade de Cambridge. Defesas mais recentes têm sido oferecidas por filósofos como Richard Taylor (*Metafísica*)[14] e Richard Swinburne (*A existência de Deus*). As versões mais recentes, porém, enfatizam a complexidade de várias partes da ordem natural, tais como o olho humano ou o sistema circulatório, em oposição a enfatizar o *design* do universo como um todo. Algumas das versões mais recentes invocam também o chamado princípio antrópico, que aponta para como este planeta está bem ajustado para sustentar a vida em geral e a vida humana em particular.[15]

Este argumento tem tido tanto defensores como críticos. Kant, que teve pouco proveito para os argumentos ontológicos e cosmológicos, sentiu que o argumento teleológico sempre mereceu ser mencionado com respeito. Ele o considerava o argumento mais de acordo com o bom senso. Isso não significa que Kant o tenha defendido, mas apenas que ele não era tão negativo em relação a esse argumento como era em relação aos outros. A crítica mais famosa ao argumento vem do filósofo escocês David Hume (1711-1776). Os seus *Diálogos sobre religião natural*[16] oferecem as mais completas e mordazes objeções ao argumento já produzidas. Os defensores e oponentes do argumento devem interagir com a crítica de Hume.

Assim como os argumentos ontológicos e cosmológicos, o argumento teleológico é, de fato, uma família de argumentos. Eu apresentarei a formulação de Paley, mas primeiro ajudaria descrever algumas das características gerais do argumento nas suas várias formas. Em todas as formas, é um argumento *a posteriori*, começando com o fato de que nosso mundo parece exibir ordem ou *design* proposital. Ele então defende Deus, um Criador inteligente e proposital, como a causa mais provável dessa ordem e *design*. Os argumentos teleológicos são indutivos por natureza e muitas vezes analógicos, como na formulação de Paley. Como observa Plantinga (*God and Other Minds* [Deus e outras mentes]), estas características tornam o argumento muito mais difícil de avaliar do que um argumento estritamente dedutivo. Com uma prova dedutiva, as premissas são verdadeiras ou falsas, e as conclusões são retiradas das premissas ou não. Um argumento indutivo mede probabilidades e, muitas vezes, julga graus de analogia ou similaridade, por isso é mais difícil de avaliar.

William Paley: O relógio e o relojoeiro

No século XVIII, o argumento do *design* estava solidamente arraigado no pensamento teísta. A crítica de David Hume foi escrita na metade do século, mas foi publicada postumamente. Por isso, a força de sua crítica foi sentida mais tarde. Como resultado, em 1802 Paley publicou sua versão do argumento teleológico em *Natural Theology, or Evidences of the Existence and Attributes of the Deity, Collected from the Appearances of Nature* [Teologia natural, ou evidências da existência e dos atributos da deidade, coletadas das aparências da natureza]. Embora posterior à crítica de Hume (surgida no final do século XVIII), a versão capta a essência do argumento tal como foi defendido durante aquele século.

Paley diz que se estivesse caminhando e seu pé topasse em uma pedra e lhe perguntassem como essa pedra foi parar ali, ele poderia responder que ela sempre estivera ali. Não há nenhum absurdo nessa resposta. Por outro lado, se encontrasse um relógio e lhe perguntassem como é que foi parar ali, ele não poderia dar a mesma resposta. No caso do relógio (ao contrário da pedra), podemos ver que as várias partes foram juntadas com um propósito. Suas partes se movem de modo a indicar a hora do dia. Tendo observado os vários mecanismos do relógio, devemos concluir que ele teve um fabricante que entendeu sua construção e projetou seu uso.

De acordo com Paley, concluiríamos isso ainda que outros fatos potencialmente desconformes fossem verdadeiros. Por exemplo, mesmo que jamais tivéssemos visto um relógio fabricado, este relógio nos convenceria de que ele tem de ter um projetista. Além disso, mesmo que o relógio nem sempre funcionasse corretamente, ele ainda ofereceria provas de ter sido projetado, em vez de surgir do acaso aleatório. Terceiro, mesmo que não conseguíssemos descobrir a função de algumas das partes do relógio, isso não enfraqueceria a inferência de que o relógio como um todo foi projetado. Quarto, ninguém pensaria que haveria um princípio de ordem inerente às coisas, o qual fizesse automaticamente com que as peças do relógio se juntassem. Como Paley diz, ninguém jamais viu um relógio feito pelo princípio da ordem; nem podemos conceber um princípio de ordem separado daquele que faz a ordenação. Finalmente, suponhamos que descobríssemos que o relógio tivesse a capacidade de fabricar outros relógios, de modo que o relógio em si provavelmente teria sido produzido por um relógio anterior. Isso ainda não nos levaria a questionar o *design* do relógio. Em vez disso, nós nos maravilharíamos com a inteligência que produziu o relógio original, de forma a permitir a produção de outros relógios. Nenhum destes fatos nos dissuadiria de acreditar que o relógio mostra evidências de um Criador inteligente proposital.

Paley aplica essa linha de raciocínio ao mundo. Por analogia, podemos ver que a natureza dá provas de *design* e propósito, tal como o relógio. Paley oferece numerosos exemplos de como vários organismos e órgãos estão entrelaçados a fim de que as criaturas possam sobreviver. Assim como as evidências de *design* no relógio sugerem um relojoeiro inteligente, as evidências de *design* na ordem natural sugerem um Criador do mundo, o qual é inteligente e proposital. E esse Criador é Deus.

A CRÍTICA DE DAVID HUME. Em seus *Dialogues Concerning Natural Religion* [Diálogos sobre religião natural], David Hume oferece a crítica mais abrangente do argumento teleológico já dada. Desde sua época, a maioria dos críticos do argumento começa com Hume, independentemente de qualquer outra coisa que eles digam. A seguir, esboçarei algumas das objeções mais significativas, com respostas quando apropriado.

Primeiro, o argumento do *design* é um argumento proveniente da analogia. Contudo, Hume defende que o universo não é suficientemente análogo a artefatos humanos, como uma casa ou um relógio, para sustentar o argumento. Se fosse, poderíamos ser capazes de lhe atribuir *design* tal como podemos fazer aos artefatos humanos. A dessemelhança, porém, destrói o fundamento do argumento.

Alvin Plantinga (*God and Other Minds* [Deus e outras mentes]) acha que a objeção de Hume é inconclusiva. Embora existam vastas diferenças entre o mundo e uma casa, e embora possamos pensar que o mundo se assemelha mais a um grande vegetal flutuante ou a um organismo como um crustáceo do que a uma máquina, isso ainda não invalida o argumento. A chave não é que cada característica do mundo tenha analogia com cada característica de um artefato, mas apenas que o mundo seja um membro de algumas classes às quais um artefato também pertence. E isto é assim, pois tanto o universo como os artefatos humanos pertencem à classe das coisas que exibem a curiosa adaptação dos meios aos fins. Como não podemos pensar em nenhum artefato pertencente a essa classe que não seja produto de um *design* inteligente e consciente, podemos inferir corretamente que o mundo, como parte dessa classe, também exibe adaptação dos meios aos fins como resultado de um *design* inteligente. Como explica Plantinga, Hume afirma que a dessemelhança entre o universo e um artefato torna impossível argumentar por meio da analogia de um para o outro, mas ele não nos diz quais itens de dessemelhança tornariam este argumento por analogia, em particular, imperfeito. Até ele explicar as áreas em que a analogia deve falhar para que não seja utilizável, a objeção de Hume mostra pouco. Além disso, ele ignora uma área de similaridade que é crucial para o argumento.

Em segundo lugar, uma das objeções mais importantes de Hume foi que o argumento é fraco em apontar para várias evidências de *design* no universo. Qualquer universo, independentemente de sua origem, *parecerá* ter um *design*. Se as coisas no universo não fossem adaptadas umas às outras (e assim aparentemente projetadas), como poderia haver um universo? Então, o simples fato do *design* não é prova de Deus. Ele sugere que devemos perguntar pela causa, mas Hume defendeu que nada no argumento exige que Deus seja essa causa. É sempre possível, por exemplo, que o universo contenha um número infinito de átomos movendo-se aleatoriamente. Dado o tempo infinito, mais cedo ou mais tarde eles entraram na combinação que conhecemos como nosso universo. O argumento teleológico não exclui a possibilidade de que o *design* tenha resultado dessa forma.

Hume escreveu muito antes de *A origem das espécies,* de Darwin, mas desde a publicação deste, os críticos do argumento do *design* têm dito que a teoria de Darwin é exatamente a explicação naturalista do *design* no universo para a qual Hume estava olhando. Os princípios de seleção natural e sobrevivência do mais apto, dizem eles, oferecem toda explicação que precisamos para exemplos de *design* no universo. Não precisamos apelar para Deus. É claro que há objeções importantes à evolução, e mesmo que se aceite a evolução, ainda assim deve-se mostrar que os exemplos de *design* são mais bem explicados por apelo à evolução do que por apelo à criação por um *designer* inteligente.

Terceiro, uma das maiores queixas de Hume é que o argumento do *design* inteligente, no máximo, estabelece um Deus finito. O mundo (o efeito) é finito e imperfeito, então para produzir este mundo, tudo o que é necessário é uma causa igual ou maior do que o efeito. Porém, uma causa que é maior do que o efeito não precisa ser infinita. Assim, o Deus postulado por este argumento pode ser muito sábio e muito poderoso, mas não precisa ser todo--sábio ou todo-poderoso. Além disso, não precisamos nem mesmo assumir, a partir de evidências do *design*, que existe apenas um Deus. Assim como os artefatos humanos, como uma casa ou navio, são, muitas vezes, construídos por uma equipe de trabalhadores, por que não poderia haver uma equipe de deuses que produziu cada exemplo do *design*? Ou talvez cada deus fosse responsável por um exemplo de *design* no mundo. Nada no argumento teológico padrão exclui essas possibilidades.

Uma última objeção de Hume diz que é ilegítimo fazer julgamentos de probabilidade em assuntos nos quais o item em discussão é único, e a origem do universo é única. Já que temos apenas um exemplo, como podemos julgar que universos são muito provavelmente projetados por Deus? Se tivéssemos inúmeras experiências da origem dos mundos, então poderíamos fazer um julgamento de probabilidade, mas dada a singularidade do caso, não se deveria fazer tal julgamento. Esta objeção não só anula o argumento teológico, mas também, aparentemente, qualquer outro argumento para a existência de Deus baseado na probabilidade.

Há duas maneiras de considerar esta objeção. Por um lado, significa que o raciocínio analógico sobre este assunto está descartado, dada a singularidade da origem do universo. Contudo, Plantinga desacreditou tal raciocínio, pois a singularidade de uma coisa (e em certo sentido tudo é único) não implica que ela não tenha qualidade em comum com nada mais. Como Plantinga demonstrou, o mundo partilha uma qualidade com outros artefatos, e essa qualidade é crucial para o argumento do *design*. Na outra interpretação, a queixa de Hume é sobre fazer juízos de probabilidade nos casos em que existe apenas um exemplo do fenômeno.

Além da crítica de Hume, foram levantadas outras objeções ao argumento do *design*. Uma das mais significativas é que, se os exemplos de *design* apontam para um Criador divino inteligente, os exemplos do mal e da desordem sugerem o oposto. Essa objeção é, na verdade, o problema do mal, que será discutido em um capítulo posterior. Os teístas devem admitir que o mal *prima facie* tem de ser uma desvantagem para a probabilidade do teísmo, e devem explicar por que, na verdade, não derrota a crença em Deus. Porém, os fatos do mal não eliminam a obrigação do crítico de explicar todos os exemplos de *design* em nosso mundo. Como Paley disse sobre o relógio, mesmo que não funcionasse, isso não provaria que ele não tinha evidências de *design*. Além disso, o crítico deve responder à seguinte pergunta: se não há Deus, por que as coisas dão certo em nosso universo, e por que isso acontece na maioria das vezes? A evolução e o acaso parecem inadequados para explicar por que não há mais mal do que já temos.

ARGUMENTOS MORAIS

Um terceiro tipo de argumento *a posteriori* para a existência de Deus é o argumento moral. Este tipo de argumento não é tão popular entre os filósofos (mesmo os cristãos) como os outros, mas é muito cativante para as pessoas comuns. Há certa plausibilidade de bom senso nele, como se pode confirmar pela versão de C. S. Lewis em *Cristianismo puro e simples*.

Assim como os outros argumentos clássicos, "o argumento moral" se refere a uma série de argumentos. Parece haver dois tipos amplos de argumentos morais. Um tipo é representado por Kant, que na verdade não tentou oferecer qualquer espécie de prova demonstrativa, seja na forma dedutiva ou indutiva. Seu argumento passa do fato da obrigação moral para a afirmação prática de que qualquer um que leve tais obrigações a sério deve acreditar na realidade de Deus.

A outra forma mais prevalente do argumento infere, a partir de alguns fatos sobre a moralidade, tais como a existência de leis morais objetivas ou o fato da consciência, que Deus é sua causa. Este tipo de argumento é oferecido por filósofos como Cardeal Newman, Hastings Rashdall e C. S. Lewis. Ao contrário de muitos argumentos teleológicos, os argumentos morais não são provenientes da analogia, mas assim como os argumentos teleológicos, eles são probabilísticos por natureza. Eles não afirmam que não há outra explicação possível para os fenômenos empíricos que citam; apenas afirmam que a existência de Deus é a mais provável.

O argumento moral de C. S. Lewis

Em *Cristianismo puro e simples*, Lewis apresenta uma versão poderosa do argumento moral. Ele começa por observar que as pessoas fazem comentários que pressupõem alguma lei moral. Quando promessas são quebradas, elas reclamam que a promessa deveria ter sido cumprida. Quando alguém implica com um espectador inocente, outra pessoa pode lhe dizer para deixar a vítima em paz, já que ela não está prejudicando ninguém. Como diz Lewis, esses comentários pressupõem algum padrão de comportamento aceito. Até o malfeitor reconhece o padrão ao tentar explicar suas ações. Ele não responde simplesmente "E daí?" Tudo isso sugere que existe algum padrão comum de comportamento, moralidade ou lei de jogo limpo. Sem esse padrão, não poderíamos sequer discordar sobre questões morais. Não faria sentido tentar provar que alguém está errado nestes assuntos se não houvesse um conceito assumido do que é certo e errado.

Alguns poderiam negar que essa noção de certo e errado é universal, mas Lewis diz que é. De uma cultura para outra, pode haver alguma diferença nas normas éticas, mas há mais similaridade nas moralidades do que se poderia suspeitar. Por exemplo, parece universalmente verdade que o egoísmo é desaprovado. O mesmo se aplica à mentira ou à quebra de promessas. Existe um sentido universal de lei moral, mas também é universalmente verdade que as pessoas violam essa lei.

Lewis sabe que alguns objetarão que essa lei moral é apenas nosso instinto gregário, e como tal, deve ter se desenvolvido como qualquer outro instinto, mas Lewis nega isso. Na verdade, temos vários instintos, mas nenhum deles nos diz se devemos segui-lo; ele apenas está lá. Por exemplo, podemos ter um instinto de ajudar um homem que está se afogando, mas também um instinto de preservar a própria vida. Ter esses instintos não nos diz qual seguir. Apenas uma lei moral nos diz isso; portanto, a lei moral deve ser diferente de um mero instinto.

Outros pensam que a lei moral nada mais é do que uma mera convenção ensinada pelos pais e amigos. Lewis admite que a moral é, pelo menos em parte, ensinada pelos pais, mas nega que se trata de uma mera convenção. Ele assemelha a lei moral à matemática. A matemática também tem de ser ensinada, mas uma convenção é algo que reflete o gosto peculiar de uma sociedade específica. Não precisa ser o mesmo de uma sociedade para outra. Obviamente, a matemática não pode mudar de uma sociedade para outra. De igual modo, Lewis argumenta, a lei moral não é uma convenção elaborada do jeito que uma sociedade quer. A lei moral não é mera convenção, como é evidenciado pelo fato de que, de uma cultura para outra, há uma grande semelhança nos códigos morais. Além disso, faz sentido falar de algumas moralidades como melhores que outras e falar de progresso moral, mas como poderia ser assim se não houvesse um padrão constante de moralidade que não muda de tempos em tempos e de lugar para lugar? A lei moral deve ser mais do que uma mera convenção.

Lewis acrescenta então que a lei moral não é como as leis da natureza. O termo "leis da natureza", na verdade, refere-se às regularidades da natureza. Reflete o que acontece na natureza, mas não nos diz o que deve acontecer. Por outro lado, a lei moral nos diz como devemos nos comportar. Ela faz mais do que descrever comportamento; ela o prescreve. De onde vem esse sentimento de obrigação ou prescrição que experimentamos? Na verdade, de que modo nós geralmente explicamos qualquer fato sobre o universo? Tradicionalmente, tem havido duas respostas principais, uma naturalista e outra religiosa. A primeira diz que não há nenhuma razão particular pela qual os humanos percebem um senso de obrigação moral ou que alguma coisa é como é. Simplesmente acontece assim. A segunda visão é que há algo por trás do universo que se parece mais com uma mente do que qualquer outra coisa que conhecemos. Esse algo é a fonte da obrigação moral que sentimos. Lewis diz que cada um de nós sente que há algo além da lei moral; não é simplesmente por acaso que temos esse senso de obrigação. Se o que é verdade sobre nós é verdade sobre os outros, temos razões para pensar que os outros sentem que há algo além de nós. Quando examinamos o universo e a lei moral, é melhor concluir que o algo ou alguém além de nós é Deus.

Objeções

Os argumentos morais têm sido criticados por várias razões, mas algumas objeções são mais prevalentes e se relacionam com a maioria, se não com todos, os argumentos que inferem Deus a partir de algum fato sobre o caráter moral do universo. A maioria dos argumentos morais supõe a objetividade dos valores morais e da lei moral. Ou seja, eles pensam que há uma moralidade absoluta independente da mente, e afirmam que a consciência não se origina meramente de algum truque psicológico da mente. A primeira linha de objeção começa perguntando se as leis e os valores morais são realmente objetivos. Muitos que rejeitam argumentos morais para a existência de Deus respondem que as leis e os valores morais são subjetivos.

Uma forma popular de subjetivismo moral é o relativismo cultural, que interpreta as obrigações morais em termos de aprovação e desaprovação social. Toda sociedade tem certas ações que aprova e outras que desaprova. O que faz um ato certo ou errado é o que a sociedade pensa sobre ele. É claro, as sociedades podem ter opiniões muito diferentes sobre o que é certo e o que é errado. Com esta visão ninguém deve pensar que as normas éticas vêm de um Deus que revela que certas coisas são certas e outras erradas. O objetivismo moral está errado e não pode servir como base para discutir com Deus.

Todas as formas de subjetivismo moral têm sido severamente criticadas por teístas e por ateístas igualmente. O próprio argumento de Lewis dá algumas respostas esclarecedoras à visão. No entanto, uma maneira de rejeitar argumentos morais para a existência de Deus é acreditar no subjetivismo moral. Contudo, mesmo que se mantenha o objetivismo moral, isso não significa automaticamente que os argumentos morais são bem-sucedidos. Muitos que acreditam que as leis e os valores morais são objetivos ainda se recusam a ver isso como algo que aponta para Deus.

A maioria dos defensores do objetivismo moral que rejeita Deus o faz com base no fato de que a objetividade da lei moral e o fato da consciência podem ser explicados de uma forma totalmente naturalista. Muitos afirmam que os valores morais e a consciência surgiram à medida que o homem evoluiu. Quanto mais superiores se tornaram as formas de vida, mais as pessoas tiveram de aprender a viver juntas na sociedade por regras que protegem todos. As sociedades sem tais regras simplesmente não sobreviveram, enquanto outras que desenvolveram a moralidade e viveram por ela descobriram que eram mais capazes de sobreviver. Assim, nesta visão, as leis morais e a consciência podem ser explicadas como o resultado natural do processo evolutivo. Não há necessidade de apelar para Deus.

Aqueles que rejeitam a evolução podem optar por outra explicação naturalista do objetivismo moral. Eles podem pensar que as normas éticas refletem a pressão coletiva da sociedade, em vez da revelação divina da lei moral. As sociedades seguem essas normas porque veem que tal comportamento é do seu melhor interesse coletivo e individual. A consciência acaba sendo nada mais do que a pressão trazida para influenciar um indivíduo a partir do que a família, os amigos e a sociedade como um todo disseram a esse indivíduo para fazer. Esses fenômenos não precisam de mais explicações.

É claro, todas essas explicações naturalistas se baseiam ou na crença de que os seres humanos são essencialmente bons e assim saberão e farão o que é certo, ou na visão de que a moralidade é totalmente motivada pelo interesse egoísta de preservar o bem-estar. Qualquer pessoa comprometida com um relato bíblico do homem deve rejeitar as duas noções. As Escrituras retratam os seres humanos como sendo maus demais para fazer o que é certo, mesmo que saibam o que é certo. Muitas pessoas são motivadas a fazer o que é certo apenas porque compensa fazê-lo, mas nada disso garante que alguém fará o que é certo ainda que saiba que é vantajoso. Romanos 1.31,32 é muito explícito ao dizer que até aqueles que sabem que os malfeitores são punidos fazem o mal da mesma maneira e encorajam outros a fazê-lo. Obedecer às leis morais excluiria o castigo; apesar de saberem disso, eles são perversos demais para se converter do mal. A despeito destes fatos, aqueles que preferem uma explicação naturalista do objetivismo moral rejeitam argumentos morais para a existência de Deus.

Uma última linha de objeção resulta do fato de que os argumentos morais são probabilísticos por natureza. Os teístas sustentam que, embora existam explicações naturalistas para uma consciência e lei moral objetiva, a explicação teísta é mais provável. Os ateus discordam e sustentam que a única razão pela qual os teístas pensam que uma explicação teísta é mais provável é que eles já são crentes. Os teístas levantam uma queixa semelhante contra os ateus. Ambas as objeções equivalem a dizer que a única razão pela qual cada lado aceita como mais provável sua própria explicação é que cada lado assume seu argumento como verdade sem discuti-lo. Cada lado está comprometido com seu ponto de vista antes da discussão começar, então os argumentos se tornam irrelevantes para ambos os lados. Argumentos como o moral não nos aproximam da verdade quanto à existência de Deus.

Nem todos os teístas pensam que o peso da probabilidade está do lado teísta, a favor do argumento moral. Por exemplo, Richard Swinburne, que vê a probabilidade do lado do argumento cosmológico e do argumento do *design*, acha que não está nada claro que a explicação teísta de fenômenos morais como a consciência é a mais provável. Swinburne diz que as explicações naturalistas parecem ser tão plausíveis quanto as teológicas. Por exemplo, existe clareza abundante do fato de que as normas morais vêm mais provavelmente de Deus do que das pressões coletivas da família e da sociedade?

O que isso mostra é que, entre os filósofos (teístas e ateus igualmente), o argumento moral é geralmente a menos popular das provas teístas. Ele oferece confirmação para o crente e algumas evidências para o incrédulo aberto a argumentos, mas para um ateu convicto é provavelmente o menos provável dos argumentos teístas a ser racionalmente convincente.

Valor geral dos argumentos teístas

O que deveríamos concluir sobre o valor dos principais argumentos teístas? Vários pontos parecem apropriados. Primeiro, o único argumento que estabeleceria a existência do Deus judaico-cristão com todos os seus atributos (se funcionasse) é o argumento ontológico. Infelizmente, é o mais difícil de entender, e muitos acham que é o menos provável de estar correto.

Segundo, todos os argumentos teístas são valiosos em mostrar que a crença teísta não é completamente irracional. Para os teístas, tais argumentos oferecem a confirmação racional de sua crença. Para os ateus ou agnósticos, oferecem justificações para a crença em Deus. Argumentos como o cosmológico e o teleológico parecem mais convincentes, mas todos oferecem alguma evidência da existência de Deus. Nenhum dos argumentos por si só oferece uma prova conclusiva, mas são apenas o tipo de evidências que acharíamos proveitosas ao fazer uma defesa geral cumulativa da existência de Deus.[17]

Finalmente, os argumentos são valiosos como peças sofisticadas e interessantes do raciocínio filosófico, independentemente de sua exatidão ou inexatidão. Mesmo filósofos ateus convictos, por exemplo, concordam que o argumento ontológico é extremamente importante em termos filosóficos pelo que nos ensina sobre temas como a natureza da necessidade. Consequentemente, os argumentos teístas continuam a gerar muita discussão, e é provável que o interesse neles não diminua tão cedo.

A realidade de Deus

Uma vez resolvida a questão se existe um Deus, o próximo ponto é que tipo de ser esse Deus tem. No Capítulo 2, nós distinguimos esta questão daquela sobre o papel e os relacionamentos de Deus em nosso mundo. Como vimos, alguns acreditam que Deus é meramente um conceito sem realidade fora das mentes humanas. Além disso, Karl Marx afirmou que "a religião é o ópio do povo". Ele pensou isso não porque existe realmente um Deus que satisfaz os desejos dos corações humanos por um ser supremo, mas porque as pessoas inventaram a ideia de Deus para ajudá-las a passar pelas provações e tribulações da vida diária. Deus é considerado uma muleta para aqueles que são fracos demais para enfrentar o mundo sozinhos. Uma vez que amadureçam a ponto de lidar com as vicissitudes da vida, eles podem reconhecer essa muleta pelo que ela é — uma mera invenção intelectual — e descartá-la. A vida sem Deus é para os que são intelectual e emocionalmente maduros, aqueles que cresceram a ponto de poder criar o próprio sentido e encontrar a própria realização em um mundo destituído de muletas.[18]

Deus é real

Em contraste com tal ceticismo, tanto a razão quanto as Escrituras ditam que Deus é real, e que sua realidade é mais que a de um conceito. Na primeira parte deste capítulo, nós discutimos argumentos racionais para a existência de Deus. Embora não sejam conclusivos em si mesmos, esses argumentos conferem credibilidade à crença em Deus. Os argumentos cosmológicos e teleológicos, em particular, oferecem evidências de que é provável que a matéria na forma organizada não tenha estado aqui eternamente; é provável que Deus tenha criado nosso universo, mas, é claro, esse Deus deve ser um ser real, não um mero conceito. Como Thomas Morris argumentou, se o que ele chama de teologia da criação tem alguma chance de ser levada a sério, o Criador do qual ela fala deve ser um ser real.[19] Os argumentos teístas *a posteriori* nos dão razão para acreditar que é assim.

Ao longo de toda a história do pensamento judaico e cristão, tem-se falado da realidade de Deus de várias maneiras. Durante muitos séculos foi comum dizer que Deus é uma substância cuja essência pode ser descrita de acordo com uma variedade de atributos que Ele possui. Com isso, teólogos e filósofos queriam dizer que Deus tem realidade fora de nossas mentes. Há um "algo" que está por trás de suas características e ações. Além disso, Deus tem atributos que pertencem à sua substância. Considerados coletivamente, esses atributos podem ser chamados de sua essência.[20] Em tudo, exceto no caso de Deus, podemos descrever suas características (sua essência) sem ter de concluir que a coisa descrita existe como algo mais do que um conceito. Deus é diferente, pois, como alguns têm dito, sua essência é existência, ou seja, é impossível dar uma descrição precisa de Deus sem incluir que Ele existe como um ser real externo às nossas mentes. Assim, a distinção essência/existência não se aplica a Deus.

Nas discussões contemporâneas, falar de substâncias e essências tem sido difícil. A objeção mais frequente é que tal linguagem invoca a filosofia grega antiga, com sua visão de Deus como o motor estático e imóvel. Como vimos, essa visão tem afinidades com o Deus do teísmo clássico, um Deus que é considerado religiosa, filosófica e teologicamente inadequado. Em contraste, os críticos afirmam que a imagem bíblica de Deus é de um ser relacional, envolvido intimamente com o mundo, enquanto o Deus estático das substâncias e essências permanece alheio e distante de nosso mundo. Os teístas do processo e da visão aberta são notadamente desdenhosos deste Deus.

À luz destas considerações, devemos ter cuidado ao falar do ser de Deus. Quer chamemos ou não Deus de uma substância com uma essência, o ponto básico com o qual todos os lados concordam é que Deus existe fora da mente. Podemos falar de sua natureza e existência não apenas como conceitos, mas como descrições de um ser real.

Ao nos voltarmos às Escrituras, encontramos amplo apoio para a realidade de Deus como um ser distinto. As Escrituras retratam Deus como um ser que age. No AT Ele cria (Gn 1.1ss.), Ele destrói o mundo por dilúvio quando a humanidade excede em maldade (Gn 6—9), Ele chama Abraão (Gn 12) e mais tarde confirma uma aliança com ele (Gn 15 e 17), Ele traz as pragas sobre o Egito (Êx 7—11), divide o mar Vermelho enquanto conduz o povo de Israel para fora da escravidão (Êx 14), dá a Lei a Moisés no monte Sinai (Êx 19—20), livra Daniel da cova dos leões (Dn 6) e tantas outras coisas. O NT também retrata Deus como um Deus de ação. Ele envia seu anjo para anunciar o nascimento de Jesus a Maria (Lc 1.26-38), torna-se encarnado em Jesus Cristo (Jo 1.14), declara sua aprovação a Jesus no batismo de Cristo (Mt 3.17), ressuscita Cristo dos mortos (At 2.24,32; Rm 4.24; 1Co 6.14) e faz muitas outras coisas conforme revelado no NT. É claro que "não entidades" não fazem nenhuma dessas coisas, então, visto que as Escrituras ensinam que Deus age em nosso mundo real, elas o retratam como um ser real, não como uma fabricação de imaginações férteis.

Há também passagens que declaram diretamente ou implicam claramente que Deus é um ser real. Filipenses 2.6 é um excelente exemplo. Falando de Cristo, Paulo diz que Ele existiu *en morphē theoû* ("ser na própria natureza Deus"). A palavra-chave é *morphē*, traduzida como "natureza" (em muitas traduções é "forma"). Como explica Silva, em grego clássico *morphē* não é equivalente a *ousia* ("ser", "essência"), mas é usado para falar "de atributos essenciais ou característicos e assim deve ser distinguido de *schēma* (a 'moda' externa e mutável)".[21] Silva explica ainda que o termo é usado em vários sentidos diferentes na literatura helenística e na Septuaginta. Por isso, devemos depender do contexto, e dois fatores contextuais nos ajudam muito neste caso. Por um lado, *morphē theoû* corresponde a *isa theoû* ("igual a Deus"). Além disso, "*morphē theoû* é colocado em paralelismo antitético com [...] *morphēn doulou* ('forma de um servo'), uma expressão definida mais pela frase [...] *en homoiōmati anthrōpōn* ('à semelhança dos homens')".[22] O ponto parece suficientemente claro. Paulo fala da humilhação de Cristo. Antes de se tornar encarnado, ou seja, "estar na semelhança dos homens", Cristo era "igual a Deus", ou seja, "na forma de Deus". As frases que tratam da humanidade de Cristo mostram que Ele se tornou um homem de verdade; Ele não parecia ser humano simplesmente (daí a frase "semelhança dos homens"). Portanto, deve ter uma natureza humana, mas as "não entidades" não têm nenhum tipo de natureza e não são nenhum tipo de ser. Como observa Silva, as frases sobre a humanidade de Cristo estão em antítese aos comentários sobre a relação de Jesus com Deus. Ser "igual a Deus" neste contexto certamente não significa que estar no *morphē theoû* se refere à aparência externa de Deus. Deus é imaterial, portanto, de qualquer modo, não tem aparência externa. Paulo deve estar pensando na natureza interior de Cristo antes da encarnação, mas as "não entidades" não têm nem uma natureza interior nem uma aparência exterior. Dizer que Cristo existiu na "forma de Deus" deve significar que Deus tem uma natureza e é um ser.

Em Gálatas 4.8 Paulo fala da condição dos gálatas antes de virem a Cristo: "Antes, quando vocês não conheciam a Deus, eram escravos daqueles que, por natureza, não são deuses" (NVI). A frase-chave é "aqueles que, por natureza, não são deuses" (*tois physei mē ousin theois*) e *physei* é a palavra-chave. Quando Paulo fala daqueles que, por natureza, não são deuses, devemos ter o cuidado de não ler *a priori* na filosofia grega *physei* sobre o ser e a essência. Por outro lado, se Paulo não estiver se referindo à natureza ou ao ser essencial, é difícil imaginar o que ele quer dizer. Se Paulo apenas quisesse dizer que, antes de virem a Cristo, os gálatas adoravam outros deuses, deuses sobre cuja realidade Paulo não queria fazer nenhum comentário, ele poderia apenas ter dito que eles adoravam outros deuses. Evidentemente, ele pretendia dizer mais do que apenas isso, mas qual poderia ser o seu argumento senão que esses deuses não existem (eles não têm natureza)? Ao dizer que esses deuses não têm ser, Paulo parece implicar que, diferentemente desses deuses, há um Deus que é uma entidade real. Faz muito sentido concluir, neste contexto, que Paulo acredita que o Deus que eles conhecem agora, tendo se voltado a Cristo, é o Deus que é um ser real.

Romanos 1.19,20 também é relevante para este ponto. No versículo 19 Paulo diz que todos têm alguma revelação de Deus, e no versículo 20 ele clareia esse ponto ao dizer que "Pois desde a criação do mundo os atributos invisíveis de Deus, seu eterno poder e sua natureza divina, têm sido vistos claramente, sendo compreendidos por meio das coisas criadas, de forma que tais homens são indesculpáveis" (NVI). Ou seja, ao olhar para a ordem criada, qualquer um pode concluir que ela deve ter sido feita por alguém com poder significativo. Na verdade, Paulo até diz que todos podem ver que esse Criador deve ser divino. Porém, para nossos propósitos, a questão é que as não entidades não criam nada. Logo, Paulo dificilmente pode estar dizendo que, conforme as pessoas olham para o nosso mundo, elas chegam à *ideia* de Deus e então concluem que uma mera ideia criou o que elas veem. As ideias não têm tal poder. O argumento de Paulo é que todos podem ver que deve haver um ser supremo, a saber, o Deus que criou este mundo.

Duas outras passagens do NT são dignas de nota. Em Hebreus 11, o autor discute a fé e oferece uma lista dos heróis da fé. O versículo 6 diz: "Sem fé é impossível agradar a Deus, pois quem dele se aproxima precisa crer que ele existe e que recompensa aqueles que o buscam" (NVI). Mais literalmente, o texto diz que aquele que vem a Deus deve acreditar que Ele existe. Com isso o escritor quer dizer que se deve acreditar que existe um Deus, e que Ele existe como mais do que um conceito. Não podemos agradar a Deus sem acreditar primeiro que Ele existe como um ser real, e isso pressupõe claramente que Deus é real.

A outra passagem do NT é Colossenses 2.9. Falando de Cristo, Paulo diz: "Pois em Cristo habita corporalmente toda a plenitude da divindade" (NVI). Se Deus não é um ser real, então no máximo Paulo está dizendo que Jesus tinha um conceito muito completo de como Deus é. É claro, isso não significa que Ele era pessoalmente divino. Contudo, Paulo pretende ensinar a divindade de Cristo ao mesmo tempo em que ensina a humanidade de Cristo. Se em Jesus uma natureza divina e uma natureza humana (não apenas conceitos de uma ou de ambas) se combinam para formar a pessoa Jesus

Cristo, isso não poderia acontecer se não houvesse um ser divino externo à nossa mente.

Quanto ao AT, já mencionamos as muitas ações atribuídas a Deus, e Ele não pode fazer essas coisas a menos que exista de verdade. Além disso, em Êxodo 3 Deus diz a Moisés para dizer aos israelitas que Ele o enviou. Moisés pergunta o que deveria dizer se eles perguntassem quem é esse Deus. Deus responde (v. 14): "Eu Sou o que Sou. É isto que você dirá aos israelitas: Eu Sou me enviou a vocês" (NVI). Se Deus nada mais é do que um conceito, e se "Eu Sou" nada mais é do que um nome ou descrição de um conceito, por que alguém iria seguir suas ordens? Muitos observam que o nome divino mostra a consciência de Deus de si mesmo, mas também sugere sua existência como um ser. O que é esse "Eu"? Certamente mais do que um ser imaginário ou um conceito, e de qualquer forma, os conceitos não revelam nada, inclusive seu nome, a ninguém.

Deus é um ser

Tendo fundamentado que o Deus cristão existe fora de nossa mente, devemos acrescentar rapidamente que Ele é *um* ser, não um ser-em-si, o fundamento do ser, o poder do ser ou a estrutura do ser. Além disso, Ele é distinto da criação. Tais afirmações pretendem proteger a noção evangélica de Deus contra várias ideias prevalentes entre muitos teólogos não evangélicos contemporâneos.[23]

Nos capítulos anteriores, vimos que Paul Tillich adota a visão de que Deus é ser-em-si. Conforme observa O. C. Thomas, Tillich refere-se a Deus como ser-em-si, o poder e a razão do ser, a estrutura do ser e da realidade, a própria existência, a base do pensamento e o pressuposto do conhecimento.[24] Compreender Deus e o ser em tantas descrições diferentes complica as coisas, mas ao ler Tillich, o que ele quer dizer é claro o bastante. A principal preocupação de Tillich é que não se pense em Deus como *um* ser, um entre muitos, pois então Ele também estaria sujeito ao ser supremo, ser-em-si. Como explica Thomas:

> Tillich afirma que Deus é ser-em-si, e não *um* ser, nem mesmo o ser mais elevado ou mais perfeito, pois se Deus fosse *um* ser, Ele estaria subordinado a ser-em-si e sujeito às categorias de finitude e, portanto, não seria a resposta à questão existencial da finitude humana. Deus como ser-em-si significa que Deus é a razão do ser ou o poder do ser. Ainda, Deus é a razão da estrutura

do ser. "Ele é a estrutura". Deus como ser-em-si não é a essência universal (panteísmo), em vez disso, está além do contraste do ser essencial e existencial.[25]

Embora isso possa parecer uma tentativa piedosa de impedir que Deus esteja sujeito a qualquer coisa além de si mesmo, em um exame mais minucioso, pergunta-se o que o Deus de Tillich realmente é. Que tipo de coisa é ser-em-si, ou a estrutura do ser, ou o poder e o fundamento do ser? Essas entidades são elas mesmas? Se sim, então elas devem ser seres de algum tipo e Deus, afinal de contas, é um ser. Tillich, claro, não permitirá isso, mas, então, que tipo de coisas esses itens são? Conceitos? Se o ser-em-si e o poder do ser são meros conceitos, então eles não têm existência independente da mente e, na verdade, estão subordinados aos seres que os pensam como conceitos. Como vimos nos capítulos anteriores, é difícil ver o Deus de Tillich como pessoal. Na verdade, é difícil vê-lo como algo real, que não seja um conceito ou um ser.

E quanto à maior preocupação de Tillich, de que Deus não seja apenas um ser entre muitos? Isso definitivamente é um problema se Deus for um ser humano, angelical, animal ou inanimado. Contudo, uma vez que entendemos que tipo de ser Deus é (nosso projeto neste capítulo e nos próximos, os atributos divinos) e o que Ele faz, percebemos que, embora seja um ser entre outros seres do universo, Ele não é um ser comum, ordinário. Portanto, é difícil se solidarizar com as preocupações de Tillich quanto a Deus estar além dos seres específicos. Além disso, as Escrituras são claras sobre Deus ser um ser distinto dos outros, não apenas um ser-em-si. Como Criador, Ele é a fonte de tudo o que existe, mas isso não significa que devemos entendê-lo como sendo impessoal, abstrato, e não como um Criador pessoal.

Há outra razão para afirmar que Deus é um ser distinto da sua criação. Devemos proteger o conceito evangélico de Deus contra o panteísmo e o panenteísmo. O ser de Deus não é idêntico ao universo criado. Logo, seu ser não está espalhado pelo universo, pedaço a pedaço, em cada ponto no espaço. A onipresença exige que Deus esteja de alguma forma presente *em* cada ponto no espaço, mas Ele não está presente *como* cada ponto no espaço; caso contrário, o resultado seria o panteísmo. Da mesma forma, as Escrituras jamais retratam o universo como o corpo de Deus, o polo concreto de um ser dipolar. Embora os panenteístas afirmem que Deus não é idêntico a cada ponto no espaço (eles negam um compromisso com o panteísmo), eles acreditam que todas as coisas existem em Deus. Logo, o universo concreto é seu corpo, mas há mais em Deus do que apenas seu polo concreto.

Ao contrário do panteísmo e do panenteísmo, as Escrituras ensinam que não há ninguém como Deus. Isaías escreve (40.18): "Com quem vocês compararão Deus?" (NVI, veja também Sl 35.10; 71.19; 86.8; 89.8). Estes versículos comparam *Yahweh* a qualquer outra coisa adorada como Deus. Não há Deus como o Deus da Bíblia, mas nós podemos e devemos ir mais longe. No Decálogo (Êx 20.3-5), Deus ordena a Israel que não faça nenhum ídolo dele. Moisés repete o teor dessa ordem e explica melhor por que deve ser seguida (Dt 4.15-19). No dia em que o Senhor lhes falou do meio do fogo em Horebe (v. 15), eles não viram nenhuma forma. Portanto, eles não deveriam tentar representar Deus por nada que representasse os humanos, animais ou qualquer outra coisa (v. 16-18). Nem deveriam adorar o sol, a lua e as estrelas (v. 19). De acordo com o apóstolo Paulo (Rm 1.23), foi apenas este erro que a humanidade cometeu. Tendo a revelação do verdadeiro Deus, eles adoraram ídolos no lugar de Deus.

O objetivo de apelar para esses versículos é mostrar que o consenso das Escrituras não é apenas de que não existe um Deus como o Deus da Bíblia: é mais do que isso, não existe nada no universo que se equipare a Deus. Portanto, qualquer tentativa de representá-lo por alguma imagem ou ídolo não terá sucesso. Se isto for verdade, porém, nem o panteísmo nem o panenteísmo podem se equiparar ao Deus das Escrituras. Conforme o panteísmo, tudo é Deus, então, claro, há coisas que são como Ele, e nós podemos representá-lo (ou ao menos algum aspecto dele) por um ídolo de um ser humano ou animal. Quanto ao panenteísmo, o mesmo se aplica. Mesmo que o universo não seja tudo o que há para Deus, o universo é idêntico ao polo consequente de Deus. Há algo como Ele e deveria ser possível fazer imagens para representar vários aspectos de seu polo físico. Visto que as Escrituras afirmam que nenhum Deus e nenhuma outra coisa é idêntica ao Deus verdadeiro e vivo (portanto, é impossível representá-lo por meio de qualquer imagem), é seguro dizer que o Deus bíblico não é o Deus do panteísmo nem o Deus do panenteísmo. Se assim for, então Deus deve ser um ser distinto do universo criado.

Deus como um ser perfeito, necessário e infinito

A próxima tarefa é descobrir que tipo de ser Deus é. Começo observando que Deus é o ser mais perfeito e um ser necessário. Cada uma dessas afirmações precisa de explicação e defesa.

Um ser perfeito

O tratamento que Thomas Morris dá às duas questões em *Our Idea of God* [Nossa ideia de Deus] é de grande ajuda. Como Morris explica, os teólogos devem decidir que método usar ao formar o conceito de Deus. Pode-se depender somente da revelação bíblica, mas as Escrituras não são escritas como um texto filosófico. Assim, embora os evangélicos comecem com as Escrituras e englobem tudo o que elas dizem sobre Deus, ainda restarão questões quando a análise da Bíblia terminar. Morris argumenta que se pode, em vez disso, usar um método que comece com Deus como Criador e mapeie as relativas implicações. Tal método poderia englobar as Escrituras, mas utilizando-se a teologia da criação, ou as Escrituras mais a teologia da criação, algumas perguntas ainda permanecerão. Morris sugere que comecemos com a percepção de Anselmo (incorporada no argumento ontológico) de que Deus é o "ser do qual nenhum maior pode ser concebido", ou mais simplesmente, "o maior ser concebível" (o MSC).[26]

Como Morris afirma, a percepção-chave de Anselmo era que nenhum ser poderia se qualificar como Deus se um ser maior pudesse ser concebido. Dizer que Deus é o MSC significa que "Deus é um ser com a maior variedade possível de propriedades engrandecedoras compossíveis".[27] Além disso, uma propriedade engrandecedora é "qualquer propriedade, ou atributo, ou característica, ou qualidade que seja intrinsecamente bom possuir, qualquer propriedade que dota seu portador de alguma medida de valor, ou grandeza, ou estatura metafísica, independentemente de circunstâncias externas".[28]

Embora possam ser revistas um pouco, essas definições capturam a principal tônica de Anselmo. Como vimos ao discutir o argumento ontológico, a chave para Anselmo é a grandeza metafísica, pois, ainda que Deus seja moralmente perfeito, a única esperança para o argumento ter sucesso é se Ele for o ser *metafisicamente* mais perfeito possível, pois tal ser teria existência necessária, e um ser com existência necessária não poderia deixar de existir. Além disso, devemos estreitar o leque de propriedades engrandecedoras que podem se aplicar a Deus. Por exemplo, é presumivelmente mais importante para uma rocha ser dura do que ser mole, porque assim será menos provável que ela seja destruída. Entretanto, faz pouco sentido dizer que, como a dureza em uma rocha é intrinsecamente valiosa, Deus, como possuidor de todas as propriedades engrandecedoras, deve ser duro. Precisamos restringir nossa discussão às qualidades que são intrinsecamente valiosas para um ser divino pessoal ter. Por exemplo, os seres divinos podem ter poder, conhecimento e sabedoria, e eles exercem várias virtudes morais, tais como amor, justiça e bondade. A definição de Deus dada por Anselmo ensina que, se o Deus que concebemos for verdadeiramente o mais perfeito, Ele tem de ter todas essas qualidades, e deve tê-las no mais alto grau possível para um ser do seu tipo. Além disso, como explica Morris, quaisquer que sejam as características de propriedades engrandecedoras, deve ser possível que elas existam conjuntamente em um ser individual. Nenhum ser solteiro poderia ter as duas propriedades, a de ser casado e a de ser solteiro. Semelhantemente, se houver quaisquer propriedades engrandecedoras que um ser não possa ter conjuntamente com outros atributos, então Deus não poderia ter todas.[29]

O que eu disse nos parágrafos anteriores não é encontrado dessa forma nas Escrituras, mas isso não significa que a Bíblia ou a teologia evangélica discordariam. Dentro das Escrituras há uma série de versículos que ensina que não há Deus como o Deus bíblico (p. ex., Is 46.9ss.). À luz do que os escritores bíblicos dizem sobre Deus em comparação com outros deuses, é razoável pensar que, se questionados, eles diriam que o Deus bíblico supera tudo e todos em cada um de seus atributos.

Depois de fazer essas afirmações sobre o que chama de teologia do ser perfeito, Morris acrescenta que, ao formular o nosso conceito de Deus, depender apenas das noções básicas da teologia do ser perfeito será muito restritivo. A teologia do ser perfeito nos informa que Deus deve ter todas as perfeições que um ser divino pode ter (e cada uma no mais alto grau), mas isso não nos diz a lista de características que Deus realmente tem. É aqui, explica Morris, que devemos complementar a teologia do ser perfeito com a teologia da criação e com o ensinamento bíblico, a fim de obter um conceito tão completo quanto possível acerca do ser de Deus.[30]

Um ser necessário

Além de existir fora de nossa mente e ser o maior ser concebível, Deus também é um ser necessário. Eu uso os termos "necessidade" e "necessário" num sentido filosófico, não nos sentidos que empregamos na linguagem comum. Os filósofos usam esses termos de variadas maneiras, mas eu estou interessado especificamente em duas. Um sentido de "necessário" significa verdadeiro para todos os mundos possíveis. Um mundo possível é a sequência completa de pessoas, objetos, eventos e ações ao longo de toda a história desse mundo, do começo ao fim. Os filósofos sustentam muitas vezes que existe um número infinito de mundos possíveis, embora apenas um seja real.

Os filósofos e teólogos que falam de Deus como necessário neste sentido normalmente querem dizer duas coisas. Por um lado, eles querem dizer que qualquer atributo que Deus tem em um determinado mundo possível é parte de sua natureza essencial. Ele não poderia ser o que é sem esses atributos. Além disso, dizer que Deus é um ser necessário significa que Ele existe em todos os mundos possíveis. Lembrando a lógica da visão que Anselmo tem de Deus como o ser mais perfeito, podemos ver por que o maior ser concebível tem de existir em todos os mundos possíveis, e não apenas em alguns. Se ele existe em alguns, mas não em todos, há um maior ser concebível, isto é, um que existe em mais mundos possíveis. Na realidade, o próprio maior ser concebível existiria em todos os mundos possíveis. Se for assim, então imagine qualquer situação logicamente concebível que você quiser e Deus existiria nela.

Os filósofos também usam "necessário" em oposição a contingente. Algo contingente não tem de existir, mas pode. Como contingente, é trazido à existência e mantido nela por outra coisa. Além disso, coisas contingentes podem deixar de existir. Em contrapartida, os seres necessários não dependem de nada para sua existência; eles não ingressam na existência nem saem dela. Na forma contingencial do argumento cosmológico, vimos que, se tudo o que já existiu foi contingente, deve ter havido algum tempo no passado em que nada existia. Porém, do nada não vem nada e, contudo, sabemos pela observação que algo existe: nosso universo. A produção de um universo, então, deve depender de algo que não depende de nenhuma outra coisa para sua existência. Esse ser é o que os filósofos e teólogos comprometidos com o que Morris denomina teologia da criação chamam de Deus. A noção de Deus como um ser necessário também remete à segunda forma do argumento ontológico, que compara a existência contingente com a existência necessária e conclui que esta última é o maior tipo de existência que existe. Portanto, o maior ser concebível deve existir necessariamente, não contingencialmente.[31]

Deus como um ser necessário concorda com o retrato bíblico de Deus? Certamente os escritores bíblicos jamais usaram tal linguagem filosófica acerca de Deus, mas as Escrituras dizem coisas que se encaixam nessa noção. Primeiro, as Escrituras afirmam claramente que Deus sempre existiu e sempre existirá (veja minha fala sobre eternidade no Capítulo 8). Além disso, Jesus diz que o Pai tem vida em si mesmo, e concedeu ao Filho que também tenha vida em si mesmo (Jo 5.26). É difícil saber o que isso significa a não ser que Deus não depende de ninguém, exceto dele mesmo, para sua vida. Finalmente, as Escrituras proclamam enfaticamente Deus como o Criador de todas as coisas (p. ex., Gn 1.1; Êx 20.11), mas jamais falam de Deus como criado ou como uma criatura.

Estas ideias bíblicas consideradas conjuntamente me levam a concluir que Deus é um ser necessário, não contingente. Se Deus não é criado, tem vida em si mesmo de modo que não depende de ninguém para sua existência, e sempre existiu e sempre existirá, então Deus se classifica como um ser necessário no sentido filosófico do termo. Deus certamente não poderia ser contingente e se encaixar na descrição bíblica apresentada no parágrafo anterior.

Quanto a Deus ser necessário no sentido de existir em todos os mundos possíveis, as Escrituras jamais dizem isso dele diretamente. Contudo, dizem que nada foi feito sem sua ação, e é razoável inferir a partir de tais versículos que os escritores acreditam que Deus não apenas é o Criador, mas também o único com poder para criar qualquer coisa. Se for assim, Ele existe para este mundo possível, e é difícil imaginar como qualquer outro mundo possível poderia tornar-se real sem que Deus o criasse. Então é difícil imaginar Deus como ausente de qualquer mundo possível, e isso significa que, embora a conexão entre as Escrituras e a "necessidade" no sentido de "verdadeiro para todos os mundos possíveis" não seja tão clara como poderíamos desejar, o que as Escrituras dizem sobre Deus como a única pessoa com poder para criar sugere que não é inconsistente com elas dizer que Deus é necessário neste sentido.

Um ser infinito

Além de defender que Deus é o MSC e um ser necessário, os teólogos e filósofos cristãos também sustentam que Deus é ilimitado ou infinito. No capítulo sobre atributos divinos não morais, eu discutirei este atributo mais detalhadamente, mas uma breve palavra se faz apropriada agora. Um argumento inicial é que não está claro que a perfeição ou a existência necessária implica logicamente ser infinito. Por exemplo, se não faz sentido falar de uma qualidade ou quantidade infinita de algum atributo que é considerado uma propriedade engrandecedora, Deus ainda poderia ser o MSC sem ser infinito ou ilimitado. Uma vez que Deus, enquanto MSC, não inclui necessariamente a ideia de sua infinidade, é correto afirmar separadamente que Ele é infinito ou ilimitado. Isso significa que não há limitações em Deus, exceto as leis da lógica e seus outros atributos.

Segundo, devido às conhecidas dificuldades em torno da noção, ou noções, de infinidade (p. ex., a infinidade matemática é notoriamente obscura — o que é um número infinito, um conjunto infinito, uma sequência infinita?), alguns teólogos preferem o termo "ilimitado". Claro que "ilimitado" pode ser interpretado como o mesmo que "infinito", com todas as suas ambiguidades. No entanto, se "ilimitado" significa simplesmente que não há restrições no que Deus pode fazer (exceto as limitações da lógica e de seu caráter), esse é o conceito básico que os pensadores cristãos adotam ao defender a infinidade divina.

Finalmente, devemos entender a infinidade ou ilimitabilidade de Deus em um sentido qualitativo, não em um sentido quantitativo. Assim, dizer que Deus é um ser ilimitado não significa que Ele tenha uma quantidade maior de ser do que qualquer outra pessoa, que o seu ser incorpore todos os outros seres, ou que seu ser seja equivalente a todas as coisas reais e possíveis. Tais entendimentos quantitativos da infinidade divina levam ao panteísmo. Em vez disso, a questão é que o ser distinto, que é Deus, é qualitativamente ilimitado. Tal ser seria um ser necessário, pois, como vimos, esta é a qualidade ou o tipo de ser mais alto que se poderia ter. Para ser um ser necessário, Deus não precisa possuir mais ser do que qualquer outro ser; em vez disso, Ele deve ser um tipo de ser diferente de qualquer coisa contingente.

Semelhantemente, dizer que Deus é infinito ou ilimitado em amor, justiça, poder, sabedoria ou conhecimento não é dizer que Ele tem uma quantidade infinita dessas qualidades. Em vez disso, significa que seus atributos são qualitativamente ilimitados e, portanto, o tornam um tipo de ser qualitativamente diferente de qualquer outra coisa no universo, um ser que é ilimitado no que diz respeito a esses atributos. Por exemplo, o poder de Deus não é a soma total de todo poder que existe e poderia existir (uma noção quantitativa). Em vez disso, como onipotente, Ele tem o tipo de poder que lhe permite fazer qualquer coisa que possa ser feita em conjunto com as leis da lógica e as especificidades de seu caráter. Dizer que Deus é ilimitado em conhecimento e poder de pensar não significa que sua mente seja a soma total de todas as mentes existentes mais todas as mentes possíveis (o que quer que isso signifique). Significa que não há limitações para seus poderes cognitivos. Como resultado, Ele conhece todas as verdadeiras proposições, embora não porque Ele tenha mais mente quantitativamente e, portanto, tenha uma mente suficientemente grande para armazenar toda essa informação. Ao contrário, a mente que Ele tem funciona tão bem que é capaz de saber todas as coisas, e conhecê-las de uma só vez.

Ao resumir esta parte do capítulo atual, podemos dizer que Deus existe no mundo fora de nossas mentes e é melhor entendido como o maior ser concebível e como um ser necessário e ilimitado.

DEUS COMO ESPÍRITO

Até agora vimos que Deus é um ser real que é perfeito, necessário e ilimitado, mas nada foi dito sobre a natureza fundamental desse ser. Apelando para a linguagem das substâncias, notamos que as coisas que existem independentemente da mente são feitas de um dos dois tipos de substância (ou de ambos). Algumas coisas são imateriais e outras são materiais. Alguns seres são feitos das duas, mas a parte imaterial não é composta de matéria e não matéria, e a parte material não é uma mistura de matéria e não matéria.

A diferença entre as coisas materiais e imateriais é considerável. As coisas materiais são coisas ampliadas e limitadas. Podemos observar onde um objeto material termina e outro começa. Em contrapartida, as coisas imateriais não são feitas de matéria, não são ampliadas e não têm fronteiras físicas. A característica básica dos objetos imateriais é a consciência ou cognição, ou seja, as coisas imateriais são coisas que pensam. Coisas materiais não pensam. A natureza humana tem sido tradicionalmente entendida como uma combinação de uma coisa material e uma substância imaterial.[32] Este dualismo de substância mente-corpo está conosco pelo menos desde o filósofo francês René Descartes. Os filósofos têm tentado explicar como coisas pensantes que não são ampliadas ou limitadas interagem causalmente com coisas materiais que têm essas características, mas não pensam. Até hoje ninguém ofereceu uma explicação inteiramente satisfatória; por isso, especialmente no século XX, muitos optaram por uma visão materialista da mente, negando totalmente a existência de substâncias imateriais.

Independentemente de se poder explicar adequadamente como as mentes imateriais interagem com os corpos materiais, os teístas cristãos entendem que há mais em jogo nessa discussão do que apenas um relato adequado da natureza humana. Tradicionalmente, os pensadores judeus e cristãos têm defendido que o Deus das Escrituras é um ser imaterial, espírito puro. Se se optar por um relato inteiramente materialista da mente, o conceito judaico-cristão tradicional de Deus apresenta sérios problemas.

Embora não possamos resolver aqui a questão da interação mente-corpo, podemos responder se as Escrituras retratam a natureza de Deus como material ou imaterial. Começamos com a evidência bíblica de que Deus é puro espírito, mas como veremos, a questão é mais complexa do que parece inicialmente.[33]

João 4 registra a conversa de Jesus com a mulher samaritana. No versículo 20 a conversa se volta para os lugares de adoração, e no versículo 23 Jesus diz que está chegando um tempo em que o lugar de adoração (p. ex., o templo em Jerusalém) não importará, mas a atitude e o método de adoração sim. Jesus acrescenta que seu Pai está procurando por pessoas que o adorem em espírito e verdade. Então, no versículo 24 Jesus diz: "Deus é espírito; e importa que os seus adoradores o adorem em espírito e em verdade". A palavra "espírito" é do grego *pneuma*. A segunda ocorrência não faz uma alegação ontológica sobre a natureza de Deus, mas em vez disso é usada como parte da frase que dita a forma correta de adoração. Contudo, a primeira ocorrência de *pneuma* afirma um fato ontológico sobre Deus: Ele é espírito.[34] Além disso, a ordem das palavras no idioma grego coloca *pneuma* como a primeira da frase, a fim de significar ênfase.

Os evangélicos geralmente citam esse versículo como se estivessem ensinando que Deus é puro espírito, e eles pensam que isso resolve a questão. Entretanto, não é tão simples assim, pois, embora o versículo afirme que a natureza de Deus é imaterial, por si só ele mostra apenas que Deus é *espírito, imaterial, no mínimo*. Ele não diz que Ele é espírito *no máximo*.

Ao longo dos séculos os comentaristas defenderam que o significado desse versículo é que Deus é apenas espírito, mas há razão para parar, pois a Bíblia também retrata Deus revelando sua presença em várias ocasiões de uma forma física ou material. Além disso, as Escrituras falam muitas vezes de Deus como se Ele tivesse partes materiais. Elas falam da "mão de Deus", dos "olhos de Deus", da "face de Deus". Os teólogos chamam essa linguagem repetidas vezes de antropomórfica. Ou seja, os escritores bíblicos não estão de fato atribuindo matéria física a Deus, mas em vez disso estão se referindo ao poder de Deus ("mão de Deus") ou ao seu conhecimento e sabedoria ("olhos de Deus"). Uma vez que estas partes do corpo humano desempenham em nós os papéis atribuídos a Deus, e uma vez que a linguagem humana está repleta de referências a coisas físicas porque os humanos têm um corpo e vivem num mundo físico, é natural falar de Deus nesses termos físicos. Todos reconhecem que as referências às partes físicas do corpo são metafóricas, antropomórficas, e que as usamos porque não temos outra linguagem para representar uma coisa não material agindo em nosso mundo.

Embora se suponha que tal linguagem seja metafórica, como saber se, em vez disso, a linguagem de Deus enquanto espírito e invisível não é a própria metáfora? Afinal, as Escrituras não dizem que os puros de espírito "verão" a Deus (Mt 5.8)? Jó acreditava que seu Redentor vive e que um dia ele o "veria" em carne (Jó 19.26). Esta linguagem também parece direta, então talvez a linguagem de Deus como espírito e invisível deva ser considerada metaforicamente. João 4.24 diz que Deus é espírito, mas não diz que Ele é espírito *no máximo*. Talvez Ele seja uma combinação de imaterial e material.

Para que os leitores não sejam desnecessariamente perturbados, eu não estou aqui defendendo Deus como material. Meu argumento é que temos de ter cuidado para não decidir rápido demais que a linguagem física em relação a Deus é antropomórfica. Em vez disso, temos de argumentar que é assim. Devemos oferecer evidências que mostrem ambos, que Deus é espírito *no mínimo* e que Ele é espírito *no máximo*. Se não pudermos, é realmente uma questão em aberto se a linguagem física usada a respeito de Deus é ou não antropomórfica.

Como podemos argumentar que Deus é espírito *no máximo*? João 4.24 é um bom lugar para começar, mas é apenas um começo. Jesus diz que Deus é espírito, mas quais são as características do espírito? O espírito é, em algum sentido, material? Tais perguntas podem parecer estranhas, mas não são totalmente inadequadas, pois há evidências de que, no início da história da igreja, alguns cristãos, influenciados pela filosofia estoica, defendiam que Deus tem um corpo espiritual. Stroumsa fala o seguinte da visão estoica: "para eles, não pode haver nenhum ser incorpóreo, já que a existência é definida pelo corpo. Deus, portanto, sendo um espírito, é apenas o mais puro de todos os corpos".[35] Logo, Deus tem um corpo não material. Como Stroumsa explica, é neste contexto que Orígenes, comprometido com o platonismo, argumenta contra a ideia de corpos não materiais e a favor de uma visão de Deus enquanto espírito como totalmente imaterial.[36]

Pondo de lado essa controvérsia, o que podemos dizer de uma coisa imaterial? Aqui temos a ajuda de um comentário de Jesus aos seus discípulos após a ressurreição. Quando Ele lhes apareceu em seu corpo glorificado, eles mal podiam acreditar no que viam. Eles pensaram que Jesus fosse um fantasma, um espírito imaterial. Jesus lhes mostrou seus pés e mãos, e para lhes assegurar que não estavam vendo um espírito ou imaginando algo, disse (Lc 24.39): "Vede as minhas mãos e os meus pés, que sou eu mesmo; apalpai-me e verificai, porque um espírito não tem carne nem ossos, como vedes que eu tenho". Um tipo semelhante de proposição disjuntiva entre carne (material) e espírito (imaterial) aparece em Isaías 31.3, quando o profeta implora ao seu povo para não temer os egípcios, mas para confiar em Deus. Pois, afinal, "os egípcios são homens, e não Deus; seus cavalos são carne, e não espírito" (NVI). Estas frases estabelecem antíteses paralelas entre os homens e Deus, por um lado, e entre carne e espírito, por outro. Deus não é homem e o espírito não é carne. Homens e cavalos são carne, mas Deus é espírito.

Se Deus é espírito, e não carne, e se espírito não tem carne e ossos, essa linguagem confirma o que dissemos acima sobre as características básicas das coisas materiais e imateriais. Além disso, se as coisas imateriais não contêm matéria (portanto, não são carne nem ossos), elas devem ser invisíveis. Apenas aquilo que contém matéria pode ser visto. Na verdade, as Escrituras dizem repetidas vezes que Deus é invisível, mas antes de nos voltarmos para passagens que ensinam isso, devemos novamente confrontar se essa linguagem é metafórica/antropomórfica ou se a linguagem sobre as partes físicas de Deus deveria ser entendida dessa forma. Como podemos dizer qual é literal e qual é antropomórfica?

Para responder a estas perguntas, devemos consultar o contexto imediato de cada afirmação para ver se ele oferece alguma base para julgar um conjunto de passagens literal e o outro metafórico. Se julgarmos que uma ou outra passagem seja metafórica, devemos explicar os fundamentos contextuais para esta conclusão, e então devemos explicar o que a metáfora significa. Por exemplo, eu tenho argumentado que as duas referências de Jesus ao "espírito" em João 4.24 não significam exatamente a mesma coisa. A segunda indica uma atitude apropriada para a adoração, enquanto a primeira se refere literalmente a uma coisa ontológica, uma substância imaterial. Se a primeira menção de "espírito" também se referir a uma atitude para a adoração, então a sentença é redundante. Porém, se não falar de uma atitude, o que mais poderia significar, se não for uma referência a uma substância imaterial? Nesse contexto, nenhum outro significado parece fazer sentido. Semelhantemente, quando Jesus diz em Lucas 24.39 que um espírito não tem carne e ossos como Ele tem, se Ele não está falando de coisas literalmente ontológicas (substâncias imateriais e materiais), como seu comentário atenderia à descrença deles sobre ser realmente Jesus? "Espírito" também pode ser usado para se referir a uma relação espiritual, ao Espírito Santo, ou a alguma atitude, mas esses significados seriam totalmente irrelevantes para o assunto em discussão em Lucas 24. Da mesma forma, como veremos em breve, as atribuições de invisibilidade feitas a Deus não parecem ser nada metafóricas. Se, por exemplo, em 1Timóteo 1.17 "invisível" for metafórico, então como item de uma lista de atributos divinos (*eterno, imortal, invisível, Deus único*), pareceria que os outros na lista também deveriam ser considerados metafóricos. Porém, o que significaria a metáfora para qualquer um desses atributos? Além disso, se "invisível" for metafórico, mas todos os outros atributos no versículo forem literais, qual é a hermenêutica que nos permite tirar tais conclusões? Não há nenhuma.

Contudo, há outro lado na questão dos antropomorfismos. Assim como perguntamos o que a metáfora significaria em João 4, Lucas 24 e 1Timóteo 1, devemos perguntar o mesmo sobre passagens que falam da mão de Deus, de sua face e seus olhos, e devemos também explicar o que significa para os puros de coração "ver" a Deus. Então, também devemos de alguma forma explicar as implicações para o próprio ser de Deus com relação ao fato de que às vezes Ele apareceu de maneiras físicas (uma sarça ardente, o anjo do Senhor etc.). Se não pudermos explicar o significado das metáforas e não pudermos correlacionar tudo isso com as aparências físicas de Deus, então devemos voltar às afirmações sobre Deus enquanto espírito e invisível e procurar novamente uma interpretação metafórica. Felizmente, é possível mostrar que a linguagem física sobre Deus pode ser explicada antropomorficamente (isto é, as metáforas fazem sentido), e podemos extrair sentido das aparências físicas de Deus e das alegações de que Ele foi visto ou será visto num dia próximo. Portanto, uma vez que podemos compreender a linguagem física metaforicamente e que não faz nenhum sentido interpretar passagens tais como João 4.24, Lucas 24.39 e 1Timóteo 1.17 como metafóricas, concluo que é mais plausível interpretar estas últimas passagens como afirmações literais que nos ajudam a compreender a natureza ontológica de Deus.

Então, Deus é espírito, mas notamos que seu espírito não tem matéria. Além disso, como não material, o espírito é invisível. 1Timóteo 1.17 não é a única passagem que ensina a invisibilidade de Deus. Em João 1.18 lemos que "Ninguém jamais viu a Deus; o Deus unigênito, que está no seio do Pai, é quem o revelou" (veja também Jo 5.37; 6.46; 1Jo 4.12,20). À primeira vista, esse versículo parece estranho, já que as pessoas viram Jesus, e Ele é Deus. Então, a ideia deve ser que ninguém viu Deus em sua natureza essencial, e é claro, a razão última não é apenas que ninguém poderia vê-lo diretamente e viver (cf. Êx 33.20,23), porque sua glória e majestade reveladas são grandes demais para que qualquer humano as contemple. A outra razão é que o espírito é invisível, de modo que não há nada de visual para se ver. Paulo fala que Jesus (Cl 1.15) é o *eikon*, a imagem ou representação exata do Deus invisível. Além disso, em Romanos 1.20 Paulo diz que, por meio do mundo criado, "os atributos invisíveis de Deus, seu eterno poder e sua natureza divina, têm sido vistos claramente" (NVI). Dado que algo invisível não pode literalmente ser visto com o olho físico, o argumento de Paulo deve ser que, ao olhar para coisas que são visíveis, as pessoas entenderam que existe um ser supremo que as fez. Paulo chama os atributos de Deus de invisíveis e depois explica o que ele quis dizer, a saber, o poder de Deus e a natureza divina. Como explica Douglas Moo, a frase "o seu eterno poder, como também a sua própria divindade" (Rm 1.20, ARA) está em aposição a seus atributos invisíveis. Isso significa que a frase "eterno poder e sua própria divindade" explicita os atributos invisíveis de Deus.[37] Assim, Deus não tem atributos invisíveis *mais* poder e divindade. Pelo contrário, poder e divindade são um aprimoramento do que Paulo tem em mente quando fala dos atributos invisíveis de Deus. Porém, não nos deixemos enredar tanto no ponto gramatical a ponto de perder o teológico. Paulo está dizendo que a natureza divina de Deus ("divindade") é invisível. Isto é exatamente o que esperaríamos de um Deus que é espírito.

Por Deus ser invisível e diferente de tudo que se vê em nosso mundo, o AT proíbe que se faça qualquer ídolo para representá-lo. Este é o argumento de Moisés (Dt 4.15-19) ao lembrar o povo de Israel que, no dia em que Deus falou com eles em Horebe, eles não viram nenhuma forma, ou seja, Ele era invisível. Portanto, eles não deviam fazer ídolos na tentativa de representar Deus em qualquer forma de criatura visível. A injunção contra adorar ídolos (Êx 20.4 e Dt 5.8) é dada não apenas porque Deus é um Deus ciumento que quer que seu povo adore somente a Ele. É ordenada porque não há semelhança física com Ele em nada no universo.

Atos 17.28,29 e Hebreus 12.9 falam dos humanos como descendência de Deus, e de Deus como o Pai dos espíritos, e alguns acham que isso ensina que Deus é espírito. Eles avaliam que a causa deve ser como o efeito, e já que o efeito é espírito, a causa também é espírito (Hb 12.9). Além disso, como não somos feitos de madeira e pedra, não devemos assumir que nosso Criador o seja (novamente, a suposição de semelhança entre causa e efeito). Contudo, esta linha de raciocínio é problemática, pois Deus também criou o universo inteiro. Se a causa deve ser da mesma natureza que o efeito, então Deus também deve ter características de rochas, árvores, montanhas, estrelas, sol e lua. Obviamente, isso é absurdo, mas apenas enfatiza o erro de se ler nesses versículos a ideia de que a causa e o efeito devem ser semelhantes ou idênticos. Hebreus 12.9 diz que Deus é o Criador dos espíritos, mas isso apenas mostra que Ele tem poder para criar espíritos; não prova que Ele é espírito. O argumento de Paulo (At 17.28,29) é que a criatura e o Criador têm semelhanças, então não deveríamos tentar representar Deus por coisas que são menos do que criaturas humanas. Porém, de maneira alguma isso significa que Paulo está dizendo que Deus é idêntico a nós. Isso não pode ser assim, já que somos finitos e Ele é infinito. Além disso, nós somos seres físicos e imateriais, mas Deus é puro espírito.

O que devemos concluir do que foi dito? As passagens que dizem que Deus é invisível e não pode ser visto ou retratado são difíceis de entender metaforicamente. Elas parecem exigir uma interpretação literal. Além disso, já que a matéria é visível, a implicação lógica de Deus ser invisível é que seu ser não contém matéria. Portanto, começamos com João 4.24 ensinando que Deus é espírito *no mínimo*, mas argumentamos que Deus é espírito *no máximo*.

Isso, é claro, não conclui a discussão, pois agora devemos nos voltar para passagens que falam de Deus sendo visto ou tendo várias partes do corpo. Pelo bem da clareza, é útil dividir esse material em várias categorias. O primeiro grupo de passagens revela ocasiões em que Deus apareceu a alguém ou a algum grupo de uma forma física. Como veremos, não parece haver razão para entender essas passagens como metafóricas. Em vez disso, nesses casos as pessoas viram alguma coisa física, e as Escrituras mostram que Deus estava manifestando sua presença. Se não fosse pelo fato de que essas aparências são de coisas físicas diferentes (e algumas dessas coisas físicas contradizem outras manifestações físicas, ou seja, um anjo não é fogo [como na sarça ardente]), e se não fosse pelas evidências já apresentadas de que a natureza de Deus é espírito no máximo, essas passagens seriam motivo para pensar em Deus como aquele que tem uma parte física em seu ser.

O AT está repleto de ocasiões em que alguma manifestação física de Deus foi vista. Jacó luta com um homem em Peniel, mas percebe que era Deus que ele tinha visto face a face (Gn 32.30). Deus apareceu a Moisés na sarça ardente (Êx 3.1-6). Também se pensa na coluna de nuvem de dia e de fogo à noite, a qual conduziu o povo de Israel após sua partida do Egito (Êx 13.21,22). Estas foram manifestações físicas da presença do Senhor. Em Êxodo 24.9,10 nos é dito que setenta israelitas viram Deus. Muito pouco é descrito sobre o que eles viram, mas os versículos 10 e 11 falam de suas mãos e pés, então é razoável pensar que eles viram alguma forma humana ou angelical. Se não fosse pelo comentário no texto de que eles viram Deus, não estaria totalmente claro quem ou o que eles viram. Além disso, somos lembrados da visão que Isaías teve do Senhor (Is 6.1) sentado em um trono no céu. Isso faz recordar a experiência de Micaías registrada em 1Reis 22.19. No NT (Jo 12.41), aprendemos que Isaías realmente viu Cristo, mas é claro que era o Cristo pré-encarnado, então o que quer exatamente que Isaías tenha visto, não era provavelmente uma manifestação física permanente.

Daniel registra a experiência de seus três amigos, Sadraque, Mesaque e Abede-Nego, na fornalha ardente de Nabucodonosor. Havia um quarto homem naquela fornalha, cuja aparência era como um filho dos deuses (Dn 3.25). Comentaristas e teólogos têm sustentado tradicionalmente que este era o próprio Deus (talvez até o Cristo pré-encarnado) protegendo Sadraque, Mesaque e Abede-Nego das chamas. Além disso, no início do livro de Ezequiel, este registra uma visão da glória do Senhor. Como descrito em Ezequiel 1, muitas coisas físicas apareceram, mas se diz que todas eram uma visão da glória do Senhor. Finalmente, em várias passagens do AT o escritor registra as atividades do anjo do Senhor. Em muitas dessas passagens, o escritor deixa claro que não se trata de um anjo comum, mas do próprio Deus. Pense no incidente registrado em Gênesis 16, o qual envolve Hagar e o anjo do Senhor. Embora nos versículos 7 a 10 a figura seja descrita como um anjo, depois de ele prometer um filho a Hagar, a reação dela é mais informativa. O versículo 13 diz: "Então, ela invocou o nome do SENHOR, que lhe falava: Tu és Deus que vê". Encontramos o mesmo tipo de linguagem em outras passagens onde o escritor registra o anjo do Senhor aparecendo a alguém (veja, por exemplo, Jz 13.22). Concorda-se geralmente que estas visões do anjo do Senhor são visões do Cristo pré-encarnado. Assim que Cristo se torna encarnado, não ouvimos mais acerca do anjo do Senhor.

No NT, Deus está presente na pessoa do Deus-homem Jesus Cristo, e nós ouvimos menos de outras manifestações físicas de Deus. No entanto, o NT não é totalmente desprovido delas. Por exemplo, no batismo de Cristo (Mt 3.16,17; Jo 1.32,33), o Espírito Santo desce como uma pomba, e nós ouvimos o Pai exprimir seu prazer pelo Filho. No monte da transfiguração (Mt 17), ouvimos novamente o Pai exprimir seu deleite pelo Filho, Jesus Cristo. Além disso, depois de sua ascensão, Jesus confronta Saulo de Tarso no caminho de Damasco (At 9). Finalmente, Paulo é elevado ao céu e recebe uma visão de Deus (2Co 12), assim como João (Ap 4). Não é permitido a

Paulo dizer o que ele viu, mas João dá um relato de sua visão. Ambos provavelmente viram várias aparências físicas.

Afinal, essas referências às aparências físicas significam que Deus é material? Elas podem significar, mas é improvável que seja assim que devemos entendê-las. Entender que elas indicam a matéria de Deus contradiria a evidência de que Deus é um espírito invisível. Além disso, se essas manifestações físicas pretendem ensinar que Deus tem uma parte física em seu ser, o retrato que se obtém é um tanto estranho. Em algumas ocasiões, a parte física são chamas de fogo ou nuvens de fumaça (não é a mesma coisa). Em outras ocasiões, a coisa física é um anjo (embora não esteja claro se a natureza intrínseca dos anjos é material), mas em outras ocasiões é um ser humano (Gn 32.30), e ainda em outros casos é uma pomba (Mt 3.16). Se essas passagens se referem a partes físicas do ser intrínseco de Deus, então a natureza material de Deus seria, no mínimo, muito estranha. Além disso, jamais vemos o anjo do Senhor depois da encarnação, e isso levanta questões sobre o que acontece com essa "parte" física de Deus, se a matéria é parte de sua natureza interna.

Todas essas considerações nos levam a procurar uma maneira diferente e melhor de entender a linguagem física sobre Deus. O que essas passagens mostram (juntamente com aquelas que ensinam a incorporeidade de Deus) é que, embora sua natureza essencial seja espírito, isso não o impede de tornar sua presença conhecida por meio de algum fenômeno físico que manifesta sua presença àqueles que o veem ou ouvem. Isso não deve ser totalmente surpreendente, pois Deus, como Criador da matéria e do espírito, certamente deve ser capaz de suprir qualquer matéria que Ele necessitar em qualquer ocasião para manifestar a sua presença. Não podemos dizer exatamente o modo como Deus faz isso, e como Ele produz tais coisas físicas sem que elas se apeguem permanentemente ao seu ser. Contudo, as Escrituras registram essas aparências físicas e ainda sugerem que as coisas físicas não se tornam parte da natureza essencial permanente de Deus, portanto, devemos afirmar isso. É claro, nada disso pretende sugerir que a natureza humana do Cristo encarnado é irreal e temporária. Uma vez que se torna encarnado, o NT indica que Cristo permanece assim para sempre. Porém, embora Ele seja plenamente humano e sua natureza humana seja uma parte permanente da pessoa Jesus Cristo, isso não significa que a natureza divina de Cristo seja humanizada ou misturada com a matéria de forma alguma. Os pais da igreja na Calcedônia foram muito claros sobre a encarnação não ter a ver com misturar ou converter atributos divinos e humanos em Cristo. Portanto, o Cristo encarnado é um caso especial, pois todas as outras aparências físicas e sons audíveis que demonstram a presença de Deus não são permanentes e não mostram que a matéria se tornou parte do seu ser essencial. Eles mostram, porém, que um Deus incorpóreo ainda pode tornar sua presença conhecida tangivelmente em nosso mundo.

Um segundo conjunto de passagens é mais bem entendido como uma linguagem antropomórfica. São casos em que o contexto deixa claro que o autor não está fazendo uma afirmação metafísica de que o ser de Deus contém matéria. Em vez disso, o autor fala de algum atributo ou ação divina por meio de termos que utilizam partes do corpo humano. Visto que sabemos como essas partes físicas funcionam no corpo humano, entendemos que o escritor está traçando uma analogia entre o que os humanos fazem em virtude dessas partes do seu corpo físico e o que Deus é e faz. Exemplos ilustram a questão. Várias passagens falam da "mão" de Deus (Êx 3.20; Dt 33.3; Sl 139.10; Is 65.2; Hb 1.10; 10.31). Uma mão humana pode ser usada para apontar direções, para esconder algo para que outros não possam ver, para proteger as coisas do alcance de alguém ou de dano físico ou perigo (como quando alguém protege os olhos com as mãos), para ameaçar outras pessoas, para bater nos outros e para ter o controle de objetos colocados nela. Nas passagens mencionadas acima, muitas dessas ações são atribuídas a Deus. O salmista fala de ser conduzido ou dirigido pela mão de Deus, e seu argumento é que Deus tem guiado sua vida (Sl 139.10).

Em muitos desses versículos a mão de Deus significa julgamento. Em Êxodo 3.20 Deus diz que Ele estenderá sua mão e golpeará os egípcios com julgamentos destinados a convencer o faraó a deixar Israel ir. Isso não significa que haverá literalmente uma luta de boxe entre Deus e o faraó. A linguagem é metafórica para falar do julgamento de Deus. Hebreus 10.31 diz que é uma coisa temível cair nas mãos do Deus vivo. A metáfora fala sobretudo do julgamento de Deus, mas também sugere seu controle soberano. Porque Deus é soberano, se nós desobedecemos a Ele, podemos não escapar do alcance de sua mão, do seu julgamento, pois estamos debaixo de seu controle (em suas mãos).

Outras passagens atribuem outras obras às "mãos de Deus". Hebreus 1.10 fala do trabalho criativo de Deus ao tornar nosso planeta obra de suas mãos. Deus não tem mãos físicas literais, então o escritor está ensinando que o que vemos sobre nós é um produto da obra criativa de Deus. Em Deuteronômio 33, Moisés abençoa os filhos de Israel. No versículo 3, ele diz que Deus ama seu antigo povo de Israel e que eles estão em suas mãos. Isto tem pouco sentido se afirmar que os seres humanos estão fisicamente localizados em uma mão física que Deus possui. Em vez disso, o versículo significa que Deus os protege. A metáfora também fala do controle e da liderança de Deus sobre seu povo. Também é possível usar as nossas mãos para confortar os outros. Nós estendemos as mãos em compaixão para oferecer ajuda aos necessitados, pedimos aos outros que venham até nós, mostrando nosso desejo de estar perto deles, e então usamos nossos braços e mãos para tocá-los e abraçá-los com compaixão. Esta parece ser a questão em Isaías 65.2. Deus diz: "Estendi as mãos todo dia a um povo rebelde". Apesar da rebelião deles, Deus os amou e os atraiu de volta para si mesmo.

A partir desses exemplos, podemos ver que esse tipo de linguagem não pretende afirmar as mãos literais de Deus, mas, em vez disso, fala metaforicamente do poder, julgamento, orientação, compaixão de Deus e assim por diante. Um estudo cuidadoso das referências a outras partes físicas de um corpo em relação a Deus revela um uso metafórico/antropomórfico semelhante de tal linguagem. Há referências ao "braço" do Senhor (p. ex., Êx 6.6; Dt 4.34; 5.15; Is 53.1). Tal linguagem refere-se invariavelmente ao poder de Deus, assim como o braço humano com seus músculos simboliza o poder humano.

Há também referências aos "olhos" de Deus (1Rs 8.29; 2Cr 16.9; Pv 15.3; Am 9.8; Zc 4.10; 12.4). Elas ensinam o conhecimento de Deus sobre o que está acontecendo e seu controle soberano e providencial sobre o bem e o mal. Porque Ele sabe o que está acontecendo, quando o julgamento ocorre, é inteiramente merecido (Am 9.8). Além disso, como no caso de Zacarias 12.4, às vezes os olhos de Deus se referem à sua proteção e preocupação pelo seu povo.

Os escritores bíblicos também se referem aos "ouvidos" de Deus (p. ex., Ne 1.6; Is 37.17; 59.1; Sl 34.15). Algumas dessas passagens ensinam que Deus sabe o que estamos pensando e dizendo. Já que nos ouve, se planejamos o mal, Deus vai perceber (Is 37.17; 59.1). Outras passagens mostram que Ele está atento às necessidades de seu povo para que, quando orarem, não estejam simplesmente falando consigo mesmos (Ne 1.6; Sl 34.15). Ele não só ouve orações, mas escuta de uma forma que dá motivo para pensarmos que vai responder aos nossos pedidos.

Certos versículos também falam da "face" de Deus (p. ex., Gn 19.13; Sl 17.15; 34.16; 80.3; Êx 33.11; Nm 12.8). Em algumas dessas passagens, a questão é que alguém ou algo está na presença de Deus e, portanto, Ele está ciente disso (Gn 19.13 — a frase traduzida "à presença do SENHOR" está no hebraico *et penê yhwh*, "na face do Senhor"). Em outros casos o escritor acrescenta que Deus também está disposto a julgá-los (Sl 34.16), e às vezes se pede a Deus que resplandeça sua face sobre alguém, e a ideia é que Deus o abençoe e lhe conceda seu favor (Sl 80.3). Nas passagens citadas de Êxodo e Números, a questão não é que Moisés literalmente vê o rosto de Deus quando os dois conversam. Ao contrário, a intenção é diferenciar o relacionamento de Deus com Moisés de seu relacionamento com outros profetas. Deus tem um relacionamento muito mais íntimo com Moisés do que com os outros; Ele se comunica mais diretamente com Moisés. É como um amigo falando com outro amigo (Êx 33.11). Portanto, aqueles que se queixam de Moisés devem pensar duas vezes por causa da relação especial que Deus tem com ele, bem como a elevada consideração (Nm 12.8).

Há um último conjunto de passagens que devemos abordar antes de sair deste tópico da linguagem física usada a respeito de Deus. Várias passagens falam de alguém eventualmente vendo Deus. Jó expressa sua crença de que seu Redentor vive e que um dia o verá (Jó 19.25-27). Comentaristas veem nessa passagem uma sugestão da ressurreição do corpo, mas para nossos propósitos a questão é como Jó realmente verá Deus. Jesus diz que os puros de coração são abençoados, pois verão a Deus (Mt 5.8). Paulo diz que agora sabemos em parte, mas um dia conheceremos "face a face" (1Co 13.12). Isso fala de conhecer Deus, mas parece ensinar que nós realmente olharemos para Deus num porvir. João também diz que "quando ele se manifestar, seremos semelhantes a ele, porque haveremos de vê-lo como ele é" (1Jo 3.2). Isso significa que no porvir os crentes verão a Deus? O escritor de Hebreus ordena aos crentes que busquem a paz e a santificação, porque sem estas coisas não poderemos ver o Senhor (Hb 12.14). Finalmente, falando dos novos céus e da nova terra, João diz que veremos a face do Cordeiro (Ap 22.4).

Como devemos interpretar tal linguagem? De início, devemos reconhecer que todas as passagens citadas não são idênticas. Algumas parecem referir-se ao Cristo ressurreto e glorificado (1Jo 3.2; Ap 22.4). Se o acontecimento é sua vinda para a igreja (1Jo 3.2) ou sua presença conosco no estado eterno (Ap 22.4), como o Deus-homem, Ele tem uma natureza humana que inclui um corpo. Portanto, é certamente possível entender que esses versículos ensinam uma visão literal do Cristo glorificado. Quanto à passagem de 1Coríntios 13, à medida que se aproxima do final desse capítulo, Paulo compara seu conhecimento "agora" com seu conhecimento da verdade espiritual "depois" (presumivelmente mediante a morte física, quando ele estiver na presença do Senhor). Muito depende de como se interpreta o "perfeito" no versículo 10. Se for entendido que se refere a Cristo, então ver "face a face" pode ser entendido novamente como se referindo a uma visão literal do Cristo glorificado. Porém, se o "perfeito" se referir a algo mais, tal como o conhecimento completo, então ver "face a face" (em oposição a "como em espelho, obscuramente") pode significar nada mais do que ter conhecimento em primeira mão de coisas que agora não entendemos completamente. Tal conhecimento em primeira mão da verdade espiritual pode realmente implicar ver o Cristo glorificado, ou, em vez disso, Paulo pode querer dizer que, uma vez liberto das condições dos nossos corpos não glorificados, nosso conhecimento aumentará grandemente.

Mateus 5.8 e Hebreus 12.14 são um pouco mais difíceis, mas é seguro dizer que, o que quer que signifiquem, essas passagens sugerem que um dia o povo de Deus estará na sua presença e receberá a medida plena e cabal de sua salvação — vida eterna em comunhão com Deus. Não sabemos agora se esses versículos também significam que, embora Deus seja imaterial, na nossa condição glorificada (ou mesmo em nosso estado desencarnado antes da ressurreição), de alguma forma nós veremos sua substância imaterial, ou que Ele se manifestará de alguma forma física para que o vejamos, ou que "veremos" o Deus-homem glorificado. Em vez disso, esses versículos podem não ser mais do que uma forma metafórica de dizer que teremos contato íntimo e comunhão com Deus (a "mecânica" de como isso acontece ainda está para ser revelada). Contudo, o que não devemos concluir é que esses versículos realmente ensinam que Deus é, de alguma forma, corpóreo. Essa conclusão exigiria mudar nossa compreensão de todos os versículos estudados anteriormente, os quais parecem literalmente ensinar que Deus é incorpóreo. Passagens que falam dele apenas como espírito seriam na verdade metafóricas, mas o que tais metáforas poderiam significar? A resposta adequada é que Deus é imaterial, e que não está inteiramente claro o que Mateus 5.8 e Hebreus 12.14 querem dizer exatamente.

IMPLICAÇÕES DE DEUS COMO ESPÍRITO

Deus é um espírito, e várias outras coisas são verdadeiras a respeito dele em virtude disso. Primeiro, como já mencionado, a característica básica das coisas imateriais é que elas pensam, e isso certamente é verdade acerca do Deus da Bíblia. Ele revela informações sobre si mesmo, Ele delibera e escolhe um plano de ação, e Ele sabe todas as coisas. Isso e muito mais deixa amplamente claro não só que Deus pensa, mas também que seu intelecto é da mais alta ordem.

Segundo, vimos também que Deus é espírito puro, devido à sua invisibilidade. Invisibilidade é exatamente o que esperaríamos de um ser sem matéria como parte de sua natureza essencial. Versículos como 1Timóteo 1.17; João 1.18; 5.37; 6.46; e 1João 4.12,20 dizem ou sugerem que Deus é invisível.

Terceiro, porque não tem um corpo ou qualquer matéria em seu ser, Deus também é incorruptível e imortal. O primeiro significa que seu ser não pode de forma alguma arruinar ou se deteriorar. Ele não desgasta ou precisa ser substituído. A matéria é sujeita a tal decadência e destruição, mas o espírito não. Da mesma forma, as Escrituras dão a impressão de que as coisas imateriais não morrem. É claro que elas não poderiam morrer fisicamente, já que não contêm matéria física; então, se fosse para uma coisa imaterial "morrer", não está totalmente claro o que isso significaria. Talvez implicasse aniquilá-la como uma coisa existente. Em nossos dias, alguns têm argumentado que os incrédulos serão aniquilados, em vez de submetidos a uma eternidade de punição consciente, mas isso é contrário às Escrituras. Quer o assunto seja nossa parte imaterial ou a natureza de Deus como espírito puro, as Escrituras ensinam que substâncias imateriais são imortais.

Quarto, muitos têm argumentado que, pelo fato de ser imaterial, Deus também é vivente. É a parte imaterial da natureza humana que a traz à vida (cf. Gn 2.7); caso contrário, existe apenas a forma de vida, mas não a vida real. Só quando o espírito entra em nosso corpo é que passamos a viver. Por isso, argumenta-se, o que quer que seja espírito é também vivo.[38] Visto que Deus é espírito puro, Ele está inteiramente vivo. Quer se concorde totalmente ou não, é verdade que as Escrituras retratam Deus como vivente. Jeremias 10.10 o chama de Deus verdadeiro e vivo. 1Tessalonicenses 1.9 diz que os tessalonicenses se converteram da adoração de ídolos para a adoração ao Deus vivo e verdadeiro (ver também Js 3.10; 1Sm 17.26; Sl 84.2; Mt 16.16; 1Tm 3.15; e Ap 7.2). Além disso, as Escrituras falam da morte espiritual (separação relacional de Deus) dos incrédulos, mas não da morte ontológica ou aniquilação das almas dos crentes ou dos incrédulos. Se isso é verdade para nós, quanto mais para Deus! Como espírito puro, Ele está vivo eternamente, o que é outra forma de dizer que Ele é imortal.

Finalmente, alguns teólogos têm argumentado que Deus tem o atributo da simplicidade. A simplicidade divina significa que Deus é um ser descomposto e não consiste em partes. Gill relaciona isso ao fato de que Deus é um espírito. Visto que os espíritos não têm partes físicas, Deus, como espírito puro, não é composto de nenhuma parte física.[39] Se a simplicidade divina significa apenas não ter partes físicas, certamente podemos concordar que Deus é simples. No entanto, a simplicidade divina significa mais do que isso, e é com o "mais" que a controvérsia começa. Argumenta-se não só que Deus é desprovido de partes físicas, mas também que não há partes distintas do ser de Deus. Portanto, os atributos divinos não são distintos, mas idênticos à sua essência, e ocorre que, se os atributos são, cada um, idênticos à essência de Deus, cada atributo divino é idêntico a cada um dos outros. No Capítulo 6, examinaremos mais profundamente a simplicidade divina para ver se as Escrituras ou a razão a ensinam. Neste ponto, precisamos apenas afirmar que Deus é simples no sentido de que, como espírito puro, Ele não é composto de quaisquer partes físicas. Neste momento, não podemos afirmar a simplicidade em nenhum outro sentido.

Deus como pessoa/pessoal

Deus, o ser espiritual que existe independente da nossa mente, é também uma pessoa e um ser pessoal. Embora seja importante atribuir personalidade a Deus, esta é uma questão muito espinhosa. É assim por várias razões, entre as quais a questão do que significa ser uma pessoa.

A questão do que significa ser uma pessoa humana é uma questão filosófica notoriamente difícil.[40] Na verdade, é tão difícil que muitos acreditam que não pode ser respondida de forma a satisfazer a todos. No entanto, esta questão tem implicações muito importantes para que possamos ignorá-la completamente.[41] Se é difícil decidir o que significa ser uma pessoa humana, a questão não é mais fácil quando levantada a respeito de Deus. Como vimos no Capítulo 2, houve várias concepções de Deus como impessoal. Na verdade, é difícil entender como pessoal o ser supremo de algumas das principais religiões do mundo. Mesmo as religiões que retratam Deus como uma pessoa e pessoal nem sempre esclarecem o que isso significa.

Como, então, devemos esclarecer o que é a personalidade e se Deus se classifica como pessoa? Lewis S. Chafer argumenta que o nosso único recurso é começar por definir o que significa ser uma pessoa humana. Os humanos são considerados pessoas, e as Escrituras revelam que eles são feitos à imagem de Deus. Portanto, olhar para nossa própria personalidade deve nos ajudar a definir a personalidade divina e avaliar se o Deus das Escrituras é uma pessoa.[42]

Embora a proposta de Chafer tenha mérito, e embora pareça inevitável que o raciocínio acerca de Deus como pessoa seja, em certa medida, análogo ao nosso entendimento da personalidade humana, devemos proceder com cuidado. Por um lado, se o ponto de partida for o fato de que os humanos são a imagem de Deus, o primeiro obstáculo é verificar o que é essa imagem, e isso também é um assunto notoriamente difícil e debatido entre os teólogos cristãos. Entretanto, se quisermos raciocinar analogamente, mas não soubermos quais aspectos da natureza humana são a imagem de Deus, será ainda mais difícil determinar o que constitui a personalidade divina.

Outro problema com tal raciocínio analógico é que ser humano implica ter um corpo. Na verdade, teólogos e filósofos debatem se uma alma desencarnada se classifica como pessoa *humana*. Além disso, os seres humanos também estão divididos por gênero, e alguns têm argumentado que, pelo menos em parte, o gênero determina a pessoa humana particular que um indivíduo é. Visto que o gênero parece ser essencial para ser um humano, alguns têm perguntado se a própria noção de pessoa humana envolve o gênero. Independentemente das respostas às perguntas sobre corpos e gênero, nada disso é relevante para Deus, pois Ele não tem um corpo nem é homem ou mulher. Porém, se essas coisas estão integralmente envolvidas no que significa ser uma pessoa humana, como podemos ter certeza de que analisar a personalidade humana será bastante informativo quanto ao que constitui a personalidade divina?

Além disso, a forma como alguns teólogos e filósofos discutem essa questão serve apenas para turvar mais as águas. Por exemplo, Keith Ward argumenta que devemos negar que Deus é uma pessoa porque os cristãos acreditam que Deus é inefável. Ward explica que "dizer que Deus é inefável é dizer que a natureza essencial de Deus, aquilo que é verdadeiramente definitivo acerca do que Ele é, está além do alcance de quaisquer conceitos humanos". Tal visão "coloca Deus muito além de quaisquer categorias conceituais limitadas, inclusive, obviamente, a de 'ser uma pessoa'".[43] Isso, porém, não significa que Ward pense que Deus é impessoal. Deus tem muitas propriedades que as pessoas têm; a questão é apenas que Deus é muito mais do que qualquer ser que chamaríamos de pessoa. Portanto, Ward acha melhor dizer que Deus tem algumas propriedades pessoais-chave, embora Ele não seja uma pessoa, porque Ele é muito mais do que uma mera pessoa.[44] Esta distinção não esclarece o significado da personalidade humana ou divina; apenas confunde mais.

Stanley Grenz complica ainda mais a questão. Enquanto Ward diz que Deus não é uma pessoa porque é inefável ou incompreensível, Grenz argumenta que Deus é uma pessoa só porque é incompreensível. Esta não é a única razão verdadeira que Grenz oferece para atribuir personalidade a Deus, mas, apesar disso, é uma reivindicação bastante peculiar, conforme ele afirma. Grenz explica que "atribuímos a personalidade ao ser humano com base em sua relativa incompreensibilidade".[45] Nenhum de nós compreende completamente a profundidade da existência de qualquer outro humano, e certamente Deus é mais complexo do que nós. Logo, por ser incompreensível, Deus é uma pessoa.⁴⁶ Esta é certamente uma posição desconcertante. Se não entendemos a nós mesmos nem a Deus, será que temos certeza de que sabemos o que significa ser uma pessoa, quanto mais se nós ou Deus somos pessoas? Além disso, é simplesmente um *non sequitur* afirmar que ser incompreensível classifica alguém como pessoa. Não há muitas coisas em nosso mundo cuja existência ninguém jamais entende completamente? Certamente parece que sim, mas então, segundo Grenz, essas criaturas e objetos também se classificariam como pessoas. Ser incompreensível não é uma condição suficiente nem necessária para ser uma pessoa, nem Grenz oferece qualquer argumento a esta visão.

Outra confusão faz alguns teólogos duvidarem em atribuir personalidade a Deus. Sua preocupação deriva do fato de que a noção de "pessoa" é aplicada aos membros da Trindade. Porém, parece então que forçamos as Escrituras e a teologia cristã a se contradizerem, pois dizemos que o Deus das Escrituras é uma pessoa, um ser pessoal, mas depois voltamos atrás e dizemos que há três pessoas distintas na divindade. Isso é confuso, e faz com que alguns pensadores sejam cautelosos em chamar Deus de pessoa,⁴⁷ ou pelo menos exige que observemos que o termo "pessoa" é usado em dois sentidos diferentes ao se referir, por um lado, a Deus como pessoa e, por outro, às três pessoas da Trindade.⁴⁸ De fato, o termo é usado em sentidos diferentes, e cada um deve ser definido.

O que, então, devemos dizer de Deus como pessoa? Alister McGrath faz uma discussão proveitosa sobre este tema. Ele observa a etimologia da palavra "pessoa" e fala de alguns de seus antigos usos na cultura romana. Então, ele explica o desenvolvimento da ideia de personalidade na teologia cristã primitiva. Por exemplo, Tertuliano foi importante para o desenvolvimento cristão primitivo deste conceito. Tertuliano definia uma pessoa como um ser que fala e age. McGrath diz que o último desdobramento da noção de pessoa no pensamento cristão primitivo vem de Boécio, que entendia uma pessoa como uma substância individual de natureza racional.⁴⁹

Tudo isso é útil, de certa forma, mas devemos ter cuidado para não confundir o significado de um termo ("pessoa") com o de um conceito.⁵⁰ Nossa preocupação é o estudo conceitual, não o estudo da palavra. No entanto, McGrath oferece uma sugestão útil (embora eu pretenda desenvolvê-la de forma diferente). McGrath argumenta que nesta discussão nos seria útil perguntar o que iríamos querer dizer ao falar de "um Deus impessoal".⁵¹ Isso nos ajuda a lembrar que, muitas vezes, ao fazermos estudos conceituais, deveríamos voltar à mesma linguagem que usamos na discussão do tema e perguntar o que tal linguagem significa. Não pretendo resolver de forma conclusiva o significado de pessoa humana ou divina, pois o espaço não permite. Contudo, podemos expressar certas coisas mínimas que deveriam ser verdadeiras para qualquer pessoa que se classifique como pessoa, e sugiro que podemos começar a obter ajuda prestando atenção à nossa língua.

Com isso em mente, considere as seguintes frases: "Aquele homem ligado nos equipamentos de suporte à vida não é mais uma pessoa." "Ela é uma amiga pessoal minha." "Eu amo meu cachorro, mas ele não é uma pessoa." "No momento da concepção, há uma pessoa no ventre da mãe." "Aquela universidade, com toda sua burocracia, é muito impessoal." "Aquela professora faz questão de se envolver pessoalmente na vida pessoal de cada um dos seus alunos." "Ao tomar decisões morais, deve-se sempre tratar os outros humanos como pessoas, não como objetos."

Mediante reflexão, é claro que "pessoa", "pessoal" e "impessoal" não são usados de forma idêntica em cada frase. Na verdade, um bom lugar para começar é distinguir a diferença fundamental entre "pessoa" e "pessoal/impessoal". A distinção não é a diferença entre um substantivo e um adjetivo. Antes, quando usamos o termo "pessoa", normalmente estamos pensando num conceito ou conjunto de conceitos que difere do que queremos dizer quando usamos a palavra "pessoal/impessoal". Na verdade, a ambiguidade pode até ser vista comparando dois dos usos de "pessoal" nas frases acima. A maioria dos usos refere-se a ter uma relação com os outros e estar envolvido em suas vidas (ou não ter uma relação e não estar envolvido e estar distante — ser impessoal). Porém, ao falar da vida pessoal de um aluno, o ponto são os assuntos particulares dele, não a questão de estar envolvido ou não com os outros.

O que, então, queremos dizer normalmente quando usamos a palavra "pessoa"? Como é usado geralmente, esse termo significa pelo menos que o indivíduo pode interagir racionalmente com seu ambiente. Isto sugere que uma pessoa é um ser consciente, mas significa mais do que isso. Os animais também são conscientes, mas eles não raciocinam. Os seres humanos são conscientes e capazes de raciocinar. Isso não significa que alguém deve ser capaz de raciocinar em certo nível para se classificar como pessoa, mas apenas que a capacidade de interagir racionalmente com o ambiente e raciocinar até certo ponto parece ser verdade para aqueles que rotularíamos de pessoas. Aqui também, minha intenção não é que sejam excluídos de se classificar como pessoas os bebês não nascidos e aqueles em estado vegetativo persistente. Como já afirmado em outro lugar, tais indivíduos podem e se classificam como pessoas humanas, embora haja mais nessa questão do que simplesmente ser capaz de raciocinar ou não num dado momento da vida.[52] Minha preocupação é diferenciar as coisas que podem raciocinar e interagir com seu ambiente das coisas que não são capazes, nunca foram capazes e nunca serão capazes de raciocinar.

Portanto, podemos concordar de modo geral com a noção que Boécio tem de uma pessoa, conforme já mencionada, mas há mais nessa questão do que ser racional em geral. Como alguns teólogos argumentaram, para se classificar como pessoa, a capacidade de raciocínio deve ser do tipo que permita ao indivíduo ser autoconsciente e autodeterminado.[53] Autoconsciência é a consciência de si mesmo como uma coisa distinta (ou seja, distinta de outros seres — humanos, animais ou outros — em nosso mundo). Os animais são completamente capazes de experimentar várias sensações. Se você pisar na pata de um cachorro, ele vai gritar de dor. Contudo, os animais não parecem ser capazes da reflexão de segunda ordem de que existe um eu que está experimentando essa sensação, e que eles são esse eu. Por outro lado, os humanos não só experimentam dor, mas também sabem que têm um corpo distinto de outras coisas e que seu corpo está com dor, e sabem qual parte do seu corpo está com dor. Além disso, podem comparar essa sensação com outras sensações que tiveram e compreender que existe uma consciência contínua que possui ambas, as sensações anteriores e as posteriores.

A autodeterminação se refere à capacidade de tomar decisões e concretizá-las. Se alguém é programado para fazer o que quer que faça, isso é determinação por meio de outra pessoa. Se alguém é forçado a escolher e agir por causa de ameaças de outra pessoa, então ele não é autodeterminado. A autodeterminação envolve ter a capacidade intelectual de considerar e ponderar cursos alternativos de ação, mais o uso de suas faculdades mentais para tomar decisões de acordo com seus desejos, não como resultado de ser forçado por outra pessoa a agir. Assim como com a autoconsciência, a autodeterminação é uma verdade para os humanos, mas não parece ser verdade para os animais. Os animais podem ser treinados a responder aos estímulos de certa forma, mas isso não implica a ponderação de alternativas. Embora às vezes atribuamos essas habilidades aos animais quando eles param diante de nossas ordens e parecem estar considerando se obedecem ou não, o caso aqui parece ser o de que nós é que lhes atribuímos tais habilidades. O animal responde ou não ao estímulo dado como um comando; não há nenhum procedimento de tomada de decisão acontecendo "dentro" dele.

O pensamento racional, incluindo a autoconsciência e a autodeterminação, parece ser uma qualidade simples e mínima que esperaríamos de qualquer um que seja considerado como pessoa. Eu sustento que essa noção não está tão contagiada com as qualidades envolvidas em outras características distintamente humanas que não possa ser aplicada também a Deus. Portanto, se Deus é uma pessoa, o pensamento racional deve ser verdadeiro a respeito dele.

Contudo, isso é tudo o que podemos dizer de alguém que é uma pessoa? Muitos diriam que isso não é suficiente, pois a menos que incluamos a noção de relação com os outros, oferecemos uma noção vazia de personalidade. Na verdade, alguns parecem ter a intenção de reduzir a personalidade ao relacionamento e à capacidade de se relacionar.[54] Superficialmente, isso parece muito reducionista, pois certamente há mais acerca da personalidade do que apenas ser capaz de se relacionar e iniciar relacionamentos. Por outro lado, aqueles que apontam para relações que envolvem a interação genuína com outras pessoas estão seguramente certos ao pensar que isso é pelo menos parte do que queremos dizer com "pessoal", em oposição a "impessoal".

Aqui, a ambiguidade da nossa língua voltou a levantar o pescoço. Devemos novamente mostrar a distinção entre nosso uso de "pessoa" e de "pessoal". Embora se possa argumentar que ser pessoal inclui ser racional, consciente e autodeterminado, e embora se possa argumentar que ser uma pessoa inclui relação e envolvimento com os outros, a forma como usamos os termos "pessoa" e "pessoal" na linguagem comum sugere que o significado não é idêntico. O termo "pessoal" é tipicamente usado no discurso comum para se referir à questão do relacionamento em oposição ao distanciamento e isolamento. Normalmente não usamos esse termo em linguagem comum para nos referirmos ao pensamento racional consciente, incluindo a autoconsciência e a autodeterminação. Por outro lado, o termo "pessoa" é usado normalmente na linguagem comum para falar de personalidade, e pensa-se em personalidade em termos das faculdades cognitivas mencionadas. Portanto, há uma diferença entre ser uma pessoa e ser pessoal, uma vez que usamos essas ideias na linguagem do dia a dia. As pessoas têm as capacidades cognitivas mencionadas, e normalmente aqueles que se classificam como pessoas também podem iniciar relacionamentos com outras pessoas e assim o fazem.

Com esta distinção entre os diferentes sentidos de "pessoa" e "pessoal", creio que queremos dizer de Deus que Ele é tanto uma pessoa como um ser pessoal. Em vez de reduzir a personalidade divina a um ou outro conceito, deveríamos falar de ambos acerca de Deus. Podemos discutir se a relação é uma parte do que significa ser uma pessoa (divina ou humana), mas não temos de resolver esse problema a fim de entender que, como já defini os termos, há diversas coisas distintas que estamos dizendo ao usarmos essa linguagem, e todas são verdadeiras acerca de Deus.

As Escrituras retratam Deus como uma pessoa e como pessoal nos sentidos descritos? A resposta é um sim retumbante. Deus não só é capaz de pensamento racional consciente, mas Ele também é completamente consciente de si mesmo. Há muitas indicações disso nas Escrituras. Por exemplo, Deus revela seu nome em várias ocasiões (p. ex., Êx 3.14; Gn 17.1; 31.13; 46.3; Is 42.6; Ap 1.8). Em Êxodo 6.3, Deus diz que Ele apareceu a Abraão, Isaque e Jacó como *'ēl šadday*, Deus todo-poderoso, mas não lhes revelou seu nome Yahweh. Como Ele poderia revelar seu nome e afirmar o que Êxodo 6.3 diz sem saber quem Ele é? Deus está inteiramente ciente de quem Ele é.

Segundo, Deus mostra sua autoconsciência dizendo ao seu povo que não há Deus como Ele. Isso requer que Ele conheça a si mesmo e a outras concepções dos chamados deuses, e que Ele possa julgar quem é melhor. Isaías 43.10; 45.22; 46.9 e Oseias 11.9 são passagens em que Deus se compara a outros deuses e mostra que Ele sabe que só Ele é Deus.

Terceiro, em várias ocasiões Deus expressa suas emoções ou fala de sua intenção de agir de acordo com elas. Ele diz isso de sua ira (p. ex., Jó 42.7; Is 13.3; Jr 15.14), seu ciúme (p. ex., Êx 20.5; Dt 5.9; Ez 39.25; Zc 1.14; 8.2), sua compaixão e misericórdia (p. ex., Jr 12.15; Is 54.7, 8; Os 1.7) e assim por diante. Tais passagens indicam a consciência de Deus acerca de seu estado mental no momento da fala ou de sua intenção de agir de acordo com suas emoções, mas isso é impossível a menos que Ele esteja consciente de si mesmo e dos próprios traços de caráter.

Quarto, as Escrituras ensinam que elas são o resultado da inspiração de Deus (2Tm 3.16). Ou seja, Ele as revelou; Ele falou tudo isso. Ao lermos as Escrituras, encontramos muita informação sobre o caráter e as ações de Deus. Como Deus poderia conhecer esta informação se Ele não fosse consciente de si mesmo como um ser distinto?

Finalmente, a autoconsciência divina é um corolário lógico da onisciência divina. Ao conhecer tudo o que se pode conhecer, Deus tem de conhecer a si mesmo e tudo sobre si mesmo. Já vimos evidências de que é assim, mas mesmo sem esses dados, nós temos de atribuir autoconsciência a Deus em virtude de sua onisciência.

Além da autoconsciência de Deus, as Escrituras o retratam como autodeterminado. Ele não apenas pode escolher como quiser, mas também tem poder para fazer o que quer que escolha fazer. Nós lemos que se Deus decide fazer algo, ninguém pode detê-lo (Jó 42.2). Em Salmos 115.3 afirma-se que Deus está nos céus e faz o que lhe agrada. No NT, Paulo diz que Deus opera todas as coisas segundo o propósito da sua vontade (Ef 1.11). Como veremos mais plenamente em nossa discussão sobre a providência divina, isso significa que as decisões de Deus são baseadas unicamente em seus próprios propósitos e desejos, e seus propósitos e desejos não são baseados em ninguém e em nada além dele próprio. Entre outras coisas, isso significa que Deus escolheu soberanamente aqueles que serão seu povo, e sua decisão foi tomada antes da fundação do mundo (Ef 1.4; 2.10; ver também 2Ts 2.13). Deus não é um robô; Ele tem o poder da autodeterminação.

As Escrituras não só retratam Deus portando esses ingredientes-chave da personalidade, elas mostram também que Ele é pessoal na medida em que se relaciona com seu mundo e suas criaturas. Ele ouve e responde à oração (Mt 7.7; 21.22; Tg 5.16), Ele consola, dá força e ajuda os que sofrem e lamentam (2Co 1.3,4; 7.6), Ele julga o ímpio (2Pe 2.4-9; Jd 15; Sl 75.10) e Ele abençoa o justo (Sl 1; 1Pe 3.14; Tg 5.11). Além disso, Ele nos ama, e por causa desse amor Ele enviou seu Filho ao mundo para morrer por nós (Jo 3.16). Como Paulo ensina, Deus tomou a forma de um servo para atender às necessidades da humanidade pecadora (Fp 2.5-8; ver também 1Pe 3.18). O próprio Jesus disse (Mt 20.28) que Ele veio para servir, não para ser servido, e para dar sua vida em resgate por muitos. Ele também diz que sempre faz a vontade do Pai (Jo 4.34; 5.30; 6.38). Portanto, ao dar-se por nós, Ele também expressa a preocupação do Pai por nós. Finalmente, Deus escolheu revelar-se a nós plenamente (Hb 1.2) por meio de seu Filho Jesus Cristo.

Isto não descreve uma divindade que esteja distante, desinteressada e indiferente à sua criação. O significado disso para atributos divinos tais como um forte senso de imutabilidade e impassibilidade será visto quando discutirmos esses atributos no Capítulo 6. Porém, as Escrituras retratam Deus conforme descrito acima, e se tomamos tal linguagem literalmente, Deus deve ser um Deus relacional; se assim for, então Ele é pessoal no sentido de estar envolvido em nosso mundo e relacionado com seus habitantes.

Neste capítulo, avançamos significativamente em nosso entendimento de Deus. Passamos de vários conceitos de Deus para um Deus que é um ser real externo às nossas mentes. Além disso, esse Deus é imaterial, e Ele simplesmente é um ser assim. Também observamos várias implicações de ser uma entidade imaterial. Na última seção, vimos que Deus é tanto uma pessoa quanto um Deus pessoal. Há muito mais a dizer sobre o Deus da teologia cristã evangélica. Ele é também um Deus de ação, mas antes de nos voltarmos para suas ações, devemos falar de seus atributos e então da Trindade.

Capítulo Seis

OS ATRIBUTOS DE DEUS

O SALMISTA NOS EXORTA: "Louvai-o pelos seus poderosos feitos; louvai-o consoante a sua muita grandeza" (Sl 150.2). Deus tem feito muitos atos poderosos, mas mesmo que não tivesse feito nenhuma dessas maravilhas, Ele ainda seria digno de louvor por causa da excelência de sua pessoa. Como diz uma canção cristã contemporânea: "Senhor, eu te louvo por quem és, não por todas as coisas poderosas que tens feito". Não há ninguém como o nosso Deus, mas como Ele é? Ao responder a essa pergunta, chegamos aos atributos divinos.

No Capítulo 5, vimos que Deus é puro espírito e mencionamos as implicações dessa verdade, mas há muito mais que podemos dizer sobre Deus. Os autores bíblicos pintam um quadro rico e completo da grandeza de Deus. A descrição que fazem de seus atributos revela não apenas quem Deus é, mas também o que podemos esperar dele e o que Ele espera de nós. Nós temos não somente de examinar como os escritores bíblicos descrevem Deus, mas também ver como eles usam a verdade sobre a pessoa de Deus para consolar, exortar, advertir e encorajar seu povo. Um escritor raramente menciona atributos divinos como se estivesse escrevendo uma simples lista das características de Deus. Em vez disso, ele apela para um atributo divino como uma base para tratar alguma necessidade do povo de Deus.

Teólogos mais antigos incluíam uma exposição dos nomes divinos em uma discussão sobre os atributos de Deus. Eles faziam isso em parte porque os nomes bíblicos não designavam simplesmente uma pessoa em lugar de outra. Em vez disso, dava-se um nome a uma pessoa porque, de alguma forma, esse nome descrevia sua natureza ou personalidade. Abordagens mais modernas dos atributos divinos distinguem o que chamaríamos os nomes próprios de Deus de uma lista de suas qualidades. Nosso foco são as características atribuídas a Deus nas Escrituras, bem como as qualidades que os teólogos pensaram ser sugeridas pela natureza e pelos atributos de Deus.

Ao falar dos atributos de alguém ou de alguma coisa, referimo-nos às características ou qualidades que expressam sua natureza. Se as entidades não tivessem atributos, seria muito difícil conceituar o que elas são. Poderíamos pensar que o mundo consiste de uma série de coisas reais, mas fora isso poderíamos dizer pouco sobre essas coisas. Além disso, sem apelar para os atributos, seria difícil diferenciar uma coisa da outra. Tudo isso também se aplica a Deus; de fato, já que o ser de Deus é puro espírito e, portanto, invisível, sem os seus atributos haveria pouco que poderíamos saber sobre Deus, e seria difícil conceitualizá-lo.

Ao discutir os atributos de uma coisa, Aristóteles introduziu uma importante distinção entre predicados essenciais e acidentais. Um atributo essencial é aquele que pertence à própria essência ou natureza de uma coisa. Não pode ser removido da entidade sem destruí-la, nem pode ser adicionado. Por exemplo, pense em uma linha que vai do ponto A ao ponto B. No meio do caminho entre A e B há outro ponto (chame-o de ponto C). Agora, o ponto C é um atributo essencial da linha AB. Se o ponto C for removido, a linha AB não existe mais. Isso não significa que não resta nada, mas apenas que a linha AB não existe mais. Da mesma forma, a triangularidade é uma qualidade essencial de um triângulo. Remova um de seus ângulos e o triângulo não mais existirá.

Ao contrário dos atributos essenciais, os predicados acidentais são qualidades que não fazem parte da própria essência de uma coisa. Eles podem ser perdidos ou adquiridos sem destruir a coisa na qual existem. Por exemplo, a cor do cabelo humano é um predicado acidental, pois ela pode mudar e geralmente o faz à medida que se envelhece. Além disso, altura e peso específicos também são predicados acidentais de qualquer indivíduo. Podemos ficar mais altos e perder peso ou ganhá-lo sem deixar de ser humanos. Além disso, as características da personalidade podem mudar sem destruir a humanidade de uma pessoa. Em certo momento da vida, uma pessoa tem um humor agradável, mas, em outro, está basicamente irritadiça. Estes comentários referem-se não às mudanças momentâneas de humor, mas às qualidades básicas que descrevem o temperamento contínuo de uma pessoa.

Como é que a distinção entre atributos essenciais e acidentais se relaciona com Deus? Teólogos e filósofos dentro da tradição judaico-cristã têm sustentado que todos os atributos de Deus são atributos essenciais. Diferentemente de suas criaturas, Deus não tem predicados acidentais. Remova ou mude qualquer um dos atributos de Deus e não haverá Deus.

A afirmação de que todos os atributos de Deus são predicados essenciais não deve ser mal entendida. Alguns podem pensar que isso está errado, porque há uma classe inteira de atributos que podem ser imputados a Deus e que, de modo algum, alteram seu próprio ser. Por exemplo, enquanto eu escrevo este capítulo e enquanto você o lê, Deus tem a qualidade de "ser aquele em quem se pensa". Além disso, aos domingos, Deus tem a qualidade de "ser adorado". Em muitas ocasiões, Ele é "o único que é solicitado" enquanto as pessoas lhe dirigem a oração. Além disso, Ele é o que liberta Israel da escravidão do Egito etc. A lista de tais qualidades é aparentemente interminável, mas nenhuma delas parece ser uma propriedade essencial. Ou seja, ainda haveria um Deus mesmo que nenhuma dessas coisas fosse verdadeira a respeito dele. Se Ele nunca tivesse criado nenhum mundo, seria difícil ver como Ele poderia ser o libertador de Israel ou o legislador no Sinai, mas não ter essas qualidades certamente não destruiria seu ser, nem sua natureza mudaria quando Ele adquirisse essas qualidades como resultado de suas ações. Além disso, quando você e eu deixamos de pensar em Deus, isso não o destrói. Então, todas essas qualidades parecem ser acidentais, e por isso nos perguntamos por que os teólogos dizem que todos os atributos de Deus são essenciais.

A resposta que normalmente se oferece resolve o dilema e esboça o tema exato da nossa discussão sobre os atributos divinos. Muitos diriam que as qualidades acidentais que acabei de mencionar deveriam ser chamadas de propriedades.[1] Essas propriedades são relacionais em sua natureza e não especificam exatamente os constituintes do próprio ser de Deus. Em vez disso, elas revelam como nós descrevemos as várias relações que as criaturas têm com seu Criador e vice-versa. Portanto, embora Deus seja o legislador no Sinai, o que liberta Israel do Egito, aquele que profetiza o fim dos tempos, nenhuma dessas propriedades é objeto de uma discussão dos atributos divinos. Essas propriedades que se relacionam com vários atos divinos podem ser oriundas de algum atributo divino, mas não são o que os teólogos querem dizer quando falam dos atributos de Deus. Por exemplo, em virtude de sua santidade, Deus é o legislador do Sinai;

em virtude de sua onipotência, Ele é o libertador de Israel; e em virtude de sua onisciência e controle soberano, Ele prediz os acontecimentos do fim dos tempos. Santidade, onipotência, onisciência e soberania são as características duradouras da natureza de Deus, não essas outras propriedades que podem ser atribuídas a Ele. São esses atributos permanentes do próprio ser de Deus que são o tema de nossa discussão sobre os atributos divinos.

CLASSIFICAÇÃO DOS ATRIBUTOS DIVINOS

Ao longo de toda a história da igreja, os teólogos usaram vários métodos para classificar os atributos divinos. Embora pudéssemos debater qual é o melhor, é desnecessário fazê-lo. Pode-se argumentar a favor e contra cada método de categoria, mas, felizmente, nenhum ponto de vista da ortodoxia depende dessa questão. Visto que cada divisão dos atributos é instrutiva à própria maneira, eu apenas apresentarei os vários métodos de classificação.

Um método enfatiza como os atributos divinos são conhecidos ou como nós formamos nossa ideia de Deus. Este método diferencia atributos conhecidos por meio da negação, por meio da causalidade e por meio da eminência. O primeiro meio se refere a atributos conhecidos pela negação das limitações de Deus que se aplicam às suas criaturas. Atributos como infinidade, imutabilidade e eternidade se enquadram nessa categoria. O segundo meio olha para Deus como a grande primeira causa de cada virtude vista nos efeitos que Ele produz. Os atributos conhecidos por meio da eminência estão presentes na criatura, mas são elevados a um grau supremo em Deus. Como alguns teólogos observaram, esse método de classificação envolve, na verdade, apenas duas categorias amplas, a saber, aquelas conhecidas por meio da negação e aquelas características positivas de Deus, tais como amor, onisciência, santidade, justiça e verdade.[2]

Um segundo esquema de categoria distingue os atributos absolutos e relativos de Deus. Os atributos absolutos pertencem à natureza divina considerada em si mesma, enquanto os predicados relativos falam da natureza divina no que diz respeito ao universo criado. Na primeira categoria estão qualidades como autoexistência, eternidade, unidade e imutabilidade, ao passo que misericórdia, amor, onipresença e verdade caem na segunda categoria. Porém, não se trata de uma distinção fácil de manter, já que todos os atributos de Deus pertencem à sua natureza e seriam verdadeiros a respeito dele ainda que não houvesse uma ordem criada. Além disso, os teólogos discordam sobre quais atributos vão para cada categoria. Por exemplo, muitos colocariam o amor, a santidade e a verdade na categoria dos relativos, e a eternidade e a imensidão na categoria dos absolutos. A. H. Strong faz exatamente o contrário, argumentando que os dois últimos, por exemplo, são relativos na medida em que expressam a relação de Deus com o espaço e o tempo.[3]

Uma terceira classificação divide os atributos divinos entre predicados naturais ou metafísicos e características morais. Os atributos naturais pertencem à própria natureza constitucional de Deus, à parte de suas ações. Estes incluem infinidade, asseidade, unidade e eternidade. Os atributos morais incluem predicados que qualificam Deus como um ser moral e se referem às qualidades que Ele exibe à medida que age em nosso universo. Este grupo inclui verdade, bondade, misericórdia e santidade. Embora seja útil, esse método de classificação também tem falhas. Bondade, misericórdia, santidade etc. pertencem à própria constituição de Deus, exatamente como os outros. Não queremos dar a impressão de que esses atributos se associam de alguma forma à natureza divina, mas não fazem parte dela.

Um quarto método de categoria distingue atributos que são imanentes ou intransitivos daqueles que são emanantes ou transitivos. Strong vincula atributos imanentes a atributos absolutos e atributos emanantes a atributos relativos. A distinção básica entre os dois grupos não difere da distinção entre metafísica e moral. Atributos imanentes são aquelas perfeições de Deus que não vão adiante e operam fora da essência divina, mas funcionam dentro dela. Esse grupo inclui eternidade, asseidade e infinidade. Os atributos emanantes são aqueles pelos quais Deus produz efeitos externos ao seu próprio ser. Estes incluem onipotência, benevolência, justiça e amor.

Quanto aos atributos imanentes, Berkhof afirma que, se alguns atributos divinos fossem puramente imanentes, é difícil ver de que modo os conheceríamos.[4] Em resposta, há algum sentido no argumento de Berkhof, mas há também um problema. O problema é que ainda poderíamos conhecer esses atributos puramente imanentes por meio de revelação especial. Por outro lado, o ponto correto é que esses atributos não são conhecidos apenas por meio de revelação especial. Mas se assim for, nós questionamos se eles são tão completamente imanentes em Deus como a distinção sugere.

Um quinto método de classificação apela para a divisão das partes constituintes da natureza humana. Nos humanos podemos distinguir entre a essência imaterial, o intelecto e a vontade, e o mesmo se aplica a Deus. No primeiro grupo estão infinidade, asseidade e imutabilidade; no segundo estão onisciência e sabedoria; e a categoria final inclui não apenas onipotência e soberania, mas também justiça e amor, que falam das qualidades dos atos de sua vontade.

Finalmente, um método de categoria comum diferencia os atributos divinos incomunicáveis dos comunicáveis. Os atributos incomunicáveis são aqueles que não apresentam nenhuma semelhança ou analogia com a criatura. Este grupo inclui aseidade, infinidade, eternidade e imutabilidade. Os atributos comunicáveis são aqueles que se parecem ou são análogos às qualidades na criatura. Dizer que Deus tem os atributos de amor, verdade e justiça não significa que Ele tenha esses atributos exatamente da mesma forma que os humanos têm. Ele os tem a um grau infinito, ao passo que nós os temos apenas a um grau limitado, mas eles ainda se enquadram corretamente no grupo comunicável porque tanto o Criador como a criatura os possuem.

Conforme já mencionado, pode-se argumentar a favor e contra cada método de classificação, mas este não é um ponto sobre o qual vale a pena discutir. Para mim, a divisão mais simples dos atributos distingue aqueles que revelam qualidades morais de Deus e aqueles que se referem a qualidades não morais. Prefiro esta distinção à natural *versus* moral, porque não quero dar a impressão de que os atributos morais de Deus, de alguma forma, não pertencem à sua constituição ou natureza interior. Todos os atributos divinos são predicados essenciais e pertencem à própria natureza de Deus. Alguns se referem a qualidades que designam Deus como um ser moral, ao passo que outros não se referem à natureza moral do que Deus faz. Isso não significa que cada atributo divino se encaixe perfeitamente em um grupo ou em outro. Por exemplo, não está totalmente claro onde deveríamos colocar atributos como onipotência ou onisciência. O conhecimento e o poder *per se* não precisam ser noções morais, mas o uso que Deus faz de seu conhecimento e poder certamente tem implicações morais. Assim, em certa medida, não importa qual método de categoria se escolha, a divisão real dos vários atributos em uma ou outra classe pode ser debatida. Portanto, minha escolha de um método de categoria específico a título de organizar logicamente minha discussão não pretende transmitir alguma verdade teológica que seja essencial para a teologia evangélica.

Atributos não morais

É necessária uma leitura mínima da literatura teológica e filosófica sobre os atributos divinos para ver que os atributos não morais geram a maioria dos problemas intelectuais e, portanto, são alvo da maior parte da discussão. Primeiro, eu quero definir esses atributos o mais nitidamente possível e esclarecer o ensino bíblico acerca deles. Eu também discutirei os problemas conceituais em torno de cada atributo, os quais geram o debate filosófico e teológico. Contudo, há um atributo, a eternidade divina, que levanta questões tão complexas e tem implicações para tantas doutrinas teológicas que eu lhe dedicarei um capítulo especial.

Ao usar as Escrituras para definir e elucidar os vários atributos divinos, devemos nos lembrar de dois pontos importantes com implicações metodológicas significativas. Primeiro, os escritores bíblicos não estavam escrevendo uma teologia sistemática, em que dedicaram seções especiais aos atributos de Deus. As Escrituras ainda são úteis para nossa discussão, mas algumas das definições precisas e dos debates na literatura teológica e filosófica sobre vários atributos parecem muito diferentes do que encontramos nas páginas das Escrituras.

Isso poderia alarmar alguns, mas não precisa ser assim. Os escritores bíblicos retratam Deus como onipotente, eterno, onipresente e coisas assim, e geralmente o fazem para argumentar algum outro ponto teológico ou prático. Por exemplo, a eternidade de Deus é usada algumas vezes para assegurar ao povo de Deus que Ele sempre existirá, independentemente da necessidade ou circunstância desse povo. Ou um escritor menciona a onipresença de Deus não para discutir filosoficamente de que modo um ser incorpóreo se relaciona com pontos em uma escala espaçotemporal, mas para lembrar os teimosos que eles não podem escapar de Deus e para encorajar os fiéis que eles jamais podem ir a lugar algum onde Deus não esteja disponível.

Dada esta característica do retrato bíblico de Deus, ainda podemos usar o testemunho bíblico para a formulação teológica e a reflexão filosófica. O teólogo tem de usar quaisquer fatos sobre a natureza de Deus que os escritores bíblicos oferecem, mas no geral, temos de ir além do testemunho bíblico acerca desses atributos para formular uma definição ou para resolver problemas em torno deles. Contanto que a definição e/ou a resolução dos problemas não contradigam de forma alguma as Escrituras, não há nada de errado com essa metodologia. Além disso, devemos diferenciar a compreensão cristã tradicional de um atributo do que as Escrituras realmente ensinam e garantem. Se as Escrituras não apoiam um entendimento tradicional, devemos ficar com as Escrituras e modificar ou rejeitar a tradição.

Segundo, de que modo usamos as Escrituras para determinar o significado de cada atributo? Um método típico define um atributo divino apelando para o significado do termo bíblico que o nomeia. Logo, se entendermos a etimologia e o "significado" básico disponível no dicionário de *termos* que falam de Deus como eterno, amoroso, sábio etc., automaticamente saberemos o que é o atributo divino.

Esta estratégia para definir os atributos divinos é sedutora (bem como muito popular), mas metodologicamente imperfeita. Ela confunde definir um termo com definir um conceito. Para definir um termo, faz-se um estudo da palavra, observando-se as várias maneiras como o termo é usado para significar uma coisa ou outra em vários contextos. Por outro lado, definir um conceito nos diz que tipo de coisa o conceito designa. Para ilustrar a diferença, não estamos perguntando como as palavras "sábio" e "sabedoria" são usadas nas Escrituras (elas são usadas tanto acerca de Deus como acerca de outros também). Tampouco estamos buscando a etimologia dos termos. Em vez disso, estamos perguntando que tipo de coisa é sabedoria (neste caso, sabedoria divina).

O livro *Biblical Words for Time* [As palavras bíblicas para tempo], de James Barr, revela brilhantemente essas imperfeições metodológicas ao discutir erros que têm importunado estudos sobre os conceitos bíblicos de tempo e eternidade, bem como vários outros estudos conceituais baseados na Bíblia.[5] Pensar, por exemplo, que um estudo etimológico das palavras bíblicas para tempo e eternidade revela o significado de tempo e eternidade nos padrões bíblicos ou em outros padrões de pensamento é errado, porque o estudo etimológico nos diz os significados originais das palavras, mas o faz fora dos contextos linguísticos concretos onde as palavras realmente aparecem. Para compreender os *conceitos* que um escritor quer comunicar, devemos compreender suas palavras à medida que as utiliza num contexto específico.[6] Isso significa que não é provável que determinemos qualquer padrão de pensamento (conceito) associado à palavra olhando-a isoladamente, a partir de uma frase específica, e seguramente tampouco olhando para as palavras originais das quais ela deriva.[7]

Também é problemático tratar as palavras individuais dos atributos como se elas comunicassem os conceitos dos vários atributos. Como Barr explica, este tipo de erro tipicamente deriva das suposições de que

> a estrutura lexical das palavras deve coincidir com uma estrutura mental de conceitos, sendo esta última essencial para o pensamento bíblico sobre tempo. Portanto, não só é natural, mas a partir das doutrinas do plano *deve ser* natural que haja um "conceito kairos". *Deve* ser possível conceitualizar as palavras.[8]

Embora os pensadores errem muitas vezes ao tratar uma palavra como um conceito, ainda é um erro. Como Barr explica, uma das refutações mais óbvias da ideia de que um termo se prende ao conceito que designa é o fenômeno da polissemia, ou seja, uma palavra tem dois ou mais sentidos. Qual dos muitos sentidos representa "o conceito" denotado pelo termo? Nenhum, e isso mostra o erro de pensar que nós designamos automaticamente um conceito ao definir uma palavra. Também podemos nos convencer deste argumento refletindo sobre as figuras de linguagem e até mesmo as gírias. Nesta linguagem os termos assumem significados muito diferentes de seu uso literal. Esses usos figurados designam outro conceito para o qual o termo se aplica? Claramente, pensar assim é repetir a metodologia imperfeita. Como diz Barr, "Certamente não se poderia lidar com o inglês moderno 'nice' [legal] colocando seus principais sentidos ('agradável, atraente' e 'preciso, exato') sob o título de 'o conceito de nice em inglês'".[9]

Isso significa que os estudos da palavra são irrelevantes para o tema dos atributos de Deus? De modo algum, mas significa que devemos ter cuidado com a forma como os usamos. Os estudos da palavra são benéficos de duas maneiras. Um primeiro benefício é que esta estratégia muitas vezes nos ajuda a identificar versículos que ensinam algo sobre um atributo divino. Além disso, uma compreensão do significado desses termos pode oferecer alguma informação sobre o significado dos conceitos associados a cada atributo divino. Contanto que nos lembremos de que se trata apenas de um ponto de partida para a compreensão do conceito, e desde que percebamos que existem outros versículos que não usam o termo para um dado atributo, mas ensinam algo sobre o atributo divino em questão, não há nada de errado em começar com o estudo da palavra. Porém, nossa preocupação é um estudo do conceito, não um estudo da palavra.

Asseidade

Asseidade (do latim *a se*, "a partir de si mesmo") tem várias nuances, mas a ideia principal é que Deus depende de nada mais do que Ele próprio para sua existência. Isso pode ser compreendido de uma entre duas maneiras (ou de ambas). A primeira é que o fundamento do ser de Deus está dentro dele mesmo; Ele é autoexistente. Portanto, ninguém o trouxe à existência, e ninguém ou nada além dele próprio sustenta sua existência. Alguns teólogos expressam essa ideia dizendo que Deus é sua própria causa, mas muitos não gostam dessa linguagem, porque acreditam que Deus não é causado. Dizer que Ele é causado (mesmo que por si mesmo) poderia, de alguma forma, dar a impressão de que Ele teve de ser trazido à existência, e é claro que não é assim. Embora Deus não seja causado, Ele é a causa de todas as outras coisas existentes.

A segunda interpretação de Deus dependendo apenas de si mesmo para existir significa que não existem propriedades independentes dele, das quais Ele depende para ter os atributos constitucionais que tem. Alguns teólogos pensam que, se Deus dependesse de tais verdades universais, Ele não as controlaria e, portanto, lhe faltariam asseidade e soberania. Em parte para combater essa possibilidade, eles defenderam a simplicidade divina, segundo a qual Deus apenas é idêntico a todas as suas propriedades, por isso não há propriedades independentes dele das quais Ele depende para sua existência ou para qualquer outra coisa.

Como veremos no Capítulo 7, há outras formas em que se poderia abordar essa questão das propriedades independentes de Deus, mas reservarei isso para nossa discussão sobre a simplicidade divina. Para nossos propósitos aqui, basta dizer que os teólogos cristãos sustentam de forma bastante consistente que Deus é autossuficiente na linha da primeira interpretação acima, enquanto muitos rejeitam essa segunda interpretação de autodependência (e a simplicidade divina que a acompanha). Ao fazerem isso, eles acreditam não ter desistido de nada significativo, seja para a asseidade divina ou para a soberania divina.

Uma segunda noção também está ligada à asseidade. É a ideia de que Deus é independente de todas as coisas na medida em que suas escolhas e propósitos são independentes de influências de qualquer pessoa e qualquer outra coisa que não seja Ele mesmo. Como veremos, esse senso de asseidade está muito próximo da noção da vontade soberana de Deus, segundo a qual Ele tem a capacidade de autodeterminação absoluta. Autodeterminação absoluta significa que as escolhas de Deus dependem apenas de seus próprios desejos e propósitos e que Ele tem o poder de realizar essas escolhas.

É deste segundo aspecto de asseidade (independência nos propósitos, escolhas etc.) que muitos teólogos (mesmo evangélicos) discordam. Aqueles de uma estirpe calvinista concordariam, mas há rejeição deste aspecto da asseidade fora dos círculos calvinistas. Nós já vimos que esta noção é oposta à teologia do processo. Além disso, os defensores da visão aberta de Deus protestam firmemente que tal Deus é distante de sua criação, a domina, e de forma alguma lhe é responsivo ou vulnerável diante dela. Este Deus é o monarca governante que sempre consegue o que quer, não importa o que aconteça. Tanto os defensores do processo como da visão aberta rejeitam esta noção, afirmando que ela não pode ser confirmada pelas Escrituras.[10] Na verdade, a teologia do processo rejeita a asseidade em qualquer sentido, e os defensores da visão aberta desconfiam muito dela.

Não está claro de modo algum se os arminianos mais tradicionais achariam palatável este segundo aspecto da asseidade. Sem dúvida, muitos contestariam que, se os propósitos e escolhas de Deus são determinados exclusivamente com base em seus próprios desejos, sem nenhuma consideração pelos desejos e ações de suas criaturas, e se Ele então realiza o que quer que deseja, há pouco espaço para a liberdade humana ou dos anjos. Portanto, Deus não tem asseidade nesse sentido. Outros arminianos poderiam argumentar que Deus é independente no sentido mencionado, mas para dar lugar à liberdade criatural escolheu limitar o exercício desse poder. Uma vez que só Deus decidiu fazer isso, trata-se de uma autolimitação que de forma alguma compromete sua vontade soberana. Trataremos deste debate mais diretamente em capítulos posteriores sobre a providência divina. Por enquanto, basta mencionar que nem todos os teólogos concordam com este aspecto da asseidade.

Alguns teólogos acrescentaram um terceiro conceito à ideia de asseidade. É a noção de que Deus como um *a se* é totalmente imune a influências exteriores, de modo que nada do que acontece em nosso mundo o perturba. O que Ele pensa, sente e faz depende apenas dele mesmo.[11] Isso pode parecer nada mais do que dizer que Deus é independente, mas na verdade é uma ideia mais forte. Tipicamente, teólogos cristãos clássicos a ligavam com uma noção muito forte de imutabilidade, segundo a qual Deus, como absolutamente perfeito, é incapaz de qualquer mudança, inclusive a mudança produzida por influências de qualquer coisa, exceto Ele mesmo.[12] De acordo com este atributo, que muitas vezes é chamado de impassibilidade divina, o que uma criatura pensa, diz ou faz não pode influenciar o que Deus sente ou faz, pois se assim fosse, Deus não seria imutável (neste sentido forte de imutabilidade), nem seria independente de suas criaturas neste sentido. Como Robert Brown argumentou, e como veremos ao discutir a liberdade humana e a soberania divina, qualquer um que tenha tais visões da asseidade e imutabilidade e lhes acrescenta o livre-arbítrio libertário humano, passa a ter problemas para manter uma teologia consistente. Devido à liberdade libertária, os seres humanos podem fazer algo inesperado, por isso, em certo sentido, Deus deve esperar nós agirmos antes de decidir o que Ele vai fazer. Brown apela para a queda de Adão para ilustrar seu argumento. Se Adão e Eva não tivessem pecado, diz Brown, não haveria necessidade de Deus decidir nos redimir. Assim, as escolhas livres dos seres humanos resultaram no modo como Deus se relaciona conosco, e isso cria dificuldades para as noções de imutabilidade, impassibilidade e asseidade.[13]

Já vimos que nem os teístas do processo nem os teístas da visão aberta têm qualquer utilidade para a impassibilidade divina ou para este senso forte de imutabilidade e asseidade. Além da questão da liberdade e soberania divina, há razão para pensar, independentemente de ser calvinista ou arminiano, que a asseidade neste último sentido é uma noção mais forte do que deveríamos afirmar. Não se trata apenas, como veremos, destas ideias não refletirem as Escrituras, mas também que parece não haver razão para pensar que algo está errado com Deus se Ele não tiver esse tipo de independência. Além disso, há razões para pensar que Ele não tem esse tipo de independência de nós. Se Deus ouve e responde nossas orações, e se Ele muda suas atitudes em relação a nós quando nos arrependemos do pecado, por exemplo, parece que seu estado mental e emocional em algum momento deve ser influenciado, até certo ponto, pelo que nós fazemos. Mas, por que isso é uma deficiência em Deus?

Sustentar que o foco mental e as respostas emocionais de Deus são determinados em parte pelas ações de suas criaturas não implica que estas o tragam à existência ou o mantenham nela. Tampouco requer que os propósitos, desejos ou escolhas de Deus dependam de nada nem de ninguém, a não ser de si mesmo. Portanto, os conceitos-chave associados à asseidade são mantidos mesmo que se rejeite este terceiro item. Além disso, para os calvinistas, Deus já decidiu antes da fundação do mundo o que vai pensar e fazer no momento apropriado em resposta a nós. Para os arminianos que pensam que Deus prevê as futuras ações livres de suas criaturas, Ele também já decidiu antecipadamente o que dirá e fará. Parece que o único modo em que a influência dos estados mentais e emocionais de Deus (e mesmo de suas ações) por parte de suas criaturas poderia contar como uma imperfeição nele seria quando os pensamentos e ações de suas criaturas o obrigassem a pensar, escolher ou fazer coisas que Ele não quer pensar, escolher ou fazer. Porém, não há razão para isso acontecer de acordo com nenhuma teologia calvinista, nem para muitas teologias arminianas.

A asseidade, então, é mais bem entendida como a autoexistência de Deus (no sentido explicado) e independência na vontade, nos propósitos e nos desejos. Eu acredito que existem duas linhas de evidência de que Deus é *a se*: bíblica e racional. Uma importante passagem bíblica que condiz com a noção de que Deus é a base de sua própria existência é João 5.26. Jesus diz: "Porque assim como o Pai tem vida em si mesmo [*en heautō*], também concedeu ao Filho ter vida em si mesmo" [*en heautō*]. Primeiro, Jesus está falando sobre o Pai e Ele mesmo ressuscitando fisicamente os mortos (v. 21), e depois fala em dar vida espiritual eterna aos que creem (v. 24,25). Nesse texto, o comentário no versículo 26 parece ser literal, e não metafórico. Ele explica que Pai e Filho podem ressuscitar aqueles que estão fisicamente mortos e também dar-lhes vida espiritual. Eles podem fazer isso porque têm vida em si mesmos e não dependem de mais ninguém para sua vida. Embora seja duvidoso que Jesus pretenda fazer um comentário filosófico sobre a asseidade, torna-se difícil ver o que seus comentários significam se não se relacionarem à noção que os teólogos rotulam de asseidade.

Existem outras indicações bíblicas da autoexistência de Deus, embora sejam, em um ou outro grau, inferencialmente mais debatidas do que no caso de João 5.26. Uma das passagens mais claras é Atos 17.24,25, onde Paulo se dirige aos atenienses: "O Deus que fez o mundo e tudo o que nele existe, sendo ele Senhor do céu e da terra, não habita em santuários feitos por mãos humanas. Nem é servido por mãos humanas, como se de alguma coisa precisasse; pois ele mesmo é quem a todos dá vida, respiração e tudo mais". Paulo esclarece primeiro que Deus fez todas as coisas e que tudo depende dele (veja também o versículo 28, "pois nele vivemos, e nos movemos, e existimos"), mas então ele diz que Deus não precisa de nada. Se Deus não precisa de nada, mas dá vida, fôlego e todas as coisas a tudo o mais, a implicação é clara: Deus não precisa que lhe sejam dados vida, fôlego ou qualquer outra coisa. Isso é assim não porque as coisas imateriais não respiram, nem porque Ele já tem vida porque outra pessoa lhe deu. Em vez disso, Paulo queria que seus ouvintes entendessem que Deus não precisa que lhe seja dada vida porque Ele é autoexistente e tem vida em si mesmo.[14]

Há amplo testemunho bíblico da asseidade como independência divina nos propósitos, desejos e vontade. Visto que falarei disso mais extensamente na parte da soberania de Deus, aqui listarei apenas os versículos relevantes. Passagens como Daniel 4.35; Romanos 9.15,16; Efésios 1.5,9,11; e Apocalipse 4.11 falam da independência dos propósitos, conselhos, vontade ou escolhas de Deus. Os textos de Salmos 115.3 e Jó 42.2 também ensinam que Deus é soberano e independente em poder. Tudo o que quer fazer, Ele faz, e o que Ele quer depende somente dele mesmo, de acordo com as passagens de Romanos e Efésios que acabei de mencionar. Também podemos inferir a partir de Romanos 11.33,34 (ARA) que Deus é independente em seus pensamentos, pois Ele está tão acima e além de nós que seus juízos são "insondáveis" e seus caminhos, "inescrutáveis" (veja também Is 55.8).

Há também um apoio racional para a asseidade no sentido da autoexistência. Como vimos ao discutir argumentos a favor da existência de Deus, a maioria deles conclui que um ser necessário deve existir. Isso é especialmente verdadeiro acerca da segunda forma do argumento ontológico de Anselmo e as formas causais e contingenciais do argumento cosmológico. Um ser necessário, ao contrário de um ser contingente, nunca entra na existência ou sai dela, e não depende de nada para mantê-lo existindo. Deve ficar claro que esta descrição de um ser necessário se enquadra nos requisitos para um ser autoexistente.

Embora tenhamos admitido que nenhum dos argumentos naturalistas prova conclusivamente a existência de Deus, também percebemos que eles oferecem alguma evidência para tal existência que é utilizável em um caso cumulativo em defesa do teísmo. Além disso, as provas naturalistas mostram que, se Deus existe, Ele deve ser um ser necessário, e se for assim, Ele deve ter o atributo de asseidade. As Escrituras confirmam que Ele o tem.

Infinidade

O Deus judaico-cristão também é infinito, e a ideia básica da infinidade de Deus é que Ele é livre de limitações. Dizer que Deus não tem limites ou é ilimitado, contudo, apenas inicia a discussão, pois precisamos de uma compreensão clara do que significa ser ilimitado, por exemplo, em poder, amor e conhecimento. Duas discussões recentes sobre o caráter ilimitado de Deus ajudam a esclarecer esse conceito, então eu começo com elas.

A principal preocupação de Stephen T. Davis é com o poder ilimitado de Deus (onipotência), mas ele começa explicando a frase "ser ilimitado". Davis explica que há duas maneiras básicas de tentar definir o termo "ser ilimitado". A primeira, a mais simples, diz que um ser ilimitado não é preso por restrições causais. Este ser pode estar preso por restrições lógicas, de modo que não possa realizar contradições (como criar quadrados redondos), mas nenhuma lei causal o impediria de fazer coisas como ressuscitar os mortos, separar as águas do mar Vermelho ou transformar água em vinho. O problema de definir "ser ilimitado" dessa forma, porém, é que a definição parece se relacionar apenas com poder. Não explica necessariamente o que significa ser infinitamente sábio, infinitamente bom ou infinitamente santo. Portanto, precisamos de uma definição que acomode mais atributos divinos do que apenas o poder de Deus.[15]

Uma segunda maneira de entender um ser ilimitado foca a noção de um "grau máximo" de algo. Como Davis diz, algumas características dos seres são relevantes para sua grandeza ou semelhança com Deus, enquanto outras não são. Ser ruivo não é uma propriedade engrandecedora, mas ser todo-poderoso é. Davis chama de propriedades G as propriedades engrandecedoras ou que tornam semelhante a Deus. Ele também observa que alguns atributos admitem graus, enquanto outros não. Por exemplo, ser alto admite graus, ao passo que ser um número primo não admite. Além disso, quanto às propriedades que admitem graus, algumas possuem um máximo intrínseco ou concebível, enquanto outras não. Por exemplo, a propriedade de ser alto não tem um máximo intrínseco, pois algo poderia presumivelmente tornar-se sempre mais alto do que é. Por outro lado, a propriedade de ter marcado bem em uma partida de golfe ou de boliche tem um máximo intrínseco. A melhor pontuação possível para dezoito buracos de golfe é dezoito, e a melhor pontuação possível para um jogo de boliche é trezentos.[16]

À luz destas qualificações preliminares, Davis oferece uma segunda definição de um ser infinito. Um ser ilimitado é

> (1) um ser que possui todas as propriedades G que lhe é possível possuir; (2) um ser cujas propriedades G que admitem um máximo intrínseco são possuídas ao grau máximo (p. ex., sendo onipotentes); e (3) um ser cujas propriedades G que não admitem um máximo intrínseco são todas possuídas a um grau insuperável por qualquer outro ser que já existiu ou existirá (p. ex., sendo mais amoroso do que qualquer outro ser real).[17]

Quanto ao item (3), estou inclinado a acrescentar que um ser ilimitado com propriedades G que não têm máximo intrínseco deve possuir essas qualidades a um grau insuperável também por qualquer ser que poderia, mas não existirá; portanto, é insuperável por qualquer ser concebível.

A segunda definição de Davis esclarece grandemente o que significa ser um ser ilimitado, mas algumas ambiguidades que ainda devem ser trabalhadas têm a ver com a noção de um ser infinito. Em especial, parece haver ambiguidade em torno da própria ideia de infinidade, porque sempre se pensa em infinidade matemática, e é difícil ajustar esse conceito com a ideia de um ser infinito. É aqui que um artigo recente de Jill LeBlanc se torna útil. A tese básica de LeBlanc é que devemos diferenciar entre o infinito potencial, o infinito real e o infinito teológico. Os dois primeiros conceitos se referem à matemática, mas não à teologia, ao passo que o terceiro se refere à teologia, mas não necessariamente à matemática. A confusão surge quando impomos a matemática infinita sobre conceitos teológicos como a infinidade divina.

LeBlanc define os primeiros dois conceitos de infinidade da seguinte forma: "O infinito potencial é uma extensão do finito, construível a partir do finito por alguma regra ou processo que, de fato, nunca é finalizado. O infinito real, por outro lado, é concebido como uma coleção realmente existente de um número infinito de peças. O infinito real poderia ser considerado como a conclusão de um processo que constrói o infinito a partir do finito. Este é o infinito real da teoria dos conjuntos."[18]

Estas noções de infinidade matemática são claramente diferentes do conceito de infinidade divina. A infinidade de Deus não é construída por um processo que constrói o infinito adicionando-se a um conjunto finito. Portanto, o poder infinito de Deus não é apenas a soma total do poder de todos os humanos que já viveram e viverão. Seu amor não é o acumulado de todo amor possuído por todas as criaturas de todos os tempos. Além disso, devemos notar que as noções de infinidade matemática de LeBlanc focam a adição a um conjunto finito para ampliá-lo infinitamente. Na matemática há também a ideia de que entre quaisquer dois pontos distintos uma linha pode ser traçada, e essa linha é infinitamente divisível. Esta noção matemática definitivamente não é o que os teólogos entendem por infinidade divina.

Por outro lado, há o infinito teológico. Diferentemente do infinito matemático, que (nos termos de LeBlanc) pode ser concebido como uma coleção de partes, o infinito teológico "não é concebido como uma coleção infinita, mas sim como o irrestrito ou ilimitado; não é de forma alguma construível a partir do finito porque não é uma coleção, nem uma extensão do finito".[19] Isso parece ser um esclarecimento correto e útil da diferença entre a infinidade matemática e teológica. Devemos remover noções matemáticas da infinidade divina.

A infinidade divina significa, então, que Deus é irrestrito ou ilimitado, mas isso é uma definição fundamentalmente negativa do atributo ("não restrito", "não limitado"). Em termos positivos, acredito que a segunda definição de Davis (com suas três partes) define positivamente o que significa ser infinito. LeBlanc pensa que a noção teológica de infinidade está basicamente envolta em mistério, de modo que não podemos defini-la de forma positiva. Ela acredita nisso porque não está claro o que significa dizer que Deus é ilimitado em poder ou bondade. Descartes e Leibniz, por exemplo, defendiam que um Deus infinito é ilimitado ou irrestrito, mas Descartes entendia isso no sentido de que um Deus de poder infinito poderia realizar contradições, ao passo que Leibniz pensava o contrário.[20] Além disso, alguns teólogos poderiam afirmar que um Deus infinitamente bom nunca permitiria qualquer mal no universo, enquanto outros poderiam argumentar que Deus tem alguma razão moral suficiente para fazê-lo. Outros ainda poderiam alegar que o próprio Deus pode fazer o mal no interesse de acabar gerando um bem maior. Tais diferenças relativas ao que um ser ilimitado pode fazer sugerem a LeBlanc que a infinidade teológica está muito disfarçada em mistério para que a definamos claramente.

Embora sejam claras o suficiente, as preocupações de LeBlanc baseiam-se numa confusão. Minha razão para levantar este ponto, entretanto, é que ele me permite apresentar outras amplificações da infinidade divina. Os argumentos de LeBlanc não significam realmente que não podemos definir o conceito teológico da infinidade divina. Na verdade, LeBlanc é muito útil ao fazê-lo distinguindo a infinidade divina dos conceitos matemáticos de infinidade. Tudo que o argumento de LeBlanc mostra é que, quando se trata de *aplicar* a noção de ilimitabilidade a cada um dos atributos de Deus, antes de refletir não podemos dizer como se aplicará e como entenderemos as qualidades resultantes, tais como poder e conhecimento ilimitados. O fato de que alguns pensadores acreditam que um Deus infinitamente poderoso pode realizar contradições, enquanto outros discordam, não significa que não compreendemos o que significa "ilimitado", "propriedade G" e assim por diante. Isso só mostra que, à medida que o conceito de infinidade se atrela a cada atributo divino, devemos perguntar ainda o que significa ter poder, conhecimento, bondade etc. ilimitados, porque não temos certeza imediata do que está incluído naquilo que um ser com poder ilimitado pode fazer ou o que um ser com conhecimento ilimitado pode saber, por exemplo. Porém, temos de decidir essas questões quando discutirmos onipotência, onisciência etc., a fim de esclarecer esses atributos. Não precisamos discuti-las para esclarecer o que significa ser infinito!

Toda essa discussão realça por que alguns teólogos e filósofos não consideram infinidade um atributo separado de Deus, mas, em vez disso, dizem que é uma forma de descrever como Ele possui seus outros atributos. Ou seja, funciona como um adjetivo qualificador para outros atributos. Deus é santo, verdadeiro, justo, bom, poderoso e conhecedor, e Ele tem essas qualidades em um grau ilimitado. Além disso, a infinidade de Deus garante que Ele tem quaisquer características que sejam propriedades G. Não estou convencido se o debate sobre a infinidade ser ou não um atributo separado é algo em que vale a pena se aprofundar ou até mesmo se é algo que se pode decidir. Pois infinidade concebida como um adjetivo qualificador para outros atributos não parece ser um atributo separado, ao passo que, se significar que Deus tem todas as propriedades G, então ela própria é uma propriedade. É claro, este último elemento, que faz parte da definição de Davis, poderia ser visto como equivalente a dizer que Deus é o ser mais perfeito, mas então o debate mudaria para a questão se "mais perfeito" e "infinito" são sinônimos. Tais debates podem interessar a alguns, mas dados os nossos propósitos, não parece que vale a pena aprofundá-los. Eu escolhi discutir infinidade separadamente dos outros atributos, porque mesmo como um qualificador de outros atributos, devemos conceitualmente distinguir infinidade divina dos outros atributos e entender o que significa em si mesma e em relação a outros aspectos do ser de Deus.

Antes de recorrer aos dados bíblicos sobre infinidade, vários outros pontos de esclarecimento se fazem apropriados. Primeiro, infinidade como característica qualificadora de outros atributos divinos não faz sentido em alguns casos. Por exemplo, faz pouco sentido dizer que Deus possui infinitamente asseidade, unidade ou até mesmo imutabilidade. Ou seja, não faz sentido dizer que Deus é ilimitado em autossuficiência (ser autossuficiente só significa depender apenas de si mesmo, então "infinitamente" não acrescenta nada à asseidade divina e tende à redundância) ou ilimitado porque Ele é o único Deus (unicidade). Deus, claro, tem essas qualidades, mas elas se relacionam à sua infinidade apenas no sentido de que são propriedades G, não de que Deus as tem em um sentido ilimitado.

Um segundo argumento sobre infinidade foi dado no Capítulo 5, por isso não preciso repeti-lo aqui. É que temos de pensar na infinidade divina em termos qualitativos, não quantitativos. Assim, chamar Deus de um ser infinito não significa que Ele contenha uma quantidade infinita de material ontológico, pois isso nos colocaria no campo panteísta, segundo o qual Deus simplesmente é tudo. Em vez disso, chamar Deus de um ser infinito significa que o tipo de ser que Deus tem é qualitativamente ilimitado, ou seja, Ele tem (ou é) o maior tipo de ser que existe, um ser necessário. Significa também, utilizando as palavras de Davis, que os atributos essenciais de Deus são todas as propriedades G, e para aqueles atributos que permitem graus, os atributos de Deus têm o maior grau possível.

O sentido qualitativo da infinidade divina precisa ser lógico também para os vários atributos divinos. A infinidade de Deus em relação ao tempo significa que Ele é eterno. Existem diferentes maneiras de entender a eternidade divina, mas a ideia básica é que Deus nunca começou a existir, nem jamais vai parar de existir. Além disso, dizer que Deus é infinito em relação ao espaço não significa que seu ser ocupa todo o espaço ou contém tudo no espaço (isso seria panteísmo). Pelo contrário, significa que Deus se relaciona com o espaço de uma forma qualitativamente diferente da de suas criaturas. Deus é onipresente ou está em todos os lugares simultaneamente na totalidade de seu ser. No que tange a outros atributos divinos não morais e morais, um tipo similar de distinção é necessário em termos de noções qualitativas, não quantitativas.

Terceiro, o fato de atributos como poder, sabedoria e os atributos morais serem infinitos em Deus não o obriga a fazer tudo o que Ele pode fazer. Poder infinito não obriga Deus a fazer todos os atos que Ele pode fazer. Sabedoria infinita não o obriga a fazer todas as coisas sábias possíveis. O amor infinito não obriga Deus a fazer todas as coisas possíveis relativas ao amor. Em vez disso, ser infinito em relação a estes e outros atributos significa que Ele pode realizar tais atos *e* que nenhuma das ações que Ele faz demonstra impotência, ou contradiz o amor, a misericórdia, a justiça, a verdade, a santidade etc. É fácil, mas errado, pensar que, por ter essas qualidades infinitamente, Deus tem de fazer todo ato amoroso, misericordioso e justo que é capaz de fazer. Quando Deus deixa de fazer algo que Ele pode fazer, nós facilmente nos irritamos e o acusamos de fazer algo errado. Um exemplo é pensar que, por ser Todo-benevolente, Deus tem de remover todo mal, independentemente de qualquer propósito para o qual esse mal possa ser útil e independentemente de quaisquer bens que possam ser sacrificados a fim de removê-lo.

Em um capítulo posterior discutirei o problema do mal, mas observo aqui que a experiência do mal muitas vezes precipita uma crise religiosa tanto na vida dos crentes como dos incrédulos. Isto acontece em alguns casos, em parte, porque aquele que sofre pensa que o amor, a bondade e a misericórdia de Deus exigem que Ele faça todas as coisas amorosas, boas e misericordiosas possíveis. Remover a aflição parece ser uma dessas coisas possíveis, então se Deus é infinitamente amoroso etc., Ele parece obrigado a remover a aflição ou, principalmente, jamais deixar que ela ocorra. Quando Deus não faz nenhuma dessas coisas, aquele que sofre se irrita com Ele, acusa-o de transgressão e começa a duvidar de que Ele tenha o(s) atributo(s) mencionado(s). Reconhecer que esses atributos divinos não obrigam Deus a fazer toda coisa amorosa etc. possível, mas apenas o obrigam a jamais agir de forma desamorosa etc., não removerá a dor da aflição. Porém, isso deveria ajudar aquele que sofre a ver que Deus não deixou de fazer nada que Ele seja obrigado a fazer.

Um último ponto de esclarecimento sobre a infinidade divina é que ela deveria nos levar a concluir que Deus está fundamentalmente além de nossa plena compreensão. Mesmo que Ele fosse finito, nossos intelectos finitos provavelmente não o compreenderiam totalmente, mas quando combinamos a finitude humana com a infinitude divina, percebemos a bobagem de pensar que podemos compreender Deus totalmente. Para começar, alguns atributos divinos não têm nada em comum com as capacidades humanas. Se não fosse por uma revelação especial, talvez não tivéssemos a menor noção de que Deus tem esses atributos nem saberíamos o que eles significam. Mesmo com a revelação divina, já que não conhecemos ninguém mais com essas qualidades, e já que Deus é imaterial e incorpóreo e temos tão pouco conhecimento experiencial de tal ser, é difícil acreditar que compreendemos plenamente o que um atributo como a asseidade ou mesmo a infinidade significa inteiramente. Nada disso significa que não entendemos nada sobre Deus ou que a revelação bíblica sobre Ele está errada, mas apenas que há muito mais a dizer e saber a respeito dele do que podemos dizer e saber nesta vida. Sua infinidade deveria nos advertir contra pensar que compreendemos inteiramente o que se pode conhecer sobre Ele ou que solucionamos todos os mistérios que envolvem sua pessoa e suas ações.

Ao nos voltarmos às Escrituras, encontramos muitos versículos que ensinam os vários atributos divinos e sugerem que Deus os possui infinitamente, mas não há muitos que, *per se*, falem da infinidade divina. No entanto, há revelação bíblica suficiente para nos assegurar de que temos o direito de acreditar que Deus é infinito. Em Jó 11.7-9 lemos: "Porventura, desvendarás os arcanos de Deus ou penetrarás até à perfeição do Todo-poderoso? Como as alturas dos céus é a sua sabedoria; que poderás fazer? Mais profunda é ela do que o abismo; que poderás saber? A sua medida é mais longa do que a terra e mais larga do que o mar". Embora a palavra "infinito" não apareça nestes versículos, o conceito certamente está ali. Em Jó 5.9 (veja também 9.10) lemos que Deus "faz coisas grandes e inescrutáveis e maravilhas que não se podem contar". Isso fala do poder de Deus, e dizer que Ele pode fazer coisas além da nossa compreensão (inescrutáveis) certamente sugere que seu poder é infinito. Na verdade, a palavra hebraica traduzida como "não se podem contar" é *mispār*. Em algumas traduções há versículos em que esta palavra é usada em relação a Deus e os tradutores a traduziram como "infinito". Por exemplo, em Salmos 147.5 usa-se *mispār* com respeito ao conhecimento de Deus. A ARC traduz a frase "não se pode medir" como *infinito*. O versículo diz: "Grande é o nosso Senhor, e de grande poder; o seu entendimento é infinito". Os tradutores da NVI não usaram a palavra "infinito", mas sua interpretação do versículo ensina que Deus é infinito no conhecimento: "Grande é o nosso Soberano e tremendo é o seu poder; é impossível medir o seu entendimento". Ser impossível medir é ser infinito!

Em Salmos 145.3 o salmista escreve: "Grande é o Senhor, e muito digno de louvor, e a sua grandeza inescrutável" (ARC). A palavra "inescrutável" é a tradução do hebraico *'ên ḥeqer* ("sem busca"), e esta frase também aparece em Jó 5.9 e 9.10 em relação à grandeza de Deus. O salmista fala de coisas tão grandiosas que se não podem esquadrinhar. Em outras palavras, como explica Delitzsch, "é tão terrivelmente profundo que nenhuma busca pode alcançar o fundo".[21] Se você não pode alcançar o fundo de algo, este algo deve ser ilimitado, e isso significa infinito.

Como veremos ao discutir outros atributos, há mais evidências para a infinidade de Deus. Dizer que a misericórdia, a benignidade e a graça de Deus duram para sempre significa que elas nunca terminam e, portanto, são infinitas. Afirmar que Deus sempre foi e sempre será equivale a dizer que Ele é infinito com relação ao tempo, ou seja, eterno. Afirmar que não há lugar onde se possa ir no qual Deus esteja ausente significa que Deus é infinito com relação ao espaço (onipresente e imenso). Deus não possui seus atributos de uma forma limitada; Ele é infinito.

Imensidade e onipresença

A infinidade de Deus em relação ao espaço é onipresença e/ou imensidade. Muitos teólogos usam estes termos de forma intercambiável, mas outros os distinguem. Aqueles que os distinguem quase sempre usam imensidão para se referir ao fato de que Deus transcende todas as limitações espaciais e está em toda parte ao mesmo tempo. Como alguns teólogos observam, os corpos estão no espaço circunscritivamente, como que limitados por ele; os espíritos estão no espaço definitivamente (eles têm um *onde* específico), mas Deus está no espaço repletamente, ou seja, Ele preenche todo o espaço.[22] A onipresença, por outro lado, significa que Deus está presente na totalidade do seu ser em cada ponto no espaço.[23] Portanto, não há uma parte dele em um lugar e outra em outro. Não é essencial diferenciar ou não a onipresença da imensidão, desde que se reconheça que este atributo envolve duas ideias, a saber, Deus transcende as limitações espaciais e assim está presente em todos os lugares ao mesmo tempo em seu ser total.

Estas definições são claras o bastante, e há amplo respaldo bíblico para esse atributo divino, mas ele também é fonte de alguma confusão. Por um lado, as coisas materiais são as únicas coisas que ocupam espaço, mas Deus não tem um corpo, então como Ele pode preencher *qualquer* espaço (que dirá todo o espaço de uma vez) sem um corpo? Além disso, Deus está presente em toda parte, mas isso significa que Ele está no inferno? E se Deus está presente em toda parte, por que as Escrituras o retratam de alguma forma como ausente dos ímpios?

Esta doutrina gera outras questões que também parecem confusas. Por exemplo, as Escrituras dizem que Cristo e o Espírito Santo habitam nos crentes, mas se Deus está em toda parte, Ele não habita nos incrédulos também? E se Deus habita nos crentes, essa presença é diferente de sua presença no Cristo encarnado? Finalmente, se Deus está em toda parte, o que significa dizer que Ele está no céu e desce à terra em uma ocasião específica para fazer algo? Como Ele pode vir a um lugar onde já está presente, e como pode estar presente no céu num sentido diferente de estar presente em todos os demais lugares?

Perguntas como estas geralmente levam ateus e agnósticos a questionar se a própria noção de onipresença é logicamente coerente. Estas perguntas não são impossíveis de responder, mas mostram que uma compreensão adequada desse atributo divino requer que Deus esteja presente em nosso universo em alguns sentidos e ausente em outros.[24] Ao delinearmos os aspectos em que Deus está ausente e presente em nosso universo, podemos expressar uma compreensão diferenciada da relação exata de Deus com o espaço. Deixe-me discutir primeiro os sentidos em que Deus *não está presente* em nosso universo.

A AUSÊNCIA DE DEUS EM NOSSO UNIVERSO. Os teólogos cristãos têm sustentado que Deus está *ausente* do nosso universo de várias maneiras. Primeiro, Ele não está presente *fisicamente* em nenhum lugar no espaço. Não é assim porque Deus está presente *fisicamente* em todos os lugares. Ao contrário, pelo fato de Deus, como imaterial, não ter corpo, Ele não está *fisicamente* presente em nenhum lugar. É claro, vimos que se Deus assim desejar, Ele pode tornar sua presença conhecida de alguma forma física, mas nenhuma dessas manifestações físicas é idêntica à sua natureza imaterial.

Em segundo lugar, devemos distinguir a presença *física* do que eu chamarei de *presença ontológica*. Presença ontológica significa que alguma entidade ou ser está realmente presente em um determinado lugar no espaço. Se o ser for de natureza física, o ser que realmente estiver lá (presença ontológica) também estará fisicamente presente. Entretanto, se o ser for imaterial, então ele ainda poderá estar realmente em algum lugar (presença ontológica), mas como imaterial ele não poderá estar presente fisicamente. Com esta distinção, podemos afirmar que Deus não está presente *ontologicamente* em apenas um lugar. Isso é assim não porque, como imaterial, Ele não está presente fisicamente em nenhum lugar, mas sim porque, como imenso, Ele não está limitado a estar presente em apenas um lugar de cada vez. Ele está em toda parte ao mesmo tempo ontologicamente.

A seguir, para evitar o panteísmo, devemos dizer que Deus não está presente ontologicamente *como* cada ponto no espaço. Se Ele estivesse presente *como* cada ponto, isso seria panteísmo, pois seu ser seria idêntico a tudo o que existe. Para evitar o panteísmo, os teístas cristãos afirmam que Deus está presente *com* (ou *além de*) cada ponto no espaço, mas não *como* cada ponto. Em virtude da onipresença, os teólogos cristãos também têm afirmado que Deus não está presente ontologicamente *em apenas parte de seu ser em cada ponto no espaço*; estar presente dessa forma dispersaria o ser de Deus por todo o universo, um ponto em cada espaço. Em vez disso, Deus está presente ontologicamente em cada ponto no espaço em seu ser integral.

Quarto, há também uma diferença entre presença *ontológica* e presença *moral, espiritual* ou ética. A presença ontológica foi definida acima. Dizer que uma pessoa está presente para outra de modo moral, espiritual ou ético significa que elas têm um relacionamento de comunhão uma com a outra. Visto que isso se refere a Deus e seu povo, significa que Deus tem um relacionamento espiritual com um indivíduo pela fé salvadora e que nenhum pecado impede a fraternidade e a comunhão entre Deus e aquela pessoa. Dada esta distinção, podemos ver que duas pessoas poderiam estar ontologicamente presentes uma para a outra (independentemente de serem seres físicos ou não) sem estar moral e espiritualmente presentes uma para a outra. Além disso, duas pessoas poderiam ter uma relação especial que poderíamos rotular de uma relação moral ou espiritual, mesmo que não estivessem ontologicamente presentes uma para a outra. No caso de Deus, Ele está moral, ética ou espiritualmente ausente dos pagãos e dos ímpios. Igualmente, os crentes que quebraram a comunhão com Deus por meio do pecado e não a restabeleceram por meio do arrependimento não experimentam a presença espiritual de Deus da mesma forma que os crentes em comunhão com Ele. Os dois tipos de crentes são habitados pelo Espírito Santo segundo o NT, mas somente aqueles em comunhão experimentam a presença moral de Deus em sua plenitude. As passagens que mostram separação da presença de Deus e, portanto, ilustram este ponto são Gênesis 4.16; Jonas 1.3; Números 14.42,43; e Salmo 10.1. As passagens de Gênesis, Números e Salmos parecem se referir à separação de uma manifestação especial de Deus ou à falta de consciência de sua presença porque alguma coisa está errada no relacionamento da pessoa com Ele. É claro, Deus ainda está ontologicamente presente. Já a passagem de Jonas afirma a intenção dele em relação à presença de Deus, mas obviamente todo o teor do livro mostra que ele não podia fazer o que pretendia fazer (escapar de Deus), nem era correto seu pensamento de que podia fazê-lo. O fato de ele tentar fazer isso indicou um problema em seu relacionamento espiritual com Deus.

Finalmente, como acabamos de observar, Deus reside nos crentes neotestamentários de uma maneira espiritual especial que não se aplica no caso dos incrédulos. Contudo, Deus não está presente nos crentes *da mesma forma que está presente no Cristo encarnado*. Em Cristo, a essência divina é unida a uma natureza humana para formar a pessoa teantrópica, Jesus Cristo. Embora Cristo e o Espírito Santo habitem nos crentes, Eles não habitam de forma tal que o próprio ser de Deus se torne uma nova entidade, adicionada à nossa natureza humana, de modo que os crentes se tornem divinos ou literalmente homens-Deus. Em outras palavras, o relacionamento especial de Cristo com seu povo não significa que os próprios constituintes de sua natureza incluam outra entidade (a essência divina) para que eles sejam divinizados.

SENTIDOS NOS QUAIS DEUS ESTÁ PRESENTE. Há vários aspectos nos quais Deus está *presente* em nosso universo. Primeiro, Deus está presente *ontologicamente* (embora não fisicamente) em todos os lugares ao mesmo tempo, *juntamente com* e/ou *em* cada ponto no espaço. Se acharmos difícil entender isso por causa da natureza imaterial de Deus, não deveríamos. Todo aquele que acredita que as mentes humanas são imateriais não deveria ter nenhum problema com essa ideia. Assim como uma mente humana imaterial não ocupa espaço, mas está presente com a pessoa a quem ela pertence, de modo que podemos descrever a "localização espacial" geral daquilo que não é espacial, assim Deus, que é completamente imaterial, também pode estar presente em nossa escala de tempo e espaço. É claro, Deus está ontologicamente presente em todos os espaços, não apenas em um, como no caso de nossas mentes imateriais.

Além disso, em virtude da onipresença, Deus está presente ontologicamente ao mesmo tempo em cada ponto do universo *na totalidade do seu ser*. Não há uma parte dele em minha casa e outra parte na sua. Onde quer que esteja (e isso é em toda parte), Ele está presente na plenitude do seu ser. Além disso, Deus está presente ontologicamente em todos os lugares e com todas as pessoas, mas Ele não está presente *eticamente* com os incrédulos. Isso significa que Deus está ontologicamente presente até mesmo no inferno, mas isso não significa que os habitantes do inferno tenham qualquer consciência da presença de Deus ou qualquer relação moral ou espiritual com Ele.

A partir do ponto anterior, afirmamos também que Deus está presente *moral* e *eticamente, ou seja, Ele tem uma relação espiritual pela fé, com seu povo*. Por causa desse relacionamento, o povo de Deus geralmente está consciente da presença dele ou a sente de maneiras que os incrédulos não sentem. Os incrédulos não apenas não têm um relacionamento ético com Deus, mas também podem ser totalmente indiferentes à proximidade ontológica dele.

Como um corolário do ponto anterior, o NT ensina que os crentes neotestamentários são habitados por Cristo e pelo Espírito Santo (veja, por exemplo, Rm 8.9) e unidos a Eles de uma forma não disponível aos crentes do AT. Tal habitação evidencia uma presença espiritual especial, e o NT fala dela como estar unido a Cristo e tê-lo vivendo no crente. Isso não significa que os santos do AT não foram realmente salvos ou foram menos salvos, mas somente que esta presença espiritual especial de Cristo e do Espírito Santo na vida do crente não parece ter estado disponível na época do AT. Em ocasiões especiais, o Espírito Santo vinha sobre uma pessoa para uma tarefa especial, mas depois partia quando a tarefa era finalizada. Embora a capacitação do Espírito Santo estivesse sempre disponível para aqueles que a pediam, na era do NT tal poder parece ainda mais acessível aos crentes por causa da constante habitação do Espírito Santo.[25] É claro, como já mencionado, essa habitação de Cristo e do Espírito Santo no crente do NT não torna, de forma alguma, o ser de Deus parte do nosso ser, de modo a divinizar os crentes.

O último comentário sugere outro sentido no qual Deus está presente em nosso universo. Deus está *presente em Cristo* de um modo diferente do que está em qualquer outro ser. A própria natureza de Deus é unida a uma natureza humana para formar a pessoa teantrópica de Jesus Cristo. A natureza divina de Cristo é numericamente idêntica à essência divina possuída pelo Pai e pelo Espírito. Tal relação com a natureza divina não se aplica a nenhum ser criado.

Finalmente, há um sentido no qual Deus *se manifesta de uma forma especial em um lugar ou outro*. Por exemplo, Jesus nos instruiu a orar ao nosso Pai "que está nos céus" (Mt 6.9). Unidos a Strong, concordamos que a linguagem sobre Deus habitar no céu é mais bem explicada, por exemplo, "seja como uma expressão simbólica de exaltação acima das coisas terrenas, ou como uma declaração de que suas automanifestações mais especiais e gloriosas são para os espíritos do céu".[26] Também há passagens que falam de Deus descendo do céu para a terra. Gênesis 11.5-7 (a descida de Deus à torre de Babel), Gênesis 18.2 (sua descida a Sodoma e Gomorra), Êxodo 19.18,20 (sua descida ao monte Sinai) e João 17.21 (o Pai enviando o Filho ao mundo) são exemplos. Tais passagens provavelmente são mais bem entendidas como se referindo a uma manifestação especial de Deus para um propósito especial, embora Ele esteja sempre presente na terra. E, então, passagens como Jó 1.12 e 2.7 falam de Satanás afastando-se da presença do Senhor. Esses versículos não significam que Satanás poderia literalmente ir a um lugar onde Deus estivesse ausente. Ao contrário, significam que sua conversa com Deus terminou e ele dirigiu seus esforços a afligir Jó.

Ensino bíblico. As Escrituras não contêm palavras para nossos termos "onipresença" e "imensidade", mas os conceitos são clara e amplamente ensinados na Bíblia. Na verdade, ela afirma o que eu disse acima sobre a presença e ausência de Deus em nosso universo. Por exemplo, muitos versículos afirmam que é impossível escapar do que eu tenho chamado de presença ontológica de Deus, pois Deus está presente em toda parte em nosso universo. Em Jeremias 23.23,24 lemos: "Acaso, sou Deus apenas de perto, diz o Senhor, e não também de longe? Ocultar-se-ia alguém em esconderijos, de modo que eu não o veja? — diz o Senhor; porventura, não encho eu os céus e a terra? — diz o Senhor". Uma das passagens mais conhecidas que ensina que não há lugar sem Deus é Salmos 139.7-12. O salmista pergunta: "Para onde me ausentarei do teu Espírito? Para onde fugirei da tua face?" (v. 7). Ele, então, lista os vários lugares em que uma pessoa poderia estar e afirma que Deus está em cada um deles (veja também At 17.27,28; Rm 10.6-8; e Jn 1.3,10, onde Jonas tenta, sem sucesso, fugir da presença de Deus).

Muitas passagens bíblicas ensinam que Deus não pode ser limitado a apenas um local espacial, pois Ele transcende todos eles e está em todos os lugares ao mesmo tempo. Portanto, qualquer um que pense ser possível contê-lo inteiramente em um lugar está tristemente enganado. Vemos isso em passagens que falam de construir um templo terreno para Deus, a fim de contê-lo lá. Em 1Reis 8.27 (ver paralelo em 2Cr 2.6) lemos: "Mas, de fato, habitaria Deus na terra? Eis que os céus e até o céu dos céus não te podem conter, quanto menos esta casa que eu edifiquei!" Em Isaías 66.1 lemos: "Assim diz o Senhor: O céu é o meu trono, e a terra, o estrado dos meus pés; que casa me edificareis vós? E qual é o lugar do meu repouso?" Em Atos 7.48,49 Estêvão diz que Deus não habita em templos feitos com mãos.

Além destas passagens que falam da presença ontológica, há muitas que falam da presença espiritual de Deus com seu próprio povo. Ter a presença de Deus quando se sai para fazer uma determinada tarefa é uma bênção especial, mas isso certamente é mais do que presença ontológica; é presença espiritual e indica a mão divina de bênção sobre aquele que tem essa presença. Em Êxodo 33.14, o Senhor promete sua presença a Moisés, e no versículo 15 Moisés responde que, sem a presença de Deus, ele não quer nem mesmo começar a tarefa que Este lhe deu. Em relação à opressão de Israel pela Síria e seu rei Hazael nos dias do rei Jeoacaz, as Escrituras dizem (2Rs 13.23), "Porém o SENHOR teve misericórdia de Israel, e se compadeceu dele, e se tornou para ele, por amor da aliança com Abraão, Isaque e Jacó; e não o quis destruir e não o lançou ainda da sua presença" (veja também 2Cr 20.9).

Além desses exemplos específicos na história de Israel, os Salmos se referem repetidamente às bênçãos que vêm àqueles que estão na presença de Deus. Já que todos estão ontologicamente na presença dele, estas passagens devem falar sobre sua presença espiritual e moral na vida dos indivíduos. O salmista escreve (Sl 16.11): "Tu me farás ver os caminhos da vida; na tua presença há plenitude de alegria, na tua destra, delícias perpetuamente". E em Salmos 51.11 o salmista suplica: "Não me repulses da tua presença, nem me retires o teu Santo Espírito" (ver também Sl 31.20). Por causa das muitas bênçãos de Deus, seu povo é encorajado a adorá-lo. Embora estejam sempre em sua presença, o salmista fala às vezes de vir diante da presença de Deus com louvor. Isso significa, é claro, vir diante de Deus em adoração, aquela expressão especial da relação da pessoa com Deus. Portanto, o salmista insta seus leitores (Sl 95.2): "Saiamos ao seu encontro, com ações de graças, vitoriemo-lo com salmos" (ver também Sl 100.2 e 140.13).

No NT também vemos que estar na presença de Deus de modo espiritual e moral traz bênçãos. Pedro diz aos seus ouvintes (At 3.19): "Arrependam-se, pois, e voltem-se para Deus, para que os seus pecados sejam cancelados" (NVI). Em João 14.23 e 17.21,23 Jesus diz a seus discípulos que Ele e o Pai habitarão naqueles que são seus. Embora ontologicamente Deus já esteja com eles, essa habitação é uma presença espiritual e moral especial. E em Mateus 18.20 Jesus diz que onde duas ou três pessoas estiverem reunidas em seu nome, Ele estará no meio delas. É claro, ontologicamente Ele está lá, independentemente de elas se reunirem ou não no nome dele, então Jesus deve querer dizer que Ele fará sua presença ser conhecida de uma maneira espiritual e moral especial para seu povo, quando este se reunir em seu nome. Além disso, os crentes recebem a promessa (Mt 28.19,20 e At 1.8) de que, à medida que testemunharem de Cristo, Cristo e o Espírito Santo estarão com eles. Isso se aplica a todos ontologicamente, então esta deve ser a promessa de uma presença espiritual e de poder especiais à medida que os crentes testemunham de Cristo. Finalmente, uma passagem sobre a ascensão de Cristo diz aos crentes que tal ascensão tem implicações especiais e bênçãos para eles. Em Hebreus 9.24 o escritor diz: "Porque Cristo não entrou em santuário feito por mãos, figura do verdadeiro, porém no mesmo céu, para comparecer, agora, por nós, diante de Deus" (ver também 1Jo 2.1).

A presença moral e espiritual do Senhor significa bênção para seu povo, mas sua ausência moral e espiritual indica uma relação espiritual rompida com Deus (como em Gn 3.8) e geralmente significa juízo. De fato, muitas passagens falam da presença do Senhor como uma presença especial ou a vinda de um juízo, e em várias passagens, a falta da presença do Senhor em um sentido moral e espiritual significa juízo. Por exemplo, em Levítico 22.3, a remoção da presença do Senhor é juízo. Lemos: "Dize-lhes: Todo homem, que entre as vossas gerações, de toda a vossa descendência, se chegar às coisas sagradas que os filhos de Israel dedicam ao Senhor, tendo sobre si a sua imundícia, aquela alma será eliminada de diante de mim. Eu sou o Senhor" (ver também 2Rs 24.20). Encontramos uma mensagem semelhante nos profetas. Em Jeremias 23.39 Deus diz: "por isso, levantar-vos-ei e vos arrojarei da minha presença, a vós outros e à cidade que vos dei e a vossos pais" (ver também 1Cr 16.33; Sl 9.3; 68.2; Is 19.1; 64.3; Jr 4.26; 52.3; Sf 1.7; 2Ts 1.9; e Ap 14.10).

Pelo fato de a presença de Deus geralmente significar a vinda de juízo, o escritor bíblico pode simplesmente dizer que a terra treme ou as nações tremem na presença do Senhor. Por exemplo, o salmista escreve (Sl 97.5), "Derretem-se como cera os montes, na presença do Senhor, na presença do Senhor de toda a terra" (ver também Sl 68.8; 114.7; Na 1.5). Além disso, às vezes o escritor implora que o Senhor venha em juízo. Isaías clama (64.1,2), Oh! Se fendesses os céus e descesses! Se os montes tremessem na tua presença, como quando o fogo inflama os gravetos, como quando faz ferver as águas, para fazeres notório o teu nome aos teus adversários, de sorte que as nações tremessem da tua presença!" (ver também Jr 5.22; Ez 38.20).

Realmente, Deus é um Deus fantástico e majestoso. Em comparação com Ele, o homem é como nada. Assim, embora Jó não soubesse de nada de errado que havia feito para justificar a aflição que recebera, e embora quisesse confrontar Deus e apresentar seu caso perante Ele, reconheceu que, em sua finitude, ele não era páreo para Deus. Jó disse (Jó 23.15), "Por isso, me perturbo perante ele; e, quando o considero, temo-o". De fato, os caminhos de Deus não são os nossos, e sua grandeza está muito acima de nós. Na verdade, o apóstolo Paulo diz que Deus escolheu deliberadamente coisas que o mundo considera tolas para enganar aqueles que se acham sábios. Ele o fez (1Co 1.29) "a fim de que ninguém se vanglorie na presença de Deus". Embora estas declarações estejam longe da noção de onipresença que se está discutindo nesta seção, elas representam usos bíblicos da noção de presença de Deus, e precisamos ver que os escritores bíblicos se referem à presença de Deus dessa forma. Em vez de tentar fugir desse Deus ou contestá-lo, devemos nos comprometer, nas palavras de Judas 24, com aquele "que é poderoso para vos guardar de tropeços e para vos apresentar com exultação, imaculados diante da sua glória".

Eternidade

A infinidade de Deus em relação ao tempo é eternidade. Há ampla evidência bíblica de que Deus é eterno, mas o que não está tão claro biblicamente é o modo como devemos entender a eternidade divina. Historicamente, há dois entendimentos principais da eternidade divina. A noção com o registro mais longo na tradição cristã é a eternidade atemporal: eternidade de Deus significa que Ele existe eternamente fora do tempo. A definição de Boécio em *A consolação da Filosofia* é paradigmática desta visão. No Livro 5, Prosa 6, Boécio escreve que a "eternidade de Deus, portanto, é a posse completa e simultânea de vida ilimitável".[27] Como Nelson Pike explica, isso significa que Deus não tem localização temporal nem extensão temporal.[28] Não podemos dizer que Deus viveu por certo número de anos ou viverá certa quantidade de tempo no futuro. Tampouco podemos dizer que agora é o ano 2000 para Deus, porque isso o localizaria no tempo. Estas ideias não se aplicam a Deus porque Ele está totalmente fora do tempo. Todo o tempo está imediatamente diante dele, mas Ele não vive no tempo.

A segunda noção de eternidade vê Deus como eterno ou sempiterno. A ideia fundamental da sempiternidade é a existência o tempo todo. Deus nunca teve um começo, nem morrerá, mas sua existência se estende infinitamente para trás e para frente, em cada momento de tempo. Como explica Thomas Morris, a sempiternidade é uma "noção *temporal*, uma concepção da eternidade de Deus em termos de tempo: a existência de Deus é temporalmente infinita em duração, sem estar limitada no passado e no futuro. Nessa concepção, há na vida de Deus um passado, presente e futuro, como na vida de suas criaturas. Porém, diferentemente de qualquer uma de suas criaturas, Deus é eterno, e necessariamente assim".[29] Quando diz que Deus é necessariamente eterno, Morris quer dizer que Ele sempre tem esse atributo. É um predicado essencial de sua natureza, e é necessário no sentido de que, como Ele jamais morrerá, Ele sempre o terá.[30]

Ambas as concepções de eternidade concordam que a existência de Deus jamais acaba. Elas discordam quanto a essa existência estar no tempo ou fora dele. Esta questão é suficientemente complexa e tem implicações para tantas questões teológicas dentro da doutrina de Deus que eu lhe dedicarei o Capítulo 9. Para nossa discussão por ora, examinaremos vários dados bíblicos para ver o que eles ensinam sobre esse Deus eterno e como os escritores usam a existência sem fim de Deus para transmitir outras verdades acerca dele. Também podemos perguntar se quaisquer passagens bíblicas exigem que a eternidade seja atemporal ou temporal.

A revelação bíblica descreve Deus como eterno e usa certas palavras e frases em ambos os Testamentos para fazer isso. Às vezes, é claro, o conceito é ensinado sem o uso de qualquer uma dessas palavras ou frases. Por exemplo, um escritor pode dizer que os anos de Deus não têm fim. Essa frase não utiliza nenhuma das palavras ou frases comuns para eternidade, mas o conceito está claramente lá.

Quanto aos termos e frases específicos para eternidade, o AT utiliza três termos em particular para se referir à eternidade de Deus: *ôlām, 'ad* e *qedem*. *'ad* às vezes é usado não como substantivo, mas como uma preposição com o sentido de "até". Dos três, *ôlām* é claramente o mais prevalente, e *qedem* o menos usado no que diz respeito à eternidade de Deus. *ôlām* é usado tipicamente com uma preposição como *min, l* ou *'ad* (p. ex., *'ad 'ôlĕmê'ad* em Is 45.17, que pode ser literalmente traduzido como "até eras de duração", mas é traduzido na NVI como "por toda a eternidade"). A ideia básica em *ôlām* é perpetuidade, mas as preposições *min, l* e *'ad* são usadas conjuntamente para indicar a direção da perpetuidade a partir da perspectiva do escritor, ou seja, passado ou futuro.[31] Quando usado como um substantivo, *'ad* tem o mesmo significado básico que *ôlām*. Em Habacuque 3.6 (*harrê 'ad, montes primitivos* ou, mais literalmente, "montanhas de perpetuidade ou antiguidade"), o termo olha para trás, e em Isaías 9.6 (*ăbî 'ad*, "Pai da Eternidade") e Isaías 57.15 (*šōkēn 'ad*, "que habita a eternidade"), pode ser entendido como olhando tanto para trás como para frente. No entanto, quer seja usada acerca de Deus ou de outras coisas, a palavra tipicamente aponta para o futuro (p. ex., Sl 111.3; 112.3,9, sobre a justiça de Deus que dura para sempre; Sl 45.17; 52.9, Deus sendo louvado para sempre; e Sl 10.16; 45.6; 19.9, sobre o trono e a lei de Deus que duram para sempre).[32] De acordo com o *Theological Wordbook of the Old Testament* [Dicionário Teológico do Antigo Testamento], em contraste com *ʻōlām* e *ʻad, qedem* denota mais a ideia de antiguidade ou tempo idílico.³³ Exemplos referentes a Deus são Isaías 45.21 (NVI) ("Quem o declarou desde o passado distante?" [*miqedem*]) e Habacuque 1.12 (NVI) ("Senhor, tu não és desde a eternidade? "[*miqedem*]). Entretanto, a referência a Deus como o "Deus eterno" (*ĕlōhê qedem*) em Deuteronômio 33.27, por exemplo, não exclui a existência futura eterna de Deus.

No NT, três termos denotam eternidade, especialmente em relação a Deus. O mais frequente é *aiōn*, mas *aiōnios* também é usado com certa frequência. O menos frequente é *aidios*, com seu uso principal em relação ao ser de Deus (Rm 1.20). Todos os três transmitem a ideia de eternidade, mas se tem debatido sobre o que isso significa exatamente. A tese básica de Cullmann é que a eternidade no pensamento neotestamentário difere do tempo apenas no sentido de que se refere à totalidade ilimitada de tempo. Se for esse o caso, parece alegar que Deus é sempiterno, não atemporalmente eterno. Contudo, Barr argumenta de modo vigoroso e convincente que as evidências não sustentam tais afirmações. O problema, mais uma vez, decorre da metodologia imperfeita.³⁴ Como veremos em meu estudo das várias passagens sobre a eternidade divina, os dados do NT não exigem que vejamos a eternidade como especificamente temporal ou atemporal. Eles deixam essa questão em aberto.

O que encontramos de fato no NT é que esses termos são usados muitas vezes em frases que ajudam a elucidar o argumento do autor. Por exemplo, não é raro um escritor dizer que algo é verdade ou foi feito *pro tōn aiōnōn* ("desde a eternidade", como em 1Co 2.7) ou *apo tōn aiōnōn* (*dos séculos e das gerações* ou "desde séculos", como em Cl 1.26 e At 15.18, onde falta o artigo definido). Visto que se aplicam a Deus, da perspectiva do escritor essas frases olham para trás. Elas não exigem uma existência eterna, mas também não a excluem. Alguém que faz algo desde a eternidade ou desde séculos pode ter existido apenas um pouco antes da criação, mas também pode ter existido para sempre antes da criação. Como veremos, nada nas frases ou passagens onde elas ocorrem sugere que essa pessoa exista temporal ou atemporalmente.

Outra frase típica do NT é *eis tous aiōnas*. Aqui a direção aponta para o futuro, a partir da perspectiva do autor. Esta frase geralmente é traduzida como "para sempre", como em Lucas 1.33, Hebreus 13.8 e Apocalipse 4.9,10. Enquanto nossas palavras em português "para sempre" podem ser usadas para designar todos os tempos (antes, durante e depois do comentário do escritor ou do orador), o contexto nessas passagens esclarece que a frase grega aponta para o futuro. Ainda assim, nada nessas passagens explica que o futuro de Deus (a partir da nossa perspectiva) é temporal ou atemporal.

Além dessas palavras e frases típicas, o NT também se refere à eternidade de Deus de outras maneiras. Por exemplo, o reino de Cristo não tem fim (Lc 1.33), e Melquisedeque não tem fim de vida e, assim como Cristo, é um sacerdote para sempre (Hb 7.3). Em cada caso, a palavra "fim" em português traduz o grego *telos*. Embora *telos* possa significar meta e propósito ou mesmo culminação, também pode significar término,[35] e esse é o argumento nessas passagens. Logo, os escritores ensinam que algo ou alguém não tem fim, e isso só significa que tal algo ou alguém existe infinitamente ou eternamente. 1Timóteo 6.16 ilustra outra maneira de ensinar a eternidade sem usar nenhuma das palavras gregas típicas para o termo. Paulo diz que Cristo tem imortalidade. A palavra para imortalidade é *athanasia* (literalmente, "sem morte"). Embora não precise significar que Cristo existiu para sempre antes da declaração de Paulo, ensina de fato que, da perspectiva de Paulo, ele existirá infinitamente no futuro, e esse é o mesmo argumento que Paulo e outros escritores apresentam com a frase *eis tous aiōnas*.

Estes são os termos e frases básicos do AT e do NT usados para ensinar a eternidade de Deus, mas como a Bíblia descreve a eternidade de Deus? Meu estudo sobre o uso a seguir preenche muitos detalhes, mas Charnock oferece uma descrição geral e útil do ensino bíblico. De acordo com as Escrituras, Deus antecede a criação, e sua existência se estende infinitamente para trás. Como Charnock diz, esta é a força de "de eternidade a eternidade" em passagens como Salmos 90.2.[36] As Escrituras também falam de Deus que dura para sempre, e o autor bíblico quer dizer que, de sua perspectiva, Deus existirá infinitamente no futuro.[37] Outras passagens ensinam a existência eterna de Deus sem referência ao passado ou ao futuro. Uma passagem (Jó 36.26,27) argumenta isso de forma um tanto poética ao dizer que os anos de Deus não podem ser contados. Isso poderia ser verdade porque não sabemos quanto tempo Deus tem existido mesmo que o número de anos seja finito; mas no contexto da passagem, a razão é que o número é infinito. Charnock também observa que a eternidade de Deus não deriva de nenhuma outra coisa. Anjos uma vez criados podem continuar a existir perpetuamente, mas tanto sua criação como sua existência continuada são devidas a Deus. O mesmo se aplica aos seres humanos. Por outro lado, a eternidade de Deus não depende de ninguém, pois as Escrituras dizem que Ele tem vida em si mesmo (Jo 5.26).[38] Aqui vemos a união de dois atributos divinos distintos, a asseidade e a eternidade. Ou seja, se Deus tem asseidade, Ele nunca começou a existir, Ele não pode parar de existir, e Ele não depende de nada além de si mesmo para existir, mas então Ele deve existir para sempre e, portanto, é eterno.[39]

Ao nos voltarmos para passagens bíblicas específicas, descobrimos que a Bíblia tem muito a dizer sobre a eternidade divina. Contudo, o meu argumento é que os escritores bíblicos não fazem comentários explícitos ou implícitos que nos ajudem a decidir se a eternidade de Deus é temporal ou atemporal.

É possível dividir os ensinamentos bíblicos sobre a eternidade de Deus em muitas categorias diferentes. O primeiro grupo de passagens fala sobre a existência de Deus como infinita, e o foco é sua *existência eterna no passado*. Considere, por exemplo, o Salmo 93, que fala da majestade de Deus. O versículo 2 diz que seu trono está firme desde a antiguidade e que Ele é eterno. Portanto, Deus sempre existiu no passado; Ele tem sido o governante desde a antiguidade (*mē'āz*). Consequentemente, Deus é majestoso, mas o versículo não diz nada sobre sua existência desde a antiguidade ter sido temporal ou atemporal (veja também Sl 102.24-27; Dn 7.9; Hc 1.11,12).

Há também Provérbios 8.23. Em Provérbios 8, a sabedoria é personificada e elogia a si mesma. Diz que o Senhor possuía sabedoria no início de seu caminho, antes de suas obras mais antigas (v. 22). A sabedoria diz que foi formada desde a eternidade (*mē'ôlām*), desde o princípio, antes de existir a terra (v. 23). Isso significa que desde toda a eternidade a sabedoria existia e Deus tinha sabedoria. A perspectiva é eternamente para trás, mas o argumento não é um argumento metafísico sobre a relação da sabedoria com o tempo e a eternidade. Além disso, a passagem não diz nada sobre se Deus possuía sabedoria temporalmente ou atemporalmente, e não esperaríamos que o fizesse, já que o assunto da passagem é sabedoria.

Um segundo conjunto de passagens também fala da existência eterna de Deus, mas enfatiza a *existência eterna de Deus para o futuro*. Passagens do AT como Salmos 9.7 ensinam isso. O Salmo 9 dá graças pela justiça de Deus e pelo julgamento dos ímpios. O versículo 7 diz que o Senhor reina (*yēšēb*) para sempre (*lĕ'ôlām*) e estabeleceu seu trono para julgar. O argumento do salmista é que não há razão para temer que os ímpios escapem do julgamento, pois eles não podem durar mais que Deus. Ele reina para sempre e decidiu julgar (estabelecer um trono para o julgamento). Dado o foco em julgar os ímpios, o versículo olha para o futuro a partir da perspectiva do escritor. Contudo, não aborda se a existência eterna de Deus será temporal ou atemporal (veja também Sl 73.26 e o contexto geral da certeza do futuro julgamento dos ímpios por parte de Deus, embora eles prosperem atualmente; e Sl 89.2 sobre a contínua benignidade de Deus para com Davi por meio da aliança davídica).

Então, há salmos que falam de vários atributos divinos, como a justiça, sendo eternos (Sl 119.142,144). Outro salmo (48) exalta a glória de Sião e seu Deus. O versículo 14 diz que "este é Deus, o nosso Deus para todo o sempre" (*'ōlām we'ed*). Para que isso seja verdade, Ele não poderia deixar a existência em algum momento no futuro.

Em Isaías 60.19,20 o profeta retrata situações no reino milenar e no estado eterno. Os dois versículos dizem que não haverá necessidade de sol ou lua em Jerusalém porque o Senhor será a luz eterna de Sião (*lĕ'ôr 'ōlām*). O quadro lembra Apocalipse 21—22 e o estado eterno com o novo céu e a nova terra. Nessa dimensão de existência, não está claro se haverá tempo e como será medido, mas o argumento de Isaías certamente não é filosófico acerca da natureza do tempo no reino e no estado eterno. Se haverá tempo e se Deus estará nele ou fora dele, não é uma preocupação de Isaías.

O NT também ensina a existência futura eterna de Deus. Lucas 1.33 faz parte da anunciação do nascimento de Jesus a Maria. O anjo diz que Jesus reinará sobre a casa de Jacó para sempre (*eis tous aiônas*), e seu reino não terá fim ou término (*telos*). O versículo não nos diz se o governo de Cristo será no tempo ou fora dele, nem é esse o ponto, mas sim que o governo de Cristo será perpétuo; Ele jamais perderá autoridade.

1Timóteo 1.17 é uma doxologia que deseja a Deus honra e glória "pelos séculos dos séculos" (*eis tous aiônas tôn aiōnōn*). Deus é chamado de "Rei eterno" (*basilei tôn aiōnōn*). Embora a passagem pareça apontar para o futuro e implique a continuação da existência eterna de Deus, nada nela nos ajuda a responder se essa existência eterna é temporal ou atemporal.

Uma passagem favorita entre os cristãos é Hebreus 13.8, que diz que Jesus Cristo é o mesmo ontem e hoje, e para sempre (*eis tous aiônas*). Esta é uma forma um tanto poética de ensinar a fidedignidade de Cristo. A partir da ideia de fidedignidade muitos têm inferido a imutabilidade, mas no contexto dos versículos 5-7, a fidedignidade é o ponto principal. É claro, para ser fidedigno *sempre*, não apenas por um tempo, Cristo tem de permanecer o mesmo no futuro como tem sido no passado. Assim, o versículo implica que a vida de Cristo é interminável, e ensina a fidedignidade de seu caráter no futuro. É claro, nada disso diz se a existência de Cristo no passado, presente ou futuro (da nossa perspectiva) é temporal ou atemporal, nem é esse o assunto da passagem. O padrão de ontem, hoje e para sempre sugere a localização temporal, mas, novamente, essa é uma forma poética de ensinar a fidedignidade. Não podemos afirmar a eternidade temporal a partir desse versículo. Veja também 1Timóteo 6.16, Apocalipse 1.17,18 e 2.8, que falam de Cristo como imortal, "o primeiro e o último" e "vivo pelos séculos dos séculos". Todas essas passagens ensinam a eternidade de Cristo, mas não fazem nenhuma declaração sobre o fato de ser temporal ou atemporal (ver também Ap 4.9 em relação a Deus).

Uma terceira categoria de passagens sobre a eternidade de Deus também afirma que Ele existe eternamente, mas em contraste com as duas categorias anteriores, o foco não é exclusivamente para trás nem exclusivamente para frente. Essas passagens ensinam que Deus *existe eternamente sempre*. As passagens do AT que se enquadram neste grupo são Gênesis 21.33; Deuteronômio 32.40,41; Jó 36.26; Salmos 41.13; 90.2; 92.8; 102.24-27; 100.5; 103.15-18; 106.48; Isaías 9.6,7; 40.28; 57.15; Jeremias 10.10; e Daniel 4.34. Uma amostra desses versículos ilustra o tema. Gênesis 21.33 registra a aliança entre Abraão e Abimeleque em Berseba. Abraão planta uma árvore e invoca o nome do Senhor, o Deus eterno. Ele não argumenta em favor de nenhuma ideia metafísica ao fazer isso. Pelo contrário, seu argumento é que Deus é o Deus que sempre existe, diferentemente de outros. Logo, Ele é invocado para ajudar a manter a aliança e proteger Abraão, porque Ele sempre existirá para fazê-lo. Embora da perspectiva de Abraão isso olhe para o futuro, seu argumento geral é que Deus existe sempre. É claro, nada do que Abraão diz mostra se a existência de Deus é temporal ou atemporal.

Em Jó 36.26, Eliú fala da grandeza de Deus. Ele diz que Deus é exaltado e que nós não o conhecemos. Para ilustrar essa verdade, ele diz que o número de anos de Deus é inescrutável. Isso poderia ser assim porque Ele é atemporal, de modo que descobrir o número de seus anos seria impossível; ou pode ser porque Ele viveu e viverá tanto temporalmente que ninguém pode contar um número infinito de anos. Porém, tais interpretações confundem o propósito da passagem, que é exaltar a grandeza de Deus. Ao contrário dos humanos, que vivem vidas curtas e depois se vão, Deus sempre existe. Seus anos são incalculáveis, porque ninguém vive tempo suficiente para saber ou descobrir quanto tempo Ele vive.

O Salmo 100 é um grande salmo que exorta todos a louvar o Senhor. O versículo 5 oferece várias razões para fazê-lo. Deus é bom, sua misericórdia dura para sempre (*lĕ'ôlām*), e sua fidelidade, de geração em geração. Dizer que a misericórdia dura para sempre significa ao menos que ela nunca se esgotará, mas também pode significar que ela sempre esteve presente no passado. A frase sobre a fidelidade de geração em geração aponta para trás e para frente. Para que tudo isso seja verdade, Deus tem de existir em todos esses momentos, mas nada no versículo diz se Ele o faz temporal ou atemporalmente. Veja também o Salmo 103, especialmente os versículos 15 a 18; Isaías 40.28 e Daniel 4.34.

Isaías 9.6,7 descreve o governante messiânico vindouro, o futuro filho de Israel. O versículo 7 o chama literalmente de Pai da Eternidade (*ăbî 'ad*). Isso não quer dizer que Ele origina a eternidade, mas que é um Pai (para o seu povo) e que dura para sempre. A passagem não discute se essa duração é temporal ou atemporal.

Várias passagens do NT também ensinam este tema. Romanos 16.26 diz "segundo o mandamento do Deus eterno". Isso faz parte da doxologia conclusiva de Paulo. Ele fala do evangelho e da pregação a respeito de Jesus Cristo, que é de acordo com a revelação do mistério que agora se manifesta e que foi proclamado pelas Escrituras. Tornar o evangelho conhecido por todas as nações é feito de acordo com a ordem do Deus eterno. No contexto, o argumento de Paulo parece ser que em todo o tempo antes de o evangelho ser conhecido, inscrito e proclamado, Deus estava lá. Deus existiu ao longo de todas as eras do tempo e antes delas, mas o contexto não faz nenhum comentário se Ele existiu temporalmente ou atemporalmente (ver também Hb 7.3; 9.14; Ap 1.8; 4.8).

Uma quarta categoria de passagens fala da *existência de Deus antes da era do autor e até mesmo antes da criação*. Os versículos neste grupo são João 8.58; 17.5,24; Atos 15.18; 1Coríntios 2.7; Efésios 3.9; Colossenses 1.26; e Hebreus 1.10-12. Em João 8.58, Jesus diz: "antes que Abraão existisse, Eu Sou". Nesta passagem, Jesus diz que Abraão viu o seu dia e se alegrou. Os judeus disseram que isso era loucura porque Jesus ainda não tinha 50 anos de idade, contudo, dizia que Abraão o tinha visto. Como poderia ser? O versículo 58 registra a resposta de Jesus, e então os seus ouvintes pegaram pedras para apedrejá-lo. Eles fizeram isso, em parte, porque Jesus estava chamando a si próprio de Deus ao se chamar de "Eu Sou", o nome divino. Afirmar existir mesmo antes de Abraão não requer, *per se,* existência atemporal nem temporal no passado, mas apenas existência anterior a Abraão. Contudo, isso sugere, sim, que sua existência se estende ao passado para sempre (ver também Mq 5.2).

Em João 17.5, Cristo pede para ser glorificado com a glória que Ele tinha com o Pai antes que o mundo existisse. Isto sugere não só a preexistência de Cristo, mas também que sua existência é anterior à criação. Embora esta seja uma sequência temporal, não necessita que a existência de Deus ou de Cristo antes da criação seja temporal em vez de atemporal. Se Deus pode agir atemporalmente, e fazer isso afeta as coisas em pontos específicos no tempo, então este versículo não precisa exigir a existência temporal eterna.

Em 1Coríntios 2.7, Paulo diz que ele e os outros apóstolos falam da sabedoria de Deus (Cristo), que Ele preordenou antes do princípio das eras (*pro tôn aiōnōn*) para nossa glória. Como em outros casos, isso fala de a salvação ser ordenada antes da criação do mundo por Deus. Mostra que Deus precedeu a criação e agiu antes dela, mas não diz que Ele existia muito antes da criação, e não diz se sua existência era temporal ou atemporal.

Uma última passagem é Hebreus 1.10-12. Os versículos 10 e 11 citam Salmos 102.25,26. O versículo 10 fala de Deus lançando os fundamentos da terra, portanto, Ele deve ser anterior à criação. O versículo 11a diz que estas coisas perecerão, mas Deus permanece. O versículo 12 cita Salmos 102.26,27 e diz que os anos de Deus não terminarão. Isso não requer que Deus seja um ser temporal, mas significa apenas que Ele sempre existirá em comparação com as coisas deste mundo, que passarão. Tudo isso é dito de Jesus Cristo, aquele que é apresentado como a plenitude da revelação de Deus nestes últimos dias de sua atividade reveladora. Outras passagens que se encaixam nesta categoria são Efésios 3.9 e Colossenses 1.26.

Um quinto grupo de versículos aborda as decisões e os propósitos de Deus, e mostra que tais *decisões e propósitos têm sua origem antes da criação*. Na maioria dos casos, as decisões e propósitos se relacionam com o plano de salvação de Deus. Por exemplo, em 1Coríntios 2.7 Paulo diz que ele e os apóstolos falam da sabedoria de Deus (Cristo), que Ele preordenou desde a eternidade (*pro tôn aiōnōn*) para a nossa glória. Isso significa que Cristo foi escolhido por Deus como Salvador antes da criação do mundo (veja também 1Pe 1.20). É claro, não diz que Ele existia muito antes da criação, nem diz se sua existência era temporal ou atemporal.

Efésios 1.4 fala da eleição dos crentes em Cristo antes da fundação do mundo (*pro katabolês kosmou*). Entretanto, não diz nada se a existência de Deus antes da criação era temporal ou atemporal, nem diz quanto tempo Deus existiu antes da criação. Veja também Efésios 3.11; 2Timóteo 1.9; e Tito 1.2.

Um sexto conjunto de versículos fala de Deus ou de um de seus atributos como eterno, mas a ideia é ensinar sua *fidedignidade*. Alguns versículos ensinam que sua proteção é fidedigna, enquanto outros mostram que seu amor ou alguma outra qualidade é fidedigna. Muitos versículos neste grupo também se encaixam em outras categorias e já foram discutidos, então podemos falar deles rapidamente. Por exemplo, a promessa de Deus para Abraão e seus descendentes referente a Canaã (Gn 17.8) para uma posse eterna (*ôlām*) mostra que a promessa é fidedigna; Deus não a revogará. Abraão chamar o Senhor de Deus eterno (Gn 21.33) aponta para a existência constante de Deus como garantia de que se pode depender dele para existir. Logo, Ele pode ser invocado para ajudar a manter a aliança de Abraão com Abimeleque, porque se pode confiar que Ele sempre existiu. Em Salmos 103.17 aponta-se para a benignidade confiável de Deus, e Isaías 9.6 sugere que se pode confiar que o Messias que virá opera como um Pai para seu povo, porque Ele nunca deixará de existir (Ele é *ăbî 'ad*, "Pai da Eternidade"). Isaías 40.28 mostra que Deus é uma fonte fidedigna de ajuda, e a constância de Cristo (Hb 13.8) significa que Ele é um Salvador e Senhor confiável. Porém, nenhuma dessas passagens pretende argumentar em favor da eternidade de Deus ser temporal ou atemporal.

Outras passagens também se encaixam nesta categoria. Deuteronômio 33.27 enfatiza Deus como um refúgio e protetor. O escritor diz que o Deus eterno (*qedem*) é um refúgio; estende seus braços eternos (*'ōlām*) para segurar. Porque sempre existe, Deus pode servir como um protetor, e os crentes podem depender dele, sabendo que Ele desempenha esse papel em suas vidas (veja também Is 26.4; Jr 31.3 sobre a restauração futura de Israel; e Sl 119.142,144).

Um sétimo grupo de passagens sobre a eternidade de Deus utiliza esta eternidade para ensinar sua *autoridade* e *soberania*. Muitos desses versículos ensinam a eternidade divina, mas apelam para ela para destacar também a soberania de Deus. Considere, por exemplo, Jeremias 10.10 e Daniel 4.34. Em Jeremias 10.10, a ideia de chamar Yahweh de Rei eterno (*'ōlām*) é, pelo menos em parte, atribuir-lhe autoridade genuína sobre todas as coisas, em oposição aos ídolos que as nações pagãs adoram. O testemunho de Nabucodonosor de que Deus vive para sempre (*'ōlāma*) e que seu domínio é eterno (*'ōlām*) é sua maneira de reconhecer que Deus é soberano sobre todos os reis e reinos. Veja também Lamentações 5.19,20; Daniel 4.3; 7.14,27; e Habacuque 1.12. No NT, passagens como Lucas 1.33; Apocalipse 1.8,17,18; 2.8; 21.6; e 22.13 ensinam a existência eterna de Cristo, mas também ensinam muito claramente sua posição soberana sobre todas as coisas. Nenhuma delas, porém, necessita ou mesmo sugere que a autoridade de Deus seja exercida temporal ou atemporalmente, pois não abordam essa questão.

Uma última categoria é muito interessante porque seus versículos parecem fazer um comentário metafísico sobre a relação de Deus com o tempo. Os dois versículos nesta categoria sugerem que Deus tem uma perspectiva diferente de nós acerca do tempo. Embora não o digam explicitamente, parecem requerer implicitamente que Deus tenha essa perspectiva diferente do tempo porque Ele existe infinitamente. Logo, esses versículos parecem ensinar algo sobre *a relação entre possuir uma existência eterna e a perspectiva sobre o tempo*.

2Pedro 3.8 diz: "para o Senhor, um dia é como mil anos, e mil anos, como um dia". Trata-se de parte da resposta de Pedro a escarnecedores que duvidam que o Senhor voltará e julgará o mundo. O versículo 4 oferece o argumento explícito desses homens de que isso jamais acontecerá porque nada catastrófico, como um grande julgamento, jamais acontece; tudo permanece igual. Esses escarnecedores também insinuam (v. 4) que, se Deus fosse julgar, já o teria feito a essas alturas, mas já que não o fez, e há tanto tempo, Ele não o fará. No versículo 8 Pedro responde a este argumento implícito. Ele diz que o que pode parecer um longo atraso para nós não o é necessariamente para Deus, porque Ele não *percebe* o tempo como nós o percebemos. Pedro não diz *por que* Deus percebe o tempo de forma diferente de nós. Poderia ser porque Ele vai existir para sempre, então nenhuma quantidade de tempo parece ser para Ele o mesmo que é para nós. Ou poderia ser porque Ele está no tempo, mas num tempo diferente do nosso tempo físico, cronológico, de modo que a medição de tempo é diferente para Ele do que para nós. Ou poderia ser porque Deus é atemporal e está ciente de todo o tempo ao mesmo tempo, mas não experimenta a passagem do tempo. Logo, já que tudo é sempre presente para Ele, um dia não lhe é diferente de mil anos porque, como atemporal, Ele não experimenta a passagem do tempo e pode ver todos os anos ou alguns anos ao mesmo tempo. O texto não dá nenhuma pista de qual dessas opções, se é que alguma, está correta, e esse não é o argumento de Pedro, de forma alguma. O resultado final é que, embora esta passagem pareça inicialmente ajudar nas nossas perguntas filosóficas acerca de Deus, tempo e eternidade, na verdade não o faz. O versículo é igualmente verdadeiro, independentemente de Deus ser temporal ou atemporal.

Salmos 90.4 é a outra passagem nesta categoria. O Salmo 90 contrasta nossa transitoriedade com a existência eterna de Deus. O versículo 4 diz que "Pois mil anos, aos teus olhos, são como o dia de ontem que se foi e como a vigília da noite". A questão é que o que nos parece longo é, da perspectiva de Deus, muito curto. É assim porque Deus existe infinitamente e, em comparação com isso, mil anos parecem uma pequena quantidade de tempo. Agora, como foi o caso em 2Pedro 3.8, pode haver várias razões para que seja assim. O salmista não esclarece qual é o caso, mas ele provavelmente quer dizer apenas que, pelo fato de Deus existir há tanto tempo, mil anos parecem uma pequena quantidade de tempo para Ele. É difícil concluir muito mais a partir dessa passagem, mas se isso for tudo que devemos concluir dela, então ela nos oferece pouca ajuda com questões sobre a eternidade divina enquanto temporal ou atemporal. Em nenhum lugar o versículo nos diz se Deus vivencia todos esses anos sucessivamente (como temporal) ou se Ele sempre vivencia todos ao mesmo tempo, como presente (Ele próprio como atemporal).

A partir deste estudo do ensinamento bíblico sobre a eternidade de Deus, várias conclusões parecem apropriadas. Em primeiro lugar, nenhuma palavra ou frase específica requer em si mesma a eternidade atemporal ou temporal. Segundo, várias afirmações sobre a eternidade de Deus poderiam, à primeira vista, parecer requerer um Deus eterno ou sempiterno, em vez de uma divindade atemporal eterna. No entanto, nenhuma passagem que discuta a eternidade de Deus aborda a questão metafísica da natureza de tal eternidade, ou seja, se ela é temporal ou atemporal. Na realidade, muitas passagens sobre a eternidade de Deus pretendem de fato ensinar algo diferente de sua relação com o tempo — tal como a autoridade soberana de Deus ou sua fidedignidade. Consequentemente, eu concluo que, embora as Escrituras afirmem a eternidade divina e ensinem que isso significa uma existência eterna sempre, nós não podemos responder somente a partir da Bíblia se a eternidade de Deus é temporal ou atemporal por natureza.

Imutabilidade

Ao refletir sobre todas as maravilhosas perfeições divinas, é reconfortante saber que as nossas vidas estão confiadas a um Deus assim. Contudo, ficaríamos grandemente perturbados se nosso Rei magnífico perdesse algumas dessas perfeições ou as mudasse. Porém, os cristãos podem ficar tranquilos que isso não acontecerá, porque, além de todas as suas outras perfeições, nosso Deus é imutável.

A imutabilidade divina é um encorajamento para todo crente, mas nos últimos anos tornou-se também uma questão de muita controvérsia teológica e filosófica. Como vimos nos Capítulos 2 e 4, os teístas do processo têm liderado o ataque contra essa doutrina. Além disso, a visão aberta de Deus rejeita a compreensão tradicional desse atributo divino, e outros dentro das fronteiras do evangelicalismo têm protestado que o Deus imutável de Anselmo e Aquino não é o Deus das Escrituras.

A forte concepção da imutabilidade associada ao teísmo clássico de Anselmo e Aquino diz que Deus é totalmente incapaz de qualquer mudança. Os teólogos que defendem esta visão argumentam que se algo mudar, inclusive Deus, deve mudar para melhor ou para pior. Visto que já é perfeito, Deus não poderia tornar-se mais perfeito, então qualquer mudança em Deus seria para pior. Já que isso significaria que Ele deixaria de ser perfeito, não haveria sentido em tal mudança. Portanto, não há razão para Deus mudar e há muitas razões para não mudar. Logo, Ele deve ser absolutamente imutável; e se absolutamente imutável, deve também ser impassível, pois a mudança nas emoções e o fato de ser afetado pelos pensamentos e ações de suas criaturas são mudanças.

É este forte senso de imutabilidade que os teístas do processo e os defensores da visão aberta consideram tão censurável.[40] Eles não veem como um Deus assim combina com o retrato bíblico de Deus. As Escrituras retratam um Deus que interage com sua criação. Em várias ocasiões, Ele muda de opinião em relação ao juízo que ameaçou trazer. Além disso, Ele se tornou carne em Jesus Cristo, e sofreu e morreu como Cristo ao passar por sua peregrinação terrena. Os teístas do processo também sustentam que o Deus do teísmo clássico não é um Deus que atrai adoradores. Ele é distante de sua criação, parece despreocupado com o que acontece em nosso mundo e incapaz de responder às nossas necessidades, mesmo que se importe. A solução da teologia do processo é um Deus que está em constante mudança. Ele cresce em conhecimento e perfeição, compartilha de nossas dores e sofrimentos, e está constantemente no processo de devenir. Os defensores da visão aberta rejeitam a ideia de que Deus cresce em perfeição e que seu ser está em processo de devenir, mas, por outro lado, repudiam a imutabilidade divina nesse sentido forte e a impassibilidade divina que a acompanha.

Os teístas mais conservadores que os pensadores do processo e da visão aberta também questionam se o forte sentido clássico de imutabilidade faz jus ao Deus bíblico.[41] Além disso, argumentam que, se Deus for realmente tão estático quanto retratado, torna-se difícil ver como Ele poderia agir no mundo. E há problemas para a onisciência divina. Para começar, se Deus não passa por nenhuma mudança, Ele não poderia saber, de um dia para outro, que se trata de um dia diferente para nós. Pois saber este fato a cada dia significaria uma mudança em seu conhecimento, mas se Ele é totalmente imutável, não pode haver quaisquer mudanças em seu conhecimento.

Se as opções sobre a imutabilidade divina forem apenas as duas mencionadas (ou seja, Deus é absolutamente estático ou é totalmente mutável), pode-se ver por que as abordagens da teologia do processo e da visão aberta são tão tentadoras. Por outro lado, os cristãos evangélicos podem se sentir desconfortáveis com o forte sentido de imutabilidade e suas implicações e ainda não se entusiasmar com as posições da teologia do processo ou da visão aberta.

Existe uma saída para este dilema? Acredito que sim, e embora tenha afinidades com cada um dos pontos de vista atuais, não é idêntica a nenhum dos dois. O que precisamos é de uma noção mais aprimorada de imutabilidade, que leve em conta as críticas dos pensadores da teologia do processo e da visão aberta, mas que ainda defenda os pontos essenciais ensinados nas Escrituras e exigidos pela tradição conservadora. Alguns dos detalhes desta visão aprimorada serão tratados quando eu falar da onisciência, mas ainda há muito a dizer sobre a imutabilidade neste momento. Primeiro volto-me às Escrituras.

As Escrituras não têm um termo específico para "imutabilidade divina",[42] mas o conceito é ensinado de um modo ou de outro. Por exemplo, um escritor pode dizer que Deus perpetuará, ou que não há mudança nele, ou que Ele é o mesmo de um dia para o outro. Ao comparar os céus e a terra com Deus, o salmista diz (Sl 102.26,27 — citado em Hb 1.11,12): "Eles perecerão, mas tu permaneces; todos eles envelhecerão como uma veste, como roupa os mudarás, e serão mudados. Tu, porém, és sempre o mesmo, e os teus anos jamais terão fim". Em Malaquias 3.6 lemos: "Porque eu, o SENHOR, não mudo; por isso, vós, ó filhos de Jacó, não sois consumidos". E no NT, Tiago escreve (1.17), "Toda boa dádiva e todo dom perfeito são lá do alto, descendo do Pai das luzes, em quem não pode existir variação ou sombra de mudança". O que é verdade para Deus geralmente também é verdade para Jesus Cristo: "Jesus Cristo, ontem e hoje, é o mesmo e o será para sempre" (Hb 13.8). Estes versículos ensinam que Deus não muda.

Outros versículos especificam um atributo divino particular e ensinam que esse aspecto da pessoa de Deus não muda. Números 23.19 fala da veracidade inabalável de Deus. Em Hebreus 6.17,18 vemos novamente a honestidade imutável de Deus, e o escritor também diz que os conselhos de Deus (os planos — *boulē* — que emergem de suas deliberações de como cumprir seus propósitos — cf. Ef 1.11) não mudam. E o salmista retrata a misericórdia de Deus como interminável, logo, imutável (Sl 103.17).

Além da constância do ser e do caráter, as Escrituras também ensinam que os propósitos de Deus não mudam, e, tendo deliberado e escolhido um curso de ação, Ele não muda nem seus conselhos nem sua vontade. Provérbios 19.21 diz: "Muitos propósitos há no coração do homem, mas o desígnio do SENHOR permanecerá". O salmista diz que o conselho de Deus (Sl 33.11) "dura para sempre". E Isaías registra a declaração do Senhor sobre seus propósitos (Is 14.24): "Jurou o SENHOR dos Exércitos, dizendo: Como pensei, assim sucederá, e, como determinei, assim se efetuará" (veja também Is 46.9,10 e Hb 6.17).

Finalmente, Deus é imutável em suas promessas. Isso, é claro, se origina de sua imutável veracidade, mas é encorajador ler que Ele cumprirá seja qual for a promessa que tenha feito. Em 2Coríntios 1.20 Paulo fala das promessas que Deus fez a nós em Cristo: "Porque quantas são as promessas de Deus, tantas têm nele o sim; porquanto também por ele é o amém para glória de Deus, por nosso intermédio". Ao dizer que as promessas são sim e amém, Paulo quer dizer que Deus cumprirá suas promessas. As promessas não são algumas sim e outras não, mas todas são sim.

Estes, então, são os dados bíblicos básicos referentes a Deus como imutável. Contudo, há outras passagens e doutrinas que se relacionam mais amplamente à imutabilidade divina. Pois, apesar de todas as passagens que dizem que Deus não muda, várias delas mostram que, de um modo ou outro, Deus aparentemente muda. Por exemplo, passagens como Êxodo 32.10-14; Juízes 2.18; Salmos 18.26,27; 106.45; Jeremias 26.19; Amós 7.3,6; Jonas 3.10; Provérbios 11.20; 12.22, algumas das quais até falam de Deus se arrependendo do que pensava fazer, parecem indicar mudanças nele. Além disso, nós encontramos uma passagem bastante estranha em 1Samuel 15.10,11, 28,29, pois os versículos 10 e11 dizem que Deus se arrepende do que ia fazer, enquanto os versículos 28 e 29 dizem que Ele não se arrepende. Além disso, a encarnação parece ser uma mudança bastante dramática no próprio ser de Deus. Outras passagens falam da mudança de Deus de outras maneiras. Por exemplo, Paulo ensina que a ira de Deus é dirigida contra aqueles que são injustos (Rm 1.17), contudo, quando há arrependimento do pecado, Ele perdoa o pecador (1Jo 1.9). Além disso, vemos Deus reagindo e interagindo com várias pessoas. Pense nas interações de Deus com o faraó na época do êxodo. Por intermédio de Moisés e Arão, Ele ameaça uma praga e a traz sobre o Egito. Então o faraó se rende por um tempo e Deus cessa a praga. Depois, o faraó endurece o coração e Deus envia outra praga.

DEFININDO A IMUTABILIDADE. Como devemos entender isto? Por um lado, parece claro que não podemos manter a visão estática de Deus que tantos dentro da tradição cristã clássica têm mantido. Por outro lado, as passagens que ensinam a imutabilidade divina dificultam muito a aceitação da abordagem que a teologia do processo dá à imutabilidade divina. Eu creio que precisamos e podemos expressar, a partir do ensino bíblico, uma definição mais aprimorada da constância divina, segundo a qual Deus não está nem totalmente estático nem totalmente em fluxo. Porém, o ponto de partida correto é uma compreensão das diferentes maneiras como a imutabilidade pode ser entendida. Aqui Richard Swinburne, William Mann e Paul Helm nos ajudam tremendamente.

Swinburne observa que a imutabilidade pode ser compreendida num sentido mais forte e num mais fraco. No sentido mais forte, a imutabilidade divina significa que Deus "não pode mudar *em nada*". Como diz Swinburne, essa noção de imutabilidade está tipicamente ligada à atemporalidade divina. Há também um sentido mais fraco de imutabilidade, e embora eu pudesse acrescentar ao que Swinburne diz, sua definição abrange o argumento básico sobre a imutabilidade que os teístas querem proteger. Swinburne diz: "Na forma fraca, falar que uma pessoa é imutável é simplesmente dizer que ela não pode mudar de caráter. Dizer que um Criador livre e onisciente é imutável é simplesmente dizer que, enquanto continua a existir, Ele necessariamente permanece fixo em seu caráter".[43]

A noção de imutabilidade defendida com mais frequência por aqueles comprometidos com a eternidade atemporal divina é a mais forte. Como mostra Mann, essa compreensão da imutabilidade divina foi defendida por teístas clássicos como Agostinho, Anselmo e Tomás de Aquino.[44] Paul Helm deixa ainda mais claro o sentido de imutabilidade divina envolvido:

> Dizer que Deus é imutável pode referir-se ao seu caráter essencial, ou pode referir-se a qualquer predicado que seja verdadeiro acerca dele. E a imutabilidade pode ser lógica, ou pode ter alguma força menor. Isso abre quatro possibilidades:
>
> (a) Deus é imutável se, de fato, seu caráter jamais muda;
> (b) Deus é imutável se seu caráter não pode mudar;
> (c) Deus é imutável se, na verdade, nada em relação a Ele muda;
> (d) Deus é imutável se nada em relação a Ele pode mudar.[45]

Como Helm explica, a imutabilidade no sentido (d) é a mais forte e parece igual ao que Swinburne chama de o sentido mais forte. É o senso que Agostinho, Anselmo e Aquino aparentemente tinham.

A minha discordância é que, para escolher uma noção de imutabilidade divina que se encaixe melhor com os dados bíblicos, devemos delinear as maneiras como um indivíduo pode mudar e depois ver qual dessas maneiras poderia se aplicar a Deus sem destruir alguma coisa essencial para o conceito bíblico de imutabilidade divina. Primeiro, poderia haver mudanças nos atributos da própria constituição desse indivíduo. No caso de Deus, isso significaria mudar seus atributos morais ou não morais, todos os quais foram considerados predicados essenciais. Segundo, um ser poderia mudar seus propósitos ou objetivos. Terceiro, um indivíduo poderia mudar sua opinião sobre o que escolher fazer. Quando se referisse a Deus, significaria mudar seus decretos (para um calvinista) ou mudar o que Ele decide fazer (um palavreado mais palatável para aqueles que preferem não falar de Deus decretando nada). Quarto, um indivíduo, especialmente um que tenha poder sobre outros, poderia mudar as regras éticas pelas quais os que estão debaixo de sua autoridade devem viver. Além disso, mesmo que essas normas não mudassem, as punições por quebrar as regras poderiam mudar.

Quinto, alguém com poder sobre outras pessoas poderia não mudar seus objetivos básicos e métodos de operação, mas poderia mudar a maneira de administrar os programas que implementou. Pense, por exemplo, no plano de salvação de Deus. Como já argumentei,[46] o método de Deus para salvar as pessoas do pecado é sempre um método de graça baseado na fé humana em Deus, em virtude da expiação do sangue que é pago pelo pecado. Porém, o modo como Deus administra esse sistema muda de uma era para outra. Na economia do AT, o pecado devia ser pago pelo pecador, em fé confiante, trazendo um sacrifício de animal. Mais tarde, Cristo, o sacrifício suficiente, pagou por todos os pecados, e Deus, na era neotestamentária, não requer mais que os pecadores arrependidos tragam algo como um sacrifício de sangue em pagamento pelo pecado. Na verdade, o livro de Hebreus mostra que toda a lei cerimonial foi cancelada como resultado do sacrifício de Cristo e da nova ordem que tal sacrifício introduziu na conduta de Deus para conosco.

Sexto, os indivíduos podem mudar seus relacionamentos com outras pessoas. A raiva pode mudar para perdão. A amizade pode mudar para animosidade, mas mais tarde pode retornar à amizade. De fato, alguém poderia ter várias relações ao mesmo tempo com determinada pessoa. Por exemplo, ao escrever isto, o presidente dos Estados Unidos mantém a relação de líder governamental de Chelsea Clinton, mas também é o pai dela. Se ela entrasse para as forças armadas enquanto seu pai fosse presidente, ele seria seu comandante-chefe. Deus também se relaciona conosco de várias maneiras. Ele é o nosso Criador, e quando pecamos e não nos arrependemos, Ele é o nosso juiz. Quando confiamos em Cristo para o perdão dos pecados, Deus se torna nosso salvador. Quando estamos sozinhos e precisamos de consolo, Ele pode operar como nosso amigo e consolador.

Sétimo, outra forma de mudança que uma pessoa poderia experimentar tem sido discutida na literatura recente. É também uma mudança relacional, mas não do tipo mencionado acima. Na literatura filosófica, ela é chamada de "mudança de Cambridge". Na verdade, os filósofos geralmente distinguem as mudanças de Cambridge do que eles chamam de mudanças reais. A distinção parece ter vindo originalmente de *God and the Soul* [Deus e a alma], de Peter Geach, que explica:

> O único critério inteligente para uma coisa mudar é o que podemos chamar de critério de Cambridge (uma vez que continua ocorrendo nos filósofos de Cambridge dos bons tempos, como Russell e McTaggart): a coisa chamada "x" terá mudado se tivermos "F(x) no tempo t" verdadeiro e "F(x) no tempo t^1" falso, para alguma interpretação de "F", "t" e "t^1". Porém, este relato é um tanto insatisfatório intuitivamente. Por ele, Sócrates mudaria afinal, vindo a ser mais curto que o *Teeteto*; além disso, Sócrates mudaria postumamente (mesmo que não tivesse alma imortal) cada vez que um estudante novato viesse a admirá-lo; e os números sofreriam mudanças sempre que, por exemplo, cinco deixasse de ser o número de filhos de alguém.
>
> Queremos protestar que as mudanças que mencionei não são mudanças "reais"; e Sócrates, se pereceu, bem como os números, não podem passar por mudanças "reais". Eu não posso descartar da minha mente a sensação de que há uma diferença aqui. [...] (É claro, *há* uma mudança "Cambridge" sempre que há uma mudança "real"; mas o inverso não se aplica.)[47]

Em relação a Deus, um exemplo de uma propriedade Cambridge é "tendo sua misericórdia pensada enquanto escrevo esta frase". Outra propriedade Cambridge é "tendo seu poder pensado enquanto escrevo esta frase". No tempo t, eu estava pensando na primeira propriedade, e assim Deus tinha a propriedade de "sendo pensado dessa maneira no tempo t". Então, no tempo t + 1, eu pensei num atributo divino diferente, então Deus tinha a propriedade de "sendo pensado dessa maneira". A mudança nas propriedades de Deus do tempo t para o tempo t + 1 é um exemplo de uma mudança Cambridge. Como Geach e outros mencionam, tais mudanças não são mudanças reais. Isto significa que nada muda de fato no interior do ser que sofre a mudança Cambridge.

Finalmente, alguém pode passar por uma mudança no seu conhecimento da verdade das proposições indexicais. O que é uma proposição indexical? Richard Swinburne explica que as expressões indexicais

> são palavras como "eu", "você", "agora", "ontem", "amanhã", "aqui", "cinco milhas a leste daqui". Quando são usadas como expressões indexicais, essas palavras escolhem lugares, tempos, pessoas etc. pelas suas relações espaciais ou temporais com o orador. "Agora" é o instante contemporâneo da fala do orador, "você" é a pessoa com quem o orador está falando, e assim por diante. Quando eu digo "você está doente", estou predicando a propriedade de estar doente de um indivíduo escolhido como o indivíduo com quem estou falando. Quando digo "hoje é terça-feira", estou predicando a propriedade de ser terça-feira do dia escolhido como o dia em que estou falando.[48]

Hector-Neri Castañeda concorda que a referência indexical é "referência aos tempos, lugares, eventos, objetos ou pessoas por meio de pronomes demonstrativos ou pessoais ou por meio de advérbios".[49] Os demonstrativos em mente são palavras como "este", "esta", "aqui" e "ali", "agora" e "depois". Os advérbios são palavras como "atualmente", "no momento", "anteriormente".

Considere agora a proposição indexical "*Agora* são 14h56 enquanto escrevo esta frase entre aspas". Era verdade para mim quando escrevi a proposição entre aspas. Porém, também posso escrever verdadeiramente "*Agora* são 14h58 enquanto escrevo esta frase entre aspas". Isso representa uma mudança no meu conhecimento, pois mostra que às 14h56 eu sabia que uma proposição indexical era verdadeira e às 14h58 eu sabia que outra era verdadeira e a primeira não o era mais. Este tipo de conhecimento envolve mudança no próprio conhecimento que temos, mas tal mudança parece problemática para a onisciência divina (e para a imutabilidade) se Deus estiver fora do tempo. Também representa um desafio à eternidade temporal e à onisciência, pois se Deus está no tempo, parece haver coisas que Ele não sabe, já que a cada momento Ele aprende a verdade de uma nova proposição indexical. Se essa mudança de conhecimento significar que Deus não é realmente onisciente, parece haver um grande obstáculo para a adoção da eternidade temporal. Por outro lado, os atemporalistas também têm problemas com os indexicais, pois se Deus está fora do tempo, Ele pode saber a sequência exata de tudo o que ocorrerá, mas não pode saber *quando* algum indexical com a palavra "agora" é verdadeiro, pois não pode saber quando algum evento realmente ocorre para nós. Para saber isso, Ele teria de experimentar a sucessão e a localização temporal, o que é impossível para um ser atemporal. A eternidade atemporal não prejudicaria o conhecimento imutável de Deus, mas parece comprometer a onisciência divina no sentido de que Deus não poderia saber quando qualquer proposição indexical é verdadeira.

Quais desses oito tipos de mudanças podemos predicar acerca de Deus enquanto permanecemos fiéis ao ensino bíblico e à teologia cristã evangélica? Eu afirmo que Deus deve ser imutável com respeito a muitos desses tipos de mudanças, enquanto nada bíblico ou teológico é perdido se Ele mudar em relação a outros. Deixe-me explicar.

No centro da teologia cristã está a crença de que Deus não muda em sua pessoa (ser e atributos), vontade (decreto) ou propósitos. Eu creio que nenhuma das passagens bíblicas que falam de Deus mudando compromete a imutabilidade em qualquer um destes aspectos. Não há evidências bíblicas de que algum de seus atributos morais ou não morais jamais mude. Alguns podem contestar que a encarnação mostra que Deus muda, mas esta é uma compreensão errada da encarnação. Como já mostrei em outro lugar, o que muda na encarnação não é a natureza divina; em vez disso, a natureza divina assume uma natureza humana plena. Contudo, nas palavras de Calcedônia, isto não resulta em adicionar ou subtrair quaisquer atributos de nenhuma das naturezas, ou em converter os atributos de uma natureza para outra. As naturezas permanecem distintas, portanto a natureza divina de Cristo é exatamente a mesma que era em seu estado pré-encarnado.[50]

Além disso, não há evidências de que Deus mude sua vontade ou seus propósitos, como se não pudesse se decidir. Eu já citei vários versículos que mostram que Deus não muda sua vontade, conselho ou propósitos. Há também versículos que dizem que Deus predestinou uma coisa ou outra mesmo antes da fundação do mundo (p. ex., Ef 1.4; 1Pe 1.20). Já que as coisas predestinadas foram realizadas sem que Deus mudasse seus propósitos ou seu plano, essas referências bíblicas oferecem mais evidências de que Ele não muda nem seus propósitos nem seus decretos. Por causa de versículos como esses, os teólogos cristãos têm sustentado que Deus é imutável em seus propósitos e em sua vontade, bem como em sua pessoa.

E quanto ao quarto tipo de mudança — mudança nas normas éticas e punições? Aqui muito depende da teoria ética de cada um, e muitos poderiam ser consistentes com as doutrinas da teologia cristã. Por exemplo, alguém que defendesse um relato teônomo da ética, segundo o qual as coisas estão certas porque Deus o diz, provavelmente não acharia problemático para sua teologia se Deus mudasse suas normas éticas. Por outro lado, se defendermos uma teoria modificada do comando divino da ética, como eu já delineei em outro lugar,[51] haverá um problema se Deus mudar suas normas éticas. Concordo que Deus determina quais ações são morais e quais são imorais, mas discordo de formas de teonomia que dizem que suas escolhas são arbitrárias e poderiam ser qualquer outra coisa, pois não há ato que seja intrinsecamente certo ou errado, melhor ou pior. Em vez disso, eu acredito que as normas éticas de Deus refletem, de algum modo, seu próprio ser. Qualquer pessoa que defenda uma visão como a minha achará difícil ver como as normas éticas de Deus estão sujeitas a mudanças, já que sua natureza é imutável.

Não deve haver mal entendido aqui. Há espaço para o debate sobre quais regras bíblicas são normas éticas permanentes de Deus e quais não são. Por exemplo, na Lei Mosaica Deus ordenou ao seu povo que guardasse a culinária kosher. Estas são regras com certeza, e não são impostas no NT, mas a questão-chave é se elas são regras éticas ou não. Os teólogos geralmente as chamam de regras cerimoniais e dizem que são cumpridas em Cristo e sua obra no Calvário, de modo que na era neotestamentária não estamos sob essas leis. Contudo, mudanças nas leis cerimoniais não significam uma mudança na natureza básica de Deus ou nas normas éticas básicas que derivam de seu caráter.[52] Podemos discordar sobre quais regras são normas éticas e quais são regras cerimoniais, quais são princípios éticos eternamente verdadeiros e quais são aplicações de regras éticas mais fundamentais em determinado cenário histórico, mas o ponto básico permanece: as regras éticas de Deus não deveriam mudar.

Alguns dirão que a imutabilidade de Deus, então, está prejudicada, porque parece que Ele mudou suas normas éticas. Afinal, na Lei Mosaica, adúlteros e adúlteras deveriam ser apedrejados até à morte. O mesmo se aplica aos homossexuais, aos que cometem incesto e aos culpados de bestialidade. No NT, essas práticas ainda são imorais, mas a pena mudou. A execução não é mais a punição. Em resposta, eu diria apenas que as punições pela violação das regras éticas não são elas próprias obrigações éticas pelas quais viver. Portanto, se Deus, em misericórdia, escolhe mudar a punição por desobedecer a uma regra ética, isso é de sua responsabilidade, e de modo algum muda suas regras éticas ou seu caráter. A única exigência é que qualquer penalidade que Deus ordene deve ser coerente tanto com sua justiça como com seu amor. Se Deus ordenasse uma nova punição que fosse injusta, então poderíamos concluir que

Ele não teria mais o atributo da justiça. Porém, não há evidências de que as mudanças em quaisquer punições provem que Deus é injusto ou sem amor.

Portanto, parece que Deus deve ser imutável em sua pessoa, propósitos, vontade (decreto) e regras éticas, mas Ele pode mudar as punições pela desobediência às suas ordens sem mudar nenhuma outra coisa sobre si mesmo que deva permanecer estável. E os outros tipos de mudanças? Deus deve ser imutável nesses aspectos? Eu não acho. Quanto ao quinto tipo de mudança (mudança na administração de seus programas), não há razão por que Deus não possa passar por esse tipo de mudança. O exemplo que eu usei foi uma mudança na administração do plano de salvação de Deus. De modo algum isso muda os propósitos de Deus (Ele ainda pretende salvar as pessoas), seu decreto (nem mais e nem menos será salvo do que antes, e todos serão salvos pela graça por meio da fé com base no sacrifício expiatório de Cristo), sua pessoa (ser e atributos essenciais) ou suas regras éticas. Como o Deus soberano que predestinou todas as coisas, Ele também predestinou uma mudança na administração da salvação. Isso não compromete de modo algum quaisquer aspectos da imutabilidade divina considerados essenciais à teologia evangélica.

E as mudanças nos relacionamentos? Seria algum defeito de Deus perdoar um pecador arrependido e não ficar mais zangado com ele? Perdoar o pecador muda algum dos atributos morais ou não morais de Deus ou faz com que Ele deixe de ser puro espírito? Claro que não. Tampouco muda seus propósitos, decreto ou ética. Na verdade, de acordo com as normas éticas divinas e o sistema de governo moral que Ele estabeleceu para o universo, Deus não tem escolha (se quiser permanecer consistente com seus atributos, propósitos e regras de governo moral) a não ser mudar da ira para o perdão quando um pecador se arrepende.

Quanto às mudanças "Cambridge", concordo que não se tratam de mudanças reais, se o que se quer dizer é que elas não mudam o ser e o caráter daquele de quem são predicadas. Dada a natureza das mudanças Cambridge, é difícil imaginar como poderiam mudar o ser ou os atributos de Deus, seus propósitos, decreto ou normas éticas. Assim, Deus ter propriedades Cambridge e sofrer mudanças Cambridge não compromete nada essencial para o teísmo cristão bíblico.

E para finalizar, e as mudanças no conhecimento da verdade das proposições indexicais? De certa forma, esta é a questão mais difícil, porque se não tivermos cuidado aparentemente poderemos comprometer dois dos atributos constitucionais de Deus — imutabilidade e onisciência. Falarei mais sobre isso ao discutir onisciência, mas deixe-me dizer o suficiente agora para mostrar por que eu não acho que um Deus que conhece a verdade sobre os indexicais deixou de ser onisciente (claramente, esse tipo de mudança não comprometeria a imutabilidade dos propósitos, decretos ou normas éticas de Deus — o problema potencial está em sua pessoa, especialmente com a onisciência).

Ao abordar esta e outras questões relacionadas com a onisciência, o modo como definimos onisciência é crucial. Mais tarde, eu a definirei em detalhe. Por agora, proponho que seu significado seja que Deus é o ser supremamente racional (ou seja, seu poder de pensar está infinitamente acima do de qualquer outra pessoa, e Ele sempre sabe e faz o que é melhor) e que Deus sabe tudo o que há para saber. Porém, o que pode ser conhecido? É possível saber tudo o que é verdade sobre o passado, e eu acredito que Deus pode saber tudo o que é verdade sobre o futuro. Além disso, eu acredito que Deus tem conhecimento médio, então eu acredito que Ele sabe tudo o que poderia acontecer e o que se seguiria a qualquer coisa que ocorresse. Outra coisa que é possível conhecer é a configuração de todos os mundos possíveis (logicamente possíveis), e Deus sabe isso. Também é possível conhecer a verdade das proposições indexicais como "ontem não é agora", "1990 ou 2005 não é agora", "é mais tarde que 1994, mas mais cedo que 2005". Também é possível saber a verdade de proposições indexicais como "agora são 16h31 de 15 de abril de 1999", ou "não são mais 16h25 de 15 de abril de 1999". Porém, há alguns indexicais que ninguém pode saber. Ao escrever esta frase, são 16h33. Portanto, não posso saber que "agora são 17h" é verdade, porque não são 17h agora. Porém, se é impossível saber isso neste momento, não há deficiência na minha capacidade de raciocínio ou no meu conhecimento; ninguém é deficiente por não saber o impossível.

É claro, para saber a verdade das proposições indexicais, as pessoas devem estar no tempo, por isso a discussão a seguir assume que Deus é temporal. Tendo dito isso, o que é verdade para o *nosso* conhecimento também se aplica a Deus. Isso é, ser onisciente significa que Ele sabe tudo o que há para saber, e às 16h36 o indexical "agora são 17h" não é algo que alguém possa saber. Então Deus ainda é qualificado como onisciente, mesmo que Ele não possa saber que aquele indexical é verdadeiro — porque não é verdadeiro. É claro, se o indexical for falso, Deus saberá. Ao colocar Deus no tempo e deixá-lo saber a verdade ou falsidade de todos os indexicais que podem ser conhecidos, nós não comprometemos sua onisciência de modo algum. E como não comprometemos sua onisciência, ainda temos o direito de dizer que Ele é imutável em seu ser. Nem a imutabilidade nem a onisciência são comprometidas por permitir que Deus mude seu conhecimento das proposições indexicais.[53]

O que eu disse até agora abrange os indexicais relativos ao presente ou passado, mas e os indexicais com tempo futuro? Neste momento eles não podem ser conhecidos como verdadeiros, então não é deficiência para ninguém, inclusive Deus, não os conhecer como verdadeiros. No futuro, quando *forem* verdadeiros, um Deus dentro do tempo saberá que eles são verdadeiros. Isso significa que Ele aprenderá algo que não sabia? É difícil falar no cenário que estou esboçando como um caso de "aprendizagem", especialmente se pensarmos que aprender algo pressupõe alguma deficiência intelectual antes de se ter aprendido. O fato de que no futuro Deus conhecerá a verdade dos indexicais que atualmente são falsos não significa que seu conhecimento seja deficiente até o futuro.

Concluo, então, que ao colocarmos Deus no tempo para que Ele conheça esses indexicais, nós não comprometemos de modo algum sua onisciência.[54] Além do mais, isso permite que Deus saiba coisas que esperaríamos que Ele soubesse e que Ele precisaria saber se quisesse agir e reagir no "momento certo" da história humana. Observo também que permitir que o conhecimento de Deus acerca dos indexicais mude não compromete de modo algum a imutabilidade divina em nenhum dos sentidos que os evangélicos querem sustentar.

A DEFINIÇÃO E AS ESCRITURAS. Tendo oferecido essa definição aprimorada de imutabilidade, devemos perguntar se ela se encaixa no ensinamento bíblico e na teologia evangélica. Em primeiro lugar, creio que está claro o modo como a linguagem bíblica a respeito de Deus como imutável se encaixa no conceito de imutabilidade que defini. De fato, o que foi escrito anteriormente mostra em quais sentidos Deus deve ser imutável, e como vimos, muitos dos comentários bíblicos que falam de Deus como imutável abordam aspectos em que eu afirmei que Ele não muda. Por exemplo, vimos passagens que falam de alguns atributos como imutáveis e outras que falam de não haver mudança em seus propósitos, conselhos ou vontade. Tudo isso está consistente com minha definição.

O maior teste é o modo como minha compreensão da imutabilidade se encaixa na linguagem bíblica sobre a mudança de Deus. Primeiramente, algumas passagens bíblicas sobre mudanças podem ser entendidas como antropomorfismos. Esta é uma visão proclamada com frequência por teólogos evangélicos, e eu acho que está correta. No entanto, alguns discordam, e admito que às vezes é difícil saber quais passagens contêm antropomorfismos e quais são exemplos de linguagem literal. Não precisamos resolver essa questão agora, pois meu único argumento é que as Escrituras contêm antropomorfismos, e alguns deles, creio, aparecem em passagens que sugerem que Deus mudou de alguma maneira.

Então, algumas passagens que parecem ensinar que Deus mudou não comprometem o que os evangélicos querem defender acerca da imutabilidade divina, porque a única mudança está na relação de Deus com seu povo, enquanto seu ser, propósitos, decreto e regras morais não mudaram. Considere Êxodo 32.14, uma passagem que os defensores da visão aberta acham muito significativa. Deus está irado com Israel por causa de sua desobediência e ameaça destruí-lo totalmente. Moisés intervém por seu povo, lembrando Deus de suas alianças com ele e, em essência, arrepende-se pelo povo. Dada a advocacia de Moisés, Deus se arrepende do mal que pensava fazer a Israel. É importante lembrar que os padrões de Deus são tais que Ele odeia o pecado e tem de puni-lo. Logo, quando Israel desobedece ao Senhor, não há opção para Deus, dada sua natureza imutável e regras morais, a não ser puni-los. Contudo, Deus também estipulou que, se um pecador se arrepender, Ele perdoará e abençoará. Assim, quando Moisés implora pelo povo, que de fato se arrepende, gera-se uma mudança relacional entre Deus e Israel, mas isso ocorre porque a santidade de Deus, seus padrões de punição e bênção são imutáveis. Neste caso também, Deus deve renunciar à destruição completa de Israel por causa de suas promessas de aliança com Abraão (promessas que Moisés lembra a Deus), promessas que são imutáveis. Portanto, Deus muda seu relacionamento com Israel por causa de suas alianças imutáveis e de seu imutável governo moral do mundo. O escritor bíblico relata isso de forma a usar o antropomorfismo de que Deus "arrependeu-se" do mal que planejara fazer. Devemos notar ainda que a impressão de que Moisés "lembra" Deus de suas promessas de aliança também deve ser um antropomorfismo. Embora algumas visões afirmem que Deus não conhece o futuro, nenhum defensor da onisciência pode se dar ao luxo de afirmar que Ele realmente esqueceu as promessas que fez no passado.

Dois outros casos de linguagem antropomórfica (Am 7.3; Jn 3.10) parecem ainda mais claros, porque em ambos o escritor se arrepende explicitamente do pecado ou diz que as pessoas se arrependeram de seu pecado. Como resultado, o Senhor não os julgou. O escritor bíblico diz que Deus "se arrependeu" (ARA) a fim de notificar a mudança em seu relacionamento por causa de seus princípios imutáveis de governo moral. Eu também penso que 1Samuel 15.10,11 fala deste tipo de mudança relacional em virtude das imutáveis regras morais de Deus, enquanto os versículos posteriores que foram mencionados no mesmo capítulo (v. 28,29), que dizem que Deus não muda, falam de seu caráter santo, que não está sujeito a mudança.

Assim, algumas passagens que falam sobre a mudança de Deus são antropomórficas e devem ser entendidas da forma explicada. Segundo, algumas passagens falam de mudanças que Deus fez, mas essas mudanças são baseadas em condições que foram cumpridas. Isto é, Deus diz: "Se você fizer x, eu farei y, mas se você fizer p, eu farei q". Às vezes, a linguagem condicional é mais implícita do que explícita, ao passo que outras vezes é mais explícita. Em Deuteronômio 28.1,2,15, por exemplo, Deus diz a Israel, por meio de Moisés, para obedecer à Lei e eles serão abençoados, mas se desobedecerem, sofrerão seu julgamento. Esta linguagem mostra explicitamente que o que Deus fará está condicionado ao que seu povo faz. Por outro lado, alguns têm argumentado que a pregação de Jonas em Nínive é um caso de condições implícitas. Jonas prega a perdição e destruição em Nínive de modo aparentemente incondicional; mas então, em Jonas 3.10, aprendemos que Nínive se arrependeu como resultado da pregação de Jonas e Deus não enviou julgamento. Portanto, a mensagem aparentemente incondicional de Jonas deve ter contido implicitamente uma condição.[55]

De acordo com essa linguagem condicional explícita ou implícita, vemos Deus fazendo uma coisa ou outra que parece ser uma mudança em relação ao que esperávamos que Ele fizesse. Entretanto, já que as afirmações de Deus sobre o que Ele faria nesses casos foram condicionadas ao que nós faríamos, o que quer que Deus acabe fazendo não implica mudar nenhum de seus atributos constitucionais, regras morais, propósitos ou decreto. Na verdade, para aqueles que acreditam que Deus conhece o futuro, seja porque Ele decretou todas as coisas ou simplesmente porque o prevê, não há questionamento sobre Ele mudar seu decreto ou propósitos. Aqueles que acreditam que Deus prevê porque Ele predestina também acreditam que Deus escolheu não só o que vai acontecer, mas também os meios para esses fins. Mesmo para aqueles que acreditam que Deus prevê porque Ele prediz o que faremos, ainda não há necessidade de haver mudança em seus propósitos ou decreto. Deus apenas vê que Ele apresentará às pessoas várias opções dependentes do cumprimento ou não de certas condições, e vê como elas responderão e como Ele reagirá. Então, nesses casos, essa linguagem condicional e as mudanças que vêm não comprometem de modo algum a imutabilidade divina.[56]

Um terceiro tipo de linguagem sobre a mudança de Deus nas Escrituras indica mudanças literais, mas invariavelmente são mudanças em seus relacionamentos (e atitudes que combinam com relacionamentos mudados). Como defini imutabilidade, esse tipo de mudança em Deus é aceitável. Deixe-me dar alguns exemplos. De acordo com Atos 9, lá do céu Jesus confrontou Saulo, que procurava perseguir a jovem igreja cristã. Jesus estava irado com isso e o confrontou. Como resultado, Paulo converteu-se ao cristianismo e tornou-se um apóstolo eminente de Cristo e um grande missionário. A relação de Deus com Paulo por meio de Cristo realmente mudou, mas nada disso implicou uma mudança no ser, nos propósitos, nos decretos ou nas normas éticas de Deus. Ao contrário, a mudança relacional estava de acordo com o método de salvação e governo moral do mundo revelado por Deus.

Há muitos exemplos de tais mudanças relacionais envolvendo Deus, mas eu também citaria versículos como Gênesis 6.6 e 1Samuel 15.35 como ilustrações deste tipo de mudança. Quando viu a maldade da raça humana, Deus se arrependeu de ter feito o homem (Gn 6.6). Quando viu a maldade do rei Saul, Deus se arrependeu de tê-lo escolhido como rei (1Sm 15.35). Esta linguagem simplesmente significa que Deus se arrependeu de ter feito o homem que se tornara tão pecador e se arrependeu de ter feito Saul rei de Israel. A mudança de atitude não denota nenhuma mudança no ser, decreto e propósitos de Deus ou nas regras éticas e no governo moral do mundo. É uma mudança relacional em virtude das imutáveis regras morais e de governo de Deus.

Quarto, já vimos que Deus às vezes muda suas ordens administrativas para o mundo. Isso se refere às punições pela violação das normas éticas e às mudanças na administração do único método de salvação de Deus. Estes pontos já foram defendidos, então eu só preciso acrescentar que tais mudanças são consistentes com a imutabilidade, conforme sugeri.

Finalmente, nenhum dos versículos citados anteriormente (ou outros que possam ser citados) a respeito da mudança de Deus implica uma mudança em sua constituição. Isto é, eles não significam de modo algum que Ele não seja mais puro espírito ou que tenha perdido algum de seus atributos morais ou não morais. Isso também significa, como vimos no Capítulo 5, que a linguagem bíblica sobre Deus aparecendo na sarça ardente etc. não sinaliza nenhuma mudança na essência divina, mas apenas mostra que Deus pode manifestar sua presença de alguma forma física. E a encarnação não mudou de modo algum o ser divino, seus propósitos, decretos ou padrões morais; ela teve a ver com assumir uma nova natureza e entrar em novos relacionamentos, mas tudo isso é consistente com a minha definição aprimorada de imutabilidade.

Concluo, então, que nada na linguagem bíblica exclui a noção de imutabilidade que estou defendendo. Quando vamos além das Escrituras para falar de outros tipos de mudanças que Deus poderia sofrer, repito, não vejo nenhum problema. Deus passa por mudanças "Cambridge"? Certamente que sim, mas como explicado, essas mudanças não comprometem sua pessoa imutável, sua vontade, seus propósitos ou normas éticas. Que tal a mudança no conhecimento de Deus sobre a verdade das proposições indexicais? O único conflito possível com isso e com a imutabilidade é que pode sugerir que Deus não é onisciente, porque seu conhecimento muda, mas eu expliquei por que não é assim. Logo, a onisciência não é posta em risco em decorrência da mudança no conhecimento que Deus tem das proposições indexicais.

E quanto às aparentes mudanças no conhecimento de Deus acerca do curso futuro dos acontecimentos em nosso mundo e universo? Isso não mostra que Deus não pode ser onisciente ou que, embora Ele, como onisciente, conheça tudo o que pode ser conhecido, o futuro não pode ser conhecido por ninguém? A maioria dos teístas cristãos evangélicos tem sustentado que Deus, de alguma forma, conhece o futuro, então isso não é um problema. Por outro lado, alguns têm afirmado que Deus não conhece o futuro, mas veem isso como não sendo um problema para a onisciência divina. Meus pontos de vista se encaixam no primeiro grupo, e isso é suficiente para responder a essa objeção à minha noção de imutabilidade. Quanto à razão por que penso que Deus conhece o futuro e quanto aos outros pontos de vista nessa questão, guardarei para a minha discussão sobre onisciência divina e a minha abordagem da presciência divina e da liberdade humana.

Nesta seção, argumentei que, quando se analisa os dados relevantes, não é necessário entender a imutabilidade divina do modo como teístas cristãos clássicos como Aquino e Anselmo fizeram ou como teístas do processo ou defensores da visão aberta a defendem em nossos dias. Embora minha posição tenha algumas afinidades com a posição da teologia do processo e da visão aberta acerca da imutabilidade divina, há diferenças significativas. Além disso, nada do que eu disse requer as noções de um Deus dipolar e finito defendidas pela teologia do processo. Também não é necessário manter o ponto de vista do livre-arbítrio libertário defendido pela visão aberta (e a visão da soberania divina que a acompanha) ou concordar com sua crença de que Deus não conhece o futuro.

CAPÍTULO SETE

OS ATRIBUTOS DIVINOS NÃO MORAIS (II)

No Capítulo 6, iniciamos nossa descrição dos atributos não morais de Deus. Vimos que várias qualidades divinas como onipresença e imutabilidade requerem uma distinção sutil e cuidadosa para exprimir a revelação bíblica a respeito de Deus. Além disso, comecei a expor as características essencialmente importantes do Rei que se preocupa. À luz da compreensão diferenciada da imutabilidade divina, é necessário rejeitar a impassibilidade divina. O Rei que se preocupa experimenta emoções reais; Ele se solidariza com nossas dores e pode alegrar-se com nossas alegrias. Conquanto Deus se preocupe com o que nos acontece, queremos saber se Ele pode fazer alguma coisa para mudar nossa situação, por vezes conturbada, e nos sustentar até que Ele mude nossas circunstâncias. Tais perguntas nos remetem a atributos como a onipotência e a soberania divinas. Estes e outros atributos divinos não morais restantes são o tema deste capítulo. Assim como muitos atributos discutidos no Capítulo 6, muitos dos predicados considerados neste capítulo também requerem uma distinção sutil cuidadosa.

ONIPOTÊNCIA

Em Romanos 1.20, o apóstolo Paulo escreve: "Porque os atributos invisíveis de Deus, assim o seu eterno poder, como também a sua própria divindade, claramente se reconhecem, desde o princípio do mundo, sendo percebidos por meio das coisas que foram criadas". De todos os atributos divinos revelados na criação, Paulo nomeia apenas o poder e depois se refere ao restante pela palavra mais geral *theiotēs*, "divindade". Visto que o poder de Deus é tão claramente revelado na criação, não é de admirar que quando pensam nele, as pessoas pensam em poder!

Tradicionalmente, os pensadores cristãos têm defendido que Deus é onipotente. Embora nenhuma palavra no AT seja exatamente equivalente a esta em português, o AT se refere a Deus como *'ēl šadday*, "Deus todo-poderoso" (p. ex., Gn 17.1), e quando vemos o que o AT diz sobre Deus, torna-se claro que é correto concluir que Yahweh é onipotente. No NT, o termo mais próximo da nossa palavra em português, "onipotente", é o grego *pantokratōr*. *Panto* vem de *pas*, "todo", e *kratōr* vem de *kratos*, "poder" ou "força superior". Por isso, muitas vezes é traduzido por "Todo-poderoso", "o que tem poder ilimitado" ou "onipotente". *Pantokratōr* aparece no NT com mais frequência no livro de Apocalipse, onde é utilizado somente com relação a Deus (Ap 1.8; 4.8; 11.17; 15.3; 16.7,14; 19.6,15; 21.22). Além destas palavras, há muitas passagens bíblicas que ensinam a onipotência divina.

Apesar da evidência bíblica de que Deus é onipotente, muita controvérsia envolve este atributo divino. O problema mais específico é como defini-lo e entendê-lo. Eu posso ilustrar facilmente o problema da definição. Muitas vezes as conversas sobre onipotência divina começam por defini-la como a capacidade de Deus de fazer todas as coisas. Imediatamente surge a pergunta se isso significa que Deus pode fazer coisas como criar quadrados redondos e solteiros casados. Confrontados com tais desafios, os teístas geralmente recuam dizendo que a onipotência é a capacidade de fazer qualquer coisa que seja logicamente possível. Porém, isso não é inteiramente satisfatório, pois não há nada de contraditório nas próprias noções de cometer um pecado, coçar o ouvido, chutar uma bola de futebol, aprender algo que nunca se soube antes ou esquecer algo que se sabia. Estas são coisas que os meros humanos com poder limitado fazem o tempo todo, então parece que um ser onipotente também deveria ser capaz de fazê-las. Porém, um Deus moralmente perfeito não pode pecar, um Deus onisciente não pode aprender ou esquecer nada, e um ser incorpóreo não tem ouvido para coçar ou pé para dar um chute.

Portanto, parece haver muitas coisas que não têm a ver com nenhuma contradição, mas que Deus não pode fazer. E outras questões surgem sobre a onipotência divina. Deus pode, por exemplo, fazer uma pedra tão pesada que não possa levantá-la? (Às vezes, isso é chamado de paradoxo da pedra.) Ele tem poder suficiente para criar outro Deus? Ele poderia cometer suicídio? Ele poderia mudar o passado? Ele poderia, como muitos medievais reivindicavam, restaurar a virgindade a uma mulher que a perdeu? Se Deus cria humanos com livre-arbítrio, Ele fez criaturas que não pode controlar? A existência do mal em nosso mundo significa que Deus não é poderoso o suficiente para detê-lo? Alguns até já perguntaram se um ser onipotente e imutável pode perdoar o pecado.

Nas últimas décadas, teólogos e especialmente filósofos têm levantado e discutido todas estas questões com certo detalhe. O que se encontra ao ler a literatura é que não é fácil saber como responder a algumas dessas perguntas, e, independentemente de como se responde, pode ser ainda mais difícil explicar como nossas respostas condizem com a noção de onipotência divina. A questão mais básica à luz dessas perguntas é se podemos definir onipotência divina de uma forma que faça sentido. Alguns filósofos respondem que é impossível explicar a onipotência de modo coerente, então devemos descartá-la completamente e optar por um Deus que é todo-poderoso. Eles querem dizer com isso que o poder de Deus está muito além do de qualquer outro ser, Ele é a fonte de todo poder e pode fazer o que desejar (Geach diz que Deus só pode desejar fazer coisas que Ele pode de fato fazer).[1]

Dados bíblicos sobre onipotência

Em vista de todos esses problemas, sugiro que comecemos verificando o que exatamente as Escrituras ensinam sobre o poder de Deus. Então, com os dados bíblicos em mente, podemos tentar definir o conceito de onipotência (se as Escrituras ensinam isso de Deus), respondendo às questões acima levantadas e explicando de que modo as coisas que Deus não pode fazer condizem com a noção de onipotência divina.

Ao nos voltarmos para as Escrituras, encontramos muitas passagens que falam do grande poder de Deus de modo geral, sem explicitar nenhuma ação específica que Ele pode fazer. Depois de sua visão do poder, majestade e grandeza de Deus, Jó diz (Jó 42.2), "Bem sei que tudo podes, e nenhum dos teus planos pode ser frustrado" (veja também Jó 37.23). Vários salmos também apresentam este tema. Em Salmos 62.11 o salmista diz: "Uma vez falou Deus, duas vezes ouvi isto: Que o poder pertence a Deus" (veja também Sl 21.13; 71.18; 145.11; 147.5). Naum acrescenta (1.3): "O Senhor é tardio em irar-se, mas grande em poder e jamais inocenta o culpado; o Senhor tem o seu caminho na tormenta e na tempestade, e as nuvens são o pó dos seus pés".

O NT tem referências ao poder de Deus que são gerais e semelhantes. Jesus diz (Mt 26.64), "Respondeu-lhe Jesus: Tu o disseste; entretanto, eu vos declaro que, desde agora, vereis o Filho do Homem assentado à direita do Todo-poderoso e vindo sobre as nuvens do céu". "À direita do Todo-poderoso" é mais bem entendido como se referindo a Deus Pai, mas observe que o atributo divino que Jesus menciona é seu poder (ver também Mt 6.13).

Jesus também afirma ter esse atributo divino. Ele entrega a Grande Comissão depois de dizer (Mt 28.18): "Toda a autoridade me foi dada no céu e na terra". Paulo fala que, depois que Deus ressuscitou Cristo dentre os mortos, Este foi exaltado (Ef 1.21) "acima de todo principado, e potestade, e poder, e domínio, e de todo nome que se possa referir não só no presente século, mas também no vindouro" (ver também Cl 2.10).

Além das passagens que falam do poder de Deus em geral, há muitas referências ao poder de Deus e a Deus como poderoso. Moisés diz para o povo de Israel obedecer a Deus e se converter da sua desobediência (Dt 10.17) "Pois o Senhor, vosso Deus, é o Deus dos deuses e o Senhor dos senhores, o Deus grande, poderoso e temível, que não faz acepção de pessoas, nem aceita suborno". Jó fala sobre Deus (Jó 9.4): "Ele é sábio de coração e grande em poder; quem porfiou com ele e teve paz?" (veja também Jó 36.5). Muitas vezes, nos Salmos, ouvimos o mesmo refrão. Em Salmos 89.6 e 13, o salmista escreve: "Pois quem nos céus é comparável ao Senhor? Entre os seres celestiais, quem é semelhante ao Senhor? [...] O teu braço é armado de poder, forte é a tua mão, e elevada, a tua destra" (ver também Sl 93.4 e 132.2,5). E em Isaías vemos algo semelhante. Muitas vezes, como em Isaías 1.24, Isaías chama Deus de "o Poderoso de Israel". Falando do Messias, Isaías profetiza (9.6) que Ele será o Deus Forte (ver também 10.21).

Além disso, tanto no AT como no NT muitas passagens se referem a Deus como "Deus todo-poderoso" ou "o Todo-poderoso". Essa designação normalmente funciona como um nome próprio. Tal impressão se dá em parte porque nenhum ato divino em particular é o foco do versículo. Em vez disso, o escritor só quer enfatizar o grande poder de Deus. Passagens onde encontramos este uso de "Deus todo-poderoso" ou "o Todo-poderoso" incluem Gênesis 17.1; 28.3; 35.11; 43.14; 48.3; 49.25; Êxodo 6.3; Números 24.4,16; Rute 1.20,21; Jó 8.5; 11.7; 13.3; 15.25; 21.15,20; 22.3,17,23; 29.5; 31.2,35; 40.2; Ezequiel 10.5; 2Coríntios 6.18; e Apocalipse 1.8; 4.8; 21.22.

Embora as Escrituras contenham referências gerais ao poder de Deus, em muitas passagens o escritor fala do poder divino sendo exibido de uma forma ou de outra. Muitas passagens falam do poder de Deus segundo mostram suas obras. Salmos 106.2 diz: "Quem saberá contar os poderosos feitos do SENHOR ou anunciar os seus louvores?" (Veja também Dt 3.24; Sl 145.4,12; e 150.2.)

Os escritores bíblicos mencionam o poder de Deus não só em termos de seus feitos em geral, mas também em exemplos específicos de suas obras. Por exemplo, muitos escritores falam do poder divino de criar e controlar o universo. Encontramos isso em Jó 26.12; Isaías 40.26; e Jeremias 32.17. Lemos frequentemente nos Salmos sobre o poder de Deus de criar e sustentar o universo e de controlar as forças da natureza (Sl 50.1). Até os ventos estão sob seu controle, como vemos em Salmos 78.26 (veja também Jr 10.11,12; 27.5; 51.15; Sl 19.1; 65.6; 68.33; 150.1).

Encontramos o mesmo tema no NT. Apocalipse 4.11 diz: "Tu és digno, Senhor e Deus nosso, de receber a glória, a honra e o poder, porque todas as coisas tu criaste, sim, por causa da tua vontade vieram a existir e foram criadas" (veja também Rm 1.20). Os escritores do NT também falam do poder sustentador de Deus sobre a criação (At 17.28). Atribui-se especificamente a Cristo a criação e sustentação do universo (Cl 1.16,17; Hb 1.3).

Um tema frequente do AT exalta a incrível demonstração de poder de Deus no êxodo de Israel do Egito. Encontramos esse tema mais frequentemente no Pentateuco, como em Deuteronômio 4.37: "Porquanto amou teus pais, e escolheu a sua descendência depois deles, e te tirou do Egito, ele mesmo presente e com a sua grande força" (veja também Êx 32.11; Dt 4.34; 5.15; 6.21; 7.8,19; 9.26,29; 26.8). Também encontramos esse tema em outros lugares no AT (p. ex., 2Rs 17.36; Dn 9.15).

Os autores bíblicos também falam frequentemente do poder de Deus em salvar indivíduos do pecado. Depois de ouvir como é difícil para um homem rico ser salvo, os discípulos de Jesus perguntaram: "Sendo assim, quem pode ser salvo? Jesus, fitando neles o olhar, disse-lhes: Isto é impossível aos homens, mas para Deus tudo é possível" (Mt 19.25,26; ver também 9.6). Esse tema também é evidente no Evangelho de João (1.12; 17.2). Pelo fato de Cristo ter poder para salvar os pecadores arrependidos, Paulo diz que a mensagem do evangelho é uma mensagem de poder. À igreja de Corinto ele escreve (1Co 1.18), "Certamente, a palavra da cruz é loucura para os que se perdem, mas para nós, que somos salvos, poder de Deus" (veja também Rm 1.16; 1Co 1.24; Cl 1.13). Além disso, Pedro nos lembra que o poder de Deus capacita os cristãos a perseverar na fé (1Pe 1.5), e tanto Pedro como Paulo afirmam que o poder de Deus concede aos crentes tudo o que é necessário para viver a vida cristã e desenvolver as várias virtudes cristãs (2Pe 1.3; Cl 1.11). Paulo também escreve que o poder em ação nos crentes é o mesmo poder que ressuscitou Cristo dentre os mortos (Ef 1.19,20). Porque os crentes têm tais recursos, Paulo exorta os efésios (Ef 6.10) a que "Quanto ao mais, sede fortalecidos no Senhor e na força do seu poder".

As Escrituras não só ensinam o grande poder de Deus na salvação, mas também falam da sua capacidade de libertar as pessoas do perigo físico e de protegê-las do mal. Depois de ser libertado da mão de Saul, Davi diz (2Sm 22.33), "Deus é a minha fortaleza e a minha força" (ver também Gn 49.24 e Ne 1.10). Em geral, os Salmos falam do poder de Deus para libertar do perigo físico e da necessidade (ver Sl 59.16; 91.1; 106.8; 111.6). Em Salmos 59.16 (NVI) o salmista escreve: "Mas eu cantarei louvores à tua força; [...] pois tu és o meu alto refúgio, abrigo seguro nos tempos difíceis". Também lemos sobre esta expressão do poder de Deus em Isaías (40.29): "Faz forte ao cansado e multiplica as forças ao que não tem nenhum vigor". E o poder de Deus preserva Daniel na cova dos leões (Dn 6.27). Além disso, o NT ensina que, mesmo quando Deus não remove as enfermidades físicas e os problemas, seu poder amparador ainda está lá no meio da aflição (p. ex., 2Co 12.9). Por causa do poder de Deus para libertar seu povo e sustentá-lo em tempos de aflição, escritores ou personagens bíblicos muitas vezes imploram a ajuda de Deus (p. ex., 2Cr 14.11; Sl 79.11).

Embora Deus salve indivíduos espiritual e fisicamente, seus inimigos experimentam seu poder de juízo e destruição. Portanto, Ele é retratado como um Deus poderoso em batalha e em juízo. Muitas passagens bíblicas deixam este ponto bem claro. 2Crônicas 25.8 diz: "Porém vai só, age e sê forte; do contrário, Deus te faria cair diante do inimigo, porque Deus tem força para ajudar e para fazer cair" (veja também Êx 15.6; Ed 8.22; Jó 12.19,21; 24.22). Este também é um tema comum nos Salmos e profetas. Em Salmos 66.3, o salmista aconselha: "Dizei a Deus: Que tremendos são os teus feitos! Pela grandeza do teu poder, a ti se mostram submissos os teus inimigos" (veja também Sl 24.8; 90.11). Isaías 13.6 prevê o juízo escatológico: "Uivai, pois está perto o Dia do Senhor; vem do Todo-poderoso como assolação" (veja também Is 11.15; 42.13; 49.25,26; Jr 20.11; 32.18; Jl 1.15).

O NT também fala do juízo de Deus sobre os ímpios. Ao falar em temer os outros seres humanos, Jesus diz (Lc 12.5): "Eu, porém, vos mostrarei a quem deveis temer: temei aquele que, depois de matar, tem poder para lançar no inferno. Sim, digo-vos, a esse deveis temer". Falando daqueles que afligem os crentes, Paulo diz (2Ts 1.9) que "sofrerão penalidade de eterna destruição, banidos da face do Senhor e da glória do seu poder". O livro de Apocalipse prevê muitos juízos sobre os ímpios no fim dos tempos (ver Ap 16).

Além do poder de Deus no juízo, as Escrituras falam do poder de Deus para realizar milagres e do seu poder sobre as forças demoníacas e satânicas. O AT é repleto de descrições de vários milagres divinos, e o NT também, já que retrata a vida e o ministério de Cristo e seus apóstolos. Pense na promessa do AT de um filho a Abraão e Sara. Foi necessário um milagre porque ambos eram velhos e Sara já havia passado da idade de ter filhos. Eles riram inicialmente ao pensar em ter um filho, mas sabiam que não era impossível. Como vemos em Gênesis 18.10-14, a questão-chave é: "Acaso, para o SENHOR há coisa demasiadamente difícil?" A resposta esperada é que nada é difícil demais para Deus.

O NT registra muitos dos milagres de Cristo. Em uma ocasião, Jesus cura um homem doente de paralisia e a multidão se surpreende (Mt 9.6,8 — paralelos em Mc 2.10-12; Lc 5.24,26; veja também Lc 5.17). Jesus também caminha sobre as águas (Mt 14.22-33), e em outra ocasião acalma os ventos e o mar (Mc 4.35-41). Por causa de seus milagres, Jesus disse que o povo deveria ter acreditado nele, e Ele os castiga por não o terem feito (Mt 11.20,21,23 — paralelo em Lc 10.13ss). Embora muitos não acreditassem, muitos ainda se maravilharam com o seu poder quando Cristo fez esses milagres (ver Lc 4.36; 9.43; 19.37; Mt 13.54; Mc 6.2). Como resultado, quando se referiam a Jesus, os apóstolos muitas vezes falavam dele como um homem com grande poder (veja Lc 24.19 e At 10.38).

Jesus não só operou milagres; Ele também deu esse poder aos seus discípulos. Mateus 10.1 (veja também Mc 3.15 e Lc 9.1); Marcos 6.7 e Lucas 10.19 registram as palavras de Jesus ao conceder aos seus discípulos o poder de realizar vários milagres. Porque podiam realizar milagres, muitos ficavam maravilhados com o poder dos discípulos e se perguntavam como eles faziam esses feitos (p. ex., At 4.7).

Cristo não apenas realizou milagres pelo poder de Deus; as Escrituras também mostram que a própria vida dele começou com um milagre que mostrou o grande poder de Deus. Em Lucas 1.35 o anjo anuncia a Maria: "Descerá sobre ti o Espírito Santo, e o poder do Altíssimo te envolverá com a sua sombra; por isso, também o ente santo que há de nascer será chamado Filho de Deus". É claro, o maior milagre envolvendo Cristo foi sua ressurreição. Muitas passagens falam de como isso foi feito pelo poder de Deus. Jesus falou de sua morte e ressurreição vindouras (Jo 10.18): "Ninguém a tira de mim; pelo contrário, eu espontaneamente a dou. Tenho autoridade para a entregar e também para reavê-la. Este mandato recebi de meu Pai". Este tema também é muito comum no corpus paulino (1Co 6.14; 2Co 13.4; Ef 1.20). Consequentemente, o desejo de Paulo é (Fp 3.10) conhecer "o poder da sua ressurreição".

Não somente Cristo foi ressuscitado dos mortos pelo poder divino; outros também o foram. De acordo com João 11.43,44, Jesus ressuscitou Lázaro dos mortos; e Marcos 5.39ss registra a ressurreição da filha de Jairo. De modo mais geral, Mateus 3.9 e Romanos 4.17 falam do poder de Deus para ressuscitar os mortos. E, falando do poder de Deus para ressuscitar os mortos e do fato de que um dia Cristo voltará para os seus e eles ressuscitarão dos mortos, Paulo escreve sobre o corpo do crente (1Co 15.42,43): "Semeia-se em desonra, ressuscita em glória. Semeia-se em fraqueza, ressuscita em poder".

As Escrituras também falam do poder divino nos ministérios das pessoas. Antes de deixar esta terra, Cristo prometeu aos seus discípulos poder divino para os ministérios aos quais Ele os tinha chamado (p. ex., Lc 24.49; At 1.8). Além disso, Paulo fala de sua comissão como apóstolo e a relaciona com o poder de Deus (Ef 3.7). Ao falar de seu ministério na igreja de Corinto ele escreve (1Co 2.4), "A minha palavra e a minha pregação não consistiram em linguagem persuasiva de sabedoria, mas em demonstração do Espírito e de poder". E, no livro de Apocalipse, o Senhor promete dar poder às suas duas testemunhas para profetizar durante a grande tribulação (Ap 11.3).

Finalmente, várias passagens falam de um futuro retorno escatológico do Senhor e ensinam que, quando Ele vier, será com uma grande demonstração de poder e glória. No discurso do monte das Oliveiras, Jesus prediz (Mt 24.30 — paralelo em Mc 13.26 e Lc 21.27): "Então, aparecerá no céu o sinal do Filho do Homem; todos os povos da terra se lamentarão e verão o Filho do Homem vindo sobre as nuvens do céu, com poder e muita glória". Além disso, no final dos tempos haverá um grande dia do julgamento dos ímpios por Deus. Virá com evidente demonstração do poder de Deus. Apocalipse 19.15 fala a respeito de Cristo: "Sai da sua boca uma espada afiada, para com ela ferir as nações; e ele mesmo as regerá com cetro de ferro e, pessoalmente, pisa o lagar do vinho do furor da ira do Deus todo-poderoso" (veja também Ap 16.14).

De fato, nosso Deus é um Deus de grande força e poder, e Ele tende a usar esse poder em favor de seu povo. O que Ele disse a seu povo Israel nos dias de Jeremias é uma promessa e um convite que estão disponíveis a todo o povo de Deus de todas as eras (Jr 33.3): "Invoca-me, e te responderei; anunciar-te-ei coisas grandes e ocultas, que não sabes".² Apesar deste grande poder, ainda há algumas coisas que as Escrituras dizem que Deus não pode fazer. Ele não pode mentir (Hb 6.18; 2Tm 2.13) e, por causa de sua pureza moral absoluta, Ele não pode cometer nenhum pecado. De fato, de acordo com Tiago 1.13, Deus não pode sequer ser tentado a pecar.

Definindo a onipotência

Agora que pesquisamos os dados bíblicos sobre o poder de Deus, podemos voltar à tarefa de definir onipotência tão precisamente quanto pudermos. Teólogos e filósofos adotaram uma de três abordagens para este atributo. Alguns têm defendido o que se pode chamar de onipotência absoluta, uma visão que não coloca nenhuma restrição ao poder de Deus. No outro extremo estão aqueles que, quando confrontados por vários problemas lógicos e teológicos em torno da onipotência, optaram por um Deus com poder finito. Um terceiro grupo, a maioria no cristianismo evangélico, optou por especificar várias limitações ao poder divino e, contudo, argumentar que Deus ainda é onipotente em algum sentido significativo. Eu escolho a terceira abordagem, mas devo primeiro explicar brevemente as outras duas.

Alguns teólogos não colocam restrições ao poder de Deus, e existem passagens bíblicas que poderiam ser usadas para afirmar isso. A confissão de Jó (42.1,2) de que Deus pode fazer todas as coisas parece não impor limitações a Ele. Além disso, a pergunta em Gênesis 18.14 sobre se há algo muito difícil para Deus antecipa uma resposta negativa, e até mesmo a resposta de Jesus sobre como alguém pode ser salvo (Mt 19.26) pode ser tomada como um comentário mais amplo do que apenas uma referência ao que Deus pode fazer para salvar as pessoas. Pode-se concluir que com Deus, literalmente, todas as coisas *são* possíveis.

Uma objeção frequente a esta visão é que ela aparentemente permite que Deus execute situações contraditórias, e há teólogos e filósofos cristãos que têm defendido tais opiniões.³ Dentro da tradição cristã, tem havido defensores da posição que descrevi anteriormente como teonomia ou voluntarismo. Esta posição foi especialmente prevalente na Idade Média e até a época da Reforma. Os teonomistas estavam mais preocupados em proteger a liberdade absoluta e o poder da vontade de Deus. Portanto, o poder de Deus era mais significativo do que as leis da lógica.

Os teonomistas distinguiam muitas vezes o *potentia absoluta* (poder absoluto) e o *potentia ordinata* (poder ordenado ou decretado) de Deus. Este último poder significa que Deus pode e decidiu fazer certas coisas de acordo com as leis que Ele estabeleceu *livremente*, ou seja, *de potentia ordinata*. Por outro lado, Deus tem poder absoluto (*potentia absoluta*) para fazer qualquer coisa, independentemente do que Ele decida fazer *de potentia ordinata*.[4] Alguns teonomistas não colocaram limitações no poder absoluto de Deus, enquanto outros pensaram que mesmo seu poder absoluto está restrito a coisas que não incluem uma contradição.

Na tentativa de defender que o poder de Deus faz praticamente qualquer coisa, os teonomistas sustentaram que nada no universo, exceto Deus e sua vontade, é uma lei necessária. Ou seja, nada acerca do universo deve ser como é. Não há retidão ou erro inerente, por exemplo, acerca de qualquer ação que clame para Deus exigi-la ou proibi-la. Ao contrário, as regras éticas são ordenadas unicamente pela escolha de Deus. Portanto, Deus é livre para ordenar que obedeçamos ao oposto dos Dez Mandamentos. Deus poderia até exigir que o odiássemos, segundo um teonomista.[5] Quanto à ordem física, Deus poderia transformar a matéria em espírito ou tornar uma coisa física presente em vários lugares ao mesmo tempo. Quanto ao intelecto humano, alguns sustentavam que Deus poderia dar aos humanos conhecimento intuitivo de coisas inexistentes, e poderia fazê-lo sem que soubéssemos que elas não existem.[6]

No outro extremo estão aqueles que limitam o poder de Deus até (em alguns casos) ao ponto de seu poder ser finito. Já expliquei por que os teólogos do processo se apegam a um Deus com poder limitado, mas outros teólogos também têm essa visão. São várias as razões para isso. Primeiro, alguns afirmam que o próprio ato de criar um universo é um ato de autolimitação da parte de Deus.[7] Segundo, alguns teólogos judeus e cristãos creem que a única maneira de resolver o problema da soberania divina e da liberdade humana é limitar o poder de Deus. Contanto que a escolha de limitar seu poder seja do próprio Deus, Ele ainda é considerado tão soberano como sempre. Os defensores desta visão quase sempre veem tal decisão como análoga à decisão de Cristo de se esvaziar na encarnação. Terceiro, há alguns que afirmam que Deus limita seu poder porque Ele é amoroso, e aqui se presume uma "compreensão do amor como o que dá espaço ao amado e como o que sugere vulnerabilidade em relação ao amado".[8] Finalmente, alguns acreditam que Deus é finito em poder porque veem isso como a única maneira de resolver o problema do mal. Se o poder de Deus é realmente ilimitado, por que Ele permitiria atrocidades como o Holocausto? Se o poder de Deus é finito, no entanto, Ele pode não ser capaz de evitar vários males, mas isso não é sinal de que Ele não se importa com o que acontece em nosso mundo. Portanto, Ele ainda poderia ser digno de nossa adoração e poderia ser nosso governador moral supremo.[9]

Em minha avaliação, nem uma abordagem teonômica nem um Deus finito é aceitável. Já expliquei meus problemas com a teonomia, mas minha principal objeção é que eu não acredito que as Escrituras retratem Deus dessa forma.[10] O mesmo problema ataca a noção de um Deus finito. Além disso, como veremos em capítulos posteriores, há maneiras de lidar com a questão do livre-arbítrio/soberania e o problema do mal sem abrir mão da onipotência divina. Portanto, não há inconsistência entre amor e poder, especialmente quando aquele que exerce ambos é moralmente perfeito em pensamento e ação. Por estas razões e muitas outras, não há necessidade de se adotar um Deus com poder finito.

À luz do exposto acima, sigo aqueles na tradição cristã que procuraram uma definição diferenciada de onipotência, segundo a qual há certas limitações ao poder de Deus sem o tornar menos que onipotente em um sentido significativo de "onipotência". Qual poderia ser essa noção diferenciada? A fala de Anthony Kenny sobre onipotência divina em *The God of the Philosophers* [O Deus dos filósofos] ajuda muito neste assunto. Kenny enumera várias definições de onipotência que apareceram ao longo dos séculos e explica os problemas com cada uma delas. Em seguida, oferece a própria definição que, com algumas modificações, parece ser um bom caminho a seguir.

A primeira definição que Kenny considera diz que Deus é onipotente no sentido de que Ele pode fazer tudo. Como observa Kenny, esta definição foi rejeitada por Aquino, e com boa razão. Há coisas que Deus não pode fazer, tais como pecar, morrer, tossir ou esquecer.[11] Uma segunda opção é a que Aquino atribui a Agostinho e rejeita. Segundo esta noção, onipotência divina significa que Deus pode fazer o que *quiser*. Diversos problemas afetam este ponto de vista. Por exemplo, os abençoados no céu e possivelmente até os felizes na terra podem fazer o que quiserem, mas isso não os torna onipotentes. Da mesma forma, os sábios restringem os desejos ao seu poder, mas isso não significa que todos os sábios sejam onipotentes. Logo, essa noção não servirá.[12]

Uma terceira opção é que Deus pode fazer o que quer que seja *possível*. Contudo, como Kenny mostra, Aquino perguntou o que significa "possível". Pode se referir ao que quer que seja naturalmente possível ou ao que quer que seja sobrenaturalmente possível, ou seja, possível para Deus. Se for o primeiro, então o poder de Deus não é maior do que o poder da natureza e, claro, é seriamente limitado. Se for o último, então dizer que Deus é onipotente é proferir uma tautologia, pois isso significa que Deus pode fazer qualquer coisa que Ele puder fazer. Se é isso que é onipotência, todos são onipotentes, pois cada um pode fazer qualquer coisa que puder fazer.[13]

Considerações como estas levaram Aquino a sustentar que a onipotência divina é a capacidade de Deus fazer qualquer coisa que seja *logicamente possível*. Deus pode fazer qualquer coisa que não inclua executar uma situação contraditória. Deus pode criar um universo, mas não pode criar um quadrado redondo ou um solteiro casado.[14] Muitos teólogos e filósofos optaram por essa definição, mas sozinha ela parece insuficiente, pois há muitas coisas logicamente possíveis que Deus não pode fazer. Deus não pode pecar, esquecer, tossir ou chutar uma bola de futebol. Todas essas coisas são logicamente possíveis, e nenhuma delas nos coloca em uma contradição, como acreditar em solteiros casados. E Kenny se queixa de que essa noção de onipotência não resolve problemas como o paradoxo da pedra, ou seja, pode Deus fazer uma pedra tão pesada que não possa levantá-la? Tampouco nos diz se Deus pode fazer um poste de luz imóvel ou uma bala de canhão irresistível.[15]

Kenny volta-se, em seguida, para várias formulações de Alvin Plantinga, todas elas rejeitadas pelo próprio Plantinga. A primeira diz que "X é onipotente se e somente se X for capaz de realizar qualquer ação logicamente possível".[16] Contudo, essa formulação é problemática, porque há ações logicamente possíveis que Deus não pode fazer. *Fazer uma mesa que Deus não fez* é uma ação logicamente possível — eu poderia tê-la feito. Visto que *fazer uma mesa que Deus não fez* é uma ação logicamente possível, mas Deus não pode fazê-la, nesta definição de onipotência, Deus não é onipotente.[17]

Por causa desse problema, Plantinga sugere outra definição de onipotência: "X é onipotente se e somente se X for capaz de executar qualquer ação A de modo tal que a proposição '*X executa A*' seja logicamente possível".[18] Porém, como Plantinga explica, essa definição é liberal demais. O problema é que existe um homem que somente é capaz de coçar o ouvido. Poderíamos dizer que ele pode executar qualquer ação A de modo tal que a proposição "o homem que somente é capaz de coçar o ouvido executa A" é logicamente possível. No entanto, nessa interpretação, a única ação A é o ato de coçar o ouvido, então o homem que pode somente coçar o ouvido é onipotente, enquanto Deus, que não tem ouvido, não é onipotente.[19]

Talvez a maneira de contornar esse dilema seja não definir onipotência em geral, mas em termos da onipotência de *Deus*. Nesse caso, a definição é "Deus é onipotente se e somente se for capaz de realizar qualquer ação A de modo tal que a proposição *Deus realiza A* seja logicamente possível".[20] Embora possa parecer que isso resolve o problema, Plantinga discorda. Suponha que A seja o ato de "fazer o que estou pensando". Se assim for, parece que "Deus executa A" é logicamente possível, pois parece que Deus pode fazer qualquer coisa que eu esteja pensando. No entanto, suponha que eu esteja pensando em fazer um círculo quadrado. Nesse caso, Deus não pode fazer o que estou pensando; ninguém pode. Porém, então temos o problema de que "Deus executa A" (onde A representa qualquer coisa que eu esteja pensando) é logicamente possível, mas neste caso não pode ser logicamente possível.[21]

Tendo examinado essas três opções, Plantinga abandona a tentativa de definir onipotência. Até agora, consideramos sete formulações diferentes de onipotência e achamos todas elas deficientes. Deveríamos nós também abandonar a tentativa de definir e defender a onipotência divina? Neste ponto, a sugestão de Geach pode parecer mais atraente do que pareceu inicialmente, ou talvez devêssemos aceitar a sugestão de Swinburne. Em resposta à questão de Deus ser poderoso o suficiente para criar uma pedra tão pesada que não pudesse erguê-la, Swinburne diz que, como onipotente, Deus deve ter tal poder. Porém, se fosse para exercer esse poder, a partir do momento em que criasse a pedra pesada demais para levantá-la, Ele não seria mais onipotente. É claro que não há razão para pensar que Deus usaria seu poder para criar tal pedra. Querendo permanecer onipotente para sempre, Ele sempre deteria o poder de fazer uma pedra impossível de levantar, mas jamais o exerceria.[22]

Esta abordagem do paradoxo da pedra (assim como outros dilemas semelhantes) é certamente diferente da forma como teólogos e filósofos o têm resolvido normalmente, e parece problemática. Como se observou no início do Capítulo 6, todos os atributos de Deus são propriedades essenciais. Isso significa (pelo menos) que Deus não pode se livrar deles sem destruir a si mesmo; mas Ele também tem o atributo da asseidade, o que parece impedir que Ele destrua a si mesmo (cometendo suicídio). Porém, então, se não há maneira de Deus se livrar de um predicado essencial (matando-se ou fazendo qualquer outra coisa), a sugestão de Swinburne parece não funcionar, já que, segundo esse autor, mesmo que Deus jamais faça coisa alguma para perder sua onipotência, ainda assim poderia perdê-la.

Como devemos proceder então? Kenny oferece uma sugestão, mas ela não define onipotência em termos de ações ou situações logicamente possíveis que as ações provocam. Em vez disso, define onipotência em termos de *poderes* logicamente possíveis. A definição de Kenny é:

Um ser é onipotente se tiver todos os poderes que sejam logicamente possíveis de se possuir.[23]

Kenny acrescenta que essa definição tem de ser complementada por uma explicação de quando é logicamente possível possuir um poder. Kenny responde que "é logicamente possível possuir um poder, eu sugiro, se o exercício do poder não envolver, como tal, qualquer impossibilidade lógica".[24] O que ele quer dizer ao se referir ao poder como tal é que a própria ideia e descrição do poder não contêm uma contradição. É claro que, em algumas circunstâncias, *exercer* o poder pode gerar uma contradição, mas o poder ainda é logicamente possível se *algum* uso dele for logicamente coerente.

Isto pode parecer confuso, mas as ilustrações de Kenny esclarecem seu ponto de vista. Considere novamente a questão de Plantinga sobre Deus ser capaz de fazer qualquer coisa que eu esteja pensando. Esse poder, como tal, não contém nenhuma impossibilidade lógica na própria descrição. Portanto, este é um poder que um ser onipotente pode ter; mas suponha que em certa ocasião eu esteja pensando em criar um quadrado redondo. *Neste caso*, Deus não pode exercer seu poder de fazer qualquer coisa que eu esteja pensando, pois fazê-lo geraria uma contradição, mas isso não significa que Ele não possua em geral o poder de fazer qualquer coisa que eu esteja pensando. Tudo o que as definições de Kenny requerem é que, em alguma ocasião, o uso desse poder seja logicamente coerente, e na maioria dos casos seria. Kenny também argumenta que essa definição e explicação de quando um poder é logicamente possível ajuda a resolver dilemas sobre a possibilidade de Deus fazer uma bala de canhão irresistível ou um poste de luz imóvel. O poder de fazer os dois atos é logicamente possível, ou seja, não há contradição lógica *per se* na ideia de qualquer uma dessas atividades, então um ser onipotente pode ter esses poderes. É claro, não é logicamente possível para ninguém, muito menos para Deus, *exercer* ambos os poderes simultaneamente, pois isso geraria uma contradição. Contudo, Deus poderia exercer um ou o outro separadamente. Portanto, a resposta é que Deus tem o poder de fazer um poste de luz imóvel e uma bala de canhão irresistível. Há casos em que é logicamente coerente Ele exercer um ou outro desses poderes, mas é logicamente impossível usar os dois poderes conjuntamente.[25]

Se a onipotência for definida em termos de poderes logicamente possíveis, como deveríamos entender qualquer poder divino? Como Kenny explica, "o poder para Ø só pode ser definido e compreendido por alguém que sabe o que é Ø-ndo".[26] Porém, ao ouvir isso, podemos continuar perturbados, pois parece haver muitos poderes que são logicamente possíveis de se ter, mas que Deus não tem. Deus não pode pecar, morrer, coçar o ouvido ou tossir. Kenny está ciente destes problemas e responde que a onipotência *divina* deve ser diferenciada da onipotência *per se*. Quando fazemos isso, vemos que a onipotência divina é uma noção mais estreita do que a onipotência *per se*. Kenny explica a definição revisada da seguinte forma:

> Deve ser uma onipotência mais estreita, que consiste na posse de todos os poderes logicamente possíveis, que para um ser com os atributos de Deus seja logicamente possível possuir. (Para que a definição não seja vazia, "atributos" devem ser entendidos aqui como aquelas propriedades da divindade que não são poderes em si: propriedades tais como imutabilidade e bondade.) Esta concepção de onipotência divina aproxima-se dos relatos tradicionais da doutrina, ao mesmo tempo em que evita algumas das incoerências que encontramos neles.[27]

A partir do momento em que definimos onipotência divina desta forma, podemos resolver alguns dos outros problemas em torno da onipotência. Por exemplo, os poderes para enfraquecer, adoecer ou morrer não são poderes que Deus, como onipotente, pode ter, porque outros atributos divinos como a asseidade e a imutabilidade colidem com tal onipotência. Da mesma forma, em resposta à pergunta se um ser onipotente pode criar uma criatura que ele não pode controlar, dada nossa definição, a resposta é não. Se um ser onipotente retém sua onipotência (e Deus retém), o poder de criar um ser incontrolável enquanto permanece onipotente é um poder logicamente impossível para tal ser onipotente ter. Visto que é onipotente e imutável, Deus não pode desistir de seu atributo de onipotência. Logo, criar um ser incontrolável não é um poder que Deus, enquanto onipotente, possui.[28]

Philip Devenish oferece um acréscimo que parece nos ajudar a lidar com questões sobre a possibilidade de um ser onipotente cometer um ou outro pecado. Kenny define onipotência divina em termos de poderes logicamente possíveis que um ser com os atributos de Deus pode ter. Devenish sugere que acrescentemos o fato de que Deus é perfeito, e com isso ele quer dizer moralmente perfeito. Assim, ao especificar os poderes de Deus, deve-se, como diz Kenny, denotar poderes que condizem com seus outros atributos enquanto Deus, e, como diz Devenish, ao enumerar os atributos de Deus, deve-se lembrar que sua perfeição moral, pelo menos em parte, determina quais atributos Ele possui.[29]

Com a ressalva de Devenish, podemos lidar claramente com questões sobre a possibilidade de Deus ter o poder de pecar. Visto que é moralmente perfeito (santo), Deus também não pode possuir o poder de mentir, roubar, cometer assassinato etc.[30] Voltarei a este ponto mais tarde, mas, por enquanto, se aceitarmos a aplicação do argumento de Devenish sobre a perfeição moral de Deus ao poder de cometer pecado, ainda poderíamos perguntar se um ser poderia ser onipotente e carecer de tal poder. A resposta parece ter dois lados. Em função da definição de Kenny mais o acréscimo de Devenish, a resposta é não. Deus se caracteriza como onipotente naquela definição de "onipotência divina". Porém, isso parece quase tautológico, então o ponto da questão deve ser outra coisa, e essa outra coisa é perguntar se um ser com onipotência, tal como foi definida, é realmente "onipotente o suficiente". Ou seja, a definição de onipotência divina de Kenny é tão limitada? Acho que não, mas a razão precisa de explicação. Se for possível mostrar que existe um ser com onipotência divina como Kenny define, o qual também pode fazer outras coisas como pecar etc., e se for possível mostrar que tal ser é um ser maior e mais onipotente do que o ser especificado por essa definição de onipotência divina, então sua definição está em apuros. Porém, como poderia haver um ser "maior" do tipo imaginado? Se ele tem o poder de pecar, então presumivelmente, seguindo a análise de Devenish, ele não deve ter atributos morais como santidade, justiça, amor, verdade — pelo menos não ao grau infinito que o Deus judaico-cristão tem. Logo, o ser que estamos imaginando como "melhor" do que o Deus onipotente de Kenny poderá ter alguns poderes que o Deus de Kenny não tem, mas não está claro que Ele seria o maior ser concebível (usando a linguagem de Anselmo), porque lhe faltariam muitos, se não todos, os atributos morais do Deus de Kenny. Em outras palavras, a única maneira de ter um ser divino com mais poder do que o Deus exigido pela definição de Kenny é ter um ser que não seja equivalente ao ser divino. Assim, o Deus exigido pela definição de Kenny mais o acréscimo de Devenish tem poder maior que qualquer ser que fosse divino poderia ter. Certamente é correto rotular tal poder de onipotência, e também é claro que Ele tem todo poder que desejaríamos ou esperaríamos que um ser divino tivesse. Nesta compreensão da onipotência, Deus é capaz de fazer tudo o que as Escrituras mostram Ele fazendo.[31]

Testando a definição

Tendo definido a onipotência divina, em seguida devemos testar nossa definição, e a maneira de fazê-lo é avaliá-la em termos de coisas que supostamente limitam o poder de Deus. Já vimos como essa definição lida com contradições lógicas como o paradoxo da pedra, situações como Deus criando o que estou pensando e criando postes de luz imóveis e balas de canhão irresistíveis, e uma maneira de lidar com Deus e o pecado. Entretanto, eu quero olhar especificamente para um conjunto de coisas que Deus supostamente não pode fazer e ver se elas comprometem nossa noção de onipotência divina. Yeager Hudson nos faz começar considerando cinco coisas que Deus supostamente não pode fazer. Elas são 1) o logicamente contraditório, 2) alterar o passado, 3) causar os atos livres de outros agentes, 4) fazer o mal ou o pecado, e 5) criar, em vez de meramente exemplificar, os universais.[32] Sugiro que a maioria dos cismas sobre onipotência se enquadra em um desses cinco itens. Eu acrescentaria outro item, a saber, Deus, como imutável, tem o poder de perdoar o pecado?

Primeiro, se Deus não pode executar uma contradição lógica, isso é um limite à onipotência divina? Aqui eu concordo com muitos na tradição cristã que dizem que não. Como defini onipotência, Deus tem todos os poderes logicamente possíveis que um ser com os atributos divinos pode ter, mas o poder para executar uma contradição é um poder que nenhum ser pode ter. Nem sequer está claro que sabemos o que significaria ter poder para criar um quadrado redondo ou um solteiro casado, ou argumentar que estou tanto digitando como não digitando esta frase agora. Como Kenny diz, o poder de Ø-ndo só pode ser explicado por aqueles que sabem o que é Ø-ndo e, nestes casos, não está claro que alguém sabe o que são tais poderes.[33]

A segunda suposta limitação ao poder de Deus é a questão de mudar o passado. Alguns podem argumentar por meio de um apelo à causação reversa ou à viagem para o passado que existe tal poder, mas é duvidoso que seja assim. Mais uma vez, o problema parece ser de uma contradição lógica. Tomemos como exemplo o assassinato do presidente Kennedy em 1963. Deus (ou qualquer outra pessoa) ter poder para alterar o passado significaria que *agora* mesmo, embora tenha sido assassinado, seria possível que Kennedy não houvesse sido assassinado. Isso é uma contradição, e não existe tal poder, então a falha de Deus não ter poder para alterar o passado não o desqualifica de modo algum como onipotente.

A terceira suposta limitação ao poder de Deus é que Ele não pode causar as ações livres de suas criaturas. Este problema é especialmente sério para aqueles comprometidos com o livre-arbítrio libertário, que diz que uma ação só é livre se não for determinada causalmente. Contudo, como veremos ao discutir a providência divina e a liberdade humana, este não é o único modo de definir liberdade. De acordo com uma forma de determinismo conhecida como compatibilismo, uma ação é livre desde que existam condições prévias que inclinem decisivamente a vontade do agente de uma forma ou de outra sem constrangê-la. Agir sem restrição significa agir de acordo com os próprios desejos. Se for adotada esta noção de livre-arbítrio, então Deus pode ter poder para determinar causalmente as ações livres (compatibilisticamente) dos outros. Logo, a onipotência divina não é comprometida se for mantido o compatibilismo.

Se, em vez disso, se defender o livre-arbítrio libertário, a forma de lidar com essa questão é afirmar que a suposta incapacidade de Deus não é, na verdade, nenhuma incapacidade, pois ela imagina algo que é autocontraditório. Imagina uma capacidade de determinar causalmente ações que não são determinadas causalmente ("livres", nesse sentido). Visto que essa noção é claramente autocontraditória, não existe tal poder, e a onipotência de Deus não está comprometida em sentido algum.

A quarta área de preocupação é a compatibilidade da onipotência e da impecabilidade divina. Aqui há dois caminhos diferentes que se pode tomar. Invocando nossa definição de onipotência divina e lembrando que um dos atributos de Deus é santidade ou perfeição moral, podemos ir pelo caminho de Devenish e simplesmente afirmar que Deus não pode pecar. Porém, isso não é limitação, porque pensar que Deus pode pecar idealiza o logicamente impossível. Pensar que Deus tem poder para pecar significa que Ele, como moralmente perfeito, tem poder para agir de uma forma que nenhum ser moralmente perfeito pode agir. Claramente, a noção de "ter poder como moralmente perfeito para agir de uma maneira que nenhum ser moralmente perfeito pode agir" é autocontraditória, e ninguém tem poder para executar uma contradição.

Esta é uma resolução atraente para o problema, e Thomas Morris sugere outra. Como Morris explica e eu já argumentei antes,[34] a ideia de alguém ser capaz de fazer algo pode ser entendida de várias maneiras. Pode significar que se tem a oportunidade de fazer a coisa. Pode também significar que se tem a habilidade, o conhecimento prático (quando necessário) ou o poder para executar a ação. Também pode significar que se tem as características morais que levam a obedecer às regras morais.[35]

Em função dessas distinções, existem certos sentidos nos quais Deus tem poder para pecar. Há oportunidade para que Ele o faça. Qualquer que seja a habilidade e o conhecimento prático necessário para cometer um pecado, Ele provavelmente os teria. Porém, Ele tem poder para pecar? Aqui novamente eu acho que Morris é muito conveniente. Muitos podem pensar que Deus não tem tal poder, porque equiparam as duas proposições a seguir: 1) Deus não pode pecar, e 2) Deus não tem poder para pecar. Embora possam parecer equivalentes, estas duas proposições não são necessariamente assim. Morris argumenta que quando alguém faz a afirmação 1, pretende dizer que é impossível que Deus peque, mas isso não é a mesma coisa que a proposição 2 diz.[36] Para ilustrar a diferença entre as proposições 1 e 2, Morris oferece o seguinte:

> Suponha que Smith, um policial, levante uma arma calibre 38 na mão direita apontando-a para Jones, que ele acredita corretamente que é uma pessoa inocente e, sem nenhuma boa razão, aperte o gatilho com o objetivo de matá-lo, o que acontece de fato. Certamente Smith pecou ou fez o mal. Agora, suponha uma história paralela em que Smith, um policial, levante seu 38, aponte para Jones, que ele acredita corretamente que é um assassino em massa prestes a cometer o próximo ato hediondo, que de outro modo não poderia ser interrompido, e aperte o gatilho com o objetivo de matá-lo, o que de fato ocorre. Nesta segunda história, podemos supor que o que Smith faz é, nas circunstâncias, moralmente permissível [sic], porém, lamentável. Assim, na primeira história ele peca, na segunda ele não peca. Na primeira história, Smith exerce um poder que ele não exerce na segunda história, um poder distinto para pecar? Por suposição, ele não exerce. Os poderes causais exercidos permanecem, por hipótese, inalterados entre as duas histórias.[37]

À luz dessa análise, Morris crê que devemos verificar mais de perto o significado da frase "o poder para pecar". É algum poder distinto para fazer o mal? À luz dos exemplos que acabamos de mencionar, evidentemente que não. Agora, a mim me parece que está fundamentalmente correto. O chamado poder de pecar é simplesmente o poder de agir. Em certas circunstâncias, executar esse ato é moral, enquanto em outras, executá-lo é imoral. Veja, por exemplo, a ação de falar uma mentira. Para falar uma mentira, é preciso ter o poder de comunicar. Deus tem esse poder? Teólogos de várias religiões têm argumentado que Ele tem. Porém, deveria estar claro, então, que não há poder para mentir que esteja separado do poder de dizer a verdade. Em ambos os casos, simplesmente se usa o poder de comunicar uma proposição. A diferença é que em algumas circunstâncias a proposição será verdadeira, enquanto em outras poderá ser falsa. E algumas proposições expressam uma falsidade independentemente das circunstâncias, enquanto outras não. As mesmas habilidades necessárias para comunicar a mentira são, no entanto, necessárias também para comunicar a verdade. Quanto a Deus, Ele tem poder para fazer o que é necessário para comunicar uma verdade ou uma mentira. Devido à sua perfeição moral, porém, Ele nunca usa esse poder para comunicar uma falsidade.

Se seguirmos esta abordagem para a questão da onipotência e impecabilidade divina, significa que, para muitos pecados, Deus tem o poder de executá-los, mas por causa de sua santidade, Ele não pode fazê-lo. Já que o poder de pecar é o poder de agir em circunstâncias particulares (e Deus pode executar essas ações), Ele tem o poder de executar essas ações. Contudo, é impossível que use isso por causa de sua perfeição moral. Por ser moralmente perfeito, Deus não tem o poder de fazer nenhum ato como *um ato de pecado*, isto é, em circunstâncias em que fazer o ato significaria cometer um pecado.[38]

Independentemente de qual destas duas respostas se adote, o problema da onipotência e da impecabilidade divina pode ser resolvido. Já que é assim, a onipotência divina, como a temos definido, não é de forma alguma comprometida. E quanto ao quinto item sobre o qual Deus aparentemente não tem controle? Aqui a questão é se Deus cria de acordo com "plantas", "padrões" ou "universais" e, se sim, se Ele decide quais são essas possibilidades ou se Ele não tem controle sobre o que elas são nem a capacidade de mudá-las. Há várias maneiras de se responder a esta questão. Por exemplo, se poderia negar que existem coisas como os universais. Se assim for, não pode haver dúvidas sobre a onipotência divina em relação à capacidade de controlar ou mudar os universais.

Uma segunda abordagem a este problema afirma que existem universais que expressam todas as coisas possíveis que Deus pode criar. Contudo, o que são esses universais e se eles de fato existem está sujeito à vontade de Deus. Além disso, Deus decide quais universais Ele vai realizar em nosso mundo. Os teólogos que querem defender que Deus tem controle até mesmo sobre a criação dos possíveis provavelmente lidariam com o problema desta maneira. Algumas formas de teonomia defendem esse tipo de posição.[39]

Uma terceira resposta a esse problema diz que os universais existem, mas Deus não os criou. Visto que expressam o que é logicamente possível, eles devem sempre ter existido, ou seja, eles são coeternos com Deus. Deus como supremamente racional sempre conheceria todos os conceitos do que quer que seja pensável, porque, enquanto onisciente, Ele conhece qualquer coisa que pode ser conhecida. Porém, de acordo com esta metafísica, a incapacidade de Deus de criar os possíveis ou mudá-los é insignificante. Ela importa apenas a alguém que tenha uma metafísica teonômica, segundo a qual existe alguma deficiência em Deus se os possíveis não estiverem sujeitos à sua vontade. Aqueles que defendem uma metafísica mais racionalista não achariam qualquer problema em alguma incapacidade divina de criar ou mudar os possíveis. Dada a natureza dos possíveis e do pensamento, criá-los ou mudá-los não é algo que alguém possa fazer. É claro que isso exigiria que Deus tivesse poderes para fazer o logicamente impossível, e, como já foi mostrado, afirmar que Deus não tem poder quando tal poder não existe não desabona sua onipotência.

Uma última coisa que Deus supostamente não pode fazer é perdoar os pecadores. Recentemente, alguns argumentaram que Deus não pode fazer isso porque sua onisciência e perfeição moral logicamente excluem as condições necessárias para o perdão. O argumento é que o perdão pode ser entendido de forma não cognitiva ou cognitiva. Não cognitivamente, o perdão ocorre dentro do contexto da cura de relacionamentos rompidos. Nesse contexto, a parte ferida provavelmente sentirá ressentimento, e a parte que feriu (se arrependida) sentirá tristeza. Neste caso, Deus seria a parte ferida, mas, então, Ele não poderia perdoar, pois um ser onipotente não pode ser vulnerável (como alguém que pode ser ferido pelas ações dos outros), um ser moralmente perfeito é incapaz de se ressentir e, como imutável, Deus não poderia mudar seus sentimentos em relação ao pecador caso houvesse arrependimento.

Um relato mais cognitivo do perdão o interpreta como desculpa, remissão de castigo. Aqui, novamente, argumenta-se que Deus não pode perdoar, pois esta noção de perdão envolve a anulação do juízo, e é impossível para um ser onisciente e imutável anular um juízo. Portanto, Deus, embora onipotente, é incapaz de perdoar o pecado.[40]

Em resposta, esses problemas não são difíceis de lidar quando nos lembramos de como a imutabilidade foi definida. A mudança no relacionamento (da ira para a bênção) exigida pelo perdão não cognitivo está totalmente dentro do poder de um Deus onipotente e imutável. Embora fosse problemático se Deus nutrisse uma queixa contra um pecador, não há indicação de que Ele o faça. As Escrituras ensinam que Deus odeia o pecado, mas não o retratam como vingativo ou como apenas procurando uma oportunidade para julgar os pecadores e puni-los além do que seu pecado merece. Tampouco Deus se deleita no castigo, de forma alguma. Todas as emoções negativas que os humanos demonstram não se aplicam a Deus, por isso não há razão para que Deus não possa perdoar nesse sentido não cognitivo do perdão.

Quanto a perdoar no sentido mais cognitivo, Deus pode fazer isso também. Em virtude de seus imutáveis padrões morais, quando os pecadores se arrependem, Deus se obriga a perdoá-los (sentido cognitivo do perdão). Para teólogos como eu, que acreditam que Deus decretou todas as coisas de acordo com os próprios propósitos, o arrependimento não é imprevisto ou não planejado. Portanto, seu relacionamento alterado não altera seu conhecimento ou imutabilidade.[41]

Ao encerrar esta discussão sobre a onipotência divina, faríamos bem em reconhecer que este atributo não obriga Deus a fazer tudo o que Ele pode fazer. Por exemplo, Deus tem poder para me tornar milionário, e embora eu pudesse desejar que Ele o fizesse, sua capacidade de fazer isso não o obriga de forma alguma a fazê-lo. Os atributos morais de Deus, inclusive sua sabedoria, garantem que tudo o que Ele escolher em relação a este assunto será bom, justo e amoroso, mas esses atributos morais não o obrigam a fazer essa coisa boa e amorosa por mim. Tampouco o obrigam a fazer por mim toda coisa amorosa etc. que Ele poderia fazer. Qualquer coisa que Deus faz expressa sua onipotência e seus atributos morais, mas a onipotência não o obriga a fazer tudo o que Ele pode fazer.

Em suma, a noção de onipotência divina que estou propondo abrange de modo suficiente todas as coisas que Deus pode fazer, segundo as Escrituras, e permite-nos também prestar contas de tudo o que Ele não pode fazer sem depreciar a onipotência divina. A imagem que emerge é a de um ser com poder ilimitado para fazer todas as coisas que um ser com as outras perfeições de Deus possivelmente poderia fazer. Ele não pode fazer tudo, nem é obrigado a fazer tudo o que pode fazer, mas tudo o que nós gostaríamos ou esperaríamos que um ser com o caráter de Deus fizesse, Ele tem poder para fazer. O Rei que se importa tem o poder de mostrar de forma tangível que Ele se importa conosco!

SOBERANIA

A soberania divina ou a vontade soberana de Deus está intimamente relacionada com a onipotência divina. Enquanto a onipotência diz quanto e quais poderes Deus tem, a soberania esclarece em que medida Deus usa esses poderes. Isso é significativo, porque Deus poderia possuir todos os poderes que um ser com sua natureza poderia ter e ainda assim nunca exercê-los ou exercê-los apenas ocasionalmente. Além disso, Deus poderia usar constantemente seus poderes sobre todas as coisas, exceto o livre-arbítrio humano, ou poderia ser que Ele tivesse criado nosso universo e depois decidido não intervir nele de modo algum, nem mesmo nos acontecimentos naturais que ocorrem. O atributo da soberania divina esclarece qual destas suposições, se é que alguma, está correta.

A soberania divina pode ser definida como o poder de autodeterminação absoluta de Deus. Isso, é claro, precisa de explicação e ampliação. Deus tem esse poder em virtude de sua capacidade de deliberar e fazer escolhas, em oposição a outros decidindo por Ele. Além disso, a autodeterminação significa que Deus faz as próprias ações, e que elas estão de acordo com suas escolhas.

O que se disse até agora também é verdade para os humanos e anjos (supondo-se que eles são livres em algum sentido), mas, é claro, eles não são soberanos. O que diferencia a autodeterminação divina da humana e angelical é que a autodeterminação de Deus é absoluta. Isto envolve duas coisas principais. Por um lado, as escolhas de Deus são determinadas somente por sua natureza e seus propósitos. Em contraste, as decisões humanas e dos anjos são muitas vezes decisivamente influenciadas por outros fatores que não sua natureza ou seus propósitos, pelas ações dos outros e por vários eventos que acontecem. Dizer que a soberania de Deus é absoluta também significa que suas escolhas e seu controle abrangem todas as coisas.

Essa noção de soberania divina significa, naturalmente, que Deus é a autoridade suprema, última e total sobre tudo e todos. O que quer que aconteça tem origem em suas decisões e controle. A vontade soberana de Deus também é livre, pois ninguém o obriga a fazer nada, e o que quer que Ele faça está de acordo com seus propósitos e desejos. Os teólogos que têm defendido essas opiniões sobre a soberania divina também têm afirmado que todas as decisões de Deus sobre o que ocorreria foram tomadas de uma só vez, antes de Ele criar o universo. Também vimos em nosso estudo da imutabilidade que a vontade e os propósitos de Deus são imutáveis. A partir do momento em que Deus decidiu o que iria ocorrer, Ele não mudou de ideia. Finalmente, a vontade de Deus é eficaz, ou seja, o que quer que Ele tenha decidido sobre o curso dos eventos e ações em nosso mundo ocorrerá.

Esta é uma noção forte da soberania divina, que é tipicamente defendida pelos teólogos calvinistas. Eu acredito que as evidências bíblicas sobre as áreas de controle divino respaldam este entendimento de soberania. No entanto, alguns acham que é forte demais e, em justiça a eles, devo esclarecer como é que entendem este atributo. Muitos pensadores fora do campo evangélico negam que Deus tenha este atributo de forma total. Defensores do teísmo do processo, por exemplo, negam não somente a soberania divina, mas também a onipotência divina.

Por outro lado, mesmo dentro do evangelicalismo, essa noção forte tem seus críticos. O que tipicamente os leva a objetar é seu compromisso com o livre-arbítrio libertário, o tipo de livre-arbítrio defendido pelos arminianos tradicionais e pela visão aberta de Deus. Como veremos mais claramente em nossa abordagem da soberania divina e da liberdade humana, tal liberdade é incompatível com a visão forte da soberania divina definida nesta seção. O que os defensores do livre-arbítrio libertário fazem com a soberania de Deus depende do teólogo em questão. Desdobrarei esse ponto mais detalhadamente nos capítulos sobre providência; por enquanto, menciono duas possíveis respostas libertárias. Alguns sustentam que, porque Deus deu aos homens o livre-arbítrio libertário, Ele somente mantém um controle geral sobre todas as coisas que normalmente não interferem em nossa liberdade, mas Ele ainda mantém o direito de intervir em nosso mundo a fim de corrigir ou anular nossos erros e assegurar que seus objetivos e propósitos gerais não sejam frustrados. Os defensores desta visão geralmente negam que Deus tem propósitos ou objetivos detalhados para todas as coisas e para todos; propósitos ou objetivos que cubram até mesmo as minúcias da vida. Em vez disso, Ele tem propósitos gerais que quer e irá alcançar, e dentro desses objetivos gerais existem vários caminhos possíveis para sua realização. Deus, não querendo diminuir a liberdade humana, está mais do que feliz em deixar aberta a rota exata para a realização de seus propósitos.[42]

Outros na tradição arminiana concordam com os calvinistas que os dados bíblicos sobre a soberania divina ensinam que, em princípio, Deus tem todo o poder e autoridade que os calvinistas afirmam que Ele tem. Contudo, eles acreditam que, para dar lugar ao livre-arbítrio humano, Deus decidiu não exercê-los todos. Como se tratou de decisão própria não forçada, Ele ainda é totalmente soberano.[43]

Ao recorrer às Escrituras, vemos que elas ensinam que Deus controla tudo. Alguns versículos apresentam esse argumento geral, e outros falam do controle de Deus sobre coisas específicas. Quando juntamos esses versículos, concluímos que a soberania divina abrange todas as coisas.[44] Vamos examinar estas passagens com mais detalhes ao discutir a soberania divina e a liberdade humana, mas apresento a seguir um levantamento do material bíblico.

Várias passagens ensinam que Deus controla todas as coisas. Em Efésios 1.11 Paulo escreve de Cristo: "nele, digo, no qual fomos também feitos herança, predestinados segundo o propósito daquele que faz todas as coisas conforme o conselho da sua vontade". Embora o assunto específico seja nossa salvação, Paulo diz que aquele que nos predestina à salvação também faz todas as outras coisas de acordo com sua vontade e propósitos. Em Salmos 115.3 (NVI) o salmista escreve que "O nosso Deus está nos céus, e pode fazer tudo o que lhe agrada". Depois de sua "audiência" com Deus, Jó confessa (Jó 42.2, NVI), "Sei que podes fazer todas as coisas; nenhum dos teus planos pode ser frustrado" (veja também Dn 4.35).

As Escrituras também retratam o controle soberano de Deus na criação e preservação de todas as coisas. Ele governa e controla as forças da natureza, assim como as atividades dos seres humanos. Em Jó 10.9 e 33.6 vemos que Deus nos fez. Em várias ocasiões, os escritores bíblicos ensinam a dependência total que a humanidade tem de Deus, e para tanto utilizam uma analogia com o oleiro e o barro (Is 29.16; 64.8). Em Romanos 9, em resposta àqueles que acham injusto que o Deus que controla tudo nos responsabilize pelo mal que fazemos, Paulo usa esta imagem para mostrar que Deus, como o oleiro, tem o direito de fazer o que lhe agrada com o barro. Em contraste, o barro não tem o direito de reclamar e acusar Deus de fazer o mal (Rm 9.19-21). Quanto a Deus preservar todas as coisas, Paulo lembrou os atenienses (At 17.28, NVI) de que em Deus "vivemos, nos movemos e existimos". Além disso, como diz o salmista (Sl 135.5-7), Deus controla as forças da natureza. A experiência de Jonas (Jn 1) e o poder de Cristo para acalmar o mar e o vento (Mt 8.23-26) ilustram isso.

Em Salmos 50.10 sintetiza-se o controle soberano de Deus sobre a criação. Como Criador de todas as coisas, Ele também é dono de todas elas: "Pois são meus todos os animais do bosque e as alimárias aos milhares sobre as montanhas".

Além disso, os autores bíblicos afirmam que Deus é soberano sobre o governo. Isso é verdade em dois aspectos. É verdade no sentido de que, no final das contas, todas as regras pertencem a Deus. Ele é o Rei supremo, seu reino dura para sempre e inclui todos os povos de todos os tempos (1Cr 29.11,12; Dn 7.13,14). Porque Deus é o governante supremo cujo reino é eterno, Jesus conclui a oração do Senhor dizendo (Mt 6.13), "pois teu é o reino, o poder e a glória para sempre. Amém!" Em comparação com Deus, podemos dizer com Isaías (40.15), "Eis que as nações são consideradas por ele como um pingo que cai de um balde e como um grão de pó na balança; as ilhas são como pó fino que se levanta".

Deus também é soberano sobre os governos no sentido de que, durante os anos de governo humano, antes que Ele inaugure plenamente seu governo completo, os reis e reinos estão, em última análise, sob seu controle. Paulo diz isso aos crentes que viviam na capital de um dos governos humanos mais poderosos de todos os tempos (Rm 13.1). Roma tinha grande poder somente porque Deus o deu (veja também Dn 4.32,35 em relação ao governo de Nabucodonosor; e At 17.26). Por controlar os governos, Deus pode usá-los para realizar seus propósitos. Em Isaías 10, Deus prediz o julgamento de Israel nas mãos da Assíria. Então, Ele prediz que, depois que a Assíria tiver cumprido sua ordem, Ele a punirá por seus pecados. Para qualquer um que ache isso injusto, a resposta é (Is 10.15): "Porventura, gloriar-se-á o machado contra o que corta com ele? Ou presumirá a serra contra o que a maneja? Seria isso como se a vara brandisse os que a levantam ou o bastão levantasse a quem não é pau!" Os governos humanos são o machado, a serra, o bastão, a vara, mas todos eles são instrumentos nas mãos de Deus; é Ele quem os empunha (ver também Jr 18.6). O escritor de Provérbios (21.1) resume a situação da seguinte forma: "Como ribeiros de águas assim é o coração do rei na mão do Senhor; este, segundo o seu querer, o inclina".

Deus também é soberano sobre todos os aspectos da salvação. Ele escolheu Cristo como Salvador, e Ele estava no controle dos sofrimentos de Cristo na vida e na morte. Falando da decisão de que Cristo deveria morrer, Pedro diz (1Pe 1.20; veja também At 2.23) que tal fato era "conhecido, com efeito, antes da fundação do mundo". Jesus reconheceu isso como a vontade do Pai e se submeteu a ela (Lc 22.42).

Deus também escolheu aqueles que seriam salvos. Em Efésios 1.4, Paulo diz que Deus "nos escolheu, nele, antes da fundação do mundo". No versículo 5, Paulo diz aos eleitos que Deus "em amor nos predestinou para ele, para a adoção de filhos, por meio de Jesus Cristo, segundo o beneplácito de sua vontade". Ou seja, isso não aconteceu porque nós merecíamos ou porque Deus previu que iríamos crer de qualquer maneira. Aconteceu inteiramente na intenção gentil da vontade de Deus (ver Ef 1.11). Para que ninguém pense que esta escolha depende de nós, Paulo é absolutamente claro que ela depende somente de Deus. Como ele diz acerca da eleição (Rm 9.15,16):

"Terei misericórdia de quem me aprouver ter misericórdia e compadecer-me-ei de quem me aprouver ter compaixão. Assim, pois, não depende de quem quer ou de quem corre, mas de usar Deus a sua misericórdia".

Deus não somente elege crentes, mas também traz salvação para cada pessoa que crê. João deixa claro que Deus é o doador do novo nascimento e que Ele o dá de acordo com sua vontade, não de acordo com nossos esforços ou mérito (Jo 1.12,13; ver também 1Pe 1.3 e Tg 1.18). Além disso, Deus controla soberanamente vários aspectos da vida do cristão e de sua caminhada. Cada crente tem dons espirituais que devem ser usados para servir ao corpo de Cristo, mas o dom que se recebe depende inteiramente da decisão do Espírito Santo (1Co 12.11). Além disso, Paulo mostra que Deus controla o processo de santificação. Em Filipenses 2.12,13 ele instrui seus leitores a seguir em sua caminhada com Deus, mas depois acrescenta: "porque Deus é quem efetua em vós tanto o querer como o realizar, segundo a sua boa vontade" (v. 13). É verdade também que as aflições que entram em nossas vidas como crentes estão sob o controle soberano da vontade de Deus. Em 1Pedro 3.17 o autor escreve: "porque, se for da vontade de Deus, é melhor que sofrais por praticardes o que é bom do que praticando o mal". A conjunção "se" é um condicional de primeira classe no grego. Tais condicionais estão de acordo com os fatos; isto é, o que se imagina é de fato o que irá ocorrer.

Embora possam admitir o controle soberano de Deus sobre nossa salvação, muitos negariam que seu controle ultrapasse isso e chegue às circunstâncias de nossa vida diária e até ao modo e momento de nossa morte. Contudo, as Escrituras ensinam o contrário. Devemos afirmar, por exemplo, o que Ana disse de Deus (1Sm 2.6-8): "O Senhor é o que tira a vida e a dá; faz descer à sepultura e faz subir. O Senhor empobrece e enriquece; abaixa e também exalta. Levanta o pobre do pó e, desde o monturo, exalta o necessitado, para o fazer assentar entre os príncipes, para o fazer herdar o trono de glória; porque do Senhor são as colunas da terra, e assentou sobre elas o mundo". É fácil esquecer o controle soberano de Deus e fazer nossos planos como se controlássemos tais assuntos, mas Tiago diz (4.15), "Em vez disso, devíeis dizer: Se o Senhor quiser, não só viveremos, como também faremos isto ou aquilo" (veja o exemplo de Paulo em várias ocasiões: At 18.21; Rm 15.32). De fato, Deus controla nossas vidas, e faríamos bem em reconhecer isso (Pv 16.9,33). Como resultado do controle soberano de Deus e de sua bondade, Paulo diz (Rm 8.28) que "Sabemos que todas as coisas cooperam para o bem daqueles que amam a Deus, daqueles que são chamados segundo o seu propósito". Nos próximos versículos, Paulo explica que é assim porque Deus controla todos os aspectos da nossa salvação. Sem o controle soberano de Deus sobre os detalhes de nossas vidas, Paulo não poderia dizer o que diz no versículo 28.

Se Deus controla todas as coisas, controla também as obras más dos anjos e dos homens? Isto parece decorrer logicamente do controle de Deus sobre todas as coisas, mas parece estranho. No entanto, há indicações bíblicas de que é assim. Além dos versículos já citados que ensinam a escolha e o controle de Deus sobre todas as coisas, há atos maus específicos que se diz estar sob o controle de Deus. O caso de Jó é um exemplo (Jó 1—2). Satanás calunia tanto Deus quanto o amor de Jó por Deus, mas ele tem de obter a permissão de Deus antes de poder afligir Jó. Mesmo quando concede essa permissão, Deus estabelece certos limites. Na primeira onda de aflição, Satanás não pode tocar o corpo de Jó, e na segunda onda, Satanás não pode tirar a vida de Jó. O que Satanás faz a Jó é maligno, contudo, está sob o controle de Deus (Jó afirma isso em 2.10).

As Escrituras também ensinam que Deus controla as obras más dos seres humanos. Isto é verdade com relação ao que os irmãos de José lhe fizeram (Gn 50.20): "Vós, na verdade, intentastes o mal contra mim; porém Deus o tornou em bem, para fazer, como vedes agora, que se conserve muita gente em vida". Semelhantemente, Paulo sugere em Romanos 11.11-14 que a rejeição de Israel a Cristo era apenas parte da estratégia geral de Deus para ganhar tanto os gentios como os judeus para Cristo. A queda de Israel abriu a porta para os gentios. Porém, Deus, ao lhes dar a salvação, teve a intenção de que os judeus ficassem enciumados quando os vissem desfrutando as bênçãos dessa salvação. Deus planejou usar o ciúme deles para convertê-los a Cristo. Além disso, Pedro diz no dia de Pentecoste (At 2.23) que homens perversos mataram Cristo, mas tudo foi de acordo com o *determinado desígnio e presciência de Deus*.

Essas passagens levantam questões teológicas e filosóficas significativas, mas elas não podem remover as claras afirmações bíblicas de que Deus, como soberano, predetermina e tem controle sobre esses atos maus sem que Ele mesmo seja mau. Os teístas do processo, os defensores da visão aberta e vários outros teólogos arminianos tradicionais consideram tais visões repugnantes e pensam que os calvinistas não podem responder satisfatoriamente aos problemas que elas levantam. A questão da relação de Deus com o mal é uma questão espinhosa para todos os lados, mas eu acredito que seja solucionável até mesmo por um calvinista. O lugar para essa discussão, porém, é o capítulo sobre a providência e o mal. Por enquanto, eu simplesmente afirmo que as Escrituras declaram uma vontade soberana (como definido nesta seção) de Deus.

Onisciência

Ter controle ilimitado sobre o mundo não seria muito se o conhecimento de Deus fosse finito. Na verdade, um Deus relativamente ignorante com poder absoluto para fazer o que quisesse seria assustador, pois suas criaturas poderiam temer constantemente que Ele usasse esse poder na ignorância da verdade. Ele poderia não saber quem é verdadeiramente culpado de pecado e, portanto, poderia punir os justos e abençoar os ímpios, ou, sem compreender completamente a ordem natural, poderia realizar um milagre que, por causa da ignorância, produzisse algo monstruoso.

Contudo, estes e outros medos semelhantes são injustificáveis, pois nosso Deus é infinito em conhecimento. A tradição judaico-cristã, de acordo com as Escrituras, tem sustentado que Deus é onisciente. Assim como a onipotência, a onisciência não é fácil de definir, e mesmo depois de se estabelecer uma definição, ainda há perguntas sobre o que exatamente Deus pode conhecer. Além disso, há passagens bíblicas que parecem dizer que há coisas que Deus não conhece, mas que depois aprende, e há passagens que sugerem que Deus pode esquecer e esquece certas coisas, tais como os pecados dos pecadores arrependidos. De que modo tudo isso pode ser verdade à luz da onisciência divina é algo que tem intrigado os teólogos por toda a história da igreja, e alguns desses debates continuam em nossos próprios dias.

A Bíblia e a onisciência divina

Comecemos por ver o que as Escrituras dizem sobre o conhecimento de Deus, e depois podemos tratar a questão da definição e outras que surgem sobre a onisciência. Não há palavras bíblicas em hebraico ou grego para onisciência, nem há alguma palavra bíblica que os tradutores tenham traduzido como onisciência. Em vez disso, os escritores bíblicos simplesmente descrevem as várias coisas que Deus conhece, e também mencionam coisas que Ele não conhece. Voltamo-nos primeiro aos versículos que abordam o conhecimento de Deus em geral, e o argumento que apresentam é que Deus conhece todas as coisas em geral e que sua compreensão e seu conhecimento são ilimitados. Em Jó 36.4 lemos que Deus é perfeito em conhecimento (veja também Jó 37.16). O escritor de Hebreus concorda (4.13, NVI), "Nada, em toda a criação, está oculto aos olhos de Deus. Tudo está descoberto e exposto diante dos olhos daquele a quem havemos de prestar contas" (veja também At 15.18).

À luz desse conhecimento abrangente, lemos em Jó 21.22, "Acaso, alguém ensinará ciência a Deus, a ele que julga os que estão nos céus?" E Isaías pergunta (40.14): "Com quem tomou ele conselho, para que lhe desse compreensão? Quem o instruiu na vereda do juízo, e lhe ensinou sabedoria, e lhe mostrou o caminho de entendimento?" As respostas são óbvias; ninguém ensina nada a Deus, e Ele não procurou conselho de ninguém (ver também Jó 12.13 e Pv 2.6). Por causa da profundidade do entendimento divino, Paulo exulta com o plano de Deus para salvar tanto judeus como gentios (Rm 11.33).

Os escritores bíblicos também mencionam coisas específicas que Deus conhece. Ele até sabe coisas que poderiam acontecer, mesmo que nunca aconteçam. Por exemplo, em Mateus 11.21, Jesus diz: "Ai de ti, Corazim! Ai de ti, Betsaida! Porque, se em Tiro e em Sidom se tivessem operado os milagres que em vós se fizeram, há muito que elas se teriam arrependido com pano de saco e cinza". Em Jeremias 38, Jeremias fala pelo Senhor e esboça ao rei Zedequias duas linhas de ação, em seguida lhe diz o que acontecerá se ele escolher uma opção ou outra (Jr 38.17-23; veja também 1Sm 23.11,12).

Voltando-nos das coisas possíveis para as reais, vemos que o conhecimento de Deus é realmente completo. Ele conhece os detalhes relacionados ao mundo material em que vivemos. Ele fez o universo físico, e o fez de acordo com seu conhecimento e sabedoria (Jr 51.15; Sl 136.5). O salmista escreve (Sl 104.19): "Fez a lua para marcar o tempo; o sol conhece a hora do seu ocaso". O sol "conhece" o que deve fazer porque Deus o fez para funcionar corretamente, e não poderia tê-lo feito se não soubesse o suficiente para fazê-lo funcionar corretamente em nosso universo.

Deus não apenas criou de acordo com seu conhecimento, mas depois de criar, Ele sabe tudo sobre o universo físico e sua função. O salmista escreve (Sl 147.4,5), "Conta o número das estrelas, chamando-as todas pelo seu nome. Grande é o Senhor nosso e mui poderoso; o seu entendimento não se pode medir" (ver também Jó 28.23,24). Deus também está ciente do que acontece no mundo animal (Sl 50.11 e Mt 10.29).

Há também diversos versículos que ensinam sobre a consciência de Deus com relação a todos os humanos em geral e os detalhes de suas vidas em particular. Em Salmos 33.13-15 aprendemos que Deus é consciente de todas as pessoas, até o ponto de saber o que cada um de nós está fazendo a cada momento. Por Deus estar consciente de todas as pessoas, é tolice pensar que poderíamos nos esconder dele (Jr 23.24). De fato, Deus sabe de todos nós. Agar mostra que ela sabe disso (Gn 16.13), e quando Israel estava na escravidão egípcia, Deus sabia o que estava acontecendo (Êx 3.7). Deus sabe não apenas o que os seus estão fazendo, mas também o que seus inimigos estão fazendo e pensando (Gn 18.20,21; Is 37.28; 66.18).O conhecimento que Deus tem de nós se estende aos próprios detalhes de nossas vidas. O que Ele diz sobre Jeremias (1.5) certamente se aplica a todos nós: "Antes que eu te formasse no ventre materno, eu te conheci". Muito provavelmente, eu te conheci significa mais do que apenas o conhecimento intelectual de Jeremias, embora certamente signifique pelo menos isso. Significa conhecer pelo relacionamento, ou seja, Deus conhecia Jeremias no sentido de que firmou uma relação especial com ele para lhe ordenar uma tarefa especial em vida. Da mesma forma, Deus conhece cada um de nós enquanto estamos no ventre de nossa mãe e já tem planos para nossas vidas. Salmo 139.1-4 é uma passagem apreciada que ensina que Deus sabe tudo sobre nós, e que nada nos pode acontecer que o apanhe de surpresa: "Senhor, tu me sondas e me conheces. Sabes quando me assento e quando me levanto; de longe penetras os meus pensamentos. Esquadrinhas o meu andar e o meu deitar e conheces todos os meus caminhos. Ainda a palavra me não chegou à língua, e tu, Senhor, já a conheces toda".

O Senhor também sabe outros detalhes sobre as nossas vidas. O salmista diz (Sl 56.8): "Contaste os meus passos quando sofri perseguições; recolheste as minhas lágrimas no teu odre; não estão elas inscritas no teu livro?" Jesus diz aos seus discípulos (Mt 10.30): "E, quanto a vós outros, até os cabelos todos da cabeça estão contados" (ver também Jó 14.16). Deus até conhece nossos traços de caráter e habilidades específicas, como vemos em relação a Moisés e Arão (ver Êx 4.14; 33.12,17; Dt 29.16; e 2Rs 19.27).

Deus conhece nossos corações e nossos pensamentos mais íntimos (Pv 24.12; Sl 139.2; At 15.8). Porque Deus conhece nossos pensamentos mais íntimos, é tolo pensar que podemos escondê-los dele (Is 29.15; 40.27,28). Também em várias passagens, os escritores registram a palavra do Senhor a um indivíduo ou à nação de Israel. Deus diz muito claramente que sabe o que eles estão pensando (Ez 11.5; Dt 31.21; e Gn 20.6).

Deus não somente sabe o que estamos pensando, mas também conhece se nossos pensamentos e obras são maus ou bons. Assim é porque Ele sabe a diferença entre o certo e o errado moral. Vemos isso nas várias passagens do AT e do NT em que o Senhor expõe sua lei moral, mas também obtemos uma dica disso quando ouvimos a reação de Deus ao pecado de Adão e Eva (Gn 3.22): "Então, disse o SENHOR Deus: Eis que o homem se tornou como um de nós, conhecedor do bem e do mal".

É, de fato, um pensamento preocupante que Deus conhece nossas más ações. Mais ainda, Deus julga esses atos, e é claro que Ele não poderia nos julgar justamente por algo de que nada soubesse. As Escrituras mostram que Ele sabe; como diz o escritor de Provérbios (15.3,11), "Os olhos do SENHOR estão em todo lugar, contemplando os maus e os bons. [...] O além e o abismo estão descobertos perante o SENHOR; quanto mais o coração dos filhos dos homens!" (ver também Pv 22.12; Sl 94.9,10). Porque sabe, em várias ocasiões Deus apresenta sua denúncia contra seu povo Israel e promete julgamento (Am 5.12; Jr 29.23; Os 5.3; cf. 2Cr 16.9).

Embora possa ser assustador perceber que Deus conhece nossas obras más, é encorajador lembrar que Ele também conhece nossos atos justos. Aqueles que vivem de acordo com os preceitos de Deus podem ecoar as palavras de Jó (23.10): "Mas ele sabe o meu caminho; se ele me provasse, sairia eu como o ouro". Outra evidência de que Deus conhece as obras dos justos vem da verdade do NT de que um dia os crentes estarão diante do tribunal de Cristo e receberão recompensas pela fidelidade na vida cristã (2Co 5; 1Co 3.11-14). Como Deus poderia recompensar essas obras se não soubesse quais são? Além disso, no julgamento das nações (Mt 25.31-40), as ovelhas são instruídas a herdar o reino. O Senhor explica que isso acontece, em parte, devido às suas boas obras para com Ele, fazendo o bem àqueles a quem Ele chama de seus irmãos. As ovelhas ficam surpresas ao ouvir que fizeram essas boas obras, mas o Senhor mostra que Ele as conhece.

Se o conhecimento de Deus inclui tudo, é lógico que Ele conhece o futuro. Nas Escrituras há muitas profecias preditivas que mostram que Ele conhece. Além disso, há passagens que afirmam que Deus decidiu fazer certas coisas, e essas decisões foram tomadas antes da fundação do mundo. Alguns exemplos bíblicos ilustram este ponto. Em Isaías 46.9,10 o Senhor defende a ideia geral de que Ele sabe coisas que ainda não aconteceram. O Senhor diz: "Lembrai-vos das coisas passadas da antiguidade: que eu sou Deus, e não há outro, eu sou Deus, e não há outro semelhante a mim; que desde o princípio anuncio o que há de acontecer e desde a antiguidade, as coisas que ainda não sucederam; que digo: o meu conselho permanecerá de pé, farei toda a minha vontade". A vinda de Cristo e sua morte também foram previstas e predestinadas por Deus (1Pe 1.20; At 2.23).

Além disso, Deus previu eventos futuros específicos. Por exemplo, Ele sabia o que Ciro faria (Is 44.28). O nascimento virginal de Cristo é predito em Isaías 7.14, e Miqueias até prediz o lugar exato onde o Messias nasceria (Mq 5.2). A sucessão de reis e reinos foi predita e registrada em Daniel 2, 7 e 8, a ponto de Daniel 8 nomear o segundo e o terceiro dos quatro reinos de Daniel 2 e 7 como Média/Pérsia e Grécia.

Porque Deus decidiu e sabe o que acontecerá, Daniel o chama de doador do conhecimento. Em Daniel 2, a questão é sobre o conhecimento dos eventos futuros das nações. Em Daniel 2.21 lemos: é ele quem muda o tempo e as estações, remove reis e estabelece reis; ele dá sabedoria aos sábios e entendimento aos inteligentes.[45]

Os dados bíblicos apresentados até agora parecem justificar a conclusão de que Deus conhece todas as coisas. No entanto, existem outros versículos que sugerem que há algo que Deus não conhece e que mais tarde vem a conhecer. Alguns exemplos defendem a ideia. Depois do julgamento da fé de Abraão com respeito à oferta de Isaque no monte Moriá, o Senhor diz a Abraão (Gn 22.12), "agora sei que temes a Deus, porquanto não me negaste o filho, o teu único filho". Em outra ocasião, Deus diz que as andanças de Israel no deserto eram, em parte, para o Senhor determinar se o povo de Israel seguiria seus mandamentos (Dt 8.2). Além disso, o Senhor deu a Israel vários testes para determinar se um profeta era de Deus ou se era um falso profeta. Em Deuteronômio 13 o Senhor oferece uma série de testes, e um deles era que, mesmo que as palavras de um profeta se tornassem realidade, o povo deveria ver se o profeta usava a profecia para levá-los a adorar outro deus. No versículo 3, Deus explica por que Ele permitiria um profeta tão falso no meio deles: "não ouvirás as palavras desse profeta ou sonhador; porquanto o Senhor, vosso Deus, vos prova, para saber se amais o Senhor, vosso Deus, de todo o vosso coração e de toda a vossa alma".

Além disso, em Jó e nos Salmos lemos o seguinte: "pese-me Deus em balanças fiéis e conhecerá a minha integridade" (Jó 31.6); e: "Sonda-me, ó Deus, e conhece o meu coração, prova-me e conhece os meus pensamentos"

(Sl 139.23). Em ambos os casos, os escritores parecem pensar que Deus não conhece exatamente sua condição espiritual, mas poderia aprender a verdade acerca deles se tão somente os examinasse de perto (veja também 2Cr 32.31).

Dois outros versículos são dignos de menção. Mateus 25.1ss é a parábola das dez virgens. Quando o Senhor volta, Ele diz àquelas despreparadas para sua vinda (v. 12): "Em verdade vos digo que não vos conheço". Esta parábola destina-se a ensinar a estar preparado a qualquer momento para o retorno do Senhor, mas parece sugerir que, quando o Senhor voltar, haverá alguns que Ele não conhecerá.

Um último versículo é Jeremias 31.34, que fala de um dia futuro em que Israel se voltará para Deus. O Senhor diz acerca desse tempo: "Não ensinará jamais cada um ao seu próximo, nem cada um ao seu irmão, dizendo: Conhece ao Senhor, porque todos me conhecerão, desde o menor até ao maior deles, diz o Senhor. Pois perdoarei as suas iniquidades e dos seus pecados jamais me lembrarei". A última frase deste versículo parece estranha por causa da onisciência. Salmos 103.12 assegura aos pecadores arrependidos que "Quanto dista o Oriente do Ocidente, assim afasta de nós as nossas transgressões". Isso mostra que nossos pecados não serão contados contra nós, mas não diz que Deus realmente esquecerá o que fizemos. A passagem de Jeremias 31 diz que Deus realmente esquecerá os pecados do Israel arrependido. Não há razão para pensar que Ele fará isso para eles e não para o restante de nós. Porém, como pode um Deus que sabe tudo esquecer-se de alguma coisa?

Este último ponto sugere outro. Se Deus esquece os pecados do arrependido, parece que deve se lembrar dos pecados dos não arrependidos. Visto que o pecado e o mal lhe causam tristeza, isso significa que por toda a eternidade Deus lamentará os pecados dos incrédulos e seu estado perdido? Se sim, como Ele pode ser um Deus feliz e alegre que celebrará a salvação e a própria perfeição com os remidos para sempre? Se Deus não esquecer esses pecados e a situação dos perdidos, um clima de celebração dificilmente parece possível. Contudo, sendo onisciente, como Ele poderia esquecer?

Como deveríamos responder a estas preocupações? Inicialmente, menciono que algumas dessas passagens serão tratadas com mais detalhes em minha análise da providência divina, especialmente no capítulo sobre liberdade e presciência. Por enquanto, observo que elas não são todas de uma única peça, mas se encaixam em vários grupos diferentes. Por exemplo, as passagens de Gênesis 22, Deuteronômio 8 e Deuteronômio 13 se encaixam em uma categoria. É improvável que o Senhor realmente não soubesse as coisas mencionadas nessas passagens. Em vez disso, a ideia do Senhor é *demonstrar* especialmente para seu povo o que Ele já sabe que é verdade, e Ele quer que essas provas fortaleçam a fé daqueles que passam por elas. Não está claro se esses versículos são ou não antropomorfismos, mas por causa de outros versículos que mostram que Deus conhece os pensamentos e corações dos ímpios e dos justos, é difícil ver esses versículos oferecendo informações que Deus realmente não conhecia.

Jó 31 e Salmo 139 são as palavras de Jó e do salmista quando estes clamam por justiça divina e afirmam a própria retidão moral. À luz de outras passagens que mostram que Deus conhece a condição do nosso coração e os nossos atos, é impossível pensar que Ele poderia aprender algo que ainda não soubesse sobre os pensamentos e ações de uma pessoa. Provavelmente nem Jó nem o salmista pensam que isso aconteceria. É melhor entender esses versículos como a afirmação de que eles são justos e, por causa disso, pedem a Deus que aja em seu favor. Novamente, não está claro se esses versículos são antropomórficos ou se são uma forma poética de o escritor expressar a própria pureza moral e pedir a ajuda de Deus. Da mesma forma, Jeremias 15.15 não pode significar que Deus precisa aprender algo que não saiba. Em vez disso, o profeta diz que ele tem defendido Deus e quer que Ele castigue seus perseguidores e o abençoe.

E quanto à passagem de Mateus 25? Como já sugerido, algumas passagens falam sobre conhecer alguém, onde a ideia não é um simples conhecimento intelectual, mas conhecer pelo relacionamento pessoal. Quando Cristo diz que conhece suas ovelhas, isso significa que Ele tem um relacionamento espiritual especial com elas. Então, quando em Mateus 25 há algumas pessoas que Deus não conhece — por causa de passagens claras já citadas que dizem que Ele conhece todas as pessoas —, é muito provável que os versículos signifiquem que Deus não as conhece no sentido de ter um relacionamento espiritual especial com elas. Porém, Ele conhece intelectualmente quem elas são e tudo o que pode ser conhecido sobre elas.

Quanto a Jeremias 31, a maneira mais simples de lidar com a questão é vê-la como uma expressão poética da verdade de que Deus perdoará seu povo e não contará seus pecados contra Ele. Se, ao invés disso, crer-se que deva ser interpretado mais literalmente, como se Deus removesse algo de sua mente, a explicação mais provável seria que Ele bloqueia tal informação em seus pensamentos de um modo que não podemos entender. Semelhantemente, o que dizer do conhecimento de Deus sobre os pecados dos que não se arrependem? Devemos voltar a esta questão depois de discutir a natureza da onisciência de modo mais completo, mas neste momento podemos dizer que, embora Deus conheça a situação dos perdidos de um modo que excede nossa compreensão, Ele não pensa em tais coisas, mas foca coisas que, em vez disso, lhe trazem alegria.

Definindo a onisciência divina

Tendo examinado os ensinamentos bíblicos sobre o conhecimento de Deus, estamos mais bem posicionados para definir onisciência. Visto que os dados bíblicos parecem sugerir que Deus conhece todas as coisas, o lugar mais natural para começar é dizer que a onisciência divina é aquela perfeição de Deus em virtude da qual Ele conhece tudo. Outros acrescentam que a onisciência divina significa que Deus conhece todas as proposições e sabe quais são verdadeiras e quais são falsas. Outra forma em que se tem definido onisciência é que o termo significa conhecer tudo o que há para se conhecer. Muitas vezes, os defensores desta definição acrescentam uma lista de coisas que são incognoscíveis. Esta definição prevalece de modo especial entre aqueles que acreditam que Deus conhece todas as coisas, contudo, não querem dizer que Ele conhece o futuro por medo de que tal conhecimento descarte o livre-arbítrio humano. Portanto, Deus conhece tudo o que há para se conhecer; o futuro simplesmente não é algo que possa ser conhecido.

Então, até agora temos as seguintes propostas como uma definição de onisciência divina:

1. Onisciência divina significa que Deus conhece todas as coisas.
2. Onisciência divina significa que Deus conhece todas as proposições verdadeiras.
3. Onisciência divina significa que Deus conhece todas as proposições e sabe quais são verdadeiras e quais são falsas.
4. Onisciência divina significa que Deus conhece tudo o que há para conhecer.

Num primeiro olhar, poderia parecer que qualquer uma dessas quatro serve, pois a questão de definir onisciência divina não é difícil. Esta é a opinião de Anthony Kenny, cujo exemplo sobre onipotência nós seguimos. Kenny explica:

"A onisciência parece ser análoga à onipotência: assim como a onisciência é conhecer tudo, a onipotência também é poder fazer tudo. Porém, *se por um lado é fácil definir o que é ser onisciente*, não é tão fácil definir onipotência".[46]

Embora possa ser fácil definir onisciência *per se* (tenho dúvidas acerca disso), meu argumento é que não é fácil, de forma alguma, definir onisciência *divina*. Na verdade, acredito que nenhuma das quatro opções já oferecidas é inteiramente adequada, embora todas contenham elementos úteis. Acredito que é difícil definir a onisciência divina porque há uma série de problemas em torno dessa noção. Esses problemas sugerem que 1) há algo que o Deus judaico-cristão não conhece ou não pode conhecer, ou que 2) o intelecto de Deus não funciona da forma que poderíamos esperar que o intelecto de um ser onisciente funcionasse. A seguir, primeiro quero levantar esses problemas e abordá-los de forma coerente com a revelação bíblica e com a teologia cristã evangélica. Depois de abordá-los, podemos oferecer uma definição mais precisa da onisciência divina e entender melhor como o intelecto divino funciona.

Em especial, quero levantar quatro problemas sobre a onisciência. Pretendo abordar a maioria deles nesta seção, mas alguns receberão atenção em outra parte do livro. A primeira e discutida com mais frequência é a questão de como a onisciência divina se relaciona com a liberdade. Essa questão geralmente surge em relação à liberdade humana, mas nas análises contemporâneas ela também é levantada em relação à liberdade divina.

Aqueles que defendem o chamado livre-arbítrio libertário afirmarão que um ato só é verdadeiramente livre se não for determinado causalmente. Os éticos acrescentam que, a menos que ajam livremente, os agentes não podem ser responsabilizados moralmente por seus atos. Agora, se Deus é onisciente, parece que Ele tem de conhecer todas as coisas, inclusive as ações futuras de todos os agentes, e nossa pesquisa do ensino bíblico mostra por que os cristãos têm defendido esse ponto de vista. Porém, se Deus sabe o que farei em uma determinada ocasião, parece que não está em meu poder fazer o contrário. O conhecimento de Deus não causa minha ação, mas se Ele realmente a conhece, ela ocorrerá. Porém, se é certo que vai acontecer, como posso fazer de outra forma que não seja a que Deus conhece?

Isso é um problema não apenas para a liberdade humana, mas também para a liberdade divina. Deus tem livre-arbítrio, até mesmo liberdade absoluta (autodeterminação), como vimos ao discutir a soberania divina. Se Deus conhece todos os atos e acontecimentos futuros, Ele deve saber tudo o que fará. Porém, se Ele sabe o que fará antes de fazê-lo, parece que Ele não é livre para mudar de ideia e fazer algo diferente do que Ele *sabe* que vai fazer.

Esta é uma implicação muito estranha da presciência divina, mas o quadro fica ainda pior. Lembre-se de que só se é moralmente responsável quando se age livremente. Caso contrário, não se é elogiável quando se faz o bem, nem culpável quando se faz o mal. Aplicado a Deus, isso significa que, uma vez que Ele prevê tudo o que fará, nenhuma de suas ações é livre e, nesse caso, Deus não é moralmente responsável pelo que faz. Então, parece que, se Deus prevê seus atos futuros, Ele não pode ser moral nem imoral, mas tais consequências são nocivas às crenças cristãs evangélicas sobre Deus.

Teólogos e filósofos lutam há séculos com o problema da liberdade e da presciência. Pelo que eu já disse sobre isso, pode-se ver por que qualquer um que sente a força deste argumento se sentiria desconfortável em definir a onisciência divina à semelhança de qualquer uma das definições (1) a (3) oferecidas anteriormente. Até mesmo a quarta é insatisfatória, a menos que acrescentemos que o futuro não é algo que alguém possa conhecer.

Pelo fato de este problema estar tão intimamente ligado à questão da soberania divina e da liberdade humana, e já que abrangerei este tópico mais a questão da liberdade/presciência em capítulos posteriores, não o abordarei aqui. No entanto, a seguir, tentarei definir onisciência de uma forma que se encaixe em uma noção compatibilista ou incompatibilista de livre-arbítrio.

Um segundo ponto relacionado à onisciência divina deve ser abordado agora. É a questão geral da onisciência divina e do conhecimento experiencial. Mais estreitamente, várias questões surgem desta questão mais geral. Kenny levanta uma primeira sobre a crença teísta tradicional de que Deus é incorpóreo. Visto que Deus não tem corpo, parece impossível para Ele ter os cinco sentidos humanos, mas então há muitas coisas que podem ser conhecidas e que Deus não pode conhecer. Deus não pode conhecer nada que deva ser conhecido pela experiência e observação usando os órgãos dos sentidos físicos. Assim, Ele não sabe como é sentir-se frio ou quente, molhado ou seco. Ele não sabe como é um pôr do sol, pelo menos não como alguém com olhos físicos sabe. Visto que não tem ouvidos, também parece que Ele não consegue ouvir as canções cantadas para seu louvor. Além disso, Ele não pode saber o que é saborear comida, e é impossível para Ele sentir a sensação de dor física. Todas estas experiências requerem um corpo e sentidos corporais, portanto estas coisas que sabemos por experiência são desconhecidas por Deus, ainda que Ele seja onisciente.[47]

Além disso, há outras coisas que Deus não pode conhecer, porque não pode vivenciá-las. Deus não pode saber como é falhar ou sentir-se um fracasso, não pode sentir desespero, medo ou frustração, pois é capaz de alcançar quaisquer objetivos que quiser, e pode conter tudo o que possa representar uma ameaça ao seu bem-estar. Além disso, Deus não pode ser envergonhado, se preocupar ou estar apreensivo ou desamparado. Todas estas são coisas que os humanos conhecem por experiência, portanto deve ser possível ter tal conhecimento, mas Deus não pode conhecer essas coisas, apesar de ser onisciente.[48]

Em resposta, começo com uma distinção entre conhecimento proposicional e conhecimento relacional ou experiencial. O conhecimento proposicional é o conhecimento de fatos. É o conhecimento de que o que uma proposição afirma é verdadeiro ou falso. Quando se fala em conhecer alguma proposição, a locução tipicamente usada é "Eu sei que p", onde "p" significa alguma proposição. O conhecimento relacional ou experiencial, por outro lado, envolve conhecer algo ou alguém por relacionamento ou experiência pessoal. É possível ter conhecimento proposicional sobre alguém ou algo sem ter qualquer relação com ele. Da mesma forma, é possível descrever precisamente, em proposições, uma experiência que nunca se teve pessoalmente. Simplesmente se poderia repetir o que outros disseram sobre a experiência. E, claro, é possível experimentar alguma sensação, por exemplo, sem saber (proposicionalmente) o que está acontecendo até que alguém explique o que aconteceu.

Com essa distinção, estamos prontos para abordar o primeiro conjunto de coisas que podem ser conhecidas somente pela experiência. Anthony Kenny, que levanta esta questão, é muito conveniente ao respondê-la. Kenny baseia-se na filosofia posterior de Wittgenstein para abordar a questão. Como mostra o famoso argumento da linguagem privada de Wittgenstein em *Philosophical Investigations* [Investigações filosóficas], ninguém pode construir uma linguagem privada que lhe permita, sozinho, nomear e identificar sensações privadas. A única linguagem real é a linguagem que é pública. Assim, uma pessoa pode *saber* que outra está em sofrimento, mesmo que seja impossível sentir a sensação de dor da outra pessoa. É possível saber isto sobre uma pessoa pelo seu comportamento (verbal e não verbal — ela geme, aponta para onde dói, faz careta etc.). O mesmo se aplica a outras sensações. Podemos saber que algo cheira mal, tem sabor bom ou se sente molhado observando e ouvindo o comportamento de alguém que está tendo essas experiências. Porém, é claro, não podemos "entrar" nessa outra pessoa e ter suas experiências com ela, do modo como ela as tem. Como diz Kenny,

"Só eu posso saber minha sensação" significa que os outros não podem *saber* que estou (por exemplo) com dor; ou que os outros não podem *sentir* a minha dor. Se significar o primeiro, então é obviamente falso; alguém que me vê em chamas e gritando enquanto meu corpo queima sabe perfeitamente bem que estou sofrendo. Se significar o último, então é verdade, mas trivial, e aqui não há questão de conhecimento.[49]

O que isto significa é que qualquer um de nós, inclusive Deus, pode ter o conhecimento proposicional de que alguém está com dor, cheirando um mau odor, sentindo frio etc. Porém, isso não significa que podemos ter as sensações privadas da outra pessoa como ela as tem. Esse tipo de conhecimento experiencial não está aberto a nenhum de nós, então a incapacidade de Deus de sentir minhas sensações privadas não é diferente da sua incapacidade de senti-las. E não tem nada a ver com o fato de se ter ou não um corpo. Visto que não consideramos uma deficiência em nosso conhecimento não podermos experimentar as sensações de outra pessoa, não parece haver nenhuma razão pela qual deva contar contra a onisciência de Deus o fato de Ele também não poder fazê-lo.

Como Kenny argumenta corretamente, ter uma sensação é diferente de adquirir conhecimento sobre objetos práticos. O cego não pode ter a sensação de ver, mas certamente pode adquirir toda informação que quiser sobre algum objeto sensorial, informação que ele mesmo poderia obter se pudesse ver. Da mesma forma, Deus conhece todo o conteúdo informativo das nossas percepções e sensações. Ele simplesmente não experimenta as sensações em si.[50] Porém, ninguém experimenta as sensações de outra pessoa.

Embora seja possível ter conhecimento empírico de coisas como sensações e os resultados de experimentos (alguém relata o que foi aprendido) sem a experiência dos sentidos, certamente não é o caso de Deus adquirir esta informação esperando que nós a reportemos a Ele. Kenny apela a Aquino para explicar como Deus aprende estas coisas. Aquino fez a distinção entre o conhecimento da compreensão e o conhecimento da visão. O primeiro lida com a compreensão intelectual do que é possível. O segundo refere-se à consciência da realidade. Kenny ilustra a distinção da seguinte forma:

> Nestes termos, a compreensão que Deus tem das hipóteses fará parte de seu conhecimento da simples compreensão; seu conhecimento da realização delas será seu conhecimento da visão. Para colocar em termos de essências:

seu conhecimento de que água é H$_2$O fará parte de seu conhecimento da compreensão; seu conhecimento de que existe algo como a água, e como é distribuída, em que forma, em que pureza etc., fará parte de seu conhecimento da visão.[51]

Porém, de que modo Deus tem conhecimento da visão, conhecimento do que realmente está acontecendo em nosso mundo? Como Kenny explica, Aquino diz que Deus tem esse conhecimento porque Ele quis criar o mundo como ele é.[52] Isso me parece correto, e é especialmente interessante para aqueles como eu que são calvinistas e acreditam que Deus decretou tudo o que ocorre. Ainda que Deus, como incorpóreo, não possa ter várias sensações e conhecimento empírico por intermédio dos meios sensoriais, isso não o impede de conhecer o conteúdo informativo da experiência sensorial. Como Ele conhece essa informação? Não a aprendendo a partir dos nossos relatos, mas decretando tudo o que ocorre e depois criando o mundo em que essas coisas acontecem.

Há algo mais que devemos tratar em relação a esta queixa de que Deus não pode conhecer de forma experiencial e empírica. Observamos que Deus não pode ter as nossas sensações, mas ninguém pode. Ainda assim, podemos ter nossas próprias sensações; podemos saber o que é ver, provar, sentir e coisas semelhantes por experiência pessoal. Deus pode conhecer o conteúdo informativo dessas experiências, mas como incorpóreo, Ele não pode ter as sensações Ele próprio. Há, portanto, um sentido em que o conhecimento experiencial não está disponível para Deus. Isso significa que Ele não é onisciente?

A resposta depende de como nós definimos onisciência. Se nós definimos exclusivamente em termos de conhecimento proposicional, então esta suposta "deficiência" em Deus não conta para nada, pois Ele pode não ter essas experiências, mas ainda assim ter conhecimento proposicional completo. É claro, isso não captaria o verdadeiro sentido de conhecer as coisas pela experiência. Portanto, definir onisciência apenas em termos de conhecimento proposicional parece inadequado. Da mesma forma, se onisciência significa que se conhece tudo o que pode ser conhecido, então Deus não é onisciente, pois conhecer sensações por experiência é algo que pode ser conhecido, mas como incorpóreo, Deus não pode conhecer tais coisas.

À luz destas considerações, seja o que for que ainda queiramos dizer sobre a onisciência divina, deveríamos copiar a maneira como Kenny definiu onipotência com distinções sutis. Ele definiu a onipotência divina como ter o poder de fazer qualquer coisa que um ser com os atributos de Deus poderia fazer. Devenish acrescentou que, para que não pensemos que isso impede Deus de fazer algo que valha a pena, devemos lembrar de que todos os seus atributos são perfeições. Logo, o que Deus pode fazer de acordo com os seus atributos provavelmente não omitirá algo que esperaríamos ou gostaríamos que Ele fizesse.

Semelhantemente, proponho que nossa definição de onisciência deve incluir a noção dos atributos de Deus e o fato de que eles são perfeições. Portanto, podemos dizer que onisciência divina significa ao menos conhecer tudo o que um ser com atributos como os de Deus pode conhecer. Quando acrescentamos que todos os atributos de Deus são perfeições, vemos que, embora alguns desses atributos (tal como ser incorpóreo) o impeçam de conhecer coisas do tipo como são as várias sensações, isso não significa que lhe falte o conhecimento de algo que Ele deveria saber.

Com esta ressalva à nossa noção de onisciência, podemos também lidar com a segunda queixa experiencial contra a onisciência divina. Alguns abordam essa objeção alegando que Deus pode realmente se frustrar, sentir dor física etc., e outros argumentam que a encarnação responde a isso, mas nenhuma das abordagens parece correta. A primeira acaba dependendo da ideia de que Deus é, de alguma forma, finito. A última é problemática porque exclui a onisciência tal qual tradicionalmente entendida, pois implica que, antes da encarnação de Cristo, Deus não era onisciente. Significa também que a onisciência divina é contingente ou dependente da encarnação, o que parece estranho, e ainda significa que a encarnação não foi apenas para o nosso bem, mas para o de Deus também.[53]

Porém, com nossa ressalva de que a onisciência abrange coisas que um ser com os atributos de Deus pode conhecer, temos uma maneira de lidar com essa questão. Visto que um dos atributos de Deus é onipotência e outro é soberania, é realmente impossível para Ele saber como é falhar, estar desanimado, frustrado, ter medo etc. A incapacidade de Deus de ter essas experiências é uma indicação de que Ele é deficiente em algum conhecimento que deveríamos esperar que um ser mais perfeito tivesse? Não vejo isso assim, nem vejo que a incapacidade de Deus de experimentar tais coisas de alguma forma significa que lhe falte o conhecimento que deveria ter. Logo, desde que não definamos onisciência como saber tudo o que há para saber, mas a definamos da maneira como eu tenho definido, não há razão para pensar que nossa concepção dos atributos divinos está inadequada. Deus pode ser onipotente e onisciente, desde que compreendamos que um ser com os atributos de Deus, um dos quais é a onisciência, não pode ter certos tipos de experiências. E devemos acrescentar, de acordo com os argumentos de Kenny sobre o conhecimento empírico, que mesmo que Deus não possa experimentar frustração, medo etc., Ele ainda pode ter o conteúdo informativo sobre essas experiências e pode saber quem está tendo tais experiências e quem não está.

Para que o leitor não pense que isso é tudo que se tem para definir a onisciência, é preciso ter cautela. Com o que temos dito até agora, por transferência, poderia parecer que qualquer um pode ser onisciente. Ou seja, se onisciência significa conhecer tudo o que um ser com determinado conjunto de atributos pode conhecer, então alguns humanos podem alegar que são oniscientes, apesar das deficiências em seu conhecimento proposicional. Quando questionados, eles poderiam simplesmente responder que, como uma criatura finita (um de seus atributos), é possível saber muitas coisas (e eles sabem), mas não tudo; portanto, eles se qualificam como oniscientes. Deveríamos nos sentir desconfortáveis com isso, e deveríamos ver que temos de ampliar a nossa definição de onisciência divina. O que é necessário, em parte, é uma declaração sobre a extensão do conhecimento proposicional possuído por um ser com onisciência divina. Antes de especificarmos a extensão desse conhecimento, porém, temos de abordar outras questões em torno da onisciência divina.

Uma terceira questão sobre onisciência é muito significativa e requer uma boa parte de nossa atenção. Ela envolve o conhecimento do que os filósofos chamam de proposições indexicais. Contudo, a questão não é apenas sobre a onisciência, pois ela também impacta a imutabilidade divina e nossa compreensão da eternidade divina.

No Capítulo 6, eu ofereci a definição de proposições indexicais dada por Richard Swinburne. Os comentários de Swinburne distinguem três tipos de proposições indexicais: os indexicais espaciais, os indexicais temporais e os indexicais relativos às pessoas. Os indexicais temporais nos preocupam mais em relação à onisciência, imutabilidade e eternidade, e eu os abordarei mais detalhadamente no capítulo sobre a eternidade divina. Por enquanto, tratarei os dois outros tipos de proposições indexicais e depois direi algumas coisas sobre os indexicais temporais. Primeiro consideraremos os indexicais relativos às pessoas.

O verdadeiro valor dos indexicais relativos às pessoas (frases que geralmente incluem pronomes pessoais) pode mudar, dependendo de quem pronuncia a frase e, é claro, o referente do pronome muda quando pessoas diferentes o pronunciam. Veja, por exemplo, a proposição "Estou doente". Quando eu pronuncio essa frase, ela se refere a mim, mas quando você pronuncia a mesma frase, ela se refere a você. Se eu proferir essa frase agora, ela será falsa, pois não estou doente enquanto a escrevo. Se você falar a mesma proposição e estiver doente, ela será verdadeira. Se a onisciência de Deus significa simplesmente que Ele conhece todas as proposições que são verdadeiras, esses indexicais aparentemente lhe trazem problemas, pois Deus nunca pode dizer verdadeiramente "Eu estou doente", então Ele nunca pode conhecer essa proposição como verdadeira. Porém, é óbvio, há muitas ocasiões em que alguém profere tais proposições e elas são verdadeiras. Isso significa então que Deus nunca conhece essas proposições como verdadeiras — já que sempre que Ele diz uma delas, esta é falsa?

Na verdade, esta pergunta guarda algumas confusões. É verdade que Deus jamais pode dizer verdadeiramente "Eu estou doente", pois Ele nunca está, mas por que isso deveria ser problemático para a onisciência? Deus não pode conhecer proposições falsas como verdadeiras, então quando "eu" em "Eu estou doente" se refere a Ele mesmo, Deus jamais conhece que a proposição é verdadeira. Se onisciência significa pelo menos que Deus conhece todas as proposições verdadeiras, neste caso simplesmente não há proposição verdadeira para Ele conhecer. Porém, e se alguém que está doente proferir a proposição? Deus pode conhecer a verdade dessa proposição? Com certeza. Nada impede Deus de conhecer que o referente de "eu" neste caso é alguma outra pessoa, e se essa pessoa estiver doente, Deus pode saber disso. O que Deus sabe é que quando a pessoa x pronuncia a proposição "Eu estou doente", a proposição é verdadeira. Se a pessoa x não estiver doente, mas pronunciar a proposição, Deus sabe que a proposição é falsa.

E os indexicais espaciais? Considerando a doutrina da onipresença, penso que estes indexicais são ainda menos problemáticos do que os anteriores. Considere as seguintes proposições como exemplos: (1) "Chicago fica a 45 milhas daqui"; (2) "Meu computador está em cima da minha mesa"; (3) "Nova York está a leste de mim"; (4) "Quando a gente viajar na direção leste por Illinois, o Canadá estará à esquerda". Deus pode saber a verdade ou a falsidade destes indexicais espaciais? Não vejo razão para Ele não poder, especialmente porque não há razão para Ele não poder conhecer o referente de palavras como "aqui", "meu", "eu" e coisas assim. Se eu disser (1) e o fizer enquanto estiver espacialmente em um subúrbio a 45 milhas de Chicago,

Deus saberá o ponto geográfico designado por "aqui", visto que sabe onde eu estou, e saberá a distância entre onde eu estou e Chicago. Logo, Deus saberá se a proposição é verdadeira ou falsa, a partir da minha perspectiva, quando eu a proferir. Quanto a Deus dizê-la, a situação é diferente por causa da onipresença. Se por "aqui" Deus quiser dizer qualquer lugar em que Ele esteja, então, visto que Ele está em todos os locais, "aqui" significará locais que estão a 45 milhas de distância e Ele saberá que a proposição é verdadeira com relação a esses locais. Por outro lado, se Ele pretender designar locais que não estejam a 45 milhas de distância, Ele saberá que a proposição é falsa acerca de tais locais. Se fosse proferir uma frase como (1), Deus provavelmente já teria nomeado uma localização geográfica, de forma que nos alertasse de que, quando Ele diz (1), sabemos que "aqui" se refere a essa localização. Se essa localização estivesse a 45 milhas de Chicago, então Deus diria essa proposição; caso contrário, Ele não a diria.

Quanto à proposição (2), Deus sabe que "meu" se refere a mim, e como Deus sabe de tudo o que possuo, Ele sabe qual computador é meu e onde ele está localizado. Assim Ele sabe se, ao ser proferida por mim, essa proposição é verdadeira ou falsa. Da mesma forma, Ele conhece as mesmas informações sobre todos os outros, então Ele sabe se a proposição, quando dita por alguém, é verdadeira ou falsa. Eu duvido que alguma vez Deus usasse essa proposição a respeito de si mesmo, mas, caso o fizesse, Ele saberia que possui um computador e uma mesa e que o computador está sobre a mesa.

A proposição (3) pode ser tratada tal como foi a (1). Contudo, neste caso, Deus só precisará conhecer o referente de "eu" em vez de "aqui". Quanto à proposição (4), novamente, não há problema. Contanto que o referente de "a gente" seja alguém que não seja onipresente, e contanto que Deus saiba o significado de palavras como "em direção a leste" e "para a esquerda" (e Ele sabe), Ele pode saber que esta proposição é verdadeira. É duvidoso que Deus use esta proposição sobre si mesmo (aqui Ele seria o referente de "a gente"), pois não está claro o que significaria dizer que Deus está viajando na direção leste por Illinois. Contudo, se algum sentido pudesse ser extraído dessa ideia, Deus poderia usar essa frase verdadeiramente acerca de si mesmo.

Em suma, não parece haver grandes problemas para a onisciência provenientes de indexicais relativos a pessoas ou indexicais espaciais. O que deveríamos dizer dos indexicais temporais? "*Agora* são 14h56 enquanto escrevo esta frase entre aspas" é um indexical temporal e é um indexical verdadeiro no momento em que escrevi a proposição entre aspas. Porém, eu também posso escrever verdadeiramente "*Agora* são 14h58 enquanto escrevo *esta* frase entre aspas". Isso mostra que às 14h56 eu sabia que uma proposição indexical era verdadeira e às 14h58 eu sabia que outra era verdadeira e que a primeira já não era mais verdadeira.

Ao abordar esta questão, observo inicialmente que este problema já foi tratado em relação à minha definição de imutabilidade, então posso ser breve. A preocupação agora é com a onisciência, e é importante definir onisciência com muito cuidado. Já sugeri vários itens que deveriam ser incluídos na definição, mas deixe-me acrescentar mais uma nuance. Sugiro que acrescentemos que onisciência envolve somente conhecer coisas que podem ser conhecidas. As contradições são falsas, portanto não podem ser conhecidas como verdadeiras. As proposições falsas não podem ser conhecidas como verdadeiras, pois não são verdadeiras. Alguns também afirmam que as proposições sobre as futuras ações livres dos agentes humanos não podem ser conhecidas até que elas ocorram. Veremos também se há proposições indexicais temporais que são impossíveis de conhecer.

Que tipo de verdades, então, podem ser conhecidas? É possível saber tudo o que é verdade sobre o passado. Além disso, como um determinista comprometido com a soberania divina absoluta, acredito que é possível para Deus conhecer todas as ações e eventos futuros. Além disso, eu acredito que Deus tem conhecimento médio (conhecimento dos condicionais contrafactuais), então eu acho que Deus conhece tudo o que poderia acontecer e o que Ele poderia fazer e faria dependendo de qual das possibilidades se tornasse real. A configuração de todos os mundos possíveis (logicamente possíveis) pode ser conhecida, e Deus a conhece. Também é possível conhecer a verdade sobre os indexicais temporais tais como "amanhã não é agora" e "agora não é 1990 ou 1995". Também é possível conhecer a verdade de indexicais como "agora são 14h31 de 15 de abril de 1995", se for essa a hora ao dizermos, escrevermos ou pensarmos nesta frase. É claro, se Deus estiver fora do tempo, é difícil ver como Ele poderia conhecer esses indexicais temporais, mas isso não significa que eles sejam desconhecíveis por todos. Por outro lado, se Deus estiver no tempo, então também lhe seria possível conhecê-los.

Existem alguns indexicais temporais que ninguém pode conhecer. Ao escrever esta frase, são 16h33. Portanto, é impossível eu saber a verdade da proposição "agora são 17h", porque agora não são 17h. Se é impossível neste exato momento saber que agora são 17h, então não há deficiência na capacidade de raciocínio ou no conhecimento se não se souber. Deus não é deficiente por não conhecer o impossível e o incognoscível.

Então, concluo que, ao colocar Deus no tempo e permitir que Ele conheça as proposições indexicais temporais, espaciais e pessoais, não comprometemos de forma alguma a onisciência divina. Também já vimos anteriormente que isso não compromete a nossa definição matizada de imutabilidade. Além disso, este relato das proposições indexicais permite que Deus saiba coisas que esperaríamos que Ele soubesse e que Ele precisaria saber para agir e reagir no "momento certo" da história humana.

As próximas questões em torno da onisciência tratam mais de como Deus sabe e como sua mente funciona, do que da extensão de seu conhecimento. Uma questão inicial se refere à onisciência divina, à deliberação e à ação intencional. De acordo com Bruce Reichenbach, deliberar significa tentar "decidir sobre as próprias ações futuras e possíveis, considerando certas crenças, vontades e intenções que se tem".[54] Se for assim, é difícil ver que Deus delibera sobre qualquer uma de suas ações futuras, já que, como onisciente, Ele já sabe tudo sobre o futuro, inclusive o que Ele fará. Porém, se não pode deliberar, Deus pode agir intencionalmente, ou seja, de forma racional e proposital para alcançar uma meta?[55]

Reichenbach responde que nem todos os atos intencionais são deliberativos. Por exemplo, seus atos de ir à escola e ministrar uma aula ou dar água a seu filho quando solicitado são intencionais, mas não exigem qualquer deliberação. Visto que os humanos agem intencionalmente sem deliberar, não há razão para pensar que Deus seja diferente.[56] Isso parece fundamentalmente correto, portanto, mesmo que Deus não possa deliberar, isso não exclui ações intencionais divinas.

Esta questão da deliberação divina sugere outro ponto. Suponha que nós concluamos que, como onisciente, Deus não delibera. Suponha que acrescentemos que Deus sempre soube tudo, então Ele sempre soube exatamente o que Ele e qualquer outra pessoa fariam. Se for assim, então parece que nem agora nem jamais em sua vida Deus deliberou ou mesmo decidiu o que faria. Ele não precisou fazê-lo, porque sempre soube o que iria acontecer. Porém, se for assim, não estamos diante de dois problemas significativos? Por um lado, isso parece requerer fatalismo. Por outro, como podemos conciliar a ideia de que Deus nunca deliberou e tomou uma decisão com passagens bíblicas que falam de Deus fazendo todas as coisas segundo o conselho da sua vontade (p. ex., Ef 1.11)? Isto é, as Escrituras retratam Deus tomando decisões. Ele decidiu criar um mundo em vez de não criar, e escolheu criar este mundo possível em vez de outros. Porém, como pode ser assim se, como onisciente, Deus sempre soube tudo? O discurso bíblico e teológico sobre as escolhas de Deus é apenas antropomórfico?

Em resposta, deixe-me abordar o segundo item primeiro. Aqui devemos lembrar o que dissemos até agora sobre a definição de onisciência. Temos dito que não se trata de nenhuma mácula na onisciência divina se Deus não souber o que não pode ser conhecido, e nós já vimos coisas que Deus não pode saber. Agora, parece que o que Deus sempre soube ao longo das eras infindáveis de sua existência é a forma de todos os mundos possíveis, de modo que se decidisse criar um mundo, Ele não teria de ficar tateando mentalmente para construir um ou mais mundos possíveis antes de decidir qual deles fazer. Pelo fato de as Escrituras retratarem Deus decidindo criar um mundo e também dizerem que todas as coisas são feitas segundo o conselho de sua vontade, em algum momento da existência de Deus deve ter sido tomada uma decisão de criar um mundo. Dada a inteligência de Deus, não há razão para se pensar que a decisão sobre qual mundo criar lhe tenha tomado muito tempo.

Porém, Deus não saberia antecipadamente que criaria e não saberia antecipadamente que mundo seria esse? Como já foi dito, a onisciência divina significa, entre outras coisas, que Deus só conhece o que pode ser conhecido. Até que Deus decidisse criar e escolhesse fazer um mundo possível específico, não havia nada a se conhecer sobre se Ele criaria e o que criaria. Isto significa que, a partir do momento em que tomou a decisão, Deus passou a conhecer algo que não havia conhecido antes? Sim, mas isso é prejudicial à onisciência e à imutabilidade somente se o que Ele passou a conhecer era informação disponível antes de Ele vir a conhecê-la. Deus poderia estar ciente de todas as possibilidades abertas a Ele antes de escolher qualquer uma delas, mas até que decidiu criar um mundo e qual mundo criar, Ele não poderia saber se iria criar, e se fosse, que mundo possível Ele criaria.

Embora esta resposta possa parecer estranha, penso que é a maneira mais plausível de entender a linguagem bíblica que diz que Deus decidiu fazer uma coisa ou outra antes da fundação do mundo, e que Ele toma decisões não arbitrariamente, mas com base no conselho da sua vontade. Se Deus nunca tomou nenhuma decisão ou deliberou sobre nada, então tal linguagem deve ser antropomórfica, mas se for puramente antropomórfica, é difícil saber o que os antropomorfismos poderiam significar. Além disso, acredito que minha resposta a esta questão mostra a maneira de lidar com a preocupação com o fatalismo. O fatalismo só é visto como possibilidade se ninguém, inclusive Deus, jamais tiver qualquer escolha sobre se haverá um mundo e quais eventos e ações estarão nele. Minha afirmação de que Deus sempre conheceu todos os mundos possíveis, mas em algum momento de sua vida tomou a decisão de criar um deles, previne o fatalismo.

Outro argumento deve ser defendido acerca deste assunto. A partir do momento em que Deus decidiu criar e escolheu o nosso mundo específico, alguma outra vez lhe foi possível deliberar e decidir? A resposta depende, em parte, de se ser determinista ou indeterminista. Para os deterministas (não fatalistas), a partir do momento em que decide criar e escolhe um mundo específico, Deus sabe para sempre tudo o que vai acontecer, inclusive o que Ele fará em cada circunstância e situação.[57] Porém, visto que Ele sabe, parece que a deliberação e a decisão são, daí em diante, descartadas. Contudo, como veremos, a liberdade humana e divina não são assim descartadas se liberdade for definida como um compatibilista a define.

Por outro lado, os indeterministas que não pensam que Deus pode antever o futuro provavelmente responderão que, embora Deus possa saber algumas coisas sobre nosso mundo, a partir do momento em que decide criá-lo, Ele não pode saber muitas coisas sobre ele, tais como o que suas criaturas livres farão e como Ele responderá. Os indeterministas que acreditam que Deus pode saber muitas coisas sobre o futuro, mas não as escolhas indeterministicamente livres de suas criaturas humanas, dariam a mesma resposta. É claro, para os indeterministas que pensam que Deus sabe os detalhes do futuro (apesar de os humanos e Deus ainda permanecerem, de alguma forma, incompatibilisticamente livres), é duvidoso que eles vejam Deus como alguém que decide ou delibera sobre qualquer coisa. Tendo uma vez decidido criar nosso mundo, não há mais necessidade de escolher ou deliberar sobre qualquer coisa nele. Lembre-se, porém, de que isso não significa que Deus não precise agir ou não possa agir em nosso mundo. Como Reichenbach mostra, a ação intencional é possível sem a deliberação. Isso significa apenas que Deus não precisa mais deliberar sobre o que Ele fará em nosso mundo.

Tendo estudado uma série de problemas sobre a onisciência divina,[58] estamos prontos para compilar nossas conclusões e propor uma definição de onisciência. Ao longo desta análise, tenho insistido para que sigamos a estratégia de Kenny na definição da onipotência divina. Se o fizermos, partimos da seguinte definição:

> Onisciência divina é a capacidade de conhecer tudo o que um ser com os atributos de Deus pode conhecer. Visto serem todos perfeições, seus atributos provavelmente não impedem que Ele conheça algo que deveria conhecer sendo o ser maximamente grande.

Embora se trate de um começo, não incorpora tudo o que aprendemos por meio de nossa análise dos vários problemas da onisciência. A questão do conhecimento experiencial sugere que deveríamos acrescentar algo sobre a distinção entre o conhecimento proposicional e experiencial. Além disso, nossa análise das proposições indexicais nos levou a concluir que certas coisas são impossíveis de qualquer pessoa conhecer, independentemente de ser divina ou humana. Nossa definição não deve exigir que Deus conheça tais coisas. Considerando estes acréscimos, sugiro a seguinte definição de onisciência divina:

> Um ser *onisciente* pode somente ser capaz de conhecer o que pode ser conhecido por qualquer pessoa — contradições não podem ser conhecidas, nem podem ser conhecidas como verdadeiras as proposições falsas, nem pessoa alguma pode saber como são as sensações internas para outras pessoas, nem as futuras proposições indexicais podem ser conhecidas antes de o futuro acontecer. Um ser *divino* que é onisciente conhece o conteúdo informativo de cada proposição e cada experiência que um ser *com os atributos de Deus* pode conhecer. Visto que são todos perfeições, seus atributos provavelmente não o impedem de conhecer algo que Ele deveria conhecer como o ser maximamente grande.

A primeira frase desta definição limita o que qualquer pessoa pode conhecer, inclusive um ser onisciente. A segunda frase acrescenta limites à luz dos outros atributos de Deus, mas considerando que os atributos de Deus são todos perfeições, e considerando sua capacidade intelectual de pensar e armazenar conhecimento, mesmo com as limitações sugeridas, Ele conhece infinitamente mais do que qualquer outro ser no universo. Além disso, ao falar em conhecer o conteúdo informativo das proposições e experiências, eu abro espaço para Deus saber que estou sofrendo, por exemplo, sem que Ele tenha de experimentar minha sensação de dor. Por fim, sugiro que esta definição seja suficientemente matizada para permitir sua adoção e uso tanto por atemporalistas como temporalistas em termos de eternidade divina.[59]

Conquanto acredite que esta definição é precisa, eu também acho que há outras coisas que devemos dizer sobre o intelecto divino e seu funcionamento. Nas palavras de Charles Taliaferro, nada na definição *per se* identifica adequadamente o poder cognitivo de um ser onisciente. Taliaferro acredita que se deveria incluir em uma definição de onisciência algo sobre o poder cognitivo divino. Embora discorde que tal inclusão seja necessária para especificar o conceito de onisciência, eu concordo que devemos dizer mais se quisermos um relato mais completo do que uma mente onisciente pode fazer. Taliaferro nos ajuda a entender o poder cognitivo divino quando escreve:

> A noção de poder cognitivo pode ser prontamente ilustrada. Quando sei que certas coisas são corretas, digo que agora estou vendo algo verde ou que estou ouvindo música, estou exercitando o poder ou a capacidade cognitiva. Eu tenho certos poderes cognitivos com relação aos meus estados sensoriais, de modo que posso compreender verdades sobre o mundo, ou pelo menos verdades sobre meus próprios estados sensoriais e perceptivos. Quando sei que 2 + 2 = 4, estou exercendo meu poder cognitivo para compreender o valor verdadeiro de uma proposição necessária. Eu creio que a compreensão teísta tradicional da onisciência de Deus inclui atribuir a Ele um poder cognitivo insuperável.[60]

Até agora, parece não haver razão para desacordo, mas por que argumentar em favor do poder cognitivo? Taliaferro sugere um experimento mental que nos permite ver que há algo mais a dizer sobre o intelecto de Deus do que o que minha definição de onisciência expressa. Imagine dois seres, Christopher e Dennis. Christopher é onisciente em virtude de usar os próprios poderes cognitivos. Ele conhece a verdade das proposições verdadeiras de modo incorrigível e infalível. Além disso, o que ele sabe sobre o mundo não provém da consulta de qualquer tipo de evidência, em vez disso, a mera ocorrência de um evento é suficiente para que ele o saiba. Dennis, por outro lado, sabe tudo o que Christopher sabe, mas sabe porque Christopher lhe dá essa informação. Não importa se Christopher cria Dennis com esse conhecimento ou se Dennis está tão ligado ao Christopher que qualquer coisa que Christopher saiba, Dennis também sabe por estar ligado a ele. Agora, argumenta Taliaferro, tanto Christopher quanto Dennis são onisciente (no sentido de conhecer a verdade ou falsidade de todas as proposições), mas Christopher tem claramente o máximo poder cognitivo (e o exercita), enquanto Dennis não o tem. Taliaferro argumenta que esta noção deveria ser incluída no conceito de onisciência, e se for, então Christopher é onisciente enquanto Dennis não o é. Portanto, a onisciência deveria ser entendida não apenas em termos de *o que* se sabe, mas também em termos de *como* se sabe. Segundo Taliaferro, não consideraríamos um ser onisciente se ele tivesse o máximo poder cognitivo, mas o usasse apenas para propósitos triviais, de modo que houvesse multidões de coisas conhecíveis que ele não conhecesse. Da mesma forma, conhecer certa quantidade de informação sem conhecê-la por meio do máximo poder cognitivo não seria onisciência também (pense em Dennis). Um relato adequado da onisciência deve combinar ambos, como e o que é conhecido.[61]

Por acreditar que a noção de onisciência é sobre o que se conhece, acho que minha definição é suficiente. Entretanto, à luz da onisciência divina, surgem questões naturais sobre quanto a mente de Deus é poderosa e como Ele sabe o que sabe, e é aqui que devemos levar a sério as preocupações de Taliaferro. A mente de Deus não é apenas uma mente com um QI de, digamos, 300, que está abarrotada de quantidades infinitas de conhecimento. Pensar isso de Deus é provavelmente ainda pensar em sua mente como finita, embora uma que certamente funciona melhor do que qualquer mente humana. O que precisamos, em vez disso, é pensar nas capacidades intelectuais de Deus como infinito. Ele é um conhecedor melhor do que nós, não apenas porque conhece mais do que nós, mas também porque suas capacidades cognitivas estão infinitamente acima das nossas. sua mente funciona de maneiras e a velocidades que permitem conhecer quantidades de informação muito além de qualquer coisa que nós somos capazes. A preocupação de Taliaferro em incluir um comentário sobre as capacidades cognitivas divinas está correta ao descrever as capacidades intelectuais de Deus. Não creio, porém, que precisemos adicioná-la a uma definição de onisciência.

Outro item sobre o intelecto de Deus trata de como Ele conhece todas as coisas que conhece. Em seu excelente artigo "Deus tem crenças?", William Alston discute se Deus tem crenças ou se, em vez disso, deveria ser entendido apenas como alguém que possui conhecimento. Esta é uma questão interessante, mas meu interesse principal é o que ele diz sobre o modo como Deus adquire conhecimento.[62] Alston afirma que a interpretação do conhecimento divino, que é superior a qualquer tipo de interpretação do conhecimento como crença verdadeira e justificada, é a concepção intuitiva do conhecimento. Ele explica isso da seguinte forma:

> Esta é a visão de que o conhecimento de um fato é simplesmente a consciência imediata dele. Na formulação correta de H. H. Price, o conhecimento "é simplesmente a situação em que alguma entidade ou algum fato está diretamente presente para a consciência". Apesar da convicção curiosa de muitos

> epistemólogos anglo-americanos contemporâneos de que a concepção do conhecimento como crença verdadeira e justificada seja "a concepção tradicional", a concepção intuitiva tem sido muito mais proeminente historicamente. [...] Nesta visão, o conhecimento é um estado psicológico bastante diferente da crença. Obviamente, posso acreditar que *p* sem ser o caso que *p*. Porém, não posso estar no estado de conhecimento de que *p*, assim interpretado, sem ser o caso que *p*; pois esse estado consiste apenas na presença desse fato para minha consciência; sem esse fato não poderia haver tal estado. [...] Assim, o conhecimento, nesta interpretação, é infalível num sentido forte; sua natureza inerente garante a realidade do objeto.[63]

Como Alston explica, conhecimento intuitivo não é o modo certo de pensar no conhecimento humano (não temos a capacidade mental que ele requer), mas é a melhor forma de idealizar o conhecimento de Deus.[64]

Eu acredito que está correto, e percebo que minha definição de onisciência não impede esse entendimento de como Deus conhece. Contudo, eu faria algumas pequenas modificações ao relato de Alston sobre o conhecimento intuitivo das proposições. Para começar, parece ser dito em termos de questões que são empíricas por natureza. Portanto, é difícil ver como Deus saberia intuitivamente que "2 + 2 = 4" ou que "todos os solteiros são homens não casados", se saber intuitivamente (como Alston afirma) requer ser apresentado aos objetos que são conhecidos. No caso das verdades analíticas que acabei de mencionar, que tipos de objetos estariam imediatamente presentes para a consciência de Deus? Penso que esta é uma questão menos importante que pode ser retificada acrescentando-se que, no caso das verdades analíticas, dizer que Deus as conhece intuitivamente significa que Ele não precisa obter conhecimento delas por razão inferencial ou discursiva. Ele simplesmente conhece todos esses fatos.

Uma pergunta final permanece com respeito ao conhecimento de Deus e às suas capacidades intelectuais. Deus está sempre consciente de tudo o que conhece, ou Deus poderia conhecer alguma coisa sem que estivesse imediatamente diante de sua mente? Estas perguntas podem parecer estranhas, especialmente porque muitos cristãos evangélicos provavelmente diriam que Deus está sempre consciente de qualquer coisa que Ele conhece. Eles podem ser inclinados a dizer isso por medo de que negar sugeriria que Deus esqueceu algo que conhece e, é claro, parece que o poder cognitivo e a onisciência de Deus impedem que Ele esqueça qualquer coisa.

Aqui, porém, eu acho que o medo é infundado. Em relação aos humanos, conhecemos muitas coisas em que não estamos pensando conscientemente em um dado momento. Nossas capacidades intelectuais não nos permitem estar conscientes de tudo o que conhecemos de uma só vez, mas só porque não podemos ter diante de nossa consciência tudo o que conhecemos não significa que tenhamos esquecido coisas que não estão imediatamente diante de nossa mente. Por exemplo, a maioria (se não todos nós) sabe o próprio nome, nós sabemos quem são nossos pais, onde vivemos e qual é nosso número de telefone. Mas muitas vezes não pensamos conscientemente em nenhuma dessas coisas que sabemos. Isso significa que não as conhecemos realmente ou que as esquecemos? Claro que não. Nossa capacidade de lembrar de várias informações que normalmente não temos diante de nossas mentes é a confirmação de que as sabemos. Agora, se não se exige que nós, humanos, estejamos conscientes de tudo o que conhecemos a fim de afirmar corretamente que conhecemos essas coisas, por que Deus tem de ter tudo o que conhece sempre diante de sua mente consciente para ser onisciente?

Alguns podem objetar que a natureza dos poderes cognitivos máximos de Deus exige que Ele tenha sempre tudo diante de sua mente consciente. Porém, nós sabemos que ter os poderes cognitivos máximos requer isso? Talvez sim, mas isso não parece evidente. Desde que concordemos que alguém realmente conhece algo mesmo que esse item de conhecimento não esteja conscientemente diante de sua mente, não parece haver razão para pensar que, para se qualificar como onisciente (no sentido que o defini) ou para ter poderes cognitivos máximos, a pessoa tem, em cada momento de sua vida, de estar conscientemente ciente de tudo o que conhece.

Isto não deve ser mal entendido. Acredito que Deus, se quiser, pode estar conscientemente ciente de tudo o que Ele conhece. A minha questão é que não exigimos isso para que Deus seja onisciente. Porém, por que poderíamos negar que Deus está sempre conscientemente ciente de tudo o que Ele conhece? A razão é que existem algumas questões teológicas e enigmas que podem ser resolvidos se Deus não estiver conscientemente ciente em cada momento de tudo o que Ele conhece. Eu não estou dizendo que essas resoluções provam que Deus às vezes não está conscientemente ciente de coisas que Ele conhece. Estou apenas propondo que alguém que adote este ponto de vista pode achá-lo útil na solução de certos problemas teológicos.

Especificamente, há três lugares em que esta noção pode ser útil. Considere primeiro a questão da comunhão dentro da divindade. As Escrituras descrevem os membros da divindade em conversas uns com os outros. Os teólogos também defendem geralmente que os membros da Trindade desfrutam eternamente a comunhão uns com os outros. Porém, se Deus está sempre conscientemente ciente de tudo o que conhece, já que todos os três membros da Trindade têm essa característica, como é possível a comunhão dentro dessa Trindade? Um membro não pode chamar a atenção do outro para uma coisa em particular que Eles conhecem porque a atenção deles está sempre totalmente voltada para tudo. Além disso, não há razão para suspeitar que um membro poderia estar pensando em algo que outro não estivesse pensando, pois todos Eles estão sempre pensando em tudo. Portanto, se Deus está sempre conscientemente ciente de tudo o que conhece, então falar de comunhão dentro da divindade tem de ser antropomórfico, e é muito difícil saber o que significa tal antropomorfismo. Por outro lado, se os membros da Trindade não estão sempre pensando conscientemente em tudo o que conhecem, então a conversa, a chamada de atenção para uma verdade particular que conhecem, e a comunhão são possibilidades.[65]

Segundo, não apenas se pode indagar sobre a comunhão dentro da Trindade, como também se pergunta como Deus pode ter comunhão *conosco*, se tudo o que Ele conhece está sempre diante de sua mente. Se a comunhão for um conceito relacional que envolve mais de uma parte, então parece haver um problema. Podemos falar com Deus, e Ele pode nos comunicar coisas que não sabemos ou de que precisamos ser lembrados, mas jamais podemos dizer algo a Deus que não esteja conscientemente diante de sua mente. Nossas orações pretendem chamar sua atenção para nossas necessidades específicas, mas sua atenção já está totalmente voltada para essas necessidades, então o que exatamente nossas orações executam em relação a Deus? Da mesma forma, não parece haver necessidade de informar a Deus que o amamos, nem de louvá-lo, pois Ele está sempre conscientemente ciente dos nossos pensamentos. Por outro lado, se Deus não estiver sempre pensando em tudo o que conhece, falar de comunhão com Ele faz mais sentido.

Finalmente, há a questão do esquecimento dos nossos pecados. Como sugerido anteriormente, a melhor maneira de lidar com isso pode ser dizer que esta é apenas a forma dos escritores bíblicos dizerem que Deus não conta esses pecados contra nós. Por outro lado, pode haver outra maneira de lidar com isso. Se Deus estiver sempre pensando em tudo que Ele conhece, então deve estar sempre pensando nos meus pecados. Na verdade, mesmo antes de eu nascer e depois de eu morrer, Ele deve estar sempre pensando neles.

Por outro lado, se Deus nem sempre estiver conscientemente ciente de tudo o que conhece, então talvez o que acontece quando Ele "esquece" nossos pecados não é apenas que Ele não os conta contra nós, mas também que eles não estão conscientemente diante de sua mente. É claro, Ele não os esqueceu literalmente, pois isso comprometeria a onisciência, mas talvez Ele os tenha "esquecido" no sentido mencionado.

Ao encerrar esta seção, devo fazer vários comentários sobre a questão de Deus "esquecer" nossos pecados. Em primeiro lugar, parece difícil conciliá-la com uma noção atemporal de eternidade, pois nesta visão toda a história está "presente" para Deus de forma atemporal e interminável. Se for assim, talvez nunca seja possível que Deus escape de pensar em tudo o que conhece. Por outro lado, com a eternidade temporal, essa noção de que nem tudo está sempre conscientemente diante da mente de Deus ajudaria a explicar por que o presente (que Deus experimenta momento por momento) tem maior imediatismo diante dele do que o passado ou o futuro.

Em segundo lugar, eu deveria qualificar esta visão em pelo menos um aspecto. À luz do que as Escrituras dizem sobre a consciência de Deus acerca das necessidades de todos ao mesmo tempo, é provavelmente correto defender (se se defende que Deus é um ser temporal) que Deus está conscientemente ciente de tudo o que está acontecendo no presente em nosso mundo. Pode haver assuntos sobre o passado e o futuro que não estão imediatamente diante de sua mente a todo momento, mas a todo momento sua atenção estaria focada em tudo o que está acontecendo em nosso mundo.

Finalmente, a análise anterior sobre o que Deus está conscientemente ciente não pretende ser um endosso da visão de que Ele não precisa estar sempre conscientemente ciente de tudo o que conhece. Certos aspectos desta visão são atraentes, mas as Escrituras não parecem conter informação suficiente para decidirmos se ela é verdadeira ou falsa. Além disso, antes que uma decisão possa ser tomada sobre este assunto, devemos decidir se Deus é temporal ou atemporal, pois, como sugerido, essa questão tem implicações neste aspecto. Contudo, mesmo que se decida que Deus está no tempo, isso, por si só, não pode dar essa noção como correta. Levanto a questão, então, porque acredito que ela tem certo grau de plausibilidade, e porque posso ver como ajudaria a lidar com as questões que mencionei em relação à comunhão divina e ao "esquecimento" divino dos pecados. Além disso, espero que esta análise leve os leitores a refletir mais acerca das várias questões envolvidas na compreensão do intelecto divino e do seu conhecimento.

SABEDORIA

Deus não é apenas onisciente, Ele também é onissapiente, ou todo-sábio. A sabedoria divina é um aspecto da onisciência divina, mas não é idêntica a ela. A sabedoria envolve mais do que simplesmente ter todos os fatos à disposição. Envolve também saber como usar esses fatos para atingir os fins da melhor maneira possível. Enquanto o conhecimento, pelo menos o conhecimento humano, tende a ser mais teórico, a sabedoria é mais prática. Para os humanos, o conhecimento é geralmente alcançado por meio de livros, ao passo que a sabedoria é alcançada com mais frequência por meio da experiência. Enquanto os humanos podem ser muito conhecedores, mas não muito sábios, ou sábios sem ser muito conhecedores, Deus é tanto todo-conhecedor como todo-sábio. Ele sabe tudo o que há para saber, além disso, sabe o que fazer com essa informação.

À luz destas características da sabedoria, Berkhof define sabedoria divina como "aquela perfeição de Deus pela qual Ele aplica seu conhecimento para a realização de seus fins da forma que mais o glorifica".[66] Embora concorde, eu penso que a definição é incompleta no sentido de que devemos acrescentar que a sabedoria de Deus é exercida na tomada de decisões juntamente com seus outros atributos de santidade, amor, justiça, bondade etc. Sem esta adição, é possível pensar em Deus apenas como o grande tático que sabe como obter com mais eficiência os resultados que deseja, independentemente do que suas decisões significam para suas criaturas. No entanto, quando incluímos no exercício da sabedoria divina os atributos morais de Deus, podemos ter a certeza de que as decisões que cumprirão os propósitos que lhe tragam mais glória são também decisões que são do melhor interesse de suas criaturas. É claro, a onissapiência não representaria muito se Deus soubesse a melhor coisa a fazer em qualquer situação, porém, fosse impotente para fazê-la. Portanto, em virtude da onipotência e da vontade soberana de Deus, sua sabedoria pode se tornar funcional em nosso universo para fazer o que Ele sabe que é melhor.

Ao recorrer às Escrituras, não encontramos uma passagem que diga que Deus é todo-sábio. Entretanto, elas predicam a sabedoria de Deus, e à luz de sua infinidade e do fato de que todos os seus atributos são perfeitos, é seguro dizer que a onissapiência se aplica a Deus. Devemos acrescentar também que os autores bíblicos utilizam várias palavras para sabedoria, mas duas são as mais básicas: *ḥokmāh* no AT e *sophia* no NT.

Ocasionalmente as referências bíblicas à sabedoria parecem remeter mais à erudição terrena do que ao conhecimento prático, mas a maioria das referências à sabedoria, especialmente à sabedoria divina, fala mais sobre a aplicação do conhecimento em situações concretas. Um exemplo em que a sabedoria parece se referir ao conhecimento intelectual é 1Coríntios 1.21, onde Paulo diz: "Visto como, na sabedoria de Deus, o mundo não o conheceu por sua própria sabedoria, aprouve a Deus salvar os que creem pela loucura da pregação". Com toda sua erudição e brilhantismo, o mundo não encontrou seu caminho para um relacionamento com Deus. Paulo acrescenta que Deus ficou satisfeito com a "loucura da pregação" (tolice em termos humanos) para salvar homens e mulheres.

Ao olharmos para o testemunho bíblico, encontramos várias passagens que atribuem a sabedoria diretamente a Deus. Vemos isso tipicamente em doxologias como as de Judas 25; Romanos 16.27; e 1Timóteo 1.17. Além disso, Eliú fala de Deus (Jó 36.5): "Eis que Deus é mui grande; contudo a ninguém despreza; é grande na força da sua compreensão" (veja também Jó 9.4).

Além das passagens que falam geralmente sobre sabedoria, os escritores bíblicos relacionam a sabedoria divina a uma atividade ou outra. Um tema frequente é que a sabedoria de Deus é maravilhosamente exibida na criação. Em Salmos 104.1-34, o salmista fala com grande detalhe sobre as obras da criação de Deus, e no meio deste salmo (v. 24) ele faz uma pausa para dizer: "Que variedade, SENHOR, nas tuas obras! Todas com sabedoria as fizeste; cheia está a terra das tuas riquezas" (ver também Sl 136.5; Pv 3.19; Jr 10.12; 51.15).

As Escrituras também ensinam que a sabedoria de Deus é maravilhosamente exibida em sua obra de salvação. Falando da diferença que uma relação salvadora com Cristo pode fazer, Paulo diz (1Co 1.24), "mas para os que foram chamados, tanto judeus como gregos, pregamos a Cristo, poder de Deus e sabedoria de Deus" (ver também v. 30). Falando da sua pregação da mensagem do evangelho enquanto ministrava entre eles, Paulo diz aos cristãos em Corinto (1Co 2.7), "mas falamos a sabedoria de Deus em mistério, outrora oculta, a qual Deus preordenou desde a eternidade para a nossa glória. Em Efésios 1 Paulo fala da redenção do crente e do perdão dos pecados como resultado do sacrifício de Cristo. Ele então acrescenta "que Deus derramou abundantemente sobre nós em toda a sabedoria e prudência" (Ef 1.8; ver também Ef 3.10; e Rm 11.33).[67]

As Escrituras não apenas falam de Deus como sábio, mas também dizem que Ele dá sabedoria aos humanos para lidar com uma tarefa ou outra. É claro, se sua sabedoria lhes dá a habilidade de lidar com essas situações com sucesso, é impensável que Ele pessoalmente não seja sábio o suficiente para fazer o mesmo. O escritor de Provérbios diz que a sabedoria de Deus é suficiente para viver a vida em geral com sucesso (Pv 2.6,7): "Porque o Senhor dá a sabedoria, e da sua boca vêm a inteligência e o entendimento. Ele reserva a verdadeira sabedoria para os retos; é escudo para os que caminham na sinceridade".

Além disso, muitas passagens falam de Deus dando sabedoria a alguém para executar uma tarefa prática, e é seguro dizer que Ele não poderia conceder sabedoria se Ele mesmo não a tivesse (veja, por exemplo, Êx 31.3; 35.31; 36.1,2; Ed 7.25; 1Rs 3.12; cf. 1Rs 5.12). Um exemplo bem conhecido é Deus concedendo sabedoria para Salomão lidar com disputas interpessoais (1Rs 3.9-12). A famosa disputa entre as duas mulheres pelo bebê ocorreu logo no início do reinado de Salomão. A reação do povo foi (1Rs 3.28), "todos tiveram profundo respeito ao rei, porque viram que havia nele a sabedoria de Deus, para fazer justiça". Mais tarde, na vida de Salomão, sua reputação de homem sábio continuou a crescer. Como lemos em 1Reis 10.24 (ver também 2Cr 9.23), "Todo o mundo procurava ir ter com ele para ouvir a sabedoria que Deus lhe pusera no coração". Além disso, Daniel e seus amigos ganharam favor enquanto estavam na Babilônia porque Deus lhes concedeu sabedoria especial (Dn 1.17; 2.20,21,23). Claro que nada disto seria possível se o próprio Deus não fosse todo-sábio.

Finalmente, aprendemos que a sabedoria divina é tanto disponível como suficiente para lidar com outro assunto prático, a tentação de pecar. Tiago 1.5 diz: "Se, porém, algum de vós necessita de sabedoria, peça-a a Deus, que a todos dá liberalmente e nada lhes impropera; e ser-lhe-á concedida". Muitas vezes, este versículo é tirado do contexto e generalizado para significar que Deus concederá sabedoria para qualquer esforço prático, mas um olhar mais atento ao contexto mostra que o tópico em discussão é a tentação de pecar. O argumento de Tiago é que, quando somos confrontados com a tentação, se não soubermos como lidar com ela para não cairmos em pecado, Deus concederá tal sabedoria. Podemos também buscar a sabedoria divina para outras tarefas, mas o foco específico deste versículo é a tentação de pecar. Paulo nos diz (1Co 10.13) que ninguém será tentado por algo que nunca confrontou outras pessoas. Além disso, Deus nos dará uma maneira de escapar, e parece razoável acreditar que, em certas ocasiões, a maneira como Ele nos ajuda a escapar é conceder sabedoria para ver como evitar a tentação completamente ou para resistir-lhe quando ela chegar.

De fato, como diz o escritor de Provérbios (2.6,7), Deus dá sabedoria para os justos. Ele o faz para lidar com a tentação e para todas as outras questões da vida e da piedade. Que encorajamento saber que nosso Pai celestial não apenas conhece tudo o que há para conhecer, mas também sabe o que fazer com isso. E Ele está mais do que disposto a compartilhar essa informação conosco!

Unidade

À luz de todos os maravilhosos atributos divinos e das coisas maravilhosas que Deus tem feito e continua a fazer por nós, poderíamos desejar muitos deuses, mas as Escrituras ensinam claramente que existe apenas um Deus. Os teólogos defendem esta ideia ao falar da unidade de Deus. Além disso, eles têm distinguido entre a *unitas singularitatis* e a *unitas simplicitatis*. Esta última é a doutrina da simplicidade divina, a qual abordarei na próxima seção. A primeira é nosso foco agora — a doutrina da unidade.

A unidade de Deus se refere a duas coisas específicas. A primeira é que numericamente existe apenas um Deus. Todas as formas de politeísmo são excluídas pela unidade divina. Além disso, quando predicam a unidade de Deus, os teólogos querem dizer que Ele é único. Tudo isso admite ampliação.

Dizer que existe apenas um Deus não significa que todas as pessoas reconheçam apenas um ou que aqueles que adoram a Deus adorem o Deus judaico-cristão. No Capítulo 2, vimos muitas concepções diferentes de Deus, e algumas religiões postulam muitos deuses. O que os cristãos querem dizer quando falam da unidade de Deus é que o Deus judaico-cristão, o Deus da Bíblia, é o único Deus verdadeiro. Todos os outros deuses são ídolos, falsos deuses, produtos da imaginação e fantasia. As pessoas podem tratar esses deuses como reais, mas eles não são reais. Além disso, o Deus bíblico não somente é o único Deus verdadeiro e vivo; Ele é numericamente um só. E ele é único, não apenas porque só Ele realmente existe, mas porque a descrição bíblica desse Deus difere das concepções de outros pretensos deuses.

Alguns poderiam pensar que o Deus das Escrituras não é realmente tão único, pois existem outras religiões monoteístas, como o judaísmo e o islamismo, cujo Deus parece semelhante, se não idêntico, ao Deus do cristianismo. Na verdade, existem semelhanças, mas também diferenças. Uma das diferenças mais significativas é que o Deus cristão é trino, e nem o judaísmo nem o islamismo fazem tal afirmação. É claro, alguns pensam que a doutrina da Trindade refuta a afirmação cristã de que existe apenas um Deus, mas como veremos ao discutir a Trindade, os cristãos não acreditam em três Deuses (triteísmo), mas em apenas um Deus manifestado em três pessoas.

Tanto no AT como no NT, as Escrituras ensinam que existe um só Deus. Sem dúvida, um dos versículos mais conhecidos no judaísmo é Deuteronômio 6.4, o *šĕma'*: "Ouve, Israel, o Senhor, nosso Deus, é o único Senhor". A palavra hebraica para único (*'eḥod*) ocorre cerca de 960 vezes na Bíblia como substantivo, adjetivo ou advérbio. Alguns sugerem que a melhor tradução é no sentido adverbial, de modo que o versículo diz: "O Senhor é o nosso Deus, o Senhor somente". Se assim for, o ponto seria que, de todos os deuses que Israel poderia adorar, Yahweh é o Deus com uma relação especial com esta nação.[68] É claro, este entendimento do versículo não requer que haja um único Deus. Apenas ordena que Israel adore somente a Yahweh. Enquanto esta interpretação é possível gramaticalmente, também o entendimento mais tradicional é que o versículo afirma que existe apenas um Deus.

Contudo, a fim de que não haja dúvidas sobre se os escritores do AT pensam que existe mais de um Deus, há ampla evidência do contrário. Em Deuteronômio 4.35,39 lemos: "A ti te foi mostrado para que soubesses que o Senhor é Deus; nenhum outro há, senão ele. [...] Por isso, hoje, saberás e refletirás no teu coração que só o Senhor é Deus em cima no céu e embaixo na terra; nenhum outro há" (ver também Dt 32.39; Sl 18.31; 83.17,18; Is 43.10; 44.6,8; 45.5,6).

No NT encontramos a mesma coisa: existe numericamente apenas um Deus. Em Marcos 12.32 (NVI) lemos: "'Muito bem, mestre', disse o homem. 'Estás certo ao dizeres que Deus é único e que não existe outro além dele'". Em João 10.30 Jesus diz: "Eu e o Pai somos um". Seus ouvintes judeus pegaram pedras para apedrejá-lo, porque Cristo, sendo um mero homem na opinião deles, se fez igual a Deus. Isso era problemático para eles não só porque pensavam que Ele fosse apenas um homem, mas também porque acreditavam que havia apenas um Deus. Jesus não diz nada que os demova dessa ideia (ver também Jo 5.44; 17.3).

As cartas de Paulo incluem repetidas afirmações de que existe apenas um Deus. Em 1Coríntios 8.4 Paulo diz: "No tocante à comida sacrificada a ídolos, sabemos que o ídolo, de si mesmo, nada é no mundo e que não há senão um só

Deus". Em Efésios 4.5,6 ele escreve: "há um só Senhor, uma só fé, um só batismo; um só Deus e Pai de todos, o qual é sobre todos, age por meio de todos e está em todos" (ver também 1Tm 1.17; 2.5; 6.15; e Rm 3.30).

Não apenas existe um só Deus, mas Ele também é único entre aquelas coisas adoradas como Deus. Muitos teólogos apontam vários dos versículos citados acima como prova não somente da unicidade numérica, mas também da singularidade. Entretanto, há outras indicações da singularidade de Deus. Em Êxodo 8.10 lemos: "Moisés disse: Seja conforme a tua palavra, para que saibas que ninguém há como o SENHOR, nosso Deus" (ver também Is 46.9). Além disso, há duas maneiras explícitas nas quais Deus é único. Por um lado, nenhum deus faz milagres que possam se igualar aos dele. Isso não é verdade apenas porque todos os outros deuses são inexistentes, mas porque, mesmo que tratemos os outros deuses como reais, quando olhamos para os milagres que lhes são atribuídos por seus seguidores, eles não se comparam aos feitos milagrosos atribuídos ao Deus das Escrituras. Este argumento é defendido especificamente em Deuteronômio 4.32-39, pois Deus se refere aos milagres que realizou em favor de Israel na época do êxodo e pergunta qual deus realiza milagres como esses. De fato, pense em outros milagres que Deus realizou, como durante a competição de Elias com os profetas de Baal. Deus não apenas enviou fogo para consumir a oferta, mas também queimou tudo, mesmo estando encharcado de água. Que deus pode estar à altura desse milagre? Certamente Baal não, e nenhum outro! Da mesma forma, qual deus ressuscita pessoas dos mortos? Os milagres atribuídos ao Deus das Escrituras são incomparáveis.

Além de seus milagres únicos, o Deus verdadeiro e vivo também é único no sentido de que somente Ele pode prever o futuro sem erros. Profetas e adivinhadores sortudos podem ocasionalmente predizer um acontecimento, mas não podem se igualar ao Deus das Escrituras. Isaías 44.6-8 defende esse argumento, mas nós vemos essa verdade por todas as Escrituras. Basta apenas pensar no cumprimento das profecias de Daniel com todos os seus detalhes específicos para reconhecer que não há paralelo. Na verdade, as profecias de Daniel são tão detalhadas e precisas que os antissobrenaturalistas tentaram desacreditá-las dando ao livro uma data tão tardia que não poderia ser profecia, mas sim história. Essa ação em si sugere quão precisas são as previsões de Daniel, pois se as profecias fossem vagas ou imprecisas, não haveria razão para ajustar a data do livro a fim de desacreditar sua natureza sobrenatural.

De fato, o nosso Deus é único. Pensamos em Jó 38—41, onde Deus responde a Jó. A descrição majestosa de Deus nesses capítulos não apenas mostra a Jó e a nós que Ele está muito além em majestade, poder e grandeza dos meros mortais. Ao comparar esses capítulos com as descrições dos deuses de outras religiões, fica claro que o Deus cristão não tem paralelo!

SIMPLICIDADE

Além da singularidade de Deus, muitos teólogos acreditam que Ele é único no sentido de ser simples. Por simplicidade, querem dizer que Deus está livre de qualquer divisão em partes; Ele está livre da qualidade de ser composto. Poderíamos esperar isso, porque, como imaterial, é impossível dividir o ser de Deus em partes físicas, mas os defensores da simplicidade divina querem dizer mais do que isso. Eles querem dizer que é completamente impossível dividir Deus em partes constituintes. Portanto, não podemos diferenciar a substancialidade de Deus de seus atributos. Nem podemos dizer que a natureza de Deus é composta de vários atributos. Em vez disso, a essência de Deus *são* seus atributos, e esses atributos devem ser idênticos uns aos outros e a Ele; caso contrário, poderíamos distinguir várias partes da natureza de Deus.[69]

Stump e Kretzmann observam que a doutrina da simplicidade divina também sustenta que, dentro da natureza de Deus, não pode haver nenhuma propriedade acidental. Na verdade, todos os atributos de Deus devem ser propriedades essenciais. Se algumas fossem essenciais e algumas acidentais, isso significaria divisão e composição dentro do ser de Deus. Porém, até mesmo dizer que todos os atributos de Deus são essenciais não é suficiente, pois se pudéssemos distinguir um desses atributos de outro, significaria que há divisão em Deus. Portanto, não pode haver nenhuma distinção real em Deus entre um de seus atributos essenciais e outro. Ainda, isso também significa que, ao contrário das suas criaturas, não há distinção entre a essência de Deus e sua existência. Para as coisas criadas, é possível descrever como elas seriam se existissem, além de existirem realmente. A fim de trazer algo à existência, Deus deve acrescentar existência à sua essência (natureza). Contudo, se Deus é simples, distinguir sua essência de sua existência implicaria não apenas a divisão no ser de Deus, mas também a composição (unir existência com essência), então a essência de Deus não é distinta de sua existência.[70]

William Mann resume o conceito de simplicidade divina da seguinte forma:

> A Doutrina da Simplicidade Divina (DSD) sustenta que Deus não tem "partes" ou componentes de qualquer tipo. Ele não tem propriedades, nem

essenciais nem acidentais. Ele não tem nenhuma extensão espacial, nem tem qualquer extensão temporal: não há divisão de sua vida em etapas passadas ou futuras, pois isso implicaria capacidade de composição temporal. A DSD, por sua vez, é motivada pela consideração de que Deus é um ser perfeito, e que *qua* perfeito, Ele deve ser independente de todas as outras coisas para ser o ser que é, e Ele deve ser soberano sobre todas as outras coisas. Se o próprio Deus fosse composto, então Ele seria dependente de seus componentes para ser o que é, enquanto estes não dependeriam dele para ser o que são.[71]

A última parte desta citação acrescenta um elemento importante para a discussão da simplicidade. Ela explica parte da motivação por trás desta doutrina. Essa motivação é o que Alvin Plantinga e outros chamaram de intuição de asseidade-simplicidade. Como vimos ao discutir a asseidade, Deus não depende de nada para sua existência. Contudo, se atributos como amor, justiça, eternidade etc. forem concebidos como universais independentes de qualquer ser, e o amor de *Deus*, a justiça de *Deus* etc., como simples instâncias desses universais, então Deus aparentemente depende desses atributos (universais) para a sua natureza. Porém, se assim for, parece que a asseidade divina deve ser rejeitada. A fim de proteger a asseidade divina, muitos teólogos optaram pela simplicidade divina. Nesse caso, Deus apenas é (no sentido estrito da identidade) idêntico à justiça, ao amor e à eternidade, e cada uma dessas propriedades é idêntica uma à outra. Ao optarem pela simplicidade divina, os teólogos viram uma maneira de manter a intuição básica por trás da asseidade de que Deus não depende de nada além de si mesmo para sua existência.

A doutrina da simplicidade divina era muito mais prevalente durante os tempos medievais do que hoje, mas ainda há teólogos e filósofos que a sustentam e defendem atualmente.[72] Uma razão para fazer isso é a crença que acabou de ser mencionada, de que sem a simplicidade divina, é impossível sustentar a asseidade divina. Outra razão, como veremos no capítulo sobre Deus, tempo e eternidade, é a aparente conexão lógica entre a simplicidade e a eternidade atemporal. Um ser temporal sofreria uma sucessão temporal, de modo que haveria diferentes partes temporais para sua existência. Um ser atemporal não teria partes temporais, o que condiz com a ideia da simplicidade divina, que diz que Deus não tem partes, temporais ou não.

Os argumentos que acabamos de sugerir são típicos de como a simplicidade divina é defendida, e há outro argumento que muitos defensores acham bastante convincente. É o relacionamento entre Deus enquanto ser mais perfeito, a asseidade divina enquanto dependência própria e a simplicidade. Diz-se que a asseidade é uma implicação lógica da noção de Deus enquanto ser mais perfeito. Anselmo defende essa ideia numa longa linha de argumentação que passa da perfeição divina para a simplicidade divina, e depois da simplicidade para a imutabilidade e eternidade. Não precisamos analisar tudo isso, mas podemos focar as partes mais relevantes para a asseidade e a simplicidade.

Anselmo começa seu *Monologium* [Monólogo] argumentando que as coisas que têm sua bondade por meio de outra coisa (ou seja, elas são contingentes) não são supremamente boas. Somente aquilo que tem suas qualidades por meio de si mesmo é supremamente bom.[73] Isso certamente condiz com o que temos dito sobre a asseidade como autoexistência. Ao final do capítulo 4, Anselmo argumentou que pode haver apenas um ser assim, e que ele é o que é por meio de si mesmo. Nos capítulos 5—14, Anselmo argumenta que tudo o mais existe por meio da criação por este ser supremo, mas que depende apenas de si mesmo. No capítulo 15, Anselmo conclui que este ser deve ser qualquer coisa que em geral é melhor ser do que não ser. No capítulo 16, o argumento caminha para estabelecer a simplicidade. Anselmo pergunta se os atributos de Deus são ou não propriedades independentes de sua natureza. Ele responde que os atributos de Deus não são independentes de sua natureza (Ele é simples), pois neste caso sua natureza dependeria deles para a existência, e isso contradiria o argumento que Anselmo já defendeu de que Deus não depende de nada para sua existência.[74]

Anselmo predica a simplicidade de Deus, mas observe o porquê! Dizer que um atributo é separado da natureza de Deus como uma entidade abstrata significa que Deus depende dele de alguma forma para sua existência. Porém, Anselmo já argumentou que o ser supremamente perfeito existe por meio de si mesmo, não por meio de qualquer outra coisa. Depender de algo mais para sua existência, mesmo uma entidade abstrata como uma propriedade, é negar que depende apenas de si mesmo para a existência, e negar isso é negar que é o ser mais supremo. O ser mais perfeito é supremo em virtude de não depender de nada a não ser de si mesmo para a existência.

Essa noção de depender apenas de si mesmo para a existência é o atributo da asseidade. O argumento de Anselmo que acaba derivando a eternidade divina da perfeição divina está claro agora. Ele vai da perfeição para a asseidade, da asseidade para a simplicidade, e então da simplicidade para a eternidade.⁷⁵ Assim, esta argumentação da simplicidade divina afirma que um ser mais perfeito não poderia depender de nada mais para sua existência, ou seja, ele tem de ser *a se*. Porém, para depender de si mesmo, Deus não pode depender de propriedades abstratas para ter uma natureza. A maneira de garantir que isso não aconteça é argumentar que Deus é simples. Se assim for, Ele apenas é idêntico à sua natureza e propriedades e, portanto, não depende de nada além de si mesmo para sua existência.

Alguns teólogos acham estes argumentos bastante convincentes. No entanto, é importante ver se as Escrituras ensinam a simplicidade divina. Ao consultar várias teologias sistemáticas, é difícil encontrar uma que ofereça apoio bíblico para a noção. Não há nenhum versículo que ensine explicitamente que Deus é simples. No entanto, teólogos como Louis Berkhof defendem essa ideia de maneira inferencial, apelando para outros atributos que as Escrituras ensinam. A admissão de Berkhof sobre seu apoio bíblico é muito reveladora. Ele escreve:

> A simplicidade de Deus decorre de algumas de suas outras perfeições; de sua autoexistência, que exclui a ideia de que algo o precedeu, como no caso dos compostos; e de sua imutabilidade, que não poderia ser baseada em sua natureza se fosse composta de partes. Essa perfeição foi posta à prova durante a Idade Média e foi negada pelos socinianos e arminianos. *As Escrituras não a afirmam explicitamente, mas a sugerem quando falam de Deus como justiça, verdade, sabedoria, luz, vida, amor etc., e assim indicam que cada uma dessas propriedades, por causa de sua absoluta perfeição, é idêntica ao seu ser* (itálico meu).⁷⁶

Enquanto Berkhof admite que devemos inferir a doutrina de passagens que falam de outros atributos de Deus, Bavinck é mais positivo quanto ao seu respaldo bíblico. Bavinck diz que a unicidade de Deus é mais do que apenas o fato de que existe somente um Deus. Isso também significa que Ele é simples. Bavinck oferece o seguinte respaldo bíblico para isso:

> Isto se torna claro quando se considera o fato de que as Escrituras, ao nos dar uma descrição da plenitude do ser de Deus, usam não apenas adjetivos, mas também substantivos: elas nos dizem não apenas que Deus é fiel, justo, vivo, onisciente, amoroso, sábio etc., mas também que Ele é a verdade, justiça, vida, luz, amor, sabedoria etc., Jeremias 10.10; 23.6; João 1.4,5,9; 14.6;

1Coríntios 1.30; 1João 1.5; 4.8; e que cada atributo é idêntico ao ser de Deus pelo fato de que cada uma de suas virtudes é absolutamente perfeita.⁷⁷

Que tal esta linha de argumentação de Berkhof e Bavinck? Quanto à simplicidade como consequência lógica da imutabilidade, remeto o leitor à nossa análise da imutabilidade. Se a imutabilidade significar que Deus não pode mudar de forma alguma, inclusive relacionalmente, então a simplicidade provavelmente decorre da imutabilidade. Por outro lado, se a definição de imutabilidade for como a minha, de modo que Deus pode mudar seus relacionamentos, então não está claro que um ser imutável também deva ser simples.

Quanto às passagens bíblicas que Berkhof e especialmente Bavinck propõem, tais argumentos são uma falácia lógica e usam erroneamente a gramática de superfície como que indicando que esses versículos ensinam a doutrina. Bavinck e Berkhof assumem que, pelo fato de haver passagens bíblicas que falam de Deus como justiça e verdade, o escritor está defendendo o argumento metafísico de que o ser de Deus é esses atributos. Contudo, como até mesmo Bavinck admite, também há passagens bíblicas que se referem a Deus como justo (em vez de justiça) e verdadeiro e fiel (em vez de verdade). Assim, se olharmos apenas para a gramática superficial dessas passagens, podemos argumentar a favor e contra a simplicidade usando a linha de argumentação de Bavinck e Berkhof. Visto que existem dois tipos de passagens, apelar apenas para um tipo e afirmar que ele nos diz que a Bíblia ensina a simplicidade é uma falácia lógica.

Há outros problemas com esta linha de argumentação. Como mencionado, Berkhof e Bavinck assumem que a gramática superficial de certas passagens nos revela sua gramática profunda, e que a gramática profunda defende um argumento metafísico sobre a relação do atributo nomeado com o ser de Deus. Ou seja, eles assumem que o autor bíblico está nos ensinando, pela gramática superficial do que ele escreve, algo sobre a forma como o atributo nomeado se relaciona com o próprio ser de Deus. Isso é uma falácia lógica em vários aspectos. É duvidoso que o escritor esteja tentando dizer algo mais do que isto: Deus tem o atributo nomeado. É preciso haver mais evidências no texto antes que possamos concluir que o autor pretende dizer que o atributo nomeado é igual ao ser de Deus ou que é apenas uma parte do ser de Deus. Dito de outra forma, quando João diz que Deus é amor, este "é" é o "é" da identidade ou o "é" da predicação? Se for o primeiro, então o que João diz nos permite inferir a simplicidade. Se for o segundo, então a simplicidade não está implícita. Não podemos diferenciar de qual "é" se trata unicamente a partir do contexto, mas dada a natureza geral dos contextos em que tais afirmações aparecem, é duvidoso que o escritor queira ensinar alguma doutrina metafísica sobre a relação de Deus com seus atributos. É claro que é possível que o escritor esteja defendendo esse argumento, mas se assim for, ele precisa torná-lo mais claro. Em sua forma atual, os dados bíblicos não oferecem um apoio convincente para a doutrina da simplicidade divina. Os dados não definem a questão.

Talvez Berkhof contestasse que eu foquei apenas parte do que ele disse. Seu argumento não é apenas que as Escrituras retratam Deus da maneira que ele menciona, mas que cada um dos atributos de Deus é uma perfeição absoluta e por isso Ele deve tê-los da maneira que um ser simples os teria. Em resposta, eu não acho isso muito esclarecedor. Por que um ser absolutamente perfeito deve ser simples? Isto é, por que a retidão, o amor e a justiça perfeitos exigem que Deus seja simples? Defensores da simplicidade provavelmente dirão que esses atributos perfeitos requerem simplicidade porque, caso contrário, Deus depende deles para a própria existência e então a asseidade está comprometida. Como poderia um ser perfeito não ser *a se*? Abordarei este assunto brevemente, mas apenas menciono que é uma questão que vai muito além do que as próprias Escrituras ensinam.

O resultado dessa discussão sobre a Bíblia e a simplicidade é que a Bíblia não a ensina explicitamente. É preciso inferi-la de uma das maneiras que Bavinck e Berkhof sugerem. No entanto, algumas dessas inferências são claramente falácias lógicas, e outras não são necessariamente as únicas inferências possíveis a partir de dados bíblicos sobre os atributos de Deus. Para qualquer pessoa comprometida com uma noção de Deus baseada na Bíblia, a falta de evidência bíblica para a simplicidade divina deve ser no mínimo desconcertante, e no máximo, um bom argumento contra ela.

Além da falta de respaldo bíblico, o que há de tão errado com a simplicidade divina? Por que os filósofos e teólogos acharam a doutrina tão censurável? Thomas Morris é muito útil ao mencionar que a simplicidade divina pode se referir a qualquer uma ou a todas as três afirmações diferentes. Essas afirmações são:

1. Deus não tem quaisquer partes espaciais (a tese da simplicidade espacial),
2. Deus não tem quaisquer partes temporais (a tese da simplicidade temporal), e

3. Deus não tem o tipo de complexidade metafísica que estaria envolvida em sua exemplificação de numerosas propriedades diferentes ontologicamente distintas de si mesmo (a tese da simplicidade da propriedade).[78]

A partir destas três teses, podemos ver onde está o debate. Visto que o Deus judaico-cristão é espírito puro, não há debate sobre a simplicidade espacial. Todos os lados concordam que Deus é simples nesse sentido. Os verdadeiros pontos de discórdia são as teses (2) e (3). Morris levanta objeções a ambas, enquanto Alvin Plantinga critica principalmente a tese (3). Visto que planejo analisar Deus, tempo e eternidade no Capítulo 9, eu guardarei as objeções à proposição (2) até lá. Meu foco agora é a proposição (3).

Há duas formas nas quais a simplicidade da propriedade tem sido defendida nas análises contemporâneas. A primeira tem uma história muito mais longa e é chamada de "visão de propriedade da simplicidade divina". De acordo com esta visão, existem várias propriedades como universais. Dizer que Deus é simples é apenas dizer que não há distinção entre sua natureza e essas propriedades. Ele simplesmente é idêntico a propriedades como sabedoria, amor e poder. É claro, se a essência de Deus é idêntica a essas propriedades, então cada uma destas (seja em Deus ou independente de Deus como universais) é idêntica às outras propriedades. Thomas Morris explica a visão de propriedade da simplicidade divina da seguinte forma:

> De modo costumeiro e permissível, nós atribuímos numerosos predicados a Deus. Dizemos, por exemplo, que Ele é sábio, bom e poderoso. Contudo, não estamos assim atribuindo-lhe corretamente uma multiplicidade de propriedades distintas. Ou seja, não devemos ser entendidos como defensores de que Deus está em relações de exemplificação ou participação para uma diversidade de propriedades que existem de forma distinta e independente dele. No caso de Deus, e somente dele, não existe uma multiplicidade de propriedades instanciadas. Ele é numericamente idêntico a qualquer propriedade verdadeiramente atribuída a Ele. Assim, Deus = Sabedoria, Deus = Bondade, Deus = Poder, Deus = Justiça e assim por diante. E, é claro, disso decorre, pelos princípios que regem a identidade, que cada propriedade divina é idêntica a qualquer outra propriedade divina, o que significa que, na realidade, existe apenas uma propriedade que Deus tem — uma propriedade com a qual Ele próprio é idêntico.[79]

É esta noção de simplicidade divina que Plantinga critica. Ele oferece várias objeções convincentes, e devemos mencionar as principais. Primeiro, se Deus é idêntico a cada uma de suas propriedades (como é exigido pela visão de propriedade da simplicidade), então cada uma de suas propriedades é idêntica a cada uma de suas propriedades, mas, então, Deus tem somente uma propriedade, e isso não se enquadra na afirmação cristã de que Ele tem uma série de propriedades (justiça, amor, onipotência etc.), sendo que nenhuma delas é idêntica a qualquer outra.[80]

Segundo, e Plantinga acredita que este é um problema monumental, se Deus é idêntico a cada uma das suas propriedades, então, já que essas propriedades são todas propriedades, Deus não deve ser nada mais do que uma propriedade. Porém, é claro, "nenhuma propriedade poderia ter criado o mundo; nenhuma propriedade poderia ser onisciente, ou mesmo saber alguma coisa. Se Deus é uma propriedade, então não é uma pessoa, mas um mero objeto abstrato; não tem conhecimento, consciência, poder, amor ou vida".[81]

Talvez, então, Plantinga arrazoa, não devamos falar de Deus como sendo idêntico a uma propriedade, mas sim falar de situações que consistem em Deus ser sábio, poderoso etc. Embora isso possa ajudar no primeiro problema acerca de Deus ser idêntico às propriedades e todas as propriedades serem idênticas umas às outras, ainda há sérios problemas. Para começar, Plantinga observa que isso não resolve o problema pelo qual a simplicidade foi invocada. Ele explica:

> A motivação subjacente para essa doutrina era fornecer uma saída para o dilema cujos conflitos eram: ou Deus não tem natureza ou então Ele não é genuinamente soberano. A doutrina da simplicidade visa escapar desses conflitos sustentando que Deus tem uma natureza e propriedades, tudo bem, mas elas não são distintas dele, de modo que não se pode dizer corretamente que Ele é limitado por algo distinto dele. Contudo, na atual sugestão, Ele tem uma natureza e propriedades distintas dele. Nesta visão, Deus é idêntico a certa situação; mesmo assim, na visão em questão, Ele tem essencialmente propriedades tais como bondade e conhecimento e é distinto delas. Visto que são essenciais para Ele, elas existem em todos os mundos que Ele faz. Porém, Aquino sustenta que Deus é um ser necessário; Ele existe em todos os mundos possíveis. Se for assim, o mesmo deve ser dito dessas propriedades. Porém, como então elas podem ser dependentes dele? O fato de elas existirem e terem as características que têm não depende dele. E Ele não será dependente delas para sua natureza e caráter? O dilema permanece intocado.[82]

Outro problema com esta visão é que agora Deus não é mais uma propriedade, mas uma situação, e isso é tão problemático quanto ser uma propriedade. Situações são simples objetos abstratos que não criam, amam, conhecem nada.[83] Logo, essa modificação não ajudará em nada a tese de identidade da propriedade.

Plantinga levanta ainda outro problema com a doutrina da simplicidade. Até agora, falamos apenas de propriedades divinas típicas, tais como a onipotência, o amor e a justiça. Deus tem essas propriedades essencialmente, então sem elas não há Deus. Por outro lado, Deus também tem propriedades acidentais que não se referem ao seu próprio ser, mas que são verdadeiras acerca dele.[84] Por exemplo, Deus tem a propriedade de ter criado Adão, a propriedade de saber que Adão pecou, e a propriedade de ser pensado por mim enquanto escrevo esta frase. Deus tem várias outras propriedades semelhantes, e nenhuma é essencial para seu próprio ser. Há mundos possíveis nos quais Adão não peca e eu não escrevo estas frases, e há outros mundos possíveis nos quais Adão e eu nem sequer existimos. Porém, o problema é mais profundo do que se todas as propriedades de Deus são essenciais ou se algumas são acidentais. O problema é que a tese da identidade da propriedade que a simplicidade possui torna Deus não só idêntico à sua misericórdia, ao seu amor, poder, mas também idêntico a essas outras propriedades, e elas são idênticas umas às outras. É difícil ver como tais propriedades podem ser idênticas umas às outras, e por que se defenderia uma visão que torna Deus *idêntico* às propriedades que são puramente acidentais.[85]

À luz de tais críticas, surgiu uma segunda formulação da simplicidade divina. William Mann, um dos mais capacitados defensores contemporâneos da simplicidade divina, propõe que, em vez de defender que Deus é idêntico a vários atributos, deveríamos dizer que Ele é idêntico às *suas instâncias* desses atributos.[86] Essa versão da simplicidade divina é chamada de "visão da instância de propriedade" da simplicidade divina.

O que isso significa? Podemos pensar em uma *propriedade* como um objeto abstrato capaz de ser instanciado em várias coisas. Por outro lado, uma *instância de propriedade* é uma instanciação específica de determinada propriedade. Como tal, ela é concreta, e não abstrata. Mesmo nesse entendimento, os atributos de Deus como instâncias de propriedade parecem distintos uns dos outros, mas com a noção de simplicidade, cada uma dessas instâncias é idêntica às instanciações dos outros atributos de Deus. Esta forma de simplicidade não significa que sabedoria, poder e amor são idênticos uns aos outros, mas que a sabedoria de Deus, o poder de Deus e o amor de Deus são idênticos uns aos outros.[87] Isso parece problemático, já que nenhuma instância de propriedade poderia ser uma pessoa. Para combater essa objeção, Mann introduz a noção de uma "propriedade rica". Uma propriedade rica é apenas uma propriedade conjuntiva "cujas conexões são tão somente as propriedades essenciais e acidentais dessa pessoa".[88] Então, cada pessoa é apenas uma instância de uma propriedade rica. Isso deveria atender à objeção de que nenhuma instância de propriedade poderia ser uma pessoa, pois se cada indivíduo é uma instância de sua propriedade rica, e se uma propriedade rica contém tudo o que é verdade sobre a pessoa, parece que uma instância de propriedade pode ser uma pessoa. Mann explica a visão da instância de propriedade da seguinte forma:

> Ela identifica Deus com sua onisciência, sua onipotência e assim por diante, onde, por exemplo, "a onisciência de Deus" é interpretada como se referindo a uma instância da propriedade de *ser onisciente*. A visão da instância de propriedade defende que "Deus", "a onisciência de Deus" e "a onipotência de Deus" se referem todos à mesma instância de propriedade, a saber, Deus. Contra a possível objeção de que nenhuma instância de propriedade poderia ser uma pessoa, eu argumentei em nome da visão da instância de propriedade que, pelo contrário, cada pessoa é uma instância de uma *propriedade rica*, uma propriedade conjuntiva cujas conexões são tão somente as propriedades essenciais e acidentais dessa pessoa.[89]

Foram levantadas várias objeções contra a visão da instância de propriedade da simplicidade. Felizmente, Mann respondeu a algumas das mais significativas, de modo que podemos ver o que ele diz e avaliar sua persuasão. Uma queixa inicial vem de Brian Leftow. Ele escreve:

> Mann argumenta então que algumas instâncias-atributos são concretas: por exemplo, nós próprios somos instâncias de certos atributos. Se for assim, Mann argumenta, pode-se defender que uma divindade simples é idêntica às instâncias-atributos e ainda assim concreta. Porém, a proposta de Mann se reduz a uma versão da afirmação de que Deus é idêntico aos atributos *simpliciter*, ou não se trata realmente de uma doutrina da simplicidade divina. Pois há ou não há alguma entidade envolvida em uma instância-atributo que seja distinta do atributo que está sendo instanciado. Se não houver nada em uma instância-atributo que seja distinto do atributo instanciado, o que Mann

propõe é apenas uma mudança na terminologia e, de fato, em sua doutrina, assim como na de Aquino, Deus é idêntico aos atributos. Se houver algo em uma instância-atributo que seja distinto do atributo envolvido, então a instância-atributo é uma coisa metafisicamente complexa, e assim também é Deus, que é idêntico a uma instância-atributo.[90]

Esta objeção poderia levar a outra reclamação. Se Deus é idêntico às suas instâncias-atributos, então, visto que há mais de um atributo divino, Deus parece ser um composto de várias instâncias-atributos, e neste caso Ele não é simples. Agora, Mann poderia responder que sua noção de propriedade rica resolve este problema. Deus é idêntico a apenas uma instância de propriedade, a saber, sua propriedade rica. Contudo, Mann define uma propriedade rica como uma propriedade conjuntiva formada por todas as propriedades de um indivíduo. Se assim for, porém, a propriedade rica parece ser um composto, e se Deus é idêntico à sua propriedade rica, então Ele não pode ser simples.

Talvez Mann respondesse que este problema não ocorre, uma vez que, com esta visão de simplicidade divina, fica claro que as instâncias de propriedade são idênticas umas às outras. Assim, ao dizer que a propriedade rica de Deus é uma propriedade conjuntiva, não predicamos a multiplicidade em Deus, já que cada uma das conjunções é idêntica a cada uma das outras conjunções desta propriedade rica. No entanto, isso não parece resolver o problema mais do que dizer que as propriedades são idênticas (na visão de propriedade da simplicidade). Pois assim como faz pouco sentido dizer que o poder é apenas amor, e que esses dois atributos são o mesmo que propriedades como a eternidade, faz pouco sentido, igualmente, dizer que a instância da propriedade de poder de Deus é idêntica à sua instância da propriedade de graça. As instâncias de dois atributos distintos não são também instâncias distintas?

Então, de acordo com esta linha de argumentação, a proposta de Mann enfrenta um dilema. Ou a propriedade rica de Deus é realmente uma composição de instâncias de propriedade distintas e então Deus é composto, em vez de simples, ou a propriedade rica de Deus, embora um conjunto de todas as suas instâncias de propriedade, ainda não é composta, porque cada instância de propriedade é idêntica a todas as outras. Porém, no último caso, todas as instâncias de propriedade são idênticas, e isso parece problemático.

Mann pode dizer que a resposta a este dilema é defender que a propriedade rica de Deus é uma propriedade conjuntiva, mas isso não requer a qualidade de ser composto, porque a instância de onisciência de Deus, por exemplo, é idêntica apenas à onisciência, sua instância de amor é idêntica apenas ao amor etc. Nesse caso, visto que as instâncias de propriedade de Deus são todas idênticas às propriedades que elas instanciam, as instâncias e as propriedades devem ser genuinamente idênticas umas às outras, então não haveria realmente complexidade na natureza de Deus. Voltarei a esta proposta, pois Mann a utiliza para responder a outras objeções, mas deixe-me dizer, por enquanto, que ainda parece haver o problema de tornar idênticas as propriedades que são bastante díspares (este foi um problema que Plantinga levantou com a visão de propriedade da simplicidade), e não tem uma explicação melhor de como uma instância de propriedade de um atributo pode ser idêntica a uma instância de propriedade de outro.

Thomas Morris oferece outra objeção significativa para a visão da instância de propriedade. Uma das razões pelas quais os defensores da simplicidade divina a sustentam é um apelo à intuição da simplicidade-asseidade. Entretanto, como Morris argumenta, a visão da instância de propriedade da simplicidade se depara com problema nessa questão de asseidade tanto quanto a visão de propriedade. Por enquanto não precisamos dizer que Deus depende de suas propriedades para ser quem Ele é, mas, em vez disso, Ele depende de outros objetos abstratos (instâncias de propriedade) para ser o que Ele é. Se dissermos que Deus tem apenas uma propriedade rica, Ele ainda é uma instância dessa propriedade, então Ele ainda depende de algo independente de si mesmo.[91]

Mann reconhece que isso é um problema para sua visão. Se a visão da instância de propriedade da simplicidade for defendida, então se contradiz a asseidade divina. Se, em vez disso, se optar pela visão de propriedade da simplicidade, então se empaca nas queixas de Plantinga sobre transformar Deus em uma propriedade.[92] Mann propõe lidar com esse dilema entendendo seus dois conflitos. Ele explica:

> A visão da instância de propriedade identifica Deus, por exemplo, com sua onisciência. A visão de propriedade identifica Deus com a própria onisciência. O que eu proponho é identificar a onisciência de Deus com a própria onisciência. A identidade proposta tem consequências imediatas. Primeiro, ela exclui a objeção de Morris. Se Deus e sua onisciência são apenas onisciência em si, então não há propriedade distinta de Deus da qual Ele seja uma instância. Segundo, visto que a propriedade da onisciência é identificada com sua instância, Deus, segue-se que, se somos monoteístas, estaremos

comprometidos em defender que a onisciência não é ou não pode ser replicada, dependendo da força modal do nosso monoteísmo. Observações análogas defenderão a onipotência e os outros atributos divinos padrão.[93]

Esta é a visão que levantei anteriormente sobre a instância de um atributo de *Deus* ser idêntica ao próprio atributo. Como já mencionado, isso não explica como atributos que são claramente diferentes são idênticos. Mann poderia dizer que isso apenas parece problemático porque essas qualidades nos humanos são bastante distintas, mas a onisciência divina, o amor divino, a justiça divina e coisas semelhantes são atributos que são realmente idênticos. Aqui há uma inclinação a se invocar a resposta de Wolterstorff à proposta de que a instância divina de onisciência é apenas onisciência etc. Ele diz que esta proposta parece ser pontual. Como ele explica:

> Procura-se uma análise geral sobre propriedades e instâncias de propriedade em que se mostre que certas propriedades são autoinstanciadoras (n.b., não autoexemplificadoras, mas *autoinstanciadoras*), em que se estabeleçam as condições gerais sob as quais isso ocorre, e em que se mostre que essas condições são satisfeitas no caso da onisciência, onipotência, onibenevolência e o restante das propriedades de Deus. Mas Mann não oferece essa análise ontológica geral.[94]

Aqui eu concordo com Wolterstorff e acrescentaria que, se Mann dissesse que os atributos *divinos* são realmente idênticos uns aos outros (embora nos humanos os atributos sejam diferentes), e que é assim porque eles são divinos, e não humanos, tais afirmações também seriam pontuais. Não estou dizendo que não há nenhuma diferença entre os atributos divinos e humanos, mas apenas que não vi nada de Mann ou de qualquer outra pessoa que demonstre que eles são diferentes no sentido de que, por exemplo, enquanto poder e amor em nós são qualidades separadas, em Deus elas são idênticas. Portanto, a resolução parece pontual.

Mas há um segundo problema com a equação de Mann referente à onisciência de Deus e onisciência etc. Como Wolterstorff explica, "se Deus é idêntico à instância de propriedade, a onisciência de Deus, e se essa instância de propriedade é idêntica à propriedade, onisciência, então segue-se que Deus é uma propriedade".[95] É claro, já vimos os problemas em dizer que Deus é uma propriedade. Assim, se adotarmos a proposta de Mann, a visão da instância de propriedade da simplicidade se reduz à visão de propriedade da simplicidade e está sujeita a todas as críticas de Plantinga.

Mann está ciente deste possível problema, e mesmo que pense que sua proposta resolve a questão da asseidade, admite que ela não aborda necessariamente a queixa de Plantinga contra a visão de propriedade, de que se Deus é uma propriedade, Ele deve ser um objeto abstrato, incapaz de ter os atributos pessoais que pertencem a Ele. Mann responde rejeitando a suposição de Plantinga de que as propriedades são objetos abstratos. Em vez disso, ele defende que as propriedades são poderes causais. Mann explica:

> P é uma propriedade de um objeto, x, somente se a presença de P em x conferir algum poder causal (ou poderes causais) a x. P e Q são a mesma propriedade se e somente se (1) P e Q conferirem os mesmos poderes causais aos seus objetos e (2) o que quer que seja suficiente para causar uma instância de P em um objeto, x, seja suficiente para causar uma instância de Q em x, e vice versa. [...] É preciso muito mais trabalho para se elaborar e defender uma teoria causal de propriedades, mas esta não é a ocasião para realizar essa tarefa. Tudo o que preciso mencionar no momento é que, se propriedades são poderes causais, e se Deus é uma propriedade, então Ele é um poder causal. Além disso, se a propriedade que Deus é é amplamente identificada como onisciência, onipotência, perfeição moral e coisas semelhantes, então a propriedade *cum* poder causal que Deus é parece mais e mais análoga aos poderes causais que as pessoas comuns têm.[96]

Esta certamente é uma visão estranha das propriedades, e como muitos observam, Mann a desenvolve tão pouco que podemos fazer pouco a respeito dela. Ele não oferece nenhum argumento a não ser a suposição implícita de que, se for adotada, parece lidar com a objeção de que propriedades são objetos abstratos. Porém, por si só, não é razão suficiente para concordar que as propriedades são de fato simples poderes causais.[97]

Portanto, parece haver problemas tanto com a visão de propriedade da simplicidade como com a visão da instância de propriedade. Estes problemas filosóficos mais as considerações bíblicas levantadas anteriormente levam-me a concluir que simplicidade não é um dos atributos divinos. Isso não significa que Deus tenha partes físicas, mas que as implicações da doutrina da simplicidade metafísica são problemáticas demais para sustentá-la.

Antes de encerrar esta análise, devo retornar à questão da asseidade. Uma das razões de adotar a simplicidade é proteger a asseidade divina. No Capítulo 6, mencionei que a asseidade enquanto autossuficiência ou dependência pode ser entendida de duas maneiras diferentes. É a segunda que está sendo estudada agora. Se rejeitarmos a simplicidade, devemos abandonar também a asseidade como autodependência? É claro, se a simplicidade for censurável por razões independentes da questão da asseidade, não podemos defendê-la, não importa o que pensamos que isso significa para a asseidade de Deus. E já vimos que há muitas razões para rejeitar a simplicidade. Ainda assim, por várias razões, não acredito que rejeitar a simplicidade ponha significativamente em risco a soberania ou asseidade divina. Primeiro, como mostra Thomas Morris, não está claro que a simplicidade protege a asseidade como acreditam os seus defensores. Portanto, a motivação por detrás da defesa da simplicidade não triunfa. Morris explica:

> O que preocupa o teórico da simplicidade é que, dada a bondade necessária de Deus, por exemplo, se se pensar na bondade como uma propriedade distinta dele, então é verdade que...

1. Se a propriedade da bondade não existisse, então Deus não existiria.

> Porém, isso é apenas uma expressão da ideia de que a bondade de Deus lhe é essencial — que Deus é bom em todas as circunstâncias em que Ele existe. Porém, visto que, do ponto de vista que temos desenvolvido, também é verdade que Deus existe necessariamente, em todo mundo possível, também se pode dizer que a propriedade da bondade é essencialmente tal que é possuída por Deus. E pode-se ver isso como respaldo da verdade de que

2. Se Deus não existisse, então a propriedade da bondade não existiria.

> O teórico da simplicidade crê que (1) expressa a dependência de Deus da propriedade da bondade. Porém, se expressasse, (2) expressaria a dependência da propriedade da bondade em relação a Deus. Porém, presumivelmente, a dependência ontológica, dependência por ser ou existência, pode ir somente em uma direção — se meus pais me trouxeram à existência, não pode ser também o caso de que eu os tenha trazido à existência. Assim, a mera existência e a verdade de proposições como (1) e (2) não podem ser as únicas consideradas na demonstração de dependência ontológica. Sua verdade

reflete apenas a relação lógica que há entre as proposições acerca das entidades necessariamente existentes, e por si só não sugere nada acerca da dependência ou independência ontológica dessas entidades.[98]

Assim, não está claro que, mesmo que tenha uma natureza, ou seja, uma natureza feita de propriedades que são independentes dele, Deus não pode ter asseidade, especialmente porque Ele é um ser necessário.

Plantinga oferece uma segunda linha de argumentação relevante para a questão da simplicidade/asseidade. Tendo rejeitado a ideia de que Deus é idêntico à sua natureza (isto é, a simplicidade divina está incorreta), e a ideia de que Deus não tem natureza (nominalismo que nega que há entidades abstratas como propriedades que existem independentemente das coisas específicas em nosso mundo), Plantinga conclui que Deus tem uma natureza e que existem propriedades independentes dele sobre as quais Ele não tem controle. Isso significa que Deus não é mais soberano e não tem mais asseidade? Como Plantinga mostra, se for defendida uma visão como a de Descartes (Plantinga a rotula de um possibilismo universal), então provavelmente Deus ter uma natureza e existirem propriedades sobre as quais Ele não tem controle significaria que Deus não é soberano e não é *a se*. Porém, é claro, isto é assim porque o possibilismo universal postula que Deus tem poder na medida em que tudo é possível, mesmo o logicamente contraditório. Se soar familiar, é o que deveria, pois é exatamente a posição que rotulamos de teonomia e que os medievais chamavam de voluntarismo. Então, se se for um teonomista, de fato, dizer que Deus tem uma natureza e que há propriedades sobre as quais Ele não tem controle comprometerá a asseidade como autodependência (no sentido que está sendo estudado) e a soberania.[99] Mas por que alguém deveria ser um teonomista?

Por outro lado, se for rejeitada a teonomia da variedade que Descartes parecia defender, então Deus pode ter uma natureza e podem existir propriedades sobre as quais Ele não tem controle, mas esta é uma limitação que não é significativa.[100] Talvez precisemos rever ligeiramente nossa noção de soberania e interpretar a asseidade como autossuficiência somente no primeiro sentido ressaltado no Capítulo 6, para que a soberania e a asseidade não incluam o controle de Deus sobre as propriedades que compõem sua natureza, mas Ele ainda permaneça soberano e *a se* em sentidos já ressaltados.

O que estou dizendo é que não há necessidade de defender a simplicidade para proteger a asseidade, a menos que se defenda uma metafísica como a teonomia e se defina asseidade e soberania como um teonomista faria. Porém, se você defende uma metafísica mais racionalista, como o racionalismo modificado, então a asseidade de Deus não exige que Ele controle coisas como propriedades em geral, ou as propriedades específicas que compõem sua natureza. Portanto, não precisamos defender a simplicidade para proteger a asseidade. Além disso, numa metafísica racionalista, a asseidade e a soberania não exigem que Deus seja capaz de fazer o logicamente impossível, mas nenhum racionalista Leibniziano, e poucos, se é que algum, racionalistas modificados julgariam essa limitação significativa para o fato de Deus ser soberano e *a se*. Assim, a menos que se tenha uma metafísica teônoma, não há nada acerca da asseidade e da soberania que a simplicidade proteja que realmente deva preocupar, e a simplicidade pode ser descartada sem prejudicar a asseidade, a soberania ou uma metafísica racionalista.

Esta análise produz duas conclusões. Primeira, existem amplas razões para se rejeitar a doutrina da simplicidade divina (a proposição [3] de Morris), à parte de qualquer coisa relevante para a asseidade. Segunda, não há necessidade de se defender a simplicidade para proteger a asseidade e a soberania. Para começar, se o argumento de Morris estiver certo, não protege de qualquer modo. Além disso, não há necessidade de se defender a simplicidade para proteger a asseidade, a menos que se seja um teonomista e se interprete a asseidade de acordo com a linha teonômica; caso contrário, Deus ainda pode ser soberano e ser *a se* em sentidos significativos, mesmo sem simplicidade.

Capítulo Oito

OS ATRIBUTOS MORAIS DE DEUS

Se os atributos não morais nos fazem admirar a grandeza, o poder e a majestade de Deus, seus atributos morais não evocam menos entusiasmo. São os atributos morais de Deus que nos oferecem a melhor imagem de como Ele trata suas criaturas. Ao refletir sobre o modo como Ele lida conosco, somos levados a nos regozijar com seu tratamento gracioso e amoroso. É tão maravilhoso saber que nossas vidas e destinos estão nas mãos de alguém que não é um ser maligno, mas um Deus bom! Estar sujeito a um Deus onipotente, porém maligno, nos aterrorizaria momento a momento. Que bênção saber que estamos nas mãos de uma divindade amorosa, justa e compassiva.

À medida que refletimos sobre as excelências morais de Deus, devemos nos lembrar de uma questão levantada nos capítulos anteriores. Atributos divinos como amor, bondade, verdade e justiça não obrigam Deus a fazer toda coisa amorosa, justa, boa e verdadeira que Ele possivelmente pode fazer. Em vez disso, esses atributos garantem que tudo o que Deus faz exibe *de fato* essas qualidades. Às vezes podemos não enxergar amor, graça e misericórdia em suas ações, mas nossas perspectivas sempre se limitam aos detalhes do imediato. É em questões como estas que a única certeza que podemos ter, além do testemunho do Espírito Santo em nossas mentes e corações, é a verdade da revelação bíblica de que Deus possui esses atributos e age sempre de acordo com o seu caráter.

SANTIDADE

Uma série de termos é usada em hebraico para se referir à santidade divina. O verbo principal é *qādaš*, que significa ser santo ou santificado e consagrar ou santificar. No Qal, ele designa o estado das coisas que pertencem à esfera do sagrado. Elas são colocadas à parte ou consagradas para o uso sagrado, e não o profano. Este conceito, claro, é amplamente exemplificado nos rituais de culto e nas restrições da Lei de Moisés. No Piel e no Hifil, o verbo conota a ação pela qual se efetua a distinção entre sagrado e profano. Em outras palavras, ele indica, muitas vezes, o ato de consagração, como em Êxodo 19.23. No Nifal, o verbo pode significar a prova de nossa santidade. Por exemplo, Deus prova ou demonstra sua santidade julgando o pecado (Lv 10.1-3) ou cumprindo suas promessas (Ez 20.41; 28.25; 39.27).[1]

Além do verbo para santidade, há vários substantivos que parecem derivar do verbo *qādaš*. Por exemplo, *qōdeš* (traduzido como "separação", "santidade", "sacralidade") designa o conceito de santidade. Indica "a natureza essencial daquilo que pertence à esfera do sagrado e que, portanto, é distinto do comum ou profano".[2] Além disso, o adjetivo *qādoš* (traduzido como "santo", "o santo") é usado para se referir a alguém ou algo que é intrinsecamente sagrado ou que tenha sido admitido na esfera do sagrado por um rito divino ou ato de culto. É claro, Deus é intrinsecamente santo. Por fim, há vários casos em que o adjetivo hebraico *ḥasîd* é usado com referência a Deus (Sl 16.10; 89.20 [heb.]; 145.17). Embora pareça vir da raiz *ḥsd*, uma raiz da qual derivam palavras como *ḥesed* (traduzida muitas vezes por "amor inabalável", "benignidade" ou "amor leal"), este termo é usado, muitas vezes, com referência ao povo de Deus. Não se sabe ao certo se os escritores o usam dessa forma porque o povo de Deus era destinatário de seu *ḥesed*, ou se eles próprios eram caracterizados por esse *ḥesed*, ou ainda ambos. Contudo, o termo é usado com referência a Deus e é traduzido como "santo".[3]

No grego, um conjunto de termos é usado para designar santidade. O verbo principal é *hagiazō*, e o adjetivo é *hagios*, "santo". No NT, fala-se de Deus, Cristo e do Espírito Santo como santos, mas a igreja e a vida do cristão também são descritas como santas.

Visto que estes termos hebraicos e gregos são usados com referência a Deus, as Escrituras oferecem uma imagem dupla da santidade divina. Por um lado, Deus é santo, uma vez que é distinto ou separado de tudo o mais. Alguns chamam este aspecto da santidade divina de santidade da majestade. Este aspecto da santidade de Deus é aquele em que menos se pensa e, na verdade, o que apresenta maior relação com a infinidade, asseidade e unidade — atributos divinos não morais. Como o Deus majestoso cujas qualidades não conhecem limites, o ser de Deus está infinitamente acima de suas criaturas. Além disso, uma vez distinto da criação, Ele não depende de ninguém ou de nada para trazê-lo à existência ou mantê-lo existindo. E, claro, existe apenas um ser com tal majestade e perfeição. Ele é o Deus único (unidade).

Muitas passagens bíblicas retratam Deus como o majestoso e poderoso. Em 1Samuel 2.2 lemos: "Não há santo como o Senhor; porque não há outro além de ti; e Rocha não há, nenhuma, como o nosso Deus". Aqui se fala tanto de sua majestade como de sua singularidade. De modo semelhante, encontramos Êxodo 15.11, "Ó Senhor, quem é como tu entre os deuses? Quem é como tu, glorificado em santidade, terrível em feitos gloriosos, que operas maravilhas?" Em Salmos 99.3,5,9, o salmista encoraja os leitores a exaltar o Senhor por sua santidade. Aqui, mais uma vez, se fala de sua majestade (ver também 2Cr 20.21; Sl 22.3; 30.4; 33.21; 68.17,35; 98.1).

Também encontramos este tema nos profetas. A visão que Isaías tem do Senhor inclui anjos circundando o trono de Deus e dizendo: "Santo, santo, santo é o Senhor dos Exércitos; toda a terra está cheia da sua glória" (Is 6.3). Isaías responde arrependendo-se de seu pecado, mas fica impressionado com algo mais do que a pureza moral de Deus. O retrato é do grande poder e da grandeza de Deus. Em Isaías 52.10, encontramos um elo entre o poder e a santidade de Deus (veja também Ez 39.25).

Este tema da santidade da majestade também aparece no NT. Depois que soube que daria à luz o Messias, Maria disse (Lc 1.49): "porque o Poderoso me fez grandes coisas. Santo é o seu nome". Em Apocalipse 4 encontramos uma cena que lembra Isaías 6. João descreve o que ele viu ao ser elevado ao céu diante da presença de Deus (Ap 4.8; ver também Ap 3.7).

Além dessas passagens que falam tão diretamente da santidade da majestade de Deus, outras que falam de sua santidade podem ser vistas como referências à sua majestade. Em versículos específicos é difícil discernir se o foco é a grandeza de Deus ou sua pureza moral, mas os contextos onde esses versículos se encontram esclarecem que o foco é a majestade de Deus. Por exemplo, em muitas passagens os escritores exaltam as virtudes e grandezas de Deus e também falam de sua santidade. Em tais contextos, é mais provável que o foco esteja principalmente na santidade da majestade de Deus. Os textos de 1Crônicas 16.10,35; 29.16 oferecem louvor a Deus por suas muitas excelências (veja também Sl 68.5 e Pv 9.10).

Da mesma forma, os salmistas frequentemente louvam ao Senhor por sua grandeza multifacetada. Ao fazer isso, falam da santidade de Deus. Em Salmos 105.3 lemos: "Gloriai-vos no seu santo nome; alegre-se o coração dos que buscam o SENHOR" (veja também Sl 106.47; 108.7). Em uma passagem (Sl 47.8), o salmista louva a Deus por seu controle soberano: "Deus reina sobre as nações; Deus se assenta no seu santo trono". Em outra, o salmista exalta os poderosos feitos de Deus (Sl 111.9).

Por causa da majestade e grandeza de Deus, até os lugares onde Ele habita e é adorado são considerados santos, e a ideia é basicamente da santidade da sua majestade. Lemos, por exemplo, em Salmos 46.4: "Há um rio, cujas correntes alegram a cidade de Deus, o santuário das moradas do Altíssimo". Em Isaías 57.15 lemos: "Porque assim diz o Alto, o Sublime, que habita a eternidade, o qual tem o nome de Santo: Habito no alto e santo lugar" (ver também Dt 26.15; Sl 3.4; 11.4; 20.6; 28.2; 48.1; 65.4; 68.5,17,35; 87.1; Is 57.13; Jr 25.30; Ez 28.14; Jl 2.1 e Zc 2.13).

Igualmente, o próprio nome do Senhor é santo, não apenas os lugares e coisas associados a Ele. "Bendize, ó minha alma, ao SENHOR, e tudo o que há em mim bendiga ao seu santo nome" (Sl 103.1). Veja também, por exemplo, 1Crônicas 16.10,35; 29.16; Sl 105.3; 106.47; 145.21. Em seus respectivos contextos, estes versículos enfatizam a majestade e a grandeza de Deus.

Além disso, quando falam de Deus, vários escritores se referem a Ele por uma frase descritiva que inclui a palavra "santo", e os contextos em que muitas dessas frases aparecem se relacionam à santidade da majestade de Deus. Por exemplo, o escritor de Reis diz (2Rs 19.22): "A quem afrontaste e de quem blasfemaste? E contra quem alçaste a voz e arrogantemente ergueste os olhos? Contra o Santo de Israel". De longe, o autor que usa essa frase descritiva com mais frequência para designar Deus é Isaías. Ele fala repetidamente do "Santo de Israel". São abundantes as passagens onde a ênfase é principalmente a grandeza de Deus. Em Isaías 31.1 encontramos: "Ai dos que descem ao Egito em busca de socorro e se estribam em cavalos; que confiam em carros, porque são muitos, e em cavaleiros, porque são mui fortes, mas não atentam para o Santo de Israel, nem buscam ao SENHOR!" (veja também Is 10.17; 12.6; 17.7; 37.23; 40.25; 41.14,16,20; 43.3,14,15; 45.11; 47.4; 48.17; 54.5; 55.5; 60.9,14). Embora esta frase descritiva seja encontrada com mais frequência em Isaías, outros escritores do AT também a usam para falar da santidade da majestade de Deus (veja Sl 71.22; 89.18; Jr 50.29; Hc 1.12; 3.3).

O segundo sentido em que Deus é separado ou apartado de tudo é em sua pureza moral e perfeição, o conceito que associamos com mais frequência à santidade divina. Deus é livre da poluição do pecado, pois não pode pecar. Na verdade, Ele é tão puro e perfeito que as Escrituras dizem que Ele não pode sequer ser tentado a pecar (Tg 1.13). Embora Deus pudesse ter decidido não se obrigar a obedecer a quaisquer regras morais, a descrição de suas ações nas Escrituras mostra que Ele obedece aos mesmos padrões que estabeleceu para nós. Na verdade, as normas morais de Deus são expressões de seus atributos morais, portanto, ao obedecer a essas normas, Deus está apenas sendo coerente com quem Ele é.

São muitas as passagens bíblicas que falam da pureza moral e da integridade de Deus. O salmista diz a respeito de Deus (Sl 145.17), "Justo é o SENHOR em todos os seus caminhos, benigno em todas as suas obras" (ver também 1Sm 6.20). Em alguns casos (p. ex., Sl 105.42) mostra-se que Deus é santo em virtude de suas ações: "Porque estava lembrado da sua santa palavra e de Abraão, seu servo". Na verdade, em virtude de sua santidade, em algumas ocasiões Deus jura que fará algo. Sendo moralmente puro, o que envolve veracidade, Ele não pode deixar de cumprir suas promessas. O salmista escreve (Sl 89.35): "Uma vez jurei por minha santidade (e serei eu falso a Davi?)" (ver também Am 4.2). No NT, Pedro, ao citar Levítico, escreve (1Pe 1.15,16): "pelo contrário, segundo é santo aquele que vos chamou, tornai-vos santos também vós mesmos em todo o vosso procedimento, porque escrito está: Sede santos, porque eu sou santo". Quanto a Jesus, o autor de Hebreus escreve (7.26): "Com efeito, nos convinha um sumo sacerdote como este, santo, inculpável, sem mácula, separado dos pecadores e feito mais alto do que os céus".

Além disso, em Oseias 11.9 encontramos uma imagem clara da diferença entre Deus e o homem. Embora o foco não seja explicitamente a santidade moral, o contexto sugere ser esta a questão. Apesar da infidelidade de Israel a Deus e seu direito de julgá-los, Ele diz: "Não executarei o furor da minha ira; não tornarei para destruir a Efraim, porque eu sou Deus e não homem, o Santo no meio de ti; não voltarei em ira". Um humano, enquanto moralmente impuro e finito, procuraria vingança, mas não Deus. Outras passagens que falam da pureza moral de Deus são Josué 24.19; Salmo 60.6; Isaías 5.16; Jeremias 23.9; Malaquias 2.11; Hebreus 12.10.

Outra forma de os escritores bíblicos falarem da santidade moral de Deus é referir-se à sua pureza. Por causa de sua santidade, sua palavra (seja ou não parte das Escrituras) é pura e verdadeira (Sl 12.6; ver também Sl 119.140; Pv 30.5). Assim, as ordens de Deus também devem ser moralmente corretas. O salmista concorda (Sl 19.8): "Os preceitos do SENHOR são retos e alegram o coração; o mandamento do Senhor é puro e ilumina os olhos". Não apenas as palavras e os mandamentos de Deus são puros; sua própria pessoa é moralmente pura, e a pureza de Deus excede em muito a nossa. Essa é a insinuação da pergunta de Elifaz a Jó (Jó 4.17): "Seria, porventura, o mortal justo diante de Deus? Seria, acaso, o homem puro diante do seu Criador?"

No Código de Santidade do AT, descobrimos que Deus queria que seu povo fosse separado dos outros povos e que o adorasse somente em pureza. Repetidas vezes, no Código de Santidade, o Senhor lembra Israel de que estes regulamentos são dados por causa de sua santidade e de seu desejo de que eles sejam santos (Lv 19.2; 20.3; 26). No NT também, Deus ordena a pureza moral de seu povo, e o padrão para essa pureza é o próprio Deus (1Pe 1.15,16). Em 1João 3.3, João diz que os crentes que algum dia serão como o Senhor quando Ele voltar precisam levar vidas santas no presente.

Como no caso da santidade da majestade, algumas passagens que falam da santidade de Deus não esclarecem se o foco é a santidade da majestade ou a pureza moral, mas o contexto deixa claro que a pureza moral é o mais provável. Em Salmos 24.3, o salmista pergunta: "Quem subirá ao monte do Senhor? Quem há de permanecer no seu santo lugar?" Considerando-se a resposta de que somente quem tem mãos limpas e coração puro pode subir, a pureza moral é provavelmente o ponto (veja também Sl 97.12).

Há também passagens sobre a santidade de Deus onde o foco parece ser a pureza moral, mas a separação do profano e do cerimonialmente impuro também é o ponto. Estude Levítico 11.44,45; 21.8. Estude também Isaías 29.23, que traz a observação de consagrar ou separar Deus como especial para ser adorado em oposição aos deuses pagãos: "Mas, quando ele e seus filhos virem a obra das minhas mãos no meio deles, santificarão o meu nome; sim, santificarão o Santo de Jacó e temerão o Deus de Israel". Além disso, em Ezequiel 22.8,26 ouvimos a queixa de Deus contra Israel, de que este violou sua limpeza moral e cerimonial.

Em algumas passagens que falam da santidade de Deus, o contexto parece exigir uma referência tanto à sua pureza moral quanto à sua majestade. Por exemplo, Ezequiel, falando da libertação escatológica de Israel por Deus, diz (Ez 36.22), "Assim diz o Senhor Deus: Não é por amor de vós que eu faço isto, ó casa de Israel, mas pelo meu santo nome, que profanastes entre as nações para onde fostes" (ver também Ez 39.7 e Ap 15.4).

Assim como a santidade da majestade de Deus está associada aos lugares onde Ele habita e é adorado, o mesmo se aplica à sua pureza moral. O salmista pergunta (Sl 15.1): "Quem, Senhor, habitará no teu tabernáculo? Quem há de morar no teu santo monte?" Em outro salmo (138.2), o escritor expressa sua intenção de adorar no templo santo de Deus. A partir do momento em que tentou fugir de Deus, Jonas reconheceu sua separação moral dele (Jn 2.4,7; ver também Êx 15.13; Sl 43.3; Ez 44.13; Dn 9.16,20; Mq 1.2; Hc 2.20). Além disso, muitas passagens que associam um lugar com a santidade moral de Deus são de natureza escatológica. Por exemplo, Isaías 11.9 diz: "Não se fará mal nem dano algum em todo o meu santo monte, porque a terra se encherá do conhecimento do Senhor, como as águas cobrem o mar" (ver também Zc 8.3; Is 27.13; 56.7; 65.11,25; 66.20; Jl 3.17; Sf 3.11).

O nome do Senhor é frequentemente referido como santo, e em muitos contextos o ponto é sua pureza moral. Este é o caso, com muita frequência, no livro de Ezequiel. Por exemplo, em 20.39 lemos, "Quanto a vós outros, vós, ó casa de Israel, assim diz o Senhor Deus: Ide; cada um sirva aos seus ídolos, agora e mais tarde, pois que a mim não me quereis ouvir; mas não profaneis mais o meu santo nome com as vossas dádivas e com os vossos ídolos" (ver também Ez 36.20,21; 43.7,8; Am 2.7). Como no caso da santidade da majestade, o nome descritivo "o Santo de Israel" também é usado em contextos onde a ideia principal é a pureza moral (ver Is 1.4; 5.24; 30.11; Jr 51.5). A referência ao nosso Senhor Jesus Cristo é feita dessa forma no NT. Em certa ocasião Ele é chamado de "Santo de Deus" pelos demônios que Ele expulsa (Mc 1.24; paralelo em Lc 4.34). Em vários casos, este termo é atribuído a Jesus, mas não está claro se o foco é a pureza moral ou a santidade da majestade. Por exemplo, em Atos 2.27 (citação do Sl 16.10) lemos: "porque não deixarás a minha alma na morte, nem permitirás que o teu Santo veja corrupção". Pedro diz (At 3.14; ver também 13.35): "Vós, porém, negastes o Santo e o Justo e pedistes que vos concedessem um homicida".

Deus, enquanto moralmente puro, não pode suportar o pecado, e as Escrituras mostram que Ele o odeia. O escritor de Provérbios é muito específico acerca do comportamento pecaminoso que Deus odeia. Ele escreve (Pv 6.16-19), "Seis coisas o Senhor aborrece, e a sétima a sua alma abomina: olhos altivos, língua mentirosa, mãos que derramam sangue inocente, coração que trama projetos iníquos, pés que se apressam a correr para o mal, testemunha falsa que profere mentiras e o que semeia contendas entre irmãos" (veja também Zc 8.17). Consequentemente, o salmista suplica (Sl 97.10): "Vós que amais o Senhor, detestai o mal".

Deus não apenas odeia o pecado, mas as Escrituras mostram que Ele deve e irá julgá-lo, pois um Deus moralmente perfeito não pode permitir que o pecado fique impune. Vemos este tema repetidas vezes nas epístolas paulinas (p. ex., Rm 1.18; Ef 5.6; Cl 3.6; ver também um exemplo de tal castigo no AT, em Sl 78.31). Deus não apenas pune os indivíduos por seus pecados, mas o livro do Apocalipse mostra repetidas vezes o derramamento da ira escatológica contra a maldade coletiva das nações (veja Ap 14.10,19; 15.1,7; e capítulo 16).

Por causa do ódio de Deus pelo pecado e o incrível poder de seus juízos, seu povo é advertido a adorar somente a Ele (Dt 4.24): "Porque o Senhor, teu Deus, é fogo que consome, é Deus zeloso". Da mesma forma, no NT os crentes são encorajados a adorar e servir a Deus constantemente: "porque o nosso Deus é fogo consumidor" (Hb 12.29). Diante de incrível majestade e pureza moral, independentemente de quão perto estamos caminhando do Senhor, a única resposta apropriada ao ser confrontado com a majestade e pureza de Deus é a de Isaías (6.5): "Então, disse eu: ai de mim! Estou perdido! Porque sou homem de lábios impuros, habito no meio de um povo de impuros lábios, e os meus olhos viram o Rei, o Senhor dos Exércitos!" (ver também 42.5,6).

Por fim, há passagens que de uma forma ou outra designam um membro específico da divindade. O salmista parece se referir ao Espírito Santo quando diz (Sl 51.11): "Não me repulses da tua presença, nem me retires o teu Santo Espírito" (ver também Is 63.11). O apóstolo João diz do Pai (1Jo 2.20): "E vós possuís unção que vem do Santo e todos tendes conhecimento". A unção parece ser mais bem entendida como uma referência ao próprio Espírito Santo. Nos versículos seguintes, João diz que, por causa dessa unção que é o Espírito Santo, seus leitores não precisam dos falsos mestres que afirmam conduzi-los às profundezas da verdade. Tendo o Espírito Santo, eles têm todo o acesso que precisam às verdades profundas de Deus (veja também 2Tm 1.14).

Além disso, na oração de Jesus (Jo 17.11), Ele se refere a Deus como o "Pai Santo", e várias passagens do NT se referem a Jesus como santo (p. ex., At 4.27,30).

Justiça

Além das outras perfeições morais de Deus, podemos ver sua pureza moral por meio de sua justiça. Como justo, Ele estabeleceu uma ordem moral para o universo e trata todas as criaturas de forma justa.

No AT, as palavras básicas que denotam retidão e justiça agrupam-se em um único conjunto de palavras. Quer estejamos olhando o verbo *ādaq* ("ser reto"), os vários substantivos neste grupo — *ṣedeq* ("correção", "justiça", "retidão" — masculino) e *ṣĕdāqāh* ("correção", "justiça", "retidão" — feminino) — ou o adjetivo *ṣaddîq*, o significado básico é o mesmo. O radical fala basicamente de conformidade com um padrão ético ou moral. No AT, esse padrão é o caráter e a natureza de Deus. Por isso Deus é chamado de justo e reto em si mesmo e, num sentido forense, seus juízos e interações com a humanidade são justos.[4]

No NT também encontramos um rico conjunto de palavras que conotam a retidão e justiça de Deus. Os principais termos são o adjetivo *dikaios* ("reto") e o substantivo *dikaiosunē* ("retidão"). Esses termos são usados em uma variedade de sentidos no grego clássico e também no NT. Eles falam de conduta correta diante de Deus, mas também de juízos e regras justos. No NT, especialmente na literatura paulina, *diakaosunē theoû* ("a retidão de Deus") é usado com frequência para falar do acordo forense pelo qual o pecador é perdoado e justificado por Deus.[5]

Há uma riqueza de material bíblico sobre a retidão e a justiça de Deus. Em muitos casos faz-se referência a Deus como reto, e a questão é que Ele é moralmente puro. Ele faz o que é certo, e assim é caracterizado pela retidão moral. Em Isaías 45 lemos (versículos 19,23,24): "eu, o SENHOR, falo a verdade e proclamo o que é direito. [...] Por mim mesmo tenho jurado; da minha boca saiu o que é justo, e a minha palavra não tornará atrás. [...] De mim se dirá: Tão somente no SENHOR há justiça e força" (ver também Êx 9.27; 2Cr 12.6; Ed 9.15; Ne 9.8; Jó 4.17; 35.2; 36.3; Sl 5.8; 31.1; 33.5; 40.10; 45.4,7; 69.27; 71.2,19; 89.16; 111.3; 116.5; 119.123; 143.1; 145.7,17; Pv 2.9; 15.9; Is 46.13; 51.6,8; 53.11; 54.17; 59.16,17; Jr 23.5; Lm 1.18; Dn 9.7,16; Os 2.19; Sf 3.5; Zc 8.8; 9.9).

No NT encontramos referências semelhantes à justiça de Deus. Jesus disse no sermão do monte (Mt 6.33): "buscai, pois, em primeiro lugar, o seu reino e a sua justiça, e todas estas coisas vos serão acrescentadas". Na grande passagem sobre a imputação do pecado de Adão e a justiça de Cristo, Paulo escreve (Rm 5.18,21): "Pois assim como, por uma só ofensa, veio o juízo sobre todos os homens para condenação, assim também, por um só ato de justiça, veio a graça sobre todos os homens para a justificação que dá vida. [...] a fim de que, como o pecado reinou pela morte, assim também reinasse a graça pela justiça para a vida eterna, mediante Jesus Cristo, nosso Senhor". Pedro fala acerca de Cristo (1Pe 3.18): "Pois também Cristo morreu, uma única vez, pelos pecados, o justo pelos injustos, para conduzir-vos a Deus". E

João escreve (1Jo 2.1): "Se, todavia, alguém pecar, temos Advogado junto ao Pai, Jesus Cristo, o Justo" (ver também Hb 1.9; 1Jo 2.29; 3.7).

Embora haja material bíblico abrangente sobre a justiça de Deus como sua pureza moral, isso não é tudo o que as Escrituras dizem sobre o assunto. Há um tema bíblico que os teólogos chamam de *justiça reitoral* de Deus. Refere-se a Deus instituir governo moral em nosso universo. Como resultado, há regras que definem atos bons e maus e estipulam recompensas e punição para aqueles que obedecem ou desobedecem, e Deus impõe essas regras como juiz sobre todos. As regras são arbitrárias, imorais ou injustas? De modo algum, pois a justiça reitoral de Deus significa que Ele ordenou regras que são moralmente corretas, e são justas porque não são impossíveis de obedecer, mesmo que sejamos inclinados a desobedecer. O governo moral de Deus também é justo uma vez que seus castigos são apropriados aos nossos crimes. Como lemos em Jó 34.23, "Pois Deus não precisa observar por muito tempo o homem antes de o fazer ir a juízo perante ele". Mais uma vez, Jó 37.23 diz: "Ao Todo-poderoso, não o podemos alcançar; ele é grande em poder, porém não perverte o juízo e a plenitude da justiça" (veja também Gn 18.25).

Um grande número de outras passagens fala da justiça reitoral de Deus. Muitas ensinam que Ele implementou regras moralmente corretas para governar suas criaturas. Vemos isso repetidas vezes no Salmo 119 (v. 62,106,137,138,160,164,172). Encontramos a mesma questão em Oseias 14.9: "os caminhos do SENHOR são retos, e os justos andarão neles, mas os transgressores neles cairão".

Deus é também um governador moral justo em sua abordagem sobre nossa salvação. Vemos várias evidências disso, especialmente no livro de Romanos. Embora Deus ame o pecador, Ele odeia o pecado e deve puni-lo. Porém, enviou Cristo como nosso substituto, e este ato mostrou seu grande amor por nós. Além disso, ao exigir a morte de seu Filho para pagar por nosso pecado, Deus também demonstrou que as exigências de sua lei justa devem ser atendidas. Paulo diz o seguinte de Cristo (Rm 3.25,26), "a quem Deus propôs, no seu sangue, como propiciação, mediante a fé, para manifestar a sua justiça, por ter Deus, na sua tolerância, deixado impunes os pecados anteriormente cometidos; tendo em vista a manifestação da sua justiça no tempo presente, para ele mesmo ser justo e o justificador daquele que tem fé em Jesus". Não é qualquer justiça que satisfará Deus. Aqueles que tentam agradá-lo cumprindo a lei fracassarão. Apenas a justiça que é pela fé é suficiente para dar a qualquer um o direito de estar diante de Deus. Em Romanos 10,

Paulo fala do erro de seus irmãos judeus nesta questão (10.3): "Porquanto, desconhecendo a justiça de Deus e procurando estabelecer a sua própria, não se sujeitaram à que vem de Deus". Deus, como um governador moral justo, ordenou um caminho específico para lidar com a salvação, e nenhum outro caminho servirá. Logo, o desejo de Paulo (Fp 3.9) é "ser achado nele, não tendo justiça própria, que procede de lei, senão a que é mediante a fé em Cristo, a justiça que procede de Deus, baseada na fé".

Várias outras passagens falam do reinado vindouro de Cristo na terra, que é conhecido como o reino milenar. Independentemente de a passagem estar no AT ou no NT, é claro que quando estabelecer seu reino na terra, Cristo será o governante sobre todos e governará em justiça. Leis justas serão implementadas e aplicadas, o pecado será punido e a obediência ao Rei será recompensada (Is 11.4,5; Jr 33.15; Hb 1.8).

Uma última indicação da justiça reitoral de Deus é o fato de que Ele é juiz de toda a terra. Muitas passagens mostram que Ele tem autoridade para julgar e que Ele julga com justiça. Vemos isso especialmente nos Salmos (9.8; 36.6; 50.6; 51.14; 72.1,2; 96.13; 97.2; 99.4).

Além de sua justiça reitoral, Deus é justo no tratamento aos indivíduos. Não seria muito reconfortante saber que existe uma ordem moral, com um juiz para impor uma regra moral, se também soubéssemos que esse juiz não era inclinado a aplicar essa lei ou a aplicasse injustamente. Os filósofos normalmente falam de dois tipos de justiça social e política. Por um lado, há a *justiça igualitária* e, por outro, há a *justiça distributiva*.

A justiça igualitária distribui exatamente a mesma coisa a todos. Ninguém recebe mais ou menos do que outro. A justiça distributiva, por sua vez, dá a cada pessoa exatamente o que é devido; nem mais nem menos. Embora todos possam merecer a mesma coisa, isso raramente acontece; e mesmo que todos merecessem e recebessem a mesma coisa, ainda assim seria justiça distributiva, não igualitária. Se a justiça igualitária fosse a norma, possivelmente ninguém mereceria nada, e mesmo assim todos receberiam o mesmo. Por outro lado, a justiça distributiva visa especificamente dar a cada pessoa o que ela merece.

É relevante que em nenhum lugar as Escrituras sugiram, ainda que vagamente, que Deus opera com base em princípios de justiça igualitária. Nenhum de seus atributos o obriga a fazê-lo. O fato de Deus ser todo-amoroso não o obriga a fazer as mesmas coisas amorosas para todos. Significa apenas que, independentemente do que Ele fizer, deve ser um ato de amor. Além disso, o fato de Deus ser todo-justo significa que todas as suas ações são justas, mas certamente não o obriga a usar a justiça igualitária em sua interação com nosso mundo.

Alguns podem pensar que Deus opera com base nos princípios de justiça igualitária, porque as Escrituras ensinam que todos os pecadores estão fadados a uma eternidade de separação de Deus. Embora todos nós enfrentemos esse destino separados de Cristo, a razão é que, nos princípios da justiça distributiva, todos nós merecemos tal castigo. Na verdade, o retrato bíblico invariável mostra Deus operando de acordo com a justiça distributiva. Os teólogos distinguem a justiça distributiva da justiça reitoral, uma vez que a última indica que Deus estabeleceu um universo justo e moral, enquanto a primeira ensina que Deus realmente administra a justiça de forma justa para cada indivíduo. Dentro da categoria ampla da justiça distributiva, os teólogos também fazem outra distinção. Eles diferenciam a concessão da recompensa que é devida (justiça remuneratória, compensatória ou recompensatória) do cumprimento da punição que é merecida (justiça retributiva). Ao nos voltarmos às Escrituras, vemos muitas passagens que mostram que Deus dá a cada pessoa o que ela merece. Embora Jó reclame de suas circunstâncias, Bildade pergunta (Jó 8.3): "Perverteria Deus o direito ou perverteria o Todo-poderoso a justiça?" Claro que não, ainda que nem Jó nem seus amigos soubessem as razões exatas das calamidades de Jó. No entanto, podemos dizer com Moisés (Dt 32.4): "Eis a Rocha! suas obras são perfeitas, porque todos os seus caminhos são juízo; Deus é fidelidade, e não há nele injustiça; é justo e reto".

Isso significa que aqueles que merecem punição a recebem. Na verdade, em algumas passagens vemos até pessoas que foram punidas admitindo que o castigo de Deus foi justo. O salmista pede ao Senhor que julgue os ímpios e reconhece que Deus sabe o que eles merecem (Sl 7.9). Em outro salmo, o escritor louva a Deus por julgar os ímpios e lhes dar justa recompensa por suas obras (Sl 129.4): "Mas o SENHOR é justo; cortou as cordas dos ímpios" (ver também Rm 2.5; 2Ts 1.6). Miqueias admite com referência ao julgamento de Deus sobre Israel (Mq 7.9): "Sofrerei a ira do SENHOR, porque pequei contra ele, até que julgue a minha causa e execute o meu direito; ele me tirará para a luz, e eu verei a sua justiça" (ver também Dn 9.14). No livro de Apocalipse, lemos sobre muitos julgamentos no fim dos tempos. Apocalipse 16 prediz o derramamento das taças da ira de Deus. Nos versículos 5 e 7, os anjos dizem que os juízos que estão sendo derramados são merecidos; eles são justos! (Veja também Ap 19.2).

As Escrituras também ensinam que Deus recompensa aqueles que fazem o bem. Paulo fala de recompensas que Deus dará aos crentes, e ele está confiante de que Deus fará isso, porque o Senhor é um juiz justo (2Tm 4.8). Há também passagens cujo contexto mais amplo mostra que Deus recompensa obras justas (Jó 33.26; Sl 11.7; 24.5; 36.10; 103.6). Outros versículos que mencionam a justiça distributiva de Deus são: 1Samuel 26.23; Neemias 9.33; Salmo 48.10; 71.15,16; Isaías 26.9; 45.21; Malaquias 4.2.

De fato, as Escrituras são claras sobre Deus distribuir a recompensa e a punição conforme merecido. Além disso, um dia haverá um julgamento em grande escala com Jesus como o juiz justo. Lemos em Atos 17.31: "porquanto estabeleceu um dia em que há de julgar o mundo com justiça, por meio de um varão que destinou e acreditou diante de todos, ressuscitando-o dentre os mortos". Jesus será justo em seus juízos? Certamente, pois Jesus fala de si mesmo como um juiz (Jo 5.30): "Eu nada posso fazer de mim mesmo; na forma por que ouço, julgo. O meu juízo é justo, porque não procuro a minha própria vontade, e sim a daquele que me enviou".

Amor

Por ser Deus tão santo e justo, poderíamos temer diante dele, sentindo que é impossível agradá-lo e que um relacionamento positivo com Ele é impensável. Contudo, a santidade e justiça de Deus são contrabalançadas pelo fato de que Ele é também um Deus de amor. O amor de Deus é um dos temas mais relevantes de toda a Bíblia. Na verdade, em muitos aspectos a Bíblia é uma história de amor, uma história do amor de Deus por todas as criaturas. No AT, as palavras hebraicas básicas para amor são 'āhēb (verbo) e 'ahăbāh (substantivo). Embora quase sempre descreva o amor dos seres humanos uns pelos outros, o verbo 'āhēb também é usado em relação a Deus. Deus nos ordena amá-lo (Dt 6.5), mas também afirma seu amor pela humanidade. Ele tem, claro, um amor especial pelo povo da sua aliança, Israel (Dt 4.37; Is 43.4; Ml 1.2). Além de seu amor por pessoas, também se diz que Deus ama coisas, como as portas de Sião (Sl 87.2), a justiça e a retidão (Sl 33.5) e o templo santo (Ml 2.11). O substantivo 'ahăbāh tem uma amplitude semelhante em termos de significado.[6]

Quanto ao verbo ḥābab (Dt 33.3), é traduzido como "amar", mas também tem a conotação de "ter no peito". Assim, fala de uma ternura e proximidade de sentimento para com o objeto do amor. O verbo ḥāšaq aparece com mais frequência em relação ao amor divino do que *ḥābab*. Esta palavra enfatiza aquilo que se prende a algo ou alguém. Quando usada em relação às emoções (e o uso bíblico limita-se a isso), fala de um amor que já está ligado ao seu objeto. Tal apego interior é verdadeiro acerca do amor de Deus por Israel (Dt 10.15), e ainda assim, isso aconteceu por causa de sua escolha própria, não porque Israel tenha feito algo para merecê-lo (Dt 7.7). Este é o amor que não se desprenderá do objeto de amor.[7]

Os termos para amor divino no NT também têm um significado muito especial. O grego tem três termos para amor, cada um com seu significado próprio. *Eros* é o termo para o amor sensual, e *philē* refere-se ao amor de amigos. O amor que Deus estende a nós é representado pelo verbo *agapaō* e o substantivo *agapē*. Este tipo de amor é o amor que ama até mesmo os antipáticos e detestáveis. É um amor autossacrificial, amor que dá a si mesmo. Ele é dado não por causa do mérito do receptor, mas por causa da escolha do doador. É o amor que procura o benefício do receptor, não do doador.

Deus nos ama muito profundamente e, como resultado, pagou Ele mesmo por nossos pecados por meio do sacrifício de Cristo, de modo que não precisamos pagar a penalidade exigida por sua santa e justa lei. As pessoas se recusam a se arrepender do pecado e aceitar a provisão de Cristo para esse pecado, contudo, Deus odeia julgar, por isso Ele é longânime. Porém, quando os pecadores continuam em pecado, Deus, como moralmente puro e governador moral justo, acaba tendo que punir seus pecados. Ainda, Deus não tem prazer em puni-los, pois, embora odeie o pecado, Ele nunca deixa de amar o pecador.

Uma das histórias de amor mais marcantes é o amor imutável de Deus por seu antigo povo, Israel. Deus não fez de Israel um objeto de amor especial porque eles mereceram ou conquistaram esse amor. Em vez disso, Deuteronômio 7.7,8 explica: "Não vos teve o SENHOR afeição, nem vos escolheu porque fôsseis mais numerosos do que qualquer povo, pois éreis o menor de todos os povos, mas porque o SENHOR vos amava e, para guardar o juramento que fizera a vossos pais, o SENHOR vos tirou com mão poderosa e vos resgatou da casa da servidão, do poder de Faraó, rei do Egito". Deus escolheu Israel porque é um Deus de amor autossacrificial e um Deus que cumpre suas promessas (ver também Dt 10.15; 33.3; e cf. Sl 78.68, que fala de Deus escolher Judá e o monte Sião porque os amava, mesmo que a nação como um todo tivesse desobedecido naquela ocasião).

Segundo muitas passagens do AT, o amor de Deus por Israel foi a motivação por trás do êxodo da escravidão egípcia. Poucas passagens retratam a ternura do amor divino para com Israel nessa fase inicial de sua história como Oseias 11. Nos versículos 1 e 4 lemos: "Quando Israel era menino, eu o amei; e do Egito chamei o meu filho. [...] Atraí-os com cordas humanas, com laços de amor; fui para eles como quem alivia o jugo de sobre as suas queixadas e me inclinei para dar-lhes de comer". Encontramos o mesmo tema em Deuteronômio 4.37 e 7.8.

Por causa do seu amor, o Senhor fez outras coisas por Israel. Ele transformou a maldição de Balaão em uma bênção para este povo (Dt 23.5). Depois de uma visita a Salomão, durante a qual viu sua grandeza, a rainha de Sabá disse que Deus deu Salomão a Israel como rei porque Ele amava Israel (1Rs 10.9 — paralelo em 2Cr 9.8), e o rei de Tiro concluiu a mesma coisa (2Cr 2.11).

Nos relatos dos profetas, vemos com frequência que em um dia futuro o Senhor restaurará, salvará espiritualmente e abençoará seu povo Israel, e a razão é que Ele o ama muito. Em Jeremias 31.3, encontramos uma profecia semelhante: "De longe se me deixou ver o Senhor, dizendo: Com amor eterno eu te amei; por isso, com benignidade te atraí" (ver também Is 48.14; 63.9; Os 14.4; cf. Sl 47.4). Como resultado, quando Deus restaura seu povo Israel, lemos (Sf 3.17): "O Senhor, teu Deus, está no meio de ti, poderoso para salvar-te; ele se deleitará em ti com alegria; renovar-te-á no seu amor, regozijar-se-á em ti com júbilo". A imagem que a frase "ele se deleitará em ti com alegria" oferece é a de um pai orgulhoso cujo filho acaba de ficar em primeiro lugar. Esse pai se reclina cheio de orgulho, alegria e amor, e se deleita no momento. De modo semelhante, quando Israel for restaurado ao seu Deus, em seu amor e alegria Deus se deleitará na mudança de Israel.

O amor de Deus para com Israel é uma história maravilhosa, mas num certo aspecto é também surpreendente. É surpreendente não apenas porque eles não mereciam ser escolhidos em primeiro lugar, mas também por causa de sua repetida infidelidade a Deus. No entanto, Deus continua a amar. Vemos isso retratado de forma bela por meio da vida do profeta Oseias. A esposa de Oseias, Gômer, era uma esposa infiel, entregando-se à prostituição. Deus usou a situação na própria casa de Oseias como uma lição objetiva para Israel quanto à sua relação com eles. Portanto, em Oseias 3.1 Deus dá ordem a Oseias: "Vai outra vez, ama uma mulher, amada de seu amigo e adúltera, como o Senhor ama os filhos de Israel, embora eles olhem para outros deuses e amem bolos de passas". Deus sabia o que Gômer havia feito, e sabia que ela o tinha feito apesar do amor de Oseias por ela. Embora Oseias pudesse pensar que ele tinha todo o direito de expulsá-la, Deus lhe disse para amá-la, de qualquer forma. O amor de Oseias deveria ser baseado no amor de Deus por Israel. Israel, também, era uma esposa infiel. Havia olhado para outros deuses. A referência a garrafões de vinho é o "anexo A" de Deus para provar seu argumento. Esses garrafões de vinho eram usados por Israel em sua adoração à deusa pagã, a rainha dos céus (Jr 7.18; 44.19). Apesar da infidelidade de Israel, Deus nunca deixou de amá-lo. O padrão desse amor por Israel era o padrão que Deus queria que Oseias seguisse em relação à sua esposa alienada, Gômer (veja também Ml 1.2, onde Deus expressa seu amor a Israel, mas este finge não saber que Ele o ama).

O AT também ensina que Deus ama os indivíduos. Por exemplo, em Isaías 38, o profeta anuncia que o rei Ezequias morrerá em breve. Ezequias implora ao Senhor que poupe sua vida e o Senhor o cura. Ezequias diz então (Is 38.17): "Eis que foi para minha paz que tive eu grande amargura; tu, porém, amaste a minha alma e a livraste da cova da corrupção, porque lançaste para trás de ti todos os meus pecados". Além disso, muitos veem o Cântico de Salomão como um símbolo da relação de Cristo com sua igreja. Em uma passagem, a mulher sulamita (que representaria a igreja) fala do seu amado (Ct 2.4): "Leva-me à sala do banquete, e o seu estandarte sobre mim é o amor".

No NT, vemos, repetidas vezes, referências ao amor ilimitado de Deus. Em 1João, o autor afirma abertamente que Deus é amor, ou seja, Ele tem esse atributo. João diz a seus leitores que se eles não amam uns aos outros, então eles não têm um relacionamento pessoal com Deus (1Jo 4.8). Aqueles que conhecem Deus como Salvador evidenciarão seu caráter em suas vidas. Aqueles que não amam não podem ser salvos, pois o caráter de Deus é amor, e se eles o conhecessem, também amariam (ver também 1Jo 4.16). Porque Deus nos ama, nós deveríamos amá-lo naturalmente (v. 19).

O NT ensina que o amor de Deus se estende a todas as pessoas, não apenas àqueles que confiam nele. De fato, vemos que Deus não somente ama o mundo, mas mostrou esse amor enviando seu Filho para morrer por nossos pecados. João 3.16 defende este argumento em um versículo bem conhecido e muito amado. Como Jesus disse (Jo 15.13), "Ninguém tem maior amor do que este: de dar alguém a própria vida em favor dos seus amigos". Porém, Cristo morreu mesmo por aqueles que não são seus amigos. Como diz Paulo (Rm 5.8): "Mas Deus prova o seu próprio amor para conosco pelo fato de ter Cristo morrido por nós, sendo nós ainda pecadores". O sacrifício de Cristo é para todas as pessoas, crentes e não crentes, como diz 1João 2.2.

Que maior amor poderia haver do que sacrificar a vida pelo bem dos outros? Isso é precisamente o que Cristo fez. João afirma que a morte de Cristo é a expressão suprema do amor de Deus por nós. Em sua vida e morte por nós, vemos mais claramente que Deus nos ama. Em 1João 3.16 João diz: "Nisto conhecemos o amor: que Cristo deu a sua vida por nós; e devemos dar nossa vida pelos irmãos" (ver também 1Jo 4.9,10; 2Co 5.14; Gl 2.20; Ef 2.4; Tt 3.4; Ap 1.5).

Deus não somente ama o mundo inteiro (conforme revela o sacrifício de Cristo), mas o NT mostra claramente que Ele tem um amor especial por aqueles que confiam em Cristo e O seguem. Por causa desse amor especial, muitas bênçãos e benefícios chegam aos crentes. Como João se regozija no amor de Deus pelos seus, ele escreve (1Jo 3.1): "Vede que grande amor nos tem concedido o Pai, a ponto de sermos chamados filhos de Deus". Que grande privilégio ser um membro da família de Deus! Além disso, por sermos filhos de Deus, há um grande futuro reservado para nós. Como diz João (1Jo 3.2), "Amados, agora, somos filhos de Deus, e ainda não se manifestou o que haveremos de ser. Sabemos que, quando ele se manifestar, seremos semelhantes a ele, porque haveremos de vê-lo como ele é". Pedro diz que por causa do amor e misericórdia de Deus para conosco, Ele nos deu um novo nascimento em sua família. Como resultado, temos uma herança esperando por nós que é incorruptível, imaculada e não se desvanece (1Pe 1.3,4). Isso significa que, quando nascemos na família de Deus, nascemos ricos!

Os crentes não somente têm o grande privilégio de serem filhos de Deus, mas também têm a certeza do amor de Deus e da sua habitação neles (Jo 17.23,26). Maravilhosas como são a posição e as posses do crente em Cristo, estas bênçãos seriam apagadas se pudessem ser perdidas no tempo ou pela eternidade. De fato, os crentes poderiam pensar que essas bênçãos poderiam ser perdidas em meio à aflição, mas Paulo explica que Deus pode usar as aflições para trazer benefícios positivos na vida do crente (Rm 5.3,4). Além disso, em meio às aflições, os crentes têm esperança de se libertar dos problemas agora e pela eternidade com o Senhor. A base da garantia do crente é o amor de Deus (Rm 5.5). Mais adiante nessa epístola, Paulo soa a nota triunfante de que nada pode separar o crente do amor de Cristo. Ainda mais, não importa o que aconteça na vida, os crentes podem ser vencedores por meio de Cristo (Rm 8.35,37-39).

Ser um membro da família de Deus é um grande privilégio, mas também carrega consigo grandes responsabilidades. A principal responsabilidade para o crente é obedecer aos mandamentos e ordens de Cristo. Isso é dito repetidas vezes no NT, e o mandamento de que os crentes amem uns aos outros é especialmente frequente. Invariavelmente, a razão para obedecer a essa ordem é que Deus ou Cristo nos ama, portanto também devemos amar os outros ou obedecer aos outros mandamentos que Ele deu. Por exemplo, Jesus diz (Jo 13.34): "Novo mandamento vos dou: que vos ameis uns aos outros; assim como eu vos amei, que também vos ameis uns aos outros" (ver também Jo 14.21,23; 15.9,10,12; Ef 5.2). Além disso, Paulo usa o amor de Cristo por sua igreja como exemplo de como os maridos devem amar suas esposas (Ef 5.25).

De fato, visto que o amor de Deus é derramado no coração de seus seguidores, a marca do cristão é que obedecemos à ordem de Deus de nos amarmos uns aos outros. Como Jesus disse (Jo 13.35), "Nisto conhecerão todos que sois meus discípulos: se tiverdes amor uns aos outros" (ver também 1Jo 2.5; 4.7,11). Esse amor não deve ser meramente um sentimento abstrato, pois deve ser acompanhado de atos concretos de amor (1Jo 3.17). Se o Espírito de Deus estiver realmente trabalhando em nossas vidas para nos conformar com Cristo, será evidente, pois Gálatas 5.22 diz que o fruto do Espírito é o amor. Sem esse amor em nossas vidas, há motivos para pensar que estamos apagando o trabalho do Espírito em nós.

Se desobedecermos às suas ordens, Cristo amorosamente tentará corrigir nossos caminhos e provavelmente dirá o que disse à igreja em Laodiceia (Ap 3.19): "Eu repreendo e disciplino a quantos amo. Sê, pois, zeloso e arrepende-te". Por outro lado, se obedecermos às suas ordens, temos a promessa (2Co 13.11): "Quanto ao mais, irmãos, adeus! Aperfeiçoai-vos, consolai-vos, sede do mesmo parecer, vivei em paz; e o Deus de amor e de paz estará convosco".

O NT também nos mostra algo do amor entre os membros da divindade. Em João 10.17 lemos sobre o amor do Pai por Cristo: "Por isso, o Pai me ama, porque eu dou a minha vida para a reassumir". Em João 14.31, Jesus explica: "assim procedo para que o mundo saiba que eu amo o Pai e que faço como o Pai me ordenou".

Finalmente, o amor de Deus é tão maravilhoso e tão característico dele que os autores bíblicos frequentemente se referem a esse amor em saudações de abertura ou encerramento das suas cartas ou em bênçãos que desejam para os seus leitores. Vemos isso nas cartas de Paulo: "A graça do Senhor Jesus Cristo, e o amor de Deus, e a comunhão do Espírito Santo sejam com todos vós" (2Co 13.14; ver também Ef 6.23; 2Ts 2.16; 3.5). Encontramos isso também a partir da escrita de João (2Jo 3) e de Judas (21): "guardai-vos no amor de Deus, esperando a misericórdia de nosso Senhor Jesus Cristo, para a vida eterna". De Gênesis a Apocalipse, a Bíblia é a história do amor de Deus por todas as pessoas!

GRAÇA

A Escritura retrata Deus como um Deus de graça. As palavras hebraicas para graça vêm do mesmo grupo básico de palavras. O verbo é *ḥānan* ("ser gracioso", "tratar com graça") e o substantivo é *ḥēn* ("graça" ou "favor"). Quanto a *ḥānan*, o verbo descreve uma resposta sincera de alguém que tem algo a dar a alguém em necessidade. A maioria das ocorrências deste termo no AT (cerca de 41) é usada em relação a Deus. Por exemplo, a súplica *ḥonnēnî* ("seja gracioso [ou misericordioso] comigo") ocorre cerca de dezenove vezes nos Salmos.[8] O substantivo *ḥēn* ("favor", "graça", "encanto") ocorre cerca de 69 vezes no AT, incluindo 43 como parte da frase "achar favor aos olhos de". A maioria das ocorrências é secular e não teológica, mas nas passagens teológicas é normalmente da graça de Deus que se fala como dada ou derramada sobre alguém. "Em contraste com o verbo *ḥānan*, o foco da atenção não está no doador, mas no receptor do que é dado", de acordo com um escritor.[9]

O NT está repleto de referências à graça, e à graça de Deus em particular. O termo mais comum para graça no NT é *charis*, embora em uma ocasião (1Pe 2.3) seja usado o adjetivo *chrēstos* a respeito de Deus. Quanto a *charis*, seu significado básico é "bem", "favor" e "sorte" no grego secular. No NT ainda mantém este significado básico, embora seja usado com mais frequência em relação à salvação que Deus provê. O uso paulino é mais frequente, mas Paulo usa o termo de várias maneiras. Aparece frequentemente nas saudações de abertura e encerramento de suas cartas (p. ex., Rm 1.7; 1Ts 5.28). Paulo também fala do dom de Deus para ele, seu ofício apostólico, como graça (Rm 1.5). Porém, na maior parte das vezes ele usa o termo em relação ao dom da salvação (Ef 2.8).[10] Quanto a *chrēstos*, quando usado a respeito de Deus, significa que Ele é "brando", "bondoso" ou "prestativo" em suas atitudes e ações em relação a nós.[11]

Quanto ao conceito de graça, este é mais bem entendido como favor não merecido. Isso significa que algo de bom acontece com você mesmo que você não tenha feito nada para merecê-lo ou conquistá-lo. As Escrituras retratam Deus como um Deus de graça abundante. É importante entender que Deus não deve nenhuma graça a ninguém. Isso é assim não somente porque Ele não está *prima facie* obrigado a nenhum de nós, e não somente porque nenhum de nós fez algo que mereça tal favor. É assim também por causa da própria natureza da graça como um favor *imerecido*. Se Deus ou qualquer outra pessoa fosse obrigado a oferecer graça, não seria mais graça — uma bênção seria simplesmente uma questão de justiça. A própria natureza da graça, porém, é que ela nunca é devida ou merecida.

Quando entendemos este fato sobre a graça, vemos como Deus é bom e amoroso em nos conceder graça. Devemos também reconhecer que quando Deus estende a graça a outros necessitados, mas não a nós, Ele não está nos tratando injustamente. Reter graça só poderia ser injusto se Deus nos devesse graça, mas a graça não é merecida, portanto nunca é devida. Se Deus escolhe ser gracioso com alguns e reter a graça de outros, Ele não faz nada de errado, pois não há nenhuma obrigação que Ele tenha falhado em cumprir. Portanto, aqueles que não recebem uma expressão particular de graça não têm o direito de ficar zangados com Deus por ignorá-los. A ira deles mostra que estão esperando que Deus faça algo que Ele nunca se obrigou a fazer, pois fazê-lo seria graça, e a graça nunca é devida. Assim, embora seja da natureza humana reclamar e ficar com raiva de Deus quando outros recebem uma bênção que nós não recebemos, tais atitudes são totalmente inapropriadas.

Os teólogos muitas vezes dividem as atividades graciosas de Deus em duas grandes categorias. Por um lado, há a graça comum e, por outro, há a graça que salva ou salvadora. A graça comum refere-se à atividade graciosa de Deus de sustentar toda a criação, de conter o mal e a maldade para que as sociedades não entrem em colapso por completo, e de permitir que a humanidade se desenvolva e funcione nas sociedades. Esta graça é chamada de comum porque cai sobre todos os membros da raça humana (e mais em geral, sobre todas as criaturas no universo), independentemente de serem filhos de Deus pela fé. Além disso, essas expressões de graça não levam as pessoas a um conhecimento salvador de Jesus Cristo, embora estas bênçãos, quando vistas corretamente como vindas de um Deus gracioso, possam aproximar os não crentes de Deus.

Essas bênçãos são, muitas vezes, consideradas como algo natural, mas Deus não nos deve nenhuma delas. Assim como Deus não tinha obrigação de criar um mundo, Ele não é obrigado a mantê-lo existindo. Porém, como um Deus gracioso, Ele provê para todas as criaturas. Em Colossenses 1.17, Paulo fala a respeito de Jesus Cristo: "Ele é antes de todas as coisas. Nele, tudo subsiste". O fato de nosso planeta manter sua órbita e não colidir com outros, e assim não ser destruído, resulta da graça de Deus. Além disso, temos ar para respirar, comida para comer, água para beber e força para trabalhar.

O salmista diz (Sl 145.9): "O Senhor é bom para todos, e as suas ternas misericórdias permeiam todas as suas obras. Como lemos em Atos 17.28: pois nele vivemos, e nos movemos, e existimos" (ver também At 14.17; e as palavras de Jesus em Mt 6.28-30). Em Lucas 6.35, Jesus diz que Deus é benigno até para com os ingratos e maus. Quanto a controlar o mal em nossos corações, Deus o faz de muitas maneiras. As sociedades muitas vezes parecem estar à beira do tumulto e do colapso. O fato de isso não acontecer com mais frequência é devido à graça de Deus. Em Romanos 13.1ss até nos é dito que Deus instituiu o governo para conter o mal que os homens fazem e para recompensá-los pelo bem. Podemos nem sempre gostar do nosso governo ou de seus líderes, mas Paulo diz claramente que os governos servem como ministros de Deus para manter a ordem e distribuir justiça. O fato de eles desempenharem essas funções é devido à maravilhosa graça de Deus.

Em contraste com a graça comum, há a graça salvadora, a graça de Deus estendida a nós para estabelecer um relacionamento espiritual com Ele e para fazer os crentes crescerem nesse relacionamento. O NT, em particular, detalha as várias expressões da graça salvadora divina. No entanto, a graça salvadora não está ausente no AT. Vemos repetidas vezes que os santos do AT creram em Deus, e Ele generosamente lhes considerou a fé como justiça. Além disso, em vez de fazer os crentes pagarem pelos próprios pecados, Deus implementou o sistema mosaico de sacrifício. Aqueles sacrifícios não tinham a suficiência do sacrifício único e completo de Cristo (Hb 10.4), mas quando via o sangue do sacrifício trazido em fé penitente, Deus perdoava o pecador e restaurava a comunhão. Tudo isso foi uma expressão da bondosa provisão divina de um substituto para o pecado mesmo durante a era do AT, pois "a alma que pecar, essa morrerá" (Ez 18.4,20). Sem Deus permitir de forma bondosa que o sacrifício de animal pagasse pelo pecado, todos os homens e mulheres teriam de pagar.

Os versículos que falam da graça de Deus se encaixam em várias categorias. Primeiro, alguns versículos simplesmente falam de Deus como aquele que tem o atributo da graça. Por exemplo, em Êxodo 34.6 lemos sobre Deus se revelando a Moisés: "E, passando o Senhor por diante dele, clamou: Senhor, Senhor Deus compassivo, clemente e longânimo e grande em misericórdia e fidelidade". O salmista diz (Sl 145.8): "Benigno e misericordioso é o Senhor, tardio em irar-se e de grande clemência" (ver também Sl 111.4; Jn 4.2). No NT também, a graça é afirmada a respeito de Deus. Ao encorajar aqueles que sofrem aflição, Pedro apela para a obra do Deus bondoso como a fonte de conforto e encorajamento para essas pessoas (1Pe 5.10). Ao introduzir seu Evangelho, João fala do Cristo encarnado como cheio de graça e verdade (Jo 1.14).

Além disso, muitas passagens falam que Deus é bondoso, visto que Ele abençoará ou dará alguma bênção a alguém. Essa ação divina é chamada de graciosa porque nada disso se deve ao receptor. A natureza da bênção varia de passagem para passagem. Em alguns casos, é livramento físico. Gênesis 6.8 diz: "Porém Noé achou graça diante do Senhor". Somente ele e sua família escaparam da catástrofe universal do dilúvio. Da mesma forma, foi por causa da graça de Deus que Ló teve o livramento quando Deus destruiu Sodoma e Gomorra (Gn 19.19). Vemos a mão protetora e graciosa de Deus e o livramento em outros momentos da história de Israel. Vemos isso nos dias de Esdras (9.8), nos tempos de Neemias (Ne 9.31; ver também 2Rs 13.23; 2Cr 30.9) e nos dias de Jeremias (31.2). Nos Salmos, encontramos expressões de gratidão pelo livramento gracioso de Deus do perigo ou dos inimigos. Os Salmos 86.15 e 116.5 são exemplos, e ambas as passagens estão em contextos que falam de uma necessidade de livramento do perigo e dos inimigos. Além disso, Isaías fala de um dia futuro quando o gracioso Senhor livrará seu povo de seus inimigos (Is 30.19). Finalmente, 1Pedro 1.13 se refere à libertação final de todos os problemas e lutas que aguarda os crentes na volta de Cristo: "Por isso, cingindo o vosso entendimento, sede sóbrios e esperai inteiramente na graça que vos está sendo trazida na revelação de Jesus Cristo".

Em outros casos, a bênção é o perdão dos pecados mediante arrependimento. Por exemplo, Neemias 9.17 diz: "Porém tu, ó Deus perdoador, clemente e misericordioso, tardio em irar-te e grande em bondade, tu não os desamparaste". Joel (2.13) implora ao seu povo que volte para o Senhor, "porque ele é misericordioso, e compassivo, e tardio em irar-se, e grande em benignidade, e se arrepende do mal" (ver também Am 5.15).

Em outros casos o escritor se refere ao ministério que Deus lhe deu como um dom gracioso de sua bênção. Paulo fala assim não só de sua salvação, mas também de seu ofício apostólico (Rm 1.5): "por intermédio de quem viemos a receber graça e apostolado por amor do seu nome, para a obediência por fé, entre todos os gentios". Além disso, ele também fala desta forma a respeito de sua comissão específica para pregar o evangelho aos gentios (Ef 3.2): "se é que tendes ouvido a respeito da dispensação da graça de Deus a mim confiada para vós outros" (ver também Ef 3.7,8; 1Co 3.10; 15.10; 2Co 1.12; e Rm 12.3 e 15.15, onde Paulo instrui os romanos em virtude da graça que Deus lhe deu, e é provável que ele esteja apelando ao seu ofício apostólico como a base para o que escreve).

Há também casos em que a bênção de Deus é material. Vemos isso em 2Coríntios 8.1, em que Paulo fala da bênção material que Deus deu às igrejas na Macedônia para que elas pudessem dar liberalmente para a obra do ministério. Da mesma forma, Paulo encoraja os coríntios a dar, lembrando-lhes que Deus é capaz de lhes prover os meios financeiros para que eles também possam ter este ministério de contribuir (2Co 9.8).

Em alguns casos a bênção graciosa em vista é a graça sustentadora de Deus. Essa graça pode ser dada em meio à aflição para ajudar o crente a resistir. É assim no caso de Paulo, pois o Senhor revelou que não removeria sua enfermidade física (2Co 12.9). Em outros casos, Deus promete dar seu poder sustentador àqueles que se submetem à sua vontade e à vontade dos que têm autoridade sobre eles. Isso pode ser muito difícil, mas Deus nos capacitará a fazê-lo. Como Tiago 4.6 diz: "Antes, ele dá maior graça; pelo que diz: Deus resiste aos soberbos, mas dá graça aos humildes" (ver também Pv 3.34; 1Pe 5.5).

Finalmente, muitas passagens falam da graça de Deus para com alguém no sentido de que Ele o abençoará ou que o escolheu para a bênção, mas a natureza específica da bênção não é detalhada. Vemos isso em Êxodo 33.13,16,17: "Agora, pois, se achei graça aos teus olhos, rogo-te que me faças saber neste momento o teu caminho, para que eu te conheça e ache graça aos teus olhos; e considera que esta nação é teu povo. [...] Pois como se há de saber que achamos graça aos teus olhos, eu e o teu povo? [...] Disse o SENHOR a Moisés: Farei também isto que disseste; porque achaste graça aos meus olhos, e eu te conheço pelo teu nome" (ver também Êx 34.9; Jz 6.17). Em Salmos 45.2 lemos: "Tu és o mais formoso dos filhos dos homens; nos teus lábios se extravasou a graça; por isso, Deus te abençoou para sempre" (ver também Sl 84.11; 103.8; Gn 43.29; Êx 22.27; 33.19; Sl 77.9; Is 30.18; Ml 1.9).

No NT, lemos sobre Jesus (Lc 2.40): "Crescia o menino e se fortalecia, enchendo-se de sabedoria; e a graça de Deus estava sobre ele". João (1.16) lembra aos crentes que eles têm recebido graça multiplicada por meio de Jesus Cristo. No livro de Atos lemos sobre a graça de Deus repousando sobre alguém e os apóstolos sendo confiados à graça de Deus ao partirem para ministrar (veja, p. ex., At 4.33; 14.26; 15.40). Além disso, os crentes são exortados a levar suas petições a Deus em oração ao trono da graça (Hb 4.16). E então, porque já experimentaram a graça do Senhor, os crentes devem desejar ainda mais crescer em sua salvação (1Pe 2.3): "se é que já tendes a experiência de que o Senhor é bondoso".

Por causa da natureza maravilhosa da bênção graciosa de Deus sobre seu povo, os escritores do NT frequentemente começam ou terminam uma carta com uma bênção, desejando a graça ou pedindo a Deus para derramar sua graça sobre seus leitores. Como exemplo, considere a carta de Paulo aos Romanos. No início da epístola, ele escreve (Rm 1.7): "A todos os amados de Deus, que estais em Roma, chamados para serdes santos, graça a vós outros e paz, da parte de Deus, nosso Pai, e do Senhor Jesus Cristo". No final (16.20), ele diz: "E o Deus da paz, em breve, esmagará debaixo dos vossos pés a Satanás. A graça de nosso Senhor Jesus seja convosco" (ver também Rm 16.24; 1Co 1.3; 16.23; 2Co 1.2; 13.14; Gl 1.3; 6.18; Ef 1.2; 6.24; Fp 1.2; 4.23; Cl 1.2; 4.18; 1Ts 1.1; 5.28; 2Ts 1.2; 3.18; 1Tm 1.2; 6.21; 2Tm 1.2; 4.22; Tt 1.4; 3.15; Fm 3, 25; Hb 13.25; 1Pe 1.2; 2Pe 1.2; 2Jo 3; Ap 1.4; 22.21).

Há também muitas referências bíblicas à graça salvadora de Deus. A graça é uma obra de Deus em nosso favor (Tt 2.11). É o dom de Deus concedido a nós (Ef 2.8). Além disso, é o poder divino que opera em nós (1Co 15.10), e Paulo se refere a ela como um método de Deus salvar as pessoas (Rm 3.24), em oposição a qualquer método de obras. A graça salvadora é também um reino de Deus no qual as pessoas podem entrar pela fé e no qual podem permanecer e experimentar todas as bênçãos trazidas a elas por Deus (Rm 5.2).

Muitas são as obras da graça divina na provisão e aplicação da salvação. Foi pela provisão graciosa de Deus que Cristo provou a morte por cada um (Hb 2.9). É por meio do sacrifício gracioso de Cristo que temos sido redimidos e temos o perdão dos pecados (Ef 1.7). Além disso, nossa eleição é pela graça (Rm 11.5), assim como o nosso chamado à salvação (Gl 1.15; 2Tm 1.9). A fé é pela graça (At 18.27), assim como a justificação (Rm 3.24; Tt 3.7) e a santificação (Fp 2.12,13; Hb 10.14). Portanto, somos exortados a crescer na graça e no conhecimento de Cristo (2Pe 3.18).

Além disso, os crentes têm consolo e esperança pela graça (2Ts 2.16), força na graça (2Tm 2.1) e vida eterna pela graça (Rm 5.21). Consequentemente, sua firmeza como crentes está na graça (Rm 5.2). De fato, todo o processo de salvação, do começo ao fim, é pela graça (Ef 2.8). Deus fez todo o necessário para encontrarmos a vida eterna e a vida abundante mesmo no presente, enquanto estamos na terra. Quando fazemos o que agrada a Deus, é por meio de sua graça também. Na verdade, os escritores do NT até falam dos dons espirituais dados aos crentes para servir ao Senhor e uns aos outros como uma provisão da graça de Deus (Rm 12.6; Ef 4.7; 1Pe 4.10). Claramente, tudo o que somos em Cristo é devido à graça de Deus (1Co 15.10). Outras passagens que relacionam a graça a algum aspecto da salvação são João 1.17; Atos 11.23; 13.43; 14.3; 15.11; 20.24,32; Romanos 4.4,16; 5.15,17,20; 6.1,14,15; 11.6; 12.6; 1Coríntios 1.4,30; 2Coríntios 4.15; 6.1; 8.9; Gl 1.6; 2.9,21; 5.4; Ef 1.6; 2.5,7; 4.29; Colossenses 1.6; 2Tessalonicenses 1.12; 1Timóteo 1.14; Tito 2.11; Hebreus 12.15; 13.9; 1Pedro 1.10; 3.7; 5.12; Judas 4.

Finalmente, em pelo menos duas ocasiões (uma no AT e outra no NT) há referência ao Espírito Santo como o espírito de graça (Zc 12.10 e Hb 10.29). Todos os três membros da divindade, Pai, Filho e Espírito Santo, são caracterizados como cheios de graça. O nosso Deus é um Deus de graça!

Misericórdia

As Escrituras usam uma série de termos hebraicos para misericórdia. Um grupo deriva do verbo *rāḥam* ("amar", "ter piedade", "ser misericordioso"). Esse termo fala de amor profundo, muitas vezes arraigado em algum vínculo natural. No Piel, o verbo refere-se ao profundo sentimento interior que é compaixão, misericórdia ou piedade. Este termo é usado frequentemente em relação a Deus e tende a ser usado em uma de duas formas. A primeira se refere ao forte vínculo que Deus tem com aqueles que são seus filhos. Assim como um pai tem piedade de seus filhos, também Deus se relaciona com aqueles que são seus (Sl 103.13). A segunda se refere à escolha incondicional de Deus. Com base unicamente em sua vontade soberana, Ele tem misericórdia de quem quiser ter misericórdia (Êx 33.19).[12] Intimamente relacionados ao verbo estão os substantivos *raḥămîn* ("entranhas", "misericórdias") e *raḥămîm* ("entranhas", "misericórdias"), e o adjetivo *raḥûm* ("cheio de piedade", "misericordioso"). Por exemplo, o substantivo *raḥămîm* sugere que as ternas misericórdias de Deus estão arraigadas em seu amor e graça. Muitas vezes também esta palavra é combinada com *ḥesed* ("amor inabalável", "bondade") ao falar de Deus. O adjetivo *raḥûm* tem a mesma ideia e é quase exclusivamente (Sl 112.4 sendo a única exceção possível) usado em relação a Deus.[13]

Em vários casos (Dt 21.8; 32.43), encontramos o verbo *kāphar* usado para se referir à misericórdia de Deus. Este é o termo hebraico típico (que significa "cobrir, perdoar") para fazer expiação pelo pecado cobrindo-se. É claro, já que quem traz o sacrifício é culpado de pecado e já que Deus não deve a ninguém o perdão do pecado, o fato de Ele cobrir e perdoar o pecado é um sinal de sua grande misericórdia. Portanto, embora *kāphar* não seja a palavra usual para misericórdia, é certamente apropriada.

Além disso, há outro grupo de palavras hebraicas que vêm do verbo ḥāsad ("mostrar bondade"). O substantivo é ḥesed ("bondade"), e o adjetivo é ḥasîd ("bondoso"). Todos estes termos falam do amor firme de Deus, mas em vários contextos os tradutores os verteram como misericórdia. Em seu terno amor, Deus é misericordioso para com aqueles que precisam de misericórdia.

Finalmente, duas outras palavras hebraicas são usadas a respeito da misericórdia de Deus. A primeira é o verbo ḥānan ("seja misericordioso com"), e a segunda é o substantivo ḥemlāh ("piedade"). Quanto a ḥānan, ele retrata uma resposta sincera de alguém que tem algo a dar a quem precisa. A maioria dos exemplos deste termo no AT (cerca de 41) é usada em relação a Deus. Por exemplo, a súplica ḥonnēnî ("sede gracioso ou misericordioso comigo") ocorre cerca de dezenove vezes nos Salmos.[14] Quanto a ḥemlāh, o termo parece derivar do verbo ḥāmal. Basicamente, esta raiz conota a resposta emocional que resulta (ou pode resultar) em ação para remover seu objeto (e/ou seu sujeito) de dificuldade iminente. Quanto ao substantivo ḥemlāh ("misericórdia"), aparece duas vezes (Gn 19.16; Is 63.9) para descrever a misericórdia de Deus ao resgatar e proteger do perigo.

A palavra grega usada para falar da misericórdia de Deus é *eleos*. Usada no grego, significa uma emoção que se agita quando se vê alguém que é imerecidamente afligido. No NT, muitas vezes é usada para falar da atitude que Deus exige de nós em nossas relações com os outros (ver Mt 9.13; 12.7; Lc 10.37). Quando usada a respeito de Deus, muitas vezes se refere à sua fidelidade, ou seja, Ele é bondosamente fiel a nós. Em Efésios 2.4 e 1Pedro 1.3 predomina o elemento da generosidade. Muitas vezes, a palavra é usada a respeito dos atos de Deus na história da salvação, especialmente em relação a Cristo (Tt 3.5; Rm 9.15).[15]

O conceito de misericórdia está intimamente relacionado à graça e, é claro, é uma expressão do amor e da bondade de Deus. Contudo, há uma diferença significativa entre graça e misericórdia. Ambas envolvem favores não merecidos, mas a diferença é que enquanto pode ser dada àqueles que são miseráveis e estão desesperadamente necessitados de ajuda, a graça também pode ser dada àqueles que não têm nenhuma necessidade particular. Por outro lado, a misericórdia é dada especificamente àqueles cuja condição é miserável e de grande necessidade.

Talvez a distinção entre misericórdia e graça possa ser ilustrada conforme segue. Se estiver em um estado de espírito altruísta, eu poderei encontrar alguém e lhe fazer um cheque de mil dólares. Suponha que o beneficiário seja muito rico e não precise do que eu dou. Ainda assim, o beneficiário não fez nada para merecer a minha generosidade, então meu presente é um ato de graça. Por outro lado, suponha que eu esteja em um estado de espírito generoso e vá para uma parte da cidade onde vivem os sem-teto. Eu encontro alguém cujas roupas estão esfarrapadas e rasgadas, e que teve pouco para comer por vários dias. Neste caso, se eu lhe fizer um cheque de mil dólares, ainda se trata de um bom ato que ele não merece, mas eu o faço porque tenho pena de sua situação miserável. Minha generosidade para com o homem de posses é um ato de graça. Minha generosidade para com o sem-teto é um ato de misericórdia.

Segundo as Escrituras, Deus é um Deus tanto de graça como de misericórdia. Com respeito à nossa necessidade de pagar pelos pecados e ser perdoado, a raça humana está em grande necessidade. O que Deus fez por nós em Cristo, no Calvário, é um ato de grande misericórdia. Se alguém é acusado de um crime e o caso está prestes a chegar a julgamento, é preciso um bom advogado de defesa. Por outro lado, se o julgamento terminou e você foi condenado e sentenciado à morte, você não precisa de um advogado de defesa. Você precisa de perdão. A raça humana sem Cristo precisa de perdão do pecado. Um advogado de defesa não será suficiente, porque não temos defesa; somos culpados. Precisamos de perdão para não passarmos a eternidade em tormento e separação de Deus. Deus reconheceu nossa situação lamentável e poderia ter respondido dizendo-nos que o problema é nosso e que devemos resolvê-lo nós mesmos. Porém, nosso Deus compassivo viu nossa necessidade e tomou para si a provisão da solução.

Assim como no caso da graça de Deus, há algumas passagens bíblicas que se referem a Ele como um Deus de misericórdia. Por exemplo, em 1Crônicas 16.34 (ver também 16.41; Êx 34.6; Sl 103.8) lemos: "Rendei graças ao Senhor, porque ele é bom; porque a sua misericórdia dura para sempre". Maria, depois de saber que seria a mãe do Messias, diz (Lc 1.50): "A sua misericórdia vai de geração em geração sobre os que o temem".

Além disso, muitas passagens no AT e no NT falam de Deus oferecendo o livramento físico de circunstâncias difíceis e até desastrosas. Tal livramento chega a Israel como um todo e para indivíduos específicos também. Como resultado, muitas vezes ouvimos nas Escrituras um apelo a Deus por misericórdia em tempos de problemas. Exemplos de indivíduos em necessidade são abundantes. Considere, por exemplo, 2Samuel 24.14 (paralelo em 1Cr 21.13): "Então, disse Davi a Gade: Estou em grande angústia; porém caiamos nas mãos do SENHOR, porque muitas são as suas misericórdias; mas, nas mãos dos homens, não caia eu". Também nos Salmos se ouve falar com bastante frequência de uma necessidade da misericórdia de Deus. O Salmo 86 (v. 3,6,15,16) é representativo: "Misericórdia, Senhor, pois clamo a ti sem cessar. [...] Escuta a minha oração, SENHOR; atenta para a minha súplica! (NVI) [...] Mas tu, Senhor, és Deus compassivo e cheio de graça, paciente e grande em misericórdia e em verdade. Volta-te para mim e compadece-te de mim" (ARA) (ver também Sl 6.9; 9.13; 28.2,6; 30.8; 31.22; 57.1; 116.1; 119.132; 130.2; 140.6; 142.1; 143.1). E em Filipenses 2.27, Paulo diz sobre Epafrodito: "De fato, ficou doente e quase morreu. Mas Deus teve misericórdia dele, e não somente dele, mas também de mim, para que eu não tivesse tristeza sobre tristeza "(NVI).

Passagens onde a nação de Israel como um todo pede misericórdia incluem Deuteronômio 4.31; 21.8; Neemias 9.31; e 13.22. Encontramos este tema também nos profetas. Isaías 49.13 diz: "Cantai, ó céus, alegra-te, ó terra, e vós, montes, rompei em cânticos, porque o SENHOR consolou o seu povo e dos seus aflitos se compadece" (ver também Is 54.8). Falando de um livramento escatológico futuro, lemos (Is 60.10): "Estrangeiros edificarão os teus muros, e os seus reis te servirão; porque no meu furor te castiguei, mas na minha graça tive misericórdia de ti" (ver também Jr 33.26; Os 1.7; Zc 1.16).

As Escrituras não apenas retratam Deus como misericordioso para com os necessitados, mas também vemos Cristo em especial como alguém a quem os cegos, os enfermos e os possessos por demônios apelaram por misericórdia para enfrentar suas situações. Em Mateus 9.27, dois cegos suplicam: "Filho de Davi, tem misericórdia de nós" (NVI). Veja também Mateus 15.22; 17.15; 20.30,31; Marcos 5.19; 10.47,48 e Lucas 18.38,39.

As Escrituras não falam apenas da misericórdia de Deus em ajudar aqueles que precisam de livramento físico, mas também há muitas passagens que falam da grande misericórdia de Deus na salvação. Tanto no AT como no NT, os pecadores são encorajados a se arrepender e se voltar para Deus. Ele perdoará, porque é um Deus de misericórdia. Esta mensagem vem tanto para Israel como um todo, quanto para os indivíduos dentro da nação. Números 14.18 diz que "O SENHOR é longânimo e grande em misericórdia, que perdoa a iniquidade e a transgressão". Em outra ocasião, é dito aos filhos de Israel que se arrependam (2Cr 30.9): "Porque, se vós vos converterdes ao SENHOR, vossos irmãos e vossos filhos acharão misericórdia perante os que os levaram cativos e tornarão a esta terra; porque o SENHOR, vosso Deus, é misericordioso e compassivo e não desviará de vós o rosto, se vos converterdes a ele" (ver também Jr 3.12; Jl 2.13; Dt 13.17).

Como resultado da misericórdia de Deus em perdoar os pecadores, Davi implora misericórdia para o perdão de seus pecados (Sl 41.4, NVI): "Eu disse: Misericórdia, Senhor, cura-me, pois pequei contra ti" (veja também Sl 51.1; 79.8; Lc 18.13). Por causa da grande misericórdia de Deus demonstrada por sua vontade de perdoar pecados, o escritor de Provérbios diz (28.13, NVI): "Quem esconde os seus pecados não prospera, mas quem os confessa e os abandona encontra misericórdia" (veja também Is 55.7; Mq 7.18).

Deus não apenas estende misericórdia no perdão do pecado, mas Paulo também mostra que sua misericórdia é a razão suprema de Ele eleger indivíduos para a salvação. Em Romanos 9, Paulo argumenta que a escolha dos eleitos por Deus não depende dos seus méritos, mas sim da misericórdia de Deus. Embora o foco geral do capítulo seja Deus escolher Israel para ser seu povo especial, Paulo distingue entre eleição para privilégio e eleição para salvação. O que ele diz sobre Deus escolher indivíduos judeus para a salvação também é verdade em relação aos gentios (Rm 9.15,16,18,23).

Em Romanos 11, Paulo argumenta que Israel rejeitar seu Messias não surpreendeu a Deus. Ao contrário, Deus planejou isso como um meio para estender misericórdia também aos gentios (11.30), e o objetivo final era que a crença dos gentios incitasse os judeus ao ciúme para que voltassem para Deus (11.11,14). Tudo isso é para que Deus possa derramar sua misericordiosa salvação tanto sobre judeus quanto sobre gentios (ver Rm 11.30,31). De fato, Paulo mostra que a razão suprema pela qual Deus permitiu que a raça humana caísse em pecado foi para que Ele pudesse oferecer misericórdia ao prover a salvação (Rm 11.32).

De fato, foi enquanto estávamos imersos em nosso pecado que (Ef 2.4, NVI) "Deus, que é rico em misericórdia, pelo grande amor com que nos amou", interveio para nos salvar. A regeneração, o novo nascimento espiritual, chega aos crentes como resultado da misericórdia de Deus (1Pe 1.3). Consequentemente, aqueles que não tinham relacionamento com Deus agora são o seu povo (1Pe 2.10). Nada disso aconteceu por nossa causa, mas por causa da grande misericórdia de Deus! Como diz Paulo (Tt 3.5, NVI): "não por causa de atos de justiça por nós praticados, mas devido à sua misericórdia, ele nos salvou pelo lavar regenerador e renovador do Espírito Santo". Logo, independentemente do modo anterior de vida de uma pessoa, Deus estende misericórdia para salvar essa pessoa e, ao fazê-lo, mostra-se como o Deus misericordioso (ver os comentários de Paulo sobre si mesmo, 1Tm 1.13,16). O resultado final da misericórdia de Deus para aqueles que Ele salva é a vida eterna! Por isso, Judas exorta os crentes (Jd 21, NVI): "Mantenham-se no amor de Deus, enquanto esperam que a misericórdia de nosso Senhor Jesus Cristo os leve para a vida eterna".

A misericórdia de Deus para com aqueles com necessidades físicas e a misericórdia de Deus na salvação são temas tão maravilhosos que muitos escritores do NT desejam misericórdia para seus leitores. Encontramos isso com frequência em saudações de abertura e encerramento de cartas e em bênçãos (ver Gl 6.16; 1Tm 1.2; 2Tm 1.2; 2Jo 3 e Jd 2).

De fato, Deus tem sido misericordioso para com todos nós de muitas maneiras. Como resultado, podemos dizer com o salmista (Sl 89.1): "Cantarei para sempre as tuas misericórdias, ó SENHOR; os meus lábios proclamarão a todas as gerações a tua fidelidade".

LONGANIMIDADE

Outro aspecto do amor e da bondade de Deus é a sua paciência para conosco. Tanto o AT como o NT retratam Deus como um Deus longânime e paciente. A frase hebraica para longanimidade é *'erek 'ap*. O termo *'erek* vem do verbo *'ārak* ("ser longo"). A forma *'ārēk* ("longo") aparece apenas na forma do conceito *'erek*. É usada dez vezes no AT com respeito a Deus, e é usada com mais frequência em relação a Deus no conceito para a palavra *'appāyim*. É tipicamente traduzida por "longanimidade", "tardio para se irar ou ter raiva". "Literalmente, quando diz que Deus é 'longânime' (Êx 34.6; Nm 14.18; Sl 86.15 etc.), a Bíblia diz: 'Deus é longo de nariz'. Quando está zangado, seu nariz fica vermelho e arde. Pode-se questionar se na linguagem viva as expressões idiomáticas já não tinham abandonado suas associações etimológicas e não significavam apenas ser longânime e estar com raiva. Quando Ele é compassivo, seu nariz se torna longo, tão longo, de fato, que levaria uma eternidade para queimar completamente".[16]

Todas as passagens do AT que se referem à longanimidade ou paciência de Deus usam a frase *'erek 'ap*. No NT, os escritores se referem tanto à longanimidade de Deus como à sua paciência. O termo grego é *makrothumia*. Esta família de termos é usada na LXX para traduzir o hebraico *'erek 'ap*. Nos Evangelhos, *makrothumia* é demonstrada (na parábola do servo impiedoso) pelo rei ao servo mau (Mt 18.23-35), do qual se espera que mostre o mesmo ao seu devedor, mas não o faz. Na literatura paulina, a longanimidade de Deus é frequentemente relacionada à sua ira (p. ex., Rm 2.4; 9.22).[17]

Várias passagens se referem à longanimidade de Deus em uma lista de descrições sobre seu caráter, mesmo que a ideia do escritor não seja simplesmente alistar várias qualidades de Deus. Em vez disso, ele pretende encaixar esse atributo com o tema da paciência de Deus para com os pecadores ao evitar o julgamento de seus pecados. Por exemplo, depois que Deus entregou o Decálogo no monte Sinai, Moisés desceu do monte e encontrou o povo já quebrando o primeiro mandamento. Em sua ira, Moisés quebrou as duas tábuas nas quais Deus havia escrito a Lei. Em Êxodo 34, o Senhor encarregou Moisés de pegar duas novas tábuas para que Ele pudesse escrever o Decálogo nelas novamente. Moisés voltou a subir o monte Sinai para que o Senhor escrevesse o Decálogo. Antes de o Senhor fazê-lo, porém, o versículo 6 diz: "E, passando o Senhor por diante dele, clamou: Senhor, Senhor Deus compassivo, clemente e longânimo e grande em misericórdia e fidelidade". O versículo 7 fala da misericórdia de Deus e da disposição em perdoar o pecado. Embora a referência no versículo 6 seja apenas a este atributo divino (entre outros), no contexto do que acontecera, foi apropriado a Deus ressaltar seu caráter longânime. Se Ele não fosse paciente, não seria misericordioso e perdoador para com seu povo Israel, que havia quebrado o primeiro mandamento no momento em que estava sendo dado. O fato de haver até mesmo uma segunda entrega do Decálogo, em vez da destruição do povo, mostra quanto Deus é longânime.

Números 14 é um segundo exemplo. A cena é a rebelião do povo de Israel após os espiões retornarem de espiar a Terra Prometida. Todos eles, exceto Josué e Calebe, dizem que há gigantes na terra e que os israelitas serão destruídos se tentarem conquistá-la. Porém, Deus havia trazido os israelitas do Egito pelo deserto para esta terra, e tinha prometido dá-la a eles. Mesmo assim, quando o povo ouviu o relato dos espiões, murmurou contra Deus e Moisés e pediu para voltar ao Egito. Deus ficou enfurecido e ameaçou destruí-los, mas Moisés intercedeu pelo seu povo. Moisés apelou para o fato de que Deus é um Deus longânime. Moisés disse (Nm 14.18): "O Senhor é longânimo e grande em misericórdia, que perdoa a iniquidade e a transgressão". Confrontado com este pedido de perdão, Deus poupou o povo, embora aqueles que murmuraram contra Ele tenham sido condenados a vagar no deserto por cerca de quarenta anos e não possuir a terra.

Uma passagem bastante interessante é Jeremias 15.15. Na primeira parte do capítulo, o Senhor pronunciou a condenação e o juízo como inevitáveis sobre a pecadora Judá. Por se posicionar a favor do Senhor no meio de um povo perverso, Jeremias não era um homem muito popular e sofreu muita perseguição. No versículo 15, porém, ele pede ao Senhor que se vingue dos ímpios que também o perseguiam. Ele diz então: "Tu, ó Senhor, o sabes; lembra-te de mim, ampara-me e vinga-me dos meus perseguidores; não me deixes ser arrebatado, por causa da tua longanimidade; sabe que por amor de ti tenho sofrido afrontas". Jeremias na verdade está dizendo: "Senhor, eu preciso de libertação dos meus perseguidores. Essas pessoas são dignas de juízo e eu te peço que as julgues. Porém, eu sei que tu és um Deus longânime, e por causa disso tu nem sempre julgas imediatamente. Porém, se tu fores longânime agora, o resultado provavelmente será que Teus inimigos e meus inimigos conseguirão me levar embora". Esta realmente é uma passagem incomum, pois muitas passagens apelam à misericórdia e paciência de Deus e lhe pedem que seja paciente com o pecador. Nesta passagem, Jeremias teme que, por ser Deus longânime, ele, Jeremias, sofra, porque aqueles que o afligem não serão punidos.

No NT, a longanimidade de Deus para com os pecadores é evidente mais uma vez, e em alguns casos a razão é dar aos pecadores uma chance de se arrependerem e se voltarem para Deus. Por exemplo, em Romanos 1 Paulo cataloga os pecados nos quais os pagãos caíram. Ele começa o capítulo 2 dizendo que aqueles que fazem tais coisas são culpados de punição. Aqueles que pensam que vão escapar do julgamento quando fazem a mesma coisa estão enganando a si mesmos. Deus pode ter retido a punição, mas eles devem ter cuidado para não entender mal a demora. Romanos 2.4 esclarece a razão: "Ou desprezas a riqueza da sua bondade, e tolerância, e longanimidade, ignorando que a bondade de Deus é que te conduz ao arrependimento?" Deus é tardio em julgar os pecadores, mas não porque Ele não se importa com o pecado deles ou porque não é poderoso o suficiente para julgar. Ele é paciente a fim de lhes dar uma chance de se arrependerem.

Deus não apenas evita o julgamento dos pecadores para lhes dar tempo para se arrepender, mas às vezes também retém o julgamento para que, quando chegar, esteja bem claro que é merecido. Este parece ser o argumento de Paulo em Romanos 9.22, mas não é o único, pois no versículo 23, torna-se claro que o propósito de Deus ao reter o julgamento sobre os não arrependidos é também mostrar àqueles que Ele salva (que igualmente merecem tal julgamento quando julgados somente pelos *próprios* méritos) quão incrivelmente misericordioso Ele é para com eles. Ao fazer assim, Ele se mostra paciente com os eleitos (cf. 1Pe 3.20).

Além disso, Deus foi paciente com o apóstolo Paulo, não apenas para lhe dar a oportunidade de se arrepender e se voltar para Cristo. Fazer isso e depois usar Paulo como um poderoso porta-voz do evangelho permitiu que Deus oferecesse Paulo como um exemplo da paciência divina (1Tm 1.16). Qualquer um que pensa que permaneceu em pecado por muito tempo e se afastou demais de Deus para que Ele o salve precisa apenas refletir no exemplo de Paulo!

Duas outras passagens do NT contêm o tema da paciência de Deus com os pecadores, a fim de lhes dar tempo para se arrependerem, mas há uma pequena diferença em uma delas. Em 2Pedro 3, Pedro aborda o erro daqueles que dizem que se pode viver como quiser, porque o Senhor nunca voltará em juízo. Pedro diz que o Senhor voltará e julgará os ímpios, e nos versículos 5 a 9 ele oferece razões pelas quais a volta e o julgamento do Senhor são certos. Nos versículos 8 e 9, em especial, Pedro trata da razão por que Deus retardou o julgamento por tanto tempo. O versículo 9 diz: "Não retarda o Senhor a sua promessa, como alguns a julgam demorada; pelo contrário, ele é longânimo para convosco, não querendo que nenhum pereça, senão que todos cheguem ao arrependimento". Como é que os homens consideram a demora ou o retardo no julgamento? Sem dúvida, eles pensam que isso significa que não existe Deus ou, se existe, que Ele é impotente demais ou até desinteressado demais para punir o ímpio. Porém, isso está errado. Deus é longânime por uma razão específica. Há problemas textuais neste versículo, e um é digno de nota. Alguns manuscritos dizem "longânimo para nós", mas a melhor tradição manuscrita diz "para vocês". Quem é "vocês"? São os leitores da carta de Pedro, que eram crentes. Por que Deus seria paciente com eles por não querer que nenhum pereça? Eles não perecerão, porque já estão salvos. A razão da paciência de Deus é que os crentes são os mensageiros para os perdidos. Agora o argumento de Pedro torna-se claro. Os crentes atraídos pela ideia de que está tudo bem viver como se quer porque Deus nunca julgará o pecado entenderam totalmente errado a tolerância do julgamento divino. Deus evita o julgamento para que os crentes se ocupem em levar o evangelho para aqueles que não creem. Deus espera pacientemente que os crentes façam isso porque seu testemunho é o meio designado para trazer os perdidos a Cristo, e Deus quer salvá-los, pois Ele não deseja que pereçam (veja também 2Pe 3.15 para a mesma ideia).

Embora a maioria dos dados bíblicos sobre longanimidade e paciência divina foque de uma forma ou de outra a paciência de Deus com os pecadores, outra passagem tem um sentido diferente. O Salmo 86 contém o apelo de Davi por ajuda divina, mas a ideia não parece muito ser a ajuda para Davi como um pecador. No versículo 2 Davi diz: "Preserva a minha alma, pois eu sou piedoso; tu, ó Deus meu..." Ao longo de todo o salmo Davi enfatiza as excelências de Deus como base para que Este intervenha por ele. No versículo 14, Davi relata o fato de que os orgulhosos e violentos que não se importam com Deus também se colocaram contra ele próprio, Davi. No versículo 15 Davi então diz: "Mas tu, Senhor, és Deus compassivo e cheio de graça, paciente e grande em misericórdia e em verdade". À luz destas qualidades, Davi implora a ajuda de Deus para combater seus inimigos (v. 16). Como é que a ideia de longanimidade divina se encaixa aqui? Provavelmente Davi pediu a intervenção divina antes e recebeu ajuda de Deus. Por causa de sua misericórdia e compaixão, Deus certamente iria ajudar Davi novamente. E, porque é paciente, Ele provavelmente não se incomodaria com mais um pedido de ajuda divina feito por Davi. Como Delitzsch também observa, no versículo 15 Davi sustenta sua petição apelando para o testemunho de Deus acerca de si mesmo em Êxodo 34.6.[18]

Finalmente, quanto mais os crentes se tornam semelhantes a Cristo, mais suas vidas exibirão paciência. Quanto mais andamos no Espírito, mais nossas vidas serão caracterizadas pela longanimidade. Portanto, em Gálatas 5.22 Paulo inclui a longanimidade como um fruto do Espírito. Nós nos tornamos mais pacientes como nosso Deus é, e na medida em que nossas vidas não exibem longanimidade, nessa mesma medida mostramos a necessidade de sermos recriados à imagem de Cristo por meio do ministério do Espírito.

BONDADE

Um dos temas mais familiares das Escrituras é a bondade do Senhor. Ele é bom de muitas maneiras diferentes para todas as criaturas. Ele é um Deus misericordioso, gracioso, amoroso e longânime. Isso não significa que esses termos sejam idênticos, mas apenas que um Deus que é fundamentalmente bom expressa essa bondade de muitas maneiras diferentes.

As palavras hebraicas básicas para bondade divina são *ṭôb* e *ṭûb*. Contudo, em várias ocasiões (p. ex., Êx 34.6; Sl 33.5; 52.3 [heb.]; 107.8,15,21,31) encontramos a palavra *ḥesed* traduzida como "bondade", "compaixão" ou "benignidade" em várias traduções. Além disso, em uma ocasião (Sl 51.18), o termo *rāṣôn* é usado para falar do bom desejo ou vontade de Deus para com Sião. Finalmente, em várias passagens, encontramos o verbo *yāṭab* ("fazer o bem") usado a respeito de Deus. Quanto a *ṭôb* e *ṭûb*, há muitos sentidos nos quais essas palavras são usadas no AT, e o mesmo é verdade em português ou em qualquer outra língua. Como menciona um autor, cinco áreas gerais de significado podem ser diferenciadas no AT. Elas são: "1) bem prático, econômico ou material, 2) bondade abstrata, como desejabilidade, agradabilidade e beleza, 3) qualidade ou despesa, 4) bondade moral, e 5) bondade filosófica técnica".[19] Neste último sentido, refere-se ao bem mais elevado, e aparece em Eclesiastes 2.24 em uma análise do bem mais elevado que uma pessoa poderia perseguir na vida (cf. também Ec 3.22; 8.15). Quanto a Deus, Ele é moralmente bom, mas também dá às suas criaturas o bem material para satisfazer suas necessidades diárias.

O verbo *yāṭab* não só significa "fazer o bem", mas é usado também nos sentidos de "ser bom", "ser agradável". Em relação a Deus, refere-se à atitude beneficente de Deus para com seu povo e nas interações com este. Porém, claramente, quando as pessoas pedem a Deus que lhes faça o bem ou quando as Escrituras dizem que Ele fará o bem a alguém, é porque sabem que Deus tem o atributo de bondade. De sua bondade deriva sua beneficência ao seu povo e a todas as criaturas.

Quanto a *rāṣôn* ("prazer", "deleite", "favor"), há três nuances principais de significado no AT. O sentido principal é o "favor" ou a "boa vontade" de Deus (Dt 33.16; Is 60.10; Sl 5.12; 30.6 [heb.], 8 [heb.]; 51.18). O segundo sentido foca o "deleite" ou "aceitação" de um indivíduo. O terceiro é "desejo" ou "prazer" no sentido específico da vontade de Deus (Ed 10.11; Sl 40.9 [heb.]).[20]

O termo para bondade no NT é *chrēstotēs*. Esta palavra específica é usada acerca de um atributo humano em Romanos 3.12. É usada acerca de Deus somente no corpus paulino e transmite a ideia de ser gentil e prestativo. Mais tipicamente em Paulo, ela designa a bondade e o favor de Deus na salvação por meio de Cristo (Rm 2.4; 11.22; Tt 3.4ss). Aplicar esta palavra à obra salvadora de Deus em Cristo "implica que esta obra é apropriada a Deus. Em Cristo, Deus age como o que Ele é por natureza ou, por sua obra em Cristo e por meio de Cristo, Deus se manifesta de acordo com sua verdadeira natureza".[21]

Quando olhamos para o conceito bíblico da bondade divina, uma ideia principal se sobressai. É que Deus está preocupado com o bem-estar de suas criaturas e faz coisas para promovê-lo. É claro que Deus está interessado em fazer o que é moralmente bom e correto, mas os escritores bíblicos captam essa ideia ao se referirem à sua justiça e santidade. Além disso, porque Ele faz o que é reto e santo em sua interação com todos, o resultado é a promoção do bem-estar destes. É assim independentemente de a questão ser o bem-estar físico e material ou o benefício espiritual deles. Em suma, as Escrituras (Tg 1.17) dizem: "Toda boa dádiva e todo dom perfeito são lá do alto, descendo do Pai das luzes, em quem não pode existir variação ou sombra de mudança". Além disso, se os humanos, que são maus, dão coisas boas aos seus filhos, não podemos esperar nada diferente de um Pai celestial que é simplesmente bom (Mt 7.11).

Muitas passagens bíblicas se referem à bondade de Deus sem relacioná-la com qualquer ação particular que Ele tenha feito a alguma pessoa ou grupo. Em Êxodo 34, Moisés requer uma nova visão do Senhor, e o Senhor lhe dá. O versículo 6 diz: "E, passando o Senhor por diante dele, clamou: Senhor, Senhor Deus compassivo, clemente e longânimo e grande em misericórdia e fidelidade" (veja também Êx 33.19; 1Cr 16.34; 2Cr 5.13; 7.3). Os Salmos estão repletos de louvores pela bondade do Senhor. Lemos em Salmos 107.8, "Rendam graças ao Senhor por sua bondade e por suas maravilhas para com os filhos dos homens!" O salmista repete este refrão nos versículos 15, 21 e 31. Em Salmos 135.3, lemos novamente sobre a bondade do Senhor e a necessidade de louvá-lo por isso (ver também Sl 136.1). Portanto, o salmista encoraja seus leitores a provarem Deus, pois se o fizerem, verão que Ele é bom (Sl 34.8): "Oh! Provai e vede que o Senhor é bom" (ver mais referências à bondade de Deus em Sl 25.8; 33.5; 52.1; 100.5; 106.1; 107.1,9; 118.1,29; 145.7,9).

O NT também fala da bondade de Deus. Quando um homem veio a Jesus perguntando como alcançar a vida eterna, ele o chamou de "Bom Mestre". Jesus respondeu (Mt 19.16,17; paralelo em Mc 10.17,18; Lc 18.18,19), "Por que me perguntas acerca do que é bom? Bom só existe um". Além disso, Jesus comparou a relação consigo mesmo com a relação entre um pastor e suas ovelhas. Porém, Jesus não é apenas qualquer tipo de pastor. Ele é o bom pastor que dá a sua vida pelas ovelhas (Jo 10.11; ver também v. 14).

Ao longo das Escrituras há ampla evidência da preocupação de Deus com o bem-estar físico e material de todos. Como evidência de sua bondade em prover as necessidades básicas da vida, encontramos passagens como Atos 14.17, "contudo, não se deixou ficar sem testemunho de si mesmo, fazendo o bem, dando-vos do céu chuvas e estações frutíferas, enchendo o vosso coração de fartura e de alegria" (veja também as palavras de Jesus em Mt 6.28-30). O salmista também, depois de falar da bondade do Senhor em trazer água para que haja colheita, diz (Sl 65.11), "Coroas o ano da tua bondade; as tuas pegadas destilam fartura" (ver também Sl 104.28).

Na verdade, Deus é bom para todos, mesmo para aqueles que o desobedecem e andam longe dele. Como Elifaz disse a Jó a respeito dos ímpios (Jó 22.18): "Contudo, ele enchera de bens as suas casas. Longe de mim o conselho dos perversos!" Jesus diz: "para que vos torneis filhos do vosso Pai celeste, porque ele faz nascer o seu sol sobre maus e bons e vir chuvas sobre justos e injustos" (Mt 5.45); e Lucas 6.35 diz que Deus é benigno até para com os ingratos e maus.

Além do cuidado geral que Deus tem e de sua preocupação com as necessidades básicas da vida, as Escrituras apontam para muitos exemplos de Deus agindo para o benefício e o bem-estar de indivíduos e grupos. Além disso, Ele o faz independentemente de termos uma necessidade óbvia ou de estarmos experimentando recompensas e bênçãos. Quanto ao bem coletivo, Jetro se alegra pela bondade do Senhor em libertar Israel do Egito (Êx 18.9), e em Deuteronômio vemos diversas referências à boa terra que o Senhor deu a Israel por posse (Dt 1.25; 4.21,22; 6.18; 8.7,10,16; 9.6; 11.17). Essa Terra Prometida foi um sinal da bondade do Senhor para Israel. Falando mais adiante na história de Israel, Neemias enumera o que o bom Deus fez por Israel quando o povo conquistou a Terra Prometida (Ne 9.25). Como Josué diz (Js 21.45): "Nenhuma promessa falhou de todas as boas palavras que o SENHOR falara à casa de Israel; tudo se cumpriu" (ver também Js 23.14). Outras passagens do AT que falam das múltiplas bondades de Deus ao seu povo Israel são Números 10.29; Deuteronômio 26.11; 28.12,63; 30.5,9; 1Reis 8.56; Esdras 3.11; 8.18; Neemias 9.20; Salmo 128.5.

Deus não apenas fez o bem a Israel no passado, mas também lhe prometeu o bem para o futuro. Por intermédio do profeta Jeremias, Deus prometeu ao seu povo o retorno e a restauração do cativeiro babilônico (Jr 24.6; veja também Jr 29.10). Além disso, Deus prometeu por meio de seus profetas uma restauração escatológica final de Israel que é futura até mesmo em nossos próprios dias. No capítulo 32, Jeremias fala de uma nova aliança que Deus fará com Israel para abençoá-lo (32.39-42): "Dar-lhes-ei um só coração e um só caminho, para que me temam todos os dias, para seu bem e bem de seus filhos. Farei com eles aliança eterna, segundo a qual não deixarei de lhes fazer o bem; e porei o meu temor no seu coração, para que nunca se apartem de mim. Alegrar-me-ei por causa deles e lhes farei bem; [...] Assim como fiz vir sobre este povo todo este grande mal, assim lhes trarei todo o bem que lhes estou prometendo" (veja também Jr 31.12,14; 33.9,11,14; Os 3.5).

Deus não apenas é bom para seu antigo povo Israel, mas também cuida dos pobres e dos necessitados. Como lemos em Salmos 68.10: "em tua bondade, ó Deus, fizeste provisão para os necessitados". E ele é bom para os indivíduos. Lia fala do bem que Deus lhe fez ao dar-lhe filhos (Gn 30.20). Jacó fala das boas promessas de Deus de uma semente múltipla. Embora seus irmãos procurassem fazer-lhe o mal vendendo-o ao Egito, José diz (Gn 50.20): "porém Deus o tornou em bem, para fazer, como vedes agora, que se conserve muita gente em vida". Depois de receber a notícia de que Deus iria estabelecer seu trono para sempre, o rei Davi diz (2Sm 7.28 — paralelo em 1Cr 17.26): "Agora, pois, ó Senhor Deus, tu mesmo és Deus, e as tuas palavras são verdade, e tens prometido a teu servo este bem". Para outros exemplos de bondade divina para os indivíduos, veja Juízes 17.13; 1Samuel 25.30; 1Reis 8.66; 2Crônicas 7.10; Neemias 2.8,18; 5.19. Como resultado da bênção de Deus sobre vidas individuais, o salmista diz com segurança (Sl 23.6): "Bondade e misericórdia certamente me seguirão todos os dias da minha vida" (ver também Sl 21.3; 144.2).

Por causa da conhecida bondade de Deus, os indivíduos muitas vezes imploram que Ele lhes faça o bem. O salmista implora por perdão dos pecados (Sl 25.7). Neemias solicita o bem de Deus (Ne 13.31). Muitos salmos estão cheios de petições pela bondade do Senhor (Sl 51.18; 69.16; 109.21; 119.39; 125.4). Por causa da bondade de Deus, às vezes as pessoas se satisfazem em deixá-lo fazer o que quer que lhe pareça bom (1Sm 3.18; 2Sm 10.12). E o salmista deseja conhecer os estatutos de Deus (Sl 119.68), pois: "Tu és bom e fazes o bem; ensina-me os teus decretos".

A bondade de Deus vai além de cuidar das necessidades físicas e materiais pessoais e coletivas até as necessidades espirituais das pessoas. Paulo diz que os eleitos de Deus foram escolhidos por causa dos bons propósitos de Deus (Ef 1.5,9), e por causa dos resultados, podemos ver que os bons propósitos e o prazer de Deus são benéficos aos eleitos. Além disso, vemos os resultados da salvação de Deus para aqueles que creem (sejam judeus ou gentios), e tudo isso é uma evidência da bondade de Deus (Rm 11.22).

Além disso, uma vez salvos, sabemos que por causa do que Cristo fez por nós, temos uma "eterna consolação e boa esperança, pela graça" (2Ts 2.16). E o processo de santificação continua em nós, não porque tenhamos o poder de nos tornar mais como Cristo por nós mesmos, mas por causa do trabalho contínuo de Deus dentro de nós. Como diz Paulo (Fp 2.13): "porque Deus é quem efetua em vós tanto o querer como o realizar, segundo a sua boa vontade". Da mesma forma, é encorajador saber que, por ser bom, Deus está pronto para perdoar os nossos pecados quando nos arrependemos. Tanto o AT como o NT afirmam esta grande verdade sobre a bondade de Deus. Ele não apenas perdoa os pecados, mas sua bondade leva as pessoas a se arrependerem. O salmista escreve (Sl 86.5): "Pois tu, Senhor, és bom e compassivo; abundante em benignidade para com todos os que te invocam" (ver também Rm 2.4).

Deus também é bom na medida em que concede bênçãos especiais ao seu povo, o qual segue sua vontade e seu caminho. Dizem os salmistas: "Como é grande a tua bondade, que reservaste aos que te temem, da qual usas, perante os filhos dos homens, para com os que em ti se refugiam!" (Sl 31.19). "Os leõezinhos sofrem necessidade e passam fome, porém aos que buscam o Senhor bem nenhum lhes faltará" (Sl 34.10; ver também Sl 65.4; Lm 3.25). Como diz Paulo (Rm 8.28): "Sabemos que todas as coisas cooperam para o bem daqueles que amam a Deus, daqueles que são chamados segundo o seu propósito" (ver também Jó 22.21; Na 1.7; Sl 84.11). Verdadeiramente, Deus é bom para nós, e por causa de sua bondade e preocupação conosco, Pedro diz (1Pe 5.7) para lançar "sobre ele toda a vossa ansiedade, porque ele tem cuidado de vós".

Por causa da bondade de Deus para com os crentes, nossas vidas deveriam exemplificar essa bondade para com os outros. Se não fazemos o bem aos outros, há razões para nos perguntarmos se estamos deixando nosso bom Deus governar e reinar em nossas vidas. Como diz João (3Jo 11), "Amado, não imites o que é mau, senão o que é bom. Aquele que pratica o bem procede de Deus; aquele que pratica o mal jamais viu a Deus". E Paulo nos lembra em Gálatas 5.22 que o fruto do Espírito é bondade. Assim como Deus é bom para todas as pessoas, nós também devemos ser bons.

BENIGNIDADE

Estreitamente relacionada ao amor, à bondade, à misericórdia e à graça de Deus está a sua benignidade. Embora o NT não tenha um termo separado para esta palavra, no AT o termo traduzido como "benignidade" na ARA é *ḥesed*. A maioria das referências aparece em Salmos, mas algumas estão em Jeremias e uma em Oseias.

Muitas referências à benignidade de Deus simplesmente o exaltam por ter essa qualidade. Salmos 36.7 diz: "Como é preciosa, ó Deus, a tua benignidade!" Salmos 63.3 (ARC) diz: "Porque a tua benignidade é melhor do que a vida; os meus lábios te louvarão" (ver também Sl 103.4 e 138.2).

A maioria das referências à benignidade de Deus, no entanto, pede a Deus que a demonstre. Em Salmos 40.11 (ARC) ouvimos a súplica: "Não detenhas para comigo, SENHOR, as tuas misericórdias; guardem-me continuamente a tua benignidade e a tua verdade" (ver também Sl 17.7; 36.10; 51.1; 69.16; 119.88,149,159; 143.8). Em alguns casos também, o escritor registra Deus expressando seu desejo de ser benigno ou de continuar demonstrando sua benignidade. Vemos essa expressão terna de seu amor por Israel em Jeremias 31.3 (ARC): "Há muito que o SENHOR me apareceu, dizendo: Com amor eterno te amei; também com amável benignidade te atraí" (veja também Os 2.19). Que encorajamento para o povo de Deus, especialmente os necessitados, saber que Deus permanece firme no seu amor leal! Outras passagens que falam da benignidade de Deus são Salmos 26.3; 40.10; 42.8; 48.9; 88.11; 89.33; 92.2; 107.43; Jeremias 9.24; 16.5; 32.18.

VERDADE

Nosso Deus é também um Deus de verdade. Ele conhece a verdade e só fala a verdade. Por isso, suas promessas são confiáveis e Ele é confiável e fiel. No AT existem dois grupos básicos de palavras que se referem à veracidade e fidelidade de Deus. O primeiro deriva do verbo *'āman* ("confirmar", "apoiar", "sustentar" no Qal; "ser fiel", "ser estabelecido" no Nifal; e "ter certeza", "crer" no Hifil). A ideia original da palavra é firmeza ou certeza. No Qal, sua ideia principal é a de apoio, e é usada no sentido de um pai apoiar uma criança indefesa. No Nifal, o significado é "ser estabelecido", e o particípio Nifal, que significa "ser fiel, seguro, confiável", é usado para descrever Deus, sobre quem repousa toda certeza. No mesmo grupo de palavras estão o substantivo *'ĕmûnāh*, que, quando aplicado a Deus, fala de sua confiabilidade, e os substantivos *'ōmēn* e *'āmēn*. Quanto ao primeiro, carrega a ideia de verdade (quando usado como adjetivo, significa "verdadeiro"). Quanto ao segundo, é tipicamente traduzido como "verdadeiramente", mas é usado em Isaías 65.16 como substantivo para descrever o Senhor como o Deus da verdade. Finalmente, neste grupo de palavras temos o substantivo *'ĕmet*. A ideia básica nesta palavra é certeza e confiabilidade. O termo é usado para descrever o caráter de Deus (p. ex., Gn 24.27; Êx 34.6; Sl 25.5; 31.5) e suas palavras (Sl 119.42,151,160; Dn 10.21), e como um dos atributos divinos, torna-se o meio pelo qual os humanos conhecem e servem a Deus como Salvador (p. ex., Js 24.14; 1Rs 2.4; Sl 26.3; 86.11; 91.4; Is 38.3).[22]

Um segundo conjunto de substantivos hebraicos, *qĕšôṭ* (Dn 4.37) e *qōšeṭ* (Sl 60.4), ocorre com muito menos frequência do que os termos no grupo de palavras *'āman*. Estas palavras vêm de uma raiz que significa o direito ou a verdade. Nas duas passagens citadas, elas falam de Deus como verdade.

No NT, há dois termos principais para verdade. O primeiro é *alēthēs*, que se refere à realidade de uma coisa, ou seja, que algo realmente é o caso. É usado acerca de Deus em Romanos 3.4 (NVI), onde Paulo diz: "Seja Deus verdadeiro, e todo homem mentiroso". Nesta passagem Paulo está respondendo à ideia de que o que Deus prometeu poderá não ser cumprido; ele afirma que, mesmo que todos os outros falhem, Deus fará o que Ele disse. sua natureza é verdadeira, e a realidade corresponde ao que Ele promete. O segundo termo do NT é *alēthinos*, e carrega a ideia de ser genuíno ou de se conformar ao ideal. Paulo o usa em 1Tessalonicenses 1.9 para mencionar que os tessalonicenses passaram de adorar ídolos para adorar o Deus verdadeiro e vivo. Embora haja outros deuses para adorar, o Deus das Escrituras é o único que corresponde ao ideal do que Deus deveria ser (veja também Jo 17.3).

Além disso, o NT também ensina que Deus é fiel, e o termo usado para descrever essa qualidade é *pistos*. Aqui a ideia é que Deus está sempre atento às suas promessas e as cumpre; Ele é confiável. É usado acerca de Deus em passagens como 1Coríntios 1.9; 2Timóteo 2.13; e Hebreus 10.23.

As Escrituras retratam Deus como verdadeiro em vários aspectos. Contudo, devemos inicialmente distinguir entre dois sentidos básicos acerca de Deus como verdadeiro. Ambos os sentidos (de fato, todos os usos de "verdade" em relação a Deus) dependem de uma teoria mais fundamental da verdade. Uma teoria da verdade explica que tipo de coisa é a verdade. Como já argumentei anteriormente,[23] existem várias teorias principais da verdade, mas a que sustenta a linguagem comum é a teoria da correspondência da verdade. Segundo esta teoria, as frases são verdadeiras se o que elas afirmam sobre o mundo corresponde ao que vemos no mundo. Embora as Escrituras não ensinem nenhuma teoria da verdade como a correta, quando os escritores bíblicos escreveram, eles presumiram alguma forma de teoria da verdade por correspondência.

Com esta introdução, agora podemos explicar o que as Escrituras dizem sobre a veracidade de Deus. Assim como muitos dos atributos divinos, várias passagens bíblicas simplesmente atribuem a verdade a Deus sem esclarecer o sentido em que Ele é verdade. Os exemplos de tais passagens são abundantes. Como poderíamos esperar, muitas passagens que falam da verdade de Deus estão em salmos que exaltam as virtudes de Deus. O salmista diz (Sl 40.10,11): "não escondi da grande congregação a tua graça e a tua verdade. [...] guardem-me sempre a tua graça e a tua verdade". Além disso, esta verdade de Deus está em toda parte e nunca termina, de modo que o salmista pode dizer (Sl 108.4): "Porque acima dos céus se eleva a tua misericórdia, e a tua fidelidade, para além das nuvens" (ver também Sl 117.2). Na presença de tal Deus da verdade, a única resposta apropriada é (Sl 138.2, ARC): "Inclinar-me-ei para o teu santo templo e louvarei o teu nome, pela tua benignidade e pela sua verdade" (ver também Êx 34.6; Sl 31.5; 57.10; 71.22; 86.15; 89.14; 91.4; 96.13; 98.3; 100.5; Is 65.16; Jr 4.2).

No NT, muitas passagens falam de Deus como um Deus de verdade. De fato, diz-se que cada membro da divindade tem esse atributo. João fala acerca de Jesus (Jo 1.14): "E o Verbo se fez carne e habitou entre nós, cheio de graça e de verdade, e vimos a sua glória, glória como do unigênito do Pai". Jesus referiu-se a si mesmo como a verdade (Jo 14.6), e o NT fala do Espírito Santo como o Espírito da verdade. Jesus prometeu enviá-lo, e prometeu que levaria os discípulos à verdade e os ajudaria a lembrar das obras e palavras de Jesus (presumivelmente, então eles conheceriam e falariam a verdade quando pregassem e escrevessem sobre Cristo). Vemos isso em João 14.17; 15.26; e 16.13. E em 1João 2.27, João fala da unção que o crente recebeu. Os comentaristas atestam que a unção é o próprio Espírito Santo.

As Escrituras atribuem a verdade a Deus e nos dizem em que sentido Ele é verdadeiro. O primeiro sentido básico no qual Deus é verdadeiro é que somente Ele é legitimamente Deus. Embora muitos povos adorem uma coisa ou outra como Deus, nenhuma dessas coisas corresponde ao conceito legítimo de divindade. Por outro lado, o Deus das Escrituras é a coisa real. Ele é tudo o que um Deus deve ser; Ele corresponde plenamente ao ideal.

Há passagens no AT e no NT que falam de Deus como verdade neste sentido. Em 2Crônicas 15.3 lemos: "Israel esteve por muito tempo sem o verdadeiro Deus". E em Jeremias 10.10 vemos: "Mas o SENHOR é verdadeiramente Deus". Falando de Jesus, João escreve (Jo 1.9): "a saber, a verdadeira luz, que, vinda ao mundo, ilumina a todo homem" (ver também Jo 15.1; 17.3; 1Ts 1.9). Numa linha semelhante, João escreve (1Jo 5.20): "Também sabemos que o Filho de Deus é vindo e nos tem dado entendimento para reconhecermos o verdadeiro; e estamos no verdadeiro, em seu Filho, Jesus Cristo. Este é o verdadeiro Deus e a vida eterna". Os crentes têm uma relação com aquele que é verdadeiramente Deus, e com seu Filho, que é verdadeiramente Deus.

Segundo, Deus é a verdade porque Ele sempre diz a verdade. É claro que para dizer a verdade, Ele deve conhecê-la, e como onisciente, Ele a conhece. Porém, pode-se saber o que é verdade e deliberadamente escondê-la ou mentir. Deus não pode mentir (Nm 23.19; Tt 1.2; Hb 6.18), e como onisciente, Ele não pode estar enganado sobre o que é a verdade. Nada disso significa que Deus nos diz toda a verdade que Ele conhece, ou que seja obrigado a fazê-lo. Significa apenas que tudo o que Deus diz corresponde à maneira como as coisas são.

As Escrituras estão repletas de versículos que afirmam que Deus diz a verdade. As Escrituras, que são a Palavra de Deus, são verdadeiras (Sl 119.142,160). Jesus, sabendo muito bem que a Bíblia é a Palavra de Deus, diz (Jo 17.17), "Santifica-os na verdade; a tua palavra é a verdade".

Além destas afirmações de que as Escrituras (a Palavra de Deus na forma escrita) são verdadeiras, personagens bíblicos afirmam que Deus diz a verdade sempre que Ele fala. Aqui alguns versículos serão suficientes, porque muitos dizem isso sobre Deus. Lemos (2Sm 7.28), "Agora, pois, ó SENHOR Deus, tu mesmo és Deus, e as tuas palavras são verdade, e tens prometido a teu servo este bem". O salmista diz (Sl 132.11): "O SENHOR jurou a Davi com firme juramento e dele não se apartará". E Isaías escreve (25.1): Ó SENHOR, tu és o meu Deus [...] os teus conselhos antigos, fiéis e verdadeiros" (ver também Gn 24.27; Sl 86.11; Jr 42.5).

No NT, todos os membros da Trindade falam a verdade. Em Mateus 22.16 (paralelo em Mc 12.14) lemos: "E enviaram-lhe discípulos, juntamente com os herodianos, para dizer-lhe: Mestre, sabemos que és verdadeiro e que ensinas o caminho de Deus, de acordo com a verdade". Em relação ao Pai (Jo 3.33), "Quem, todavia, lhe aceita o testemunho, por sua vez, certifica que Deus é verdadeiro". E em relação ao Espírito (Jo 5.32), "Outro é o que testifica a meu respeito, e sei que é verdadeiro o testemunho que ele dá de mim". Porque Deus é verdadeiro, o evangelho que seus apóstolos proclamam é verdadeiro. Ele não mente sobre a condição perdida do homem, nem oferece algum remédio falso. Ele diz o caminho exato para chegar a Deus (Gl 2.5,14; Ef 1.13). Outras passagens do NT que falam de Deus como aquele que diz a verdade são Marcos 12.32; João 7.18; 8.14,26; Ef 4.21; Ap 3.7,14; 6.10; 21.5; 22.6.

Há outra linha notável de ensino bíblico sobre a verdade de Deus. Deus não apenas conhece e diz a verdade, mas também faz a verdade, e seus mandamentos e leis são muitas vezes chamados de verdade. O que isso significa exatamente? Dizer que as leis e os estatutos de Deus são verdadeiros significa que eles correspondem à maneira como as coisas devem ser. Os escritores que fazem tais afirmações estão assumindo que existe algo como um padrão moral objetivo de certo e errado, e eles argumentam que as leis de Deus correspondem a esse padrão objetivo. É claro, isso é precisamente o que deveríamos esperar se, como já argumentei, as leis morais de Deus expressam, em última análise, sua própria perfeição moral.[24] Ao dizer que as regras de Deus correspondem ao que Ele sabe ser os padrões objetivos de certo e errado (regras baseadas em sua perfeição moral), os escritores bíblicos simplesmente dizem que seus mandamentos são verdadeiros. As regras morais de Deus não somente estão em conformidade com a lei moral objetiva, mas as Escrituras também nos dizem que as ações de Deus são o que deveriam ser; elas correspondem à lei moral que Ele revelou.

Com esta explicação, podemos entender várias passagens bíblicas que falam que os estatutos e ações de Deus são verdadeiros. Neemias 9.13 diz: "Desceste sobre o monte Sinai, do céu falaste com eles e lhes deste juízos retos, leis verdadeiras, estatutos e mandamentos bons". O salmista diz (Sl 119.151): Tu estás perto, SENHOR, e todos os teus mandamentos são verdade" (ver também Sl 19.9). Quanto às obras de Deus, Ele faz o que é verdade. Como o salmista escreve (Sl 33.4): "Porque a palavra do SENHOR é reta, e todo o seu proceder é fiel". E vemos estes temas novamente no livro de Apocalipse (15.3): "e entoavam o cântico de Moisés, servo de Deus, e o cântico do Cordeiro, dizendo: Grandes e admiráveis são as tuas obras, Senhor Deus, todo-poderoso! Justos e verdadeiros são os teus caminhos, ó Rei das nações!" (ver também Ap 16.7; 19.2). Outras passagens que mostram que as regras e os juízos de Deus correspondem ao que é certo e que Ele faz a verdade são Deuteronômio 32.4; Salmo 25.5,10; 111.8; Isaías 16.5; 42.3; Daniel 4.37; 9.13; Miqueias 7.20; Zacarias 8.8; João 1.17; Romanos 2.2. Porque Deus é a verdade e diz e faz a verdade, seu povo, em quem o Espírito

Santo está trabalhando, exibe o fruto do Espírito. Esses frutos, de acordo com Efésios 5.9, são "toda bondade, e justiça, e verdade".

Além disso, porque Deus conhece, diz e faz a verdade, todo o seu ensinamento é coletivamente rotulado como a verdade. Daqueles que seguem Deus e seus caminhos é dito que eles seguem "a verdade". Por exemplo, Salmos 26.3 fala de cumprir as ordens de Deus da seguinte forma: "Pois a tua benignidade, tenho-a perante os olhos e tenho andado na tua verdade". De modo mais geral, em Isaías, ouvimos uma promessa de ensinar a verdade divina aos nossos filhos (Is 38.19). O conhecimento da verdade deve preceder fazer a verdade, e no NT, a mensagem de salvação é chamada de palavra da verdade (Cl 1.5).

Intimamente relacionada com a veracidade de Deus está sua fidelidade. O conceito bíblico é que Deus é fidedigno e confiável. Muitas passagens ensinam que Deus é fidedigno no sentido de que Ele cumpre suas promessas. Por exemplo, Números 23.19 diz, "Deus não é homem, para que minta; nem filho de homem, para que se arrependa. Porventura, tendo ele prometido, não o fará? Ou, tendo falado, não o cumprirá?" (Veja também Is 11.5; 25.1.) É também o argumento de Deuteronômio 7.9: "Saberás, pois, que o SENHOR, teu Deus, é Deus, o Deus fiel, que guarda a aliança e a misericórdia até mil gerações aos que o amam e cumprem os seus mandamentos". E creio ser esta a questão em 1Coríntios 10.13: "Não vos sobreveio tentação que não fosse humana; mas Deus é fiel e não permitirá que sejais tentados além das vossas forças; pelo contrário, juntamente com a tentação, vos proverá livramento, de sorte que a possais suportar". Deus prometeu não permitir uma tentação além do que podemos suportar, e Ele mantém essa promessa. Hebreus 10.23 e 11.11 também mostram que Deus cumpre suas promessas. Finalmente, 1João 1.9 ensina que Deus implementou um meio de purificação do pecado, e prometeu perdoar os pecadores arrependidos. Ele mantém sua palavra de fazer isso quando confessamos.

Além disso, há algumas passagens que falam de Deus ou Cristo como fiéis, e a ideia é que eles dizem a verdade. Em Apocalipse vemos várias referências deste tipo a Jesus (Ap 1.5; 3.14; 19.11). É Ele que é fiel e verdadeiro.

A grande maioria dos versículos que falam da fidelidade de Deus, no entanto, ensina simplesmente que Ele é fidedigno. Quando precisamos dele em tempos de dificuldades, Ele está lá. À medida que pensamos nos acontecimentos de nossas vidas, podemos ver a mão de Deus sobre nós, pois Ele tem sido uma ajuda confiável, guardião e amigo ao longo do caminho.

Ele nunca nos decepcionou, nunca mentiu para nós, e sempre fez o que é do nosso melhor interesse, mesmo quando era difícil entender o que Ele estava fazendo ou de que modo o que Ele fez foi realmente para o nosso bem. Muitas passagens falam desse Deus fiel, e alguns exemplos serão suficientes. Salmos 89.1,2,5,8 diz: "Cantarei para sempre as tuas misericórdias, ó SENHOR; os meus lábios proclamarão a todas as gerações a tua fidelidade. Pois disse eu: a benignidade está fundada para sempre; a tua fidelidade, tu a confirmarás nos céus [...] Celebram os céus as tuas maravilhas, ó SENHOR, e, na assembleia dos santos, a tua fidelidade. [...] Ó SENHOR, Deus dos Exércitos, quem é poderoso como tu és, SENHOR, com a tua fidelidade ao redor de ti?!" (Veja também Sl 36.5). Como Jeremias fala das misericórdias e compaixões de Deus, elas não falham: "renovam-se cada manhã. Grande é a tua fidelidade" (Lm 3.23). O NT também anuncia a fidelidade de Deus: "Fiel é Deus, pelo qual fostes chamados à comunhão de seu Filho Jesus Cristo, nosso Senhor" (1Co 1.9). "Fiel é o que vos chama, o qual também o fará" (1Ts 5.24; ver também 2Tm 2.13). Outras passagens que falam de uma maneira ou de outra da fidelidade de Deus são Salmos 40.10; 89.24,33; 92.2; 119.75,90; 143.1; Isaías 49.7; Jeremias 42.5; 2Tessalonicenses 3.3; Hebreus 2.17; 1Pedro 4.19. Embora às vezes falhemos em cumprir nossas obrigações e nem sempre sejamos fidedignos, que conforto e encorajamento saber que o Deus com todo poder para satisfazer nossas necessidades se preocupa conosco e é fidedigno em todos os momentos!

Capítulo Nove

DEUS, TEMPO E ETERNIDADE

Em Salmos 90.2, o salmista diz: "Antes que os montes nascessem e se formassem a terra e o mundo, de eternidade a eternidade, tu és Deus". Estas sublimes palavras falam da eternidade de Deus, e mais tarde o salmista compara a existência eterna de Deus com nossa vida temporária. Teístas de várias tradições religiosas concordam que Deus é eterno. Os crentes encontram, muitas vezes, conforto e consolo em saber que seu Deus não é limitado pelo tempo. Em períodos de dificuldade, é reconfortante saber que, aconteça o que acontecer, Deus estará presente. Ele estará presente não apenas porque se preocupa conosco, mas porque sempre existirá.

Embora seja um consolo em termos religiosos, e uma doutrina teológica essencial do cristianismo, a doutrina da eternidade divina também é importante na medida em que tem implicações significativas para muitas outras doutrinas. Infelizmente, ela é também uma doutrina repleta de problemas. No Capítulo 6, vimos que a questão mais fundamental sobre a eternidade divina é o que ela significa. A eternidade é atemporalidade ou é uma existência sem fim dentro do tempo? A doutrina também levanta outras questões fundamentais. Se for atemporalmente eterno, Deus pode agir dentro do tempo? Se for atemporalmente eterno, Ele também tem de ser totalmente imutável? Se sim, como Ele pode agir e reagir às suas criaturas que estão no tempo, já que reagir a elas parece envolver mudança da parte dele? Por outro lado, se a eternidade de Deus for temporal, sua vida não será tão passageira como a nossa? De fato, se estiver no tempo, Deus não se torna tão emaranhado no tempo e na mudança que nosso conceito ao seu respeito se torna o mesmo da teologia do processo?

Infelizmente, não há respostas simples para estas perguntas, porém, as implicações desta doutrina são extensas. Portanto, neste capítulo pretendo examinar os principais argumentos para as duas concepções de eternidade divina. Antes de nos voltarmos às questões e aos argumentos em torno da eternidade de Deus, devemos esclarecer as duas maneiras de entender essa ideia. Stephen Charnock nos ajuda a começar por meio de sua afirmação de que "a eternidade é uma duração perpétua, que não tem início nem fim".[1] Algo eterno existe sempre. Nunca vem a ser ou cessa de ser. Isto pode parecer suficiente, mas não é. A questão crucial é se algo eterno existe dentro do tempo ou fora do tempo.

A noção de eternidade atemporal ou sem início nem fim tem uma longa tradição no pensamento cristão. Foi defendida por teólogos como Agostinho, Boécio, Anselmo e Aquino. É claramente o mais complexo dos dois conceitos de eternidade. A abordagem de Nelson Pike sobre a eternidade atemporal é extremamente proveitosa na compreensão do conceito. De acordo com Pike, algo atemporalmente eterno tem duas características intimamente relacionadas: falta de extensão temporal e falta de localização temporal.[2]

Algo que carece de extensão temporal carece de duração temporal. A história do mundo estende-se pelo tempo, tanto para trás como para frente, e podemos falar de momentos sucessivos na história. Algo atemporal, porém, não tem qualquer extensão ou sucessão temporal. Como diz Pike a respeito da eternidade atemporal de Deus, "não se trata apenas de que a vida de Deus não tem limites temporais: a questão é que não tem nenhuma extensão temporal".[3] Assim, não faz sentido falar de "quanto Deus é velho", pois a idade é medida pela duração temporal, mas Deus não vive temporalmente. Não somos só nós que não podemos saber a idade de Deus; Ele também não pode, pois a idade de uma pessoa sugere duração temporal, mas de acordo com a noção de eternidade atemporal, Deus não vive por qualquer quantidade de tempo nem por qualquer período de tempo.

A localização temporal refere-se a um tempo específico quando algo existe, mas inclui mais do que datar eventos e mais do que ser capaz de identificar o "agora" por alguma leitura no relógio e no calendário. Também significa falar que algo ou alguém existiu ou aconteceu "antes" ou "depois" de alguma outra coisa. Ou seja, inclui localizar a posição de uma pessoa num ponto específico no *continuum* do tempo. Contudo, alguém ou algo que é atemporalmente eterno não possui localização temporal. Não existe agora ou mais tarde, antes ou depois. E é assim não porque é inexistente ou porque existe simultaneamente a todos os tempos. É assim porque está fora do tempo. Até mesmo existir simultaneamente a todos os tempos é ter contato com o tempo e ter inumeráveis localizações temporais. Quanto à sua eternidade atemporal, Deus pode perceber todos os tempos ao mesmo tempo, mas isso não significa que Ele esteja temporalmente localizado em todos ou em nenhum desses tempos. Ao resumir esses dois elementos de atemporalidade, Pike explica: "A questão parece ser que Deus não deve ser qualificado por predicados temporais de qualquer espécie — nem predicados de extensão temporal (como, por exemplo, '6 anos de idade') nem predicados de localização temporal (como, por exemplo, 'antes de Colombo')".[4]

Tudo isso sugere a definição clássica de eternidade divina de Boécio. Em seu livro *The Consolation of Philosophy* [A consolação da Filosofia], Livro 5, Prosa 6, Boécio escreve que "a eternidade, então, é a posse completa, de uma só vez, de vida ilimitável".[5] Stump e Kretzmann afirmam que há quatro ingredientes essenciais nesta definição. O primeiro é que qualquer coisa eterna neste sentido tem vida. Obviamente, no caso de Deus, não pode ser vida biológica, mas no mínimo é uma vida de consciência.

O segundo ingrediente da definição é a ilimitabilidade. Isso significa que a vida de um ser eterno não pode ser limitada, pois não pode ter nem um começo nem um fim. O terceiro elemento na definição é a duração. Algo com vida sem fim tem de perdurar, mas se é atemporal não pode perdurar ao longo do tempo. Portanto, a eternidade atemporal incorpora o conceito de duração atemporal. Na verdade, a atemporalidade é o quarto elemento na definição. Ela é exigida pela frase "de uma só vez". O que quer que exista temporalmente existe sequencialmente. Alguns eventos que lhe acontecem são passados, outros futuros e outros presentes, mas um ser temporal não possui nem pode possuir de uma única vez todas as ações e eventos que o envolvem, já que essas ações e eventos ocorrem sequencialmente. A única maneira de um ser vivo possuir de uma só vez toda a sua vida é ser atemporal. Portanto, a eternidade atemporal inclui não somente duração, mas duração atemporal.[6]

Porém, o que é duração atemporal? Se quisermos que a eternidade atemporal faça sentido, precisamos esclarecer este conceito. Stump e Kretzmann são tão úteis como qualquer outro na explicação desta noção, mas em algum momento desta análise devemos perguntar se realmente faz sentido.

Eles afirmam que a "existência de uma entidade eterna é uma duração sem sucessão e, pelo fato de a eternidade excluir a sucessão, nenhuma entidade eterna existiu ou existirá; ela *apenas* existe".[7] Eles começam a explicar essa noção em termos da ideia de um momento: "O presente temporal é um instante sem duração, um presente que não pode ser estendido conceitualmente sem se desmembrar inteiramente em intervalos passados e futuros. O presente eterno, por outro lado, é por definição uma duração infinitamente estendida, sem passado e sem futuro".[8] Em outras palavras, pegue esse momento *temporalmente* sem duração e estenda-o por tempo indefinido, e você terá a ideia de duração atemporal.

Apesar dessa explicação, a duração atemporal ainda pode parecer estranha. Como Stump e Kretzmann explicam, parte do que levou os filósofos a essa ideia foi um desejo de permanência em meio ao fluxo da vida contínua. Coisas que duram ao longo do tempo parecem durar legitimamente, mas com a sucessão temporal há mudança. Portanto, a permanência aparente é apenas aparente, mas a fim de fundamentar o mundo de fluxo deve haver algo que realmente perdure, ou seja, deve existir e simplesmente estar presente sem mudança. Para que seja assim, tem de ser atemporal.[9] Segundo Stump e Kretzmann, parte da estranheza do conceito de duração atemporal passa quando se vai além da ideia de que só se pode pensar no próprio conceito de duração como persistência *ao longo do* tempo. A duração atemporal propõe a persistência fora do tempo.[10] Além disso, a noção perde um pouco de sua estranheza ao retirarmos dela qualquer pensamento de sucessão. A duração temporal, é claro, inclui estados sucessivos; a duração atemporal remove toda sucessão.

Porém, o que isso significa exatamente e como deveríamos explicá-lo? O significado mais próximo a que podemos chegar encontra-se na explicação de Stump e Kretzmann sobre a duração atemporal ao responderem a Paul Fitzgerald, conforme segue:

> A existência de uma criatura existente típica estende-se por anos do passado, ao longo do presente e em anos do futuro. Porém, nem seu passado nem seu futuro estão em existência para qualquer criatura — a criança que você foi, que aparece em fotografias da família, não existe mais — e o presente de qualquer criatura deve ser entendido como um instante sem duração, no qual seu passado é contínuo com seu futuro. Uma existência tão radicalmente evanescente não poderia ser a existência de um ser absolutamente perfeito. O modo de existência para tal ser, a realidade permanente e absolutamente imutável da

qual depende o reino evanescente do devenir, deve ser caracterizado por uma duração legítima e paradigmática. E tal duração deve ser uma duração plenamente realizada, nenhuma já perdida ou ainda não ganha — em suma, uma duração atemporal infinita. Assim, as exposições antigas e medievais clássicas do conceito de eternidade são tentativas de construir a noção de um modo de existência que consiste inteiramente em um presente que é ilimitado em vez de instantâneo. Tal presente é indivisível, como o presente temporal, mas é atemporal em virtude de ser ilimitado em vez de instantâneo, e assim é infinitamente duradouro. [...] a duração atemporal, concebida como um presente sem começo e sem fim, não pode admitir sucessão. [...] nem a sucessividade nem a pluralidade de intervalos podem ser características da duração atemporal que caracteriza o modo de existência do ser absolutamente perfeito.[11]

Claramente, do modo que Stump e Kretzmann a entendem, a duração atemporal inclui a simplicidade divina. Além disso, para um ser atemporal, os quatro elementos da definição têm certas implicações. Especialmente, não se pode dizer que um ser atemporal faça algo que envolva tempo. Uma mente atemporal como a de Deus "não pode deliberar, antecipar, lembrar ou planejar com antecedência, por exemplo; todas essas atividades mentais basicamente envolvem tempo, seja em levar tempo para serem realizadas (como deliberação) ou em requerer um ponto de vista temporal como um pré-requisito para o desempenho (como lembrar)".[12] Por outro lado, atividades mentais como conhecer e querer não exigem nem um intervalo temporal nem um ponto de vista temporal, logo, um ser atemporal pode fazer tais coisas.

Tendo definido a eternidade atemporal, volto-me agora à *eternidade temporal*, que alguns filósofos rotulam de *sempiternidade*, e à qual outros se referem dizendo que Deus *dura para sempre*, em vez de Deus é eterno. Claramente, este é um conceito muito mais simples. A noção básica da sempiternidade é a existência em todos os momentos. A existência de Deus se estende infinitamente para frente e para trás a partir de nosso ponto no tempo. Ele nunca teve um começo, nem cessará de existir. Como Morris explica, a sempiternidade é uma "noção *temporal*, uma concepção da eternidade de Deus em termos de tempo: A existência de Deus é temporalmente infinita em duração, sem limites no passado e no futuro. Nesta concepção, há na vida de Deus um passado, presente e futuro, como na vida de suas criaturas. Porém, ao contrário de qualquer de suas criaturas, Deus dura para sempre, e é necessariamente assim".[13]

Assim como há implicações na eternidade atemporal, há implicações na eternidade temporal. Se Deus é um ser temporal, então Ele tem extensão temporal e localização temporal (nas palavras de Pike) a qualquer momento. Além do mais, isso significa que a vida de Deus é divisível em diferentes partes temporais que se seguem sucessivamente, e isso exclui a simplicidade divina. Além disso, exclui o forte senso de imutabilidade divina associado ao teísmo clássico. Ainda, se Deus é temporal, em que tempo Ele está? Assumindo que seu tempo seja algum tempo medido, qual tempo medido é? O tempo de nosso relógio? O tempo cósmico? Ou, o quê? E o tempo foi criado quando Deus criou o universo, ou havia tempo antes da criação?

A partir desses esclarecimentos, podemos ver que há certo sentido tanto para a eternidade atemporal quanto para a temporal, mas também há questões que surgem sobre o significado de ambas. Até que ponto elas podem ser resolvidas se tornará aparente à medida que estudarmos os argumentos a favor e contra cada conceito. Antes de nos voltarmos a essa argumentação, devemos abordar duas outras questões preliminares. A primeira é o que as Escrituras ensinam sobre a eternidade atemporal e temporal, e aqui podemos ser breves porque já abordamos os dados bíblicos no Capítulo 6. A segunda questão é histórica: à luz da estranheza da eternidade atemporal, como é que o conceito entrou na teologia cristã?

A Bíblia e a eternidade divina

A Bíblia pode nos ajudar a responder à pergunta sobre eternidade atemporal ou temporal? Pode, se os escritores bíblicos se comprometerem com o que Paul Helm e James Barr chamam de "contexto reflexivo", que envolve uma reflexão de segunda ordem sobre o tipo de coisa que o tempo e a eternidade são.[14] Em outras palavras, se há passagens em que autores bíblicos oferecem reflexões metafísicas e filosóficas sobre a natureza do tempo e da eternidade, essas passagens podem ajudar a responder à nossa pergunta. Contudo, se este for o requisito, estamos em sérios problemas, pois nossa investigação dos dados bíblicos no Capítulo 6 mostrou que tais passagens não existem.[15]

Paul Helm menciona uma segunda maneira pela qual a Bíblia poderá nos ajudar a responder à pergunta. Helm explica:

> A segunda é que ela não a ensina, mas que ensina muitas coisas que, por causa destes dados, fazem da ideia de intemporalidade um conceito teológico

razoável de se empregar quando certos aspectos controversos, que não foram levantados pelos próprios escritores bíblicos, são levantados acerca da questão.[16]

Como já vimos no Capítulo 6 que a primeira estratégia para usar a Bíblia não responde à nossa pergunta, se quisermos empregar as Escrituras, devemos fazê-lo de acordo com a segunda estratégia de Helm. Conforme veremos ao nos voltarmos a argumentos para as duas posições, muitos desses argumentos seguem essa segunda estratégia. Resta ver, é claro, quanto esses argumentos são convincentes.

Interlúdio histórico

Como a ideia de duração atemporal se tornou parte da teologia cristã? Minha intenção nesta seção não é oferecer uma análise histórica detalhada de todos os que defendem essa doutrina. Pelo contrário, meu interesse é descobrir quem trouxe a ideia para a teologia cristã e por que considerou necessário fazê-lo.

Quanto à origem da ideia de eternidade atemporal como um todo, o livro *Time and Eternity in Theology* [Tempo e eternidade na Teologia], de William Kneale, é muito útil. Kneale rastreia a origem da ideia até Parmênides e os pitagóricos, e também a encontra em Platão. Stump e Kretzmann concordam quanto a Parmênides e Platão, mas também rastreiam a ideia até Plotino.[17]

Logo, a ideia é claramente anterior à teologia cristã, mas quem a trouxe para o pensamento cristão? Vários teólogos na história da igreja defenderam a doutrina, mas os principais deles são Agostinho, Boécio, Anselmo e Aquino. Uma breve pesquisa de seu pensamento mostrará que defenderam esta visão e explicará por que o fizeram.

À luz do conhecimento que tinha de Platão, não é de surpreender que Agostinho (354-430) fosse familiarizado com essa ideia de eternidade atemporal. De fato, como mostra Kneale, em sua obra *De Civitate Dei*, Agostinho se refere explicitamente a uma passagem de *Timeu*, escrito por Platão, em seus comentários sobre a frase de Gênesis 1 e 2: "Deus viu que era bom".[18] Contudo, a frase mais famosa de Agostinho referente à eternidade atemporal divina apareceu em sua obra anterior, *Confissões*.

No Livro XI das *Confissões*, Agostinho observa que alguns perguntam o que Deus estava fazendo antes de criar os céus e a terra. Eles concluem que, se Ele estivesse em repouso, não haveria razão para não continuar descansando. Se desde toda a eternidade Ele houvesse planejado criar, então por que a própria criação não seria eterna, e por que Ele não criou antes? Por outro lado, se a decisão de criar não estivesse presente desde toda a eternidade, então ela teria vindo depois de Deus ter existido por um período de tempo; mas então parece que o próprio Deus não é eterno. É assim porque se considera que a vontade de Deus é parte de sua substância ou ser. Porém, então, se a vontade é algo novo (isto é, não estava presente por toda a eternidade), então a substância de Deus não deve ser eterna.[19]

A principal resposta de Agostinho equivale a dizer que a questão é infundada. É infundada porque não reconhece uma diferença entre o tempo e a eternidade e que Deus é eterno. Assim, a ideia de que Deus poderá não ter a intenção de criar, e mais tarde decidir criar, baseia-se no pensamento de que a existência de Deus inclui sucessão temporal. Uma vez que se reconhece que Deus é eterno e que não há passado ou futuro na eternidade, vê-se que não faz sentido falar de Deus não querendo algo "por certa quantidade de tempo" e depois "começar a querê-lo" em um "tempo" posterior. Por isso, afirma Agostinho, a questão baseia-se em um erro.[20]

Um pouco mais adiante em sua discussão, Agostinho oferece a resposta, a qual contém sua famosa declaração de Deus como atemporalmente eterno. Agostinho afirma que Deus cria todas as coisas, portanto, se houve tempo antes da criação do céu e da terra, então Deus não estava ocioso, pois criou aquele tempo. Por outro lado, se não houve tempo antes da criação do céu e da terra, não faz sentido perguntar o que Deus estava fazendo na "época", porque "se não houve tempo, não houve 'época'".[21] Agostinho explica mais adiante:

> Além disso, embora tu estejas antes do tempo, não é no tempo que o precedes. Se assim fosse, não estarias antes de todo tempo. É na eternidade, que é suprema sobre o tempo, porque é um presente sem fim, que estás ao mesmo tempo antes de todo passado e depois de todo futuro. Pois o que agora é o futuro, uma vez que vier, se tornará o passado, ao passo que "tu és imutável, seus anos jamais podem falhar". Teus anos não vão nem vêm, mas os nossos anos passam e outros vêm após eles, a fim de que todos possam vir de cada vez. Teus anos estão completamente presentes em ti de uma única vez, porque estão permanentemente parados. Eles não seguem em frente, forçados a ceder diante do avanço dos outros, porque nunca passam. Porém, todos os nossos anos só estarão completos quando todos tiverem se movido para o passado. Os teus anos são um dia, porém, teu dia não chega diariamente, mas é sempre hoje, porque o teu hoje não dá lugar a nenhum amanhã, nem toma o lugar

de nenhum ontem. Teu hoje é a eternidade. E é assim que o Filho, a quem disseste "Eu te gerei neste dia", foi gerado coeterno contigo. Fizeste todo tempo; tu és antes de todo tempo; e o "tempo", se assim podemos chamá-lo, quando não havia não era tempo.[22]

Esta claramente é a noção de eternidade atemporal, e como diz Pike, ilustra especialmente a visão de que as coisas que são atemporalmente eternas carecem de duração ou extensão temporal.[23] Agostinho diz que Deus carece de duração temporal porque Ele está além do tempo.

Boécio (480-524) parece ser o próximo pensador cristão importante a adotar esta noção, mas sua razão era consideravelmente diferente da de Agostinho. A discussão mais longa de Boécio acerca da eternidade aparece no último capítulo de *The Consolation of Philosophy* [A consolação da Filosofia]. Boécio recorre à eternidade atemporal para resolver o dilema do livre-arbítrio humano e da presciência de Deus em relação a futuras ações restritas. Analisarei longamente esta questão em um capítulo posterior, mas posso resumi-la agora. Se Deus realmente sabe o que vamos fazer no futuro, como podemos escapar de fazer o que Ele prevê? Boécio via a questão da liberdade humana e da presciência de Deus como um problema legítimo, e ele parece ter sido o primeiro a pensar que poderia ser resolvido aplicando-lhe a noção de eternidade atemporal. Boécio define eternidade e explica sua relação com o problema da liberdade/presciência da seguinte forma:

> A eternidade é a posse completa da vida eterna de uma única vez. Isso se tornará mais claro se compararmos às coisas temporais. Tudo o que vive sob as condições do tempo se move pelo presente a partir do passado e para o futuro; não há nada estabelecido no tempo que possa, em um momento, abranger todo o espaço de sua vida. Não pode ainda abranger o amanhã; o ontem já foi perdido. E nesta vida de hoje a sua vida não é mais do que um momento que muda, que passa. [...] O que deveríamos chamar corretamente de eterno é aquilo que abrange e possui total e simultaneamente a plenitude da vida sem fim, que não carece de nada do futuro, e que não perdeu nada do passado transitório; e tal existência deve estar sempre presente em si mesma para controlar e ajudar a si mesma, e também deve manter presente consigo mesma a infinidade do tempo que muda. [...] Desde então todo julgamento compreende os sujeitos de seu pensamento de acordo com a própria natureza, e Deus tem uma condição de eternidade sempre presente; seu conhecimento,

o qual passa por cada mudança de tempo abraçando infinitas extensões de passado e de futuro, vê na própria extensão direta tudo como se estivesse ocorrendo no presente. Se pesasse a presciência pela qual Deus distingue todas as coisas, é certo que você a consideraria mais um conhecimento de uma constância que nunca falha no presente do que uma presciência do futuro. Por essa razão, é mais correto entender a Providência como um olhar adiante do que como um olhar para frente, porque ela é definida longe de questões irrelevantes e olha todas as coisas como que do topo elevado de uma montanha mais alta que tudo. Por que, então, você exige que todas as coisas ocorram por necessidade, se a luz divina repousa sobre elas, enquanto os homens não as consideram necessárias como as podem ver? Sua visão coloca alguma necessidade sobre as coisas do presente porque você pode vê-las? Certamente que não. Se não se pode comparar indignamente este tempo presente com o divino, exatamente como você pode ver as coisas neste seu presente temporal, assim Deus vê todas as coisas no seu eterno presente. Portanto, essa presciência divina não muda a natureza ou qualidades individuais das coisas: ela vê as coisas presentes em sua compreensão exatamente como elas resultarão em algum tempo no futuro. [...] E Deus olha em seu presente para aquelas coisas futuras que acabam acontecendo por meio de livre-arbítrio. Portanto, se essas coisas forem olhadas do ponto de vista do discernimento de Deus, elas acabam acontecendo da necessidade, sob a condição de conhecimento divino; se, por outro lado, forem vistas em si mesmas, elas não perdem a liberdade perfeita de sua natureza.[24]

Uma terceira figura importante na tradição cristã que defendeu Deus como atemporalmente eterno é Anselmo, mas sua razão em fazê-lo foi diferente da de Agostinho e Boécio. Os comentários de Anselmo sobre este tema aparecem tanto em seu *Proslogium* [*Proslógio*] como em seu *Monologium* [*Monológio*]. No capítulo 19 do *Proslogium*, Anselmo escreve o seguinte sobre Deus:

Portanto, não existe ontem, nem existe hoje, nem existirá amanhã, porque ontem, hoje e amanhã tu existes; mas não se deve dizer "ontem, hoje e amanhã" e, sim, simplesmente: existes; e fora de qualquer tempo. Ontem, hoje, amanhã só existem no tempo e tu, ao contrário, embora nada haja sem ti, tu não estás, entretanto, em lugar e tempo nenhum; e tudo encontra-se em ti, pois nada pode abranger-te e, todavia, tu abranges todas as coisas.[25]

Esta é claramente a noção de eternidade, e como sugere Pike, nega que Deus tenha uma localização temporal.[26] Porém, por que especificamente Anselmo tinha esta visão da eternidade atemporal divina? Ele é claro acerca disso tanto no *Proslogium* como no *Monologium*. As duas obras retratam Deus como o maior ser concebível. Anselmo faz mais do que apenas argumentar que o maior ser concebível deve existir. Ele acrescenta que um ser assim deve ter qualidades ou atributos que o tornam o maior. Como sugere no *Proslogium*, o ser supremo não tem falta de nenhum bem. Como resultado, ele é "justo, verdadeiro, feliz e tudo aquilo que é melhor que exista do que não exista".[27] Anselmo detalha qualidades que são melhor ter do que não ter e diz acerca de Deus: "Assim, portanto, tu és verdadeiramente sensível (*sensibilis*), onipotente, misericordioso e impassível como, também, és vivente, sábio, bom, feliz e eterno; em suma, tudo o que é melhor que exista do que não exista".[28] Claramente, então, Deus é eterno, porque Ele tem todo atributo da perfeição ou propriedades de engrandecimento, e Anselmo considera a eternidade uma perfeição. Ele não explica por que a eternidade é uma perfeição, mas apenas afirma que ela é e, portanto, Deus, como o ser mais perfeito que se pode imaginar, deve tê-la.

No *Monologium*, Anselmo defende a mesma ideia, mas de uma forma mais indireta. Anselmo argumenta novamente que há apenas um ser que é o maior e existe no mais alto grau de todos.[29] Mais adiante ele fala que ser esse ser supremo é melhor do que ser qualquer outra coisa.[30] Tendo definido que Deus é melhor do que qualquer outro ser e é o maior ser concebível, Anselmo explica então que um ser maior seria simples, não composto de partes. Mas acontece, Anselmo argumenta, que se Deus é simples, ele deve ser eterno, pois existir em vários tempos significaria que Ele é composto, não simples. Se Deus pudesse existir como um todo em tempos singulares no passado, presente e futuro, já que a eternidade (todos os tempos) é parte da essência de Deus, sua essência seria dividida em partes, e aqui está o problema.[31]

A lógica de Anselmo é suficientemente clara no *Monologium*. Deus é o maior ser concebível. Os atributos desse ser são perfeições. Ser simples é uma perfeição, então Deus tem de ser simples. Porém, a simplicidade implica logicamente a eternidade atemporal, por isso esta também tem de ser uma perfeição, e Deus tem de possuí-la. Tanto no *Proslogium* como no *Monologium*, a lógica de Anselmo para a eternidade atemporal divina é clara.

Finalmente, chegamos a Aquino. Este defendia a eternidade atemporal divina como Boécio a definiu, mas sua razão para fazê-lo é mais parecida com a de Anselmo do que com a de Boécio ou Agostinho. Ainda, Aquino não repete Anselmo simplesmente. Em sua obra *Summa Theologiae*, Parte I, Pergunta X, Aquino fala da eternidade de Deus e analisa primeiramente o que é eternidade. A partir dessa seção, dois comentários nos dizem como ele entendia a eternidade e como ela se diferenciava de tempo:

> Portanto, duas coisas caracterizam a eternidade. Primeiro, tudo o que existe na eternidade é *interminável*, ou seja, carece tanto de início como de fim (pois ambos podem ser considerados como fins). Em segundo lugar, a própria eternidade existe como um *todo instantâneo* carecendo de sucessividade. [...] Há duas coisas que devem ser observadas acerca do tempo, ou seja, que o próprio tempo é sucessivo, e que um instante de tempo é imperfeito. Para negar que a eternidade é tempo Boécio usa "instantaneamente inteiro"; para negar a instantaneidade temporal, ele usa a palavra "perfeito".[32]

Claramente, Aquino aceitou a definição de eternidade dada por Boécio. Um dado momento de tempo é imperfeito porque não é todo o tempo e porque tem uma localização temporal específica. Como explica Pike, para negar que a eternidade inclui existir num determinado momento (um instante de tempo), Aquino diz que a eternidade é perfeita, e não imperfeita.[33] Esta, claro, é a explicação de Aquino baseada no termo "perfeito" da definição de eternidade dada por Boécio.

Aquino não apenas adota a definição de eternidade de Boécio, mas também concorda que Deus é eterno. Na pergunta 10, Artigo 2, Aquino afirma que Deus é eterno e explica por que ele pensa assim:

> A noção da eternidade resulta da imutabilidade, como a de tempo resulta do movimento, conforme do sobredito resulta. Ora, sendo Deus o ser imutável por excelência, convém-lhe, excelentemente, a eternidade. Nem só é eterno, mas é a sua eternidade, ao passo que nenhuma coisa é a própria duração, porque não é o próprio ser. Deus, porém, sendo o seu ser uniformemente e a sua própria essência, há de, necessariamente, ser a sua eternidade.[34]

Desta passagem vemos muito claramente por que Tomás de Aquino sentiu a necessidade de asseverar a eternidade de Deus. As duas últimas frases da passagem ensinam não apenas a eternidade divina e a imutabilidade, mas também incorporam a simplicidade divina. A obra *Summa*, de Tomás de

Aquino, tem três partes. A primeira é sobre Deus e começa com a questão de sua existência. Tendo estabelecido por argumentos que Deus existe, Tomás volta-se então para "o modo em que existe, para que possamos compreender o que é que existe".[35] Então Aquino explica que não podemos saber como Deus é, mas apenas como Ele não é, ou seja, podemos apenas predicar-lhe atributos que explicam qualidades que Ele não tem. Aquino volta-se primeiramente à simplicidade de Deus, a qual assevera. Visto que no mundo material a simplicidade é sinal de imperfeição e incompletude, Aquino volta-se em seguida à perfeição de Deus.[36] Isso o leva a discutir posteriormente a ilimitabilidade de Deus, e então ele se volta para a imutabilidade de Deus. Além disso, como ele diz na parte citada acima, a imutabilidade requer uma eternidade atemporal.

A derivação da eternidade atemporal para Aquino, bem como sua razão em defendê-la, são claras. Como no caso de Anselmo, é uma consequência lógica de outras afirmações acerca da natureza de Deus. No entanto, enquanto Anselmo vai da perfeição de Deus para sua eternidade no *Proslogium*, e da simplicidade de Deus diretamente para sua eternidade no *Monologium*, a linha básica de pensamento de Aquino vai da simplicidade para a imutabilidade, e da imutabilidade para a eternidade atemporal.

Argumentos para a eternidade atemporal

Atemporalidade, uma derivação lógica de outras doutrinas

Invariavelmente, os defensores da eternidade atemporal afirmam que ela é exigida logicamente por outras doutrinas que o teísta deve defender. Se assim for, então a eternidade atemporal divina é uma doutrina cristã essencial. Vou apresentar a derivação da doutrina de Anselmo, pois ela é tão clara como qualquer outra.

Em seu *Proslogium*, a derivação é um tanto simples. Anselmo diz que Deus é o maior ser concebível, e como tal, Ele tem todos os atributos de engrandecimento. Anselmo então arrola os atributos que acredita que se encaixam nessa categoria, e a eternidade é um deles. Contudo, ele não explica por que um ser "o mais perfeito" também tem de ser eterno. Ele apenas diz que a eternidade flui da perfeição de Deus. A menos que possamos explicar por que a eternidade atemporal é um atributo de engrandecimento, essa tentativa de derivação lógica parece condenada.

Na obra *Monologium*, de Anselmo, encontramos um argumento mais claro. Como já mostrado, em seu *Monologium*, Anselmo defendeu que um ser perfeito (o maior ser concebível) não poderia ser perfeito a menos que fosse simples.[37] Da simplicidade, Anselmo se move para Deus como ilimitado e finalmente, para sua atemporalidade. Aqui poderíamos passar diretamente da simplicidade para a eternidade, como muitos fizeram. Nesse caso, a derivação lógica vai da perfeição para a simplicidade e para a atemporalidade.

Já sugerimos no Capítulo 7 que há uma implicação lógica entre simplicidade e atemporalidade, independentemente de se pensar que qualquer uma das duas é uma predicação correta de Deus. O cerne da questão agora é se perfeição implica simplicidade. *Prima facie*, parece não haver razão para que um ser perfeito não possa ser perfeito e composto ao mesmo tempo. No entanto, Anselmo explica por que um ser perfeito tem de ser simples. Em minha análise da simplicidade no Capítulo 8, expliquei a estrutura básica do argumento de Anselmo. Deixe-me agora introduzir mais detalhes da vinculação passo a passo.

Anselmo inicia o *Monologium* argumentando que coisas que têm sua bondade por meio de outra (isto é, são limitadas) não são supremamente boas. Somente aquilo que tem suas qualidades por meio de si mesmo é supremamente bom.[38] Ao final do capítulo 4, Anselmo conclui que pode haver somente um ser assim e ele é o que é por meio de si mesmo. Nos capítulos seguintes (5—14), Anselmo argumenta que tudo o mais existe ao ser criado por esse ser supremo. No capítulo 15, Anselmo conclui que este ser deve ser o que, em geral, é melhor ser do que não ser, e no capítulo 16 o argumento toma um rumo crucial. Anselmo analisa o que é ser justo para Deus. Qualquer atributo defenderia a ideia de Anselmo, mas acontece que ele escolhe a justiça. O que está em questão é se justiça é ou não uma propriedade independente da natureza de Deus. Anselmo opta por esta última posição, e o seu raciocínio é muito instrutivo para nosso tópico. Ele escreve:

> Parece, então, que pela *participação* nesta qualidade, ou seja, justiça, a Substância supremamente boa é chamada de justa. Porém, se assim for, é apenas por meio de outra, e não por meio de si mesma. Porém, isso é contrário à verdade já estabelecida de que é boa, ou grande, ou o que quer que seja, por si mesma e não por outra. Então, se não é justo, exceto por meio de justiça, e não pode ser justo, exceto por si mesmo, o que pode ser mais claro do que esta Natureza é em si mesma justiça? E, quando se diz que é justa por meio de justiça, é o mesmo que dizer que ela é justa por meio de si mesma.[39]

Isso introduz o conceito crucial, simplicidade, e explica por que é necessária. Dizer que a justiça ou qualquer outro atributo é separado da natureza de Deus o torna participante de cada atributo separado. Porém, se assim for, deve haver partes para a natureza de Deus. Por outro lado, dizer que a natureza de Deus é justiça etc. significa que sua natureza é idêntica a cada um desses atributos, e se sua natureza for idêntica a cada um deles, eles são idênticos uns aos outros. Esta é claramente a doutrina da simplicidade divina, mas observe por que Anselmo a declara acerca de Deus! Dizer que a justiça ou qualquer outro atributo é separado da natureza de Deus como uma entidade abstrata é dizer que Deus depende deles de alguma forma para sua existência. Entretanto, Anselmo já defendeu que o ser supremamente perfeito existe por meio de si mesmo, não por meio de qualquer outra coisa.

O que é esta ideia de depender apenas de si mesmo para a própria existência? Como vimos nos Capítulos 6 e 7, é asseidade! Porém, agora a derivação lógica se torna clara. Não é da perfeição *per se* à simplicidade e depois à eternidade. É da perfeição à asseidade, da asseidade à simplicidade,[40] e depois da simplicidade à eternidade.[41] Em terminologia mais moderna, a derivação lógica que encontramos em Anselmo vai de Deus como um ser necessário (Ele é perfeito no sentido de que não pode deixar de existir e não depende de nada para sua existência) para sua asseidade, de sua asseidade à sua simplicidade e de sua simplicidade à sua eternidade.

Assim, inicialmente, a vinculação com a eternidade move-se da asseidade à simplicidade. A partir daí, essa vinculação pode seguir um de dois caminhos. Pode-se considerar que a simplicidade insinua eternidade, e que a eternidade insinua imutabilidade, ou pode-se considerar que a simplicidade insinua imutabilidade, e a imutabilidade insinua eternidade.[42] O primeiro caminho é mais típico e, em muitos aspectos, mais claro.

Considerando a rota da simplicidade para a eternidade atemporal e depois para a imutabilidade, por que um ser simples tem de ser atemporal? William Mann é de grande proveito na explicação da ligação entre esses conceitos. Em sua definição de simplicidade, começamos a ver sua ligação com a atemporalidade:

> A Doutrina da Simplicidade Divina (DSD) defende que Deus não tem "partes" ou componentes de qualquer tipo. Ele não tem propriedades, nem essenciais nem acidentais. Ele não tem extensão espacial, nem tem nenhuma extensão temporal: não há divisão de sua vida em etapas passadas ou futuras,

pois isso sugeriria a qualidade de ter composição temporal. A DSD, por sua vez, é motivada pela consideração de que Deus é um ser perfeito, e que *qua* perfeito, Ele tem de ser independente de todas as outras coisas por ser o ser que Ele é, e tem de ser soberano sobre todas as outras coisas. Se o próprio Deus fosse composto, então Ele seria dependente de seus componentes para ser o que Ele é, enquanto estes componentes não seriam dependentes dele para ser o que são.[43]

Aqui temos uma afirmação clara da relação entre asseidade e simplicidade e entre simplicidade e atemporalidade. Mais tarde, Mann explica muito claramente o movimento da simplicidade para a atemporalidade e da atemporalidade para a imutabilidade, conforme segue:

A DSD sugere que não há fases temporalmente sucessivas para a existência de Deus. Portanto, é incompatível com Deus ser sempiterno. Na verdade, a DSD sugere que Deus é eterno no sentido descrito por Boécio, ou seja, que Deus desfruta a "posse completa da vida ilimitável de uma única vez". A "posse completa de uma única vez", porque não há etapas passadas ou futuras na vida de um ser simples; "vida ilimitável", porque um ser simples, *qua* perfeito, deve ser supremamente ativo, e atividade pressupõe a vida. Agora, é claro que, se Deus é eterno, Ele é imutável: se não há sequer duas etapas em sua vida, então *a fortiori* não há duas etapas em sua vida de modo tal que algo em uma etapa seja diferente de algo na outra. Assim, a DSD sugere que Deus é eterno, o que, por sua vez, sugere a DID.[44]

A lógica é clara. Ser simples é não ter partes; ser temporal é ter etapas sucessivas na vida, mas isso se refere a partes. Um ser atemporal não tem etapas temporais em sua existência, portanto, um ser simples tem de ser atemporal. Além disso, se não há etapas, temporais ou não, em Deus, então Ele tem de ser sempre idêntico ao que é em qualquer momento de sua existência. Ou seja, Ele jamais muda o que Ele é, e isso significa que Ele é imutável.

Em suma, se a simplicidade divina, a imutabilidade etc. forem defendidas, parece que é logicamente necessário defender-se a eternidade atemporal, e claro, esse é um argumento forte a favor do atemporalismo. Pode parecer um argumento tão forte a ponto de evitar qualquer discussão ou debate posterior, mas não é assim. Há pelo menos três maneiras possíveis de rejeitá-lo. A primeira é negar que Deus tem um ou mais dos atributos de asseidade, simplicidade e imutabilidade. Se for possível organizar uma argumentação contra um ou mais desses atributos, então, mesmo que eles vinculem um ao outro, o argumento geral perde sua força. Uma segunda maneira de refutar o argumento é admitir que Deus tem todos esses atributos, mas afirmar que existem outras maneiras de entender a asseidade, simplicidade e imutabilidade que são mais aceitáveis bíblica, teológica e racionalmente, e então afirmar que nessas outras interpretações desses atributos, a vinculação à atemporalidade não prospera. Uma última estratégia admite que Deus tem os atributos mencionados e que eles devem ser entendidos como tipicamente definidos, mas posteriormente argumenta que uma ou mais das vinculações não funcionam.

A partir da leitura dos Capítulos 6 e 7, fica claro qual estratégia eu seguiria. No entanto, para qualquer um que esteja convencido desses atributos divinos, o argumento de que o próprio atemporalismo é vinculado pelos outros atributos é um argumento poderoso.

A imutabilidade necessita de eternidade atemporal

Pode ser que alguém não conheça as conexões lógicas entre asseidade, simplicidade e todo o restante, mas concorde que as Escrituras ensinam que Deus é imutável. Se aceitar-se a imutabilidade de Deus, isso pode, por si só, ser usado para argumentar a favor da eternidade atemporal divina.

Já vimos que a eternidade atemporal vincula logicamente um forte sentido de imutabilidade. Este argumento diz que a vinculação também se move na direção oposta. Se Deus é totalmente imutável, absolutamente nada muda em relação a Ele. Se Deus tivesse sempre existido, mas o houvesse feito em etapas sucessivas, de modo que o que Ele era ou sabia diferisse de um ponto de sua vida para outro, Ele não seria imutável. Mesmo que seu conhecimento e seu ser jamais tivessem sofrido mudanças, se houvesse sucessão em Deus, de modo que se pudesse falar de seu ser no ponto t e depois no ponto t +1 etc., isso implicaria mudanças.

Agora, o defensor da eternidade atemporal argumenta que os tipos de mudança previstos são descartados pela imutabilidade. Além disso, também deveria estar claro que o tipo de sucessão envolvida tem de ser a sucessão temporal; caso contrário, qual é a diferença entre a situação t e t + 1? Porém, se a sucessão em Deus descarta a imutabilidade, e se o único tipo de sucessão que faz sentido (é difícil imaginar o que seria a sucessão atemporal) é a sucessão temporal, então, para que seja imutável, Deus também tem de ser atemporal.[45]

É claro, o teísmo tradicional baseado nas Escrituras defende que Deus é imutável. Ainda resta saber se minha compreensão diferenciada da imutabilidade vincula a atemporalidade, mas claramente, a imutabilidade absoluta (que não permite nenhuma mudança) o faz.

A natureza do tempo necessita de um Deus atemporal

Do modo como o conhecemos, o tempo é físico ou de relógio, mas esse tempo é uma função da relação e do movimento do nosso planeta com o Sol. Qualquer outro tempo no universo também pareceria ser uma medida da relação dos objetos físicos uns com os outros. Além disso, a teoria da relatividade moderna nos diz que não há tempo absoluto em todo o universo, por isso, é difícil falar que um dado momento é simultâneo por todo o universo.

Se esta for a natureza do tempo, então o argumento é que Deus não pode estar no tempo. Ele não é um objeto físico, nem pode estar fisicamente presente em qualquer ponto do universo. Normalmente, teólogos e filósofos dizem que Deus transcende todos os locais espaciais. Além disso, Deus não depende de sua relação com objetos físicos e da relação deles uns com os outros para o que Ele conhece. Logo, realmente não faz sentido se referir a Deus como estando "no tempo".[46]

Thomas Morris menciona que os temporalistas geralmente não são impressionados por esta linha de argumento. Eles concordam com os atemporalistas quanto à natureza do tempo físico e quanto à natureza de Deus. Porém, sustentam que, no máximo, isso significa que "sua existência e experiência não se prendem a nenhuma das restrições devidas apenas às limitações de um período de tempo físico específico".[47] Como onipresente e onisciente, Deus está em contato com cada período de tempo físico, e Ele sabe como todos os períodos de tempo se relacionam uns com os outros sem que realmente tenha sua origem em nenhum deles. Além disso, dizer que Deus está no tempo não significa que Ele existe dentro de um fuso horário específico, mas apenas que Ele é um ser cuja vida abrange estados sucessivos. Ele sabe quando uma coisa acontece na Terra e depois quando outra acontece, e Ele reage a alguns desses eventos. Se isso envolver sequência e sucessão *dentro* da vida de Deus, então Ele se caracteriza como um ser temporal. Portanto, a natureza do tempo físico não requer que Deus seja atemporal, mas apenas ordena que Ele não possa ser temporal do mesmo modo que os objetos físicos são.[48]

Isso pode convencer alguns, mas muitos atemporalistas não se impressionarão. Por um lado, por ser onisciente, Deus sabe tudo o que vai acontecer e sabe a sequência exata de ações e eventos. Ele não precisa estar no tempo para saber disso. Este é o caso especialmente se Ele sabe por que o decretou, mas mesmo com uma abordagem mais indeterminista da liberdade humana, desde que se acredite que Deus prevê o futuro (muitos indeterministas acreditam nisso), Ele pode saber o que vai acontecer e em qual sequência. Porém, nada disso requer sequência e sucessão *dentro* da vida de Deus, nem exige que Ele venha a saber sucessivamente o que ocorre sucessivamente. Ele pode conhecer de uma única vez toda a sequência de eventos temporais, em vez de aprendê-los de modo sequencial e sucessivo.

Há outro ângulo para este argumento da natureza do tempo. Se Deus é temporal, parece que sempre deve ter sido e sempre será, mas então, parece haver um problema para o temporalista. Uma coisa é afirmar que Deus opera dentro de nosso tempo físico sem estar sujeito a ele. Porém, se Deus é um ser temporal, Ele deve ter sido temporal antes da criação de qualquer coisa, mas a que poderia equivaler essa temporalidade? Não poderia ser temporalidade no sentido do tempo físico, do relógio, pois nenhum objeto físico existia antes da criação de Deus; mas, então, qual é o ponto de referência para medir o tempo para Deus antes da criação?

Infinidade e Deus como eterno

Este argumento para a eternidade atemporal de Deus baseia-se em um princípio fundamental incorporado no que se conhece como o argumento cosmológico de *kalaam* para a existência de Deus. Tal princípio é que é impossível ter um infinito real. Se assim for, o mundo deve ser finito e contingente e, portanto, causado por um ser que é necessário. Em relação à questão da eternidade divina, esse princípio é aplicado ao próprio Deus.

O atemporalista divino pergunta o que significaria para um Deus temporal ter uma existência sem fim. Existir para sempre significa existir infinitamente, e se essa existência for temporal, isso significa que Deus já existiu em um número infinito de momentos no passado. Se for assim, porém, como é que chegamos ao presente? Como explica Paul Helm, isso torna a existência de Deus uma instância de um infinito real, o que apresenta o seguinte problema:

> Pois tal perspectiva requer que um número infinito de eventos tenha transcorrido antes que o momento presente pudesse chegar. E como é impossível que um número infinito de eventos tenha decorrido e, contudo, o momento

presente tenha chegado, a série de eventos não pode ser infinita. Portanto, ou houve um tempo em que Deus começou a existir, o que é impossível, ou Deus existe atemporalmente. Portanto, Deus existe atemporalmente.[49]

Levantaram-se duas objeções a este argumento, mas nenhuma delas parece tremendamente convincente. Morris menciona que alguns temporalistas responderão que o argumento mostra apenas que "não pode haver jamais a realização de uma sucessão cumulativa, infinita, *que tenha um começo.* Porém, a existência de Deus desde toda a eternidade passada não é o tipo de série ou sucessão que tem um começo".[50] Visto que o Deus do temporalista não tem começo, o argumento do atemporalista não se aplica.

Em resposta, é verdade que este argumento mostra que jamais pode haver um infinito real formado por uma sucessão cumulativa infinita que tem um começo. Contudo, não está claro por que o argumento não se aplica também a um ser temporal sem começo. Como já foi mencionado, se o ser não tem início e existe infinitamente de modo temporal, já deve ter existido um número infinito de momentos sucessivos no tempo, mas dado o significado de infinidade, este ser infinitamente existente não terá chegado ao presente, mas nós estamos no presente. Portanto, o argumento do atemporalista, se é que funciona, parece aplicar-se a qualquer ser temporalmente infinito, independentemente de ele ter ou não um começo.

Uma segunda resposta temporalista defende que a existência de Deus antes da criação era indiferenciada. Há uma diferença entre dizer que o tempo infinito existia antes da criação e dizer que uma série infinita de eventos existia antes da criação. Somente esta última gera problemas com relação a um infinito real, mas se a existência de Deus era indiferenciada antes da criação, não haveria uma série infinita de eventos anteriores à criação.[51]

Helm é cético em relação a isso, porque nega que o tempo poderia ser indiferenciado antes da existência do mundo. De acordo com os temporalistas, um Deus atemporal seria um tanto sem vida, mas Helm argumenta que um Deus temporal existindo em tempo indiferenciado, ou seja, tempo sem eventos, também seria um tanto sem vida. Contudo, Helm explica por que antes da existência do universo o ser que conhecemos como Deus não poderia ter existido no tempo indiferenciado, mesmo que fosse temporal:

> Não são claras as plenas implicações do que significa essa vida divina no tempo indiferenciado, mas presumivelmente uma coisa que deve significar é que há

uma sucessão de pensamentos na mente divina, uma vida mental. Porém, se for assim, então o tempo não poderia ser indiferenciado antes da criação, mas seria marcado por uma série de eventos mentais na mente divina. Se este for o caso, porém, ou Deus existe numa eternidade atemporal ou Ele existe no tempo com uma "vida" que é diferenciada por acontecimentos. Contudo, esta última ideia é descartada pelos argumentos a favor da impossibilidade de um infinito real. Portanto, Deus existe em uma eternidade atemporal.[52]

É claro, se Deus jamais teve um começo, nunca termina e perdura infinitamente, embora de modo atemporal, o mesmo problema ainda parece permanecer, ou seja, a existência infinita atemporal de Deus é em si um exemplo de um infinito real. Se Deus é atemporal, o infinito não se deriva de totalizar um número infinito de momentos temporais da vida de Deus, mas ainda é duração atemporal infinita, e como Deus realmente existe, parece que temos novamente uma instância de um infinito real.

O resultado do que se expôs acima é o seguinte: se um infinito real é impossível e Deus existe temporalmente, então, já que Ele também existe infinitamente, a ideia de que Ele é temporal parece ter problemas. Por outro lado, a visão atemporal da eternidade parece enfrentar o mesmo problema, porque a visão dos atemporalistas acerca da existência sem fim de Deus aparentemente exige um infinito real atemporal, e se os infinitos reais são um absurdo, este também deve ser. Talvez um infinito real atemporal possa escapar da força deste argumento, mas até que os atemporalistas possam esclarecer o que significa ser um infinito real atemporal e possam oferecer um exemplo não presumido de um, sua posição atemporalista também parece ser ferida nas duas escolhas difíceis deste argumento. Em suma, se o argumento contra um infinito real for convincente, tanto os temporalistas como os atemporalistas têm um problema.

A criação e um Deus sempiterno

Em minha análise de Agostinho, mencionei que ele adotou a atemporalidade divina para resolver um problema referente à criação do universo. É esse problema que nos interessa agora. Se Deus é sempiterno, Ele deve ter existido um tempo infinitamente longo antes de criar nosso universo. Porém, criar este universo foi certamente uma coisa boa a fazer, então por que Ele esperou para criar até que o criasse? O que Ele estava fazendo antes de criá-lo?

Numa visão temporal de eternidade, parece não haver resposta adequada a estas perguntas.⁵³

Na época de Agostinho, havia uma brincadeira que dizia que o que Deus estava fazendo antes de criar nosso mundo era "preparar o inferno para as pessoas que se intrometem em mistérios".⁵⁴ Agostinho diz que essa resposta frívola não enxerga o verdadeiro sentido. Sua resposta é que Deus não estava fazendo nada *antes* de criar o mundo, porque Deus está fora do tempo. Como tal, não há "antes" e "depois" para as ações de Deus. Em poucas palavras, este problema confronta apenas uma noção sempiterna da eternidade de Deus, porque se Deus é atemporal, não há "antes" e "depois" para Ele. Além disso, os atemporalistas acreditam que Deus deseja eternamente (atemporalmente) este ato e todos os outros atos, portanto não se pode dizer que Deus retardou em desejar qualquer ação até algum tempo específico.⁵⁵

Atemporalidade e liberdade divina

A presciência divina não apenas levanta questões sobre a liberdade *humana*, como também levanta um dilema sobre a liberdade *divina*. A ideia seria que, de todos os seres do universo, Deus seria livre, mas se Ele sabe todas as coisas, inclusive o que quer que vá fazer no futuro, então parece não haver maneira de Ele evitar fazer tais coisas. E se for assim, como Ele pode ser livre?

Independentemente de ser um temporalista ou um atemporalista em relação à eternidade divina, esta é uma questão legítima. Como explica Brian Leftow, muitos se inclinam a argumentar da seguinte forma:

i. qualquer agente A pode escolher livremente fazer apenas o que lhe pareça ser uma alternativa entre um campo de alternativas abertas,
ii. uma alternativa não pode parecer aberta para A a menos que pareça aberta em relação ao que A acredita,
iii. uma alternativa parece aberta em relação ao que A acredita somente se A ainda não acreditar que ele ou ela a fará ou se absterá de fazê-la, e
iv. se Deus é onisciente, então para qualquer ação e tempo t, Ele sabe antes de t se Ele fará ou não fará essa ação em t.⁵⁶

Leftow não está certo se as quatro premissas são verdadeiras, e apresenta várias críticas. Contudo, ele não tem certeza se suas objeções são decisivas, ou se seria impossível construir um argumento convincente desse tipo em relação à liberdade divina.⁵⁷

A alegação básica de Leftow, contudo, é que, mesmo que se possa defender uma argumentação aceitável sobre a liberdade divina e a presciência divina, apelar a Deus como atemporal resolve o argumento. O argumento sobre a liberdade e a presciência divina diz que, já que Deus sabe *de antemão* o que vai fazer, de acordo com (i) acima, Ele não pode fazê-lo livremente. É claro, se Deus está fora do tempo, então Ele jamais sabe qualquer coisa de antemão, pois não há antes ou depois na eternidade atemporal. Ele jamais pode saber qualquer ação antes de fazê-la. Como dizem os atemporalistas, Deus age atemporalmente e de uma só vez. Portanto, dado seu modo de agir como um ser atemporal e a impossibilidade de Ele conhecer algo "mais cedo" do que conhece, é simplesmente impossível que a liberdade de Deus seja limitada por sua presciência do modo sugerido pelo argumento de quatro passos acima.[58]

É claro, se uma pessoa for atemporalista e acreditar que Deus age atemporalmente, a resposta de Leftow ao argumento parece resolver o problema, mas toda a análise é significativa apenas para aqueles que defendem o livre-arbítrio libertário e a presciência divina. Os que mais deveriam sentir a força deste argumento são os libertários que defendem a eternidade temporal, mas mesmo aqui há uma resposta. O libertário temporalista poderá responder que o conhecimento que Deus tem do que Ele fará não *causa* suas ações, e visto que o que Ele fará é o que Ele quer fazer de qualquer maneira, é difícil ver como esse argumento acaba eliminando a liberdade divina. Há, naturalmente, outras maneiras de um temporalista libertário responder a esse argumento, mas isso ficará mais claro quando eu analisar a liberdade libertária no que diz respeito à providência divina. Por enquanto, meu argumento é que, para aqueles comprometidos com o livre-arbítrio libertário, o atemporalismo pode servir como uma forma de resolver o problema da liberdade e da presciência divina, e se for assim, esse é um ponto positivo a favor do atemporalismo. No entanto, aqueles que não defendem o livre-arbítrio libertário ou que o defendem, mas são temporalistas, têm meios suficientes para responder a esta questão.

Duração temporal inadequada para a fundamentação de todo ser

Na minha seção histórica, mencionei que o conceito de eternidade atemporal parece ter surgido com Parmênides, Platão e Plotino. Ofereci uma longa citação da obra *Eternity* [Eternidade] de Stump e Kretzmann, que busca esclarecer o significado da duração atemporal e explicar a ideia por trás dela. William Hasker observa corretamente que a passagem de Stump e Kretzmann não apenas explica o conceito como também inclui um argumento implícito.[59] Nesta seção, eu quero esclarecer esse argumento.

Ao construir um argumento para a duração atemporal, talvez o ponto-chave da explicação de Stump e Kretzmann seja o seguinte:

> O ser — a realidade persistente, permanente e absolutamente imutável que parece ser necessária como a base subjacente à evanescência do devenir — deve ser caracterizado pela duração legítima, da qual a duração temporal é apenas a imagem cintilante.[60]

A duração temporal é apenas a imagem cintilante da duração legítima (que Stump e Kretzmann creem ser duração atemporal), porque o passado se foi e o futuro não chegou. Quando o passado se tornar presente, não vai durar mais que um momento, então as coisas presas ao tempo podem parecer ter permanência, mas o fluxo temporal mostra que não há permanência legítima. As coisas temporais estão mudando a cada momento, mas o argumento diz que algo deve ser legitimamente duradouro, a fim de que não haja base ontológica para tudo o que existe, mas muda constantemente. Portanto, não somente os gregos perceberam a necessidade de uma permanência genuína; também nós deveríamos ver que deve haver alguma realidade permanente "como a base subjacente à evanescência do devenir". Como Stump e Kretzmann mostram, o candidato à permanência é ser-em-si, e a permanência vem ao se predicar sua atemporalidade e imutabilidade.

Há duas possíveis objeções que os temporalistas podem levantar. Primeiro, eles podem se queixar de que o argumento diz que a duração temporal não é legítima ou real. No entanto, se não houver qualquer identidade entre um objeto em um momento e no seguinte, então não há duração legítima, porque o objeto sairia da existência. A cada novo momento ele se tornaria um objeto totalmente diferente ou deixaria de existir por completo. Porém, nada disso pode ser verdade acerca de Deus, mesmo que sua duração seja apenas temporal. Sim, há mudança de momento em momento, mas não é uma mudança de tudo ou nada.

Hasker levanta uma segunda objeção. Como ele observa corretamente, este argumento tem força apenas para alguém que fez o *juízo de valor* de que a permanência é melhor do que a mudança. Entre os pensadores contemporâneos, a aversão à mudança como mudança não é muito apelativa. Quanto a Hasker, ele escreve: "Eu não acho que a permanência é inerentemente preferível à mudança; parece-me que um universo funcional precisa de ambas plenamente".[61]

Os atemporalistas convictos provavelmente acharão o primeiro argumento mais convincente do que o segundo. Quanto ao segundo, até Hasker diz que precisa haver tanto permanência quanto mudança no universo, mas se algo precisa ser permanente, por que não Deus? E se a única permanência real é a duração atemporal, então Deus deve ser atemporal.

Analogia de Deus como inespacial

Os teólogos têm defendido com frequência que o tempo e o espaço são análogos o suficiente, de modo que tudo o que se diz sobre a relação de Deus com o espaço será paralelo ao que se diz sobre sua relação com o tempo. Schleiermacher, por exemplo, em *The Christian Faith* [A fé cristã], afirmou que espaço e tempo são conceitos diretamente paralelos.[62] Schleiermacher diz que a inespacialidade de Deus consiste em duas coisas. Por um lado, Deus não tem extensão espacial; Ele não tem altura e, portanto, não preenche espaço. Por outro, Deus não admite "contrastes espaciais" com outras coisas. Como Pike explica, isso significa que não podemos localizar Deus em relação a outras coisas; Ele não está 99 cm à esquerda ou acima de um objeto específico.[63] Usando a analogia entre espaço e tempo, Pike argumenta que a atemporalidade consiste na falta de extensão temporal e localização temporal.

Há uma suposição implícita óbvia nisso, a saber, que o espaço e o tempo são análogos o suficiente, de modo que qualquer coisa que seja verdadeira acerca da relação de Deus com um provavelmente é verdadeira acerca de sua relação com o outro. Paul Helm vê nessa analogia uma estratégia para construir um argumento para a atemporalidade divina. Ele admite que o argumento e sua estratégia são oblíquos e indiretos, mas acredita que são válidos.[64] Aqui eu posso apenas resumir a estratégia.

Helm argumenta primeiramente que a questão da atemporalidade é de fato análoga à da inespacialidade. Ele tenta mostrar isso oferecendo vários argumentos levantados contra a atemporalidade divina e demonstrando que argumentos paralelos podem ser construídos contra a inespacialidade divina. Se o único conjunto de argumentos prova que Deus está no tempo, então o conjunto paralelo mostra que Ele deve estar no espaço. Helm expõe as implicações de Deus estar no espaço e mostra que elas são censuráveis ao teísmo tradicional, mas então, se Deus estar no espaço é censurável e estar no espaço é análogo a Deus estar no tempo, então um Deus temporal também deve ser censurável.

Deus temporal leva ao teísmo do processo

É digno de nota um último argumento para a eternidade atemporal. Segundo este argumento, a noção de um Deus atemporal protege contra a adoção de outros pontos de vista sobre Deus que são censuráveis. Isso, por si só, não prova que Deus é atemporal, mas esclarece potenciais implicações negativas de se acreditar em um Deus temporal.

O que especificamente se perde se a atemporalidade for rejeitada? Se Deus é temporal, então em algum sentido Ele é mutável, e se Ele é mutável, provavelmente não é impassível. Ele pode realmente experimentar emoções e talvez até sofra conosco enquanto sofremos. Além disso, se Ele é temporal e mutável, a simplicidade divina deve ser abandonada. Já vimos as interligações lógicas entre estas doutrinas, por isso, devem estar suficientemente claras as razões para rejeitar estas outras crenças caso a atemporalidade seja negada.

Além disso, se Deus está no tempo, pode-se argumentar que Ele não pode conhecer todo o tempo de uma única vez, mas deve conhecê-lo sucessivamente à medida que ocorre. É claro que se poderia defender que Deus é temporal, mas apenas prevê o futuro. Isso não seria um problema para um determinista, mas seria para um indeterminista. E os indeterministas que defendem que Deus é temporal não podem resolver este problema apelando para a estratégia de Boécio. Outra resposta se faz necessária, e muitos indeterministas pensam que este problema somente pode ser resolvido negando-se completamente a presciência divina do futuro.

Todos esses atributos divinos, conforme o teísmo tradicional os entende, parecem estar em perigo se a atemporalidade divina se for. Porém, sem a atemporalidade divina, para qual noção de Deus se está movendo? A imagem que começa a surgir de Deus, caso Ele seja temporal (com tudo o que isso implica para outros atributos divinos), é o conceito do processo. Se, no entanto, o Deus do processo é censurável, não deveríamos defender a teologia do processo e não deveríamos defender pontos de vista que parecem levar inevitavelmente a ela. Assim, este argumento de atemporalidade divina nos encoraja a adotar essa noção como uma proteção para não cair na teologia do processo.

Aqueles que rejeitam os pontos de vista do processo em favor de uma visão mais tradicional de Deus deveriam achar este argumento significativo. É claro, antes de concluirmos nossa análise da eternidade divina, devemos considerar se é logicamente possível defender que Deus é temporal e evitar adotar o teísmo do processo. Se não, isso seria um argumento importante para o atemporalismo, para qualquer um que queira defender algo como o teísmo tradicional.

Argumentos contra a eternidade atemporal

Embora muitos argumentos favoreçam a eternidade atemporal, há muitos problemas também. Nesta parte do capítulo apresentarei algumas das queixas expressas com mais frequência contra ela.

Atemporalidade e Deus como uma pessoa

Alguns reclamaram que um ser atemporal não poderia ser uma pessoa, porque há várias atividades típicas de uma pessoa que um ser atemporal não poderia fazer. Richard Coburn se expressa poderosamente ao argumentar:

> Certamente é condição necessária que qualquer coisa, para ser uma pessoa, deva ser (logicamente) capaz de, entre outras coisas, fazer pelo menos algumas das seguintes: lembrar, antecipar, refletir, deliberar, decidir, ter intenção e agir intencionalmente. Para ver se este é o caso, basta perguntar a si mesmo se algo que carecesse necessariamente de todas as capacidades mencionadas seria, em quaisquer circunstâncias concebíveis, considerado uma pessoa. Porém agora, um ser eterno careceria necessariamente de todas essas capacidades na medida em que o exercício delas por um ser requer claramente que tal ser exista no tempo. Afinal, reflexão e deliberação levam tempo; a decisão normalmente ocorre em algum momento — e de qualquer modo, sempre faz sentido perguntar: "Quando você (ele, eles etc.) decidiu?"; lembrar é impossível a menos que o ser que esteja lembrando tenha um passado; e assim por diante. Portanto, um ser eterno, ao que parece, não poderia ser uma pessoa.[65]

A estas atividades, Sturch acrescenta que um ser atemporal não poderia falar, escrever uma carta, sorrir, sofrer ou chorar, ser afetado por qualquer outro ser (já que ser afetado é uma mudança, e como imutável, não poderia mudar) ou responder a qualquer coisa, já que as respostas vêm depois de seus estímulos, e um Deus atemporal não tem antes ou depois.[66]

Muitos filósofos observam que esta lista de ações é uma miscelânea, por assim dizer. Muitos que defendem a eternidade atemporal concordam que um ser atemporal não poderia realizar *algumas* das atividades mencionadas. Sturch, por exemplo, concorda que um ser atemporal não poderia (logicamente) deliberar, antecipar ou lembrar.[67] Ainda, ele não tem certeza de que um ser atemporal não poderia realizar nenhuma das outras atividades.[68]

Embora normalmente se concorde que um ser atemporal não poderia fazer essas atividades de pessoalidade, alguns atemporalistas pensam que tal ser poderia fazer as outras atividades. Considere vários exemplos, como ter intenção e ter propósito. Quando pretende fazer X, a pessoa deseja fazer X, então dizer que Deus pretende a salvação da humanidade significa que Ele deseja que todos sejam salvos. Pode-se certamente ser atemporal e ter tal desejo.[69] Porém, há outro sentido de "pretender" que significa pretender alcançar X fazendo Y, e Sturch afirma que não é necessário ser temporal para pretender neste sentido. Ele explica que pretender neste sentido significa "pelo menos, fazer X na crença de que Y virá em seguida, onde não se teria feito X sem essa crença". E nesse caso, embora a ação X deva estar temporalmente relacionada a Y, o *agente* não precisa estar relacionado (desde que, é claro, um agente atemporal possa agir sobre o temporal...).[70]

A condição parentética de Sturch é importante, e ele crê que pode ser atendida. Ainda, mesmo que um ser atemporal pudesse agir no mundo, para fazê-lo ele teria de saber que horas são em nosso mundo, e, como veremos, é de duvidar que um ser atemporal possa saber disso. Alguns atemporalistas dizem que isso não importa, já que Deus age atemporalmente desde toda a eternidade e depois faz os efeitos de suas ações ocorrerem exatamente no momento certo para nós. É claro, devemos perguntar se esta noção faz sentido.

Sturch também aborda a questão de ser afetado por outras coisas[71] e reagir a elas. Ele pensa que a questão de "afetar Deus" pode ser resolvida pelos atemporalistas, mas admite que a "reação" de Deus é mais difícil. Sturch apela para a história de Acabe e da vinha de Nabote (1Rs 21). Deus respondeu à traição de Acabe dizendo a Elias que profetizasse o desastre contra Acabe. Em resposta, Acabe se arrependeu, e Deus adiou o desastre. Como podemos entender a lógica disso se Deus estiver fora do tempo? Sturch explica:

> Para fazer isso, acho que devemos pensar nos decretos de Deus como sendo normalmente condicionais. (Assim fez Moisés; cf. Dt 30.15-20.) Deve-se

> pensar em Deus, como no próprio ato da criação, definindo quais seriam suas ações (para nós, *re*ações) em todo conjunto possível de circunstâncias que suas criaturas poderiam provocar. Isso incluiria a intenção de ameaçar a destruição da casa de Acabe se ele se apropriasse da vinha de Nabote, e a intenção de não fazê-lo se Acabe não se apropriasse dela; a intenção de adiar o desastre se Acabe se humilhasse, e a intenção de causá-lo rapidamente se Acabe permanecesse obcecado e, de fato, intenções que não podemos adivinhar, para permitir (digamos) a possibilidade de que Acabe jamais tivesse nascido.
>
> É discutível que algo assim seja exigido por qualquer cristão que leva a sério o ditado de que "Deus não é homem para que se arrependa". Se assim for, então quer Deus seja atemporal quer não, deve-se pensar em seus planos de alguma forma da maneira como tenho descrito. Ele então não muda; mas nós mudamos.[72]

Esta abordagem da resposta está repleta de problemas. Primeiro, o último argumento de Sturch sobre pensar nos planos de Deus desta forma é problemático, pois deixa de reconhecer que a linguagem é antropomórfica (como vimos ao analisar a imutabilidade). Por outro lado, nem toda linguagem acerca de Deus é antropomórfica. Por exemplo, a passagem de Números 23.19 citada por Sturch compara Deus aos seres humanos. A questão é que enquanto os seres humanos realmente mentem e mudam de opinião, Deus não o faz. Isso porque as intenções de Deus e seus padrões são imutáveis. Contudo, quando mudamos nossas atitudes e ações em relação a Deus, por causa de seus propósitos e padrões imutáveis, Deus tem de responder de forma diferente do que aparentava no início (por exemplo, o juízo iminente muda para bênção quando nos arrependemos de nosso pecado, mas somos nós que mudamos, não o ser, a vontade ou os propósitos de Deus). Contudo, isso não parece ser um caso de linguagem antropomórfica. Além disso, vale a pena observar que a questão do versículo que Sturch cita é a imutabilidade de Deus, não sua reação. Portanto, é difícil ver como este versículo lida com a forma como um Deus atemporal reagiria às nossas ações.

À parte da manipulação de Sturch desta passagem e desta linguagem, porém, não vejo que sua explicação da resposta funcionará. Para começar, se Deus tiver de planejar respostas para todas as nossas *possíveis* reações, então Ele não deve realmente saber o que faremos, ou Ele sabe, mas apenas por conhecimento médio. Se soubesse exatamente o que faríamos, Ele só precisaria planejar uma resposta para esse curso de ação. Então, para aceitar a proposta de Sturch, teríamos que limitar a onisciência de Deus para incluir apenas aquelas coisas que podem ser conhecidas, acrescentando que nossas ações futuras não podem ser conhecidas de forma alguma ou só podem ser conhecidas em termos de possíveis coisas que poderíamos fazer. Certamente, esta não é uma posição coerente com o teísmo bíblico, embora tenha ganhado muita popularidade em nossos dias.[73] Por outro lado, se admitirmos que Deus realmente sabe o que faremos, então Ele pode planejar e executar todas as suas respostas às nossas ações de uma única vez. Nesse caso, a credibilidade do Deus atemporalista poder reagir a nós reduz a plausibilidade da afirmação dos atemporalistas de que Deus faz todas as coisas atemporalmente. Se essa afirmação não fizer sentido, não podemos entender a lógica de Deus reagir a nós, mesmo que Ele saiba exatamente o que faremos.

Há um segundo problema além deste referente ao conhecimento de Deus. Os atemporalistas nos dizem que, seja o que for que Deus faz, Ele o faria de uma única vez a partir da eternidade. Admitamos, a título de argumentação, que isso faz sentido. De acordo com a resolução de Sturch à questão da resposta de Deus, Ele então deve não apenas realizar todas as ações que afetarão as condições reais, mas também deve realizar atemporalmente e de uma única vez todas as ações possíveis que poderiam ser necessárias, dependendo de nossas ações. Porém, por que deveríamos pensar que existe apenas uma reação divina possível a cada uma de nossas ações? Pode haver muitas reações para cada uma de nossas ações, e isso apenas significa que, se Deus reage às nossas ações da maneira que Sturch sugere, Ele deve planejar, potencialmente, miríades de reações para abranger todas as nossas ações mesmo durante um curto período de tempo, sem falar em uma vida inteira. Os defensores do conhecimento médio não acharam isso particularmente problemático, mas defender uma explicação como a de Sturch, defender o conhecimento médio, ou simplesmente negar que Deus conhece nosso futuro, e associar essas visões com a eternidade atemporal cria problemas terríveis para o atemporalista. Deixe-me explicar.

Os atemporalistas nos dizem que de uma única vez Deus *faz* todas as suas ações atemporalmente e planeja que os efeitos ocorram no momento apropriado. Porém, devido às numerosas respostas possíveis que *Deus* poderia ter a qualquer uma de nossas ações, e às inúmeras coisas possíveis que *nós* poderíamos fazer, as quais gerariam uma dessas respostas divinas, e dado que Deus tem conhecimento médio, Ele tem de realizar de uma única vez um número incrível de ações com seus efeitos para cobrir todas as possibilidades para uma só pessoa, por um momento da vida dessa pessoa. Se Deus realizar todas essas ações atemporalmente como a atemporalidade exige, há algumas consequências estranhas. Para começar, Deus acaba realmente fazendo miríades de ações que se revelam desnecessárias e acabam jamais ocorrendo realmente em nosso mundo. A partir do momento em que Deus realizou uma ação e planejou seu efeito, como pode desfazê-la? Como Ele pode cancelar todas as reações que se tornam desnecessárias? Este problema se intensifica de modo especial se Deus for atemporal, porque cancelar todas as reações desnecessárias parece exigir que Deus aja novamente a cada momento em resposta a cada uma de nossas ações reais, mas isso é impossível para um Deus atemporal. Além disso, para que Deus elimine suas reações desnecessárias para cada momento, Ele tem de saber exatamente que horas são na história humana, mas é duvidoso que um Deus atemporal possa saber isso.

Os problemas levantados no parágrafo anterior se intensificam de modo especial para alguém que defende o livre-arbítrio libertário. Para um determinista teológico, Deus precisa apenas planejar e executar uma ação em reação à nossa ação, pois Ele escolheu tanto nossas ações quanto suas reações. Isso ainda deixa em aberto a questão de como um Deus atemporal pode agir atemporalmente e suas ações realizarem efeitos em nossa história no momento certo, mas ao menos resolve o problema que confronta o libertário, de que Deus realiza todo tipo de atos desnecessários e depois, de alguma forma, no momento apropriado, os cancela.[74]

Há uma última resposta que os atemporalistas podem oferecer a este argumento sobre Deus como pessoa. Os atemporalistas podem responder que a persuasão desta linha de raciocínio repousa fortemente na suposição de que conhecemos os critérios para a pessoalidade, mas pessoalidade é um conceito tão debatido que é improvável que possamos concordar o suficiente sobre o que a constitui para fazer qualquer coisa com este argumento. Ou, pode-se responder como William Mann. Ele oferece o que acredita serem critérios necessários de pessoalidade, e então argumenta que, sobre esses critérios, um ser atemporal se caracteriza como pessoa. Mann apela para a obra de Daniel Dennett, que mostra que "há pelo menos seis noções diferentes de pessoalidade apresentadas na tradição filosófica, cada uma dada como uma condição individualmente necessária, se não suficiente, de pessoalidade".[75] Os critérios para uma pessoa (chame-a de A) ser uma pessoa são os seguintes:

1. A é um ser racional.
2. A é um ser ao qual se podem atribuir estados de consciência.
3. Outros consideram ou podem considerar A como um ser ao qual podem ser atribuídos estados de consciência.

4. A é capaz de considerar os outros como seres aos quais os estados de consciência podem ser atribuídos.
5. A é capaz de comunicação verbal.
6. A é autoconsciente; isto é, A é capaz de considerar a si mesmo como sujeito de estados de consciência.[76]

Um ser imutável (portanto, atemporalmente eterno) se caracteriza como uma pessoa nestes critérios? Mann crê que sim. Mesmo que todos os seis critérios tenham de ser verdadeiros para que um ser seja uma pessoa, um ser atemporal parece se qualificar. Em relação ao (5), por exemplo, Deus pode fazer com que Moisés tenha ouvido certas afirmações quando se diz que Deus falou com ele. Só porque ouvir a declaração leva tempo, isso não significa que Deus ter feito Moisés ouvir seja um processo temporal, nem que isto deva acontecer em certo tempo.[77] Quanto a ser racional (item [1]), certos elementos de conduta racional são impossíveis para um ser atemporal, mas outros não são. Por exemplo, um ser eterno e imutável não pode fazer inferências indutivas baseadas em experiências passadas, mas "tal ser poderia *entender* que 'B' é uma consequência de '(A→B)' e 'A' e entender que a evidência *e* é boa evidência para a hipótese *h*".[78] Estas coisas mostram que um ser atemporal é racional. E quanto a (2), (3), (4), e (6)? Mann diz que estes requerem estados, alguns dos quais são impossíveis para um ser atemporal, mas muitos são possíveis.[79]

Como deveríamos responder a isso? Parece que nenhum lado pode obter vantagem debatendo sobre o que constitui a pessoalidade. Até mesmo indivíduos do mesmo lado da questão da eternidade temporal/atemporal podem não concordar sobre o que consideram como pessoa. Portanto, se o temporalista apresentar este argumento apenas em termos do que constitui a pessoalidade, tal tipo de argumento pode levar a um beco sem saída.

Por outro lado, há aqui um argumento significativo contra a eternidade atemporal. Não é que um ser atemporal não pode fazer coisas como antecipar, calcular ou se apaixonar. Visto que a Bíblia dificilmente retrata Deus como alguém que faz tais coisas, é duvidoso que o conceito tradicional de Deus perca muito se Ele não puder fazer essas coisas porque é atemporal. Entretanto, há algumas coisas que um ser atemporal não pode fazer, e as Escrituras retratam Deus como alguém que as faz. Atividades como pretender ou ter propósito, lembrar ou esquecer, responder a orações e petições, zangar-se, regozijar-se e ser afetado pelas ações dos outros são coisas que as

Escrituras atribuem a Deus, contudo, nenhuma delas parece ser possível para um ser atemporal. Não parece valer a pena debater se isso torna não pessoal um Deus atemporal. O que é digno de nota é se isso o torna inconsistente com o retrato bíblico de Deus, além de um argumento significativo contra a atemporalidade divina.

Eternidade divina e ação divina

O fato de Deus poder fazer as várias coisas mencionadas na seção anterior depende, em parte, de Ele poder agir em nosso mundo. As Escrituras, claro, o descrevem como alguém que faz um número de coisas em nosso mundo. Ele cria o universo, divide o mar Vermelho, conduz os filhos de Israel para fora do Egito, envia fogo para consumir o sacrifício de Elias, encarna, ressuscita Cristo dos mortos, responde às orações do seu povo e, segundo Nabucodonosor (Dn 4), está envolvido na ascensão e queda dos impérios e reinos. A dificuldade em relação à eternidade atemporal nesse ponto é no mínimo três vezes maior. Leva tempo para fazer tais ações, então para que Deus as faça, parece que Ele se envolve em atos que têm um começo, meio e fim. Claro, isso é impossível para um Deus atemporal, pois Ele não tem etapas sucessivas (Stump e Kretzmann explicam, "a natureza de uma ação temporal é tal que o próprio agente deve ser temporal").[80] Além disso, tais ações ocorrem em pontos específicos, e fazê-las no momento certo parece exigir que Deus (ao agir) tenha localização temporal.[81] Finalmente, para agir em certos momentos de nossa história, Deus tem de saber exatamente que horas são em nossa história, e ainda assim, como atemporal, todos os eventos são presentes para Ele. Ele conhece a ordem sucessiva dos acontecimentos na história humana, mas não pode saber que agora é hora para o evento p em nosso mundo, e mais tarde, no tempo t+1, saber que o tempo em nosso mundo é t+1. Para Ele, conhecer tais coisas significaria que seu conhecimento muda à medida que o tempo avança, mas isso é impossível para um ser atemporal.

Em um argumento posterior, abordarei se um ser atemporal pode saber exatamente que horas são em nosso mundo, mas levanto isso agora porque é um dos problemas envolvidos na questão mais ampla da possibilidade de Deus agir em nosso mundo. Se este argumento sobre a ação divina estiver correto, um Deus atemporal parece estar trancado para fora do mundo, mas isso é contrário às Escrituras, além de uma posição indesejável para o teísmo cristão tradicional. Conforme mostra Pike, Schleiermacher basicamente trancou Deus para fora do mundo ao defender a eternidade atemporal. Deus não podia criar coisa alguma, embora pudesse sustentá-las. Entretanto, como observa Pike, os mesmos problemas que surgem para um ser atemporal criando um mundo se confrontam com a ideia de tal ser sustentando-o. Parece que o preservador teria de ter duração temporal.

Pike recorre a Schleiermacher e a uma ilustração para esclarecer o problema, e vale a pena ver como ele defende o argumento:

> Suponhamos que ontem uma montanha com 5.200 metros de altura surgiu nas regiões planas de Illinois. Um dos teístas locais explica esta ocorrência por referência à ação criadora divina. Ele afirma que Deus produziu (criou, causou) a montanha. Claro, se Deus é atemporal, Ele não poderia ter produzido a montanha *ontem*. Isso exigiria que a atividade criadora de Deus e, portanto, o indivíduo representado por ela estivessem posicionados no tempo. A afirmação do teísta é que Deus a causou *atemporalmente* ontem, uma montanha de 5.200 metros de altura veio a existir nas regiões planas de Illinois. [...] Parece que a questão é que, se fosse para Deus criar ou produzir um objeto com posição no tempo, então sua atividade criativa teria de ter ocorrido em algum tempo específico. A afirmação de que Deus produziu *atemporalmente* um objeto temporal (como a montanha) é absurda.[82]

Este é um argumento significativo, e os atemporalistas propuseram várias maneiras de abordá-lo. No restante desta seção, quero esboçar e avaliar suas respostas. Eu começo com Stump e Kretzmann. Eles respondem que este argumento está errado porque deixa de reconhecer uma distinção importante. Uma coisa é agir (a) "de tal forma que a própria ação possa ser localizada no tempo", e outra é agir (b) "de tal forma que o efeito da ação possa ser localizado no tempo".[83] Para criaturas temporais como nós, a distinção não faz diferença, mas importa de fato para um ser atemporal, já que (a) é impossível para um ser atemporal. Não pode haver eventos temporais na vida de um ser atemporal. No entanto, nada disso argumenta contra (b) no que diz respeito a um ser atemporal. A resposta de Stump e Kretzmann (e de muitos atemporalistas), então, é que Deus age fora do tempo e, contudo, dada a sua onipotência, é capaz de fazer suas ações terem efeitos no tempo (deveríamos acrescentar: exatamente no momento certo).[84]

Esta explicação da ação divina levanta várias questões, e os atemporalistas têm respostas. Há sucessão temporal nos atos atemporais de Deus, já que há sucessão temporal nos efeitos? Ou seja, já que cada evento no tempo é separado,

Deus, fora do tempo, tem de realizar um ato separado para cada efeito individual no tempo? Se assim for, ainda parece haver sequência e mudança no agir atemporal de Deus.[85] A resposta a este dilema é que Deus não realiza atemporalmente cada ato como um exercício separado do seu poder. Em vez disso, Ele faz tudo o que planeja fazer de uma única vez. Todas as suas ações e respostas a todas as nossas ações são feitas em um ato atemporal.

Embora isso possa parecer estranho, é menos estranho para os calvinistas, que acreditam no decreto incondicional de Deus. No pensamento deles, Deus escolhe seu plano para toda a história de uma única vez.[86] E os arminianos que defendem a eternidade atemporal? Normalmente, eles respondem que Deus faz um ato atemporalmente, que inclui tudo que Ele faz e resulta em todos os efeitos que ocorrem. Esta resposta é tão coerente com o arminianismo como com o calvinismo, desde que o teólogo arminiano acredite que Deus conhece todas as coisas, inclusive nosso futuro. Por outro lado, se um arminiano acredita que, dado o livre-arbítrio humano libertário, Deus não pode conhecer nossas ações futuras, então será muito difícil Ele planejar e executar em um ato atemporal todas as respostas às nossas ações. Talvez, o melhor que Ele possa fazer seja planejar e executar todas as reações possíveis a todas as ações possíveis que nós poderíamos efetuar. Assim, independentemente de o atemporalista ser um indeterminista ou um determinista, a resposta típica quanto à possibilidade de Deus produzir resultados separados em nosso mundo por meio de exercícios separados de seu poder é que Ele não produz. Ele faz tudo em um único ato atemporal.

Se isso já soa estranho, torna-se ainda mais estranho. Dado que Deus é atemporal e imutável, Ele não ousa, num ponto atemporal de sua existência, realizar esses atos e depois parar de realizá-los. Se parasse de realizá-los, isso não apenas envolveria algum tipo de sequência temporal, mas também destruiria a imutabilidade no forte sentido usado pelos atemporalistas. A maneira de evitar este problema é defender que Deus está sempre realizando seu único ato atemporal. Este ato jamais começa ou termina.

Embora considere esta visão estranha, Nicholas Wolterstorff ajuda a esclarecê-la. Ele diferencia entre um evento *que dura para sempre* e um evento *temporal*. Um evento que dura para sempre não começa nem termina, ao passo que um evento temporal começa ou termina. A melhor maneira de manter as ações de Deus fora do tempo e de evitar que sejam contagiadas com elementos temporais é dizer que todas as suas ações duram para sempre. Wolterstorff explica:

Todas as ações de Deus são eternas. Nenhuma tem início ou fim. Quanto a esses atos eternos, a estrutura de alguns consiste em Deus realizar alguma ação em relação a algum evento. E pelo menos alguns dos eventos em relação aos quais Deus age são eventos temporais. Contudo, em nenhum caso a temporalidade do evento em relação ao qual Deus age contagia o evento de seu agir. Pelo contrário, seu agir em relação a algum evento temporal é em si invariavelmente um evento que dura para sempre. Portanto, sempre que os escritores bíblicos usam linguagem de evento temporal para descrever as ações de Deus, devemos interpretar que, desse modo, eles afirmam que Deus age em relação a algum evento temporal. Não devemos interpretar que eles afirmam que a atuação de Deus é, em si, um evento temporal. Conforme descrito pelos escritores bíblicos, deve-se interpretar que Deus age, e age em relação a eventos temporais. Porém, não se deve interpretar que Ele muda. Todos os seus atos duram para sempre.[87]

Esta ideia, quando associada à noção de que Deus age de uma única vez, significa que tudo o que Ele faz (atemporalmente) relativo à condição anterior à criação, relativo à história do universo e relativo ao período pós-universo (se o universo temporal como o conhecemos cessar), Ele faz de uma vez (ou seja, junto, não sequencialmente), e o faz para sempre (ou seja, nenhum de seus atos começa ou termina).

Uma segunda questão importante com relação à ação divina é se as causas devem preceder seus efeitos ou ser simultâneas (temporalmente) a eles. Alguns podem pensar que não vale a pena fazer essa pergunta, pois requer que categorias temporais (como preceder e simultaneidade) sejam aplicadas a um Deus atemporal. No entanto, os atemporalistas reconhecem que a pergunta realmente sugere uma dificuldade muito mais profunda que eles têm de abordar. Se a existência atemporal e temporal são modos de existência diferentes e não há contato entre elas, como podem interagir causalmente? A menos que haja uma maneira de o que acontece em um período de tempo atemporal cruzar com um período de tempo temporal sem que um período se torne o outro ou assuma suas características, toda a conversa sobre agir atemporalmente e fazer os efeitos ocorrerem no tempo não tem sentido.

Os atemporalistas estão conscientes deste problema e lhe têm respondido. A resposta mais conhecida é a visão de Stump e Kretzmann chamada de simultaneidade-ET ou simultaneidade Eterno-Temporal. Analisarei a proposta deles numa seção sobre o problema da simultaneidade do tempo e da eternidade. Basta dizer aqui que os atemporalistas concordam que devem responder a esta objeção para que a atemporalidade não seja rejeitada.

Um último problema da ação divina por um Deus atemporal concentra-se em saber que horas são em nosso mundo. Deus pode decretar e realizar ao mesmo tempo toda a sequência de eventos e ações (inclusive nossas ações e suas reações) para toda a história do mundo, mas para que suas reações ocorram no tempo certo da nossa história, Deus tem de saber que horas são a partir de nossa perspectiva para garantir que sua ação realizada atemporalmente nos afete no tempo que deve nos afetar em nosso mundo. Porém, como pode um Deus fora do tempo saber exatamente que horas são em nosso mundo? Pois saber isso significa que em certo momento de nosso tempo Ele saberia que na Terra o tempo é t, e no momento seguinte Ele saberia que na Terra o tempo não é t, mas tempo t + 1. Contudo, para isso acontecer, haveria mudanças no conhecimento de Deus, as quais ocorrem com a passagem do nosso tempo, e que estabeleceriam uma sequência temporal para Ele. É claro, isso também excluiria a imutabilidade, pois o conhecimento de Deus mudaria. Logo, o dilema dos atemporalistas é claro: 1) ou Deus sabe que horas são para nós, conforme o modo delineado, mas então Ele é temporal e mutável; ou 2) Deus permanece atemporal e imutável, mas não sabe que horas são em nosso mundo. Se a opção for pela primeira escolha difícil do dilema, o atemporalismo está perdido. Se a opção for pela segunda escolha difícil (como os atemporalistas normalmente fazem), então Deus não sabe que horas são em nosso mundo e parece incapaz de fazer suas reações às nossas ações ocorrerem no momento certo.[88] Este argumento também levanta o problema de como um Deus atemporal pode conhecer os indexicais temporais, mas isso será mais explorado em uma seção posterior.

Em suma, analisamos vários itens nesta seção, e os temporalistas afirmam que são muito prejudiciais ao atemporalismo. Em seções posteriores veremos como os atemporalistas têm respondido, mas aqueles não convencidos pelas respostas considerarão essas dificuldades sobre o atemporalismo e a ação de Deus uma objeção importante à eternidade atemporal.

Eternidade divina e simplicidade divina

Os atemporalistas argumentam que a eternidade atemporal resulta logicamente de outras perfeições divinas. O argumento passa da simplicidade divina diretamente para a eternidade atemporal, ou da simplicidade para a imutabilidade e então para a eternidade. Assim, diz-se que a simplicidade contém em si a eternidade atemporal. Como mencionei ao analisar este argumento, os temporalistas podem responder usando qualquer uma das várias estratégias. Os temporalistas têm argumentado com frequência que, mesmo que a simplicidade contenha em si eternidade atemporal, há boas razões para rejeitar a doutrina da simplicidade divina. Portanto, a simplicidade não pode ser usada contra a eternidade temporal. É claro, se Deus não é simples, isso não prova que Ele é temporal, mas é condizente com um Deus temporal.

No Capítulo 7, argumentei contra a simplicidade, e não preciso repetir. Basta dizer que qualquer pessoa que achar aquela abordagem convincente rejeitará a simplicidade divina. Uma vez descartada a simplicidade, quaisquer argumentos em favor do atemporalismo incorporando a simplicidade divina perdem sua força.

Eternidade divina e imutabilidade divina

Os atemporalistas também argumentam que a imutabilidade divina e a eternidade atemporal contêm logicamente uma à outra. Há pelo menos três maneiras pelas quais os temporalistas poderiam responder. Primeiro, poderiam negar que Deus é imutável. Os teólogos do processo adotam muitas vezes esta abordagem, mas seria inaceitável para os teólogos tradicionais, especialmente aqueles que baseiam sua teologia nas Escrituras. Uma segunda estratégia defende que Deus é imutável no sentido atemporalista e depois afirma que a eternidade atemporal e o forte senso de imutabilidade não contêm logicamente um ao outro. Esta estratégia parece ter um valor limitado, pois se as doutrinas forem definidas como os atemporalistas fazem, será muito difícil quebrar a vinculação. Além disso, mesmo que se possa quebrar a vinculação, o forte senso de imutabilidade envolvido (Deus não sofre mudanças de qualquer tipo) não condiz com a noção de um Deus temporal, pois tal Deus mudaria, mesmo que apenas por saber a cada dia que não é mais o dia anterior.

A terceira estratégia afirma que o forte sentido tradicional de imutabilidade não é o único modo de defini-la e permanecer fiel às Escrituras. A imutabilidade precisa de uma definição com distinções sutis e, a partir do momento em que é dada, os temporalistas podem mostrar que ela é coerente com o fato de Deus estar no tempo e também guarda os aspectos da imutabilidade divina que os cristãos mais se preocupam em preservar. À luz de minha definição de imutabilidade contendo aspectos sutis (Capítulo 6), esta terceira estratégia parece ser a mais promissora. Eu argumentei que Deus tem de ser imutável em seu ser, atributos, propósitos, vontade e normas éticas. Ele poderia mudar relacionalmente, e seu conhecimento das proposições indexicais poderia mudar sem qualquer dano às concepções evangélicas de Deus. Mediante um mínimo de reflexão, porém, deveria estar claro que um Deus que é imutável neste sentido pode estar no tempo e pode não ser atemporal. Se as Escrituras apoiarem esta concepção de imutabilidade conforme tenho argumentado, a situação piora para o atemporalismo.

Retrato bíblico da sempiternidade das sanções de Deus

Alguns defensores da eternidade temporal divina afirmam que somente o ponto de vista deles entende a lógica das descrições bíblicas de Deus. O Deus da Bíblia age na história. Ele chama Abraão de Ur dos caldeus, envia as dez pragas sobre o Egito, conduz o povo de Israel pelo mar Vermelho e o mais significativo, encarna-se para redimir os pecadores perdidos. Estes atos divinos incluem conhecer que horas são na história humana e agir nesta história, e tal conhecimento e ação são inconsistentes com um ser eterno que é imutável. Além disso, Deus se entristece com o sofrimento de um santo, se irrita com os pecadores e envia julgamento sobre os ímpios. Todas essas coisas requerem mudança, mas um Deus atemporal é imutável. Assim, a imagem bíblica de Deus exige que concluamos que Deus é sempiterno, não atemporal.[89]

Thomas Morris diz que muitos atemporalistas responderão que tal linguagem bíblica é antropomórfica. Os autores bíblicos não estavam tentando fazer uma afirmação metafísica sobre Deus enquanto temporal. Ao contrário, eles escreveram para pessoas comuns e queriam compartilhar o que Deus tem feito por elas e o que Ele espera em resposta. Ler conclusões metafísicas nestas descrições transforma a Bíblia em um pedaço de teologia filosófica, e Deus nunca pretendeu isso. Os atemporalistas também respondem que se citar as Escrituras prova nossa posição, então 2Pedro 3.8 favorece o atemporalismo, pois diz que "para o Senhor, um dia é como mil anos, e mil anos, como um dia". Como isso poderia ser verdade, nos perguntam, a menos que Deus seja atemporalmente eterno? Além disso, Malaquias 3.6 ensina que Deus não muda. Como isso pode ser verdade acerca de um Deus temporal?[90]

Embora não adote a visão, Wolterstorff diz que há outra forma de os atemporalistas responderem. Ao analisar Aquino, ele diz que os atemporalistas podem escolher falar que as ações de Deus duram para sempre. Por "duram para sempre" Wolterstorff quer dizer "um evento que não começa nem termina". Por outro lado, "um evento que começa ou termina" é temporal.[91] Dada esta distinção, mesmo que um evento como o êxodo tenha acontecido num determinado momento da história, isso não significa que Aquino diria que Deus agiu temporalmente nesse evento. Deus provocar o êxodo pode ser um evento que dura para sempre, ainda que os efeitos de sua ação tenham ocorrido apenas em um ponto específico da história.[92] Wolterstorff resume:

> A melhor maneira de inferir a partir da deixa de Aquino seria provavelmente na linha da seguinte teoria sobre as ações de Deus e o discurso bíblico sobre elas. Todas as ações de Deus duram para sempre. Nenhuma tem início ou fim. Quanto a esses atos eternos, a estrutura de alguns consiste em Deus realizar alguma ação em relação a algum evento. E pelo menos alguns dos eventos em relação aos quais Deus age são eventos temporais. Contudo, em nenhum caso a temporalidade do evento em relação ao qual Deus age contagia o evento de seu agir. [...] Assim, sempre que os escritores bíblicos usam linguagem de evento temporal para descrever as ações de Deus, devemos interpretar que eles afirmam que Deus age em relação a algum evento temporal. Não devemos interpretar que eles afirmam que a atuação de Deus é em si um evento temporal.[93]

Wolterstorff observa então que, mesmo que seja correta, essa forma de lidar com a linguagem bíblica sobre os atos de Deus requer que Ele não seja atemporalmente eterno. Como explica:

> Considere os atos de Deus de provocar a saída de Abraão da Caldeia e de provocar a travessia do mar Vermelho por Israel. Na teoria, ambos seriam atos *que duram para sempre*. Ambos estão sempre ocorrendo. Portanto, eles ocorrem simultaneamente. Eles estão um ao lado do outro na relação de ordem temporal de simultaneidade. E já que ambos são aspectos de Deus, Este, consequentemente, tem uma linha de tempo na qual tais atos devem ser encontrados. Portanto, Deus não é eterno. Além disso, trata-se certamente de aspectos relevantes de mudança de Deus. Portanto, Deus é fundamentalmente não eterno.[94]

O que devemos dizer disso? A resposta pode parecer simples, mas eu acho que não é. A resposta simples é que os escritores bíblicos mostram Deus agindo no tempo e passando por várias mudanças; portanto, eles devem estar ensinando um Deus temporal e mutável, mas esta é uma solução medíocre demais. Deixe-me responder primeiramente às questões levantadas por Morris e depois às levantadas por Wolterstorff.

Primeiro, concordo com os atemporalistas que as Escrituras são escritas para pessoas comuns e não têm como propósito principal ser um livro sobre metafísica ou teologia filosófica. Contudo, isso não significa que nenhuma de suas afirmações seja utilizável em metafísica. Os teólogos citam as Escrituras com frequência para explicar a perspectiva bíblica sobre Deus e sua relação com nosso mundo. Embora a intenção primeira das passagens citadas possa não ser algum argumento metafísico, isso não significa que os versículos citados não tenham implicações metafísicas, nem que os teólogos tenham deduzido um argumento metafísico incorretamente a partir da passagem. Portanto, eu não acho que este tipo de argumento ajude nenhum dos lados. Como Morris mostra, os atemporalistas, tendo argumentado que as Escrituras não são teologia filosófica, muitas vezes voltam atrás e citam passagens como 2Pedro 3.8 e Malaquias 3.6 para defender seu argumento *metafísico*. Assim, essa linha de argumentação alcança pouco e, se forçada demais, poderia ser entendida como algo que sugere a impossibilidade de formar uma teologia sistemática baseada nas Escrituras (se a teologia sistemática for sobre metafísica e as Escrituras não contiverem metafísica, então não deveria ser discutida por teólogos sistemáticos). Tal reação é injustificada e desnecessária.

Segundo, como observa Morris, muitos atemporalistas responderiam a este argumento dizendo que as passagens citadas são simplesmente antropomorfismos. Isso levanta algumas questões significativas. Qual é a evidência de que essas passagens são antropomórficas? Além disso, quais são os critérios para determinar que estamos lidando com antropomorfismos? Precisamos de respostas que admitam que parte da linguagem sobre Deus é antropomórfica e parte não é. O que os atemporalistas devem fazer para desacreditar a evidência bíblica do temporalista é explicar quais critérios lhes dizem que a linguagem é antropomórfica. Alguns sem dúvida responderão que se Deus é um ser imaterial, Ele não tem uma laringe, no sentido literal, para falar, nem pode conduzir Israel para fora do Egito com uma mão, no sentido literal, porque Ele não tem nenhuma. Tanto os temporalistas como os atemporalistas concordariam que tal linguagem é antropomórfica ou metafórica, mas os temporalistas deveriam acrescentar: não se confunda com a "gramática superficial" destas frases. Deus não pode conduzir Israel para fora do Egito com uma mão no sentido literal, mas não pense que isso significa que Deus não pode realizar o ato de forma alguma. Deus está agindo, e os temporalistas querem saber como Deus pode saber quando agir e agir no momento certo se Ele é atemporal.

Isso sugere outro argumento sobre esses supostos antropomorfismos. Mesmo que o temporalista admita que a linguagem é antropomórfica, ainda assim, o que isso significa? Dizer que uma frase é um antropomorfismo não significa que ela *não* possa significar *algo*. O escritor está dizendo algo específico, e seja o que for, deve estar ligado aos detalhes do texto. Os temporalistas vão exigir que olhemos mais a fundo na gramática superficial do texto para ver que o escritor está afirmando que Deus está, de alguma forma, agindo em um tempo específico da história. Os temporalistas vão perguntar como é que isso pode ser se Deus é atemporal. Os atemporalistas responderão que Deus está agindo atemporalmente em um ato que dura para sempre, cujos efeitos ocorrerão no momento certo da história humana. Porém, o debate mudou para a coerência de tais noções, e como já argumentado, não é fácil entender a lógica delas.

Eternidade divina e simultaneidade com eventos no tempo

Em toda a análise de como um Deus atemporal pode agir em um mundo temporal, há uma questão presente em segundo plano. É a mesma questão sugerida pela crença dos atemporalistas de que eternidade atemporal significa que todo o tempo é um "agora" atemporal para Deus. Tal questão é como um ser atemporal se relaciona e interage causalmente com coisas temporais. A forma como os temporalistas e os atemporalistas têm abordado esta questão tem um resultado positivo e um negativo. Os atemporalistas precisam remover o negativo e mostrar como conseguem entender a lógica do ponto positivo.

Eu começo com o ponto negativo sobre a relação da eternidade com o tempo. O ponto de vista foi afirmado de modo um tanto claro alguns anos atrás por Anthony Kenny. Se para um Deus atemporal todo momento temporal é "simultaneamente" (para usar a terminologia de Boécio) presente para Ele, então, por extensão lógica, todo momento temporal deve ser simultâneo a cada outro momento temporal. É claro, isso é absurdo, mas visto que o absurdo deriva da noção de eternidade do atemporalista, essa noção deve ser rejeitada. Kenny explica:

O conceito todo de uma eternidade atemporal, cujo todo é simultâneo a cada parte do tempo parece ser radicalmente incoerente. Pois a simultaneidade, tal como é entendida normalmente, é uma relação transitória. Se A acontece ao mesmo tempo que B, e B acontece ao mesmo tempo que C, então A acontece ao mesmo tempo que C. Se o programa da BBC e o programa da ITV começam ambos quando o Big Ben marca dez horas, então ambos começam ao mesmo tempo. Porém, na opinião de Tomás, a minha digitação deste trabalho é simultânea a toda a eternidade. Mais uma vez, nesta visão, o grande incêndio de Roma é simultâneo a toda a eternidade. Portanto, enquanto eu digito estas palavras, Nero continua enganando cruelmente.[95]

À luz deste problema, os atemporalistas devem explicar como Deus pode ser simultâneo aos acontecimentos no tempo de maneira a não torná-los todos simultâneos uns aos outros. Alguns podem pensar que o problema desaparece quando percebemos que um ser atemporal não pode ser simultâneo a nada. Portanto, a relação transitiva que Kenny apresenta não contagia os eventos temporais com o problema mencionado acima, porque não há relação transitiva entre nada no tempo e na eternidade. A simultaneidade é um conceito temporal, mas as ideias temporais não se aplicam aos seres atemporais.

Isso pode satisfazer alguns, mas trata-se de uma resolução com um preço. Os atemporalistas precisam de um jeito para um Deus atemporal ser simultâneo aos acontecimentos no tempo. Isso tem de ser resolvido porque é difícil ver como dois seres em marcos referenciais distintos (um temporal e o outro atemporal) poderiam interagir causalmente um com o outro. Se não conseguirem, a ideia de um Deus atemporal atuando em nosso mundo está em apuros. Os atemporalistas enfrentam um dilema. Eles gostariam de resolver o problema de Kenny dizendo que é um pseudoproblema, já que conceitos temporais como simultaneidade não se aplicam a um Deus atemporal, mas essa resposta parece apenas empurrar um Deus atemporal para mais longe de um mundo temporal e dificultar ainda mais a explicação de como os dois podem interagir causalmente.

Os atemporalistas estão seriamente conscientes do problema e têm oferecido várias respostas. No que se segue, quero analisar a resolução que tem recebido mais atenção na literatura.[96] É uma teoria aprimorada, proposta e posteriormente revisada por Stump e Kretzmann. Eles ofereceram inicialmente a proposta em seu importante artigo "Eternidade". Começam observando que, se for para algo eterno e algo temporal interagir, eles devem, de alguma forma, ser simultâneos. Isso representa um desafio porque "o presente temporal é um instante sem duração, um presente que não pode ser estendido conceitualmente sem se desfazer inteiramente em intervalos passados e futuros. O presente eterno, por outro lado, é por definição uma duração infinitamente estendida, sem passado e sem futuro".[97] Isso também é um desafio, porque precisamos de um relato da simultaneidade entre o eterno e o temporal que não transforme o eterno em temporal.

Stump e Kretzmann acreditam que podem resolver o problema com uma série de conceitos que levam ao que eles chamam de simultaneidade-ET ou simultaneidade Eterno-Temporal. Eles oferecem definições da noção geral de simultaneidade, simultaneidade temporal (o que é para duas coisas temporais serem simultâneas), simultaneidade eterna (o que é para duas coisas eternas serem simultâneas) e finalmente simultaneidade entre uma coisa eterna e uma coisa temporal — simultaneidade-ET. Começo com as três primeiras definições:

(G)   Simultaneidade = existência ou ocorrência de uma vez (ou seja, junto).
(T)   Simultaneidade-T = existência ou ocorrência em um e mesmo tempo.
(E)   Simultaneidade-E = existência ou ocorrência em um e mesmo presente eterno.[98]

Até agora, tudo bem. Parece que uma definição da mesma forma, que lide com a simultaneidade de algo eterno e algo temporal, completaria o quadro, mas Stump e Kretzmann dizem que isso não será suficiente para a simultaneidade-ET por duas razões. As definições da simultaneidade temporal e eterna incluem a frase "em um e mesmo _____". Construir uma definição de simultaneidade-ET em conformidade com isso trataria os dois *relata* como se estivessem na mesma estrutura de tempo. Algo eterno seria transformado em temporal ou vice-versa, mas, na verdade, isso destruiria a relação entre as coisas temporais e eternas. Como Stump e Kretzmann explicam, "o que é temporal e o que é eterno podem coexistir, na visão que estamos adotando e defendendo, mas não dentro do mesmo modo de existência; e não há um único modo de existência a que se possa referir ao preencher a lacuna em tal definição de simultaneidade-ET".[99] Se for para haver simultaneidade, ela deve estar entre o verdadeiramente temporal e o verdadeiramente eterno.

A segunda razão pela qual a simultaneidade-ET não pode seguir o mesmo padrão que a simultaneidade (T) ou (E), de acordo com Stump e Kretzmann, resulta da física de Einstein. A teoria especial da relatividade de Einstein mostrou que, mesmo com a simultaneidade temporal, a simultaneidade é relativa ao marco referencial do observador. Os eventos no tempo podem parecer simultâneos do ponto de vista privilegiado de um observador, e não simultâneos do ponto de vista de outro observador. Stump e Kretzmann ilustram o ponto:

> Imagine um trem viajando *muito* rápido, a seis décimos da velocidade da luz. Um observador (o "observador no solo") está posicionado no aterro ao lado do trilho; outro observador (o "observador no trem") está posicionado no trem. Suponha que dois relâmpagos atinjam o trem, um em cada extremidade, e suponha que o observador que está no solo veja esses dois relâmpagos simultaneamente. O observador que está no trem também vê os dois relâmpagos, porém, como está viajando em direção ao raio de luz que emana do relâmpago que atinge a frente do trem e para longe do relâmpago que atinge a traseira do trem, ele verá o relâmpago atingir a frente do trem antes de ver o outro atingir a traseira do trem. "Este é, então, o resultado básico: eventos que ocorrem em diferentes lugares que são simultâneos em um marco referencial não serão simultâneos em outro marco referencial que está se movendo em relação ao primeiro. Isso é conhecido como *relatividade da simultaneidade*".[100]

Os dois eventos foram temporalmente simultâneos ou não? Dada a teoria especial da relatividade, a questão indica um problema. Dentro do tempo, todos os períodos de tempo são relativos à perspectiva do observador, porém, qual deles estava certo afinal de contas? Mais uma vez, esta é uma pergunta complicada, segundo o pensamento de Einstein, porque não existe uma posição privilegiada da qual se possa observar o tempo exato em qualquer ponto do universo, nem observar a simultaneidade entre dois itens dentro do tempo. Para muitos, isso exclui a simultaneidade temporal absoluta de Newton em todo o universo. Stump e Kretzmann propõem que se reveja a noção de simultaneidade temporal com outra definição:

> (RT) Simultaneidade-RT = existência ou ocorrência ao mesmo tempo dentro do marco referencial de certo observador.[101]

À luz da natureza da eternidade e da questão da relatividade com respeito ao tempo, não será fácil especificar uma relação de simultaneidade entre os dois. Ainda, com o que foi dito anteriormente, aprendemos que

> Pelo fato de um dos *relata* para Simultaneidade-ET ser eterno, a definição para esta relação, assim como a da Simultaneidade-E, deve se referir a um e mesmo presente em vez de a um e mesmo tempo. E porque na Simultaneidade-ET estamos lidando com dois modos de existência igualmente reais, nenhum deles redutível a qualquer outro modo de existência, a definição deve ser construída em termos de *dois* marcos referenciais e *dois* observadores.[102]

Como devemos, então, definir Simultaneidade-ET? Da seguinte maneira:

(ET) para cada x e para cada y, x e y são simultâneos-ET se e somente se

i. x for eterno e y for temporal ou vice-versa; e
ii. para algum observador, A, no único marco referencial eterno, x e y estiverem ambos presentes — ou seja, x está eternamente presente e y é observado como temporalmente presente, ou vice-versa; e
iii. para algum observador, B, num dos muitos marcos referenciais infinitamente temporais, x e y estiverem ambos presentes — ou seja, ou x é observado como eternamente presente e y está temporalmente presente, ou vice-versa.[103]

Dada a condição (ii), certo evento temporal, quando observado por um observador eterno, é simultâneo-ET com cada entidade ou evento eterno. A condição (iii) significa que quando um evento eterno é observado como eternamente presente por algum observador temporal, essa entidade ou evento eterno é simultâneo-ET com cada evento ou entidade temporal.

Num artigo posterior, Stump e Kretzmann respondem a várias críticas e oferecem uma ilustração de como conceitualizar a simultaneidade-ET. Eles escrevem:

> Imagine duas linhas horizontais paralelas, a superior representando a eternidade e a inferior, o tempo; e deixe que a presencialidade seja representada pela luz. Então, de um ponto de vista temporal, o presente temporal é representado por um ponto de luz que se desloca constantemente ao longo da

linha inferior, que é assim iluminada sucessivamente, enquanto o presente eterno é representado pela linha superior sendo inteiramente iluminada de uma só vez. Assim, de um ponto de vista temporal, o presente temporal é Simultâneo-ET ao presente infinito da vida de um ser eterno. Por outro lado, do ponto de vista de um ser existente no presente eterno persistente, cada instante temporal é Simultâneo-ET ao presente eterno, mas apenas na medida em que esse instante é temporalmente presente, de modo que do ponto de vista do ser eterno toda a linha do tempo é iluminada de uma só vez. De um ponto de vista eterno, todo tempo presente é presente, ocorrendo concomitantemente com o todo infinito do presente eterno.[104]

Uma vantagem da simultaneidade-ET é que ela aborda o problema levantado por Kenny. As coisas no reino temporal não se tornam simultâneas umas às outras apenas porque são simultâneas-ET à eternidade. Visto que cada evento e entidade permanecem no próprio modo de existência, não temos o resultado absurdo de que o temporal se torna eterno, de modo que todos os eventos temporais se tornem simultâneos uns aos outros.[105]

Há outras vantagens com esta teoria. Por exemplo, de seu ponto de vista eterno, Deus conhece todos os acontecimentos dentro de nossa estrutura de tempo temporal. Portanto, Ele já sabe quando no tempo o presidente Clinton morrerá, e de sua perspectiva eterna, vê Clinton morto. Porém, ao ver tudo de uma vez, Ele também vê Clinton vivo. Visto que Deus vê a vida de Clinton e sua morte como presente, Ele sabe o que está acontecendo na Terra? É claro, porque Ele é simultâneo-ET ao tempo. A morte de Clinton, da nossa perspectiva, é futuro. Deus, sendo simultâneo-ET a 1999, sabe que Clinton, como um ser temporal, ainda não está morto. Portanto, Deus não o vê via simultaneidade-ET como um ser *temporal* morto. De sua perspectiva eterna, é claro, Ele vê como presente tanto a vida de Clinton como sua morte. Em algum momento em nosso futuro, Clinton morrerá, e o tempo e modo de sua morte não surpreenderão a Deus, visto que em sua perspectiva eterna, Ele já sabe disso. Quando esse dia real chegar dentro do tempo, Deus saberá que a morte de Clinton está acontecendo em nosso "agora", porque como simultâneo-ET a nós, Ele saberá exatamente que horas são para nós, e assim saberá que um evento que, de sua perspectiva eterna sempre existiu, agora aconteceu dentro do tempo.[106]

Stump e Kretzmann acreditam que os conceitos de duração atemporal e de Deus agindo atemporalmente, quando unidos à simultaneidade-ET, resolvem o problema de, como um Deus atemporal pode agir atemporalmente e fazer os efeitos ocorrerem no momento certo da nossa história. Visto ser eterno, Deus tem de fazer tudo o que faz atemporalmente, mas como simultâneo-ET, Ele pode planejar que os efeitos de sua ação ocorram em pontos específicos de nossa história e pode realmente saber que horas são na história humana, a fim de que suas respostas ocorram no momento certo em relação a nós.[107]

Para dizer o mínimo, esta é uma maneira muito criativa de resolver uma série de problemas para o atemporalismo. Como era de se esperar, porém, tem seus críticos. Deixe-me oferecer o que parecem ser as objeções mais significativas (além das respostas de Stump e Kretzmann, quando disponíveis), e depois avaliar o ponto de vista.[108]

Delmas Lewis levanta uma série de objeções à proposta de Stump e Kretzmann, e várias são dignas de nota. Lewis volta-se à definição de simultaneidade-ET e pergunta o que a condição (ii), que fala de um y temporal sendo observado como temporalmente presente por um x eterno, poderia significar. Ele levanta os possíveis significados e os considera todos deficientes. Lewis escreve:

> Talvez algo como: um x eterno observa eternamente que um y temporal existe, e sabe que y está em certas relações temporais, não para x, mas para outras entidades ou eventos temporais. Pois, na visão que Stump e Kretzmann estão defendendo, não se pode dizer que um x eterno observa um y temporal *agora* porque, nesse caso, haveria sucessão nas observações de x. Se esta interpretação está correta ou não, (ii) envolve claramente a ideia de que um x eterno observa eternamente um y que não existe eternamente. Isso levanta a questão adicional de o que é [*sic*] que x observa. Não pode ser algo que venha a ser, pois a observação de x viria a ser, com o resultado de que x não poderia ser eterno. Porém, muitas coisas vêm a existir, logo, assim tem de ser a observação delas. Portanto, não está claro como um objeto eternamente observado (ou, alternativamente: um objeto observado na eternidade) pode ser observado como *temporalmente presente*. De fato, na visão em consideração, o que ocorre é que *todos* os eventos e entidades temporais são observados como temporalmente presentes a um observador eterno, então a frase "como temporalmente presente" não pode ser usada para se referir ao que está acontecendo atualmente [*sic*] no mundo. Isso sugere uma deficiência importante no conhecimento de qualquer ser eterno...[109]

Esta é uma objeção significativa, pois mostra que Stump e Kretzmann não resolveram o problema que sua proposta pretendia resolver. Stump e Kretzmann nos lembram de que o tempo e a eternidade são dois modos de existência. Eles precisam estar relacionados, mas têm de estar relacionados de maneira que o que é eterno não se torne temporal e vice-versa. O argumento de Lewis sobre Deus observar nosso agora temporal é que, em muitos casos, para que isso realmente aconteça, a observação de Deus tem de se tornar temporal, o que o tornaria temporal. A outra opção também é problemática. Se fosse para Deus observar um objeto temporal eternamente, isso transformaria o objeto em um objeto eterno. Porém, então, Deus não o observaria no tempo à medida que está ocorrendo. Além disso, visto que Deus já observa o objeto ou evento como eterno, Ele não precisa elevar o evento temporal a um evento eterno observando-o eternamente.[110]

A segunda objeção de Lewis foca a condição (iii). Enquanto Lewis notou problemas com uma entidade eterna tentando observar uma entidade temporal como temporal, sua segunda objeção levanta problemas com um observador temporal observando o que é eterno. Lewis argumenta:

> De acordo com (iii), certo x é "observado como eternamente presente" para uma entidade temporal y. O "como" aqui é enganador, pois sugere que eternidade pode ser uma propriedade observável de uma entidade eterna da forma como a ortogonalidade é uma propriedade observável do diamante de beisebol; mas isto é errado, porque a eternidade de uma entidade não pode ser mais observada do que sua (digamos) onisciência ou bondade perfeita. Então, a afirmação de que certo x é observado como eternamente presente para um y temporal pode significar apenas que, em algum t, y observa x (ou seja, x está presente de modo observacional para y) e y sabe que x é eterno. O problema é que estes dois supostos fatos são incompatíveis: como pode um observador *temporal observar* qualquer coisa sem trazer essa coisa para a série temporal?[111]

A única outra forma de um ser temporal poder observar um ser eterno seria o ser temporal se tornar eterno e observá-lo eternamente, ou o ser temporal observar a entidade eterna num modo que não é nem temporal nem eterno, mas um híbrido de ambos. Quanto à primeira opção, é impossível, pois como pode um ser temporal tornar-se eterno enquanto temporal, e mesmo que o fizesse, em que sentido ele seria então simultâneo-ET? No máximo, ele seria simultâneo-E. Quanto à segunda opção, qual é e onde está essa mistura híbrida de tempo e eternidade?

Lewis levanta outro ponto sobre a causalidade divina e a proposta de Stump e Kretzmann, e eu acho que é crucial. A proposta de Stump e Kretzmann, em essência, torna Deus e os seres temporais epistemicamente presentes um para o outro, ou seja, eles podem saber o que está ocorrendo "presentemente" no modo de existência um do outro. Porém, mesmo que seja verdade (já vimos razões para duvidar), como é que isso prova que eles podem interagir causalmente uns com os outros? Presença epistêmica e presença causal não são a mesma coisa, nem necessariamente envolvem uma a outra. Eu posso estar epistemicamente presente para o presidente Clinton em Washington, D.C., por meio da televisão, enquanto ele faz um discurso, mas isso não significa que, enquanto assisto, posso afetá-lo causalmente. Para eu fazer isso, ele tem de estar presente para mim num modo de existência (presença física temporal) que me permita interagir causalmente com ele. Vê-lo na televisão não será suficiente, pois o que está presente para mim são imagens dele, não ele. Se seu discurso for gravado e retardado, ao assistir a fita, eu nem sequer estou temporalmente presente à hora em que ele fez o discurso. E, claro, não estou de forma alguma presente para ele de modo que ele esteja epistemicamente ciente de mim.

Embora possa não ser totalmente análoga ao argumento de Lewis, minha ilustração capta a tônica principal. Para poder interagir causalmente, duas coisas devem existir no mesmo modo de existência. Isso não acontece com a simultaneidade-ET, porque Stump e Kretzmann exigem que o observador temporal permaneça temporal enquanto observa a eternidade, e vice-versa. Se for assim, mesmo admitindo a consciência epistêmica um do outro, como é que isso permite que o temporal e o eterno se liguem causalmente um ao outro?[112]

Brian Leftow levantou uma série de objeções à simultaneidade-ET, [113] e em resposta a uma delas, Stump e Kretzmann reformularam a definição de simultaneidade-ET. Leftow observa que as condições (ii) e (iii) requerem que dois observadores existam e façam certas observações. Porém, este é um requisito estranho e problemático, pela seguinte razão:

> O que se quer dizer é que, independente do que possa ser a simultaneidade-ET, um ser eterno poderia manter esta relação mesmo para marcos referenciais temporais inteiramente sem observadores: Deus, por exemplo, ainda seria simultâneo-ET com qualquer marco referencial terreno, mesmo após alguma calamidade ter esvaziado de observadores este marco referencial. Também se

quer dizer que um marco referencial eterno poderia ser simultâneo-ET a um marco referencial temporal, mesmo que ambos fossem desprovidos de observadores, desde que, em contendo tais observadores, estes *pudessem* observar as relações apropriadas.[114]

Num artigo destinado a responder a vários críticos, Stump e Kretzmann oferecem uma definição revisada da simultaneidade-ET, conforme segue:

(ET') Para cada x e cada y, x e y são simultâneos-ET se e somente se

  i. x for eterno e y for temporal, ou vice-versa (por conveniência, que x seja eterno e y temporal); e
  ii. com respeito a algum A no único marco referencial eterno, x e y estão ambos presentes — isto é, (a) x está no presente eterno em relação a A, (b) y está no presente temporal, e (c) ambos, x e y, estão situados em relação a A de forma tal que A pode entrar em relações causais diretas e imediatas com cada um deles e (se for capaz de ter consciência) pode estar diretamente consciente de cada um deles; e
  iii. com respeito a algum B em um dos muitos marcos referenciais temporais, x e y estão ambos presentes — isto é, (a) x está no presente eterno, (b) y está ao mesmo tempo que B, e (c) ambos, x e y, estão situados em relação a B de forma tal que B pode entrar em relações causais imediatas diretas com cada um deles e (se for capaz de consciência) pode estar diretamente ciente de cada um deles.[115]

Esta definição revisada parece ajudar no problema levantado por Leftow, mas Stump e Kretzmann acreditam que ela também responde adequadamente à objeção de Lewis sobre a consciência epistêmica não garantir a capacidade de interagir causalmente. Eu não acredito que isso resolva algo. Deixe-me explicar. Stump e Kretzmann dizem que essa nova definição inclui cláusulas que exigem a existência de relações causais diretas e imediatas e a consciência direta entre o temporal e o eterno. Então, eles dizem que isso implica que

> um Deus eterno poderia ter entidades temporais como objetos imediatos de sua consciência, ainda que Ele seja eterno e elas não. Essas cláusulas também implicam que as entidades e os eventos temporais estão *metafisicamente* presentes a Deus, e *não apenas epistemicamente presentes. Se estar*

metafisicamente presente não for totalmente capturado por estas especificações, não está claro para nós o que mais é necessário (itálico meu).[116]

Em certos aspectos, isto parece inacreditável. O que significa estar metafisicamente presente para algo? Stump e Kretzmann não dizem, mas não deve ao menos significar existir no mesmo modo de ser? Se sim, isso significa que Deus tem de existir como temporal quando interagir causalmente com o temporal, ou o temporal tem de existir como atemporal quando interagir causalmente com o atemporal. Isto, entretanto, é precisamente o que Stump e Kretzmann sempre disseram que não pode acontecer. Deus tem de permanecer eterno, e as coisas temporais devem permanecer temporais, embora mantenham a relação de simultaneidade umas com as outras (simultaneidade-ET). Nesta compreensão da presença metafísica, essa cláusula é violada.

Talvez Stump e Kretzmann queiram dizer outra coisa com presença metafísica. Ainda, se for para Deus e o mundo interagirem causalmente, eles têm de ter contato direto um com o outro, e esse contato tem de ser mais do que meramente epistêmico. A definição revisada de Stump e Kretzmann diz que existe esse contato, mas ainda não explica como. Ao deixar de fazê-lo, eles ainda não resolveram como um ser fora do tempo pode agir de forma atemporal e fazer com que os efeitos da ação ocorram no tempo.

Este não é o fim da questão, pois no início de seu trabalho, Stump e Kretzmann oferecem uma resposta a Lewis e Hasker[117] que eles acham que resolve o problema. O argumento sobre a consciência epistêmica parece se basear no seguinte princípio, segundo Stump e Kretzmann:

(H) Estar diretamente consciente dos seres temporais requer que a própria pessoa seja temporal.

Eles também creem que o argumento de Lewis sobre a causação repousa sobre o seguinte princípio:

(L) Para estar metafisicamente presente para um ser eterno, a própria coisa tem de ser eterna.

Stump e Kretzmann creem que (H) e (L) são falsos.[118] Sua razão, porém, é muito intrigante. Eles começam afirmando que (H) repousa em um princípio mais geral, como segue: "(GP) x pode estar diretamente consciente de *y* ou epistemicamente presente para *y* apenas se *x* e *y* partilharem o mesmo modo de existência", e admitem que (GP) é incompatível com a simultaneidade- ET.[119] Como é, então, que escapam à força da objeção? Eles escrevem:

> Porém, certamente, nem Hasker nem nenhum teísta tradicional estaria disposto a aceitar (GP) como aplicado ao *espaço*. Visto que Deus é tradicionalmente descrito como inespacial, a consequência de (GP) seria que Deus não pode estar diretamente ciente dos seres espaciais. E se os teístas tradicionais não puderem aceitar (GP) como aplicado ao espaço, eles não podem aplicá-lo ao tempo de modo sensato. Se Deus pode estar diretamente ciente de suas criaturas sem compartilhar do modo de existência *espacial* delas, por que deveríamos supor que Ele não pode estar diretamente ciente delas sem compartilhar de seu modo de existência *temporal*? Portanto, (H) parece falso.
>
> E considerações semelhantes pesam contra (L). Deus é tradicionalmente descrito como onipresente — ou seja, cada localização espacial é presente para Ele. Porém, de acordo com (L), o atributo de onipresença exigiria que as localizações espaciais fossem inespaciais, ou que um Deus inespacial fosse espacial. Se, então, (L) for falso no que diz respeito ao espaço, por que devemos aceitá-lo no que diz respeito ao tempo?[120]

Em resposta, noto primeiramente que toda a linha de argumento apela para uma analogia entre espaço e tempo sem mostrar que eles são análogos. Segundo, por que Stump e Kretzmann deveriam pensar que é possível que um ser metafisicamente eterno seja presente espacial ou temporalmente para outro ser metafísico, a menos que já tenham aceitado a ideia da simultaneidade-ET? Mas isso é falácia lógica!

Terceiro, Stump e Kretzmann falam repetidas vezes da consciência direta de *x* e *y*. Eles pensam que (GP) está errado, porque se pode estar diretamente consciente de alguma coisa que não compartilha de seu modo de existência. Porém, o que significa "consciência direta"? Aqui eu volto à minha ilustração de assistir Clinton na televisão. Por que deveríamos acreditar que a simultaneidade-ET dá às coisas no tempo a consciência direta de um ser eterno ou dá a um ser eterno a consciência direta das coisas no tempo? Dizer que "dá" parece significar que um percebe diretamente o outro, mas então, por exemplo, Deus me ver tomando café às 8h da manhã tem de ocorrer às 8h da manhã, quando estou realmente tomando café; às 10h da manhã eu não estarei tomando café da manhã, então Deus não pode me ver fazendo isso nessa hora. Mediante um mínimo de reflexão, é preciso ver que isso coloca Deus no tempo! Se, em vez disso, Stump e Kretzmann querem dizer que a percepção direta de Deus com relação ao temporal acontece por Ele perceber diretamente todas as coisas no presente eterno, então o que Ele percebe é o modo eterno, não o modo temporal *diretamente*! Este foi o argumento de Lewis sobre as condições (ii) e (iii) na definição de simultaneidade-ET. A resposta de Stump e Kretzmann não resolve esses problemas.

Finalmente, apelar para a analogia espacial é problemático de outra maneira. O problema resulta da mistura de duas dimensões do *continuum* espaço-tempo (espaço e tempo), como se isso nos dissesse algo sobre dois modos de uma dimensão do *continuum* espaço-tempo (tempo). Deixe-me explicar. Quando falamos de tempo e atemporalidade, estamos considerando dois modos de ser em relação ao tempo. Agora, deve estar claro que se pode ser espacial e existir no tempo, mas também se pode ser espacial e existir na eternidade (entendida atemporalmente). Pelo menos o teísmo cristão sempre defendeu isso em relação a corpos humanos ressuscitados, glorificados no estado eterno (entendendo-se *eterno* aqui como atemporal). Ou seja, ter um corpo (mesmo um corpo glorificado) não torna impossível, do ponto de vista do tempo, funcionar no tempo (pense no corpo glorificado de Jesus após a ressurreição e em sua interação posterior com seus discípulos, que eram limitados pelo tempo) ou fora do tempo (pense nos santos glorificados no estado eterno, que os atemporalistas concordariam que é atemporal). Meu ponto de vista é que os atemporalistas que acreditam na vida eterna dos crentes ressuscitados e glorificados concordam que ser espacial não impede de se existir atemporalmente.

Até agora eu considerei um ser espacial em relação ao tempo e à atemporalidade. Deixe-me voltar a algo inespacial. Certamente, os atemporalistas admitirão que um ser inespacial pode existir atemporalmente; isso é o que eles acreditam ao defender que o Deus cristão é puro espírito e atemporal. Um ser inespacial poderia existir no tempo? Qualquer um que acredite que a mente é imaterial teria de responder afirmativamente. Minha mente imaterial está associada ao meu corpo material e interage causalmente com ele. Certamente, não diríamos que, por ser inespacial, minha mente deve ser atemporal e, contudo, influencia causalmente e é influenciada pelo meu corpo físico, limitado pelo tempo. A conclusão mais natural é que, embora minha mente seja inespacial, nesta fase da minha vida ela está dentro do tempo.

A ideia dos dois parágrafos anteriores é que um ser inespacial poderia ser temporal ou atemporal, e que um ser espacial poderia existir em uma dimensão temporal ou atemporal. Porém, se meu ponto de vista for admitido, também se deve ver que o argumento de Stump e Kretzmann baseia-se em mesclar duas dimensões do *continuum* espaço-tempo, a fim de resolver um problema acerca de dois modos de uma dessas dimensões (isto é, um problema sobre o tempo). Assim, ao apelar à inespacialidade, não vejo que eles tenham provado nada acerca de (H) e (L), os quais não têm a ver com espaço, mas com relações de seres em duas dimensões *temporais* diferentes. Da mesma forma, não vejo que eles mostraram que Lewis e Hasker estão errados em defender uma proposição como (H) e exigir que haja existência dentro do mesmo modo temporal a fim de haver *consciência epistêmica direta* (lembre-se aqui do meu ponto de vista sobre o significado de "direta"). Tampouco, seu apelo à inespacialidade prova necessariamente que (L) está errado ou que as coisas em dois períodos de tempo metafísicos diferentes podem interagir causalmente umas com as outras.

Concluo, então, que, apesar de sua criatividade, a simultaneidade-ET não resolve o problema da simultaneidade entre o tempo e a eternidade.[121] Além disso, permanece a questão de como um Deus atemporal pode agir no tempo.

Onisciência divina e eternidade atemporal

A questão da onisciência divina levanta realmente várias questões sobre a eternidade atemporal divina. São elas: 1) o problema da liberdade humana, da presciência e da eternidade; 2) se Deus sabe que horas são agora na história humana, ou seja, se Deus conhece mesmo a verdade das proposições indexicais temporais; e 3) se Deus conhece os acontecimentos como sucessivos (e, em caso afirmativo, em que sentido).

A primeira questão recebeu a maior atenção ao longo da história.[122] Visto que pretendo abranger este assunto no capítulo sobre liberdade e presciência, e que uma decisão acerca de tal assunto não é circunstancial para o debate referente à eternidade temporal/atemporal, não me aplicarei a ele neste capítulo. Além disso, o terceiro argumento parece ser menos importante, e devido às limitações de espaço não o abordarei aqui.[123]

O segundo problema envolvendo a onisciência divina e a eternidade atemporal indaga se um Deus atemporal pode saber que horas são na história humana a partir da nossa perspectiva. Este é o problema das proposições indexicais temporais. Eu o levantei no Capítulo 7, mas agora quero abordá-lo especificamente, pois se refere ao debate sobre a eternidade divina.

Não há dúvida se um ser atemporal pode conhecer todo o plano da história e conhecer a relação de um evento com outro (p. ex., que um é antes ou depois do outro). Aqueles que acreditam que Deus decretou todas as coisas esperam, claro, que Ele conheça cada evento da história e na ordem certa. Aqueles que não acreditam que Deus decretou todas as coisas somente com base em seus propósitos, mas acreditam, sim, que Ele de alguma forma sabe tudo ao longo de nossa história, também concordariam que um ser atemporal conhece toda a história e a conhece em sua sequência correta. Além disso, ao conhecer o plano da história, Deus sabe que eu escreveria esta frase às 11h14 da manhã (horário de Chicago) de 30 de outubro de 1999.

Se Deus sabe tudo isso, não parece haver problema para a onisciência divina se Ele for atemporal. No entanto, há muitas coisas que um Deus atemporal não pode saber sobre o nosso mundo. Ele pode saber a data e a hora em que eu estou escrevendo esta frase, mas Ele não pode saber que este momento é essa data e hora. Em outras palavras, um Deus atemporal não sabe exatamente que horas são em nossa história, mesmo sabendo exatamente o que vai acontecer em qualquer momento da história. Isso parece paradoxal, mas vários filósofos esclareceram o problema. O argumento foi oferecido primeiramente por Arthur Prior em um artigo intitulado "The Formalities of Omniscience" [As formalidades da onisciência], mas a declaração de Robert Coburn sobre o argumento é excepcionalmente clara. Coburn escreve:

> Se um ser é onisciente, então presumivelmente segue-se que ele sabe tudo o que (logicamente) pode ser conhecido. Porém, é fácil ver que um ser eterno não poderia saber tudo o que (logicamente) pode ser conhecido, e isto porque alguns dos fatos que podem (logicamente) ser conhecidos são conhecíveis apenas por seres temporais, por seres que ocupam alguma posição (ou posições) no tempo. Considere, por exemplo, o fato de que o dia que agora está transcorrendo (escrevo isso em 12 de maio de 1962) é 12 de maio de 1962; ou, mais simplesmente, que hoje é 12 de maio de 1962. Conhecer este fato equivale claramente a conhecer a própria posição temporal, e a estar orientado no tempo. Porém, se isso for verdade, então uma condição necessária para se conhecer este fato, ao que parece, é ter alguma posição no tempo a respeito da qual existem verdades do tipo indicado para serem conhecidas. Para ver a questão por outro ângulo, pressuponha que a ideia de um conhecedor não temporal faz sentido. Então pergunte, poderia tal conhecedor saber, por exemplo, que hoje é 12 de maio de 1962? A resposta óbvia, admito,

é que ele poderia somente se pudesse usar indicadores temporais. Pois, caso contrário, não poderia expressar, e *a fortiori* não poderia cogitar uma verdade como a acima. Porém, uma condição necessária para poder usar indicadores temporais é ser um ocupante do tempo. Portanto, a suposta eternidade de Deus é logicamente incompatível com sua suposta onisciência.[124]

Este é o problema dos indexicais que levantei ao discutir imutabilidade e onisciência. Portanto, não se trata apenas de eternidade atemporal e onisciência, mas de eternidade atemporal, onisciência e imutabilidade.

Norman Kretzmann resume esta ideia: "Assim, a explicação familiar de onisciência referente aos eventos limitados é drasticamente incompleta. Um ser onisciente tem de conhecer não apenas todo o plano de eventos limitados do início ao fim, de uma vez, mas também *em que estágio de realização esse plano está agora*".[125] Parece, então, que, se Deus é atemporal, há certas coisas que Ele não pode saber. Além disso, um forte senso de imutabilidade combina com a eternidade atemporal, mas Kretzmann argumenta que, quando a imutabilidade e a atemporalidade se unem à onisciência, há outro problema. Kretzmann argumenta em sete proposições:

1. Um ser perfeito não está sujeito a mudança.
2. Um ser perfeito sabe tudo.
3. Um ser que sabe tudo sabe sempre que horas são.
4. Um ser que sempre sabe que horas são está sujeito a mudança.
5. Portanto, um ser perfeito está sujeito a mudança.
6. Portanto, um ser perfeito não é um ser perfeito.
7. Portanto, não existe um ser perfeito.[126]

Aqui cabe uma breve explicação. A premissa (1) pressupõe um forte senso de imutabilidade, e a premissa (2), é claro, trata de onisciência. A premissa (3) alista algo que se pode esperar que um ser onisciente saiba. É claro, um ser que sabe sempre que horas são deve atravessar os momentos da sucessão temporal a fim de saber exatamente que horas são. Porém, passar pela sucessão temporal é passar por mudança; logo, a premissa (4). Contudo, se um ser perfeito (aqui supõe-se que seja imutável, onisciente e atemporalmente eterno) passa por mudança, não é imutável, e isso contradiz a premissa (1). Consequentemente, o problema enunciado nas premissas (6) e (7). Como resultado, ou Deus está fora do tempo, e este dilema surge, ou Deus é temporal e não imutável no sentido forte, e então este dilema não surge, mas aí então muito se comprometeu para que Deus se caracterize como um ser perfeito.[127]

Este é um problema importante para os atemporalistas que querem manter a onisciência divina, e eles lhe têm respondido de várias maneiras. A seguir, quero oferecer um "tira-gosto" dessas respostas e mostrar como um temporalista poderia replicá-las.

Volto-me primeiramente à abordagem de Brian Leftow a esta questão. Leftow segue basicamente uma estratégia dupla. Sua primeira abordagem defende que há apenas algumas coisas que os humanos sabem e que Deus não sabe, mas Deus não precisa sabê-las para ser onisciente ou supremamente perfeito. Leftow, então, admite que no marco referencial eterno de Deus, Ele não conhece os eventos da forma como nós os conhecemos em nosso marco referencial temporal. Porém, isso não é algo que deveríamos esperar que Deus soubesse para ser o ser supremo ou até mesmo onisciente. Para ser verdadeiramente onisciente, um ser deve conhecer todos os fatos conhecíveis dentro de seu marco referencial, mas como os fatos indicados por proposições indexicais não são genuinamente fatos no marco referencial de Deus, Ele não tem de conhecê-los para ser onisciente, o ser mais perfeito, ou digno de adoração.[128]

Esta é a estratégia básica de Leftow, mas deixe-me incluir alguns detalhes. Quanto às coisas que sabemos que Deus não sabe ou precisa saber, Leftow sugere que a situação é paralela à onipotência. Deus é onipotente, mas Ele não pode respirar, correr ou pecar. Ele não pode fazer essas coisas, não porque elas sejam logicamente impossíveis, mas porque elas não podem ser feitas por um ser de sua natureza. No entanto, ninguém nega a onipotência divina por estes motivos, então, evidentemente, a onipotência não requer que Deus tenha toda habilidade que temos, e Ele ainda pode ser onipotente sem a capacidade de fazer essas coisas.[129]

Se Deus pode ser onipotente sem ser capaz de fazer algumas coisas factíveis, talvez Ele possa ser onisciente sem conhecer tudo o que é conhecível, e é assim que Leftow argumenta. Por exemplo, se fraudarmos um teste para que alguém que raramente fracassa possa saber por experiência o que significa fracassar, podemos conseguir enganar a vítima pretendida, e esta pode experimentar como é fracassar. Porém, Deus não pode fracassar e não pode ser levado enganosamente ao fracasso, então lhe é impossível experimentar o que é ser um fracasso. Leftow resume: "Assim, parece que a própria perfeição de Deus, ao implicar que Ele não pode fracassar, implica que Ele não pode ser proposicionalmente onisciente — que há verdades conhecíveis que Deus não pode conhecer".[130]

Há outras proposições que somente uma pessoa poderia conhecer. As proposições que Leftow tem em mente são do tipo "Eu sou João" dito por mim mesmo, "Eu sou Herman" dito por Herman etc. Como Leftow explica: "Se existem verdades particularmente conhecíveis como 'Eu sou Herman', é porque cada um de nós é uma pessoa e não outra. O não conhecimento dessas verdades por parte de Deus, então, poderia revelar nada mais do que Ele é uma pessoa em vez de outra, como todos nós".[131] Ainda, Leftow defende que mesmo que Deus não tenha esse conhecimento e, portanto, não seja proposicionalmente onisciente, isso não precisa comprometer sua onisciência.

Mesmo admitindo a ideia de Leftow de que há coisas que um ser onisciente não pode saber, até agora ele não demonstrou que a verdade das proposições indexicais temporais está nessa categoria. Contudo, Leftow tem um argumento para mostrar que Deus não precisa saber tais coisas para ser onisciente, e isso nos leva ao segundo estágio de seu argumento. Ele defende que devemos distinguir o marco referencial eterno de vários marcos referenciais temporais. Dentro do marco referencial eterno, Leftow diz, não há movimento, então proposições como "Agora são 3h da tarde do dia 30 de outubro de 1999" e "Agora são 3h05 da tarde do dia 30 de outubro de 1999" não podem ser fatos genuínos dentro desse marco referencial. A verdade dessas proposições requer uma sucessão temporal, e conhecer a verdade dessas proposições requer que se passe por sucessão temporal, mas nenhuma dessas coisas pode ser verdadeira acerca de um ser atemporal ou de seu marco referencial atemporal.

Então, de acordo com Leftow, Deus conhece a verdade dos indexicais temporais? Ele sabe que horas são na história para nós neste exato momento? A resposta é sim e não. Ele conhece essas verdades em seu marco referencial eterno, mas nesse marco referencial Ele não as conhece temporalmente, então o máximo que Ele pode saber sobre qualquer fato temporal é como este se relaciona com qualquer outro fato temporal. Ele não pode saber quando é verdade, já que é verdade em nosso marco referencial temporal. O temporalista alega que um Deus atemporal não sabe que horas são na história e não pode saber a verdade das proposições indexicais quando elas são verdadeiras, e Leftow concorda. Isso significa que o Deus de Leftow é, de alguma forma, menos do que onisciente? De acordo com Leftow, absolutamente não, porque a verdade das proposições referentes a que horas são na história não é o tipo de proposição que pode ser conhecida em um marco referencial eterno. Deus ainda sabe tudo o que é sabível nesse marco, por isso Ele se caracteriza como onisciente.[132]

Em resposta à abordagem de Leftow a esta questão, várias coisas precisam ser ditas. Primeiro, sua ideia básica sobre Deus não saber e não precisar saber tudo o que sabemos para ser onisciente é correta. Contudo, há indexicais que são conhecidos por mais de uma pessoa de cada vez, e Deus deveria conhecê-los. Especificamente, há indexicais sobre que horas são em nossa história em dado momento. Os exemplos de Leftow mostram que há coisas que Deus precisa saber para ser onisciente, mas seus exemplos não provam que entre elas há indexicais sobre que horas são na história. Tudo isso equivale ao seguinte: os indexicais temporais são conhecíveis por qualquer pessoa que seja temporal. Se Deus é temporal, ele pode conhecê-los, mas se Ele é atemporal, não está dentro de sua natureza conhecê-los. Assim, dependendo de como surge o debate sobre a eternidade atemporal e temporal, Deus pode ser onisciente e conhecer os indexicais temporais ou não os conhecer.

O que tudo isso demonstra ainda mais é que a primeira parte da argumentação de Leftow mostra, no máximo, que Deus não precisa conhecer os indexicais temporais *se Ele for atemporal*. Não mostra que Ele é atemporal, ou que Ele não precisa conhecer os indexicais temporais. Além disso, mostra que Deus pode conhecê-los *se Ele for temporal*. Porém, nenhuma dessas afirmações prova que Deus é ou não é temporal ou atemporal. Pensar que este argumento resolve o debate é apenas usar de falácia lógica.[133]

Contudo, os temporalistas querem dizer mais. Os atemporalistas como Leftow têm mostrado que o atemporalismo é coerente com não conhecer os indexicais temporais, mas eles não mostraram que é aceitável para Deus não conhecer tais indexicais. Os temporalistas pensam que é inaceitável que Deus ignore a verdade desses indexicais por uma razão muito importante. As Escrituras mostram Deus agindo e reagindo em nosso mundo, mas se Deus não conhece a verdade de tais indexicais, é difícil ver que Ele possa agir e reagir no momento certo em nosso mundo. Também é difícil ver como Ele pode planejar para que os resultados de suas ações atemporais ocorram na hora certa para nós se Ele nunca sabe exatamente que horas são para nós. As respostas atemporalistas são bem conhecidas, mas, como já vimos, elas são problemáticas.

Os atemporalistas estão preocupados com este problema, e o maior esforço para resolvê-lo foi investido em uma estratégia da autoria de Castañeda. Em primeiro lugar, Castañeda apela para a distinção entre uma teoria A e uma teoria B do tempo (e entre uma proposição A e uma proposição B). Segundo a Teoria A do tempo, o tempo é real, e as proposições são flexionadas, ou seja, os tempos passado, presente e futuro se referem a tempos reais específicos, não atemporais de modo a transcender tempos específicos. As referências de tempo numa proposição A referem-se a pontos no tempo específico, não ao tempo em geral ou todo o tempo transcendentemente.

De acordo com a teoria B do tempo, as proposições indicam se um evento é anterior, posterior ou simultâneo a outro evento, mas a proposição não é para dizer que o evento é presente, passado ou futuro em relação ao tempo em que ela é expressa. Além disso, muitos teóricos B acreditam que o tempo não é real, mas que está em nossas mentes. Ou seja, o tempo é nossa análise do que está acontecendo no mundo fora da nossa mente quando vemos vários eventos e ações ocorrerem em sequências, mas no mundo real fora da nossa mente não existe coisa tal como o tempo ou a passagem do tempo. Além disso, muitos teóricos B defendem que as proposições não são flexionadas. Ou seja, embora os verbos nessas frases tenham algum tempo gramatical, a proposição não tem a intenção de se referir a esse tempo específico. Considere a proposição "Joe conhece o alfabeto". O verbo está no tempo presente, mas a ideia da frase não é que a única vez que Joe conhece o alfabeto é o presente, ao passo que não o conhecia no passado e não o conhecerá no futuro. A proposição explícita é sobre Joe conhecer, mas não pretende definir um tempo específico em que Joe conhece.

A partir dessas definições, podemos ver que o problema dos indexicais temporais é sobre o conhecimento de Deus acerca dos indexicais que são proposições A, especialmente as proposições A que incluem alguma designação de tempo específico. Finalmente, eu tenho de definir "sinalizar uma frase" e "regra de sinalização". Sinalizar uma frase refere-se normalmente a frases A. Sinalizar uma frase A é alguém pretender que uma determinada frase A, que inclua demonstrativos, pronomes pessoais ou advérbios, se refira a si próprio (se forem usados pronomes pessoais) num determinado momento (se palavras como "agora" ou "mais tarde" estiverem nela) e/ou lugar (se palavras como "aqui" ou "lá" estiverem nela) e dizer de si próprio que as condições são tais no mundo que a frase intencionalmente sinalizada na(s) forma(s) mencionada(s) expressa uma proposição verdadeira. Como Gale explica, "O significado de uma frase A é dado por sua 'Regra de Sinalização', que especifica as condições nas quais uma sinalização intencional ou uso dela expressa uma proposição verdadeira, por exemplo, a sinalização intencional de 'Evento E agora é presente (passado, futuro)' expressa uma proposição verdadeira se e somente se for simultânea a (mais tarde que, mais cedo que) evento E".[134]

Com estas definições, agora podemos recorrer à abordagem dos indexicais temporais de Castañeda. Este responde ao argumento de Kretzmann na sua obra *Omniscience and Immutability* [Onisciência e imutabilidade]. Na visão de Castañeda, Kretzmann defendia duas teses: (A) a incompatibilidade da onisciência e imutabilidade divina e (B) a incompatibilidade da onisciência e do teísmo. O argumento de Kretzmann para (A) e (B) depende de certas características de referência indexical. Castañeda explica:

> O argumento para (A) baseia-se essencialmente no fato de que as referências indexicais de uma pessoa ao tempo, por exemplo, por meio da palavra "agora", são efêmeras: em tempos diferentes de fala, "agora" refere-se a tempos diferentes. O argumento para (B) depende essencialmente do fato de que as referências indexicais de uma pessoa a si mesma, por exemplo, por meio do pronome em primeira pessoa "eu", são intransferíveis: ninguém pode se referir a outra pessoa por meio de uma referência genuína em primeira pessoa.[135]

Como Castañeda explica, a questão é mais ampla do que a possibilidade de um ser onisciente saber a verdade dos indexicais sinalizados por outra pessoa ou mesmo saber a verdade dos indexicais temporais caso ele esteja fora do tempo. A questão é se e como alguém pode formular para si e por si mesmo uma proposição indexical que contenha referência indexical por alguma outra pessoa. O argumento de Kretzmann pressupõe que a resposta a esta pergunta geral é que isso não pode ser feito. Castañeda, no entanto, quer mostrar que é possível formular *qua* indexical de frases indexicais de outra pessoa utilizando-se o que ele chama de "quase-indicadores". Se isso funciona para nós ao utilizar indexicais para nos referirmos a outras pessoas, não há razão por que Deus não possa formular indexicais sobre outras pessoas e sobre o tempo, mesmo que Ele seja atemporal.[136]

Castañeda inicia voltando-se ao argumento de sete passos de Kretzmann e observa que a premissa-chave é a premissa (4) "Um ser que sempre sabe que horas são está sujeito a mudanças". Combinando (4) com a argumentação de Kretzmann acerca de vários tempos e o uso de "agora" em relação a esses tempos, Castañeda diz que a premissa crucial de Kretzmann é:

(4a)   Primeiro X sabe que agora é t_1 e não t_2, e então X sabe que agora é t_2, e não t_1.[137]

A partir dessa premissa, Kretzmann conclui que X sabia algo diferente em t_1 do que ele sabe em t_2 e, portanto, houve uma mudança nele.

Castañeda responde que, no uso comum, indicadores como "agora", "eu" e "aqui" são usados até mesmo no discurso indireto (e [4a] é uma instância de *oratio obliqua*, discurso indireto) para fazer referências indexicais pelo *orador* da frase, não para fazer referências indexicais pela pessoa de quem se fala. Isso significa que normalmente pensaríamos que "agora" em (4a) se refere a agora para Kretzmann, mas, claro, Kretzmann quer dizer que se refere a "agora" para X. Como há duas ocorrências de "agora" em (4a), essa frase deve designar dois tempos separados e o que X sabe nesses tempos separados. E Kretzmann pressupõe que o que X sabia na primeira vez é diferente do que X sabia na segunda vez mencionada. Porém, seria possível que X tivesse conhecido as quatro proposições envolvidas em (4a), tanto em t_1 como em t_2 (duas proposições sobre X, e duas sobre o orador da frase)? A chave para esta pergunta está na referência indexical de "agora".[138] Castañeda responde a essa pergunta e o que ele diz é relevante, por isso eu o cito longamente:

> Obviamente, se a referência indexical da declaração de Kretzmann em t_2 "agora é t_2" não pode ser capturada intacta no tempo t_1, então em t_1 esta frase nem sequer pode ser formulada, quanto menos ser conhecida por X ou pelo próprio Kretzmann. Assim, se este for o caso, parece que Kretzmann está justificado afinal na derivação de (4) a partir de (4a). [...] Há, no entanto, uma dificuldade séria, porém sutil, com o argumento de Kretzmann. Como a análise anterior mostra, o argumento baseia-se fortemente no fato de a cláusula "agora é t_2" em (4a) expressar uma proposição indexical. Porém, é a própria proposição indexical de Kretzmann, *já que os indicadores na oratio obliqua expressam referências indexicais pelo orador, e deixam em aberto se a pessoa de quem se fala se refere aos mesmos objetos indexicalmente ou não*. Assim, quando digo "Privatus acredita que eu (você, isto) peso (pesa) 68 quilos", eu não insinuo que Privatus tenha feito uma referência indexical a mim (você, ou isto). De fato, as minhas frases na forma "Privatus acredita que eu..." têm certas confusões, uma vez que Privatus não pode se referir a mim na primeira pessoa! De modo ainda mais marcante, quando Gaskon diz: "Ontem Privatus pensou (adivinhou, previu etc.) que estaria chovendo agora (hoje)", a declaração de Gaskon tanto contém os próprios usos indexicais de "agora" ("hoje") como deixa de insinuar que Privatus se referiu indexicalmente ao momento em que ele, Gaskon, faz sua declaração. Da mesma forma, a declaração (4a)

acima, de Kretzmann, formula suas *próprias* referências indexicais a t_1 e t_2, e não insinua que X se referia a t_1 ou t_2 indexicalmente. [...] Devemos, portanto, reformular o argumento de Kretzmann sem a palavra "agora". Além disso, Kretzmann refere-se a estar defendendo uma ideia geral, que nada tem a ver com ele ou com suas referências indexicais. Seu argumento é que, para saber que horas são num determinado momento, uma pessoa tem que fazer algumas referências indexicais *dela própria*, as quais a colocarão no fluxo de mudanças do mundo e que, portanto, essa pessoa não pode ser imutável. Logo, a própria eficácia do argumento de Kretzmann exige que sejamos capazes de reformulá-lo sem mencionar ou aludir às próprias referências indexicais dele, ou seja, sem usar a palavra "agora".[139]

Porém, pode-se fazer isso? Castañeda responde afirmativamente e oferece uma reformulação de (4a) como (4b) com as mudanças apropriadas feitas:

(4b) Em t_1 X sabe [sem estar flexionado] *então* t_1, mas não t_2, e em t_2, mais tarde que t_1, X sabe que *então* é t_2, mas não t_1.

A diferença semântica entre (4a) e (4b) é enorme. Castañeda explica:

(a) "agora" exprime, enquanto "então" não exprime uma referência indexical pelo orador; (b) "então" atribui, enquanto "agora" não atribui a X uma referência indexical ao tempo t_1 no primeiro conjunto e ao tempo t_2 no segundo conjunto; (c) enquanto a frase (4a) não pode ser usada por Kretzmann ou qualquer outra pessoa para fazer exatamente a mesma afirmação em momentos diferentes de t_1 e t_2, a frase (4b) pode ser usada repetidamente em qualquer momento por qualquer pessoa para fazer exatamente a mesma afirmação em cada ocasião de sua fala. Assim, "então" como usado em (4b) não é um indicador: é, na minha terminologia, um *quase-indicador*. Entre suas características sintático-semânticas estão: (i) seu aparecimento em *oratio obliqua*, ou seja, em uma oração subordinada a um verbo expressando uma atitude proposicional; (ii) ter um antecedente não na mesma *oratio obliqua*, que em (4b) é "t_1" para a primeira ocorrência de "então" e "t_2" para a segunda ocorrência; (iii) não ser substituível por seu antecedente com preservação da proposição ou afirmação formulada com a frase inteira; em nosso exemplo, a frase (4b) formula claramente uma afirmação diferente daquela formulada por

(4c) Em t_1 X sabia que era t_1 em t_1, mas não t_2, e em t_2, X sabia que era t_2 em t_2, mas não t_1.

A afirmação expressa por (4c) é verdadeira se X souber que t_1 é diferente de t_2, mesmo que em t_1 ou em t_2 ele não saiba que horas são então.[140]

A questão-chave aqui, então, é que de acordo com (4b), X conhece quatro proposições como verdadeiras, mas ele pode saber que todas as quatro são verdadeiras em ambos os momentos mencionados em (4b)? Se puder, então o argumento de Kretzmann para (4) está errado. Castañeda acha que sim, mas diz que, para ver isso, ele precisa acrescentar outro princípio, que ele chama de (P):

(P) Se uma frase na forma "X sabe que uma pessoa Y sabe que..." formular uma afirmação verdadeira, então a pessoa X conhece a afirmação formulada pela oração preenchendo a lacuna "...".[141]

Juntando tudo isto, Castañeda tira a seguinte conclusão:

Assim, (4b) é compatível com

(4d) O tempo t_2 é posterior a t_1, e em t_1 X sabe tanto (1) que é então$_{t1}$ t_1, mas não t_2, e (2) que alguém sabe (ou saberia) em t_2 que é (seria) então$_{t2}$ t_2, mas não t_1.

Por (P), (4d) implica que em t_1 X conhecia não apenas as duas proposições que segundo (4b) ele conhecia em t_1, mas também as outras duas proposições que por (4b) ele conhecia em t_2. Portanto, não decorre de (4b) e (4d), ou apenas de (4b), que em t_2 X tenha sofrido uma mudança no conhecimento. Portanto, o argumento de Kretzmann para sua premissa (4) é realmente inválido.[142]

A partir disso tudo, podemos ver qual seria a resposta de Castañeda ao argumento contra a eternidade atemporal. Castañeda diria que Kretzmann pode saber no tempo t_1 o que outra pessoa sabe naquele momento e num momento posterior, então o mesmo é verdadeiro para Deus. É claro, o tempo t_1 para um Deus atemporal não é outro *tempo* senão o *presente eterno atemporal*. Porém, usando a estratégia de Castañeda, os atemporalistas podem dizer que em qualquer momento do nosso tempo Deus pode saber (atemporalmente) o que sabemos naquele momento e o que sabemos em um momento posterior.[143]

Isso responde ao problema dos indexicais temporais e a onisciência funciona? Se sim, juntaria o tempo e a eternidade, considerando que um Deus atemporal conheceria o que conhecemos sobre um momento particular da história, quando afirmamos conhecê-lo. Porém, não creio que a resposta de Castañeda resolva o problema dos atemporalistas. Apelo aqui para a linha de argumentação de Richard Gale.

Gale recorre a um argumento encontrado em *Providence and Evil* [A Providência e o mal], de Peter Geach. Este afirma que Deus pode conhecer atemporalmente uma proposição A em *oratio recta*, mesmo que nenhuma proposição A seja idêntica a qualquer proposição B. Esta é uma afirmação interessante, pois Castañeda defendeu seu argumento por meio de *oratio obliqua*. Geach segue a regra de que "Deus conhece que 'p' é verdadeiro se e somente se o 'p' simples for verdadeiro".[144] Geach então escreve:

> Não precisamos perder a cabeça ao lidar com proposições flexionadas; precisamos apenas nos ater à regra simples que acabei de dar. Em 1939 era verdade dizer "Hitler está vivo"; portanto, era verdade dizer em 1939 "Deus sabe que Hitler está vivo". Em 1970 era verdade dizer "Hitler está morto"; portanto, era verdade dizer em 1970 "Deus sabe que Hitler está morto".[145]

Como observa Gale, não se declara nenhuma qualificação temporal quanto a quando Deus sabe, pois em uma visão atemporal da eternidade, Deus sabe atemporalmente. "O que é qualificado temporalmente é a proposição 'Ele sabe' e quando nós, criaturas limitadas no tempo, podemos verdadeiramente dizer que Deus sabe esta proposição atemporalmente".[146]

Gale também observa que há uma ambiguidade na apresentação de Geach que deriva de como devemos entender os indexicais como "agora" no discurso indireto. Como mostrou Castañeda, o termo indexical no discurso indireto expressa a referência indexical do orador, não necessariamente a referência indexical daquele sobre o qual se fala. De fato, Castañeda afirmou que expressava apenas a referência indexical do orador. Foram necessários quase-indicadores para expressar a referência indexical da pessoa de quem se fala. Gale não está tão certo de que isso seja verdade em relação ao "agora". Ele acha que pode haver casos de discurso indireto onde o "agora" expressa a referência indexical do orador e da pessoa de quem se fala. Agora, se concordamos com Castañeda que uma ocorrência de "agora" no discurso indireto expressa apenas a referência indexical do orador, então "Geach teria falhado em mostrar que Deus pode saber uma proposição A; pois poderia ser verdade que Deus sabe que Hitler está morto agora sem que Ele faça uma referência indexical no tempo presente ao momento presente e, portanto, sem que Deus conheça qualquer proposição A. Neste caso, nós indeterminamos a proposição conhecida por Deus".[147] Para entender isso, devemos lembrar que o Deus que está usando o "agora" é um Deus atemporal. Daí o problema levantado por Gale.

A partir do exposto acima, Gale conclui que a única maneira de salvar o argumento de Geach é interpretar uma ocorrência discursiva indireta do "agora" como expressando tanto a referência indexical do orador como do crente. Gale escreve:

> e nós poderíamos adotar a convenção de que quando e somente quando uma construção *oratio obliqua* for representada na forma explícita paratática é que nós a devemos interpretar. Se eu digo "Deus sabe que (isto): Hitler está morto agora", a ocorrência *oratio obliqua* de "agora" expressa tanto a minha referência indexical como a de Deus; e assim, eu atribuo a Deus o conhecimento da mesma proposição A que expresso pelo meu uso de "Hitler está morto agora". É assim que devemos interpretar o exemplo de Geach. Assim, Geach termina com a posição aparentemente bizarra de que Deus é capaz de fazer uma referência indexical no tempo presente ao momento presente *sem fazê-lo em momento algum*.[148]

Embora soe bizarro, como diz Gale, às vezes o bizarro é verdadeiro, por isso precisamos de um argumento contra isso. O que Gale oferece é o argumento que citei do artigo de Robert Coburn. Gale não apenas o cita como também o reformula no argumento seguinte, que explica por que um ser onisciente que é atemporal não pode saber a verdade dos indexicais temporais. O argumento desenvolve uma premissa que Gale afirmou anteriormente ao introduzi-la contra um ser atemporal que conhece indexicais temporais. Ele rotula de proposição (4). A proposição (4) de Gale diz: "É conceitualmente impossível para um ser atemporal conhecer uma proposição A".[149] Agora podemos afirmar o argumento contra a visão de Geach, o qual Gale remodela a partir de Coburn:

> (4b) Uma pessoa pode conhecer uma proposição somente se a puder expressar verdadeiramente.

(4c) Uma pessoa pode verdadeiramente expressar uma proposição apenas se puder verdadeiramente sinalizar uma frase que a expresse.

(4d) Uma pessoa pode verdadeiramente expressar uma proposição A somente se puder verdadeiramente sinalizar uma frase que a expresse. (A partir de (4c) pela instanciação universal.)

(4e) Uma proposição A é exprimível somente pela sinalização de uma frase A.

(4f) Uma pessoa pode expressar verdadeiramente uma proposição A apenas se puder verdadeiramente sinalizar uma frase A. (A partir de (4d) e (4e).

(4g) Uma pessoa pode verdadeiramente sinalizar apenas uma frase A de cada vez.

(4h) Uma pessoa que verdadeiramente pode sinalizar uma frase A existe no tempo. (A partir de (4g).)

Portanto:

(4) É conceitualmente impossível para um ser atemporal conhecer uma proposição A. (A partir de (4b), (4f) e (4h).)[150]

Gale afirma que este argumento que é válido é também sólido, porque suas premissas são verdadeiras. Isso significa que o máximo que a abordagem de Castañeda pode fazer é garantir que Deus conhece o *conteúdo* de qualquer proposição que conhecemos ou que um dia conheceremos, incluindo nossas proposições indexicais temporais. Porém, estando fora do tempo, Ele não pode saber quando uma proposição que falaríamos ou pensaríamos, a qual inclui um "agora", seria verdadeira, pois nada do que Castañeda disse mostra que Deus tem uma maneira de saber exatamente que horas são na história humana. Assim, Deus sabe qualquer que seja o conteúdo do nosso conhecimento sempre que sabemos uma proposição, com a exceção de que quando proferimos ou pensamos uma proposição que inclui "agora", Deus não sabe quando é *agora* na história humana, porque, estando fora do tempo, Ele não sabe que horas são. Assim, Ele não pode verdadeiramente sinalizar uma proposição A que inclua o "agora" indexical.[151]

O que deveríamos dizer, então, sobre esta questão de imutabilidade, onisciência e eternidade? Os temporalistas vão afirmar que, com o atemporalismo, a onisciência de Deus está comprometida por causa do problema dos indexicais temporais. Por outro lado, os temporalistas podem defender tranquilamente que Deus conhece todos os indexicais temporais sobre o presente e o passado. Os indexicais que são sobre o presente e sobre o passado estão constantemente mudando por causa da passagem do tempo, mas isso não significa que Deus é mutável em sua pessoa, propósitos, vontade ou regras éticas. Quanto aos indexicais temporais sobre o futuro, ninguém pode saber sua verdade, então não é deficiência o fato de que Deus não os conhece. A incapacidade de um Deus atemporal de conhecer esses indexicais temporais é problemática porque, mesmo que admitamos que Ele ainda é onisciente, Ele não pode agir e reagir em nosso mundo no "momento certo", porque Ele nunca sabe exatamente que horas são para nós.

Deus atemporal ou um Deus temporal?

Nas seções anteriores deste capítulo, vimos as evidências a favor de uma noção atemporal e temporal de eternidade. Agora é hora de tomar uma decisão sobre qual dos pontos de vista tem mais probabilidade de estar correto. Com uma questão tão complexa como esta, há bons argumentos de ambos os lados. Portanto, é improvável que possamos tomar uma decisão que se aproxime de 99% de certeza objetiva. Isso não significa que não podemos decidir de forma alguma, mas apenas que nossa decisão é um julgamento de probabilidade e que devemos estar abertos a mais evidências e argumentos.

Apesar destas ressalvas, por uma série de razões, acredito que a melhor maneira de entender a relação de Deus com o tempo é vê-lo como temporal. A seguir, explicarei por que estou inclinado a essa visão. É claro, se um teólogo evangélico em nossos dias opta por um Deus temporal, ele pode ser acusado de dar o primeiro passo ladeira abaixo que acabe levando à teologia do processo. Por isso, devo explicar por que acho que se pode defender uma visão temporal de Deus enquanto se permanece completamente dentro dos limites da teologia evangélica.

Por que um Deus temporal?

A primeira razão para optar pela eternidade divina temporal é que é difícil entender a noção de eternidade atemporal. O problema não é que os atemporalistas não ofereceram nenhuma explicação para esta noção, mas sim que, ao final da explicação, ainda se pergunta a que se resume toda a verborragia. Deixe-me sugerir o que eu acho preocupante nesta ideia.

Conforme mencionado ao analisar a compreensão de Stump e Kretzmann sobre Boécio, eles afirmam que a atemporalidade é a duração atemporal. Eles concordam que a duração normalmente incorpora ideias temporais, mas nos dizem para remover todos os conceitos temporais da duração atemporal. Devemos pensar na extensão não duracional de um ponto no tempo, e apenas expandir essa ideia por tempo indefinido. Contudo, é muito difícil fazer isso, pois nenhum ponto instantâneo dura mais do que um instante, e qualquer coisa que dura parece durar no tempo. É difícil imaginar o que significa para algo durar sem pensar em sua durabilidade temporal. É claro, se pensarmos em durabilidade em termos temporais, não devemos pensar exclusivamente em termos de tempo do relógio físico, especialmente se estivermos pensando em Deus, que não está confinado apenas ao nosso planeta, onde estamos mais familiarizados com um tipo de tempo do relógio físico (tempo medido pela rotação da Terra em seu eixo e revolução ao redor do Sol).

Porém, se Deus não é confinado a nenhum lugar em nosso universo, e se antes da criação não havia objetos físicos pelos quais medir o tempo, os atemporalistas podem dizer que esses fatos tornam impossível falar sensatamente de Deus no tempo. Como você poderia medir o tempo de um Deus assim? Alguns temporalistas têm afirmado que antes da criação Deus existia em tempo indiferenciado, pelo que querem dizer, presumo, que havia algum tipo de tempo, mas nenhuma maneira de diferenciar um momento desse tempo de outro, porque não havia maneira de medi-lo (como se pode fazer com algum tipo de tempo de relógio físico). Os atemporalistas poderiam muito bem responder que o tempo indiferenciado é tão difícil de compreender quanto a duração atemporal, assim, quando se trata disso, simplesmente se está tomando uma decisão entre dois conceitos, sendo que nenhum deles é totalmente claro. Se esta é a resposta dos atemporalistas, ela comete a falácia lógica conhecida como *tu quoque* (você também). Ou seja, nenhum dos lados ganhará este debate respondendo a um argumento contra sua posição dizendo que o outro lado tem um problema semelhante. Portanto, enquanto os temporalistas têm algumas explicações a dar, isso não torna a duração atemporal uma ideia clara. Os atemporalistas ainda têm de dar sentido a essa ideia.

Uma segunda razão pela qual é difícil entender o que é duração atemporal e como poderia ser verdade para qualquer um resulta do fato de que os atemporalistas também dizem que não há sequência temporal nos pensamentos de Deus. Isso não significa que não há uma sequência temporal ou lógica nas coisas dentro do tempo, mas apenas que Deus não leva tempo para saber o que é essa sequência. É difícil imaginar como os humanos poderiam entender a sequência lógica das ideias sem que isso levasse tempo, mas o intelecto de Deus está muito acima do nosso. O que nós temos de resolver durante um período de tempo, Deus sabe intuitivamente de uma vez. Portanto, quer uma sequência de eventos seja ordenada temporalmente ou simultânea a uma ordem lógica entre elas, Deus saberia a sequência sem que levasse tempo para aprendê-la ou conhecê-la.

Ao admitir que um ser onisciente e supremamente racional pode saber tudo o que há para saber, sem usar tempo algum para o saber, estamos prontos para as implicações? Este é o ponto que me preocupa sobre a afirmação de que não há nenhuma sequência temporal na vida de pensamento de Deus. Se o conteúdo da mente consciente de Deus é sempre tudo o que Ele sabe, e se Ele sabe tudo o que um ser atemporal pode saber, isso não significaria que Deus tem sempre o mesmo pensamento, a saber, Ele está sempre pensando em tudo, e que nunca há qualquer variação no que Ele pensa? Se Deus está no tempo, ainda se pode argumentar que onisciência significa que Ele deve sempre pensar tudo o que sabe, mas pelo menos a cada momento haveria coisas novas a saber (p. ex., a verdade de todas as proposições indexicais temporais), além de todas as outras coisas que Ele sabe. E, se Ele pode de alguma forma bloquear de sua mente consciente coisas que Ele sabe e focar uma parte de seu conhecimento e depois outra, tal sequência em sua vida de pensamento não é problema se Ele for temporal.

Eu levanto esta questão por várias razões. Para começar, a imagem que o atemporalismo sugere é que Deus sempre pensa exatamente a mesma coisa. Talvez isso não o entedie, mas lembre-se de que, se Ele é atemporal, Ele não pode pensar nada de novo ou de uma maneira nova, porque isso seria uma mudança, e a mudança é descartada para um Deus atemporal. Pensar sempre o mesmo pensamento (tudo o que Ele sabe) certamente não é a maneira como as Escrituras retratam Deus. Agora, alguém poderia argumentar que onisciência significa apenas que Deus sabe tudo o que há para saber; não significa que Ele deve estar consciente de tudo isso. Como sugerido no Capítulo 7, este cenário manteria a onisciência e poderia se aplicar a um Deus temporal, mas não pode se aplicar a um Deus atemporal. Para algumas coisas estarem na mente inconsciente de Deus e depois serem trazidas à sua mente consciente é preciso uma mudança e sequência (mesmo que seja apenas uma mudança na sequência dos pensamentos de Deus), e como os atemporalistas nos dizem tão corretamente, mudança e sequência requerem tempo. Contudo, tempo, mudança e sequência são impossíveis para um Deus atemporal. Portanto, um Deus atemporal onisciente não tem outra escolha senão pensar em tudo sempre, e isso é problemático, como sugerido.

Além disso, com o atemporalismo, como podemos falar de comunhão[152] dentro da divindade como os teístas tradicionalmente fazem? Se todos os membros da Trindade são igualmente oniscientes (e são), e não há possibilidade de sequência no que qualquer um deles pensa conscientemente, então os três sempre têm o mesmo pensamento que sempre pensaram e sempre pensam exatamente o que os outros dois membros estão pensando. Porém, então, como a comunhão é possível? Com o atemporalismo, eles não podem, em um momento, focar um aspecto do que sabem e, em outro momento, outro. Eles não podem, em um momento, sentir nenhuma emoção em relação ao que sabem e, em outro momento, alegrar-se um com o outro. Antecipar algo novo é impossível. Em tais circunstâncias, é difícil entender como os membros da divindade poderiam ter comunhão uns com os outros se comunhão significa o que normalmente presumimos que significa.

As Escrituras também retratam Deus tendo comunhão e interagindo com os seres humanos em vários momentos de suas vidas. Como isso é possível para um Deus que não tem sequência em sua vida mental? Não é só porque Deus não sabe que horas são na história humana. Mesmo que soubesse, como atemporal, não poderia pensar ou fazer nada diferente do que alguma vez fez. Mas, então, ou Deus sempre teve essa interação com alguém em cada momento de sua vida, ou Deus nunca teve e nunca terá tal interação. É claro, os atemporalistas acreditam que sua explicação dos atos de Deus e seus efeitos resolve esse tipo de problema, mas como vimos e como mencionarei em breve, há problemas com essa resolução.

O resultado do meu argumento sobre não haver sequência temporal na vida de pensamento de Deus é que é difícil entender como poderia ser assim. Contudo, tem de ser assim se defendermos que Deus dura sem tempo e que, embora Ele conheça as relações lógicas e temporais de todas as coisas no tempo, não há sequência em Ele vir a conhecer essa ordem ou em conhecê-la. Na verdade, a locução "vir a conhecer" está saturada de insinuações temporais, e não pode sequer fazer sentido em relação a um Deus atemporal.[153]

Não só é difícil entender a noção de duração atemporal, mas as afirmações atemporalistas sobre Deus agir atemporalmente e fazer os efeitos ocorrerem no momento certo são difíceis de entender. A questão não é que não sabemos como Deus poderia fazer isso porque não sabemos como um ser imaterial age; a questão é que, por mais que um ser imaterial aja, é difícil ver como ele poderia agir antes de qualquer coisa ser criada e fazer essas ações ocorrerem exatamente no momento certo da história. Isto é assim, em parte, porque um Deus atemporal não pode saber que horas são na história, já que esse momento ocorre na história. Além disso, é simplesmente muito difícil compreender o que acontece a essa ação entre o momento em que Deus a faz e o momento em que seus efeitos ocorrem no mundo. Presumivelmente, com o atemporalismo, o que quer que Deus tenha decidido fazer foi decidido de uma só vez e muito antes de Ele ter criado ("muito antes" não pode se relacionar estritamente a um ser atemporal, mas não queremos dizer que, antes da criação, Deus existia apenas o equivalente a um instante atemporal). Porém, então, o que acontece à ação enquanto ela "espera" o mundo ser criado e o momento certo da história chegar? Isso não faz sentido, e não será suficiente para os atemporalistas reivindicarem o mistério como resposta. De fato, é misterioso como um ser imaterial pode agir, mas se ele pode agir, não há mistério em como ele agiria em um momento e causaria um resultado em outro momento brevemente posterior. O que agrava o mistério desnecessariamente é dizer que um ser imaterial age, mas nada acontece a esse ato por épocas, e então, de alguma forma, embora o ato tenha sido feito fora do tempo, os efeitos deste ato ocorrem exatamente no momento certo dentro do tempo. Isso é realmente difícil de falar.

Há outro problema com a explicação dos atemporalistas sobre a ação divina. Dada a noção de imutabilidade que acompanha a atemporalidade, temos visto que um Deus atemporal deve fazer tudo que faz de uma vez. Além disso, Ele tem de estar fazendo por toda a eternidade, porque parar ou começar a fazer seria mudar, e isso é descartado pela imutabilidade divina. Pense nas implicações de tal visão. Significa que Deus ainda deve estar fazendo coisas cujos efeitos já ocorreram centenas e até milhares de anos atrás. Ao escrever agora esta frase, Deus ainda deve estar realizando as ações que trouxeram as dez pragas sobre o Egito. Da mesma forma, Ele ainda deve estar fazendo tudo o que Ele fez para ressuscitar Jesus Cristo dos mortos, mesmo que Cristo já tenha subido ao céu e esteja presente com o Pai por quase dois mil anos. Na verdade, mesmo depois de Deus criar os novos céus e a nova terra, Ele ainda estará realizando todas as ações que Ele já fez em relação aos atuais céus e terra. Se isso soa estranho, pode-se ver por que os temporalistas acham tão difícil entender a lógica da noção de eternidade atemporal.

Não somente é preferível adotar uma noção temporal de eternidade divina porque é difícil entender a lógica da eternidade atemporal, mas muitos dos argumentos usados contra o atemporalismo também são bastante convincentes. Em particular, os argumentos sobre Deus como pessoa, a ação de Deus, o retrato bíblico das interações de Deus com o mundo, o problema da simultaneidade divina aos acontecimentos no tempo, e algumas das questões levantadas sobre a onisciência divina são difíceis de lidar com o atemporalismo. Não preciso repassar o fundamento destas e de outras objeções já levantadas contra a eternidade atemporal, mas apenas direcionar os leitores a esses argumentos.

Apesar destas objeções, alguns ainda podem acreditar que é necessário defender a eternidade atemporal porque, se não o fizer, se tem de renunciar à simplicidade e imutabilidade divinas. É claro, a razão principal para defender a simplicidade é que ela parece logicamente requerida por Deus como um ser perfeito e como um *a se*. Entretanto, existem argumentos convincentes contra a simplicidade divina, e rejeitar a simplicidade não exige abrir mão da asseidade, a menos que se defenda uma metafísica teônoma que exija que Deus controle absolutamente tudo. Porém, abrir mão da simplicidade de forma alguma significa que Deus é trazido à existência, mantido na existência ou *causado* a ter as qualidades que tem por qualquer pessoa ou qualquer outra coisa. Nem significa que Ele não é mais o Criador de todas as coisas que não sejam Ele mesmo, ou que a criação *ex nihilo* é impossível. Portanto, é difícil ver por que se teria de abrir mão da asseidade, no sentido definido no Capítulo 6, se a simplicidade se for.

Quanto à imutabilidade, afirmei que não deveríamos descartá-la, mas sim dar-lhe uma nuance diferente. O núcleo da concepção evangélica da imutabilidade é que Deus é imutável em seu ser e atributos, vontade, propósitos e normas éticas. Tanto os atemporalistas como os temporalistas que desejam permanecer evangélicos na teologia teriam de defender que Deus é imutável nestes aspectos. Por outro lado, os modos como Deus poderia mudar parecem coerentes com as Escrituras e a razão, mas muitos deles (se não todos) seriam inconsistentes com a noção absolutamente estática de imutabilidade exigida pela eternidade atemporal. É claro, se os atemporalistas estiverem determinados a defender o sentido mais forte possível de imutabilidade, tanto pior para o atemporalismo, porque há muitas evidências bíblicas e racionais mostrando que Deus sofre esses tipos de mudanças para se adotar a ideia de que Deus não sofre absolutamente nenhum tipo de mudança.

Portanto, uma noção de imutabilidade com distinções mais sutis é necessária para ajustar-se ao teísmo bíblico, mas tal noção não se encaixará com a eternidade atemporal. Por exemplo, um Deus que muda seu relacionamento com um pecador arrependido incorpora uma sequência em seu lidar com aquela pessoa, mas essa sequência necessita de tempo e, por isso, exclui o atemporalismo. Por outro lado, a noção de imutabilidade com distinções sutis que apresentei condiz muito bem com um Deus temporal e também com o teísmo bíblico. Portanto, os teístas evangélicos não deveriam se preocupar com a ideia de que abrir mão do atemporalismo enfraqueceria seu compromisso com a teologia evangélica na questão da imutabilidade.

Finalmente, é útil lembrar por que a noção de eternidade atemporal foi invocada na teologia cristã. Boécio, Agostinho, Anselmo e Aquino, todos o fizeram para resolver um quebra-cabeça teológico ou para se ajustar a outras doutrinas. Entretanto, se o atemporalismo não resolve os problemas pelos quais a ele se recorreu, ou se não é exigido por outras doutrinas que se defende, acabamos de remover um bom pedaço da lógica para defender o ponto de vista. É verdade que a eternidade atemporal não resolve os problemas que pretendia resolver e não é exigida por outras doutrinas que o teísta defende? Eu acredito que sim.

Primeiro, voltamo-nos para Agostinho, e eu não preciso enfatizar este ponto. Agostinho recorreu à eternidade atemporal para resolver o problema da razão de Deus ter esperado para criar até que criou. Porém, essa questão confronta tanto os temporalistas como os atemporalistas, e há uma resposta além da adoção do atemporalismo.[154] E Boécio? Ele incorporou esta noção para abordar a questão da liberdade/presciência. Vou tratar disso num capítulo posterior, mas posso fazer alguns comentários iniciais. Para os deterministas de algum tipo, não há o problema da liberdade e presciência, portanto, recorrer à eternidade atemporal por esse motivo é desnecessário. É claro, os deterministas devem ser lógicos quanto ao modo como seu determinismo condiz com a liberdade humana e a responsabilidade moral e como ele nos permite resolver o problema do mal, mas eu já mostrei (e o farei novamente em capítulos posteriores) como um determinista teísta pode resolver tais problemas.[155]

Quanto aos indeterministas, eles têm de abordar esta questão, mas há várias respostas dadas por eles. Como já afirmei antes e o farei novamente ao tratar da liberdade e presciência,[156] há razões para pensar que a solução de Boécio não resolve realmente este problema. Além disso, nenhuma das outras respostas indeterministas requer uma noção atemporal de eternidade divina. Portanto, se a razão para se defender o atemporalismo é resolver este problema, essa não é uma justificativa adequada do atemporalismo.

Quanto a Anselmo e Aquino, eles sustentavam o atemporalismo porque o viam como um concomitante logicamente necessário de doutrinas como asseidade, simplicidade, imutabilidade e perfeição absoluta. Entretanto, como vimos no Capítulo 7 e também neste, não há razão para pensar que é impossível acreditar que Deus é o ser mais perfeito, imutável e um *a se*, se defendermos uma visão temporal de Deus. Quanto à simplicidade, tenho afirmado que deveríamos abandoná-la por completo.

Portanto, se alguém defende o atemporalismo para abordar qualquer uma das questões que Agostinho e Boécio acreditavam que ele abordava, ou se alguém o sustenta por medo de rejeitar atributos divinos que são essenciais para a concepção cristã evangélica de Deus, deve-se abandonar o atemporalismo. As razões pelas quais Agostinho, Boécio, Anselmo e Aquino adotaram o ponto de vista são compreensíveis, mas se tornaram imperfeitas de um modo ou de outro.

À luz da inadequação do atemporalismo para abordar as questões para as quais se recorreu a ele originalmente, e à luz dos outros problemas que ele cria para o teísmo cristão, concluo que não é uma doutrina necessária nem particularmente útil para os teístas defenderem.

Temporalismo e teologia do processo

Os atemporalistas podem responder que ainda há uma razão valiosa para se defender a atemporalidade: é uma proteção contra descer a ladeira escorregadia até a teologia do processo. É discutível se é assim ou não, mas preciso explicar por que não é. Preciso mostrar que é possível defender o temporalismo, evitar o teísmo do processo e ser coerente com a teologia cristã evangélica.

Primeiro, o teísmo do processo nos compromete com o teísmo dipolar. Além disso, requer um Deus essencialmente impotente, pois afirma que Deus age sobre o mundo de forma persuasiva, em vez de coerciva. Deus nos apresenta a isca de seu alvo subjetivo mais elevado, mas não nos força a agir de acordo com essa isca. Além disso, o Deus do processo é (nos termos de Whitehead) uma entidade real. Como tal, Deus deve ter um corpo físico. Visto que é assim, e visto que o mundo é considerado o corpo de Deus pelo teísmo do processo, Deus não foi livre para decidir não criar nada. Deve haver um mundo, mas Deus não pode criá-lo *ex nihilo*, pois isso daria a Deus, de acordo com os pensadores do processo, muito poder sobre tal mundo. Além disso, visto que a natureza consequente de Deus é o mundo e este está constantemente no processo de concrescência, Deus está constantemente sendo criado. Na verdade, Ele é o caso original da criatividade. Como Whitehead explica: "Nem Deus nem o Mundo alcançam a conclusão estática. Ambos estão no controle da área metafísica suprema, do avanço criativo em direção à novidade. Qualquer um deles, Deus e o Mundo, é instrumento de novidade para o outro".[157]

Quanto aos atributos divinos, um Deus dipolar cuja natureza consequente é o mundo tem de ser finito. Ele também é pessoal, mutável e passível, mas devemos entender o que isso significa para os pensadores do processo. Quanto à mutabilidade, Deus é mutável em virtude de sua natureza consequente, que está sempre no processo de devenir. Isso significa que o Deus do processo passa por mudanças em seu próprio ser e atributos. Quanto à sua vontade, também pode mudar à medida que Ele deixa espaço para a liberdade das criaturas. Deus quer que sigamos seu alvo subjetivo mais elevado para nós, mas não nos coage a fazê-lo. Assim, quando escolhemos algo diferente do que Deus deseja, Ele pode precisar mudar suas intenções em relação a nós. Quanto à onisciência divina, todos os acontecimentos passados, pessoas etc. são para sempre preservados na memória de Deus e, nesse sentido, nunca perecem.[158] É claro, segundo este ponto de vista, o futuro não é conhecível, então Deus não o conhece. E, dadas as novas experiências que tem de acordo com sua natureza consequente, Ele aprende e experimenta coisas novas. Finalmente, visto que o Deus do processo não é onipotente, os pensadores do processo veem uma maneira de resolver o problema do mal. Deus não o remove porque não tem poder para fazê-lo.[159] No entanto, aqueles que sofrem sob o mal do mundo devem ser encorajados pelo fato de que Deus sofre com eles.[160]

Dada esta breve repassada das noções do processo, devemos defender tais doutrinas se aceitarmos Deus como temporal? Em sua maioria, acho que não. Eu começo com a ação de Deus, e aqui muito depende da visão que se tem do livre-arbítrio. Para aqueles que defendem o livre-arbítrio libertário, a noção do processo referente às ações de Deus, à onipotência e ao conhecimento do futuro pode parecer atraente. Entretanto, como já mencionamos, os libertários não precisam afirmar que Deus não conhece o futuro. Além disso, os libertários que são evangélicos normalmente limitam o exercício do poder de Deus em nosso mundo até certo ponto, mas não precisam limitá-lo na extensão em que os teístas do processo limitam, principalmente tornando Deus impotente. Os arminianos evangélicos dificilmente afirmariam, por exemplo, que as únicas ações divinas em nosso mundo são aquelas que são persuasivas na tentativa de nos levar a fazer o que Ele quer. Deus faz milagres (os teístas do processo negam que tais eventos aconteçam — em nosso mundo moderno tais coisas não são críveis) e Ele age na história. Além disso, os libertários arminianos não resolveriam o problema do mal como os teístas do processo, pois eles apelam para a defesa do livre-arbítrio para lidar com isso. Devemos acrescentar que mesmo os defensores da visão aberta discordam das opiniões do processo sobre a ação e o poder divinos. Eles defendem que Deus tem poder absoluto e reserva o direito de interferir na liberdade humana, mas na maioria das vezes não o faz. Portanto, embora haja certa atratividade das ideias do processo para aqueles que defendem o livre-arbítrio libertário, não há necessidade lógica para um libertário adotar a explicação do processo para a ação divina, a onipotência, o conhecimento do futuro ou a resposta do processo ao problema do mal.

As ideias do processo sobre essas doutrinas são ainda menos atraentes para um determinista como eu. Como mostrarei ao discutir a providência e a liberdade, o determinismo suave que defendo permite a Deus o controle total do mundo ao mesmo tempo em que deixa espaço para a liberdade humana e a responsabilidade moral. Para um calvinista como eu, seria impossível defender que Deus não conhece o futuro, não age em nosso mundo ou não tem controle sobre os acontecimentos em nosso mundo. Deus não somente conhece o futuro; Ele o decreta, e para um calvinista como eu, que também é um temporalista, Deus sabe que horas são na história humana e assim sabe quando agir. Portanto, a explicação do processo para a ação divina, onipotência e onisciência não é necessária para um determinista que adota a visão de que Deus é temporal. Quanto ao problema do mal, eu já mostrei anteriormente como um compatibilista como eu pode resolver o problema do mal, e não tem nada a ver com a resposta do processo a esse problema.[161]

E quanto aos outros aspectos do teísmo do processo? Eu não vejo nenhuma razão pela qual os temporalistas, de forma alguma, seriam constrangidos logicamente pelo temporalismo para defender uma visão dipolar de Deus. Deus é puro espírito sem qualquer matéria (portanto, Deus não tem natureza material consequente); torná-lo temporal não requer que Ele seja material. Além disso, nada no temporalismo exige que Deus seja entendido como uma entidade real no sentido colocado por Whitehead. Ademais, o temporalismo não exclui Deus como um Criador *ex nihilo*, nem ordena que haja um mundo para que Ele tenha um corpo. E não há razão por que um temporalista evangélico afirmaria que o próprio Deus está passando por criação! Além disso, eu afirmei no Capítulo 4 que, apesar das negações, o teísmo do processo ou equivale a panteísmo ou, se não, retrata Deus como algo que não é nada. Não há nenhuma razão por que colocar Deus no tempo forçaria a defesa do panteísmo ou de que, afinal, Ele não existe.

Quanto aos atributos divinos, por que estar no tempo significa que Deus tem de ser finito e limitado a apenas um lugar de cada vez? Os teístas temporalistas não precisam descartar a onipresença e a imensidade. Não é menos ou mais difícil entender como um Deus temporal pode estar em toda parte ao mesmo tempo em seu ser total do que é entender como um Deus atemporal pode fazer essas coisas. Além disso, os evangélicos temporalistas concordam que Deus é pessoal, mutável (nos sentidos definidos) e passível, mas não há necessidade de entender a mutabilidade no sentido do teísmo do processo. Além disso, nem os calvinistas nem os arminianos consideram Deus impotente e indisposto a agir no mundo. Portanto, não há razão para defender que Deus muda seus propósitos ou vontade a fim de acomodar a liberdade das criaturas. Embora alguns libertários arminianos possam ser muito solidários com tais noções, eles geralmente não sentem necessidade de defender esses pontos de vista. Mesmo que sentissem necessidade, isso se basearia em sua noção de livre-arbítrio, não na questão do temporalismo *versus* atemporalismo. Quanto aos calvinistas, eles não têm motivos para dizer que Deus muda sua vontade ou seus propósitos. Colocar Deus no tempo não faz com que tais mudanças sejam necessárias. Contudo, há alguns aspectos nos quais Deus pode mudar, e todos eles são compatíveis com o temporalismo, e apenas alguns são compatíveis com o atemporalismo. Pode ser que Deus seja mutável em alguns desses sentidos para o teísmo do processo também, mas em nenhum lugar está escrito que, para ser evangélico, se tem de discordar do pensamento do processo em relação a cada conceito teológico. Deus é passível, como os teístas do processo sugerem? Os evangélicos que defendem o temporalismo poderiam concordar que Ele é, mesmo que não pensem assim pelas mesmas razões que os pensadores do processo. O mais importante, porém, a passibilidade divina parece mais coerente com a revelação bíblica sobre as relações de Deus com suas criaturas humanas. Tal passibilidade é duvidosa em uma visão atemporal da eternidade, mas é completamente coerente com uma visão temporal.

Em suma, não há a inevitabilidade de cair no teísmo do processo se for abandonada a eternidade atemporal. De fato, penso que as ideias do processo são mais atrativas para os defensores do livre-arbítrio libertário, mas mesmo assim há muitas defesas para o libertário. Quanto aos temporalistas deterministas, deveria haver ainda menos atração pelas noções que o processo tem do poder divino, ação e assim por diante. Contudo, independentemente de o teísta evangélico ser determinista ou indeterminista, não há absolutamente nenhuma razão para adotar a visão dipolar que o processo tem de Deus, ver Deus como menos que o Criador, ver Deus como em construção, entender seu próprio ser como uma entidade real de Whitehead, cair no panteísmo, ou ver Deus como mutável em sua pessoa, em seus propósitos, vontade ou regras éticas só porque se defende a eternidade temporal divina. Quando se compreende plenamente o que o teísmo do processo diz sobre Deus, vê-se que a eternidade temporal não conduz inevitavelmente a ele, nem precisa ser uma boa desculpa para os evangélicos adotarem a teologia do processo.

CAPÍTULO DEZ

A DOUTRINA DA TRINDADE

MUITAS COISAS DITAS SOBRE DEUS nos capítulos anteriores também poderiam ser ditas sobre o Deus de outras religiões, especialmente as monoteístas, tais como o judaísmo e o islamismo. A doutrina da Trindade, no entanto, é uma doutrina unicamente cristã. Alguns podem pensar que essa doutrina não é tão especial, enfim, pois muitas religiões adoram múltiplos deuses, e essa doutrina torna o cristianismo uma forma de politeísmo. Contudo, trata-se claramente de uma compreensão equivocada do que os cristãos querem dizer ao afirmar que Deus é trino. O cristianismo insiste que há apenas um Deus, mas é igualmente enfático ao defender que o Pai, o Filho e o Espírito Santo são todos Deus.

Quando os críticos reclamam que é uma contradição gritante dizer que existe um Deus e, mesmo assim, chamar de três pessoas divinas, muitos cristãos respondem que essa doutrina é um paradoxo, um mistério, mas não uma contradição. Para muitos, porém, é difícil entender como essa doutrina faz sentido (e qual é seu sentido), e é difícil explicar a aparente contradição. Assim, embora seja uma doutrina exclusiva do cristianismo (e nesse sentido deveria ser uma "mostra" para sua distinção), muitos a veem como um constrangimento, um caso de "matemática criativa" com o objetivo de afirmar algo, embora seja incerto o que exatamente.

Apesar dos protestos de que essa doutrina está coberta de sutilezas intelectuais que parecem incrivelmente esotéricas, os cristãos se sentem compelidos a defendê-la, pois acreditam que a revelação bíblica assim exige. Em poucas palavras, a doutrina afirma que Deus é um enquanto essência e três enquanto pessoas. Em nenhum lugar se acha essa afirmação nas Escrituras. De fato, como vimos ao discutir o ser de Deus, é difícil encontrar uma linguagem bíblica que fale da "essência divina" (talvez a mais próxima seja a afirmação de Paulo sobre a "forma de Deus" em Fp 2.6, embora ele não tenha a intenção de ensinar a Trindade). Além disso, o sentido em que se utiliza "pessoa" na fórmula trinitária é difícil de ser encontrado nas Escrituras. Ainda, há séculos os cristãos defendem que, embora a doutrina não seja declarada assim em nenhum lugar nas Escrituras, trata-se de uma inferência logicamente garantida a partir do que as próprias Escrituras dizem sobre Deus.

Também há uma história longa e um tanto controversa por trás dessa doutrina. Foi objeto de vários concílios da igreja e resultou em várias expressões de credo. Especificamente, foram os concílios de Niceia (325 d.C.) e Constantinopla (381) que estabeleceram oficialmente a formulação da doutrina. Contudo, a linguagem dos credos desses concílios, bem como do chamado Credo de Atanásio, parece um tanto técnica e distante de nosso modo de pensar. Sentimos que os pais da igreja estavam reagindo a alguma coisa, mas exatamente ao que não está claro. Além disso, a história nos diz que nem todos concordavam com as decisões dos concílios, e as implicações das formulações do credo referentes ao que os cristãos dizem acerca das relações do Filho e do Espírito Santo, entre si e com o Pai, continuaram sendo uma questão importante de discórdia por muitos séculos entre os cristãos. De fato, uma diferença de opinião sobre a Trindade (a questão *filioque*) ainda divide as igrejas ocidentais (latinas) e orientais (gregas) até hoje.

A questão não é apenas se as Escrituras ensinam ou justificam a doutrina, pois a maioria dos cristãos admite que elas o fazem. Em vez disso, o debate é sobre como devemos entender o que estamos dizendo quando ensinamos que Deus é trino. A sugestão aqui é que essa doutrina é realmente bastante complexa, e podemos começar a ver um pouco dessa complexidade esclarecendo o que a doutrina afirma. Em recentes análises filosóficas e teológicas da doutrina, vários pensadores argumentaram que o Credo de Atanásio equivale a pelo menos às seguintes afirmações:

1. O Pai é Deus.
2. O Filho é Deus.
3. O Espírito Santo é Deus.

4. O Pai não é o Filho.
5. O Pai não é o Espírito Santo.
6. O Filho não é o Espírito Santo.
7. Existe exatamente um Deus.

Mesmo uma análise breve dessas proposições levanta o espectro de um conjunto logicamente contraditório,[1] e como veremos, essas sete afirmações são apenas parte do que a teologia cristã diz sobre a Trindade.

Nos vários séculos anteriores ao século XX, a doutrina da Trindade não recebeu muita atenção fora da teologia evangélica. Grande parte da igreja ocidental era fascinada pela teologia liberal clássica, e essa teologia tende a ser unitariana. Schleiermacher, muitas vezes considerado o pai da teologia liberal, dedica pouquíssima atenção à doutrina. Em sua abrangente obra, *The Christian Faith* [A fé cristã], ele a relega ao final do livro e a aborda em cerca de quinze páginas. Visto que Schleiermacher via a religião como gerada a partir de nossa consciência de dependência absoluta de algo maior do que nós, e visto que pensava que tudo depende basicamente de nossa própria consciência, é previsível que ele tenha dado pouca atenção à Trindade. Como Schleiermacher disse, este não é um enunciado imediato referente à autoconsciência cristã; portanto, não deveríamos esperar que ele falasse muito acerca disso.

Apesar da negligência da doutrina por vários séculos, no século XX ela retornou à vanguarda da reflexão teológica. Sem dúvida, isso se deve em grande parte à obra de Karl Barth. Este inicia sua extensa obra, *Dogmática eclesiástica*, com uma prolongada discussão sobre a Trindade, pois Barth argumenta que a humanidade só conhece Deus por meio da sua própria revelação divina. Contudo, o pressuposto de tais atos reveladores é Deus como trino, então a doutrina da Trindade não pode ser uma "nota de rodapé" para a teologia cristã; ela deve estar em seu âmago. O que se encontra ao estudar a teologia não evangélica do século XX é que, especialmente para os pensadores neo-ortodoxos e os teólogos da pós-morte de Deus, a Trindade se torna muito importante. Quanto a estes últimos, mencionei no Capítulo 3 que o fim do século XX viu o surgimento de uma mentalidade pós-moderna, juntamente com teologias que refletem temas pós-modernos. Um tema pós-moderno chave é a conexão de todas as coisas (em oposição ao isolamento e ao individualismo da modernidade). Certamente, se alguém quiser enfatizar a interconectividade e a conexão de toda a realidade, que melhor lugar para começar do que um Deus que é tripessoal, no qual todas as pessoas se relacionam mutuamente, amam e trabalham umas com as outras em perfeita harmonia? Muitos argumentam que esse Deus relacional deveria estar refletido nas instituições humanas e nas relações interpessoais.

Embora meu interesse seja a doutrina evangélica da Trindade, há uma ampla abordagem não evangélica contemporânea da doutrina a partir de uma série de perspectivas diferentes, tais como a teologia do processo e o feminismo. O leitor pode consultar parte dessa literatura para ter uma amostra de como tal doutrina é tratada nas análises atuais.[2] Contudo, para nossos propósitos, basta dizer que uma mensagem óbvia vem dessas análises contemporâneas (incluindo algumas evangélicas): se alguém quiser examinar todos os detalhes da terminologia grega e latina que envolvem essa doutrina e a longa história das controvérsias aparentemente esotéricas que a cercaram, é melhor mostrar, ao final da análise, sua relevância prática para o viver cotidiano. Se o teólogo não puder explicar o significado teológico ou, sobretudo, a relevância prática dessa doutrina, muitos simplesmente não estarão dispostos a dedicar o tempo necessário para compreender todos os detalhes. Como alguns sugeriram, quando se trata de um cristão típico no banco da igreja (mesmo os muito conservadores), embora concordem com essa doutrina, poucos realmente entendem o que ela diz e muitos vivem, na verdade, como triteístas práticos. Ou seja, na mente de muitos, Deus, Jesus e o Espírito Santo são divinos, mas frequentemente pensam neles e se relacionam com Eles como se fossem três Deuses separados.

Visto que acredito que essa é uma doutrina importante, tanto em termos intelectuais como práticos, devo explicar um pouco de seu significado. Para começar, qualquer cristão que achar importante entender quem e o que é seu Deus deverá reconhecer que o Deus cristão é trino. Conforme Wolfhart Pannenberg responde àqueles que desconsideram a importância dessa doutrina:

> Não é uma doutrina de importância apenas secundária, além de algum outro conceito básico do Deus único: se a questão for considerada nesses termos, o argumento da teologia trinitariana está perdido. Este argumento somente pode ser defendido na condição de que não haja outra concepção apropriada do Deus da fé cristã a não ser a Trindade. Nesse caso, não podemos ter primeiro uma doutrina do Deus único e, posteriormente, em termos de algum mistério sobrenatural extra, a doutrina trinitariana. Pelo contrário, se a doutrina trinitariana é sólida, o monoteísmo cristão somente pode significar que as três pessoas da Trindade não são três deuses, mas apenas um Deus.

Tudo o que se diz na teologia cristã sobre o Deus único deve ser predicado das três pessoas da Trindade em sua comunhão.

Se for possível argumentar sobre a teologia trinitariana, o argumento decisivo deve ser que tal doutrina simplesmente declara explicitamente o que já está implícito na revelação de Deus em Jesus Cristo e basicamente no relacionamento histórico de Jesus com o Pai, a quem Ele proclamou ser o único Deus. Se o relacionamento de Jesus com o Pai pudesse ser descrito de modo apropriado e explicado em outros termos que não os da doutrina trinitariana, o argumento para essa doutrina estaria perdido. Ele somente pode ser defendido se puder se mostrar que o conceito trinitariano de Deus é a única expressão explícita apropriada e completa da realidade de Deus revelada em Jesus Cristo.[3]

De fato, em termos teológicos, esta é uma doutrina muito significativa. Se Pai, Filho e Espírito Santo não forem coigualmente Deus e não tiverem a mesma essência, há sérios problemas, por exemplo, para a doutrina da salvação. Geralmente há um acordo na teologia evangélica de que, por causa do pecado e culpa humanos diante de Deus, é necessário um remédio radical. Alguém deve morrer para pagar a pena, mas quem? A teologia evangélica afirma que deve ser um ser humano, pois os humanos incorreram em culpa e pena. Porém, nenhum simples humano poderia expiar os próprios pecados, que dirá os do mundo todo, então, o Salvador tem de ser Deus. Porém, se Jesus é menos que Deus (acima dos humanos e até acima dos anjos, mas ainda não igual ao Pai e ao Espírito), como Ele pode servir como sacrifício expiatório para todos? A redenção está em risco. Além disso, se não houver igualdade de ser e de propósito, então talvez o desejo de Cristo de oferecer um sacrifício seja contrário à ideia do Pai de como expiar o pecado humano. Talvez, como alguns conjecturaram no início da história da igreja, a propiciação que o Filho faz para o Pai tenta convencer um Pai que não está inclinado a lidar com o pecado dessa maneira. E se o Pai decidisse rejeitar o sacrifício do Filho?

Quanto ao Espírito Santo, se Ele não for plenamente Deus, as implicações para a salvação são novamente sérias. As Escrituras ensinam que o Espírito Santo regenera os crentes, habita neles e os preenche, mas se o Espírito Santo for um Deus menor ou não for Deus, como podemos ter certeza de que Ele pode fazer alguma dessas coisas? Além disso, a menos que Ele seja coigual em ser e propósito com o Pai e o Filho, o que garante que, mesmo que tentasse fazer tais coisas, o Pai e o Filho reconheceriam suas ações como apropriadas e se relacionariam conosco conformemente?

A doutrina da Trindade também é significativa em termos da verdade da revelação. Em 1Coríntios 2, Paulo nos diz que as coisas ocultas de Deus nos foram reveladas pelo Espírito de Deus, o Espírito Santo. No versículo 11, Paulo escreve: "Porque qual dos homens sabe as coisas do homem, senão o seu próprio espírito, que nele está? Assim, também as coisas de Deus, ninguém as conhece, senão o Espírito de Deus". É difícil criticar a lógica de Paulo. Quem saberia melhor o que você está pensando do que você mesmo? Semelhantemente, quem conheceria melhor as verdades de Deus do que o próprio Espírito de Deus? Porém, e se o Espírito Santo não compartilhar a essência divina, mas for um ser menor (até mesmo um ser não divino)? Então, de acordo com a lógica de Paulo, o Espírito Santo não estaria necessariamente em posição de conhecer as verdades de Deus, e se for assim, estamos com um profundo problema em relação às Escrituras. As Escrituras ensinam claramente que a revelação da verdade de Deus vem por meio do Espírito, e que o Espírito inspirou as Escrituras (1Co 2.9-13). Crendo que é assim e crendo que o Espírito é coigualmente Deus, de modo que Ele realmente sabe a verdade de Deus, os evangélicos tomam a Bíblia como a Palavra de Deus e a entendem como uma revelação verdadeira de Deus sobre si mesmo, sobre nós mesmos etc. Como Paulo diz, quem saberia melhor o que está pensando do que a própria pessoa? Se o Espírito Santo não compartilhar a essência divina com o Pai e o Filho, Ele não estará em posição de saber. As implicações para o nosso conhecimento de Deus são surpreendentes!

Pense também nas implicações para a revelação se Jesus não for coigualmente Deus. As Escrituras dizem que Jesus é a imagem exata de Deus (Hb 1.3) e que nele habita toda a plenitude da divindade na forma corporal (Cl 2.9). Jesus acrescenta que aqueles que o viram, esses viram o Pai (Jo 14.9). João diz que, embora ninguém jamais tenha visto Deus, o Filho o conhece e o revelou para nós (Jo 1.18). Porém, se Jesus for um Deus menor ou apenas um simples homem, não existem tais garantias. Em sua própria pessoa, Ele não pode revelar Deus, pois não é coigual a Ele. Além disso, nem podemos ter certeza de que seus ensinamentos sobre Deus revelam a verdade, pois se Ele não for coigual a Deus, como podemos saber que Ele realmente sabe do que está falando quando fala de Deus? Talvez Ele seja apenas um ser humano muito religioso, um gênio nas coisas religiosas, mas não realmente alguém que sabe (quem dirá, revela) a verdade sobre Deus. Se sim, então, ao saber de Cristo e conhecê-lo pessoalmente pela fé, não podemos ter certeza de que nosso conhecimento de Deus aumenta.

A doutrina da Trindade protege contra todas essas possibilidades devastadoras. O que morre na cruz é plenamente Deus e também plenamente humano. A salvação não é meramente sua ideia, uma ideia de cujo mérito Ele tenha de convencer o Pai; é o plano e a obra de toda a divindade. O Espírito Santo tem o poder de regenerar e, ao habitar nos crentes, Ele traz a própria presença de Deus (Pai, Filho e Espírito Santo) para nossas vidas. Além disso, o Espírito, enquanto Deus, conhece com precisão as coisas de Deus, por isso podemos ter certeza de que as Escrituras que Ele inspirou são a verdade de Deus e a verdade acerca de Deus. E Jesus é, como dizem as Escrituras, a revelação mais elevada que temos de Deus. Sim, Ele é um gênio em assuntos religiosos (e em todos os outros assuntos), mas Ele é mais; Ele é Deus!

A Trindade tem outras implicações práticas importantes que são dignas de menção. Para começar, a doutrina da Trindade oferece um exemplo para os relacionamentos interpessoais, sendo que um dos mais importantes são as relações familiares. À medida que o Pai, o Filho e o Espírito Santo se amam profundamente, trabalham em conjunto para alcançar seus objetivos em nosso universo e, quando necessário, submetem a vontade individual aos desejos e planos dos outros membros da divindade (p. ex., Mt 26.39, onde Jesus diz para não ser feita a sua vontade, mas a do Pai), encontramos nosso modelo de relações interpessoais.

Outra implicação prática dessa doutrina é que podemos esperar as mesmas reações e relações de todos os membros da divindade. Pense em atributos divinos tais como o amor de Deus. Ao saber que Deus é todo-amoroso, podemos esperar isso de cada membro da divindade. Não há razão para temer que um dos membros deseje derramar seu amor sobre nós, enquanto os outros membros da Trindade não sejam amáveis. Além disso, uma vez que todos os membros são verdadeiros e fiéis, podemos ter certeza de que o Espírito Santo não nos dirá algo que contradiga o que o Pai ou o Filho sabem ser verdade e melhor para nós. Se Deus faz promessas em sua Palavra, não precisamos nos preocupar que um ou mais membros da Trindade não cumpram essas promessas, mesmo que um dos três queira permanecer fiel. Todos os três são confiáveis, fidedignos e verdadeiros.

Em meio a provação e tribulação, toda a divindade diz que jamais nos deixará nem nos abandonará! Pense no que isso significa. O Pai (que por amor e misericórdia enviou seu Filho para morrer) habita em nós juntamente com Cristo e com o Espírito Santo. O Pai que ressuscitou a Cristo dentre os mortos habita em cada crente e pode usar esse mesmo poder em nossas vidas. Como Paulo escreve (Rm 8.32): "Aquele que não poupou o seu próprio

Filho, antes, por todos nós o entregou, porventura, não nos dará graciosamente com ele todas as coisas?" Além disso, o Filho que se esvaziou e se submeteu à morte em uma cruz também habita em nós. As Escrituras dizem que foi por meio de seu poder que os mundos foram criados (Jo 1.3,10). Não é encorajador saber que quem tem poder para criar o mundo a partir do nada habita em você? As Escrituras também nos dizem que Cristo é nosso advogado junto ao Pai (1Jo 2.1). Quando Satanás nos acusa, Cristo nos defende.

Também é uma grande bênção o Espírito Santo habitar em nós. Ele não é apenas o revelador da verdade acerca de Deus, mas seu ministério ilumina a Palavra de Deus para que possamos ver como ela se aplica a nós. Ele está presente para nos guiar pelas difíceis circunstâncias da vida, mas também é o consolador em tempos de aflições (2Co 1.3,4). Além disso, Ele nos ajuda quando não sabemos o que orar, trazendo as petições adequadas ao trono do Pai (Rm 8.26). É o Espírito Santo que também nos dá dons espirituais para o ministério, e é Ele que usa a nós e ao nosso ministério para realizar coisas na vida das pessoas as quais não poderiam acontecer de outra maneira. Ele convence do pecado e condena o pecado, e depois nos ajuda a mudar o comportamento que queremos abandonar, mas do qual somos incapazes de abdicar por poder próprio. Que bênção saber que o Espírito Santo habita em nós, quer ter comunhão conosco e nunca deixará aqueles que conhecem a Cristo como Salvador!

É claro que nenhum desses benefícios práticos é garantido se Pai, Filho e Espírito Santo forem três Deuses separados, ou se apenas um for Deus e os outros forem seres menores criados. Porém, devido à verdade da Trindade, sabemos que em Cristo toda a plenitude da divindade habita corporalmente (Cl 2.9). Cristo habitando em nós é a esperança da glória (Cl 1.27). Cristo como plenamente Deus habita em nós pelo poder do Espírito Santo, e, portanto, Pai, Filho e Espírito Santo estão presentes na vida dos crentes. Se Deus parece distante de nós, a culpa é claramente nossa. A verdade da Trindade garante que toda a divindade está dentro de nós. Não é maravilhoso saber que Eles não estão em desacordo sobre nós ou sobre alguém ou qualquer outra coisa? Eles estão prontos para ter comunhão conosco e realizar sua vontade em vidas que são submissas à sua liderança e ao seu poder.

Dada a grande importância teológica e prática dessa doutrina, devemos entendê-la. Primeiro, investigaremos sua base bíblica e, em seguida, explicaremos o debate que surgiu sobre a Trindade e como os pais da igreja primitiva o resolveram. Também devemos perguntar sobre a coerência lógica dessa doutrina. O restante deste capítulo é dedicado a essas tarefas.

A Bíblia e a doutrina da Trindade

As Escrituras ensinam a doutrina da Trindade? Depende muito do que significa "ensinar". Se significar que as Escrituras declaram explicitamente essa doutrina, então a resposta é negativa. A fórmula "Deus é um enquanto essência, três enquanto pessoas" não é encontrada em lugar algum nas Escrituras. Alguns responderão que 1João 5.7 chega o mais perto possível de uma declaração formulada, pois diz: "Pois há três que dão testemunho [no céu: o Pai, a Palavra e o Espírito Santo; e estes três são um".

Infelizmente, essa leitura tem como apoio uma tradição textual fraca, portanto, é provavelmente espúria. A leitura preferida (apoiada por ℵ, A, B, K, P) diz: (v. 7) "Pois há três que dão testemunho [v. 8] o Espírito, a água e o sangue, e os três são unânimes num só propósito". Nesta leitura, o versículo não declara a doutrina da Trindade de forma nenhuma.

Embora nenhuma passagem declare a doutrina *per se*, há outras maneiras pelas quais as Escrituras podem ensinar alguma coisa. Se as Escrituras fazem várias afirmações que, quando tomadas em conjunto, exigem ou até justificam uma doutrina, então a Bíblia a ensina por implicação. É fácil mostrar que as Escrituras ensinam que existe apenas um Deus. Além disso, as Escrituras aplicam termos como "Deus" e "Yahweh" e predicam vários atributos e ações divinas a mais de um indivíduo. É claro, esse pode ser o caso de usar várias formas de se referir a uma e apenas uma coisa, mas também há evidências de que os indivíduos designados por esses nomes e descrições são distintos e existem simultaneamente um ao outro.

Se ensinam tudo isso de fato, as Escrituras não "dizem" que Deus é um em essência e três no que se refere a pessoas, mas exigem que o teólogo e o exegeta ofereçam muita explicação. Pois, como pode haver apenas um Deus e, ainda assim, qualidades divinas serem atribuídas a vários indivíduos distintos existindo simultaneamente, chamados por nomes divinos, e retratados como fazedores de coisas que, de acordo com as Escrituras e a razão, somente um ser divino poderia fazer? Se o teólogo e o exegeta quiserem evitar uma contradição, a formulação tradicional da doutrina da Trindade parece necessária.

Tudo isso significa que a doutrina da Trindade é inferida a partir de coisas que as Escrituras ensinam sem ser realmente declarada em nenhum lugar. O raciocínio inferencial é notoriamente incerto, pois, a partir de um conjunto de dados pode ser possível gerar várias inferências distintas, cada uma das quais excluindo mutuamente as outras. Por exemplo, a partir dos dados mencionados, é possível inferir o triteísmo, a crença em três Deuses distintos que são um na medida em que concordam totalmente com seus propósitos e decisões. Também é possível inferir que os escritores bíblicos, em termos gerais, se contradizem nesta questão, de modo que a verdade é que ou Deus é realmente uno ou o triteísmo é verdadeiro. Nesse caso, alguns autores bíblicos estão errados ao afirmar a alternativa contrária. Contudo, novamente, também é possível concluir a partir dos dados bíblicos que Deus é de alguma forma um e três ao mesmo tempo sem que essas afirmações gerem uma contradição.

Essas três inferências possíveis dos dados bíblicos (outras também podem ser possíveis a partir dos mesmos dados), *prima facie*, parecem ter a mesma plausibilidade. Se formos além da evidência *prima facie* e adicionarmos as doutrinas da inspiração e inerrância bíblicas, mais a crença de que contradições são erros, então a segunda inferência mencionada não parece plausível. Porém, entre a primeira e a terceira opção, inicialmente não há muito para recomendar uma em detrimento da outra. Para demonstrar que uma é mais provável que a outra, é necessário mais trabalho exegético e teológico.

Nada disso significa que devemos nos desesperar de entender corretamente o que as Escrituras ensinam sobre este assunto, mas ressalta a necessidade de ter muito cuidado em nosso raciocínio exegético, teológico e filosófico sobre esta questão. Formular doutrinas por inferência de outras verdades que as Escrituras ensinam pode ser difícil, mas não é uma maneira ilegítima de formular doutrina. Se os dados justificarem a inferência, não há razão para ficar pesaroso em relação à doutrina.

Além dessas precauções sobre o raciocínio inferencial, outras duas "regras básicas" para esta discussão são dignas de nota. Primeiro, sabemos o que os pais da igreja primitiva e os concílios concluíram sobre essa doutrina. Também sabemos, pelos escritos deles que tentaram expor e defender as decisões dos concílios, que distinções metafísicas bastante sofisticadas foram usadas para explicar e defender essa doutrina. Eles introduziram termos gregos e latinos (tais como *ousia, hypostasis, substantia, subsistantia, persona*) para elucidar essa doutrina; termos que jamais foram usados dessa maneira nas Escrituras para falar da Trindade. Isso deveria nos alertar a ter cuidado para não impor esses termos e conceitos sobre as Escrituras, a fim de forçar os escritores bíblicos a apresentar argumentos metafísicos sofisticados, os quais nunca tiveram em mente e, possivelmente, a respeito dos quais pouco sabiam. É perturbador ler várias abordagens teológicas dessa doutrina em que os teólogos basicamente "releem" nas Escrituras as conclusões dos concílios da igreja, que os autores bíblicos nunca tiveram em mente. Isso não significa que os escritores bíblicos discordariam dessas afirmações e sofisticações, mas apenas que, embora desejemos dizer o que as Escrituras dizem sobre esse tópico, não deveríamos fazer os autores bíblicos dizerem mais do que disseram. Da mesma forma, eu alertaria os leitores contemporâneos a não ler as noções atuais de "pessoa" nas Escrituras e nas formulações e escritos dos pais da igreja que lutaram com essas ideias. Como vimos nos Capítulos 2 e 3 deste livro, algumas mudanças dramáticas ocorreram com Immanuel Kant em nossa compreensão de como a mente funciona no processo de conhecimento, e tudo isso tem implicações para nossas noções de consciência e autoconsciência; estes conceitos têm implicações significativas para o que queremos dizer com uma pessoa. Não suponha que os pensadores dos séculos IV e V, vivendo mais de um milênio antes de Kant e Descartes, entendiam consciência, conhecimento ou pessoalidade como Descartes ou Kant entendiam, que dirá como nós entendemos.

Uma segunda "regra básica" trata da relação do NT com o AT. O progresso da revelação significa que Deus não disse tudo o que deseja dizer sobre um tópico em apenas uma passagem. Também significa que, à medida que a história da salvação progride, as revelações anteriores são ampliadas e esclarecidas por revelações posteriores. Isso é verdade especialmente com a doutrina da Trindade. As verdades que formam o fundamento da doutrina são apresentadas com mais clareza no NT. Partes da doutrina são, na melhor das hipóteses, apenas sugeridas vagamente no AT. É tentador ler a verdade do NT nas passagens do AT, mas devemos, na medida do possível, resistir a essa tentação. A razão não é que o NT contradiga o AT ou não flua dele, mas sim que o AT não diz inteiramente o que afirmamos com base no ensino do NT. Uma coisa é dizer, por exemplo, que podemos ver como uma passagem do AT que diz que o Messias vindouro também seria Deus (Is 9.6,7) se encaixa no ensino do NT de que Jesus de Nazaré é o Messias há muito esperado e é o Filho de Deus. Outra coisa é dizer que *Isaías* está ensinando que Jesus é Deus. Ou ainda, uma coisa é dizer que uma passagem como Isaías 63.7-14 ensina que Deus, o anjo de sua presença e o Espírito Santo de Deus estavam todos envolvidos no êxodo de Israel do Egito e na peregrinação no deserto, e que, se o segundo membro desse trio for o Cristo pré-encarnado, embora essa passagem não ensine três membros distintos da Divindade, pode-se torná-la coerente com a doutrina. Por outro lado, é diferente dizer que essa passagem do AT ensina não apenas a pluralidade na Divindade, mas também que os três indivíduos mencionados são pessoas distintas da Divindade e coiguais entre si.

Sendo cuidadosos com os textos do AT, não acho que perdemos nada de significativo para a doutrina da Trindade. Por outro lado, podemos ver claramente insinuações de um Deus trino, "esboços" que, se não forem completamente compreendidos pela pessoa do AT, ainda são compreensíveis na era do NT como sementes das quais nascem os ensinamentos mais completos e claros. Além disso, para o observador santo do AT, essas passagens do AT poderiam ter sido uma pista de que há mais a dizer sobre Deus do que apenas que existe um Deus e Yahweh é seu nome.

Com essas advertências metodológicas em vista, passemos às Escrituras para ver o que elas dizem sobre Deus. Tendo investigado os dados bíblicos, estaremos em uma posição melhor para ver o que a igreja primitiva estava tentando explicar e para julgar quanto suas explicações e formulações doutrinárias eram fiéis ao texto bíblico.

Há somente um Deus

Nossa discussão sobre o ensino bíblico começa com a afirmação de que existe somente um Deus. Isso exclui todas as formas de politeísmo. Além disso, as Escrituras deixam claro que esse Deus único é Yahweh, o Deus de Abraão, Isaque e Jacó. Ele não é Baal, Moloque ou qualquer outra divindade pagã. Tanto o AT quanto o NT são muito claros quanto a isso.

No AT há muitas indicações de que existe apenas um Deus. Talvez o versículo mais conhecido seja o *šĕma'* de Deuteronômio 6.4: "Ouve, Israel, o Senhor, nosso Deus, é o único Senhor". Embora a sintaxe seja um pouco difícil no original, o significado do versículo é bastante claro. A palavra traduzida como "único" é *'eḥod*. Ocorre cerca de 960 vezes em muitos contextos ao longo do AT,[4] e seu uso predominante é para designar algo que é numericamente um, e este parece ser o sentido aqui. Há apenas um Yahweh; ninguém mais se qualifica como Deus. Outros povos têm seus próprios deuses, mas o Deus de Israel é somente Yahweh. Para judeus e cristãos, o Deus da Bíblia é o Deus verdadeiro e vivo; portanto, nenhum outro deus é real. Considerando que somente o Senhor é Deus, o versículo 5 instrui Israel: "Amarás, pois, o Senhor, teu Deus, de todo o teu coração, de toda a tua alma e de toda a tua força". Êxodo 20.3 e Deuteronômio 5.7 ordenam a Israel: "Não terás outros deuses diante de mim".

Quando Moisés pergunta a Deus o que dizer a Israel caso perguntem o nome dele (Êx 3.13,14, NVI), Deus diz que Moisés deveria responder: "Eu Sou o que Sou. É isto que você dirá aos israelitas: Eu Sou me enviou a vocês".

"Esse é o meu nome para sempre, nome pelo qual serei lembrado de geração em geração" (v. 15, NVI). Em vários lugares no AT, Deus reitera enfaticamente que Ele é o único Deus e que não há outro. Deuteronômio defende essa ideia repetidas vezes. Deuteronômio 4.35,39 (NVI) diz: "Tudo isso foi mostrado a vocês para que soubessem que o Senhor é Deus, e que não há outro além dele. [...] Reconheçam isso hoje, e ponham no coração que o Senhor é Deus em cima nos céus e embaixo na terra. Não há nenhum outro". Veja também Deuteronômio 32.39.

Em 1Reis e Salmos, lemos a mesma coisa (1Rs 8.59,60; Sl 86.10), mas, de longe, é Isaías quem defende essa ideia com mais frequência. Isaías 43.10 (NVI) diz: "Vocês são minhas testemunhas", declara o Senhor, "e meu servo, a quem escolhi, para que vocês saibam e creiam em mim e entendam que eu sou Deus. Antes de mim nenhum deus se formou, nem haverá algum depois de mim". E em Isaías 45.5,6 (NVI) encontramos: "Eu sou o Senhor, e não há nenhum outro; além de mim não há Deus. [...] não há ninguém além de mim. Eu sou o Senhor, e não há nenhum outro" (ver também 44.6; 45.14,18). Vários versículos à frente (Is 45.21,22, NVI), o Senhor diz: "E não há outro Deus além de mim, um Deus justo e salvador; não há outro além de mim. Voltem-se para mim e sejam salvos, todos vocês, confins da terra; pois eu sou Deus, e não há nenhum outro". E finalmente, em Isaías 46.9 (NVI), Deus diz: "Eu sou Deus, e não há nenhum outro; eu sou Deus, e não há nenhum como eu".

A última linha de Isaías 46.9 diz mais do que isto, que há apenas um Deus. Também diz que não há ninguém, incluindo o mais elevado de todos os seres próximos a Deus, que se compare a Ele. Em Êxodo 15.11 (NVI), Moisés defende mais uma ideia de que, quando Yahweh é comparado com o deus ou deuses de outras nações, não há comparação. Moisés pergunta: "Quem entre os deuses é semelhante a ti, Senhor? Quem é semelhante a ti? Majestoso em santidade, terrível em feitos gloriosos, autor de maravilhas?"

O NT repete esta mensagem de várias maneiras. Em uma ocasião (Mc 12.29,30), Jesus foi questionado sobre qual dos Dez Mandamentos Ele achava mais importante. Em resposta, Ele citou Deuteronômio 6.4 e depois repetiu o primeiro mandamento. No versículo 31, Jesus acrescenta o mandamento de amar o próximo como a nós mesmos, e então seu interlocutor concorda (v. 32, NVI) que "Deus é único e que não existe outro além dele". Em outra ocasião, enquanto Jesus ora ao Pai, ele diz (Jo 17.3, NVI): "Esta é a vida eterna: que te conheçam, o único Deus verdadeiro, e a Jesus Cristo, a quem enviaste".

Nas epístolas paulinas, várias passagens afirmam que há apenas um Deus. Isso é exatamente o que esperaríamos de um homem que foi criado no judaísmo ortodoxo e refere-se a si mesmo como um hebreu de hebreus e fariseu de acordo com a lei (Fp 3.5). No final de Romanos 3, Paulo conclui que todas as pessoas são culpadas diante de Deus e só podem ser justificadas pela fé em Cristo. Para que não se pense que essas regras se aplicam apenas aos judeus, e não aos gentios, Paulo acrescenta (Rm 3.29,30): "É, porventura, Deus somente dos judeus? Não o é também dos gentios? Sim, também dos gentios, visto que Deus é um só, o qual justificará, por fé, o circunciso e, mediante a fé, o incircunciso". A lógica é clara: existe apenas um Deus; portanto, quaisquer regras que se apliquem a um grupo de pessoas se aplicam a todos.

Em 1Coríntios 8, Paulo discute questões da liberdade cristã (questões moralmente indiferentes em si mesmas). A prática específica em questão é comer alimentos sacrificados aos ídolos. Em 1Coríntios 8.4ss Paulo explica que os ídolos não são deuses reais, e comer ou não comer alimentos sacrificados a eles é moralmente indiferente. No entanto, como alguns são reticentes em relação a tais coisas, os crentes devem ter cuidado para não ofender. Ao defender essa ideia, Paulo afirma a crença tradicional judaica e cristã em apenas um Deus. Nos versículos 4-6 (NVI), ele escreve: "Portanto, em relação ao alimento sacrificado aos ídolos, sabemos que o ídolo não significa nada no mundo e que só existe um Deus. Pois, mesmo que haja os chamados deuses, quer no céu, quer na terra (como de fato há muitos "deuses" e muitos "senhores"), para nós, porém, há um único Deus, o Pai, de quem vêm todas as coisas e para quem vivemos; e um só Senhor, Jesus Cristo, por meio de quem vieram todas as coisas e por meio de quem vivemos" (ver também Ef 4.3-6).

Então, ao escrever a Timóteo, Paulo incentiva todos os crentes a orar por aqueles que têm autoridade. A esperança é que Deus lhes dê sabedoria em seu governo para que haja paz e tranquilidade para todos que estão debaixo dessa autoridade. Em 1Timóteo 2.4, Paulo explica que isso é importante porque Deus quer que todas as pessoas sejam salvas. A ideia é que, em tempos de paz, é mais fácil o evangelho reinar livremente. Tendo compartilhado o desejo de Deus de que todos sejam salvos, Paulo acrescenta algo sobre a salvação que Deus oferece (v. 5,6, NVI): "Pois há um só Deus e um só mediador entre Deus e os homens: o homem Cristo Jesus, o qual se entregou a si mesmo como resgate por todos. Esse foi o testemunho dado em seu próprio tempo". Existe apenas um Deus a quem devemos prestar contas, e Ele proveu um meio pelo qual devemos ser salvos, a saber, Jesus, o único mediador entre Deus e o homem.

Uma última passagem do NT é Tiago 2.19. No capítulo 2, versículos 14ss, Tiago aborda a relação da fé com as obras. Aqueles que dizem que creem, mas não têm uma vida de obras que agradam a Deus não oferecem evidências de que realmente creem. Eles podem afirmar intelectualmente que existe um Deus, mas isso equivale a pouco, já que suas obras mostram que eles vivem como se Deus não existisse e não fizesse diferença para eles. Em Tiago 2.19 (NVI), Tiago fala sobre a pessoa que tem somente uma crença intelectual de que há um Deus: "Você crê que existe um só Deus? Muito bem! Até mesmo os demônios creem — e tremem!" Tiago concorda que existe um Deus, mas seu argumento é que, se houver apenas uma crença intelectual em Deus, isso não vale muito. Até os demônios que estão decididos a combater Deus sabem intelectualmente que Ele existe. A mensagem é clara: embora as obras não salvem ninguém, elas mostram que uma pessoa realmente crê de uma forma que ultrapassa o simples assentimento intelectual e chega a um compromisso de viver de acordo com esse Deus único e verdadeiro.

Nessas passagens, então, o NT afirma que existe apenas um Deus, e isso concorda com o AT. O progresso da revelação não oferece mais esclarecimento desse ponto no NT.

Evidências de pluralidade na Divindade

As Escrituras ensinam de várias maneiras que a divindade é verdadeira em relação a mais de um indivíduo. Isso está muito claro no NT, mas mesmo o AT sugere essa verdade. Pelo fato de a evidência do NT ser muito mais clara que a do AT, e porque queremos ter o cuidado de não ler o NT no AT sem justificativa, quero examinar cada um de forma independente. De fato, algumas passagens do NT esclarecem que uma pessoa mencionada em uma passagem do AT era Deus Filho ou o Espírito Santo, mas essa evidência será analisada em minha abordagem do NT.

Insinuações de pluralidade na divindade no AT.
Embora o AT não tenha nem de longe a clareza do NT no ensino da pluralidade na Divindade, tal ideia não está totalmente ausente no AT. É duvidoso que qualquer pessoa que tenha vivido durante a época do AT e o tenha lido pudesse concluir que três pessoas — Pai, Filho e Espírito Santo — são divinas e pudesse entender o que isso significa. Por outro lado, um estudante cuidadoso do AT poderia ter suspeitado que este ensina algo mais sobre Deus do

que apenas o monoteísmo. Nesta seção, quero apresentar evidências do AT que sugerem pluralidade na Divindade. Certamente, sem o ensino do NT de que o Pai, o Filho e o Espírito Santo são divinos, poderíamos não pensar que o AT ensina algo mais do que a existência de um único Deus.

Começamos com o fato de que a palavra típica do AT para o Deus de Israel é *'ĕlōhîm*, e é plural. Muito já se escreveu sobre o significado disso. Alguns dizem que a forma plural era usada tipicamente pelas religiões politeístas; portanto, é significativo seu uso na Bíblia (apesar do claro ensino do AT de que existe apenas um Deus). Especificamente, alguns dizem que essa forma plural serve como evidência para o observador cuidadoso de que há pluralidade na Divindade.[5] Talvez ainda mais significativo seja o fato de que há passagens bíblicas em que se menciona o Deus de Israel como *'ĕlôah*, o singular de *'ĕlōhîm* (p. ex., Dt 32.15; Sl 18.32 [heb.]; 114.7; Hc 3.3; e mais frequentemente em Jó). Visto que essa forma singular está disponível e foi usada em várias ocasiões, considera-se significativo o fato de o plural também ser usado com mais frequência para se referir ao Deus de Israel. A menos que a intenção seja defender a ideia da pluralidade, por que não usar apenas o singular *'ĕlôah*?

Por outro lado, porém, muitos argumentam que deveríamos ver a forma plural como nada além de um plural majestático. Como tal, designa a majestade do Deus de Israel, mas não diz nada sobre quantos membros existem na Divindade ou sobre múltiplos deuses.[6] É difícil decidir entre essas duas visões, e se todo o argumento da pluralidade divina no AT se baseasse nesse item, seria um argumento fraco. Felizmente, existem outras indicações mais substanciais no AT referentes à pluralidade na Divindade. Quanto à forma plural de *'ĕlōhîm*, ela ocorre com tanta frequência no AT que provavelmente não é mais do que uma questão de estilo. Assumir que os escritores a utilizam para defender uma ideia metafísica sobre a natureza de Deus provavelmente conclui mais do que deveríamos concluir. O que parece exigir mais explicações são os usos pouco frequentes da forma singular *'ĕlôah* em livros que normalmente usam o plural. Por outro lado, o singular é tão frequente em Jó que ali provavelmente é apenas uma questão de estilo. Qualquer que seja a razão do singular em outros livros, é pouco provável que ensine algo sobre a pluralidade na Divindade, já que *'ĕlôah* é singular.

Acredito que estamos em um terreno mais seguro quando focamos dois outros aspectos do uso de palavras no AT. Como mencionado, a palavra mais típica para Deus é o plural *'ĕlōhîm*. Embora seja plural, essa palavra é tão comumente usada para se referir ao Deus único de Israel, Yahweh, que é usada com mais frequência com um verbo no singular. Normalmente, substantivos e verbos concordam em número, então isso é gramaticalmente incomum, embora estilisticamente normal no AT. De fato, é tão comum usar esse substantivo plural com um verbo no singular que se torna significativo quando um verbo no *plural* é usado com *'ĕlōhîm* para se referir ao Deus de Israel. Várias referências bíblicas defenderão a ideia. Em Gênesis 20.13, *'ĕlōhîm* é usado com um verbo no plural para "fez andar errante", e Gênesis 35.7 fala que Deus "se revelou" (plural no hebraico) a Jacó. Em 2Samuel 7.23, nos é dito que o Deus de Israel (*'ĕlōhîm*) foi (*hālĕcû* — terceira pessoa do plural) resgatar Israel. Embora seja difícil ir mais fundo em tais casos, uma vez que o verbo no singular com *'ĕlōhîm* era muito mais comum, o leitor dessas outras passagens deveria ao menos ter se perguntado por que o escritor usou verbos no plural nesses casos.

Um terceiro fenômeno linguístico é o uso de pronomes plurais para se referir a Deus em várias passagens. Visto que os pronomes devem concordar com seu substantivo em número, caso e gênero, nossa expectativa seria ver pronomes no plural se referindo a *'ĕlōhîm*. No entanto, visto que no hebraico bíblico entendia-se que esse substantivo (quando usado acerca do Deus de Israel) se referia a um Deus, era mais comum usar pronomes singulares para se referir a *'ĕlōhîm*. Portanto, nos casos em que pronomes plurais aparecem (gramaticalmente corretos, mas contrários ao uso típico), esses casos parecem sugerir pluralidade de algum tipo na Divindade. Quatro passagens são dignas de nota. Em Gênesis 1.26 (NVI), Deus diz: "Façamos o homem à nossa imagem"; o verbo "fazer" (*na'ăseh*) é plural, e também o é "nossa". Alguns tentaram desconsiderar essa passagem argumentando que o Senhor pode estar fazendo esse comentário às hostes angelicais do céu. Contudo, é improvável, uma vez que os humanos são feitos à imagem de Deus, não de anjos, por isso, seria difícil explicar por que Deus faria tal comentário às hostes angelicais. Outros podem ver o comentário como um exemplo de um "nós" editorial. De fato, às vezes as pessoas que detêm a autoridade, ao dar ordens, dizem "gostaríamos disso ou daquilo". Embora isso seja verdade em geral, não é a maneira mais frequente do AT retratar Deus ao se referir a si mesmo e suas ações. Embora se possa notar que temos casos semelhantes em Gênesis 3.22 e 11.7, ainda não é a prova de que essa é a maneira mais usual de Moisés relatar os pronunciamentos de Deus referentes às suas intenções. Portanto, é altamente improvável que isso esteja acontecendo em qualquer um desses três casos.

As duas outras passagens que usam pronomes plurais para Deus são Gênesis 3.22 e 11.7. Depois que Adão e Eva pecaram, Deus lamenta

(Gn 3.22, NVI) que "Agora o homem se tornou como um de nós [*mimmennû*], conhecendo o bem e o mal". Então, o verbo "descer" em Gênesis 11.7 é plural e, como o sujeito da sentença está contido no verbo, o sujeito é "nós" — portanto, "desçamos". Novamente, pode-se objetar que o Senhor está falando com as hostes angelicais, e isso é possível. Contudo, nos contextos de Gênesis 3 e Gênesis 11, não há menção aos anjos; então, é preciso "lê-los" na passagem. Pode-se responder que também não há referência a outros membros da divindade. De fato, é assim, e é por isso que tal evidência não é uma prova certa da Trindade. Contudo, nas duas passagens, os personagens principais da narrativa são Deus, Adão e Eva (Gn 3), e Deus e os humanos em Babel (Gn 11). Portanto, a maneira mais natural de ler esses versículos é como uma referência a Deus. É claro que isso parece estranho à luz do ensino claro de que existe apenas um Deus, mas apenas mostra que essa linha de evidência em si mesma não pode ser conclusiva. Ainda, essas referências deveriam ter feito os judeus antigos se perguntarem o que estava sendo dito.

Um último caso de pronomes plurais usados para se referir a Deus ocorre em Isaías 6.8. Nesse capítulo, Isaías tem uma visão da sala do trono de Deus no céu. No meio dessa visão (v. 8, NVI), ele ouve o Senhor perguntar: "Quem enviarei? Quem irá por nós?" Uma vez que os anjos foram mencionados no versículo anterior e em todo o contexto, os céticos responderão, sem dúvida, que Deus está fazendo essa pergunta aos anjos, e nesta passagem tal interpretação parece mais fácil de ser apoiada do que nos outros casos. Os comentaristas, no entanto, discordam dessa questão. Delitzsch e Gray, por exemplo, argumentam que a referência é à companhia celestial.[7] Por outro lado, Calvino vê nela uma referência à Trindade, embora ofereça pouca explicação do motivo.[8] Geoffrey Grogan concorda que provavelmente se refere a Deus. Ele admite que "existem, é claro, muitas passagens bíblicas que retratam Deus cercado pela hoste celestial. Nenhuma delas, no entanto (a menos que, é claro, a presente passagem seja uma exceção), sugere que Ele, o Deus onisciente e onissapiente, a chamou para conselho ou até mesmo a identificou com Ele de alguma maneira em sua fala".[9]

Embora esta passagem seja reconhecidamente mais difícil que as outras, estou inclinado a concordar que ela insinua uma pluralidade na Divindade. Além do argumento de Grogan, acho importante observar o ponto da questão e o objetivo de todo esse incidente. Isaías 6 relata o chamado do próprio Isaías ao ministério, um chamado para pregar a um Israel que seria teimoso e se recusaria a obedecer. As perguntas do versículo 8 não são exemplos de Deus solicitando informações que Ele não conhece ou conselhos para uma decisão que não tomou. Elas são um dispositivo retórico usado para alertar Isaías sobre a necessidade de seus serviços. Além disso, essas perguntas constituem um chamado de Isaías para esse ministério. Porém, quem é que chama Isaías para esse ministério? Certamente não o querubim e/ou serafim, mas Deus! Deus poderia facilmente ter dito "Quem irá por mim?" e as perguntas teriam servido para chamar Isaías ao ministério. Porém, Deus colocou a questão de maneira diferente, e acho que isso é significativo. Além disso, o fato de esse ser o chamado de Deus (de ninguém mais) para o ministério torna muito menos provável que "nós" se refira às hostes angelicais.

Além desses pontos linguísticos e gramaticais que sugerem a pluralidade na Divindade, existem outros ensinamentos do AT que apoiam a ideia. Para começar, há passagens do AT que parecem atribuir um filho a Yahweh. No início de Provérbios 30, Agur fala do Santo (v. 3) e faz uma série de perguntas sobre esse Deus (v. 4). Uma delas é qual é o nome do Santo e qual é o nome de seu Filho. Além disso, o Salmo 2 (entendido como um salmo messiânico) pergunta por que as nações se enfurecem e conspiram contra o Senhor e seu Ungido (seu Messias). Nos versículos 4-6, o Senhor responde às nações e, em seguida, no versículo 7, o ungido relata as palavras de Deus a Ele: *Tu és meu "Filho, eu, hoje, te gerei"*.

As duas passagens do AT parecem atribuir um filho a Yahweh, apesar do fato de Israel saber que Yahweh é o único Deus. Contudo, devemos ter cuidado para não enxergar significado específico demais nesses versículos em seu contexto no AT. Seria fácil ver nessas passagens o ensinamento neotestamentário sobre a Trindade ou até mesmo uma formulação precisa da doutrina. O que ajuda a lidar com essas passagens de maneira mais conservadora é a percepção de que há outros casos no AT em que outros são chamados de filhos de Deus, e é claro que não se está atribuindo divindade a eles. Por exemplo, os anjos são chamados de filhos de Deus (p. ex., Jó 2.1), Israel é chamado em várias ocasiões de filho de Deus (Êx 4.22; Os 11.1), e em 2Samuel 7.14 Deus promete a Davi que, depois que ele morrer, Deus levantará seu filho como rei (isso se cumpriu em Salomão). Deus diz que Ele será um pai para Salomão, e Salomão será um filho para Ele, e não era incomum naquela cultura pensar que os reis eram uma espécie de filho de Deus. Porém, claramente, nem o rei nem Israel são divinos, e os anjos também não são divinos. Portanto, falar de um filho para Yahweh pode sugerir uma pessoa divina (como acredito que é o caso em Pv 30 e Sl 2), mas a referência não é totalmente clara da perspectiva do AT, por causa desses outros exemplos de meros seres humanos ou anjos sendo chamados de filhos de Deus. Além disso, mesmo que o filho em Provérbios 30 e Salmo 2 seja divino, isso é bem diferente de identificar esse filho como Jesus, e bem diferente da linguagem trinitariana de compartilhar a essência divina.

Uma insinuação adicional de pluralidade na Divindade vem das várias referências ao anjo do Senhor (*mal'ak yhwh*). Obviamente, muitos anjos são mencionados no AT, mas um aparece em várias ocasiões e parece ser mais do que apenas um dos anjos de Deus. De fato, no seu caso, "anjo do Senhor" parece ser tanto um título ou nome quanto uma descrição de sua função ou natureza. O que é significativo acerca desse anjo do Senhor é que várias passagens se referem a ele como Deus, e, no entanto, ele parece ser distinto de Yahweh. Gênesis 16 registra a história de Abraão, Sara e Hagar. Hagar fugiu de Sara indo para o deserto, e o anjo do Senhor a encontrou (v. 7). Nos versículos seguintes, o anjo fala sobre o filho que ela terá. Então, no versículo 13, Hagar "invocou o nome do Senhor, que lhe falava: Tu és Deus que vê". Porém, ela estava falando com o anjo do Senhor, então esta passagem identifica o anjo como Deus e Yahweh.

Gênesis 22 relata a oferta que Abraão faz de Isaque no monte Moriá. Durante este episódio, o anjo do Senhor (v. 11) intervém para deter Abraão. Abraão encontra um carneiro e o sacrifica no lugar, e nos versículos 15 e 16 um anjo fala de seu agrado pela fé de Abraão. Porém, à medida que fala (v. 16), ele é chamado de Senhor: "Jurei, por mim mesmo, diz o Senhor, porquanto fizeste isso.." Aqui, novamente, vemos que este não é um mero anjo; ao contrário, ele se identifica como Deus. Semelhantemente, em Gênesis 31.11, Jacó luta com o anjo do Senhor, que então (v. 13) se identifica como Deus. E em Juízes 13.6ss, o anjo do Senhor visita Manoá e sua esposa. Depois que ele parte (v. 20-22), Manoá menciona o anjo e diz que ele e sua esposa certamente morrerão, pois viram Deus. Talvez a designação mais clara do anjo do Senhor como Deus seja encontrada em Êxodo 3.2-6, o episódio de Moisés e a sarça ardente. O versículo 2 diz que o anjo do Senhor aparece a Moisés na sarça ardente e, no versículo 4, fica claro que esse anjo é Deus. No versículo 6, ele diz a Moisés que ele é *o Deus de teu pai, o Deus de Abraão, o Deus de Isaque e o Deus de Jacó*. Moisés esconde o rosto, porque está com medo de olhar para Deus. É claro, ele viu o anjo do Senhor na sarça ardente, então a identificação do anjo com Deus é clara.

Em outras passagens, o anjo do Senhor é claramente distinto de Deus. Pense em Números 22.22-35, o relato de Balaão e sua mula, e Juízes 6.11-23, o relato de Gideão na batalha de Midiã. Também há evidências dessa distinção até mesmo em Juízes 13, pois no versículo 8, Manoá pede a Deus que "o homem de Deus", a quem Deus enviou, possa retornar a eles. Seria difícil argumentar que o anjo do Senhor em Números 22 e Juízes 6 é diferente do que vimos nas outras passagens, especialmente com o que vemos em Juízes 13, onde há ambas, identidade e distinção, entre o anjo e Deus. Ainda, enquanto em algumas passagens examinadas o anjo é chamado de Deus, em Números 22 e Juízes 6 ele é mencionado juntamente com o Senhor como um indivíduo distinto. Um outro ponto é digno de nota acerca do anjo do Senhor. Em Juízes 13.17, Manoá expressa seu desejo de honrar e adorar o anjo, e mais tarde oferece um sacrifício a Deus. Além disso, em Êxodo 3, é dito a Moisés que tire os sapatos como sinal de respeito, porque ele está em solo sagrado, mas é claro, ele viu a sarça ardente na qual o anjo do Senhor apareceu. Êxodo 34.14 é muito claro no sentido de que somente Deus deve ser adorado, não simples seres humanos ou até mesmo anjos, mas nem em Êxodo 3 nem em Juízes 13 o anjo do Senhor recusa os vários atos de reverência e adoração. Isso sugere, quando adicionado a Êxodo 34.14, sua natureza divina.

O que devemos concluir acerca desse anjo? Muitos argumentam que ele é o Cristo pré-encarnado, e é verdade que após a encarnação não há referência ao anjo do Senhor. No entanto, para alguém que vivia na época do AT, seria extremamente difícil identificar o anjo com Cristo, mas os dados mostram alguma coisa de fato. Especificamente, eles mostram que um indivíduo conhecido como o anjo do Senhor é identificado como Deus e, contudo, em várias passagens, também é distinguido de Deus. A partir disso, dificilmente podemos deduzir a doutrina da Trindade, mas esses dados autorizam dizer que, embora haja apenas um Deus, em certo sentido, há pluralidade na Divindade, pois o anjo do Senhor é chamado de Deus e, contudo, é distinguido de Deus.

Outra evidência de pluralidade na Divindade no AT vem no ensino acerca do Messias, o ungido de Deus. Algumas passagens identificam o Messias vindouro como Deus. Pense, por exemplo, em Isaías 9.6,7, que profetiza o nascimento de um filho a Israel. Contudo, não se trata de uma simples criança humana, pois a passagem esclarece que Ele se sentará no trono de Davi e que seu reino durará para sempre. Esse não pode ser outro senão o tão esperado Messias, mas observe a descrição dessa criança. Entre outras coisas, o versículo 6 revela que Ele é o Deus Forte, então essa passagem conecta a messianidade à divindade. Encontramos algo semelhante em Jeremias 23.5,6, em que Deus diz que Ele levantará para Davi um renovo justo que reinará como rei sobre

Israel e Judá. Os comentaristas entendem isso igualmente como uma profecia sobre o Messias, mas, além disso, o versículo 6 diz que seu nome será chamado "Senhor, Justiça Nossa", ou "Yahweh, nossa justiça". Isso é mais do que uma mera profecia de que as pessoas, nos dias do Messias, pensarão positivamente acerca dele. Em vez disso, Ele será chamado assim porque o reconhecerão como Deus e ficarão fascinados com a justiça e retidão que Ele faz na terra (v. 5). Portanto, essa passagem também identifica o Messias como divino.

Outra passagem bem conhecida estabelece uma identificação semelhante. Miqueias 5.2 prediz o local de nascimento do Messias como Belém-Efrata. Também diz que suas origens são "desde os tempos antigos, desde os dias da eternidade". O que isso poderia significar, senão que Ele existia antes de sua origem em Belém? De fato, Ele se originou (existiu) desde a eternidade, de acordo com o versículo, mas isso não pode ser verdade acerca de qualquer simples ser humano, nem pode ser verdade acerca de um anjo (a profecia não é sobre o nascimento de um anjo, seja o que for que isso significaria). O que é dito deste rei somente poderia ser verdade acerca de Deus. Aqui, novamente, o AT liga o Messias à divindade.

Talvez Messias seja apenas outro termo para Yahweh, ou seja, talvez essa evidência signifique apenas que há somente uma pessoa na Divindade, que pode ser chamada de vários nomes diferentes, inclusive de Yahweh e Messias. Isso é possível, mas improvável, pois há passagens que distinguem o Messias de Deus. Por exemplo, o Salmo 2 normalmente é entendido como um salmo messiânico, mas o rei ungido que Deus colocou em seu santo monte claramente não é Ele mesmo, mas seu Filho e, portanto, distinto dele. Além disso, no Salmo 45, também considerado por muitos um salmo messiânico, o versículo 6 diz que o trono de Deus está estabelecido para sempre, e então é dito ao rei (v. 7) que "Deus, o teu Deus, te ungiu com o óleo de alegria, como a nenhum dos teus companheiros". Claramente, o que é ungido é distinto de seu Deus, e se o ungido for o Messias, então vemos o Messias distinguido de Deus. Não raramente, os comentaristas também veem o "mensageiro da aliança" prometido e vindouro, em quem Israel se deleita, como uma profecia do Messias (Ml 3.1). Contudo, esse versículo é falado pelo Senhor. Os termos do versículo distinguem claramente o Senhor do vindouro mensageiro da aliança. Portanto, se essa for uma profecia messiânica, é mais um versículo que distingue o Messias de Deus. Há também os muitos cânticos do servo em Isaías, que muitas vezes são entendidos como profecias do Messias vindouro. Porém, não há dúvida de que o servo sofredor nessas passagens se distingue do próprio Yahweh.

Como deveríamos avaliar essa evidência sobre o Messias? Assim como os dados sobre o anjo do Senhor, a divindade é atribuída a alguém (o Messias) que não é absolutamente idêntico a Yahweh em todos os aspectos. É claro, à luz do monoteísmo do AT, Ele deve, de algum modo, ser idêntico a Yahweh, ou não seria chamado de Deus. Essa identidade mais a pluralidade não são explicadas no AT, mas é difícil não concluir que essas passagens ensinam algum tipo de pluralidade na Divindade.

O AT também se refere frequentemente ao Espírito de Deus. Em algumas passagens, como Gênesis 6.3 ("O meu Espírito não agirá...") e Salmo 139.7 (o salmista pergunta a Deus: "Para onde me ausentarei do teu Espírito?"), não está totalmente claro se o Espírito é uma pessoa importante distinta ou uma referência ao Espírito de Deus Pai; mas há muitas passagens em que o Espírito é distinto. Vemos o Espírito de Deus pairando sobre a terra sem forma e suas águas (Gn 1.1,2), Deus diz que encheu Bezalel do Espírito de Deus (Êx 31.2,3), e Moisés diz o mesmo de Bezalel (Êx 35.31). Em Números 24.2, o Espírito de Deus vem sobre Balaão, e em Números 27.18, o Senhor diz a Moisés que imponha as mãos sobre Josué, "homem em quem há o Espírito". Jó diz que o Espírito de Deus o criou (Jó 33.4), e o salmista implora a Deus (Sl 51.11): "nem me retires o teu Santo Espírito". Em Isaías 48.16; 61.1; e 63.7,10 não somente encontramos referências ao Espírito do Senhor e ao Espírito Santo, mas cada passagem distingue entre o Espírito e o próprio Senhor. Em Isaías 48.16, o orador diz que "o SENHOR Deus me enviou [...] e o seu Espírito". Em Isaías 61.1, o orador diz que o Espírito do Senhor Deus está sobre ele, porque o Senhor o ungiu e, no capítulo 63, lemos que, apesar da bondade do Senhor para com seu povo Israel, eles se rebelaram e entristeceram seu Espírito Santo. Como resultado, Deus se voltou contra eles e se tornou seu inimigo. Finalmente, em Ageu 2.4ss o Senhor dos Exércitos diz ao seu povo que seu Espírito está habitando entre eles.

À luz dessa evidência, é difícil pensar que o Espírito de Deus ou o Espírito Santo seja menos do que divino. Além disso, várias passagens citadas o distinguem de Yahweh, de modo que o Espírito Santo é, de algum modo, idêntico e distinto do Senhor. Os aspectos em que Ele é idêntico e diferente não são explicados no AT, mas uma leitura bastante direta acerca do Espírito de Deus no AT sugere que há pluralidade na Divindade. Além disso, atributos e ações que poderiam ser verdadeiros somente a respeito de Deus são atribuídos ao Espírito Santo. Salmo 139.7-10 sugere sua onipresença, e Gênesis 1.2 e Jó 33.4 mostram seu envolvimento na criação (algo que somente Deus pode fazer).

Três itens finais do AT são relevantes para o nosso estudo. Existem várias passagens em que o nome de Deus ou a noção de divindade é aplicado a mais de uma pessoa. Três dessas passagens aparecem em Isaías. Em Isaías 48.16, o orador diz: "o Senhor Deus me enviou a mim e o seu Espírito". Muitos intérpretes julgam que quem fala no versículo é o segundo membro da divindade. Se houver acordo, então todas as três pessoas estão relacionadas neste versículo. Por outro lado, se houver rejeição a esta identificação, o versículo ainda fala do Senhor Deus e de seu Espírito. Isaías 61.1 é uma segunda passagem, e mais uma vez diz-se que o Senhor Deus e o Espírito do Senhor estão sobre aquele que fala. A partir do contexto do capítulo 61, este que é ungido pelo Senhor e seu Espírito faz coisas (v. 1-9) que só poderiam acontecer em tempos messiânicos, então com base apenas neste capítulo se poderá concluir que o Messias está falando. O que sela a questão para muitos, no entanto, é o fato de que em Lucas 4.18ss Jesus se volta a esta passagem, a lê e diz que Ele a cumpre. A afirmação de Cristo vinculando a si mesmo a Isaías 61 é, para muitos, uma evidência conclusiva de que Isaías 61 menciona todos os três membros da divindade.

Isaías 63.7-14 é outra passagem em que múltiplas pessoas parecem ser divinas. O assunto é o amor de Deus por Israel, especialmente o que Ele fez para libertá-los da escravidão egípcia e cuidar deles durante a jornada no deserto para a Terra Prometida. Nesta passagem, vemos claramente o Senhor Deus e o Espírito do Senhor envolvidos nessas atividades, mas, além disso, o versículo 9 se refere ao "Anjo da sua presença" como seu Salvador em meio aos problemas. Muitos veem esse anjo como o anjo do Senhor, e como vimos, esse anjo é chamado Deus ao mesmo tempo em que é distinguido do Espírito e de Deus Pai. Uma última passagem em que várias pessoas estão ligadas e com a noção de divindade é Ageu 2.4,5,7. Essa passagem se refere ao Senhor dos Exércitos (v. 4), ao Espírito de Deus (v. 5) e a outra figura chamada o "Desejado de todas as nações" (v. 7, ARC). Muitos comentaristas acham que essa terceira pessoa é o segundo membro da divindade. Mesmo que se discorde, a passagem se refere ao menos ao Senhor dos Exércitos e ao seu Espírito.

Uma segunda parte da evidência concentra-se em quatro passagens do AT que falam de Deus como Criador ou formador de nosso universo (Jó 35.10; Sl 149.2; Ec 12.1; Is 54.5). As passagens de Jó e Eclesiastes falam de Deus como o Criador da vida humana, enquanto as outras passagens enfatizam o relacionamento especial de Deus com seu antigo povo Israel. Em cada passagem, a língua portuguesa fala de Deus como Criador ou formador, mas o mais interessante são as palavras hebraicas traduzidas como "Criador" ou "formador". Em cada caso, a palavra hebraica está no plural. Na Septuaginta, essas passagens traduzem o termo para o grego no singular, mas as formas hebraicas são plurais. É difícil saber o que devemos fazer com isso, uma vez que os comentários são ambíguos e não parecem apresentar nenhum argumento metafísico sobre a pluralidade na Divindade.

Por fim, vimos que o AT se refere muitas vezes ao Espírito de Deus ou Espírito Santo. Além disso, identificamos o anjo do Senhor como divino e vimos os ensinamentos sobre o Messias como divino. O entendimento típico de outras menções ao Senhor Deus, Yahweh e ao Senhor dos Exércitos é que elas se referem àquele a quem o NT designa claramente como Deus, o Pai. O interessante é a raridade com que o AT fala de Deus como Pai. De fato, o nome (ou, poderíamos dizer, título) de Deus Pai, tão comum no NT, está ausente no AT.

Isso não deve ser mal interpretado. Muitas passagens do AT falam do Deus de nossos pais, mas é claro, os pais em questão são os patriarcas. Além disso, várias passagens do AT comparam Deus a um pai ou o retratam em um papel paternal. Por exemplo, em toda uma série de passagens, Deus promete a Davi (ou simplesmente promete) que Ele será pai para o filho de Davi, Salomão (2Sm 7.14; 1Cr 17.13; 22.10; 28.6). Em uma doxologia, Deus é louvado como o Senhor Deus de Israel, nosso Pai (1Cr 29.10). Em um salmo, o salmista chama Deus de seu Pai, seu Deus (Sl 89.26), e em dois outros salmos, Deus é comparado a um pai que tem compaixão de seus filhos ou que serve como pai para os órfãos (Sl 103.13; 68.5). Em vários lugares em Isaías e Jeremias, Deus é chamado ou se chama de pai de Israel (Jr 31.9), e a Ele é dito: "tu és nosso Pai" (Is 63.16; 64.8). E em Jeremias 3.19, Deus diz a Israel: "Pai me chamarás". Finalmente, em Malaquias, Deus pergunta por que não há honra para Ele se Ele é um pai, já que outros que são pais recebem honra (Ml 1.6). O escritor (Ml 2.10) pergunta posteriormente ao seu povo: "Não temos nós todos o mesmo Pai? Não nos criou o mesmo Deus?"

A partir dessas passagens, é muito claro que Deus desempenha um papel paternal para muitos indivíduos e para os povos como um todo. Meu argumento, no entanto, é que a frase "Deus Pai", que no NT frequentemente funciona como um nome próprio, está ausente no AT.[10]

ENSINO DO NT SOBRE A PLURALIDADE NA DIVINDADE.

À luz do progresso da revelação, esperaríamos mais evidências para a doutrina da

O PAI: A DOUTRINA DE DEUS

Trindade no NT, e neste há ampla evidência de pluralidade na Divindade. Além disso, o NT concorda claramente com o AT que existe apenas um Deus. Nada disso significa que encontramos "essências" e "pessoas" no NT, mas apenas que no NT as insinuações da Trindade no AT se tornam muito mais claras, e podemos ver por que a igreja se sentiu compelida a formular uma afirmação doutrinária para descrever os dados do NT.

De fato, os dados do NT sobre a pluralidade na Divindade são tão abundantes que mal se sabe por onde começar. Contudo, organizarei o ensino do NT em torno de uma série de pontos que elucidam o que ele diz sobre Deus enquanto plural.

Deus Pai é apresentado como Deus. Deus Pai é retratado como divino em muitas passagens do NT. Nos evangelhos, vemos Jesus tendo uma comunhão rica e íntima com seu Pai celestial, e Jesus claramente o considera Deus. Em Mateus 6.25-34, Jesus instrui seus discípulos a não se preocuparem com onde conseguirão comida e roupa. Jesus os lembra de que o Pai celestial alimenta os pássaros do céu e também se preocupa com nossas necessidades (v. 26). Quanto à roupa, Jesus os lembra de que Deus veste com grande beleza os lírios e a erva do campo, e Ele cuidará para que as necessidades de seus discípulos também sejam atendidas (v. 28-30). Ao longo de toda essa passagem, Jesus usa os termos "Deus" e "Pai celestial" intercambiavelmente, às vezes atribuindo nosso sustento e necessidades a Deus, e às vezes ao Pai celestial. Para Jesus, não são duas pessoas distintas; Deus é nosso Pai celestial. Portanto, o Pai é divino.

Mais tarde, Mateus registra as últimas palavras de Jesus na cruz. Em Mateus 27.46 (NVI), Jesus se dirige ao seu Pai, mas se refere a Ele como Deus: "Meu Deus! Meu Deus! Por que me abandonaste?" Apesar do que está acontecendo, Jesus continua a clamar a seu Pai como Deus; e ainda mais, Ele reconhece o Pai como *seu* Deus. Em outra ocasião (Jo 6.27), Jesus disse aos ouvintes que trabalhassem pelo alimento que dura para a vida eterna. Esse é o alimento que Jesus mesmo promete dar a eles, mas depois acrescenta que Ele é aquele em quem o Pai, Deus, colocou seu selo. Mais uma vez, isso indica claramente que o Pai é Deus.

As epístolas paulinas contêm mais afirmações do Pai como divino. Como é típico de seu estilo na abertura das cartas, Paulo invoca as bênçãos de Deus sobre seus leitores. Em Romanos 1.7, ele ora pelas bênçãos de Deus Pai sobre seus leitores. Em Gálatas 1.1, Paulo diz que ele é um apóstolo enviado por

Deus Pai, e no versículo 3 ele deseja a seus leitores graça e paz da parte de Deus nosso Pai e do Senhor Jesus Cristo. Porém, além dessas saudações de abertura, Paulo afirma que o Pai é Deus. Em 1Coríntios 8, ele fala de comida sacrificada aos ídolos. Ele diz (v. 4) que, embora o alimento tenha sido sacrificado aos ídolos, existe apenas um Deus e, no versículo 6, ele repete esse ponto com uma referência especial ao Pai. Ele diz: "todavia, para nós há um só Deus, o Pai, de quem são todas as coisas e para quem existimos".

Em 1Timóteo, Paulo escreve sobre salvação e diz (2.5,6) que existe um Deus e um mediador entre Deus e o homem, a saber, Cristo Jesus. A partir disso, podemos ver que o mediador entre Deus e o homem é uma pessoa distinta, mas Paulo deixa claro que o mediador é Cristo. Portanto, a referência a Deus deve ser a outro membro da divindade (já que faria pouco sentido dizer que Jesus, como mediador, faz a mediação entre Ele próprio [Deus] e o homem). É mais natural pensar que Ele faz a mediação entre a raça humana e Deus Pai (embora, é claro, seu sacrifício também reconcilie conosco Ele próprio e o Espírito Santo).

E então há 1Pedro 1.2. Ao iniciar esta carta, Pedro lembra seus leitores de que, embora estejam espalhados pelo que chamamos de Ásia Menor, eles são os escolhidos de Deus. No versículo 2, Pedro chama Deus Pai e menciona sua obra (juntamente com a do Espírito e de Jesus Cristo) de salvação dos escolhidos.

Antes de encerrar a análise do Pai como Deus, deveríamos observar que o NT apresenta Deus como Pai em diversos aspectos diferentes. Primeiro, Ele é o Pai de Jesus Cristo em um sentido muito especial (Mt 3.16,17; Jo 5.26; Mt 11.27; Jo 1.18; 3.16,18; 5.26; 1Jo 4.9). Devemos esclarecer esse sentido quando formulamos a doutrina teológica, mas a linguagem que fala de Cristo como o Filho unigênito sugere que a paternidade divina de Jesus é exclusiva. Contudo, também é verdade que Deus é Pai em um sentido especial para aqueles que conhecem a Cristo como Salvador pessoal. Ele se torna o Pai de crentes ao dar-lhes o nascimento espiritual. João fala de crentes sendo nascidos de Deus e, portanto, sendo incapazes de se envolver em um padrão contínuo de pecado (1Jo 3.9). Pedro fala do Deus que nos gerou (crentes em Cristo) para uma esperança viva (1Pe 1.3). Finalmente, Deus é chamado de Pai de todos na medida em que Ele é o Criador do universo e aquele que o sustenta (At 14.15; 17.28; 1Co 8.6; Hb 12.9).

Jesus Cristo é Deus. O NT ensina claramente que Jesus Cristo é Deus. De várias maneiras, os escritores do NT mostram que Ele é tão plenamente Deus quanto o Pai. É óbvio, à luz de tanta clareza sobre a natureza de Cristo, parece que o NT se contradiz quando afirma que existe apenas um Deus, mas em seguida designa o Pai e Jesus como Deus. Esses fenômenos são aqueles com os quais os pais da igreja primitiva lutaram ao tentar entender o que as Escrituras dizem sobre Deus e Cristo.

De muitas maneiras diferentes, o NT ensina que Jesus é Deus. Primeiro, embora não chamem Jesus de Deus, muitas passagens são equivalentes a dizer que Ele é divino. Em duas passagens em João, por exemplo, Jesus alega sua divindade. Em João 5, encontramos Jesus curando um homem no sábado, o que enfureceu os judeus. Quando questionaram Jesus, Ele respondeu (v. 17): "Meu Pai trabalha até agora, e eu trabalho também". A situação piorou com isso, pois seus acusadores entenderam que Jesus estava chamando a si mesmo de Filho de Deus e se igualando a Deus (v. 18). Se Jesus quisesse dizer que Ele era filho de Deus no sentido que os anjos ou humanos são chamados filhos de Deus (ver a análise dos dados do AT sobre a pluralidade de Deus), isso não teria tido o mérito de acusação de blasfêmia. Porém, como se queixavam os acusadores, Jesus estava se igualando a Deus e nunca negou a acusação deles, pois era exatamente o que Ele queria dizer.

João 10 registra um episódio semelhante. Jesus chama a si mesmo de o bom pastor que dá vida eterna às suas ovelhas. No versículo 29, Ele diz que o Pai lhe deu as ovelhas, e ninguém pode tirá-las de suas mãos. E acrescenta (v. 30): "Eu e o Pai somos um". Agora, Jesus poderia ter querido dizer que Ele concordava com a vontade de Deus, conforme apresentada nas Escrituras, porém, se essa fosse a ideia, ninguém o acusaria de blasfêmia. Quando os judeus ouviram isso, porém, pegaram pedras para apedrejá-lo. Quando perguntados por que estavam fazendo isso, eles responderam que o fizeram porque Ele, um simples homem, estava pensando que era Deus. Jesus respondeu à acusação de blasfêmia, mas não negando que Ele é Deus. Seus ouvintes o entenderam muito bem. Em vez disso, a defesa de Jesus foi que, nas Escrituras do AT, meros homens (até mesmo homens maus) que serviam de juízes em Israel eram chamados de deuses sem blasfêmia, então por que eles deveriam objetar quando Ele fazia boas obras e chamava a si mesmo de Deus? seus acusadores não lhe puderam responder, mas não se enganem: Jesus não estava sugerindo que eles o entenderam mal; Ele quis dizer que é Deus.

As epístolas paulinas também contêm afirmações muito fortes de que Jesus é divino. No Capítulo 5, eu analisei Filipenses 2.6, e aqui se faz relevante novamente. Paulo diz que Jesus, antes da encarnação, existia na forma de

Deus. Como observamos, entende-se melhor a frase *morphē theoû* como se referindo à natureza divina; Paulo está dizendo que Jesus é Deus e acrescenta que Jesus não achava que a igualdade com Deus fosse algo a ser agarrado e defendido, custasse o que custasse. Como Cristo poderia ter essa atitude se não fosse Ele próprio divino? Paulo diz que, porque Cristo tinha essa atitude, Ele esvaziou a si mesmo, mas não se pode esvaziar de algo que ainda não se possui. O argumento parece bem claro: Jesus é Deus, mas Ele não considerou necessário se apegar a tudo o que acompanha essa posição. Ele não se livrou de sua natureza divina, mas deixou de lado alguns dos privilégios que a acompanham ao assumir a forma de servo e se tornar semelhante aos homens (v. 7).

Em Colossenses, Paulo faz duas declarações muito importantes de Cristo como divino. No capítulo 1, Paulo diz que em Cristo temos a redenção e o perdão de pecados. Em seguida diz (v. 15) que Jesus é "a imagem do Deus invisível". A palavra para "imagem" é *eikōn*, que significa "representação" ou "semelhança". Sobre este termo nessa passagem, Kittel escreve:

> A imagem não deve ser entendida como uma dimensão que está alheia à realidade e presente apenas na consciência. Ela tem uma participação na realidade. Na verdade, ela é a realidade. Assim, εικων não implica uma cópia apagada ou ruim de alguma coisa. Implica a ilustração de seu âmago e essência.[11]

Com essa lógica, podemos até dizer que Jesus é uma "cópia carbono" de Deus. É difícil ver de que modo isso poderia ser verdade e Ele não ser divino. Na outra passagem (Cl 2.9), Paulo diz que em Cristo "habita, corporalmente, toda a plenitude da Divindade". Em grego é *to plērōma tês theotētos* ("plenitude da Divindade"), e *theotētos* significa "Divindade" e ocorre apenas aqui no NT. Nesta passagem, Paulo adverte os colossenses a tomarem cuidado com as filosofias e os enganos que capturariam suas mentes. Em vez de seguir uma crença falsa que alega iniciar a pessoa nas profundidades da verdade espiritual, eles deveriam seguir Cristo. Tudo o que precisam e todas as profundidades da verdade que eles poderiam desejar devem ser encontrados em Cristo, pois "nele, habita, corporalmente, toda a plenitude da Divindade". É difícil imaginar que Paulo pense em Jesus como qualquer coisa que não seja divino.

Também deveríamos observar Hebreus 1.3. O escritor inicia o livro dizendo que, embora Deus tenha se revelado de várias maneiras nos tempos passados (na era do AT), nesses últimos dias de revelação Ele revelou a si mesmo em seu Filho. O versículo 3 diz que o Filho é o resplendor da glória de Deus (*apaugasma tēs doxēs*) e *a expressão exata do seu Ser* (*charaktēr tēs hypostaseōs autoû*). Em relação à frase anterior, F. F. Bruce diz que o *apaugma* aparece tanto em Fílon como no Livro de Sabedoria, mas não significa a mesma coisa que aqui. Ele explica:

Para eles, o Logos ou Sabedoria é a personificação de um atributo divino; para ele, a linguagem é descritiva de um homem que viveu e morreu na Palestina algumas décadas antes, mas que, todavia, era o Filho eterno e a revelação suprema de Deus. Assim como o resplendor do sol chega a esta terra, em Cristo, a luz gloriosa de Deus brilha nos corações dos homens.[12]

Como pode ser assim? É assim porque Cristo é a expressão exata da natureza de Deus. A explicação de Bruce é mais esclarecedora:

> Assim como a imagem e a inscrição em uma moeda correspondem exatamente ao molde de estampagem, assim o Filho de Deus "leva o próprio selo de sua natureza" [tradução livre da Revised Standard Version — RSV]. A palavra grega *charaktēr*, que ocorre apenas aqui no Novo Testamento, expressa essa verdade ainda mais enfaticamente que *eikōn*, que é usada em outros lugares para denotar Cristo como a "imagem" de Deus (2Co 4.4; Cl 1.15). Assim como a glória está realmente no fulgor, assim a substância (em grego, *hypostasis*) de Deus está realmente em Cristo, que é seu carimbo, sua expressão e personificação exatas. O que Deus é essencialmente, em Cristo é manifestado. Ver Cristo é ver como é o Pai.[13]

Seria difícil dizê-lo de modo mais claro do que isso: Jesus Cristo é Deus.

Além dessas declarações gerais que atribuem deidade a Cristo, há mais evidências de sua divindade. Por exemplo, nomes e títulos divinos são aplicados a Jesus por vários autores do NT. Em diversas passagens, Ele é diretamente chamado de "Deus" (*theos*). Em João 1.1, João diz *theos ēn ho logos* (*o Verbo era Deus*). No versículo 14, lemos que "o Verbo se fez carne e habitou entre nós". Isso fala da encarnação de Cristo; portanto, João está chamando Jesus de Verbo. Porém, no versículo 1, João diz que o Verbo era Deus. As Testemunhas de Jeová gostam de afirmar que a ausência do artigo definido em *theos* significa que João está dizendo que Jesus é um deus (uma divindade menor), mas não igual a Deus. No entanto, estudos gramaticais mostraram que nessa passagem o substantivo *anartro* antes do verbo (*ēn*) foca a qualidade da coisa designada pelo substantivo. Então, nesse caso, João está dizendo que o Verbo era da qualidade de Deus, ou qualitativamente Deus. João está dizendo, então, que o Verbo é Deus.[14]

Em João 1.18, João chama Jesus de *Deus unigênito* (*monogenēs theos*). Mais à frente discutiremos o que significa "unigênito", mas o versículo realmente chama Jesus de Deus. Semelhantemente, João se refere a Jesus como Deus em 1João 5.20. Neste texto, ele chama Jesus de "o verdadeiro Deus" (*alēthinos theos*), e *alēthinos* significa verdadeiro no sentido de genuíno. Em outras palavras, Jesus corresponde à Divindade ideal; Ele é a "coisa real" (ver também Jo 20.28).

Em Tito 2.13, Paulo chama Jesus de "nosso grande Deus e nosso Salvador, Jesus Cristo" (tradução do autor). À primeira vista, pode parecer que Paulo está falando de dois indivíduos separados, um que é o grande Deus e outro que é Jesus Cristo. Contudo, gramaticalmente, quando dois substantivos singulares são ligados por "e" (*kai*) e o segundo não possui artigo, o artigo que rege o primeiro substantivo rege o segundo. Portanto, "Deus" e "Salvador" formam um conjunto que se refere à mesma pessoa. Paulo diz que Jesus é Deus e Salvador (ver também Rm 9.5).

Uma última passagem em que Jesus é chamado Deus é Hebreus 1.8. O escritor descreve Deus Pai dizendo várias coisas aos anjos, mas depois (v. 8) Ele diz algo ao Filho. O escritor cita Salmos 45.6 quanto ao que o Pai diz ao Filho: "mas acerca do Filho: O teu trono, ó Deus, é para todo o sempre". Jesus é chamado de Deus, e não é o escritor, mas o próprio Deus que diz isso.

Além de Cristo ser chamado de "Deus", há passagens do NT em que Ele é chamado de Filho de Deus, e isso significa que Ele tem a natureza divina. Já observamos João 5.18, onde os judeus que ouviam Cristo ficaram transtornados por Ele ter se equiparado a Deus. O versículo também diz que Ele estava chamando Deus de seu próprio Pai; a frase "fazendo-se igual a Deus" é oferecida então como uma explicação do que significava Cristo chamar Deus de seu Pai. Embora as palavras não digam que Jesus é o Filho de Deus, a frase em questão significa exatamente isso, está claro. Além disso, com a frase "fazendo-se igual" vemos que os ouvintes de Jesus entenderam que Ele quis dizer que era divino.

Também analisamos João 10.30ss. À medida que se defende no versículo 36, Jesus pergunta por que seus acusadores se perturbam quando Ele se chama de Filho de Deus, já que as Escrituras usam essa linguagem em relação aos juízes iníquos (v. 34,35 ao citar Sl 82.6). Após sua traição, quando Jesus é levado diante do sumo sacerdote, este pergunta se Ele é o Filho de Deus (Mt 26.63). A resposta de Jesus (v. 64) afirma que Ele acredita ser o Filho de Deus, e foi exatamente isso que o sumo sacerdote entendeu (v. 65). Cristo é acusado de blasfêmia, e os blasfemadores devem ser mortos (v. 66). Essa é a acusação específica apresentada contra Jesus para matá-lo. Mais tarde, quando o magistrado romano, Pilatos, pergunta o que Jesus fez de errado, a queixa dos judeus (Jo 19.7) é que Ele alegou ser o Filho de Deus.

No NT, Jesus também é chamado de Senhor com frequência. A palavra grega é *kyrios*, a palavra usada pela Septuaginta para traduzir o יהוה do AT, o nome do Deus de Israel. Aplicar esse nome a Jesus claramente assevera sua plena deidade. Muitas passagens do NT chamam Cristo de Senhor, portanto, a lista a seguir é apenas seletiva. Mateus 3 começa com João Batista chamando as pessoas ao arrependimento. Mateus diz que João cumpre a profecia de Isaías em Isaías 40.3, mas essa profecia previa um precursor que prepararia o caminho do Senhor (*kyrios*). Visto que João anuncia a vinda de Jesus, Mateus está de fato chamando Cristo de Senhor ao aplicar a Ele o texto de Isaías 40.3. Em Lucas 2.11, o anjo anuncia o nascimento de Jesus, que é Cristo, o Senhor. Depois de lavar os pés de seus discípulos, Jesus observa que eles o chamam de mestre e Senhor, e diz que eles estão certos, pois Ele o é. Na grande passagem da *kenosis*, Paulo escreve que, por causa da humilhação voluntária de Jesus até o ponto da morte para atender às nossas necessidades, Deus ressuscitou Cristo dentre os mortos e deu a Ele um nome que está acima de todo nome. Paulo acrescenta que um dia todo joelho se dobrará e toda língua confessará que Jesus Cristo é o Senhor (*kyrios*). Embora muitos o tenham rejeitado, eles terão de admitir que Ele é o único Deus vivo e verdadeiro (Fp 2.10,11). Veja também Romanos 10.9; Efésios 1.2; Gálatas 1.3; 1Coríntios 1.3,4.

Outro título de deidade aplicado a Jesus é "o Senhor da glória". Em 1Coríntios 2.8, Paulo diz que se os sábios do mundo fossem verdadeiramente sábios, teriam reconhecido quem é Jesus e não o teriam crucificado. Ao crucificá-lo, mataram o Senhor da glória. Essa designação para Cristo se torna ainda mais significativa à luz de Salmos 24.8-10. O salmista fala do Rei da Glória e pergunta quem é. Ele responde que é o Senhor. A partir de tal passagem do AT, a ligação de Yahweh com o Rei da Glória teria sido bem conhecida para Paulo. Em 1Coríntios 2, Paulo aplica esse título a Jesus, atribuindo-lhe claramente divindade.

Em Atos 3.14, Pedro diz a seus ouvintes que eles negaram o Santo e Justo quando puderam escolher entre Jesus e um assassino, Barrabás. Isso é significativo à luz das designações que o AT oferece de Deus como Santo. Em Oseias 11.9, Deus se refere a si mesmo como o Santo, em contraste com um mero mortal, e isso claramente significa sua deidade. Isaías gosta muito especificamente de se referir a Deus dessa maneira (p. ex., Is 1.4; 5.19,24; 10.20;

12.6; 17.7; 29.19; 30.11,12,15; 41.14,16; 43.14; 45.11; 48.17; 49.7; 54.5; 55.5; 60.9,14; ver também Jr 50.29; 51.5; Ez 39.7). Com tantas dessas referências a Yahweh, é difícil não entender o motivo de chamar Jesus de Santo.

Em Apocalipse 1.17,18, Jesus é chamado de "o primeiro e o último" (o v. 13 esclarece que é de Cristo que João fala). A aplicação desse título a Jesus é, mais uma vez, significativa por causa do que encontramos no AT. Em Isaías 44.6, Yahweh, o Rei de Israel, diz: "Eu sou o primeiro e eu sou o último, e além de mim não há Deus" (ver também Is 48.12). Portanto, em Apocalipse 1, um título claramente aplicado a Yahweh agora é aplicado a Cristo, e a intenção de atribuir deidade fazendo isso dificilmente engana.

O resultado de aplicar esses nomes e títulos a Jesus é significativo. A maioria dos autores do NT era de judeus que foram criados no judaísmo. Eles conheciam bem o AT e, como judeus, teriam sido intensamente monoteístas. Apesar de tudo isso, eles aplicaram deliberadamente esses títulos a Cristo, indicando sua convicção de que Ele é Deus. Da mesma forma, Jesus conhecia completamente a importância desses nomes no AT e também sabia o que a Lei mosaica dizia sobre blasfêmia. No entanto, Ele não apenas permitiu que esses termos fossem usados acerca dele, mas às vezes até encorajou seus seguidores a fazê-lo, e em várias ocasiões, Ele usou alguns desses títulos em relação a si mesmo.

Outra evidência da deidade de Cristo resulta do fato de que os escritores do NT predicavam atributos de Cristo que pertencem somente a Deus. Ao dizer que Cristo possui essas qualidades, eles estavam atribuindo-lhe deidade. Descobrimos, por exemplo, que Ele é eterno e está plenamente vivo (Jo 1.4; 1Jo 5.11,12). Ele é imutável (Hb 1.10-12; 13.8); onipotente (Fp 3.20,21; Jo 5.19; Ap 1.8); onisciente (Jo 2.24,25 [cf. Jr 17.9,10]; 6.64; 21.17); onipresente, apesar de suas limitações em espaço e tempo durante a peregrinação terrena (Mt 18.20; 28.20; Jo 14.23); amoroso (Jo 13.1,34; 1Jo 3.16); verdade (Jo 14.6); santo (Lc 1.35); e possui vida em si e de si mesmo, ou seja, tem o atributo de asseidade (Jo 5.26). Meros seres humanos podem possuir alguns desses atributos, tais como amor e verdade, em um sentido limitado, mas o amplo espectro de atributos mencionados somente poderia ser verdade acerca daquele que é Deus. Os escritores do NT estavam plenamente conscientes disso e, no entanto, não hesitaram em atribuir essas características a Jesus. Esses atributos enfatizam a verdade da afirmação de Paulo (Cl 2.9) de que em Cristo habita toda a plenitude da divindade.

Outra linha de evidência para a deidade de Cristo são as várias obras que Ele faz. Embora um simples humano possa fazer algumas coisas que Ele fez, outras somente Deus poderia fazer. Por exemplo, por meio de Cristo todas as coisas foram criadas (Jo 1.3,10; Cl 1.16), e por seu poder todo o universo subsiste (Cl 1.17; Hb 1.3). Parafraseando Paulo (Cl 1.17), é por causa de Cristo que nosso universo não falha. Então, ocasionalmente, Cristo perdoa pecados (Mc 2.5-12). Os seres humanos podem dizer que perdoam os pecados dos outros, mas somente Deus pode fazê-lo de uma maneira que limpa os registros diante dele. Portanto, Paulo exorta os crentes em suas relações interpessoais para que perdoem os outros por transgressões, assim como Cristo perdoou nossos pecados (Cl 3.13). Então, assim como ninguém, exceto Deus, pode criar e dar vida física, somente Ele pode dar vida eterna. Ao falar de sua relação com suas ovelhas, Jesus diz que lhes dá a vida eterna para que elas não pereçam, e ninguém pode tirá-las de suas mãos (Jo 10.28). Além disso, somente poder sobrenatural pode ressuscitar os mortos, e Jesus afirmou que Ele era a ressurreição e a vida (Jo 11.24,25). Porém, Ele fez ainda mais do que isso: Ele ressuscitou Lázaro dentre os mortos (Jo 11.43,44; ver também Jo 5.21,28,29). E para finalizar, somente Deus tem o direito de julgar a humanidade e determinar seu destino final, mas o NT ensina que o julgamento de todas as pessoas é dado a Cristo (At 10.42; 17.31; Jo 5.22,27). Se Jesus Cristo não for divino, afirmar que Ele pode fazer essas obras que somente Deus poderia fazer é blasfêmia. Os escritores do NT sabiam disso, mas, de qualquer maneira, atribuíram essas obras a Ele. Eles entendiam claramente que Jesus é Deus.

Duas outras linhas de evidência mostram que Cristo é divino. Uma é o hábito do NT de pegar passagens do AT referentes a Deus ou ao Filho de Deus e aplicá-las a Jesus. Por exemplo, em Isaías 6, Isaías é elevado ao céu e tem uma visão de Deus sentado no trono, mas João 12.41 diz que na verdade foi Jesus quem Isaías viu. Em Salmos 2.7, Deus diz: "Tu és meu Filho, eu, hoje, te gerei". No entanto, quando Paulo prega em Antioquia da Pisídia (At 13.33), ele aplica esse versículo a Cristo, alegando que Ele é o Filho de Deus. Da mesma forma, em Hebreus 1, o autor apresenta Jesus como a plenitude da revelação de Deus. Ele está acima dos anjos, pois, como diz o escritor, para qual dos anjos Deus disse: "Tu és meu Filho, eu hoje te gerei?" (v. 5) A resposta é nenhum, mas Deus disse isso para Cristo. Além disso, Salmos 110.1 é aplicado em várias ocasiões a Cristo. No dia de Pentecostes (At 2), Pedro diz que Deus ressuscitou Cristo dos mortos e o exaltou à sua destra. Para defender ainda mais essa ideia, nos versículos 34 e 35, Pedro cita Salmos 110.1 e observa que não foi Davi, o autor do salmo, que ascendeu ao céu e a quem o Senhor disse para sentar à sua direita. Pedro diz que essa passagem se refere a Cristo, e o escritor de Hebreus aplica semelhantemente Salmos 110.1 a Jesus (Hb 1.13; 10.12,13). Certamente esses escritores sabiam que os Salmos 2 e 110 eram considerados salmos messiânicos e que, na verdade, estavam predicando deidade e filiação ao Messias. No entanto, nenhum deles hesitou em aplicar essas passagens a Cristo (ver também a aplicação que Paulo faz do Sl 68.18 a Cristo em Ef 4.7,8; e a alusão de Pedro a Is 8.13, quando ele ordena aos crentes em 1Pe 3.15 que santifiquem a Cristo como Senhor em seus corações).

Isso é coerente com o que vimos referente ao ensino do AT sobre o Messias. Em vários lugares, o AT o identifica como Deus. Vimos a mesma coisa sobre o anjo do Senhor. No NT, Jesus é apresentado repetidas vezes como o tão esperado Messias de Israel (p. ex., Mt 1.16; 16.16,20; Jo 11.27). Além disso, também vimos que Ele é chamado repetidas vezes de Deus. Portanto, exatamente o que esperávamos dos ensinamentos do AT — que há pluralidade na Divindade por causa de um Messias que é divino — é confirmado no NT. O que o NT acrescenta, é claro, é que Jesus de Nazaré é aquela pessoa que é tanto Messias quanto Deus.

A última linha de evidência do NT que ensina a deidade de Cristo é a adoração dada a Ele. Em várias ocasiões no NT, os apóstolos se recusaram a deixar que as pessoas os adorassem (p. ex., At 10.25,26; 14.11-15). Além disso, simples anjos recusam a adoração (Ap 22.8,9). O próprio Jesus ensinou explicitamente que somente Deus merece adoração. À luz desses fatos, é muito instrutivo ver que Cristo aceitou de fato e até encorajou a adoração dele próprio (Mt 15.25-28; 28.9,10; Jo 9.35-39). Jesus até disse (Jo 5.23) que aqueles que não honram o Filho não honram o Pai que o enviou; portanto, aqueles que pensam que é correto adorar o Pai e ignorar o Filho estão seriamente enganados. Além disso, o Pai ordena a adoração a Cristo (Hb 1.6), e Paulo escreve que um dia a adoração a Cristo será universal (Fp 2.10,11). Se Jesus não for Deus, tudo isso é blasfêmia.

A conclusão de todos esses dados é muito clara e fácil de entender: Jesus Cristo é Deus! A resposta de como se dá a existência de um único Deus à luz do ensino bíblico não é encontrada em nenhum lugar nas Escrituras. Contudo, é uma das principais razões pelas quais os pais da igreja primitiva se sentiram compelidos a elaborar uma síntese desses dados aparentemente incompatíveis. Aqueles que viveram na época da vida de Cristo na terra e que até o viram após a ressurreição o experimentaram como divino. O NT afirma a mesma coisa. Não há dúvida de que foi inevitável algum tipo de discussão (até controvérsia) sobre como essas coisas poderiam ser verdadeiras.

O Espírito Santo é Deus. No NT, outra evidência da pluralidade da divindade vem do ensino sobre o Espírito Santo. Sistematicamente, afirma-se que Ele é Deus. Vamos considerar algumas das evidências de sua deidade no NT.

Primeiro, várias passagens chamam o Espírito Santo de Deus. Por exemplo, Atos 5 registra o episódio de Ananias e Safira mentindo ao Espírito Santo (v. 3). Pedro deixa claro que eles mentiram para Deus (v. 4). Em 1Coríntios 3.16,17 e 6.19,20, Paulo fala de os crentes serem o templo do Espírito Santo. Essas passagens mostram claramente que ser habitado pelo Espírito Santo é ser habitado por Deus. Além disso, em 2Coríntios 3.17,18, Paulo escreve que o Senhor (*kyrios*) é o Espírito. Seria difícil dizer mais diretamente do que isso que o Espírito Santo é Deus. Além disso, Estêvão (At 7) acusa seus ouvintes judeus de resistir ao Espírito Santo como seus pais fizeram. Porém, a quem seus pais resistiram? O AT mostra que eles resistiram a Deus.

Alguns escritores do NT citam passagens do AT e então as atribuem ao Espírito Santo, muito embora as passagens do AT sejam proferidas por Deus. Alguns exemplos ilustram o ponto. Em Atos 28.25-27, Paulo diz que o Espírito Santo falou por meio de Isaías a seus pais. Então ele cita Isaías 6.1-13 (esp. v. 9,10), mas em Isaías 6, é o Senhor Deus quem diz essas palavras. Isso vincula deliberadamente o Espírito Santo a Deus. Implicitamente, Paulo está dizendo que o Espírito Santo é Deus.

Dois outros exemplos aparecem no livro de Hebreus. O escritor inicia Hebreus 3.7-11 com as palavras "Assim, pois, como diz o Espírito Santo", e depois cita Salmos 95.7-11. Contudo, no Salmo 95 é o salmista dizendo ao povo para ouvir a voz de Deus (v. 7-11 captam o conteúdo básico de Hb 3.7-11). Este é um exemplo do hábito de muitos escritores do NT de igualar as palavras das Escrituras (quer ditas por Deus ou pelo escritor humano) às do Espírito Santo. Visto que as Escrituras eram consideradas como revelação de Deus e inspiradas pelo Espírito Santo (ver 1Co 2.9-13), ao citar as Escrituras do AT e atribuí-las ao Espírito Santo, o escritor de Hebreus as atribui a Deus. Porém, isso significa que ele deve pensar que o Espírito Santo é Deus. Um caso ainda mais claro de chamar o Espírito Santo de Deus é encontrado em Hebreus 10.15-17. O autor diz, "E disto nos dá tes*temunho também o Espírito Santo; porquanto, após ter dito...*", e então ele cita Jeremias 31.31-34. Porém, em Jeremias 31, o Senhor profere as palavras citadas em Hebreus 10.16,17. Admitindo a inerrância bíblica, a conclusão mais natural é que o escritor de Hebreus presume que o Espírito Santo é divino.

Além de casos em que se declara que o Espírito Santo é Deus, também descobrimos que Ele tem atributos que somente Deus poderia ter. Ele é eterno (Hb 9.14); onisciente (1Co 2.10,11; Jo 14.26; 16.12ss); poderoso (Rm 8.2; 15.19); e verdade (1Jo 5.7). Além disso, várias obras que somente Deus poderia fazer são atribuídas ao Espírito Santo. Ele regenera aqueles que se voltam a Cristo com fé (Jo 3.5-8); Ele santifica os crentes à medida que crescem em Cristo (1Pe 1.2); e Ele revela a verdade de Deus aos escritores bíblicos e inspira o que eles escrevem (2Pe 1.21; 1Co 2.12,13). Além disso, é o Espírito Santo que convence o mundo do pecado, da justiça e do juízo (Jo 16.8-11), e até aprendemos em Romanos 8.11 que Ele estava envolvido na ressurreição de Cristo dentre os mortos. Somente Deus poderia realizar esses feitos. Os escritores do NT saberiam disso, contudo, eles disseram que o Espírito Santo fez essas coisas. Eles o consideraram como Deus.

Há também passagens que descrevem o Espírito Santo exercendo as prerrogativas da deidade. Por exemplo, Atos 8.29 mostra que Ele pode emitir uma ordem direta e, quando o faz, ela deve ser obedecida. Ele exerce uma vontade soberana em distribuir dons espirituais aos crentes conforme escolher (1Co 12.4,7,8,11). Além disso, assim como o Pai e o Filho devem ser adorados e reverenciados, assim também o Espírito Santo. Na realidade, Jesus deixa muito claro que rejeitar o testemunho do Espírito Santo é blasfêmia, e aqueles que o fizerem serão punidos (Mt 12.31,32). De fato, Cristo diz nesta passagem que rejeitar o testemunho do Espírito Santo e, portanto, não levá-lo a sério é o único pecado que não tem perdão.

Os escritores do NT consideram claramente a deidade do Espírito Santo. Porém, isso apenas aumenta a impressão de incoerência lógica, pois o NT não apenas afirma que existe somente um Deus, mas também que o Pai, o Filho e o Espírito Santo são todos divinos. Antes de olharmos as controvérsias históricas dessas ideias, devemos apresentar mais ensinamentos do NT sobre a pluralidade de Deus.

Pai, Filho e Espírito Santo são pessoas distintas. Uma maneira de resolver a aparente incoerência de Deus ser um, contudo três, é afirmar que Pai, Filho e Espírito Santo não são realmente indivíduos distintos. Em vez disso, são três nomes diferentes dados ao Deus único, nomes que indicam vários papéis que Deus desempenha em relação ao mundo. Embora remova a suposta contradição, essa opção é excluída pelo ensino bíblico de que os três são distintos. Várias passagens defendem essa ideia.

Mateus 3.16,17 registra o batismo de Jesus. Jesus é Deus, então podemos pensar que nesta ocasião Deus está operando exclusivamente em seu "papel de Filho". No entanto, quando Jesus é batizado, o Espírito desce sobre Ele como uma pomba, e do céu o Pai diz: "Este é o meu Filho amado, em quem me comprazo". Se Pai, Filho e Espírito Santo não forem pessoas distintas, isso é uma façanha de ventriloquismo e ilusão de ótica! E, então, não está claro se é a voz do céu, a pomba ou Jesus que realiza essas façanhas. A maneira mais sensata de entender esse episódio é que os três são pessoas distintas.

Em João 14 e 15, Jesus fala aos discípulos sobre sua partida que se aproxima, mas explica que eles não serão deixados sozinhos, porque Ele e o Pai enviarão o Espírito Santo como "outro Consolador" (Jo 14.16,26; 15.26). Se Pai, Filho e Espírito Santo não forem pessoas distintas, essa promessa não faz sentido. Seria o Filho sozinho que faria o envio, e enviaria a si mesmo. Ou, se o Filho for apenas uma miragem (ou seja, Ele é realmente o Pai ou o Espírito disfarçado), então temos um problema semelhante com o Pai enviando a si mesmo ou o Espírito enviando a si mesmo. Além disso, não faz sentido prometer "outro" Consolador, pois a menos que Jesus, o Pai e o Espírito sejam distintos, não há "outro" Consolador. A maneira mais sensata de entender essas promessas é que Pai, Filho e Espírito Santo são indivíduos distintos.

Outros exemplos de pessoas distintas são registrados em João 12.27-30 (o Pai é invocado e, em seguida, a multidão ouve a voz do céu) e no monte da transfiguração (Mt 17.5; Mc 9.7; Lc 9.35; 2Pe 1.17). Há também passagens que falam de vários membros da divindade envolvidos no processo de salvação, mas com papéis distintos; se não forem distintos, essa linguagem é enganosa e incorreta — por exemplo, 1Pedro 1.1,2; 2Tessalonicenses 2.13,14. Além disso, se Pai, Filho e Espírito Santo não forem pessoas distintas, pense no que isso faz com as orações de Jesus a seu Pai. Quando pede que o cálice da agonia que o espera seja removido (Mt 26.42), Jesus realmente está apenas falando consigo mesmo; e quando pede para ser glorificado com a glória que tinha antes do mundo (Jo 17.1,5), Ele está apenas falando consigo mesmo. Na realidade, toda a sua oração sumo sacerdotal (Jo 17) não é uma oração, afinal de contas. Pelo contrário, essas coisas indicam a distinção das três pessoas da divindade.

No entanto, Pai, Filho e Espírito Santo são um. Se Pai, Filho e Espírito Santo são indivíduos distintos, talvez sejam três Deuses separados. Obviamente, isso não resolverá exatamente a tensão entre o ensino bíblico sobre Deus como um, contudo três, mas é uma conclusão possível a partir dos dados já apresentados que chamam de Deus o Pai, o Filho e o Espírito.

Embora seja possível, essa conclusão é impedida por ensinamento extra no NT. Há evidências de que o Pai, o Filho e o Espírito são considerados um. Várias passagens mostram que os escritores e locutores querem dizer mais do que apenas que os três pensam da mesma forma. Em vez disso, a unidade ontológica (embora essa palavra jamais seja usada nas Escrituras) é o ponto. Os ouvintes de Cristo entenderam que esse era o argumento dele e o acusaram de blasfêmia. Essa acusação poderia ter sido facilmente refutada por Jesus, dizendo que seu argumento era que Ele concordava com o modo de pensar de Deus. Embora Jesus e o Pai concordem, Jesus jamais usou essa defesa. Em vez disso, sua resposta à acusação mostra que Ele estava dizendo exatamente o que eles pensavam.

João 10.30 talvez seja a afirmação mais clara nesse sentido, mas Jesus também diz que, vendo a Ele, seus discípulos viram o Pai (Jo 14.9), de modo que não precisam mais pedir que Ele lhes mostre o Pai. A linguagem da oração sumo sacerdotal de Cristo (Jo 17.21-23) sobre Ele estar no Pai e o Pai nele sugere a mesma coisa. Além disso, passagens como Colossenses 1.15 e Hebreus 1.8 não apenas esclarecem que Cristo é Deus, mas a linguagem (*eikōn, charaktēr*) fala de unidade entre os dois.

Também há passagens que ensinam que o Filho e o Espírito são um. Em Romanos 8.9,10, Paulo fala da habitação do Espírito Santo, mas diz que todo aquele que não tem o Espírito Santo não pertence a Cristo. Assim, ao ter Cristo, também se tem o Espírito Santo e vice-versa. Tudo isso sugere a unidade deles. Considere ainda 2Coríntios 3.17. Como já vimos, este versículo diz que o Senhor é o Espírito, e a palavra para Senhor é *kyrios*, a palavra grega para o hebraico YHWH. Muitos veem *kyrios* aqui como uma referência a Jesus, que, é claro, muitas vezes é chamado por esse nome. Nesse caso, o versículo afirma a unidade entre o Filho e o Espírito.

Finalmente, há unidade entre o Pai e o Espírito. Muitas vezes se cita 1Coríntios 3.16 para esse argumento. Paulo diz aos crentes que seus corpos são o templo do Espírito Santo, pois neles Deus habita. Aparentemente, então, ao termos o Espírito em nós, temos também o Pai (Cl 1.27 fala de Cristo também habitando no crente). A unidade entre Pai e Espírito é evidente ainda em 1Coríntios 2.10,11, pois a unidade deles permite ao Espírito (como nenhum mero humano poderia) revelar as coisas de Deus.

A partir desses dados, vemos que a maneira de resolver a tensão entre um e três não é negar a unidade de Deus em favor do triteísmo politeísta. A unidade do Pai, do Filho e do Espírito Santo requer que procuremos uma solução em outro lugar.

Vários fenômenos do NT sugerem igualdade dos três. A partir do ensino bíblico pesquisado até agora, a conclusão mais natural é que, se há apenas um Deus e, contudo, Pai, Filho e Espírito Santo são Deus, os três provavelmente são iguais. De fato, se houver alguma diferença metafísica entre Eles em termos de essência, estamos a caminho do politeísmo. Portanto, a conclusão mais natural é que Eles são ontologicamente iguais. As Escrituras não usam nem o termo "ontológico" nem "metafísico", e fora os dados apresentados no sentido de que os três são um, não há afirmação bíblica direta de que os três são iguais. Ainda, certos elementos do ensino no NT condizem com essa noção de igualdade, mesmo que não a ensinem diretamente.

Um ponto inicial é como os autores do NT alistam os membros da divindade ao falar dos três juntos. Se os três fossem inerentemente desiguais, poderíamos esperar que a lista tivesse uma ordem coerente toda vez que fossem mencionados juntos. Isso poderia até parecer uma priorização previsível dos três. No entanto, o NT refere-se aos três juntos em uma variedade de ordens. Em Mateus 28.19, Cristo diz a seus discípulos para batizarem os novos discípulos em nome do Pai, do Filho e do Espírito Santo. Em 1Coríntios 12.4-6, a ordem é Espírito, Senhor (Jesus) e Deus. Mais uma vez, em Efésios 4.4-6, Paulo fala de um Espírito, um Senhor e um Deus e Pai de todos; mas em 2Coríntios 13.14, sua ordem é o Senhor Jesus Cristo, Deus e o Espírito Santo. Quando Pedro fala da parte de cada um na salvação (1Pe 1.2), sua ordem é "a presciência de Deus Pai, em santificação do Espírito, para a obediência e a aspersão do sangue de Jesus Cristo".

Não devemos concluir muito a partir desses fatos. Os escritores do NT não estão dizendo que usam várias ordens para alistar os três *a fim de* enfatizar que os três são iguais. Concluir isso seria mais do que os dados justificam. Por outro lado, se os três formassem uma hierarquia ontológica e sempre fossem listados em determinada ordem, poderíamos suspeitar que houvesse uma razão para uma fórmula tão coerente. É claro, para confirmar que era isso que os escritores tinham a intenção de comunicar, eles precisariam nos dizer que essa ordem coerente tinha o propósito de defender um argumento ontológico. Porém, qualquer argumento ontológico que se possa defender para esse fim é totalmente enfraquecido, porque os escritores do NT parecem relacionar os três como iguais e se referir a eles sem qualquer ordem específica. O fato de este ser o caso sugere a alguns que na realidade os três devem ser iguais.

Outros mencionaram que Jesus ordena que novos discípulos sejam batizados em nome dos três (Mt 28.19). A construção gramatical do versículo liga os três (Pai e Filho e Espírito Santo) como três substantivos coordenados usando a palavra *kai* ("e") entre cada um deles. O argumento é basicamente o de que os convertidos devem ser batizados em nome de cada um, porque cada um é plena e igualmente Deus. Se um ou mais tivessem menor valor ou dignidade, poderíamos esperar que a fórmula batismal se referisse apenas ao maior.

Aqui, mais uma vez, essa linha de argumento não pode ser conclusiva. O ponto gramatical é bem aceito, mas precisamos de argumentos que não sejam regras gerais para provar que o autor deseja que essa construção comunique que os três são iguais em termos de ser. É duvidoso que somente a gramática possa defender esse argumento conceitual. Além disso, se poderia alegar que os três estão na lista porque participam do processo de salvação, mas essa participação por si só não prova a igualdade ontológica. Os seres humanos também participam desse processo exercendo fé, mas isso não nos torna divinos. Parece que o máximo que podemos dizer é que a fórmula batismal é coerente com a igualdade dos três, mas não a ensina diretamente, nem pode provar esse argumento.

Alguns também argumentaram que a igualdade é sugerida pela fórmula da bênção paulina em 2Coríntios 13.14. Cada membro da divindade é invocado juntamente com uma atividade ou atributo específico, e os três são ligados gramaticalmente com *kai* entre cada frase. Embora para alguns isso possa sugerir a igualdade entre os três, minhas respostas iniciais são as mesmas que aquelas feitas acerca da fórmula batismal. Além disso, acho que é um negócio arriscado dar importância demais à forma e ao conteúdo das saudações de abertura ou fechamento das epístolas do NT. Se as forçarmos para defender argumentos ontológicos, estaremos em sérios problemas, pelo menos no que diz respeito a muitas das cartas paulinas. Paulo inicia muitas de suas cartas desejando aos leitores graça e paz da parte de Deus o Pai e do Senhor Jesus Cristo, sem mencionar o Espírito Santo. Se quisermos tirar conclusões ontológicas de tais saudações, devemos concluir que o Espírito Santo não é divino, já que Ele não é invocado? É claro, tal conclusão seria injustificável, mas então deveríamos ver que o mesmo se aplica a essa bênção de encerramento. É ainda mais crítico não concluir muito sobre essas fórmulas porque, embora 2Coríntios 13.14 termine o livro invocando a bênção de todos os três, esse livro se inicia desejando aos leitores graça e paz da parte do Pai e do Filho, mas não menciona o Espírito Santo (2Co 1.2).

Talvez as passagens no Evangelho de João que falam especificamente da relação do Filho com o Espírito Santo sejam mais sugestivas de igualdade. Em

João 14.16, Jesus promete enviar outro Consolador (o Espírito Santo) quando Ele se for. A palavra traduzida como "outro" é *allos*, que normalmente significa "outro do mesmo tipo". Alguns gostariam de entender como se isso afirmasse a igualdade ontológica entre Filho e Espírito. Isso é possível, mas é igualmente possível que Jesus esteja apenas dizendo que o Espírito Santo será o mesmo tipo de Consolador que Ele é. Isso não precisa ser um argumento ontológico, mas pode simplesmente defender o Espírito como um Consolador muito capaz. O que torna este último ponto ainda mais provável é que *allos* modifica o substantivo *paraklētos*, "Consolador". Portanto, não está particularmente claro que Jesus está dizendo que o Espírito Santo é um ser divino do mesmo tipo ou essência que Ele. O mínimo que podemos dizer é que Jesus acredita que, ao obter o Espírito Santo, não se perderá nenhuma ajuda que Jesus daria. A capacidade de Jesus ajudar e a do Espírito Santo são do mesmo tipo.

Mais adiante, no capítulo 14 (v. 26), Jesus diz que o Pai enviará o Espírito Santo em nome de Jesus. Para alguns, isso sugere igualdade entre os três. Isso pode ser parte do que Jesus está pensando, mas o ponto fundamental é que o envio do Espírito Santo após a partida de Cristo é um evento no qual Pai, Filho e Espírito Santo participarão. Concluir algo da igualdade ontológica dos três com base nisso parece ser uma conclusão maior do que o versículo justifica.

Talvez a melhor passagem no Evangelho de João para argumentar sobre a igualdade dos três seja João 16.13-15. Jesus fala do Espírito Santo guiando os apóstolos a toda a verdade. Ele diz que o Espírito receberá as coisas dele, Jesus, e as tornará conhecidas aos discípulos. Então Ele acrescenta que todas as coisas que o Pai tem pertencem a Ele também, mas então, se o Espírito Santo recebe das coisas do Senhor, Ele também recebe das coisas do Pai. Visto que o sujeito desses versículos está revelando a verdade, o ponto provável é que os três membros da divindade sabem cada um o que os outros sabem (um ponto confirmado ainda mais em 1Co 2.11ss sobre o Pai e o Espírito). A partir disso, podemos concluir que se um dos três é onisciente, os outros dois também devem ser. É claro, embora possa ser uma inferência justificada em João 16, é uma inferência muito semelhante ao ensino específico da passagem.

Esses são, então, os tipos de dados que alguns pensadores consideram sugestivos da igualdade entre Pai, Filho e Espírito Santo. O último item é mais proveitoso, mas todos esses dados são inferenciais, e a inferência à igualdade do ser não é a única inferência possível. Ainda, esses ensinamentos são parte dos dados encontrados no NT com relação ao Pai, ao Filho e ao Espírito Santo.

Esclarecimento no NT acerca do membro da divindade envolvido em um ato divino. Aqui, a questão é sobre a relação dos textos do AT e do NT. No AT, várias ações são atribuídas simplesmente a Deus, em particular a Yahweh. Por outro lado, o NT atribui mais especificamente esses atos divinos ao Filho ou ao Espírito Santo. Portanto, embora todos os membros da divindade estejam envolvidos em toda ação divina, um determinado membro é designado mais especificamente no NT como aquele que a faz.

É fácil ilustrar a ideia. No AT, Yahweh é retratado como o redentor e salvador, enquanto no NT é o Filho de Deus que se destaca claramente nessa competência. Veja passagens do AT tais como Jó 19.25; Salmos 19.14; 78.35; 106.21; Isaías 41.14; 43.3,11,14; 47.4; 49.7,26; 60.16; e Oseias 13.4. Por outro lado, o NT descreve Cristo como Salvador em passagens como Mateus 1.21; Lucas 1.76-79; 2.11; João 4.42; Gálatas 3.13; 4.5; Filipenses 3.20; e Tito 2.13,14.

Esse mesmo estreitamento de foco também ocorre com relação ao ministério do Espírito Santo. No AT, diz-se que Yahweh habita no meio de Israel e nos corações daqueles que o temem (ver, p. ex., Sl 74.2; 135.21; Is 8.18; 57.15; Ez 43.7-9; Jl 3.17,21; e Zc 2.10,11). No NT, o Espírito Santo habita nos membros da igreja (veja At 2.4; Rm 8.9,11; 1Co 3.16; Gl 4.6; Ef 2.22; e Tg 4.5).

Nada disso significa que o Filho ou o Espírito estavam ociosos no AT, ou que o Pai está ocioso no NT. Apenas mostra que, no progresso da revelação, as coisas se tornam mais claras quanto ao modo como as pessoas divinas participam de vários atos divinos.

A linguagem no NT acerca da geração do Filho e do envio/proceder do Espírito. Há outro conjunto de fenômenos que devemos mencionar antes de deixar os dados bíblicos. Eu o levanto agora, mas adiarei sua explicação para mais tarde neste capítulo. A razão de mencioná-lo agora é que essas passagens estão retratadas em algumas das controvérsias sobre a Trindade na história da igreja primitiva. Precisamos entendê-las à luz dessas controvérsias.

Embora o Filho seja claramente divino e não possa ser criado, várias passagens do NT falam dele como se tivesse começado a existir. Na literatura joanina, Jesus é chamado repetidas vezes de Filho unigênito do Pai. A palavra grega é *monogenēs*, e a frase "Filho unigênito" (ou em Jo 1.18, "Deus unigênito") aparece em João 1.14,18; 3.16,18; 1João 4.9. Exceto nessas referências, não se usa a frase novamente acerca de Jesus. Devemos acrescentar, no entanto, Salmos 2.7, se o considerarmos uma referência ao Messias (a LXX diz *sēmeron gegennēka se* — "eu, hoje, te gerei"). Além disso, devemos incluir a afirmação de Paulo (Cl 1.15) de que Jesus é o "primogênito de toda a criação". A palavra para "primogênito" é *prōtotokos*, e a frase inteira é usada somente aqui em relação a Jesus Cristo. O que devemos entender dessa linguagem não está claro, nem as próprias Escrituras explicam. Isso não impossibilita entender esses versículos, mas significa apenas que nenhuma outra passagem explica o que eles significam. A partir desses versículos, vários pais da igreja primitiva se sentiram compelidos a manter a doutrina da geração eterna do Filho, mas há mais sobre o significado disso na seção histórica deste capítulo.

Quanto ao Espírito Santo, Jesus diz que o enviará quando partir (Jo 16.7). Jesus também promete em João 14.26 que o Pai enviará o Espírito após a partida de Jesus. Além disso, em João 15.26, Jesus promete enviar o Espírito vindo do Pai. Porém, Ele também diz que o Espírito "procede do Pai". Aparentemente, essas passagens parecem ser apenas sobre a vinda do Espírito Santo, que ocorreu de maneira especial no Pentecostes. Contudo, os teólogos viram muito mais nessas frases (especialmente a afirmação de que o Espírito procede do Pai). Eles concluíram que esses versículos ensinam a processão eterna do Espírito, paralela à geração eterna do Filho.

Isso conclui nossa pesquisa de dados bíblicos relevantes para a doutrina da Trindade.[15] Embora as Escrituras digam muito sobre isso, há coisas que elas não dizem. Em nenhum lugar as Escrituras usam o termo "Trindade", nem declaram a doutrina como tem sido transmitida pela história da igreja. Tampouco há explicação de como pode haver apenas um Deus; contudo, Pai, Filho, Espírito Santo, Messias e Anjo do Senhor são chamados de Deus. Além disso, não se fala de uma *essência* ou de três *pessoas*. Os escritores bíblicos não falam sobre subsistências, substâncias ou modos de ser (o primeiro e o terceiro termos não são usados em nenhum sentido nas Escrituras). Porém, essa linguagem, e mais, é usado nas formulações doutrinárias da Trindade, e a teologia evangélica em nossos próprios dias expressa a doutrina nesses mesmos termos. O que essa linguagem significa, como foi introduzida na discussão e por quê? As respostas são o assunto de nosso estudo histórico na próxima seção.

A história e a doutrina da Trindade

Como vimos, a doutrina da Trindade, declarada como tal, não está em nenhuma parte das Escrituras, mas o ensino bíblico a sugere. É sempre difícil construir explicações históricas da razão de certos eventos ou movimentos de pensamento surgirem. Ainda assim, podemos oferecer uma ideia do que motivou o desenvolvimento dessa doutrina.

Roger Haight argumenta que a pergunta sobre a Trindade surgiu inicialmente da experiência de salvação dos primeiros cristãos em ou por meio de Jesus e no Espírito Santo.[16] Os discípulos de Jesus, durante sua vida na terra, passaram a vê-lo como Messias e Senhor. Além disso, à medida que o evangelho se espalhava nas décadas após a vida de Cristo, mais pessoas passaram a experimentar sua salvação e senhorio. Era natural que os cristãos começassem a perguntar sobre a relação exata de Cristo com Deus.

Perguntas sobre Cristo levantaram problemas a partir de duas perspectivas. Por um lado, a maioria dos primeiros cristãos se converteu do judaísmo. Com seu histórico intensamente monoteísta, deve ter havido alguma dissonância cognitiva entre a crença em um Deus e a crença de que Jesus é divino. O monoteísmo desses judeus cristãos mais o NT impediram que o cristianismo se movesse para muito longe, em direção a uma visão triteísta de três seres divinos.

Por outro lado, quando o evangelho começou a se espalhar pelo mundo greco-romano, de modo que um número significativo de gentios se voltou a Cristo, houve várias pressões sobre o pensamento cristão a partir do contexto greco-romano. O pensamento gnóstico era uma delas. Os gnósticos sustentavam que havia uma série de emanações da realidade primária, e cada emanação era de uma ordem ou classificação diferente. Alguns aderiram a essa ideia com uma crença cristã sobre Cristo e o viram como uma dessas emanações. É claro, isso não poderia corresponder ao ensino bíblico, pois as Escrituras não sugerem que Cristo seja apenas uma de uma série de emanações. Nem a linguagem bíblica de Jesus como Deus e igual ao Pai condiz com a ideia gnóstica de um ser dependente de um ser superior.[17]

Além das pressões gnósticas, também houve influências do platonismo e estoicismo. De acordo com várias formas de platonismo, a mente de Deus contém as formas ou ideias arquetípicas de todas as coisas. Ele criou coisas específicas no mundo segundo o padrão de seu arquétipo perfeito. A razão divina que contém essas ideias e criou de acordo com elas foi o Logos. Na filosofia de Fílon, o Logos na criação de todas as coisas nasce ou é projetado no mundo. Como Hodge explica, Fílon chamou o Logos como manifesto no mundo desta maneira "não apenas λόγος, mas também υἱός, εικών, υἱὸς μονογενές, προτόγονος, σκία, παράδειγμα, δόξα, ἐπιστήμη, θεοῦ e δεύτερος θείς".[18] O conceito do Logos foi facilmente vinculado ao cristianismo ao transferi-lo para Cristo. É claro, isso torna a deidade de Cristo subordinada, e sua geração, menos que eterna.

Houve ainda uma terceira pressão do pensamento greco-romano que não é mencionada com muita frequência. William Schoedel argumenta persuasivamente que, ao confrontar o mundo greco-romano, o cristianismo, por um lado, teve que responder à acusação de ateísmo e, por outro, teve que se tornar palatável para as pessoas que acreditavam no panteão greco-romano de deuses. Era tão predominante a crença em múltiplos deuses no mundo greco-romano que o cristianismo foi acusado de ateísmo por causa de sua crença em apenas um Deus. Como muitos historiadores demonstraram, grande parte do fardo dos apologistas da igreja primitiva era mostrar que o cristianismo não é ateu. Schoedel argumenta de forma convincente que parte do estímulo para a igreja elaborar a doutrina da Trindade foi oferecê-la como uma alternativa ao politeísmo sem ser exclusivamente unitarista. Para as pessoas inclinadas a acreditar em vários deuses, uma Trindade em unidade oferecia uma opção mais atraente do que o restrito unitarismo.[19]

Tertuliano

Embora não possamos discutir todas as viradas no desenvolvimento histórico da doutrina, alguns dos eventos mais importantes são dignos de menção. Inicialmente, voltamo-nos à contribuição de Tertuliano (160-225 d.C.).[20] Foi Tertuliano quem primeiro cunhou o termo "Trindade" (*trinitas*) e usou o conceito de pessoas. Tanto Tertuliano quanto Hipólito têm o crédito de ter introduzido a ideia da Trindade "econômica", que enfatiza como as pessoas da divindade se relacionam umas com as outras em sua obra de criação e redenção. Segundo Tertuliano, no momento de criar o universo, o Filho foi gerado, embora antes desse tempo não se pudesse dizer que Deus tinha um Filho no entendimento mais estrito da doutrina de Deus. Porém, sendo gerado para realizar essa tarefa, o Filho era uma pessoa (*persona* em latim).

Isso não deve ser mal interpretado. Como explica Kelly, Tertuliano basicamente adotou a visão de Deus defendida pelos apologistas e proferida por Irineu. Para Irineu, Deus em si mesmo é o Pai de tudo, mas contém em si mesmo sua Palavra e sua Sabedoria. Portanto, Filho e Espírito são eternos, assim como Deus, mas é somente no processo da autorrevelação de Deus ao criar (e posteriormente na redenção), que Ele infere ou manifesta o Filho e o Espírito.[21] O termo abrangente que Irineu usou para essas atividades foi *oikonomia* (grego) ou *dispensatio* (latim).[22] A tradução em português é "economia", mas as conotações dessa palavra ocultam seu significado nesta discussão. Uma economia ou dispensação é uma ordenação específica das coisas. Visto que a "ordenação das coisas" que conhecemos em relação a Deus é sua obra no mundo, a noção da "Trindade econômica" é usada com frequência para se referir às ações ou obras de Deus em nosso mundo e ao modo como as três pessoas da divindade se relacionam umas com as outras na realização desse trabalho. Contudo, falando estritamente, a noção de economia da Trindade significava em Irineu, Tertuliano e Hipólito a manifestação de Deus nas pessoas do Filho e do Espírito na criação e redenção.

Ao sustentar essa visão, Tertuliano argumentou que Deus estava sozinho antes da criação, na medida em que não havia nada externo a Ele, mas é claro que sempre havia com Ele sua Razão ou Palavra enquanto indivíduo distinto. Além disso, há o Espírito, que é o representante do Filho. Ele se origina do Pai por meio do Filho, exatamente como um "rebento vem da raiz, e como o canal extraído do rio vem da fonte, e como o ponto de luz no feixe vem do sol".[23] Tertuliano também se refere ao Espírito como uma pessoa, então há três pessoas, ou uma Trindade, na Divindade. Tertuliano escreve:

> Cremos em um único Deus, contudo, sujeito a essa dispensação, que é a nossa palavra para economia, que o único Deus também tem um Filho, sua Palavra, que saiu dele mesmo [...] que o Filho então enviou, de acordo com sua promessa, o Espírito Santo, o Paracleto, proveniente do Pai.[24]

Consequentemente, Tertuliano afirmou que existe uma unidade divina, apesar das três pessoas distintas. Porém, Tertuliano estava mais preocupado em defender a existência de unidade na Divindade. As três pessoas eram uma distribuição (*distinctio* ou *dispositio*) da natureza divina, mas não uma divisão ou separação (*separatio*) dela. Como explica Kelly, Tertuliano expressava normalmente essa unidade dizendo que os três são um em "substância" (*substantia*). Pai, Filho e Espírito têm a mesma substância, que foi estendida ou distribuída em três pessoas, mas não é separada em substâncias distintas.[25]

Assim, para Tertuliano, o termo "substância" significava o que descrevemos como o ser ou a essência da natureza divina. No entanto, Tertuliano falava da diversidade da divindade em termos de pessoas. A palavra grega para isso é *prosōpon*, e no latim é *persona*. O termo grego significava originalmente "rosto", e então "expressão", e mais tarde "papel", mas acabou significando "indivíduo", com ênfase na apresentação externa ou objetiva de uma coisa. O termo em latim vem de duas palavras nessa mesma língua, *per* ("por meio de") e *sonō* ("soar"). Portanto, uma *persona* era algo pelo qual se podia emitir um som. Rapidamente, esse termo passou a significar uma "máscara" que os atores usavam em uma peça para representar um personagem. O ator literalmente falaria sua parte por meio de uma máscara ("soar por meio de") ao representar o personagem. A partir desse significado, não demorou muito para aplicá-lo ao ator ou atriz que usava a máscara e ao personagem representado. Num sentido jurídico, passou a se referir ao titular de um título de propriedade. Para Tertuliano, seu uso em relação à Trindade denotou a apresentação concreta de um indivíduo como tal indivíduo. Para entender isso, devemos nos lembrar do que Tertuliano diz sobre a Palavra e o Espírito sempre estarem com o Pai, mas posteriormente serem distribuídos e extrapolados na economia da criação e redenção; isto é, na criação e redenção, Filho e Espírito tornam-se distintamente manifestos como agentes específicos nessas ações divinas. Parece clara a ideia de apresentar objetivamente como um indivíduo o que é inerente e interno a uma coisa. Como Kelly e outros observam, esse senso de pessoa é bastante distante das concepções modernas de pessoa como um centro distinto de consciência que possui autoconsciência.[26]

Embora Tertuliano mencione Pai, Filho e Espírito como pessoas distintas, sua principal preocupação é afirmar a unidade da natureza divina contra qualquer um que pudesse pensar que os cristãos são politeístas de alguma maneira. Depois de Tertuliano, descobrimos dois desdobramentos no final do segundo e terceiro séculos que enfatizaram a necessidade de a igreja chegar a um acordo sobre o entendimento da Trindade. Esses dois desdobramentos são o monarquianismo dinâmico e o monarquianismo modalista.

Monarquianismo dinâmico e modalista

O termo "monarquianismo" vem de duas palavras gregas, *monos* e *archē*. A primeira significa "um" ou "único", e a segunda pode significar "começo", "origem", "primeira causa", "autoridade" ou "soberano". Visto que é aplicado a Deus, em suas duas formas (dinâmica e modalista), o monarquianismo significa que a divindade é limitada a uma única origem ou primeira causa. Embora isso possa parecer bom, já que o cristianismo é monoteísta, o monarquianismo não permitia ontologicamente que mais de um possuísse a essência divina.

Pensa-se que quem deu origem ao monarquianismo dinâmico foi um comerciante de couro bizantino chamado Teódoto, que trouxe a ideia para Roma em 190 d.C. A ideia básica dessa forma de monarquianismo é que

Jesus não era da mesma natureza que o Pai, mas um mero homem que foi adotado para ser o Filho de Deus. Segundo Teódoto, Jesus viveu como um homem comum (exceto que Ele era supremamente virtuoso) até seu batismo. Naquele momento, o Espírito ou Cristo desceu sobre Ele e Ele começou a operar vários milagres. No entanto, Jesus nunca se tornou divino de acordo com Teódoto, embora outros de sua seita afirmassem que Cristo foi deificado mediante a ressurreição. Talvez o monárquico dinâmico mais conhecido tenha sido Paulo de Samósata, na igreja oriental, o qual acabou sendo condenado no sínodo de Antioquia em 268. Segundo Paulo de Samósata, Jesus não era a Palavra de Deus, mas apenas um homem. "A Palavra" se referia ao mandamento e ordenança de Deus, de modo que, ao chamar Jesus de Palavra, o significado é que Deus ordenou e cumpriu sua vontade por meio de Jesus. Porém, nada disso significava que Jesus era divino; somente o Pai que criou todas as coisas era Deus. Quanto ao Espírito, Paulo de Samósata via o "Espírito" como nada mais do que um termo para a graça que Deus derramou sobre os apóstolos.[27] Como Erickson explica, o que liga Teódoto e Paulo como monarquistas dinâmicos (apesar das diferenças nas visões) "é que Deus estava dinamicamente presente na vida do homem Jesus. Havia uma obra ou força de Deus sobre ou dentro ou por meio do homem Jesus, mas não havia presença substantiva real de Deus dentro dele."[28]

Enquanto o monarquianismo dinâmico não era amplamente aceito e não representava o pensamento dos cristãos gentios, o monarquianismo modalista era mais prevalente. Como no monarquianismo dinâmico, essa visão enfatizava a unidade e a unicidade de Deus. Contudo, a posição modalista parecia permitir que Pai, Filho e Espírito se qualificassem como Deus. Entre os pensadores associados a essa visão estão Noeto de Esmirna e, mais notavelmente, Sabélio na igreja ocidental, em homenagem a quem essa visão é nomeada com frequência.

O principal fundamento dessa visão foi a insistência de que existe apenas um Deus, que é o Pai. Quanto ao Filho e ao Espírito, se fossem plenamente Deus como as Escrituras ensinam e os cristãos acreditam, então Eles deveriam ser idênticos ao Pai. Caso contrário, haveria vários deuses. Porém, o que significam então as designações "Filho" e "Espírito"? Os modalistas responderam que não significam distinções reais dentro da divindade, mas que, em vez disso, são nomes aplicáveis a Deus em momentos diferentes. A imagem que se obtém é de um Deus que é capaz de desempenhar diferentes papéis em momentos diferentes. Por exemplo, em um momento, Ele funciona como o Pai enquanto cria nosso mundo, ao passo que, em outro, entra no ventre da virgem como Jesus, e mais tarde sofre na cruz. O que é crucial é que os modalistas defendiam que em nenhum momento os três membros da divindade agem distinta e simultaneamente. Portanto, passagens bíblicas como a que conta o batismo de Cristo (quando todos os três membros da divindade fazem coisas diferentes simultaneamente) são extremamente difíceis, se não impossíveis, de explicar.

O modalismo, se adotado, tem a consequência adicional de que o Pai sofreu literalmente na cruz com Cristo. Essa noção é chamada de "patripassianismo" e, inicialmente, pode parecer inócua, pois todos os cristãos diriam que o coração do Pai se partiu e Ele sentiu empatia e se solidarizou com Jesus enquanto este estava na cruz. Porém, não é isso que significa patripassianismo. Significa que o Pai, ao desempenhar o "papel de Filho" enquanto Cristo estava na terra, realmente sofreu e morreu na cruz. Essa conclusão parecia inevitavelmente resultar da crença em apenas uma natureza divina e nas três "pessoas" como nada além de nomes diferentes que designam diferentes papéis ou atividades desempenhados uma vez ou outra. Porém, o patripassianismo se deparou com forte resistência por uma razão muito simples. Tipicamente, os primeiros cristãos acreditavam que Deus é atemporalmente eterno. Como tal, Ele é absolutamente imutável, pois a mudança vem com o tempo, mas está ausente de um ser atemporal. Além disso, se Deus é absolutamente imutável, Ele não pode experimentar mudanças de nenhum tipo, inclusive mudanças em seu estado emocional e físico (se é que Ele é físico). Portanto, o patripassianismo era claramente censurável. Destruía a eternidade atemporal e a imutabilidade e impassibilidade divinas. Deus poderia sofrer, poderia passar por mudanças; e se a natureza divina era completamente residente em Jesus, então Deus estava sujeito ao tempo, ou assim parecia.[29]

Embora o modalismo ofereça uma maneira de resolver o aparente paradoxo entre a unidade e a Trindade de Deus, o faz às custas de o Pai, Filho e Espírito Santo serem coiguais, pessoas simultaneamente existentes. Embora a visão fosse defendida mais amplamente que o monarquianismo dinâmico, a igreja acabou concluindo que ela era heterodoxa e a rejeitou.

Orígenes

Enquanto muitas das coisas descritas até agora ocorriam na igreja ocidental, houve desdobramentos interessantes na igreja oriental. A visão de Orígenes de

Alexandria (185-254 d.C.) foi de grande importância. Orígenes era comprometido com o médio platonismo, e isso se reflete em sua visão da Trindade. Deus Pai está no topo do sistema de Orígenes e transcende todo ser. Contudo, visto que Deus é perfeitamente bom e poderoso, sempre deve ter havido objetos nos quais Ele poderia exibir esses atributos. Como resultado, Ele trouxe à existência um conjunto de seres espirituais ou almas que são coeternos com Ele próprio. Para mediar entre Ele próprio e essas almas e mediar entre Ele próprio como atemporal e o mundo como temporal, o Pai gera o Filho em um ato eterno. Além disso, há o Espírito Santo, a quem Orígenes se referiu como "o mais honroso de todos os seres trazidos à existência por meio da Palavra, o líder de todos os seres originados pelo Pai por meio de Cristo".[30]

Tudo isso significava para Orígenes que Pai, Filho e Espírito Santo são três pessoas, e assim eram eternamente. Portanto, em vez de postular pessoas distintas para fins de manifestação divina na "economia", como fizeram Hipólito e Tertuliano, Orígenes defendia que havia três pessoas eternamente, independentemente de qualquer atividade que fizessem no mundo. Essas três "pessoas" ele chamou de *hypostaseis*. *Hypostasis* e *ousia* haviam sido usados sinonimamente para se referir à existência ou essência real de uma coisa. Orígenes manteve esse significado para *hypostasis*, mas preferia usá-lo frequentemente para se referir a uma subsistência individual e, portanto, uma existência individual.[31]

Isso pode parecer um tanto ortodoxo até este ponto. A distinção entre a própria Trindade (frequentemente chamada de Trindade ontológica ou imanente) e a Trindade econômica é uma distinção válida. Além disso, a ênfase de Orígenes em diferentes *hypostaseis*, pessoas separadas, certamente parece combater o erro do modalismo. Porém, para se proteger do modalismo, Orígenes pagou um preço alto demais, pois concluiu que Jesus Cristo, embora distinto do Pai, era um ser inferior, um "Deus secundário", pois sua deidade era derivada do Pai. O Espírito também era uma deidade em menor grau, derivando sua divindade do Pai por meio do Filho. Essa subordinação ontológica significava que, em certo sentido, havia apenas uma *hipostasis* (o Pai) que era plenamente divina — neste sentido, parecia seguir o exemplo do monarquianismo dinâmico. Por outro lado, esse era um tipo de subordinação diferente daquele encontrado na posição dinâmica, pois Orígenes acreditava que o Filho e o Espírito realmente eram divinos, mesmo que de uma deidade menor que o Pai. Além disso, a visão de Orígenes poderia responder ao modalismo exigindo três pessoas distintas que existem simultaneamente.

Então, em geral, as intuições básicas de Orígenes pareciam corretas. Ele queria proteger o monoteísmo sem se render ao monarquianismo dinâmico ou modalista. Porém, ele ainda incorreu em erro, e não está totalmente claro que tenha escapado de uma forma de triteísmo. A unidade das três pessoas ele situou na unanimidade, harmonia e identidade de suas vontades.[32] Como Jevtich explica:

> A fraqueza fundamental e falácia de Orígenes foi que ele falou também da subordinação *substancial* do Filho ao Pai, e do Espírito ao Pai e ao Filho; que o Filho de Deus, *por natureza*, *poder* e *honra*, está subordinado ao Pai e é inferior ao Pai, e o Espírito Santo é inferior a ambos.[33]

Em meio a tais visões e debates sobre várias formas de monarquianismo, estava se tornando evidente a necessidade de um consenso sobre a questão da Trindade. Uma das coisas que complicou essa questão foi a diferença de abordagem entre as igrejas orientais e ocidentais. Os teólogos ocidentais invariavelmente tendiam a começar enfatizando a unidade da natureza divina, isto é, Deus é um quanto à essência, e apenas secundariamente lidavam com as três pessoas como pessoas. Portanto, havia uma certa tendência, como evidenciado no monarquianismo (especialmente a forma sabeliana), de fundir as pessoas inteiramente em uma única essência. Por outro lado, a igreja oriental enfatizou e iniciou sua reflexão trinitariana com a existência real das três pessoas divinas separadas ou hipóstases e, em seguida, enfatizou secundariamente a unidade da natureza divina.[34] Essa diferença resultou na tendência ocidental de fundir as pessoas da divindade e, assim, abrir a porta para algum tipo de monarquianismo, enquanto a igreja oriental tendeu a dividir as pessoas da divindade e, portanto, moveu-se em direção a algum tipo de triteísmo (cf., p. ex., Orígenes e Ário).

Arianismo

A controvérsia ariana entrou nessa mistura toda. Ário, um bispo de Alexandria no Oriente, foi grandemente influenciado pelas visões de Orígenes, mas percebeu uma inconsistência nelas. Os cristãos concordavam que Jesus é divino, mas a questão era o quão divino Ele é e o que exatamente significa "divindade" em seu caso. Ário simplesmente forçou a resposta de Orígenes a uma conclusão lógica. Se Jesus é realmente uma *hipostasis* distinta (pessoa), não se exige uma diferença de ser? Ário concluiu que sim e, portanto, argumentou que Jesus não é coeterno com o Pai. Embora o Filho existisse antes de qualquer outra criatura, e o Pai tivesse criado o mundo por meio dele, Ele próprio ainda era um ser criado. Além disso, Ele não foi criado a partir da essência do Pai, mas era de uma substância semelhante, embora não idêntica. Isso significa, é claro, que Jesus não é divino no mesmo sentido, se é que em algum, que o Pai. Os arianos baseavam-se fortemente em textos das Escrituras que falam sobre o Filho como unigênito do Pai. Além disso, uma passagem importante para eles parece ter sido Provérbios 8.22, na qual a Sabedoria é personificada e afirma (em uma leitura do texto): "O Senhor me criou como o princípio de seu caminho". Os arianos entendiam que a Sabedoria personificada era uma representação de Cristo no AT, e argumentavam que o versículo ensina que Deus criou Cristo. Embora o arianismo fosse sobre a relação de Cristo com a natureza divina, outra controvérsia se desenvolveu com relação ao Espírito Santo. O pneumatomaquianismo falava do Espírito Santo o que o arianismo falava de Cristo, isto é, que o Espírito Santo é um ser criado com uma essência diferente da do Pai. Por isso, Ele é um "Deus" menor, se é que é divino.

Embora seja fácil criticar Ário dizendo que ele é deliberadamente herético, uma avaliação mais generosa e precisa é que ele estava tentando evitar os problemas que viu na teologia de Orígenes e seus seguidores. Um dos seguidores de Orígenes foi Alexandre, bispo de Alexandria (313-328). R. D. Williams argumenta que Alexandre tolerou a linguagem sobre a unidade substancial de Deus Pai e Filho num esforço de enfatizar a dignidade singular e o papel especial do Filho enquanto imagem principal de Deus.[35] Como Williams explica, isso instigou Ário a apresentar o seguinte dilema lógico:

> A linguagem de Alexandre é (absurdamente) diteísta ou então é sabeliana — nesse caso, é *completamente* oponente à dignidade do Filho, uma vez que nega totalmente sua existência independente. Se esta for uma leitura correta das evidências, a polêmica de Ário, especialmente sua lista de visões inaceitáveis sobre o Filho em sua carta credal, pode ser entendida como tomando todos os sentidos possíveis da terminologia da união substancial e mostrando que são todos heréticos ou ilógicos.[36]

Isso resume claramente o problema que a igreja enfrentou ao tentar entender a Trindade. Por um lado, se a ênfase for na unidade da natureza divina, há sempre uma tendência ao sabelianismo. Por outro lado, se a ênfase for na distinção das três pessoas, isso pode tender ao triteísmo. A resolução de Orígenes se afastou do sabelianismo, mas não pareceu escapar totalmente do triteísmo; Ário simplesmente forçou o pensamento de Orígenes ao seu extremo lógico. Na visão de Ário, o cristianismo é claramente monoteísta, embora a ênfase em um ser divino não leve ao sabelianismo. Evita-se o sabelianismo defendendo-se que Jesus e o Espírito Santo são seres criados que têm uma natureza semelhante ao Pai, mas não idêntica. Sua natureza não é o *tipo* idêntico de natureza divina que o Pai tem (p. ex., eles diferem do Pai em atributos, pelo menos na medida em que Ele é eterno e eles não são), nem é *numericamente* idêntica à dele.

Concílios de Niceia e Constantinopla

O sabelianismo e o triteísmo são prevenidos pela lógica de Ário, mas o preço é muito alto. Para aceitar o arianismo, é preciso rejeitar as afirmações do NT de que o Filho e o Espírito são divinos e iguais ao Pai. É claro, algo tinha de ser feito para resolver disputas sobre várias concepções da Trindade. O imperador Constantino convocou um concílio da igreja para decidir a questão. O encontro deu-se em 325 em Niceia, e Atanásio afirmou que Cristo é da mesma essência do Pai. Porém, Niceia não resolveu a disputa de forma alguma. O Credo Niceno concordou que Cristo é unigênito, mas negou que Ele foi criado — que Ele é um ser criado. O decreto do Concílio diz:

> Cremos em um Deus, o Pai todo-poderoso, criador de todas as coisas visíveis e invisíveis. E em um Senhor Jesus Cristo, o Filho de Deus, o unigênito de seu Pai, da substância do Pai, Deus de Deus, Luz da Luz, Deus real do Deus real, gerado, não criado, sendo de uma substância (*homoousion, consubstantialem*) com o Pai. Por quem todas as coisas foram feitas, tanto no céu como na terra. Que por nós homens e para a nossa salvação desceu do céu e encarnou e se fez homem. Ele sofreu e no terceiro dia ressuscitou e subiu ao céu. E Ele voltará para julgar os vivos e os mortos. E nós cremos no Espírito Santo. E todo aquele que disser que houve um tempo em que o Filho de Deus não existia, ou que antes de ser gerado Ele não existia, ou que Ele era feito de coisas que não existiam, ou que Ele é de uma substância ou essência diferente da do Pai, ou que Ele é uma criatura, ou está sujeito a mudanças ou conversão — todos os que dizem tais coisas, a Igreja Católica e Apostólica os anatematiza.[37]

A palavra ou frase crucial é "ser de uma substância", tradução da palavra grega *homoousios*. Por outro lado, a posição de Ário é representada pela palavra *homoiousios* ("ser de substância semelhante"). À primeira vista, pode parecer muito barulho por nada, uma tempestade por causa da letra grega iota. Porém, é muito mais, e o debate sobre esses termos foi realmente muito mais complexo do que geralmente se reconhece. É fácil, por exemplo, ler sobre alguns pais orientais que aceitaram abertamente a palavra *homoousios*, mas continuaram a forçar uma posição *homoiousiana*, e concluir que eles ou estavam confusos ou foram desonestos quanto a seus pontos de vista. No entanto, concluir isso seria fomentar e perpetuar um sério mal-entendido.

A verdade simples é que *esses termos têm significado ambíguo e, na verdade, refletem dois conjuntos distintos de perguntas.* Lembre-se de que na igreja oriental a discussão trinitariana normalmente começava com as três hipóstases, as pessoas distintas, enquanto no Ocidente, a unidade da natureza divina era o foco. Isso enfatiza o fato de que, após uma análise cuidadosa, podemos distinguir duas questões diferentes, porém inter-relacionadas, que estavam em discussão. A primeira é uma pergunta sobre a própria natureza divina: existe uma essência divina, duas ou três? A segunda é sobre a natureza da deidade de cada membro da divindade: o Filho e o Espírito têm a mesma deidade que o Pai, ou Eles têm uma deidade menor?

Quanto à primeira pergunta, responda que há mais de uma essência divina e você é guiado ao politeísmo. Portanto, os pais da igreja (os ocidentais, em particular) argumentaram que *homoousios* tem de ser inserido no credo. Se Cristo for da mesma essência que o Pai, concluíram eles, pode haver somente um Deus, e Jesus tem de ter igual dignidade ao Pai. Por outro lado, se foi usado *homoiousios*, o politeísmo parece inevitável, e a dignidade de Cristo é reduzida. É claro, mesmo com *homoousios*, o modalismo é possível, a menos que se argumente que a unidade de Deus quanto à essência não é tudo o que há para se dizer — que é preciso postular três pessoas distintas com a única essência divina. Porém, repetindo, se o tópico for quantas essências divinas existem e se Jesus compartilha igualmente tal essência, *homoousios* é o termo preferido.

Porém, havia também a segunda pergunta sobre a natureza da divindade de cada uma das três pessoas, e já mencionamos a preferência oriental por começar as reflexões trinitarianas com a análise das pessoas. Nesse sentido, alguns no Oriente estavam especialmente preocupados com o termo *homoousios*. Se esse termo for levado longe demais e aplicado não apenas à essência divina, mas também às pessoas divinas (hipóstases), o sabelianismo parece inevitável. Afinal, Marcelo de Ancira, embora concordasse com a consubstancialidade do Filho e do Espírito com o Pai, conforme o Concílio de Niceia (logo, concordando com *homoousios*), não adotou de fato o sabelianismo? Como Jevtich explica, Basílio, um dos grandes teólogos da Capadócia Oriental, queixou-se a Atanásio:

> Até este momento, aqueles do Ocidente, em todas as suas cartas a nós, nunca deixam de anatematizar e excomungar sem misericórdia o notório Ário, enquanto, ao mesmo tempo, jamais criticam Marcelo de Ancira, que difunde uma heresia oposta e nega impiamente até mesmo a existência da divindade do Unigênito, interpretando erroneamente o nome "Logos".[38]

Por causa da preocupação em enfatizar as pessoas distintas na Divindade, surgiu no Oriente um movimento em torno de Basílio de Ancira (Basílio, o Capadócio, conhecia Basílio de Ancira e seus seguidores) que enfatizava a teologia *homoiousiana*. Contudo, esses teólogos não estavam oferecendo *homoiousios* como resposta a quantas essências divinas existem. Em vez disso, em um esforço para evitar o modalismo sabeliano, eles a usavam para dizer que há três pessoas distintas nessa essência. Pois se for perguntado sobre o número de pessoas na Divindade e a resposta for que Pai, Filho e Espírito Santo são *homoousios*, pode-se considerar que significa que há apenas uma pessoa na Divindade, uma pessoa que às vezes se manifesta como Pai, ou Filho, ou Espírito Santo, mas nunca como mais de uma pessoa em um dado momento. Por outro lado, ao dizer que as três são de natureza semelhante (*homoi*), mas não idêntica (*homo*), e ao focar a questão das *pessoas* na Divindade, (em vez de quantas *essências* divinas há, numericamente falando), pode-se evitar o erro do sabelianismo. Além disso, esses *homoiousianos*, se acusados da heresia do triteísmo, poderiam negá-la, porque estavam falando de pessoas, não de essências, quando usavam o termo *homoiousia*.[39]

Talvez, parte da ambiguidade resulte do fato de que, embora os pais orientais falassem de hipóstase quando se referiam aos três membros da divindade, *hypostasis*, como mencionamos antes, era entendida por muitos como sinônimo de *ousia*. Portanto, falar da mesma *ousia* pode muito bem significar para um cristão oriental apenas uma pessoa (*hypostasis*) na Divindade, sugerindo assim alguma forma de monarquianismo. Seja qual for o motivo da ambiguidade, é essencial entender que duas questões distintas (embora relacionadas) estavam sendo consideradas, e é igualmente importante ver por que e como a fórmula nicena que usa *homoousios* deu continuidade à ambiguidade em vez de resolvê-la. O resultado final foi, em parte, que o concílio de Niceia não encerrou o debate trinitariano, e o Credo Niceno teve de ser complementado e reformulado.

Um dos defeitos do Credo Niceno foi o de falar muito pouco sobre o Espírito Santo. Os pais nicenos, no entanto, acreditavam que Ele é consubstancial ao Pai, e no Concílio de Constantinopla, em 381 (convocado pelo imperador Teodósio), o ensino de Niceia foi estendido ao Espírito Santo. No lugar da declaração nicena "E cremos no Espírito Santo", o Concílio de Constantinopla acrescentou:

E cremos no Espírito Santo, o Senhor e Doador da vida, que procede do Pai, que com o Pai e o Filho juntamente é adorado e glorificado, que falou pelos profetas. E cremos em uma Igreja santa, Católica e Apostólica. Reconhecemos um Batismo pela remissão de pecados e esperamos a ressurreição dos mortos e a vida do mundo vindouro. Amém.[40]

Como menciona Stramara, o resultado foi que o concílio emitiu uma declaração de fé definitivamente trinitariana, a saber: "há uma Divindade, Poder e Substância do Pai e do Filho e do Espírito Santo; sendo a dignidade igual e a majestade igual em três hipóstases perfeitas, isto é, três pessoas perfeitas (*prosopois*)".[41]

Essa era então a doutrina na forma incluída no Credo Niceno-Constantinopolitano. Como J. N. D. Kelly declara, esse credo foi um ponto de virada, pois não mais se aceitou afirmar que o Filho e o Espírito Santo são inferiores em essência ao Pai. A essência deles não somente tem a mesma majestade, mas também é numericamente idêntica à essência do Pai. O trinitarianismo, em oposição ao sabelianismo por um lado e ao triteísmo por outro, tornou-se a doutrina oficial da igreja.[42] Porém, isso não significa que foi imediatamente adotada por todos ou mesmo entendida por aqueles que a defendiam. Coube aos pais capadócios, Basílio, o Grande, Gregório de Nissa e Gregório de Nazianzo, elaborar e defender essa doutrina. De fato, no Concílio de Constantinopla, os pais do Concílio e o imperador Teodósio encarregaram Gregório de Nissa de ser o embaixador oficial a apresentar a doutrina da igreja. É a essa elaboração e esclarecimento que nos voltamos agora.

Esclarecimento e defesa do Credo Niceno-Constantinopolitano

Um dos elementos-chave da teologia oriental retidos pelos pais da Capadócia é a ideia da monarquia do Pai. Isso não significa que o Filho ou o Espírito não sejam Deus, mas que o Pai é visto como origem, fonte ou causa da deidade. Portanto, a teologia cristã acredita em um Deus Pai, que tem um Filho unigênito nascido dele e um Espírito divino que procede dele.[43] Ao citar Cirilo de Jerusalém e relacionar seu comentário a Basílio, o Grande, Jevtich mostra a disseminação dessa noção:

> Nas palavras de Cirilo de Jerusalém [...] a "realidade da monarquia" do Deus cristão consiste precisamente na identificação da monarquia com a dignidade do Pai: "Pois é necessário não apenas crer no Deus único, mas também que Ele é o Pai do Filho unigênito", "o começo atemporal (*archē*) e o manancial (*pēgē*)" da divindade do Filho e do Espírito Santo. Estas palavras de Cirilo referentes à monarquia do Pai serão repetidas muitas vezes e quase que literalmente por Basílio, o Grande, em suas obras: *Against Eunomius* [Contra Eunômio] (I: 20, 24, 25; II: 12; III: 6); *On the Holy Spirit* [Sobre o Espírito Santo], c. 18, que são dedicadas ao tema "como conservar na confissão das três hipóstases o precioso dogma da monarquia"; e no sermão 24, "Against the [sic] Sabellius and Arius and the Eunomians" [Contra [sic] Sabélio e Ário e os Eunomianos]. [...] As famosas e importantíssimas palavras de Basílio em seu sermão 24 mencionado acima: "*Eis theos hoti kai patēr*", "Deus é um porque Ele é o Pai", serão repetidas com frequência por Gregório, o Teólogo, e Gregório de Nissa.[44]

A partir disso, está claro que os capadócios levaram muito a sério a linguagem bíblica sobre o Filho ser gerado do Pai e o Espírito proceder do Pai. De fato, para Gregório de Nissa, tais relações causais indicavam a característica única de cada membro da divindade em suas relações uns com os outros dentro da divindade (a Trindade imanente ou ontológica). Embora exista apenas um Deus, cada uma das três pessoas tem seu modo de existência que pode ser diferenciado das outras em termos de suas propriedades identificadoras. A propriedade do Pai é ingerabilidade ou a propriedade de não ser gerado (*agennēsia*). A característica do Filho é a gerabilidade (*gennasia*), e a do Espírito é missão ou processão (*ekpempsis, ekporeusis*).[45] A partir disso, podemos ver que os capadócios defendiam, como muitos outros na época, as doutrinas da geração eterna do Filho e da processão eterna do Espírito. Vimos algumas bases bíblicas para essas doutrinas, mas são difíceis de entender. Os defensores dessas visões enfatizam que qualquer noção de geração natural deve ser removida desses conceitos. Além disso, a palavra "eterno" é crucial, pois os que adotam essas doutrinas enfatizam que, seja o que for em que essa geração e processão consistam, elas não podem significar que houve um tempo em que nem o Filho nem o Espírito existiam e então, posteriormente, passaram a existir. Em vez disso, essa geração e processão ocorrem desde que Deus existe (para sempre). Normalmente, os defensores dessas doutrinas explicam que o que querem dizer é que o Pai forma em comum a essência divina com o Filho e o Espírito. Voltaremos a este ponto em breve e analisaremos sua plausibilidade. Por enquanto, basta observar que essas doutrinas estão intimamente ligadas ao pensamento trinitariano da igreja primitiva.

Há mais no pensamento capadociano do que apenas a monarquia do Pai. Conforme mencionado, os pensadores orientais estavam mais interessados em defender três pessoas distintas como divinas. Porém, como se poderia fazê-lo sem entrar no triteísmo? Gregório de Nissa abordou essa questão em sua obra *Ad Graecos*. Gregório estuda como podemos chamar Pai, Filho e Espírito Santo de Deus sem acabar em três Deuses. Sua resposta fundamental (e a abordagem básica assumida pelos capadócios) comparava isso à relação de um universal com seus particulares. Pense nos dois universais a seguir: Deus e homem. Cada um se refere a um tipo ou espécie de coisa. Embora exista apenas um universal (um termo geral), existem várias instâncias particulares do universal. Logo, "homem" refere-se à natureza humana em geral, enquanto Pedro, Tiago e João são instâncias particulares da natureza humana comum. Agora, se for assim que funciona, por analogia, a divindade é o universal, e Pai, Filho e Espírito Santo são instâncias particulares dessa natureza divina comum. Contudo, isso significaria que Pai, Filho e Espírito Santo são três Deuses distintos, cada um com uma natureza divina distinta, embora uma natureza que esteja relacionada à dos outros, porque todos são instâncias particulares do universal. Essa foi a questão abordada por Gregório em sua dissertação.

O que fica claro novamente é certa ambiguidade nos termos. Especificamente, vimos que a *ousia* ou a *homoousia* é ambígua e explicamos parte da ambiguidade em torno desses termos, mas agora podemos esclarecer mais. Quando se fala de uma *ousia* (uma natureza ou essência), pode-se estar se referindo a um *tipo geral* de coisa, como a humanidade, que poderia ser possuída por várias coisas que são *numericamente* distintas. Por outro lado, ao usar o termo *ousia* nesta análise, pode-se também se referir à natureza ou essência, que é ela própria *numericamente* uma. Portanto, ao abordar esse problema, devemos nos lembrar de que uma natureza ou essência (*ousia*) pode se referir a uma classe ou tipo de coisas, ou pode designar uma coisa numericamente distinta. Além disso, devemos nos lembrar também da diferença entre uma *ousia* (essência) e uma *hypostasis* ou *prosōpon* (pessoa, o segundo termo é o preferido de Gregório para pessoa).

Gregório explica que se o termo "Deus" denotar a pessoa, falar de três pessoas seria falar de três Deuses. No entanto, "Deus" refere-se à essência (*ousia*), e nesse caso existe apenas um. Porém, se essa essência for como "homem", isto é, se for um universal que possui particulares, mesmo que exista uma essência à qual "Deus" se refira, ainda pareceria que temos três Deuses, uma vez que existem três particulares (pessoas), assim como Pedro, Tiago e João são três homens que compartilham uma natureza comum: "homem". Porém, é aqui que a ambiguidade no termo *ousia* se mostra. Ele pode se referir a um tipo de coisa ou a uma coisa numericamente individual. Quando dizemos que "homem" é uma essência universal, defendemos uma ideia acerca de determinada coisa, mas não estamos dizendo que há, numericamente falando, apenas um ser humano que já teve essa essência. Pelo contrário, o universal é uma categoria abstrata (um conceito de um tipo de coisa que tem muitas instâncias específicas), que pode ter muitas instâncias concretas particulares diferentes. Logo, cada humano compartilha uma essência comum no sentido de um tipo geral de coisa, enquanto, ao mesmo tempo, cada um é um indivíduo numericamente distinto.

Se aplicássemos a mesma descrição a Deus, haveria três Deuses — Pai, Filho e Espírito Santo. Claro que não podemos, mas, por que não? A razão é que a essência ou natureza divina (*ousia*) não se refere simplesmente a um tipo de coisa que pode ter um número de instâncias individuais discretas (muitos deuses). Em vez disso, o que a teologia cristã defende é que a natureza divina não apenas se refere a certo tipo de ser, mas, além disso, numericamente existe apenas uma instância desse tipo de coisa. Logo, os dois sentidos de *ousia* (designando uma espécie de coisas e uma coisa numericamente distinta) se aplicam no caso de Deus, ao passo que, com a natureza humana em geral, estamos designando um tipo de coisa, mas uma coisa que pode ser possuída por um número de indivíduos numericamente distintos. Isso significa que a analogia entre universal e particular em Deus e no homem se rompe primeiramente com relação ao que chamaríamos de termo universal, a essência ou natureza. Pois no caso do "homem", o universal é considerado apenas na medida em que designa certo tipo de coisa que pode ser possuída por muitos indivíduos distintos, ao passo que, com "Deus", esse universal designa um tipo de ser e afirma que existe numericamente apenas uma instância dele.

A analogia também se rompe em relação ao particular. No caso do "homem", uma vez que se refere a uma concepção geral e abstrata da natureza humana, pode haver muitos seres humanos particulares numericamente distintos. É claro, cada um tem sua natureza humana numericamente distinta, embora se encaixe no padrão do que os outros têm. Quando chamamos cada um desses seres humanos de *pessoas*, nos referimos a essências individuais, não à natureza humana geral (o universal). Porém, no que tange a Deus, falamos de três pessoas em particular — Pai, Filho e Espírito Santo — mas, à luz do que dissemos sobre o universal se referir tanto ao tipo de ser que Deus é como a uma instância numericamente exclusiva desse tipo de ser, as três pessoas não podem requerer três essências distintas. Elas devem compartilhar a essência divina que é numericamente uma. O que, então, são as três pessoas se não são essências distintas (três Deuses separados)? Os capadócios responderam que são modos distintos de existência ou subsistências da natureza divina numericamente única. Um dos termos usados frequentemente para expressar essa ideia é "coinerência", ou *perichoresis*. Os três são distinguíveis pela propriedade identificadora que cada um possui em suas relações internas com os outros: o Pai não é gerado, o Filho é gerado e a característica do Espírito é a processão. De que modo exatamente três pessoas distintas podem ser modos ou subsistências de uma essência é um mistério, mas negar isso é cair no triteísmo, por um lado, ou no modalismo, por outro.[46]

Controvérsia *filioque*

Dois outros desdobramentos são dignos de nota antes de terminar esta seção histórica. Um tem a ver com a controvérsia *filioque*. Como mencionado, o Concílio de Constantinopla (381) afirmou a plena deidade do Espírito Santo. Contudo, ao examinar o credo resultante, vemos que os pais da igreja alegaram que o Espírito Santo procede do Pai. A palavra em latim, *filioque*, significa "e do Filho", mas essa palavra não fazia parte da frase que fala da processão do Espírito por parte do Pai. Os teólogos da igreja ocidental concluíram que, se a natureza divina era igualmente compartilhada por todos os membros da divindade, e se o Filho estava realmente relacionado ao Espírito, não fazia sentido dizer que o Espírito procede somente do Pai. Os teólogos da igreja oriental discordaram fortemente. A preocupação deles era defender o Pai como a única origem e fonte da divindade (veja acima sobre a monarquia do Pai). Além disso, tinha de haver uma maneira de distinguir os aspectos em que o Filho e o Espírito derivavam do Pai, ou seria mais difícil explicar como o Filho era distinto do Espírito. Alister McGrath explica:

> Nesse contexto, é impensável que o Espírito Santo deveria proceder do Pai e do Filho. Por quê? Porque isso comprometeria totalmente o princípio do Pai como a única origem e fonte de toda divindade. Equivaleria a afirmar que havia *duas* fontes de divindade dentro da única Divindade, com todas as contradições e tensões internas que isso geraria. Se o Filho compartilhasse da capacidade exclusiva do Pai de ser a fonte de toda divindade, essa habilidade não seria mais exclusiva. Por esse motivo, a igreja grega considerou a ideia ocidental de uma "dupla processão" do Espírito como algo que se aproximava de uma descrença gritante.[47]

Gerald Bray detalha essa controvérsia longa e divisora. No Concílio da Calcedônia em 451, leu-se a resposta do Papa Leão I contra Eutiques. Quatro anos antes, Leão havia incluído a cláusula filioque como parte do ensino ortodoxo sobre a Trindade ao escrever uma carta a Turíbio, o bispo de Astorga, na Espanha. Porém, o *Tomo* de Leão contra Eutiques lido na Calcedônia não contém isso. E mais, além de lidar com as controvérsias cristológicas surgidas, a Calcedônia apresentou o Credo Niceno-Constantinopolitano em sua forma final, e a cláusula não apareceu nele.

Por outro lado, na igreja ocidental a cláusula filioque foi usada por Agostinho, e também apareceu no chamado Credo de Atanásio, que provavelmente foi escrito por volta de 500 (portanto, não foi escrito por Atanásio, mas estava de acordo com sua compreensão da Trindade). Além disso, pelo Concílio de Toledo em 589 na igreja ocidental, havia um compromisso geral com a cláusula *filioque*, e esse concílio a adicionou oficialmente ao Credo Niceno-Constantinopolitano. Esse debate continuou se desdobrando por séculos, e muitos historiadores acham que esse desacordo foi pelo menos parte do motivo da divisão entre as igrejas orientais e ocidentais em 1054.[48]

Agostinho

Antes de deixar esta análise do avanço inicial da doutrina da Trindade, devemos dizer algo sobre Agostinho. Sua obra sobre a Trindade segue a abordagem ocidental típica de enfatizar a unidade da divindade. Logo, Filho e Espírito não são de modo algum inferiores ao Pai, e a ação de todos os três pode ser vista por trás da obra de qualquer um deles.

Uma peculiaridade da obra de Agostinho sobre a Trindade é o uso de "analogias psicológicas" da mesma. Ele concluiu que é provável que Deus tenha deixado vestígios de seu próprio ser na criação. Visto que os humanos são a coroa da criação e são criados na *imago dei*, devemos ter a expectativa de encontrar vestígios aí. Baseando-se em seus pressupostos neoplatônicos, Agostinho conclui também que, uma vez que a mente do homem é a parte mais elevada da natureza humana, deveríamos provavelmente encontrar nela reflexos de Deus. Agostinho acreditava que a estrutura do pensamento humano pode ser vista como triádica e que, portanto, reflete a Trindade. McGrath explica: "Ele mesmo argumenta que a tríade mais importante é a da mente, conhecimento e amor (*mens*, *notitia* e *amor*), embora a tríade relativa da memória, entendimento e vontade (*memoria*, *intelligentia* e *voluntas*) também receba considerável destaque".[49]

Talvez o elemento mais peculiar no pensamento de Agostinho sobre a Trindade seja o entendimento do Espírito Santo. Ele acreditava que o Espírito Santo devia ter procedido do Pai e do Filho. A prova da processão do Filho é João 20.22, de acordo com Agostinho, que diz que Cristo soprou sobre seus discípulos e disse: *Recebei o Espírito Santo*. Porém, ainda mais peculiar é o seu entendimento do Espírito Santo como o vínculo de amor entre o Pai e o Filho. Ele afirmou que os membros da divindade são definidos por suas relações uns com os outros e, portanto, o Espírito Santo deve ser visto como a relação de amor e comunhão entre Pai e Filho. É também o Espírito que une os crentes a Deus, permitindo que Deus habite em nós e nós nele. Neste aspecto, Ele é o dom de amor de Deus para nós.[50]

Embora existam outras figuras de interesse no desenvolvimento inicial da doutrina da Trindade, o precedente é suficiente para apresentar o entendimento principal da igreja sobre esta doutrina conforme ela se desenvolveu nos primeiros séculos de sua história. Outros desdobramentos interessantes ocorreram mais tarde na história da igreja, mas os principais esboços da doutrina foram estabelecidos durante esses primeiros séculos de controvérsia. Agora devemos juntar os dados bíblicos com essas considerações históricas para formular nossa doutrina da Trindade.

FORMULAÇÃO DA DOUTRINA DA TRINDADE

Os resultados do que aprendemos nas seções anteriores podem ser afirmados em seis ideias principais, embora cada ponto principal precise de explicação e amplificação. A seguir, usarei o termo *ousia* para me referir a uma natureza ou essência. Portanto, ao falar da essência divina, me referirei à *ousia* divina. Por outro lado, ao falar de pessoas ou subsistências dentro da natureza divina, usarei *hypostasis* ou *prosōpon*.

Primeiro, *existe apenas um Deus*. Isso significa que existe apenas uma essência ou natureza divina (*ousia*). O suporte bíblico é encontrado de maneira sistemática no AT e no NT e não é preciso repeti-lo. Considerando este ponto, podemos dizer que qualquer visão de Deus que postule mais de uma natureza divina distinta (*ousia*) adota o politeísmo e não tem nada a ver com o Deus do cristianismo.

Segundo, *a única essência divina (ousia) é distribuída ou manifesta em três pessoas distintas (hypostaseis ou prosōpoi)*. Chamar as pessoas de distintas significa que o Pai não é o Filho, o Filho não é o Espírito, e o Pai não é o Espírito. No entanto, isso não significa que cada subsistência (*hypostasis/ prosōpon*) tenha a própria essência ou natureza distinta (*ousia*). Em vez disso, cada pessoa divina compartilha a essência divina que é numericamente uma (*ousia*); todas são ontologicamente Deus. *Ousia* como um termo universal que se refere a um tipo de ser se aplica a todas as três pessoas da divindade, mas numericamente falando, há apenas uma *ousia* divina, e todas as três pessoas copertencem a essa única natureza. Defender a ideia das três pessoas e sua relação com a essência divina protege contra uma série de visões heréticas e não bíblicas. Por um lado, protege contra o triteísmo e qualquer outra posição politeísta que divide ou separa indevidamente a essência divina. Por outro lado, também protege contra heresias que guardam o monoteísmo apenas por alegar que o Filho e o Espírito são deuses menores ou não são Deus. Logo, exclui pontos de vista como o arianismo e a posição de Orígenes, que tornam Cristo um Deus menor, ou pontos de vista monarquianos dinâmicos ou adotivos que negam completamente a deidade de Cristo. Da mesma forma, exclui qualquer forma de doutrina pneumatomaquiana que torne o Espírito Santo ontologicamente inferior ao Pai e ao Filho.

A garantia bíblica para este segundo ponto é dupla: 1) todos os versículos tomados em conjunto que predicam a deidade do Pai, do Filho e do Espírito Santo, mais 2) o claro ensino de que, no entanto, existe apenas um Deus. Se há um e três em relação às essências, trata-se de contradição. Se há um e três em relação às pessoas, também se trata de contradição. Para evitar tais contradições, Deus deve ser um em um sentido diferente de ser três; daí a afirmação de que Deus é três quanto às pessoas, todas as quais manifestam a única natureza divina.

Terceiro, *as três pessoas (hypostaseis/prosōpoi) copertencendo à única natureza divina (ousia) existem simultaneamente uma à outra como subsistências ou pessoas distintas*. Isso significa que a essência divina não é em uma ocasião inteiramente manifesta como o Pai (mas não "em" ou "como" o Filho ou Espírito) e então, em outro momento, manifesta exclusivamente como o Filho, e ainda, em outro momento, manifesta exclusivamente como o Espírito. Pelo contrário, todas as três pessoas (*hypostaseis/prosōpoi*) existem simultaneamente. As Escrituras que mostram mais de um membro da divindade agindo ao mesmo tempo exigem isso. Trata-se também de uma implicação lógica do fato de realmente haver três pessoas, não apenas uma disfarçando-se em momentos diferentes como uma ou outra das outras duas pessoas. Esse princípio em nossa formulação da doutrina da Trindade elimina todas as formas de modalismo ou sabelianismo.

Quarto, *a partir dos pontos anteriores, também podemos dizer que Pai, Filho e Espírito Santo são iguais ontologicamente*. Ou seja, todos Eles compartilham a essência divina e, portanto, são coigualmente Deus no ser ou na natureza. Não há subordinação ontológica dentro da divindade; cada pessoa divina é tão plenamente Deus quanto as outras. Isso protege contra posições como o arianismo, pneumatomaquianismo e os pontos de vista de Orígenes que tornam Cristo e/ou o Espírito Santo um Deus menor. Também protege contra pontos de vista adocionistas, que negam completamente a deidade de Cristo.

Quinto, *há uma distinção entre a Trindade "ontológica" ou "imanente", por um lado, e a Trindade "econômica", por outro*. A Trindade "ontológica" ou "imanente" refere-se a Deus em si mesmo e às relações internas que os membros da divindade têm entre si. A Trindade "econômica" lida com a autorrevelação da divindade na obra dos membros no mundo. Quanto à Trindade econômica, podemos dizer várias coisas. Por um lado, enquanto cada membro da Trindade é ativo em cada ação divina, as Escrituras (o NT em particular) frequentemente associam uma determinada atividade a um membro da divindade mais do que a outros. O Filho é mais especificamente o Salvador, e o Espírito, o inspirador das Escrituras, mas todos os três membros da Trindade estão trabalhando em cada uma dessas ações. Além disso, em seus papéis econômicos, certos membros da divindade são funcionalmente subordinados a outras pessoas na Divindade. Por exemplo, o Filho submete-se à vontade do Pai ao ir para a cruz, e o principal ministério do Espírito é testemunhar de Cristo e direcionar as pessoas a Ele. Essa subordinação funcional, no entanto, de forma alguma indica inferioridade ontológica entre os três membros da Trindade.

Sexto, *quanto às relações dentro da Trindade ontológica ou imanente, a igreja historicamente afirma que o Filho é gerado eternamente e que o Espírito procede eternamente.* Apesar de seu firme arraigamento nas tradições ocidentais e orientais, as doutrinas da geração eterna e da procession eterna não são claras e não são exigidas pelas Escrituras. Ao dizer isso, eu rompo com uma série de teólogos ao longo da história da igreja. Como mencionado, os pais da Capadócia, em particular, gostavam de falar da característica de cada membro da Trindade em suas relações internas. O Pai é ingerado (em nenhum lugar as Escrituras dizem que Ele é gerado ou procede de alguém ou de qualquer coisa), o Filho é gerado pelo Pai (a linguagem bíblica sobre Cristo como unigênito e primogênito prova esse ponto), e o Espírito procede do Pai (igreja oriental) ou do Pai e do Filho (igreja ocidental). Apesar da defesa sólida dessas doutrinas dentro da tradição cristã, precisamos entender o que elas significam e se as Escrituras as justificam.

Quanto ao significado dessas doutrinas, começamos a ver problemas. Diz-se que a geração eterna do Filho significa que o Pai comunica a essência divina ao Filho. Comunicar a essência significa compartilhá-la em comum. Porém, os defensores dessa visão rapidamente acrescentam que devemos remover dessa ideia todo pensamento de geração humana; não se trata de uma geração como a geração humana. Além disso, como Cristo é eterno e sempre existiu, devemos dizer que essa geração vem acontecendo desde que Deus existe, o que é para sempre, e nunca começou a acontecer. Porém, pense no que está sendo proposto e será possível ver que faz pouco sentido. Se Cristo não começar a receber a essência divina porque, como divino, Ele sempre existe como Deus, ou seja, Ele sempre teve a essência divina, como faz sentido falar do Pai fazendo em comum com Cristo algo que Este sempre teve? Além disso, essa geração vem ocorrendo desde que Deus existe, mas não devemos pensar nela como algo semelhante à geração humana. Como isso pode fazer sentido? Se há algo verdadeiro para a geração humana, este algo é que alguma coisa que não existe em um momento passa a ser ou a existir posteriormente. Além disso, a geração humana não é eterna, mas acontece em um determinado momento. Agora, se a geração eterna do Filho tem de ser diferente da geração humana, como podemos entender essa lógica? Cristo não pode obter algo que Ele já possui, nem faz sentido dizer que esse recebimento vem acontecendo por toda a eternidade. Se nos dizem que isso é um mistério, a resposta apropriada parece ser que não é mistério, mas absurdo e confusão.

A mesma linha de explicação é dada para a eterna procession do Espírito Santo, e é tão problemática quanto a geração eterna do Filho pelo mesmo tipo de motivos. O Espírito Santo não pode receber o que já possui, nem ajuda dizer que Ele o vem recebendo por toda a eternidade. Por que a igreja se sentiria obrigada a defender tais doutrinas? Em justiça aos defensores dessas doutrinas, eles estão tentando explicar a linguagem bíblica do Filho como unigênito ou primogênito e do Espírito Santo como procedente do Pai. No entanto, afirmo que uma análise mais detalhada mostra que os dados bíblicos não exigem esses pontos de vista.

Considere o apoio à geração eterna. Alguns apontam para Provérbios 8.22-25, onde a Sabedoria personificada afirma aparentemente que o Senhor a criou no início de sua obra. Essa linha de argumento diz que a sabedoria é, de fato, Jesus Cristo, e que Ele está dizendo que Deus Pai o criou. Porém, é claro, os defensores da geração eterna nos lembram de que isso não pode ser uma criação literal, pois Cristo não é uma criatura. Isso deveria sugerir que algo está errado. Grudem oferece uma interpretação alternativa do versículo 22, conforme segue:

> A palavra hebraica que geralmente significa "criar" (*bārā*) não é usada no versículo 22; mas sim a palavra *qānah*, que ocorre 84 vezes no Antigo Testamento e quase sempre significa "obter, adquirir". A NASB [New American Standard Bible] é mais clara aqui: "O Senhor me possuía no início da sua obra" (semelhante à KJV [King James Version]). [...] Este é um sentido legítimo e, se a sabedoria fosse entendida como uma pessoa real, significaria apenas que Deus Pai começou a dirigir e fazer uso da poderosa obra criativa de Deus Filho no momento em que a criação começou: a expressão "haver" nos versículos 24 e 25 é um termo diferente, mas poderia transmitir um significado semelhante: o Pai começou a dirigir e fazer uso da poderosa obra criativa do Filho na criação do universo.[51]

E Salmos 2.7? Como explica Buswell, essa passagem é um salmo messiânico, portanto, é provável que a questão seja que o Senhor declara que o Filho é o Messias, o Rei.[52] Além disso, quando vemos o que o NT faz com esse versículo (At 13.32,33; Hb 1.5; 5.4-6), é ainda mais duvidoso que se refira à geração eterna. Na passagem de Atos, à medida que prega, Paulo associa a declaração "Tu és meu Filho, eu, hoje, te gerei" com a ressurreição de Cristo. Portanto, o ponto é que, ao ressuscitar Cristo, Deus o declarou o Messias. Quanto às passagens de Hebreus, elas não são ligadas a nenhum evento específico, mas, como argumenta Buswell, podemos entender que elas declaram a eterna Filiação exaltada de Cristo. Não precisam ser vistas como ensinando a geração eterna do Filho.⁵³

Porém, todas as passagens de João que chamam Cristo de Filho unigênito ou mesmo Deus unigênito não exigem a doutrina da geração eterna? A resposta é que não. A razão pela qual se pensou por tanto tempo que esses versículos exigiam tal visão é que se acreditava que a palavra para "unigênito", *monogenēs*, tinha como raiz *monos* e *gennaō*. A última palavra significa "gerar" ou "criar", e se esse for o significado de *monogenēs*, há razões para se pensar que é necessária a geração eterna. No entanto, por meio de estudos linguísticos no século XX, descobriu-se que a palavra não vem de *gennaō*, mas de *genos*, que significa "classe" ou "espécie".⁵⁴ Portanto, *monogenēs* não significa "unigênito", mas sim "único", e a frase significa "único" ou "Filho único". Wayne Grudem explica a palavra da seguinte maneira:

> O estudo linguístico no século XX mostrou que a segunda metade da palavra não está intimamente relacionada ao verbo *gennaō*, "gerar, dar à luz", mas ao termo *genos*, "classe, espécie". Assim, a palavra significa o Filho "único" ou o Filho "exclusivo". (Veja BAGD, p. 527; D. Moody, "The Translation of John 3:16 in the Revised Standard Version" ["A tradução de João 3.16 na Revised Standard Version"], JBL 72 [1953: 213-219].) A ideia de "unigênito" em grego teria sido não *monogenēs*, mas *monogennētos*.⁵⁵

Considerando-se essa evidência, é claro que um suporte bíblico importante para a doutrina da geração eterna desaparece. Como Grudem observa posteriormente, a confirmação do significado correto de *monogenēs* vem em Hebreus 11.17, onde o escritor usa a palavra para falar que Isaque é o *monogenēs* de Abraão. Se de fato *monogenēs* significa "unigênito", então o texto bíblico está errado, pois Isaque não era o filho unigênito de Abraão. Ismael também era seu filho, embora com Hagar. Conquanto Isaque fosse o único filho de Abraão com Sara, o texto não faz comentários sobre a mãe. Se, em vez disso, a questão for que Isaque era o filho único de Abraão, isso faz sentido. Embora Abraão tivesse outro filho, Isaque era único no sentido de que ele e somente ele era o filho da promessa.⁵⁶

E que tal Colossenses 1.15, onde Paulo chama Jesus de "o primogênito de toda a criação"? Isso não requer geração eterna? Aqui, a palavra traduzida como "primogênito" é a palavra grega *prōtotokos*. Embora possa significar "o primeiro gerado", também pode significar "preeminente", referindo-se àquele que tem os direitos do primogênito. Em Lucas 2.7, a palavra aparece, mas se refere à encarnação, quando Maria deu à luz Jesus; mas certamente esse não é o argumento da doutrina da geração eterna, e não é o argumento de Colossenses 1.15. Em Apocalipse 1.5, Jesus é chamado de "o Primogênito dos mortos", mas isso claramente se refere à sua ressurreição e não tem nada a ver com a noção de geração eterna. Paulo também usa o termo em Romanos 8.29 para falar de Cristo como o" primogênito entre muitos irmãos", mas o argumento é soteriológico, pois o contexto fala de predestinação e depois passa para outros elementos na aplicação da salvação. O argumento não é sobre o relacionamento de Pai e Filho dentro da divindade. Em Colossenses 1.15, não é necessário ver esse termo como referente à doutrina da geração eterna. Em vez disso, o argumento pode ser simplesmente que Cristo é preeminente sobre tudo o que existe.[57]

E a eterna processão do Espírito? Essa doutrina parece se sair ainda pior do que a geração eterna do Filho. O apoio bíblico parece limitado principalmente (se não exclusivamente) a João 15.26. Jesus diz: "Quando, porém, vier o Consolador, que eu vos enviarei da parte do Pai, o Espírito da verdade, que dele procede, esse dará testemunho de mim". O principal argumento do versículo não é o que vem acontecendo na eternidade passada, mas o que vai acontecer a partir do momento em que Jesus se for. Ele promete a seus discípulos que enviará o Espírito Santo. O versículo diz muito claramente que não apenas Jesus enviará o Espírito, mas o Pai também. Embora seja possível que a frase *que dele procede* defenda uma ideia distinta sobre as relações eternas dentro da divindade, parece improvável. Por que, ao fazer uma promessa de enviar o Espírito, seria relevante dizer algo sobre o relacionamento que se tem mantido entre o Pai e o Espírito por toda a eternidade? Alguns, sem dúvida, responderão que, se não disser o que eles afirmam, essa frase é redundante à primeira oração subordinada da sentença. No entanto, não é assim, porque toda a oração também inclui o comentário sobre o Espírito ser o Espírito da verdade que procede do Pai. O Espírito como Espírito da verdade ainda não foi mencionado no versículo. Além disso, a primeira oração subordinada diz que o Filho envia o Espírito "do Pai". Esta segunda oração especifica mais claramente como é que o Espírito vem do Pai.

Talvez a objeção mais forte a esse versículo ensinar a processão eterna seja que adotar essa interpretação significa que pensamos que o apóstolo João pretendia defender essa ideia metafísica sutil sobre as relações internas dos membros da divindade. Isso é bastante difícil de acreditar, especialmente porque João escreveu isso muito antes de Niceia, Constantinopla e a controvérsia filioque. Este parece ser um caso de imputar distinções metafísicas e doutrinas ao texto das Escrituras onde elas não existem.

Em suma, parece mais sensato abandonar as doutrinas da geração eterna e da processão eterna. Elas estão envoltas em obscuridade quanto ao significado, e o respaldo bíblico não é nem de longe tão forte quanto se supunha. De fato, as Escrituras falam de Cristo como o Filho, mas todos admitem que Ele deve ser Filho em algum sentido metafórico. Mesmo a doutrina da geração eterna não permite que Ele seja Filho no sentido literal em que usamos o termo. Então, se o termo é usado metaforicamente, por que devemos exigir que a metáfora signifique a doutrina da geração eterna?

A rejeição dessas doutrinas não deve ser mal interpretada. Isso não significa que não há nada na distinção entre a Trindade ontológica ou imanente e a Trindade econômica. A primeira fala da Trindade em suas relações internas, mas como essas relações são internas ao próprio ser, e visto que as Escrituras nos revelam tão pouco sobre essas relações, não há muito o que dizer sobre elas. Certamente, vale a pena distinguir a Trindade em si mesma da Trindade em suas ações no mundo, e há muito a dizer sobre como os três trabalham juntos em nosso universo.

Um último ponto a este respeito é o fato de como é triste a história da controvérsia *filioque*. Se minha rejeição às doutrinas da geração eterna e processão eterna estiver correta, não há realmente motivo para uma controvérsia sobre se o Espírito procede apenas do Pai ou do Pai e do Filho. Dado que a divisão entre as igrejas orientais e ocidentais resultou dessa disputa, tal divisão foi totalmente desnecessária.

Esses seis pontos (com suas explicações e aclarações) completam nossa formulação da doutrina da Trindade. Ao longo da história da igreja houve tentativas de oferecer analogias à Trindade. Uma das mais populares apela à água (H_2O), que é capaz de ocorrer em estado líquido, sólido ou gasoso. Porém, o problema dessa analogia é que a única e mesma molécula de água, falando numericamente, não pode ocorrer simultaneamente como gás, sólido e líquido. Outras analogias foram sugeridas, mas todas falham em um aspecto ou outro. Contudo, isso não deveria nos surpreender, pois nada no mundo, como o conhecemos e o compreendemos, pode ser caracterizado dessa maneira, ou seja, uma essência manifesta em três subsistências distintas e simultaneamente existentes. A doutrina da Trindade é uma afirmação singular que os cristãos fazem sobre seu Deus.

A LÓGICA E A DOUTRINA DA TRINDADE

Durante o último meio século, os filósofos discutiram vigorosamente se essa doutrina é logicamente coerente. Grande parte da discussão tentou mostrar de uma maneira ou de outra como ela é logicamente coerente. Nesta seção, apresentarei o que parece ser a mais satisfatória dessas explicações. Antes de fazê-lo, porém, devo esclarecer o que significa dizer que um conjunto de ideias contém uma contradição e os requisitos para refutar a acusação. Uma contradição é a afirmação e negação de uma mesma coisa ao mesmo tempo e da mesma maneira. Se um conjunto de ideias for genuinamente contraditório, não há como explicar as ideias, a fim de remover a contradição. Isso não é porque não sabemos como remover a contradição agora, mas saberemos um dia, nem que Deus sabe como as ideias se encaixam de maneira coerente, mas nós não sabemos. Pelo contrário, é porque ninguém, incluindo Deus, sabe agora ou saberá um dia como as ideias podem ser todas verdadeiras de uma vez.

É claro que essa é uma acusação extremamente forte para se imputar contra um conjunto de ideias, mas também devemos ver que responder à acusação de contradição não é tão difícil quanto parece à primeira vista. Uma vez que a queixa é de que não há como as ideias serem todas verdadeiras, o defensor da coerência precisa apenas mostrar uma maneira possível para que todas sejam verdadeiras. É claro que devemos procurar a explicação mais plausível, mas, estritamente falando, a exigência é apenas *uma maneira possível*.

Com essas "regras básicas" em vigor, passo agora à explicação. A solução que considero mais aceitável é o que alguns chamam de trinitarianismo relativo, pois deriva da noção de identidade relativa. Não afirmo que esta é *a* explicação que mostra corretamente como Deus pode ser três e, todavia, um (deve haver uma melhor), mas apenas que esta proposta é uma maneira possível de a doutrina da Trindade ser logicamente coerente. Alguns podem pensar que é um exercício desnecessário, pois devemos admitir o mistério e dizer que a lei da não contradição não se aplica, ou que se aplica, mas a forma de satisfazê-la em relação à Trindade é um mistério. Em resposta, Bartel argumenta corretamente que, se isentarmos essa doutrina da lei da não contradição, não haverá razão para não fazer o mesmo com qualquer outra contradição aparente sobre Deus. Ele escreve,

> Por que não afirmar, por tudo que sabemos, que Deus Pai é onipotente e impotente, a Palavra se tornou e não se tornou carne, o Espírito Santo falou e não

falou por meio dos profetas? Pois é insuportavelmente arbitrário e contraintuitivo imaginar que algumas contradições teológicas são verdadeiras enquanto outras são falsas. Não: a incoerência lógica é um sinal claro de falsidade.[58]

Claramente, devemos procurar uma solução para a aparente contradição, e acredito que o ponto de partida é com alguns breves comentários sobre a lógica da identidade. Bartel levanta a distinção entre predicação *polygamous* e *monogamous*. Um exemplo do primeiro é "x é melhor que y", mas é claro que isso não ajudará até que saibamos a resposta para a pergunta "x é um melhor *o quê* do que y". Como Bartel explica, a resposta a essa pergunta é um *categorial*, e um *categorial* é um substantivo geral que denota objetos de um tipo específico. Exemplos de categoriais são "mulher", "pássaro", "estrela", "cachorro", "cor". A predicação polígama não é verdadeira nem falsa, a menos que possa ser "expandida" por algum categorial. Por outro lado, a predicação monógama não precisa de expansão para ser verdadeira ou falsa. Um exemplo é "x é uma tia de y". Isso é verdadeiro ou falso sem qualquer modificação.[59]

A relevância disso para a predicação de identidade é que tais predicações são polígamas, não monógamas. Portanto, não podemos apenas dizer que "x é o mesmo que y", em vez disso, devemos especificar com relação a que o x e o y são iguais, e a resposta será uma espécie de categorial. Bartel acrescenta que "as predicações de identidade são relativas ao categorial: ou seja, para pelo menos uma instância de substituição de 'x é igual a y', uma de suas expansões categoriais é verdadeira, enquanto outra é falsa. Esta é a tese da identidade relativa".[60]

O modo como isso se aplica à Trindade deve ser bastante claro. Considere as seguintes reivindicações de identidade: (1) "Jesus é o mesmo *Deus* que o Espírito Santo"; e (2) "Jesus é a mesma *pessoa* que o Espírito Santo". O substantivo categorial em (1) é "Deus" e o categorial em (2) é "pessoa". Nas duas frases, "Jesus" e "o Espírito Santo" têm o mesmo referente. Ainda a sentença (1) é verdadeira e a (2) é falsa. Em relação ao categorial "Deus", Jesus e o Espírito Santo são os mesmos. Em relação à "pessoa" categorial (e aqui devemos pensar no sentido de "pessoa" exprimido em nosso estudo histórico), Jesus e o Espírito Santo não são os mesmos. Na realidade, esta é apenas uma maneira mais filosófica de apresentar o argumento das seções anteriores sobre a diferença entre uma natureza (*ousia*) e uma pessoa ou subsistência (*hypostasis/prōsopon*) dessa natureza.

O apelo à identidade relativa parece satisfazer as demandas lógicas da doutrina da Trindade, mas Bartel não tem tanta certeza, por duas razões principais. A primeira apela à propriedade não encarnacional de cada membro da divindade. A igreja, como observamos, dizia que o Pai é ingerado e que Ele gera o Filho. A propriedade do Filho é ser eternamente gerado pelo Pai, e a propriedade do Espírito Santo é sua processão a partir do Pai (ou do Pai e do Filho). Dadas essas respectivas propriedades, se estivermos falando do substantivo categorial "deidade" ou do adjetivo "divino", parece que temos um problema, segundo Bartel, pois agora podemos escrever um argumento como o seguinte:

> Deus Filho é eternamente gerado do Pai *qua* divino.
> Deus Pai não é eternamente gerado do Pai *qua* divino.
> Portanto, Deus Filho não é a mesma deidade que Deus Pai.[61]

Se Jesus e o Pai são numericamente o mesmo Deus, esse argumento enfatiza o problema. Como Bartel explica, "assim como a identidade absoluta não tolerará divergência nas propriedades exemplificadas como *simpliciter*, assim também *ser numericamente o mesmo f que qua f* não tolerará divergência em propriedades exemplificadas como *qua f*".[62]

Pode parecer um dilema insuperável, mas Bartel acha que não, e eu concordo. A maneira de evitar esse problema é rejeitar as doutrinas da geração eterna do Filho e da processão eterna do Espírito. Bartel se queixa de que isso se afasta significativamente da tradição ortodoxa da Trindade, mas, como afirmei, é uma mudança que devemos fazer. Além disso, não consigo ver que, fazendo isso, se renuncia a qualquer coisa verdadeiramente significativa na doutrina — pois não diminui a noção de que existe um Deus em três pessoas. No entanto, mesmo que se defendam tais doutrinas, ainda se pode escapar da objeção de Bartel. A razão é que ser eternamente gerado e estar eternamente procedendo não são propriedades que o Filho e o Espírito têm em virtude de serem divinos, mas em virtude de serem subsistências distintas dessa essência divina. Portanto, as premissas acima deveriam dizer "subsistência *qua* ou pessoa", e a conclusão deveria dizer: "Portanto, Deus Filho não é a mesma pessoa ou subsistência que Deus Pai".

Contudo, Bartel crê que existe um segundo problema ainda mais sério com o trinitarianismo relativo. A cristologia tradicional afirma que no Cristo encarnado existem duas naturezas completas, mas distintas, uma divina e outra humana. As propriedades encarnacionais de Cristo são normalmente atribuídas à sua natureza humana, então essas propriedades não se aplicam a Jesus como divino, nem ao Pai ou ao Espírito. Por outro lado, a mente divina de Cristo tem a propriedade de ser copessoal com sua mente humana. Porém, visto que sua mente divina é numericamente a mesma essência que a compartilhada pelas outras duas pessoas, parece que o Pai e o Espírito também devem possuir a propriedade de serem copessoais com a natureza humana de Jesus. O resultado, argumenta Bartel, é que todos os três membros da divindade se tornam encarnados em Cristo e, é claro, isso contradiz a teologia evangélica; tem um toque de sabelianismo. Uma maneira de contornar isso é admitir que cada membro da deidade tem a própria essência, mas isso emperra no triteísmo. Assim, Bartel propõe que abandonemos o trinitarianismo relativo em favor do que ele chama de "teoria social" da Trindade. Essa teoria propõe que cada membro da Trindade é absolutamente distinto dos outros. Embora acabe produzindo alguma forma de triteísmo, Bartel acha que pode ser defendida como sendo coerente com a ortodoxia.[63]

Embora isso pareça ser uma objeção devastadora, não acredito que seja. Penso, no entanto, que contém uma mistura de verdade e erro. O elemento da verdade é que, uma vez que existe apenas uma essência divina compartilhada igualmente pelas três pessoas, há um bom senso em que as três pessoas "fazem" qualquer coisa que uma das três fizer. Por outro lado, na medida em que faz algum sentido falar de pessoas distintas, isto é, maneiras distintas pelas quais essa essência divina se manifesta, também faz sentido atribuir ações específicas a apenas um dos três membros. Portanto, é o segundo membro da divindade (não os outros) que se encarna como Jesus de Nazaré, o Cristo. Se fosse apenas a essência divina (e não designássemos essa essência como subsistindo em uma pessoa específica da divindade) que se encarnasse como Jesus Cristo, teríamos que dizer que todos os três membros da divindade se encarnaram em Cristo. Porém, os cristãos defendem que é a segunda pessoa da divindade que se encarnou, assim como eles dizem que a terceira pessoa da Trindade inspirou a Bíblia. É verdade que é difícil ver como todos os três membros podem ter a essência numericamente idêntica, enquanto apenas um deles se encarna (o que envolveria manter a natureza divina ao mesmo tempo em que se adiciona a natureza humana), mas esse é o mistério que não podemos entender. Qualquer pessoa que admita, por exemplo, que a voz que louva a Jesus em seu batismo é do Pai, e não um caso de ventriloquismo, e que a pomba que desceu não é apenas uma pomba nem uma alucinação, mas o Espírito Santo, também deve admitir que, de alguma maneira, cada pessoa divina pode agir de maneira distinta das outras duas, embora as três, em certo sentido, executem todos os atos de cada membro da divindade.

A resposta a Bartel, então, é que, ao considerar a encarnação (essa ação divina), estamos focando o categorial "pessoa", não o categorial "Deus". Portanto, o segundo membro se encarna, não todos os três, ao passo que se estivéssemos olhando para esse evento da perspectiva do categorial "Deus", uma vez que existe apenas uma essência divina, diríamos que Deus se encarna.

Há outra maneira de defender essa ideia. A queixa de Bartel parece convincente porque, na verdade, é um desafio explicar o "mecanismo" (o "como") pelo qual apenas uma pessoa pode encarnar, embora essa pessoa compartilhe a mesma essência com outras duas pessoas divinas. Contudo, nossa ignorância de como Deus faz isso não significa que a coerência lógica da doutrina da Trindade seja comprometida pela invocação da identidade relativa. Deus é um em relação ao categorial "deidade" e três em relação ao categorial "pessoa", e tais afirmações são logicamente coerentes. Isso mostra como é *possível* que Deus seja um e três ao mesmo tempo sem contradição; e lembre-se, tudo o que precisamos para enfrentar a acusação de contradição é uma maneira possível de as várias afirmações serem verdadeiras. Nossa incapacidade de especificar como uma dessas pessoas age sozinha (apesar de compartilhar a mesma essência com as outras duas) não prova que nossa *formulação* da doutrina da Trindade em termos de identidade relativa não consegue remover a contradição lógica.

Macnamara, Reyes e Reyes propuseram recentemente um modelo diferente para entender o trinitarianismo relativo, mas o que eles defendem é basicamente o que Bartel e tantos outros, como Peter van Inwagen e Peter Geach, ofereceram (e em alguns casos, defenderam).[64] De acordo com Macnamara, Reyes e Reyes, o aparente problema com a Trindade deriva de pensar que ela segue a lógica da teoria usual dos conjuntos. Se entendermos que o conjunto de Pessoas Divinas é um subconjunto do conjunto de Deuses, então surge um problema. Como eles observam, a relação de inclusão entre os conjuntos é de um para um. Ou seja, se "A está incluído em B, então para cada membro de A há um membro de B idêntico a ele, e a identidade sendo uma relação simétrica, existem tantos B's idênticos a A's quanto A's a B's. A identidade envolvida na inclusão de conjunto implica que os B's não podem ser menos numerosos que os A's".[65]

Nesse caso, os A's seriam pessoas divinas e os B's seriam Deuses; portanto, se houver três pessoas divinas, também deve haver três Deuses. É claro, isso é contrário à doutrina evangélica da Trindade. O que isso mostra é que a relação das Pessoas Divinas com os Deuses não pode ser entendida em conformidade com a inclusão teórica dos conjuntos; é preciso alguma outra interpretação. O que se exige é uma interpretação sob a qual todos os A's são B's, mas ainda há menos B's do que A's. A princípio, isso pode parecer impossível, mas Macnamara e companhia oferecem exemplos onde isso realmente acontece. Imagine um passageiro de companhia aérea, Smith, que faz três viagens pela mesma companhia aérea e para o mesmo local em três meses distintos. Smith conta como três *passageiros* distintos, mas é claro, em cada caso é a mesma *pessoa*. Portanto, existem três se contarmos *passageiros*, mas apenas um se contarmos *pessoas*. Todo mundo que é contado como passageiro também é uma pessoa, mas não adicionamos outra pessoa cada vez que contamos um passageiro. Caso contrário, diríamos que três pessoas distintas fizeram as três viagens quando, na verdade, era o Smith em cada uma das vezes.

Alguém pode responder que, já que era o Smith em cada uma das vezes, podemos adicionar apenas um à lista de passageiros ao contarmos o número de passageiros nas três viagens. Porém, isso certamente está errado, como se evidencia a partir de uma ilustração simples. Suponha que esse voo seja longo o suficiente a ponto de requerer que se sirvam refeições. A companhia aérea pode dizer a Smith: "Sabemos que você está fazendo três voos, mas como é você, e não três pessoas distintas, pediremos apenas uma refeição e ela terá de atendê-lo em todos os três voos; talvez você queira comer apenas um terço da refeição em cada voo, para que tenha algo para todos os três voos?" A companhia aérea pode dizer isso a Smith, mas é improvável que escape de punição. Se a regra é que cada *pessoa* receba uma refeição, então o pobre Smith, independentemente de quantas vezes fizer essa viagem usando a mesma companhia aérea, receberá o total de apenas uma refeição. Por outro lado, se a companhia aérea contar o número de *passageiros* em cada voo e se cada passageiro fizer uma refeição, Smith não precisará se preocupar em passar fome.[66]

Para que não pensemos que este é o único exemplo de todos os membros de um grupo sendo incluídos em outro, enquanto o segundo grupo tem menos membros que o primeiro, Macnamara, Reyes e Reyes oferecem a seguinte série de exemplos:

> Outros exemplos do mesmo fenômeno são pacientes internados em um hospital, fregueses em um restaurante e clientes em uma loja. As contagens de pacientes, fregueses e clientes não precisam ser iguais às contagens correspondentes de pessoas. Para nós, é de especial interesse o caso de estudantes que fazem alguma especialidade em uma universidade. Uma única pessoa pode

ao mesmo tempo se especializar em filosofia e matemática. O Departamento de Filosofia e o de Matemática incluirão o aluno separadamente em suas listas de cursos de especialidades, e a universidade somará as listas e contará dois alunos, embora apenas uma pessoa esteja envolvida. Outros exemplos são pacientes e cátedras. Uma única pessoa pode simultaneamente ser paciente de um urologista e de um especialista em cardiologia: isto é, ser dois pacientes. Uma pessoa pode ser cátedra em duas universidades distintas. Há muitos exemplos assim. Eles são particularmente relevantes porque as Pessoas Divinas, sendo eternas, são simultaneamente um único Deus.[67]

A relação disso com a Trindade é fácil o bastante para se mapear. O ponto principal é que temos duas categorias distintas, indicadas pelos substantivos "Pessoa Divina" e "Deus". Ou seja, cada rótulo designa um tipo. Isso é significativo, porque nomes próprios denotam um indivíduo em uma espécie. Nosso uso típico de "Pai", "Filho" e "Espírito Santo" os trata como nomes próprios. Portanto, a única questão é a qual *tipo* os indivíduos designados pelos nomes "Pai", "Filho" e "Espírito Santo" pertencem. A resposta é que eles são indivíduos no tipo "Pessoa Divina", não indivíduos do tipo "Deus". Se o tipo "Pessoa Divina" for categoria A e o tipo "Deus" for categoria B, então todos os A's são B, mas há mais membros na categoria A do que na B. No caso do viajante da linha aérea, cada passageiro em cada voo é uma pessoa, mas quando a mesma pessoa pega vários voos, o número de *pessoas* não aumenta, mas a contagem de *passageiros* sim. Da mesma forma, Pai, Filho e Espírito Santo (todas as Pessoas Divinas) são Deus, mas isso não significa que há tantos deuses quanto pessoas divinas. É o mesmo Deus manifesto em três pessoas distintas, assim como é a mesma pessoa "manifesta" em três listas separadas de passageiros e voos.[68]

À luz desses princípios, Macnamara et al. explicam que as três proposições "o Pai é Deus", "o Filho é Deus" e "o Espírito Santo é Deus" devem ser entendidas da seguinte forma: "subjacente à Pessoa Divina que é o Pai está um Deus" e "subjacente à Pessoa Divina que é o Filho está um Deus" e "subjacente à Pessoa Divina que é o Espírito Santo está um Deus".[69] É claro, as Escrituras dizem, e a doutrina da Trindade concorda, que há apenas um Deus, então o Deus mencionado como o que está subjacente a cada pessoa divina é o único e mesmo Deus, numericamente falando. Se isso for difícil de entender, pense na relação das pessoas com os passageiros na ilustração da companhia aérea.

Se as três pessoas são o mesmo Deus, como podemos distinguir uma da outra? Macnamara, Reyes e Reyes sugerem que usemos predicados aplicáveis apenas a cada membro individual da Trindade. Eles oferecem os predicados-padrão associados à Trindade imanente, ou seja, o Pai é não gerado, o Filho é gerado pelo Pai, e o Espírito procede do Pai e do Filho.[70] Argumentei que tais doutrinas deveriam ser abandonadas, então, de que outro modo podemos distinguir as três pessoas? Aqui devemos focar em predicados que são verdadeiros para cada um apenas em seus papéis econômicos. Por exemplo, somente o Filho se encarnou e somente Ele foi batizado. Somente o Pai falou palavras de louvor a Jesus no batismo de Cristo, e somente o Espírito Santo desceu como pomba naquele evento. Poderíamos multiplicar outros predicados singulares que distinguiriam os três, mas o argumento já está sendo atendido. Mesmo que neguemos predicados geralmente aplicados aos membros da Trindade de acordo com suas relações internas, ainda podemos distinguir um dos outros.

Essas duas propostas de Bartel e Macnamara, Reyes e Reyes, e as várias ilustrações oferecidas, mostram que a doutrina da Trindade não é logicamente contraditória. Existem maneiras possíveis de explicar como um ser poderia ser ao mesmo tempo um e três. Além disso, acredito que a doutrina, conforme formulada anteriormente neste capítulo, reflete com precisão o ensino bíblico. Eu admito que vai além do que as Escrituras dizem explicitamente, mas à luz do ensino bíblico, as partes da formulação que vão além das declarações bíblicas parecem justificadas, até mesmo necessárias. Os Credos Niceno-Constantinopolitano e de Atanásio são suficientes para expressar essa doutrina? Com exceção das alegações sobre a geração eterna e afins, acredito que são. No entanto, como vimos, é necessária uma análise histórica cuidadosa para entender exatamente o que os pais quiseram dizer quando afirmaram que Deus é um quanto à essência e três enquanto pessoas ou subsistências. Porém, uma vez que entendemos a linguagem, vemos que ela transmite os conceitos que as Escrituras e a razão exigem.

PARTE TRÊS

OS ATOS DE DEUS

Capítulo Onze

O DECRETO DE DEUS

Que Deus magnífico e majestoso nós temos! Quem ou o que é como o Deus descrito nas páginas anteriores? Mesmo que nunca tivesse feito nada, Ele seria eminentemente digno de nossa adoração e louvor em virtude de quem e o que Ele é! Criar um mundo, redimir os pecadores perdidos, estabelecer seu reino de justiça e paz não acrescentam absolutamente nada ao valor infinito de Deus. Porém, todos esses atos demonstram sua grandeza, e Ele de fato decidiu mostrar sua natureza gloriosa agindo no universo.

Embora Deus tenha feito muitas coisas em nosso mundo, apenas algumas são o assunto deste volume. Áreas distintas da teologia tratam da revelação de Deus sobre si mesmo, da salvação e de sua vitória final sobre o mal ao estabelecer seu reino por meio de sua igreja e do futuro início do reino aqui na terra. Essas doutrinas teológicas e as ações que elas evidenciam são assuntos de outros volumes desta série. Ainda, vários atos divinos são, tradicionalmente, assunto para um volume acerca da doutrina de Deus, e nossa discussão se concentra neles.

Deus decidiu agir além dos limites imanentes da comunhão dentro da divindade. Isso incluiu uma decisão de criar nosso universo. Tendo criado esse universo, Deus não se retirou de sua criação. Em vez disso, exerce controle providencial sobre o que criou. O que isso implica exatamente é objeto de debate. Contudo, a ação divina na criação e na providência pressupõe duas questões, uma já abordada e outra que devemos abordar neste capítulo.

Pelo fato de nosso universo ser temporal, se Deus agir nele, deve fazê-lo dentro do espaço e do tempo. Como já visto, há uma questão importante sobre como um Deus eterno se relaciona com o tempo. Quer se acredite que Deus é atemporalmente eterno ou temporal, é preciso mostrar que Ele pode agir em nosso mundo espaçotemporal. Se Ele não puder, é inútil discutir qualquer um dos tópicos desta seção do livro, pois é impossível que Deus faça tais atos. Na realidade, a questão da relação de Deus com o tempo e como Ele age nesse tempo é até logicamente antecedente à abordagem do problema de sua relação com o mal. Se não puder agir em nosso mundo, Deus não pode livrá-lo do mal, nem podemos responsabilizá-lo por não fazê-lo.

Contudo, as Escrituras e a teologia cristã afirmam igualmente que Deus é um Deus de ação. Eu já afirmei que pode haver um argumento melhor para Deus agir em nosso mundo se Ele for temporal em vez de atemporal. Admitindo-se que Deus possa agir e age em nosso mundo, o que especificamente Ele fez e como devemos entender isso? Ainda mais fundamentalmente, Deus age de acordo com um plano que Ele já elaborou, ou decide o que fazer à medida que vê a história do nosso universo se desenrolar? Minha alegação é que Deus, em primeiro lugar, não criaria um universo que Ele não tivesse planejado. Ele não enviaria um Salvador e chamaria um povo para si mesmo sem antes decidir fazê-lo.

Até que ponto Deus planejou a história humana e até que ponto Ele a controla? Estas são as questões que introduzirei neste capítulo e finalizarei nos Capítulos 13 a 16. Os teólogos que falam sobre um plano divino normalmente o fazem sob o título de decreto divino. Contudo, é preciso explicar o que isso significa. Em linguagem comum, o termo "decreto" evoca visões de um potentado fazendo declarações de seus desejos, leis e regras para seus súditos.

O Breve Catecismo de Westminster diz que o decreto de Deus é "seu eterno propósito, de acordo com o conselho de sua vontade, pelo qual, para sua própria glória, Ele preordenou tudo o que acontece".[1] Essa definição contém uma grande quantidade de teologia que devemos esclarecer, mas a noção básica é clara o suficiente. O decreto de Deus é sua decisão referente ao que quer que venha a acontecer em nosso universo. sua decisão assegurou ações e eventos. Millard Erickson afirma que isso significa dizer que Deus tem um plano que Ele elaborou, um plano que abarca o que quer que aconteça.[2] Na minha análise, usarei os termos "decreto(s)" e "plano" intercambiavelmente, salvo indicação em contrário.

Vários termos bíblicos falam do plano e do propósito de Deus. O AT usa vários termos. O termo *'āṣah*, de *yā'aṣ*, significa "aconselhar ou dar conselhos", e sugere o elemento intelectual do decreto, ou seja, o decreto não era arbitrário, sem planejamento e razão. Este termo aparece em Jó 38.2; 42.3; Salmos 33.11; 106.13; 107.11; Provérbios 19.21; Isaías 5.19; 14.26; 19.17; 46.10,11; Jeremias 32.19; 49.20; 50.45; e Miqueias 4.12. Outro termo hebraico que enfatiza o elemento intelectual no decreto é *sôd*, de *yāsad*. Na raiz Nifal significa "estar no conselho", e ocorre em Jeremias 23.18,22. E então há *mĕzimmāh*, de *zāmam*, que significa "meditar", "ter em mente" ou "ter o propósito" (Jr 4.28; 51.12; Pv 30.32). Além disso, *yāṣar* transmite a ideia de propósito e determinação prévia. Aparece em Salmos 139.16; Isaías 22.11; 37.26; e 46.11. Dois outros termos do AT são dignos de nota. Um é *ḥaphēṣ*, que se refere à inclinação, vontade ou bom propósito (Is 53.10), e *raṣôn* (Sl 51.19; Is 49.8), que significa "agradar" ou "deleitar-se" e, portanto, refere-se a deleite, bom propósito ou vontade soberana.[3]

No Novo Testamento, vários termos também se relacionam com o plano divino. *Boulē* (e várias formas do verbo *boulomai*) é usado no decreto de modo geral, mas enfatiza especificamente que o plano de Deus se baseia em propósito e deliberação. Este termo aparece em passagens como Atos 2.23; 4.28; Efésios 1.11 e Hebreus 6.17. Um segundo termo é *thelēma* (de *thelō* — também *thelēsis*). O foco principal deste termo é a vontade ou volição de Deus e, em vez de enfatizar o elemento deliberativo no plano de Deus, ele salienta mais a vontade real de seu plano. Vemos essa lógica, por exemplo, em Efésios 1.11. Um terceiro termo importante é *eudokia*, que, no contexto do plano de Deus, se refere ao(s) propósito(s) que Deus buscou alcançar com seu plano. Também fala da liberdade de Deus em fazer seu plano, na medida em que suas escolhas são determinadas apenas pelo seu bom prazer ou propósito. Além disso, em algumas passagens, também fala do deleite de Deus no que Ele decidiu fazer. As passagens que usam esse termo são Mateus 11.26; Lucas 2.14; e Efésios 1.5,9. Vários outros termos também são dignos de nota, pois falam de Deus predestinar ou preordenar eventos, de Ele ter como propósito vários eventos e planejá-los. Esses termos são *proorizō* ("predestinar"), que ocorre em Atos 4.28; Romanos 8.29,30; 1Coríntios 2.7; e Efésios 1.5,11; *protassō* ("solicitar ou prescrever"), em Atos 17.26; *proetoimazō* ("preparar de antemão"), em Romanos 9.23 e Efésios 2.10; e *protithēmi* e seu substantivo *prothesis* ("plano, propósito, intenção"), que aparecem em Romanos 8.28; 9.11; Efésios 1.11; 3.11; e 2Timóteo 1.9.[4] Outros termos, como *proginōskō* e *prognōsis*, falam do conhecimento de Deus acerca dos eventos e ações futuras, e surgem mais especificamente na análise dos decretos, pré-conhecimento e livre-arbítrio divinos.

À luz dessa terminologia bíblica, pode-se pensar que há acordo em relação ao decreto de Deus, mas não é assim. A ideia de um plano divino eterno que abarque tudo o que ocorre levanta questões importantes. Se Deus planeja tudo o que acontece, inclusive as ações humanas, como essas ações podem ser livres? E o próprio Deus? Se já planejou tudo o que ocorrerá, Ele está livre para mudar de ideia e interromper o cumprimento desse plano em favor de um novo? Além disso, se tudo é pré-programado a fim de que as criaturas de Deus façam exatamente o que Ele escolheu, como elas podem ser responsabilizadas moralmente por seus atos? Por outro lado, visto que Deus preordenou nosso pecado, como é que Ele pode escapar da responsabilidade moral?

Essas são algumas das muitas questões levantadas pelo assunto do decreto divino, e os teólogos discordam sobre como respondê-las. Por se tratar de uma questão tão argumentativa, eu a abordarei em vários capítulos. Este capítulo será dedicado às diferentes opiniões sobre se existe um decreto divino ou um conjunto de decretos. Tendo descrito os vários pontos de vista, voltarei aos dados bíblicos e perguntarei se as Escrituras ensinam que Deus tem um plano tão abrangente e, caso tenha, qual é sua natureza. Uma seção final deste capítulo trata da questão da ordem dos decretos divinos.

Neste capítulo, argumentarei que as Escrituras justificam a crença em um plano divino e abrangente. Isso ainda deixa sem resposta uma série de perguntas mencionadas acima. Essas questões serão abordadas neste capítulo e nos subsequentes.

Existe um decreto divino? Posições descritas

Em vários pontos deste livro, vimos a interação entre vários modelos teológicos de Deus. Isso também se aplica a essa questão, embora exista ainda mais variação na questão do decreto do que em alguns outros aspectos da doutrina de Deus. À medida que prosseguimos, devemos observar não apenas o que vários modelos dizem sobre o decreto divino, mas também sua lógica.

Teísmo clássico

O teísmo clássico vê Deus como um monarca reinante que controla tudo. Os críticos deste modelo afirmam que atributos divinos como imutabilidade absoluta, impassibilidade, simplicidade e eternidade atemporal — atributos que fazem parte da concepção clássica de Deus — apenas tornam Deus mais distante, não envolvido e desassociado do nosso mundo. Por isso, enfatizam o retrato de um monarca solitário e dominador que pouco tem a ver com seus súditos.

O modelo clássico de Deus é o mais intimamente associado à doutrina do decreto divino, embora haja variações dentro da visão clássica. Os defensores deste modelo afirmam que existe um decreto divino e que ele abarca tudo o que sempre ocorrerá. Deus fez o decreto de acordo com seus propósitos, muitos conhecidos apenas por Ele, e o que quer que Deus tenha desejado acontecerá. O plano de Deus para a história foi feito na eternidade passada e é imutável.

Esse entendimento do decreto divino condiz muito bem com o conjunto clássico de atributos divinos. Como Deus é atemporalmente eterno, de acordo com esse modelo, Ele não poderia desejar parte de seu plano em um ponto e, posteriormente, desejar outra. Além disso, a partir do momento em que desejou seu plano, Ele não poderia mudá-lo. Fazer qualquer uma dessas coisas é impossível, pois ambas exigem uma sequência nas ações de Deus, e isso introduz uma base para a medição temporal, mas um Deus atemporal não está sujeito a tal medição. Além disso, vimos a conexão entre imutabilidade estrita e eternidade atemporal. Qualquer mudança no decreto de Deus enfraquece a atemporalidade, mas também destrói a imutabilidade absoluta que a atemporalidade parece implicar. Além disso, o Deus clássico sabe todas as coisas, inclusive o futuro. Contudo, se Deus não possui um plano abrangente, um plano escolhido de uma só vez, então, à medida que o tempo passa, parece que Ele aprende coisas que não sabia anteriormente. Postular tais mudanças contradiz a imutabilidade, atemporalidade e onisciência, portanto, tudo o que Deus souber, Ele deve saber para sempre. A tradição clássica acredita que as Escrituras ensinam que o futuro pode ser conhecido, e Deus o conhece.

Dentro da tradição clássica, houve uma variação na compreensão do decreto. Por exemplo, os calvinistas que defendem a concepção clássica uniformemente afirmam que o decreto de Deus cobre e controla todas as coisas. Embora alguns falem que Deus permite o pecado e o mal em nosso mundo, Calvino se incomodava com essa linguagem, pois sugere que às vezes Deus recua e nos permite controlar o curso das coisas. Calvino negava que Deus pratique algum mal ou seja moralmente responsável por ele, mas a ideia de que qualquer ação ou evento esteja fora do decreto divino era estranha ao seu pensamento.[5] Além disso, dentro do pensamento fortemente calvinista, encontramos o supralapsarianismo, a visão de que antes de Deus decretar a criação da humanidade, Ele decretou sua queda e um salvador para o pecado.

Tais pontos de vista são encontrados em Beza e entre muitos pensadores holandeses modernos reformados. Demarest e Lewis acrescentam que esta visão está presente em Lutero e em pensadores medievais como Gottschalk.[6]

Por outro lado, outros teólogos da tradição clássica defenderam visões um tanto diferentes em relação ao decreto. Eles concordam que existe um decreto divino e que este abarca todas as coisas. Eles também admitem que foi feito na eternidade passada e é imutável. Ainda, eles entendem a ordem lógica dos decretos conforme um esquema infralapsariano ou sublapsariano, segundo o qual o decreto da queda da raça humana e o decreto de salvação logicamente vêm após Deus decidir criar o mundo e a própria raça humana. Além disso, os teólogos nessa categoria, tais como Agostinho e Aquino, distinguem entre a vontade incondicional de Deus e sua vontade permissiva. A primeira abarca a decisão de Deus de criar um universo e também sua eleição de algumas pessoas para a salvação. A última abarca assuntos como o mal que os seres humanos fazem e a reprovação final daqueles que rejeitam Cristo por toda a vida sem se voltarem para Ele. Deus simplesmente os ignora e os deixa no pecado que eles escolheram livremente. Agostinho explica a questão da seguinte maneira: "Nada acontece a menos que Deus o queira, seja permitindo que o fato aconteça ou executando-o Ele próprio".[7] Da mesma forma, Aquino distinguiu a vontade incondicional de Deus de sua vontade permissiva. Quanto ao mal, é o ato livre de seres humanos ou de Satanás, mas Deus concedeu a liberdade para se cometer esse mal. "Visto que o próprio ato do livre-arbítrio é ligado a Deus como causa, segue-se necessariamente que tudo o que acontece a partir do exercício do livre-arbítrio deve estar sujeito à providência divina. Pois a providência humana é incluída na providência de Deus como um particular na causa universal".[8]

A descrição anterior referente ao teísmo clássico não deve ser mal interpretada. Pode-se pensar que significa que qualquer pessoa neste campo também defende alguma forma de calvinismo, mas isso certamente está incorreto. Por exemplo, um teísta comprometido com o pacote clássico de atributos divinos pode ser um deísta. Nesse caso, Deus planejou criar o universo e criou, mas Ele não tinha outros planos, então o que acontece em nosso mundo depende inteiramente de nós. Dada a onisciência e imutabilidade divina, os deístas também podem dizer que Deus previu o futuro (caso contrário, seu conhecimento aumentaria, opostamente à imutabilidade divina), mas isso não significa que Ele controla ou escolhe qualquer coisa que ocorra.

Uma concepção deísta do Deus clássico não é a única alternativa ao entendimento calvinista do decreto. Qualquer teólogo arminiano que possua a concepção clássica dos atributos divinos também pode acreditar em um decreto divino. É claro, para abrir espaço para a liberdade criatural que acompanha a teologia arminiana, esses arminianos diriam que o decreto de Deus se baseia no fato de Ele prever o que faremos caso sejamos criados. Aqui pré-conhecimento significa a consciência intelectual de Deus referente às nossas ações realizadas livremente antes que elas ocorram. Deus, é claro, pode escolher e fazer certas coisas unilateralmente (p. ex., vários milagres que Ele realiza), e essas ações divinas seriam parte do decreto. Porém, a maioria das coisas que ocorre em nosso mundo não envolve a ação exclusiva de Deus, mas envolve os atos das criaturas de Deus. Portanto, Deus não pode predeterminar o que as criaturas livres farão, mas Ele pode, nesse ponto de vista, prever seus atos e escolher criar o mundo que contém essas criaturas e ações, em vez de não criar nada ou criar outro mundo.

Nesse casamento da teologia arminiana com o teísmo clássico, Deus ainda é absolutamente imutável e atemporalmente eterno. Seu conhecimento do que acontecerá e sua decisão de criar o mundo devem ser atemporais, e o que quer que Deus faça em nosso mundo deve ser feito atemporalmente, da maneira que os atemporalistas descrevem Deus agindo. O único obstáculo potencial para o teísta clássico arminiano é que, com a noção arminiana de livre-arbítrio, não há garantias sobre o que as criaturas livres farão com sua liberdade e, portanto, é difícil entender como Deus poderia realmente saber antecipadamente o que elas farão. Porém, o problema do livre-arbítrio e do pré-conhecimento confronta todos os defensores do livre-arbítrio libertário, não apenas os teístas clássicos que sustentam essa noção de liberdade. Em um capítulo posterior, examinaremos essa questão em detalhe. Por enquanto, admitamos que Deus sabe o que as criaturas livres farão. Se assim for, não há razão para temer que Deus tenha de alterar seu plano ou ações, portanto os arminianos poderiam adotar o modelo clássico de Deus e seus ensinamentos básicos sobre o decreto.

Em suma, deixando de lado o deísmo, duas grandes tradições teológicas podem concordar, e de fato concordam, com alguma forma de teísmo clássico. Uma é a tradição mais reformada associada ao calvinismo, e a outra é mais arminiana. O grupo mais reformado invariavelmente afirma que o decreto abarca tudo e se baseia exclusivamente nos propósitos e desejos de Deus. A ala mais arminiana do teísmo clássico defende que o decreto se baseia no que Deus previu que suas criaturas fariam livremente caso fossem criadas. Deus tem planos e propósitos gerais, e Ele pode decidir fazer certas coisas unilateralmente em nosso mundo, mas como a maioria das coisas é feita pelas ações livres de suas criaturas, seus planos e propósitos gerais devem ser realizados em vista do que Ele prevê em relação às suas ações. Com essa teologia, Deus não está tão totalmente no controle das coisas como está em um entendimento mais calvinista, mas há um decreto que abarca tudo o que ocorre.

Embora tenha havido teólogos arminianos que acreditavam em um decreto divino e também defendiam as visões do teísmo clássico sobre os atributos e as ações divinas, a maioria dos teístas clássicos que acreditam no decreto é mais calvinista. O resultado final para os de orientação calvinista é que Deus tem um controle muito forte de tudo o que acontece, mesmo que Ele não seja a causa suficiente ou eficiente de tudo (p. ex., Ele não faz ou causa o mal, mas o controla). É justamente essa visão de um Deus que monopoliza todo poder que é tão ofensiva para os teólogos do processo. Se o teísmo clássico da geração mais calvinista representa um extremo do decreto, a teologia do processo é o outro.

Teísmo do processo

Os teístas do processo rejeitam a descrição clássica de um Deus monarca isolado, insensível, onisciente, todo-poderoso e dominador. O Deus do processo é mutável, passível, temporal e limitado em poder e conhecimento. Embora atue em nosso mundo, Ele o faz de maneira não coercitiva. Considerando esses pontos de vista, não se pode falar de decretos divinos ou controle divino. Como um Deus atencioso e receptivo que está sensível às nossas necessidades a qualquer momento, Ele não pode ter um plano predeterminado para a história. Em vez disso, tem de esperar e ver o que acontece antes de decidir o que fará. Um plano predefinido ignoraria, sem dúvida, a liberdade humana e reafirmaria o monopólio do poder do Deus clássico. Isso o Deus do processo não fará.

Além do mais, mesmo que o Deus do processo quisesse planejar um futuro, seu conhecimento limitado não o deixaria. Em virtude de seu polo primordial, Ele conhece as possibilidades de devenir e pode apresentar qualquer uma delas às suas criaturas por apreensão, mas quem sabe o que suas criaturas farão? A teologia do processo também rejeita a ideia de que Deus apenas prevê o que faremos livremente e planeja de acordo com isso, porque a liberdade libertária impossibilita que alguém saiba o futuro.

Portanto, um decreto divino é impossível por causa do conhecimento limitado de Deus e porque nossas futuras ações livres não podem ser previstas.

Um decreto divino também é impossível por causa da explicação do processo para o poder e ação divinos. O Deus do processo não é onipotente, e o poder que Ele tem deve ser exercido de modo a não diminuir a liberdade criatural. Dadas essas restrições, não faz sentido falar de um plano divino abrangente que Deus deseja e inevitavelmente realiza. Alguns poderão pensar que o Deus do processo ainda poderia planejar fazer certas coisas e alcançar certos objetivos em nosso mundo, embora nos permitisse decidir o curso exato que os eventos tomariam conduzindo a esses objetivos. Contudo, isso não condirá com o Deus do processo. O que acontece se as ações planejadas e os objetivos de Deus destroem e até cancelam a liberdade humana? Adiantando, não há garantia de que não o farão, e já que o Deus do processo não reduzirá nossa liberdade, não faz sentido Ele fazer planos específicos ou ter objetivos específicos para o futuro. Em qualquer momento, Deus conhece o alvo subjetivo ideal para qualquer um de nós, mas não nos forçará a realizá-lo. Suas tentativas de nos persuadir são totalmente resistíveis. Portanto, se Deus faz planos, Ele deve estar pronto para alguns ou mesmo todos serem frustrados.

Posições mediadoras

Entre o teísmo clássico e o processo, há várias teologias cujas visões sobre o decreto divino são dignas de nota. Vimos que existe uma forma arminiana de teísmo clássico que se mantém fiel aos decretos, mas também existem arminianos que rejeitam parte da explicação da tradição clássica sobre os atributos divinos e também acreditam que há um decreto de Deus. Por exemplo, alguns arminianos rejeitam a forte percepção de imutabilidade e impassibilidade divina em favor de uma noção modificada. Esses pensadores também podem alegar que Deus é temporal em vez de atemporal. Ainda, eles acreditam no controle providencial geral de Deus sobre o mundo e até acreditam que o decreto divino oferece um plano para a história. É claro, os arminianos que se mantêm fiéis a um decreto normalmente argumentam que é baseado no que Deus prevê sobre as ações livres de suas criaturas. Logo, Deus tem planos e objetivos gerais, mas o caminho específico que Ele poderá usar para alcançá-los é construído tendo em vista seu pré-conhecimento das ações livres de suas criaturas. Isso permite que Deus realize seus objetivos sem anular a liberdade humana.

É claro, essa forma de arminianismo deve explicar de que modo — dada a liberdade libertária — Deus pode prever as ações livres de suas criaturas humanas, mas os teólogos dessa tradição não estão sem respostas. Contudo, duas respostas não estão abertas ao tipo de arminiano que estou descrevendo. Alguns defensores do livre-arbítrio libertário sustentam que Deus não conhece o futuro, portanto não faz sentido falar em um decreto, pois um decreto pressupõe que Deus conhece o futuro. Outros comprometidos com a liberdade libertária optam pela resolução de Boécio para a questão da liberdade/pré-conhecimento, mas essa opção não está aberta ao tipo de arminiano em vista neste momento, pois a resolução de Boécio coloca Deus fora do tempo, ao passo que a posição arminiana em análise o coloca no tempo. Além disso, a posição em análise tem respostas. Alguém que defende essa visão poderá lidar com o problema da liberdade/pré-conhecimento apelando para o conhecimento médio,[9] ou para a estratégia ockhamista, ou para o pré-conhecimento simples. O que essas estratégias envolvem e seu nível de sucesso serão tratados em um capítulo posterior. Eu os menciono agora para mostrar que há uma posição arminiana que é uma visão mediadora entre o teísmo clássico e o teísmo do processo, e para dizer que esse sistema tem várias maneiras de responder ao problema da liberdade e do pré-conhecimento levantado por seu compromisso com o livre-arbítrio libertário e um decreto divino.

A visão aberta ou a visão de risco da providência divina (parte do que John Sanders rotula de teísmo relacional)[10] se apresenta como uma posição mediadora entre o teísmo clássico e o teísmo do processo. Por um lado, ela concorda com o teísmo do processo ao rejeitar a imutabilidade e a impassibilidade divinas absolutas, a simplicidade e a eternidade atemporal. Por outro lado, concede a Deus a onipotência e a soberania como o teísmo clássico, mas faz distinções sutis desses atributos para que fiquem muito mais próximos da explicação que o processo tem de Deus do que da explicação clássica. Além disso, a visão aberta rejeita a noção que o processo tem de Deus como dipolar. Quanto à providência divina, ao decreto de Deus e à onisciência divina em relação ao pré-conhecimento divino, a visão aberta está muito mais próxima das visões do processo do que dos sistemas clássicos que asseguram um decreto.

De acordo com a visão aberta, "A vontade de Deus não é a explicação final para tudo o que acontece; as decisões e ações humanas também têm uma contribuição importante. Assim, a história é o resultado combinado do que Deus e suas criaturas decidem fazer".[11] Visto que Deus deu às suas criaturas o livre-arbítrio *libertário*, Ele não pode garantir antecipadamente como elas o usarão. Deus simplesmente tem de esperar e ver o que acontece e depois responder. Certamente, este sistema não tem espaço para um decreto eterno que estabelece um plano para toda a história.

Apesar de rejeitar um decreto, os defensores da visão aberta ainda acreditam que Deus exerce controle providencial sobre o nosso mundo. Sanders distingue entre soberania específica, segundo a qual Deus predetermina tudo o que acontece, e soberania geral. De acordo com a soberania geral, Deus estabelece as estruturas gerais de nosso mundo e Ele tem objetivos gerais que deseja realizar. Esses propósitos têm origem em seu desejo de estabelecer uma relação amorosa com suas criaturas que responderão livremente em amor. Contudo, "A soberania geral nega que todo e qualquer evento tenha uma intenção divina específica".[12] Dentro das estruturas gerais do mundo que constituiu, Deus permite que certas coisas ocorram, boas e ruins, as quais Ele não planeja especificamente. Assim, a soberania específica (às vezes chamada de providência meticulosa) não prevalece em nosso universo. Clark Pinnock acredita ter a resposta conclusiva para aqueles que insistem que Deus planeja tudo e tem controle total:

> O simples fato da nossa rebelião como pecadores contra a vontade de Deus testifica que não é assim. A queda no pecado foi contra a vontade de Deus e prova por si só que Ele não exerce controle total sobre todos os eventos deste mundo. Acontecem males que não deveriam acontecer, os quais entristecem e irritam Deus. O teísmo do livre-arbítrio é a melhor maneira de explicar esse fato. Dizer que Deus odeia o pecado enquanto o deseja secretamente, dizer que Deus nos adverte a não cair, embora seja impossível, dizer que Deus ama o mundo ao mesmo tempo em que exclui a maioria das pessoas de uma oportunidade de salvação, dizer que Deus convida calorosamente os pecadores a vir, sabendo o tempo todo que eles não podem fazê-lo — essas coisas não merecem ser chamadas de mistérios quando se trata apenas de um eufemismo para absurdo.[13]

Ainda assim, à luz desses compromissos, podemos nos perguntar de que modo o Deus da visão aberta pode realizar até mesmo seus propósitos e objetivos gerais para o nosso mundo. Sanders responde rapidamente que o Deus que assume riscos é extremamente sábio e criativo. Independentemente do que fizermos, Deus é criativo e perceptivo o suficiente para reagir de modo que acabe alcançando seus objetivos principais. Como diz Sanders, "Se um dos planos de Deus fracassar, Ele tem outros à mão e encontra outras maneiras de alcançar seus objetivos".[14] Embora alguns defensores do livre-arbítrio libertário acreditem que Deus acabará tendo o futuro em todos os detalhes que quiser, Sanders discorda, pois isso deixa passar a natureza dominante e irracional do pecado humano. Deus pode realizar seus objetivos gerais, mas o que acontece exatamente depende em parte das respostas de suas criaturas, portanto, não pode haver garantias com relação aos detalhes.[15] Ao responder se a vontade de Deus pode ser frustrada, Sanders escreve:

> Em termos dos limites, estruturas e objetivos do projeto que Deus instituiu soberanamente, não há dúvida de que Ele consegue o que quer. Deus pode criar o mundo, prover-lhe e conceder-lhe seu amor sem que ninguém ou nada seja capaz de frustrar seus desejos abrangentes. Se Deus decide criar um mundo com pessoas capazes de corresponder ao amor divino e se Ele estabelece relações genuínas de reciprocidade com elas, então é correto dizer que nada pode impedir suas intenções. Se Deus não força as criaturas a retribuir ao seu amor, então se apresenta a possibilidade de que pelo menos algumas delas não consigam ingressar no amor divino, e, portanto, certos desejos específicos de Deus poderiam ser frustrados. É importante notar que, se em alguns casos Deus não consegue o que quer, acaba sendo por causa da decisão que *Ele* tomou de criar o tipo de mundo em que Ele não consegue tudo o que deseja.[16]

Sanders deixa bem claro que ele acredita que Deus nem sempre consegue o que deseja. Suas criaturas podem frustrar e às vezes frustram sua vontade. Além disso, Sanders acredita que as Escrituras respaldam tais visões.[17]

Dadas essas visões, a explicação da visão aberta do conhecimento divino é previsível. Os defensores da visão aberta concordam igualmente que o conhecimento de Deus é menos extenso do que os calvinistas afirmam. Para começar, Deus não pode saber o que as criaturas livres farão antes que elas o façam, pois sabê-lo significaria que elas não poderiam fazer de outra maneira, e isso contradiz o livre-arbítrio libertário. Ainda, Deus é onisciente, pois, como explica William Hasker, a onisciência de Deus significa que "em qualquer tempo Deus conhece todas as proposições de maneira que Ele as conhecer naquele momento é logicamente possível".[18] Então Hasker explica que, em coerência com o livre-arbítrio libertário, é impossível saber o que criaturas com tal liberdade farão; logo, é logicamente impossível Deus conhecer as futuras ações livres de suas criaturas. Ainda, Deus conhece tudo que se pode conhecer, então Ele é onisciente.

Porém, as profecias bíblicas não mostram que Deus conhece antecipadamente e de modo exaustivo tudo o que virá a acontecer? Em resposta, os defensores da visão aberta adotam o que chamam de *presentismo*. Segundo o presentismo, Deus tem conhecimento exaustivo do passado e do presente. Como resultado, Ele tem várias crenças sobre o que as pessoas provavelmente farão em determinada situação. Se Deus prediz o que elas farão, dado seu conhecimento exaustivo do caráter delas e de todos os eventos passados e presentes que as moldaram, a aposta de que a predição de Deus será correta é muito boa. Porém, com o livre-arbítrio libertário, não há garantias, então Deus não pode prever infalivelmente o que suas criaturas farão livremente.[19]

Quanto às profecias bíblicas, vimos no Capítulo 2 que os defensores da visão aberta dividem frequentemente as profecias em três categorias, nenhuma das quais requer pré-conhecimento completo ou controle providencial meticuloso de todas as coisas. A visão aberta levanta questões que serão abordadas em capítulos posteriores, mas podemos dizer aqui que ela rejeita a ideia de que existe algo tal como um decreto divino. Ela chega a essa posição em bases diferentes dos pensadores do processo e dos arminianos que rejeitam um decreto, mas ela concorda que nenhum plano divino cobre e controla qualquer coisa que aconteça.

A visão dos decretos divinos que debaterei neste e em outros capítulos também é uma posição mediadora entre o teísmo clássico e do processo. Minha posição quanto à existência de um decreto divino e quanto ao nível de controle que Deus tem sobre nossas vidas é uma forma do calvinismo descrito na visão clássica, mas não lhe é idêntica. Eu já mostrei minha divergência com respeito à compreensão clássica dos atributos divinos, e meu entendimento não é o do processo ou da visão aberta, nem exige essas visões ou qualquer forma de teologia arminiana. Eu defendo que há um decreto divino e que Deus predetermina tudo o que vem a acontecer. Isso não significa que Ele execute de modo pessoal e exclusivo tudo o que ocorre, mas significa que Ele decidiu o que ocorrerá e tem controle sobre tudo o que acontece. O que é esse controle exatamente e como ele se relaciona com a liberdade e a responsabilidade moral será explicado nos próximos capítulos. Quanto à ordem dos decretos, afirmarei que nem o supralapsarianismo nem o sublapsarianismo tem preferência porque a própria discussão acaba se baseando em erros conceituais que explicarei. Portanto, minha posição situa-se entre as visões clássica e do processo, mas não é uma posição tradicional arminiana nem da visão aberta.

As Escrituras e o decreto

As Escrituras ensinam ou justificam a doutrina do decreto divino? Nesta seção, investigamos este assunto com duas questões principais em mente.

A primeira é se as Escrituras ensinam que existe um decreto ou plano divino para o nosso mundo. Se assim for, em segundo lugar devemos perguntar acerca da natureza do decreto. Ao abordar a primeira pergunta, a chave não é se as Escrituras usam o termo "decreto", mas se elas ensinam o conceito.

Existe um decreto divino?

O AT contém muitas passagens que ensinam o controle de Deus sobre os assuntos deste mundo. Além disso, algumas passagens dizem que Ele fez um plano há muito tempo e o executará. Várias passagens nos Salmos são um bom lugar para começar. Em Salmos 103.19, Davi afirma que Deus estabeleceu seu trono no céu e governa sobre todos. Em Salmos 115.3, o salmista contrasta os deuses pagãos com o Deus de Israel. Ele diz: "No céu está o nosso Deus e tudo faz como lhe agrada". Novamente no Salmo 135, o Deus de Israel é comparado aos ídolos. O salmista diz: "Tudo quanto aprouve ao Senhor, ele o fez, nos céus e na terra, no mar e em todos os abismos" (v. 6). Da mesma forma, depois de suas provações e confronto com Deus, Jó diz (Jó 42.2), "Bem sei que tudo podes, e nenhum dos teus planos pode ser frustrado". Jó recebeu tamanha visão da majestade e grandeza de Deus que ele percebeu que é tolice perguntar-se, em meio a provações, se Deus está no controle ou se pode nos ajudar. Deus pode fazer o que quiser, e se decidir fazer alguma coisa, nada poderá detê-lo.

Essas passagens estão em contraste total com as alegações de que os propósitos de Deus podem ser frustrados por nossas escolhas. Além disso, os escritores bíblicos dizem que, mesmo quando pensamos que controlamos o que acontece, Deus está no comando, e Ele tem um plano que será realizado. Em Provérbios 19.21, o escritor diz que existem muitos planos no coração de um homem, mas "o desígnio do Senhor permanecerá". A ideia é bastante clara. Embora possamos planejar nossa rota e até escolher um caminho, nem sempre podemos garantir que conseguiremos ir por ele. Por outro lado, tudo o que Deus decidir será realizado. Da mesma forma, podemos pensar que ocorrências aparentemente fortuitas, como o lançamento de um dado, são deixadas totalmente em aberto, mas o escritor de Provérbios diz que a decisão vem do Senhor (16.33).

Isaías mostra claramente que o plano de Deus será realizado, apesar de nossas intenções em contrário. No capítulo 10, aprendemos que a Assíria foi o instrumento escolhido por Deus para punir Israel. Contudo, a Assíria não tinha apenas a intenção de saquear e arrancar os bens, mas também queria destruir e dar fim a muitas nações (v. 5-7). Nos versículos 10 a 12, Deus diz que depois de ter usado a Assíria para punir Israel, Ele próprio punirá a Assíria. Afinal, Deus está no comando, não a Assíria. No versículo 15, Deus pergunta: "Porventura, gloriar-se-á o machado contra o que corta com ele? Ou presumirá a serra contra o que a maneja? Seria isso como se a vara brandisse os que a levantam ou o bastão levantasse a quem não é pau!" Obviamente, essas coisas são tolice, e também é tolice pensar que Deus (o portador do machado) estará sujeito aos caprichos da Assíria (o machado). Novamente, no capítulo 14, Isaías registra a advertência do Senhor sobre o julgamento da Assíria; Deus o planejou, e ninguém pode pará-lo. Como o Senhor diz (v. 27): "Porque o Senhor dos Exércitos o determinou; quem, pois, o invalidará? A sua mão está estendida; quem, pois, a fará voltar atrás?" Alguns podem alegar que isso se refere apenas ao episódio de punição da Assíria, mas devemos entender que se trata de um exemplo do princípio mais geral que vimos em Salmos 135.5,6; Jó 42.2; e Provérbios 19.21. Tudo o que quer fazer, Deus fará, e ninguém terá sucesso em atrapalhá-lo.

Em Isaías 46, Deus se compara aos ídolos da Babilônia. Deus pergunta a quem Israel o compararia. Embora alguns implorem por ajuda de um ídolo, o ídolo não pode responder (v. 5-7). Os versículos 10 e 11 dizem que Deus é quem "desde o princípio anuncio o que há de acontecer e desde a antiguidade, as coisas que ainda não sucederam; que digo: o meu conselho permanecerá de pé, farei toda a minha vontade; que chamo a ave de rapina desde o Oriente e de uma terra longínqua, o homem do meu conselho. Eu o disse, eu também o cumprirei; tomei este propósito, também o executarei". Isso certamente é mais do que um comentário sobre a supremacia de Deus sobre os ídolos da Babilônia. Deus diz que Ele tem propósitos e planos e os fará cumprir. Que ídolo pode dizer e fazer isso? Não é de admirar que Deus diga no versículo 9 que não há ninguém como Ele. Veja também Isaías 22.11; 37.22-29; e 45.1-9.

Um bom resumo dessa ideia vem dos lábios de Nabucodonosor. Ele foi dominado por um senso de vanglória, então Deus o humilhou e o levou a viver com os animais selvagens. No final, ele voltou a si e o Senhor restaurou sua sanidade. Nabucodonosor era um grande rei, mas acabou vendo que não há rei como Deus, nem reino como o de Deus (Dn 4.34). Nabucodonosor diz (v. 35): "Todos os moradores da terra são por ele reputados em nada; e, segundo a sua vontade, ele opera com o exército do céu e os moradores da terra; não há quem lhe possa deter a mão, nem lhe dizer: Que fazes?" Deus está no controle e fará sua vontade no céu e na terra. Isso não significa que Ele não se importa conosco, pois ao estudar os atributos divinos, vimos que Ele se importa. Deus cuida de nós, mas não pense que isso significa que podemos manipulá-lo ou que somos de algum modo semelhantes a Ele. Nabucodonosor pensava menos em Deus e mais em si mesmo do que deveria; ele aprendeu da maneira mais difícil que fazer isso é uma causa fadada ao fracasso (ver também 1Cr 29.11; Sl 66.7; Jr 23.20).

Passagens do AT já mencionadas falam do domínio de Deus sobre todos e de seus planos sendo realizados. Como o escritor de Provérbios diz (16.4): "O Senhor fez todas as coisas para determinados fins e até o perverso, para o dia da calamidade". À luz desses versículos, é difícil defender que o AT não ensina que Deus tem um plano e que não garante que Ele tem uma soberania específica.

O NT confirma e esclarece essas coisas. Muitas passagens falam do plano e dos propósitos de Deus, e quase sempre acrescentam que o plano foi predeterminado, predestinado ou preordenado. Considere, por exemplo, a morte de Cristo. Ao contrário do que alguns sugerem, Deus não estava contando com Cristo ganhar tamanha aceitação a ponto de a cruz ser desnecessária, e então acabou descobrindo mais tarde que Cristo foi rejeitado e que era necessário mudar de planos.[20] No dia de Pentecostes, Pedro disse aos que o ouviam (At 2.23) que Cristo foi entregue pelo plano predeterminado e pelo pré-conhecimento de Deus. De fato, os seres humanos o levaram à morte com prazer, mas nada disso não estava planejado ou foi imprevisto. Da mesma forma, após a libertação de Pedro e João (At 4.17-23), eles relatam o que aconteceu, e seus amigos levantam a voz em louvor a Deus. Eles dizem: "porque verdadeiramente se ajuntaram nesta cidade contra o teu santo Servo Jesus, ao qual ungiste, Herodes e Pôncio Pilatos, com gentios e gente de Israel, para fazerem tudo o que a tua mão e o teu propósito predeterminaram" (v. 27,28). Em 1Pedro 1.18,19, Pedro lembra seus leitores de que eles são redimidos pelo sangue de Cristo. Ele explica no versículo 20 que isso era "conhecido, com efeito, antes da fundação do mundo". Como veremos mais adiante, esse pré-conhecimento é preordenação. A morte de Cristo foi claramente planejada desde os tempos eternos.

Deus não apenas planejou a morte de Cristo, mas também planejou seu propósito. As Escrituras ensinam que a morte de Cristo é o preço da redenção para os pecadores perdidos, mas Deus não enviou Cristo ao mundo para morrer na esperança de que alguém pudesse receber o pagamento feito por ele, mas sem nenhuma garantia de que isso aconteceria. Antes, Deus elegeu alguns para a salvação em Cristo antes da fundação do mundo (Ef 1.4).

No versículo 5, Paulo explica que, por intermédio de Jesus Cristo, Deus nos predestinou para a adoção como filhos de Deus; e acrescenta que isso foi feito "segundo o beneplácito de sua vontade". Não foram atos previstos ou méritos que levaram Deus a nos eleger, mas o bom propósito da sua vontade. No versículo 9, Paulo repete que Deus revelou o mistério de sua vontade de acordo com o bom propósito que almejava, sendo esse propósito o resumo de todas as coisas em Cristo (v. 10). No versículo 11, Paulo repete que os crentes foram predestinados à salvação. Ao iniciar 2Timóteo, Paulo retorna a esse tema no capítulo 1, versículos 8 e 9. Paulo fala do poder de Deus que nos salvou. No versículo 9, ele diz que isso não foi feito com base em nossas obras, mas "que nos salvou e nos chamou com santa vocação; não segundo as nossas obras, mas conforme a sua própria determinação e graça que nos foi dada em Cristo Jesus, antes dos tempos eternos". A graça é um presente gratuito e imerecido, não um salário que se ganha. Paulo diz que a salvação é um presente imerecido dado pelos propósitos de Deus, e Deus tomou essa decisão desde os tempos eternos.

Para ressaltar ainda mais a questão de que a salvação depende da escolha benevolente de Deus, precisamos apenas recorrer a Romanos 9. Falarei mais dessa passagem em um capítulo posterior sobre o decreto e a liberdade, mas agora devo comentar especialmente os versículos 15 a 18. Nos versículos anteriores, Paulo observa que Deus escolheu Jacó em vez de Esaú antes mesmo de eles nascerem (v. 11), "para que o propósito de Deus, quanto à eleição, prevalecesse". Paulo, então, imagina a objeção de que isso parece injusto e responde que não é. Deus estava totalmente dentro de seus direitos (v. 14,15), pois é seu direito ter misericórdia e compaixão de quem quiser; nada disso depende das obras ou méritos do homem, mas apenas da misericórdia de Deus. Para ilustrar essa questão, Paulo se volta para a conduta de Deus para com o faraó (v. 17). Deus diz ao faraó nas Escrituras: "Para isto mesmo te levantei, para mostrar em ti o meu poder e para que o meu nome seja anunciado por toda a terra". Paulo repete (v. 18) que Deus tem misericórdia de quem Ele quer e endurece a quem Ele quer. Esses exemplos em Romanos 9 são usados para ensinar que Deus elegeu Israel para ser seu povo especial. Ele também escolheu de antemão salvar muitos gentios (v. 22-26).

Em Efésios 3.8-11, Paulo diz que Deus fez dele um ministro do evangelho para os gentios a fim de que a multiforme sabedoria de Deus pudesse ser conhecida por intermédio da igreja. Isso foi feito, conforme o versículo 11, "segundo o eterno propósito que estabeleceu em Cristo Jesus, nosso Senhor". Tendo ouvido isso, poderíamos nos perguntar se esse plano divino cobre algo além de predestinar a morte de Cristo e eleger crentes para a salvação em Cristo. A resposta é afirmativa, como mostra Efésios 1.11. Haverá mais a dizer acerca dessa passagem ao analisar-se o decreto e a liberdade, mas agora uma palavra se faz apropriada. Paulo diz que os crentes foram predestinados para a salvação, mas depois ele amplia o escopo de seus ensinamentos dizendo que a predestinação foi feita conforme o plano daquele que faz todas as coisas segundo o propósito da sua vontade. Este não é outro senão Deus. O argumento de Paulo é que a predestinação é apenas uma instância ou exemplo de uma atividade mais geral — a escolha de todas as coisas por Deus. Além disso, a escolha é baseada exclusivamente no propósito da sua vontade.

Outros versículos do AT e do NT ensinam o controle de Deus sobre todas as coisas. O NT, mais explicitamente do que o AT, fala sobre um plano divino abrangente desde a eternidade, mas ambos os Testamentos ensinam o mesmo pensamento. Além disso, enquanto um autor do AT diz que Deus faz o que quer, o NT esclarece que isso depende apenas de seus propósitos, de sua misericórdia e do propósito da sua vontade. Versos como os apresentados nos permitem responder afirmativamente à nossa primeira pergunta sobre se as Escrituras ensinam que existe um decreto ou plano divino.

Qual é a natureza do decreto de Deus?

Na próxima seção, haverá um resumo teológico da doutrina do decreto. Nesta seção, eu foco apenas o que podemos concluir exclusivamente a partir das Escrituras. A seção teológica detalhará a discussão para além do ensino bíblico específico.

A partir das Escrituras, podemos dizer primeiro que o decreto está fundamentado na sabedoria de Deus. Isso é ensinado, em parte, por passagens que usam o termo "propósito" do decreto de Deus e sugerem que sua escolha proveio de pensamento e deliberação meticulosos (Ef 1.11). A criação é uma das ações de Deus, e as Escrituras dizem que Ele criou em sabedoria (Pv 3.19). O salmista fala (Sl 104.24) das muitas obras de Deus e que Ele fez todas elas com sabedoria. Por causa da sabedoria de Deus, não há razão para pensar que o que é verdade sobre sua criação seja diferente do restante de seu decreto e obras.

As Escrituras também ensinam que o decreto de Deus é eterno. Muitas passagens falam de Deus ordenando ou planejando algo antes da fundação do mundo. Isso vale para Deus ter escolhido Cristo como Redentor e para a eleição das pessoas para a salvação (1Pe 1.20; Ef 1.4). Outras passagens falam dos propósitos eternos de Deus realizados em Cristo Jesus (Ef 3.11), e ainda outras falam de nossa salvação como resultado do propósito e da graça de Deus concedidos em Cristo desde os tempos eternos (2Tm 1.9). Em Apocalipse 13, João registra uma visão do futuro governo da besta e diz que muitos a seguirão. Ele acrescenta (v. 8) que esses são aqueles cujos nomes não foram escritos no livro da vida desde a fundação do mundo. Aqui, novamente, vemos que a decisão de Deus de salvar ou não salvar alguém foi tomada antes da fundação do mundo. Além disso, o AT diz que Deus planejou várias ações "há muito tempo" (Is 22.11; 37.26).

Os planos de Deus foram feitos na eternidade passada, mas poderiam ser frustrados em algum momento futuro? O salmista (Sl 33) nos instrui à medida que louva a Deus por seus atributos e seu ato de criação. Ele diz (v. 10,11): "O Senhor frustra os desígnios das nações e anula os intentos dos povos. O conselho do Senhor dura para sempre; os desígnios do seu coração, por todas as gerações". Vemos a partir disso não apenas o controle de Deus sobre os acontecimentos mundiais, mas também que seus planos são eternos, visto que continuarão indefinidamente no futuro sem anulação.

Terceiro, as Escrituras também falam do propósito final do plano de Deus. Embora Deus tenha muitos propósitos, a razão maior de tudo isso é trazer-lhe glória. É claro, isso não seria feito se não fosse primeiro planejado; portanto, as coisas feitas para a glória de Deus também foram planejadas para esse propósito. Em Efésios 1.4-6, Paulo diz que os crentes são predestinados à adoção como filhos, conforme o bom propósito da vontade de Deus, e acrescenta que isso é tudo para o louvor da gloriosa graça de Deus. No mesmo capítulo (v. 11,12), Paulo fala novamente de Deus fazendo todas as coisas segundo o propósito da sua vontade, e fazendo-as a fim de que os salvos sejam para louvor de sua glória. Além disso, o Espírito Santo é dado aos crentes como penhor de sua herança e redenção final para o louvor da glória de Deus (v. 13,14). Falando da salvação como obra da graça de Deus, Paulo diz que aqueles que se gabam de sua redenção e santificação deveriam fazê-lo no Senhor (1Co 1.26-31). Deus merece certamente o louvor, e muitas vezes lemos que o que Deus fez é por amor de seu nome (Is 48.11; Ez 20.9). Enquanto resume seus ensinamentos sobre a relação de Deus com Israel e se maravilha com os caminhos de Deus, Paulo escreve (Rm 11.36): "Porque dele, e por meio dele, e para ele são todas as coisas. A ele, pois, a glória eternamente. Amém!"[21]

Quarto, o decreto de Deus é eficaz. O que Ele planejou será realizado com toda certeza. Como Jó aprendeu, nenhum propósito de Deus pode ser frustrado (Jó 42.2). Como o salmista diz: "Tudo quanto aprouve ao SENHOR, ele o fez, nos céus e na terra, no mar e em todos os abismos" (Sl 135.6). Isaías 14.24-27 diz que Deus executará seu plano contra os assírios, pois, como diz o versículo 27, quem pode frustrar os planos de Deus? Isso é verdade quer se refira ao destino das nações ou ao plano redentor de Deus. Se Deus decidiu que algo acontecerá, acontecerá, pois é Ele quem faz todas as coisas segundo o propósito da sua vontade (Ef 1.11).

Quinto, à medida que lemos o AT e o NT, torna-se claro que o decreto de Deus é abrangente; cobre todas as coisas. Não são apenas passagens como Salmos 135.6 e Efésios 1.11 que dizem que Deus faz o que quer e que seu plano cobre todas as coisas. Por todas as Escrituras, esses comentários gerais são particularizados quando os escritores ensinam o controle de Deus sobre uma coisa e outra. Por exemplo, a ascensão e queda de reis e reinos e as fronteiras e os tempos estabelecidos para as nações estão todos dentro do controle de Deus. Uma amostra de versículos ilustra esses pontos. No cântico de Moisés (Dt 32.8), lemos que o Altíssimo deu às nações sua herança e estabeleceu as fronteiras dos povos. Em Jó 12.23, Jó diz que Deus "Multiplica as nações e as faz perecer; dispersa-as e de novo as congrega". Este também é um tema recorrente em Daniel. Em Daniel 2.21, quando começa a explicar o sonho de Nabucodonosor, Daniel diz que Deus "muda o tempo e as estações, remove reis e estabelece reis". Nabucodonosor acabou concordando que Deus é Rei de um domínio eterno, faz o que Ele quer no céu e na terra, e ninguém pode detê-lo (Dn 4.34,35; ver também v. 25). Como o salmista escreve (Sl 22.28), um dia todos os povos se voltarão para Deus, pois o reino é dele e Ele governa sobre as nações. Deus pode realmente controlar o coração do rei para fazer sua vontade? O escritor de Provérbios diz (21.1): "Como ribeiros de águas assim é o coração do rei na mão do SENHOR; este, segundo o seu querer, o inclina".

O NT concorda. Enquanto se dirigia aos atenienses no Areópago, Paulo falou que Deus (At 17.26) "de um só fez toda a raça humana para habitar sobre toda a face da terra, havendo fixado os tempos previamente estabelecidos e os limites da sua habitação". O mesmo apóstolo disse aos cristãos em Roma que se submetessem às autoridades civis, pois "não há autoridade que não proceda de Deus; e as autoridades que existem foram por ele instituídas" (Rm 13.1). Apocalipse 17 profetiza que, no fim dos tempos, o grande líder político da época, a besta, com suas legiões destruirá a grande prostituta. Eles farão isso (v. 17): "Porque em seu coração incutiu Deus que realizem o seu pensamento, o executem à uma e deem à besta o reino que possuem, até que se cumpram as palavras de Deus".

As Escrituras também ensinam que os vários aspectos da salvação estão sob o controle e o plano de Deus. O sacrifício de Cristo estava de acordo com o plano predeterminado de Deus (At 2.23; 1Pe 1.20), e a eleição dos crentes também faz parte do plano de Deus, pois Ele nos predestinou de acordo com seu plano (Ef 1.11). Como vimos, a eleição não depende da nossa vontade ou mérito, mas da escolha de Deus (Rm 9.15,16). A regeneração também é conforme o plano de Deus (Tg 1.18), e a santificação é realizada no crente de acordo com o plano de Deus, mas não para nos permitir ser passivos no processo. Paulo encontra o equilíbrio certo ao incentivar os crentes filipenses (Fp 2.12,13): "desenvolvei a vossa salvação com temor e tremor; porque Deus é quem efetua em vós tanto o querer como o realizar, segundo a sua boa vontade" (ver também 2Ts 2.13).

Por essas palavras, pode-se pensar que Deus controla as coisas importantes como a ascensão e queda das nações e a salvação, mas não as coisas menores, as coisas comuns da vida. No entanto, as Escrituras ensinam o contrário. Ocorrências aparentemente fortuitas como o lançamento de um dado estão sob o plano e controle de Deus (Pv 16.33). Além disso, Deus controla os detalhes de nossa vida. Jó 14.5 diz que Ele controla e determina a duração de nossa vida. O salmista diz (Sl 139.16) que Deus não apenas nos conhece nos estágios iniciais de desenvolvimento no ventre de nossa mãe, mas também sabe quanto tempo viveremos: "Os teus olhos me viram a substância ainda informe, e no teu livro foram escritos todos os meus dias, cada um deles escrito e determinado, quando nem um deles havia ainda". Em Salmos 31.15, o salmista diz: Nas tuas mãos, estão os meus dias. Deus também se encarrega das próprias circunstâncias de nossas vidas. Por isso, Tiago adverte aqueles que fazem planos sem considerar o que Deus quer (4.14,15): "Vós não sabeis o que sucederá amanhã. Que é a vossa vida? Sois, apenas, como neblina que aparece por instante e logo se dissipa. Em vez disso, devíeis dizer: Se o Senhor quiser, não só viveremos, como também faremos isto ou aquilo".

O decreto também inclui o sofrimento dos crentes. Pense nas experiências de Jó. Após a primeira rodada de aflição, Jó diz (1.21): "Nu saí do ventre de minha mãe e nu voltarei; o Senhor o deu e o Senhor o tomou; bendito seja o nome do Senhor!" Podemos parafrasear do seguinte modo: "Eu vim a este mundo sem nada e não levarei nada dele. Tudo o que tenho foi dado por Deus; portanto, se Ele quiser tirar ou dar, cabe a Ele decidir. Ele está no controle." Após a segunda onda de aflição, a esposa de Jó o aconselha a amaldiçoar Deus e morrer. Nenhum deles sabia por que isso estava acontecendo, mas até o conselho da esposa de Jó mostra que ela acreditava que estava sob a mão de Deus. Jó respondeu à sua esposa (2.10): "temos recebido o bem de Deus e não receberíamos também o mal?" À medida que o tempo passava, as aflições continuavam e as perguntas gritavam, Jó ainda dizia que as coisas aconteciam de acordo com o plano e controle de Deus. Em Jó 12.7-10, ele diz: "Mas pergunta agora às alimárias, e cada uma delas to ensinará; e às aves dos céus, e elas to farão saber. Ou fala com a terra, e ela te instruirá; até os peixes do mar to contarão. Qual entre todos estes não sabe que a mão do SENHOR fez isto? Na sua mão está a alma de todo ser vivente e o espírito de todo o gênero humano".

Jó e seus amigos disseram muitas coisas incorretas, mas nada sugere que essa visão do sofrimento está errada. De fato, corresponde exatamente ao que aprendemos nos capítulos 1 e 2, quando "escutamos na surdina" a conversa de Deus com Satanás. O NT também ensina essa verdade. A primeira carta de Pedro aborda detalhadamente o sofrimento por amor de Cristo. Em 1Pedro 3.17, ele escreve: "porque, se for da vontade de Deus, é melhor que sofrais por praticardes o que é bom do que praticando o mal". A oração condicional "se for da vontade de Deus" no grego é um condicional de primeira classe, uma construção gramatical que indica uma condição de acordo com o fato. Portanto, poderíamos facilmente traduzir a frase como: "já que Deus assim o deseja". Embora, às vezes, não entendamos por que Deus envia aflições ou como Ele escapa à culpabilidade pelo mal que nos sobrevém, as Escrituras afirmam que mesmo a aflição está dentro do plano de Deus para o crente.

O plano de Deus inclui não apenas os sofrimentos dos justos, mas também os atos malignos de homens e anjos. Em Jó 1—2, vemos o controle de Deus sobre as ações de Satanás. Deus observa a fidelidade de Jó, mas Satanás reclama que isso é apenas porque Deus colocou uma proteção em torno de Jó. Deus não nega que exista uma proteção em torno de Jó; Ele apenas nega que seja por isso que Jó o serve. Embora Deus conceda a Satanás permissão para afligir Jó, trata-se de permissão dentro de limites. No primeiro conjunto de aflições, existe uma proteção; Satanás não pode tocar no corpo de Jó (1.12). Quando Jó se recusa a rejeitar Deus, Satanás reclama que Deus não o deixa afligir o corpo de Jó. Deus novamente concede permissão, mas ainda dentro de limites; Satanás não pode tirar a vida de Jó. É difícil não concluir que Deus controla o que acontece.

Outros versículos nas Escrituras também ensinam que os atos malignos de seres humanos estão sob o plano de Deus e que Deus pode suscitar o bem mesmo a partir de uma situação horrível. Quando José finalmente se revela a seus irmãos e eles se desculpam pelo que fizeram com ele, José diz (Gn 50.20): "Vós, na verdade, intentastes o mal contra mim; porém Deus o tornou em bem, para fazer, como vedes agora, que se conserve muita gente em vida". Também vimos que a morte de Cristo, o ato mais maligno de assassinato de um homem justo, foi governada pelo plano predeterminado de Deus (At 2.23; 4.27,28; ver também Lc 22.22). Além disso, Paulo afirma claramente que o endurecimento e a teimosia do coração do faraó, embora fossem atos dos quais o faraó participara voluntariamente, estavam de acordo com o plano de Deus para demonstrar seu poder (Rm 9.17,18).[22] É claro, é natural se perguntar como podemos ser moralmente responsáveis por fazer o mal que Deus nos ordena fazer (Rm 9.19). Também nos perguntamos como Deus escapa da censura por tais atos, já que Ele os decretou. Nos próximos capítulos sobre o decreto, a liberdade e o problema do mal, abordarei essas questões. Por mais problemáticas que sejam, elas não negam o fato de que as Escrituras ensinam claramente que tais atos malignos são planejados e controlados por Deus.

Sexto, o decreto de Deus é baseado em seus desejos e propósitos e, portanto, é livre, isto é, ninguém e nada além de Deus o levou a colocar em seu plano o que Ele colocou lá. Como já mencionado, Salmos 115.3 e 135.6 ensinam que Deus faz o que Ele quer no céu e na terra. Isaías 46.10,11 mostra que Deus realiza o propósito da sua vontade, e em Efésios 1.5,6,9,11, Paulo diz que os vários aspectos de nossa salvação foram realizados de acordo com o propósito da sua vontade e intenção generosa. A imagem é claramente a de escolhas que foram feitas em liberdade. Além disso, muitas passagens afirmam que os vários aspectos da salvação são realizados com base na graça de Deus. Visto que a graça é um favor imerecido, não pode ser algo imposto ao doador; deve ser dada livremente, pois se for dada para recompensar o destinatário, não é mais graça, mas sim justiça. Efésios 2.8,9 esclarece esse ponto, assim como Romanos 9.15-18. Deus tem misericórdia de quem Ele quer e endurece quem Ele quer. Conforme diz o versículo 16, não depende do homem que se esforça ou deseja, mas de Deus, que tem misericórdia (ver também Jo 1.11-13).

Há outras indicações de que os planos de Deus são feitos livremente. Isaías 40.12ss falam da grandeza de Deus. Por meio de uma série de perguntas retóricas cuja resposta é "ninguém", Isaías ensina que nada pode se comparar a Deus. Ele escreve (v. 13,14): "Quem guiou o Espírito do Senhor? Ou, como seu conselheiro, o ensinou? Com quem tomou ele conselho, para que lhe desse compreensão? Quem o instruiu na vereda do juízo, e lhe ensinou sabedoria, e lhe mostrou o caminho de entendimento?" Enquanto o apóstolo Paulo reflete sobre os modos insondáveis de Deus ao trazer judeus e gentios para si (Rm 11.33-35), ele cita essa mesma passagem. Ele a cita novamente em 1Coríntios 2.16, depois de escrever sobre a sabedoria de Deus que foi revelada pelo Espírito Santo, transferida para as Escrituras (2.13) e iluminada pelo Espírito Santo (2.14,15). Porém, se ninguém aconselhou o Senhor, se Ele não consultou ninguém, e se ninguém lhe ensinou coisa alguma, então o que quer que Ele pense e o que quer que Ele escolha deve resultar de seus desejos e propósitos. Em outras palavras, Ele escolheu seus planos livremente e, como vimos, seus planos abarcam todas as coisas.[23]

O decreto e o pré-conhecimento

Como o decreto de Deus pode ser feito livremente quando as Escrituras dizem que Ele tomou as decisões com base em seu pré-conhecimento? Romanos 8.29 diz que Deus predestinou à salvação aqueles a quem conheceu de antemão. Pedro diz (1Pe 1.1,2) que os crentes são eleitos de acordo com o pré-conhecimento de Deus, e no mesmo capítulo ele acrescenta que Cristo, o cordeiro sacrificial de Deus, era conhecido de antemão como o Redentor antes da fundação do mundo (ver também At 2.23). Isso não significa que o decreto foi baseado no que Deus previu que ocorreria? Se sim, como podemos dizer que foi livre, não influenciado por suas criaturas e o que elas fariam?

Essas são perguntas significativas, mas a aparente contradição é apenas isso, aparente, pois o *pré-conhecimento não significa o que a objeção sugere*. A confusão surge da palavra "pré-conhecimento", que mascara o fato de que, no grego e no hebraico, há vários usos das palavras para "conhecer" e "pré-conhecimento".

A maneira mais simples de defender esse argumento é pesquisar os usos bíblicos de "conhecer" e "conhecer de antemão". Em hebraico, a palavra é *yāda'*, enquanto o grego tem três palavras diferentes. A primeira é *epistamai*, que se refere ao conhecimento fundamentado. Esse é o conhecimento que se tem ao final de um argumento cujas premissas levam a uma conclusão. Um segundo verbo grego para "conhecer" é *oida*, e normalmente se refere ao conhecimento intuitivo, aquele que é conhecido sem um processo de argumentação. O terceiro termo é *ginōskō*, que se refere mais ao conhecimento experimental e/ou relacional. Ao falar de nossa familiaridade pessoal com alguém, podemos usar *ginōskō* quando dizemos que conhecemos tal pessoa. O NT usa *oida* e *ginōskō* na maioria das vezes referindo-se a conhecer algo intelectualmente. O hebraico não tem uma palavra específica para "pré-conhecimento", mas o grego tem palavras para "conhecer de antemão" e "pré-conhecimento". O primeiro é *proginōskō* e o segundo é *prognōsin*.

Embora sejam úteis, esses itens lexicais não são o ponto exato. Muitos exemplos do hebraico *yāda'* referem-se a nada mais do que consciência ou conhecimento intelectual. O mesmo se aplica ao uso bíblico dos termos gregos. Contudo, tanto no AT quanto no NT, existem vários contextos em que esses termos não podem significar mero conhecimento intelectual. Alguns exemplos ilustram o ponto. No AT, o Senhor diz a Israel (Am 3.2): "Conheci apenas vocês entre todas as famílias da terra" (tradução do autor). Se isso for mera consciência intelectual, não faz sentido, uma vez que Deus conhece todos os povos e nações. Não pode nem mesmo significar que Deus está familiarizado apenas com Israel, pois Ele também interagia com outros povos. Em Oseias 13.4, o Senhor diz novamente a Israel que eles "não deveriam conhecer nenhum outro deus" exceto Ele, mas o que isso significa caso se refira apenas ao conhecimento intelectual? Deus estava dizendo que eles deveriam ser totalmente ignorantes, em termos intelectuais, acerca dos deuses de outras pessoas? Como isso poderia ser possível, já que Israel interagia com vizinhos que adoravam outros deuses? Certamente, o ponto central é alguma outra coisa.

Outro exemplo desse sentido diferente de conhecer aparece no Salmo 101. No versículo 4, Davi diz: "não quero conhecer o mal". Seu argumento certamente não pode ser o de que ele ignorará as más ações, pois sabia muito bem que era um pecador e também via os pecados dos outros. Na verdade, começamos a sentir o que ele quer dizer a partir da primeira parte do versículo, que diz: "Longe de mim o coração perverso". Então, ele acrescenta: não quero conhecer o mal. Outra passagem ilustra o ponto principal. O profeta Naum diz acerca de Deus (1.7) que "O Senhor é bom, é fortaleza no dia da angústia e conhece os que nele se refugiam". Se a questão for mero conhecimento intelectual, então não há sentido em dizer isso, pois Deus também está intelectualmente consciente daqueles que não se refugiam nele. Sendo onisciente, Ele sabe tudo; o significado deve ser outra coisa.

O que esses versículos têm em comum? O ponto central neles é o conhecimento relacional. Amós 3, Oseias 13 e Naum 1 significam que Deus tem um relacionamento especial com seu povo. A ordem de Oseias 13 de não conhecer outro deus é uma ordem para não ter nenhum relacionamento com outros deuses, não adorá-los nem ter coisa alguma a ver com eles. O argumento do salmista é que, ao estar longe de um coração perverso, ele não terá nada a ver com o mal; ele não quer ter relação com esse mal. Assim, há casos no AT em que conhecer alguém ou algo significa torná-lo uma questão de preocupação e relação pessoal. Em passagens como Gênesis 4.1, o mesmo termo fala de relações sexuais íntimas entre marido e mulher.

No NT, também encontramos várias exemplificações de "conhecer", onde o ponto central também deve ser o conhecimento relacional. Jesus fala do reino vindouro (Mt 7) e diz que nem todos entrarão no reino dos céus. Alguns lhe dirão (v. 22): "Senhor, Senhor! Porventura, não temos nós profetizado em teu nome?" Jesus diz (v. 23) que Ele responderá: "nunca vos conheci". Para um Rei onisciente, ressurreto e que governa, isso é algo estranho de se dizer caso seu argumento seja a ignorância intelectual da existência deles. Da mesma forma, dificilmente o argumento de Jesus pode ser o de que Ele ainda não lhes foi apresentado. O argumento tem de ser alguma outra coisa. Em João 10.27, falando de seu povo, Jesus diz que conhece suas ovelhas. Se Ele se referir à mera consciência intelectual da existência delas, não há razão para dizer isso, já que Ele também conhece intelectualmente aqueles que não são suas ovelhas.

Nas cartas de Paulo, encontramos um uso semelhante de "conhecer". Em Gálatas 4.9, ele diz: "mas agora que conheceis a Deus ou, antes, sendo conhecidos por Deus..." Como um Deus onisciente poderia se tornar intelectualmente consciente da existência de várias pessoas? Embora Paulo possa estar dizendo que os gálatas se tornaram intelectualmente conscientes do Deus verdadeiro, é provável que não seja isso, por causa do restante do versículo. Se os gálatas têm apenas uma consciência intelectual de Deus, mas sem relacionamento pessoal por meio de Cristo, por que perguntar por que eles estão retornando às coisas elementares, fracas e sem valor, em vez de seguir adiante em sua relação com Deus? Aqueles que têm apenas um conhecimento intelectual de Deus não têm relacionamento com Ele e, portanto, não se pode esperar que cresçam em seu estado atual. O sentido de conhecer deve ser algo diferente do mero conhecimento intelectual. Em 1Coríntios 8.3, Paulo escreve que "se alguém ama a Deus, esse é conhecido por ele. Mais uma vez, isso é estranho se a ideia for mera consciência mental, pois Deus também conhece intelectualmente aqueles que não o amam. Em vez disso, a passagem significa que o conhecimento que Deus tem de nós condiz com nosso amor por Ele, mas isso não pode ser mero conhecimento intelectual (ver também 2Tm 2.19).

Uma última passagem no NT tem interação entre os dois sentidos de "conhecer" que estamos examinando. Em 1João 2.3, João diz: "Sabemos que o conhecemos, se obedecemos aos seus mandamentos" (NVI). Se as duas exemplificações de "conhecer" (sabemos/conhecemos) forem idênticas e se referirem apenas à consciência intelectual, o primeiro uso de "saber" é redundante. Em vez disso, João poderia ter escrito: "Por meio disso o conhecemos, se obedecemos aos seus mandamentos". Saber no primeiro caso refere-se à consciência intelectual, certeza intelectual, mas conhecer no segundo caso refere-se a conhecer por meio de relacionamento. Se alguém replicasse que esse não é o argumento de João porque ele está dizendo que quem guarda os mandamentos de Deus mostra que está intelectualmente consciente de que existe um Deus, eu responderia que o contexto não permite essa leitura. Os versículos 3 e 4 sozinhos poderiam justificar esse entendimento (fora a redundância que criaria no versículo 3), mas no versículo 5 João amplia a explicação do significado. Ele diz que "Mas, se alguém obedece à sua palavra, nele verdadeiramente o amor de Deus está aperfeiçoado". Se o único argumento da passagem é que as pessoas estão intelectualmente conscientes de Deus e de seus mandamentos, então, guardar esses mandamentos não provaria nada mais do que o fato de que os conhecemos. Ao dizer que a obediência aos mandamentos demonstra que o amor de Deus é aperfeiçoado na pessoa obediente, a passagem mostra que o conhecimento envolvido é mais do que intelectual.

Como no AT, essas exemplificações de conhecer se referem a conhecer por meio de relacionamento pessoal e experiência. Conhecer alguém nesse sentido (tanto no AT quanto no NT) é fazer dessa pessoa um objeto de preocupação e reconhecimento e considerá-la favoravelmente. Significa ter um relacionamento com essa pessoa. Quando adicionamos a isso a noção de conhecer previamente ou conhecer de antemão, tudo o que se acrescenta é que, em algum momento anterior ao presente, houve uma decisão de se estabelecer tal relacionamento. Portanto, o pré-conhecimento nesse sentido pode ser definido como unir-se de antemão a alguém em um ato que constitui um relacionamento, e fazer dessa pessoa um objeto de cuidado e preocupação para aquele que se une a ela. Em alguns exemplos, como veremos, significa preordenação.

Nada disso significa que "conhecer" e "conhecer de antemão" não podem ou nunca se referem ao conhecimento intelectual. Antes, esse não é o único significado bíblico possível desses termos. Então, agora estamos prontos para olhar mais de perto as passagens que falam de conhecer de antemão e pré-conhecimento. Como mencionado, o termo grego para "conhecer de antemão" é *proginōskō*, e para "pré-conhecimento" é *prognōsis*. Somente sete passagens no NT usam o verbo ou o substantivo, de modo que ajuda a limitar nossa investigação para determinar o significado mais provável de Deus conhecer algo de antemão. Essas passagens são Atos 2.23; 26.5; Romanos 8.29; 11.2; 1Pedro 1.2,20; 2Pedro 3.17.

Claramente, duas das sete passagens podem significar apenas conhecer algo intelectualmente de antemão. Atos 26 registra a defesa de Paulo perante Agripa. Paulo diz que se Agripa tiver alguma dúvida sobre seu caráter e estilo de vida, ele deve verificar com os judeus conhecidos de Paulo, que são de Jerusalém e dos arredores, pois Paulo diz (v. 5): "era conhecido deles desde o princípio". "Conhecido desde o princípio" é a tradução de *proginōskō*. Paulo diz que, por causa do que sabem, eles podem confirmar seu ponto central quanto a seu modo de vida. É difícil entender isso como qualquer coisa senão familiaridade pessoal que fornece conhecimento intelectual de algo. Da mesma forma, 2Pedro 3.17 deve significar consciência da informação, pois Pedro, tendo instruído seus leitores sobre a volta e o julgamento do Senhor, diz a eles que, como sabem de antemão o que acontecerá, devem estar alertas para não serem enganados por aqueles que negam que essas coisas vão acontecer.

Esses dois exemplos se referem à presciência, saber algo antecipadamente ou antes de sua ocorrência. Logo, qualquer um que pense que *proginōskō* nunca pode significar presciência nas Escrituras está enganado. Porém, é crucial notar que essas passagens falam de seres humanos que conhecem algo de antemão; nenhuma delas se refere ao pré-conhecimento divino. As outras cinco passagens se referem de fato ao pré-conhecimento de Deus, e pode-se argumentar que nenhuma delas significa conhecimento prévio, mas, antes, preordenação. Começarei com as passagens mais evidentes e depois passarei para as mais contestáveis. 1Pedro 1.20 é tão clara quanto qualquer uma das passagens. Pedro escreve sobre o sacrifício de Cristo para nossa redenção (v. 18,19). No versículo 20, ele acrescenta que Cristo era conhecido de antemão antes da fundação do mundo, mas apareceu nestes últimos tempos por amor a nós. Agora, o que significaria dizer que Deus estava mentalmente consciente desde antes da fundação do mundo de que Cristo seria o cordeiro sacrificial? Como Deus poderia prever que Cristo era o Redentor sem ter escolhido que fosse assim? Se o ponto central for simplesmente a presciência, devemos questionar sobre a base dessa presciência. No caso de conhecer de antemão as ações *humanas*, se poderia argumentar que Deus as escolheu não porque desejou soberanamente que elas acontecessem, mas porque Ele previu que nós as faríamos de qualquer maneira. Porém, como poderia ser assim, Deus prever as próprias ações? Devemos imaginar que Deus e Cristo não haviam decidido enviar Cristo como Redentor, mas depois viram que Cristo encarnaria e morreria de qualquer maneira, então decidiram colocar essas ações no decreto? Vai além da razão imaginar que Deus primeiro consulta o que prevê Ele mesmo fazendo antes de ordenar a si próprio fazê-lo. Em vez disso, o ponto central é que, mesmo antes da fundação do mundo, Deus preordenou Cristo como Redentor. O significado de *proginōskō* aqui difere de seu significado em Atos 26 e 2Pedro 3.

A próxima é Romanos 11.2. Em Romanos 9, Paulo ensina que o que aconteceu com Israel resultou da escolha de Deus. No entanto, Israel não está isento de culpa, pois o capítulo 10 mostra que Israel voluntariamente rejeitou Jesus como seu Messias e, portanto, é moralmente culpável. O que, então, ainda está reservado para Israel? Ele caiu tanto na desaprovação de Deus que não há esperança de restauração futura? "Terá Deus, porventura, rejeitado o seu povo?" (v. 1). Se for assim, então Deus falhou no cumprimento de suas promessas. Como Cranfield explica com muita habilidade, o que afinal está em jogo em Romanos 9—11 é a veracidade de Deus. Ele faz promessas e depois retira o que deu, ou cumpre suas promessas?[24] A resposta ressoante de Paulo é a forma mais forte de negação que existe no grego. Paulo escreve, *Mē genoito*. "De modo nenhum!" E então acrescenta (v. 2): "Deus não rejeitou o seu povo, a quem de antemão conheceu". É possível, certamente, que esse exemplo de conhecimento de antemão se refira apenas a ver algo com antecedência, mas é altamente improvável. Se o ponto central for mero conhecimento intelectual, então Deus conhece intelectualmente todas as pessoas de antemão; por que a presciência de Deus em relação a Israel é relevante como prova de que Israel não está totalmente rejeitado? Os críticos podem responder que isso significa que Paulo sabe que Deus não rejeitará Israel, porque esse versículo significa que Ele prevê que Israel crerá, se voltará a Cristo ou o que quer que seja. Porém, há problemas com essa interpretação. Aqueles que a adotam querem evitar qualquer ideia de preordenação, porque ações preordenadas impedem o livre-arbítrio libertário. Porém, se admitirmos o livre-arbítrio libertário àqueles meramente previstos, como pode haver quaisquer garantias de que eles responderão a Deus no futuro? Com esse tipo de liberdade, o agente sempre pode fazer diferente, então não pode haver qualquer *mē genoito*. Se não pode haver certeza por causa do livre-arbítrio libertário, não há garantia de que Deus cumprirá suas promessas a Israel; Paulo não tem o direito de ser dogmático quanto a Deus não ter rejeitado seu povo.

Por outro lado, se o ponto central for que Deus decidiu previamente fazer de Israel seu objeto especial de amor, isto é, estabeleceu um relacionamento com eles de antemão e fez uma aliança em que eles deveriam estar cientes do cumprimento de suas promessas a Abraão, Isaque e Jacó, então, dizer que Israel é conhecido de antemão garante que eles não serão rejeitados. No final de Romanos 11, Paulo invoca novamente as promessas feitas aos patriarcas (v. 28) e depois acrescenta que os dons e o chamado de Deus são irrevogáveis. Se as pessoas tiverem livre-arbítrio libertário e, assim, puderem rejeitar Deus, não pode haver irrevogabilidade acerca disso, a menos que Deus decida abençoar as pessoas apenas por serem etnicamente judias, algo contrário ao teor geral de Romanos 4, 9 e 10, em particular, e ao restante do NT. O significado mais provável de 11.2 é o conhecimento relacional baseado na decisão prévia de Deus de fazer uma aliança com Israel como seu povo. A presciência não é o ponto central aqui.

Em Atos 2.23, Pedro — o mesmo Pedro que escreveu 1Pedro 1.20 — fala da morte de Cristo. Pedro diz a seus ouvintes judeus: "Este homem lhes foi entregue por propósito determinado e pré-conhecimento de Deus; e vocês, com a ajuda de homens perversos, o mataram, pregando-o na cruz" (NVI). Certamente é possível que Pedro queira dizer que Deus havia previsto o que eles fizeram. O defensor de tal visão provavelmente defenderia o livre-arbítrio libertário e, portanto, argumentaria que o plano predeterminado baseava-se em Deus prever o que aconteceria. Mas então, o versículo — ao contrário do que muitos comentaristas afirmam — não menciona as partes respectivas de Deus e do homem na morte de Cristo, pois o foco realmente se torna a parte humana. A previsão e predeterminação de Deus estão relacionadas apenas ao que os seres humanos fariam. O decreto de Deus apenas "carimba" o que acontecerá de qualquer maneira e, portanto, é redundante. Nesta interpretação, Pedro não diz nada mais do que eles mataram Cristo, e Deus previu que eles o fariam. O que o comentário sobre Deus ter previsto isso acrescenta ao argumento geral de Pedro? Além disso, se o livre-arbítrio libertário for defendido, não pode haver garantia de que Deus preveria alguém matando Cristo. Todos poderiam optar por fazer o contrário, e de fato poderiam fazê-lo. Porém, aí realmente não havia nada para Deus prever.

Outro problema em pensar que pré-conhecimento aqui é mera presciência é que o versículo diz que Cristo foi "entregue" pelo plano predeterminado e pelo pré-conhecimento de Deus. Quem o entregou? O argumento de Pedro parece ser de que Deus o fez de acordo com um plano predeterminado e pré-conhecimento. Se Deus entregou Cristo de acordo com o que Ele previu que aconteceria, então Deus previu Ele próprio entregando Cristo e então decidiu ratificar o que Ele faria. O problema é o mesmo que foi explicado em 1Pedro 1.20. Como Deus pode prever a si mesmo fazendo algo antes de ter decidido fazê-lo? Em vista dessas considerações, o entendimento mais provável do "pré-conhecimento" em Atos 2.23 não é presciência, mas preordenação.

A seguir, nos voltamos aos versículos mais difíceis e chegamos primeiro a Romanos 8.29. Este versículo fala de salvação, dizendo: "Porquanto aos que de antemão conheceu, também os predestinou para serem conformes à imagem de seu Filho, a fim de que ele seja o primogênito entre muitos irmãos". Muitos argumentariam que a passagem diz que a predestinação se baseia no fato de Deus prever que acreditaríamos; não se baseia na preordenação de Deus, independente do que podemos fazer. Na verdade, é possível que o versículo signifique isso; preordenação também é possível. Nem a gramática nem a lexicografia resolvem o problema; portanto, o argumento de qualquer uma das visões deve ser fundamentado no contexto. Eu acredito que um argumento mais forte seja o da preordenação.

O versículo 29 começa com um *hoti* explicativo, "porquanto". O que ele explica é o versículo 28, um reconforto citado com frequência aos cristãos aflitos. Paulo escreve que nós "Sabemos que todas as coisas cooperam para o bem daqueles que amam a Deus, daqueles que são chamados segundo o seu propósito". Como Paulo sabe disso? E ele está falando de todas as questões de conforto e conveniência em nossa vida? A resposta à segunda pergunta é negativa, pois Paulo se refere especificamente a coisas que promovem nossa salvação final. Além disso, como Paulo sabe que Deus agirá em todas as coisas para o benefício da nossa salvação? Os versículos 29 e 30 explicam: existe um processo irreversível no qual Deus colocou seus filhos e que percorre todo o trajeto até a glorificação. Paulo usa esses fatos declarados nos versículos 29 e 30 para argumentar nos versículos 31 a 39 que absolutamente nada nos separará do amor de Deus em Cristo Jesus. Ninguém será capaz de apresentar uma acusação contra o eleito de Deus; ninguém pode nos condenar (v. 33,34).

Nesse contexto, o que é mais provável que Paulo esteja dizendo no versículo 29? Ele está dizendo que você pode ter certeza de que sua salvação será completa porque Deus previu que você creria e então colocou seu selo de aprovação no que aconteceria de qualquer maneira, isto é, Ele predestinou você por causa de sua fé prevista? Você será salvo porque tudo acaba derivando de sua decisão, uma decisão que Deus previu você tomando. Ou é mais provável que Paulo esteja dizendo que você pode ter certeza de que chegará à salvação final porque Deus, no início, decidiu começar um relacionamento de amor com você (conheceu você previamente) e, com base nessa decisão, Ele decretou salvar você, e depois o chamou, justificou e no final glorificará você? A salvação é totalmente garantida por causa da obra de Deus a seu favor a cada etapa do caminho. Com a primeira visão, a garantia vem por causa do que faremos; mas, se acabar dependendo de nós, não é nem de longe tão certo quanto se dependesse inteiramente de Deus. Somente com base nisso, é mais provável que Paulo use "de antemão conheceu" no sentido de conhecimento relacional, não de antecipação intelectual. Essa conclusão se torna ainda mais correta quando lembramos que a visão da presciência invariavelmente defende que os seres humanos possuem livre-arbítrio libertário. Se as ações humanas previstas são realizadas com livre-arbítrio libertário, não pode haver quaisquer garantias sobre o que faremos. Como veremos nos capítulos sobre liberdade e pré-conhecimento, muitos defensores do livre-arbítrio libertário até argumentarão que não há nada para Deus prever se o livre-arbítrio libertário prevalecer, pois ninguém sabe o que uma pessoa fará até que as decisões sejam tomadas.

Na sétima passagem (1Pe 1.2), Pedro diz a seus leitores que eles são eleitos de acordo com o pré-conhecimento de Deus Pai. Pedro está dizendo que a eleição é baseada na preordenação de Deus para salvá-los, ou que é baseada no que Deus os previu fazendo. Qualquer uma das opções é possível, e nem a gramática nem a lexicografia são decisivas, o contexto deve decidir. Lembre-se primeiro do contexto de 1Pedro. Pedro escreve para incentivar os santos sofredores espalhados por várias partes do mundo greco-romano. Qual seria a coisa mais encorajadora a dizer? Seria que, em meio às provações, eles deveriam se lembrar de que Deus os escolheu porque previu que eles creriam de qualquer maneira? Se for essa a questão, e se a escolha fosse deixada inteiramente a Deus, Ele poderia não tê-los escolhido, mas, já que dependia deles, Deus viu que eles creriam e os escolheu. Ouvir que Deus poderia não tê-los escolhido se dependesse dele não é exatamente a coisa mais reconfortante de se ouvir. Além disso, se o que Deus faz depender do que Ele os prevê fazendo, então no futuro Deus pode não ser capaz de fazer o que Ele gostaria de fazer para apoiá-los. Ele pode ter de permitir que as ações livres de seus inimigos continuem a afligi-los, porque parar esses atos reduziria a liberdade libertária.

Ou seria o caso de que, apesar das aflições, os ouvintes de Pedro deveriam ter ânimo, pois, embora sejam desprovidos de direitos neste mundo, eles têm moral perante Deus. Ele os escolheu, não porque precisasse fazê-lo ou porque eles creriam de qualquer maneira. Ele os escolheu para ser seu povo, porque decidiu de antemão estabelecer um relacionamento com eles para salvá-los. Logo, eles são povo de Deus por causa de Deus, e certamente o mesmo Deus que os escolheu e os salvou é capaz de intervir em suas circunstâncias e até derrubar por terra os problemas que os cercam. Além disso, visto que os defensores dessa visão provavelmente não diriam que os seres humanos têm livre-arbítrio libertário, as decisões de Deus não precisam se basear em deixar espaço para a liberdade libertária. Se quiser impedir os afligidores, Deus não precisa privar-se de fazer isso para manter sua liberdade libertária.

Qualquer uma das opções é possível. Para alguns, pode ser mais reconfortante Deus tê-los escolhido com base em suas decisões previstas, e mais reconfortante, em circunstâncias difíceis, Deus estar disponível para ajudar desde que a liberdade libertária não seja abreviada. Porém, em meu julgamento, é muito mais reconfortante saber que sou um filho de Deus totalmente por causa dele, de jeito nenhum por minha causa. O Deus que me escolheu é o mesmo Deus que está pronto para agir em meu favor em meio às circunstâncias difíceis. Além disso, há outro argumento já ouvido várias vezes. Uma motivação importante por trás da visão alternativa é deixar espaço para o livre-arbítrio libertário humano. Porém, se assim for, é difícil ver como a decisão de Deus pode se basear em um uso previsto dessa liberdade de escolhê-lo. Não preciso detalhar essa questão, visto que já o fiz várias vezes.

Com base nas palavras acima, concluo que, quando as Escrituras dizem que as decisões e ações de Deus se baseiam em seu pré-conhecimento, significa que Ele age de acordo com uma decisão prévia de estabelecer um relacionamento de aliança com uma pessoa para salvá-la. O decreto de Deus é baseado em seu pré-conhecimento, e isso significa que foi feito segundo o propósito de sua vontade, finalidades e desejos. Não há contradição em dizer que o decreto de Deus se baseia em seus propósitos e vontade e também em seu pré-conhecimento. Uma vez que entendemos o conceito bíblico de pré-conhecimento, vemos que Deus fazer as coisas de acordo com seu pré-conhecimento significa que Ele as faz conforme o que deseja, quer, intenciona e almeja.

Formulação teológica adicional da doutrina do decreto de Deus

Além dos dados bíblicos, há outras coisas que complementam nossa compreensão do decreto. Um ponto inicial é que o decreto é incondicional, mas isso precisa de explicação, pois muitos entenderam mal a questão e rejeitaram completamente a noção do decreto. Existem três aspectos em que o decreto pode ser condicional ou incondicional. O primeiro trata *da razão de Deus para fazer o decreto*. Uma visão comprometida com um decreto condicional defende que a decisão de Deus quanto ao que decretar se baseou em algum fator ou condição externa a Ele. Dependendo da visão, esse fator poderá ser as ações previstas de pessoas que viveriam ou o seu mérito previsto. Por exemplo, a eleição condicional de alguém para a salvação poderia se basear no mérito dessa pessoa, o qual justificou a eleição, ou na crença prevista dessa pessoa em Cristo como Salvador. A primeira visão condiz com uma perspectiva pelagiana, enquanto a segunda reflete um entendimento arminiano da eleição. Por outro lado, um decreto incondicional não se baseia em nada fora de Deus que o tenha levado a escolher uma coisa ou outra. Assim, um decreto incondicional de eleger alguém para a salvação seria baseado unicamente na graça e no desejo de Deus de salvar essa pessoa, não em algo que ela faria ou em qualquer mérito que pudesse ter. Portanto, esse primeiro senso de incondicional/condicional se refere ao decreto de Deus se basear em algo externo à sua vontade ou exclusivamente em seus propósitos e desejos, coisas inteiramente internas a Deus.

Uma segunda maneira pela qual o decreto poderia ser condicional ou incondicional tem a ver com o *modo como os itens do decreto se inter-relacionam*. Um decreto seria condicional nesse sentido se certas ações ou eventos estivessem condicionados à (dependessem da) ocorrência de outras ações e eventos. Alguém que acredita em Cristo como Salvador pode estar condicionado a ouvir uma mensagem do evangelho por um pregador. Dizer que eventos e ações decretados são condicionais nesse sentido significa apenas que Deus ordenou meios para alcançar os fins, isto é, os resultados dependem de outras coisas que acontecem. Dizer que um decreto é incondicional significa que nada do que acontece resulta de outras coisas ou depende de que elas ocorram. Logo, não haveria meios para produzir fins, nenhuma situação em que um evento ou ação pudesse ter outro evento ou ação como causa. É difícil imaginar como seria um mundo desse tipo, já que nenhum evento e/ou ação estaria conectado a qualquer outra coisa que ocorresse.

É justamente neste ponto que muitos rejeitam erroneamente uma explicação calvinista do decreto de Deus porque o calvinista diz que o decreto é incondicional. Alguns que ouvem essa afirmação assumem erroneamente que ela significa que o decreto é incondicional nesse segundo sentido, e visto que tal decreto incondicional seria absurdo, a posição calvinista é considerada absurda. Contudo, quando chamam o decreto de incondicional, os calvinistas se referem ao primeiro sentido, não ao segundo. No segundo sentido, os calvinistas admitem que o decreto é condicional. Dizer que as decisões de Deus não se baseiam em nada além de seus próprios desejos e propósitos não significa de forma alguma que o conteúdo do decreto tenha de excluir atos e eventos que dependem de outros eventos e ações para sua ocorrência.

Existe um terceiro sentido possível de condicional e incondicional em relação ao decreto. Às vezes, os teólogos dizem que partes do decreto e algumas das ações de Deus são condicionais, considerando que Ele trabalha por meio da ação de suas criaturas, enquanto outras partes do decreto e outras ações divinas são incondicionais, considerando que Deus as faz inteiramente sozinho, sem usar ações de suas criaturas. Este sentido de condicional e incondicional difere claramente dos dois anteriores. Dizer que as ações de Deus são condicionais neste sentido poderia significar que Ele primeiro age por meio de um agente e então, em resposta às suas ações, outro de seus agentes faz alguma coisa. Por exemplo, por meio de um anjo, Deus advertiu José a tomar Maria e Jesus e fugir de Herodes. A partida de José foi condicionada ou dependeu do sonho em que Deus, por meio do anjo, o advertiu. Nesse caso, a sequência de ações foi condicional no terceiro sentido e também no segundo sentido. Em outro exemplo, as ações de Deus poderiam ser condicionais neste terceiro sentido, mas não condicionais no segundo sentido. Por intermédio de um dos apóstolos, Ele poderia curar uma pessoa com uma doença, ou Ele poderia falar com Balaão por meio de sua mula. A finalidade no primeiro caso é a cura e, no segundo, a instrução para Balaão. Visto que os dois objetivos foram alcançados por um ato em cada caso, a ação foi incondicional no segundo sentido descrito acima, mas visto que Deus fez isso por meio de uma de suas criaturas, foi condicional neste terceiro sentido.

A partir das palavras mencionadas acima, podemos ver que o segundo e o terceiro sentidos de um decreto condicional ou incondicional não são equivalentes, nem logicamente exigem um ao outro. Além disso, o terceiro sentido não é equivalente ao primeiro. Aqui, novamente, alguns assumiram erroneamente que os calvinistas, ao afirmarem que o decreto é incondicional, querem dizer que Deus é o único ator. Tudo o que Ele escolher será feito inteiramente e somente por Ele, por isso podemos permanecer totalmente passivos. Isso significaria que, se Deus tiver escolhido alguém para ser salvo, não precisamos testemunhar para essa pessoa, porque Deus mesmo a salvará. Esta é uma compreensão rasa da posição calvinista. Ao dizer que Deus elegeu incondicionalmente alguém para a salvação, os calvinistas não querem dizer que nosso testemunho ou outros meios secundários são desnecessários porque Deus fará tudo sozinho. Em vez disso, os calvinistas querem dizer que a decisão de Deus de salvar não se baseou em nada fora de sua vontade benevolente. Certamente, Deus ordena os meios para atingir os fins (segundo sentido de condicional) e usa vários agentes para cumprir seus objetivos (terceiro sentido de condicional), então, pelo simples motivo de Deus eleger incondicionalmente alguém para a salvação, isso não quer dizer que todos os demais podem ser passivos e assistir enquanto Deus salva essa pessoa.

Agora que esses três sentidos de um decreto condicional e incondicional estão esclarecidos, posso aplicá-los ao que as Escrituras dizem sobre o decreto. Por um lado, a salvação, por exemplo, é baseada unicamente na graça e nos propósitos de Deus; logo, é incondicional no primeiro sentido. Por outro lado, Deus também nos ordena a testemunhar aos incrédulos, e Ele sugere em passagens como Romanos 10.14,15 que muitas pessoas responderão ao ouvir o evangelho de uma testemunha humana. Logo, nossa salvação é condicional no segundo sentido, considerando que nossa crença depende de ouvir a mensagem, e é condicional no terceiro sentido, considerando que ouvimos a mensagem não de Deus diretamente, mas por meio do testemunho de uma pessoa do povo de Deus. Porém, visto que o decreto de nossa salvação é incondicional no primeiro sentido, as decisões de Deus de nos dar o evangelho por meio de uma pessoa de seu povo, e o fato de que nossa crença resultaria de ouvir o evangelho basearam-se em nada além do propósito de sua vontade benevolente. É exatamente isso que os calvinistas querem dizer, e afirmo que esse entendimento é sancionado pelas Escrituras. Acrescento que o que eu disse sobre o decreto de salvação de Deus como incondicional em um sentido e condicional em outros também se aplica a outras coisas que Deus decreta. Ou seja, todas as coisas são decretadas incondicionalmente no primeiro sentido. O fato de serem condicionais ou incondicionais no segundo e terceiro sentidos depende do ato ou evento em questão.

As duas próximas questões referentes ao decreto decorrem do conceito bíblico de pré-conhecimento. Os teólogos perguntam muitas vezes se Deus conhece o futuro porque Ele o decreta ou o decreta porque o prevê. Teólogos e filósofos que defendem a última colocação também defendem normalmente o livre-arbítrio libertário. Os defensores da primeira colocação afirmam que Deus conhece de antemão o que acontecerá porque Ele o preordenou, e sua decisão baseou-se em seus próprios propósitos, não no que Ele nos prevê fazer. A partir do nosso estudo do significado bíblico de pré-conhecimento e do ensinamento bíblico de que as escolhas de Deus são baseadas em sua graça, desejos e propósitos, a visão de que Deus conhece o futuro porque Ele o decreta é a preferida.

Uma segunda implicação do pré-conhecimento de Deus e sua relação com o decreto é que Ele decretou ao mesmo tempo todo o conjunto de ações, eventos, pessoas e coisas (isto é, todo um mundo possível). Em vez de decidir algumas coisas num dado momento e outras mais tarde, Deus decretou toda a história de uma vez. Claro, nem todos os teólogos concordam com isso. Tanto os teólogos do processo como os defensores da visão aberta negam que Deus decrete qualquer coisa com antecedência, pois Ele não sabe o que vai acontecer antes que ocorra. Se os defensores dessas visões estivessem inclinados a falar de um decreto, eles diriam que ele é feito de modo incremental. Ou seja, Deus teria objetivos para suas criaturas, e poderia até decidir fazer Ele próprio certas coisas em vários momentos, mas sem saber o que as pessoas com liberdade libertária farão em qualquer situação dada, Deus deve esperar até que ajam antes de decidir o que Ele fará.

Quando passamos dessas visões para as perspectivas arminianas mais tradicionais, encontramos uma de duas opções. Por um lado, alguns arminianos duvidam que alguém saiba com antecedência o que as criaturas livres farão. Ou esses arminianos rejeitam completamente a ideia de um decreto ou defendem que Deus decreta à medida que vê o que suas criaturas fazem. Por outro lado, muitos arminianos acreditam que Deus, de alguma forma, prevê o futuro, incluindo as ações livres de suas criaturas, por isso poderiam falar de um decreto divino. Além disso, se Deus prevê tudo o que acontecerá, não há razão para fazer o decreto em várias etapas. Deus desejaria tudo de uma só vez em virtude do que Ele prevê.

Por outro lado, os calvinistas se sentem mais à vontade falando de um decreto. Para eles, uma vez que o decreto é baseado no que Deus decide, não no que Ele prevê, e visto que um Deus onisciente visualiza miríades de mundos completamente possíveis de uma só vez, não há razão para desejar um mundo possível parcial num certo momento e outra parte em outro momento. Ele escolhe tudo de uma vez.

Outra questão sobre o decreto decorre do decreto de Deus ser fundamentado em seus desejos e pré-conhecimento, e da onisciência e imutabilidade divinas, conforme definidas em capítulos anteriores: o decreto de Deus é imutável. O decreto está fundamentado nos bons propósitos de Deus e em seu pré-conhecimento (no sentido de decidir estabelecer um relacionamento com as pessoas). Ao discutir a imutabilidade divina, também vimos que Deus não muda sua vontade e seus propósitos. Visto que Ele antevê um mundo totalmente possível de uma vez, visto que sua escolha de um mundo particular se baseia unicamente em seus próprios propósitos e desejos, e visto que é impossível um Deus onisciente se enganar sobre o que realmente deseja ou quanto a um mundo possível cumprir de fato seus objetivos, não há motivo para Ele mudar seu decreto a partir do momento em que o fez.

É claro, as posições que negam completamente um decreto discordariam. Aqueles que pensam que o conhecimento de Deus sobre o futuro é limitado defenderiam que se Ele decretar algo, Ele tem de estar aberto a revisá-lo em vista do que realmente acontecer. Os arminianos que acreditam que Deus prevê com precisão o futuro e decreta com base nisso poderiam concordar que o decreto é imutável, mas é claro, o raciocínio deles seria diferente daquele mantido pelas posições calvinistas descritas.

Uma última questão em nossa elaboração teológica da doutrina do decreto é especialmente digna de nota, porque é, muitas vezes, uma fonte de mal-entendido, especialmente entre os oponentes de qualquer coisa semelhante a uma compreensão calvinista do decreto. Tem a ver com o papel que o decreto desempenha em nosso mundo. Alguns teólogos falam do decreto como se fosse um agente que opera em nosso mundo para cumprir vários fins. Como tal, às vezes é retratado como um agente pegando no pé dos seres humanos para pressioná-los a fazer o que ele determina. A verdade da questão, no entanto, é que o decreto não é um agente. Pelo contrário, é um plano para tudo o que acontece, mas não faz nada em si mesmo, nem exerce influência causal. Embora as ações de uma pessoa possam fazer com que outra pessoa aja, ou uma tempestade possa causar uma inundação, o decreto não é algo que age ou acontece em nosso mundo, mas o plano para o que quer que ocorra.

Outra maneira de argumentar tem a ver com a distinção entre causas fundamentais ou remotas de uma ação ou evento e causas mais imediatas ou próximas. Ao se perguntar o que causou um evento ou ação, solicita-se a condição (ou condições) suficiente que o/a causou. Essa condição pode ser simples (envolve apenas uma causa) ou pode ser complexa (muitos fatores juntos causam a ação ou o evento). Para ilustrar a diferença entre causas remotas e próximas, pense em um acidente de automóvel. A causa imediata do acidente pode incluir o movimento de um carro no trajeto de outro, um motorista passando um sinal vermelho em vez de parar e/ou virando o volante em uma direção de modo que seu carro bata em outro. Uma causa mais remota poderia ser a discussão que ele teve com a esposa antes de sair para o trabalho, uma discussão que tomou sua atenção de modo que ele não percebeu o sinal vermelho. Todos esses fatores (e talvez outros) compõem a condição suficiente que causou o acidente, mas podemos distinguir facilmente as causas ou condições que ocorreram no contexto imediato do acidente e aquelas que estavam mais distantes dele.

Quanto ao decreto de Deus, ele jamais é a causa imediata de um evento ou ação, pois pensar isso é tratá-lo como se fosse um agente de algum tipo operando na situação, e o decreto não é um agente de nenhum tipo. Deus, anjos, seres humanos e animais fazem coisas, mas o plano de Deus para a história não é um agente que faz qualquer coisa. Por outro lado, podemos ver o decreto como a causa fundamental de qualquer evento ou ação, mas não porque é um agente ou tem poder causativo sobre qualquer coisa. Pelo contrário, é Deus e outros agentes que exercem poder causal em nosso mundo. Porém, visto que o fazem de acordo com o que Deus decretou, podemos dizer que há um sentido em que o decreto é a causa remota ou fundamental de todas as coisas.

Uma implicação muito importante decorre do fato de o decreto não ser um agente operando na história. Alguns presumiram que, se tudo o que acontece já está descrito no decreto, a história é inútil. Porém, essa é uma grande confusão em relação à diferença entre um plano e sua execução. Se o decreto fosse em si mesmo o próprio "fazer" da história, então, é claro, não haveria sentido algum alguém tentar cumprir na história o que quer que estivesse decretado, pois as coisas decretadas já teriam acontecido. Porém, o plano de Deus para a história não é mais história do que ele próprio é um agente na história. Nem toda ação divina descrita no decreto é a mesma que sua execução divina real na história — a obra de Deus em nosso mundo não é concluída apenas porque Ele planejou tudo o que fará. Depois de planejar, Ele tem de executar o plano. O decreto não torna a "execução" da história mais irrelevante do que a planta do arquiteto torna desnecessária a construção do edifício. Um é o plano, o outro executa o plano.

Os argumentos sobre o decreto nesta seção e na seção bíblica oferecem uma compreensão completa. É claro, nada dito até agora explica como o decreto divino deixa qualquer espaço para a liberdade humana, ou como podemos entender a lógica da responsabilidade moral divina e humana pelo mal. Essas questões serão tratadas em capítulos posteriores, mas a evidência bíblica apresentada neste capítulo comprova que há um decreto, e que deveríamos entendê-lo semelhantemente ao que foi explicado nesta seção e nas anteriores deste capítulo.

A ORDEM DOS DECRETOS

O debate em relação à ordem dos decretos ocasionou uma quantidade substancial de calor em certos círculos, embora nem sempre muita luz. Como observam Demarest e Lewis, algumas das visões envolvidas neste debate remontam pelo menos à Idade Média, embora tenha sido com os reformadores e seus seguidores que tal debate realmente começou a esquentar.[25] Louis Berkhof escreve que, originalmente, a questão do debate era se Deus teria predestinado a queda dos seres humanos ou apenas a teria previsto. Contudo, à medida que o debate se desenvolveu, seus principais adversários (supralapsarianos e infralapsarianos ou sublapsarianos) chegaram a concordar que o decreto incluía a queda, e o debate mudou para uma questão diferente.[26]

Então, do que se trata esse debate? Primeiro, não se trata de Deus decretar uma coisa primeiro e outra depois, e ainda outra coisa posteriormente e assim por diante. Aqueles que defendem a eternidade atemporal divina rejeitariam tal ideia, mas mesmo os temporalistas que acreditam em um decreto creem que toda a história foi decretada ao mesmo tempo. Segundo, este não é um debate sobre se a queda do homem e o decreto de alguns à punição eterna foram preordenados com base apenas nos propósitos de Deus ou se foram decretados como decorrência de serem meramente previstos. E, por fim, a questão não é se o decreto do pecado de todos e da reprovação de alguns foi permissivo em oposição a positivo.[27]

O debate sobre a ordem dos decretos foca com mais precisão sua ordem lógica. Embora faça pouco sentido (pelo menos de uma perspectiva calvinista) perguntar da ordem temporal dos decretos divinos, ainda é possível perguntar o que Deus decretou acontecer logicamente em primeiro lugar, em segundo lugar e assim por diante. Esta pergunta não é sobre tudo que está no decreto, mas apenas sobre a criação dos seres humanos, sua queda no pecado, a eleição de alguns para a salvação e a decisão de enviar Cristo como Redentor. Deus decidiu primeiro (de modo lógico) salvar certos indivíduos e condenar outros, e depois decretou a criação dos seres humanos e ordenou sua queda como meio de conseguir salvar alguns e condenar outros? Ou primeiro, logicamente falando, Deus decidiu criar seres humanos, e então permitiu sua queda e aí elegeu alguns para a salvação etc.?

Visto que esse debate se desenvolveu especialmente durante e após a Reforma, duas posições principais se tornaram proeminentes. Contudo, outras duas também foram propostas, uma basicamente dentro do calvinismo e a outra de natureza mais arminiana. As duas posições principais são defendidas por várias formas de calvinismo. A primeira é supralapsariana e foi assim designada porque afirma que o decreto de eleger alguns para salvação e reprovar outros foi feito (de modo lógico) antes do decreto para criar os seres humanos ou para permitir sua queda (o "lapso" referido no rótulo). Essa visão é considerada por muitos a mais repugnante de todas, porque aparentemente postula que a criação foi um meio para conseguir condenar certas pessoas à perdição eterna. Além disso, diz que a decisão de salvar ou condenar foi tomada antes mesmo de Deus decidir que essas pessoas cairiam em pecado. Para alguns, isso parece muito fatalista e injusto.

A segunda posição, conhecida como sublapsarianismo ou infralapsarianismo, propõe que Deus decretou primeiro (de modo lógico) criar seres humanos, segundo, permitir sua queda no pecado e somente então escolher alguns para serem salvos enquanto outros se perderiam. Dependendo da forma de infralapsarianismo em questão, o decreto de condenação poderá ser interpretado como uma escolha positiva, mas é visto mais frequentemente como um decreto permissivo, segundo o qual Deus simplesmente desprezou alguns pecadores, optando por não lhes estender a graça salvadora, mas dar-lhes a justa recompensa por seus pecados. Embora essa posição seja considerada "mais suave" por muitos, ela ainda é normalmente intragável para os não calvinistas, pois o decreto da queda e da eleição para a salvação ou perdição não está condicionado a nada além do propósito da vontade de Deus, e os oponentes creem que isso é injusto.

Uma terceira variação aparece nas obras de um protestante francês do século XVII, Moise Amyraut. O amiraldismo na ordem dos decretos é, na verdade, uma variação do infralapsarianismo. A posição infralapsariana padrão posiciona os decretos da eleição e reprovação antes do decreto da expiação de Cristo e, normalmente, os infralapsarianos acreditam que a expiação de Cristo pagou apenas os pecados dos eleitos. Em contraste, os amiraldistas veem o decreto da expiação de Cristo tornando possível a salvação para todos (expiação ilimitada) e afirmam que ele seguiu (de modo lógico) o decreto para permitir a queda no pecado e precedeu (de modo lógico) o decreto para eleger alguns.

Por fim, enquanto alguns arminianos preferem não falar sobre este assunto, outros o fazem. Estes defendem várias visões, mas a maior diferença nos entendimentos arminianos é a distinção de qualquer coisa que se assemelhe ao calvinismo. Por exemplo, um esquema arminiano poderá começar com a criação dos seres humanos e depois afirmar que Deus, prevendo a queda de suas criaturas no pecado, decretou enviar Cristo para oferecer redenção a todos e decretou que a fé seria a base para alcançar a salvação. Terceiro, ao prever que alguns cooperariam com a graça preveniente que Ele ofereceria, que deixariam os pecados, se converteriam a Cristo e perseverariam na vida piedosa, Deus propôs salvá-los. Ele previu que outros negligenciariam a graça preveniente e rejeitariam Cristo, ou depois de aceitar Cristo, lhe dariam as costas mais tarde, e aos tais Ele decidiu deixar em sua culpa e condenação. A maior parte do que Deus decreta em um esquema arminiano do tipo sugerido baseia-se no que Ele prevê sobre as ações livres das criaturas que Ele decide criar.

O quadro na página seguinte mostra um exemplo da ordem dos decretos para cada uma dessas quatro posições.

Vários argumentos foram oferecidos a favor e contra as diferentes posições. Há liberdade para investigá-los caso se deseje,[28] mas eu não os apresentarei, porque acredito que a análise toda está equivocada. Esta pergunta não deveria ter sido feita e possivelmente não teria sido se certos fatos sobre a onisciência e a natureza divina do decreto fossem compreendidos. Deixe-me explicar.

Começo com a noção de um mundo possível. Um mundo possível é um conjunto completo de todas as pessoas, lugares, coisas, ações e eventos que ocorrerão sempre na história desse mundo possível. Esse mundo é possível considerando que todas essas coisas se encaixam em um mundo sem contradizer qualquer outra coisa que há nele. Também é possível considerando que Deus pode realizá-lo, mas Ele não precisa jamais fazê-lo. Existe um número infinito de mundos possíveis; cada um contém um número finito de coisas e dura um período finito de tempo. Em qualquer mundo possível, os itens mencionados acima não apenas existem, mas existem de forma interconectada. Portanto, se em determinado mundo possível eu estiver trabalhando neste capítulo neste momento, eu não posso estar na mercearia, dormindo ou fazendo outra atividade contraditória ao mesmo tempo. Além disso, se minha esposa ou família precisarem de mim, seus pedidos de ajuda estariam interconectados com o meu trabalho neste capítulo.

ORDEM DOS DECRETOS (QUATRO VISÕES)

Esquema supralapsariano	Esquema infralapsariano	Esquema amiraldista	Esquema arminiano
1. Decreto para eleger alguns para a vida eterna e outros para a punição eterna.	1. Criação dos seres humanos à imagem de Deus.	1. Criação dos seres humanos à imagem de Deus.	1. Criação dos seres humanos à imagem de Deus.
2. Criação dos seres humanos à imagem de Deus.	2. Queda (no pecado) dos seres humanos.	2. Queda (no pecado) dos seres humanos.	2. Prevendo o pecado humano, Deus decretou enviar Cristo para fazer a expiação por todos.
3. Queda (no pecado) dos seres humanos.	3. Eleição de alguns para a vida eterna e outros para a punição eterna.	3. Expiação de Cristo para possibilitar a salvação (ilimitada).	
4. Expiação de Cristo (limitada).	4. Expiação de Cristo (limitada).	4. Eleição de alguns à capacidade moral.	4. Prevendo que alguns cooperariam com a graça preveniente, aceitariam Cristo e perseverariam em santidade, Ele propôs salvá-los.
5. Dom do Espírito Santo para convencer o mundo.	5. Dom do Espírito Santo para convencer o mundo.	5. Dom do Espírito Santo para convencer o mundo.	5. Prevendo que outros negligenciariam a graça e rejeitariam Cristo, ou, tendo se voltado a Ele, lhe dariam as costas, Ele decidiu deixá-los em sua culpa e condenação
6. Regeneração do eleito.	6. Regeneração do eleito.	6. Regeneração do eleito que crê.	
7. Santificação do regenerado.	7. Santificação do regenerado.	7. Santificação do regenerado.	

Visto que os eventos e ações, pessoas, lugares e coisas estão interconectados, faz pouco sentido tirar uma ação ou evento, por exemplo, do contexto de um mundo todo possível. Devemos ver um ato ou evento como parte da matriz inteira de um mundo possível. Um ato ou evento diferente em dado momento pode ter implicações significativas para outras coisas que ocorrem. Por exemplo, em um mundo, a pessoa A dispara uma arma e, ao fazer isso, mata a pessoa B.

Em outro mundo possível, no mesmo momento tudo o mais é igual, mas a pessoa A não tem arma e, portanto, não a dispara nem mata a pessoa B. Nesse segundo mundo possível, há mais uma história para a pessoa B (talvez outros trinta anos de vida), e suas ações após esse ponto afetam outras vidas e ações.

A razão de discutir mundos possíveis é revelar o erro nas suposições básicas por trás da questão da ordem dos decretos. Os pressupostos fundamentais são que, ao decidir o que o decreto conteria, Deus escolheu pessoas, lugares, coisas, ações e eventos isolados, e então os uniu a outras pessoas, lugares, ações etc. Logo, a ideia de Adão como existente é abstraída da ideia de Adão pecando. Deus pode decidir criar Adão e unir essa escolha ao seu pecado ou deixar essa parte de fora. Da mesma forma, Deus escolhe passo a passo quais itens reunir para construir todo o decreto.

O problema é que esse entendimento tende a ignorar a interconexão de qualquer ação, evento etc. com outras coisas em dado mundo possível. Portanto, é duvidoso que Deus tenha feito o decreto da maneira sugerida. Pelo contrário, Deus, enquanto onisciente, veria todo um mundo possível interconectado de uma só vez; na verdade, Ele veria todos os mundos possíveis de uma só vez e escolheria não criar nenhum deles ou realizar um deles. Portanto, Deus não escolhe criar Adão e então decide que Adão pecará; nem escolhe primeiro salvar Adão e então decide criá-lo, e ainda, em outra escolha (falando logicamente), decide que ele pecará. Pelo contrário, Deus vê Adão como parte de todo um mundo possível interconectado. Claro, há mundos possíveis nos quais Adão não comete pecado, mas os filósofos nos lembram de que este não é o Adão do nosso mundo, mas um equivalente àquele Adão. Todas as coisas referentes a Adão antes de ele ser tentado a pecar podem ser idênticas em muitos mundos possíveis, mas a partir do momento em que ele peca num dado mundo possível, ele se torna um equivalente ao Adão de mundos onde Adão não peca.

Essa explicação dos mundos possíveis e da relação de Deus por meio de sua onisciência com todos os mundos possíveis mostra que o debate da ordem dos decretos é fundamentalmente equivocado. É equivocado porque trata o decreto de Deus como sequencial — é verdade que contém uma sequência lógica em vez de temporal, mas é sequencial de qualquer modo. Contudo, as ações individuais não estão desvinculadas umas das outras, de modo que Deus pode escolher itens específicos à medida que elabora o decreto para o nosso mundo. Em vez disso, conforme Deus deliberou, Ele foi confrontado com um conjunto infinito de mundos possíveis. Ele primeiro (logicamente) decidiu se deveria criar e depois de ter escolhido fazê-lo, escolheu qual dos muitos mundos iria realizar. Porém, ao optar por realizar qualquer mundo possível, Ele já veria Adão e todos os outros como pecadores ou não, e até como salvos ou não. Nos mundos com pecado pago pela expiação de Cristo, Deus veria de uma vez todos os pecadores, salvos e não salvos, juntamente com o sacrifício de Cristo. Simplesmente não há uma sequência lógica de escolhas para construir quando o que Deus escolhe é um mundo inteiro, não eventos, ações etc. Portanto, é errado perguntar se Deus decretou primeiro (logicamente) criar seres humanos, salvar os eleitos, ou seja o que for.

Como resultado, se existe uma pergunta significativa sobre a ordem lógica das escolhas de Deus, essa pergunta não tem a ver com as coisas que os supralapsarianos, infralapsarianos e amiraldistas debatem. Antes, a ordem lógica (embora não cronológica) das escolhas de Deus é a seguinte: inicialmente, Deus decide se vai criar um mundo ou não criar nada. Se decidir criar, Ele tem de decidir então se cria um mundo que contém seres humanos em corpos não glorificados, com as capacidades básicas que temos, ou um mundo sem essas criaturas. Então, Ele tem de decidir se escolhe um mundo com essas criaturas que as inclua pecando ou um mundo sem pecado. Se escolher um mundo com pecadores, então Ele tem de selecionar o mundo possível que lida com o pecado como Ele deseja (presumivelmente há várias maneiras em que Deus poderia lidar com o pagamento pelo pecado humano, e vários mundos possíveis instanciariam esses métodos divinos). E, finalmente, se Ele decidir realizar um mundo possível no qual nem todos são salvos, Ele tem de escolher o mundo apenas com as pessoas salvas que Ele deseja, e não outro mundo com uma mescla diferente de salvos e não salvos. Porém, até isso é equivocado quanto à maneira que Deus faz a escolha, pois Deus vê todos os mundos possíveis ao mesmo tempo (presumivelmente, dada sua onisciência, Ele os vê intuitivamente, sem um processo de raciocínio de qualquer extensão) e escolhe um deles com tudo o que contém, em sua totalidade. Portanto, até a ordem lógica de escolhas sugerida neste parágrafo é equivocada, pois tende a adotar a mesma imagem de escolhas fragmentadas e pedaços fragmentados e isolados de possíveis opções que, quando escolhidas em conjunto, constroem um mundo inteiro. Visto que o debate sobre a ordem tradicional dos decretos é confuso, a coisa certa a fazer com ele não é tentar reformá-lo, mas descartá-lo.

Neste capítulo, analisamos muitas coisas sobre o decreto de Deus e deixamos outras para os próximos. No início deste capítulo, sugeri que começássemos a discutir os atos de Deus com o decreto, pois Deus não faria algo que não houvesse planejado. O decreto ou plano de Deus é o "pressuposto" dos outros atos divinos. Ao investigarmos a realização do decreto, nosso primeiro tópico será a criação, pois esse foi o próximo ato de Deus depois de fazer seu plano.

Capítulo Doze

A DOUTRINA DA CRIAÇÃO

Já se passaram mais de 160 anos desde a publicação de *A origem das espécies*, de Charles Darwin (1859). A obra de Darwin ofereceu uma teoria abrangente para explicar de uma maneira totalmente naturalista a origem do nosso universo e a vida nele. Aqueles que duvidavam do relato bíblico dos primórdios passaram a ter na teoria da evolução uma arma de imenso poder para a crescente guerra entre a ciência e as Escrituras.

Cientistas e não cientistas perceberam igualmente que estava em jogo não apenas como a vida começou nem como os processos naturais da vida funcionam. A questão principal era o lugar e o significado da vida, especialmente da vida humana, em nosso universo. A humanidade é o resultado de um plano e ação divinos para criar criaturas à imagem de Deus? Os humanos são a coroa da criação com um destino ordenado por Deus? A história tem uma lógica e um propósito, de modo que está caminhando em direção a algum objetivo divinamente indicado? Ou os seres humanos são o resultado de um longo processo de desenvolvimento biológico a partir de formas inferiores de vida, um processo não conduzido por um arquiteto inteligente, mas instigado pelo acaso e sujeito à loteria irracional da seleção natural?

À medida que explicava cada vez mais o nosso universo sem se referir a Deus, o conhecimento científico crescente causou uma grande crise de fé em muitos. Em um poema do grande escritor vitoriano, Matthew Arnold ("*In Utrumque Paratus*" — "Preparado para qualquer alternativa"), impresso dez anos antes da publicação de *A origem das espécies*, de Darwin, vemos claramente as implicações das descobertas e teorias da ciência para a fé. Arnold detalha as diferenças entre a origem do homem de acordo com o relato bíblico da criação e o homem como um produto acidental de processos naturais:

> Se, na mente silenciosa de Um todo-puro,
>   Repousa em sua primeira forma imaginada
> O mundo sagrado; e por procissão certa
> Ainda daquelas profundezas, vestido em forma e cor,
> Estações alternantes, noite e dia,
> O pensamento meditativo para o norte, sul, leste e oeste,
> Tomou então seu caminho descortinado;
>
> Ó despertar em um mundo que desta forma surge!
>   Se precisar que você conte
> Entre seu despertar e as idades e horas do nascimento
> Das coisas — Ó despertar na corrente da vida!
> Pela exclusiva pureza da fonte toda pura
> (somente por isso você pode) o sonho colorido
>   De vida retornar!
>   . . . .
> Mas, se a massa erma e bastarda não conheceu
>   Nascimento nos lugares divinos;
> Se a Terra, na solitude vazia que ecoa,
> Balançando seu corpo obscuro para lá e para cá,
> Não para de se agitar e gemer,
> Sempre infrutífera, e em seu espasmo mais feliz,
>   Forma o que forma sozinha;
>
> Ó, aparentemente a única a despertar, a cabeça banhada pelo sol
>   Perfurando a nuvem solene
> Contorna seu vasto mundo irmão que ainda sonha!
> Ó homem, a quem a Terra, tua mãe há muito exaltada, se desvela
> Não sem alegria — tão radiante, tão dotada
> (Tal questão feliz coroou seu doloroso cuidado) —
>   Não tenha orgulho demais![1]

Embora este poema apresente a possibilidade de que os seres humanos não estejam relacionados ao "mundo irmão" pelo desenvolvimento biológico natural, mas que venham da mente e do plano de um Criador onipotente, cerca de oito anos após a publicação de *A origem das espécies*, de Darwin, surgiu o poema "Dover Beach" de Matthew Arnold. Nesse poema, Arnold escreveu sobre o mar de fé recuando. Nitidamente, a teoria da evolução estava causando sofrimento. Na última estrofe de "Dover Beach", não há mais a possibilidade de que tudo tenha vindo de um Criador benevolente. A guerra entre ciência e fé continua, e está bem claro qual lado está ganhando. Despojado de qualquer significado cósmico, que significado e propósito restam para uma criatura que nada mais é do que um degrau na escada contínua e sinuosa da evolução? Arnold não nos aconselha apenas a acreditar na criação divina de qualquer maneira, mas também não está totalmente pronto para se render à visão de mundo científica que emerge. sua resposta vem na última estrofe de "Dover Beach":

> Ah, amor, sejamos verdadeiros
> Um com o outro! Pois o mundo, que parece
> Colocar-se diante de nós como uma terra de sonhos,
> Tão diverso, tão belo, tão novo,
> Na verdade não tem nem alegria, nem amor, nem luz,
> Nem certeza, nem paz, nem socorro à dor;
> E nós estamos aqui como numa planície sombria,
> Arrebatados por alarmes confusos de batalha e fuga,
> Onde exércitos ignorantes se batem à noite.[2]

A única resposta a perguntas sobre o significado e o sentido da vida, diz Arnold, é o amor; isso é tudo o que existe. Enquanto isso, os exércitos *ignorantes* da ciência e do criacionismo bíblico se chocam na escuridão. A mínima esperança que se poderia encontrar nos poemas de Arnold, de que talvez a história da criação esteja certa, esvaneceu-se com o passar do século XIX.[3]

Qualquer um que pense que a questão das origens é apenas um tópico esotérico para cientistas e talvez teólogos e filósofos discutirem, com pouca relevância para o restante de nós, deveria ver que essas questões são muito importantes. Durante quase um século e meio desde que Darwin introduziu suas ideias, a evolução se tornou o paradigma científico dominante. Ela contém implicações não apenas no entendimento da origem e do desenvolvimento da vida, mas também na astronomia, física, paleontologia e geologia. Isso tem a ver com sua influência nas ciências naturais, mas algum tipo de modelo evolutivo geralmente também é predominante nas ciências sociais.

Nenhuma dessas disciplinas científicas permaneceu estática. A teoria de Darwin e suas implicações foram detalhadas e refinadas em muitas das ciências. Contudo, nos últimos anos tem havido um desenvolvimento científico muito interessante sobre a origem do universo. Por muitos anos, muitos cientistas presumiram que a matéria é eterna e também o nosso universo. Não podemos explicar como ela chegou aqui; sua existência é um fato real com o qual devemos lidar. Porém, desenvolvimentos recentes em física e astronomia convenceram muitos cientistas de que nosso universo teve um começo específico. Esse começo, tipicamente chamado de *Big Bang*, não oferece explicações de onde a matéria veio, em primeiro lugar, mas postula que, embora extremamente antigo, nosso universo não existiu sempre em sua forma atual. Se ele teve de fato um começo, então talvez alguém o tenha iniciado. O pensamento de que o universo teve um começo perturbou Einstein grandemente, pois ele reconheceu que isso significava que seria possível invocar Deus como aquele que originou o processo. Ainda, Einstein finalmente concordou que o universo deve ter tido um começo em um ponto específico, independentemente do que isso significaria a respeito da existência de Deus.[4]

Portanto, embora a ciência tenha se orgulhado de sua capacidade de explicar as origens e os dados do nosso mundo sem se referir a Deus, agora parece provável algum tipo de começo específico para o universo, e isso abre a porta para Deus ser a causa. Robert Jastrow, notável astrônomo, menciona a ironia presente nessa ideia ao escrever:

> Para o cientista que viveu por sua fé no poder da razão, a história termina como um sonho ruim. Ele escalou as montanhas da ignorância; está prestes a conquistar o pico mais alto e, ao subir na última rocha, é cumprimentado por um bando de teólogos sentados ali há séculos.[5]

De fato, os teólogos falam sobre as origens há séculos, mas não têm tido unidade no que falam. Em nossos dias isso ocorre ainda mais, pois muitos estão tentando acomodar o pensamento evolutivo aos relatos bíblicos da criação enquanto, ao mesmo tempo, outros estão trabalhando igualmente duro para provar "cientificamente" que a criação de seis dias *ex nihilo* está correta. Os cristãos afirmam o Credo Apostólico, que diz: "Creio em Deus todo-poderoso, o criador dos céus e da terra". Porém, o que queremos dizer ao chamar Deus de Criador, e o que pensamos exatamente que Ele fez? Essas perguntas ocuparão nossa atenção neste capítulo.

Várias teorias das origens

Ao longo da história, houve várias teorias sobre a origem do universo e o desenvolvimento da vida. Ao traçar o desenvolvimento histórico da doutrina da criação, Colin Gunton mostra sua relação com outras teorias defendidas em épocas variadas. Ele separa duas questões específicas que nos ajudam a categorizar teorias das origens e entender melhor suas abordagens básicas.

A primeira pergunta trata de saber se o universo, em algum sentido, é divino ou não é divino. As teorias que optam pelo primeiro são tipicamente panteístas, enquanto as que escolhem o último não o são.[6] As que não são panteístas não precisam negar completamente a existência de Deus. A noção cristã das origens distingue claramente o universo daquele que o criou, mas isso não significa de jeito nenhum que os cristãos pensam que não há Deus ou que forças naturalistas cegas produziram nosso universo.

Enquanto a primeira questão aborda o "status" do universo (é divino ou não?), a segunda lida mais especificamente com seu modo de origem. Especificamente, o universo se produziu de alguma forma a partir de si mesmo ou resultou da ação de um agente independente? Gunton descreve claramente a diferença entre essas duas opções:

> Como é fácil acontecer de, onde Deus não é mais entendido como o Criador e mantenedor geral do universo, haver uma reversão para a atribuição pagã de agência aos mundos impessoais de moléculas, evolução e caos. A escolha é inevitável: ou Deus ou o próprio mundo fornece a razão pela qual as coisas são como são. "Personalizar" o universo ou partes dele, particularmente as substâncias inertes como moléculas, é sucumbir às formas rudes de superstição.[7]

Apesar desse aviso sobre a personificação supersticiosa de forças impessoais, em nossos dias ainda ouvimos esse tipo de conversa daqueles que oferecem uma explicação puramente naturalista das origens. Apelar à "mãe natureza", ao "acaso" ou à "seleção natural" como o grande formador de toda vida são exemplos do que Gunton menciona. Como ele observa, as duas opções (ou Deus ou o mundo criou o mundo) estão presentes desde a história antiga, e a história do debate sobre as origens é, em última análise, uma história de posições que oferecem uma ou outra dessas respostas a como o universo veio a existir.

Também vale a pena notar que a resposta que se dá à primeira pergunta (o universo é divino ou não?) não implica responder à segunda ou vice-versa. Pode-se, por exemplo, acreditar que o universo foi formado por si mesmo a partir de forças e materiais inerentes a ele, e o fato de o universo ser tudo o que existe significa que também deve ser divino. Por outro lado, se poderia afirmar que o universo não é divino e também acreditar que Deus o criou ou que, de alguma forma, ele criou a si mesmo. E, é claro, alguém poderia defender que Deus criou o universo e que este participa de seu ser e, portanto, também é divino. Ao descrever várias teorias das origens, encontraremos todas essas combinações em resposta às duas perguntas de Gunton.

Teorias dualistas

O dualismo como teoria das origens assume várias formas, mas sua ideia fundamental é a de que existem dois princípios distintos, coeternos e autoexistentes. Em uma forma de dualismo, os dois princípios são Deus e a matéria. A matéria é imperfeita e inferior em termos de ser, mas não tem de ser inerentemente má. Contudo, ela é subordinada à vontade de Deus, e Deus a forma no mundo em torno de nós. Uma das máximas básicas desse tipo de teoria é *ex nihilo nihil fit* ("do nada vem nada"). Se esse princípio for admitido, então Deus não pode criar o universo do nada, pois do nada vem nada. Pelo contrário, Deus deve ser coeterno com a matéria, de modo que haja algo com que Ele trabalhe enquanto molda o mundo. Além disso, muitos defensores dessa visão dualista viam na matéria inferior uma maneira de explicar o problema do mal. O mal deriva da matéria, mas Deus não é responsável, pois a matéria é eterna. Além disso, ao formar a matéria em nosso mundo, Deus fez o que pôde para aproveitá-la ao máximo. O dualismo descrito neste parágrafo é representado em algumas das produções literárias de Platão e Aristóteles, mas também aparece em algumas formas de gnosticismo (Basílides e Valentino, que viveram no século II d.C., são representativos).[8]

A outra forma importante de dualismo defende que existem dois espíritos eternamente existentes, um bom e outro mau. De acordo com a variação zoroastriana dessa visão, a matéria não é necessariamente negativa e imperfeita, pois é a criação do ser bom. Por outro lado, o maniqueísmo alegava que a matéria é obra de um ser pessoal malévolo que faz guerra contra todo bem. Nas duas formas, porém, os espíritos bons e maus estão em guerra um com o outro. Essa forma geral de dualismo também explica o mal de uma maneira que não o atribui a Deus ou ao espírito bom.[9]

Nessas duas formas amplas de dualismo, há uma distinção fundamental entre o mundo e Deus. Em ambas, a matéria é autoexistente e eterna, mas não molda a si mesma em nosso universo. Deus, o espírito bom ou o espírito maligno faz isso, mas o "organizador" do nosso universo não cria seu material do nada; em vez disso, trabalha como artesão criando algo a partir de matéria preexistente.

Teorias da emanação

As teorias da emanação sustentam que o universo e seus constituintes são produtos de emanações sucessivas do ser de Deus. Dependendo da teoria, a tal emanação ou é um ato necessário ou um ato livre de Deus. Contudo, em ambos os casos, as teorias da emanação são invariavelmente panteístas.[10] Uma das teorias da emanação mais significativas é a do antigo filósofo grego Plotino. Suas opiniões foram altamente influentes para pensadores posteriores, incluindo cristãos como Orígenes, Agostinho e Pseudo-Dionísio.

Plotino defendia uma visão hierárquica do universo. Na base de tudo que existe está a matéria, mas não como a experimentamos em nosso mundo. Pelo contrário, se as coisas materiais fossem despojadas de todas as qualidades, o que restaria seria matéria pura, sem forma e sem qualidade. Plotino chamou isso de nulidade (*to mè on* em grego), mas não é a nulidade absoluta ou a inexistência que é falta total de ser (representada pela frase grega *to ouk on*). Embora essa matéria possa parecer incorpórea, Plotino defendeu que as qualidades de uma coisa específica lhe conferem corporeidade e a tornam uma coisa específica.[11]

No outro extremo da hierarquia do ser está o Uno. Não tem nome ou forma, mas é a fonte de tudo o que existe. Todas as coisas fluem dele "e ele permanece completamente inalterado e igual pela vazão delas".[12] Visto que a matéria e o Uno estão em extremos opostos da cadeia do ser, o que está entre eles, e de que modo o Uno dá origem a coisas existentes que estão entre os dois extremos? Logo abaixo do Uno está o Pensamento ou Mente (*nous*). Como Gunton explica, "essa é eterna e está além do tempo, mas contém dentro de si um elemento de pluralidade ou multiplicidade. Contém toda a multidão de ideias ou formas, embora as contenha indivisivelmente".[13]

Abaixo da Mente está a *psichē* ou alma, o que para Plotino parece conectar o mundo superior e o mundo dos sentidos. O aspecto superior da *psychē* se conecta à Mente, enquanto o elemento inferior (natureza ou *physis*) se conecta à alma do mundo material.[14] As almas humanas participam dos dois elementos e, portanto, são um elo entre o mundo intelectual e o sensorial. Além disso, para Plotino, as almas humanas são preexistentes; portanto, tornarem-se encarnadas em um corpo é uma "queda", porque a alma se liga a um nível inferior de ser.[15]

A essa hierarquia de ser, Plotino acrescentou a ideia de emanação a partir do Uno. O mundo material real recebe dos níveis mais altos da realidade o máximo de realidade que lhe pode ser mediado. Assim como a luz flui naturalmente de sua fonte básica, o ser flui semelhantemente do Uno. Além disso, assim como a luz brilha mais fraca à medida que há o afastamento em relação à fonte, o mesmo acontece com formas mais inferiores de matéria que estão a uma distância maior do Uno. Gunton explica como os reinos inferiores do ser são derivados do Uno:

> A resposta que Plotino dá é pela emanação, que é uma metáfora derivada do fluxo de um rio. A criação flui do Uno, que é como uma fonte que não tem fonte fora de si mesmo (3. 8. 10). Os comentaristas diferem quanto a se admitir se o Uno é livre para criar e em que sentido. Copleston afirma que o sistema é necessário: o mundo tem de fluir do Uno por um processo automático, embora não signifique necessariamente dizer que é panteísta. Certamente deve ser distinguido da criação livre a partir do nada. Rist, por outro lado, argumenta que, embora não haja vontade ou escolha no que acontece, a emanação é espontânea, no sentido de que não há restrição externa.[16]

As teorias da emanação, como se suspeitaria, são quase sempre panteístas de alguma maneira. Portanto, embora possam fazer uma distinção entre a fonte da qual o ser emana e as realidades resultantes, essas teorias postulam uma ligação estreita entre as duas, porque o que é formado pela emanação é uma expressão da realidade da fonte. Além disso, há uma lógica em que as teorias da emanação propõem que o universo é formado a partir de si mesmo, dada a interconexão de todo ser. Portanto, o Uno ou "Deus" é parte de tudo o que existe. Por outro lado, as teorias da emanação normalmente distinguem entre o ser do Uno e o de muitos. Portanto, há uma lógica em que as teorias da emanação dizem que o universo é produzido pelo que é "outro".

Demarest e Lewis afirmam que, na tradição cristã, John Scotus Erigina e o místico Meister Eckhart defendiam uma forma de teoria da emanação.[17]

Teorias evolucionistas naturalistas

Charles Darwin é associado à evolução, mas desde a época de Darwin, a teoria passou por muitas mudanças e aprimoramentos. Embora alguns na comunidade científica secular duvidem de sua validade, a evolução é claramente a explicação paradigmática dominante das origens. Embora a evolução darwiniana estivesse especificamente preocupada com a origem e o desenvolvimento de todos os seres vivos, incluindo os seres humanos, a "evolução" é um termo genérico que abrange não apenas teorias sobre a evolução biótica, mas também crenças sobre a origem e idade do universo. Ela tem implicações para ciências como a geologia, astronomia, física e paleontologia, bem como a biologia.

Os evolucionistas naturalistas afirmam que a origem e o desenvolvimento do universo podem ser explicados em termos inteiramente naturais em virtude de leis puramente naturais que operam sobre fenômenos naturais. Como disse Richard Dawkins: "Darwin possibilitou que uma pessoa seja um ateu intelectualmente satisfeito".[18] Isso não quer dizer que todos os evolucionistas sejam ateus, mas apenas que, de acordo com a evolução, é possível uma explicação completa de nosso universo sem incluir Deus.

Devemos distinguir dois tipos diferentes de evolução, a microevolução e a macroevolução. Microevolução é mudança dentro das espécies. A mera observação de mudanças no mundo natural, incluindo os seres humanos de uma geração para a outra, mostra que essa mudança ocorre. Não há razão para os criacionistas cristãos rejeitarem a microevolução. Por outro lado, a macroevolução afirma que os processos descritos também resultaram em mudanças de uma espécie para outra, acabando por culminar em seres humanos. É a macroevolução que é mais inaceitável aos criacionistas que acreditam que a variedade e a complexidade das formas de vida são atribuíveis a um arquiteto inteligente, Deus, e não aos processos cegos e aleatórios da natureza.

Quanto à origem e ao desenvolvimento da vida, a evolução diz que, a partir de matéria não vivente, resultou uma célula vivente capaz de se reproduzir. Gradualmente, durante longos períodos de tempo, formas de vida cada vez mais complexas continuaram a se desenvolver. Os que estavam menos adaptados morreram, ao passo que os mais adaptados reproduziram. Por meio desse processo, as características genéticas que eram mais benéficas à sobrevivência persistiram, e traços que não eram muito úteis deixaram gradualmente o grupo genético à medida que as formas de vida que os tinham se extinguiram.

O mecanismo da evolução biológica é a seleção natural, um processo totalmente aleatório que funciona por meio da reprodução natural. As formas de vida mais adaptadas serão as mais bem-sucedidas em sua reprodução, de modo que a composição genética da mais adaptada dominará a população de genes. Porém, a seleção natural significa também que, ao longo do tempo, as tendências genéticas que representam características vantajosas (ou seja, qualidades que ajudam uma forma de vida a sobreviver melhor do que outros membros de sua espécie) se acumularão de modo tal que acabará havendo mudanças características em grande escala nas formas de vida. O resultado é a evolução para novas espécies que estão mais bem adaptadas ao seu meio ambiente e, portanto, com maior probabilidade de sobreviver e se reproduzir.

Como podem surgir novas opções genéticas que acabem levando a novas espécies? Os evolucionistas respondem que mutações genéticas são a fonte desse material. Portanto, a seleção natural, com tempo suficiente, pelo acaso e pelas mutações, resultou na multiplicidade de formas de vida em nosso mundo hoje.

A evolução biológica postula enormes quantidades de tempo para desenvolver as várias formas de vida que existiram e existem agora em nosso mundo, e isso tem implicações para nossa cosmologia. De acordo com vários cálculos em astronomia, física etc., os cientistas comprometidos com a evolução normalmente postulam que o universo tem entre 10 e 15 bilhões de anos. Isso não significa que a matéria teve um começo absoluto, pois os evolucionistas respondem às perguntas sobre as origens básicas alegando que a matéria, em geral, e o universo, em particular, são apenas fatos brutos e inexplicáveis. Ainda, a matéria é eterna e, de alguma forma, o universo começou há cerca de 10 a 15 bilhões de anos. Quanto ao planeta Terra, as estimativas variam, mas o pensamento científico atual postula sua origem em torno de 4,5 bilhões de anos atrás. Quanto aos seres humanos, seus ancestrais provavelmente apareceram pela primeira vez há cerca de 1,5 bilhão de anos.

Como a ciência obtém essas datas e como acredita que nosso universo atual começou? Quanto às datas, elas são definidas de várias maneiras. Durante este século, as descobertas na astronomia indicaram que o nosso universo está em expansão. Fazendo o cálculo regressivo usando a velocidade da expansão, os cientistas chegam a essas datas. Além disso, eles acreditam que vários procedimentos de datação radiométrica nos dizem a idade das várias camadas da terra, juntamente com a idade dos fósseis encontrados nessas camadas e, assim, confirmam um universo antigo. Os cientistas também acreditam que outros dados recolhidos de rochas e outras coisas retiradas da lua confirmam ainda mais a idade do nosso sistema solar.[19]

As evidências científicas (descobertas no século XX) de um universo em expansão trouxeram mudanças nas explicações científicas de como nosso universo começou. Durante parte daquele século, pensava-se que o nosso universo é eterno, mas oscilante. Ou seja, expandiu-se a certo ponto e depois se contraiu para se expandir novamente em um novo ciclo. No entanto, as evidências científicas que sugerem expansão contínua e movimento gradual em direção à desordem do universo levaram os cientistas a propor uma teoria diferente. Se o universo estiver se expandindo a uma taxa razoavelmente constante, deveríamos ser capazes de fazer uma extrapolação para trás, para um tempo em que ele era "totalmente" compactado. Se houve tal ponto na história do universo, como ele começou a se expandir então? Os cientistas respondem que a expansão começou com uma grande explosão conhecida como *Big Bang*, a partir dessa singularidade, quando a matéria básica do universo estava compactada.

Embora alguns que invocam Deus defendam que Ele criou o material do universo desde o início e então, de alguma forma, causou o *Big Bang*, os evolucionistas geralmente relutam. Por exemplo, Stephen Hawking (*Uma breve história do tempo*) argumenta que questões referentes a quanto tempo as coisas existiram antes do *Big Bang* e quem produziu o material a partir do qual se deu a explosão simplesmente não são questões. Hawking acredita que o problema deriva da teoria geral da relatividade de Einstein. Enquanto aborda a expansão do universo após o *Big Bang*, a teoria geral da relatividade funciona bem, mas o problema é que ela não incorpora os efeitos de pequena escala descritos pela mecânica quântica. "Na escala de corpos comuns, planetas e galáxias, os efeitos quânticos são desprezíveis na maior parte; mas na escala do universo bem primitivo, se um modelo de evolução cósmica do *Big Bang* estiver essencialmente correto, eles deveriam se tornar extremamente significativos".[20]

O resultado final é que Hawking acredita que a teoria geral da relatividade rui nos primeiros segundos e estágios do universo. No entanto, ele acredita que, ao combinar a teoria geral da relatividade com a mecânica quântica para formar uma teoria quântica da gravidade, é possível eliminar a singularidade prevista apenas pela relatividade geral. E, se não houver singularidade, não há limite para o espaço-tempo e o universo. Portanto, não precisamos invocar

Deus como o início do cosmos, nem podemos falar sobre o que aconteceu ou quanto tempo se passou antes do *Big Bang*.[21] Nada disso significa necessariamente que Hawking acredita que não há Deus. Antes, seu argumento é que, mesmo que haja um Deus, não precisamos invocá-lo nas explicações da origem do universo. É claro, embora Hawking tenha proposto essa teoria, isso não significa que ela tenha se mostrado correta.[22] Ainda, se sua proposta for aceita, não há necessidade de apelar a Deus para uma explicação definitiva das coisas. Os relatos cosmológicos evolucionistas naturalistas oferecem toda a explicação necessária.

Evolução teísta

Embora a maioria dos evolucionistas acredite que tudo é explicável sem Deus, um número substancial de cristãos, especialmente dentro da comunidade científica, combina evolução com criação. Eles acreditam que a ciência diz o que aconteceu e como ocorreu, ao passo que a Bíblia explica quem estava por trás e por quê. Existem variações da evolução teísta, mas todos dizem que a ciência definiu a evolução como o meio pelo qual o universo e as formas de vida, incluindo os humanos, começaram e se desenvolveram. Embora a evolução seja o mecanismo, todo o processo no final das contas foi guiado por Deus, o qual garantiu que as coisas se desenvolvessem como Ele queria.

O que exatamente Deus fez, de acordo com os evolucionistas teístas? Alguns dizem que a intervenção direta de Deus ocorreu em vários pontos distintos nos quais os processos naturalistas sozinhos não seriam suficientes, mas, caso contrário, Ele deixou a natureza evoluir por seus próprios processos. Outros postulam a intervenção de Deus em pontos como a mudança de coisas não viventes para o primeiro organismo vivo ou a mudança de criaturas semelhantes a macacos para homem. Quanto à origem dos humanos, alguns defendem que os processos evolutivos forneceram os constituintes materiais da natureza humana, mas Deus deu a alma, que, quando unida ao físico, criou o primeiro humano. Para outros, toda a natureza humana surgiu pela evolução.

Os evolucionistas teístas também acreditam que o processo não é tão aleatório e tão governado pelo acaso como afirmam os evolucionistas ateus. Ainda, mesmo com Deus guiando o processo e intervindo eventualmente, os cientistas estão certos quanto ao tempo que levou para produzir o universo e a vida como os conhecemos. Além disso, alguns evolucionistas teístas adotam e outros rejeitam a crença em um primeiro ser humano, Adão.

Criacionistas estritos afirmam muitas vezes que a evolução teísta instiga a ciência contra as Escrituras, mas muitos evolucionistas teístas discordam. As Escrituras não são escritas como um livro de ciências, dizem eles, nem os autores bíblicos pretendiam tal coisa. Em vez disso, Gênesis 1 e 2 mostram os argumentos teológicos de que Deus é a causa suprema da criação e a guiou em seu desenvolvimento. Quanto aos detalhes exatos de como isso aconteceu, contamos com a ciência para a resposta.[23]

Uma versão contemporânea notável da evolução teísta é a de Howard Van Till. Ele desaprova o rótulo de "evolução teísta", mas sua posição certamente se aproxima mais dela do que de uma posição criacionista estrita. Van Till prefere chamar sua visão de "a criação plenamente dotada". Segundo Van Till, uma razão pela qual tantos cristãos consideram a evolução inaceitável em qualquer forma que tenha, é que ela é muito naturalista; parece não deixar lugar para Deus no processo. Embora isso seja verdade para muitos evolucionistas, Van Till defende que devemos distinguir da teoria biológica da evolução o naturalismo evolucionário enquanto cosmovisão. Este se refere a uma cosmovisão que diz que tudo em nosso universo, inclusive a origem e o desenvolvimento de formas de vida, é explicável em termos puramente naturalistas, sem fazer menção a Deus. Essa visão de mundo naturalista permeia não apenas a ciência, mas todas as disciplinas. Por outro lado, a teoria da evolução biológica é apenas uma imagem de como as formas de vida se desenvolveram neste planeta. Não é necessário indicar que Deus não está trabalhando em nosso mundo. Para Van Till, Deus criou originalmente o universo material e também interveio na história para redimir as pessoas e ressuscitar Cristo dentre os mortos. Infelizmente, afirma Van Till, muitos cristãos e não cristãos igualmente pensam que a evolução biológica é um forte argumento e evidência para uma visão de mundo puramente naturalista, mas não há razão para pensar isso. Ainda, muitos cristãos, acreditando que a evolução e o naturalismo andam de mãos dadas, jogam o bebê ("evolução") fora com a água do banho ("naturalismo"). Isso cria uma dicotomia incorreta do "ou... ou": ou se compra evolução biológica *e* naturalismo, ou se é criacionista e, portanto, se tem uma visão de mundo teísta.[24]

Van Till argumenta que os dados científicos deixam claro que nosso universo e a Terra são antigos. Além disso, ele acredita que as evidências mostram que as formas de vida se desenvolveram a partir de um ancestral comum, por meio da evolução biológica. Quanto a Deus, Van Till diz que a origem do universo material se deu quando Deus o criou *ex nihilo*. Porém, Deus não fez meramente as "coisas" do universo com pouca ou nenhuma capacidade inerente de sobrevivência e desenvolvimento. Em vez disso, Ele proveu grandemente a criação de recursos e habilidades que constituem seu ser e a dotou da capacidade de transformar a si própria em um mundo como o nosso. Van Till chama essas capacidades de "economia formacional da criação".²⁵

Dado o conceito de economia formacional da criação, Van Till acredita que agora podemos propor o problema das origens de uma nova maneira:

> A economia formacional da criação é suficientemente robusta (ou seja, é equipada com todas as capacidades necessárias) para possibilitar que a criação se organize e se transforme de formas elementares de matéria em uma gama completa de estruturas físicas e formas de vida que têm existido ao longo do tempo?²⁶

Van Till responde com um "sim" retumbante. Ele explica:

> Partindo de várias considerações bíblicas e teológicas, antevejo uma criação trazida à existência em um estado relativamente sem forma, mas repleta de potencialidades incríveis para alcançar uma diversidade rica de formas ao longo do tempo. Partindo também do vocabulário das ciências naturais, antevejo uma criação trazida à existência por Deus e dotada não apenas de um rico "espaço de potencialidade" de estruturas e formas possíveis, mas também das capacidades de concretizar essas potencialidades por meio da autoorganização em núcleons, átomos, moléculas, galáxias, nebulosas, estrelas, planetas e formas de vida que habitam pelo menos um planeta, talvez mais.²⁷

Alguns evolucionistas teístas acreditam que em vários pontos do processo evolutivo existem lacunas, tanto em nosso conhecimento de como os processos deram o próximo passo quanto na capacidade do mundo natural de dar este próximo salto. Van Till discorda. Outros invocam Deus para preencher a lacuna e levar o processo para o próximo estágio, mas Van Till não vê necessidade de um "Deus das lacunas", porque Deus dotou a criação adequadamente com as capacidades inerentes para se formar usando processos puramente naturalistas. Em vez de admitir demasiadamente o naturalismo (a visão de mundo) postulando o desenvolvimento totalmente naturalista após a criação, Van Till argumenta exatamente o contrário. Aqui está uma maneira, crê Van Till, de evitar os naturalistas alienados: admitir que sua história sobre o desenvolvimento evolucionário está correta, ao mesmo tempo em que se defende que Deus é a fonte suprema de todas as coisas, por meio da criação inicial. E podemos ver Deus trabalhando durante todo o trajeto por meio do desenvolvimento evolucionário, desde que entendamos que Ele está trabalhando de forma mediadora por meio de capacidades maravilhosamente ricas de desenvolvimento com as quais dotou a criação. Com essa visão, não há capitulação para uma visão de mundo naturalista, e há muitas razões para se maravilhar com a sabedoria e o poder de um Deus que pode dotar a criação tão ricamente que ela possua habilidades inerentes para desenvolver as formas de vida tão maravilhosamente diversas que encontramos em nosso mundo.[28]

Em termos das duas questões de Gunton referentes às teorias da origem, as teorias evolucionistas teístas distinguem o ser de Deus e o ser do universo. Por outro lado, defendem que o universo passou a existir na forma atual a partir dos esforços combinados do próprio universo e de Deus. A evolução ateísta vê o universo como basicamente autoformativo, mas isso não é verdade para a evolução teísta. Contudo, defender que Deus é inteiramente responsável recai em alguma forma de criacionismo.

Teorias da criação

Os teístas bíblicos têm defendido invariavelmente que Deus criou o universo e tudo que ele contém. Porém, isso não significa que todos concordem com a atividade criativa de Deus. Por exemplo, Van Till prefere ser considerado um criacionista, mas tem havido outras alternativas criacionistas à criação pelo *fiat* divino. Nesta seção, eu descreverei as amplas variações.

CRIAÇÃO A PARTIR DA ETERNIDADE.

O criacionismo eterno tem sido defendido de diferentes formas e por várias razões. Um de seus primeiros e principais defensores cristãos foi Orígenes. Ele defendia que os atributos de Deus não apenas exigiam que Ele criasse, mas também que o fizesse a partir de toda a eternidade. Orígenes argumentou que atributos divinos como onipotência e amor devem ser manifestos em atos específicos que os demonstrem. Como resultado, ele concluiu que Deus sempre esteve criando, embora não necessariamente um mundo apenas. De fato, Deus criou uma sucessão de mundos, o nosso é o mais recente, e depois que terminar o nosso, outros virão em seguida.[29]

Em minha análise dos atributos divinos, mencionei que um entendimento adequado de características como onipotência e amor não exige que

Deus torne possível tudo que é amoroso ou poderoso. Na verdade, não exige nem sequer que Ele faça algo amoroso ou poderoso. Apenas exige que o que quer que Ele faça exiba essas características. Portanto, não haveria problema se Ele tivesse escolhido não criar. Orígenes, pensando de outra forma, julgou necessário que Deus criasse.

Outra variação do criacionismo eterno deriva da crença de que a eternidade atemporal divina e a imutabilidade absoluta exigem a criação a partir da eternidade. Essa linha de argumentação foi explicada no Capítulo 9. A fim de remover a sequência temporal nos atos de Deus, se Ele criar um mundo, deve fazê-lo a partir de toda a eternidade. Isso não significa que o mundo tem de ter existido para sempre, mas apenas que a ação de Deus continuou eternamente. Os atemporalistas explicam que os resultados dos atos de Deus podem ocorrer em momentos específicos, mas não a ação em si.[30]

Uma última visão da criação eterna é a da teologia do processo. O Deus do processo é dipolar, e seu polo consequente ou físico é o nosso mundo. Visto que Whitehead defendia que todas as entidades reais têm um polo primordial e um consequente, Deus não pode ser uma entidade real se Ele tiver apenas um polo primordial. Portanto, para o Deus do processo existir tem de haver um universo, e este tem de ter existido pelo tempo que Deus tiver existido. Os teístas do processo aceitam a evolução e, como muitos evolucionistas, são agnósticos quanto ao universo ter tido um começo e quanto à forma em que foi trazido à existência. Uma vez que Deus e o mundo estão ligados na teologia do processo, isso também significa que Deus, de alguma forma, vem criando desde toda a eternidade e tem, Ele mesmo, estado "em construção" pelo tempo que tem existido. É claro, Deus cria apresentando ao mundo novas possibilidades de realizar e, em seguida, atraindo-o àquelas que Ele considera melhores. O Deus do processo se recusa a coagir nossas escolhas, logo, não pode garantir os resultados. Considerando tais visões, o universo é divino em certo sentido, mas é formado de si mesmo com a ajuda do polo primordial de Deus.

VISÃO GNÓSTICA. Várias formas de gnosticismo defendiam uma teoria da criação das origens, mas suas crenças eram significativamente diferentes da doutrina cristã tradicional da criação. Colin Gunton é extremamente prestativo ao separar quatro características principais das visões gnósticas sobre a criação. Primeiro, os gnósticos acreditavam normalmente que o Deus do AT e o Deus do NT são dois Deuses diferentes. O Deus do AT é uma divindade inferior, mas criou o mundo. Sua obra criadora teve de ser corrigida pelo Deus que se tornou conhecido no Jesus Cristo imaterial (os gnósticos acreditavam que Jesus não era realmente humano, mas apenas parecia ter um corpo humano real).³¹

Segundo, os gnósticos defendiam que a criação foi mediada por seres inferiores organizados em uma hierarquia de existência. Visto que a criação foi obra de um deus inferior, não poderia ser um feito do deus superior. Os seres inferiores que realmente efetuaram a criação variavam entre o divino e o material. Terceiro, como Gunton explica, existe um dualismo absoluto entre criação e salvação no gnosticismo. O Deus do AT está preocupado com a matéria, ao passo que o Deus do NT está preocupado com as coisas espirituais. Assim, o que o Deus do AT fez ao criar o mundo material deve ser "arrumado" pelo Deus Salvador do NT. Essa bifurcação de espírito e matéria não apenas se correlaciona com a diferença entre os Deuses dos dois Testamentos, mas também torna as obras de criação e salvação antitéticas uma à outra.³²

Finalmente, a explicação cristã tradicional proclama que o mundo foi criado bom. Em contraste, a criação do Deus inferior do gnosticismo contém o mal, porque o mundo contém matéria. Obviamente, o gnosticismo propôs um método de salvação para esse mal, mas o mundo material, por simplesmente existir, ainda é mau. Como Gunton explica, essa visão diferencia o gnosticismo não apenas do ensino cristão tradicional, mas também de teorias da emanação como a de Plotino:

> É aqui que vemos o abismo entre o gnosticismo e Plotino, embora eles compartilhem algumas suposições. Ambos acreditam que a fonte do mal deve se encontrar na matéria, porém, Plotino rejeita a visão gnóstica do mal e da feiura inexprimíveis do mundo como o experimentamos. Porque flui do Uno, e não dos esforços desajeitados de uma divindade inferior, o mundo deve ser comprovado, como um todo, como belo e bom. "Ninguém deve censurar este mundo como se não fosse belo ou o mais perfeito dos seres corporais."³³

Para o gnosticismo, há uma distinção definida entre Deus e o mundo, sendo este último muito inferior na hierarquia do ser. Além disso, o mundo é formado por seres diferentes dele próprio. Ainda, os outros elementos do pensamento gnóstico o caracterizam decididamente como uma heresia cristã.

CRIAÇÃO *EX NIHILO* COM UM INÍCIO TEMPORAL ESPECÍFICO. Um último conjunto de teorias da criação é defendido no judaísmo e no cristianismo e entende que as Escrituras ensinam a criação pelo *fiat* divino. A criação inicial da matéria foi realizada *ex nihilo* pela própria palavra de Deus (Ele falou e foi feito), mas o universo não foi criado numa forma acabada. Com o tempo, por meio de mais comandos, Deus moldou a matéria no universo ao nosso redor. Esse moldar incluiu criar o sol, a lua e as estrelas, os planetas e todas as formas de vida existentes neles, inclusive os seres humanos. Embora os criacionistas admitam que Deus poderia ter criado tudo *ex nihilo* numa forma acabada, à luz de passagens como Gênesis 2.7, eles defendem que foi a criação original da matéria que aconteceu *ex nihilo*.

Independentemente de essas teorias considerarem que Gênesis 1.1 se refere à criação original da matéria ou ao começo em que Deus moldou o universo a partir da matéria que Ele havia criado, as teorias da criação normalmente afirmam que, quando Deus criou nosso universo, Ele também criou o tempo. Como Agostinho disse, Deus não criou o universo *no* tempo, mas *com* o tempo.[34] O tempo como o conhecemos pode ser chamado de tempo do relógio físico. Isso significa que esse tempo é medido pelo movimento e posicionamento relativo de vários corpos físicos entre si. O tempo na Terra é medido por sua rotação no próprio eixo e por sua órbita ao redor do Sol. Antes da criação da matéria, não poderia haver tempo de relógio físico.

Muitos estudiosos das culturas do Antigo Oriente Próximo observam quanto o relato bíblico da criação é diferente dos contos de outras religiões. Invariavelmente, essas histórias se referem a relatos mitológicos de guerras entre vários deuses. Ao final dessas batalhas, um dos deuses é assassinado e os vencedores usam seu corpo para criar o universo. Este é precisamente o padrão seguido na história da antiga Babilônia. Os deuses Marduque e Tiamat lutam um contra o outro. Marduque finalmente vence e então assassina Tiamat, corta-a ao meio e usa metade do seu corpo para criar a Terra e a outra metade para criar os céus. Certamente, isso não é criação *ex nihilo*. Além disso, as Escrituras apresentam um Deus que é soberano sobre todos. Não há batalha com outros deuses; o universo não nasce em violência. Ao contrário, Deus cria como uma oportunidade de expressar seu amor por outros seres. Nem em parte nem no todo o universo é feito a partir de deuses, derrotados ou não. A matéria é criada do nada e então moldada na forma de nosso mundo. O Criador e a criatura são radicalmente distintos, embora antes da queda (Gn 1 e 2) vejamos comunhão íntima entre Deus e suas criaturas humanas.

Embora o criacionismo cristão se diferencie amplamente das teorias das culturas antigas e mesmo das teorias predominantes no mundo greco-romano, isso não significa que todos os criacionistas bíblicos entendem a criação exatamente da mesma maneira. Durante boa parte da história da igreja, houve amplo consenso sobre a forma e o tempo da criação. Sustentava-se amplamente que a criação resultou de Deus ter falado e trazido as coisas à existência. Isso levou seis dias, conforme registrado em Gênesis 1 e 2, e esses dias foram considerados literalmente dias de 24 horas pela maioria dos cristãos. Claro, alguns cristãos, como Agostinho, estavam incertos de como entender os dias de Gênesis 1 e 2. De fato, ele afirma que realmente acreditava que Deus fez toda a criação instantaneamente de forma acabada, de modo que os dias de Gênesis 1 não precisam ser considerados literalmente. Apesar de alguns estarem incertos sobre o tempo das coisas, a visão predominante, mesmo durante e após a Reforma, foi a de seis dias literais de 24 horas.[35]

De acordo com essa interpretação, o arcebispo irlandês Ussher, entendendo que as genealogias dos primeiros capítulos de Gênesis eram completas, fez o cálculo reverso e concluiu que a criação original (registrada em Gn 1.1) deveria ter ocorrido em 4004 a.C. Muitos de nós se lembram de receber uma cópia da antiga *Bíblia de referência de Scofield* com todas as suas notas explicativas. Essa Bíblia também relacionava datas no topo do texto das Escrituras ou nas margens. No início de Gênesis, era possível encontrar a data de Ussher, 4004 a.C.

Apesar dessas opiniões estabelecidas, a ciência continuou avançando. Bem antes de Darwin, as descobertas em geologia e outras ciências apontavam para uma Terra muito mais antiga do que se pensava anteriormente. A data de 4004 a.C. não estava apenas um pouco fora, mas aparentemente errara em bilhões de anos. Nos últimos séculos, várias teorias da criação foram propostas para explicar os dias da criação, a fim de harmonizar Gênesis com a ciência. Quando examinarmos Gênesis 1 e 2 mais de perto, detalharei as diferentes teorias. Por enquanto, basta dizer que a maioria dessas teorias entende os dias de Gênesis 1 e 2 como permitindo as datas da ciência para a idade do universo, da Terra e da humanidade.

Ensino bíblico sobre a criação

As Escrituras ensinam uma rica variedade de temas relacionados à criação. Nesta seção, examinaremos as principais ideias encontradas no AT e NT. Por causa do significado da criação *ex nihilo* na tradição cristã, eu começo com esse tema.

Criação ex nihilo

A criação *ex nihilo* é uma das marcas registradas da doutrina cristã da criação. Quando o cristianismo começou, a visão greco-romana predominante era a crença na eternidade da matéria. A máxima latina *ex nihilo nihil fit* significa que você não pode obter algo do nada. Quando pensadores cristãos dizem que Deus criou *ex nihilo*, devemos entender o que isso significa. Como já foi mencionado, Plotino acreditava em uma hierarquia do ser. No entanto, Plotino defendia dois tipos de não ser. Um tipo é a ausência total de qualquer ser, enquanto o outro é não ser relativo. Quanto a este último, Plotino e seus seguidores viam a matéria sem qualidades como o tipo mais inferior de ser, mas ainda sendo alguma coisa. Contudo, era referido muitas vezes como não ser, uma vez que no simples ato de adicionar qualidades a esta matéria sem forma há algo específico. Quando os pensadores cristãos falam da criação a partir do nada, eles não estão falando do nada como se fosse algo do qual Deus criou as coisas. A criação a partir do nada significa criação apesar da ausência absoluta de algo.[36]

Aceitar a criação *ex nihilo* nos compromete a acreditar que a atividade criativa de Deus envolveu um milagre. Se de algum modo a criação de algo a partir do nada acontece por processos naturalistas, não temos ideia de que seja assim, ou quais são esses processos ou como funcionam. Contudo, devemos acrescentar que a maior parte da atividade criadora de Deus, embora tenha feito várias coisas a partir da matéria que Ele criou originalmente *ex nihilo*, também consistiu em muitos milagres. Por exemplo, fazer um ser humano a partir da poeira do solo não envolve quaisquer processos naturalistas que conhecemos, nem poderíamos repetir esse feito se tentássemos. É um milagre divino.

A criação *ex nihilo* parece ser a posição predominante no cristianismo, mas levanta algumas questões. Uma será objeto de nossa análise: as Escrituras ensinam a doutrina em algum lugar ou mesmo a justificam?[37] Podemos afirmar rapidamente que sim, mas o caso bíblico não é tão claro como parece de início.

Embora possamos querer começar um estudo exegético deste tópico com as palavras básicas em hebraico e grego usadas para criar e criação, a ajuda que oferece é apenas limitada. Três raízes/lexemas hebraicos básicos são usados para criação. O primeiro é *bārā'*, e no original significa "repartir", "cortar" ou "dividir". No entanto, também significa "modelar", "criar" e, em um sentido mais derivado, "produzir", "gerar" e "regenerar".[38] Essa palavra é extremamente significativa considerando que é usada em Gênesis 1.1; e acredita-se que o versículo se refere à criação *ex nihilo* inicial de Deus.

Os estudos etimológicos de cognatos em idiomas como o acadiano, árabe, fenício, aramaico e ugarítico sugerem que a ideia básica dessa palavra é a de "moldar", "modelar" ou "construir".[39] Embora certamente não excluam a criação *ex nihilo*, esses significados não a exigem.

Uma segunda palavra hebraica para "criar" é *'āśāh*. O significado desta palavra é mais geral que *bārā'* e pode ser traduzido como "fazer" ou "criar". Frequentemente *'āśāh* é usada para se referir a fazer algo a partir de materiais existentes, mas, repetindo, isso não significa que é impossível designar a criação *ex nihilo*. O contexto deve decidir. E por fim, há a palavra *yāṣar*. Esta palavra parece sugerir mais distintamente uma criação a partir de material preexistente, mas esse não é seu único significado. Nada disso requer criação *ex nihilo*, mas condiz com a ideia se o contexto exigir.[40]

O grego do NT usa várias palavras para "criar", mas existem dois termos principais, *ktizō* e *poieō*. O primeiro significa "criar" (Mc 13.19), enquanto o segundo significa "fazer" ou "realizar" (Mt 19.4). Além disso, há *themelioō* (Hb 1.10), que significa "estabelecer o fundamento de alguma coisa", e *katartizō* (Hb 11.3), que significa "colocar em ordem", "restaurar às condições anteriores", "tornar completo", "preparar", "fazer" e "criar". Finalmente, *kataskeuazō* (Hb 3.4) e *plassō* (Rm 9.20; 1Tm 2.13) também aparecem. O primeiro significa "deixar pronto", "preparar algo", "construir", "edificar" e "criar". O último significa "formar" ou "moldar".[41] Como nos termos hebraicos, esses termos gregos *em si* não exigem criação *ex nihilo*, embora também não a excluam.

Ao passar da etimologia para o uso, descobrimos novamente que nenhum desses termos requer criação *ex nihilo*. Por exemplo, *bārā'* é usado de várias maneiras. Em Gênesis 1.27 e 2.7 refere-se à criação do homem, e isso não foi feito *ex nihilo*. É usado acerca das criaturas do mar em Gênesis 1.21, mas nada no texto indica que elas foram feitas a partir do nada. Além disso, o termo é usado em contextos soteriológicos como Salmos 51.10 e para falar das obras da providência em passagens como Isaías 45.7; Jeremias 31.22 e Amós 4.13. Em Isaías 43.15, o termo fala da relação de Deus com Israel. Certamente, nenhum desses usos requer criação *ex nihilo*.

Além disso, muitos observam que *bārā'* é usado às vezes de forma intercambiável com *'āśāh*, e não se acredita que esse termo exija a criação a partir do nada. Por exemplo, em Gênesis 1, os dois termos são usados de forma intercambiável e, em Gênesis 2.3, ambos são usados com estreita associação. Além disso, Gênesis 1.1 usa *bārā'* para falar da criação dos céus e da terra, mas Gênesis 2.4

usa *'āśāh* para se referir à criação do mesmo universo. Então, em Gênesis 5.1 e 6.6,7, os dois termos são usados para a criação do homem, mas sabemos a partir de Gênesis 2 que isso foi feito a partir de matéria preexistente. Ademais, algumas passagens usam uma ampla variedade de termos para falar da atividade criadora de Deus. Isaías 45.12 usa *'āśāh* e *bārā'*. Alguns versículos adiante (v. 18), encontramos formas de *bārā', yāṣar, 'āśāh* e *kôn* ou *kônen*.[42]

Tendo dito isso sobre *bārā'*, há mais um ponto a ser observado. A palavra é usada cerca de 38 vezes na raiz Qal e dez vezes em Niphal no AT. É expressivo que a palavra nessas duas raízes seja usada apenas acerca de Deus. Passagens que falam de homens fazendo ou criando algo geralmente usam *'āśāh*. Embora por si só não exija criação *ex nihilo*, isso sugere que *bārā'* é uma palavra especial que os escritores bíblicos reservam para as atividades criadoras de Deus.[43]

No NT, *poieō* aparece em muitos lugares em que o significado não é criar do nada. Mateus 3.3; 4.19; Marcos 10.6; Lc 19.46; João 9.11; 1Coríntios 10.13; Efésios 2.15; e 2Pedro 1.10 são apenas alguns dos muitos exemplos. É interessante que a Septuaginta traduza *bārā'* como *poieō* em Gênesis 1.1, onde é mais provável que se pense em criação *ex nihilo*, mas *poieō* também é usado em Gênesis 1.27 para a criação de seres humanos. De fato, *poieō* é a tradução da Septuaginta para todos os três exemplos de "criar" nesse versículo. Então, poderíamos ter a expectativa de encontrar *poieō* em Gênesis 2.7 na Septuaginta, mas esta versão bíblica usou *plassō*. Esse uso sugere que devemos ter cuidado ao impregnar *bārā'* ou *poieō* com a noção de criação *ex nihilo*. O contexto deve determinar se tem esse significado.

A mesma ideia se aplica a *ktizō*. Embora se possa argumentar a partir do contexto que *ktizō* em Colossenses 1.16; Apocalipse 4.11; e 10.6 significa criação *ex nihilo*, esse certamente não é o caso em outros textos das Escrituras. Por exemplo, 1Coríntios 11.9 diz que a mulher foi criada para o homem, não o homem para a mulher. Contudo, Gênesis 1 e 2 dizem que Adão e Eva foram criados a partir de material existente. Além disso, Efésios 2.10 e 4.24 falam de crentes sendo criados para boas obras e, assim (4.24), deveriam se revestir do novo eu que, como crentes, foi criado por Cristo em justiça e retidão procedentes da verdade. As duas passagens de Efésios se referem à recriação espiritual, não à criação *ex nihilo*.

Os termos bíblicos básicos para criar, então, não requerem etimologicamente a criação *ex nihilo*, e em muitos contextos eles não são usados nesse sentido. Ainda, várias passagens justificam a ideia. Isso não significa que as Escrituras usem em algum lugar a frase "criação *ex nihilo*".[44] Em vez disso, as considerações contextuais a exigem em várias passagens.

Gênesis 1.1 é um exemplo disso. Alguns comentaristas interpretam "no princípio" como um conceito, de modo que os versículos 1 e 2 são uma frase que diz: "No princípio da criação dos céus e da terra por Deus, quando a terra era sem forma e vazia". Contudo, a leitura preferida enxerga "No princípio" não como um conceito, mas como usado no sentido absoluto. Ainda, alguns se perguntam se o versículo se refere ao começo absoluto de toda atividade criadora de Deus, ou se apenas fala do início absoluto de seu trabalho criativo em nosso universo, admitindo a possibilidade de que, antes de fazer este, Ele tenha feito outras coisas. Se o argumento do escritor for apenas de que isso foi o início da obra de Deus neste universo, mas não a primeira coisa que Ele criou, a passagem parece diferente. Além disso, nada mais nas Escrituras sugere qualquer criação antes de Gênesis 1.1. Em Êxodo 20.11, Moisés fala novamente sobre a criação e explica que, durante seus seis dias (Gn 1), Deus criou os céus, a terra, os mares e tudo o que neles há. Tudo o que foi criado foi feito durante essa sequência de atividades registrada em Gênesis 1 e 2.

Embora não seja absolutamente impossível que Deus tenha criado antes de Gênesis 1, não há evidências de que seja este o caso. Assim, se Gênesis 1.1 é o início da atividade criativa de Deus, parece que esse ato criativo inicial foi feito *ex nihilo*. O versículo diz que Ele criou os céus e a terra, uma maneira hebraica típica de se referir a tudo o que existe. Porém, se no princípio Deus criou tudo, nada poderia ter existido antes de Gênesis 1.1, a partir do que se pudesse fazer os céus e a terra.[45]

Jon Levenson argumentou que nos últimos anos tornou-se consenso entre muitos estudiosos da Bíblia (pelo menos não evangélicos) que o objetivo de Gênesis 1 e 2 não é ensinar a criação *ex nihilo*. Em vez disso, o ponto desta e de outras passagens da criação no AT é que, como supremo, Deus derrotou e controla o caos e suas forças, que aparecem periodicamente em nosso mundo. A própria criação está ligada à sujeição do caos a Deus, e ao longo da história de Israel, vemos em vários pontos o caos de um tipo ou de outro levantar sua cabeça feia. Deus, então, deve esmagá-la para reafirmar sua entronização como governante supremo. Levenson argumenta que esse tema é prevalente na literatura do Antigo Oriente Próximo e que também vemos vestígios dele nas Escrituras.[46]

A análise de Levenson está imersa em metodologia e pressupostos bíblicos críticos, e não precisamos concordar com tudo o que ele propõe acerca da conexão de Gênesis 1 e 2 e do AT em geral com outras cosmogonias. Contudo, pode-se detectar o motivo de controlar o caos em vários pontos do AT (p. ex.,

Gn 1; Jó 38.8-11; Sl 74.10-20; 104.6-9; Is 51.9-11). Ainda, isso não significa que seja impossível concluir, a partir de Gênesis 1 e 2 ou outras Escrituras, que Deus criou *ex nihilo*. Por exemplo, em Salmos 33.6-9, o salmista diz que os céus foram criados pela própria palavra de Deus. Isso ecoa os *fiats* divinos de Gênesis 1. Atos 4.24 diz que Deus criou o céu, a terra e o mar, e tudo o que há neles. Dificilmente isso soa como se algo fosse omitido. Além disso, passagens como Efésios 3.9; João 1.3; Colossenses 1.16; e Apocalipse 4.11 dizem que todas as coisas foram criadas por Deus por meio de Cristo e que elas existem pela vontade de Deus. A linguagem de João 1.1-3 é especialmente uma reminiscência de Gênesis 1.1. Essas passagens ensinam que Deus criou todas as coisas, e se essas passagens do NT incluem coisas feitas antes da criação do universo atual (ou seja, antes de Gn 1.1), nenhuma delas evidencia isso.

Millard Erickson oferece uma segunda linha de evidência que é um pouco mais inferencial, mas ainda importante. Ele observa que um conjunto de passagens do NT se refere ao começo do mundo ou criação. Já que a ideia principal não é nos informar sobre a natureza da criação, elas são ainda mais significativas; pois qualquer que seja o ponto, poderia ter sido argumentado sem mencionar a fundação do mundo ou o começo da criação. O fato de essas passagens falarem de um começo de criação leva à pergunta do que precedeu esse começo. Do ponto de vista dos autores bíblicos, parece que nada o precedeu, exceto Deus. Portanto, implícita nos comentários sobre a fundação do mundo ou o começo da criação, está a ideia de que os "primórdios" do nosso mundo foram feitos sem matéria preexistente. Erickson oferece uma série de exemplos: 1) passagens sobre a fundação do mundo são Mateus 13.35; 25.34; Lucas 11.50; João 17.24; Efésios 1.4; Hebreus 4.3; 9.26; 1Pedro 1.20 etc.; 2) versículos que dizem "desde o princípio" são Mateus 19.4,8; João 8.44; 2Tessalonicenses 2.13; 1João 1.1; 2.13,14; 3.8; e 3) os versículos que falam do começo do mundo ou da criação incluem Mateus 24.21; 2Pedro 3.4; Marcos 13.19; Romanos 1.20; Hebreus 1.10; Apocalipse 3.14.[47] Uma leitura cuidadosa dessas passagens confirma a afirmação de Erickson de que sua ideia principal não é comentar a criação, portanto, incluir tal linguagem era desnecessário. Contudo, sua inclusão deve nos levar a perguntar por que foi incluída. A inferência de Erickson parece a resposta mais provável.

Da mesma forma, várias passagens do AT falam da eternidade de Deus em comparação com a humanidade e o universo. Elas dizem que Deus existia muito antes dessas outras coisas. Embora não seja descartada absolutamente a possibilidade de matéria não formada preexistir à criação de nosso mundo, nenhuma passagem bíblica ensina isso. O ponto é semelhantemente a eternidade de Deus em comparação com a finitude da criação, mas os escritores jamais sugerem que a matéria eternamente existente (da qual Ele criou o nosso universo) acompanhava Deus antes da criação. Por exemplo, em Salmos 90.2 diz: "Antes que os montes nascessem e se formassem a terra e o mundo, de eternidade a eternidade, tu és Deus". Veja também passagens como Salmos 102.25-27.[48]

Um último conjunto de passagens é digno de nota, pois nelas chegamos mais perto de uma declaração direta da criação *ex nihilo*. A primeira é Romanos 4.17. Em Romanos 4, Paulo ensina que a justificação diante de Deus vem somente pela fé. Ele apela a Abraão como um excelente exemplo dessa verdade. Nos versículos 16 e 17, Paulo fala da promessa de que Abraão seria o pai de muitas nações, e Deus cumpriu essa promessa de acordo com a fé de Abraão. Paulo diz que foi feito dessa maneira para mostrar que a provisão de um filho por parte de Deus foi um ato de graça.

Ao refletirmos sobre a história de Deus dar um filho a Abraão e Sara, somos lembrados de como isso parecia impensável. Sara era estéril, e as Escrituras dizem que Abraão e Sara eram velhos e haviam passado da idade de ter filhos (Gn 17.17; 18.11). De fato, *'ōraḥ kannāšîm* sugere que Sara já havia passado da menopausa. Então, quando Abraão e Sara ouviram a promessa de Isaque, Sara riu. Qual era a chance disso? Porém, Abraão creu em Deus, de qualquer modo, e Paulo (Rm 4.17) explica que fazia sentido crer em Deus mesmo para esta promessa, porque Deus é o que "vivifica os mortos e chama à existência as coisas que não existem". Deus não apenas pode ressuscitar os mortos e dar um filho àqueles cujos corpos estão mortos para a geração de filho, mas também chama à existência coisas que não existem. As "chamadas" são uma reminiscência do relato de Gênesis 1, segundo o qual Deus falou e as coisas vieram a existir. Se essas coisas não existem antes de Deus criá-las, e se isso for verdade para todas as coisas, então o pensamento parece ser de criação *ex nihilo*. Embora seja possível que Deus chame as coisas à existência a partir da matéria preexistente, isso não parece ser o que Paulo quis dizer. Até os humanos podem fazer coisas a partir de materiais preexistentes, mas isso não é motivo para pensar que poderíamos operar um milagre como Deus fez quando deu um filho a Abraão e Sara.

Uma última passagem parece mais clara para a criação a partir do nada. Hebreus 11 narra vários heróis da fé, mas antes de contar novamente suas façanhas, o escritor diz que é pela fé que cremos que Deus criou o universo. Este é o ponto central de Hebreus 11.3, mas a redação real é bastante instrutiva: "Pela fé, entendemos que foi o universo formado pela palavra de Deus, de maneira que o visível veio a existir das coisas que não aparecem". Três pontos principais se destacam neste versículo. Primeiro, todas as coisas provêm claramente de Deus. A criação não é feita por intermediários como anjos, mas pelo trabalho direto de Deus. Segundo, de acordo com Gênesis 1 e 2, tudo isso foi feito pela própria palavra de Deus. Como foi feito está além do nosso conhecimento, mas o versículo mostra que Deus falou e os mundos surgiram como resultado. O último ponto, e o que mais favorece decisivamente a criação *ex nihilo*, é que o versículo diz que as coisas visíveis (o universo material) não foram feitas de coisas que são vistas, isto é, não são feitas de matéria, uma vez que a matéria pode ser vista. Isso exclui a criação a partir de matéria preexistente.

Alguns poderão responder que o universo pode não ser feito de matéria visível, mas esse versículo permitiria que fosse produzido a partir de material invisível. Aqui se pensa na ideia grega de matéria sem forma, sem qualidade, o não ser relativo de Plotino. Vamos avaliar essa ideia à luz de Hebreus 11. O propósito do capítulo não é defender uma ideia metafísica acerca de diferentes tipos de matéria (visível *versus* invisível), nem é a questão de que Deus criou as coisas a partir da matéria invisível, em vez de visível. Este é um capítulo sobre a necessidade da fé; mostra-nos várias pessoas que triunfaram em circunstâncias difíceis confiando em Deus. Nesse contexto, é mais razoável pensar que o escritor está apenas dizendo que pela fé viemos a entender e aceitar que Deus criou esse universo e que Ele o fez por sua poderosa palavra, chamando as coisas à existência a partir do nada. A compreensão mais natural da afirmação de que as coisas visíveis não foram feitas a partir de outras coisas visíveis interpreta o escritor como quem ensina a criação *ex nihilo*, não alguma ideia metafísica sobre dois tipos diferentes de matéria (uma visível e a outra sem forma e invisível).

À luz dessas evidências, temos a justificação para concluir que as Escrituras ensinam a criação *ex nihilo*. Embora a própria frase nunca apareça nas Escrituras, a revelação bíblica a sanciona, e Romanos 4.17 e especialmente Hebreus 11.3 estão muito próximos de uma declaração explícita da ideia.

Outros temas do AT

DEUS, O CRIADOR. O tema predominante da criação no AT é que *Deus* criou todas as coisas. A partir de Gênesis 1 e 2, vemos que Ele criou os corpos celestes, a terra e todas as coisas no céu e na terra, inclusive a humanidade. Ele também criou os mares e tudo o que neles há (Ne 9.6). Deus criou os pilares da terra e a firmou sobre eles (1Sm 2.6-8). Quando começou a responder para Jó, Deus o lembrou com perguntas retóricas que foi Ele quem lançou os alicerces da terra, estabeleceu seus limites, colocou a pedra de esquina e represou os mares (Jó 38.4-11). Em Salmos 148.1-6, os anjos, o sol, a lua, as estrelas, os céus e as águas acima dos céus são ordenados a louvar a Deus, pois Ele os fez. Deus também é o Criador das nuvens, da chuva e dos raios (Jr 10.13); Ele controla as forças da natureza e criou todas as coisas (Jr 10.16). Outras passagens que dizem que Deus é o Criador de tudo são Salmos 96.5; 115.15; Isaías 42.5; 45.7,8,18,19; 48.13; Provérbios 8.22-30; Jeremias 51.15; Zacarias 12.1. Por isso, Moisés diz (Êx 20.11): "porque, em seis dias, fez o SENHOR os céus e a terra, o mar e tudo o que neles há e, ao sétimo dia, descansou".

Outras verdades advêm do fato de Deus ter feito todas as coisas. O salmista diz que, como seu Criador, Deus é dono de todas as coisas (Sl 89.11). Ele está acima de tudo (Is 37.16), e como seu dono deve ser louvado pela criatura (Sl 95.4-6). Outro salmo revela que Deus criou todas essas coisas (sol, lua, terra e céu) com habilidade (Sl 136.4-9). Qualquer pessoa que entenda a complexidade das formas de vida e como o nosso planeta está afinado para sustentar a vida reconhece essa verdade. Depois de listar as várias coisas que Deus criou, Isaías conclui que certamente nada se compara a Deus, o Criador (Is 40.2-14,25,26,28-31). O salmista defende a mesma ideia quando escreve: "Porque todos os deuses dos povos não passam de ídolos; o SENHOR, porém, fez os céus" (Sl 96.5). Em outras palavras, outros supostos deuses não passam de ídolos, invenções da imaginação humana. Porém, o que um ídolo pode fazer? Nada, e isso contrasta fortemente com Yahweh, que não apenas pode fazer algo; Ele criou os céus! O Salmo 102, no entanto, lembra-nos de que, embora a criação de Deus seja maravilhosa, no final ela se desgastará e deixará de existir. Em comparação, Deus nunca passará; Ele permanece para sempre (Sl 102.24-27). Ainda, todas essas coisas têm um objetivo no plano de Deus: "O SENHOR fez todas as coisas para determinados fins e até o perverso, para o dia da calamidade" (Pv 16.4).

Visto que Deus criou tudo no céu e na terra, o resultado é que os humanos também são sua criação. Gênesis 1 e 2 ensinam claramente a criação especial de Adão e Eva por Deus. Eliú também nos lembra dessa verdade quando diz a Jó (Jó 33.4): "O Espírito de Deus me fez, e o sopro do Todo-poderoso me dá vida". Trata-se de um eco de Gênesis 2.7, que ensina que Deus formou Adão do pó da terra, soprou nele o fôlego da vida, e Adão se tornou um ser vivente. Porém, as Escrituras dizem mais ainda. Deus não apenas está envolvido na criação do bebê recém-nascido, do adolescente e do adulto, mas também está envolvido ao longo dos vários estágios da gravidez. Deus nos teceu no ventre de nossa mãe e nos viu durante aqueles dias de desenvolvimento. Antes de nascermos, Deus já sabia quanto tempo e que tipo de vida cada um de nós teria (Sl 139.13-16). Deus lembra Jeremias de que mesmo enquanto ele estava sendo formado no ventre de sua mãe, Deus já o havia designado para ser seu profeta às nações (Jr 1.5).

CRIAÇÃO PELA PALAVRA DE DEUS. Quando produzimos algo, reunimos vários materiais e fazemos um grande esforço com as mãos, os braços e outras partes do corpo para construir o novo objeto. Às vezes, a tarefa é muito cansativa, exigindo muito suor e energia. Em contrapartida, as Escrituras mostram que Deus criou pelo mero poder de sua palavra. Quem pode esquecer que os seis dias da criação (Gn 1 e 2) começam todos com a palavra falada de Deus ("Haja...")? Quer tenha sido criação *ex nihilo* ou a criação a partir de matéria já feita do nada, a poderosa palavra de Deus a fez. O salmista (Sl 33.6-9) coloca isso de maneira bela quando escreve: "Os céus por sua palavra se fizeram, e, pelo sopro de sua boca, o exército deles. Ele ajunta em montão as águas do mar; e em reservatório encerra as grandes vagas. Tema ao SENHOR toda a terra, temam-no todos os habitantes do mundo. Pois ele falou, e tudo se fez; ele ordenou, e tudo passou a existir". A criação exigiu imensa habilidade e esforço, mas Deus fez tudo pelo poder de sua palavra, com tamanha facilidade e grandeza!

A CRIAÇÃO EXIBE O PODER E A GLÓRIA DE DEUS. Deus não apenas criou com grande poder (Jr 27.5), mas o universo criado exibe seu poder, esplendor e glória. Jeremias escreve que Deus "fez a terra pelo seu poder" (Jr 10.12). Em Jó 9, Jó fala da mão poderosa de Deus na criação (v. 5-10): "Ele é quem remove os montes [...]; quem move a terra para fora do seu lugar, cujas colunas estremecem; quem fala ao sol, e este não sai, e sela as estrelas; quem sozinho estende os céus e anda sobre os altos do mar; quem fez a Ursa, o Órion, o Sete-estrelo e as recâmaras do Sul; quem faz grandes coisas, que se não podem esquadrinhar, e maravilhas tais, que se não podem contar" (ver também Sl 104). Pelo poder de Deus exibido na criação, Jó conclui que ninguém poderia discutir com Ele e esperar vencer (Jó 9.2-4). Um tema semelhante vem da resposta de Deus a Jó em Jó 38—41. Deus derrota Jó com uma descrição de sua majestade e poder, conforme exibidos na criação e no controle do mundo.

À luz de tal poder e transcendência, quem somos nós para questionar se Deus controla o que acontece conosco ou se Ele sabe o que está fazendo e tem poder para realizá-lo? O salmista, ao refletir sobre a criação, exulta: "Ó Senhor, Senhor nosso, quão magnífico em toda a terra é o teu nome! Pois expuseste nos céus a tua majestade" (Sl 8.1). Em Salmos 19.1 lemos que "Os céus proclamam a glória de Deus, e o firmamento anuncia as obras das suas mãos". Se for assim, então ao simplesmente abrir os olhos e prestar atenção à criação ao nosso redor, deveríamos concluir que um Deus poderoso e majestoso fez tudo isso.

A CRIAÇÃO ENSINA A SOBERANIA DE DEUS. Um dos principais temas do AT sobre a criação é que o poder exibido nela mostra que Deus é absolutamente soberano sobre todos. Ele fez tudo e controla tudo também. Em 1Samuel 2.6-8, ouvimos a oração de Ana. O versículo 8 termina com sua afirmação de que os pilares da terra são do Senhor, e Ele colocou o mundo sobre esses pilares. Tudo isso é usado para explicar o que ela disse nos versículos 6-8a: "O Senhor é o que tira a vida e a dá; faz descer à sepultura e faz subir. O Senhor empobrece e enriquece; abaixa e também exalta. Levanta o pobre do pó e, desde o monturo, exalta o necessitado, para o fazer assentar entre os príncipes, para o fazer herdar o trono de glória". O poder de Deus na criação demonstra seu controle soberano sobre todas as coisas. Algo semelhante é dito por Jó e seus amigos em várias passagens (Jó 26.7-13; 28.25-27; 36.26-33). Nessas passagens, vemos que Deus controla a chuva, os trovões e relâmpagos, a terra e os céus, os mares e os luminares no céu. Ele não apenas os criou, mas também controla sua operação contínua. Esse discurso claro da soberania do Criador sobre todas as coisas também é dito por Isaías (44.24-28), Amós (4.12,13; 5.8,9) e pelo salmista (Sl 104).

Para enfatizar esse ponto, Isaías e Jeremias invocam as imagens de um oleiro e do barro. Assim como o oleiro molda o barro como deseja e tem o direito de fazer o que quiser com um pedaço de barro ou qualquer coisa formada a partir dele, Deus também tem o direito de fazer o que quiser com sua criação. Uma ilustração dessa ideia é Isaías 29.15,16: "Ai dos que escondem profundamente o seu propósito do Senhor, e as suas próprias obras fazem às escuras, e dizem: Quem nos vê? Quem nos conhece? Que perversidade a vossa! Como se o oleiro fosse igual ao barro, e a obra dissesse do seu artífice: Ele não me fez; e a coisa feita dissesse do seu oleiro: Ele nada sabe". Obviamente, o oleiro pode fazer o que quiser com o barro (ver também Is 45.8,9; 64.8). Em Jeremias 18.1-6, Deus diz que, como Criador de Israel, seu oleiro, Ele tem o direito de fazer o que quiser com eles. Embora a soberania de Deus sobre a criação não seja uma "prova" conclusiva para o modelo de Deus adotado neste livro, ela lhe é compatível e está longe de representar a explicação da teologia do processo e da visão aberta quanto ao controle de Deus sobre suas criaturas.

Várias coisas resultam dessa consideração do controle soberano de Deus enquanto Criador. Para começar, Jó reconhece que nenhum mero ser humano poderia vencer em uma discussão com Deus (Jó 9.1-12). Além disso, embora não saiba por que as coisas lhe aconteceram, Jó tem certeza de que foi Deus quem fez isso com ele (Jó 12.7-9).

Em um discurso mais encorajador, o salmista explica que, por ser soberano sobre a criação, Deus é capaz de derrotar nossos inimigos se assim o desejar. Em Salmos 74.12-17, o tom claro do controle de Deus sobre toda a criação é comunicado, mas neste salmo o salmista fala sobre devastação e derrota pelo inimigo e suplica que Deus intervenha. Levenson relaciona essa passagem com o tema da luta com o caos. Embora o AT retrate Deus como governante soberano sobre a criação, seu controle não é um controle inconteste. As forças do mal estão sempre presentes para interromper essa regra e, neste caso, parece que elas obtiveram uma vitória temporária. Portanto, o soberano é convidado a retomar seu legítimo domínio do caos, a fim de resgatar seu povo. Deus tem poder para derrotar o inimigo. Se ao menos Ele fizesse isso agora! Levenson argumenta que só entendemos corretamente o domínio de Deus sobre a criação se o virmos em relação dialética com as forças do caos que batalham contra o controle divino.[49] A análise de Levenson está fundamentada em seu entendimento da literatura comparada da cosmogonia do Antigo Oriente Próximo; sua afirmação de que há momentos em que Yahweh falhou em dominar o caos — o qual, em vez disso, venceu — parece depender demais de sua compreensão dessa literatura extrabíblica. Contudo, é inquestionável que tanto o AT quanto o NT falam de batalha espiritual na qual Deus, anjos e seres humanos estão envolvidos. Devido à soberania de Deus, a vitória final é garantida e até mesmo as derrotas ao longo do caminho servem aos propósitos absolutos de Deus; mas nada disso significa que não há guerra verdadeira.

Por causa da soberania de Deus, conforme se vê na criação, vários escritores bíblicos apontam para as atividades criativas de Deus e depois o declaram como seu ajudador. Presumivelmente, a questão é que um Deus que pode fazer o que nosso Deus fez ao criar o mundo ao nosso redor certamente tem poder para nos ajudar em momentos de necessidade. Em Salmos 121.2, o salmista escreve: "O meu socorro vem do Senhor, que fez o céu e a terra".

Davi escreve (Sl 124.8) que "*O nosso socorro está em o nome do* SENHOR, *criador do céu e da terra*". Amós 9 é uma passagem maravilhosa que promete o livramento que Deus dará dos inimigos de Israel e um grande dia de restauração e bênção. A imagem é milenar e, no meio de sua descrição, Amós faz uma pausa para refletir sobre Deus e seu poder. Nos versículos 5 e 6, ele escreve: "Porque o Senhor, o SENHOR dos Exércitos, é o que toca a terra, e ela se derrete, e todos os que habitam nela se enlutarão; ela subirá toda como o Nilo e abaixará como o rio do Egito. Deus é o que edifica as suas câmaras no céu e a sua abóbada fundou na terra; é o que chama as águas do mar e as derrama sobre a terra; SENHOR é o seu nome" (ver também Am 5.8,9). O Deus de Israel pode cumprir as promessas de restauração? Que pergunta tola, considerando que Ele é o que toca a terra de modo que ela derrete! Também deveríamos mencionar Isaías 51.12,13, onde a ajuda específica prometida a Israel é o consolo de Deus. Não há razão para temer o inimigo quando seu Deus é quem "estendeu os céus e fundou a terra".

DEUS, UM CRIADOR SÁBIO E BOM. Os escritores do AT também afirmam que a criação foi executada por um sábio Criador. "O SENHOR com sabedoria fundou a terra, com inteligência estabeleceu os céus" (Pv 3.19). Jeremias escreve que Deus "estabeleceu o mundo por sua sabedoria" (Jr 10.12; 51.15). De fato, ao considerarmos a criação, fica claro que nada escapou da atenção de Deus ao criá-la. Toda criatura é moldada de modo que suas várias partes trabalhem para manter a vida. Além disso, Deus ordenou o meio ambiente na terra de modo que ele possa dar suporte à vida. Tudo isso mostra um Criador muito sábio, mas também revela que Ele é bom. Uma coisa é saber como fazer as coisas corretamente, outra é ter poder para fazê-lo, e ainda outra é ter a bondade de coração e vontade de fazê-lo. O Criador sábio, poderoso e benevolente fez uma obra-prima ao criar nosso mundo!

A CRIAÇÃO É BOA. Ao contrário das teorias antigas que dizem que, na melhor das hipóteses, a matéria é inferior e, na pior, é má, Deus declara que tudo o que Ele criou é bom. Na verdade, ao final do sexto e último dia de criação, Deus viu que tudo o que havia feito era muito bom (Gn 1.31). Ao declarar que tudo é bom, a questão não é tanto que tudo seja moralmente bom, pois coisas como o sol, a lua, as estrelas e os planetas são moralmente neutras. Embora os seres humanos criados ainda não tivessem pecado e, portanto, fossem moralmente bons nesse sentido, a questão básica é mais do tipo funcional. Ou seja, dizer que o sol e a lua são bons significa que eles são o que deveriam ser e que desempenham a função que lhes foi designada. Outra questão é que Deus fez o que pretendia fazer, e o fez extremamente bem. A avaliação e aprovação de Deus com respeito à ordem criada não deixam espaço para pensar que o mundo material criado é mau ou de alguma forma moralmente inferior ao imaterial. Isso tem implicações profundas no âmbito filosófico e teológico, mas também tem consequências práticas. Devemos valorizar e proteger a criação. Explorar o meio ambiente, especialmente de maneiras que o destroem, está descartado.

DEUS E OS SERES HUMANOS. Em algumas passagens, Deus é comparado à humanidade, ou a humanidade é comparada ao resto da criação. Por exemplo, em Salmos 90.2,4 nos diz que, embora a terra tenha tido um começo no tempo, Deus existia muito antes disso, pois Ele é eterno. Somos criaturas transitórias e percebemos muito a passagem do tempo, mas para um Deus que vive para sempre, mil anos "são como o dia de ontem que se foi". Em Salmos 8, Davi se admira com as maravilhas da criação, mas acrescenta que, à luz de tudo o que Deus fez e de sua grandeza, o homem parece tão insignificante. É realmente incrível que Deus se importe conosco, e mesmo assim Ele se importa. Ele até coroou a raça humana de glória e majestade (8.3-5).

A OBRA DE PRESERVAÇÃO DE DEUS. Várias passagens do AT também mostram que a relação de Deus com o que Ele criou não terminou com os seis dias da criação. Deus continua envolvido no nosso mundo, mantendo e preservando sua existência. Este não é um deus deísta que "deu corda no relógio" e o deixou correr por conta própria. O quadro do AT é que, sem o poder mantenedor de Deus, o mundo não poderia continuar, e Deus, de modo gracioso e fiel, continuou a preservá-lo. O salmista diz (Sl 119.90): "A tua fidelidade estende-se de geração em geração; fundaste a terra, e ela permanece". Em Salmos 65.9-13, Davi oferece mais detalhes. Deus não apenas preserva a terra, mas também provoca a chuva, para que as coisas possam crescer e florescer. Ele produz grãos para alimento. Certamente, Ele tem abençoado grandemente a terra e seus habitantes!

CRIAÇÃO FUTURA. Embora Deus tenha criado todas as coisas no passado e as preserve até o presente, o AT mostra que sua atividade criadora não está totalmente concluída. Isaías 65.17,18 fala que Deus criará no futuro um novo céu e uma nova terra. O restante do capítulo fala das condições naqueles novos céu e terra. Haverá grande paz, prosperidade e bênção. O NT nos diz com mais detalhes o que Deus fará, mas mesmo no AT, Deus envia essa mensagem para encorajar Israel.[50]

À luz do grande poder, sabedoria e majestade de Deus, tão maravilhosamente expostos na criação e preservação do universo, há apenas uma resposta apropriada de sua criatura: louvor. Os Salmos 97 a 99 são um enaltecimento quase ininterrupto dos atributos de Deus e de suas obras na criação e salvação de seu povo. Juntamente com a declamação das virtudes e realizações divinas, há um chamado constante para louvar a Deus. Dificilmente poderíamos fazer melhor ao encerrar esta discussão dos temas do AT do que citar o salmista, já que ele encoraja toda a criação a louvar ao Senhor (Sl 148.1-6): "Aleluia! Louvai ao Senhor do alto dos céus, louvai-o nas alturas. Louvai-o, todos os seus anjos; louvai-o, todas as suas legiões celestes. Louvai-o, sol e lua; louvai-o, todas as estrelas luzentes. Louvai-o, céus dos céus e as águas que estão acima do firmamento. Louvem o nome do Senhor, pois mandou ele, e foram criados. E os estabeleceu para todo o sempre; fixou-lhes uma ordem que não passará".

Temas do NT

Deus, o Criador. O NT apresenta a maioria dos temas encontrados no AT. Muitas passagens declaram Deus como Criador de todas as coisas. Atos 4.24 diz que Deus criou o céu, a terra, o mar e tudo o que neles há. Estêvão cita Isaías 66.2, que oferece a pergunta retórica de Deus: "Não foi, porventura, a minha mão que fez todas estas coisas?" (At 7.50). Em Listra, Paulo, Barnabé e os outros apóstolos dizem aos ouvintes que se voltem para o Deus vivo, "que fez o céu, a terra, o mar e tudo o que há neles" (At 14.15). Em seu sermão no Areópago, em Atenas, Paulo fala de Deus como aquele que deu vida e fôlego a todas as coisas, inclusive aos seres humanos em todas as nações (At 17.24-26). Como resultado, ele chama os seres humanos de descendência de Deus (v. 28, NVI), pois em Deus "vivemos, nos movemos e existimos".

As epístolas paulinas ensinam a mesma coisa. Paulo diz que todas as coisas são de Deus, por Ele e para Ele (Rm 11.36). Paulo oferece instruções finais a Timóteo e o encarrega de guardá-las na presença de Deus, "que preserva a vida de todas as coisas" (1Tm 6.13). Em 1Coríntios 11.12, Paulo ensina sobre a relação das mulheres com os homens e diz que todas as coisas se originam de Deus (ver também 2Co 4.6; Ef 3.9).

Fora das epístolas paulinas, encontramos a mesma verdade. Em Apocalipse 10.6, João vê em uma visão um anjo que jura "por aquele que vive pelos séculos dos séculos, o mesmo que criou o céu, a terra, o mar e tudo quanto neles existe". Claramente, Deus é Criador de tudo, e certas coisas são resultantes dessa verdade. Porque o Deus verdadeiro e vivo criou todas as coisas, Ele não mora em templos feitos por mãos, nem é servido por mãos humanas como se precisasse de alguma coisa (At 17.24,25). Além disso, porque criou todas as coisas, Ele merece toda a glória (Ap 4.11); já que é o Criador de tudo, nós devemos adorá-lo (Ap 14.7)!

Enquanto o AT fala de Deus como Criador e retrata o Espírito Santo protegendo a criação (Gn 1.2), o NT mostra mais claramente o papel do Filho e esclarece o papel do Pai. Os dois Testamentos juntos ensinam que a criação é uma obra de toda a divindade. 1Coríntios 8.6 afirma que Deus é a fonte de tudo, mas é por intermédio da ação de Cristo que todas as coisas foram criadas. O Evangelho de João começa com palavras que ecoam Gênesis 1.1, ao nos dizer que Cristo, a Palavra, sempre esteve com Deus. Além disso, por meio de Cristo todas as coisas foram feitas (Jo 1.3), e para que não haja dúvidas sobre o que isso significa, João acrescenta que nada do que foi criado foi feito por meio de qualquer ação que não a de Cristo. No versículo 10, João repete que o Cristo encarnado ("no mundo") fez o mundo, apesar de que o mundo não o reconheceu como Criador ou entendeu por que Ele veio.

Uma passagem muito clara que apresenta Cristo como Criador de todas as coisas é Colossenses 1.16. Se nos perguntamos o que está incluído em "todas as coisas", Paulo as enumera. Cristo fez todas as coisas "nos céus e sobre a terra, as visíveis e as invisíveis, sejam tronos, sejam soberanias, quer principados, quer potestades". Em seguida, Paulo repete uma frase que resume que "Tudo foi criado por meio dele e para ele". Tronos, soberanias, poderes e autoridades invisíveis, sem dúvida, se referem a poderes angelicais e demoníacos — mesmo estes foram criados por Cristo e, como todas as outras coisas, foram criados para Ele. Além disso, Cristo não os deixou por conta própria, pois o versículo 17 ensina que em Cristo todas as coisas subsistem. O verbo tem a ideia de unir alguma coisa. Portanto, o poder de preservação de Cristo impede que o nosso universo se desorganize. Em outros lugares (At 17.28), esse poder criativo e preservador é atribuído de maneira mais geral a Deus, mas Colossenses 1 diz especificamente que Cristo é o preservador.

CRIAÇÃO PELA PALAVRA DE DEUS. Em 2Pedro 3, Pedro diz que o Senhor certamente voltará e julgará os iníquos. Alguns duvidam disso porque acham que nada de catastrófico acontece, mas Pedro responde que mudanças catastróficas já ocorreram. Deus criou os céus e a terra; também trouxe o dilúvio nos dias de Noé; da mesma forma, um dia Ele destruirá os céus e a terra atuais no dia do juízo (v. 5-7). Pedro relata que tudo isso acontece como resultado da palavra de Deus. Deus falou e os céus e a terra foram formados. Ele falou de novo e a inundação chegou. E em um dia futuro, pelo mero poder de sua palavra, o juízo cairá novamente. Os ímpios que acreditam que nunca enfrentarão um dia de prestação de contas se iludem.

A CRIAÇÃO É BOA. O NT também afirma a bondade da criação, embora o contexto difira significativamente daquele do AT que traz tais afirmações. Em 1Timóteo 4, Paulo prevê que, no fim dos tempos, alguns se afastarão da fé como resultado de seguir várias heresias. Alguns até proibirão o casamento e defenderão a abstenção de comer certos alimentos que Deus criou e deseja que comamos. Paulo acrescenta (v. 4) que "tudo que Deus criou é bom, e, recebido com ações de graças, nada é recusável".

A CRIAÇÃO EXIBE O PODER E A GLÓRIA DE DEUS. O NT também repete o ensino do AT de que a criação exibe os atributos de Deus. A diferença na maneira como os escritores do NT usam essa ideia é significativa. Paulo afirma (Rm 1.19,20) que, desde a criação do mundo, foi possível enxergar o mundo ao nosso redor e entender que existe um Deus. A criação evidencia os atributos de Deus, especialmente seu poder. Como resultado, todos sabem que existe um Deus e são culpados se o rejeitarem. Infelizmente, em vez de adorar o Deus revelado na criação, a humanidade adorou a criatura (1.25). A ideia não mencionada como tal no AT é que, pelo fato de a criação revelar Deus, todos sabem que existe um Deus e são responsáveis pelo que fazem com essa revelação.

A CRIAÇÃO ENSINA A SOBERANIA DE DEUS. 1Coríntios 8.6 afirma que existe apenas um Deus e um Senhor, Jesus Cristo. Todas as coisas vêm de Deus e nós existimos para Ele; nós estamos sob seu controle soberano. Hebreus 2.10 fala da preparação de Cristo por Deus para ser o Salvador que traria muitos filhos à glória. É dito acerca desse Deus que todas as coisas são para Ele e por Ele. Westcott explica que isso significa que Deus é a causa final e a causa eficiente de todas as coisas.[51] Ou seja, todas as coisas têm Deus como objetivo e propósito, e Ele as trouxe à existência, em primeiro lugar. Ele é soberano sobre todos.

De acordo com a soberania de Deus, o tema do oleiro/barro aparece em Romanos 9, onde Paulo o usa para ensinar a soberania divina e, especificamente, para afirmar a predestinação. Ao longo do capítulo 9, Paulo fala da decisão de Deus sobre quem será abençoado e quem será condenado. Todas as coisas provêm dos desejos e da vontade de Deus (v. 18). Paulo então imagina uma objeção: se Deus determina tudo o que acontece, inclusive o mal, Ele não pode simplesmente condenar as pessoas por fazerem o mal que Ele lhes predeterminou fazer (v. 19). De qualquer modo, quem poderia se opor à vontade de Deus? Tais perguntas levantam questões intelectuais significativas, mas Paulo sente que elas trazem um sério problema de atitude; a objeção acusa Deus de ser injusto e pretende colocá-lo em julgamento. Nos versículos 20 e 21, Paulo aborda o problema de atitude. Ele lembra os acusadores de Deus de que, como criaturas, eles não têm o direito de julgá-lo e exigir uma explicação. Deus é o Criador e pode fazer o que quiser com suas criaturas. Assim como o barro não tem o direito de reclamar sobre o que o oleiro faz com ele, também nós, como criação de Deus, não temos o direito de nos opor ao quinhão que Ele ordena para nossa vida. Os criadores têm certos direitos sobre sua criação!

DEUS E OS SERES HUMANOS. Embora esse tema ocorra com menos frequência do que no AT, há uma passagem do NT que compara Deus com sua criação. Em Hebreus 1.10-12, o escritor cita vários trechos do AT e diz que Deus criou os céus e a terra. Seu argumento se refere à eternidade e à constância de Deus. Embora os céus e a terra pereçam, Deus não perecerá. Ele vive para sempre e não muda. O universo criado é uma coisa maravilhosa, mas é transitória; não pode ser comparado com Deus.

O NT também mostra Deus como a fonte da vida espiritual e o Senhor soberano sobre todos os crentes. Em Efésios 4.6, Paulo defende essa ideia sobre a igreja de Cristo quando escreve que existe "um só Deus e Pai de todos, o qual é sobre todos, age por meio de todos e está em todos". Isto fala do senhorio soberano de Deus sobre a igreja e sua imanência nela, presumivelmente por habitar em cada membro. Além disso, Paulo diz que aqueles que aceitam Cristo como Salvador pessoal são novas criaturas ou criações (2Co 5.17). Ele acrescenta ainda em Colossenses 3.10 que os crentes estão sendo renovados de acordo com a imagem de quem os criou. Nessas duas passagens, a questão é a criação espiritual, o estabelecimento de uma relação espiritual com Deus. A imagem de nascimento e geração é atribuída a Deus em outros lugares, especialmente ao Espírito Santo (p. ex., Jo 3.5-8; 1Pe 1.3,23).

ASSEVERAÇÃO DOS RELATOS DA CRIAÇÃO DO AT. Em vários pontos, mencionei que os escritores do NT citam passagens do AT sobre a criação, mas devo acrescentar algo mais. Várias passagens do NT também asseveram diferentes aspectos das histórias da criação e queda como historicamente verdadeiros. Por exemplo, em seu discurso sobre divórcio e novo casamento (Mt 19.4,8; Mc 10.6), quando os fariseus perguntam se é permitido se divorciar da esposa por qualquer motivo, Jesus os aponta de volta ao projeto original de Deus para o casamento instituído com Adão e Eva (Gn 2.24). Claramente, Jesus considera historicamente verdadeiros a criação de Adão e Eva e o relato de seu casamento. Paulo também assevera as narrativas da criação. Nas suas instruções sobre cobrir a cabeça (1Co 11), a lógica de seus ensinamentos é que o homem não se originou da mulher, nem existe por causa dela; em vez disso, a mulher vem do homem e foi feita por causa dele (v. 8,9). É exatamente isso que diz o relato de Gênesis 2 sobre a criação de Eva. Da mesma forma, em 1Timóteo 2.12-14, quando Paulo ordena que as mulheres não assumam papéis de liderança na igreja, suas razões são duas: Adão foi criado primeiro; e Eva foi enganada. Independentemente de como se entendem as proibições desses versículos, pode haver pouca dúvida de que Paulo acredita que a história da criação de Eva e o relato da queda são historicamente precisos.[52]

CRIAÇÃO FUTURA. Um último tema no NT ecoa outro do AT, mas o NT fornece mais detalhes. A obra criativa de Deus não está pronta. Ele mantém o mundo, mas há mais do que isso. Em um dia próximo, Deus destruirá os céus e a terra atuais e criará um novo céu e terra. Pedro fala disso em 2Pedro 3. Nos versículos 10 a 12, ele escreve sobre a destruição vindoura da atual ordem mundial — desta vez por fogo, não por um dilúvio. Ele diz (v. 10 e 12) que os elementos serão destruídos com calor intenso. O texto grego não indica a aniquilação da matéria, mas sim o colapso de todas as estruturas existentes — uma catástrofe gigantesca. Depois, Deus criará um novo céu e uma nova terra (v. 13). Eles serão remodelados a partir dos elementos anteriores? Não nos foi dito, mas isso é certamente possível, ou Deus pode criar os novos céus e terra *ex nihilo*. Quando isso acontecerá, Pedro não diz, mas podemos juntar algumas ideias de outras passagens. Todas as indicações do AT e do NT são de que o governo milenar de Cristo será na terra atual. Após sua visão desse reinado de mil anos, João teve uma visão do julgamento do grande trono branco (Ap 20.11-15), e então Apocalipse 21 e 22 descrevem os novos céus e terra e a nova Jerusalém. João nos diz bem no início de sua descrição do julgamento do grande trono branco que (Ap 20.11) o céu e a terra fugiram da presença daquele que estava sentado no trono; nenhum lugar foi encontrado para eles. Se interpretarmos isso literalmente, significa que algum tempo após o reino milenar, mas antes do julgamento do grande trono branco, Deus destruirá os céus e a terra atuais, como Pedro prevê em 2Pedro 3. Depois de descrever esse julgamento, João nos fala dos novos céus e da nova terra (Ap 21—22). Se esses capítulos em Apocalipse apresentam uma ordem cronológica, eles parecem nos dizer algo sobre o tempo dos eventos que Pedro prediz. Os estudiosos concordam que Apocalipse 21 e 22 falam de condições no estado eterno. A obra criadora de Deus ainda não está terminada!

Gênesis 1—2 e os dias da criação

Gênesis 1—2 é o discurso bíblico mais extenso sobre a criação. Esses capítulos também são fonte de muita disputa, pois é aqui que o ensino bíblico parece estar mais em conflito com a ciência. Portanto, devemos examinar mais de perto esses capítulos e as questões que os cercam.

Embora muitos itens desses capítulos sejam questões controversas, começarei com coisas menos problemáticas. Uma questão inicial é óbvia, esses dois capítulos contêm dois relatos distintos da história da criação. Membros da alta crítica gostam de atribuir essas histórias a dois escritores separados e a duas narrativas distintas (diz-se que P, o autor sacerdotal, escreveu 1.1—2.4a, e J, o Javista, é considerado o autor de 2.4b—3.24).[53] Muitos concordam que, em sua forma atual, esses dois relatos são entrelaçados para fornecer relatos diferentes, mas complementares, dos eventos da criação. Blocher explica:

> De qualquer forma, em suas diferenças, as duas tábuas se completam. Longe de se colocar como rival da primeira, a segunda, como Renckens reconhece, "não é, de fato, uma segunda narrativa da criação". Tem seu interesse, acima de tudo, no surgimento do mal, e o proeminente estudioso de Jerusalém, U. Cassuto, enfatiza que a resposta da Torá a esse ponto fundamental "flui da continuidade das duas seções"; recebemos a resposta apenas "quando estudamos as duas seções como uma única sequência". O grande crítico von Rad viu corretamente "que as duas histórias da criação são, em muitos aspectos, abertas uma à outra" e que a exegese deve ser realizada em ambas juntamente. Quanto ao que as duas têm em comum, a formação do homem e da mulher, sua concordância é substancial, como teremos ocasião de salientar, e as diferenças se referem ao ponto de vista e ao método de exposição.[54]

Na verdade, a construção desses dois capítulos não é nada incomum para o estilo hebraico. Com frequência, na literatura hebraica, o autor faz uma declaração geral de abertura de todo o tópico e, em seguida, explica os detalhes. Muitos veem Gênesis 1.1 como a declaração geral do tópico sobre o que Deus fez, e o restante do capítulo 1 e os quatro primeiros versículos do capítulo 2 como uma oferta de detalhes específicos dos principais passos na criação de todas as coisas por Deus. Depois de fornecer a estrutura básica dos sete dias, no capítulo 2, o autor se concentra especificamente nos eventos do sexto dia. Tudo isso prepara para o relato da tentação e queda registrado no capítulo 3. Visto dessa maneira, Gênesis 1 a 3 é uma obra de literatura cuidadosamente elaborada.

Apesar da continuidade dos temas, há diferenças de perspectiva nos dois relatos registrados nos capítulos 1 e 2. Rosemary Nixon observa que nesses dois capítulos temos duas perspectivas diferentes sobre o Criador e seu método de criar e se relacionar com a criação. O capítulo 1 retrata o Criador como um governante absoluto, um rei que consegue o que quer e faz tudo bem. Assim como um monarca absoluto fala e seus comandos são obedecidos, o Criador simplesmente fala e suas ordens são cumpridas. A fórmula mais recorrente no primeiro relato é "e disse Deus: Haja [...] e assim se fez". O Criador também *vê* que o que resulta de seus comandos é bom. Não temos uma descrição da mecânica de cumprimento dos comandos, nem vislumbramos os artesãos em ação. Em vez disso, o governante supremo fala e assim se faz.[55]

Por outro lado, o capítulo 2 retrata o Criador mais como um artesão que trabalha pacientemente com seus materiais para moldá-los como desejar. O artesão responde e reage às situações. Um dos exemplos mais claros disso aparece nos versículos 18 e seguintes, quando o Criador percebe que o homem está sozinho e conclui que isso não é bom para ele. O Criador forma os animais e os leva a Adão para serem nomeados, mas no processo, Ele percebe que nenhum deles é uma companhia adequada para Adão. O Criador volta ao trabalho e forma a mulher a partir do homem. Embora eu não possa concordar com a lógica de Nixon de que o Criador não está trabalhando a partir de uma estratégia pré-planejada, concordo que o segundo relato da criação retrata Deus moldando as coisas Ele próprio, um Criador muito envolvido com sua criação.[56]

Embora esses dois retratos (rei e artesão) sejam diferentes, Nixon está certamente correta[57] que o escritor quer que pensemos no Criador nos dois termos. Cada uma das figuras, sozinha, fornece apenas parte da história. Além disso, devemos observar as diferenças significativas entre os dois relatos. Em especial, há uma diferença de ênfase em cada relato. Gênesis 2 foca eventos que culminam na criação de seres humanos como homem e mulher e na instituição do casamento entre eles. Nenhuma das outras criaturas de Deus tem tanta dignidade nem recebe tanta atenção nos relatos da criação em Gênesis. No capítulo 1, há também uma ênfase especial na criação do homem após o conselho divino (1.26-28), mas o foco está em todos os seis dias da criação e na criação soberana, onipotente e ordenada de todas as coisas por Deus, não apenas os seres humanos.

O que é um pouco controverso é exatamente onde o primeiro relato termina e o segundo começa (2.4 ou 2.5). Felizmente, essa questão não é determinante das posições teológicas em geral; portanto, podemos ser breves. Alguns veem 2.4 como uma declaração resumida de 1.1—2.3, que encerra a primeira narrativa, e então o versículo 5 começa a seguinte. Buswell é um defensor inflexível dessa visão, pois ver 2.4 como introdução do segundo relato "violenta todo o significado da passagem. Não há a menor sugestão de que a raça humana tenha sido metaforicamente gerada pelos céus e pela terra ou, de alguma forma, interpretada como seus descendentes".[58] Porém, esse argumento dificilmente convence, pois mesmo que o verso se refira aos precedentes, o relato anterior fala sobre a criação do homem como macho e fêmea (1.27); portanto, se 2.4 diz que os céus e a terra geraram o homem, o mesmo problema está ali, independentemente de 2.4 se referir ao que vem a seguir ou ao que o precede.

Embora muitos estudiosos considerem 2.4 como a introdução do segundo relato,[59] nem todos concordam. Claro, deveríamos evitar qualquer estratégia que quebre o versículo como um composto (4a e 4b) unido por um redator a partir dos documentos de J e P.[60] Talvez a abordagem de Cassuto seja a mais sábia. Ele observa que a fórmula *'ēlleh tôlĕdōt* ("Esta é a gênese") aparece em algumas passagens onde se refere ao que foi dito anteriormente (p. ex., Gn 36.13,17,18), e em outros casos se refere ao que vem depois (p. ex., Gn 5.1; 10.1). Em vista da possibilidade das duas opções e do uso da frase nesse contexto, Cassuto argumenta que é uma ponte entre as duas narrativas, amarrando-as:

> Nosso verso é, portanto, um todo orgânico e pertence inteiramente à seção do jardim do Éden. Serve para conectar a narrativa da primeira seção à da segunda; e seu significado é: "Estes" — os eventos descritos na parte anterior — constituíram "a história dos céus e da terra", quando foram criados, ou

seja, quando o Senhor Deus os fez; e agora lhe contarei em detalhes o que aconteceu na conclusão desta obra divina.[61]

A sugestão de Cassuto de ver o versículo como um elo entre os dois relatos faz muito sentido.

Criação e a literatura do Antigo Oriente Próximo

No final do século XIX foram publicados os relatos babilônicos da criação (*Enuma Elish*) e do dilúvio (uma parte da *Epopeia de Gilgamesh*). Desde então, histórias da criação provenientes de outros povos do Antigo Oriente Próximo também foram desenterradas. A tendência inicial foi observar apenas as semelhanças, a fim de minimizar a singularidade do relato bíblico, e em resposta os estudiosos bíblicos conservadores sentiram a necessidade de defender a ideia de que os relatos bíblicos são distintos das outras religiões. Embora se possa pensar que semelhanças com outros relatos dariam credibilidade aos relatos bíblicos (ou seja, se todas as culturas tiverem histórias semelhantes, uma razão provável é que todas reflitam eventos que realmente ocorreram), as semelhanças eram quase sempre usadas, em vez disso, para explicar os relatos bíblicos como nada incomuns, e provavelmente apenas exemplos de um gênero mitológico predominante de histórias da criação. Contudo, nos anos mais recentes, houve mais disposição em notar tanto as semelhanças quanto as diferenças significativas.[62] Cassuto ajuda a distinguir as várias histórias da criação. Começando com relatos não bíblicos, ele escreve:

> Normalmente, eles começavam com uma teogonia, isto é, com a origem dos deuses, a genealogia das divindades que precederam o nascimento do mundo e da humanidade; e falavam do antagonismo entre esse deus e aquele deus, dos atritos que surgiram desses confrontos de vontade e das poderosas guerras que foram travadas pelos deuses. Eles vinculavam a gênese do mundo à gênese dos deuses e às hostilidades e guerras entre eles; e identificavam as diferentes partes do universo com determinadas deidades ou com certas partes de seus corpos. Mesmo os poucos eleitos entre as nações, os pensadores que por um tempo alcançaram conceitos mais elevados do que aqueles normalmente mantidos em seu ambiente, homens como Amenhotep IV ou Aquenáton — o rei egípcio que atribuía toda a criação a um dos deuses, o deus-sol Aton — e seus antecessores [...], até eles imaginavam esse deus como

apenas mais um dos deuses, sendo ele o maior, como uma divindade ligada à natureza e identificável com uma de suas partes componentes. Então veio a Torá e voou alto, como em asas de águias, acima de todas essas ideias. Não muitos deuses, mas Um Deus; não teogonia, pois um deus não tem árvore genealógica; nem guerras nem contendas nem o choque de vontades, mas apenas Uma Vontade que governa sobre tudo, sem o menor obstáculo ou impedimento; não uma divindade associada à natureza e identificada com ela total ou parcialmente, mas um Deus que está absolutamente acima da natureza e fora dela, e a natureza e todos os seus elementos constituintes, até mesmo o sol e todas as outras entidades, jamais sendo exaltados, eles são apenas suas criaturas, feitas de acordo com sua vontade.[63]

Claramente, o relato de Gênesis 1—2 não é mera repetição de histórias correntes entre os povos vizinhos. As distinções são tão significativas quanto as semelhanças.

Estrutura dos relatos

Waltke observa de forma útil que o primeiro relato tem cinco partes. A primeira é uma declaração resumida de todo o ensino (Gn 1.1), seguida de um comentário negativo sobre o estado da terra no momento da criação (1.2). O relato dos seis dias da criação (1.3-31) ocupa a maior parte do capítulo e é seguido por um resumo e conclusão (2.1). Depois disso, vem um epílogo sobre o dia de sábado (2.2,3).[64] O segundo capítulo traz detalhes da criação dos seres humanos como macho e fêmea, e depois fala do plantio do jardim que Adão e Eva são comissionados a lavrar. Em meio a isso, o escritor registra a proibição divina de comer da árvore do conhecimento do bem e do mal. Tudo isso prepara para os eventos do capítulo 3.

Vários escritores destacam que os seis dias da criação são organizados em duas tríades.[65] Os primeiros três dias envolvem a formação das estruturas básicas do universo, enquanto os três últimos são usados para preencher as várias esferas criadas durante os primeiros três dias. Além disso, existe uma correlação individual entre cada dia da primeira tríade e cada dia da segunda, respectivamente. No primeiro dia, a luz é criada e, no quarto dia, os luminares (sol, lua e estrelas) são colocados em seu lugar e sua função é atribuída. No segundo dia, o céu ou a atmosfera ("firmamento" em muitas traduções) e a água são separados, e isso responde ao quinto dia, quando peixes e pássaros são formados para povoar esses dois lugares. Finalmente, o terceiro dia vê a formação de terra distinta dos mares e a produção de vegetação na terra. Do mesmo modo, no sexto dia Deus cria os animais e a humanidade para povoar a terra.[66]

Temas teológicos

Independentemente de enxergarmos os capítulos 1 e 2 como uma história direta, como uma parábola que almeja ensinar verdades teológicas sobre a criação ou como algum outro gênero, há pouca dúvida de que o autor quis ensinar algumas coisas importantes sobre Deus, o homem e a criação. É importante observar quando isso foi escrito. Admitindo-se a autoria de Moisés, é provável que tenha sido escrito entre 1400 e 1500 a.C., e não é improvável que tenha sido escrito após o êxodo do Egito. Israel estivera no Egito por mais de quatrocentos anos, e os egípcios adoravam muitos deuses. Esse politeísmo deve ter sido uma tentação considerável para o povo, mas esse não seria o único desafio à crença em Yahweh. Poderia haver a expectativa de que, a partir do momento em que alcançasse a Terra Prometida e a conquistasse, Israel louvaria e adoraria Yahweh continuamente, mas Deus sabia que haveria grande tentação à idolatria de seus vizinhos. Como um povo oprimido por muitos séculos e depois libertado para vagar em busca de uma nova pátria, Israel poderia ter pensado que, dada sua situação, seu Deus não era tão poderoso quanto os deuses de outros povos. Nesse contexto, podemos ver os relatos da criação executando algumas funções muito específicas no começo da Torá, o documento formativo da vida de Israel como nação.

YAHWEH É SUPREMO. Com isso em mente, parece seguro dizer que um dos propósitos e temas dos relatos da criação em Gênesis 1—2 é ensinar que existe apenas um Deus, o Deus de Israel, que tem poder ilimitado. Ele libertou Israel da escravidão egípcia e também criou todas as coisas a partir do nada pelo poder de sua palavra (ver também o Sl 104, onde Yahweh é retratado como o que acalma soberanamente as forças da natureza e as forma em nosso mundo, e o faz sem oposição). Em contraste com os senhores de escravos pagãos de Israel (Egito) e os vizinhos pagãos na Terra Prometida, não há deificação das forças da natureza. Além disso, não há luta entre os deuses da natureza ou entre esses deuses e um Deus supremo, Yahweh. Ao contrário, nada na natureza é divino, pois todas as coisas são meras criaturas feitas pelo único Deus vivo e são subservientes a Ele. A esse respeito, é importante observar que as coisas específicas criadas nos seis dias da criação eram todas adoradas por um ou outro dos vizinhos de Israel no Oriente Próximo. Como Conrad Hyers explica:

> À luz desse contexto histórico, fica mais claro o que Gênesis 1 está executando e realizando: uma afirmação radical e abrangente do monoteísmo em relação ao politeísmo, ao sincretismo e à idolatria. Cada dia da criação assume duas categorias principais de divindade nos panteões do dia, e declara que não são deuses, mas criaturas — criações do Deus verdadeiro que é o único, sem um segundo ou terceiro. Cada dia dispensa um grupo adicional de deidades, organizadas em uma ordem cosmológica e simétrica.
>
> No primeiro dia, os deuses da luz e das trevas são dispensados. No segundo dia, os deuses do céu e do mar. No terceiro dia, deuses da terra e deuses da vegetação. No quarto dia, deuses do sol, da lua e das estrelas. O quinto e o sexto dia afastam qualquer associação com a divindade do reino animal. E finalmente a existência humana também é esvaziada de qualquer divindade intrínseca — ao mesmo tempo em que todos os seres humanos, do maior ao menor, e não apenas faraós, reis e heróis, recebem uma semelhança e mediação divinas.[67]

Esse tema da supremacia de Yahweh sobre tudo e de sua singularidade também está no cerne do maior evento formativo da história de Israel, o êxodo, que Moisés também registra. Deus retirou seu povo da escravidão trazendo uma série de dez pragas sobre o Egito. Cada praga era um golpe de juízo contra algo adorado como deus no Egito. Antes que esse episódio na história de Israel terminasse, este veria com muita clareza quem era o Deus supremo, e se os egípcios tivessem quaisquer dúvidas, eles também receberiam a mensagem. Pense nas dez pragas e como cada uma delas se relaciona de alguma maneira com uma das principais coisas que Deus criou de acordo com Gênesis 1—2. A primeira praga transformou o Nilo e todas as águas do Egito em sangue (Êx 7.17-21); no terceiro dia da criação, Deus formou os mares. A segunda praga foi uma praga de sapos que surgiu dos rios e córregos (Êx 8.1-4); no quinto dia Deus criou todos os animais aquáticos e no sexto dia, os animais terrestres. A terceira praga foi uma praga de piolhos provenientes do pó (Êx 8.16-18); no terceiro dia, Deus separou a terra do mar e no sexto dia criou coisas que rastejam no chão. A quarta praga foi um enxame de insetos (Êx 8.21-24); no quinto dia, Deus criou coisas que voam pelo ar. A quinta praga foi contra o gado (Êx 9.3-7); Deus formou o gado no sexto dia. A sexta praga foi uma praga de furúnculos em homens e animais

(Êx 9.8-12) e, é claro, no sexto dia, Deus fez homens e animais. A sétima praga foi granizo com trovões e raios, que caiu sobre muitos animais e plantas (Êx 9.18-26); no segundo dia da criação, Deus mostrou seu controle sobre o firmamento e as nuvens acima da terra, nuvens que mais tarde trariam chuva. No terceiro dia, Ele formou a vegetação e, no sexto dia, os animais da terra. A oitava praga foi uma praga de gafanhotos que devoraram todas as plantas e frutos das árvores (Êx 10.4-15); no terceiro dia, Deus formou a vegetação que encheu a terra, e no quinto e sexto dias formou os pássaros e outras criaturas do ar, além dos animais da terra. A nona praga foi uma praga de escuridão, cobrindo o sol (o Egito, como muitos outros povos antigos, adorava o sol); no primeiro dia, Deus criou a luz; no quarto dia, colocou o sol, a lua e as estrelas em seu lugar e designou suas funções apropriadas. Finalmente, a coroa da criação é o homem (sexto dia), e no pensamento egípcio, o rei era um deus e seu filho também. O assassinato dos primogênitos foi um último golpe de juízo contra um deus do Egito, assim como a criação do homem foi um último ato que mostrou o controle de Deus sobre todas as coisas.

A partir dessa descrição, deve ficar claro que as pragas sobre o Egito são a declaração de Deus com referência à sua supremacia e controle das coisas adoradas como deus naquela terra. Porém, cada uma das pragas também se correlaciona com algo que Deus criou em um dos seis dias da criação — mostrando, mais uma vez, sua supremacia sobre eles. Obviamente, há uma grande diferença entre as duas sequências. No caso das dez pragas, Deus mostra sua supremacia trazendo juízos sobre o Egito que provam que Ele é maior que os deuses deles. Em Gênesis 1—2, vemos a supremacia de Deus não por meio do juízo, mas por meio da criação e do controle de suas criaturas.

Embora não devamos estender demais os paralelos entre esses dois relatos, é interessante que, quando uma parte da criação se rebela contra Deus, Ele mostra sua supremacia sobre ela, julgando-a com o dilúvio (Gn 6). Na história do êxodo, a retirada total e cabal do povo de Deus do Egito não se completa até que Deus faz uma última declaração do seu poder sobre os egípcios, afogando-os nas águas do mar Vermelho. Aqueles que adoram outros deuses ou que optam por contestar o Deus de Israel perderão. Essa mensagem é alta e em bom som, e provavelmente deveria encorajar a inexperiente nação de Israel.

DEUS E A CRIAÇÃO SÃO DISTINTOS. De acordo com Gênesis 1 e 2, Deus é distinto de sua criação, e a criação depende dele. Ao contrário das visões daquela época que deificavam as coisas na ordem natural, e ao contrário de visões posteriores que seriam panteístas, Gênesis faz uma distinção radical entre o ser e o poder do Criador e da criatura. Além disso, enquanto as coisas na ordem criada têm valor e, em alguns casos, certa dignidade, nada emana do ser de Deus ou de qualquer outra coisa. Deus é imanente em sua criação, não porque a criatura é divina, mas porque o Deus Criador anseia por se relacionar e ter comunhão com suas criaturas (Gn 2 e 3), mas, ontologicamente, Ele transcende completamente tudo que existe.

DIGNIDADE DOS SERES HUMANOS. Essas narrativas da criação mostram algo do status da raça humana. Embora não sejamos deuses, somos o ápice da criação. Além disso, somos criados à imagem e semelhança de Deus (1.26,27), e não se diz isso de nenhuma outra criatura, nem mesmo de anjos. Os humanos recebem domínio sobre a terra e suas criaturas, não para explorá-las pelos próprios propósitos egoístas, mas para governá-las e cuidar delas para Deus, seu Criador. Essa parece ser a ideia central em Gênesis 1.28 e 2.15. Além disso, como observa Clements, o retrato da humanidade nos relatos de Gênesis difere muito dos relatos de culturas pagãs. Por exemplo, na história da Babilônia, os seres humanos são criados para executar trabalhos para os deuses.[68] Embora os seres humanos devam viver em submissão e obediência à vontade de Deus, o relato bíblico da criação os retrata como valiosos em si mesmos, não valiosos apenas instrumentalmente para servir e satisfazer os desejos dos deuses. Ao contrário dos retratos antigos ou contemporâneos da humanidade que conferem pouco significado e propósito aos humanos e os consideram meros resultados de processos biológicos irracionais, a Bíblia os retrata como tendo grande dignidade, valor e propósito.

DESCANSO SABÁTICO. Muitos autores observam que um tema importante que Moisés pretendia ensinar é o do descanso sabático. Há grande ênfase no descanso de Deus no sétimo dia após o término de sua obra de criação. Além disso, Moisés, ao registrar os Dez Mandamentos, vincula o mandamento sabático à narrativa da criação de Gênesis 1 e 2 (Êx 20.10,11) e usa o relato da criação como lógica para a legislação sabática. Embora seja duvidoso que devamos ver toda a questão das narrativas da criação levando à legislação sabática,[69] trata-se inegavelmente de um tema significativo desses capítulos. E não devemos perder o verdadeiro sentido do dia de descanso. Deus quer que nos afastemos por um tempo do trabalho para relaxar, mas isso é apenas parte do verdadeiro sentido. O que devemos fazer com esse dia de descanso? O restante do Pentateuco deixa bem claro que um dos principais objetivos desse dia é adorar o grande Deus que criou todas as coisas. Deus terminou a criação e a chamou de muito boa. As criaturas humanas de Deus devem governar sua criação a maior parte da semana, e então dedicar parte de cada semana a descansar e adorar o Deus maravilhoso que criou este mundo admirável em que vivemos.

Gênero literário de Gênesis 1 e 2

O autor está ensinando essas verdades teológicas com um relato histórico do que ocorreu exatamente, com uma afirmação científica, um poema, uma liturgia de culto ou uma lenda? Nada disso pode representar com precisão o gênero literário desses dois capítulos, mas nossa decisão sobre este assunto tem implicações significativas no modo como entendemos essa passagem e se achamos necessário correlacioná-la com as descobertas da ciência natural.

O gênero literário de Gênesis 1 e 2 é um assunto muito debatido entre exegetas e teólogos. O que complica ainda mais é que os relatos de Gênesis 1 e 2 não parecem ter o mesmo gênero. O primeiro é altamente calculado e estruturado. Vários exegetas observam a repetição de certos temas e frases em grupos de sete, três e dez. Além disso, como já foi mencionado, parece haver uma divisão deliberada dos atos da criação em duas tríades, cada dia da primeira tríade correlacionado com o respectivo dia da segunda.[70] Por outro lado, o segundo relato, que se concentra na criação de Adão e Eva, parece mais uma história narrativa. Devemos entender isso (juntamente com o capítulo 3) como história? É uma parábola ou o quê? E a história do capítulo 2 combina com o relato do capítulo 1?[71] A seguir, descreverei as várias opções e tentarei chegar a uma conclusão.

Observando a estrutura equilibrada do primeiro relato com suas frases recorrentes, Buswell argumenta que o estilo é mnemônico. Isso significa que foi "organizado em padrões simétricos convenientes para a memorização".[72] O segundo relato é bem diferente, assumindo o estilo de narrativa simples. Não há evidências de arranjo deliberado e artificial de materiais para facilitar a memorização.[73] Podemos concordar com Buswell que os estilos dos dois capítulos diferem e podemos até concluir que a intenção do autor no capítulo 1 era escrever algo fácil de memorizar. Porém, o fato de o estilo ser ou não mnemônico nos diz pouco sobre o gênero literário *per se*. Alguém poderia organizar uma lista de elementos científicos de uma forma que fosse fácil de memorizar, ou se poderia fazer a mesma coisa com um poema ou prosa. O fato de o escritor ter querido ajudar os leitores a memorizar o conteúdo não nos diz se ele pretendia recontar o que realmente ocorreu ou se queria contar uma história com o objetivo de ensinar verdades espirituais e morais, ou alguma outra coisa.

Talvez o gênero seja uma lenda, como alguns argumentaram. O problema é como se define lenda. John Rogerson mostrou que existem pelo menos doze definições de lenda, e elas não precisam ser mutuamente exclusivas. Brooke as resume em quatro noções principais. Primeiro, uma lenda pode ser algo que carece de racionalidade, postulando causas para coisas que mostram uma compreensão defeituosa das causas científicas. Segundo, "lenda" pode se referir a histórias que descrevem verdades profundas sobre a experiência humana e que requerem interpretação simbólica. Tais lendas pressupõem que as verdades que elas devem ensinar têm validade objetiva à parte da própria lenda. Terceiro, uma lenda pode incorporar os valores e ideais comuns de uma sociedade e então expressá-los em atos de adoração. E, finalmente, a lenda pode ser definida de modo a se harmonizar com a história, mesmo que alguns de seus detalhes não correspondam exatamente ao que aconteceu na história. Assim, se Deus é visto em ação na história, pode-se expressar isso por meio do gênero da lenda neste quarto sentido.[74]

Desses quatro sentidos de lenda, provavelmente o último se aproxima mais daquilo que encontramos em Gênesis. Da mesma forma, Gênesis 1 e 2 têm o objetivo de descrever verdades profundas (sentido 2). Contudo, é duvidoso que possamos concordar que o que está contido neles tem apenas uma relação geral com o que de fato aconteceu historicamente. Como já foi mostrado, vários escritores e personagens do NT, incluindo nosso Senhor, entendem vários aspectos desses textos como historicamente precisos, então, dizer que eles podem não ser inteiramente precisos não apenas levanta questões importantes sobre quanto de Gênesis 1 e 2 é historicamente preciso, mas também enfraquece alguns ensinamentos doutrinários significativos do NT. Além disso, por causa de atitudes contemporâneas que vinculam a lenda a contos de fadas e ao imaginário, deveríamos nos opor a rotular Gênesis 1 e 2 de lenda. Além disso, visto que é difícil, dentro do contexto de Gênesis 1 a 3, defender a ideia de que qualquer um dos personagens ou eventos é simbólico, afirmar que esses capítulos não são historicamente precisos em sua totalidade exigirá a especificação de quais coisas são literalmente verdadeiras e quais são símbolos, e isso não seria tarefa fácil. Além do mais, seria preciso ter cuidado para não usar de falácia lógica, decidindo-se *a priori* que qualquer coisa que envolvesse um milagre não poderia ser historicamente verdadeira.

Claus Westermann hesita em chamar os capítulos de lenda, mas também não dirá que eles são uma história simples. Ele sugere que quatro tipos de histórias da criação são encontrados na literatura antiga. A primeira é a criação por nascimento ou por uma sucessão de nascimentos, e Westermann acredita que Gênesis 1 sugere isso na fórmula apresentada em Gênesis 2.4a ("Esta é a gênese"). Um segundo tipo de história da criação vê a criação resultante de uma luta ou vitória, tipicamente entre os deuses (como no *Enuma Elish* da Babilônia, que detalha a luta entre Marduque e Tiamat). Um terceiro tipo de história da criação retrata a criação por uma ação ou atividade que geralmente envolve um ato de separar ou dividir e depois criar pessoas formando-as a partir do barro. Um último tipo de história da criação tem a ver com a criação por meio da palavra.[75] Brooke resume a própria posição de Westermann dentre as quatro opções a seguir:

> Para Westermann, Gênesis 1.1—2.4a é uma narrativa cujo conteúdo mostra quase nada da criação do tipo luta (exceto o eco mais fraco em Gn 1.2), muito pouco da criação generativa (especialmente porque não há menção ao nascimento dos deuses), algo de criar fazendo, efetuar dividindo, e a maior parte da criação por palavra. Se isso descreve seu conteúdo, sua forma é um claro ajuste de oito atos em seis dias, dois conjuntos de três dias paralelos, dias cinco e seis também tendo bênçãos climáticas. Os seis dias são seguidos por um sétimo, cuja preocupação é o descanso de Deus; Deus é, portanto, incluído na ordem criada e demonstra estar ativo no tempo e lugar, como está no restante da história de Israel. Para Westermann, a lenda não é uma classificação adequada de Gênesis 1, embora ele possa concordar com algo referente à quarta categoria de Rogerson.[76]

George Coats oferece outra sugestão. Ele não considera Gênesis 1 uma lenda, nem pensa que é um conto com uma trama e a resolução de uma crise. Em vez disso, enumerar os diferentes dias faz nosso texto parecer mais uma genealogia e uma literatura sapiencial. Coats conclui que 1.1—2.4a é um relatório e explica que esse gênero apresenta eventos por uma questão de comunicação, não por causa dos eventos. "Como um relatório, a unidade pode comunicar seus ensinamentos (sobre o dia de descanso) em termos de evento (o primeiro dia de descanso) e relacionar todos os eventos subsequentes ao poder de sua posição. Todas as ordens da criação derivam de Deus. Todos os eventos da criação derivam desse evento principal".[77] Como Brett diz, Coats diferencia um relatório de história na medida em que "um relatório é 'basicamente breve, com um único evento como objeto de seu registro'. Ele está ampliando levemente essa definição se interpretar a criação como um evento único, mas podemos pelo menos concordar que Gênesis 1 é mais breve do que, digamos, a História Deuteronomista".[78]

O comentário de Gordon Wenham sobre Gênesis 1 a 15 propõe que o gênero dos primeiros capítulos de Gênesis é de histórias "proto-históricas". É assim por duas razões principais. Primeiro, os capítulos provavelmente teriam sido entendidos como relatórios factuais pelos públicos originais que os leram e os ouviram, mas isso não significa que sejam história no sentido exato em que pensamos hoje. Embora isso faça certo sentido, Brett argumenta que é improvável que o autor tenha almejado esses capítulos como "proto-história". De fato, essa categoria faz muito sentido apenas à luz do que entendemos por história; portanto, a classificação é anacrônica, pois pressupõe o tipo de escrita histórica que conhecemos hoje.[79]

O que devemos dizer, então, sobre o gênero desses capítulos? Waltke está seguramente certo de que não podemos lê-los como um livro de ciências, pois essa dificilmente era a intenção do autor.[80] Além disso, ele também está certo ao dizer que a substância dos capítulos tem argumentos teológicos significativos, mas isso não significa que tenham sido escritos como poderíamos escrever uma teologia.[81] Da mesma forma, Waltke concorda que os capítulos têm um ar histórico, mas nós não os entenderíamos como uma história objetiva. Entender esses capítulos como uma história objetiva cria certas tensões (podemos até dizer contradições) entre os dois relatos e até dentro de cada relato.[82]

Waltke concorda com a identificação de Henri Blocher quanto ao gênero como uma representação artístico-literária da criação. Na próxima seção, veremos exatamente o que isso significa, mas, por ora, observo que Blocher afirma que o gênero é composto. Há narrativa, mas "o modo de escrever é o da escrita sapiencial; o teólogo da sabedoria que elabora seus pensamentos nos dá 'conhecimento de uma forma mais concentrada', amadurecido na meditação das obras finalizadas de Deus".[83] Blocher detalha com muito cuidado a estrutura literária da passagem, observando o sistema de harmonia numérica estabelecido por Cassuto. Certamente, conclui Blocher, isso não pode ser uma história objetiva. É uma maneira artístico-literária de defender alguns argumentos históricos muito significativos. Quanto disso deveríamos entender literalmente? Blocher cita as opções de Agostinho de considerá-lo inteiramente material, inteiramente espiritual ou como uma combinação de ambos. Blocher prefere a terceira, o que significa que algumas coisas devem ser consideradas como ocorrendo exatamente como relatadas, enquanto outras não.[84]

Do meu ponto de vista, Gênesis 1—2 é o trabalho de um excelente artista literário. A apresentação simétrica de eventos no primeiro relato, em particular, dificilmente pode ter ocorrido por acaso. Além disso, podemos concordar que o autor não pretendia escrever um livro de ciências e, pelo que eu disse sobre os temas, ele certamente selecionou e relatou eventos de uma maneira que defende alguns argumentos muito específicos e importantes. Eu concordo também que isso não é história no sentido da história moderna ou crônica, em que um historiador tenta ser absolutamente preciso no relato ou nos fornecer um retrato veraz, não editado, de todos os detalhes. E, como muitos defensores da inerrância bíblica argumentam, os autores bíblicos quase sempre usam estimativas ao relatar números e nos dão a essência do que aconteceu ou foi dito, em vez de nos fornecer uma citação literal ou uma contagem exata de números e narração de eventos. Contudo, mesmo entendendo suas convenções na narração da história, não acreditamos que eles tenham declarado falsidades acerca dos eventos.

Ainda, estou preocupado com a conclusão de Blocher sobre Adão e Eva — um resultado de ele ver isso como uma apresentação artístico-literária da criação. Blocher explica que não podemos ter certeza de que a história de Eva ser criada a partir da costela de Adão deve ser interpretada literalmente.[85] O problema com essa afirmação é que, a partir do momento em que se começa a questionar essas coisas, como saber onde parar? O que a hermenêutica nos dirá? Além disso, se questionarmos o caráter histórico desses elementos da história, o que isso significa para a doutrina da imputação do pecado de Adão (talvez, jamais tenha havido um Adão, ou se houve um primeiro homem e mulher, os eventos de Gênesis 3 não ocorreram, porque é uma parábola que ensina alguma verdade moral ou espiritual); o ensino de Jesus sobre casamento, divórcio e novo casamento; e o ensino neotestamentário sobre o papel dos homens e das mulheres no casamento e na igreja? Todos esses ensinamentos pressupõem a precisão histórica de vários elementos em Gênesis 1 a 3. O que também é problemático é que se poderia fazer os mesmos tipos de afirmação sobre o relato de Moisés das dez pragas e do êxodo de Israel do Egito. Essa é uma narrativa muito mais longa, mas ensina a verdade teológica de que Deus é supremo sobre tudo o que é adorado como deus, e repete várias frases como "deixe meu povo ir", "Deus endureceu o coração do faraó", "o coração do faraó foi endurecido". Tais fatos sobre essa narrativa significam que as dez pragas são meramente um recurso artístico-literário que o autor usa para ensinar que Israel foi liberto do Egito e que o Deus de Israel foi vitorioso, embora seja duvidoso que essas dez pragas tenham acontecido? Se dissermos que essa e outras narrativas do Pentateuco, produzidas por um excelente artesão literário, são historicamente precisas, como podemos dizer que os relatos da criação são meros recursos literários para defender argumentos teológicos importantes sobre a criação? Quais são os critérios para fazer essa distinção?

Em suma, acredito que devemos afirmar que o que esses capítulos registram de fato aconteceu historicamente. Porém, como qualquer historiador, Moisés não registrou cada evento que ocorreu, nem nos deu todos os detalhes de como esses eventos aconteceram. Ele selecionou eventos que aconteceram de fato e os incluiu na declaração básica dos eventos da criação (capítulo 1) e na narrativa que se parece mais com uma história (capítulo 2) da criação de Adão e Eva e da preparação do jardim. Porém, ao usar vários recursos literários para apresentar o conteúdo, isso não significa que ele falsificou os fatos. Esta não é uma história precisa, passo a passo, um retrato que captura tudo de uma vez, como um historiador escrevendo-a hoje pode tentar fazer. Além disso, ela é inquestionavelmente criada para nos ensinar verdades sobre a relação de Deus com a criação, sobre o lugar da humanidade na criação, sobre a instituição do casamento humano e sobre a entrada do pecado com suas consequências na raça humana; mas isso de forma alguma significa que os eventos descritos não ocorreram. Se o autor não pretendesse nos contar coisas historicamente exatas, então, por que, por exemplo, todos os detalhes sobre a criação de árvores que possuem em si a própria semente, e por que todos os detalhes sobre os quatro rios que abasteciam o jardim do Éden? Qual é o argumento teológico ou mesmo literário de tal informação? Se nada for evidente, é difícil explicar por que estão incluídos em um documento tão cuidadosamente elaborado, a menos que nos digam o que realmente aconteceu. Portanto, posso concordar que provavelmente é usada uma combinação de gêneros, e eu não diria que não passa de um relato histórico objetivo, muito parecido com uma lista de eventos, um retrato de tudo o que havia para se ver.[86] Porém, isso de forma alguma significa que esses capítulos são ficção ou anti-históricos. Em vez disso, registram a história da maneira como os escritores do AT a compõem e usam esses fatos históricos para ensinar verdades significativas acerca de Deus, da humanidade, do mundo e de suas relações.

Os dias da criação e a idade do universo, da Terra e da humanidade

Exceto o debate geral entre a evolução ateísta e o criacionismo, questões sobre os dias da criação e a idade do universo constituem provavelmente a questão mais controversa, mesmo entre aqueles que defendem um relato bíblico das origens. Eles concordam que Deus é o Criador e que a criação depende inteiramente dele, mas quando perguntamos como Ele a fez e quanto tempo levou, as divergências aparecem rapidamente. O restante deste capítulo é dedicado a discutir várias propostas para harmonizar as Escrituras com descobertas da ciência.

Embora alguns possam ver essa questão como um teste de ortodoxia, desde que as opiniões não contradigam claramente o ensino bíblico sobre as origens, pode-se defendê-las sem comprometer o evangelicalismo. Há espaço para tolerância para com muitos que têm opiniões diferentes das nossas. Dito isto, observo que muitas teorias que serão discutidas parecem ter se originado na tentativa de compatibilizar as Escrituras com a ciência. Aqueles que sustentam tais teorias pensam que Deus tem o poder de criar todas as coisas em seis dias consecutivos, literais, de 24 horas, mas eles acreditam que as evidências, especialmente da ciência, sugerem que Ele as fez de maneira diferente. Não devemos ignorar os dados de disciplinas como a ciência, mas como evangélicos, devemos definir nossas visões, na medida do possível, com base no ensino bíblico. Logo, apelos à ciência para defender uma Terra antiga ou uma Terra jovem não podem ser determinantes se os dados bíblicos e exegéticos não justificarem a visão.

Depois de ler isso, alguns podem sentir certa inconsistência em minha posição. Ao longo deste livro, apelei para várias disciplinas seculares, especialmente a filosofia, para ajudar na formulação doutrinária. Nos próximos capítulos, vou me basear fortemente na filosofia na tentativa de harmonizar a liberdade humana com a soberania divina. Porém, neste capítulo eu me baseio muito pouco nas descobertas da ciência para chegar à minha posição. Quero explicar por que não vejo isso como inconsistente e sugerir como uso as disciplinas seculares na teologia.

Como evangélico, as Escrituras são minha autoridade máxima. Além disso, são a fonte a partir da qual a reflexão teológica deve começar, embora não sejam a única fonte. Começo com as Escrituras e tento fazer meu trabalho exegético à parte de quaisquer reflexões filosóficas, de modo a permitir que os autores bíblicos digam o que pretendem dizer sem distorcê-lo pela imposição dos achados da filosofia, da ciência ou de qualquer outra disciplina extrabíblica. O que acho particularmente problemático em muitas apresentações sobre a doutrina da criação é que um objetivo elementar (se não *o* objetivo principal) na interpretação do texto bíblico é harmonizá-lo com a compreensão científica prevalente de nosso mundo. Para mim, essa não é a maneira de fazer a teologia sistemática evangélica. Eu não determinaria o significado de Gênesis 1—2 tentando ajustá-lo às descobertas atuais da ciência mais do que estabeleceria uma compreensão dos eventos do final dos tempos lendo o jornal ou ouvindo os noticiários e tentando correlacionar os eventos atuais com os detalhes das passagens proféticas. É necessário permitir que as Escrituras falem por si e nos próprios termos, e então nos voltarmos às disciplinas seculares para ver se o ensinamento delas é consistente ou inconsistente com a verdade bíblica e o que podem acrescentar a esta.

Nada disso exige apenas uma interpretação possível de um determinado texto, pois em casos como Gênesis 1—2, mesmo além do que a ciência diz sobre as origens, existem elementos no texto que são coerentes com mais do que apenas uma interpretação. As descobertas da ciência, filosofia, história etc. podem nos ajudar a ver que existem outras interpretações possíveis de um texto bíblico do que pensávamos anteriormente, mas os dados dessas disciplinas não precisam ser determinantes para a interpretação que escolhemos, especialmente se o ponto de vista científico realmente contradisser o que as Escrituras ensinam com clareza. Infelizmente, algumas questões são suficientemente complexas e alguns textos oferecem tão pouca informação sobre um tópico que os dados textuais subestimam todas as interpretações possíveis. Ou seja, a evidência não é suficientemente forte para concluir que uma interpretação específica esteja inequivocamente correta. Em tais casos, o apelo a disciplinas seculares para mais evidências é inteiramente apropriado e pode, na análise final, ser decisivo para qual posição adotarmos. Tal procedimento não é problemático, pois ainda permite que as Escrituras sejam a autoridade final e o padrão para o que acreditamos. É que algumas perguntas têm respostas que vão além do que as Escrituras realmente dizem.

Tendo dito essas coisas, devo acrescentar que não acho que os dados bíblicos permitam um relato evolutivo ateísta nem teísta. Esse julgamento se baseia em razões exegéticas e teológicas, mas também em um julgamento do caso científico em favor de qualquer forma de evolução. Isso vai contra as descobertas da comunidade científica contemporânea, mas isso não me incomoda demasiadamente, pois eu preferiria que meus pontos de vista fossem coerentes com as Escrituras, mesmo que significasse que são incoerentes com a ciência. Porém, tudo isso tem certas implicações no modo como eu abordo esse tópico. Por exemplo, o fato de que a teoria científica e os dados atuais geralmente embasam um universo antigo e uma Terra antiga não me leva a concluir que os dias em Gênesis 1—2 são eras ou longos períodos de tempo. Embora eu possa concluir que se trata da melhor compreensão do texto, essa conclusão para mim deve ser alcançada, na medida do possível, com base em dados exegéticos do texto, não com base nas declarações da ciência. Nada disso significa que estou "condenado" a adotar uma interpretação friamente literal de Gênesis 1—2 ou de qualquer outra passagem bíblica. Apenas esclarece minha metodologia e visa incentivar outros a usá-la também.

Então, qual é a diferença entre apelar para a ciência neste tópico e apelar para a filosofia na questão da providência? Como veremos, as Escrituras ensinam claramente tanto o livre-arbítrio como a soberania divina. É claro que ensinar ambos, que Deus ordena e controla todas as coisas e que os humanos são livres e moralmente responsáveis, parece contraditório. Embora as Escrituras criem essa tensão, não a resolvem. É por isso que ultrapasso as Escrituras e vou até a filosofia, para ver o que esta nos diz sobre diferentes noções de livre-arbítrio e diferentes conceitos de como ocorrem os eventos e ações. A filosofia me mostra que existem duas perspectivas amplas sobre essas questões, o determinismo e o indeterminismo, e me ajuda a entender a diferença entre elas. Portanto, apelo à filosofia porque o ensino das Escrituras cria uma tensão sem resolvê-la, e sinto que a filosofia pode me ajudar a ver como fazê-lo. Isso não significa que eu possa escolher qualquer posição filosófica que eu quiser em relação a esses assuntos. Meu compromisso evangélico com as Escrituras exclui automaticamente qualquer resposta filosófica que contradiga o ensino bíblico. Por outro lado, se mais de uma posição filosófica se encaixar nas Escrituras sem contradição, então eu poderia escolher qualquer uma dessas respostas, mas ainda procuro a posição que me permita entender as passagens bíblicas no seu sentido mais natural.

A situação em relação ao ensino bíblico sobre as origens e a teoria científica é diferente. Como no livre-arbítrio e no determinismo, também há uma tensão nessa discussão. Contudo — e essa é a diferença crucial —, a tensão nesse caso *não* surge *nas* Escrituras, como ocorre na questão do livre-arbítrio/soberania. Os ensinamentos bíblicos sobre a origem do universo e de toda vida são coerentes entre si. A tensão surge quando tentamos combinar os ensinamentos das Escrituras com a ciência. Visto que a teologia evangélica deve dar maior peso às Escrituras, se a ciência contradiz o que as Escrituras ensinam claramente, as conclusões da ciência devem ser rejeitadas. É claro, a maneira como afirmei isso exige que tenhamos certeza sobre o que as Escrituras realmente ensinam, e também devemos fazer um julgamento sobre o que os dados científicos realmente exigem. Portanto, minha metodologia não torna automaticamente impossível encontrar alguma ajuda da ciência na formulação da doutrina da criação, mas nos adverte a exercer um ceticismo saudável sobre o que a ciência diz e a testá-lo com muito cuidado antes de usá-lo para alcançar uma conclusão doutrinária.

Em suma, a diferença entre o meu uso de disciplinas seculares no caso da criação em oposição ao caso da questão do livre-arbítrio/soberania é a seguinte: no último caso, as Escrituras criam a tensão sem resolvê-la, e a filosofia pode nos ajudar a remover essa tensão; no primeiro caso, contudo, a tensão não surge nas Escrituras, mas entre as Escrituras e a ciência, e, nesse caso, a teologia evangélica exige que se opte pelas Escrituras. Eu também uso esse procedimento para lidar com outras questões doutrinárias. Se as Escrituras criam a tensão, ou se simplesmente não abordam certas questões, então podemos consultar as disciplinas seculares para nos ajudar a resolver a tensão ou preencher os detalhes que faltam, *desde que o material adotado da disciplina secular não contradiga o claro ensinamento das Escrituras*. Por outro lado, se o ensino de uma disciplina secular contradisser as Escrituras, o teólogo não deve usá-la, mesmo que as Escrituras deixem várias ideias em tensão ou simplesmente deixem sem resposta perguntas que queremos responder.

Com essas palavras de introdução, podemos agora nos voltar às várias explicações dos dias em Gênesis 1—2 e sua relação com a idade do nosso universo e tudo o que há nele.

TEORIA DO DIA PICTORIAL-REVELATÓRIO. Essa teoria, proposta por estudiosos como J. H. Kurtz, P. J. Wiseman e James M. Houston, busca claramente acomodar os achados da ciência com o relato da criação em Gênesis. De acordo com a forma mais típica dessa visão, os dias de Gênesis 1 são seis dias consecutivos de 24 horas, mas são dias da revelação de Deus a Moisés, não dias da criação. Ou seja, durante um período de seis dias, Deus revelou a Moisés o que Ele havia feito. De fato, pode ter levado milhões e bilhões de anos para Deus criar o universo, nosso sistema solar e a vida neste planeta, mas isso é uma questão para a ciência determinar. O que sabemos de Gênesis 1 e 2 é que Deus foi o Criador e, em seis dias consecutivos, Ele revelou a Moisés o que havia feito. Quanto à organização dos materiais nos seis dias, é um arranjo tópico, e não uma sequência cronológica. Assim, não sabemos realmente a ordem dos eventos; a distribuição dos dados nos seis dias da criação foi a maneira como Deus organizou o material que Ele revelou ou o padrão que Moisés usou para apresentar o relato.

Para apoiar essa visão, alguns mencionam o agrupamento bastante óbvio de materiais em duas tríades correspondentes de eventos. Considera-se isso evidência de que o relato não é uma cronologia ou crônica rigorosa do que aconteceu, mas uma maneira de organizar a história da atividade criadora de Deus. Além disso, somos lembrados de que o objetivo de Gênesis 1 e 2 não é ensinar ciência, mas apresentar Deus como Criador como uma introdução a Gênesis e ao Pentateuco de modo mais amplo. E Wiseman argumenta ainda que a palavra hebraica *'āśāh* ("fazer"), usada amplamente em Gênesis 1—2, na verdade significa "mostrar".[87]

Essa é uma maneira engenhosa de ter a Bíblia e a ciência também, mas há pouco para recomendá-la em termos textuais. Não há indício em Gênesis 1—2 de que os dias sejam dias de revelação. Na verdade, o relato *revela* o que Deus fez, mas isso não significa que seja um relato de seis dias de revelação a Moisés em vez de seis dias de criação. O registro de cada dia da criação começa com a fórmula "E disse Deus", mas em nenhum caso Moisés escreveu que Deus disse, por exemplo: "Neste primeiro dia de lhe mostrar o que aconteceu, estou revelando que criei luz". Tampouco Moisés termina algum dos dias dizendo: "passaram-se tarde e manhã, e esse foi o primeiro dia de revelação". Se Moisés quisesse dizer que esses são dias de sonhos reveladores, visões ou coisa semelhante, ele certamente saberia como fazê-lo, pois em outros lugares de Gênesis ele relata vários sonhos e visões que as pessoas tiveram. Além disso, para adotar essa visão, seria necessário defender que, depois de ler os dois primeiros capítulos de Gênesis, estamos basicamente ignorantes sobre a ordem e até mesmo a natureza dos eventos que aconteceram — e defender que não podemos ter certeza de que nada disso é fato histórico. Porém, conforme mencionado ao discutir o gênero literário, se for assim, há algumas implicações sérias para várias afirmações doutrinárias. Por fim, a sugestão de Wiseman sobre o significado de *'āśāh* é problemática.

É duvidoso que "mostrar" seja o significado típico no AT, mas há problemas com essa sugestão até em Gênesis 1 e 2. Por exemplo, em Gênesis 1.26, Deus diz: "Façamos o homem à nossa imagem", e o verbo traduzido por "façamos" é *'āśāh*. É verdade realmente que tudo o que Deus está dizendo é que Ele deveria *mostrar* a Moisés que o homem é a imagem de Deus? Como poderíamos defender tal leitura? Além disso, em Gênesis 1.27, temos o relato de Deus criando o homem como macho e fêmea. O verbo "criar" ocorre três vezes no versículo, mas nenhum é uma ocorrência de *'āśāh*; o verbo em todas as três referências bíblicas é *bārā'*. Wiseman pretende argumentar que o significado básico de *bārā'* também é "mostrar"? Seria extremamente difícil provar isso. Claramente, o uso de *'āśāh* e *bārā'* é intercambiável aqui, então, o que quer que um signifique, o outro também tem de significar. Porém, a leitura mais provável é que Deus fala de criar, não de mostrar.

TEORIA DA CRIAÇÃO PRÉ-GÊNESIS 1. Outra tentativa de encaixar a ciência com as Escrituras propõe que, antes de Gênesis 1.1, Deus criou um mundo diferente e uma raça pré-adâmica de homens. Os defensores dessa visão poderão citar Isaías 45.18 e Jó 38.7 como evidência da criação *ex nihilo*, e observar que a passagem de Isaías diz que Deus não formou os céus e a terra como um lugar para estar vazio, mas para ser habitado. Logo, deve ter havido todos os tipos de formas de vida na terra original. Por que Deus simplesmente não ficou com essa criação original? De acordo com essa teoria, algo deve ter provocado o juízo de Deus. Não podemos ter certeza de qual era o problema, mas talvez tivesse a ver com a queda de Satanás e, em resposta, Deus julgou o mundo. Gênesis 1.1 é um resumo do que vem a seguir no capítulo 1, mas então, Gênesis 1.2 nos mostra uma terra sem forma e vazia na época em que Deus começou a remodelá-la em nossos céus e terra atuais. O restante dos capítulos 1 e 2 fornece os detalhes desse trabalho de recriação. Visto que o estado da terra, conforme descrito em Gênesis 1.2, difere daquele registrado em Isaías 45.18, Gênesis 1 e 2 devem apresentar eventos que ocorreram cronologicamente após a criação inicial e o julgamento sobre essa criação.[88]

Esta não é a famosa teoria do hiato, pois com essa teoria Deus cria (Gn 1.1) e então há uma lacuna entre os versículos 1 e 2, durante a qual Deus julga a criação que Ele fez. A teoria da criação pré-Gênesis 1 coloca uma lacuna entre uma criação inicial (Is 45.18; Jó 38.7) e Gênesis 1.1. Ao adotar essa visão, pode-se adicionar longos períodos de tempo à idade da terra e do universo. Além disso, pode-se afirmar que fósseis antigos de dinossauros e similares representam formas de vida que habitavam o mundo originalmente criado, o qual foi julgado antes de Gênesis 1.1.

Apesar da aparente capacidade de harmonizar o ensino bíblico sobre criação com a ciência, essa teoria tem pouco que a recomende em termos bíblicos. Não há evidência de que Jó 38.7 fale de um céu e uma terra temporalmente prévios. Deus pergunta a Jó onde ele estava quando Ele lançou as bases de tudo o que existe. A descrição do trabalho de Deus tem o objetivo de mostrar a Jó o poder e a majestade de Deus e assegurá-lo de que, apesar de todas as suas perguntas, ainda há muitas coisas que ele não sabe. É claro, Jó, ao olhar o mundo criado ao seu redor, podia ver facilmente que Deus tem grande poder. Contudo, se a questão para Deus for um mundo pré-Gênesis 1.1, qual é o sentido para Jó? Jó não estava presente na época, nem podia ver os resultados dessa atividade criadora, se ela realmente ocorreu. O único mundo que Jó podia ver é o céu e terra atuais, não um mundo pré-adâmico; mas é essencial ao argumento da majestade e do poder de Deus que o que Ele falar seja algo que Jó possa, de certa forma, experimentar. Um mundo pré-Gênesis 1.1 está além de todas as nossas habilidades sensoriais.

Quanto a Isaías 45.18, é uma afirmação geral de que Deus criou todas as coisas, e declara que Ele não criou o universo para ficar vazio, mas isso de forma alguma pressupõe que deve ter havido uma raça pré-adâmica. Gênesis 1 e 2 nos mostram vários estágios da atividade criativa de Deus, e está claro que Ele não criou os céus e a terra atuais para serem desabitados, pois esses dois capítulos mostram Ele os enchendo de vida vegetal, peixes, pássaros, animais e seres humanos. Além disso, a condição da terra descrita em Gênesis 1.2 não exige que ela tenha ficado assim como resultado do julgamento. Nada no texto diz isso, e visto que o autor relata a criação gradual de todas as coisas em vários estágios — já que Deus não criou tudo em sua forma plena ao pronunciar seu primeiro "Haja..." — não é de surpreender que Gênesis 1.2 retrate o mundo em um estágio incompleto de desenvolvimento. Esses versículos ensinam que, depois de ter criado a matéria *ex nihilo*, Deus moldou esse material no universo ao nosso redor, em uma série de estágios. Não é preciso ler nenhum julgamento em Gênesis 1.

Fora as passagens de Jó e Isaías, há pouca justificativa para essa teoria. Há ampla evidência da queda de Satanás; mas ela ter ocorrido antes de Gênesis 1.1 e resultado na destruição de um primeiro mundo é pura especulação. Além disso, se havia uma raça pré-adâmica de humanos na terra, o que significa para o ensino bíblico a morte ter entrado na raça humana como resultado do pecado de Adão? Lembre-se de que essa teoria diz que o mundo anterior não é totalmente descontínuo com este, mas então há problemas significativos para o ensino bíblico sobre pecado e morte. A teoria pré-Gênesis 1.1 diz que a morte e a destruição vieram ao mundo como resultado da queda de Satanás ou talvez por causa do pecado daquela raça humana anterior. Nenhuma dessas opções condiz com o ensino bíblico de que a morte veio para a raça humana por meio do pecado de Adão e que, antes de Adão, ninguém morreu.

A TEORIA DO HIATO. Descobertas científicas em geologia, astronomia e paleontologia durante os séculos XVIII e XIX pareceram oferecer evidências substanciais para uma Terra antiga. Porém, como isso poderia ser harmonizado com os seis dias da criação registrados em Gênesis 1 e 2? O que é conhecido variadamente como teoria do hiato, reconstrucionista, da restituição ou do juízo divino propôs uma maneira de deixar o relato de Gênesis razoavelmente intacto ao mesmo tempo em que permite às datas da ciência receber seu crédito. O pregador e teólogo escocês Thomas Chalmers (1780-1847) parece ter sido o primeiro grande defensor dessa visão,[89] mas ela continuou tendo vários defensores mesmo no século XX. Franz Delitzsch, notável estudioso do AT, a defendeu, e a antiga *Bíblia de Referência Scofield* ofereceu essa explicação de por que a terra era sem forma e vazia (Gn 1.2); nenhuma outra explicação foi oferecida. A nova *Bíblia de Referência Scofield* oferece duas opções. A primeira, chamada de visão original do caos, diz que Gênesis 1.2 retrata a condição da terra sem forma após a criação original da matéria *ex nihilo* (1.1). A segunda opção é a teoria do hiato (denominada visão do juízo divino). Nas duas edições da *Bíblia de Referência Scofield*, a queda de Satanás é dada como a razão do juízo e da destruição, embora isso esteja muito mais claro na edição anterior.

A teoria do hiato afirma que Gênesis 1.1 fala da criação original de um universo perfeito por parte de Deus. No entanto, o versículo 2 mostra as coisas em um estado de desordem e destruição. Evidentemente, entre a criação original (1.1) e a situação no versículo 2, deve ter havido um tremendo intervalo de tempo. Além disso, durante esse período, o pecado deve ter entrado no mundo (normalmente, isso é atribuído à queda de Satanás) e evocou a ira e o juízo de Deus, que foram derramados sobre a criação original. Tudo isso aconteceu há milhões e até bilhões de anos (ninguém sabe ao certo), e a criação permaneceu nessa condição julgada e desolada por longos períodos. Em Gênesis 1.2, vemos o universo nessa condição, e então Deus decidiu reconstruí-lo e restaurá-lo. Os eventos descritos no versículo 2 e seguintes são de origem muito mais recente (alguns diriam que começaram por volta de 4000 a.C., e outros especulam que a reconstrução começou em algum lugar entre 10.000 e 20.000 anos atrás). De fato, os seis dias registrados no capítulo 1 podem ter sido seis dias consecutivos de 24 horas. Ainda, as descobertas científicas podem ser acomodadas quando percebemos que a criação original e a destruição ocorreram longos períodos de tempo atrás. Além disso, os teóricos do hiato normalmente postulam uma raça pré-adâmica de seres humanos que povoava a terra original. Caso contrário, seria difícil harmonizar fósseis de humanos primitivos com o relato de Gênesis.[90]

Vários argumentos são propostos em apoio a essa visão. Primeiro, argumenta-se que o verbo *hāyĕtāh* no versículo 2 deveria ser traduzido como "tornou-se", em vez de "era". A razão é que o versículo 1 fala da condição original da criação, enquanto o versículo 2 nos mostra as condições após o juízo. Visto que Deus não teria criado coisas desordenadas desde o início, o mundo deve ter se tornado assim após o juízo.

Segundo, argumenta-se que *tōhû wābōhû* ("sem forma e vazia") se refere a um estado de confusão, caos e desordem. Já que Deus não criaria as coisas dessa maneira, isso deve ter resultado do seu juízo. Além disso, a mesma frase aparece em Jeremias 4.23 e os mesmos termos em Isaías 34.11, e em ambos os casos a vacuidade e o vazio são mencionados em contextos sobre o juízo divino. Ademais, Isaías 45.18 diz que Deus não criou a terra para ser um lugar desolado (*lō' tōhû*), mas para ser habitado. Contudo, Gênesis 1.2 diz que a terra era um lugar desolado e sem forma, então algo deve ter acontecido entre a criação original (1.1) e a situação em Gênesis 1.2. Se alguém pensa que Deus não julga dessa maneira, considere Isaías 24.1: "Eis que o SENHOR vai devastar e desolar a terra, vai transtornar a sua superfície e lhe dispersar os moradores". Isaías 24.1 não se refere a Gênesis 1.2, mas mostra que o juízo sugerido pela teoria do hiato é algo que Deus poderá fazer.

Terceiro, depois de criar Adão e Eva, Deus lhes diz que sejam frutíferos, multipliquem e encham a terra (Gn 1.28). O verbo traduzido como "encher" é *mālē'*, mas na verdade significa "encher novamente". Logo, a terra já deve ter estado cheia (Gn 1.1), e agora Deus, depois de reconstruir o mundo, diz a seus novos habitantes para enchê-la novamente.

Quarto, alguns defensores dessa visão também fazem distinção entre *bārā'* e *'āśāh*. Eles alegam que o primeiro é um verbo forte que significa "criar" e aparece em Gênesis 1.1 para falar da criação original. Por outro lado, *'āśāh* é um verbo mais fraco que pode significar "refazer", e aparece em Gênesis 1.7,16,25,26,31; 2.2, o segmento do relato que os teóricos do hiato acreditam tratar da restauração e reconstrução da ordem criada.[91]

Por fim, os teóricos do hiato veem passagens como Isaías 14.3-23; Ezequiel 28.11-19; e Apocalipse 12.7-9 como ensinamento sobre a revolta e queda de Satanás. Sabemos que Satanás foi criado e que, pelos acontecimentos de Gênesis 3, ele se revoltou contra Deus. Os seis dias da criação em Gênesis 1 não mencionam nada da criação ou queda de Satanás, apesar de darem um relato geral um tanto completo das categorias de coisas que Deus criou durante os seis dias. Portanto, Satanás provavelmente foi criado antes dos seis dias da criação e, como não ouvimos nada sobre sua queda em Gênesis 1 ou 2, ela deve ter acontecido entre Gênesis 1.1 e 1.2. Se for o caso, isso nos ajuda a entender por que a terra estava na condição descrita no versículo 2.

Apesar desses argumentos e da possível vantagem de condizer com a ciência, a teoria apresenta sérios problemas. Uma preocupação inicial trata do significado de *hāyĕtāh*. É possível, com certeza, que a palavra signifique "tornou-se", mas há um predomínio de evidências contra esse significado. A palavra ocorre muitas vezes no Pentateuco e em toda a Bíblia.[92] A forma exata *hāyĕtāh* aparece no Pentateuco cerca de 49 vezes. De todas as ocorrências no Pentateuco, apenas seis (todas no Qal) estão claramente em contextos que exigem a tradução como "tornou-se". Essas seis referências bíblicas são Gênesis 3.22; 19.26; 21.20; Êxodo 7.19; 8.17 (no texto hebraico aparece em 8.13); e 9.10. Um exemplo no Nifal também requer o significado de "tornar-se" (Dt 27.9). Nenhuma das seis referências bíblicas no Qal está na forma *hāyĕtāh*. Duas das seis (Gn 3.22 e Êx 8.17 (heb. 8.13) são a forma *hāyāh*, mais duas referências (Gn 21.20 e Êx 9.10) são *wayĕhî*, uma quinta instância (Gn 19.26) é *watĕhî*, e a instância final (Êx 7.19) é a forma *wĕyihĕyû*. É claro, em cada uma dessas, o contexto exige claramente a tradução "tornou-se". *Hāyĕtāh* também pode significar "tornou-se" em Gênesis 1.2, mas, a julgar apenas pelo uso desse verbo no Pentateuco, essa tradução é altamente incomum e improvável. O que acaba determinando o significado de uma certa palavra, no entanto, é o contexto, e é aí que a leitura desse verbo feita pela teoria do hiato apresenta sérios problemas, pois nada *no contexto imediato* deste versículo exige a tradução como "tornou-se". O que a poderia exigir neste versículo senão o pressuposto da teoria do hiato? Porém, é claro, ler essa tradução no texto com base na teoria do hiato é falácia lógica.

Alguns responderão que "sem forma e vazia" requer a leitura de *hāyĕtāh* como "tornou-se". Contudo, isso não procede, pois "sem forma e vazia" não conota necessariamente uma condição que resultou de algo negativo, como o mal ou um juízo. Não há dúvida de que em Isaías 34.11 e Jeremias 4.23 a frase aparece em contextos de juízo, mas nenhuma dessas passagens fala de Gênesis 1. De fato, os teóricos do hiato não dizem que essas passagens falam de Gênesis 1; o único argumento deles é que uma frase que aparece em Gênesis 1.2 também aparece nesses dois versículos. Nos dois últimos versículos, fala de uma condição após o juízo, dizem eles, então devemos enxergá-la com o mesmo significado em Gênesis 1.2. Porém, certamente é um raciocínio impróprio, pois admitir que Isaías e Jeremias não estão falando do mesmo acontecimento que Gênesis 1 significa que o máximo que essas passagens podem nos dizer é que *sem forma e vazia* possivelmente é usada em Gênesis 1.2 para descrever os resultados do juízo. Se algo em Gênesis 1 indicar um contexto de juízo, então poderemos nos inclinar a pensar que 1.2 fale de uma terra julgada, mas nada nesse capítulo sugere uma cena de juízo, a menos que se use de falácia lógica e se imponha essa ideia ao texto. *Sem forma e vazia* em Gênesis 1.2 não precisa significar nada além de que, naquele estágio da obra criadora de Deus, a terra não estava pronta para a habitação. Isso provavelmente também era verdade até o quarto dia, depois que o sol, a lua e as estrelas foram instalados, mas certamente as atividades divinas nos dias um a três não foram juízos apenas porque a terra ainda não estava muito pronta para ser habitada naqueles dias.[93] Portanto, não está claro que *sem forma e vazia* significa que houve um julgamento.

Eu já abordei Isaías 45.18 em relação à teoria da criação pré-Gênesis 1.1 e não preciso repetir a resposta. Quanto a Isaías 24.1, Deus realmente tem esse poder, mas nada em Isaías 24 sugere que a devastação específica exposta nesse versículo tem algo a ver com Gênesis 1.1,2 e a criação. E quanto a Gênesis 1.28 e o significado de *mālē*? Esta palavra hebraica pode significar "encher de novo"? É possível que sim, porque pelo menos outro exemplo pode ser lido dessa maneira. O mesmo verbo é usado em Gênesis 9.1 quando Deus diz a Noé, após o dilúvio, para encher a terra. Visto que a terra estava cheia de pessoas e animais antes do dilúvio, e que este matou a maioria deles, é verdade que, se Noé e sua família obedecessem ao comando, eles "encheriam novamente" a terra.

Porém, admitir essa leitura como possível não a torna provável. Também devemos observar que o verbo pode simplesmente significar "encher". Dois exemplos mostram essa possibilidade. Um deles é Gênesis 1.22, quinto dia, quando Deus diz às criaturas marítimas que encham os mares. Visto que os mares são os que Deus acabara de formar no terceiro dia, a ordem para enchê-los deve se referir a um primeiro enchimento, não a um novo enchimento. Observe também Êxodo 10.6, onde o verbo ocorre novamente e fala em encher de granizo as casas dos egípcios. Visto que isso é predito como uma das dez pragas, e Deus ainda não havia trazido uma praga de granizo nessa sequência, quando o texto fala em encher as casas dos egípcios com essa praga, não pode significar enchê-las de novo.

A partir deste breve estudo da palavra *mālē'*, está claro que em Gênesis 1.28 ela *poderia* significar "encher" ou "encher de novo", embora um estudo mais detalhado mostre que o predomínio do uso favorece o primeiro. Ainda, o contexto deve ser determinante, e o contexto de Gênesis 1 exige a leitura como "encher". A única maneira possível de exigir "encher de novo" é se o capítulo ensinar que houve uma ordem previamente criada a qual foi destruída. Porém, em nenhum lugar essa passagem diz isso, e presumir que a palavra tenha de significar "encher de novo" aqui, a fim de condizer com a teoria do hiato, é apenas usar de falácia lógica.

Um último ponto diz respeito à queda de Satanás. Está além de nosso propósito decidir se Isaías 14 e Ezequiel 28 se referem à queda de Satanás, mas mesmo que não, isso não significa que Satanás não caiu. O problema para a teoria do hiato, porém, é que nenhuma passagem nas Escrituras fala da queda de Satanás ocorrendo após uma criação inicial e antes de uma segunda criação. Portanto, a proposta de que a terra é julgada e, portanto, sem forma e vazia como resultado da queda de Satanás é mera especulação. Além disso, Gênesis 2.1 é um resumo dos seis dias da criação e diz que os céus, a terra e todo o seu exército foram criados conforme detalhado no capítulo anterior. Se os exércitos do céu incluem o sol, a lua e as estrelas, e também seres angelicais, e se tudo o que foi criado para encher o céu e a terra foi feito nos seis dias da criação (isso também parece parte do argumento de Êx 20.11), então a proposta da teoria do hiato, de que Satanás e suas legiões foram criados antes dos seis dias da criação, apresenta sérios problemas.

Teorias evolucionistas naturalistas

A evolução naturalista, conectada muitas vezes ao ateísmo, oferece uma importante alternativa ao criacionismo. Muitos que a defendem provavelmente diriam que Gênesis 1—2 é teologia, não ciência. É um modo mitológico de ensinar que Deus criou o universo. É claro, várias outras culturas antigas tinham histórias da criação, por isso não é incomum que a Bíblia a contenha também. Ainda, nada disso é ciência, e se quisermos uma explicação do que realmente ocorreu, devemos nos voltar à ciência. Quando o fazemos, descobrimos que a melhor explicação científica é que o universo tem entre 15 e 20 bilhões de anos. A melhor explicação atual é que tudo foi formado como resultado do *Big Bang*. A Terra tem cerca de 4,5 bilhões de anos, e os antepassados humanos (*homo habilis*) começaram a aparecer nela entre 2 e 3,5 bilhões de anos atrás.[94] Portanto, se os dias de Gênesis 1—2 forem levados a sério, eles não são dias literais de 24 horas. Todo o processo evolutivo levou muito mais tempo do que i77sso.

Este não é um texto apologético, por isso não vou oferecer um argumento tão completo contra a evolução como faria em um trabalho assim, mas devo mencionar algumas considerações que argumentam contra um relato evolutivo das origens. E é importante por muitas razões, sendo uma delas o fato de que os evolucionistas teístas acreditam que podem harmonizar a ciência e o Gênesis ao invocarem Deus. Contudo, se há evidência significativa contra a ocorrência da evolução, é difícil ver por que alguém tentaria resgatá-la invocando Deus, e, portanto, é duvidoso pensar que incluir Deus salvaria a teoria.

Existem muitas objeções à evolução, mas várias atenderão aos nossos propósitos. A primeira diz respeito ao mecanismo da evolução, que é o processo aleatório de seleção natural. Os evolucionistas defendem que, pela seleção natural, um processo totalmente aleatório, as formas de vida mais adaptadas serão as mais bem-sucedidas em se reproduzir. Portanto, a composição genética da mais adaptada dominará a população de genes, porque apenas os sobreviventes podem se reproduzir. Porém, a seleção natural também deve funcionar para que, ao longo do tempo, tendências genéticas vantajosas (ou seja, qualidades que ajudarão a forma de vida a sobreviver melhor do que outras de sua espécie) se acumulem para que acabem ocorrendo mudanças de característica em grande escala nas formas de vida. O resultado é a evolução para novas espécies que são mais bem adaptadas ao seu ambiente e, assim, têm mais probabilidade de sobreviver e se reproduzir. Porém, dentro das espécies como elas são, existem muitas variações genéticas possíveis. As mutações genéticas fornecem opções genéticas que acabam produzindo mudanças para uma nova espécie.

Em resposta, Phillip Johnson, em *Darwin on Trial* [Darwin no banco dos réus], mostra como é difícil para os cientistas até formular a ideia de seleção natural de maneira que não seja vaga e tautológica.[95] Porém, a grande questão é se há alguma evidência de tais mudanças abrangentes. Os evolucionistas não têm evidências de que a seleção natural, por si só, tenha realizado tais feitos. Alguns apelam para o que pode acontecer com a seleção artificial, quando criadores cruzam os animais em busca de determinadas características e, assim, mudam dramaticamente os traços de certas formas de vida. O problema, no entanto, é que a seleção artificial é a escolha por *design* inteligente, a do criador. Em contrapartida, a seleção natural exclui qualquer *design* inteligente.[96] Ela nos pede que acreditemos que as forças reprodutivas, deixadas por conta própria, selecionarão qualidades que produzem organismos mais adequados e, no final, novas espécies. As evidências não sugerem tal capacidade inerente em um processo inanimado e não inteligente, e simplesmente não há evidências de que tenha acontecido esse tipo de coisa que a evolução postula.

Além disso, existem problemas sérios em pensar que as mutações genéticas podem fornecer o grão necessário para o moinho evolutivo. Primeiro, simplesmente não há evidências de que um organismo possa ter mutações tão grandes que, por exemplo, um gene mutante em um peixe produziria uma asa como a de um pássaro. As mutações genéticas não abrem a porta para que o gene mutante seja qualquer coisa. Além disso, mesmo que um peixe pudesse ter um conjunto mutante de genes que produzisse uma asa (ou asas), isso não resultaria em um peixe mais adaptado, a menos que houvesse outra mutação imensa que desse aos peixes pulmões para que pudessem respirar fora da água enquanto voam. Qual é a evidência de que um processo aleatório, não inteligente, já produziu ou poderia produzir essa combinação de características mutantes?

Segundo, se as macromutações são improváveis, talvez as principais mudanças possam ocorrer pela compilação de um grupo de micromutações que acabam equivalendo a uma macromutação. É claro, isso parece exigir uma inteligência guiando o processo para que ocorra somente a combinação certa de micromutações, e que estas se deem no tempo oportuno para que a "grande mudança" não deixe de ocorrer porque leva "uma eternidade" para acontecer, e nesse meio tempo o processo colapsa. Se for deixado para o acaso fazer todas as mutações corretas de forma conjugada e cuidar para que em todos os estágios o organismo intermediário seja realmente o mais adequado e realmente sobreviva, a credibilidade de que isso tudo ocorra é passageira. O próprio Darwin disse que: "Se pudesse ser demonstrado que existiu algum órgão complexo que não poderia ter sido formado por numerosas, sucessivas e leves modificações, minha teoria se desfaria". Richard Goldschmidt (Universidade da Califórnia, Berkeley), por volta da metade do século XX, concluiu que várias coisas, desde pelos de mamíferos a hemoglobina, não poderiam ter sido produzidas pelo acúmulo de micromutações.[97] O último e talvez maior problema da proposta sobre mutações é que os cientistas concordam que a maioria delas não é benéfica, mas prejudicial e até letal. Então, qual é a probabilidade de que mutações aleatórias tornem uma determinada forma de vida mais adequada e com maior probabilidade de sobreviver?

Uma segunda área importante de problemas com a evolução envolve o registro fóssil. Apesar da improbabilidade de que a evolução ocorra, os cientistas acreditam que o registro fóssil mostra que sim. Supõe-se que tal registro seja uma evidência empírica que embase as datas que os cientistas postulam sobre a história da vida em nosso planeta e que também mostre que a macroevolução aconteceu e aconteceu repetidas vezes. Contudo, o registro fóssil na verdade é uma forte evidência contra a macroevolução.

Para que confirme a evolução, o registro fóssil precisa mostrar o seguinte: 1) mudança lenta e gradual de uma espécie para outra; 2) formas de transição "entre" espécies (o resultado seria uma linha não clara entre espécies distintas. Portanto, qualquer desenho de limites seria essencialmente arbitrário para se adequar às percepções de quem revisa as evidências); 3) evidência de extinção lenta e gradual de espécies menos adaptadas.

O que os fósseis realmente mostram? Primeiro, existem lacunas significativas no registro fóssil, ou seja, faltam fósseis durante toda a suposta ascensão das formas de vida. O que é especialmente problemático é a falta de fósseis de transição em todo o registro fóssil. Se a evolução se moveu gradualmente de espécie a espécie, devemos encontrar evidências de formas de vida transitórias que eram em parte uma espécie e em parte outra. É claro, parte do problema é que raramente se vê, se é que se vê, um conjunto claro de critérios para julgar se determinada forma de vida é transicional ou inteiramente uma espécie ou outra. Ainda, existem muitas lacunas no registro fóssil em termos de qualquer forma de vida que poderia ser considerada conclusivamente uma forma transicional entre duas espécies. Não é de surpreender que quando Darwin propôs sua teoria pela primeira vez havia muitas lacunas nos registros fósseis, mas nos 140 anos desde então, seria de esperar que muitas dessas lacunas tivessem sido preenchidas à medida que os cientistas pesquisassem, guiados pela teoria darwiniana. Contudo, os fósseis faltantes ainda estão faltando.

Segundo, o registro fóssil oferece evidência não de extinção gradual, mas de extinções catastróficas de certas espécies que podem ter resultado de algo como um cometa colidindo com a Terra.[98] Além disso, o registro fóssil mostra estase de espécies, isto é, limites fixos entre espécies (em grande parte porque é muito difícil encontrar fósseis de supostas formas de transição). Além disso, Johnson documenta casos de fósseis considerados ancestrais ao lado de fósseis considerados descendentes. Em outras palavras, as duas espécies fixas e distintas viviam ao mesmo tempo, ainda que uma tivesse gradualmente de ter dado lugar a outra ao longo do tempo.[99]

Talvez o maior constrangimento para o registro fóssil da evolução seja a explosão repentina de todos os tipos de formas de vida no período cambriano, embora nenhum fóssil apareça nas rochas pré-cambrianas. Isso não combina com o princípio de uniformitarismo dos evolucionistas. Johnson explica o significado da explosão cambriana:

> Quase todos os filos de animais aparecem nas rochas desse período sem deixar um vestígio dos ancestrais evolucionários exigidos pelos darwinistas. Como diz Richard Dawkins: "É como se eles tivessem acabado de ser plantados lá, sem nenhuma história evolutiva". No tempo de Darwin, não havia evidências da existência de vida pré-cambriana, e ele admitiu em *A origem das espécies* que "O caso no momento deve permanecer inexplicável e pode ser realmente instado como um argumento válido contra as opiniões aqui apresentadas". Se sua teoria fosse verdadeira, escreveu Darwin, o mundo pré-cambriano deve ter "fervido de criaturas vivas".[100]

Poucas evidências de quaisquer formas de vida existentes na era pré-cambriana (com a possível exceção de algumas bactérias e algas) já apareceram, porém, a teoria de Darwin persiste. Certamente é arriscado construir uma teoria de base empírica baseada na falta de dados empíricos!

Outro ponto sobre os fósseis é que os cientistas muitas vezes esboçam figuras, com base nos fósseis, de como devem ter sido as formas de vida. Os esboços são feitos de modo a retratar uma ascensão gradual nas formas de vida, por exemplo, desde criaturas semelhantes a macacos até os humanos. Vendo os esboços e sendo informados de que há fósseis provando a existência de tais criaturas, é natural pensar que se trata de um fato comprovado. No entanto, é bastante falacioso quando se percebe que, em muitos casos, os fósseis não são esqueletos inteiros, nem sequer um crânio inteiro. Em vez disso, os cientistas reconstroem uma concepção artística de como deve ter sido a forma de vida inteira a partir de fragmentos de ossos de uma mandíbula ou de um braço ou perna. Porém, quando se tem apenas fragmentos, como se pode ter certeza? Além disso, a partir do mesmo fragmento, um artista pode construir uma figura que se pareça muito com um macaco ou com um ser humano. Tudo isso deixa desconfiança da suposta conclusividade do registro fóssil.

O que se torna ainda mais problemático são as confissões acerca do registro fóssil por parte de alguns evolucionistas quando nos dizem a verdade. É digna de nota a declaração do renomado evolucionista George Gaylord Simpson, em seu livro *The Meaning of Evolution* [O significado da evolução]. Simpson é um evolucionista comprometido, mas faz uma confissão muito reveladora ao discutir o trabalho de paleontólogos e outros que lidam com fósseis. Seus comentários são um tanto extensos, mas vale a pena citar:

> Alguns paleontólogos têm se impressionado tanto com a tendência frequente de os animais se tornarem maiores com o passar do tempo que tentaram trabalhar de maneira inversa. Se eles encontrarem, digamos, um bisonte pleistoceno que é um pouco maior que um bisonte recente (o chamado *Bison taylori*, associado ao homem primitivo e presa dele na América, é um bom exemplo), eles concluem que não se trata de ancestral do bisonte ulterior *porque* é maior. Você pode estabelecer qualquer "regra" que desejar se começar com tal regra e então interpretar as evidências em concordância com ela.
>
> Isso sugere algumas observações digressivas breves, porém pertinentes, sobre certos fatores psicológicos na interpretação do registro evolutivo necessariamente imperfeito. Uma linhagem evolutiva realmente completa nunca é preservada; isso significaria fossilização e recuperação de todos os animais que já viveram como partes dessa linhagem, uma chance absurdamente impossível. Os curadores de museu sabem que mesmo que o milagre da fossilização tenha ocorrido, a recuperação e o estudo seriam impossíveis se baseados apenas na despesa. Os dados reais, então, normalmente consistem em amostras relativamente pequenas da linhagem, espalhadas mais ou menos aleatoriamente no espaço e no tempo. O processo de interpretação consiste em conectar essas amostras de uma maneira necessariamente mais ou menos subjetiva, e os alunos podem usar os mesmos dados para "provar" teorias diametralmente opostas.[101]

A honestidade é revigorante, mas, ao mesmo tempo, é inacreditável que um defensor tão convicto da evolução ainda seja convencido e espere que outros concordem à luz de tais revelações. Afirmações como essas, provenientes de "especialistas" que deveriam saber muito bem como sua ciência funciona e quais dados estão disponíveis, tornam muitos de nós altamente céticos em relação à evolução.

Há várias outras objeções significativas à evolução, tanto de cristãos evangélicos quanto de incrédulos como Michael Denton (*Evolution: A Theory in Crisis* [Evolução: uma teoria em crise]), porém, mais um item será suficiente. Como J. P. Moreland e colegas escreveram, há um movimento muito significativo entre cientistas e filósofos em apoio a um argumento de novo *design*. Não se trata da versão mais antiga semelhante ao argumento do relógio e do relojoeiro de Paley, um argumento a partir da analogia. Os argumentos do novo *design* diferem consideravelmente, pois focam várias formas de vida existentes e a complexidade de sua composição. À medida que têm avançado na biologia molecular e similares, os cientistas têm visto que, nos níveis mais fundamentais da matéria, os sistemas ocorrem em nosso mundo de maneiras estrutural e bioquimicamente mais complexas do que se percebia anteriormente. A probabilidade de que esses sistemas tenham surgido pelos processos aleatórios de seleção natural e mutação é tão incrivelmente pequena que nem vale a pena considerar. A explicação mais razoável e plausível para a existência de tais coisas é o *design* inteligente e, já que a evolução puramente naturalista omite o *design* inteligente, a evolução naturalista é altamente improvável.[102]

Teorias do dia-era

Vários pensadores cristãos afirmam que os dias de Gênesis 1—2 representam longas eras geológicas durante as quais Deus fez o trabalho de criação que Gênesis registra. Visto que essa teoria e as discutidas nas próximas duas seções são as adotadas com mais frequência entre os evangélicos, apenas descreverei as teorias e os argumentos que as favorecem. A avaliação virá em uma seção final deste capítulo.

As teorias do dia-era existem em muitas variedades. Não somente teólogos do final do século XIX e do século XX as defenderam, mas também há evidências de que muito antes, na história da igreja, alguns estavam incertos de que Moisés tivesse em vista que os dias de Gênesis 1 e 2 eram dias de 24 horas. Pais da igreja primitiva como Irineu e Orígenes e, mais tarde, Tomás de Aquino, questionaram se os dias de Gênesis 1 não se refeririam a longos períodos de tempo.[103] Nos últimos tempos, a teoria tem sido defendida por teólogos sistemáticos e estudiosos da Bíblia como W. G. T. Shedd, Charles Hodge, J. O. Buswell, Bernard Ramm, Bruce Demarest, Gordon Lewis, Gleason Archer, Robert C. Newman e Herman Eckelmann.

Essa teoria torna muito mais fácil harmonizar as descobertas da ciência com as Escrituras, portanto, essa posição geral é chamada muitas vezes de posição concordista. É chamada também de criação progressiva, em cujo caso Gênesis 1—2 é entendido como o que conecta distintos atos de criação divinos em vários momentos da história do universo. Depois de cada ato criador, Deus usou processos naturais trabalhando por longos períodos de tempo para desenvolver as várias formas de vida em nosso universo. Então, Deus ainda é o Criador, mas Ele trabalha por dois meios: miraculosos e naturais. Alguns defensores da teoria do dia-era veem as várias eras como distintas, ao passo que outros, como Buswell, sugerem que os dias (e, portanto, as eras) de certo modo se sobrepõem. Tal entendimento permite a microevolução, mas não exige a macroevolução. Deus ainda é responsável pelas principais mudanças criativas.[104]

As teorias do dia-era têm a clara vantagem de correlacionar, de certo modo, as Escrituras e as descobertas da ciência, mas os defensores dessa visão costumam afirmá-la com base bíblica. O argumento mais frequente é que as Escrituras usam a palavra "dia" (heb. *yôm*) de várias maneiras, não apenas para se referir a um dia literal de 24 horas. O termo é usado para designar a luz do dia em oposição às trevas (Gn 1.5,16,18) e luz e trevas juntas (Gn 1.5,8,13). Também se refere a períodos indefinidos de tempo em frases como o "dia da ira de Deus" (Jó 20.28); "dia da tribulação" (Sl 20.1); "dia da batalha" (Pv 21.31); "dia da angústia" (Pv 24.10); "dia da prosperidade" (Ec 7.14); e "tempo [dia] da ceifa" (Pv 25.13). Também é usado para o "dia do SENHOR", que na maioria dos casos é um dia escatológico cuja duração somente Deus sabe (Is 13.6,9; Jl 1.15; 2.1; Am 5.18; Sf 1.14). O mais revelador, afirmam os teóricos do dia-era, é seu uso em Gênesis 2.4 como um resumo do capítulo anterior: "Estas são as origens dos céus e da terra, quando foram criados; no dia em que o SENHOR Deus fez a terra e os céus" (ARC). Visto que "dia" neste versículo se refere a todos os seis dias da criação, mais os acontecimentos de Gênesis 1.1 (criação *ex nihilo*), em Gênesis 2.4 não pode significar um dia solar de 24 horas. Os diferentes usos de *yôm* mostram que os dias de Gênesis 1 podem ser dias literais de 24 horas, mas também podem facilmente ser muito mais longos.[105]

Segundo, argumenta-se com frequência que deveríamos hesitar em exigir que os seis dias da criação sejam dias de 24 horas, porque é improvável que isso possa valer para todos os seis. Se os eventos do quarto dia, por exemplo, significarem que o sol, a lua e as estrelas não foram realmente criados e posicionados em seus lugares até o quarto dia, como os primeiros três dias poderiam ser dias solares, como experimentamos agora? No primeiro dia, Deus criou a luz, mas se essa luz não era o sol, não há como pensar nos primeiros três dias como dias solares. Além disso, o objetivo de criar sol, lua e estrelas (Gn 1.14) era separar dia e noite e servir como sinais para dias e anos. Que tipo de dias e noites, dias e anos estes poderiam ser se não os dias, noites e anos que experimentamos na presente ordem criada? Porém, se for assim, e se esses luminares não começaram a funcionar até o quarto dia, como podemos ter certeza de que a distinção entre luz e escuridão durante os primeiros três dias era algo parecido com o que queremos dizer quando nos referimos a dias e noites? Parece que apenas os dias quatro a seis poderiam ser dias solares literais de 24 horas como os conhecemos, mas então devemos reconsiderar se é imperioso que qualquer um dos dias seja de 24 horas.

Alguns sugerem que os luminares foram realmente criados no primeiro dia, mas durante os primeiros estágios da criação havia tamanha cobertura de nuvens em torno da terra nascente que o sol, a lua e as estrelas não podiam ser vistos. Portanto, da perspectiva de qualquer pessoa na terra (se houvesse alguma), esses corpos celestes não poderiam desempenhar a função a eles designada de marcar a diferença entre dia e noite e fazer a contagem de dias e anos. Foi somente a partir do quarto dia que o Senhor separou as nuvens o suficiente para que essas luzes se tornassem visíveis e pudessem cumprir as tarefas a elas designadas para os que estão na terra. Isso significaria que a palavra hebraica *wayyaʿaś* em Gênesis 1.16 não deve ser traduzida como "fez", mas sim "fizera", referindo-se ao que foi feito no primeiro dia. Visto que essas luzes celestes existiam antes do terceiro dia, mas só se tornaram visíveis no quarto dia, não há como dizer quanto tempo (da perspectiva da terra) os primeiros três dias realmente duraram. Poderiam ter sido eras.[106] Além disso, pode ser dada uma resposta àqueles que pensam que a teoria dia-era não condiz com a vegetação ser criada no terceiro dia e durar por longos períodos de tempo sem a capacidade fotossintética a partir do sol. O sol estava presente desde o primeiro dia e, embora não estivesse visível na terra, isso não significa que nenhum de seus raios penetrava a cobertura de nuvens. Contanto que houvesse alguma penetração, a fotossíntese provavelmente seria possível. Além disso, não importa qual tenha sido a duração dos primeiros três dias, uma vez que os luminares se tornaram visíveis no quarto dia, a cobertura de nuvens provavelmente foi subindo gradualmente pelo menos durante o terceiro dia, por isso não podemos ter certeza de que não havia luz suficiente para a vegetação.

Terceiro, embora Moisés tenha escrito Gênesis 1 e 2, ele não assistiu ao que aconteceu. Esses dois capítulos são revelação de Deus e, portanto, a história é contada da perspectiva de Deus, não da nossa. Porém, se for esse o caso, é expressivo que as Escrituras digam que um dia para o Senhor são como mil anos e mil anos como um dia (ver Sl 90.4; 2Pe 3.8). Um Deus eterno tem todo o tempo do mundo e não precisa trabalhar tão rapidamente quanto nós em nosso curto período de vida. Visto que a história da criação é contada da perspectiva de Deus, como podemos ter certeza de que os dias em Gênesis 1—2 duraram apenas 24 horas cada um?[107]

Quarto, se exigirmos que cada dia da criação seja um dia solar de 24 horas, então teremos problemas, porque os eventos alistados para alguns dias parecem levar mais de 24 horas. O sexto dia, conforme detalhado em Gênesis 2, é um exemplo disso. No sexto dia, Adão é criado primeiro (2.7) e, em seguida, Deus planta o jardim do Éden e o coloca nele (2.8ss). Deus vê que Adão está sozinho e decide fazer algo a respeito disso (2.18). Ele cria os animais do campo e as aves do céu e os leva a Adão para que os nomeie. Adão o faz (2.19,20), e quem pode adivinhar quanto tempo isso deve ter levado? Ainda, ele termina a tarefa e Deus diz que nenhum dos animais é um companheiro adequado para Adão. Deus o coloca em um sono profundo, pega uma de suas costelas e faz Eva. Adão acorda e reconhece que Eva é a companheira adequada (2.21-25). Como isso tudo poderia ser realizado em meras 24 horas? Gleason Archer responde:

> Tem-se tornado muito claro que Gênesis 1 nunca teve a intenção de ensinar que o sexto dia da criação, quando Adão e Eva foram criados, durou meras 24 horas. Em vista do longo intervalo de tempo entre esses dois, pareceria beirar a irracionalidade pura insistir que todas as experiências de Adão em Gênesis 2.15-22 poderiam ter sido apinhadas nas últimas uma ou duas horas de um dia literal de 24 horas.[108]

Mesmo que Deus iniciasse o processo no comecinho do dia, muitos concordam que é simplesmente demais para um dia solar.[109] Se é duvidoso que o sexto dia tenha levado apenas 24 horas, não deveríamos forçar os outros dias em um molde de 24 horas.

Outra evidência de que não deveríamos enxergar os dias da criação como dias literais de 24 horas decorre do sétimo dia, no qual Deus descansou. Esse dia continua até este exato momento, portanto, é muito mais do que 24 horas. Se os dias da criação forem paralelos, então, dificilmente faz sentido dizer que o sétimo dia durou todos esses anos (talvez bilhões de anos), mas os primeiros seis dias foram de apenas 24 horas cada um. Se os dias não forem paralelos, então o ponto central da legislação sabática (um dia de descanso para seis dias de trabalho — Êx 20.9-11) parece não ser percebido. Visto que o sétimo dia é muito mais longo do que 24 horas, os primeiros seis devem ter sido muito mais longos do que 24 horas também. Diz-se que mesmo o escritor de Hebreus se refere ao sétimo dia como o começo do descanso sabático de Deus (Hb 4.4,10). De fato, todo o texto de Hebreus 4.1-11 sugere que o descanso sabático de Deus continua até agora.[110]

Além de argumentos sobre o significado dos dias, os teóricos do dia-era oferecem outras evidências para um universo e terra antigos. O que gera a posição de uma terra jovem não é apenas a crença de que os dias da criação são de 24 horas, mas também a crença de que as genealogias em Gênesis (capítulos 4—5, 10 e 11) oferecem uma lista cronológica rigorosa. De fato, presumindo-se que não há lacunas nas genealogias, exegetas como o bispo Ussher começaram no final da lista e foram trabalhando até o início dela, concluindo que a criação original deve ter ocorrido em 4004 a.C. Contudo, há longo tempo, todas as partes envolvidas no debate reconheceram que as genealogias em toda a Bíblia, incluindo as de Gênesis, não pretendem ser uma lista completa de todos os que viveram. Sempre há certa lógica nos nomes escolhidos, mas as listas não seguem uma cronologia rigorosa. Em alguns casos, uma pessoa listada como pai pode realmente ser um tataravô da pessoa nomeada como descendente. A partir do momento em que reconhecemos isso, também devemos ver que realmente não sabemos quantos anos devemos contar para chegar até Adão. Se este for o caso, no entanto, as noções que se tornam mais plausíveis são as de uma terra antiga e de dias da criação consideravelmente mais longos do que o necessário para uma terra jovem.[111]

Às vezes, os defensores da criação em dias de 24 horas perguntam por que, se os seis dias da criação não são dias solares literais, o escritor usa a fórmula "Houve tarde e manhã" no final de cada dia? Isso normalmente designa um dia literal. Os teóricos do dia-era, Demarest e Lewis, respondem:

> Embora as referências à "tarde" e à "manhã" em cada um dos dias da criação (Gn 1) pareçam, para muitos, indicar dias de 24 horas, o significado literal

não é invariável, mesmo após o quarto dia. Às vezes, o início do dia é à tarde (Et 4.16; Dn 8.14) e às vezes de manhã (Dt 28.66,67). E usos claramente figurados para períodos de tempo mais longos de fato ocorrem. A brevidade da vida humana é semelhante à da relva, pois "floresce de madrugada; de madrugada, viceja e floresce; à tarde, murcha e seca" (Sl 90.5,6). Conforme explicou a nota original na *Bíblia de Scofield* sobre Gênesis 1.5, pode-se considerar que "O uso de 'tarde' e 'manhã' limita 'dia' ao dia solar; mas o uso parabólico frequente de fenômenos naturais pode garantir a conclusão de que cada 'dia' da criação foi um período marcado por um começo e um fim".[112]

Portanto, essa fórmula pode ser nada mais do que um recurso literário para marcar o início e o fim das várias atividades divinas da criação. Não precisa exigir dias solares literais.

Os teóricos do dia-era também respondem ao uso de Êxodo 20.9-11 por parte dos defensores do dia solar. Esta passagem é usada para ensinar que toda a criação de Deus foi feita nos seis dias de Gênesis 1, e então Ele descansou no sétimo dia. A legislação mosaica exige que os israelitas trabalhem seis dias e descansem no sétimo, e justifica essa ordem em termos das ações paralelas de Deus na criação. Se os dias da criação não forem dias solares, torna-se difícil ver como as ações de Deus registradas em Gênesis 1 servem de base para a legislação sabática que claramente se refere a uma semana literal de dias de 24 horas. Em resposta, os teóricos do dia-era lembram-nos de que não pode haver uma correspondência direta entre a "semana de trabalho" de Deus e a nossa, uma vez que o sétimo dia de Deus continua por tempo indefinido. Nosso período sabático não pode durar para sempre, ou nunca terminaremos nenhum trabalho. Se não houver uma correspondência exata entre nossa semana de trabalho e a de Deus, ainda há sentido em Moisés justificar essa legislação em termos de Gênesis 1. A fórmula básica de seis para um para nosso padrão de trabalho e descanso é exemplificada pelas ações de Deus e mostra como devemos organizar nossas semanas de dias de 24 horas. Porém, esse é o único argumento paralelo de Moisés, e ele ainda pode defendê-lo contanto que o padrão de Deus seja de seis para um, mesmo que sejam seis eras para um período de descanso.

Outro argumento trata da relação do pecado com a morte. Em Gênesis, Adão e Eva desobedecem a Deus, e Deus profere várias maldições. Parte da maldição é que eles morrerão, exatamente como Deus havia avisado (Gn 2.17). Paulo retoma esse tema em Romanos 5.12 e explica que o pecado entrou no mundo por intermédio de Adão e a morte se espalhou por toda a raça humana. Às vezes, os criacionistas defensores do dia de 24 horas dizem que isso significa que, antes do pecado de Adão e Eva, não havia morte no mundo. Isso condiz com a queda ocorrendo não muito tempo depois que Deus terminou de criar. Antes da queda, não teria havido eras de tempo para os animais, por exemplo, nascerem e morrerem. Contudo, se a criação levou eras de tempo para ser realizada, como afirmam os teóricos do dia-era, é duvidoso que nenhum animal ou planta tenha morrido antes da queda de Adão e Eva. Alguns defensores do dia-era preveem esse argumento e têm uma resposta. Eles dizem que o ensino sobre a morte como resultado do pecado se aplica apenas à raça humana. Paulo ensina em Romanos 5 que a morte se espalha para todos os homens, mas ele não diz nada sobre outras formas de vida. Portanto, nada nas Escrituras impossibilita a morte de plantas e animais antes da queda de Adão.[113]

Até agora, os argumentos para a visão do dia-era foram de natureza exegética, mas os defensores dessa visão acrescentam que ela pode acomodar as descobertas da ciência. Além disso, esses dados podem correlacionar e corroborar o entendimento dia-era de Gênesis 1—2. Para vários exemplos de como se pode fazer isso, o leitor deve consultar obras como *Genesis One and the Origin of the Earth* [Gênesis 1 e a origem da Terra], de Newman e Eckelmann; *Genesis One: A Scientific Perspective* [Gênesis 1: uma perspectiva científica], de Hugh Ross; e *Creation and the Flood* [A criação e o dilúvio], de Davis Young.[114] Embora não devamos absolutizar a ciência e declará-la infalível, é duvidoso que esteja errada sobre tudo o que diz sobre as origens. Além disso, parecem um tanto incoerentes aqueles que pensam que a ciência é normalmente precisa em sua compreensão de nosso mundo, mas se recusam a aceitá-la nesse conjunto de questões.

Em concordância com esse argumento da ciência, os teóricos do dia-era acreditam que há um grande problema com a posição do dia de 24 horas. Quando confrontados com o fato de que as várias partes do nosso planeta e do nosso universo parecem ter milhões e bilhões de anos, os defensores da terra jovem argumentam muitas vezes que isso acontece porque Deus criou as coisas com a idade aparente. Adão não foi criado como um bebê, nem Eva; mas então, momentos depois de serem criados, eles pareciam ser adultos. Semelhantemente, se Deus criou árvores, flores etc., em vez de apenas as sementes para tais coisas, no momento em que foram criadas, elas pareciam maduras. Ter criado formas de vida na terra como bebês ou sementes (no caso de plantas, árvores e flores) teria significado que a criação estava em seu estágio embrionário. Terra onde haveria relva, flores e árvores seria estéril. Adão e Eva seriam recém-nascidos provavelmente incapazes de cuidar de si mesmos. Portanto, Deus teve de criar as coisas de uma forma um tanto "acabada". Semelhantemente, a ciência alega que leva milhões de anos para a luz viajar de estrelas distantes, consideravelmente mais tempo do que é possível para uma visão de uma terra e um universo jovens. Isso significa mais uma vez que Deus teria criado o universo com a luz já alcançando a terra, parecendo ter viajado milhões de anos-luz, quando na verdade não o fez.

Os teóricos do dia-era respondem que, se isso estiver certo, Deus nos enganou. Quando testamos os fenômenos ao nosso redor por meios científicos, nosso universo parece muito antigo. Dizer que ele não é porque Deus o criou com a idade aparente significa que Deus é um enganador, e isso é impossível, porque Deus não pode mentir e não mente. É como um escritor diz sobre a luz de estrelas distantes: "Visto que a maior parte do universo está a mais de dez mil anos-luz de distância, a maioria dos eventos revelados pela luz vinda do espaço seria fictícia. Visto que a Bíblia nos diz que Deus não pode mentir, prefiro interpretar a natureza de modo a evitar que Deus nos dê informações fictícias".[115]

Teorias do dia de 24 horas

Embora em vários momentos da história da igreja alguns tenham questionado se os dias da criação eram dias solares literais, a visão predominante pelo menos até 1700 era que os dias da criação eram seis dias de 24 horas. Tanto Lutero quanto Calvino mantiveram essa posição.[116] O arcebispo James Ussher, como já mencionamos, acreditava que as genealogias em Gênesis 1 a 11 detinham a chave para a data do início de todas as coisas. Ele datou a origem em 4004 a.C. John Lightfoot, o grande exegeta e comentarista da Bíblia, foi ainda mais longe. Ele calculou que a criação ocorreu durante a semana de 18 a 24 de outubro de 4004 a.C. Além disso, Deus criou Adão no dia 23 de outubro, às 9h da manhã, horário do quarto-quinto meridiano![117]

Na cena contemporânea, a teoria do dia de 24 horas é defendida de duas formas principais. A primeira diz que a criação foi concluída em seis dias de 24 horas, mas começou há mais tempo do que 4004 a.C. Os defensores admitem que as genealogias em Gênesis 1 a 11 não são completas e têm lacunas, mas isso não justifica interpolar nelas lacunas de tempo tão imensas que as datas incrivelmente antigas propostas pela ciência possam ser harmonizadas. O universo não começou em 4004 a.C., mas não começou 15 a 20 bilhões de anos atrás. A vida humana provavelmente começou entre 10.000 e 20.000 anos a.C. e, é claro, os outros dias da criação precederam essa data, mas ainda nossa Terra é jovem, não uma Terra excepcionalmente antiga.

Como os defensores dessa visão explicam as evidências científicas para a idade da Terra e das várias formas de vida que há nela? Em geral, são tomadas duas ou três direções, e às vezes os defensores combinam várias delas. Uma abordagem explica os dados geológicos (a idade das rochas da terra, sua configuração em camadas e os fósseis existentes nelas) em termos do dilúvio noético de Gênesis 9. Além disso, alguns acrescentam que Deus criou coisas com a idade aparente, criando um universo plenamente formado e em funcionamento, não um mundo com tudo em forma de "semente". Portanto, as coisas parecem muito mais antigas do que realmente são. Os defensores dessa marca de criacionismo de dias solares também argumentaram que o que a ciência mede são processos que ocorrem por meios naturais. Contudo, com a criação, não estamos falando de processos naturais, mas de milagres sobrenaturais. Então, quem pode dizer que Deus não poderia milagrosamente fazer tudo o que Gênesis 1—2 diz que Ele fez em seis dias de 24 horas? Nós concordaríamos com as datas da ciência se o que foi feito para produzir nosso universo não fossem milagres; milagres anulam as tentativas de compreender as coisas de maneira naturalista.

A outra forma contemporânea de criacionismo com dias de 24 horas concorda fundamentalmente com tudo o que foi descrito, mas acrescenta que há abundantes evidências científicas para respaldar a posição de criação da Terra jovem com seis dias solares. Nos últimos trinta a quarenta anos, pelo menos, cristãos e cientistas conservadores, sob os auspícios da Sociedade de Pesquisa da Criação (ou pelo menos em cooperação com sua abordagem), escreveram uma série de obras sobre vários aspectos da origem. Sua intenção é ser bíblica e exegeticamente confiáveis e, ao mesmo tempo, reunir evidências empíricas em respaldo às conclusões bíblicas. Suas produções literárias incluem evidências científicas para refutar a evolução, mas também dissertações que oferecem evidências para o *design* inteligente e para uma Terra jovem. Quanto a uma Terra jovem, esse chamado criacionismo científico apela fortemente para o dilúvio noético como a causa do que a geologia encontra nas rochas da terra. A diferença da abordagem anterior é que, em vez de apenas propor o dilúvio como uma maneira possível de harmonizar uma Terra jovem com a ciência, os criacionistas científicos oferecem evidências científicas tanto para o dilúvio como para a Terra jovem. Os cientistas da criação também apelam para a idade aparente e concordam que a criação envolve milagres, mas ainda acreditam que há muitas evidências cientificamente críveis para respaldar a história de Gênesis. Um das primeiras obras que adotaram esse ponto de vista foi *The Genesis Flood* [O dilúvio de Gênesis], de Whitcomb e Morris, mas muito mais vem sendo produzido pela Sociedade de Pesquisa da Criação.[118]

Os defensores da teoria do dia de 24 horas oferecem vários argumentos bíblicos e teológicos. Um conjunto inicial de argumentos trata do significado de *yôm* ("dia") em Gênesis 1—2. Embora o termo tenha vários usos em todo o AT, o mais frequente se refere a um dia solar de 24 horas. Concorda-se que *yôm* em Gênesis 2.4 deve se referir a toda a sequência da criação, mas a ideia central do versículo esclarece isso. Além disso, quando outras passagens falam do "dia da adversidade", "dia da batalha", "dia da ira" ou "o dia do Senhor", o contexto mostra que deve se referir a mais tempo do que 24 horas. Contudo, quando se lê Gênesis 1 em seu sentido mais natural, o contexto parece se referir a dias literais de 24 horas. Em Gênesis 1, o que nos levaria a pensar que os dias são realmente eras? Parece que apenas nossa consciência das descobertas científicas nos leva a pensar isso, mas significa apenas que não encontramos as evidências de dias-eras no texto, mas fora dele. Além disso, os defensores dessa visão enfatizam que devemos pensar no que Moisés provavelmente teria pretendido dizer e no que seus leitores teriam entendido. Não podemos impor sobre eles nosso conhecimento científico moderno para fazer Moisés ensinar o que a ciência moderna afirma ter descoberto apenas nos últimos séculos.[119]

Uma ideia adicional deve ser defendida acerca dos vários usos de "dia" que supostamente mostram que pode significar mais do que um período de 24 horas. Como vários estudiosos mencionaram, esses outros exemplos de "dia" (em passagens como Gn 2.4; Jó 20.28; Sl 20.1; Pv 21.31; 24.10; 25.13; e Ec 7.14) são todos usos de "dia" em palavras compostas ou expressões vinculadas. Como tais, eles fazem parte de uma expressão maior que pode nos dizer pouco ou nada sobre o que a palavra significa fora dessas expressões, algumas das quais podem até ser idiomáticas. Bruce Waltke, embora não adote a abordagem do dia de 24 horas, defende o ponto linguístico da seguinte forma:

> O apelo ao "dia" em palavras compostas como *no dia* (Gn 2.4) e *o dia do Senhor* para validar a "Teoria do Dia-Era", a teoria de que "dia" em Gênesis 1

não denota necessariamente o dia diurno de 24 horas, mas pode designar uma idade ou estágio geológico, é linguisticamente imperfeito. O uso de "dia" em sintagmas, "o arranjo ordenado e unificado de palavras de maneira distinta", como esses é claramente diferente de seu uso com numerais: "primeiro dia", "segundo dia". O argumento é tão falacioso quanto dizer que "apple" [maçã, em inglês] não indica necessariamente o fruto comestível redondo da árvore rosácea, porque esse não é o seu significado em "pineapple" [abacaxi].[120]

O comentário de Waltke sobre *yôm* com numerais levanta outro ponto. Os criacionistas do dia de 24 horas observam que quando *yôm* é usado com um número específico, parece significar invariavelmente um dia de 24 horas (cf. Gn 8.14; 17.12). Zacarias 14.7 parece ser uma exceção, mas o versículo todo mostra que *yôm 'ehod* não tem a intenção de enumerar um dia em uma lista, pois tem um significado completamente diferente. A passagem fala sobre eventos escatológicos, quando Deus derrama seu juízo. O versículo anterior nos diz que isso ocorrerá em um dia em que não haverá luz, pois os luminares diminuirão. O versículo 7 diz: "Será um dia único, um dia que o Senhor conhece, no qual não haverá separação entre dia e noite, porque, mesmo depois de anoitecer, haverá claridade". Esta é a tradução do versículo na NVI e capta a ideia. Visto que haverá luz à noite, apesar da diminuição dos luminares (v. 6), o máximo que o profeta pode dizer é que este será um dia único. Claro, esse é um uso diferente de *yôm* daqueles casos em que os números são usados com "dia" para listar uma sequência. E parte da confusão sobre Zacarias 14.7 surge apenas porque a palavra "um" em muitas línguas pode servir como numeral, mas também pode significar "exclusivo", "isolado" e "singular". Este último significado está em vista em Zacarias 14. Nos casos em que significa "um" ou "primeiro" e é usado com "dia", refere-se a dias de 24 horas.[121]

A crença de que os dias em Gênesis 1 são dias solares literais também é reforçada pela repetição da frase "Houve tarde e manhã, o ____ dia". A frase ocorre após cada um dos primeiros seis dias e parece esclarecer a duração de cada dia como um dia literal. Como escreve Berkhof: "Cada um dos dias mencionados tem apenas uma tarde e manhã, algo que dificilmente se aplicaria a um período de milhares de anos."[122] Alguns podem responder que não deveríamos levar isso muito a sério, porque nenhuma fórmula assim segue o sétimo dia, em que Deus descansou, mas os criacionistas do dia solar podem responder que a frase é a maneira de o autor concluir sua descrição das atividades criadoras de Deus para esse dia, mas no sétimo dia Deus não criou, Ele descansou. Logo, a ausência da fórmula faz sentido. Além disso, na sequência de seis dias, a frase delineia as atividades criativas de um dia para o próximo, mas como o Senhor descansou a partir do sétimo dia, por que Moisés precisaria distinguir o primeiro dia de descanso de um segundo, terceiro ou centésimo dia de descanso? Logo, incluir a frase formulada ao final de cada dia da criação faz sentido, ao passo que faz pouco sentido incluí-la após o sétimo dia.

Em seguida, os criacionistas do dia de 24 horas apontam para Êxodo 20.9-11, 31.17 e o regulamento sabático. É ordenado a Israel trabalhar seis dias e descansar no sétimo, porque o Senhor fez o céu e a terra em seis dias e depois descansou no sétimo. "Uma exegese sólida pareceria exigir que a palavra 'dia' seja usada no mesmo sentido nos dois exemplos. Além disso, o dia sabático reservado para descanso certamente era um dia literal; e a suposição é de que os outros dias eram do mesmo tipo".[123] Para aqueles que respondem que o objetivo da legislação é que nossa semana de trabalho seja análoga, mas não idêntica, à semana da criação de Deus, Fretheim responde:

> Deveria ser observado que as referências à criação em Êxodo não são usadas como analogia — ou seja, seu descanso no sétimo dia tem de ser como o descanso de Deus na criação. Ao contrário, a declaração se dá em termos da imitação de Deus ou de um precedente divino que deve ser seguido: Deus trabalhou por seis dias e descansou no sétimo, e, portanto, você deve fazer o mesmo. A menos que haja uma exatidão de referência, o argumento de Êxodo não funciona.[124]

Um último ponto sobre *yôm* em Gênesis 1—2 é que o que a teoria do dia-era, por exemplo, propõe é que o termo é usado de forma figurada, não literal, nesses capítulos. Até Buswell admite que sua proposta de dia-era significa que os dias de Gênesis 1 são figurados para representar eras geológicas.[125] Muitos teóricos do dia de 24 horas responderiam que, se os dias não forem literais (apesar de uma leitura direta sugerir que são), como saberemos se outros elementos do relato também não são figurados? Talvez nada disso seja literalmente sobre o vivo e verdadeiro Deus Yahweh, mas apenas outro mito da criação que sugere algo sobre as origens. Além disso, se os dias não forem literais, talvez a parte da história sobre Adão e Eva seja imaginária ou simbólica; mas, se for assim, há sérios problemas para a cristologia, uma vez que Cristo tratou Adão e Eva como personagens históricos, além de sérios problemas para a doutrina da imputação do pecado, que se baseia nos eventos que ocorreram literalmente no jardim do Éden (Rm 5.12,14-19). Os dias podem ser figurados, mas apenas o contexto pode confirmar isso, e precisamos de alguns princípios hermenêuticos para nos ajudar a saber o que é história literal e o que é figura de linguagem.

E os argumentos que questionam se os detalhes do relato de Gênesis 1—2 condizem com dias de 24 horas? Por exemplo, como pode haver dias solares antes do quarto dia e como tudo o que foi registrado para o sexto dia poderia ter acontecido em apenas 24 horas? Quanto aos três primeiros dias, os criacionistas do dia solar quase sempre respondem que, mesmo que não exista sol, Deus ainda tem a Terra girando em seu eixo, e Ele sabe quanto tempo suas atividades levaram. Logo, mesmo que o sol, a lua e as estrelas não existam até o quarto dia, os eventos dos três primeiros dias ainda poderiam ter durado 24 horas cada. Deus saberia quanto tempo (a partir de nossa perspectiva) suas ações levariam; portanto, quando Gênesis 1 nos diz que os primeiros três dias foram iguais aos próximos três, isso é motivo suficiente para pensar que todos os seis dias equivalem em duração. Um Deus onisciente, operador de milagres, que pôde criar o universo inteiro, certamente sabe como calcular o tempo nesse universo, em qualquer estágio de sua existência.

A resposta é um pouco diferente para aqueles que pensam que o sol, a lua e as estrelas foram criados no primeiro dia, mas se tornaram visíveis somente no quarto dia. Mesmo que os luminares não possam ser vistos da Terra até o quarto dia, eles ainda assim estão presentes e o tempo pode ser medido pela rotação da Terra em torno do sol. Quanto a todas as atividades do sexto dia, parece um dia que foi incrivelmente cheio, mas, dado o poder de Deus, por que deveríamos achar impossível? Quanto tempo (em nosso tempo) leva para que um milagre ocorra? Talvez, se o trabalho do sexto dia começar no final do dia, as coisas comecem a ficar apertadas, mas por que pensar que Deus não iniciou seu trabalho cedo naquele dia? Para aqueles que acham que levaria um tempo incrivelmente longo para passar todos os animais diante de Adão e pedir que ele os nomeasse, a resposta pode ser que Adão os nomeou rapidamente sem observá-los por muito tempo, ou que ele apenas nomeou animais representativos de vários grupos.[126]

Quanto a criar vegetação no terceiro dia, antes de criar o sol no quarto dia, os defensores do dia de 24 horas têm uma resposta e uma objeção à teoria do dia-era. A resposta é que, na teoria do dia de 24 horas, a vegetação criada no terceiro dia não precisaria esperar muito antes de o sol ser colocado em seu lugar. Além disso, no primeiro dia foi criada uma luz, e mesmo que não seja a luz do sol, da lua ou das estrelas, Deus certamente foi capaz de usar essa luz, qualquer que fosse, para manter viva a vida vegetal até o quarto dia. Por outro lado, o fato de a vegetação ter sido criada um dia antes de o sol ser colocado em seu lugar cria um problema para a teoria do dia-era. Se os dias são realmente longas eras geológicas, é difícil imaginar que a vegetação pôde ficar sem luz solar por tanto tempo e ainda viver. É verdade, Deus criou alguma luz no primeiro dia, mas usar essa luz por possivelmente bilhões de anos para manter viva a vida vegetal antes da criação do sol parece difícil de aceitar. Em resposta àqueles que afirmam que o sol foi criado no primeiro dia, mas apareceu somente no quarto dia para as coisas na Terra, qual a probabilidade de os raios do sol poderem penetrar o suficiente através da cobertura de nuvens ainda presente no terceiro dia para manter a vida vegetal na Terra? Nada disso pode ser possível, mas faz muito mais sentido entender toda a questão da vegetação e sua necessidade de luz no contexto de uma semana curta de criação.

Além desses argumentos, os teóricos do dia solar têm respostas a várias objeções. Por exemplo, a objeção de que seis dias não seriam tempo suficiente para Satanás ser criado, estar na presença de Deus e liderar uma revolta, todos tendem a assumir que os eventos de Gênesis 3 ocorrem imediatamente após os eventos de Gênesis 1 e 2. No entanto, poderia facilmente ter havido tempo suficiente entre o fim da criação e os eventos de Gênesis 3. Isso não significa que os eventos de Gênesis 3 ocorreram eras após a conclusão da criação. A única questão é que o capítulo 3 certamente poderia e provavelmente aconteceu mais de seis ou sete dias após o início da criação. Além disso, pode não parecer haver tempo suficiente para que esses eventos aconteçam, porque estamos condicionados a pensar em termos do tempo que os humanos levam para várias atividades na terra. Porém, quem pode dizer que o tempo angelical ou o tempo no céu reflete o que experimentamos na terra? O que pode parecer um tempo muito curto para nós na terra pode ter sido um tempo amplo para Satanás liderar sua revolta.

E a queixa de que Deus agiu enganosamente se criou coisas com a idade aparente? Claro, pode-se defender a teoria dos seis dias solares e não apelar para a idade aparente. Contudo, numa tentativa de explicar a vasta inconsistência das datas científicas com as datas propostas da criação bíblica, muitos defensores do dia de 24 horas fazem esse apelo. Sua resposta a essa objeção é que não há engano, já que Deus nos disse o que Ele fez. Ele revelou que criou Adão e Eva como adultos, em vez de bebês. Além disso, a narrativa básica de Gênesis 1—2 parece dizer que as coisas não foram criadas como filhotes (no caso de animais e pássaros) ou sementes (no caso de plantas, árvores e outras vegetações). Fatores como esses no relato de Gênesis nos dizem o suficiente para saber o que Deus está fazendo; não há engano.[127]

Além disso, os defensores dessa visão admitem que há lacunas nas genealogias de Gênesis 1—11 e, portanto, é errado postular 4004 a.C. como o início da criação. Além disso, eles podem e devem admitir que os nomes nas genealogias bíblicas são normalmente escolhidos para um propósito, então o ponto principal da genealogia provavelmente não é ensinar cronologia. Porém, tendo admitido isso, é duvidoso que lacunas nas genealogias permitam a criação de Adão tão antiga quanto 1,5 bilhão de anos atrás ou a origem da Terra em aproximadamente 4,5 bilhões de anos atrás, como propõe a ciência. Muitos que defendem essa visão da criação pensam que, no máximo, Adão foi criado entre 10000 e 20000 a.C., e alguns também observam que isso se encaixa basicamente nas datas em que os cientistas propõem o aparecimento do *homo sapiens* — seres humanos como os conhecemos. Isso é bem diferente das datas que a ciência oferece para a vida neste planeta.

E a morte dos animais e Romanos 5.12? Embora apenas Adão e Eva sejam informados de que morrerão, e Paulo apele a Gênesis 3 para explicar como o pecado e sua penalidade se transferiram para a raça humana, isso é apenas parte da história. Para começar, já vemos em Gênesis 3 que a queda causou várias mudanças na natureza (Gn 3.17-19). Além disso, o mesmo apóstolo Paulo que escreveu Romanos 5.12 também escreveu Romanos 8.18-22, sobre a criação estar sujeita a futilidade, gemido e corrupção. Certamente, Paulo está se referindo aos resultados da queda. Além disso, passagens escatológicas como Isaías 11.6-9 parecem mostrar que, quando o Messias governar a terra em seu reino e espalhar sua justiça por toda parte, haverá uma mudança no comportamento dos animais um para com o outro. À luz dessas considerações, parece que há motivos para pensar que não houve morte animal ou humana antes da queda; mas, é claro, se for esse o caso, não combina com a compreensão dia-era das coisas.

Por fim, há o dilúvio noético. Não é preciso ir tão longe quanto o "criacionismo científico" ao afirmar que o dilúvio explica total ou mesmo predominantemente os vários fatos geológicos do nosso mundo. É preciso apenas ver que não foi uma inundação comum. O texto nos diz que choveu por quarenta dias e noites (Gn 7.12,17) e que havia tanta água que cobria o topo das montanhas (Gn 7.19). O versículo 11 diz que a água não vinha apenas do céu, mas das fontes das profundezas e, de acordo com o versículo 24, levou cerca de 150 dias para que a água escoasse. Embora alguns pensem que isso é mito e outros o vejam como uma inundação local na Palestina, dificilmente parece possível. Os dados já mencionados são difíceis de condizer apenas com uma inundação local. Além disso, se não for histórico, por que todos os pequenos detalhes sobre o número de dias que levou para que isso ocorresse e informações detalhadas sobre quando começou e terminou (Gn 7.11; 8.4-6,13)? Tais detalhes são contrários à mitologia e conferem ao relato um toque histórico. Porém, tendo dito isso sobre o dilúvio, é provável que tal catástrofe não tivesse tido consequências importantes para a topografia da Terra e também não tivesse afetado camadas de terra abaixo da crosta? Embora seja duvidoso que o dilúvio de Gênesis explique todos os dados geológicos, muito menos que "prove" uma posição criacionista em geral, também é bastante duvidoso que o dilúvio não seja responsável por nenhuma das características geológicas do nosso mundo.

Teoria da estrutura literária

Tendo-se considerado argumentos para as teorias do dia-era e do dia de 24 horas, pode-se estar em um dilema de o que escolher. No cenário contemporâneo, contudo, um número crescente de estudiosos concluiu que não é necessário decidir entre essas duas teorias, pois uma terceira opção evita o dilema de os dias serem de 24 horas ou eras de longa duração. Além disso, também foge do problema de como adequar as Escrituras à ciência. Essa opção é a teoria da estrutura literária, defendida por N. H. Ridderbos, Ronald Youngblood, Meredith G. Kline, Willem VanGemeren e Henri Blocher, para citar alguns.

Como já foi observado, o autor de Gênesis é um artista literário de primeira ordem. Vimos, depois de Cassuto, o arranjo e sequenciamento aparentemente deliberados de frases no capítulo 1 para produzir sequências de sete, três e dez.[128] A visão da estrutura literária diz que a estruturação vai ainda mais longe. Simplificando, toda a sequência de sete dias da criação não é um relato cronológico da sequência de eventos históricos de quando Deus criou nosso universo. Antes, é um recurso literário que o escritor usa para contar uma história que transmite grande verdade teológica. Em outras palavras, os "dias da criação" calham de ser o molde no qual o escritor escolheu contar a história da criação do universo e seu governo soberano por Deus. Eles não devem ser entendidos como o ensinamento de que Deus criou em seis dias literais.

Se alguém achar que essa proposta é estranha, não é, pois os escritores usam formas e temas literários para transmitir mensagens o tempo todo. Por exemplo, uma parábola é uma história com uma lição moral ou prática, mas todos entendem que os detalhes da parábola não precisam ser e geralmente não são eventos históricos. A mensagem da parábola ainda é clara e verdadeira. Isso não quer dizer que Gênesis 1—2 seja uma parábola, mas é para ilustrar o que se entende por um recurso literário.

Quanto aos temas específicos que o autor apresentou dessa forma, a resposta pode variar um pouco dependendo do defensor dessa visão. Além disso, se alguém perguntar se os eventos reais da criação seguiram a ordem nos dias de Gênesis, alguns diriam que é possível, mas realmente não é o objetivo da narrativa. Ao explicar a ideia básica da teoria da estrutura literária, Blocher responde a tais perguntas da seguinte maneira:

> A interpretação literária assume a forma da semana atribuída à obra de criação como um arranjo artístico, um modesto exemplo de antropomorfismo que não deve ser considerado literalmente. A intenção do autor não é nos fornecer uma cronologia de origens. É possível que a ordem lógica que ele escolheu coincida amplamente com a sequência real dos fatos da cosmogonia; mas isso não lhe interessa. Ele deseja trazer certos temas e fornecer uma teologia do dia de descanso. O texto é composto à medida que o autor medita na obra finalizada, a fim de que possamos entender como a criação está relacionada a Deus e qual é o seu significado para a humanidade.[129]

Se assumimos essa interpretação de Gênesis 1 e 2, a visão da estrutura literária afirma que os únicos argumentos históricos a serem defendidos são que Deus fez isso e que, em algum lugar na mistura de tudo que Ele fez, Ele criou um primeiro homem e mulher (Adão e Eva) que caíram no pecado e, ao fazê-lo, comprometeram toda a raça. A partir do momento em que removemos a ideia de que os dias ensinam uma sequência histórica, o debate entre o dia-era e o dia de 24 horas termina. A coisa mais natural a se dizer acerca dos dias é que eles são dias comuns como os nossos. Isso causa a menor violência ao significado normal de "dia" e do nosso texto. Contudo — e esta é a cláusula crucial —, tudo o que significa na teoria da estrutura literária é que o autor escolheu o recurso literário ou tema central de sete dias para defender seus pontos teológicos. Isso não significa que os dias sejam dias históricos reais de qualquer tipo. Pense novamente em uma parábola — por exemplo, a história do bom samaritano em Lucas 10, que não é chamada de parábola, mas funciona claramente como uma já que Jesus a usa para ensinar uma lição sobre quem se qualifica como nosso próximo. Nessa história, não há motivo para pensar que os ladrões que roubam e prejudicam o viajante, o próprio viajante, o bom samaritano ou a pousada aonde ele leva o homem ferido são símbolos de algumas ideias abstratas. Pelo contrário, na história, eles não são símbolos, mas a história como um todo defende uma ideia espiritual e moral muito importante. Contudo, os eventos nessa parábola provavelmente nunca ocorreram na história real. Semelhantemente, é assim que devemos pensar em Gênesis 1—2. Podemos dizer algumas coisas em termos históricos a partir desses capítulos, mas a duração de dias ou quantos dias Deus usou para criar não estão entre elas.

Quais são as implicações dessa visão para a correlação da ciência com as Escrituras? Os defensores da visão pensam que são muito boas, pois se entende que a intenção de Moisés não era escrever ciência nem história ordenada cronologicamente. A posição da estrutura literária deixa para a ciência questões sobre como a criação foi feita, quando foi feita ou quanto tempo levou. Não pode haver conflito entre a ciência e as Escrituras em relação a esse ponto, pois elas abordam dois conjuntos diferentes de perguntas.

Em apoio a essa visão, os defensores oferecem vários argumentos, muitos dos quais pretendem mostrar que Gênesis 1 e 2 não oferecem uma sequência cronológica; a ordem é lógica para defender certos pontos teológicos.[130] O argumento mais óbvio para uma ordem lógica é o agrupamento dos seis dias em duas tríades, com cada membro da primeira tríade correspondendo a um membro coordenado da segunda (os dias um e quatro são o primeiro de cada tríade, e eles correspondem um ao outro; os dias dois e cinco correspondem um ao outro; e os dias três e seis correspondem um ao outro). A primeira tríade aborda a formação das estruturas que a segunda tríade povoa.[131]

Em um artigo recente que ressalta e aprofunda a abordagem literária, Meredith Kline argumenta que precisamos ver nesses capítulos uma cosmogonia que ele chama de cosmologia de dois registros. O registro superior contém Deus e todas as coisas no céu, enquanto o inferior diz respeito ao homem na terra. As Escrituras mostram constantemente a interação entre eventos e agentes nos dois registros.[132] O que acontece no registro superior pretende ser um arquétipo do que ocorre no registro inferior. Kline argumenta que a cosmologia de dois registros se aplica a fenômenos espaciais e temporais. Ele explica o que isso significa para os dias da criação (noções temporais a partir do registro inferior):

Naturalmente, esperamos então que, no caso do tempo, a partir do espaço, o registro superior se baseie no registro inferior para sua representação figurada. Portanto, quando descobrimos que a atividade de nível superior de Deus, a partir de seu trono celestial, de emitir decretos para a criação é retratada como que ocorrendo em uma semana de dias terrestres, reconhecemos prontamente que, de acordo com o padrão contextual difuso, esta é uma figura literária, uma metáfora terrena do tempo do registro inferior para um registro superior, realidade celestial.[133]

Em outras palavras, os dias da atividade criativa de Deus relatam o que Ele faz a partir de seu registro. Não são dias literais como os nossos aqui na terra, pois Deus não está sujeito a isso. Contudo, a razão pela qual o escritor fala de "dias" em relação a Deus é que ele pega algo que faz sentido literal no registro inferior e o projeta no registro superior para nos dar algo que ajude a entender o que Deus fez. Ambas as visões, dia-era e dia de 24 horas, invocam o registro inferior, mas Deus opera a partir do registro superior.

Além disso, há outros problemas em ver Gênesis 1 e 2 como portadores de uma sequência cronológica. Kline levanta um problema com a relação dos dias um e quatro. No primeiro dia, a luz é criada e Deus separa a luz da escuridão. No quarto dia, o sol, a lua e as estrelas são criados e colocados em seus lugares para separar noite e dia e marcar estações, anos e dias. Os dois dias envolvem a implementação das luzes e a instituição do tempo para o registro inferior. Kline argumenta que o que realmente temos é uma recapitulação, no quarto dia, dos eventos do primeiro. Cronologicamente, os dias um e quatro são os mesmos. O primeiro dia fornece a ordem *fiat* de Deus, e o quarto dia mostra seu cumprimento. Os resultados de se implementar os luminares no quarto dia são "os mesmos efeitos que já são atribuídos à atividade criadora do primeiro dia (Gn 1.3-5). Ali também a luz do dia é produzida na terra e o ciclo luz/dia e escuridão/noite é estabelecido".[134] Visto que o quarto dia nos retorna ao primeiro dia, a sequência literária dos dias não é a mesma que a sequência temporal dos eventos. Ou seja, a ordem dos dias não pode ser cronológica em relação aos dias um e quatro, mas, em vez disso, tem de ser lógica. A lógica é provavelmente a de equilibrar as duas tríades de formação e povoamento.

Kline está ciente de várias tentativas para evitar essa conclusão. À proposta de que os luminares foram criados no primeiro dia, mas só apareceram na terra no quarto dia, Kline responde que as frases "Haja", "Fez Deus" e Deus "os colocou" (Gn 1.14-18) são claramente a linguagem de produção real. O mesmo tipo de linguagem é usado para os outros dias da criação, e todos admitem que envolve trazer à existência algo novo. Em nenhum dos outros casos significa "revelar" algo já presente. Por que, então, deveríamos pensar que significa isso nesse caso? Outros afirmam que o ponto principal do quarto dia é que os luminares existentes anteriormente começaram nesse dia a desempenhar as funções de separar dias das noites e permitir calcular dias, anos e estações. Kline acredita que isso não vai funcionar, já que o ponto principal do quarto dia é a criação do sol, da lua e das estrelas, o que nos leva de volta ao primeiro dia. Outros tentam evitar esse problema alegando que os verbos nos versículos 16 e 17 devem ser lidos como mais-que-perfeito. Logo, diriam eles: "E Deus fizera" e se refeririam ao que aconteceu no primeiro dia; então o quarto dia poderia significar nada mais do que os luminares se tornarem visíveis. Contudo, Kline argumenta convincentemente que isso não funcionará, pois o padrão consistente em Gênesis 1 é um *fiat* divino seguido pela frase "E assim se fez". Depois disso, o escritor detalha o que ocorreu naquele dia. Os versículos 14 a 17 seguem esse padrão; portanto, se os verbos nos versículos 16 e 17 são mais-que-perfeito, então ocorrem antes do *fiat* nos versículos 14 e 15a e, claro, isso é impossível. A única maneira de contornar esse problema seria tornar todos os verbos de 14 a 17 mais-que--perfeito e lançar todo o quarto dia no mais-que-perfeito, como se referindo ao que Deus havia feito anteriormente. Contudo, isso empurraria ironicamente a criação e a colocação dos luminares para antes do quarto dia (talvez até para trás do primeiro dia), e isso simplesmente mostraria que a sequência de dias aqui não é cronológica, uma conclusão que deve ser evitada pela introdução do mais-que-perfeito.[135] Também se pode acrescentar que se for introduzido o mais-que-perfeito nos verbos dos versículos 16 e 17, por que não fazer o mesmo com verbos que abordam as atividades nos outros dias da criação, uma vez que estão todos no mesmo tempo básico? Claro, isso exigiria o absurdo de que nenhum dos eventos alistados para qualquer um dos dias tivesse acontecido nesses dias, mas anteriormente. Contudo, se isso for o que Moisés quer dizer, por que se preocupar em detalhar eventos específicos para cada dia, se os eventos não acontecem naquele dia?

Um argumento final a favor dessa visão e contra se enxergar qualquer tipo de cronologia (especialmente a dos dias de 24 horas) na passagem é considerado totalmente conclusivo por alguns. Ele aborda Gênesis 2.5, o início da segunda narrativa da criação. O versículo diz: "Não havia ainda nenhuma planta do campo na terra, pois ainda nenhuma erva do campo havia brotado; porque o SENHOR Deus não fizera chover sobre a terra, e também não havia homem para lavrar o solo". Um ponto inicial é que, à medida que avançamos na leitura do capítulo 2, aprendemos sobre a criação de Adão (v. 7) e depois sobre o plantio de vegetação e sobre rios (v. 8ss). Portanto, o segundo relato coloca a criação do homem antes da criação da vegetação, mas isso contradiz o relato do capítulo 1, que diz que a vegetação apareceu no terceiro dia, e no sexto dia Deus criou os seres humanos. Uma maneira de evitar a aparente contradição é adotar a visão literária, que diz que o que interessa não é a cronologia estrita; portanto, conflitos aparentes entre os dois relatos sobre o tempo não importam.

Há argumentos mais significativos a serem defendidos em Gênesis 2.5. O primeiro é que a explicação do motivo de não haver vegetação na terra não tem nada a ver com a falta de ação sobrenatural. Pelo contrário, a explicação pressupõe condições naturalistas. Como Kline diz, "Gênesis 2.5, contudo, pressupõe que as operações providenciais não eram de natureza sobrenatural, mas que Deus ordenou que a sequência da criação atue de modo que a continuidade e o desenvolvimento da terra e de suas criaturas possam prosseguir por meios naturais".[136] Qual é o ponto? É que devemos acreditar que os dias são eras porque este versículo ensina que foi permitido à natureza se desenvolver por meios naturais, meios que pouco fazem sentido em uma sequência de atos sobrenaturais súbitos, como propõe a posição do dia solar? De modo nenhum. A questão inicial é que isso não condiz com seis dias solares de intervenção sobrenatural, mas isso não significa que a teoria dia-era vença por falta de opção. De fato, os teóricos do dia-era admitem que muita coisa aconteceu durante as eras da criação pelo trabalho providencial de Deus por meios naturais, mas ainda há um grande problema para os teóricos do dia-era. Gênesis 2.5 parece nos apresentar o sexto dia, no qual Adão, Eva e os animais são criados, mas poderia ser verdade que não houve chuva na terra dos dias um ao cinco (lembre-se, para os teóricos do dia-era, os dias um a cinco são longas eras geológicas)? Se sim, como as formas de vida criadas no quinto dia teriam se sustentado sem chuva e vegetação? Talvez alguns respondam que a referência à vegetação em 2.5 na realidade nos leva de volta ao terceiro dia, e então 2.7 nos leva ao sexto dia. Porém, se essa for a resposta, o defensor da estrutura literária deveria responder que esse movimento rápido de um dia para três dias mais tarde apenas mostra que o autor não está se importando com uma estrita sequência cronológica.

Gênesis 2.5 levanta mais um problema para uma compreensão cronológica dos eventos, especialmente para a posição do dia solar. Na abordagem do dia solar, cada um dos seis dias da criação é de apenas 24 horas. Lembre-se também de que no terceiro dia aparece a terra seca e a vegetação surge nela. A cena em Gênesis 2.5 parece nos levar ao sexto dia, mas então isso significa que a diferença de tempo entre o plantio da vegetação e o sexto dia é de três dias. Seria, por exemplo, como a diferença entre terça-feira e sexta-feira de determinada semana. Porém, agora o problema deveria se tornar claro. Admitindo-se que Gênesis 2.5 fala de processos naturais, o tempo entre terça-feira e sexta-feira da mesma semana não é suficiente para fazer com que a ausência de chuva resulte numa terra desprovida de vegetação. Plantas e árvores podem durar muito mais de três dias sem chuva e nem mesmo começar a morrer. Esse problema não mostra que não podemos entender que os seis dias da criação ensinam alguma coisa sobre a ordem cronológica da obra criadora de Deus? Exigir uma ordem cronológica apenas cria contradições como essas. Quanto à explicação do motivo de não haver plantas de acordo com Gênesis 2.5, Blocher escreve:

> Essa explicação pressupõe a atividade normal das leis da natureza para o crescimento das plantas (uma operação da providência divina) e um tempo suficiente para que a falta de chuva seja capaz de constituir a causa da ausência de plantas. Isso não condiz com a hipótese de uma semana literal para a criação de todo o cosmos. Se a terra seca não emergiu até terça-feira e se a vegetação existiu apenas a partir desse dia, não será dada uma explicação na sexta-feira seguinte de que não há vegetação porque não há chuva! Esse raciocínio seria contrário à razão. Agora, o autor inspirado de Gênesis, que revisou o *tol'dot* e construiu o prólogo, o homem sábio (a quem somos ousados o bastante para chamar de Moisés) não teria mantido uma contradição em 2.5. Se ele repetiu a explicação dada, é porque não entendia os dias do primeiro capítulo de modo literal. Trata-se de o versículo 2.5 fornecer a prova de que a semana do prólogo de Gênesis não é literal; esta prova não foi refutada.[137]

Avaliação e valoração

Dizer que essa é uma questão enormemente complicada é falar o mínimo. Apesar do número de anos desde Darwin e de todos os avanços em diversos campos, percebe-se, parafraseando e adaptando as palavras de Matthew Arnold, que a planície está tão escura quanto era em seus dias e que os exércitos ainda são bastante ignorantes à medida que continuam combatendo.

Inicialmente, observo que quando existem muitos dados diferentes para correlacionar, geralmente existem vários modelos teóricos diferentes que podem explicar, em um grau ou outro, todo o complexo de dados. É assim para visões de mundo concorrentes, teorias científicas concorrentes e diferentes sistemas teológicos destinados a explicar uma ampla e complexa gama de dados. Nesses casos, os teóricos entendem que é improvável que qualquer esquema conceitual possa explicar os dados de modo a não deixar nenhuma anomalia. Portanto, ao avaliar as várias opções, não se deve esperar encontrar um ajuste perfeito com todos os dados. O que está errado, no entanto, é adotar um modelo cujas afirmações fundamentais são refutadas pela evidência que todas as teorias devem explicar.

O que, então, devemos concluir sobre as várias opções? Penso que podemos rejeitar uma série de posições à luz de evidências que desabonam os princípios fundamentais nessas posições. Por exemplo, embora eu tenha oferecido apenas uma pequena parte da evidência contra a evolução naturalista, esses argumentos levantam questões suficientes sobre as principais doutrinas da evolução para rejeitá-la.

Alguns acham que a evolução teísta responde adequadamente às principais objeções à evolução ateísta, mas eu discordo. Considerando apenas as três áreas de evidência apresentadas contra a evolução, é verdade que as evidências para o *design* inteligente poderiam ser abordadas invocando-se a participação de Deus, como fazem os evolucionistas teístas. Porém, as outras duas áreas de evidência, problemas com o mecanismo da evolução e problemas no registro fóssil, não são resolvidos pela evolução teísta. Quanto aos fósseis, ainda existem todas as lacunas onde deveria haver formas transicionais. Dizer que Deus interveio nesses pontos para dar um salto para novas espécies parte de uma abordagem evolucionista teísta e adota essencialmente a posição do criacionismo progressista, que, de modo algum, requer a macroevolução. Quanto à seleção natural, mesmo com a evolução teísta, os problemas permanecem. As mutações servem como fonte de novo material genético, mas elas são normalmente danosas. Além disso, como vimos, para desenvolver certos órgãos, todo um conjunto dessas mutações deve ocorrer exatamente no momento certo, e todas devem ser benéficas. Pode-se dizer que Deus cuida para que isso aconteça, ou pode-se dizer que Deus apenas intervém no momento certo para criar as novas espécies, mas tudo isso soa suspeitamente como uma admissão de que Ele fez isso afinal de contas, e não precisamos apelar aos processos evolutivos para explicar.

Então, talvez nós devêssemos seguir Howard Van Till e argumentar que Deus pré-programou as coisas para que a criação tivesse capacidades intrínsecas de realizar não apenas a microevolução, mas também mudanças macroevolutivas. Acho isso bastante duvidoso. Van Till afirma repetidas vezes que cientistas biólogos que ele conhece lhe dizem que tais capacidades existem. Porém, existem em quê? Um dos problemas é que Van Till não nos diz a natureza exata da criação de que está falando. O que é que Deus criou originalmente e dotou dessas capacidades? É matéria sem forma, matéria formada, mas inorgânica, matéria orgânica, formas de vida reais do tipo criaturas primitivas como trilobitas etc., formas de vida mais complexas ou o quê? Van Till não diz, mas a pergunta é significativa, pois até que saibamos o que originalmente recebeu essas capacidades, será difícil julgar se poderia ser assim ou se, a partir dessas coisas, seria realmente possível desenvolver naturalmente um mundo povoado como é o nosso. Mesmo que a alegação fosse de que Deus criou vários animais, pássaros e peixes com essas capacidades, é difícil ver como essas formas de vida teriam capacidades inerentes que algum dia pudessem resultar na produção de seres humanos. Contudo, dificilmente valeria a pena considerar essa opção, já que Van Till provavelmente alegaria que a criação original *ex nihilo* resultou em material um tanto primitivo e não formado. Quando você afirma que as forças evolucionárias podem pegar tais elementos e produzir (por fim) nosso mundo, não há necessidade de começar com formas de vida complexas ou mesmo simples. Além disso, apesar das evidências em contrário, Van Till acha que o registro fóssil respalda as alegações macroevolutivas, e isso também levanta um ponto interessante. Entre os colaboradores do livro de Moreland e Reynolds, há um desacordo sobre o que os fósseis mostram, e não são apenas os teólogos e exegetas bíblicos desse volume que questionam o registro fóssil. Isso é o que parece que podemos esperar à luz dos comentários (citados anteriormente de G. G. Simpson) de que a subjetividade entra na interpretação que se faz dos fósseis.[138]

Os argumentos já apresentados contra as teorias pré-Gênesis 1.1 e do hiato garantem o descarte dessas visões como improváveis. Sobram as teorias do dia-era, do dia de 24 horas e da estrutura literária. Qual deveríamos adotar? Acredito que se poderia defender qualquer uma das três e ser consistente com a teologia evangélica; portanto, a decisão não precisa ser um teste de ortodoxia ou uma base para os evangélicos romperem a comunhão caso escolham opções diferentes.

Dito isto, ainda é difícil escolher. Encontro problemas nas três, mas lembrando que esses são modelos alternativos de explicação que deixarão algumas perguntas sem resposta, sinto-me muito à vontade com uma combinação da posição do dia de 24 horas e da estrutura literária. A seguir, explicarei o que quero dizer e minhas razões para isso.

Começo observando que, se for aceito um relato criacionista das origens e se concluir que Deus fez isso exatamente como Gênesis diz, então se defende que a criação *ex nihilo* e a formação da matéria criada em nosso universo são atos milagrosos divinos. Porém, estes não são milagres "comuns", se é que algum milagre é comum. Na maioria dos milagres, alguém está ou estava em uma posição de observar as condições antes e depois de sua operação. De fato, é a capacidade de fazê-lo que nos ajuda a garantir que um milagre realmente ocorreu. Pense, por exemplo, na ressurreição de Cristo. As pessoas viram Cristo vivo antes da crucificação, outras o viram morrer, e houve quem certificasse que o corpo colocado na tumba estava realmente morto (Ele não havia apenas desfalecido ou desmaiado para depois reviver). Após esses eventos, muitas pessoas alegaram ver Jesus vivo novamente. Algumas o tocaram, outras conversaram com Ele e ainda outras comeram com Ele. Quando reunimos esses fatos, a melhor conclusão é que alguém morto fisicamente voltou à vida milagrosamente. Dizemos que isso aconteceu milagrosamente porque, no curso normal das coisas, as coisas mortas não voltam à vida por nenhum processo natural do qual tenhamos conhecimento. Agora, ninguém estava presente para observar o milagre enquanto estava ocorrendo, nem temos instrumentos para medir ou explicar como Deus fez esse milagre. Ainda assim, as evidências que temos sobre as condições antes da morte de Cristo e depois de sua colocação na tumba são um argumento muito forte para se crer na ressurreição.

Nos vários milagres realizados na criação da matéria e na formação do mundo, nenhum ser humano estava em posição de observar as condições antes dos milagres acontecerem e então compará-las com as condições posteriores. Além disso, as Escrituras dizem que a queda de Adão e Eva teve um impacto dramático sobre a própria criação. Portanto, nosso mundo não é o mundo pré-caído. Mesmo que estivéssemos presentes durante esses eventos da criação, ainda assim não teríamos como explicar os meios naturalistas (se é que houve algum) pelos quais Deus operou esses milagres, mas pelo menos poderíamos ter relatos de testemunhas oculares sobre as condições "antes" e "depois", de modo que saberíamos melhor quais fatos relativos ao nosso mundo confirmam que um milagre ou milagres ocorreram. Porém, nenhuma dessas informações nos é disponibilizada por qualquer ser humano, pois nenhum deles estava em posição de observar.

Pode-se concordar, mas indagar acerca deste ponto. A questão é que, dado o fato de que estamos falando de milagres, milagres que nenhum ser humano poderia ter observado, nem poderia ter observado as condições antes dos milagres, a fim de compará-las com o "depois", não deveria surpreender que há poucas evidências empíricas e naturais em nosso mundo hoje, as quais podemos indicar como apoio conclusivo a esses milagres. Pode realmente haver um número qualquer de coisas na ordem natural que evidencie os milagres da criação, mas simplesmente não estamos em posição (como estavam algumas pessoas com respeito à ressurreição de Cristo, por exemplo) de saber que esses fatos acerca de nosso mundo atual são prova do milagre da criação. As únicas testemunhas oculares da criação foram Deus e quaisquer seres angelicais que pudessem estar próximos durante alguns dias da criação. Os anjos não escreveram sobre o que aconteceu, mas os evangélicos acreditam que Deus testificou nas Escrituras o que aconteceu. Ainda assim, os relatos bíblicos que Deus revelou e inspirou omitem muitos detalhes. Sabemos mais do que saberíamos sem as Escrituras, mas uma análise deste meu capítulo mostra que não nos foi dado o suficiente para descartar conclusivamente todas as posições, exceto uma. Portanto, devemos observar o mundo pós-queda e estudar as Escrituras. Isso não deveria nos advertir sobre a probabilidade de quanto suporte empírico poderíamos encontrar para os vários milagres da criação a partir de observações científicas do mundo atual?

Se isso estiver correto, acredito que tem implicações significativas. Uma é que deveríamos ter cautela com as tentativas de "provar" cientificamente o criacionismo. Embora aprecie muito a intenção dos criacionistas científicos, não creio que a posição Terra/universo jovem dependa do sucesso no projeto deles. Muito do que eles oferecem mostra no máximo uma possível compatibilização com as Escrituras. Sem dúvida, o trabalho deles tem sido muito útil no fornecimento de evidências contra a evolução, mas argumentos contra a evolução não são uma prova positiva do criacionismo de seis dias solares. As evidências de *design* inteligente apontam para um criador, mas não nos dizem se Ele criou em longas eras geológicas ou em seis dias de 24 horas.

Outra implicação da minha questão dos milagres é que não deveríamos nos incomodar indevidamente com as queixas daqueles que rejeitam o criacionismo completamente ou tentam combiná-lo com dados científicos de que não encontram evidências empíricas para dias de criação breves e uma Terra jovem. Se os atos de criação são milagres, e ninguém estava por perto para observar as condições antes e depois desses milagres, exceto Deus (e Ele nos deu poucos detalhes), que evidência empírica você esperaria encontrar de que isso ocorreu? Parece que não pode haver muita coisa, e o tipo de evidência empírica que encontraremos provavelmente mostrará no máximo que o criacionismo do dia de 24 horas poderia combinar com muitos fatos sobre o nosso mundo, mas isso não prova de modo conclusivo tal criacionismo. O fato de não provar é crucial apenas se o crítico puder especificar o tipo de evidência empírica que deveria estar presente em nosso mundo para provar um milagre, caso ele tenha ocorrido. Não vejo que exista algo que os críticos possam exigir razoavelmente como prova que pareça estar faltando.

Qualquer criacionista deve levar a sério essas questões de a criação ser um milagre, mas isso, por si só, não determinará qual das três posições que estamos considerando agora deve ser escolhida. Quanto à teoria do dia-era, há objeções significativas. Para começar, não acho convincentes os dados do estudo da palavra *yôm*. Esse estudo mostra que a palavra pode significar longos períodos de tempo, mas possibilidade não é prova. Precisamos de evidências dentro do contexto imediato de Gênesis 1—2, e isso não parece disponível. Além do mais, a fórmula *Houve tarde e manhã* parece ser uma contraevidência. Se não for, os teóricos do dia-era precisam de uma explicação convincente de por que não. Apelos de que o sétimo dia omite a frase não servirão pelas razões expostas anteriormente, quando se discutiu esse problema em relação à abordagem do dia solar. Além disso, levo muito a sério os comentários de Waltke e Collins de que os exemplos típicos de "dia" usados para provar que não precisa significar dias de 24 horas são inconclusivos, se não irrelevantes, pois não são casos de *yôm* com numerais, mas referências em expressões vinculadas. Como observa Collins, em expressões vinculadas, um termo pode ser usado de maneira idiomática e, portanto, ter um significado bem diferente do que tem fora de tal expressão idiomática.[139] Mesmo que pensemos que nenhum dos usos de *yôm* nas expressões citadas é uma expressão idiomática, ainda devemos ter cuidado com o modo como usamos esses estudos de palavra.

Outro aspecto problemático da abordagem do dia-era é que ela quase sempre parece motivada por uma mentalidade concordista que, acredito eu, concede muito peso aos chamados "fatos" da ciência. Do mesmo modo que necessitamos de estudo cuidadoso do texto dos relatos bíblicos da criação, também precisamos de estudo cuidadoso dos dados da ciência para ter certeza de que os "fatos" são realmente fatos. No entanto, há outra preocupação aqui, e Paul Seely a levanta em um artigo revelador. Seely argumenta que, ao interpretar os relatos da criação em Gênesis, devemos entendê-los em termos de o que eles provavelmente teriam significado para alguém vivendo em uma cultura do Antigo Oriente Próximo. Este requisito se aplica ao autor do documento e a seus leitores. O problema é que os concordistas tendem a ler o texto em termos de seu entendimento científico, o que inevitavelmente tenta impor informações textuais e uma visão de mundo diferentes da do escritor e de seus leitores. Embora não esteja claro se os concordistas tomam tantas liberdades com o texto quanto afirma Seely, seu argumento geral e muitos de seus pontos específicos com respeito a vários dias individuais de criação, conforme apresentado no texto, parecem muito sólidos.[140] Tudo isso deveria nos alertar quanto a aceitar rápido demais as tentativas dos teóricos do dia-era de harmonizar a ciência com Gênesis 1 e 2. Acho que isso também deveria ser um alerta para aqueles que tentam cientificamente provar ou apoiar o criacionismo, ou seja, certifique-se de fornecer evidências para o que o texto teria significado *em seu próprio contexto*, não para um criacionismo baseado em uma compreensão "século XX" do mundo.

Também acho duvidoso o tratamento do quarto dia por parte dos teóricos do dia-era. Para aqueles que o interpretam como o dia em que os luminares celestes são criados pela primeira vez, parece haver um problema com a vegetação estar presente desde a terceira era e com luz apenas primordial (seja lá o que for) pelas três primeiras eras da criação da Terra. Muitos teóricos do dia-era levam a sério essa objeção e optam pela visão de que no quarto dia os luminares criados no primeiro dia se tornam visíveis. Assim, os verbos que falam sobre a criação do sol, da lua e das estrelas devem ser mais-que-perfeito. Acredito que os argumentos de Kline contra essa leitura não são apenas convincentes, mas também decisivos. Além disso, precisamos de uma explicação de por que o comando *fiat* neste dia significa que as coisas existentes serão reveladas, quando não teve esse significado nos outros dias, apesar do fato de que o verbo, sua força e forma são os mesmos para cada dia.

Quanto à objeção dos teóricos do dia-era ao criacionismo do dia solar de que o sétimo dia é indefinidamente estendido e o texto não encerra com a formulação "Houve tarde e manhã", várias coisas podem ser ditas. A primeira tem a ver com a omissão da frase conclusiva, mas eu já argumentei em favor dessa ideia e encaminho o leitor a esses comentários. Ainda assim, algo deve ser dito sobre a duração do sétimo dia. Muitos dizem que dura até agora e possivelmente continuará sem fim, então não há razão para pensar que os outros dias duraram apenas 24 horas. Se forem paralelos ao sétimo dia, serão muito mais longos. Porém, se estivermos procurando paralelismo, o descanso de Deus a partir da criação original continua para sempre, então esses outros dias também deveriam ser eternos? É claro, se esse fosse o caso, nunca terminaríamos nem o primeiro dia; eterno não acaba nunca. Além disso, e mais diretamente ao ponto, Deus não vem descansando completamente desde o sexto dia. O sétimo dia foi o descanso de Deus do trabalho da criação, por mais longo que seja esse descanso. Porém, nada disso significa que Deus esperou eras para fazer alguma coisa mais. O descanso de Deus depois da criação acabou há muito tempo; embora Ele não tenha criado mais desde o sexto dia, também não ficou ocioso. A questão da legislação sabática não é seis dias de criação para um dia de descanso para nós, mas sim que seguimos o padrão inicial de Deus na criação, de seis dias de trabalho para um dia de descanso. Nada disso significa que o sétimo dia continua indefinidamente ou que Deus não faz mais nada.

Isso nos deixa a posição do dia de 24 horas ou a visão de estrutura literária, e pelo que eu disse até agora, posso parecer estar caminhando na direção da última visão. No entanto, várias considerações me impedem de adotá-la completamente. Uma pergunta inicial que me incomoda é que, se os dias da criação são apenas um recurso literário que é figurado, como sabemos onde parar com as figuras de linguagem em Gênesis 1—3? Os dias não parecem mais figurados ou literais do que Adão e Eva, a serpente, a vegetação, os animais e todo o restante. Além disso, se essas coisas são figuras de linguagem, recursos literários, todas elas poderiam ser símbolos de algo bastante diferente (qualquer um que entende como um símbolo funciona em um romance, por exemplo, entende meu argumento).[141] Blocher parece compreender esse ponto quando explica que os teóricos do dia-era afirmam que "dia" é usado de forma figurada nos dias 1 e 2 da criação em Gênesis, mas eles os tratam como se não fossem figurados, tentando correlacionar as datas e os eventos que a ciência propõe com os dias da criação. Como Blocher diz, os teóricos do dia-era não entenderam totalmente o que significa dizer que os dias são figurados.[142] Porém, o que quero dizer é que não tenho certeza de que mesmo Blocher entendeu completamente as implicações desse ponto sutil que ele levanta. Blocher quer que vejamos os dias de Gênesis 1 e 2 como um recurso literário, uma estrutura sobre a qual pendurar a história da criação sem realmente significar que ela ocorreu em dias de qualquer tipo específico. Porém, lembre-se de que se essa for uma apresentação artístico-literária, ela não apenas inclui referência aos dias, mas a Deus, a Adão e

Eva, à serpente etc. E se os dias podem ser figurados, por que não Deus etc., como figuras para representar alguma outra coisa? Qual é a hermenêutica que nos diz que alguns elementos dessa história são figuras de linguagem e recursos literários e outros não? Nenhuma explicação está disponível! A partir do momento em que você afirma que uma história aparentemente histórica é figurada, uma maneira literária de relatar a história da criação, torna-se difícil interpretar essa história, já que tudo pode apontar para algo diferente do que parece ensinar ao pé da letra, incluindo o que diz sobre Deus.

Tudo isso é especialmente preocupante, porque se não pudermos ter certeza da historicidade dos eventos relatados em Gênesis 1—3, há problemas para outros pontos teológicos. Já observei as implicações cristológicas dessas passagens e as implicações para a imputação do pecado de Adão. Porém, ainda há mais. Quando Blocher discute a criação de Eva a partir da costela de Adão, ele pergunta se deveríamos fazer uma interpretação literal e responde que provavelmente se trata de uma descrição figurada do que aconteceu.[143] Embora uma interpretação assim combine inteiramente com a crença de que a história é uma estrutura literária para se argumentar a favor de algumas ideias teológicas sobre a criação e, portanto, não precisa ser considerada literalmente, ainda assim ela cria problemas significativos para o ensino neotestamentário. Em 1Coríntios 11.8,9, Paulo se refere à criação de Eva como justificativa para seus ensinamentos sobre o uso de véus pelas mulheres enquanto oram ou profetizam na igreja. Em 1Timóteo 2.12-15, ele se refere ao relato de Gênesis sobre a criação de Eva como histórico e o utiliza para justificar suas regras referentes às mulheres que ensinam e têm autoridade sobre os homens. Independentemente do que se pense que esses *regulamentos* significam e como eles se aplicam hoje, sua *justificativa* assume o relato da criação de Eva como histórico. Ou seja, devemos distinguir a regra de sua justificativa e, independentemente do que pensamos que a regra significa, isso não autoriza de modo algum dizer que a justificativa não inclui uma referência a um evento histórico quando parece fazê-lo. Porém, a abordagem de Blocher à criação de Eva não deixa claro o que deveríamos pensar que seja exatamente a verdade histórica sobre sua criação.

Esses são apenas alguns dos problemas decorrentes de se ver a história da criação como uma maneira literária de apresentar coisas que não deveriam ser consideradas literalmente, mas há outro problema. Se essa história e esses dias forem apenas um recurso literário, admitindo-se então que o autor possa defender suas ideias teológicas utilizando qualquer número de recursos literários (se o que ele disser não for de forma alguma histórico, pouco importa qual recurso literário ele escolhe), por que escolher este (os seis dias)? Quaisquer que sejam as ideias teológicas que o autor queira defender, podem ser defendidas em outros formatos literários. De fato, os escritores bíblicos nos dizem várias coisas sobre a criação em muitas passagens diferentes (veja a seção anterior deste capítulo), e o fazem sem nunca se referir aos diferentes dias da criação. Ainda assim entendemos que Deus é o Criador, é soberano sobre a criação, criou *ex nihilo* etc., a partir de passagens que não mencionam os dias da criação. De fato, ainda poderíamos conhecer essas verdades, mesmo que Gênesis 1—3 fossem removidos da Bíblia, ou jamais tivéssemos lido esses capítulos. Então, se os autores bíblicos querem defender algumas ideias teológicas sobre a criação, por que fazê-lo com esse recurso literário (os seis dias), um recurso que para o mundo todo parece um relato de acontecimentos reais em dias reais de algum tipo? Além disso, se esse relato é apenas um recurso literário, o que isso nos diz sobre outras histórias que Moisés relata? As dez pragas da época do êxodo são outro recurso literário que não deve ser considerado literalmente? As genealogias são apenas um recurso literário com o objetivo de nos ensinar algo além de informações sobre várias pessoas que viveram numa época ou outra? A partir do momento em que você trata uma peça cujo gênero literário parece envolver história como se não envolvesse, também são levantadas sérias questões sobre outros textos que parecem ser algum tipo de história.

Por todas essas razões, sinto-me desconfortável em adotar a visão da estrutura literária em sua totalidade. Como, então, respondo à objeção a um relato cronológico que Kline levanta a respeito de Gênesis 2.5? Além disso, isso significa que eu creio que Gênesis 1 e 2 são um relato objetivo de sete dias consecutivos de 24 horas? Quanto a Gênesis 2.5, voltarei a este versículo depois de explicar minha visão mais completamente. Quanto a eu estar optando por um relato cronológico estrito de dias de 24 horas, a resposta é: não exatamente. Houve uma época em que defendi algo parecido com essa visão, mas as preocupações dos teóricos do dia-era e dos defensores da estrutura literária me convenceram de que é preferível uma visão modificada do dia de 24 horas. Deixe-me explicar.

Conforme mencionado ao analisar-se o gênero literário, de fato esses capítulos nos dizem coisas verdadeiras num sentido histórico. Contudo, não se trata de escrita histórica como os modernos escrevem história, logo, não nos deveria surpreender se não for totalmente precisa. Além disso, os escritores bíblicos algumas vezes usam aproximações ao escrever história, mas sua obra ainda assim é entendida como historicamente correta. O que isso significa é que o número real de dias que levou para criar pode ser maior do que seis, mas duvido que estejamos falando de períodos vastamente mais longos do que os dias numerados. Afinal, se o tempo se estendesse muito além de um dia literal, seria difícil, mesmo que o escritor use aproximações, chamá-lo de dia. Porém, os números nas Escrituras nem sempre são precisos, nem a contagem de dias ou anos.[144]

Porém, o que em Gênesis 1—2 me faz pensar que não se trata de uma história precisa em nosso sentido moderno de história? Aqui eu considero convincentes alguns argumentos oferecidos especialmente pelos teóricos da estrutura literária. Por exemplo, é difícil não perceber a estrutura de duas tríades simétricas dos seis dias da criação. Mesmo que alguns dias realmente tivessem levado mais de 24 horas, desde que não tenham durado muito tempo (por exemplo, dez anos, enquanto outros dias duraram 24 horas cada), não precisamos exigir apenas 24 horas por dia, nem deveríamos pensar que pequenas diferenças nos dias da criação arruínam a simetria artística. Contudo, o fato de que o escritor estruturou os eventos simetricamente não prova que não há cronologia no primeiro capítulo ou que não estamos obtendo um relato histórico acurado. Concordo que a forma do capítulo 1 contribui para comunicar que Deus é um Rei soberano que faz as coisas de maneira ordenada, sem batalhas, conflitos e erros, mas isso não significa de forma alguma que os eventos registrados não são históricos ou cronológicos. Quando os historiadores escrevem, eles têm de ser seletivos; eles não podem gravar todos os detalhes triviais como uma fotografia faria. Visto que têm de ser seletivos, se por acaso virem padrões nos detalhes apresentados, por que é ilegítimo escrever o relato de acordo com esses padrões percebidos, desde que, ao fazer isso, não se distorça a verdade do que ocorreu?

Meu argumento é duplo. Por um lado, reconhece que especialmente o capítulo 1 é altamente elaborado em termos literários. Os tipos de padrões observados por Cassuto estão muito onipresentes para se pensar que eles simplesmente se uniram por coincidência. Contudo, e esse é o outro ponto, apenas pelo fato de o autor ver um amplo padrão de duas tríades de dias, por exemplo, nos eventos que ele registra e escrever seu relato em conformidade com tal padrão, isso não torna seu relato não relacionado à história ou inteiramente figurado. Para condizer com o padrão de seis dias e duas tríades, ele pode ter que dizer que os eventos de determinado dia duraram um dia, uma aproximação se os eventos realmente levaram vários dias, mas seu relato ainda é história. Aproximações para condizer com a simetria literária não excluiriam essa literatura de ser histórica nem a transformariam em uma peça figurada destinada exclusivamente a ensinar algumas verdades teológicas.

Várias coisas sugerem que o autor usa algumas aproximações, e aqui levo a sério o que os oponentes da teoria do dia solar disseram. Por exemplo, se o sol não foi criado e posicionado para desempenhar suas funções até o quarto dia, posso concordar que não podemos ter certeza de que os primeiros três dias sejam dias solares com a duração que conhecemos. É claro, mesmo que não houvesse sol, Deus saberia quando uma quantidade de tempo igual a três dias solares teria passado. Portanto, sua revelação a Moisés sobre os primeiros três dias poderia realmente corresponder ao que acontece em três de nossos dias solares. Claro, a quantidade de tempo também poderia ter sido maior ou menor do que três de nossos dias solares. Somente Deus sabe a duração exata desses dias e como eles se relacionam com nossos dias solares, e em Gênesis 1 Ele provavelmente não nos contou, mas nem precisa fazê-lo, já que o propósito de Gênesis 1 não é dar um relato científico de como o tempo era medido na terra antes de o sol ser colocado no lugar. Contanto que a diferença dos nossos três dias não seja tão grande a ponto de o fato de inspirar Moisés a chamar os primeiros três períodos da criação de "dias" comunicaria algo falso (ou seja, não é apenas uma aproximação, mas está longe da verdade), parece não haver nada de errado com Deus revelar esses eventos como ocorrendo em três dias, mesmo que não pudessem ter sido dias solares do modo como entendemos.

Argumentos sobre o sexto dia levar mais de 24 horas também têm certo grau de plausibilidade. Embora ninguém saiba qual é a rapidez com que Deus trabalha ou quando começou a trabalhar naquele dia, tarefas como nomear os animais teriam sido enormes. Considerações como essas tornam razoável pensar que os eventos do sexto dia duraram mais de 24 horas, mas isso não significa que eles devam ter levado longos períodos para terminar. Somente Deus sabe ao certo quanto tempo levou, mas afirmar que tudo aconteceu no sexto dia pode ser uma aproximação que não é falsa, desde que a quantidade real de tempo não tenha se estendido por meses ou anos.

Alguns defensores de uma posição mais estrita do dia de 24 horas poderão dizer que estou sendo muito flexível com o texto, porque sempre que um número cardinal ou ordinal é usado com *yôm*, significa um dia literal de 24 horas. Em resposta, eu geralmente concordo com a questão dos números combinados com *yôm*, mas a questão é mais complexa do que parece à primeira vista. Como alguns comentaristas explicam, este é o único local no AT onde temos uma lista de dias com números vinculados, por isso é difícil dizer com certeza o que significa exatamente o número mais *yôm*. Isso não deve ser mal interpretado. Não significa que não há outras passagens do AT em que um número é usado com *yôm*; isso acontece em várias passagens. O que não ocorre é uma lista numerada e ordenada de dias, todos na mesma passagem como temos aqui. Portanto, quem pode dizer que é impossível ter uma lista ordenada de dias numerados que não sejam de 24 horas cada? É difícil fazer generalizações universais a partir da amostragem de um caso.

Suponha, no entanto, que admitamos, como eu admito, que *yôm* com números geralmente se refere a dias solares. Ainda, os dias numerados podem aparecer em Gênesis 1 e 2 e não ser absolutamente precisos, podem ser aproximações do tipo que descrevi. Portanto, mesmo essa linha de argumentação não precisa minar a posição que estou defendendo.

Outro ponto também me leva a pensar que os dias são cada um de aproximadamente 24 horas. Deveríamos perguntar se os sete dias da criação são estritamente sucessivos. Ou seja, o quarto dia termina na badalada da meia-noite e o dia cinco começa imediatamente depois? Aqueles que defendem uma cronologia muito rigorosa nesses capítulos parecem pensar que sim. Porém, se pode haver alguma lacuna entre o final de um dia da criação e o início de um novo, acho que isso acomoda algumas das preocupações quanto aos primeiros três dias terem sido dias solares e preocupações quanto a ter tudo pronto no sexto dia. Não estou sugerindo grandes lacunas, porque isso iria contrariar a alegação de que levou uma semana. Tudo o que estou dizendo é que a alegação de que levou uma semana também pode ser uma aproximação. Se puder haver pequenas lacunas de tempo entre os dias, todo o processo ainda leva aproximadamente uma semana, e são tratadas algumas das preocupações levantadas por uma sucessão rígida de dias de 24 horas.

Sem dúvida, alguns defensores estritos do dia solar responderão que isso arruinaria o raciocínio de Moisés por trás da legislação sabática. Essa legislação diz que Deus fez tudo isso em seis dias e então descansou; portanto, deveríamos trabalhar seis dias e descansar no sétimo. Aqui eu me inclino a concordar com aqueles que argumentam que, embora exista uma analogia entre a semana de trabalho de Deus e a nossa, ela não requer identidade absoluta. O ponto principal é um padrão de seis dias de trabalho para um dia de descanso; nada sobre esse padrão e a legislação sabática a respeito dele parece ameaçado pela compreensão dos dias de 24 horas como estou propondo. Além disso, devemos ter cuidado para não forçar demais os detalhes do regulamento sabático ou acabaremos com absurdos. Por exemplo, em alguns dos dias da criação, o trabalho que Deus fez pode ter levado apenas alguns momentos. Isso significa que no dia correspondente da nossa semana temos de trabalhar apenas alguns minutos? Ou, forçando demais para uma direção diferente, a passagem diz que devemos trabalhar seis dias e descansar o sétimo. Isso significa que nos seis dias devemos trabalhar durante todas as 24 horas? Sem dúvida, alguns dirão não, porque Deus não trabalhou 24 horas naqueles dias; mas se nosso tempo de trabalho tem de ser idêntico ao de Deus, voltamos ao absurdo de que em alguns dias precisamos trabalhar apenas alguns minutos. Portanto, deveríamos tomar cuidado para não pressionar demais o argumento acerca do dia de descanso.

Permita-me voltar agora a considerações que, embora não sejam prova do meu ponto de vista, são detalhes com os quais qualquer modelo de explicação deve lidar, e acho que minha posição lida com todos eles. Um primeiro item é a ausência do sol até o quarto dia, embora a vegetação apareça no terceiro dia. Mesmo que a luz que Deus criou no primeiro dia não favorecesse essa vida vegetal, dentro de aproximadamente 24 horas após o aparecimento da vegetação o sol estaria em seu lugar. Se Deus precisasse realizar um milagre para sustentar a vegetação nesse meio tempo, isso não seria problema, já que de qualquer modo a criação envolveu uma série de milagres. Portanto, o texto pode ser historicamente preciso quando diz que a vegetação precedeu a criação do sol.

Segundo, devo reiterar que a preponderância da evidência bíblica respalda o dilúvio nos dias de Noé, em Gênesis, como histórico. Não preciso repetir os argumentos apresentados anteriormente, mas apenas acrescentar um ponto: vários autores do NT consideram o dilúvio um evento histórico. 2Pedro 3.6 é um exemplo, mas devemos entender o contexto dessa afirmação. Em 2Pedro 3, Pedro prediz que nos últimos dias as pessoas zombarão da ideia do retorno de Cristo e de um juízo final (v. 3). Ainda mais, elas acreditarão que podem provar que essas coisas jamais poderiam acontecer. O versículo 4 registra seu argumento: jamais acontece algo catastrófico; por isso não há razão para temer algo cataclísmico como a volta de Cristo e o juízo final. A natureza simplesmente flui adiante, ininterrupta por catástrofes. Pedro responde a esse argumento especificamente nos versículos 5 a 7. Ele diz que essas alegações voluntariamente ignoram os fatos. Os fatos são que têm ocorrido eventos catastróficos. A criação é uma grande mudança (v. 5); Deus criou os céus e a terra por sua palavra. Além disso, a terra que Ele criou (isso claramente significa toda a terra, não apenas a Palestina) foi posteriormente destruída por uma inundação que veio sobre ela pelo poder de sua palavra (v. 6). Esse também não é um evento comum. Da mesma forma, Deus algum dia destruirá com fogo os céus e a terra atuais pelo poder de sua palavra. Portanto, não pense que o curso da natureza é constante e que, portanto, você não precisa se preocupar com um juízo cataclísmico. Há um dia de prestação de contas.

Pedro não apenas considerou o dilúvio noético um evento histórico, mas o fez a ponto de ter apelado a ele para provar seu argumento doutrinário. Se, de fato, o dilúvio não ocorreu, o argumento teológico de Pedro apresenta problemas. Porém, se uma inundação da magnitude descrita em Gênesis aconteceu, é difícil acreditar que não tenha feito algumas mudanças radicais na topografia etc. da nossa Terra. Não estou pronto para fazer alegações e tirar as conclusões a respeito disso que alguns cientistas da criação propuseram. Em vez disso, meu argumento é que as Escrituras ensinam o dilúvio como um evento histórico e que sua magnitude provavelmente fez uma diferença significativa para o nosso planeta. Portanto, qualquer posição referente às origens e à idade da Terra que leve a sério as Escrituras deve, de alguma forma, incluir o dilúvio na explicação das origens.

Em seguida, é apropriado um comentário adicional referente às genealogias em Gênesis e o tempo em relação a Gênesis 1—2. Eu concordo inteiramente que as genealogias contêm lacunas. Portanto, as datas do arcebispo Ussher são significativamente incorretas a ponto de não podermos dizer de maneira alguma que o universo começou em aproximadamente 4004 a.C. Além disso, Gênesis 1.1 requer, conforme afirmado anteriormente, a criação *ex nihilo* do material que Deus usou para formar e modelar o universo. Quando o escritor pega a história no versículo 2, ele nos mostra que a Terra não estava em uma forma habitável. Quanto tempo houve entre a criação *ex nihilo* e o primeiro *fiat*? Em outras palavras, há quanto tempo a Terra já existia, mas *sem forma e vazia*, antes de Deus começar a moldá-la em um planeta habitável? Ninguém além de Deus sabe; Moisés certamente não nos diz. Porém, não é possível que algumas das supostas idades das camadas de rocha possam ser explicadas durante esse período entre a criação *ex nihilo* e o primeiro dia? Alguns podem objetar que isso ainda não explica datas antigas de outros constituintes em nosso universo, nem explica por que essas datas parecem coincidir com datas de camadas de rochas na terra. Porém, nada nas Escrituras diz que quando Deus criou a Terra originalmente, Ele também não produziu os outros planetas. É possível que todos eles tenham sido criados de uma só vez, na forma completa ou incompleta, e isso poderia ser parcialmente a razão pela qual as datas científicas das coisas em outras partes do nosso universo tendem a coincidir com as datas das camadas de rocha na terra. Certamente, isso é especulativo, mas também o é muito do que a ciência propõe sobre as origens. O que me interessa é que as Escrituras nos dizem muitas coisas sobre a criação, mas também deixam algumas lacunas nas quais podemos conseguir encaixar mais tempo. Logo, não há necessidade de manter a visão do dia de 24 horas com uma cronologia incomumente rígida que ordena a criação da Terra em 4004 a.C, ou mesmo em 10000 a.C. Nada disso significa, é claro, que estamos justificados ao postular as longas datas propostas pela ciência e pela posição do dia-era, mas há mais espaço no relato de Gênesis para adicionar tempo do que alguns teóricos rigorosos do dia solar propuseram.

E que tal Deus criar as coisas com a idade aparente? Aqui divido-me em duas direções. Por um lado, concordo que não se trata de engano, pois Deus nos disse o suficiente em Gênesis 1—2 para esperarmos a idade aparente. Ou seja, Adão e Eva parecem ter sido criados como adultos, e plantas e árvores aparentemente não foram criadas como sementes, mas em um estado mais maduro. Essas coisas combinam com a noção de idade aparente. Além disso, concordo que se for para a luz de estrelas distantes etc. ser vista na Terra no momento de sua criação, aí também estará envolvida a idade aparente. Portanto, a proposta faz sentido, mas não posso ver isso como conclusivo. A razão é que esta é uma alegação que não somos capazes de verificar ou de falsificar. Faz sentido, mas ninguém pode voltar atrás e verificar se as coisas foram criadas já adultas com a idade aparente. Portanto, a questão da idade aparente não pode ser conclusiva.

Em seguida, devemos abordar o argumento de Kline sobre Gênesis 2.5. Este tem sido conclusivo para alguns, pois os detalhes desse versículo parecem contradizer o relato do capítulo 1 de modo tão escancarado que a única maneira de evitar as contradições parece requerer a visão da estrutura literária. Contudo, há boa razão para pensar que Gênesis 2 pode ser harmonizado com Gênesis 1. De fato, Cassuto propôs explicações para os itens aparentemente em conflito, e creio que elas resolvem a acusação de contradição. Isso não significa que Cassuto defenda minha posição, mas apenas que ele mostra como é possível tornar consistentes os relatos em Gênesis 1 e 2. Deixe-me voltar às suas explicações.

Cassuto aborda especificamente a aparente inconsistência de dizer no capítulo 1 que a vegetação foi criada antes do homem e dizer no capítulo 2 que a vegetação apareceu após a criação de Adão. Acredito que as respostas de Cassuto resolvem as preocupações levantadas por Kline, Blocher e outros sobre Gênesis 2.5. Quanto à ausência de vegetação (2.5), Cassuto explica que uma chave é o significado das palavras "arbusto" e "planta" traduzidas na NVI. A tradução pode dar a impressão de que essas palavras designam todas as plantas, árvores etc. em geral, e, portanto, que o escritor está dizendo que não havia vegetação alguma. Porém, como explica Cassuto, isso infere ao texto algo que não existe. O texto não ensina a ausência do reino vegetal como um todo, mas diz que faltavam dois tipos de vegetação, os tipos designados pelas palavras "arbusto" e "planta". Portanto, não há inconsistência com o relato do terceiro dia a partir do momento em que vemos que o texto não nega toda a vegetação, mas apenas um determinado tipo.[145]

Isso pode parecer contraintuitivo, mas ocorre porque a tradução induz ao erro. Os dois termos em questão são *sîaḥ* e *'ēśeb*, e Cassuto diz que, para entender o que eles significam, devemos nos voltar ao final da história no capítulo 3. A resposta aparece em Gênesis 3.17,18. Como resultado do pecado de Adão, Deus amaldiçoou o solo, e o versículo 18 explica que isso significava que espinhos e cardos cresceriam e dificultariam seu cultivo. Além disso, Deus disse a Adão e Eva que eles comeriam as plantas do campo. A palavra para "plantas" em 3.18 é *'ēśeb*, a mesma palavra que o segundo termo em 2.5. Além disso, "espinhos e cardos" são sinônimos de *sîaḥ* do campo em 2.5, sendo uma particularização do conceito geral transmitido por *sîaḥ*. Logo, a questão em relação a *sîaḥ* é que eles não existiam até depois de Adão pecar; logo, eles não estavam presentes na terra em 2.5, antes da criação de Adão.[146]

Quanto a *'ēśeb*, é dito que, como resultado da queda, Adão teve que lavrar ou cultivar o solo para obter seu alimento. Gênesis 3.23 diz que Deus expulsou Adão do jardim para cultivar a terra. A frase "cultivar a terra" em 3.23 é exatamente a mesma frase que "cultivar a terra" em 2.5. Porém, qual é a questão? A questão é simplesmente que 2.5 está falando de plantas que devem ser semeadas e cultivadas em oposição a árvores e plantas que se reproduzem apenas por sementes (o tipo que as Escrituras apontam meticulosamente que foi criado no terceiro dia). Portanto, Gênesis 2.5 não significa que não havia vegetação de nenhum tipo na terra, mas que o tipo de vegetação, espinhos e cardos, estava ausente porque não havia chovido e não havia necessidade da presença deles, uma vez que Adão não tinha pecado. Além disso, quanto ao outro tipo de vegetação (*'ēśeb* do campo), ela não estava presente e não havia necessidade dela, porque havia muitas árvores e plantas que se reproduziam e das quais Adão e Eva podiam comer. Nada disso significa que nenhuma vegetação estava presente, apenas que esses dois tipos estavam ausentes. Vale a pena citar Cassuto longamente:

> Assim, o termo עֵשֶׂב *'ēsebh do campo* inclui trigo, cevada e os outros tipos de grãos dos quais o *pão* é feito; e é claro que os campos de trigo, cevada e afins não existiam no mundo até o homem começar a *cultivar o solo*. Contudo, nas áreas que não eram cultivadas, a terra produziu voluntariamente, como um castigo ao homem, *espinhos e cardos* — aquele שִׂיחַ *sîaḥ* do campo que vemos crescer profusamente na terra de Israel até hoje *depois das chuvas*. Veremos imediatamente abaixo o modo como a chuva estava relacionada à punição do homem e de que modo o solo era irrigado pelas águas das profundezas antes de ele pecar. Aqui, devemos salientar que as duas razões apresentadas em nosso versículo [para a ausência de espinhos e grãos] seguem a mesma ordem que as duas orações anteriores que elas vêm explicar: nenhum espinho do campo já estava na terra, porque o Senhor Deus *não fizera chover sobre a terra*, e o grão do campo ainda não havia brotado, porque *não havia homem para lavrar a terra*.
>
> Agora somos capazes de entender por que na seção anterior a Torá enfatizou a *semente* e a *produção da semente* em conexão com as plantas. O objetivo era remover a discrepância que poderia se pensar existir entre o relato da criação dado pela antiga tradição poética e a história do jardim do Éden registrada pela mesma tradição. Para esse fim, as Escrituras enfatizaram repetidas vezes que o mundo da vegetação, como foi formado no terceiro dia, era composto daquelas árvores e ervas que se reproduzem naturalmente apenas por *sementes*. Foram excluídas as plantas que necessitavam de algo mais além de sementes: a essa categoria pertenciam, por um lado, todas as espécies de milho, que, embora espécimes isolados pudessem ter existido aqui e ali desde o início, não foram encontradas na forma de campos de grãos até que o homem começasse a lavrar a terra; e por outro lado, espinhos e cardos, ou שִׂיחַ *sîaḥ* do campo, cujas sementes são incapazes de se propagar e fazer crescer novas plantas até que chova. Depois da queda e expulsão do homem do jardim do Éden, quando ele foi obrigado a lavrar o solo e as chuvas começaram a cair, espalharam-se pela terra espinhos, cardos e campos de trigo.[147]

A partir dessa explicação podemos ver que Gênesis 2.5 fala sobre processos naturais. Contudo, a conclusão que os defensores da estrutura literária tiram é errônea. Não significa um período longo para o terceiro dia (em vez de 24 horas), nem mostra que o relato não é cronológico por causa de um suposto conflito entre o terceiro dia em Gênesis 1 e esse relato. Em vez disso, ele fala sobre coisas que ainda não eram o caso, mas que seriam depois da queda. Ninguém nega que após a queda e a expulsão de Adão e Eva do jardim, os processos naturais assumiram o controle inteiramente. Além disso, como Cassuto mostrou, o versículo não significa ausência de toda vegetação antes da criação de Adão, mas apenas ausência de certos tipos. Alguns podem objetar ainda que o versículo 9 fala de Deus plantando vegetação após a criação de Adão, mas esse não é o verdadeiro sentido, pois os versículos 8 e 9 falam de Deus preparando o jardim do Éden após a criação de Adão. Não diz nada sobre vegetação em outras partes do mundo.

Tudo isso significa que as supostas contradições entre os relatos de Gênesis 1 e 2 acerca da vegetação são apenas aparentes, não reais. Mesmo que não se goste desta resolução, é preciso lembrar que a acusação de contradição significa que não há *possibilidade* de as várias reivindicações serem verdadeiras. Para enfrentar a acusação de contradição, o defensor precisa apenas mostrar uma maneira possível de ajustar as coisas. A explicação de Cassuto é uma maneira possível e não é absurda, mas está fundamentada no texto.

Várias considerações finais me levam a pensar que todas as atividades criadoras de Deus não exigem uma Terra ou universo antigo. A primeira tem a ver com a morte como resultado do pecado. Já ensaiamos o argumento básico em torno de Romanos 5.12 e Gênesis 3.19. Como observado, muitos afirmam que se refere apenas à entrada da morte na raça humana, por isso os animais puderam viver e morrer na Terra por muitos milhares de anos antes de nossa criação. Eu acho isso problemático e já demonstrei minhas preocupações, mas deixe-me ampliar. O que parece crucial é Romanos 8.18-22. O texto diz que a criação foi submetida à futilidade, não pela sua própria escolha (v. 20). Além disso, foi submetida na esperança de remover esse estado fútil quando os filhos de Deus forem revelados (v. 21). Como Moo, Cranfield e outros comentaristas hábeis explicam, isso deve remeter aos resultados da queda em Gênesis 3 e à antecipação da suspensão da maldição quando os crentes forem glorificados e a criação restaurada num dia vindouro. Porém, observe também o que o versículo 21 diz sobre a sujeição da criação. Diz que a criação é escravizada à corrupção ou decadência, uma corrupção que se dissipará com a revelação da glória dos filhos de Deus. A que se refere essa decadência e corrupção? Certamente não corrupção moral, porque animais e plantas não são agentes morais capazes de declínio moral. Deve se referir à decadência física, mas isso não acaba envolvendo morte física? Se não, então o quê? Certamente, seja o que for, deve ser bastante doloroso, pois Paulo fala sobre a criação gemendo e sofrendo as dores do parto enquanto aguarda sua restauração. O que essa linguagem pode significar se não que há dor e sofrimento dentro da ordem natural? E a compreensão mais natural disso é que essa decadência inclui a morte.[148] Portanto, parece que o pecado de Adão trouxe a morte ao mundo inteiro, não apenas à raça humana.

À luz dessas considerações, concluo que a morte entrou não apenas na raça humana, mas também no reino animal por meio do pecado de Adão. Este é um problema para qualquer visão que postule longos períodos de tempo para os animais terem estado na terra e morrido antes de Adão. Porém, há outra questão que se relaciona ao problema do mal. Como já argumentei e observarei novamente em um capítulo posterior deste livro, há vários problemas diferentes do mal. Um que recebe pouca atenção é o problema da dor e do sofrimento dos animais. Não é meu objetivo resolver esse problema aqui, mas sim defender ideias acerca das teorias da criação. Já é difícil o suficiente responder ao problema da dor e do sofrimento dos animais. Postular vastas extensões de tempo com animais presentes na terra e caçando uns aos outros (mesmo antes da criação dos seres humanos) apenas exacerba o problema. Se é difícil saber por que um Deus todo-amoroso permitiria que animais moralmente inocentes sofram quando os seres humanos estão por perto, o problema se torna ainda pior quando se multiplica o sofrimento e a morte dos animais postulando longas épocas de tempo com a presença de apenas plantas e animais na terra. Para os evolucionistas teístas que acreditam que as formas de vida vieram de um ancestral comum, podemos dizer que o processo evolutivo é tortuosamente lento e que envolveria sofrimento e morte de muitos animais para chegar aos seres humanos. Dado o poder de Deus para evitar esse sofrimento criando espécies pelo *fiat* divino (os evolucionistas teístas não negam esse poder a Deus, apesar de acreditarem que Ele não o exerceu), torna-se quase impossível imaginar como alguém pode resolver o problema do sofrimento dos animais quando o coloca contra um cenário de lento desenvolvimento evolutivo. Isso não significa que o problema desaparece ao aceitar-se uma versão de dia de 24 horas do criacionismo, mas apenas que o problema é muito pior para qualquer posição que postule longos períodos de tempo antes da criação dos seres humanos, quando os animais estão na terra e morrem.

Há uma última razão de eu ser cético em relação às visões que postulam longos períodos de tempo para o processo criativo, e diz respeito à revelação divina para a raça humana. Os teólogos concordam que Deus se revelou por meio de revelação natural e por meio de várias formas de revelação especial, incluindo as Escrituras. Uma diferença crítica entre as duas grandes categorias de revelação, porém, é que, embora a revelação natural por meio de nossa consciência (Rm 2.14,15) nos dê o discernimento de que somos culpados de transgressões e dignos de punição, a revelação natural não revela um meio de salvação da situação humana. A revelação especial, sobretudo as Escrituras, oferece a resposta de Deus para o nosso problema de pecado e nossa necessidade de salvação. Porém, suponha que o livro mais antigo da Bíblia não estivesse escrito até algo entre 1500 a.C. (a época de Moisés) e 2000 a.C. (a época de Abraão). Os últimos livros da Bíblia foram concluídos no final do primeiro século d.C. Porém, quanto tempo as pessoas teriam estado na terra antes de receber revelações escritas de Deus, independente da forma? Pelo menos desde Adão até Moisés ou algo assim. O AT nos mostra que Deus se revelou a pessoas como Noé, Enoque e Abraão de maneiras especiais, mas essas pessoas parecem ter sido casos incomuns. Não sentimos que a maioria das pessoas teve uma revelação tão especial de Deus e sabemos que elas não tinham uma Bíblia. No entanto, as Escrituras nos dizem claramente que desde Adão os seres humanos são culpados de pecado diante de Deus. Isso significa que entre Adão e a escrita do primeiro livro do AT há muito tempo, e relativamente poucas pessoas parecem ter tido alguma revelação especial de Deus, uma revelação que poderia lhes oferecer uma mensagem de salvação.

Isso significa, entre outras coisas, que muitas pessoas viveram entre Adão e a redação das Escrituras, e que nunca teriam ouvido nenhuma mensagem de salvação. Alguns podem afirmar que Paulo nos diz (Rm 5.13) que o pecado não é imputado quando não há lei, e entre o tempo de Adão e Moisés não havia lei formalmente declarada revelada por Deus. Porém, isso não desculpa as pessoas desde Adão até Moisés, pois Paulo diz que as pessoas ainda morreram entre Adão e Moisés, e morreram porque em Adão elas haviam pecado. Portanto, essas pessoas eram culpadas de pelo menos um pecado (o de Adão), mas Deus aparentemente não revelou um recurso, nenhuma palavra de salvação para a maioria delas. Já é difícil o suficiente defender Deus como justo ao condenar essas pessoas que nunca ouviram e nunca leram uma Bíblia porque não havia uma. Porém, se é difícil defender Deus por esperar tanto tempo para revelar uma mensagem escrita sobre como ser salvo, o problema só se intensifica quando começamos a postular milhares ou até milhões de anos entre Adão e a primeira redação das Escrituras. Por que um Deus amoroso, conhecendo sua necessidade de salvação, não deu a tantas pessoas, durante tanto tempo, nenhuma mensagem explicando o recurso para seu problema? Embora não possa ser uma prova conclusiva da criação recente e de uma Terra jovem, trata-se de uma questão significativa que deve ser encarada por aqueles que postulam que os seres humanos estão presentes na terra há longos períodos de tempo.

Considerações do tipo mencionado ao longo desta seção avaliativa me levam a adotar uma proposta modificada do dia de 24 horas do tipo apresentado. Mediante reflexão, pode-se ver que seus principais argumentos foram bíblicos e teológicos, e a principal preocupação tem sido entender bem o que as Escrituras dizem sobre as origens. Para aqueles que consideram meu argumento fraco porque não apela a dados "científicos", apenas repito meu *dictum* de que a maneira de determinar o significado de um texto é pela exegese desse texto e que a formulação teológica deve se basear em condizer com a Palavra de Deus, não na compatibilidade com as reivindicações da ciência ou de qualquer outra disciplina extrabíblica. Não afirmo que meu modelo de explicação responde a todas as perguntas e resolve todos os problemas. Certamente há muita coisa que nenhum de nós sabe. Porém, quando levamos a sério o fato de que se trata de milagres do tipo mencionado, e quando deixamos as Escrituras dizerem o que o autor em sua época e cultura teria pretendido dizer, acredito que a proposta defendida nesta seção explica melhor como Deus criou nosso mundo e suas formas de vida.

CAPÍTULO TREZE

PROVIDÊNCIA DIVINA: O DECRETO E A LIBERDADE HUMANA

Deus criou tudo e, por seu poder onipotente, mantém amorosamente a existência do universo. Porém, termina aí o controle de Deus sobre pessoas, eventos e ações em nosso mundo? Quando discutimos os atributos divinos, vimos que Deus é onipotente e absolutamente soberano, mas às vezes os soberanos não exercem seu poder, de modo que seus súditos têm liberdade para fazer o que quiserem. Em nosso universo é assim também, ou a mão de Deus está presente de alguma forma (mesmo que não de modo evidente) em tudo o que acontece?

Essas questões são difíceis e controversas. No Capítulo 11, sobre o decreto divino, afirmei que há um plano divino segundo o qual Deus controla nosso mundo e move todas as coisas para o fim que Ele designou. Embora pareça clara a evidência bíblica para isso, alguns teólogos conservadores discordam. Não é que neguem as evidências bíblicas já apresentadas, mas argumentam que os dados citados podem ser interpretados de maneira diferente ou que se trata apenas de parte da história; depois de consideradas todas as evidências, não está claro que a interpretação que dei é o entendimento mais plausível. Na verdade, se uma doutrina ensinada em um conjunto de passagens estiver correta, não pode contradizer outro ensino bíblico claro. Portanto, quando a ideia do decreto entra em conflito com outras coisas que as Escrituras ensinam, há razões para questionar o entendimento calvinista tradicional do decreto.

Embora sejam controversas, as questões em torno do decreto divino são importantes demais para que a doutrina e a prática as ignorem. Se alguém quiser conhecer a vontade de Deus para sua vida e como encontrá-la, existem várias abordagens a essas perguntas, dependendo de como se lida com as questões deste e dos próximos capítulos. Além disso, estamos quase sempre preocupados em oferecer o evangelho aos incrédulos, mas será que importa se o fizermos? Alguns creem que se Deus determina quem será salvo, Ele os salvará independentemente do que fizermos, por isso não precisamos testemunhar. Outros argumentam que devemos testemunhar, pois nosso testemunho é o meio decretado para o propósito de sua salvação. Ainda outros dizem que já que ninguém, nem mesmo Deus, sabe exatamente quem será salvo até que se volte livremente para Cristo, devemos oferecer o evangelho a todas as pessoas.

Além das questões práticas, há outras que teólogos e filósofos debatem há muitos séculos. Por exemplo, se Deus controla todas as coisas e, como diz Efésios 1.11, faz todas as coisas conforme o propósito da sua vontade, como os humanos podem ter livre-arbítrio em qualquer sentido que seja significativo? Além disso, se Deus já decidiu o que acontecerá, incluindo suas ações, sua liberdade de fazer diferente já não existe mais? E se os humanos são livres para escolher ou rejeitar os desejos de Deus, como Ele pode conhecer de antemão suas ações? Por outro lado, se Ele não conhece de antemão nossas ações, como pode planejar sua resposta antes de agirmos?

Com tantas questões diferentes, como devemos proceder? Minha resposta deriva de um argumento fundamental de que a questão divisora de águas que separa amplamente as posições em dois campos principais é o significado da liberdade humana e se tal liberdade existe em nosso mundo. Nem todo teólogo e filósofo concorda que temos livre-arbítrio, mas muitos sim. Aqueles que acreditam que temos livre-arbítrio se dividem em dois campos, um que defende a tese geral do indeterminismo e o outro que defende o determinismo. O que quer que se acredite sobre o livre-arbítrio está correlacionado a alguma compreensão do controle soberano de Deus em nosso mundo.

Pelo fato de o livre-arbítrio ser tão importante e, ainda, o conceito de liberdade ser ambíguo, proponho começar descrevendo e definindo o indeterminismo e o determinismo em suas várias formas. Depois de esclarecer esses conceitos e estipular quais formas dessas visões permitem a liberdade humana, descreverei então como essas noções de liberdade condizem com vários conceitos de controle divino sobre nosso mundo. Os modelos de providência que resultam dessa correlação podem ser divididos em duas categorias gerais, soberania geral e soberania específica.

Definições básicas

Um fator complicador na definição de termos é que os termos e conceitos são usados nas ciências físicas, bem como nas ciências que abordam as ações humanas. No entanto, podemos começar com algumas definições gerais e então restringir nosso foco a questões relacionadas às ações humanas.

Indeterminismo

A ideia básica do indeterminismo é que o estado do mundo até certo ponto, mais todas as leis naturais existentes, *não* são suficientes para garantir apenas um futuro possível. Por exemplo, mesmo que fosse possível especificar todas as ações e eventos que precedem uma decisão específica, todas as influências causais atuando sobre a vontade do agente, além de todas as leis da natureza que governam a decisão, ainda assim seria possível a pessoa escolher uma opção em oposição a outra qualquer.[1]

O indeterminismo pode ser aplicado não apenas às ações humanas, mas também aos eventos do mundo natural. Pelo fato de a natureza ser tão ordenada e parecer funcionar de acordo com as leis físicas, muitos presumem que o indeterminismo não poderia se aplicar às ocorrências físicas. Além disso, qualquer um que acredita que a mente é material e está sujeita às leis gerais que governam os objetos físicos também pode defender que a mente e a vontade, sendo materiais, também devem funcionar deterministicamente sempre que escolherem. Contudo, os indeterministas, independentemente de serem materialistas em relação à mente, negam que as escolhas e ações humanas sejam determinadas causalmente. Como explica Edward Sankowski:

> "Determinismo causal" muitas vezes significa "determinismo causal universal", isto é, um determinismo aplicável a todos os fenômenos naturais. E os filósofos podem discutir as implicações do determinismo para a liberdade humana nesse nível. Porém, o "determinismo causal" pode funcionar de uma maneira muito mais modesta em outras discussões filosóficas do livre-arbítrio. A modéstia, que imito, às vezes é uma expressão de agnosticismo sobre se o determinismo causal universal é verdadeiro. Nesse nível mais modesto de discussão, os filósofos interrogam as implicações para a liberdade do determinismo causal [...] de eventos ou condições particulares. Normalmente, "livre-arbítrio" equivale a "ação livre" nessas discussões.[2]

Embora alguns suponham que o princípio da incerteza de Heisenberg na física signifique que o indeterminismo está correto no universo físico, não é necessariamente assim. O princípio de Heisenberg afirma que "certos pares das variáveis de movimento, conforme definidos na física fundamental, estão relacionados entre si de maneira peculiar: quanto mais precisamente um membro do par é conhecido, menos precisamente o outro membro é especificado".[3] Isso sugere que, nos níveis atômicos e subatômicos da realidade, não podemos prever inteiramente o que as partículas farão. Alguns concluem que isso deve significar que objetos maiores no mundo material também devem ser indeterminados, e outros desejam transferir esse princípio da realidade física para as operações da mente e da vontade.

Contudo, essas conclusões parecem injustificadas. Embora possa haver incerteza nos níveis atômicos e subatômicos da realidade, os corpos maiores dos quais esses átomos fazem parte parecem funcionar de maneira governada por regras. Ou seja, qualquer incerteza que exista em um nível micro da realidade física não garante a incerteza em níveis macro. A maior parte das evidências científicas, por exemplo, parece "predispor-nos à visão determinista dos eventos macrofísicos".[4] Além disso, outros se perguntam se nossa atribuição de incerteza realmente reflete a natureza das coisas no mundo físico ou se demonstra nossa ignorância sobre exatamente como as partículas atômicas e subatômicas funcionam. Independentemente das respostas a essas perguntas, é de fato duvidoso que se devam tirar conclusões sobre se as ações humanas são livres baseando-se em princípios que se relacionam com o modo como a realidade física funciona. Isso é assim tanto para aqueles que acreditam que a mente é imaterial quanto para os que pensam que é material. O funcionamento mental, inclusive a vontade, é complicado demais para se reduzir a escolha humana ao nível de processos físicos. Como Francis Gangemi argumenta, não temos o direito de concluir nada sobre a liberdade humana com base no fato de a realidade física ser determinada ou indeterminada. Portanto, mesmo que o determinismo opere no nível físico do nosso universo, isso não remove a possibilidade da livre ação humana.[5]

A moral dessa história é que o determinismo e o indeterminismo podem ser discutidos de várias perspectivas diferentes, e qualquer coisa que dissermos sobre uma perspectiva (por exemplo, as ciências físicas) não nos diz o que pensar sobre uma perspectiva diferente. Meu interesse neste capítulo não é o determinismo e indeterminismo nas ciências físicas ou naturais, mas no que diz respeito à ação humana. Portanto, voltemos ao que significa indeterminismo em relação à ação humana.

Os indeterministas acreditam que os humanos têm livre-arbítrio, mas isso deve ser esclarecido. A ideia fundamental do livre-arbítrio indeterminista é que a verdadeira ação humana livre é incompatível com (ou exclui) o determinismo causal. Pelo fato de um agente não estar determinado causalmente a escolher ou executar um ato específico, independentemente de qual opção ele escolher, era possível escolher e fazer diferente. Esse tipo de liberdade é claramente definido por Alvin Plantinga, conforme a seguir:

> Uma pessoa é livre com relação a uma ação A no tempo t apenas se nenhuma lei causal nem condições antecedentes determinarem que ela execute A em t ou que se abstenha de fazê-lo [...]. A liberdade de tais criaturas sem dúvida será *limitada* por leis causais e condições antecedentes. Elas não serão livres para fazer simplesmente qualquer coisa; mesmo que eu seja livre, não sou livre para correr uma milha em dois minutos. É claro, minha liberdade também é *intensificada* por leis causais; é somente em virtude de tais leis que sou livre para construir uma casa ou andar sobre a superfície da terra. Porém, se eu sou livre em relação a uma ação A, então as leis causais e as condições antecedentes não determinam que eu escolha A nem que eu me abstenha.[6]

Esse tipo de liberdade é frequentemente chamado de incompatibilismo, pois defende que a verdadeira liberdade é incompatível com o determinismo. Outros o rotulam de livre-arbítrio contracausal, o que significa que, apesar da direção para a qual as causas, condições antecedentes e leis causais pressionam um indivíduo no momento da tomada de decisão, esse indivíduo ainda pode escolher uma opção contrária à direção sugerida pelas causas.[7] Outros chamam essa liberdade de livre-arbítrio libertário. Sempre que uso qualquer um desses termos, estou me referindo à mesma coisa, a menos que eu especifique estar usando um termo de forma diferente.[8]

Contudo, definir a noção básica de livre-arbítrio libertário não a esclarece adequadamente. Inicialmente, observo que os libertários não estão afirmando que toda ação humana é livre nesse sentido. Eles concordam que às vezes agimos sob a influência de forças que determinam causalmente nosso ato, de modo que ele não é livre. Ainda, muitos atos são livres, e os libertários defendem que são livres porque não são determinados causalmente; portanto, a pessoa poderia fazer diferente.

Um segundo ponto é consequência do primeiro. Alguns acreditam que os libertários estão dizendo que os atos são livres apenas se não forem causados, mas isso é errado. Como explica Peter van Inwagen, a tese de que toda ação e todo evento é causado por uma coisa ou outra pode muito bem ser verdadeira, mas de maneira alguma descarta a possibilidade de que muitas de nossas ações sejam livres em um sentido libertário.[9] Porém, como assim? Pois parece que, se for causado, o ato não pode ser livre.

Embora isso pareça confuso, não precisa ser. Para seguir em frente, porém, temos de diferenciar duas questões distintas. A primeira é a questão de saber se um ato é ou não causado e, por derivação, o que causa uma ação específica. Os deterministas causais, é claro, defendem que todo ato é causado, talvez até por um evento físico ou eventos que são seus antecedentes causais. Por outro lado, os indeterministas negam que as ações sejam *determinadas* causalmente ou *exigidas* por qualquer estado físico ou mental, ação ou evento que as preceda. Contudo, há poucos indeterministas que afirmam que as ações de uma pessoa são totalmente não causadas, nem mesmo causadas pelo agente que as executa.[10] A maioria sustenta que o agente causa suas ações.[11]

Portanto, a resposta para o que causa uma ação é que o agente a causa, mas isso não precisa significar que o determinismo causal seja verdadeiro; pode significar nada mais do que os agentes controlam os próprios atos. Muitos deterministas concordam, ou seja, admitem que os agentes controlam e causam as próprias ações. Visto que tanto os libertários quanto seus oponentes podem concordar que as ações de uma pessoa são autodeterminadas, ou seja, o agente causa o ato, alguns presumem incorretamente que está resolvido o debate sobre a liberdade humana, o qual se arrasta há muitos séculos entre indeterministas e deterministas.[12] Os que pensam assim, no entanto, deixam de ver uma segunda questão que é diferente da questão de o que causa um ato. Essa segunda questão pergunta o que causa a ação do agente. Admitido que todos causam os próprios atos, o que fez, de qualquer modo, o agente escolher uma ação em detrimento de outra? Os libertários e seus colegas deterministas discordam disso. A resposta libertária usual é que, quando alguém age livremente (no sentido libertário), nenhum antecedente causal nem um conjunto de antecedentes, leis da natureza ou outros fatores são suficientes para inclinar decisivamente a vontade de escolher uma opção em detrimento de outra. Não importa o quão fortes sejam as forças sobre a vontade, o agente poderia escolher outra opção, mesmo que não o faça.

Para resumir esse ponto, dizer que um ato foi realizado com livre-arbítrio libertário não significa que tenha sido não causado, nem que nenhum fator influenciou de modo algum o agente à medida que este escolheu e agiu.

O agente causou os próprios atos, mas não o fez por quaisquer condições causais que decisivamente inclinaram sua vontade em uma direção em vez de outra.[13]

Terceiro, alguns creem que se um ato livre não for determinado causalmente, deve ser determinado sem razão específica e, portanto, é arbitrário ou aleatório. Essa objeção pressupõe que as razões são ou pelo menos funcionam muitas vezes como causas. É claro, os filósofos discutem isso, mas fora esse debate, a objeção ao libertarianismo é clara o suficiente. Se as ações livres não são determinadas causalmente, e se as razões funcionam de fato como causas, então as ações que são livres no sentido libertário devem ser realizadas sem motivo ou motivos (caso contrário, seriam causalmente determinadas) e, portanto, são aleatórias.

Os libertários discordam vorazmente. Eles admitem que as pessoas geralmente deliberam sobre um curso de ação antes de escolher, e concordam que várias razões são submetidas ao pensamento da pessoa. O que os libertários normalmente negam (especialmente se defenderem que as razões podem funcionar como causas) é que existe alguma razão ou grupo de razões suficientemente fortes para levar o agente a escolher decisivamente uma coisa em detrimento de outra. Mesmo que uma pessoa concorde, à luz de várias razões e argumentos apresentados, que certo curso de ação é preferível, não há nenhuma garantia de que tal curso deva ser seguido. O agente ainda pode se abster e escolher outro curso de ação.[14]

Embora essa questão seja verdadeira para o libertarianismo em geral, nos últimos anos alguns indeterministas têm dito que o estado mental de um agente de fato faz com que ele execute uma ação específica. Ou seja, o agente controla suas ações por razões prévias, que podem fazer parte de seu complexo mental geral de crenças e desejos. Porém, não se trata de um caso de *determinismo* causal, pois o complexo de crenças e desejos não exige uma ação específica. O agente tem controle sobre os próprios estados mentais e, mesmo que um ato tenha sido escolhido à luz de uma porção específica de crenças, nada tornou inevitável que ele focasse tais razões e argumentos à medida que os executava ou os avaliava como mais significativos do que outros. Como explica Timothy O'Connor, a motivação básica por trás dessas teorias representadas na obra de pensadores como Robert Nozick e Robert Kane[15] é dupla, como ocorre com o libertarianismo em geral. Por um lado, eles acreditam que, para ser genuinamente livre, um ato não pode ser aleatório; ele tem de estar sob o controle do agente que o executa. Por outro lado, esses teóricos acreditam que o controle do agente deve ser exercido de uma maneira que permita que escolhas alternativas possíveis sejam feitas em qualquer situação. Esses dois requisitos, então — controle do agente e possibilidades alternativas — são requisitos-chave para a liberdade a partir de uma perspectiva libertária.[16] E, como acabamos de mencionar, alguns têm argumentado que os atos de um agente são causados e controlados por este agente e seus estados mentais e, ainda, as ações são indeterminadas no sentido mencionado.

Algumas das teorias mencionadas anteriormente se aproximam extremamente de formas de determinismo que defendem que os seres humanos são livres (embora não no sentido libertário). Para evitar tecnicalidades e confusões desnecessárias e enfatizar a visão que explica as posições teológicas que discutiremos, meu foco principal estará nas teorias libertárias mais convencionais, que defendem que o agente controla e causa as próprias ações, mas o faz sem a vontade estar decididamente inclinada, de uma maneira ou outra, por antecedentes da ação.

Por fim, alguns observam corretamente que, mesmo que se defenda que os agentes causam os próprios atos e agem em virtude das próprias vontades e desejos, o determinismo causal ainda pode surgir aos poucos, a menos que as vontades e os desejos sejam formados livremente. Se eventos, ações, fatores genéticos etc. determinarem causalmente qual é o estado de espírito, as preferências, as vontades e os desejos de uma determinada pessoa, e se as escolhas fluírem desse estado de espírito e das preferências, tal pessoa parece não ter livre-arbítrio libertário.

Essas considerações sugerem uma distinção entre as vontades e os desejos de alguém, o que realmente se quer ou escolhe fazer, e a realização dessas escolhas.[17] Se as vontades e escolhas de uma pessoa são indeterminadas, mas ela não pode realizar suas escolhas, ela não é livre. Alguém pode livremente querer fazer compras e optar por fazê-lo, mas não estar livre para fazê-lo por estar em uma prisão. Ou o empecilho que torna impossível fazer o que se quer e escolhe fazer pode ser um fator interno à pessoa. Por exemplo, eu posso querer e optar por escalar o monte Everest, mas meu condicionamento físico geral torna essa possibilidade improvável. Mesmo que eu estivesse fisicamente em forma o bastante para fazer isso, meu medo de altura provavelmente me impediria de escalar alturas elevadas. Assim, em certo sentido, sou livre para escalar o monte Everest, mas não o sou de várias outras formas significativas.

Em conformidade com essas considerações, podemos dizer que, para ser absolutamente livre no sentido indeterminista da palavra "livre", é preciso ser capaz de usar as faculdades para escolher o que se deseja fazer e para traduzir essas escolhas em ações sem quaisquer obstáculos externos (tais como uma oposição governamental) ou quaisquer empecilhos internos (tais como problemas psicológicos ou fisiológicos) que impossibilitem escolher e fazer aquilo que se escolhe. Além disso, para ser absolutamente livre, é preciso não apenas ser capaz de escolher o que se quer fazer, mas a própria formação das vontades ou dos desejos também deve ser totalmente indeterminada por quaisquer fatores externos ou internos. Se isso for liberdade no sentido mais absoluto, então é duvidoso que alguém, até mesmo Deus, a tenha. No caso de Deus, é provável que até seus desejos se originem de sua natureza. Porém, nada disso deve incomodar excessivamente os indeterministas, pois mesmo que as vontades resultem da natureza e das experiências, contanto que nem essas vontades nem qualquer outro fator interno ou externo do tipo mencionado inclinem decisivamente a *vontade* da pessoa para uma direção ou outra, o agente ainda pode escolher entre possibilidades alternativas, e o que o libertário defende parece adequadamente respaldado. Claro, para ser livre é preciso ser capaz de realizar escolhas, porém, repito, a vontade ainda pode funcionar como dizem os libertários.

Nesta seção, deixamos de lado o determinismo e o indeterminismo no mundo físico (e nas ciências naturais) e focamos a ação humana. Não levei em consideração assuntos como os efeitos do pecado na capacidade humana de escolher o que agrada a Deus, mas esses assuntos serão levantados posteriormente. Para a maioria dos libertários, uma ação é livre se não for determinada causalmente. Além disso, ela deve estar sob o controle do agente, e a falta de determinação causal significa que haverá ações alternativas que o agente poderia executar com a mesma facilidade, independentemente da escolha realmente feita e do ato executado.

Determinismo

A tese geral do determinismo é que, para tudo o que acontece, existem condições tais que, por causa delas, nada mais poderia ocorrer.[18] Muitas definições de determinismo parecem claramente se referir a processos no universo natural. Às vezes, o determinismo que pertence ao mundo físico e às ciências naturais é chamado de determinismo laplaciano ou russelliano. "O determinismo laplaciano é a tese de que, dado o estado do mundo a qualquer momento, e as leis da natureza, o estado do mundo em qualquer momento futuro é determinado de modo lógico".[19] O mundo físico no estado um mais as leis causais relevantes forçam de modo lógico o caso que se dará no estado dois.

A referência a Russell diz respeito a Bertrand Russell e seu conceito de causalidade. Ao descrever o que Russell chamou de lei da causalidade universal, vemos o tipo de causalidade exigida pelo determinismo de que falou Pierre-Simon, Marquês de LaPlace. Russell explica:

> A lei da causalidade universal [...] pode ser enunciada da seguinte forma: há relações invariáveis tais entre eventos diferentes, quer simultâneos ou em momentos distintos, que, dado o estado de todo o universo ao longo de qualquer tempo finito, por mais curto que seja, todo evento anterior e ulterior pode teoricamente ser determinado como uma função dos eventos específicos durante esse tempo.[20]

Isso significa que certo evento A é

> *determinado causalmente* se e somente se existir algum conjunto de eventos antecedentes reais (geralmente qualquer um dos muitos conjuntos alternativos será suficiente) e algum conjunto de leis causais (reais) que, juntos, tornam *causalmente necessário* que A ocorra. Tal conjunto de eventos antecedentes constitui uma *condição causalmente suficiente* para a ocorrência de A".[21]

Uma implicação parece ser que, se esse determinismo realmente funciona em nosso universo, então qualquer evento (e qualquer ação, se esse tipo de determinismo se aplicar às ações humanas) pode ser encontrado em outras ocorrências que se desloquem para trás no tempo, talvez indefinidamente.

O tipo de determinismo descrito até agora se relaciona às ciências físicas ou naturais, mas ele também se aplica às ciências sociais e à ação humana em particular? Para aqueles que defendem que todas as coisas existentes são materiais, é provável que o determinismo deva se aplicar às ações humanas. Alguns materialistas no que se refere à mente pensaram de modo diferente, e aqueles que acreditam que a mente é imaterial têm menos probabilidade ainda de defender que o tipo de determinismo operante nas ciências físicas explica adequadamente a ação humana. Além disso, como já sugerido, no nível da realidade física, alguns citam o princípio de Heisenberg como evidência de que, mesmo no mundo natural, o determinismo não é tão difundido como muitos pensam. Mesmo entre os cientistas, há quem afirme que as evidências científicas apoiam o indeterminismo no mundo físico.[22]

Embora alguns pensem que o determinismo no mundo físico também se aplica à ação humana, há dúvidas de que seja assim. Além disso, é fundamental entender que os deterministas calvinistas com respeito às ações humanas não se referem ao tipo de determinismo que opera no mundo natural. Pelo fato de os deterministas calvinistas não estarem postulando que o determinismo físico governa as ações humanas, as objeções ao determinismo calvinista que o interpretam erroneamente como determinismo físico estão simplesmente equivocadas e não refutam o calvinismo de modo algum.

Pelo simples fato de o determinismo em ação nos processos físicos não governar as ações humanas, de acordo com a maioria dos calvinistas, isso não significa que todo determinismo esteja ausente das ações humanas. Muitos afirmam que as ações humanas são determinadas causalmente de certo modo, e entre eles há muitos que pensam que, de algum modo, as ações humanas são livres. Além disso, alguns filósofos distinguem determinismo causal de determinismo estatístico ou probabilístico. Neste último, dadas as ocorrências passadas de um evento em circunstâncias de certo tipo, é estatisticamente provável que, em circunstâncias semelhantes, a mesma coisa ocorra novamente.[23] Meu interesse é o determinismo causal (não o determinismo estatístico), porque essa é a posição em vista nas discussões teológicas sobre o controle divino e a liberdade humana.

FATALISMO. Existem várias formas de determinismo, e a mais extrema é o fatalismo. Normalmente, aqueles que o defendem em suas formas mais rigorosas o aplicam a todos os fenômenos naturais, bem como às ações humanas. Na literatura filosófica são encontrados vários sentidos diferentes de fatalismo. Embora não precisemos descrever todos, vários deles são dignos de nota.

O fatalismo é frequentemente associado à inevitabilidade, mas até isso precisa de esclarecimento, pois uma coisa pode ser inevitável em um de vários aspectos. Uma forma de fatalismo afirma que "em todas as situações, independentemente do que fizermos, o resultado não será afetado por nossos esforços".[24] Se houvesse algum corpo astronômico gigante em rota de colisão com a Terra, independentemente do que fizéssemos, é difícil imaginar como poderíamos pará-lo. Porém, o fatalismo e a inevitabilidade previstos são ainda mais profundos. Suponha que um diabético entre em crise hiperglicêmica ou que alguém tenha um ataque cardíaco e esteja ofegante. Pensaríamos que faria diferença, no primeiro caso, se déssemos ao diabético uma injeção de insulina ou açúcar, e acreditaríamos que faria muita diferença se colocássemos uma máscara de oxigênio na vítima de ataque cardíaco ou um travesseiro em seu rosto, mas o fatalismo em debate diz que nenhum desses atos faria diferença no resultado. Se estiver na hora de essas pessoas morrerem, elas morrerão, não importa o que façamos, e se não for a hora, elas viverão.[25]

É nesse tipo de fatalismo que as pessoas frequentemente pensam quando ouvem o termo. Ele sugere que tudo o que acontece é definido com antecedência e ninguém pode pará-lo. Em certo sentido, todos são vítimas do destino. Os sistemas desse tipo que incluem Deus defendem que até mesmo Ele é incapaz de mudar alguma coisa. Na realidade, alguns defensores dessa forma de fatalismo podem afirmar que Deus não teve liberdade de escolher entre criar ou não um mundo; Ele teve de criar, e havia apenas um mundo possível para criar. Ele não teve nem mesmo liberdade de mudar alguns itens antes de executar a tarefa.

Alguns acreditam que esse tipo de inevitabilidade é exigido pelo determinismo e que esse fatalismo é o único tipo que existe. Adolf Grünbaum, de maneira mais geral, explica de forma valiosa como e por que esse tipo de fatalismo se relaciona com a tese determinista:

> O mero fato de que tanto o fatalismo como o determinismo declaram a firmeza ou determinabilidade de resultados futuros levou alguns indeterministas a inferir, de maneira falaciosa, que o determinismo é comprometido com a futilidade de *todo* esforço humano. O determinista defende que as causas existentes determinam ou definem se certos esforços serão de fato feitos em certos momentos, ao mesmo tempo em que permitem que resultados futuros sejam de fato dependentes de nossos esforços em contextos particulares. Por outro lado, o fatalista defende falsamente que tais resultados são sempre independentes de todos os esforços humanos. Porém, a alegação do determinista referente à firmeza do resultado não implica que este resultado seja independente de nossos esforços. Logo, o determinismo não permite deduzir que a intervenção ou o esforço humano é inútil em todos os casos.[26]

Esses são pontos muito importantes, como veremos ao avaliar certos argumentos contra as concepções calvinistas do controle divino soberano. Pois muitos oponentes parecem pensar que o calvinismo é fatalista porque é determinista, e concluem que, por causa dessa inevitabilidade fatalista, não faz diferença se oramos ou testemunhamos àqueles que não conhecem a Cristo. Se Deus já decidiu o que acontece e quem será salvo, e se seja o que for que Ele planejar acontecerá independentemente de nossos esforços, a oração e o testemunho se tornam irrelevantes. Contudo, quando vemos que o determinismo não implica esse tipo de fatalismo, também percebemos que o calvinismo também não, e então a oração e o testemunho não são irrelevantes. Porém, falarei mais sobre isso posteriormente.

Uma segunda forma de fatalismo diz que há coisas que eu poderia fazer em dada situação para mudar o resultado, mas eu não as conheço. Por isso, eu poderia tentar fazer algo para mudar o resultado, mas faria a coisa errada e não escaparia de qualquer modo. Van Inwagen diz que, nesses casos, é facilmente inevitável que algo ocorra. Ele oferece o exemplo de alguém em um prédio em chamas. No começo, não percebe que o prédio está queimando, mas logo perceberá. Van Inwagen pede que suponhamos que o seguinte seja verdadeiro para esta situação:

> (i) se eu não tentar sair do prédio, morrerei queimado; (ii) se eu tentar sair pela saída mais próxima, morrerei queimado; (iii) se eu tentar sair pela saída mais remota, terei sucesso e salvarei minha vida; (iv) não tenho motivos para pensar que uma das saídas tem maior probabilidade de levar à segurança do que a outra e não tenho como descobrir se uma delas é preferível; (v) se eu acreditasse que estava em perigo e visse duas vias possíveis de fuga, sempre escolheria a mais próxima, a menos que tivesse algum bom motivo para considerar a mais distante como preferível. Se (i) a (v) forem verdadeiras, então minha morte por queimadura é quase inevitável para mim agora.[27]

Com uma forma final de fatalismo, nenhuma inevitabilidade se relaciona ao que acontece, mas se alguém fizer uma coisa específica, é a única coisa que essa pessoa poderia fazer. Se não conseguir fazer, não poderia tê-la feito de qualquer modo. Neste momento estou escrevendo esta parte deste capítulo. De acordo com o fatalismo que estudamos no momento, mil anos atrás era verdade que eu estaria fazendo isso neste momento; de fato, era verdade para sempre que assim seria. Claro, se eu estivesse fazendo outra coisa agora, sempre teria sido verdade que eu estaria fazendo essa outra coisa neste momento. De tudo isso, o fatalista desse tipo conclui que "*independentemente das circunstâncias antecedentes*, 'nada do que ocorre poderia ter sido evitado, e nada que realmente não foi feito poderia possivelmente ter sido feito'".[28] A única opção em aberto é a que foi escolhida.

É apropriado notar que alguém poderá acreditar em determinismo causal e ainda rejeitar essa forma de fatalismo. Mesmo que eu acredite, por exemplo, que ajo como resultado de causas que decisivamente me inclinam a escolher o ato, isso não significa que eu não poderia fazer outra coisa. Eu tinha a capacidade de querer e fazer um ato alternativo, e se o tivesse feito, um determinista ainda diria que o ato foi determinado causalmente. Portanto, o determinismo não exige esse tipo de fatalismo. É claro, uma pergunta-chave é o que significa "a pessoa não poderia ter feito [poderia ter feito] diferente"; nós a discutiremos com mais detalhes. Contudo, até este momento não está claro que mesmo que alguém realize um ato específico que seja determinado causalmente, jamais houve alguma outra coisa que ele ou ela poderia ter feito.

DETERMINISMO DURO. O determinismo duro remove a ideia de inevitabilidade mais do que o fatalismo. Um determinista duro acredita que tudo o que acontece é determinado causalmente. Como resultado, não existe livre-arbítrio humano de espécie alguma. Ou seja, alguns deterministas duros concordam com os libertários que a única noção de liberdade legítima é o livre-arbítrio libertário, mas acrescentam que já que tudo é determinado causalmente, ninguém tem essa liberdade. Outros deterministas duros podem entender o livre-arbítrio como os deterministas suaves (descritos a seguir), mas ainda defendem que as condições causais são suficientemente fortes a ponto de ninguém poder realmente exercer essa liberdade.

Embora os deterministas duros concordem com os fatalistas acerca da liberdade, o determinismo duro não é fatalismo. Quanto às formas mais fortes de fatalismo, um determinista duro negaria que tudo é inevitável na medida em que Deus não poderia ter optado por abster-se de criar ou que, a partir do momento em que decidiu criar, havia apenas um mundo possível que Ele poderia criar. Em vez disso, um teísta determinista duro provavelmente admitiria que Deus poderia escolher concretizar qualquer mundo possível que quisesse, mas então todo ato e evento nesse mundo seria determinado causalmente. Além disso, não está claro que todos os deterministas duros diriam que, em qualquer dada circunstância, há apenas uma coisa que o agente poderia fazer. Alguns deterministas duros poderiam defender tal posição, mas um determinista duro não precisaria fazê-lo. Ainda, mesmo que em qualquer situação o agente tenha várias opções e tenha poder de escolher e executar mais de uma delas, o que quer que ele escolha é determinado causalmente, de maneira a eliminar qualquer tipo de liberdade.

Pense, por exemplo, em uma operadora de caixa de um banco confrontada por um ladrão que a ameaça com uma arma. O ladrão ordena à operadora de caixa que lhe dê o dinheiro do banco ou perderá a vida. Agora, essa situação certamente não decorre de eventos fisicamente determinados na natureza em conjunto com leis da natureza. Além disso, a operadora de caixa do banco tem mais de uma opção; ela pode entregar o dinheiro, recusar e levar um tiro, ou tentar outra tática para escapar da situação. Porém, qualquer que seja a opção que escolher, os deterministas duros diriam que o ato dela foi determinado causalmente, e as causas foram fortes o suficiente para remover sua liberdade em qualquer sentido do termo.

DETERMINISMO SUAVE. Os deterministas suaves concordam que tudo o que acontece é determinado causalmente, mas também acreditam que algumas ações são livres. A liberdade em vista, porém, não é o livre-arbítrio libertário; logo, devemos esclarecer o que os deterministas suaves querem dizer com liberdade. O determinismo suave também é chamado de compatibilismo e, para entendê-lo, precisamos primeiro definir necessidade e restrição.

Na filosofia, entende-se necessidade de várias maneiras. Por exemplo, algo necessário é verdadeiro em todas as circunstâncias, isto é, verdadeiro para todos os mundos possíveis. Em um sentido relativo, algo necessário não pode *não* ser. Portanto, dizer que Deus existe como um ser necessário significa que Ele não pode deixar de existir e que nunca começou a existir. Ele sempre existiu e é Ele próprio a razão e a causa da própria existência. Coisas contingentes existem como resultado de serem trazidas à existência por outra coisa. Outro sentido de necessidade se refere a coisas que não podem ser mudadas. O passado é necessário, pois nada pode alterá-lo.

Dois outros sentidos de necessidade são importantes para nossa discussão. De acordo com o primeiro — chame-o de necessidade$_1$ — um ato ou evento é necessário se tiver de ocorrer. Não há como evitar ou mudar isso. Sejam quais forem os eventos e ações que Deus decretou, eles são necessários nesse sentido. Um segundo sentido de necessidade — chame-o de necessidade$_2$ — refere-se a agir de acordo com a natureza interna, isto é, espontaneamente à luz do que uma coisa é. Por exemplo, se eu quiser andar com minhas próprias pernas de um ponto a outro de uma sala, por causa da minha natureza enquanto ser humano, eu posso fazê-lo de várias maneiras (andando, correndo, rastejando etc.), mas não consigo mover meus braços e pernas para voar de um ponto a outro. Tais habilidades não são inerentes à minha natureza. Eu provavelmente caminharei para o novo ponto, e o farei voluntariamente, espontaneamente, de acordo com minha natureza. Eu ajo como posso, dada minha natureza.[29] Agir com a necessidade$_2$ em uma determinada ocasião não significa que eu também aja na necessidade$_1$. Embora aja de acordo com minha natureza, se eu for um indeterminista, eu nego que ajo de acordo com a necessidade$_1$.

Quanto à restrição, em geral é uma força que não faz parte da natureza de uma pessoa, uma força que a leva a agir contra seus desejos. Muitas vezes, a força restritiva é externa à pessoa, embora uma neurose psicológica também possa compelir alguém a agir contra sua vontade. Dois sentidos específicos de restrição são relevantes para nossos propósitos. O primeiro — chame-o de restrição$_1$ — envolve uma força que não elimina completamente a vontade por parte da pessoa forçada, embora o que se escolha seja contrário ao que se deseja escolher. Pense novamente no assalto ao banco. A operadora de caixa do banco deve exercer sua vontade. Ela não gosta de nenhuma das opções (seu dinheiro ou sua vida!), mas tem de escolher uma. Ela provavelmente entregará o dinheiro, mas o faz debaixo de restrição.

Um segundo tipo de restrição (restrição$_2$) remove completamente a vontade. A força exercida sobre a pessoa forçada produz movimento corporal, mas não movimento provocado, de alguma maneira, por sua vontade. Por exemplo, suponha que eu esteja parado à beira da estrada. Um motorista descuidado está vindo, seu carro sai da estrada e me pega em cheio. A força desse choque me lança a seis metros do local onde eu estava. Mudei de um ponto para outro, mas não por minha própria escolha. Fui forçado ainda mais do que no caso da restrição$_1$, pois não quero realizar esse movimento de jeito algum. Sou uma completa vítima, um projétil ou míssil lançado por uma força externa a mim.

Aparentemente, nenhuma forma de restrição deixa espaço para a liberdade. Nem indeterministas nem deterministas consideram livres as ações realizadas sob restrições. Claro, os deterministas defendem que todas as ações são determinadas causalmente e, a princípio, isso parece significar que todos os atos são forçados e, portanto, não livres. Deterministas suaves dizem o contrário, e agora podemos definir a posição deles.

O determinismo suave diz que a ação humana livre autêntica é compatível com condições causais que decididamente inclinam a vontade sem forçá-la. As condições causais são suficientes para levar o agente a escolher uma opção em detrimento de outra, mas a escolha e a ação resultante são livres, contanto que a pessoa aja sem restrição. Agir sob restrição significa que se é forçado a agir de maneira contrária aos seus desejos ou vontades. Agir sem restrição significa agir de acordo com as vontades ou desejos. Portanto, um ato é livre, embora seja causalmente determinado, se for o que o agente quis fazer. Vários fatores, incluindo o caráter e as experiências do agente, bem como as circunstâncias que cercam a escolha, podem ter produzido os desejos que ele tem, mas a escolha é considerada livre desde que seja feita de acordo com esses desejos. O agente tem capacidade mental e volitiva para escolher outra opção, mas, dadas as circunstâncias e causas predominantes, ele escolherá a opção que escolher. Adolf Grünbaum fala sobre restrição (ele usa o termo "compulsão") e determinismo, e defende esse argumento em relação à restrição física, conforme segue:

> Agimos debaixo de *compulsão*, no sentido literal relevante aqui, *quando literalmente estamos sendo restringidos por fora, no âmbito físico, na implementação dos desejos que temos ao reagir à situação total de estímulo em nosso ambiente e somos fisicamente forçados a executar um ato diferente.* [...] Porém, *a determinação causal do comportamento voluntário não é idêntica ao que chamamos de compulsão literal!* Pois o comportamento voluntário não deixa de ser voluntário para se tornar "compelido" em nosso sentido literal apenas porque existem causas para tal comportamento.[30]

Várias palavras explicativas são apropriadas. Primeiro, os compatibilistas não estão afirmando que toda ação é livre no sentido compatibilista. Assim como os libertários admitem que alguns atos são determinados causalmente e, portanto, não são livres, os compatibilistas também admitem que algumas ações são forçadas e não livres. Os compatibilistas argumentam que existem ações livres e que essas ações, embora causalmente determinadas, são livres porque são realizadas de acordo com os desejos do agente.

Segundo, deve ficar claro que o livre-arbítrio libertário e o compatibilismo não apenas são duas noções contrárias de liberdade, mas são logicamente contraditórias. A primeira diz que um ato é livre se não for determinado causalmente, enquanto a segunda diz que um ato é livre, embora determinado causalmente, se as causas não forem restritivas. A primeira diz que, independentemente do que o agente faz, era possível fazer diferente, pois os fatores que influenciam sua vontade deixarão a decisão indeterminada. A segunda diz que, dados os fatores causais que prevaleciam no momento da decisão, alguma condição (ou conjunto de condições) foi forte o suficiente para garantir um resultado específico, de modo que há um consenso de que o agente não poderia ter agido diferente. Essas duas posições se contradizem claramente e, portanto, qualquer ponto de vista que incorpore uma não pode, ao mesmo tempo, incorporar a outra sem gerar uma contradição no sistema geral. Isso tem importância especial quando reconhecemos que o arminianismo teológico, em suas várias formas, tem compromisso com o livre-arbítrio libertário, e que o compatibilismo é uma posição que muitos calvinistas defenderiam. Portanto, mesmo que seja possível mesclar alguns elementos do calvinismo e do arminianismo, na questão central da liberdade humana as duas posições teológicas se contradizem.

Terceiro, os compatibilistas concordam que é muito difícil determinar em certos casos se um ato foi compatibilisticamente livre ou forçado. Ainda, embora possamos concluir que determinados atos foram forçados, e não livres, isso não prova que o compatibilismo esteja errado ou que não haja atos livres (compatibilisticamente falando) depois de tudo. Da mesma forma, as divergências sobre quais atos são incompatibilisticamente livres não provam que não haja nenhuma dessas ações. Às vezes, é muito difícil decidir se um ato é livre em algum sentido ou não livre. Pense, por exemplo, na conversão de Paulo na estrada de Damasco. Um compatibilista poderia argumentar que o confronto de Cristo com Paulo foi exatamente o que este precisou para convencê-lo a desejar seguir a Cristo, e que a partir do momento em que teve esse desejo, Paulo escolheu Cristo como Salvador. Logo, ele aceitou a Cristo livremente (compatibilisticamente). Outros poderão dizer que Paulo escolheu Cristo como resultado dessa experiência, mas ser confrontado dessa maneira deixou claro o que Paulo tinha de fazer e, por medo de desobedecer, ele aceitou a Cristo. Ele o fez debaixo de restrição e, portanto, não foi livre. Também ouvi incompatibilistas argumentarem que a decisão de Paulo foi livre no sentido libertário. O confronto de Cristo com Paulo foi um fator importante no pensamento deste último, mas ele poderia facilmente ter rejeitado a Cristo e seu encontro com Ele não ter inclinado sua vontade decisivamente a Cristo. Ele apenas decidiu aceitá-lo. Não precisamos discutir sobre casos como esse, pois, independentemente de como se entenda a conversão de Paulo, compatibilistas e incompatibilistas ainda defenderiam que existem ações livres em seu sentido, e deterministas e fatalistas rígidos diriam que nenhuma ação é livre.

Finalmente, alguns podem se perguntar como um ato compatibilisticamente livre pode ocorrer. O problema não surge quando as causas nos levam, de qualquer modo, a fazer o que queremos. Nem é preciso haver problema quando estamos indecisos nas várias opções. Em ambos os casos, podemos facilmente imaginar como as causas podem nos levar a agir sem nos forçar a agir contra nossos desejos. O verdadeiro problema surge, no entanto, em relação aos atos que não queremos realizar. Isso tem um significado especial para a nossa discussão teológica, pois se Deus predeterminou todas as coisas que ocorrem, Ele certamente decretou que realizaremos alguns atos que, de início, não queremos realizar. Um exemplo é a salvação dos eleitos, pois se concordarmos com as Escrituras que ninguém por si só é justo ou busca a Deus, como Ele pode, se Ele nos elege para a salvação, nos levar a aceitar a Cristo sem nos forçar a escolhê-lo?

Adiante será dito mais sobre Deus provocar ações que inicialmente não queremos realizar, mas posso explicar a ideia básica por trás do livre-arbítrio compatibilístico por meio de uma ilustração. Suponha que eu esteja dando uma aula e, por algum motivo, decido que um determinado aluno sairá da sala antes que a aula termine. Há pelo menos três maneiras de eu poder fazer acontecer o que decidi. Se eu fosse forte o suficiente (e talvez irracional o suficiente), eu poderia simplesmente ir até o aluno, apanhá-lo e carregá-lo para fora da sala de aula. Sua remoção seria um exemplo de restrição$_2$. Nenhuma posição diria que ele deixou a sala livremente.

Como alternativa, eu poderia ameaçar o aluno. Eu poderia dizer que, a menos que ele saia da sala, eu o reprovarei no curso. Se isso não funcionar, eu poderia ameaçar danos corporais, talvez até mostrando uma arma que trouxe para a escola. Nesse caso, meu aluno realmente não quer sair da sala porque a palestra é muito cativante, mas, por outro lado, não quer prejudicar sua nota (quem gostaria de fazer este curso novamente!), e certamente não está pronto para sacrificar sua vida. Então, ele toma uma decisão e deixa a sala com relutância. Ele o faz debaixo de restrição$_1$, nem o libertário nem o compatibilista diriam que ele deixou a sala livremente.

Porém, há outra maneira de fazer o aluno sair. Eu poderia apontar vários fatores que tornam vantajosa sua saída da sala, embora nada que eu diga de modo algum o ameace. Ele pode estar tão determinado a ouvir o restante da palestra que será difícil convencê-lo a sair. Por fim, eu o convenço a sair pela razão e pelo argumento (sem ameaças ou avisos de perigo caso ele se recuse a sair). Talvez eu saiba que há um filantropo rico do lado de fora apenas esperando para oferecer ajuda financeira gratuita aos primeiros cinco estudantes que pedirem ajuda, e eu compartilho essas informações com esse aluno. Ao ouvirem isso, muitos outros também podem sair, mas mesmo assim eu cumpri o que decidi que aconteceria. Embora meu aluno não quisesse sair no início, considerando todos os prós e contras de ficar ou sair, seu desejo de ficar se transformou em um desejo de sair e, em seguida, ele agiu com base nesse novo desejo. Nesse caso, o libertário provavelmente diria que o ato foi determinado causalmente e, portanto, não livremente. O determinista suave diria que, embora o ato tenha sido determinado causalmente, o aluno não foi forçado a sair, mas o fez voluntariamente (de acordo com sua natureza — necessidade$_2$), de acordo com seus desejos e, portanto, livremente.

Outras definições

Eu defini os dois principais sentidos de livre-arbítrio, mas essas definições vêm da filosofia da ação, desassociadas de quaisquer conceitos teológicos. Existem algumas outras definições que incluem conceitos teológicos.

CALVINO, ACERCA DO "LIVRE-ARBÍTRIO". Os comentaristas de João Calvino observam que ele usou o "livre-arbítrio" em três sentidos básicos. Primeiro, o usou acerca da liberdade de Adão antes da queda. Essa liberdade era ter o poder ou a capacidade de escolher igualmente entre o bem e o mal. Antes da queda, era fácil para Adão tanto escolher o bem quanto o mal, pois, por não ter pecado, ele não estava sobrecarregado por uma natureza pecaminosa que o inclinasse para o mal. No entanto, a partir do momento em que Adão e Eva pecaram, essa liberdade foi perdida.

Calvino também usou o "livre-arbítrio" para se referir à escolha apenas do bem. Aqui é invocado o ensino teológico e bíblico sobre os efeitos devastadores do mal na vida. Calvino acreditava que o verdadeiro livre-arbítrio é a vontade que escolhe apenas o bem. Isso pode acontecer nesta vida, é claro, somente por meio da assistência da graça divina. Embora essa graça esteja disponível, nem sempre a usamos para escolher o bem. À luz dessa lógica de livre-arbítrio, seremos mais livres em nosso estado glorificado, pois será impossível escolher ou fazer o mal. Um indeterminista, olhando a questão apenas da perspectiva da filosofia da ação, não concordaria, pois alguém em um estado glorificado tem apenas uma alternativa todas as vezes: escolher o bem. Até mesmo os deterministas suaves podem dizer que, já que as pessoas glorificadas não podem pecar, algo deve impedi-las de fazê-lo. Contudo, o argumento de Calvino é acerca da escravidão e escravização do pecado, de que as Escrituras falam tão claramente. Ser livre da capacidade de pecar e ser livre de suas consequências na vida, de uma perspectiva teológica, é uma liberdade muito maior do que apenas ter a capacidade de fazer o bem ou o mal — melhor ainda do que ter liberdade de fazer as duas coisas igualmente, como Adão tinha antes da queda.

Calvino também usa o "livre-arbítrio" em um terceiro sentido, que concorda mais com a teoria da ação secular. Ele fala de uma vontade voluntária, o que significa que as decisões de uma pessoa são baseadas em sua natureza interna, não em alguma força externa. Portanto, a pessoa age espontaneamente, de acordo com o que sua natureza a leva fazer. Esse tipo de livre-arbítrio incorpora a necessidade$_2$ e também é mais coerente com o compatibilismo, pois admite que as ações de uma pessoa podem resultar de sua natureza e, portanto, ser causalmente determinadas. Além disso, pelo fato de Calvino defender que Deus decreta e controla todas as coisas, esse terceiro tipo de liberdade não pode ser liberdade libertária, pois o controle divino envolve determinismo, o que o libertarianismo rejeita. Assim, Calvino acreditava que nossos atos são governados por Deus, mas ele os chamou de livres na medida em que se originam da nossa natureza e não nos são impostos contra a nossa vontade. Essa é a ideia básica do compatibilismo.

VONTADE PREDETERMINADA. Calvino também fala de uma vontade predeterminada, que mescla ideias teológicas com ideias da teoria da ação. Calvino diz que nossas vontades estão predestinadas como um escravo ao pecado e, portanto, não podemos fazer nada em nosso estado natural exceto pecar. Contudo, isso não significa que pecamos contra nossa vontade, pois pecamos espontânea e voluntariamente, de acordo com nossos desejos. Como não regenerados, desejamos apenas o que desagrada a Deus. Portanto, a condição de não regenerado é que temos o livre-arbítrio voluntário, ou seja, agimos espontaneamente de acordo com nossa natureza, mas como o espontâneo para nós é pecar, nossa vontade está sujeita ao pecado. Para Calvino, o não regenerado jamais consegue fazer o bem espontaneamente, e, portanto, a maior liberdade (em sua opinião), fazer somente o bem, não é algo que ele pode alcançar por si mesmo. Somente quando alguém se volta para Cristo é que a escravidão da vontade é quebrada. Uma nova natureza é implantada, embora a velha natureza pecaminosa também permaneça, e por meio da graça e capacitação de Deus, a pessoa regenerada pode desejar o bem. Infelizmente, os crentes muitas vezes escolhem agir de acordo com sua antiga natureza e cometer pecado, mas a boa notícia é que não precisamos mais ser escravizados pelo pecado (Rm 6.14-18). Os incrédulos têm vontades predeterminadas, mas as exercitam de acordo com seus desejos e, portanto, cometem pecado livremente (voluntariamente sem restrição).[31]

Os defensores do livre-arbítrio libertário e do indeterminismo não concordariam necessariamente com essas definições de Calvino. Para começar, o livre-arbítrio voluntário não precisa ser o livre-arbítrio libertário e não é como Calvino e os calvinistas o utilizam, portanto, os indeterministas duvidariam dele. Quanto à liberdade de Adão antes da queda, os libertários provavelmente diriam que Adão tinha uma inclinação maior para o bem do que teve após a queda. Porém, se os humanos tiverem livre-arbítrio libertário após a queda de Adão, então nem mesmo uma natureza pecaminosa poderia determinar causalmente que eles pequem. Quanto à verdadeira liberdade que envolve apenas escolher o bem, o indeterminismo filosófico não consideraria isso como nenhuma liberdade, especialmente se as pessoas não puderem fazer o mal porque estão glorificadas. A capacitação divina para fazer o bem e a glorificação que torna impossível fazer o mal valeriam como determinismo causal e, portanto, não haveria liberdade no sentido libertário. Ainda, o libertário poderia admitir com base teológica que é verdadeiramente libertador ser livre dos efeitos do pecado em nossa vida. Consequentemente, eles também poderiam concordar que alguém que peca repetidamente está escravizado pelo pecado, embora o livre-arbítrio libertário torne possível evitar o pecado em qualquer momento. Se alguém estiver tão imerso no pecado que não pode escolher o bem e for sempre levado a praticar o mal, os libertários negam que esses atos pecaminosos sejam livres (no sentido libertário).

CAUSA. Um último conceito que vale a pena esclarecer é o que significa causar alguma coisa. Em uma discussão muito proveitosa, Lionel Kenner distingue seis sentidos nos quais podemos usar a palavra "causa". No primeiro, poderíamos dizer que o comentário de alguém foi a causa de duvidarmos de sua sanidade. O que essa pessoa disse foi tão estranho que apenas alguém insano faria tais afirmações.

Um segundo uso de "causa" envolve casos em que um policial diz que causou a prisão de um criminoso. Isso significa que, na competência de oficial da lei, ele deu uma ordem que foi executada por seus subordinados. Um terceiro uso de "causa" aparece nas análises das causas do declínio do Império Romano, ou das causas do surgimento do comunismo. Em cada um desses casos, fornecer as causas indica o curso do que deve ser explicado. Depois, há o uso de "causa" nas ciências sociais. Aqui, podemos falar das causas da gravidez na adolescência ou o que leva alguém a se tornar viciado em drogas. Esses casos se referem não apenas a eventos que levaram a tais condições, mas também aos motivos e pensamentos que os produziram.

Há um quinto sentido em que usamos "causa". Aqui podemos dizer que a oportunidade de ver a Mona Lisa me levou a visitar o Louvre, em Paris, ou a possibilidade de ver o Juízo Final de Michelangelo foi a causa de eu ir à Capela Sistina, no Vaticano, em Roma. O que nos leva a fazer qualquer uma dessas coisas é o propósito que tínhamos em mente quando decidimos visitar esses lugares. Um último sentido de causalidade é a causalidade natural ou causalidade da forma como ocorre na natureza. Aqui, podemos dizer que um raio causou um incêndio na floresta ou certa substância em atrito com nossa pele causou uma irritação cutânea.[32]

Como Kenner afirma corretamente, o conceito de causação tipicamente associado ao determinismo é causalidade natural. Diz-se que essa causação se origina da condição anterior a um evento mais as leis da natureza. Como Kenner mostra, se esse é o tipo de causalidade e determinismo em vista, os cinco primeiros sentidos de "causa" não são relevantes para ele. Além disso, já observamos que o determinismo nas ciências naturais não deve ser confundido com o determinismo nas ciências sociais. Porém, então, esse sexto tipo de causação não é provavelmente o que queremos dizer quando afirmamos que o ato de alguém é determinado causalmente.

Posteriormente, Kenner cita a explicação de A. J. Ayer de por que algo que está sendo causado não significa necessariamente que seja obrigado (ou, para usar nossa palavra, forçado). Ayer diz em *Freedom and necessity* [Liberdade e necessidade],

> Uma análise correta de "causa" mostrará que as causas não obrigam. Pois [...] tudo que se precisa para que um evento seja a causa de outro evento é que, nas circunstâncias dadas, o evento que se diz ser o efeito não teria ocorrido se não fosse pela ocorrência do evento que se diz ser a causa, ou *vice-versa*, à medida que as causas são interpretadas como condições necessárias ou suficientes [...]. Em suma, existe uma concomitância invariável entre duas classes de eventos, mas não há compulsão senão em um sentido metafórico.[33]

A partir disso, podemos dizer que, para algo causar um ato ou evento, esse algo é suficiente para provocá-lo. Quando alguém, por exemplo, age compatibilisticamente livre, o faz em virtude dos vários fatores (eventos, razões, argumentos etc.) que influenciam sua vontade e o levam a praticar uma determinada ação. Se as causas que provocam uma ação são do tipo envolvido em causalidade natural, poderíamos dizer que o ato não é apenas determinado, mas é determinado de uma maneira que não permite qualquer liberdade, pois forças externas à vontade do agente garantiram a ocorrência da ação independentemente dos desejos desse agente. Por outro lado, nenhum dos outros cinco sentidos de causa exige tanta compulsão e, portanto, poderia se encaixar no livre-arbítrio determinístico.[34]

Em suma, causar um evento ou ação é ser a condição suficiente (ou condições) para provocar sua ocorrência. Contudo, devemos olhar atentamente para ver que tipo de causalidade está envolvida em determinado caso, antes de concluirmos que o evento ou a ação que está sendo causada remove sua possibilidade de ser livre em qualquer sentido desse termo.

MODELOS DE PROVIDÊNCIA

A palavra "providência" vem do latim *providentia*, e esse termo corresponde à palavra grega *pronoia*. Literalmente, significa previsão ou presciência, mas é usada para transmitir outras verdades teológicas. Previsão se refere aos planos de Deus para o futuro, mas também à realização desses planos. Consequentemente, nas discussões teológicas, providência "passou a significar a provisão que Deus faz para os propósitos de seu governo, e a preservação e o governo de todas as suas criaturas".[35] Como Paul Helm nos lembra, a providência de Deus se refere mais fundamentalmente ao fato de que Ele providencia, e o faz continuamente. A chave é para quem Ele providencia, o que Ele providencia e como Ele faz isso.[36]

Embora às vezes Deus proveja por intervenção milagrosa em nosso mundo, Brian Hebblethwaite nos lembra de que tipicamente os teólogos fazem distinção entre intervenção milagrosa direta e providência divina. Quanto a esta última, normalmente se refere à ação de Deus "em e por meio de ações naturais para realizar seus objetivos".[37] Suponha que Joe planeje sair do trabalho em determinado momento, mas é atrasado por um telefonema e sai cinco minutos depois do planejado. Em seu caminho para casa, ele chega a um cruzamento onde houve um terrível acidente de automóvel. Os envolvidos estão gravemente feridos e as ambulâncias já começaram a levá-los ao hospital. Joe pergunta há quanto tempo isso aconteceu, e lhe dizem que ocorreu cerca de cinco minutos atrás. Joe percebe que se tivesse deixado o trabalho quando planejara, provavelmente estaria envolvido no acidente. Ele poderia ver o telefonema como um golpe da sorte, mas sendo um tipo religioso, ele argumenta que o telefonema foi providencial. Ele vê a mão de Deus no curso normal dos acontecimentos, livrando-o de sérios danos e ferimentos. Os envolvidos no acidente podem perguntar onde estava a mão protetora de Deus, mas Joe ainda verá sua saída atrasada do trabalho como providencial.

Exemplos como esse levantam questões sobre até que ponto Deus governa nosso mundo e como Ele o faz. Ao longo de toda a história da igreja tem havido debates sobre esses assuntos. Poucos cristãos negam a soberania de Deus sobre a criação, mas eles não concordam em como Ele a exerce. Uma das principais razões para tais debates tem a ver com o tópico já discutido neste capítulo — livre-arbítrio. Se os seres humanos têm livre-arbítrio em algum sentido, como esse livre-arbítrio pode operar em um mundo governado por um Deus onipotente e soberano? Tem importância se os humanos são livres incompatibilisticamente em oposição a compatibilisticamente quanto ao tipo de controle que Deus exerce em nosso mundo?

As respostas a essas perguntas geraram o que chamarei de diferentes modelos de providência. Um modelo de providência é uma tentativa explicativa de correlacionar o controle soberano divino e o governo do mundo com as ações das criaturas de Deus, especialmente os humanos. Todos os modelos de providência no cristianismo evangélico concordam que Deus preserva em existência o universo criado. Da mesma forma, eles concordam que Deus estabeleceu um sistema de governança moral para este mundo. O ponto em que discordam é sobre como e quanto Deus intervém em nosso mundo para alcançar seus objetivos, e o que essa intervenção causa à liberdade humana.

Soberania geral *versus* soberania específica

Em termos gerais, os modelos cristãos de providência se dividem em duas categorias: modelos que postulam o *controle soberano geral* de Deus e modelos que adotam seu *controle soberano específico* sobre nosso mundo. Deixe-me descrever cada um.

Os modelos de soberania geral argumentam que, ao criar nosso mundo, Deus decidiu dar aos seres humanos o livre-arbítrio, ou seja, o livre-arbítrio libertário. Se os humanos têm essa liberdade, Deus não pode controlar suas ações livres. Portanto, "na medida em que Deus nos dá liberdade, Ele não controla os assuntos terrestres".[38] Isso não significa que Deus não consegue cumprir nenhum de seus objetivos, mas apenas que Ele escolheu soberanamente criar um mundo no qual Ele "estabelece estruturas gerais ou uma conjuntura geral para significação e permite que as criaturas contribuam de modo significativo no modo exato como as coisas terminarão".[39]

O importante nos modelos de soberania geral é que Deus não tem propósitos específicos para tudo o que ocorre, pois como poderia concretizar tais propósitos sem desprezar muitas vezes o livre-arbítrio? Em vez disso, Deus tem propósitos gerais que Ele realiza dentro da estrutura geral do espaço que nossa liberdade deixa para Ele conduzir. Como David e Randall Basinger explicam, alguns que defendem a soberania geral veem Deus frequentemente desprezando a liberdade ao intervir diretamente para alcançar seus objetivos. Outros veem Deus fazendo isso com muito menos frequência, e alguns, como os teístas do processo, veem a ação de Deus como apenas persuasiva, de modo que Ele jamais despreza a liberdade humana. Dentro do cristianismo mais tradicional, a maioria dos defensores da soberania geral fica entre o teísmo do processo e a visão de que Deus frequentemente contradiz nossa liberdade para cumprir seus propósitos.[40]

Claramente, de acordo com os modelos de soberania geral da providência, Deus limitou significativamente o que Ele pode fazer e controlar. Ao decidir limitar-se assim, Deus assumiu um risco. De fato, aqueles que defendem que Deus não sabe ou não pode saber como os humanos usarão sua liberdade veem cada momento da história como um tanto arriscado para Deus.

Os defensores da soberania geral não veem nada disso como prejudicial à sua teologia. Na verdade, eles veem essas coisas como recomendações para seus pontos de vista. Ao defender o livre-arbítrio libertário e limitar o controle de Deus sobre o que acontece, remove-se a necessidade de explicar como até a mais horrível tragédia de alguma forma acontece de acordo com a vontade de Deus e cumpre seus propósitos. Além disso, a disposição de Deus em correr riscos com sua criação mostra o quanto Ele nos ama e deseja manter a integridade de nossa liberdade. Igualmente, Ele sabe que, quando o seguimos, fazemos isso porque queremos, não porque foi decretado que fizéssemos. Os defensores de tais modelos de providência veem essa como uma situação em que Deus e nós saímos ganhando. John Sanders, um defensor da visão aberta de Deus (que limita o controle de Deus a realizar apenas seus propósitos gerais), explica a soberania geral da seguinte maneira:

> Visto que "macrogerencia" o projeto geral (embora permaneça livre para "microgerenciar" algumas coisas), Deus assume riscos ao governar o mundo. Em contraste com a soberania específica, este modelo não afirma que Deus tem um propósito específico para cada evento que acontece. Em vez disso, Deus tem propósitos gerais em conexão com a realização do projeto divino.

Dentro dessas estruturas gerais, Deus permite que aconteçam coisas boas e más que Ele não pretende especificamente. Contudo, Deus pode agir para causar um evento específico, a fim de fazer o projeto divino render frutos. A encarnação e o êxodo são exemplos de Deus escolher causar eventos específicos [...].

A maneira normal de Deus operar é permitir liberdade significativa às criaturas e, consequentemente, não controlar tudo. Mesmo quando quer que os humanos realizem alguma tarefa específica, Deus trabalha para convencer as criaturas livres a amá-lo e servi-lo, em vez de forçá-las a fazê-lo. Veja Moisés, por exemplo. Ele foi escolhido por Deus para um propósito específico [...], todavia, Deus não forçou sua cooperação [...]. Porém, a maioria dos israelitas (e a maioria de nós) não é escolhida para papéis específicos. Veja o caso de Susan. O fato de Susan ter um emprego com excelentes benefícios faz parte da estrutura geral do mundo em que Deus dá aos humanos a liberdade de criar e prover empregos. O fato de o trabalho dela ajudar a cumprir o projeto de Deus depende dela e do relacionamento que ela tem com Deus. Se ela for estuprada e mutilada, não se trata de Deus tê-la escolhido especificamente para experimentar esse horror. A soberania geral permite que aconteçam coisas que não fazem parte do plano de Deus para nossas vidas; ela permite o mal descabido.[41]

O outro tipo de modelo de providência é a soberania específica. Às vezes, a soberania específica é chamada de providência meticulosa. Em contraste com a soberania geral, a soberania específica afirma que Deus tem de fato um plano para todas as coisas. Além disso, os defensores dessa visão normalmente acreditam que Deus predeterminou e controla tudo o que acontece de modo a sempre cumprir seus propósitos. Mesmo que Ele não queira que pequemos em determinada ocasião, isso ainda faz parte, de algum modo, de seu plano geral e contribui para seus propósitos (embora possamos não saber quais são esses propósitos em um caso de tragédia). Logo, Deus controla exaustivamente o que quer que ocorra, mesmo que Ele não exerça poder causal para causar certas coisas e mesmo que Ele não seja a causa imediata e/ou o executor de muitas coisas que acontecem.

Normalmente, aqueles que descrevem a soberania específica são seus críticos, então eles falam de ações e eventos de microgerenciamento, causando pecado e mal e escolhendo ou elegendo alguém para ser estuprado e mutilado.[42] Essa linguagem, é claro, é altamente emotiva e infeliz nesse sentido, mas, além disso, grande parte dela tende a deturpar o que realmente sustentam os defensores da soberania específica defendem. Fundamentalmente, a soberania específica é um resultado lógico da crença no decreto divino, que se baseia unicamente no propósito da vontade de Deus (incondicional no primeiro sentido explicado no Capítulo 11). Deus sabe tudo o que vai acontecer, porque Ele decidiu na eternidade passada o que aconteceria. Embora adeptos da soberania específica neguem que Deus faça unilateralmente e diretamente todas as coisas, não obstante, eles normalmente concordam que Deus, de alguma forma, consegue fazer tudo o que decretou. O modo como Ele faz isso exatamente será explicado à medida que prosseguirmos, mas esse modelo de providência levanta outras questões. Se Deus decreta e controla tudo, usando isso para realizar seus propósitos, como pode haver algum livre-arbítrio humano significativo? O poder de Deus parece ilimitado e, consequentemente, nenhum poder parece ter sido deixado para os seres humanos. Alguns defensores da soberania específica concluem exatamente isso, mas outros discordam. Aqueles que defendem que os humanos ainda têm livre-arbítrio, apesar do controle divino, entendem a liberdade como livre-arbítrio compatibilista.

A soberania específica também levanta problemas sobre a responsabilidade moral humana e divina pelo que acontece. Se Deus decretou que vamos pecar e fazemos o que Ele decretou, por que deveríamos ser moralmente culpados por seguir o plano de Deus? Além disso, já que Deus decretou o mal, por que Ele não é culpado até certo ponto? E se Deus controla totalmente nosso mundo, por que Ele não cessa grande parte do mal que está ao nosso redor? O fato de Ele não o fazer parece um grande ataque contra esse modelo de controle soberano divino.

Algumas dessas questões serão abordadas neste capítulo, mas outras dizem respeito ao problema do mal, um assunto para o Capítulo 16. A partir do exposto acima, pode-se pensar que não há vantagens em um modelo de soberania específica, apenas problemas, mas isso não é necessariamente assim. Por exemplo, do ponto de vista prático, é tremendamente encorajador saber que o Deus todo-poderoso e onisciente já planejou tudo o que acontecerá conosco. Nada o apanhará despreparado ou desprevenido. Embora possamos não saber como escapar de circunstâncias difíceis, e embora não possamos ver como Deus reverterá em bem situações ruins, pode ser muito reconfortante saber que Ele já resolveu isso. Além do mais, Ele escolheu apenas coisas que contribuirão para seus objetivos finais para nosso universo e objetivos específicos para nossas vidas. Pode ser difícil engolir isso em tempos de crise, mas não menos problemático do que aqueles modelos de soberania geral que defendem que Deus provavelmente não violará a liberdade de alguém, mesmo que isso pudesse salvar a pessoa de um mal terrível. E se o modelo de soberania geral negar que Deus conhece o futuro de antemão, talvez acabemos lidando com algum problema terrível que não teria sido parte de nenhum mundo possível que Deus teria escolhido se exercesse soberania específica e decretasse um mundo antes de criá-lo.

Em suma, existem variedades de modelos de providência tanto de soberania geral como específica. Os defensores da soberania geral são invariavelmente indeterministas de algum tipo, que defendem o livre-arbítrio libertário. Os defensores da soberania específica geralmente defendem alguma forma de determinismo. Aqueles que acreditam que, apesar do controle divino, os seres humanos têm e exercem o livre-arbítrio, referem-se a livre-arbítrio compatibilista, não a incompatibilismo. Durante toda a história da igreja, muitos pensaram ser impossível sintetizar a soberania divina e a liberdade humana, mas não é assim. A seguir, apresentarei uma série de maneiras de relacionar esses dois conceitos.

MODELOS DE PROVIDÊNCIA DE SOBERANIA GERAL. Descreverei três modelos de providência de soberania geral. Cada um é um teísmo do livre-arbítrio, o que significa que cada um incorpora o livre-arbítrio libertário. Eu focarei uma abordagem arminiana mais tradicional e um modelo que rotularei de indeterminismo paradoxal, além da visão aberta de Deus.

As teologias arminianas tradicionais sustentam que os seres humanos têm livre-arbítrio libertário. Elas afirmam que Deus julgou ser melhor criar pessoas com tal liberdade do que criar robôs ou autômatos. Se tivesse nos criado sem liberdade, Deus poderia garantir nosso amor e nossa obediência, mas seriam amor e obediência forçados. Por outro lado, se nos desse o livre-arbítrio libertário, Deus não poderia garantir que o amaríamos, mas aqueles que o amassem o amariam porque queriam, não porque seriam forçados. Deus concluiu que o amor de tais criaturas valia o risco de seguirmos nosso próprio caminho.

Se os humanos têm essa liberdade, como Deus pode exercer controle soberano sobre nosso mundo? Os sistemas arminianos respondem de várias maneiras, mas geralmente dizem que Deus tem planos e objetivos básicos que Ele deseja alcançar, mas deve deixar o restante do que ocorrer a cargo de suas criaturas. Para alguns arminianos, isso significa que Deus exerce apenas um poder muito limitado, talvez até porque Ele *tenha* apenas uma quantidade limitada de poder. Deus pode realizar um milagre para alcançar seus objetivos, mas geralmente não faz isso. Uma perspectiva arminiana mais típica é que Deus é tão absolutamente soberano quanto o calvinismo forte alega, mas para abrir espaço para o livre-arbítrio libertário, Deus renuncia ao exercício do seu poder e controle na maior parte do tempo. Uma vez que essa decisão é de Deus e não lhe é imposta, de forma alguma ela limita sua soberania. Àqueles que pensam que Deus não abriria mão do uso de seu poder, os arminianos têm duas respostas básicas. Eles apontam primeiro para a encarnação como um excelente exemplo de Deus fazendo exatamente isso. Filipenses 2.5-7 ensina que Cristo assumiu uma natureza humana completa. Ao fazê-lo, Ele se esvaziou e, como já afirmado,[43] o melhor entendimento do esvaziamento não é que Ele abriu mão de sua natureza divina, mas que deixou de lado o *uso* de seu poder e privilégios para atender às nossas necessidades.

O segundo fator que leva os arminianos a concluir que Deus limitou o uso de seu poder é o ensino bíblico sobre o livre-arbítrio humano. Se os humanos podem cair em pecado e até apostatar uma vez salvos (2Pe 2.20,21; Hb 6.4-6), Deus deve limitar a capacidade de impor sua vontade sobre nós. Visto que as Escrituras retratam os seres humanos como livres (os arminianos concluem que isso é liberdade libertária), algo deve ceder em algum lugar. Eles concluem que Deus gentilmente cede o exercício de parte de seu poder para abrir espaço para nossa liberdade. Claro, Deus ainda trabalha em nosso mundo. Por exemplo, os arminianos acreditam que Deus concede a cada pessoa graça preveniente, com a qual ela pode agir em conjunto para se voltar a Cristo. Portanto, Deus não está ocioso, mas sempre somos livres para usar a graça para escolher Cristo e livres para rejeitá-la e seguir nosso próprio caminho.

Alguns ainda podem se perguntar como Deus pode garantir que qualquer um de seus objetivos seja alcançado, dada a liberdade libertária. A maioria dos arminianos tradicionais responde que Deus conhece o futuro, assim Ele pode planejar com antecedência como responderá às nossas ações para alcançar seus objetivos. Quanto ao modo como o pré-conhecimento divino pode ser reconciliado com o livre-arbítrio libertário, os arminianos ofereceram várias respostas, as quais discutiremos em detalhes no Capítulo 15.

Um segundo modelo de soberania geral da providência divina pode ser chamado de *indeterminismo paradoxal*. De acordo com esse modelo, Deus é absolutamente soberano sobre tudo; as Escrituras exigem isso. Além disso, os humanos têm livre-arbítrio libertário; as Escrituras retratam os seres humanos como livres, e isso deve significar liberdade libertária. Muitas vezes, defensores dessa visão desconhecem o livre-arbítrio compatibilista, ou o conhecem, mas acreditam que não é livre-arbítrio verdadeiro.

A forte visão da soberania divina adotada por essa posição não combina com a liberdade libertária. Os defensores dessa abordagem reconhecem a inconsistência, mas sentem que as Escrituras exigem os dois conceitos. Quanto ao modo como a soberania divina evita contradizer o livre-arbítrio libertário, os defensores respondem que a resolução é um paradoxo. Deus sabe como esses conceitos se encaixam, mas nós não. Ainda, os indeterministas paradoxais acreditam que eles devem defender as duas visões de forma equilibrada, porque as Escrituras ensinam ambas.

Um terceiro modelo de providência de soberania geral é proposto pela *visão aberta* de Deus. A visão aberta vê Deus como aquele que assume riscos. Embora esse modelo tenha muito em comum com as posições arminianas tradicionais, também existem diferenças significativas. O maior ponto de concordância está na questão do livre-arbítrio libertário e suas implicações para o controle soberano divino. John Sanders explica que as posições de soberania geral não exigem que Deus tenha um plano para tudo o que acontece, e a visão aberta de Sanders adota essa posição. Sanders e outros defensores da visão aberta afirmam que Deus tem objetivos gerais que Ele espera alcançar, mas geralmente o faz dentro dos limites das circunstâncias que suas criaturas livres lhe dão para trabalhar. Por isso, Deus pode esperar alcançar um objetivo de uma maneira e perceber, assim que suas criaturas livres agem, que tem de escolher outra maneira de alcançá-lo, uma vez que os atos de suas criaturas removem sua primeira opção.[44] É claro que o único jeito de Deus alcançar um determinado objetivo pode ser ignorar nossa liberdade. Deus sempre se reserva o direito de fazê-lo, embora esse não seja seu modo típico de alcançar os seus propósitos.[45]

A visão aberta vê espaço para a liberdade libertária humana, porque ela também afirma que Deus decidiu renunciar ao uso de seu poder soberano em muitos casos. Visto que essa foi uma decisão de Deus e ninguém a forçou, é totalmente consistente com a afirmação de que Ele é absolutamente soberano. Como evidência de que Deus decidiu limitar o uso de seu poder, os defensores da visão aberta apontam novamente para Cristo, mas acrescentam que as Escrituras mostram vários casos em que Deus planejou fazer algo, mas mudou de ideia quando uma de suas criaturas apresentou um argumento contra seus planos. Por exemplo, Êxodo 32—34 registra a quebra e a renovação da aliança entre Deus e Israel. Deus ficou furioso com Israel por adorar o bezerro de ouro e pretendia destruí-lo, mas Moisés convenceu Deus a mudar de ideia e a renunciar ao castigo.[46] Esse e outros casos, afirmam os defensores da visão aberta, mostram que Deus não exige que as coisas sejam sempre do jeito dele.

Em resposta, alguns podem reclamar que, se essa interpretação de tais incidentes estiver correta, Deus deve ser mutável, contrariamente ao teísmo cristão tradicional. Os defensores da visão aberta concordam, mas isso faz parte do argumento deles. Eles rejeitam a visão cristã clássica de um Deus absolutamente imutável, impassível, simples e atemporalmente eterno. Fazer isso, eles argumentam, resulta em um Deus que é muito mais sensível às necessidades de suas criaturas e mais interativo com elas. Os versículos que mostram Deus mudando de ideia, sofrendo ou respondendo às necessidades de seu povo devem ser considerados literalmente. Eles fazem parte de uma argumentação geral de que Deus não é um monarca dominador, mas um Deus receptivo, sensível e atencioso. Embora muitos teólogos atuais estejam rejeitando alguns desses atributos divinos tradicionais, muitos arminianos tradicionais ainda os defendem. Portanto, uma diferença entre a visão aberta e muitos arminianos tradicionais é a percepção desses atributos divinos.[47]

Talvez a maior diferença entre a visão aberta e as formas arminianas mais tradicionais de teísmo do livre-arbítrio seja a explicação do conhecimento divino. A maioria dos arminianos defende que Deus conhece exaustivamente os eventos e ações futuros. Por outro lado, muitos filósofos seculares que defendem o livre-arbítrio libertário e os defensores da visão aberta dizem que Deus não tem conhecimento exaustivo do futuro. Em vez disso, Ele possui o que os defensores da visão aberta chamam de conhecimento presente. Conhecimento presente é conhecimento completo do passado e do presente. A partir desse conhecimento, Deus pode prever com bastante precisão o que algumas pessoas farão em um futuro não muito distante, mas não há garantias. Deus tem pouco conhecimento, se é que tem algum, do que as pessoas farão em um futuro mais distante. Ele deve esperar para ver o que acontece e depois decidir como responder. Como resultado, alguns de seus planos podem ter de ser descartados, e outros objetivos podem precisar ser alcançados de maneiras diferentes das que Ele pretendia.

Modelos de providência de soberania específica.

Há muitas variações possíveis do modelo de soberania específica, mas focarei três deles. Modelos de providência de soberania específica são determinísticos por natureza e geralmente refletem alguma forma de calvinismo.

De acordo com uma abordagem inicial da soberania específica, tudo o que acontece é decretado antecipadamente por Deus. Seu decreto é incondicional, baseado unicamente em sua vontade e desejos. Claro, se Deus tem esse controle sobre todas as coisas, não há realmente espaço para o livre-arbítrio humano. Os defensores desse modelo geralmente acreditam que o livre-arbítrio, se existisse, seria libertário, mas o controle divino que eles propõem elimina o livre-arbítrio libertário. Teologias desse tipo incorporam o que foi descrito anteriormente como determinismo duro. Logo, Deus escolheu o mundo possível que Ele queria e decidiu qualquer coisa que acontecesse nele. Isso não significa que Deus faz tudo, pois Ele jamais é a causa próxima do mal, nem tenta alguém a fazê-lo. Tampouco executa nossas ações moralmente neutras e moralmente boas. Nós executamos essas ações, mas, de certa forma, não de modo livre.

Essas teologias deterministas duras tendem a enfatizar a transcendência absoluta e o poder soberano de Deus em contraste com a punição de suas criaturas. Dependendo da teologia envolvida, o controle de Deus remove não apenas o livre-arbítrio humano, mas também nossa responsabilidade moral. Contudo, mais tipicamente, dentro de formas calvinistas fortes de determinismo duro, os humanos ainda são considerados moralmente responsáveis. A rejeição da liberdade humana não significa que somos robôs, mas apenas que, por nossos atos serem determinados causalmente, eles não podem ser livres. Para aqueles que acreditam que responsabilizar os humanos moralmente nesse mundo é injusto, a resposta é tipicamente que Deus, como soberano, tem o direito de estabelecer qualquer plano de governança moral que quiser, e não há espaço para debater com Ele acerca desse assunto ou acusá-lo de transgressão. Os defensores dessa visão acrescentam muitas vezes que os pecadores, embora seus atos sejam causalmente determinados, pecam de boa vontade; ninguém os obriga a pecar contra sua vontade. Portanto, eles são justamente culpados diante de Deus. Aqueles que ainda pensam que isso é injusto estão errados, porque as Escrituras dizem que Deus é justo, então tudo o que Ele faz deve ser justo.[48]

Visto que Deus predetermina tudo, Ele também decreta o mal. Algumas teologias, ao tentar manter o controle de Deus sobre o que acontece em nosso mundo sem implicá-lo no mal, afirmam que Ele permite más ações, mas não as deseja positivamente. Em contraste, o modelo determinista duro de soberania específica geralmente diz que Deus não apenas permite o mal, mas deseja especificamente que ele ocorra. Podemos não entender como, mas mesmo o mal serve aos propósitos de Deus. Como Paulo disse sobre o endurecimento do faraó, Deus fez isso para usar o faraó como uma lição objetiva de seu poder e superioridade (Rm 9.17). Os defensores de tais pontos de vista acreditam muitas vezes que Deus não apenas não dá importância aos não eleitos e os deixa em um estado não regenerado, mas ainda decreta ativamente a reprovação deles. Logo, esse tipo de teologia quase sempre ensina um decreto duplo, ou seja, alguns são eleitos para a salvação enquanto o restante é escolhido para a condenação.

Quanto à onisciência divina, essas teologias acreditam que Deus tem um conhecimento exaustivo e infalível do futuro. É assim, em parte, porque Ele predeterminou tudo o que acontecerá. Portanto, as profecias bíblicas sobre o futuro não são palpites educados ou suposições; são casos em que Deus compartilha conosco de antemão porções de seu decreto. Nada pode surpreender Deus, pois Ele sabe tudo e planejou o que quer que aconteça.

Pensa-se muitas vezes também que o Deus descrito possui os atributos tradicionais afirmados acerca do Deus cristão clássico (forte imutabilidade, impassibilidade, eternidade atemporal, simplicidade, asseidade). Embora seja logicamente possível manter essa abordagem determinista dura e rejeitar um ou mais desses atributos, não é esse geralmente o caso. Além disso, acredita-se que o Deus descrito nos últimos parágrafos é a quintessência do pensamento calvinista. Essa visão tem o estereótipo de ensinar que, pelo fato de Deus controlar tudo, não precisamos testemunhar ou orar, pois o que será, será; Ele já decidiu isso. Embora o estereótipo não seja verdadeiro para muitos que defendem essa forma de calvinismo, à luz dos compromissos básicos adotados por essa visão, ele é compreensível, mesmo que esteja errado. Infelizmente, os defensores da visão aberta às vezes dão a impressão de que, ao refutar essa forma de soberania específica, eles argumentaram bem contra todas as formas de soberania específica. Atacar os pontos de vista dos oponentes em sua expressão mais radical muitas vezes garante que se vença o debate, mas geralmente apresenta uma falsa dicotomia de opções ("meu" ponto de vista ou essa posição ultrajante que estou atacando) e não envolve as ideias mais significativas de todas as formas da visão que são retratadas com mais sanidade em formas moderadas da posição.

Uma segunda posição de soberania específica pode ser chamada de determinismo paradoxal. Como no indeterminismo paradoxal, essa visão exige que vários conceitos sejam mantidos em equilíbrio. Os defensores do determinismo paradoxal acreditam que Deus é absolutamente soberano sobre tudo; Ele predeterminou o que quer que aconteça, e o que quer que Ele tenha decretado acontecerá. Os deterministas do paradoxo concordam que se Deus tem esse controle sobre o nosso mundo, não há espaço para o livre-arbítrio libertário. Acreditando que o único livre-arbítrio possível é a liberdade libertária, os deterministas do paradoxo concluem que os humanos não são livres. Além disso, filósofos e teólogos defendem que ninguém é moralmente responsável por fazer o que não poderia deixar de fazer, ou por deixar de fazer o que não poderia fazer; isto é, ninguém é moralmente responsável por um ato a menos que o faça livremente. À luz desse princípio ético, esperaríamos que os deterministas do paradoxo defendessem que os humanos não são moralmente responsáveis por suas ações, uma vez que não as fazem livremente. Em vez disso, os deterministas do paradoxo dizem que os humanos são moralmente culpados por suas ações porque as Escrituras ensinam isso claramente. O modo como essa forte soberania divina condiz com a responsabilidade moral humana quando remove o livre-arbítrio é um paradoxo que não podemos explicar. Ainda, como as Escrituras exigem um forte senso de soberania divina e responsabilidade moral humana, devemos manter essas ideias em equilíbrio.[49]

Uma última forma de soberania específica é a posição que estou defendendo neste livro. O Deus adotado nesta visão é definitivamente Rei, mas é um Rei que se importa. Meu modelo incorpora o livre-arbítrio compatibilístico, o qual afirma que, embora as ações sejam causalmente determinadas, elas ainda são livres, contanto que os agentes ajam de acordo com seus desejos, ou seja, sem restrição. De acordo com esse modelo de soberania, Deus não precisou criar nada, mas, tendo decidido criar, escolheu nosso mundo dentre um número de mundos possíveis. Sua decisão de criar este mundo foi incondicional, ou seja, baseou-se em nada além de seus propósitos soberanos e do conselho da sua vontade. Pelo fato de o decreto ser eficaz (como vimos no Capítulo 11), tudo o que Deus decreta acontece, e as Escrituras ensinam que o decreto cobre todas as coisas. Logo, Deus é absolutamente soberano e não limitou essa soberania para dar espaço ao livre-arbítrio libertário.

Ainda, os seres humanos têm livre-arbítrio. Aqueles que pensam que a liberdade libertária é o único tipo possível de liberdade estão enganados. A liberdade compatibilista/determinista suave não é autocontraditória e oferece uma maneira de harmonizar a liberdade humana com um forte senso de soberania divina. O modo como isso acontece precisa ser explicado, e eu me dedico a isso agora.

Dizer que Deus decreta todas as coisas e as executa de acordo com o propósito de sua vontade significa que Ele decreta todas as ações e eventos, e os meios para essas ações e eventos. Tais ações e eventos fazem parte de um mundo que é todo interconectado, de modo que Deus pode desejar meios para atingir fins e pode ver como seus planos para uma pessoa afetam seus planos para outras. A onisciência divina permite que Deus veja todas as interconexões de tudo em qualquer mundo possível, e o poder divino permite que Ele gere o mundo que escolher.[50]

As Escrituras dizem que Deus não apenas deseja todas as coisas, mas também as faz de acordo com seu plano predeterminado (Ef 1.11). Isso não quer dizer que Ele executa todas as ações que ocorrem, mas, para explicar, temos de apresentar mais distinções. A primeira é entre a ação imediata e mediada de Deus. Dizer que Deus age imediatamente significa que Ele não usa nenhum agente intermediário para realizar determinada ação, mas a executa sozinho. As Escrituras retratam Deus agindo dessa maneira em várias ocasiões, mas Ele jamais age dessa maneira (ou de forma mediada) para fazer o mal.

Embora faça algumas coisas de modo imediato, Deus faz a maioria das coisas de forma mediada, por meio das ações de suas criaturas (seres humanos, anjos, animais). Deus decretou nossos atos, e alguns podem pensar que isso o torna a causa fundamental de nossas ações. Hesito em dizer isso, porque tende a tratar o decreto como um agente com eficácia causal, pois argumentei no Capítulo 11 que o decreto não é qualquer tipo de agente, mas um plano para o que acontece. A execução desse plano, é claro, envolve vários agentes exercendo poder causal, mas o decreto não é esse agente.

Quanto à realização de ações, vários anos atrás surgiu um simpósio no *Christian Scholar's Review* estimulado por um artigo de George Mavrodes intitulado "Is There Anything Which God Does Not Do?" ["Há algo que Deus não faça?"]. Mavrodes cita Amós 3.6, que pergunta: "Sucederá algum mal à cidade, sem que o Senhor o tenha feito?" Mavrodes responde: "Sua pergunta parece esperar a resposta: 'Não, nenhum mal sucede a uma cidade, a menos que o Senhor o tenha feito'. E essa pergunta retórica, juntamente com a resposta esperada, sugere a seguinte generalização: "Seja feito o que for, é Deus quem o faz".[51] Mavrodes considera como caso paradigmático o endurecimento do coração do faraó, uma ação atribuída a Deus e ao faraó. Mavrodes procura uma explicação de como Deus pode ser o executor de todas as coisas, até do mal. Ele oferece quatro opções, rejeita todas elas e depois escreve: "se é verdade que Deus endureceu o coração do faraó, então não sei que verdade é essa".[52]

Tive o privilégio de participar desse simpósio e, ao explicar como Deus pode se envolver de maneira mediada ao endurecer o coração do faraó, apresentei e ilustrei uma distinção. Ela ajuda a explicar meu modelo determinista suave de soberania específica, então eu a apresento aqui. Sugeri que, quando faz algo de modo mediado, Deus pode fazê-lo de pelo menos uma entre duas maneiras. Na primeira, a criatura é a causa próxima do ato e seus esforços são a condição suficiente para produzir a ação. Por outro lado, a ação de Deus nesses casos é mais remota. Quanto ao segundo tipo de ação divina mediada, Deus pode ser a causa remota em certo sentido, mas junto à criatura, Ele também é a causa próxima do ato. O que Deus faz como parte da causa próxima difere do que sua criatura faz, mas seus esforços conjuntos produzem o fim pretendido.

Como um exemplo do primeiro tipo de ação divina mediada, citei o uso que Deus fez da Assíria para julgar o Reino do Norte de Israel. Claro, Deus decretou isso de antemão, mas Isaías 7.18-20; 8.6-8; e 10.5,6 também esclarecem que, de algum modo, Deus incitou os assírios a atacar Israel. Ele usou a ação da Assíria para punir Israel, mas a causa próxima da destruição foi claramente o exército assírio. Outro exemplo é a parte de Deus nas aflições de Jó. Satanás trouxe essas provações sobre Jó e sua família, mas Jó 1—2 mostra Deus também envolvido ao conceder permissão para que isso acontecesse.

Quanto ao segundo tipo de ação divina mediada, um exemplo é a inspiração das Escrituras. Deus decidiu se revelar a nós e moveu os autores bíblicos a escrever sua Palavra (Ele foi a causa remota de seus escritos nesse sentido). Porém, Deus fez mais do que dar aos escritores uma ordem geral ou tarefa para escrever. 2Pedro 1.21 diz que, à medida que os escritores escreviam, o Espírito Santo os conduzia (o grego é *pheromenoi*, um particípio presente que indica a ação contínua de Deus). Logo, eles escreveram influenciados pelos sussurros e pela supervisão do Espírito Santo; Ele estava envolvido durante todo o tempo em que os autores escreveram, mas estes realmente escreveram as palavras; eles não estavam apenas escrevendo um ditado. Portanto, tanto o Espírito Santo quanto o escritor humano foram a causa próxima da redação das Escrituras.

Em suma, Deus faz algumas coisas de modo imediato, mas a maioria delas de modo mediado, de uma entre as duas maneiras que acabamos de explicar. Os críticos de um modelo determinista suave de soberania específica perguntam como Deus pode cumprir seu decreto sem excluir nosso livre-arbítrio compatibilista, especialmente se Ele quer que façamos algo que não queremos. Além disso, eles também perguntam como podemos ser responsabilizados moralmente por fazer o mal que Deus decreta, e como Ele escapa da culpabilidade como aquele que decreta tudo o que acontece.

Em resposta, devemos primeiro lembrar que Deus não cria nenhum de nós isolado de nosso ambiente e de outras pessoas vivas na época. Portanto, ao entrar neste mundo e viver dia após dia, nos encontramos em várias circunstâncias interagindo com muitas pessoas diferentes. Muitas coisas que fazemos cada dia são moralmente neutras e fazem parte de nossa rotina diária. É improvável que Deus precise reorganizar as circunstâncias para nos colocar em posição de realizar esses atos moralmente neutros; e o fato de nós os realizarmos, embora determinados causalmente por vários fatores, não precisa ser forçado de modo algum nem o é. Quanto às decisões moralmente neutras que não surgem em nossa rotina diária, para nos fazer tomar essas decisões, Deus deve primeiro providenciar para que sejamos cercados por circunstâncias que levantem as questões envolvidas nessas decisões. Além disso, conhecendo-nos completamente, Deus sabe exatamente quais fatores nos convenceriam a praticar determinada ação em determinada situação, então, Ele pode trabalhar para realizar tais ações, eventos etc. que nos levariam a concluir que devemos praticar a ação que Ele ordenou. É claro, causar circunstâncias para nos levar (mas não nos forçar) a agir envolverá, sem dúvida, ações de outras pessoas, e Deus terá de organizar as coisas de modo a levá-las a fazer as coisas e estar em lugares que coincidirão com os detalhes de nossa vida. Sendo onisciente e capaz de ver todo um mundo interconectado de uma só vez, Deus pode fazer essas coisas. Em alguns casos, isso pode significar que um agente ou outro aja debaixo de restrição (e, portanto, sem liberdade) para fazer algo que acarrete a ação livre de outra pessoa. Porém, os compatibilistas jamais afirmam que todo ato realizado é livre nesse sentido.

Quando se trata de realizar atos moralmente neutros, Deus não precisa ser a causa próxima. Mesmo que se defenda que as criaturas caídas, por si mesmas, são totalmente incapazes de fazer o que agrada a Deus, esses seres humanos não precisam de ajuda divina para realizar tais atos, uma vez que os atos são moralmente neutros.

Quanto às ações moralmente boas, a história é a mesma de como Deus nos leva a praticá-las. Se estivermos inclinados a fazê-las, Deus precisará apenas nos colocar em circunstâncias em que tais ações possam e precisem ser realizadas. Ele terá poucos problemas, se é que terá algum, em nos convencer a fazê-las de acordo com nossos desejos. Além disso, para aqueles que acreditam que, sem a capacitação divina, os seres humanos não podem fazer o que agrada a Deus, quando se trata de realizar essas ações, Deus não está apenas remotamente envolvido (trazendo circunstâncias à nossa vida, convencendo-nos do pecado e da necessidade de fazer o certo etc.), mas também está envolvido como parte da causa próxima (conosco) em realmente realizar o ato. Este seria um exemplo do segundo tipo de ação divina mediada mencionado anteriormente. Isso é biblicamente possível? Não apenas passagens como 2Pedro 1.21 sugerem isso, mas também Filipenses 2.11,12, que diz que Deus trabalha em nós para querermos e *fazermos* o bom propósito da sua vontade. Seu trabalho em nós envolve tanto convencer-nos a fazer o que é certo, como também capacitar-nos a fazê-lo à medida que obedecemos. Além disso, é correto dizer que ambos, Deus e nós, fizemos o ato em questão.

E se Deus tiver decretado que faremos algo bom, mas não quisermos fazê-lo? Nesse caso, Deus terá de nos convencer sem nos restringir, e Ele sabe exatamente quais circunstâncias devem ocorrer em nossa vida para fazê-lo. Tendo conhecido desde a eternidade todos os mundos possíveis, Deus sabe o que envolve causar essas circunstâncias que nos convencerão a fazer o que é certo, mesmo que, a princípio, não queiramos fazê-lo. É claro, isso não significa que sabemos com antecedência se o mundo que Deus escolheu é aquele em que Ele nos fará fazer algo correto livremente (sem restrição) ou não livremente, mas, à medida que os eventos se desenrolam, podemos fazer essa análise em retrospecto. Assim como nas ações moralmente neutras, também nesses casos Deus planejou a interação de várias de suas criaturas, a fim de causar em cada vida o que Ele decretou. No que tange a fazer a ação moralmente boa, Deus está envolvido, de modo mediado, no segundo sentido mencionado anteriormente, capacitando-nos e trabalhando por meio de nós para fazer a boa ação que agora queremos fazer. Portanto, não é inapropriado atribuir a boa ação a Deus e ao ser humano que a realiza.[53]

Quanto às ações moralmente más, as Escrituras são muito claras sobre o papel geral de Deus. Ele próprio nunca faz o mal, nem pode ser tentado a fazê-lo. Além disso, Ele não tenta ninguém a pecar (Tg 1.13). Tiago explica que nossas tentações se originam de nossos desejos. Esses desejos em si mesmos podem não ser maus, mas quando nos levam a querer coisas que Deus proibiu, surgem problemas. Porém, Deus não nos tenta. Agora, qualquer um de nós pode ser tentado em qualquer circunstância. Mesmo sentado na igreja, posso pensar em alguém que invejo e me tornar ainda mais invejoso. Ou algo no sermão pode me levar a pensar em alguém que me tratou mal, e posso ficar muito zangado ao pensar naquele ato. Ou posso alimentar pensamentos impuros e lascivos sobre alguém que vejo a algumas fileiras de mim.

Para remover até a possibilidade de alguém ser tentado, Deus literalmente teria de nos isolar de todos e de tudo o mais. Porém, mesmo isso poderia não funcionar, pois, em tal circunstância, poderíamos ficar frustrados e tentados a amaldiçoar Deus por nos colocar nessa situação. Quanto às nossas tentações, elas surgem no decorrer dos acontecimentos de cada dia. As circunstâncias usuais em que nos encontramos todos os dias (indo para o trabalho, na escola, fazendo compras etc.) são moralmente neutras; portanto, se Deus ordena que nossas vidas estejam nessas situações, nenhuma culpabilidade por nossa tentação e pecado se refere a Ele.

Uma vez que estamos em qualquer circunstância, evidentemente a tentação pode surgir. Ela não vem de Deus, nem precisa que Ele esteja envolvido. Dados nossos desejos normais e as situações que nos cercam, transformamos essas situações moralmente neutras em ocasiões de tentação e pecado. Deus não participa como causa imediata em nada disso. Mesmo como uma causa remota, seu único envolvimento é ordenar e ocasionar as circunstâncias em que somos tentados, mas, como argumentado, uma vez que esses cenários são as rotinas diárias da vida, para remover a possibilidade de tentação Deus teria de nos tirar deste mundo. Em outras palavras, Ele teria de deixar totalmente de criar um mundo, e certamente Ele não é obrigado a fazer isso. Porém, tampouco é culpado de criar um mundo e uma história em que pessoas, em várias circunstâncias, são tentadas e caem no pecado. Além disso, aqueles que são tentados não são tentados contra os próprios desejos, pois foram eles que deixaram seu desejo começar e avançar no processo de tentação. Visto que a ação do mal, se realizada, deriva do que eles desejaram no momento, seria difícil dizer que eles não fizeram o mal (em termos compatibilísticos) livremente. É claro, às vezes somos forçados a fazer o mal contra nossa vontade e, nesses casos, não agimos livremente, mas quando o mal deriva das tentações que surgem de nossos desejos, os atos resultantes se qualificam como não forçados e, portanto, livres.

Quando pecamos, Deus não realiza o ato nem o habilita (como acontece com os atos justos), realizando-o por meio do pecador. Ele não precisa fazer nada disso, pois somos completamente capazes e dispostos a fazê-lo sozinhos. Portanto, Deus não é a causa imediata nem a causa remota de tais atos no sentido de ser o principal empreendedor do ato.

Neste ponto, estamos muito próximos do que direi sobre o problema do mal, por isso não preciso avançar nesse assunto agora. De qualquer forma, já foi dito o suficiente para entender como Deus pode controlar todas as ações, inclusive o mal, sem participar delas ou ser moralmente responsável por elas, e sem remover a liberdade humana compatibilista. Alguns podem reclamar que, às vezes, quando as pessoas são tentadas a pecar, Deus oferece graça para ajudá-las a evitar cair, e, portanto, Ele fez algo errado ao *não* nos dar toda a graça para evitar o pecado em outros momentos. Contudo, essa queixa é equivocada, pois a graça jamais é obrigada. Por isso é graça, e não justiça. Então, se a graça é um favor imerecido, não devido ao mérito, que Deus não deve a ninguém, Ele não faz nada de errado ao não conceder graça a alguém em uma ocasião específica. A graça de Deus também não o obrigou, antes que Ele escolhesse qualquer mundo, a escolher um mundo em que nada jamais desse errado e todos fossem abarrotados de bênçãos. A graça jamais é devida; portanto, se não for dada, quem não a dá não faz nada de errado.

Mais um comentário é apropriado acerca do decreto e das más ações. E o caso de Deus usando a Assíria para punir Israel? Não seria o caso de Deus fazer uma ação má de forma mediada? É certo que Deus ficou muito zangado com a Assíria uma vez que a ação foi feita. Primeiro, observamos que Deus, na condição de governador moral do universo, tem o direito de julgar a maldade. Além disso, como Criador e soberano sobre todos, Ele tem o direito de usar o que escolher como seu instrumento de julgamento. Então, o que Deus fez a Israel por meio da Assíria lhe é moralmente correto fazer. Por outro lado, sendo escolhidos como o exército atacante para infligir o julgamento de Deus, os assírios podiam usar a ocasião como uma oportunidade de serem tentados a devastar Israel de formas que excederiam uma mera punição. Deus não tentou o exército assírio a fazer isso; eles próprios o fizeram. Embora fosse a causa remota do exército assírio atacar Israel, Deus não foi a causa imediata, nem a causa remota ou próxima de eles fazerem isso de maneira que excedesse em muito a mera punição pela derrota militar. Ao conceder aos soldados a oportunidade de atacar, ao não intervir a favor de Israel para deter o ataque e ao sustentar esses soldados de modo que pudessem fazer o que fizeram, Deus estava "envolvido". Porém, nada disso justifica a culpabilidade moral da parte de Deus, mesmo que seja certo dizer que Ele puniu Israel. Ao realizarem essa ação como realizaram, os assírios cumpriram tanto os propósitos de Deus quanto os seus próprios, mas isso não significa que os propósitos de Deus coincidiam com tudo o que eles se propuseram a fazer e realizar.

Por essa explicação acerca das ações moralmente neutras, boas e más, podemos ver que Deus pode predeterminar tudo o que acontece, fazer acontecer e ainda fazê-lo em tal variedade de formas que os seres humanos agem com livre-arbítrio compatibilista. Além disso, Deus pode ter propósitos não apenas para os eventos mais importantes em nossas vidas e mundo, mas para tudo. Também deveria estar claro que, nesse modelo de providência, Deus conhece exaustivamente o futuro porque Ele o decretou.

Um argumento para as teologias da soberania geral

Mencionei anteriormente que uma questão fundamental para todos os modelos de providência é se eles creem que os seres humanos têm livre-arbítrio e o que querem dizer com liberdade. Os modelos de soberania geral incorporam o livre-arbítrio libertário. Isso significa para alguns que Deus não pode interromper constantemente nem anular nossa liberdade. Visto que somos pecadores e quase sempre fazemos o que Deus proibiu, o modo como as coisas se encaixam em seus planos gerais deve permanecer um pouco em dúvida. Ao criar criaturas livres, Deus decidiu viver com certa quantidade de risco. Dependendo da teologia do livre-arbítrio em vista, os riscos de Deus serão maiores ou menores, mas com qualquer uma dessas teologias haverá riscos.

Ao ouvirmos essa história, por que deveríamos nos inclinar a acreditar nela? No restante deste capítulo, quero apresentar argumentos em apoio a um ou mais modelos de soberania geral. Dividirei os argumentos em duas categorias: argumentos bíblicos e teológicos e, depois, argumentos filosóficos. Primeiro apresentarei argumentos que todas as formas de teísmo do livre-arbítrio poderiam defender e depois passarei para argumentos especificamente relevantes para a visão aberta.

Argumentos bíblicos/teológicos para a soberania geral

Um ponto central (se não o ponto de partida) para os modelos de soberania geral é seu compromisso com a liberdade libertária. Portanto, devemos começar com argumentos para essa noção de livre-arbítrio. Os defensores da soberania geral veem ampla evidência bíblica do livre-arbítrio e concluem que a liberdade em vista deve ser libertária.

Os defensores da liberdade libertária afirmam que há muitos versículos que requerem que as pessoas escolham entre várias opções. Porém, se tudo for determinado de forma a excluir o livre-arbítrio, esses requisitos não fazem sentido. Além disso, se Deus puder ordenar que as coisas produzam em nós desejos pelo que Ele quer, parece que até mesmo a liberdade compatibilista exclui as verdadeiras escolhas. Contudo, as Escrituras parecem ensinar que são oferecidas para as pessoas escolhas entre opções, e que elas fazem essas escolhas conforme desejam. Deus ordenou que Adão e Eva lhe obedecessem, mas lhes deu uma escolha.[54] Josué (24.15) disse para Israel escolher a quem eles iriam servir. Em outra ocasião, Elias perguntou a Israel por que ele oscilava entre duas opiniões (1Rs 18.21). No sermão do monte, Jesus fala de um caminho estreito ou largo que as pessoas podem escolher percorrer (Mt 7.13,14).[55]

Não apenas foi solicitado que as pessoas escolhessem entre as opções, mas as Escrituras nos mandam responder ao evangelho e aceitar a Cristo. O chamado do evangelho pressupõe que as pessoas têm livre-arbítrio; pois se não o tivessem, por que convidá-las a receber a Cristo?[56] Se as pessoas não tiverem livre-arbítrio, elas não podem fazer o que Deus deseja, a menos que Ele as faça fazer. Se Ele predeterminou a salvação delas, Ele pode fazer essa salvação acontecer sem a liberdade delas; portanto, pedir-lhes que aceitem a Cristo como se pudessem legitimamente recusar faz pouco sentido. Além disso, se Deus não as predestinou para a salvação, não faz sentido convidá-las para Cristo. De fato, se elas não puderem fazer o que é ordenado que façam, trata-se de uma piada cruel. Tudo isso pressupõe que somos livres.

Além disso, embora os calvinistas digam que Deus sempre consegue o que quer, as Escrituras parecem ensinar o contrário. As pessoas resistem e ignoram Deus e a verdade, e as Escrituras dizem que Deus as responsabiliza; mas seria injusto fazer isso se elas não tomassem essas decisões livremente. A regra moral básica é que os agentes são moralmente responsáveis apenas se agirem livremente. É claro, se Deus nem sempre consegue o que quer, isso é mais evidência ainda de que Ele governa o mundo de uma maneira geral e cumpre seus propósitos gerais, a despeito de acontecerem muitas coisas específicas que Ele não deseja.

Existe evidência bíblica de que os planos de Deus às vezes são frustrados? Os defensores da soberania geral respondem afirmativamente. Deus estava tão exasperado com a humanidade antes do dilúvio que decidiu destruí-la e "começar de novo". O rei Saul foi a escolha de Deus para rei de Israel, mas Saul mostrou-se desobediente, então Deus o retirou do posto e escolheu outro rei (1Sm 15 e 16; ver também Is 5.7). O pecado humano em geral não é o que Deus quer, mas acontece. Pedro fala das pessoas, no final dos tempos, que duvidarão de sua responsabilidade perante Deus porque ignoram voluntariamente a verdade (2Pe 3.3-5).

E os planos de Deus para a nossa salvação? As Escrituras afirmam que Deus não quer "que ninguém pereça" (2Pe 3.9, NVI), e que "deseja que todos os homens sejam salvos e cheguem ao pleno conhecimento da verdade" (1Tm 2.4). Porém, esses planos são frustrados por nossa incredulidade e resistência às tentativas de Deus de nos atrair para Ele mesmo.[57] Um dos casos mais flagrantes de seres humanos rejeitando a vontade de Deus é mencionado em Mateus 23.37, o lamento de Cristo sobre Jerusalém. Jesus diz: "Quantas vezes quis eu reunir os teus filhos, como a galinha ajunta os seus pintinhos debaixo das asas, e vós não o quisestes!" Aí está; o que Cristo desejou, Jerusalém rejeitou. Como pode ser isso, a menos que as pessoas sejam livres?[58] Clark Pinnock resume essa linha de evidência para a liberdade libertária da seguinte maneira:

> Segundo a Bíblia, os seres humanos são criaturas que rejeitaram a vontade de Deus para eles e se afastaram de seu plano. Essa é outra evidência forte de que Deus os fez verdadeiramente livres. Os seres humanos evidentemente não são fantoches controlados por uma corda. Eles são livres até para colocar suas vontades contra a de Deus. Na verdade, nos desviamos do plano que Deus tinha para nós quando nos criou e nos colocamos em propósitos opostos aos dele. É claro, somos livres porque estamos agindo como uma raça, de certa forma, destruidora da vontade de Deus e destruidora dos valores que Ele aprecia para nós. Certamente não é possível acreditar que Deus planejou secretamente nossa rebelião contra Ele. Certamente, nossa rebelião é uma prova de que nossas ações não são determinadas, mas são significativamente livres [...]. Podemos não ser capazes de frustrar o plano final de Deus para o mundo, mas certamente podemos arruinar seu plano para nós em nível pessoal e, como os escribas, rejeitar seu propósito para nós mesmos (Lc 7.30).[59]

Essa evidência significa não apenas que somos livres em certo sentido, mas também que somos livres no sentido libertário. Isso é claramente o que Pinnock e outros querem dizer com "liberdade significativa". Pinnock acrescenta:

> a evidência bíblica me leva a uma forte definição de liberdade. Não é suficiente dizer que uma escolha livre é aquela que, embora não seja obrigada externamente, todavia, é determinada pelo estado psicológico do cérebro do agente ou pela natureza de seu desejo [...]. O pecado pelo qual Deus nos condena é um pecado que não tivemos de cometer. São ações para as quais não há condições prévias que as tornam certas.[60]

Esse é o livre-arbítrio libertário!

John Sanders concorda. Depois de adotar o livre-arbítrio libertário, ele oferece argumentos. Dois de seus argumentos bíblicos são muito relevantes para o exposto anteriormente. Sanders diz que, se Deus não pretendia que houvesse pecado, o livre-arbítrio libertário deve ser verdadeiro. Pois, se o compatibilismo for verdadeiro, então Deus poderia ter mudado os desejos de Adão para ele desejar obedecer, e ele não teria caído em pecado. Podemos entender o que aconteceu somente se a liberdade libertária prevalecer, de modo que Deus não interveio para impedir Adão porque não pôde e o livre-arbítrio libertário foi mantido. Segundo, a menos que os humanos tenham liberdade libertária, não faz sentido que Deus sofra pelo pecado, pois por que Deus sofreria por algo que Ele teria predestinado? Além disso, nossas orações não fazem sentido se tudo já estiver predeterminado, pois não podem mudar o que Deus decidiu. O fato de podermos entristecer Deus e movê-lo a responder às nossas orações mostra que devemos ter livre-arbítrio libertário. Esse fato também afirma a declaração de Tiago (4.2) de que não temos porque não pedimos.[61]

Jack Cottrell concorda. Ele discute posições que dizem que Deus determina tudo incondicionalmente e também que os seres humanos agem livremente ao fazer o que desejam. Cottrell diz que agir de acordo com o desejo que se tem não é um critério apropriado para afirmar que um ato é livre.[62] O problema, diz Cottrell, é que os defensores de tais visões acreditam que Deus determinou tudo (e o fez incondicionalmente) e acreditam que o que Ele decretou deve acontecer. Cottrell diz que esse decreto "envolve de modo lógico o determinismo, o qual exclui de modo lógico o livre-arbítrio".[63] Portanto, são equivocadas as alegações do determinista suave de que sua liberdade é uma liberdade legítima. Não se trata de livre-arbítrio de forma alguma![64] Cottrell, como outros comprometidos com a soberania geral, acredita que as Escrituras ensinam que somos livres, mas já que o compatibilismo não é uma liberdade significativa, o ensino bíblico de que somos livres respalda o único tipo de liberdade que resta, a liberdade libertária.

Contudo, visto que os planos de Deus às vezes são frustrados, como podemos dizer que mesmo seus propósitos e objetivos gerais são cumpridos? Os defensores da soberania geral oferecem várias garantias. Para começar, Deus pode alcançar objetivos gerais porque Ele pode antecipar quaisquer obstáculos que suas criaturas livres possam colocar em seu caminho e, em seguida, reagir efetivamente para alcançar seus objetivos gerais. Alguns indivíduos podem, por exemplo, rejeitar Cristo, mas isso não significa que Deus não pode ou não vai convencer outros, nem impede que seu reino venha.

Deus é incrivelmente inteligente e criativo, por isso Ele antecipará obstáculos e saberá como contornar o que quer que coloquemos em seu caminho.[65]

Porém, como Deus faz isso? Richard Rice explica que os planos de Deus são objetivos que Ele persegue de maneiras diferentes. Algumas coisas Ele faz unilateralmente; a criação é um exemplo. Em outros casos, Ele interage com suas criaturas ao avançar em direção aos seus objetivos. Suas criaturas nem sempre são receptivas à sua liderança, mas Deus ainda consegue trabalhar nas diversas situações que surgem e por meio delas. Pense no uso que Deus fez do ódio que os irmãos de José tinham dele. Eles pretendiam destruir José, mas Deus usou suas ações de ódio para salvar Israel da fome (Gn 45.4-7). Mais tarde, usou o coração duro do faraó para intensificar o drama da libertação de Israel. Como Rice resume:

> às vezes, Deus simplesmente faz as coisas agindo por iniciativa própria e confiando apenas no próprio poder. Às vezes, Ele realiza as coisas por meio da cooperação de agentes humanos, às vezes Ele supera a oposição criatural para realizar as coisas, às vezes Ele usa providencialmente a oposição para realizar alguma coisa, e às vezes suas intenções de fazer alguma coisa são frustradas pela oposição humana.[66]

Tudo isso significa, como John Sanders explica, que os objetivos gerais de Deus serão alcançados, e temos alguma noção do que Ele quer essencialmente quando olhamos para Cristo e o que Ele fez. Porém, isso não significa que a maneira de Deus alcançar seus objetivos é previsível. Ele está pronto a seguir inúmeras rotas diferentes para atingir seus fins, dependendo de quais opções deixamos para Ele. Alguns defensores da soberania geral acreditam que Deus alcançará o tipo de futuro que deseja em todos os detalhes, mas Sanders discorda, pois o pecado é irracional e misterioso, e nosso pecado pode impedi-lo de conseguir o que deseja em todos os detalhes. Ainda, não há dúvida de que seus objetivos gerais serão alcançados:[67]

> Deus vencerá no final? É simplesmente uma postura injustificada para os defensores da teologia relacional alegar que Deus alcançará a vitória? Os profetas previram um tempo em que Deus reinaria vitorioso sobre todos, e tudo seria permeado por *shalom* (paz e bem-estar). O passo mais significativo para alcançar essa visão foi dado quando Deus, por meio de Jesus, alcançou vitória sobre os poderes opostos (Cl 2.15). No entanto, Deus ainda está trabalhando para transformar os efeitos dessa vitória em um empreendimento

maior. Jesus inaugurou o reino do Deus de amor poderoso, mas claramente ainda não foi consumado. Deus ainda está trabalhando para tornar seu domínio *de jure* um domínio *de facto*.

Não devemos subestimar a capacidade de Deus ou superestimar a nossa nesse empreendimento. Deus é "onicompetente", criativo e sábio o suficiente para levar em conta nossas ações, poderoso o suficiente para agir e fiel o suficiente para persistir. Se um de seus planos fracassar, Ele tem outros em mãos e encontra outras maneiras de alcançar seus objetivos.[68]

Deus é tremendamente criativo no alcance de seus objetivos básicos, independentemente de cooperarmos ou não, mas o fato de nem sempre cooperarmos é motivo para rejeitar a ideia de que Ele planeja tudo o que acontece, decretou tudo e jamais tem seus planos frustrados pelo que fazemos.

Se tudo isso for verdade, o que significa dizer que Deus é soberano? Ele pode realmente ser soberano à luz da liberdade libertária humana? Os defensores da soberania geral afirmam que essas doutrinas significam que Deus tem de limitar o uso de seu poder, mas, como escolheu livremente fazê-lo, Ele continua tão soberano como sempre. Eles também acreditam que há evidências bíblicas e teológicas de que Deus fez isso. O exemplo mais claro da autolimitação de Deus é a vida de Cristo. Durante sua peregrinação terrena, Jesus não exerceu todo o poder à sua disposição. O que vemos na vida de Cristo é que "quando Deus enviou o próprio Filho, Este viveu o papel de um servo e não tentou dominar as pessoas".[69]

Existem outras evidências de que Deus limita seu poder. Para começar, criar um mundo limita Deus, já que Ele não é mais a única coisa que existe.[70] Além disso, os teólogos geralmente concordam que existem certas coisas que Deus não pode fazer por causa de sua natureza ou porque essas coisas não são factíveis. Ele não pode realizar contradições, Ele não pode pecar etc. As limitações ao poder de Deus são inclusive um aspecto de muitas teologias da soberania específica, sem falar nas que adotam a soberania geral.[71]

Então, nas discussões teológicas contemporâneas, uma das principais razões de se defender o poder divino limitado decorre da crença em um Deus amoroso. Não é apenas que Deus nos ama, mas esse amor abre espaço para o amado e implica vulnerabilidade em relação ao amado. "Qualquer um que ame, por seu amor se torna dependente da boa vontade e da resposta de seu amado".[72] Exercer o poder dominante sobre os outros não lhes mostra amor. As Escrituras descrevem Deus como amoroso e longânime para com a raça humana, e isso sugere uma disposição de limitar o uso de seu poder.

Supostamente, a evidência segura da autolimitação divina é o tipo de mundo que Deus criou, a saber, um mundo com criaturas incompatibilisticamente livres. Deus escolheu este mundo livremente, mas é impossível criar tais criaturas e controlar tudo o que elas fazem, por isso, criar criaturas livres implicitamente compromete Deus a limitar o seu próprio poder. Jack Cottrell explica:

> Deus se limita não apenas criando um mundo como tal, mas também e ainda mais pelo *tipo* de mundo que escolheu criar. Ou seja, Ele escolheu criar um mundo que é *relativamente independente* dele. Por um lado, isso se aplica à natureza e às leis naturais. No começo, Deus dotou suas criaturas de forças inerentes ou instintos animais que permitiam que operassem sem que Ele precisasse determinar cada um de seus movimentos. Por outro lado, o conceito de independência relativa se aplica às criaturas do livre-arbítrio que Deus criou para habitar seu universo. [...] o homem é livre para agir sem que seus atos tenham sido predeterminados por Deus e sem a ação conjunta simultânea e eficaz de Deus. [...] Ao não intervir em suas decisões, a menos que seus propósitos especiais o exijam, Deus respeita tanto a integridade da liberdade que deu aos seres humanos quanto a integridade de sua própria escolha soberana de criar criaturas livres em primeiro lugar.
>
> Essa criação de seres livres é realmente uma verdadeira forma de autolimitação para Deus, especialmente no fato de que essa liberdade dada por Ele inclui a liberdade humana de se rebelar e pecar contra o próprio Criador. Ao criar um mundo em que o pecado era possível, Deus assim se obrigou a *reagir* de certas maneiras específicas caso o pecado se tornasse realidade. Para ser específico, caso o pecado ocorresse, o amor de Deus estaria obrigado a se expressar na *graça*, envolvendo um plano de redenção centrado em torno de sua própria encarnação e da oferta de perdão para todos que a aceitassem.[73]

Um terceiro argumento para a soberania geral diz respeito a se os decretos de Deus são condicionais ou incondicionais. Os calvinistas optam pelo segundo, enquanto os arminianos e os defensores da soberania geral que acreditam em um decreto optam pelo primeiro. Cottrell diz que Deus tem um propósito específico para toda a criação em geral, e isso é incondicional. Esse propósito é glorificar a si mesmo e compartilhar sua bondade. Contudo, Deus não tem um propósito incondicional específico para cada pessoa, evento e objeto na ordem criada. A razão é que a maioria das interações de Deus com aspectos específicos do universo são condicionadas. Cottrell explica:

seu conhecimento prévio está condicionado à ocorrência real dos próprios eventos (como previamente conhecidos); todo o plano de redenção, com todos os seus muitos elementos, de Gênesis a Apocalipse, é condicionado (é uma resposta) ao pecado do homem; as respostas à oração são condicionadas pelas próprias orações (como previamente conhecidas). Porém, em tudo isso, Deus *não é menos soberano* do que se tivesse predeterminado incondicionalmente cada componente específico do todo.[74]

Um quarto argumento apela à salvação dos que creem. Jerry Walls concorda que se o calvinismo, com sua eleição incondicional, for verdadeiro, então o livre-arbítrio compatibilista também deve ser, como sustentam muitos defensores da soberania específica. No entanto, argumenta Walls, há um grande problema para essas visões, porque com o compatibilismo Deus pode fazer com que todos sejam salvos. Ele pode efetivamente chamar todos à salvação e fazer com que desejem aceitar a Cristo. Se for esse o caso, por que Deus não fez assim? Os calvinistas geralmente dizem que a resposta está oculta na vontade insondável de Deus (o decreto) e é um mistério. No entanto, isso é totalmente insatisfatório por várias razões. Para começar, significa que Deus predeterminou a queda de Adão e decidiu que todos seriam culpados como resultado. Então, Deus decretou que apenas alguns seriam salvos e o restante seria deixado para a condenação eterna. Visto que Deus é a causa última de tudo isso por meio de seu decreto, e visto que, dado o compatibilismo, Ele poderia ter determinado tudo previamente, o fato de que não o fez sugere que Ele é moralmente culpado pelo mal que ocorre e por muitos que vão para uma eternidade sem Cristo. Os calvinistas discordam, mas é difícil ver como eles podem fugir desses problemas.

Mesmo que se responda que, ao decretar a queda, Deus criou uma razão para a encarnação, e que a encarnação mostra o caráter maravilhosamente misericordioso de Deus em enviar seu Filho para viver entre nós e morrer por nós, ainda há um problema. Nada disso justifica Deus decidir salvar apenas alguns, quando poderia salvar todos e providenciar para que eles livremente (compatibilisticamente) escolham amá-lo e servi-lo. A explicação calvinista da decisão de Deus de salvar apenas alguns também é insatisfatória, porque há uma explicação melhor que faz sentido e não requer compatibilismo e soberania específica. A explicação concorda que um Deus bom salvaria a todos se pudesse, mas ao ter dado liberdade libertária às suas criaturas, Ele então não pode decretar que todas elas serão salvas e fazer com que aceitem a Cristo livremente (incompatibilisticamente). Se Ele fizer com que elas façam alguma coisa, então elas não a fazem livremente. É claro, agora vemos por que, apesar do poder e da soberania de Deus, muitos rejeitam Cristo, e também entendemos por que eles, e não Deus, são culpados por assim fazer. Além disso, Deus enviou Cristo para pagar por seus pecados, para que tudo o que era necessário para satisfazer a justiça de Deus estivesse pronto. Tudo o que eles precisam fazer é aceitar livremente o dom gratuito de Deus em Cristo. Quando o recusam, Deus não pode ser moralmente responsável pelo que eles decidem, mas com a soberania específica, há uma noção de que Deus é responsável por tudo, já que Ele o decretou. Certamente, a soberania geral tem uma explicação melhor do que a soberania específica acerca dessas questões e, portanto, é preferível.[75]

De modo semelhante, os defensores da soberania geral estendem esse argumento à questão do mal em geral. Todas as teologias cristãs devem responder por que um Deus todo-amoroso e todo-poderoso criaria um mundo onde há tanto o mal moral quanto o físico. Em atenção a esse argumento, vamos nos ater apenas ao mal moral. Dado o determinismo em qualquer de suas formas, Deus pode fazer com que ninguém jamais faça algo moralmente mau. Dado o compatibilismo, Deus deveria ser capaz de fazer isso de tal maneira que nós façamos livremente apenas o bem moral. Deus não fez isso, e devemos nos perguntar por quê. Alguns podem justificar Deus diante desse mal dizendo que Ele o permite porque tem um propósito em nosso mundo. O mal resulta de bens maiores ou evita males maiores e, portanto, no jargão filosófico, não é gratuito, ou seja, ele tem um propósito. Porém, se for assim, como poderia qualquer humano que pecar ser considerado moralmente culpado por isso? E, contudo, é uma crença evangélica padrão que os humanos pecam livremente e Deus os pune por isso. Se for verdade, o mal não deve ter nenhum propósito (deve ser gratuito) e então é digno de punição.

Em suma, o determinista enfrenta um grande dilema. Por um lado, ele diz que há um mal gratuito no mundo e quem o pratica é digno de punição; mas, dado o compatibilismo, esse mal foi decretado por Deus e seria evitável se Deus tivesse exercido as influências necessárias para nos manter separados dele. Então, parece que Deus deve ser culpado e não deveria tê-lo permitido. Por outro lado, o compatibilista diz que o mal moral não é gratuito, mas então, quando ocorre, Deus não deveria desaprová-lo, e certamente não deveria punir aqueles que o praticam, já que ele serve aos seus propósitos maiores.[76]

Se tudo isso parece insoluvelmente difícil, o problema é o determinismo em geral e o compatibilismo em particular. Além disso, os defensores do livre-arbítrio libertário acreditam que há uma maneira melhor de explicar a existência do mal moral em nosso mundo. Ninguém peca porque Deus o deseja ou o ordena; ao contrário, acontece porque pecamos em desobediência aos preceitos de Deus. Além disso, não deveríamos nos surpreender de que alguns casos de mal moral pareçam não ter algum propósito, ou seja, ser verdadeiramente gratuitos. Deus é mais do que justificado em nos punir por esse mal, porque o fazemos livremente. Além disso, Ele não tem culpa, pois não o predeterminou, não fez com que acontecesse, não o fez Ele mesmo, nem poderia nos impedir de fazê-lo sem remover nosso livre-arbítrio. Deus é inteiramente soberano, onipotente e todo-amoroso, mas mesmo um Criador onipotente não pode executar uma contradição, e seria uma contradição esperar que Deus nos *fizesse* executar qualquer coisa (incompatibilisticamente) livremente.[77]

Um argumento semelhante deriva da bondade de Deus. Deus é Todo-amoroso e bom, mas o que Ele desejaria então para suas criaturas? Ele desejaria que elas fossem salvas e obedecessem aos seus preceitos, ou escolheria que algumas lhe desobedecessem? A resposta é óbvia, de acordo com defensores da soberania geral como Jerry Walls, pois um Deus bom não desejaria, muito menos decretaria, que suas criaturas fizessem o mal, especialmente quando fazê-lo resulta em punição. Walls argumenta que as teologias do livre-arbítrio, em última análise, não decorrem do livre-arbítrio libertário, mas de reflexões sobre a bondade de Deus. Ao perguntar o que um Deus bom faria se tivesse o poder, e ao ver que Ele não o fez, o indeterminista conclui que a única explicação razoável é que suas criaturas possuem livre-arbítrio libertário, o que limita o que Deus pode fazer. Walls afirma esse argumento em sete etapas:

1. Um Deus bom deseja felicidade para todas as suas criaturas livres.
2. A felicidade para criaturas livres é encontrada apenas em um relacionamento de obediência voluntária a Deus.
3. Deus deseja a obediência voluntária de todas as suas criaturas livres.
4. Algumas das criaturas livres de Deus desobedecem à sua vontade e rejeitam sua oferta de salvação.
5. Visto que Deus não deseja que nenhuma de suas criaturas livres rejeite sua vontade e sua oferta de salvação, Ele deve ser incapaz de fazê-las fazer o contrário.
6. Se Deus é incapaz de fazer com que suas criaturas livres obedeçam à sua vontade e recebam a salvação, deve ser porque Ele as libertou de

tal maneira que elas são realmente capazes de obedecer ou desobedecer, receber ou rejeitar a salvação (ou seja, incompatibilismo).
7. Essa liberdade deve ser um bem que supera o mal que acarreta.[78]

Como Norman Geisler diz: "A força irresistível usada por Deus em suas criaturas livres seria uma violação de sua beneficência e da dignidade dos seres humanos. Deus é amor. O verdadeiro amor nunca se impõe sobre ninguém. O amor forçado é estupro, e Deus não é um estuprador divino!"[79]

Outra linha de evidência bíblica é apresentada, em particular, pela perspectiva da abertura de Deus. Os defensores da visão aberta acreditam que sua história sobre a interação de Deus com o mundo só poderia ser verdadeira a partir de seu entendimento dos atributos divinos. Em poucas palavras, se Deus é o Deus relacional que os defensores da abertura propõem, Ele não pode ser totalmente imutável, impassível, simples e fora do tempo. Ele não pode ser tão transcendente que não seja afetado por nós e inacessível. Em vez disso, Ele deve ser vulnerável, interativo e sensível às nossas necessidades. Inúmeras passagens sugerem que esse é o caso. Deus muda de ideia, se lamenta ou se arrepende do que planejara fazer, reage aos apuros de seu povo e responde à oração. Passagens como a conversa entre Deus e Abraão sobre Sodoma (Gn 18) e entre Deus e Moisés sobre o destino de Israel (Êx 32—34) mostram que se pode barganhar com Deus. Às vezes, o processo deliberativo muda a ideia dele (como com Moisés), e às vezes não (Abraão e Sodoma). Isso condiz com a imagem de um Deus que não exige controle absoluto, mas cedeu algum poder às suas criaturas. Portanto, a natureza e as ações de Deus, conforme retratadas nas Escrituras, são mais uma prova de que Ele governa o mundo de acordo apenas com uma abordagem de soberania geral.[80]

Ainda, alguns podem se perguntar como essa imagem pode ser verdadeira à luz de passagens que dizem que Deus controla e ordena todas as coisas. Os defensores da soberania geral estão cientes dessas passagens e, em alguns casos, as têm abordado. Algumas respostas serão reservadas para a minha discussão dessas passagens do ponto de vista da soberania específica, mas, por enquanto, menciono algumas delas. John Sanders ofereceu a resposta mais extensa, por isso me volto ao tratamento que ele dá a vários textos do AT e NT.

Sanders entende que várias passagens do AT parecem querer dizer que Deus causa e controla todas as coisas. Ele acredita que um problema fundamental ao lidar com essas passagens é a hermenêutica usada para interpretá-las. Com demasiada frequência, o texto em questão refere-se a um único evento, mas é retirado do contexto e generalizado para se tornar uma afirmação universal de como Deus sempre opera. Isaías 45.7 e Amós 3.6 são casos em questão. O primeiro diz: *eu, o SENHOR, faço todas estas coisas*. Alguns usam esse texto para ensinar um princípio geral de que Deus é responsável por todo ato bom e mau em todo o universo, mas o versículo refere-se apenas às condutas de Yahweh com Israel e, mais especificamente, a um evento histórico específico, a experiência de Israel no exílio. Quanto a Amós 3.6, este não ensina que toda calamidade que ocorre em uma cidade é devida a Deus. Em 3.7, Amós afirma que Deus revela seus juízos sobre Israel por meio de seus profetas. Portanto, Amós 3.6 fala de um exemplo específico do juízo de Deus sobre Israel. De fato, Deus tem o direito de trazer juízo sobre os ímpios, mas isso certamente não significa que sempre que algo adverso acontece em qualquer cidade (um ataque terrorista, um terremoto etc.), Deus o anuncie por seus profetas e o faça Ele mesmo. O versículo não pode ser generalizado para além da situação dos dias de Amós.[81]

E quanto a passagens como Provérbios 16.9 e 21.1? A primeira diz que o homem planeja seu caminho, mas Deus dirige os passos. A última diz que o coração do rei está nas mãos do Senhor, e o Senhor o dirige para onde quer. Certamente, essas são afirmações universais, mas Sanders não está impressionado. Ele diz que essas declarações devem ser vistas, como em todos os provérbios, como diretrizes para uma vida piedosa, e não princípios universais que são sempre verdadeiros. Quanto ao significado de Provérbios 16.9 e 21.1, Sanders explica:

> Os provérbios sobre os planos humanos e os propósitos do Senhor devem ser vistos em termos da convocação do livro para buscar a sabedoria do Deus da aliança em nosso planejamento. O Deus de Israel deseja que seu povo busque sua contribuição, em vez de fazer (por conta própria) o que achar melhor. Assim como Adão no jardim, assim é com o povo de Israel. Ninguém pode traçar um caminho sábio ao longo da vida sem confiar na sabedoria divina (20.24). Deus dirige os passos de seu povo (16.9) e guia o rei de Israel (21.1) *quando eles buscam a sabedoria de Deus* [itálico meu]. Quando não buscam, Deus se opõe a eles.[82]

Sanders acrescenta que, se Deus controla todos os reis, é difícil explicar por que Ele ficou zangado, por exemplo, quando os reis de Israel romperam a aliança, pois eles apenas fizeram o que Deus lhes ordenou que fizessem.

Outro conjunto de passagens do AT é digno de nota: Isaías 29.15,16; 45.9-13; e Jeremias 18.1-10, sobre o oleiro e o barro. Embora muitos interpretem essas passagens como mostrando que Deus controla todas as coisas e tem o direito de fazer com elas o que quiser, Sanders contesta. Quanto aos versículos de Isaías, Sanders diz que havia algumas pessoas nos dias desse profeta que diziam que Deus não tinha o direito de fazer o que estava fazendo. Isaías respondeu que Deus, como oleiro soberano, tem o direito de fazer o que estava fazendo naquele caso. Se decidir trazer juízo sobre os iníquos, está totalmente dentro de seus direitos. Quanto a Jeremias 18, é novamente uma questão de direitos e privilégios de Deus. Deus não tem o direito de mudar seus planos para Israel? Ele não pode deixar de cumprir uma profecia se o comportamento de seu povo mudar? É o que dizem todas essas passagens. Não afirmam o controle universal de Deus sobre tudo e o direito de fazer o que Ele quiser. Em vez disso, elas enfatizam sua prerrogativa de julgar os ímpios e alterar suas ações se as pessoas mudarem seu comportamento.[83]

Sanders aborda muitas passagens do NT, mas várias mostram sua estratégia. Ele levanta passagens como 1Pedro 1.20 e Efésios 1.4, que falam de Deus conhecendo algo de antemão. Quanto à primeira, tudo o que é necessário é que a encarnação de Cristo tenha sido escolhida desde o início como parte do plano geral de Deus para o nosso mundo. A chave de Efésios 1.4 é que esse versículo fala de nossa eleição coletiva em Cristo, mas mesmo aqui não devemos entender mal o versículo. Eleição coletiva significa que "Deus elege um curso de ação e certas condições pelas quais as pessoas serão consideradas como 'em Cristo'. Segundo a eleição coletiva, é o grupo — o corpo de Cristo — que é predeterminado desde a fundação do mundo, não indivíduos específicos selecionados por Deus para a salvação".[84]

Atos 2.23 é outra passagem importante que fala do envolvimento humano na morte de Cristo, mas também diz que isso aconteceu pelo plano predeterminado e pelo conhecimento prévio de Deus. Sendo capaz de, no geral, prever que nem todos responderiam positivamente a Cristo, Deus previu que alguns o matariam. E também vendo a necessidade de pagar pelo pecado para que todos fossem salvos, Deus planejou enviar Cristo como Salvador. Isso é tudo o que esse versículo exige. Sanders escreve:

> O objetivo definitivo de Deus (*hōrismenē boulē*, uma vontade de estabelecer limites) era entregar o Filho nas mãos daqueles que tinham um longo histórico de resistência à obra de Deus. Contudo, a rejeição deles não o pegou

de surpresa, pois Deus antecipou a resposta deles e, então, entrou em cena com um excelente prognóstico (conhecimento prévio, *prognōsei*) do que aconteceria. A crucificação não poderia ter ocorrido a Jesus, a menos que, de alguma maneira, se encaixasse nos limites do que Deus desejava (*boulē*, At 2.23; 4.28). Porém, isso não significa que os humanos não possam resistir à vontade divina. Lucas diz que os líderes judeus "rejeitaram, quanto a si mesmos, o desígnio de Deus" [*boulēn*] (Lc 7.30). Deus, soberanamente, estabeleceu limites dentro dos quais os humanos decidem como lhe responderão. Nesse sentido, Deus determinou que o Filho sofreria e morreria e o enviou a um cenário em que esse resultado, dada a história e o caráter do povo da aliança, estava bastante garantido.[85]

Finalmente, há Romanos 9—11, especialmente o capítulo 9, que é usado muitas vezes para ensinar a eleição incondicional para a salvação e reprovação. Sanders observa, com razão, que o que está em jogo é a relação de Deus com Israel à luz de sua rejeição ao Messias. A questão mais importante é se as intenções de Deus para o povo da aliança falharam. O principal tema de Paulo nesses capítulos é que os planos e propósitos de Deus para Israel não falharam. Em Romanos 9.6-16, Sanders diz que Paulo tem uma mensagem dupla. A primeira é que a posição étnica em Israel não garante uma posição adequada diante de Deus. A segunda é que Deus pretende trazer à aliança com Ele aqueles que são gentios. E Deus tem o direito de estender misericórdia a quem Ele quiser, mesmo que essas pessoas não tenham as credenciais típicas de membros da aliança (descendência judaica, circuncisão etc.). Sanders afirma que a chave é a vontade misericordiosa de Deus, mesmo no que diz respeito às suas ações em relação ao faraó. Deus reforçou o coração rebelde do faraó porque, ao fazê-lo, esperava trazê-lo de volta à realidade, a fim de que se arrependesse. Da mesma forma, Deus agora está endurecendo Israel, esperando levá-lo a se arrepender e ser redimido (Rm 11.7,25). Quanto às imagens do oleiro/barro em Romanos 9.20-22, Paulo as usa como Isaías e Jeremias fizeram para falar do juízo de Deus sobre seu povo, a fim de restaurá-lo. Ele não ensina o controle e a causalidade de Deus em tudo. Finalmente, em 9.23-33, Paulo fala novamente do desejo de Deus de salvar os gentios. Deus não predeterminou a rebelião de Israel (v. 22), mas Ele é criativo o suficiente para usar a situação para avançar em seu objetivo geral de levar gentios a Cristo. Romanos 11.11-27 mostra que Deus também deseja que a salvação dos gentios provoque ciúme em Israel, a fim de que os judeus se voltem para Cristo. Portanto, a passagem mostra a misericórdia de Deus, a desenvoltura de Deus quando as coisas não saem como Ele quer e a capacidade de fazer acontecer seus planos gerais (salvação dos gentios), mesmo que Ele tenha de seguir rotas alternativas àquelas planejadas inicialmente. A passagem também mostra que, embora os planos gerais de Deus sejam cumpridos, Ele não consegue tudo o que deseja, pois queria que os gentios desempenhassem certo papel em seus planos para Israel, mas isso não aconteceu. Deus esperava que a união de judeus e gentios na igreja mostrasse visivelmente sua sabedoria no plano que Ele implementou por meio de Cristo. Isso ainda pode acontecer, mas até agora não teve muito sucesso. Então, um pouco do que Deus desejou aconteceu, mas não tudo. Essa passagem dificilmente ensina o que os defensores da soberania específica afirmam.[86]

Jack Cottrell interpreta Romanos 9—11 de maneira diferente, mas ainda nega que o capítulo 9 fale de um decreto incondicional de salvação. Cottrell admite que os capítulos ensinam a escolha incondicional de algumas coisas por parte de Deus, mas "o melhor entendimento disso, no entanto, é que Deus escolhe incondicionalmente indivíduos e nações para papéis temporais em seu plano de redenção. Ou seja, Ele escolhe quem deseja para o serviço, não para a salvação".[87]

Cottrell acrescenta que a ideia principal de Paulo é defender o direito de Deus de rejeitar Israel como seu povo escolhido, aqueles destinados a prestar um serviço especial para Ele. Romanos 1—8 ensinam que nem todos os que são de Abraão são judeus verdadeiros (4.9-16) e que qualquer um que confie em Cristo é um verdadeiro judeu (2.25-29). Isso não sugere que Deus está traindo Israel? Cottrell replica que a resposta de Paulo é que o Deus soberano tem o direito de escolher quem Ele quiser para servi-lo e ajudá-lo a realizar seus propósitos de tornar a graça disponível por meio de Cristo. Para que não nos perturbemos com isso, Cottrell nos lembra de que "não é como se Ele os estivesse rejeitando individualmente para a salvação; Ele simplesmente os está colocando de lado coletivamente — como nação — no que diz respeito ao seu serviço de preparação".[88] Cottrell então levanta e responde a uma pergunta que seus leitores podem estar considerando:

> Mas, mesmo que se admita que Paulo está falando de uma escolha incondicional para o serviço, isso não indicaria que Deus é um Deus cujos decretos são incondicionais em relação a tudo? Certamente não, como Paulo mostra claramente nessa mesma seção. Na realidade, Paulo afirma a *condicionalidade*

da principal coisa que os calvinistas querem ver *incondicionalmente*, a saber, a salvação! Isso fica claro a partir de sua discussão sobre o destino eterno de judeus individuais. Qualquer um que seja rejeitado no que diz respeito à salvação é rejeitado por causa da incredulidade pessoal (Rm 9.32; 11.20). Da mesma forma, qualquer judeu pode ser salvo aceitando Jesus como Messias (10.13-17; 11.23,24). De fato, Deus é retratado como quem implora constantemente que Israel venha a Ele, mas eles permanecem desobedientes e obstinados (10.21).

Em resumo, Romanos 9—11 mostram que a eleição e rejeição divina dos judeus como nação, em relação ao seu papel de serviço, foram uma questão de escolha soberana de Deus, enquanto sua aceitação ou rejeição de judeus individuais em relação à salvação está condicionada à crença ou descrença deles.[89]

Os leitores podem escolher qual das duas interpretações (de Sanders ou Cottrell) de Romanos 9—11 preferem. Contudo, em nenhuma das interpretações o texto ensina o que a soberania específica diz.

Argumentos filosóficos para a soberania geral

Há muitos argumentos filosóficos para a soberania geral. Eles enfatizam principalmente a natureza da ação humana, o que significa ser livre e moralmente responsável, e de que modo o determinismo causal remove o livre-arbítrio e a responsabilidade moral. Os defensores da soberania geral, dado seu compromisso com o livre-arbítrio libertário, consideram muitos desses argumentos um tanto convincentes.

O ponto de partida de muitas discussões filosóficas sobre o livre-arbítrio é o significado de liberdade. Invariavelmente, os defensores desse ponto de vista oferecem uma definição de livre-arbítrio libertário ou incompatibilista — um ato é livre se não for determinado causalmente. Muitos que adotam essa noção de liberdade não apenas a apresentam para definir liberdade, mas também, parece, a apresentam como um argumento para a posição. Embora isso pareça falácia, não precisa ser. O argumento deles é que temos de analisar o que os deterministas de qualquer estirpe falam sobre ações, e quando o fazemos e comparamos com nossas intuições básicas acerca da liberdade, descobrimos que as duas noções (determinismo e liberdade) entram em conflito entre si.

O ponto pode ser ilustrado pela reflexão sobre o que queremos dizer quando afirmamos que os seres humanos são livres. A chave, argumentam muitos libertários, é sua interpretação de escolha. É natural que todos pensemos que a maioria de nossas escolhas é indeterminada, especialmente quando sentimos que ninguém e nada nos pressiona a fazer uma coisa em vez de outra.[90] Como explica Alvin Plantinga ao definir a liberdade de ação libertária, "não há condições antecedentes e/ou leis causais que determinam que ele executará a ação ou não. Está ao seu alcance, no momento em questão, tomar uma atitude ou executar uma ação e está ao seu alcance abster-se disso".[91] Se o estado do mundo antes de o agente agir (condições antecedentes) ou as leis causais (tais como as leis da natureza) ou, podemos até acrescentar, algum outro agente determinar que o agente realize determinada ação, essas condições e leis, e não o agente, parecem controlar o que o agente faz. Porém, se os agentes não controlam suas ações, ou seja, eles podem ter poder para executá-las, mas quaisquer atos que fazem são controlados por fatores tais como condições antecedentes e/ou leis causais, como podemos lhes atribuir liberdade de maneira significativa? Não está intuitivamente claro que, a menos que controlemos nossos desejos e as intenções e ações deles decorrentes, algo (ou alguém) que não seja nós mesmos está no controle e, portanto, não somos livres? Os libertários não apenas acreditam que é assim, mas também que se trata de um argumento forte para o incompatibilismo.[92]

Patrick Francken estende esse ponto para além de uma ação específica ou duas, indo até a tese do determinismo universal. O que ele diz é significativo, porque, embora se refira a fatores e leis naturais que determinam causalmente o que ocorre, se poderia facilmente substituir Deus ou o decreto divino como o fator que realiza o determinismo universal. Francken argumenta que o determinismo universal é simplesmente incompatível com o livre-arbítrio e, mais uma vez, a questão principal é a questão de controlar as próprias ações. Francken escreve:

> Digamos que um evento á *determina* um evento ß somente se (i) á ocorrer, (ii) ß ocorrer e (iii) jamais ter dependido de alguém para, se á ocorrer, então ß ocorrer também. Então, o determinismo universal é entendido como a doutrina de que todo evento (e *a fortiori*, toda ação) está determinado a ocorrer por eventos prévios [...]. Portanto, quando um evento determina outro, em algum momento pode depender de um agente se o último evento ocorre, apenas se em algum momento dependeu dele para o anterior ocorrer. Porém, se o determinismo *universal* for verdadeiro, todos os eventos durante a vida do agente terão sido determinados, em última análise, por algum evento

ocorrido no passado remoto, antes de o agente ter nascido. Logo, todos os eventos durante a vida do agente terão sido determinados por eventos antecedentes sobre os quais o agente *não teve controle* [itálico meu] — eventos cuja ocorrência nunca dependeu do agente [...]. Portanto, nenhum dos eventos durante a vida do agente é tal que sua ocorrência terá sempre dependido desse agente. Visto que os eventos durante toda a vida do agente incluem todas as suas ações, segue-se que nenhuma das ações do agente é tal que sempre terá dependido dele realizá-las. Nenhuma das ações do agente depende dele ou, portanto, é livre, se o determinismo universal for verdadeiro.[93]

Aqui vemos novamente a importância crítica de quem controla as ações. O argumento é que, se o determinismo causal for verdadeiro, o agente não está no controle, mas como alguém poderia atribuir liberdade a alguém que não controla as próprias ações? É claro, se os humanos têm livre-arbítrio libertário, Deus não pode governar com soberania específica, mas apenas com controle geral.

Se ser livre significa ter controle sobre as próprias ações, segue-se um segundo argumento. Ter poder verdadeiramente para escolher e fazer o que você quer significa que você poderia facilmente escolher e executar um ato diferente daquele que você escolhe. De fato, argumenta-se, a menos que tenha poder para fazer algo além do que faz em qualquer circunstância, o agente não está realmente no controle de seu ato. Se condições antecedentes, leis causais etc. impedem todas as alternativas exceto uma (mesmo que seja a que o agente mais deseja), a pessoa não tem liberdade legítima. Para ser legitimamente livre, é preciso ser capaz de fazer diferente.

É importante acrescentar que aqueles que afirmam isso dizem que a capacidade de o agente poder agir de outra maneira pressupõe que todas as circunstâncias permanecem as mesmas, pois, se as situações mudarem, isso pode impedir a escolha de uma opção que de outra forma estaria aberta se as coisas continuassem iguais. Logo, os libertários argumentam que, sem a situação mudar, um indivíduo deve poder escolher e fazer diferente do que faz nessa mesma situação.[94] De fato, como alguns mencionaram, até mesmo os compatibilistas geralmente concordam que, para ser livre, a pessoa deve ser capaz de fazer diferente do que faz.[95] Os libertários acrescentam que, embora uma pessoa seja livre apenas se puder fazer diferente do que faz, isso só pode se dar em uma situação real se o determinismo for falso.[96] Para percebermos por que é assim, precisamos observar que o fato de uma pessoa ser livre ou não (e em que grau ela é livre, se é que faz sentido falar nesses termos) é uma função de três coisas: posse de habilidades ou capacidades relevantes para executar determinadas ações, ausência de restrições externas impostas por outros agentes racionais e liberdade dos tipos de fatores internos que os psicólogos chamam de ações limitantes (p. ex., uma composição de caráter compulsivo). Alguns acreditam que mesmo isso não é suficiente para afirmar que alguém é livre para realizar uma ação, pois poderia se referir apenas à execução da ação, não à escolha ou à formação de desejos dos quais as escolhas fluem. Para ser livre, a pessoa deve ter capacidade e ser livre de restrições externas e internas no que tange a explicar por que ela tem os desejos que tem, por que escolhe uma opção em vez de outra e por que faz uma coisa em oposição a outra.[97] Os libertários argumentam que é realmente possível em dada situação que os agentes façam diferente apenas se tiverem as habilidades necessárias para escolher e fazer diferente, e se estiverem livres de restrições. Contudo, se o determinismo for verdadeiro, existem fatores que servem como restrições internas ou externas ou limitam as habilidades do agente para que ele não controle totalmente seus desejos, escolhas ou ações.[98]

Os libertários observam que alguns deterministas tentam escapar desse argumento interpretando "poderia ter feito diferente" de maneira condicional. Eles alegam que "o agente poderia ter feito diferente" significa simplesmente, por exemplo, "ele teria feito diferente se tivesse tentado". Porém, é claro, o libertário responderá: "mas e se ele não pudesse ter tentado?" Certamente, a interpretação condicional não garante que o agente podia tentar; alguns fatores poderiam impedi-lo de tentar. Em resposta, o determinista pode oferecer outra interpretação condicional, a saber, "o agente poderia ter tentado" significa apenas "ele teria tentado fazer diferente se tivesse escolhido". É claro, isso resolve pouco, responde o libertário, porque não está claro que o agente poderia ter escolhido.[99] Outros sugeriram que "ele poderia ter feito diferente" significa apenas que "se ele tivesse escolhido diferente, não teria sido frustrado pela falta de habilidade ou pelas circunstâncias". Porém, novamente, esbarra-se em problemas à medida que ainda podemos perguntar se o agente poderia ter escolhido.[100]

O resultado final é que os libertários acreditam que é incorreto interpretar "poderia ter feito diferente" como uma condicional disfarçada dos tipos descritos, uma condicional que deixaria a porta aberta para dizer, por exemplo, que liberdade compatibilista é liberdade legítima, porque o agente poderia ter feito diferente em um desses sentidos condicionais. Como deveríamos entender o significado de "poderia"? Significa que depende do agente e está ao seu alcance executar o ato em questão. Também está ao seu alcance realizar alguma outra ação. Não é isso que queremos dizer quando falamos "um fogão quente pode fritar um ovo" ou "uma roleta pode escolher um número par ou um número ímpar". Não faz sentido dizer que depende do fogão fritar um ovo ou está ao alcance da roleta escolher um determinado número porque essas coisas não são vivas e não são agentes. Porém, um ser humano é um agente com tal poder ou capacidade.[101]

Nos últimos anos, essa linha de argumento tem sido apresentada como o Argumento da Consequência, e Peter van Inwagen é seu defensor mais conhecido e capaz. Resumidamente, o argumento diz:

> Se o determinismo for verdadeiro, então nossos atos são as consequências das leis da natureza e dos eventos no passado remoto. Porém, não depende de nós o que aconteceu antes de nascermos, nem depende de nós quais são as leis da natureza. Portanto, as consequências dessas coisas (incluindo nossos atos do presente) não dependem de nossa decisão.[102]

Esse é o resultado caso o determinismo seja verdadeiro, mas certamente parece falso que nossas ações estão além do nosso controle e são rastreáveis quanto aos eventos e às ações que aconteceram muito antes de nascermos.

Van Inwagen acredita que esse é um bom argumento e o apresenta de uma forma mais longa. Ele pede para imaginarmos um juiz que preside um caso envolvendo um crime capital. Em determinado momento, T, no processo, tudo o que o juiz precisa fazer é levantar a mão para impedir a execução de uma sentença de morte. No país do juiz, levantar a mão é a maneira convencional de conceder clemência especial. Suponha também que, na referida ocasião, o juiz se absteve de levantar a mão e o criminoso foi executado. A inação do juiz não decorreu do fato de ele estar com os braços amarrados, feridos ou paralisados. Tampouco resultou de qualquer pressão para decidir de uma maneira ou de outra ou de o juiz estar sob a influência de drogas, hipnose ou qualquer coisa do tipo. Ele tomou a decisão após um período de deliberação calma, racional e relevante, e se um psicólogo o analisasse, não encontraria evidências de nada que a psicologia chamaria de anormal. Van Inwagen diz que, mesmo que tudo isso fosse assim, se o determinismo for verdadeiro, o juiz ainda não poderia ter levantado a mão no tempo T.

Qual é o fundamento do argumento e como ele mostra que o determinismo é problemático? Van Inwagen observa que o determinismo diz que o que alguém faz em qualquer ocasião resulta das leis da natureza em conjunto com o estado total do mundo antes e até o momento da ação. Nesse caso, o que seria necessário fazer além do que o estado completo do mundo e as leis da natureza ditam? Dado o determinismo, uma de duas coisas concederia esse poder: 1) fazer algo que mudaria o passado para que a ação atual pudesse ser diferente ou 2) fazer algo que mudaria as leis da natureza. Claramente, nenhum humano está em posição de fazer qualquer uma das duas. Portanto, o juiz não poderia ter levantado a mão, apesar de não haver obstáculos físicos ou psicológicos para impedi-lo. Porém, se o juiz estiver desimpedido por tais restrições, certamente parece ilógico que ele não poderia ter levantado a mão se assim tivesse desejado. Então, algo está errado, e esse algo é o determinismo, pois produz a consequência absurda de que somente se pode fazer diferente se se puder mudar o passado ou mudar uma lei da natureza (ambos impossíveis).[103]

A próxima linha de argumento ressalta por que a liberdade e o poder ou a capacidade de fazer diferente são tão importantes. São críticos, argumentam os libertários, porque são fundamentais para a responsabilidade moral. Suponha que apenas um curso de ação esteja aberto a alguém e que este curso seja imoral. Como essa pessoa pode ser moralmente responsável por fazer a única coisa possível na situação? Uma pessoa pode ser responsabilizada moralmente apenas se tiver mais de uma opção e fizer sua escolha sem ter sido determinada a fazê-la. Somente então sabemos que o ato foi realmente *sua* escolha, e somente então é certo responsabilizá-la moralmente.

Embora a liberdade seja necessária para atribuição de responsabilidade moral, os deterministas suaves acreditam nela, portanto, ações compatibilisticamente livres devem ser moralmente responsáveis. Os libertários discordam, porque o determinismo causal diz que, devido às condições causais que rodeiam a escolha de um agente, realmente há apenas uma coisa que o agente pode fazer. Isso é um problema, arrazoam os libertários, pois a responsabilidade moral somente pode ser atribuída de forma significativa quando alguém escolhe entre várias opções, sendo todas elas possibilidades legítimas. Se eu tiver apenas uma opção em uma situação, então, mesmo que eu queira executá-la, é difícil ver que sou moralmente responsável quando a escolho, pois não está claro que, se houvesse alternativas, eu ainda teria escolhido a mesma opção.[104] Mesmo que não tenhamos a sensação de sermos compelidos ou controlados contra a nossa vontade, se nossos atos forem realmente determinados causalmente, o libertário diria que o agente não é moralmente responsável por eles.[105]

O argumento dos indeterministas pode ser declarado mais formalmente por duas premissas que levam a uma conclusão:

> Se um homem não poderia ter feito diferente do que fez de fato, então ele não é responsável por sua ação. (Ou seja, "Ele não poderia ter feito diferente" é uma desculpa reconhecida.)
>
> Se o determinismo for verdadeiro, é verdadeiro acerca de cada ação que o agente não poderia ter feito diferente.
>
> Se o determinismo for verdadeiro, ninguém jamais é responsável por suas ações.[106]

Esse argumento parece convincente o suficiente. A conclusão parece ser consequência das premissas, parece válida e tem certa plausibilidade, mas deve nos incomodar, pois, se estiver correta, como poderíamos jamais responsabilizar uma pessoa pelo que ela faz? Além disso, o argumento remove as razões não apenas para a punição, mas também para o elogio de boas ações. Pois se alguém não é responsável pelas coisas boas que faz, por que elogiá-lo por fazer o bem? Algo está errado nessa linha de raciocínio e, o libertário argumenta, é o determinismo.

À luz de tais considerações, os filósofos defendem que, se for para os agentes serem moralmente responsáveis por suas ações e essas ações serem absolutamente determinadas, então os atos devem ser causalmente determinados pelo próprio agente.[107]

A próxima linha de argumento aborda uma objeção que os deterministas frequentemente levantam contra o indeterminismo. Os deterministas reclamam que, se as ações forem indeterministicamente livres, não são causalmente determinadas, mas, se não, elas devem ser eventos aleatórios, arbitrários ou fortuitos. Tais atos não são realizados com um objetivo, não estão sob o controle do agente e, portanto, não são moralmente louváveis ou culpáveis. Logo, o livre-arbítrio libertário parece remover a responsabilidade moral do mundo.

Os libertários são muito sensíveis a esse dilema, pois parece que um ato é determinado causalmente ou é totalmente voluntarioso. Para os libertários, as duas alternativas removem a responsabilidade moral, porque em ambos os casos o agente não controla suas ações. Os libertários oferecem várias respostas, e muitas delas focam se um ato indeterminado é necessariamente também um ato não causado. Se for, então nem mesmo o agente poderia causá-lo; ele tem de ser aleatório. Se, por outro lado, um ato puder ser causado sem ser determinado, então as ações são causadas pelo agente que as pratica, mas não houve inevitabilidade acerca do que o agente faria, pois o ato não foi determinado por condições antecedentes, leis da natureza ou qualquer outra coisa. Tudo isso precisa ser explicado, e vários filósofos indeterministas tentam explicar.

Thomas Talbott argumenta que devemos esclarecer o que é uma ocorrência fortuita ou aleatória. Talbott diz que ações indeterminadas não são sem causa ou aleatórias, mas nenhuma condição ou conjunto de condições é suficiente para garantir que um determinado ato será realizado e não outro (isto é, a ação não é determinada).[108] Há mais na história do que isso, argumenta Talbott. Precisamos esclarecer o que poderia significar chamar um ato de aleatório ou fortuito, pois poderia ser uma ocorrência fortuita em um dos dois sentidos de "fortuito". De acordo com o primeiro sentido, uma ocorrência fortuita é inesperada, não planejada e até involuntária; esse é o sentido mais comum de "ocorrência fortuita". Porém, se for isso o que significa fortuito, não descarta o evento ser causado. Por exemplo, se dois carros colidirem acidentalmente em determinado cruzamento, é de duvidar que tenha sido esperado, pretendido ou planejado, porém, não significa que o acidente não tenha sido causado. De fato, autoridades legais e companhias de seguro têm grande interesse em estabelecer a causa a fim de determinar a responsabilidade. Talbott argumenta que, se esse for o significado de ação ou evento "fortuito", o indeterminista poderia concordar que uma ação incompatibilisticamente livre poderia ser uma ação fortuita nesse sentido e ainda assim ser causada por um agente. Portanto, o livre-arbítrio libertário não exige que as ações estejam fora do controle do agente e, portanto, sejam arbitrárias.[109]

Há um segundo sentido de "ocorrência fortuita", embora Talbott diga que não é o sentido comum. Contudo, é o sentido crítico para o argumento do determinista contra o incompatibilismo. De acordo com esse segundo sentido, um evento ou ação é fortuito se for não causado: o fortuito é idêntico à falta de causa. Com essa definição de ocorrência fortuita, certamente o determinista está certo de que o indeterminismo, ao crer em ocorrências fortuitas, afirma que os atos não são causados e, portanto, não podem estar debaixo do controle do agente. Infelizmente para o determinista, Talbott explica que o segundo sentido de "fortuito" e "não causado" é falácia. Ou seja, deterministas e indeterministas debatem se uma ação fortuita (indeterminada) incompatibilisticamente livre também é não causada. Os deterministas não podem vencer esse debate presumindo, sem prova, que um ato fortuito é não causado. Os indeterministas defendem que o ato é indeterminado, não que seja não causado, e alegam ainda que um ato pode ser um ato fortuito e ainda um ato causado (portanto, um ato livre para o qual existe responsabilidade moral). Se usarmos o primeiro sentido, comum, de "evento fortuito", não há uso de falácia lógica em favor do determinismo ou do indeterminismo e, certamente, um ato ou evento inesperado ainda pode ser causado. Portanto, não é aleatório, arbitrário nem está totalmente fora do controle do agente.[110]

Isso pode ser confuso, pois como um ato pode ser causado e ainda indeterminado? É neste ponto que vários outros filósofos são muito úteis. Precisamos primeiro lembrar o que significa um ato ser determinado. Significa que, antes do ato, as condições no mundo mais as leis da natureza são tais que podem produzir apenas um resultado. É isso que significa determinismo nas ciências físicas. É verdade que pode ser muito difícil declarar leis que abranjam o comportamento humano e tornem certos resultados inevitáveis, mas quando se trata de determinismo da ação humana, um conjunto de condições no momento da tomada de decisão é suficiente para inclinar o agente decididamente a escolher e executar um ato em vez de outro.[111]

Contudo, se for isso que significa determinismo, as causas de todos os eventos futuros já existem e até estão determinadas agora e perfeitamente previsíveis. De fato, os deterministas calvinistas parecem ter essa opinião ao acreditar no decreto divino. Porém, em contraste, Axel Steuer, ao citar a obra do especialista em lógica Lukasiewicz, argumenta que devemos ser sensíveis ao elemento temporal nas cadeias causais. Como Lukasiewicz mostrou, existem cadeias causais de certos atos e eventos que começam apenas no futuro e, portanto, no momento presente essas ações e eventos não são definidos, portanto, ainda podemos escolher as melhores e evitar as piores ações futuras. Assim, explica Steuer, não nos é deixada a opção de dizer que uma ação é determinada causalmente ou puramente aleatória. Não precisamos adotar a visão de que as ações são predeterminadas, mas podemos admitir que estão abertas no momento. Em algum momento no futuro, um agente será confrontado com uma decisão, fará uma escolha e agirá. O agente causará a ação, por isso ela não será aleatória e, contudo, será incompatibilisticamente livre, porque nada determinou antecipadamente qual seria a escolha.[112]

Isso ainda pode parecer ilógico, mas depende de uma distinção entre ser determinado e ser causado.[113] Os dois não são necessariamente iguais.

Na literatura recente existem exemplos de atos ou eventos que são definitivamente causados, mas que certamente não poderiam ser chamados de determinados. Patrick Francken oferece um exemplo dos filósofos Fred Dretske e Aaron Snyder e, em seguida, faz comentários. Somos chamados a considerar o seguinte:

> A caixa R contém um dispositivo de randomização; a partir do momento em que é ativado ele prossegue de maneira perfeitamente aleatória até um de seus cem estados diferentes de terminais. Pode-se supor que cada um dos estados dos terminais seja igualmente provável, de modo que a probabilidade de a caixa terminar no estado número 17 é 0,01 [...]. Há um revólver carregado acoplado à caixa R, o qual dispara quando (e somente quando) o estado do terminal for o número 17. Pegamos esse dispositivo e o colocamos ao lado de um gato, apontamos o revólver para o gato e ativamos a caixa. As coisas vão mal para o gato; acontece o improvável e o gato é morto. O dono do gato, se informado de nossas ações, certamente insistiria que matamos seu gato, que causamos a morte do gato ou, sendo mais gentil, que a morte do gato resultou, em parte, do que fizemos.
>
> Dretske e Snyder consideram que este é um caso em que é correto afirmar que nossa ativação de R causou a morte do gato, apesar do fato de estar coerente com as leis da natureza e a ocorrência da causa (e quaisquer outros antecedentes relevantes) que o revólver não deveria disparar e o gato não deveria morrer. Portanto, se nesse caso é correto dizer que a ativação de R causou a morte do gato, é correto dizer que um evento não precisa determinar que outro seja sua causa.[114]

Isso mostra que um evento ou ação específica pode ser causado sem ser determinado com antecedência. De fato, como no exemplo, nem precisa ser provável que ocorra e, contudo, qualquer um que instale a caixa com o revólver é responsável e causou a morte do gato. Isso apenas mostra que a objeção que diz que um ato ou é determinado ou é não causado (e, portanto, não é realmente livre de modo algum, já que é aleatório) está errada. O livre-arbítrio libertário não deveria ser rejeitado com base nesse fato.[115]

Um último argumento filosófico concentra-se em deliberar acerca do que é determinado e, de certo modo, inevitável. Peter van Inwagen argumenta que se um ato for determinado causalmente, não faz sentido pensar que se pode deliberar sobre escolhê-lo e executá-lo ou não. Em primeiro lugar, os filósofos concordam que "não se pode deliberar acerca de realizar determinado ato, a menos que se considere possível realizá-lo".[116] Van Inwagen diz que se você não acha que é assim, então imagine que está em uma sala com duas portas, uma destrancada e a outra trancada e intransponível (embora você não saiba qual porta é qual), e tente se imaginar deliberando sobre por qual porta sair. Deliberar sobre isso não faz sentido e, da mesma forma, a menos que se acredite que é possível executar uma ação, não se pode deliberar sobre ela. É claro, ser capaz de executar um ato, de acordo com van Inwagen, significa que se decide entre várias opções que não podem ser escolhidas e colocadas em prática conjuntamente. Além disso, van Inwagen rejeita a ideia de que a possibilidade de executar um ato deveria ser entendida condicionalmente, ou seja, que "o agente poderia ter feito diferente" significa apenas que um agente poderia ter feito outra coisa *se* quisesse, se tivesse desejos diferentes ou se tivesse escolhido de maneira diferente.[117]

Van Inwagen acrescenta que qualquer pessoa comprometida com o determinismo deve acreditar que suas ações futuras são inevitáveis e que nenhuma outra ação é possível. Ainda, os seres humanos, incluindo os deterministas, deliberam sobre a questão de executar certos atos. Porém, se não faz sentido deliberar a menos que cursos de ação alternativos sejam possíveis, e se nenhuma opção alternativa é possível, então deliberar não faz sentido — ou faz, porque o determinismo deve ser falso. Logo, a liberdade libertária deve ser verdadeira, e qualquer sistema que adote o determinismo e afirme que podemos deliberar significativamente sobre escolhas futuras é autocontraditório e, portanto, falso.[118]

Os argumentos bíblicos/teológicos e filosóficos para a soberania geral abordados são substanciais. No próximo capítulo, abordaremos o caso pelo outro lado. Precisamos não somente ver se as posições de soberania específica podem responder a objeções indeterministas, mas também que tipo de evidência positiva elas oferecem para seu modelo de providência.

CAPÍTULO CATORZE

UMA ARGUMENTAÇÃO PARA UM MODELO DE SOBERANIA ESPECÍFICA COMPATIBILISTA

Os ARGUMENTOS PARA MODELOS de providência de soberania geral são impressionantes, mas também há uma argumentação substancial para a soberania específica. Visto que minha teologia é uma abordagem da soberania específica que inclui o livre-arbítrio compatibilista, argumentarei especificamente sobre esse modelo. Isso significa que haverá alguns argumentos contrários a entendimentos deterministas rígidos, tais como fatalismo e determinismo duro. Outros argumentos explicarão por que eu defendo a soberania específica em vez de a soberania geral.

ARGUMENTOS BÍBLICOS/TEOLÓGICOS PARA A SOBERANIA ESPECÍFICA COMPATIBILISTA

Em publicações menores, defendi um calvinismo moderado que inclui o livre-arbítrio compatibilista.[1] Nesses casos, iniciei minha defesa onde os calvinistas normalmente iniciam, na soberania divina. Por outro lado, os arminianos e outros teólogos do livre-arbítrio começam invariavelmente pelo ensino bíblico sobre liberdade humana e responsabilidade moral. Às vezes se diz que o ponto de onde se parte é crucial, porque mostra o que uma pessoa considera mais importante, e que se tende a acabar onde se começou. Isso pode acontecer e acontece dos dois lados dessa questão. No entanto, como alguém comprometido com a plena inspiração e inerrância das Escrituras, sou obrigado a levar a sério tudo o que elas ensinam. Assim, independentemente do ponto de partida, o resultado deveria ser o mesmo, uma vez que toda a revelação bíblica deve receber o devido crédito. Nesse espírito, iniciarei esta defesa com liberdade humana.

A Bíblia diz muito sobre os seres humanos. Várias passagens discutem a natureza humana, e também vemos seres humanos em várias situações. As Escrituras também esclarecem o que Deus exige de nós. Além disso, o AT e o NT nos dizem o que os seres humanos devem fazer para ter uma boa atitude para com Deus. A mensagem dos dois Testamentos é que a confiança, a fé em Deus, é necessária tanto para a salvação quanto para vivermos nossas vidas em um relacionamento apropriado com Ele. O NT nos ordena a aceitar a Cristo e a seguir os preceitos da Palavra de Deus. Aqueles que têm um relacionamento pessoal com Cristo, pela fé, também são instruídos a proclamar aos outros a mesma mensagem. Como Paulo disse aos coríntios (2Co 5.20): "De sorte que somos embaixadores em nome de Cristo, como se Deus exortasse por nosso intermédio. Em nome de Cristo, pois, rogamos que vos reconcilieis com Deus".

As ordens dirigidas aos crentes e incrédulos parecem inapropriadas se os humanos não tiverem liberdade para responder a elas positiva ou negativamente. Considerações como essas, além das passagens bíblicas registradas em favor do livre-arbítrio quando apresentei a argumentação da soberania geral, levam-me a concluir que os seres humanos são livres. Além disso, concordo plenamente que as Escrituras ensinam que cada pessoa, no âmbito individual, é moralmente responsável perante Deus pelas próprias ações. Não somos salvos nem condenados por causa do que nossos amigos, parentes ou conhecidos fazem. A evidência para isso já foi apresentada a favor da soberania geral, e não preciso repeti-la. Também concordo com o princípio moral comumente defendido de que ninguém é moralmente responsável por seus atos a menos que aja livremente. Ser responsabilizado por atos que não são livres é considerado injusto tanto na ética quanto na lei. As Escrituras afirmam claramente que Deus é justo, e se a intenção fosse significar algo, tais alegações deveriam invocar conceitos de justiça que possamos entender. Caso contrário, temos pouca ideia do que significa dizer que Deus é justo. Porém, se Deus é justo, e se é injusto responsabilizar moralmente alguém que não age livremente, então Deus não poderia nos responsabilizar de forma justa por nossas ações, a menos que sejamos livres.

À luz dessas considerações, concluo que qualquer teologia que exclua a liberdade humana e/ou a responsabilidade moral é biblicamente deficiente.

Isso não significa que todos os nossos atos sejam livres, mas apenas que os seres humanos têm capacidade de ação livre e que eles usam essa capacidade na maior parte do tempo. Adotar uma teologia que concede livre-arbítrio aos seres humanos tem certas implicações intelectuais e teológicas. De modo mais imediato, significa que quaisquer teologia e modelo de providência que excluam completamente a liberdade humana devem ser rejeitados. Portanto, vários modelos de providência descritos anteriormente são inaceitáveis. Todos os modelos que incluem o fatalismo são excluídos; eles não apenas anulam a liberdade humana, mas frequentemente negam a liberdade a Deus. Além disso, todos os modelos que incluem o determinismo rígido, que também exclui qualquer liberdade humana, devem ser rejeitados, e o determinismo paradoxal não pode ser adotado, pois nega explicitamente que os seres humanos são livres.

Essa afirmação do ensino bíblico sobre a liberdade humana e a responsabilidade moral pode parecer exigir a soberania geral, mas não é o caso. Como já vimos, existe uma noção indeterminista de liberdade e uma determinista; nenhum dos conceitos é impossível, isto é, nenhum deles é autocontraditório como é a ideia de um solteiro casado ou de um quadrado redondo. Visto que as duas noções são possíveis, nesta fase da discussão podemos dizer que qualquer teologia com uma das noções de liberdade é *possivelmente* correta. Logo, todas as formas de soberania geral são possibilidades, e a forma determinista suave da soberania específica também é possivelmente correta.

Os defensores da soberania geral veem a evidência de que os humanos são livres e moralmente responsáveis, e muitos deles argumentam que isso prova que o incompatibilismo é verdadeiro. Eles concluem isso porque acreditam que esse é o único tipo de liberdade que existe ou poderia existir. Vê-se com frequência em suas obras literárias frases como "liberdade legítima" e "liberdade real", com as quais querem dizer livre-arbítrio libertário. Qualquer outra noção é apenas um imitador da "coisa real". Contudo, visto que o livre-arbítrio libertário e o compatibilista são tipos possíveis de liberdade, eles usam de falácia lógica para alegar que apenas a liberdade libertária é livre-arbítrio "real", "legítimo" ou "significativo". Essas manobras de presunção não são argumentos ou evidências para nossas visões; elas apenas reafirmam a definição de livre-arbítrio e se recusam ilegitimamente a considerar alternativas possíveis. Basta dizer que nenhum dos lados pode vencer esse debate destruindo seu oponente ao chamá-lo de "irreal", "ilegítimo" ou "não significativo". Precisamos de um argumento real de que o tipo de liberdade descrito está correto.

O que eu acabei de dizer sobre falácia lógica é completamente impertinente se as Escrituras ensinarem não apenas que os seres humanos são livres, mas também que a nossa liberdade é incompatibilista. A verdade da questão, porém, é que as Escrituras não dizem que tipo de liberdade temos; apenas ensina que somos livres. Contudo, isso não deveria nos surpreender, já que as Escrituras não são um texto de filosofia que pretende oferecer uma definição precisa (metafisicamente falando) da liberdade humana.² Além disso, esse ponto tem algumas implicações significativas. Uma é que não podemos provar o livre-arbítrio libertário ou o compatibilista apenas citando passagens que ensinam a liberdade humana e/ou a responsabilidade moral. Se quisermos escolher um ou outro conceito de liberdade dentro de bases bíblicas e teológicas, devemos embasar nossos pontos de vista de maneira mais indireta. Ou seja, devemos argumentar em favor de um tipo específico de livre-arbítrio inferencialmente, a partir de outras verdades ensinadas pelas Escrituras que melhor se encaixem em nossa noção de liberdade. Inferir nossas conclusões sobre o tipo de livre-arbítrio que possuímos não significa que não possamos justificar essas visões. Antes, isso nos lembra do tipo de questão que é e nos lembra de que nenhuma passagem bíblica define direta e explicitamente a liberdade.

O argumento básico

Como, então, devemos proceder? Por se tratar de uma questão relacional, ou seja, já que devemos decidir de que modo a liberdade humana se relaciona com o poder e a soberania divinos, devemos nos voltar para a outra metade da questão, a soberania divina. Dependendo de nosso entendimento da soberania de Deus e do grau em que Ele a exerce, deveríamos ser capazes de dizer algo mais sobre o tipo de liberdade que os seres humanos possuem.

Quanto à soberania divina, lembre-se de nossa discussão sobre o decreto no Capítulo 11. Não repetirei as evidências, mas a partir de passagens que falam sobre o decreto, concluímos que é incondicional na medida em que decorre de nada além do que os desejos e propósitos do próprio Deus e depende dele. Nosso estudo do pré-conhecimento também confirmou que as coisas decretadas de acordo com o pré-conhecimento de Deus se baseiam unicamente em seus propósitos e desejos. Além disso, observamos as muitas passagens que mostram conjuntamente que tudo (nossa salvação, a duração de nossa vida, o momento de nossa morte ou os mínimos detalhes de nossas vidas) está decretado por Deus. Vimos também que o decreto é eficaz e que não é ele próprio um agente, mas sim um plano para toda a história.

Embora muitos versículos ensinem essas coisas sobre o plano divino (veja especialmente Sl 115.3; Jó 42.2; e Dn 4.35 sobre a abrangência total do plano de Deus), sugeri que um deles, Efésios 1.11, é especialmente atraente. Paulo escreve: "Nele fomos também escolhidos, tendo sido predestinados conforme o plano daquele que faz todas as coisas segundo o propósito da sua vontade" (NVI). Isso faz parte da descrição de Paulo das bênçãos que temos em Cristo por causa de nossa salvação. Fala de nossa herança como cristãos, uma herança que é nossa porque Deus nos predestinou à salvação. Portanto, o tema geral da seção e do versículo em particular é a nossa salvação. A frase "que faz todas [...] da sua vontade" é uma oração subordinada que modifica "sua". A oração subordinada faz parte de uma oração participial ("tendo sido predestinados [...] sua vontade") que modifica o verbo principal *fomos escolhidos*. Portanto, o foco inicial do versículo é que, em Cristo, os cristãos receberam uma herança. O restante do versículo amplifica e explica como isso aconteceu. Aconteceu porque fomos predestinados de acordo com o propósito de Deus. Além disso, aquele que nos predestinou também faz todas as coisas segundo o propósito da sua vontade.

A menos que haja uma distinção entre o plano, o propósito e a vontade de Deus, esse versículo é tremendamente redundante. Os comentaristas sugerem que os diferentes termos não são idênticos nessa passagem. "Plano" (*prothesin*) refere-se ao objetivo que Deus pretende alcançar; é o seu plano supremo. Paulo diz que nossa predestinação à salvação foi feita de acordo com esse plano ou objetivo. Isso significa que nossa eleição não foi baseada no que Deus previu acerca de como reagiríamos quando ouvíssemos o evangelho. Se Paulo quisesse ter dito isso, poderia tê-lo feito facilmente. Dizer que fomos predestinados de acordo com o plano de Deus sugere que sua decisão baseou-se exclusivamente em seus desejos, ou seja, foi incondicional.

A frase seguinte (a oração subordinada) confirma que a eleição foi baseada apenas no plano de Deus. Mais uma vez, Paulo poderia ter dito que Deus faz todas as coisas ou mesmo algumas coisas (ou pelo menos a salvação) de acordo com o que Ele prevê acerca de nós. Em vez disso, ele escreve que a eleição condiz com os propósitos daquele que faz todas as coisas segundo o propósito da sua vontade. A eleição é um exemplo particular do *modus operandi* geral de Deus. Quanto à distinção entre "propósito" (*boulē*) e "vontade" (*thelēma*), "propósito" indica objetivo e deliberação. Pode até se referir ao plano que brota de tal deliberação. Por outro lado, "vontade" denota simplesmente escolha. Então, toda a frase participial ensina que nossa predestinação para a salvação foi feita de acordo com um padrão divino. Esse padrão é: Deus tem um propósito ou objetivo que deseja alcançar. Ele delibera sobre a melhor maneira de alcançar seu objetivo e, a partir desse processo deliberativo, brota um plano (*boulē*) que Ele considera melhor. Deus deseja (*thelēma*) esse plano e depois o realiza (*energountos*). Nada nesse versículo sugere que o propósito, a deliberação ou a escolha do plano se baseie em algo que não seja Deus. Portanto, o versículo parece ensinar a decisão incondicional de Deus.[3]

O versículo também diz que Deus opera ou realiza todas as coisas. Isso precisa de explicação, e tem a ver com minha discussão no Capítulo 13. Ali eu mencionei que Deus faz algumas coisas de modo imediato (sozinho, sem usar agentes intermediários), mas faz a maioria das coisas de modo mediado (por meio da ação de suas criaturas). Também apresentei uma distinção adicional a respeito da ação mediada de Deus que levantei em um simpósio com George Mavrodes. Não preciso repetir esses pontos de vista, mas apenas recomendar aos leitores a leitura do Capítulo 13.

Dois outros pontos acerca desse versículo são dignos de nota. Um é que o foco do verbo principal é claramente a salvação. Além disso, o particípio que inicia a frase participial ("tendo sido predestinados") refere-se a questões de salvação. Como resultado, alguns acreditam que o restante do versículo, incluindo a oração subordinada, deve ser apenas sobre as atividades de Deus em relação à salvação. Certamente esse é um entendimento possível de *todas as coisas*, mas não o único. Não há razão para que um escritor que fale sobre um tópico não possa argumentar e generalizar a questão (por meio de uma oração subordinada) a fim de tratar de um número de coisas que vão além do tópico imediato em discussão. Assim, Paulo poderia estar estendendo seu argumento sobre a predestinação segundo o propósito de Deus para explicar que Ele lida com tudo dessa maneira. De fato, há uma boa razão para pensar que isso é exatamente o que ele está fazendo. Se a oração subordinada significar apenas que Deus faz todas as coisas relativas à nossa salvação segundo o propósito da sua vontade, em vez de significar que Ele faz todas as coisas, sejam quais forem, segundo o propósito de sua vontade, então a oração subordinada parece redundante. A redundância não é apenas que Paulo já disse no versículo 11 que fomos predestinados de acordo com seu propósito, mas também que os versículos 3 a 10 já falam sobre nossa eleição de acordo com a intenção amável da vontade de Deus (v. 4,5), nossa adoção, redenção de Cristo e assim por diante. Tendo lembrado aos leitores todas as coisas que Deus fez para salvá-los por causa de seus bons propósitos e da bondade de sua vontade, e já tendo repetido no versículo 11 que somos predestinados de acordo com seu propósito, pareceria redundante Paulo repetir que a predestinação foi feita da maneira que Deus faz todas as demais coisas *em relação à salvação*. Por outro lado, se o que interessa na oração subordinada é que o que Deus fez ao nos salvar corresponde ao procedimento que Ele usa para tudo o que acontece, não há redundância ou repetição.

A outra questão nesse versículo é que Paulo não diz que Deus tem autoridade e poder para nos predestinar de acordo com seus propósitos, mas nunca os exerce. Paulo também não diz que Deus, como soberano, tem o poder de fazer todas as coisas de acordo com o propósito da sua vontade, mas decide abrir mão do uso desse poder. Em vez disso, Efésios 1.3-14 fala de coisas que Deus não apenas tem o direito e o poder de fazer, mas também faz de fato. Se a proposta libertária de que Deus limita seu poder for verdadeira, não há tais indícios nesta passagem. Em vez disso, Paulo se deleita no pensamento de que Deus tem esse poder e com misericórdia benéfica o usou para nos salvar.

Como Efésios 1.11 se ajusta ao ensino bíblico de que os humanos são livres e moralmente responsáveis? Como já mencionado, as passagens bíblicas sobre nossa liberdade não dizem se é liberdade libertária ou compatibilista. No entanto, seja qual for a natureza de nossa liberdade, ela deve ser exercida em relação à soberania de Deus. Embora a noção forte de Efésios 1.11 referente à soberania divina se encaixe em muitos sistemas deterministas rígidos, não podemos adotá-los, porque as Escrituras também ensinam a respeito da liberdade humana, e o determinismo rígido descarta todos os sentidos de liberdade. Uma noção tão forte de soberania como a ensinada pelo decreto e por passagens como Efésios 1.11 pode se encaixar com o livre-arbítrio libertário? Não se essa soberania for exercida consistentemente da maneira que Efésios 1.11 sugere. O fato de os defensores da soberania geral, que concedem a Deus tal poder em primeiro lugar, acrescentarem que Ele restringe o uso desse poder para dar espaço à liberdade libertária mostra que eles entendem que essa soberania, não apenas possuída, mas exercida, não combina com a liberdade libertária. Pois Deus garantir que seu decreto será cumprido significa que, pelo menos em algumas ocasiões, o livre-arbítrio libertário deve ser ignorado. Se não, com a liberdade libertária não há garantia de que os propósitos de Deus serão alcançados.

Se o livre-arbítrio libertário contradiz esse tipo de soberania quando é exercido, então, em bases bíblicas, nenhum modelo de providência que inclua o livre-arbítrio libertário deve ser adotado. Outros argumentos podem apoiar a soberania geral, mas, pelas bases bíblicas apresentadas até agora, essa soberania está com sérios problemas. Por outro lado, existe algum modelo de providência que inclua alguma noção de liberdade juntamente com esse forte senso de soberania divina? Se não existe, então deveríamos reconsiderar se Deus tem essa soberania, ou se Ele a possui, mas escolhe não exercê-la. *Há*, porém, um modelo de providência que inclui esse forte senso de soberania *e* livre-arbítrio. Por esse processo de raciocínio inferencial, descobrimos que a melhor correspondência com o ensino bíblico sobre a soberania divina e a liberdade humana é um modelo de soberania específica que inclui o livre-arbítrio compatibilista. As Escrituras não dizem explicitamente que os seres humanos têm livre-arbítrio compatibilista, mas o compatibilismo é escolhido porque é a única noção que corresponde a um modelo de providência que inclui a liberdade (e reflete as Escrituras nesse aspecto) e uma forte noção do controle soberano divino (e se ajusta com o ensino bíblico nesse aspecto).

Quanto à forma como esse modelo entende a liberdade humana operando ao lado do controle divino, eu direciono os leitores à minha descrição de um modelo determinista suave da providência no Capítulo 13. Os defensores da soberania geral claramente se opõem ao que estou propondo, então volto-me às suas objeções. No processo de responder a essas objeções, posso explicar de forma mais completa como esse modelo da providência funciona e oferecer mais evidências bíblicas e teológicas.

Objeções ao meu tratamento de Efésios 1.11 e minhas respostas

Os defensores da soberania geral provavelmente responderão à minha abordagem de Efésios 1.11 com uma de duas objeções: 1) minha interpretação está incorreta; uma reinterpretação da passagem se faz apropriada; ou 2) interpretei corretamente a passagem, mas há evidências bíblicas de que Deus decidiu limitar o uso de seu poder para dar espaço ao livre-arbítrio libertário. Deixe-me abordar cada objeção separadamente.

Suponha que alguém rejeite minha interpretação de Efésios 1.11. Que reinterpretação se poderia propor? Deixe-me sugerir três possibilidades e avaliar cada uma. Uma primeira reinterpretação diz que meu entendimento do versículo o faz aplicar-se a tudo o que ocorre. Contudo, um olhar mais atento à passagem mostra que se trata apenas da salvação. Considerar que a oração subordinada no versículo 11 se refere a tudo amplia demais o escopo do versículo. O versículo ensina de fato que tudo o que Deus faz em relação à salvação é feito de acordo com o propósito da sua vontade, mas não diz que tudo o que acontece foi decretado por Ele.

Como já mencionado, essa é uma maneira possível de entender a oração subordinada. Contudo, expliquei minhas razões para pensar que a oração subordinada amplia de fato o ensinamento do versículo para tudo o que acontece, e não preciso repetir esses argumentos. Além disso, se o defensor da soberania geral interpretar o versículo dessa maneira, ele prejudica a própria posição que defende. Nessa interpretação, o versículo ensina exatamente o que os defensores da soberania específica dizem sobre o controle de Deus em nosso mundo; a única diferença é que essa perspectiva limita o versículo ao controle de Deus em relação à salvação somente. Tal interpretação é prejudicial à visão geral da soberania. Os defensores da soberania geral defendem que Deus nos deu o livre-arbítrio libertário porque achou preferível que as criaturas o amassem e o seguissem livremente, e não porque estavam causalmente determinadas a segui-lo. De todas as escolhas que os seres humanos fazem, as decisões sobre nosso relacionamento com Deus e com Cristo são as mais significativas, e Deus certamente deseja que essas decisões sejam tomadas livremente (no sentido libertário), de acordo com os defensores da soberania geral. Contudo, a reinterpretação proposta de Efésios 1.11 ainda torna a decisão de aceitar a Cristo determinada causalmente pelo decreto divino da eleição. Logo, justamente a decisão que os libertários mais desejam que seja livre torna-se, nessa interpretação de Efésios 1.11, determinada causalmente e, portanto, não (incompatibilisticamente) livre.

Há ainda mais um problema com essa reinterpretação. Qualquer um que seja comprometido com uma forte visão da soberania divina e com alguma forma de determinismo se perguntará por que, se Deus pode determinar de antemão, causalmente, o que acontecerá com relação a essa escolha pelos humanos, Ele também não poderá decretar tudo o mais que sempre ocorre. Tendo permitido a predeterminação divina e o determinismo causal no universo a fim de tratar dessa decisão, por que remover o mesmo controle divino de tudo o mais que acontece? Portanto, todos esses problemas com a primeira reinterpretação a retiram de uma disputa séria.

Bruce Reichenbach oferece uma segunda reinterpretação de Efésios 1.11. Em sua resposta ao meu ensaio em *Predestinação e livre-arbítrio*, ele sugere que a oração subordinada em questão é ambígua. Pode-se entendê-la de duas maneiras. De acordo com a primeira, a frase diz que Deus faz todas as coisas segundo o propósito da sua vontade. Uma segunda leitura entende que Deus *faz todas as coisas que faz* segundo o propósito da sua vontade. Com o primeiro entendimento, Deus controla tudo. Porém, a segunda leitura diz, em vez disso, que seja o que for que Deus fizer, Ele faz de acordo com o propósito da sua vontade. É claro que isso não exige que Deus decrete ou faça tudo. Sugere apenas que Deus faz algumas coisas que acontecem em nosso mundo, e que Ele as faz de acordo com o propósito de sua vontade. Dentre essas duas compreensões possíveis da oração subordinada, qual é a preferível? Reichenbach diz que a gramática da oração não nos ajuda a decidir entre as duas interpretações.[4] Embora não diga que o segundo entendimento é definitivamente correto, Reichenbach parece preferir essa leitura. De qualquer forma, a mera possibilidade dessa interpretação alternativa mostra que, na opinião de Reichenbach, meu argumento baseado neste versículo está longe de ser conclusivo.

Se Efésios 1.11 diz o que Reichenbach sugere, a força do meu argumento seria certamente mitigada. Porém, a proposta de Reichenbach é provável? Ao examinar o texto original do versículo, não existe a ambiguidade que Reichenbach alega. No grego se lê *prooristhentes kata prothesin tou ta panta energountos kata tēn boulēn tou thelēmatos autou* ("tendo sido predestinados conforme o plano daquele que faz todas as coisas segundo o propósito da sua vontade"). A palavra para "faz" é o particípio *energountos*. Para o verso dizer o que Reichenbach propõe, teria de haver outro pronome relativo para "que" e outra ocorrência do verbo *energeō* na terceira pessoa do singular. E tudo isso provavelmente precederia a oração final *kata*. Claramente, as palavras que seriam necessárias no texto grego para apoiar a segunda leitura de Reichenbach não estão lá nem estão presentes nas traduções para o português. Se o versículo fosse ambíguo da maneira como Reichenbach propõe, poderíamos esperar ver a segunda leitura em alguns textos gregos ou nas traduções em português. A ausência de tais leituras, mais a ausência das palavras necessárias no texto original sugerem que o versículo não é ambíguo da maneira que Reichenbach propõe. Portanto, embora evite as implicações do versículo que sugiro, essa reinterpretação de Efésios 1.11 tem pouco que a recomende.

Jack Cottrell oferece uma terceira proposta. Ele concorda que a passagem oferece apoio considerável ao calvinismo se o escopo de *todas as coisas* for universal ou absoluto. No entanto, ele acredita que isso é improvável, porque há limitações que o contexto impõe. Em vez de explicar quais são essas limitações, Cottrell aponta para outros versículos em que *todas as coisas* é usado em um sentido limitado. Ele cita João 19.28; Atos 17.25; Romanos 8.32; 1Coríntios 6.12; 12.6; e Efésios 6.21. Cottrell acredita que 1Coríntios 12.6 é especialmente relevante porque a linguagem é exatamente paralela a Efésios 1.11. A passagem de Coríntios diz que Deus efetua tudo em todos, mas o contexto é claro, o tema são os dons do Espírito. De maneira semelhante, Cottrell argumenta que há um fator limitante no contexto de Efésios 1.11. Esse fator está no versículo 9, que fala sobre "o mistério da vontade" [de Deus]. Que mistério é esse? Cottrell replica que Efésios 3.6 nos diz; é a união de judeus e gentios juntos na igreja, debaixo do único cabeça, Jesus Cristo (1.10). Portanto, "todas as coisas" de 1.11 se refere a tudo o que é necessário para unir judeus e gentios debaixo de Jesus Cristo em um corpo.[5]

Anteriormente, admiti que a oração subordinada poderia funcionar de maneira mais restrita do que a interpretei. Contudo, ofereci razões para pensar diferente. Os argumentos de Cottrell são razões convincentes para pensar que deveríamos restringir o escopo de "todas as coisas"? Eu acho que não por várias razões. Cottrell cita uma série de passagens em que ele acha que "todas as coisas" não é universal. Mesmo que admitamos isso para todas as passagens citadas, seu argumento é um exemplo de argumentação "de princípio". Ou seja, o máximo que ela mostra é que algo aconteceu uma vez, por isso, estabelece-se o princípio de que esse tipo de coisa *pode* ocorrer em outras ocasiões. Se aconteceu uma vez, não há princípio que impeça sua ocorrência uma segunda vez. Infelizmente, um elevado número de exegetas e teólogos bíblicos acredita que esse tipo de argumento é conclusivo. Esse é um erro lógico de primeira ordem, pois muda do princípio de que algo ocorreu uma vez para a conclusão de que está ocorrendo novamente. Estudos da palavra como o de Cottrell mostram, no máximo, que é *possível* que "todas as coisas" em Efésios 1.11 seja usado em um sentido restritivo. Não prova que esse é realmente o caso nessa passagem. Precisamos de um argumento em Efésios 1.11 de que isso está acontecendo novamente, e não o obtemos apelando para 1Coríntios 12.6, mesmo que a estrutura da sentença se assemelhe à de Efésios 1.11. Uma estrutura gramatical e uma escolha de palavras semelhantes nas duas passagens não provam que elas significam a mesma coisa. Não é preciso ser um filósofo da linguagem para saber que exatamente as mesmas palavras proferidas em contextos separados têm significados diferentes! A frase "cuidado" tem vários significados, dependendo do contexto. Essa questão é especialmente relevante em nosso caso, já que Cottrell admite que 1Coríntios 12.6 aparece em um contexto sobre dons espirituais. Certamente não se trata do mesmo contexto ou tema de Efésios 1, como o próprio Cottrell explica. Então, por que deveríamos crer que essa linha de argumento prova algo além de que "todas as coisas" poderia ter um escopo limitado em Efésios 1.11 porque o tem em outras passagens?

Ainda, devemos reconhecer que Cottrell de fato encontra algo em Efésios 1 que o leva a pensar que devemos restringir o escopo de "todas as coisas" no versículo 11. Esse fator aparece no versículo 9, que fala do "mistério da sua vontade". Infelizmente, em vez de aderir ao contexto imediato do capítulo 1 para descobrir o que é esse mistério e como o versículo 11 se relaciona a ele, Cottrell pula para Efésios 3.6, onde crê encontrar o significado de "o mistério da sua vontade". Efésios 3.4 menciona o mistério de Cristo, e o versículo 6 fala em unir gentios e judeus como coerdeiros no corpo de Cristo, mas isso não prova que o contexto do capítulo 3 está falando do ponto específico em discussão no capítulo 1. Contudo, Cottrell acredita que sim, porque 3.6 evoca 1.10, que diz, "isto é, de fazer convergir em Cristo todas as coisas, celestiais ou terrenas, na dispensação da plenitude dos tempos" (NVI). Cottrell relaciona a liderança implícita de Cristo (1.10) à sua liderança mais explícita em 3.6, e acredita ter mostrado que os capítulos 1 e 3 estão falando da mesma coisa. Visto que o capítulo 3 fala de um mistério que envolve apenas reunir judeus e gentios na igreja, "todas as coisas" no capítulo 1 deve se referir apenas a todas as coisas relacionadas a esse programa para a igreja.

De novo, aqui está outro caso de associar o significado de duas passagens com base na mesma palavra ("mistério") que aparece em ambas. Trata-se de razão insuficiente para pensar que as duas passagens estão falando exatamente da mesma coisa; mas, além disso, mesmo que as duas passagens sejam geralmente sobre algum mistério divino, de que modo isso nos fala do escopo de "todas as coisas" em Efésios 1.11? Associar passagens que falam em geral de um mistério divino não é suficiente para nos dizer o significado de uma frase muito específica em uma oração subordinada de uma sentença que não menciona o mistério. Porém, Cottrell acredita que há mais razão para associar as passagens do que apenas a palavra "mistério". Ambas falam sobre a liderança de Cristo, e o capítulo 3 mostra claramente sua liderança na igreja, um corpo que inclui judeus e gentios. Porém, este é um segundo problema de Cottrell invocar o capítulo 3 no capítulo 1, pois o capítulo 1 não faz comentários sobre judeus e gentios; seu ponto de referência é a salvação de todos os que creem. Na verdade, não é senão no capítulo 2 que Paulo começa a falar sobre as relações entre judeus e gentios e a junção deles em um corpo, a igreja. Então, por que deveríamos crer que devemos enxergar um significado específico do capítulo 3 no capítulo 1, muito menos permitir que seja decisivo para o significado de uma frase específica em 1.11?

Cottrell provavelmente apontaria para 1.10, mas também não é o que ele defende, por várias razões. A frase "convergir em Cristo todas as coisas" (NVI) pode ser usada razoavelmente para se referir ao senhorio e à liderança de Cristo. Sem dúvida, se refere à sua liderança sobre a igreja, mas o versículo se refere a mais, porque Paulo diz que "todas as coisas" incluem coisas "celestiais ou terrenas". Isso certamente é muito mais inclusivo do que reunir judeus e gentios vivos na igreja. O que todas as coisas no céu e na terra têm a ver com isso? Isso não deve ser mal entendido. Não estou dizendo que a liderança de Cristo sobre a igreja não está incluída, mas apenas que é um subconjunto de tudo o que Paulo fala que converge em Cristo. No final do primeiro capítulo, Paulo torna explícito o argumento ao retornar ao senhorio de Cristo sobre todo governo, poder e domínio (v. 20,21) *e* sobre a igreja (v. 22,23) — porém, observe que nesses versículos ele não faz distinção entre judeu e gentio na igreja! Portanto, o mistério da vontade de Deus que Ele propôs em Cristo (1.8,9) é a liderança universal de Cristo sobre todas as coisas no céu e na terra (v. 10).

Isso é razão mais do que suficiente para rejeitar a ideia de que o mistério de sua vontade (1.9) se refere apenas a reunir judeus e gentios na igreja, e para rejeitar impor essa noção sobre o significado de uma frase em uma oração subordinada no versículo 1.11. Porém, há outras razões para evitar esse erro, a saber, o próprio versículo 11. A sentença começa no final do versículo 10, e a oração principal diz literalmente "Nele fomos também escolhidos". Uma palavra-chave aqui é "também" (*kai*). A razão pela qual digo isso é que seu uso mostra que Paulo pretende, no versículo 11, defender mais uma ideia (ou ideias) além da que já está defendendo. Visto ser este o caso, a ideia adicional não precisa ser exatamente a mesma coisa que Paulo acabou de dizer. Logo, mesmo que admitamos o que Cottrell alega sobre o mistério e admitamos a abordagem dos versículos 9 e 10 que ele propõe, o fato de Paulo defender outra ideia (*kai*, no v. 11) mostra que ele não está necessariamente trazendo seu argumento dos versículos anteriores, ou seja, não há garantia de que tudo o que foi dito no versículo 11 se refere apenas às coisas que tratam de reunir judeus e gentios na igreja (uma interpretação dos v. 9,10 que sugeri que é suspeita, de qualquer maneira). No versículo 11, o tema geral é a salvação, mas Paulo defende uma ideia (pelo menos uma) sobre salvação que não havia defendido anteriormente nessa passagem. Essa ideia é que nossa eleição foi realizada de acordo com o desígnio daquele que faz todas as coisas de acordo com o propósito da sua vontade. Embora Paulo já tenha falado de eleição nessa passagem, o novo elemento é a afirmação de que Deus controla tudo e o faz da mesma maneira que trata da predestinação para a salvação.

Por essas razões, acho a interpretação de Cottrell falha. Ele deveria ser elogiado por ver que o versículo precisa de resposta pelos defensores da soberania geral, e sua sugestão, como as outras duas mencionadas, confronta o texto. Porém, na análise final, ela é deficiente. Deve haver outras reinterpretações possíveis de Efésios 1.11, mas não estou ciente delas. Infelizmente, esse versículo nem sempre é trabalhado pelos dois lados da discussão. Até que seja oferecida uma interpretação mais convincente, vejo poucas razões para abandonar o entendimento que ofereci como parte da argumentação para a soberania específica.

Os defensores da soberania geral poderiam tomar outra direção. Eles poderiam admitir que o versículo ensina que Deus tem poder soberano absoluto, mas argumentar que Ele escolheu restringir seu uso a fim de permitir espaço para nosso livre-arbítrio libertário. Em uma publicação anterior,[6] eu disse que se pudesse encontrar pelo menos um versículo que diz que Deus limitou seu poder soberano, conforme proposto, eu admitiria o argumento arminiano. Os arminianos muitas vezes respondem citando versículos que mostram que os homens são livres e moralmente responsáveis. É claro, nenhum desses versos define o livre-arbítrio como libertário, logo, eles não provam o argumento de livre-arbítrio dos teístas. Contudo, os defensores da soberania geral poderiam admitir que somente esses versículos não são o argumento, mas esses versículos mais as evidências apresentadas anteriormente de que Deus se limita exigem que Deus tenha limitado o uso de seu poder, de modo que a liberdade que temos é liberdade libertária.

Essa linha de argumentação é muito proveitosa, pois esclarece o argumento que precisa de resposta. Visto que tanto os deterministas quanto os incompatibilistas concordam que as Escrituras ensinam que os seres humanos são livres, precisamos de uma maneira de decidir que tipo de liberdade é essa. Argumentei que o ensino bíblico sobre liberdade e soberania divina condiz melhor com a liberdade compatibilista. O defensor da soberania geral pode responder que Efésios 1.11 realmente ensina uma forte noção de controle soberano, porém mais evidências devem ser consideradas antes de chegarmos a uma conclusão final sobre o tipo de liberdade que os seres humanos têm.

A evidência adicional é toda a evidência de que Deus escolheu limitar o uso de seu poder. Se isso estiver correto, meu entendimento de Efésios 1.11 pode estar certo, mas não importará de fato porque as evidências de que Deus restringe seu poder favorecem a conclusão de que nossa liberdade deve ser libertária. Portanto, temos de examinar as evidências de que Deus limita seu poder.

Os defensores da soberania geral primeiro apontam para a encarnação de Cristo como evidência convincente de que Deus limita seu poder para atender às nossas necessidades. De fato, durante os anos da vida terrena e da morte de Jesus, vimos até que ponto Deus se humilhou em nosso favor, mas cerca de 33 anos de humilhação não provam que toda a divindade decidiu limitar o uso de seu poder por toda a história humana. Nem mesmo mostram que Deus não exerceu nada de seu poder soberano durante a vida de Cristo. Pelo contrário, muitos versículos (p. ex., At 2.23; 1Pe 1.20) mostram que o que aconteceu com Cristo enquanto estava na terra foi inteiramente dentro do plano e controle soberano de Deus. Além disso, as Escrituras também ensinam que Cristo é o Senhor e governante sobre todos e que Deus sujeitou todas as coisas ao governo soberano de Cristo (Ef 1.19-23).

Outro problema com esse argumento é que ele é outro exemplo de argumentação de princípio. Pelo fato de Jesus, em sua vida terrena, ter-se humilhado grandemente, estabelece-se o princípio de que Deus pode deixar de lado o uso de suas prerrogativas divinas para atender às nossas necessidades. Os defensores da soberania específica concordam que Deus fez isso e que é *possível* que o faça novamente. O que defensores da soberania específica como eu querem saber é qual evidência existe de que o que Deus poderia fazer é o que Ele *realmente* fez em relação ao controle da história humana. Mostrar que Deus pode restringir novamente seu poder porque o fez na vida e na morte terrenas de Cristo não prova que Ele o fez pelo restante da história humana!

O segundo e o terceiro argumentos para a autolimitação divina são especialmente pouco convincentes. Afirmar que criar um mundo limita Deus, já que agora outros habitam o universo, não é argumento de forma alguma. Isso somente poderia importar para o exercício de poder soberano de Deus se, ao criar outros seres, seu poder e controle ou seu exercício deles fosse automaticamente restringido. Obviamente, o fato da criação não prova tal coisa, então esse argumento equivale a nada. Não é mais convincente do que dizer que Deus tinha que criar porque, se não o fizesse, Ele seria limitado por ser o solitário existente no universo e, portanto, não teria nada sobre o que exercer seu controle.

Quanto à afirmação de que Deus não pode fazer o logicamente impossível ou coisas que contradizem sua natureza, é verdade, mas irrelevante para o argumento em questão. A incapacidade de Deus fazer o logicamente impossível não prova de maneira alguma que Ele não pode decretar todas as coisas e exercer controle soberano sobre seu universo. De fato, Deus não pode controlar a ação humana se esta for incompatibilisticamente livre, mas não tem havido indícios de que os humanos têm essa liberdade. De fato, essa linha de argumentação foi construída para provar que o livre-arbítrio libertário prevalece em nosso mundo; presumir que prevaleça a essa altura da argumentação é usar de falácia lógica. Além disso, a incapacidade de Deus fazer o logicamente impossível ou contradizer sua natureza não é evidência de que Ele tenha decidido limitar seu controle soberano sobre o nosso mundo. É um *non sequitur* pensar que a primeira exige logicamente ou é até uma evidência para a última.

A quarta evidência da autolimitação do poder divino é o fato do amor de Deus. Dizem-nos que o amor abre espaço para o amado e implica vulnerabilidade em relação ao amado. Aqueles que amam se fazem dependentes da boa vontade e da resposta de seus amados. Exercer poder dominante sobre os outros não lhes mostra amor. Agora, não há dúvida de que Deus nos ama, e o fato de Ele ter uma relação positiva ou não conosco depende, em parte, de nossa resposta a Ele. Porém, de que modo isso, por si só, prova que Deus deve renunciar ao uso de seu poder para que o amemos, ou que de fato Ele decidiu abrir mão do uso de seu poder e controle sobre a história? Amar alguém definitivamente significa que você o leva em consideração, e que você está vulnerável à possibilidade de essa pessoa o rejeitar, mas, novamente, nada disso significa que é impossível exercer autoridade sobre ela. Se fosse assim, então o amor dos pais pelos filhos e o exercício da autoridade sobre eles seriam mutuamente exclusivos, e isso é claramente falso. Portanto, a suposição fundamental por trás desse argumento é falha. O amor e o exercício do poder e da autoridade não são contraditórios. Há muitas vezes em que usamos nossa autoridade e poder para evitar consequências adversas para outros porque os amamos e nos importamos com eles.

A última evidência de que Deus limitou seu poder é que criar um mundo com o tipo de criatura presente em nosso mundo limita o exercício de poder por parte de Deus. Diz-se que é assim porque essas criaturas têm livre--arbítrio libertário. De fato, se os humanos tiverem livre-arbítrio libertário e lhes for permitido usá-lo, Deus não pode exercer o tipo de controle que o determinismo permite. Porém, o que está em questão é se a liberdade humana é libertária. Dizer que *se* os humanos têm essa liberdade, Deus deve ter limitado seu controle, é verdade, mas não prova nada em relação ao fato de os seres humanos terem realmente esse tipo de liberdade ou Deus ter restringido seu poder *dessa maneira*. Pensar que a partícula *se* (o condicional) prova o livre-arbítrio libertário ou a autolimitação divina é usar de falácia lógica.

Onde isso nos deixa? Lembre-se de que a questão é se deveríamos considerar Efésios 1.11 como eu o interpretei, ou se deveríamos admitir que Deus tem o poder de que esse versículo fala, mas argumentar que Ele escolheu limitar o uso que faz dele. O argumento da soberania geral de que Deus limita seu poder é considerado falho. É repleto de argumentos do tipo "de princípio", *non sequiturs* e falácia lógica. Portanto, nem tentativas de reinterpretar Efésios 1.11, nem tentativas de mostrar que Deus escolheu limitar seu poder são convincentes. Concluo, então, que a melhor maneira de entender o que diz Efésios 1.11 e outras passagens sobre o decreto divino, com o ensino bíblico sobre liberdade humana e responsabilidade moral, é semelhante ao modelo compatibilista de soberania específica que propus.

Contudo, isso não encerra o debate, pois o defensor da soberania geral tem mais um contra-argumento. Tal objeção predomina especialmente entre os defensores da visão aberta. Visto que vários versículos parecem retratar Deus possuindo menos do que o controle total das situações e não obtendo exatamente o que quer, somos confrontados com uma questão importante. Essas passagens são as chaves na compreensão do controle soberano de Deus em nosso mundo, ou passagens como Efésios 1.11, sobre o decreto de Deus, são normativas? As passagens que são normativas para certo assunto determinam o ensinamento das Escrituras sobre esse assunto. É claro, não podemos ignorar passagens que parecem ensinar algo contrário às passagens "normativas". Toda a Escritura é inspirada, mas quais passagens são normativas e quais são secundárias para dada doutrina?

Não se trata de um probleminha nem se refere apenas a versículos sobre o controle que Deus tem do nosso mundo, mas também, como os defensores da visão aberta nos lembram, há muitas passagens acerca dos atributos divinos. Algumas dizem que Deus é imutável, mas outras o mostram mudando de ideia, arrependendo-se de ações que pensara executar originalmente. Se Deus é imutável, então também é aparentemente impassível, mas muitos versículos O retratam expressando emoções. Diz-se que Deus é onisciente, mas algumas passagens parecem mostrá-lo aprendendo algo que não sabia, e há outras em que Ele parece ser pego desprevenido, o que parece impossível se, como onisciente, Ele conhece e antecipa todas as coisas. Como são rápidos em observar os defensores da abertura de Deus, seus oponentes normalmente afirmam que essas passagens são antropomorfismos ou antropopatismos e não deveriam ser tomadas literalmente; passagens que afirmam imutabilidade, onisciência e soberania absoluta são consideradas normativas e literalmente verdadeiras, enquanto as passagens que os defensores da visão aberta citam são consideradas secundárias, necessitando de modificação, porquanto são metafóricas à luz de outras passagens que devem ser consideradas mais literalmente. Os defensores da visão aberta protestam intensamente que essa decisão é, na melhor das hipóteses, uma abordagem incorreta do texto e, na pior, uma indulgência grosseira de uso de falácia lógica. Portanto, quando defensores da soberania específica citam passagens que Sanders chama de passagens de pancausalidade, os defensores da visão aberta não veem razão para que elas não sejam passagens não literais, que devem ter distinções sutis para condizer com passagens mais literais que ensinam que Deus não controla tudo.[7] Ao discutir a noção de onisciência divina limitada da visão aberta, Basinger responde àqueles que afirmam que as passagens usadas para apoiar a onisciência limitada são antropomórficas. Seu argumento hermenêutico (e lógico) é o mesmo dos defensores da visão aberta sobre quais passagens são normativas e literais em relação ao controle divino do nosso mundo, e quais são secundárias e metafóricas. Basinger escreve:

> É claro, existem muitas passagens em que Deus é descrito de modo antropomórfico ou antropopático. Contudo, nenhuma das passagens nas quais baseamos nossa posição exige que Deus tenha "partes literais do corpo" ou uma personalidade humana literal. Elas exigem apenas que Deus *literalmente* seja um ser que observe o que está ocorrendo, seja afetado por isso e decida como agir em resposta. E não encontramos uma base que não faça uso de falácia lógica para pressupor que as passagens que acreditamos retratar Deus dessa maneira sejam simplesmente figuras de linguagem.[8]

Existe uma saída para esse impasse, ou nos resta simplesmente consultar nossas pressuposições e então escolher como normativas e literais as passagens que concordam com essas pressuposições? Se for assim, há pouca esperança de que citar versículos e oferecer a interpretação deles convença qualquer um que ainda não concorde que os versículos que mencionamos são os "principais". Felizmente, existe uma maneira de romper o impasse, e afirmo que isso depende de uma questão crítica de método teológico que é frequentemente ignorada ou esquecida por completo nas discussões teológicas. Deixe-me explicar.

Se você quisesse formular as doutrinas bíblicas/teológicas da justificação, inspiração das Escrituras ou da segunda vinda de Cristo, por exemplo, a quais passagens você recorreria? Quais seriam as passagens determinantes para essas doutrinas? As passagens que abordam esses assuntos não seriam as principais? Parece difícil contestar isso, pois se não devemos formar doutrinas usando passagens que falam sobre a doutrina, como podemos alegar refletir o ensino das Escrituras sobre esse tema?

Quais são as passagens que abordam os temas em questão? Richard Rice, em *The Openness of God* [A abertura de Deus], oferece um argumento bíblico para a visão aberta. John Sanders, em *The God Who Risks* [O Deus que arrisca], oferece um longo capítulo de evidências bíblicas do AT e outro com evidências do NT em apoio à visão aberta. Os dois autores citam muitas passagens relacionadas à liberdade humana e ao controle divino sobre o nosso mundo. Porém, que tipo de passagens eles escolhem para pintar seus retratos de Deus? Repetidas vezes, eles selecionam passagens narrativas que registram um episódio ou outro da interação de Deus com várias pessoas. Essas passagens que descrevem as interações de Deus com seu mundo são consideradas a chave para determinar nossa compreensão conceitual dos atributos divinos e da ação e do controle divinos em nosso mundo. Em contraste, passagens como Efésios 1.11 e as citadas no meu capítulo sobre o decreto, que declaram que Deus decretou uma coisa ou outra, não são narrativas de episódios envolvendo Deus e alguma pessoa ou grupo de pessoas. Antes, são passagens didáticas que explicam o conceito de ação e controle divinos em nosso mundo.

Que tipo de passagem tem precedência e deveria ser vista como normativa? Isso não significa que as outras não têm importância e que podem ser ignoradas. Visto que os dois conjuntos de passagens são da Bíblia, devemos abordar todos. Porém, as passagens que oferecem informações didáticas sobre o conceito em questão são as passagens centrais, ou as que nos mostram Deus e o homem interagindo? Qual é a maneira correta de fazer teologia? A resposta deveria estar clara. Deveríamos primeiro ir a passagens que abordam diretamente o conceito em questão, pois são a base para nossa compreensão fundamental do conceito. Também devemos abordar as outras passagens, mas elas deveriam ser entendidas à luz das que descrevem o conceito didaticamente. Se estou trabalhando na doutrina da justificação, por exemplo, vou primeiro a passagens em Romanos e Tiago, que abrangem o conceito de justificação e discutem como ele se relaciona com as obras e a fé. Não recorro a passagens que descrevem alguém testemunhando e o ouvinte aceitando a Cristo. Estas últimas oferecem exemplos de pessoas que foram justificadas pela fé, mas não explicam o que é justificação ou o que significa dizer que a justificação é pela fé. Da mesma forma, as passagens (como Ef 1.11; Sl 115.3) que dizem se Deus decretou todas as coisas e as controla são passagens que abordam diretamente o tipo de controle que Deus tem e usa no mundo, não passagens que contam uma história sobre o que Deus fez em certa ocasião, como alguns seres humanos reagiram e, então, de que modo Deus reagiu a essa resposta. Um problema importante com o argumento bíblico da visão aberta é que ele se baseia fortemente em passagens do último tipo, em vez de confrontar as do primeiro tipo. Em todo o seu longo estudo das passagens bíblicas, Sanders jamais toca em Efésios 1.11. Algumas passagens que são didáticas são, sim, abordadas (falarei mais brevemente sobre a abordagem que Sanders faz de Provérbios e Rm 9, por exemplo), mas essas não são as que ele considera normativas. Em vez disso, suas opiniões acerca dos atributos de Deus e do exercício de seu poder provêm das muitas histórias bíblicas que ele narra.

Rice também não aborda Efésios 1.11, mas cita passagens que falam de predestinação e pré-conhecimento divinos. Contudo, elas são levantadas em uma subseção de uma seção maior intitulada "passagens problemáticas". Um problema para o quê? Para a visão aberta, que ele acredita já ter demonstrado ser verdadeira recontando (durante a maior parte de seu capítulo) várias passagens narrativas (histórias) a partir das quais ele acredita ser apropriado inferir uma coisa ou outra sobre ações e atributos divinos. Como no caso de Sanders, as passagens didáticas que apresentam conceitos são menos importantes que as histórias narrativas. Rice lista muitas passagens didáticas, mas não interage com nenhuma delas. Em vez disso, em uma resposta sintetizada, ele aponta primeiro para as passagens — muitas das quais já examinou (várias delas narrativas) — que parecem discordar das que falam de predestinação. Em seguida, aponta para outras passagens que ele crê, de alguma forma, que ensinam doutrinas que suplantam as passagens sobre predestinação (sem jamais oferecer uma exegese completa de qualquer conjunto de passagens sobre predestinação), e depois retorna às narrativas que apoiam seu ponto de vista. Observe sua resposta às passagens sobre a predestinação:

Esses relatos de pré-conhecimento e predestinação são compatíveis com a visão aberta de Deus? Ou exigem nossa conclusão de que o futuro é inteiramente previsto por Ele e, em grande medida, se não totalmente, determinado por Ele? A primeira coisa a ter em mente é a ampla gama de testemunhos bíblicos. Além do tipo de passagens que acabamos de observar, que falam dos planos de Deus sendo cumpridos, um grande número de passagens (incluindo um número já examinado) indica que esse nem sempre é o caso. Para citar um exemplo geral, a Bíblia afirma o desejo de Deus "não querendo que nenhum pereça, senão que todos cheguem ao arrependimento" (2Pe 3.9); Ele "deseja que todos os homens sejam salvos e cheguem ao pleno conhecimento da verdade" (1Tm 2.4; cf. Tt 2.11). Contudo, parece que nem todos serão salvos. De acordo com a declaração de Jesus, todos os mortos voltarão à vida — "os que tiverem feito o bem, para a ressurreição da vida; e os q*ue tiverem praticado o mal, para a ressurreição do juízo"* (Jo 5.29). Outras passagens indicam que alguns seres humanos se colocaram contra Deus por toda a eternidade (Mt 21.41-46; Ap 20.14,15; cf. Mt 7.12-14). Então, nesse aspecto importante, a vontade de Deus não garante o resultado que Ele deseja.[9]

Os próximos parágrafos do ensaio de Rice retornam às narrativas que ele cita como evidência de que Deus nem sempre consegue o que quer. Os comentários de Rice mencionados acima, acerca da vontade de Deus não garantir o resultado que Ele deseja (embasados pelo apelo a 2Pe 3.9; 1Tm 2.4; Jo 5.29; Mt 21.41-46; Ap 20.14,15 e outros), baseiam-se em uma confusão que abordarei ao lidar com a próxima objeção a ser levantada contra a soberania específica. Por ora, apenas peço ao leitor que observe que nada disso interage com versículos tais como 1Pedro 1.20; Atos 2.23; 4.27,28; 1Pedro 1.2; Efésios 1.4,5; Romanos 8.28-30; 9.10,11 etc., os quais Rice cita (ele até faz referência a alguns), mas nunca aborda diretamente. Em vez de confrontar essas passagens, ele muda a base da discussão para outras passagens discutidas anteriormente — 2Pedro 3.9; 1Timóteo 2.4 e outras — e mais narrativas.

Simplesmente citar versículos que se ajustam à sua posição em resposta aos que não se ajustam, em vez de confrontar as passagens difíceis, não é o caminho para vencer esse debate. O fato de você acreditar que possui boas evidências para sua visão não atingem as boas evidências da visão de seu oponente. Porém, meu argumento principal trata do método teológico adequado, e esse argumento é que as doutrinas devem se basear primeiro em passagens que abordem diretamente os conceitos em questão. As histórias narrativas que julgamos relevantes para o tema não podem ser ignoradas, mas devem ser interpretadas à luz de passagens que levantam e abordam o tema diretamente.

A partir do que foi exposto, concluo que estão equivocadas e devem ser rejeitadas as objeções que descartam como não normativas e secundárias passagens tais como Efésios 1.11, que falam diretamente sobre o que Deus decretou.

Outras objeções

Um respaldo importante ao modelo de soberania geral é a evidência bíblica de que acontecem coisas que Deus não deseja. Por exemplo, citei a afirmação de Richard Rice de que, evidentemente, Deus não controla tudo, já que não quer que ninguém pereça (2Pe 3.9), mas ainda assim muitos perecem. Tudo isso mostra supostamente que, se há um decreto, é condicional.

FRUSTRANDO A VONTADE DE DEUS. Essa objeção levanta uma questão fundamental quanto às criaturas de Deus poderem frustrar sua vontade. Jó concluiu que ninguém pode (Jó 42.2), mas a evidência parece sugerir o contrário. Em resposta, deixe-me começar com 2Pedro 3.9 e 1Timóteo 2.4. Pedro diz que Deus "é paciente com vocês, não querendo que ninguém pereça, mas que todos cheguem ao arrependimento" (tradução do autor). Paulo diz a Timóteo (1Tm 2.4) que Deus é um Salvador que "quer que todos os homens sejam salvos e cheguem ao conhecimento da verdade" (tradução do autor). A palavra para "querer" em 2Pedro 3.9 vem de *boulomai*, e a palavra em 1Timóteo 2.4 é proveniente do verbo *thelō*. As duas palavras se correlacionam com as que encontramos em Efésios 1.11: *boulē* ("propósito") e *thelēmatos* ("vontade"). Visto que argumentei que essas palavras em Efésios 1.11 se referem ao decreto de Deus, é natural pensar que os mesmos termos em 2Pedro 3 e 1Timóteo 2 também se referem ao decreto.

Contudo, conforme insinuado acima, essa objeção à soberania específica confunde dois conceitos distintos. De acordo com o entendimento de Rice, "querer" em 2Pedro 3.9 significa "decretar". Se for esse o caso, o versículo significa que "Deus é paciente com vocês, não decretando que ninguém pereça". Se Deus decretar tudo o que acontece, e se o versículo for sobre seu decreto, então, se decretar que ninguém perecerá, Deus tem de ordenar que todos sejam salvos. Porém, com essa leitura Pedro está ensinando o universalismo, e isso contradiz o ensinamento bíblico de que nem todos serão salvos. Claramente, se adotarmos essa interpretação, algo está errado.

Alguns podem replicar que o versículo ensina apenas que Deus não decreta a condenação de ninguém. Ou seja, não há decreto duplo, então as pessoas estão perdidas porque rejeitam a Cristo, não porque estão predestinadas à condenação. Mesmo que admitamos isso a título de argumentação, posso defender a mesma ideia em relação a 1Timóteo 2.4 quanto a "querer" ser igual a "decretar". De qualquer forma, os comentaristas, inclusive Rice, parecem pensar que as duas passagens ensinam a mesma verdade. O que acontece, então, se lermos "quer" em 1Timóteo 2.4 como "decreta"? O versículo dirá que Deus é um Salvador que decreta que todos os homens sejam salvos. Isso é universalismo, mas em todo o *corpus* de sua obra, Paulo ensina que nem todos serão salvos. Portanto, se a passagem for sobre o decreto de Deus, então existe um problema importante para qualquer evangélico que rejeite o universalismo soteriológico.

De fato, algo está errado em ler "querer" como "decretar" nessas duas passagens, mas o quê? O problema é que precisamos distinguir entre a vontade de Deus e seu desejo. Alguns podem achar isso errado, porque as mesmas palavras gregas são usadas em outras passagens que falam claramente da vontade/do decreto de Deus. No entanto, o uso mostra que em alguns casos esses termos se referem à vontade de Deus (até mesmo ao seu decreto), enquanto em outros se referem ao seu desejo. Eu afirmo que em 2Pedro 3.9 e 1Timóteo 2.4 os termos se referem ao desejo de Deus, não à sua vontade ou seu decreto. Com esse entendimento, nenhum dos dois versículos ensina o universalismo, nem 2Pedro 3.9 faz qualquer comentário sobre um decreto duplo. Os dois versículos falam do desejo de Deus de que todos sejam salvos, mesmo que Ele não tenha decretado que seja assim.

Então, esses versículos ensinam que se pode frustrar o decreto de Deus? De modo nenhum. Quando entendidos corretamente, eles mostram que se pode fazer algo contrário aos desejos de Deus, mas isso não prova que se pode frustrar seu decreto. Porém, é mais interessante do que isso e envolve mais distinções. Estou propondo que a noção da vontade de Deus é ambígua, e que essa ambiguidade gera uma grande confusão em termos teológicos e práticos quando as pessoas perguntam se estão na vontade de Deus ou como podem encontrá-la. Além da distinção fundamental entre a vontade de Deus e seu desejo, várias outras distinções pertencem à própria vontade de Deus.

A primeira distinção é entre a *vontade preceptiva* de Deus e a sua *vontade decretiva*. A vontade preceptiva de Deus se refere às normas morais para governar a vida que Ele estabeleceu em sua Palavra. Ela inclui os dez mandamentos, mas envolve todos os mandamentos que Deus ordena que obedeçamos. Inclui ordens para apresentar nossos corpos como um sacrifício vivo (Rm 12.1), para ser gentil, bondoso e perdoar uns aos outros (Ef 4.32), e ordens para não entristecer o Espírito Santo (Ef 4.30), mas ser cheio dele (Ef 5.18). Esses preceitos detalham o que Deus quer que façamos com relação à conduta moral de nossa vida. Assim, uma pessoa pode, com frequência, conhecer a vontade de Deus para sua vida, se "vontade de Deus" significar sua vontade preceptiva. Além disso, muitos teólogos quase sempre se referem à vontade preceptiva de Deus como sua vontade *revelada*. Essa ideia deriva de Deuteronômio 29.29, que distingue a vontade revelada e a vontade secreta de Deus. Sobre a vontade revelada, Moisés diz: "as reveladas nos pertencem, a nós e a nossos filhos, para sempre, para que cumpramos todas as palavras desta lei". A conexão da vontade revelada com as palavras da Lei de Moisés (o referente de "esta lei") é a base para chamar a vontade preceptiva de Deus de sua vontade revelada.

Em contraste com a vontade preceptiva de Deus está sua *vontade decretiva*. A vontade decretiva de Deus se refere à escolha soberana de Deus pela qual Ele decide o que quer que aconteça. O decreto divino é o plano de Deus para a história do nosso universo. A vontade decretiva de Deus contém tudo o que Ele e suas criaturas farão ao longo de toda a história. Como explicado anteriormente (Capítulo 11), o decreto de Deus não torna a história irrelevante, pois não é história, mas o plano dela, e há uma diferença óbvia entre um plano e a sua realização. Conforme argumentado também, o decreto de Deus não se baseia em nada além de seus próprios propósitos, e seus propósitos são determinados por nada além de sua natureza e de suas intenções de alcançar determinados objetivos; ele é incondicional nesse sentido.

A maioria das coisas no decreto de Deus é conhecida apenas por Ele antes de ocorrer. Logo, os teólogos, apelando para Deuteronômio 29.29, que também fala das "coisas encobertas", muitas vezes se referem ao decreto como a *vontade secreta* de Deus. As únicas partes do decreto de Deus que conhecemos antes de acontecer são as partes de sua Palavra que são profecias preditivas. A profecia nada mais é do que Deus compartilhar de antemão conosco o que Ele decretou.

Visto que o decreto de Deus trata de tudo o que ocorre, qualquer coisa que alguém faz está dentro da vontade de Deus, ou seja, da vontade decretiva. É claro, nem tudo o que fazemos obedece aos preceitos de Deus. Visto que trata de tudo, o decreto inclui nossos atos pecaminosos, mas esses atos pecaminosos são contrários à vontade preceptiva de Deus. Portanto, um ato pode estar na vontade de Deus (parte de seu decreto), mas ao mesmo tempo fora de sua vontade (vontade preceptiva), porque é pecado.

É preciso dizer mais sobre a vontade decretiva de Deus. Dentro do decreto abrangente podemos distinguir duas partes. A primeira pode ser chamada de *vontade perfeita* de Deus. Eu uso essa frase da seguinte maneira: a parte do decreto que é o decreto de Deus de todas as ações moralmente boas é sua *vontade perfeita*. Além disso, há várias ações decretadas que estão de acordo com o melhor de Deus para nós, mesmo que nenhum preceito moral trate acerca delas. Aqui estou pensando em assuntos como com quem devemos nos casar, que carreira devemos seguir, onde devemos viver. O decreto de Deus contém nossas decisões sobre esses assuntos, e quando Deus decreta que nossas decisões sobre tais assuntos concordam com seu melhor para nós, essas escolhas também fazem parte da sua perfeita vontade. A perfeita vontade de Deus, então, refere-se à parte do decreto que contém todas as ações que obedecem às suas regras morais e todas as ações que estão de acordo com o seu melhor para nós.

A segunda parte do decreto de Deus é seu decreto de todas as ações moralmente más. Esses atos são contrários à lei moral de Deus, e Ele não quer que façamos essas coisas, mas decretou que as faremos de qualquer maneira. Além disso, esta parte do decreto contém todas as nossas escolhas e atos que, embora não sejam tratados por um preceito moral, ainda são contrários ao melhor de Deus para nós (novamente, trata de assuntos como com quem deveríamos nos casar etc.). Essa parte do decreto é normalmente chamada de *vontade permissiva* de Deus. Os teólogos usam essa locução para se proteger contra a ideia de que Deus é, de alguma forma, moralmente responsável pelo mal, uma vez que Ele o decretou. Embora eu entenda por que esse rótulo é utilizado, hesito em usá-lo, porque ele dá a impressão de que Deus, de algum modo, renuncia ao controle das coisas quando pecamos, por exemplo, deixando-nos fazer o que queremos sem predeterminar nossas ações.

Nesse assunto, sou influenciado por Calvino. Ele rejeita a ideia de que Deus não decreta o mal, mas apenas o permite e afirma que Deus tem de estar completamente no controle de todas as coisas, independentemente das consequências:

> A partir de outras passagens, onde se diz que Deus inclina ou atrai o próprio Satanás e todos os ímpios a fazer sua vontade, surge uma pergunta mais difícil.

Pois o sentido carnal dificilmente pode compreender como, ao agir por meio deles, Ele não contrai algum prejuízo da sua transgressão, e mesmo em um empreendimento comum pode estar livre de toda culpa e, na verdade, pode condenar seus ministros justamente. Por isso se fez distinção entre fazer e permitir, porque para muitos essa dificuldade parecia inexplicável: que Satanás e todos os ímpios estão tão debaixo da mão e do poder de Deus que Ele direciona a maldade deles para qualquer fim que lhe parecer bom, e usa os atos perversos deles para realizar seus juízos. E talvez a moderação daqueles a quem o aparecimento de avisos de contrassenso seria desculpável, exceto que tentam erroneamente limpar a justiça de Deus de toda marca malevolente sustentando uma falsidade. Parece-lhes absurdo que o homem, que em breve será punido por sua cegueira, seja cegado pela vontade e ordem de Deus. Portanto, eles evadem trocando pela ideia de que isso é feito apenas com a permissão de Deus, não também por sua vontade; mas Ele, declarando abertamente que é o executor, repudia essa evasão.[10]

Ora, não temos de concordar com Calvino que Deus realmente faz o mal. No mais, sou muito solidário ao seu desprezo pela palavra "permissivo" porque sugere que, de algum modo, Deus renuncia ao controle. É claro, o decreto de Deus sobre todas as coisas, incluindo o mal, não significa que Ele esteja feliz com tais atos ou que realmente queira ou deseje que os façamos. À luz de todas essas considerações, prefiro chamar essa parte do decreto de *vontade indesejada* de Deus. Essa não é a maneira usual de se referir ao decreto do mal, mas creio que ajuda a evitar a ideia de que Deus não tem controle sobre tais atos *e* a ideia de que, de algum modo, Ele está feliz com eles uma vez que os decretou. Se alguns insistirem em manter o termo *vontade permissiva*, não creio que seja um ponto que valha a pena discutir. Minha única preocupação é que se usarmos esse termo, removamos dele qualquer noção de que Deus não tem controle sobre essas ações e expliquemos que o invocamos para, em vez disso, salientar a ideia de que, embora decrete o mal, Deus não executa esses atos e não é, de modo algum, moralmente responsável por eles.[11]

Tudo o que venho dizendo sobre a *vontade* de Deus (em seus vários sentidos) é distinto do que eu disse sobre o *desejo* de Deus. Portanto, devemos distinguir o desejo de Deus de seu decreto. O que quero dizer com desejo de Deus são seus desejos acerca do que Ele realmente quer que façamos e o que Ele quer que aconteça. O desejo de Deus coincide em parte com sua vontade *preceptiva*, pois Deus realmente deseja que obedeçamos às suas leis. Deus também tem desejos acerca de coisas que Ele sabe que são melhores para nós, mesmo que não sejam tratadas por alguma regra moral.

Com esse entendimento dos diferentes sentidos da vontade de Deus e com a distinção entre vontade/decreto de Deus e seu desejo, surgem várias questões. Primeiro, por que devemos distinguir o desejo de Deus de seu decreto? Se quer que algo aconteça, Deus não o decreta apenas? Não podemos simplesmente presumir que se algo não estiver no decreto, Deus não queria que acontecesse, e se estiver, Deus queria? Existe uma diferença genuína entre o que Deus deseja e o que Ele decreta? Existe sim, e a distinção é necessária por pelo menos duas razões.

A primeira razão para a distinção começa com versículos que ensinam o decreto e o controle de Deus sobre todas as coisas. A Bíblia também revela os preceitos de Deus, e Deus definitivamente quer que obedeçamos a essas leis. Porém, se Deus decreta tudo e algumas coisas que acontecem são más e, no entanto, Ele não quer que façamos o mal, então, por mais estranho que pareça, a lógica exige que Deus tenha decretado coisas que são contrárias às leis divinas que Ele quer que obedeçamos. E as Escrituras confirmam que Deus decretou coisas que são contrárias aos seus preceitos. Por exemplo, Deus revelou que Ele não quer que ninguém cometa assassinato. Também está claro que a morte de Cristo foi o assassinato de um homem inocente. Porém, Atos 2.23 afirma que esse assassinato foi decretado e controlado por Deus. *Do ponto de vista dos propósitos redentores de Deus,* Ele queria que a crucificação ocorresse. Porém, ao analisar a crucificação *em termos de sua conformidade com as normas morais de Deus sobre o assassinato,* devemos dizer que Ele não queria que isso acontecesse. Portanto, podemos dizer que Deus decreta atos que são contrários aos seus desejos, ou seja, eles desobedecem às suas normas morais e/ou o seu melhor para nós, mesmo que estejam de acordo com seus planos e propósitos absolutos para o nosso mundo. Portanto, há sentido no que Deus fez e sentido no fato de que Ele não queria que Cristo morresse. É verdade que isso parece ambíguo, mas com meticulosa atenção à distinção entre vontade decretiva e preceptiva (e com uma compreensão de como o desejo de Deus se relaciona com seus preceitos e seu decreto), podemos entender o que, de outra forma, parece irremediavelmente confuso e obscuro.

Dados os dois pontos de vista diferentes que acabei de mencionar, também podemos ver por que é simplista demais afirmar que se algum mal horrível ocorrer e os calvinistas estiverem certos acerca do decreto divino, Deus deve realmente querer que esse mal ocorra. Os defensores da soberania geral levantam essa objeção com frequência, mas deixam de entender que o que Deus decreta pode ser, em certo aspecto, o que Ele quer, e em outro, o que Ele não quer.

Uma segunda razão para essa distinção entre a vontade de Deus (decreto) e seu desejo se relaciona à nossa discussão sobre 2Pedro 3.9 e 1Timóteo 2.4. Sem essa distinção, esses versículos ensinam o universalismo, e isso contradiz o claro ensino bíblico do oposto. Então, existem razões definitivas para distinguir entre a vontade de Deus (decreto) e seu desejo. A ideia de que Deus às vezes decreta coisas que Ele realmente deseja que não ocorram, contudo, sugere imediatamente outra pergunta: se Deus às vezes escolhe atos e eventos maus como meios para atingir seus fins, e nesses casos omite ações e eventos bons como meios para atingir seus fins, por que Ele faria isso? Não existe um mundo possível que Deus poderia ter criado no qual apenas bons eventos e ações servissem como meios para atingir seus fins? Essa questão é especialmente severa para os compatibilistas que defendem que Deus pode inclinar decisivamente a vontade de uma pessoa sem forçá-la a realizar determinado ato. Além disso, os deterministas duros, que não estão preocupados se nossas ações são livres, deveriam reconhecer ainda mais que o tipo de controle divino proposto por seus sistemas significa que Deus pode colocar o que quiser no decreto e fazê-lo acontecer. Contudo, até mesmo os incompatibilistas enfrentam esse desafio. Embora digam que Deus não pode remover o mal moral e garantir a liberdade humana ao mesmo tempo, muitos se perguntam se Deus não deveria ter desistido de nos dar liberdade em favor da remoção do mal. À luz do poder divino, parece que todos os evangélicos outorgam a Deus a capacidade de evitar todo mal, então por que Ele não evitou?

As questões expostas no parágrafo anterior equivalem ao problema do mal. No Capítulo 16, abordarei essa questão, e o modo como lidamos com esse problema é o modo como se deveria responder a por que Deus permitiria (até mesmo decretaria) coisas que Ele realmente não quer que aconteçam.

Para resumir nossa discussão sobre a vontade de Deus, os vários sentidos da "vontade" e a distinção entre vontade e desejo de Deus são necessárias para entender o ensino bíblico sobre a vontade de Deus.[12] Esses comentários também refutam a objeção de que a soberania específica não pode ser um modelo correto da providência porque sugere que a vontade de Deus é sempre feita, ao passo que às vezes as pessoas parecem frustrá-la. Um entendimento correto das distinções que fiz mostra as confusões dessa objeção.

DECRETO COMO CONDICIONAL. Jack Cottrell levanta uma objeção diferente à soberania específica no sentido de que o decreto é, na verdade, condicional em vez de incondicional. É condicional porque Deus prevê o que faremos e então planeja sua resposta às nossas ações. No capítulo anterior sobre o decreto, vimos a resposta a isso. As Escrituras ensinam que as decisões de Deus são baseadas somente em sua vontade. Passagens que dizem que Deus decidiu com base em seu conhecimento prévio não significam que o decreto de Deus seja condicionado pelo que Ele nos prevê fazendo. Em vez disso, os termos bíblicos para pré-conhecimento nas passagens em questão significam predeterminação, não presciência. Portanto, essas passagens não ensinam um decreto condicional, mas enfatizam a incondicionalidade do decreto de Deus. Também observamos um sentido em que o decreto é condicional, ou seja, contém meios para atingir vários fins. Porém, visto que os meios e os fins são incondicionalmente decretados com base apenas na vontade de Deus, o decreto ainda é incondicional quanto à sua origem.

A BONDADE DE DEUS. O argumento de Jerry Walls acerca da bondade de Deus também deve ser abordado. Walls diz que as visões arminianas acabam repousando na bondade de Deus, não no livre-arbítrio libertário. A questão principal é o que um Deus bom faria em relação às suas criaturas. Deus deseja a felicidade de suas criaturas, por isso faria o que pudesse para melhorá-la. Enviar pessoas para o inferno por toda a eternidade não aumentará a felicidade delas; portanto, um Deus bom evitaria isso se pudesse. Porém, Ele não salvou a todos, então devemos perguntar por quê. Walls acredita que a única resposta sensata é que Deus deu a essas criaturas o livre-arbítrio libertário, e se quiser manter a integridade dessa liberdade, Ele não pode ignorá-la para forçá-las a serem salvas. Então, as pessoas vão para o inferno, apesar da bondade de Deus, porque escolhem, e Deus não as pode impedir de fazer isso sem remover sua liberdade.

Em contrapartida, os deterministas, inclusive os calvinistas, permitem que quem ou o que estiver no comando faça o que quiser. Os compatibilistas até dizem que Deus pode determinar causalmente que façamos livremente o que Ele escolher que façamos. Se sim, por que um Deus bom simplesmente não decretaria a salvação para todos? Se os calvinistas dizem que Deus pode fazer isso, mas não o fez, então parece que o Deus calvinista não é bom, afinal.

Em resposta, não vou discutir se um Deus bom deseja, e muito menos se Ele realiza a felicidade de suas criaturas. Vamos admitir isso a título de argumentação. A questão principal é se Deus pode salvar a todos se assim escolher. Se Deus pode salvar a todos sem abrir mão de algo valioso que Ele colocou em nosso mundo, então Ele deve salvar. Walls e outros teístas do livre-arbítrio afirmam que Deus não salva a todos porque não pode. Não é que Deus não pode *simpliciter*, se salvar as pessoas for tudo o que Ele quer fazer com o nosso mundo. Em vez disso, Ele não pode salvar a todos se também quiser manter a integridade da liberdade libertária que Ele nos deu.

E os sistemas calvinistas? Mais uma vez, concordo que um Deus bom deve salvar todas as pessoas se puder. Walls acredita que, já que calvinistas como eu creem que os seres humanos são compatibilisticamente livres, Deus pode salvar todos nós sem violar nosso livre-arbítrio, então por que Ele não fez isso? Mais uma vez, a resposta é que Ele não pode. Não é que Deus não pode *simpliciter*, se salvar pessoas compatibilisticamente livres é tudo o que Ele quer fazer com o nosso mundo. Porém, Deus pode ter outros objetivos para suas criaturas e criação (objetivos que são valores de primeira ordem), os quais não podem ser alcançados se Ele decretar salvar a todos, mesmo que todos tenham livre-arbítrio compatibilista. Quais poderiam ser esses outros objetivos e valores que justificariam não salvar toda a humanidade? A resposta será oferecida ao abordar o problema do mal. De fato, o desafio que Walls levanta é realmente o problema do mal, embora seu foco seja o mal específico do inferno. Cada teologia enfrenta a questão de por que um Deus onipotente permitiria o mal, incluindo o inferno, se Ele pode evitá-lo. Walls, seguindo a abordagem arminiana usual, oferece a defesa do livre-arbítrio. Já apresentei uma defesa para minha própria teologia calvinista, e no capítulo sobre o problema do mal, eu a repetirei.

DETERMINISMO E RESPONSABILIDADE MORAL. Há outra objeção que envolve responsabilidade moral que posso discutir agora. Os críticos reclamam que os sistemas deterministas destroem a responsabilidade moral. Se tudo é determinado causalmente e ninguém pode fazer outra coisa senão o que faz, como pode ser moralmente responsável por suas ações? Porém, as Escrituras afirmam que os seres humanos são moralmente culpados por suas ações, e os sistemas calvinistas que incluem alguma forma de determinismo concordam que somos moralmente responsáveis. Alguns críticos da soberania específica podem até se opor à ideia de que seres humanos compatibilisticamente livres são moralmente responsáveis por suas ações livres. Se Deus decretou seus atos, e esses atos são determinados causalmente, mesmo que sejam livres (compatibilisticamente), é difícil vê-los como moralmente culpáveis já que o agente não poderia fazer diferente.

Em Romanos 9, há um precedente bíblico para essa objeção quando Paulo discute extensivamente a escolha soberana de Deus sobre o que ocorre. Paulo ensina que a escolha que Deus fez de Jacó em vez de Esaú foi totalmente uma questão de misericórdia divina, não de eleição com base no mérito humano, e depois pergunta se isso é injusto (v. 14). Ele nega enfaticamente que seja injusto (*mē genoito*, diz Paulo). Então (v. 16), Paulo acrescenta que a escolha de Deus por nós não depende de nós, mas da misericórdia de Deus. O caso do endurecimento do faraó (v. 17) ilustra a ideia de que Deus endurece quem Ele quer e concede misericórdia a quem Ele quer (v. 18). No versículo 19, Paulo levanta a questão de um crítico imaginário: *Tu, porém, me dirás: De que se queixa ele ainda? Pois quem jamais resistiu à sua vontade?*

Essa é uma objeção muito significativa que levanta vários problemas. Dois são intelectuais e um terceiro é atitudinal. O problema intelectual mais óbvio é como os seres humanos (mesmo pessoas como o faraó) podem ser culpados diante de Deus quando fazem o que o desagrada, já que Deus decretou que o fariam. Essa é realmente a mesma objeção que os defensores da soberania geral levantam contra modelos de soberania específica da providência. Também sugere outra questão intelectual. Se Deus decreta todas as coisas, também poderíamos perguntar por que Ele não é culpado pelo que fazemos. Deus (por decreto) não é a causa do que quer que aconteça? Se sim, como Ele pode ser causalmente responsável por algo e não também moralmente responsável?

A objeção imaginada também evidencia um problema atitudinal. Parece uma tentativa de justificar o homem e reclamar da justiça de Deus ao nos considerar culpados por fazer o mal que Ele predestinou. Mais ainda, a objeção sugere que Deus (ou pelo menos seus defensores) nos deve uma explicação; senão, Deus parece ser injusto ao nos considerar culpados por nossas ações.

O mais óbvio dos três problemas é a primeira questão intelectual sobre a responsabilidade humana, pois isso está explícito no texto. Esperamos que Paulo pelo menos responda a essa pergunta, mas também gostaríamos de sua resposta para o outro problema intelectual. Nos versículos 20 e 21, Paulo não aborda nenhuma questão intelectual, mas responde à atitude por trás dessas questões. Ele responde que, como Criador, Deus tem o direito de fazer o que quiser, e suas criaturas não têm o direito de julgá-lo e exigir que explique suas ações. Acusar Deus de transgressão pode parecer apropriado à luz dos ensinamentos de Paulo em Romanos 9, mas Paulo diz que essa acusação é totalmente inapropriada.

Embora não resolva as questões intelectuais, Paulo não diz que elas não podem ser respondidas. De fato, essas perguntas têm respostas. Quanto à questão da responsabilidade humana por ações divinamente decretadas, como compatibilista, tenho uma resposta. A razão pela qual somos culpados de tais ações é que as executamos livremente, ou seja, nada nos obriga a executá-las.[13] Embora alguns pensem que o decreto faz com que as ações ocorram, já mostramos que não é assim, porque o decreto não é um agente nem exerce poderes causais. É o plano para o que acontece, mas são agentes, divinos e humanos, que causam os atos que ocorrem, não o decreto. Conforme explicado ao apresentar meu modelo de soberania específica compatibilista, a atividade causal de Deus é necessária para nos permitir fazer o bem moral. Nós, sozinhos, podemos fazer ações moralmente neutras ou más sem qualquer ajuda de Deus. Enquanto Deus decreta as circunstâncias nas quais nos deixamos tentar e cair no pecado, Ele não nos tenta, nem nos capacita ou nos habilita a fazer o mal, e o decreto também não. Realizamos esses atos de acordo com nossos desejos e, portanto, os realizamos livremente (no sentido compatibilista), e o que fazemos livremente é algo pelo qual somos culpados.

E a responsabilidade moral de Deus por decretar o mal? Ele não é culpado por isso? O que devemos ver é que esse é realmente o problema do mal de um modo levemente diferente. O problema do mal pergunta por que um Deus todo-poderoso e todo-amoroso criaria um mundo contendo o mal. Pelo que vimos, podemos dizer que Deus *não* criaria um mundo que Ele não tivesse primeiro decidido/decretado criar. Portanto, a pergunta torna-se por que um Deus todo-poderoso e todo-amoroso decretaria criar um mundo contendo o mal. Se de fato o decreta e o cria, por que Ele não é culpado pelo mal contido nesse mundo? Esse é o problema do mal proposto no nível do decreto de Deus, em vez de no nível de um mundo criado que contém o mal. Portanto, seja como for que defendamos Deus por criar um mundo com o mal, essa resposta também explica por que Ele não é culpado por decretar um mundo assim quando não tinha de fazê-lo. No capítulo sobre o problema do mal, responderemos a essas perguntas. O que interessa agora é que esses não são problemas intratáveis como sugerem os críticos da soberania específica.

ATRIBUTOS DIVINOS E CONTROLE DIVINO. O próximo argumento é um que a visão aberta defende com base em sua compreensão dos atributos divinos. Sua revisão de atributos divinos tais como imutabilidade e eternidade e sua rejeição de atributos como impassibilidade condizem com sua imagem de um Deus relacional. Como argumentei nos capítulos sobre os atributos divinos, acredito que esses atributos devem ser distinguidos de modo sutil e diferente do teísmo tradicional. Meu entendimento desses atributos não é o mesmo que o da visão aberta, mas sou solidário com o entendimento deles e concordo que muitos dos atributos não morais de Deus precisam de revisão. Quando a fazemos, o retrato resultante de Deus é o de um Rei que se importa.

Contudo, o que é bastante problemático é a impressão dada pelos defensores da visão aberta de que os atributos divinos revisados são um *argumento* ou uma *evidência* para o modelo de providência da visão aberta. Isso está errado. Também ofereci razões para rejeitar a simplicidade e a impassibilidade divinas; concordei que Deus é temporalmente eterno, e minha distinção sutil de imutabilidade difere significativamente da concepção clássica. Porém, nada disso significa que eu devo defender um modelo de *soberania geral* da providência e não possa, com coerência lógica, ser um determinista suave do tipo descrito neste capítulo e no anterior. Esses atributos divinos não impactam nossa compreensão quanto ao fato de os seres humanos terem livre-arbítrio libertário, livre-arbítrio compatibilista ou nenhuma liberdade. Nem nos dizem se Deus decreta todas as coisas, algumas coisas ou nada. Simplesmente não há vinculação lógica entre esse entendimento dos atributos divinos e qualquer posição sobre a liberdade humana e a soberania divina. É evidente que é assim, pois defender a concepção clássica dos atributos divinos não requer uma posição determinista sobre a soberania divina e a liberdade humana. Para se convencer disso, é preciso apenas consultar muitas teologias arminianas padrão que adotam uma concepção clássica dos atributos divinos (algumas até defendem que Deus conhece de antemão o futuro), e a associam a um modelo de soberania geral da providência com livre-arbítrio libertário.

Para ser justo, devo acrescentar que os defensores da visão aberta nem sempre são claros sobre o fato de sua adoção desses atributos divinos com distinções sutis ter a intenção de ser um argumento para seu modelo de providência, ou se é apenas parte de seu argumento geral para um Deus que é mais relacional do que o Deus clássico. Além disso, mesmo que os defensores da visão aberta não pretendam que sua imagem dos atributos divinos seja um *argumento* para seu modelo de providência, os leitores podem pensar que sim e, se for, é um argumento muito equivocado.

DETERMINISMO, EVANGELISMO E ORAÇÃO. Outra objeção muitas vezes levantada contra a soberania específica se concentra no evangelismo e na oração peticionária. Quanto ao primeiro, diz-se que se Deus já decidiu incondicionalmente quem será salvo e quem não será, Ele certamente resolverá essas questões sem a nossa ajuda. Logo, não há razão para testemunhar aos incrédulos, a menos que já saibamos que eles são eleitos, e mesmo que sejam, nosso testemunho ainda pode ser inútil, já que Deus já planejou salvá-los e o fará independentemente do que fizermos. O calvinismo, então, parece cutucar a ferida do evangelismo. Porém, como isso pode estar certo, já que Jesus nos ordena pregar o evangelho a todos? Por que Ele diria isso se sabe que apenas alguns serão salvos e já decidiu quem serão eles? As ordens para testemunhar mostram que devemos testemunhar e que nosso testemunho é importante.

A oração peticionária também parece inútil. Afinal, se Deus já decidiu o que vai acontecer e se sua vontade é imutável, nossas orações não podem mudar nada. Nós nos enganamos se achamos que nossas orações são importantes. No entanto, a Bíblia nos ordena orar e ensina que faz diferença quando oramos. Retrata-se Deus sendo movido a agir, às vezes até a fazer coisas que aparentemente Ele não estava planejando fazer. Pense na intercessão de Moisés por Israel (Êx 32—34); isso fez uma grande diferença. Abraão implorou a Deus que poupasse Sodoma e Gomorra, e embora Deus não as tenha poupado, Ele nunca disse a Abraão que parasse de orar porque a oração não faz diferença. Nem Abraão achou que foi um exercício improdutivo. Aparentemente, Deus pode ser "ativado" por nossas orações e responde verdadeiramente quando oramos.[14]

Essas objeções mostram que nosso modelo de providência tem implicações práticas significativas. Embora haja respostas para cada um desses assuntos, respectivamente, algumas se aplicam tanto ao evangelismo quanto à oração, e começarei com estas. Com relação ao decreto de Deus, vimos repetidas vezes que, se decretar tudo, Ele decreta não apenas seus objetivos, mas também os meios para esses fins. Se Deus decretar que alguém será salvo, isso deve acontecer de alguma maneira. Deus poderia atingir alguém do alto com a salvação, mas nenhuma evidência mostra que Deus salvou alguém dessa maneira. Como alternativa, Ele poderia fazer com todos o que fez com Paulo na estrada para Damasco. Ele poderia ficar frente a frente com cada um de nós e nos desafiar a responder a Ele. Contudo, a maioria das pessoas também não aceita Cristo dessa maneira. A maioria vem a Cristo depois de ouvir a mensagem do evangelho (em alguns casos, a ouvimos de mais de uma pessoa), ou ao ler a Bíblia ou alguns textos religiosos que explicam a salvação. Alguns vêm a Cristo por uma combinação desses meios. Independentemente de como viermos a aceitar Cristo, existem meios para esse fim, e Deus decretou ambos, os meios e os fins. Pelo que sabemos, nosso testemunho é o meio decretado de levar alguém a Cristo. Talvez não, mas não sabemos, por isso temos de testemunhar.

Semelhantemente, o que quer que faça, Deus pode fazer apesar de nossas orações. Porém, Deus decreta meios para alcançar fins, e Ele pode ter ordenado que, em resposta às nossas orações, fará uma obra específica em nossa vida. Talvez não, mas também não sabemos disso, por isso precisamos orar. É tolice não se comunicar com seu Criador e Deus, mas Deus também pode ter ordenado que Ele seria tocado a agir como resultado de nossa oração.

Alguns podem responder que tudo bem se Deus decretou nosso testemunho e nossas orações como um meio para a salvação de alguém ou algum outro evento em sua vida. Porém, tenho admitido que Deus pode não ter ordenado isso, então, nesses casos, a oração e o testemunho não são irrelevantes, já que não cumprem o objetivo de nosso testemunho ou petição? Tais perguntas são compreensíveis, mas equivocadas. Para começar, apenas porque nosso testemunho não resulta na conversão de alguém agora não significa que Deus não o usará mais tarde para trazer esse pecador para Ele. Da mesma forma, uma oração que parece não respondida pode obter uma resposta positiva em certo momento, e de uma maneira que não imaginamos.

Tais objeções também são equivocadas porque pressupõem que nosso testemunho ou oração deve atingir a meta que pretendemos, ou não realiza nada. Isto está claramente errado. Com a mesma ação, muitas vezes pretendemos realizar várias coisas.[15] Semelhantemente, com uma mesma ação ou evento Deus pode ter escolhido realizar várias coisas. Só porque, em resposta ao nosso testemunho, uma pessoa não aceita Cristo naquele momento ou jamais, isso não significa que tal testemunho não tenha alcançado os objetivos *de Deus* em nossa vida. Embora tivéssemos a intenção de que nosso testemunho trouxesse alguém para Cristo, talvez Deus o tenha planejado apenas para fortalecer nossa fé e ousadia por Ele, e para nos fazer confiar nele a fim de combatermos o combate espiritual. Talvez Deus queira que testemunhemos porque Ele sabe que, por meio da experiência, veremos mais claramente o que é mais importante na vida. E certamente é possível alcançar todos esses objetivos (e mais) mesmo que quem ouvir nosso testemunho não se volte para Cristo. Além disso, se alguém vier a Cristo como resultado de nosso testemunho, isso não prova que Deus não pretendia que nosso testemunho atingisse também esses outros objetivos. Deus nos ordena testemunhar. O fato de os resultados não serem o que *nós* pretendíamos não significa que os objetivos de Deus não sejam alcançados.

O mesmo ponto se aplica à oração. Quando oramos, esperamos alcançar um objetivo, mas Deus pode desejar que nossa oração nos mantenha olhando para Ele e confiando nele para a provisão de nossas necessidades. Pode ser apenas sua maneira de nos fazer nos comunicarmos com Ele em vez de ignorá-lo, ou sua maneira de nos ajudar a permanecer em comunhão com Ele. Mesmo que Ele conceda nossa petição, a oração também pode alcançar esses outros fins. Só porque os resultados não são exatamente o que *nós* pretendíamos ao orar, não significa que os objetivos de Deus não foram alcançados.

Há mais uma questão acerca do testemunho e mais uma ou duas acerca da oração. Quanto a testemunhar, pelo fato de a soberania específica garantir que há eleitos e que há meios de trazê-los a Cristo, os crentes deveriam ser ainda mais ansiosos por testemunhar. O calvinismo, em vez de reprimir o testemunho, o encoraja por essas razões. De fato, os calvinistas podem ter motivação ainda maior para testemunhar do que aqueles que acreditam no livre-arbítrio libertário. Visto que Deus não pode fazer com que ninguém o aceite livremente (no sentido libertário), é possível que ninguém aceite a Cristo. Até agora não foi assim, mas não há garantias de que sempre haverá outro convertido. Nem mesmo Deus pode garantir qualquer conversão enquanto a liberdade libertária for incontrolada. Os cristãos que perceberem isso poderiam se desanimar muito com o pensamento de que podem testemunhar incansavelmente sem nenhum convertido, e poderiam simplesmente desistir. Contudo, em um entendimento calvinista, há motivos para testemunhar. Nosso testemunho pode ser o meio para a salvação de alguém e, se não, Deus ainda pode usá-lo em nossa vida para realizar coisas valiosas. Além disso, ao acreditar que há eleitos que ainda não foram salvos, podemos nos entusiasmar com o projeto de missões. Mesmo que nosso testemunho não seja o meio para que outros venham a Cristo, é duvidoso que sem esforço missionário haja frutos. Porém, e se o número total de eleitos já tiver sido preenchido? Isso é possível, mas improvável, já que a profecia bíblica da tribulação durante o fim dos tempos, por exemplo, mostra que algumas pessoas que viverem na época se voltarão para Cristo. Como não há evidências de que estamos vivendo no período da tribulação, não há razão para pensar que o número de eleitos está completo. Além disso, é razoável pensar que entre hoje e a tribulação outros serão salvos. Logo, há ampla razão para testemunhar e fazê-lo com muito entusiasmo e expectativa.

Ao recorrer à oração peticionária, acredito que o livre-arbítrio libertário cria grandes problemas. Considere o livre-arbítrio libertário e a oração peticionária a partir de dois pontos de vista: petições sobre nós mesmos e intercessão por outras pessoas ou relacionada a elas. Eu já expliquei por que, em um modelo determinista como o meu, a oração faz muito sentido. Agora, quero explicar por que, com o livre-arbítrio libertário, muitas orações não fazem sentido. Certamente, as orações que pedem a Deus que faça algo que não envolva de modo algum o livre-arbítrio humano não emperram no livre-arbítrio libertário. Por exemplo, se tivermos uma doença terrível que não esteja ligada à liberdade humana, não há nada de errado em pedir a Deus que a remova.

Porém, considere petições sobre nós mesmos que envolvam nosso livre-arbítrio. Suponha que pedimos ao Senhor que nos ajude a ser mais fiéis na leitura da Bíblia, na oração e no testemunho. Ou suponha que oremos para que o Senhor nos ajude a tratar melhor nossa família ou o próximo. Eu defendo que se o livre-arbítrio libertário prevalecer em nosso mundo, esses pedidos são, em grande parte, absurdos. Pois o que estamos pedindo que Deus faça? Para ser mais fiel na leitura da Bíblia, na oração e no testemunho, eu não terei de decidir fazer essas coisas? Porém, se eu tiver livre-arbítrio libertário e puder exercê-lo, como Deus pode atender ao meu pedido? Se não ignorar minha liberdade libertária, Ele não pode *garantir* o cumprimento do meu pedido. Então, o que estou pedindo para Ele fazer? Ignorar minha liberdade? Argumentar que decido livremente fazer essas coisas? Porém, aqui os libertários nos dizem que se Deus faz com que façamos algo, não o fazemos livremente. Parece que Deus não pode estar certo de conceder meu pedido a menos que ignore minha liberdade, mas por que Deus iria querer que eu me envolva nesses exercícios espirituais porque sou forçado a fazê-lo (de acordo com o livre-arbítrio libertário, eu seria forçado, mas Deus quer meu amor e minha devoção livremente!)? Eu não deveria, então, pedir *a mim mesmo* numa tentativa de me convencer a fazer essas coisas? Afinal, somente eu posso efetuar *livremente* o que escolho fazer, dado o livre-arbítrio libertário. Porém, se peço a mim mesmo, isso não significaria normalmente que eu já decidi fazer essas coisas e, nesse caso, a petição se torna desnecessária? Reconheço, então, que, a menos que eu realmente queira que Deus ignore minha liberdade, o que peço a Ele nesses casos é absurdo. Se Ele não interferir em meu livre-arbítrio libertário, não pode fazer o que eu peço; somente eu posso, mas pedir a mim mesmo me envolve nos demais absurdos mencionados.

Quanto à oração intercessória por outras pessoas, os problemas se multiplicam ainda mais. Se eu imploro a Deus que remova a doença do meu amigo, isso não é absurdo, pois Deus pode responder a essa oração sem anular a liberdade de ninguém. Porém, e o pedido para que Deus mude as atitudes e ações do chefe tirano do meu amigo? E as petições para que Deus mova os processos de inscrição a fim de que a faculdade aceite meu amigo? Ou que tal as orações que pedem que Deus impeça que os inimigos que tenho no trabalho me incomodem? E quanto a implorar para que Deus salve um parente ou amigo querido? O que estou pedindo que Deus faça em todos esses casos se o livre-arbítrio libertário prevalecer? Ou estou pedindo a Deus que ignore a liberdade dos outros ou estou pedindo que Ele os leve a fazer algo *livremente*, apesar do fato de que minha crença no livre-arbítrio libertário significa que eu acredito que Deus *não pode fazer ninguém fazer algo livremente*. Se realmente valorizo o livre-arbítrio libertário tanto quanto os libertários dizem valorizar, por que eu pediria que Deus o ignore apenas por causa da minha petição? A maioria dos libertários não consideraria que as orações intercessórias pedem que Deus ignore o livre-arbítrio de outra pessoa, mas então, dado o livre-arbítrio libertário, qual é o objetivo da petição, a menos que seja implorar que Deus faça algo que de fato anule a liberdade de alguém? Os libertários podem estar pedindo a Deus que tente persuadir seus amigos, mas repito que Deus somente pode *garantir* a persuasão deles pelo determinismo causal, e isso reduz o livre-arbítrio libertário.

Por outro lado, se eu não estou pedindo a Deus que ignore a liberdade de outra pessoa, então estou pedindo que Ele faça algo que acredito que Ele não pode fazer (fazer com que outra pessoa faça algo livremente). Posso pedir que Ele tente persuadir a pessoa, mas sei que sem ignorar a liberdade dela, Deus não pode garantir que ela mude. De fato, visto que no momento da tomada de decisão livre nada inclina decisivamente sua vontade, independentemente do que Deus ou qualquer outra pessoa fizer ou disser, a questão pode ser irremediável. À luz de tais problemas em interceder para que Deus mude as ações ou atitudes incompatibilisticamente livres de alguém, há boas razões para alguém comprometido com o livre-arbítrio libertário, que entende as implicações da posição, pensar duas vezes antes de oferecer orações intercessórias do tipo mencionado. De fato, a oração para mudar nossas ações ou as de outras pessoas parece problemática.

Outras passagens bíblicas sobre o controle divino.

Outra linha de argumentação do campo da soberania geral deve ser abordada: a forma como trata passagens como Romanos 9, Atos 2 e alguns versos de Provérbios. Começo com a abordagem que John Sanders dá a Provérbios. Ele afirma que os provérbios deveriam ser vistos como diretrizes para uma vida piedosa, não princípios eternos que são sempre verdadeiros. Essa certamente é uma dicotomia falsa, pois por que uma diretriz para a vida piedosa não pode ser eternamente verdadeira? Enquanto a natureza humana for o que é, esses ensinamentos são verdadeiros e têm implicações quanto a como deveríamos viver.

Há um erro mais básico no tratamento dado por Sanders a provérbios como 16.9 e 21.1. Nenhum dos versículos dá uma ordem para o viver; em vez disso, eles nos dizem como as coisas são. Provérbios 16.9 diz que um homem planeja seu caminho, mas Deus determina seus passos. Onde está a ordem ou orientação para o viver? Provérbios 21.1 diz que o coração do rei está nas mãos de Deus e que Ele o dirige para onde quer. Onde, novamente, está a orientação para o viver? Trata-se de declarações fatuais, e os dois versículos falam das ações de Deus em geral, não apenas em um ou dois casos.

Sanders poderia responder que, embora essas passagens descrevam a relação de Deus com o homem, o leitor deve inferir algumas diretrizes para a vida. Se Deus dirige nosso caminho, não deveríamos fazer planos sem considerá-lo. Se Deus controla as decisões do rei para que este faça o que Ele quer, o rei deveria obedecer a Deus. Essas diretrizes para a vida são *possíveis resultados* dos princípios gerais que as passagens ensinam e provavelmente são possíveis resultados que o Espírito Santo deseja que mostremos. Porém, são os princípios que o escritor declara, não seus possíveis resultados. Por fim, Sanders diz que os versículos ensinam que Deus dirige os passos de seu povo (16.9) e guia o rei de Israel (21.1) "quando ele busca a sabedoria de Deus", mas essas interpretações são casos de eisegese. Nenhum dos versículos diz nada sobre buscar a sabedoria de Deus. Buscá-la seria uma atitude sábia, e poderíamos aconselhar outros a fazê-lo à luz do que os versículos realmente ensinam, mas não é o que os versículos ensinam.

Dar o tratamento que Sanders dá a esses provérbios é fazê-los dizer mais do que pretendem e obscurecer o que realmente dizem. Sanders usaria a mesma metodologia no provérbio acerca do Senhor decidindo o resultado da sorte lançada no colo (Pv 16.33)? Usando a estratégia de Sanders, o entendimento deste versículo deve ser de que ele oferece conselhos para uma vida piedosa. Porém, que conselho poderia ser esse? Que antes de jogar dados você deveria pedir a ajuda de Deus para vencer? Ou que você não deveria hesitar em lançar sortes, mesmo por dinheiro, porque Deus está no comando do resultado? Tais entendimentos deste versículo seriam ridículos, mas parecem prováveis se o tratarmos como outros provérbios que Sanders diz serem conselhos para uma vida piedosa.

A verdade é que esses versículos oferecem exemplos das coisas que Deus controla. Ele é soberano sobre os reis e o que eles fazem, mas também é soberano sobre nossos planos e até sobre coisas aparentemente incidentais, como o lançar sorte. E que tal o tratamento que Sanders dá a Isaías 29.15,16; 45.9-13; e Jeremias 18.1-10, passagens sobre o oleiro e o barro? Muitas coisas que Sanders diz estão corretas. Isaías 29 fala de juízo em Israel, e Isaías 45 fala de Deus usando Ciro para abençoar seu povo. Quanto ao primeiro, Sanders está correto quanto ao direito de Deus fazer o que quiser estar sendo questionado. Porém, após anunciar o juízo dos ímpios, Deus repreende aqueles que pensam que podem esconder dele os seus planos e escapar à sua atenção. Deus diz que isso não pode acontecer, pois Ele não é outro mero ser humano (igual a eles). Ele é o seu Criador, o oleiro, e eles são o barro. Ele sabe tudo sobre eles, por isso não podem se esconder. Certamente é verdade que essa passagem não aplica essa noção especificamente ao decreto de Deus e seu controle de todas as coisas. Contudo, ela lembra aos leitores que os seres humanos não são iguais a Deus e não podem esconder dele seus planos; e a linguagem é de natureza universal, ou seja, não é apenas uma ideia que Deus defende acerca de Israel.

Embora Isaías 29 não seja, em seu contexto, usado para ensinar o controle de Deus sobre o que acontece, Isaías 45 está mais em conformidade com essa noção. Nos versículos 1 a 8, o Senhor prediz o sucesso de Ciro e prevê que Ele usará Ciro para abençoar e restaurar Israel. Deus acrescenta que Ele fará isso para que os homens saibam que Ele é o Senhor, o Deus poderoso. Deus sabe que pode parecer estranho usar um rei pagão para cumprir seus propósitos para Israel, então Ele acrescenta os versículos 9 e 10: para que ninguém pense que Deus não tem o direito de usar Ciro dessa maneira, lembre-os de que Deus é o oleiro e nós somos o barro. Ele tem o direito de usar qualquer um de nós como quiser. Ele pode nos surpreender ao realizar seus objetivos por meios inesperados, mas isso deveria apenas enfatizar para nós que Ele é Deus e é soberano sobre todas as coisas.

Quanto a Jeremias 18, o Senhor está irado com Israel e quer ensinar-lhe uma lição. Israel pode pensar que, por ser o povo escolhido por Deus, Ele o abençoará independentemente de qualquer coisa. Deus diz a Jeremias para ir à casa do oleiro, porque Deus quer usar o que acontece lá para ensinar uma lição ao seu povo. Jeremias vai e vê o oleiro fazendo um vaso, mas o vaso se estraga e Ele o remodela em outro que lhe agrada. Deus diz que assim como o oleiro transforma o barro em qualquer coisa que queira, até remodelando-o se for estragado, Deus pode fazer o que quiser com seu povo. Ele tem o direito de lhes proferir bênçãos e então retirá-las caso eles se afastem dele. Ele também tem o direito de proferir juízo, mas depois abençoá-los caso eles se arrependam. Sanders diz que isso significa que Deus tem o direito de não cumprir uma profecia se as pessoas envolvidas não obedecerem. Porém, onde em Jeremias 18 Deus faz esse comentário? Deus instrui (v. 11) Jeremias a dizer a Israel que Ele está planejando juízo para eles e que o executará a menos que se desviem de seus maus caminhos. Esse é um exemplo legítimo de Deus ameaçando juízo. Também mostra que aqueles que falam de profecias condicionais (se é que é uma profecia) podem encontrar algumas passagens condizentes com essa categoria. O que devemos ver aqui, contudo, é como a lição objetiva de Deus usando o oleiro e o barro se encaixa nessa ameaça condicional de juízo. Assim como o oleiro pode fazer o que quiser com o barro, assim Deus também pode fazer o que quiser com Israel. Ele pode criar uma situação em que fará determinada coisa caso eles não se desviem de seus caminhos e outra se eles se desviarem.

Essa passagem ensina, como Sanders sugere, que Deus tem o direito de mudar seus planos para seu povo? Deus pode deixar de cumprir uma profecia se seu povo se arrepender? O modo como Sanders afirma esses pontos mostra suas pressuposições. Para Sanders, Deus mudar seus planos é um caso real de Ele não ter decidido inteiramente o que faria e estar aberto a mudanças em resposta ao seu povo. De acordo com a afirmação da visão aberta de que Deus não conhece nossas futuras ações livres, isso significa que Deus pode acabar fazendo coisas muito diferentes de seus planos originais. Para Sanders, isso não significa que Deus mudaria seu decreto, pois os defensores da visão aberta não acreditam que exista um decreto. Por outro lado, para um determinista que acredita haver um decreto, Deus já tem todas as contingências incluídas no que decretou. Ele realmente faz algo diferente do que foi anunciado, mas não diferente do que Ele decretou. No sentido sugerido por Sanders parece que Deus mudou seus planos, mas um determinista provavelmente diria que se trata de linguagem fenomenológica, descrevendo como as ações de Deus nos parecem. É claro que o que acabei de dizer trai pressuposições deterministas, então, qual interpretação sobre Deus mudar seus planos percebe essa passagem corretamente? Eu não acho que podemos escolher apenas Jeremias 18 a favor de qualquer uma das opções, porque a passagem não é uma exposição metafísica sobre o significado de imutabilidade etc.

Portanto, nenhuma posição é provada *apenas a partir dessa passagem*. Ainda, a passagem ensina a lição do oleiro e do barro. Deus é supremo e tem o direito de fazer o que quiser com suas criaturas. Essa verdade pode se encaixar coerentemente em um modelo de soberania geral ou específica da providência, mas parece se adequar mais ao último. Concordo com Sanders, no entanto, que essa passagem não ensina a pancausalidade divina de tudo; essa verdade aparece em outras passagens. Porém, como soberano, Deus tem o direito de fazer o que quiser, inclusive de agir de maneira contrária ao que Ele ameaça. Nada nessa passagem, porém, responde se a linguagem é fenomenológica ou se relaciona o que realmente acontece a partir da perspectiva de Deus.

Quanto à afirmação de Sanders de que a passagem ensina que Deus pode deixar de cumprir uma profecia de ruína se as pessoas se arrependerem, isso simplesmente confunde a questão. A passagem diz claramente que Deus julgará, mas então Ele implora que se arrependam. Assim, todo o versículo deve ser visto como uma declaração condicional, não como uma promessa categórica de juízo independentemente do que acontecer. Porém, então, Deus não está se abstendo de cumprir nenhuma profecia se as pessoas se arrependerem e Ele não trouxer juízo. A visão de Sanders faz parecer que Deus prometeu juízo incondicionalmente, mas as pessoas puderam fazer algo para fazê-lo anular essa promessa incondicional. Contudo, não é assim, porque o aviso do que Deus planeja fazer *inclui uma condição*. Quando o versículo é considerado em sua totalidade, Ele diz que haverá juízo a menos que se arrependam. Dada essa afirmação, não há como a profecia deixar de ser cumprida por causa do que ela promete. Promete-se juízo se Israel não se arrepender, e nenhum julgamento se Israel se arrepender. Essa ameaça inclui uma condição que permite que Israel se arrependa ou rejeite a oferta de perdão de Deus, e permite que Deus julgue ou renuncie ao juízo. Israel se arrependerá ou não. Se houver arrependimento, Deus está prometendo implicitamente abster-se do juízo (é impensável que, se Israel se arrepender, Deus ainda traga calamidade). Se não houver, Deus promete juízo. Em ambos os casos, a profecia será cumprida.

Em resumo, posso concordar com Sanders que duas das passagens acerca do oleiro e do barro não exigem que Deus decrete e cause todas as coisas. A terceira parece ter mais probabilidade de ensinar isso, e as três certamente dizem mais do que Sanders permite em relação ao poder e controle de Deus. Além disso, as passagens não provam que Deus se abstém de cumprir uma profecia em determinadas circunstâncias. O que é crucial, no entanto, é como o apóstolo Paulo usa essas passagens em Romanos 9. Aqueles que acreditam que uma passagem do AT deve ser usada no NT exatamente no mesmo sentido que no AT devem examinar mais cuidadosamente as passagens bíblicas envolvidas e ler exposições sobre como o NT usa o AT.[16] Em Romanos 9, Paulo usa claramente essas passagens para ensinar o controle soberano de Deus sobre tudo e seu direito de nos considerar moralmente responsáveis por fazer o que Ele decretou (9.19-22).

Isso nos leva a várias passagens importantes do NT, começando com o tratamento que Sanders dá a Romanos 9. Sanders vê Romanos 9 corretamente como parte de uma seção maior (9—11) sobre o lugar de Israel diante de Deus, já que rejeitou seu Messias. Ele também está certo quanto a Deus pretender salvar gentios e judeus, embora seja duvidoso que 9.6-16 defenda essa ideia (é mais clara no capítulo 11). Ainda, há muitos problemas com o modo como ele lida com Romanos 9. Para começar, Sanders parece pensar que o discurso sobre eleição no capítulo é sobre eleição para o serviço, não para a salvação. Contudo, como observam os comentaristas, na verdade o capítulo ensina uma dupla eleição. A primeira é a eleição para o privilégio, mencionada nos versículos 1 a 6. Israel como um todo é o povo escolhido de Deus, mas foi escolhido para receber os privilégios mencionados nos versículos 1 a 6.

Uma segunda eleição vai além da eleição para o privilégio e o serviço. Paulo observa que a eleição para o privilégio não significa que a pessoa tenha automaticamente uma relação correta com Deus. Os versículos 6 e 7 dizem que nem todos que descendem de Israel são Israel, como nem todos são filhos de Deus porque descendem de Abraão. O que isso poderia significar — ser de Israel, mas não ser Israel, e ser filho de Abraão, mas não ser um filho de Abraão? Paulo nos ajuda a entender essa questão em dois lugares. Em Romanos 4, Paulo ensina que as pessoas têm uma relação correta com Deus pela fé, assim como Abraão tinha. O capítulo inteiro esclarece o que significa ser um descendente espiritual de Abraão. Não tem nada a ver com obras externas, como a circuncisão, mas tem tudo a ver com a fé. A ideia principal de Paulo, então, no capítulo 9 (se concordar com o capítulo 4) é que o simples fato de Israel ter sido eleito para privilégio não o salva espiritualmente.

O contexto de Romanos 9 também nos ajuda a entender o que Paulo quer dizer, pois ele ensina que Deus, tendo eleito Israel para o privilégio, fez distinções adicionais dentro dele. Deus escolheu Isaque como filho da promessa em vez de Ismael, e Jacó em vez de Esaú. Agora, se essas escolhas forem apenas eleição para o serviço, o que Paulo diz é muito estranho. Ismael (rejeitado em favor de Isaque) é chamado de filho da carne (v. 8), e nos é dito que Deus odiava Esaú (v. 13). Ser da carne na Bíblia não é uma coisa positiva; normalmente se refere a não ser regenerado. Ser odiado por Deus também não é positivo. Porém, se Deus ter escolhido Isaque e Jacó em vez de Ismael e Esaú for puramente uma questão de serviço, por que Ele é tão negativo para aqueles que não foram escolhidos para o serviço? Deus também não escolheu os gentios para esse serviço, mas em nenhum lugar Deus diz que os odeia ou pensa que não são espirituais porque Ele não os selecionou para o serviço.

A impressão de que esta segunda eleição é mais do que apenas para o serviço é intensificada quando Paulo fala da forma como Deus lidou com o faraó. A escolha de endurecer o coração do faraó é vista como paralela à escolha positiva de Isaque e Jacó. De fato, todos os três servem aos propósitos de Deus de uma maneira ou de outra, mas isso não é tudo. Endurecer o coração do faraó claramente sela sua condenação espiritual diante de Deus. E Paulo resume todas essas ilustrações (v. 18) dizendo que Deus tem misericórdia de quem Ele quer e endurece a quem Ele quer. Tudo acaba dependendo de Deus. Certamente, o destino eterno do faraó e o fato de que Isaque e Jacó não apenas serviram a Deus, mas também tiveram uma relação espiritual positiva com Ele, tornam provável que essa segunda eleição seja eleição para a salvação, não apenas para o serviço. Além disso, à luz das intenções de Deus de que Isaque, Jacó e seus descendentes não apenas produzissem a semente prometida, mas também trouxessem o evangelho aos gentios, eles tinham de ser salvos.

Em seguida, voltamos ao modo como Sanders lida com o endurecimento do faraó. Sanders diz que Deus endureceu o coração do faraó, esperando que isso o levasse a si e que ele se arrependesse. Contudo, isso nunca foi dito em Êxodo ou em Romanos 9. Além disso, endurecer o faraó com essa intenção não faz sentido. As pessoas que vão a fundo no pecado e na rebelião contra Deus normalmente não se tornam mais abertas ao evangelho. Elas se tornam mais cegas espiritualmente; portanto, se esse é o jeito de Deus trazer o faraó para perto, isso é bem estranho. Além disso, Sanders ignora o que Paulo afirma ser o motivo do endurecimento do faraó. Paulo escreve (v. 17): "Porque a Escritura diz a Faraó: Para isto mesmo te levantei, para mostrar em ti o meu poder e para que o meu nome seja anunciado por toda a terra". O que isso significa? Exatamente o que eu disse quando abordei a criação, a saber, que as pragas no Egito eram todas juízos contra seus deuses, o que deu a Yahweh a oportunidade de mostrar seu poder sua superioridade sobre todos os deuses. Portanto, é duvidoso que Deus realmente tivesse a intenção de que o faraó se arrependesse.

Também é crucial notar que Romanos 9.17 cita Êxodo 9.16. Depois da praga dos tumores, Deus disse a Moisés que fosse ao faraó e lhe dissesse que dali em diante as pragas cairiam sobre a própria pessoa do faraó e do seu povo. Moisés deveria dizer que esses tipos de pragas teriam chegado mais cedo, mas, se o tivessem, o faraó e os egípcios teriam morrido; e se o faraó já tivesse morrido das pragas, não seria dada a Deus a oportunidade de mostrar seu poder da maneira que Ele queria. A ideia está clara: Deus não manteve o faraó vivo e endureceu seu coração para que ele entendesse a mensagem e se arrependesse. A razão que Paulo oferece é exatamente a razão que Deus deu a Moisés para falar ao faraó. Dizer ao faraó que Deus lhe permitiu viver para que Ele pudesse infligir mais juízo sobre o faraó e seu povo, a fim de que o nome de Yahweh fosse proclamado em toda a terra, dificilmente é um chamado ao arrependimento!

Tudo isso sustenta as alegações de que Deus tem controle absoluto sobre os eleitos e os réprobos. Ele tem misericórdia de quem quer e endurece a quem quer (Rm 9.18). A misericórdia não é estendida em virtude de alguma fé esperada ou mérito, pois, como na escolha de Deus por Jacó em vez de Esaú, a decisão não foi tomada com base em mérito, uma vez que foi tomada antes de eles nascerem ou terem feito alguma coisa (v. 11). Contudo, há outra questão digna de nota sobre a abordagem que Sanders faz. Em nenhum lugar de seu livro (de acordo com seu índice das Escrituras) nem na longa abordagem que faz de Romanos 9—11, Sanders menciona Romanos 9.17,18. Esses versículos cruciais revelam a intenção de Deus com o faraó e, em seguida, oferecem (v. 18) uma declaração concisa sobre a misericórdia e o juízo de Deus. Ainda mais revelador é que em nenhum lugar na extensa abordagem que faz de Romanos 9, Sanders discute o versículo 19.[17] Em vez disso, ele pula do versículo 16 para os versículos 20 e 21, referentes ao oleiro e ao barro, e afirma que esses versículos não defendem nenhuma outra ideia senão aquela defendida nos contextos do AT onde aparece pela primeira vez.

Não se trata apenas de exegese incorreta, mas também de um erro fatal. Os versículos 20-22 respondem ao ensino nos versículos 6-18 e especificamente à objeção levantada no versículo 19. Portanto, o que Paulo quer dizer ao citar as passagens sobre o oleiro e o barro deve ser visto no contexto da discussão anterior e nos versículos que vêm depois de 20-22. Porém, por que Sanders ignora a pergunta que evoca a resposta? Poderia ser por causa das implicações dessa pergunta e dos versículos que a precedem imediatamente (v. 17,18)? Paulo acabou de dizer que o que quer que aconteça, seja bom ou ruim, depende, em última instância, de Deus. Isso evoca a questão do versículo 19. Se Deus determinou tudo o que faremos, incluindo a teimosia do faraó e o nosso próprio pecado, por que Ele fica irado conosco por fazermos o que Ele predeterminou? Qual é o objetivo da pergunta? Ela admite o que Paulo vem ensinando, a saber, que Deus controla todas as coisas, e em seguida faz uma pergunta muito lógica. Se Deus decidiu à parte de nossos méritos ou deméritos (como quando escolheu Jacó em vez de Esaú) tudo o que acontecerá, por que nos consideraria culpados por fazer o que Ele escolheu?

Sanders e outros comprometidos com a soberania geral podem gostar deste versículo porque levanta a mesma questão que eles fazem aos sistemas calvinistas, embora não devessem gostar dele porque o versículo de fato concede a Deus o controle sobre tudo. E o versículo à luz da resposta de Paulo não deveria agradá-los. Se o que Paulo vem ensinando no capítulo 9 não significa que Deus controla todas as coisas, esse teria sido o momento perfeito para dizê-lo. Em resposta à pergunta (v. 19), Paulo poderia facilmente ter dito: "Devo ter enganado você; eu nunca disse que Deus decreta ou escolhe que façamos ações más. Posso ver como você se perguntaria como poderia ser justo nos considerar culpados pelo que Deus decidiu que faríamos. Porém, não estou dizendo que Deus decide tudo o que acontece". Porém, Paulo não diz nada desse tipo, ele responde à atitude retratada pela pergunta, mas sua resposta não faz nada para mitigar a ideia básica por trás da pergunta, a saber, que Deus decreta todas as coisas, até o mal. Paulo responde que, se não gostamos de ser responsabilizados por fazer o mal que Deus decretou, não temos o direito de brigar com Ele por isso, acusá-lo de cometer delitos ou julgá-lo e exigir que Ele explique como isso pode ser justo.

Muito mais poderia ser dito de Romanos 9, mas apenas acrescento que isso também aborda a afirmação de Cottrell de que a passagem fala apenas de eleição para o serviço. Além disso, é incrível que ele pense que a passagem ensina eleição condicional com base na fé de uma pessoa. Mais uma vez, o erro não é entender que um decreto incondicional tem meios para atingir fins. Os meios ou as condições para a salvação de alguém incluem sua fé, mas nenhum calvinista nega isso. Os calvinistas simplesmente dizem que os meios e fins foram decretados incondicionalmente. Também é revelador que a abordagem feita por Cottrell neste momento se baseie em Romanos 9.32, em versículos no capítulo 10 e em alguns versículos no capítulo 11. Ele simplesmente ignora a ideia defendida em 9.6-19 — de que as escolhas de Deus não foram feitas com base em nada que as pessoas envolvidas fizeram! Além disso, não deveria nos surpreender que o capítulo 10 fale sobre crença e descrença, pois isso também faz parte do ponto que interessa para Paulo. Embora Deus tenha escolhido todo o Israel para privilégios, e judeus específicos para o serviço e para a salvação, o capítulo 10 mostra que os israelitas que rejeitaram Cristo o fizeram voluntariamente; portanto, são justamente considerados culpados.

A seguir, voltemo-nos à abordagem que Sanders faz de 1Pedro 1.20, Efésios 1.4 e Atos 2.23. Sanders alega que os comentários sobre Deus predeterminar algo antes da fundação do mundo (1Pe 1.20 e At 2.23) simplesmente significam que Ele planejou que Cristo encarnasse como parte de seus planos gerais e Ele que previu que alguns ficariam irados o suficiente com Jesus para matá-lo. Essa interpretação não somente é contrária ao texto, mas também contradiz a própria posição de Sanders. Juntamente com outros defensores da visão aberta, Sanders afirma que Deus tem conhecimento presente, isto é, conhecimento exaustivo do passado e do presente, mas nenhum conhecimento de nossas ações futuras livres (no sentido libertário). Com o livre-arbítrio libertário, ninguém pode prever, nem mesmo nós, o que faremos. Mesmo que as circunstâncias pareçam ditar um curso de ação, sempre podemos fazer diferente. Além disso, os defensores do conhecimento presente normalmente negam que Deus tenha um conhecimento médio, conhecimento do que faríamos se colocados em determinada situação.

Após refletir, torna-se evidente que essas visões levantam grandes problemas para a interpretação que Sanders faz dessas passagens. Para começar, se Deus não conhece nossas ações futuras, por que Ele está fazendo planos "antes da fundação do mundo" (como dizem esses versículos) para corrigir erros que Ele não pode ter previsto que cometeríamos? Além disso, por que Ele planejaria que Cristo encarnasse? Dado o livre-arbítrio libertário, é possível que ninguém jamais pecasse; portanto, a encarnação de Cristo para morrer por nosso pecado seria desnecessária. É verdade que a encarnação teria servido a muitos fins positivos, mesmo que fosse desnecessária à nossa salvação, mas as Escrituras ensinam claramente que o principal objetivo da encarnação era operar a nossa salvação. Dado o livre-arbítrio libertário, "antes da fundação do mundo" Deus não poderia saber que isso seria necessário. Tendo apenas conhecimento presente e sem conhecimento médio, Deus não poderia sequer planejar que Cristo fosse Salvador em todos os mundos possíveis que precisariam de um salvador. Sem o conhecimento médio, Deus não saberia que um salvador seria necessário em quaisquer circunstâncias. Sanders também entende que a passagem de Atos 2 significa que Deus previu que alguém ficaria irado o suficiente com Cristo para matá-lo. Porém, mais uma vez, se Deus tiver apenas conhecimento presente, Ele não poderia prever isso, e se os humanos tiverem livre-arbítrio libertário, é possível que ninguém se irasse o suficiente para matar Cristo. Como os defensores da visão aberta dizem muitas vezes, a história envolve o inesperado e as surpresas, até mesmo para Deus. Porém, então, o que Deus está fazendo ao traçar planos antes da fundação do mundo como se soubesse o que acontecerá? Claramente, algo está errado, e não é o que Pedro escreveu e disse (At 2) ou o que Paulo disse!

A abordagem de Efésios 1.4 feita por Sanders está ainda mais distante do texto. Concordo que o versículo fala de eleição coletiva, mas depois disso eu me distancio da interpretação proposta por ele. Sanders diz que devemos entender o que essa eleição significa; não significa a escolha das pessoas por Deus, mas de um curso de ação e de condições pelas quais as pessoas serão consideradas como em Cristo. Presumivelmente, isso significa que Deus decidiu que qualquer um que cresse em Cristo seria salvo — esse é o método de salvação de Deus. De fato, é o método de salvação de Deus, mas não é isso que Efésios 1.4 diz que Deus escolheu. O que Ele escolheu foi um conjunto de pessoas. Na verdade, Ele as escolheu, diz o versículo 4, para serem santas e irrepreensíveis, mas Paulo e o restante do NT são muito claros quanto ao fato de que não se é santificado (santo e irrepreensível) a menos que seja primeiro justificado, e a justificação vem para aqueles que são preordenados e predestinados (Rm 8.29,30). Além disso, observe as palavras adicionais de Paulo em Efésios 1.5 sobre essas pessoas que Deus escolheu. Ele escreve: "nos predestinou para ele, para a adoção de filhos, por meio de Jesus Cristo, segundo o beneplácito de sua vontade". Claramente, isso não fala de Deus escolher um método de salvação, mas de pessoas a serem salvas!

Como compatibilista, vejo versículos como as passagens de Provérbios e Atos 2.23 como que se encaixando perfeitamente com o compatibilismo, pois mostram a atividade de Deus e do homem na mesma ação. Além disso, do ponto de vista da soberania específica, essas passagens fazem muito sentido na medida em que afirmam o controle de Deus, mas também mostram que seu decreto soberano não significa que deveríamos ficar inativos ou que não somos responsáveis por nossas ações. Além disso, passagens como Filipenses 2.12,13 fazem pouco sentido se o livre-arbítrio libertário estiver correto, mas fazem muito sentido se o compatibilismo estiver correto. Dizer que devemos operar nossa salvação porque Deus opera em nós para desejar e realizar o bom propósito da sua vontade significa uma de duas coisas: 1) a atividade de Deus em nós, dado o livre-arbítrio libertário, significa que não progredimos *livremente* em santificação; ou 2) em uma leitura compatibilista, Deus está soberanamente no controle e, ao mesmo tempo, agimos livremente porque fazemos o que queremos fazer. Os libertários não podem se dar ao luxo de 1) estar corretos e 2) se encaixar no compatibilismo.

Há outros argumentos bíblicos e teológicos para uma concepção compatibilista da soberania específica da providência, mas esta seção já está longa o bastante.[18] Na próxima seção, volto-me aos argumentos filosóficos que favorecem esse modelo de providência.

Considerações filosóficas

Além dos argumentos bíblicos e teológicos para um modelo determinista suave da providência, existem muitos respaldos filosóficos. Alguns respondem a objeções indeterministas, enquanto outros fornecem evidências positivas para o determinismo suave.

Controlando eventos, mas não ações

Alguns com a intenção de manter o livre-arbítrio libertário, ou simplesmente não convencidos de que a liberdade compatibilista funciona como descrito anteriormente, podem perguntar por que Deus não pode deixar as ações humanas indeterminadas e determinar apenas vários eventos que não envolvem a agência humana. Isso outorgaria a Deus controle suficiente (sem lhe dar controle total) sobre o que acontece em nosso mundo para garantir que seus propósitos gerais serão alcançados. Em um artigo escrito há algum tempo,[19] considerei essa proposta e a rejeitei. Eu ainda a rejeito pelas mesmas razões. Se ações e eventos em nosso mundo não estiverem conectados a outras ações e eventos, a proposta poderá funcionar. Porém, um mundo possível, incluindo o que Deus executou, é um mundo interconectado. Isso não significa que todo evento esteja de alguma forma ligado a alguma ação humana, mas isso não é necessário para que eu defenda minha ideia. Algumas ações dependerão da ocorrência de certos eventos e vice-versa, e se as ações tiverem de ser livres em um sentido libertário, há um problema para a proposta de que Deus controla e predetermina eventos, mas não ações.

Considere a situação a seguir como uma ilustração. Jane mora em Chicago e está ansiosa por suas férias de verão na Europa. Depois de verificar seu horário de trabalho e consultar um agente de viagens, ela vê que existem três opções básicas para sua ida. Ela pode sair na segunda-feira (5 de junho) ou na terça-feira, 6 de junho, em um voo diurno ou noturno. A decisão é dela, e Deus não predeterminou qual voo ela tomará. Na verdade, é possível que algo faça com que ela cancele a viagem, mas suponhamos que seja muito provável que ela vá fazer a viagem. Então, Deus preordenou três *eventos* separados. Um é que o voo da manhã de 6 de junho, várias horas após a partida, sem nenhum erro ou ação humana, explodirá subitamente, matando todos os passageiros a bordo. O segundo é que, na quarta-feira, 7 de junho, em Paris (os planos de Jane incluem ir para Paris por um dia e depois viajar no dia seguinte para o sul da França) estará chuvoso, com tempestades e relâmpagos, mas antes do anoitecer haverá um lindo arco-íris sobre a cidade que qualquer pessoa em Paris poderá ver. O terceiro evento que Deus preordena é que Jane será atingida e morta por um raio em Paris na tarde de quarta-feira, 7 de junho, durante a tempestade. Esses eventos não ocorrem por causa de quaisquer ações humanas que os causem; então, no modelo de soberania geral da providência que estamos considerando, Deus está preordenando esses eventos, mas nenhuma das ações de Jane deve se encaixar.

Antes de sua viagem, Jane, é claro, não sabe nada sobre esses três eventos. Ela sabe apenas que suas opções são sair segunda-feira à noite, terça-feira de manhã ou terça-feira à noite. Então, claramente há problemas pela frente para Jane, mas também há problemas para o controle soberano de Deus. Suponha que Jane decida pegar o voo de segunda-feira e chegue a Paris na terça-feira. Ela tem um ótimo dia, mas ao ouvir os boletins meteorológicos de que provavelmente haverá mau tempo na quarta-feira, ela sai de Paris na quarta-feira cedo. Nesse caso, o decreto de Deus sobre um raio atingi-la e matá-la não pode ser cumprido. Ainda haverá uma tempestade e relâmpagos no dia 7 de junho em Paris, mas as ações de Jane terão desfeito o que o Senhor supostamente poderia decretar e controlar.

Ou suponha que, quando Jane acordar na quarta-feira, já esteja chovendo forte, e os boletins meteorológicos sugiram que uma tempestade muito forte está indo na direção em que ela estará viajando. Ao ouvir essas notícias e já bem cansada por causa do *jet lag*, Jane fica em seu quarto pela manhã e, depois de almoçar no restaurante do hotel, volta para o quarto, deita e adormece. Ela dorme a tarde toda e finalmente acorda por volta das 18h. Está ensolarado lá fora e a tempestade passou, e quando olha pela janela, ela vê um lindo arco-íris sobre a cidade. Mais uma vez, Jane está segura, porque suas ações frustraram o evento que Deus decretou.

Suponha, em vez disso, que Jane saia de Chicago na terça-feira de manhã, 6 de junho. Na realidade, Jane entra no avião que Deus decretou explodir, mas Ele também decretou que Jane seria atingida pelo raio na quarta-feira à tarde em Paris. A decisão livre de Jane frustrou o plano de Deus novamente, pois ela não pode morrer em Paris e também no céu, sobre o Atlântico. Infelizmente, Jane pegou o voo e morreu na explosão. Seus amigos pensam que ela ainda estaria viva se tivesse tomado outro voo. Mal sabem eles os planos de Deus sobre o raio, mas em todo caso Deus não pôde cumprir seu decreto.

Considere agora a terceira opção de Jane, sair na terça-feira à noite. Jane pega esse voo, um pouco abalada pelas notícias da explosão do voo anterior, mas ainda determinada a sair de férias. O voo de Jane é seguro e tranquilo, chegando na quarta-feira de manhã em Paris, mas está chovendo, por isso o voo chega um pouco mais tarde do que o esperado, e mais chuva é prevista para o resto do dia. Jane passa pela alfândega e percebe que deveria ir para o hotel e relaxar. Ela chega, almoça e se deita para descansar por alguns momentos antes de sair para fazer um passeio turístico. Contudo, ela está exausta e cai em um sono profundo. Por volta das 9 horas daquela noite, ela acorda e se sente um pouco revigorada, mas olha para o relógio e percebe que dormiu toda a tarde e o começo da noite. Pior ainda, ela se pergunta se vai conseguir dormir mais naquela noite. Porém, há boas notícias para Jane. Embora não saiba, ela perdeu de ver um lindo arco-íris sobre a cidade por volta das 18h, mas também perdeu de ser atingida por um raio na quarta-feira à tarde. Os planos de Deus foram frustrados novamente. Na verdade, Jane morrerá algum dia em um tornado que Deus decretou passar pelo subúrbio de Chicago e destruir sua casa. É claro, quando planejou esse evento, Deus não imaginou que mataria Jane, porque já havia planejado a morte dela por um raio em Paris.

É claro, há pelo menos uma maneira de cumprir o decreto de Deus. Jane pega o voo na terça à noite e chega na quarta-feira de manhã. Tendo ouvido que a melhor maneira de começar a vencer *o jet lag* é não dormir até a noite em Paris, Jane decide fazer passeios turísticos na quarta-feira à tarde. Está chovendo, e ela sabe que deve continuar chovendo, mas acha que provavelmente não será tão ruim. Infelizmente, ela está enganada e é atingida por um raio na quarta-feira à tarde. Jane fez tudo livremente (no sentido libertário), mas o evento decretado por Deus também foi realizado.

O que devemos aprender com tudo isso? Os defensores da soberania geral que pensam que Deus pode controlar soberanamente os eventos sem controlar nossas ações não devem ser incentivados. Embora no último cenário as coisas funcionem bem para o evento planejado de Deus e para as escolhas livres de Jane, em todos os outros casos mencionados, a liberdade libertária de Jane, que Deus não pode controlar, frustra o evento planejado por Ele.

E certamente deve haver muitas decisões que cada um de nós toma todos os dias que são capazes de gerar cenários em que o evento planejado por Deus e suas consequências não podem ocorrer porque nossa livre escolha frustra seu plano. Logo, essa tentativa de modificar o controle total de Deus sobre tudo para o controle apenas dos *eventos*, a fim de que a liberdade libertária seja mantida, não terá êxito.

Que tipo de determinismo?

Antes de avançar um pouco mais, devo enfatizar o tipo de determinismo que adoto. Muitas formas de determinismo, em minha opinião, são inaceitáveis como relatos da ação humana. O determinismo nas ciências físicas (chamado muitas vezes de determinismo laplaciano) afirma que há leis da natureza tais que essas leis, mais o estado do mundo em qualquer dado momento, determinam causalmente o que acontecerá a seguir.

É fácil pensar que esse é o tipo de determinismo em mente ao se discutir a ação humana. De fato, alguns parecem até sugerir que, embora os humanos sejam seres animados e tenham vontade, os processos físicos ainda os impactam; portanto, deveria haver algumas leis do comportamento humano que (caso as conhecêssemos) tornariam as ações humanas tão previsíveis e regulares quanto as ocorrências da natureza.[20]

No Capítulo 13, observamos a análise de Lionel Kenner de diferentes tipos de causalidade. Entre os vários tipos, há uma distinção entre causalidade natural (que é obtida na ordem natural e nas ciências físicas) e causalidade nas ciências sociais (incluindo coisas como o comportamento humano). Se o tipo de determinismo que adoto fosse semelhante ao que Kenner chama de causalidade natural, inclino-me a concordar com ele que esse determinismo é incompatível com o livre-arbítrio em qualquer sentido. Contudo, essa posição provavelmente seria uma forma de fatalismo ou determinismo rígido, e tenho argumentado que, de qualquer modo, não se deve adotar nenhuma dessas posições. Elas não se enquadram nas Escrituras e, uma vez que entendemos que a ação humana envolve volições de agentes animados, não as reações de objetos e processos inanimados, vemos outras razões para rejeitar qualquer explicação determinista fatalista ou dura da ação humana baseada no determinismo nas ciências naturais.[21]

O que eu adoto ecoa ideias defendidas clara e vigorosamente por Edward Sankowski e Adolf Grünbaum. Como explicam, não existem apenas conceitos diferentes de liberdade, mas também noções diferentes de determinismo e causalidade. Algumas noções de causalidade envolvem compulsão, mas a compulsão *per se* não equivale à causalidade.[22] Eu enfatizo esse ponto por várias razões. Uma é que os deterministas precisam entender o tipo de determinismo que eles defendem para que, quando o associarem a conceitos teológicos, não acabem sustentando visões que quase correspondem a muitas caricaturas do calvinismo. Isso também é importante porque nos ajuda a avaliar argumentos contra o determinismo em geral e contra modelos de soberania específica da providência. Os críticos geralmente pressupõem que os defensores da soberania específica defendem o determinismo laplaciano e que, já que esse tipo de determinismo exclui a liberdade e exige que nossas ações resultem basicamente de fatores além do nosso controle, que existiam muito antes de nascermos, a soberania específica deve estar errada. Ninguém acredita seriamente, por exemplo, que o estado do mundo cem anos antes de nosso nascimento determinou causalmente nossas ações presentes.[23]

Quanto ao meu modelo próprio de soberania específica da providência, a essas alturas os leitores deveriam saber que ele rejeita o determinismo laplaciano e a causalidade natural como agentes no comportamento humano. Em vez disso, invoco o tipo de causalidade que Kenner diz prevalecer nas ciências sociais. De acordo com esse tipo de causalidade, é duvidoso que existam leis do comportamento humano que permitam prever o que um agente fará ou que determinem antecipadamente o que ele escolherá. Tudo o que meu modelo de providência exige é que, em qualquer situação em que um agente tome uma decisão, haja condições antecedentes de vários tipos (incluindo o caráter da pessoa, suas preferências, eventos que já ocorreram e a levaram ao ponto de decisão, e seu conhecimento dos vários argumentos e razões a favor das opções disponíveis) que, conjuntamente, são suficientes para inclinar a pessoa decisivamente a escolher uma opção em vez das outras. Meu modelo não exige que existam leis da natureza e processos físicos (ou de qualquer outro tipo) que garantam rigidamente o que um agente escolherá com precisão de máquina, e eu não defendo isso. Além disso, visto que meu modelo é determinismo *teológico*, acredito que Deus age em nosso mundo e que suas ações, ordens etc. também podem fazer parte da condição suficientemente complexa que leva uma pessoa a escolher uma opção em detrimento de outra. Isso é assim especialmente quando alguém escolhe o que é moralmente bom.

Os parágrafos anteriores esclarecem minha posição, mas também respondem a muitas reclamações da soberania geral sobre modelos de soberania específica da providência. Ou seja, muitos críticos da soberania específica pressupõem que seus defensores apoiam o determinismo laplaciano. Visto que é diferente, minha posição não é perturbada por objeções baseadas na ideia de que esse determinismo governa a ação humana. Também existem muitos argumentos positivos para uma posição como a minha.

Escolhendo uma ação

Um primeiro argumento positivo para meu modelo de providência é sobre como um agente escolhe uma determinada ação. Jonathan Edwards argumenta convincentemente a ideia em *Freedom of the Will* [Liberdade da vontade]. Uma das teses fundamentais de Edwards é que a vontade escolhe de acordo com os ditames do entendimento, ou, em outras palavras, a vontade escolhe de acordo com o motivo mais forte ou de acordo com o que parece o bem maior.[24] Edwards argumenta que se não houvesse algum fator ou fatores na situação que, conforme o agente delibera, "inclinasse a balança" decisivamente em favor de uma opção, o agente não escolheria. A ideia de que a vontade escolhe a partir de um estado de indiferença não faz sentido. Se uma pessoa não fosse parcial o suficiente para qualquer opção levá-la a essa escolha, ela simplesmente não faria uma escolha.

Isso não deve ser mal interpretado. Edwards não está argumentando a favor de algum tipo de causalidade ou necessidade natural. Tampouco ele nega que as causas das ações livres são os próprios agentes. A ideia dele trata da razão pela qual o agente escolheu uma opção em vez de outra. Os defensores da liberdade libertária frequentemente respondem que o agente apenas escolhe. Com isso, eles querem dizer que nada, além do próprio agente, foi uma causa suficiente para ele escolher e agir. De acordo com o espírito do argumento de Edwards, o determinista responderá que isso realmente não explica o que move o agente a agir, mas apenas reafirma a posição indeterminista. Se aceitarmos a alegação do indeterminista de que nada decisivamente moveu o agente a agir, não há razão para pensar que o agente agiria. É verdade que existem escolhas que todos fazemos com pouca preferência. Talvez, depois de tomar um banho, tenhamos escolhido nos secar com uma toalha vermelha ou verde. Se as duas estão limpas e disponíveis e se não preferimos uma cor à outra, o indeterminista diz que quando escolhemos uma, não há razão ou condição suficiente que nos levou a escolher esta e não a outra. Seguindo Edwards, o determinista responde que, se for assim, o agente não escolheria nenhuma delas. É claro, a escolha do agente não requer um longo processo deliberativo, com argumentos e evidências organizados para cada opção. O motivo da decisão pode ser bastante trivial (p. ex., ontem usamos uma toalha verde; portanto, por variedade, escolhemos a vermelha hoje), mas algo nos levou a escolher uma sobre a outra. Se nada, nem mesmo algo trivial, inclinasse a balança a favor de uma opção e não outra, não escolheríamos.

Essa linha de argumentação sempre me pareceu convincente e um problema para uma explicação indeterminista do livre-arbítrio. Refere-se a ações intencionais, não a ações não intencionais ou reflexas. De fato, as ações reflexas normalmente não exigem uma escolha de quem as executa. Também concordo que, às vezes, escolhemos fazer uma coisa, porém, algo completamente inesperado e involuntário ocorre; por exemplo, pretendemos dirigir nosso carro com segurança por um cruzamento, mas ao pressionar o acelerador, acabamos atingindo outro carro que também está passando pelo cruzamento. Com atos reflexos ou não intencionais, não podemos dizer que o resultado foi algo pretendido ou que houve fatores causais que nos convenceram a fazer o que aconteceu sem intenção. O argumento de Edwards e meu diz respeito a ações intencionais. Outro mal-entendido também deve ser evitado. Não estou dizendo que todo ato determinado causalmente é livre no sentido determinista suave. Às vezes, as causas de fato restringem o agente e, nesses casos, o agente não age livremente. Minha afirmação é que isso não é verdade para todos os atos causalmente determinados. E argumento que, a menos que os atos sejam determinados causalmente (por causas não restritivas ou restritivas), não há razão para pensar que o agente os teria praticado, e nenhuma explicação de por que o agente escolheu o ato escolhido, além de dizer que o agente apenas escolheu (e isso não é explicação).

As razões são causas?

Do argumento anterior surge outra questão e outro argumento para minha posição. Anteriormente, falei sobre agir a partir de motivos ou dos motivos mais fortes. Isso levanta a questão de se as razões podem ser causas. Trata-se de algo debatido pelos filósofos, mas um ponto de partida é esclarecer que tipos de causas as razões poderiam ser. Como alguns argumentam, é difícil imaginar as razões serviram de causas físicas ou naturais.[25] Eu concordo, mas, como já observamos, não estou falando sobre causalidade ou determinismo físico no mundo natural. O tipo de causalidade que proponho permite que razões sejam causas. Permite na medida em que o agente, ao considerar vários argumentos, razões e evidências, se vê persuadido a adotar um ponto de vista específico ou a realizar um ato específico. É claro que o movimento do corpo físico do agente provoca a ação, mas esse movimento físico deriva de estados mentais como intenções e escolhas que surgem da deliberação de como realizar o ato da melhor maneira, e esses estados mentais surgem como resultado de considerar várias razões a favor e contra a defesa de uma crença ou a realização de dada ação.

Os indeterministas poderiam responder de uma entre várias maneiras. Eles poderiam dizer que, uma vez que um ato feito por uma razão é determinado causalmente (a razão [ou razões] sendo uma grande parte da condição suficiente), nenhum ato livre é conectado a qualquer razão (ou razões) suficiente para inclinar o agente decisivamente em uma direção ou outra. Para essa resposta, eu diria (como Edwards) que, se um ato voluntário não for realizado por uma razão ou motivo decisivo, não há por que pensar que o agente agiria.

Uma segunda resposta indeterminista possível é que as pessoas agem por uma razão, mas isso apenas significa que o ato é produzido de modo contracausal. Como Patricia Churchland demonstra, se o oponente do determinismo argumentou isso, "trata-se de usar de falácia lógica. Ele precisa *mostrar* que agir por uma razão é comportamento não causado, e se sua convicção antideterminista é tão forte que relaciona 'agir por uma razão' com 'produzido de modo contracausal' analiticamente, isso só nos diz algo sobre a força de sua convicção, e nada sobre como o comportamento lógico é de fato produzido". [26] Se o indeterminista quiser dizer que agir por um motivo não é um exemplo de causalidade natural ou física, então se está de acordo. O que deve ser mostrado é que não é nenhum tipo de causalidade determinista. Defini-lo como tal é apenas usar de falácia lógica, como explica Churchland.

Existe outra maneira da qual os indeterministas poderiam responder a esse argumento e é sugerida pelas pessoas descritas anteriormente como indeterministas causais. De acordo com seus pontos de vista, as razões serviriam de causas ou funcionariam como tais, mas isso não envolveria nenhuma forma de determinismo. O argumento deles é que, embora no momento da tomada de decisão exista uma conexão causal entre os estados mentais do agente e a ação, antes de tomar a decisão nada dita quais razões o agente julgará mais significativas. Logo, escolher um curso de ação alternativo é uma possibilidade real, pois, a partir das razões, pode-se argumentar a favor de mais de uma opção, e nada anterior à decisão do agente dita qual argumento será julgado mais atraente. Quanto ao motivo pelo qual o agente escolheu uma opção específica, nenhuma lei comportamental rígida explicaria que aconteceu. O máximo que poderíamos fazer seria apontar para leis estatísticas/probabilísticas relevantes, ou seja, "leis" que digam que um agente (ou um grupo de agentes), quando confrontado com esses motivos em tais circunstâncias, normalmente escolhe a alternativa dois, por exemplo, não a opção um ou três.[27] Essa visão não está muito longe do quadro compatibilista que estou pintando, mas, se é equivalente ou não ao compatibilismo, a ideia básica que eu defenderia é que admite precisamente o que estou argumentando, a saber, que as razões podem servir como causas na medida em que fazem parte da condição suficiente para um ato enquanto oposto a outras alternativas.

O agente poderia ter feito diferente

Outra linha de objeção indeterminista a qualquer forma de determinismo é suficientemente forte e tão amplamente defendida que os deterministas acharam necessário responder. Eu creio que algumas de suas respostas não mitigam adequadamente a força das objeções do indeterminista, enquanto outras o fazem. O argumento é que, para que um ato seja livre, devemos ser capazes de dizer que o agente poderia ter agido de modo diferente do que agiu. Se esse for um critério crucial para um ato livre, nenhum ato causalmente determinado poderia ser livre, já que os deterministas normalmente dizem que, dadas as condições prevalecentes, o agente não poderia ter feito diferente. Porém, esse assunto ultrapassa a mera liberdade de um ato e vai até a responsabilidade moral por ele. Mais uma vez, defende-se amplamente que ninguém pode ser responsabilizado moralmente pelo que faz se não poderia ter feito de outro jeito. Se eles podiam ter feito diferente, mas não o fizeram, então temos a certeza de que eles fizeram o que realmente pretendiam e desejavam e, portanto, deveriam ser responsabilizados por isso. Se não podiam fazer diferente, então podem ser meras vítimas de forças que não podem ser vencidas, e é por isso que agiram como agiram. Nesse caso, não os consideraríamos moralmente dignos de elogio ou de culpa. Os indeterministas acreditam claramente que um agente atua livremente e é moralmente responsável pela ação somente se puder fazer diferente. Muitos deterministas concordam e, como concordam, pensam que sua forma de determinismo remove a liberdade e a responsabilidade moral.

Embora possamos questionar a alegação de que, para um ato ser livre, o agente tem de ser capaz de fazer diferente, não estou certo acerca do sucesso desse questionamento. Além disso, muitos deterministas, inclusive alguns deterministas suaves, acreditam que mesmo que ser capaz de fazer diferente seja um critério de liberdade, há muitos sentidos nos quais um determinista pode dizer que o agente poderia fazer diferente. Os deterministas ofereceram três estratégias básicas para mostrar que sua posição é compatível com o agente fazer diferente. Acredito que a primeira não funciona, mas a segunda e a terceira conseguem de fato atender às objeções indeterministas.

Pelo menos desde o artigo de J. L. Austin "Ifs and Cans" ["Condicionais e poderes"], muitos têm defendido que uma afirmação sobre o que um agente pode ou poderia fazer é realmente uma declaração condicional disfarçada. E quando entendemos corretamente a afirmação condicional, vemos que ela é compatível com o determinismo. Muita coisa tem sido escrita acerca do assunto pelos defensores e críticos desse argumento.[28] Embora muitos tenham tentado escrever essa análise condicional de maneira que seja tanto verdadeira como coerente com o determinismo, é duvidoso que qualquer uma das tentativas tenha êxito. Deixe-me oferecer exemplos de tentativas de interpretar condicionalmente afirmações do tipo "poderia ter". A abordagem que Peter van Inwagen faz dessa questão é especialmente convincente. Van Inwagen oferece várias formulações do condicional e mostra como elas erram. Como ele observa, uma versão diz que o que a proposição

> Smith poderia ter salvado a criança que estava se afogando
>
> "significa de fato" é
>
> Se Smith tivesse escolhido salvar a criança que estava se afogando, Smith teria salvado a criança que estava se afogando.

Embora pareça fazer muito sentido (os deterministas poderiam concordar com essa análise e sustentar que, mesmo com o determinismo, o agente poderia agir diferente), depois de uma análise mais aprofundada, a versão é deficiente. Suponha que Smith não saiba nadar, ou saiba, mas tenha um medo patológico de água. No primeiro caso, ele poderia escolher salvar a criança que estava se afogando, mas ainda não poderia fazê-lo por não saber nadar. No segundo caso, se ele pudesse fazer ele próprio escolher resgatar a criança, já que sabe nadar, ele poderia ter puxado a criança para fora da água, mas é duvidoso que ele pudesse fazer com que ele próprio fizesse essa escolha. Tudo isso mostra que, embora seja possível traduzir algumas atribuições de habilidade para formas condicionais, isso não é verdade para muitas delas.

Portanto, não é verdade que as atribuições de habilidade sempre podem ser traduzidas para alguma forma condicional coerente com o determinismo.[29]

Como diz van Inwagen, algumas afirmações do tipo "poderia", se traduzidas como condicionais, claramente não seriam verdadeiras. Não teríamos de pensar nelas por muito tempo para ver que o condicional não é uma maneira apropriada de traduzir a afirmação do tipo "poderia". Por exemplo, considere que "Napoleão poderia ter vencido em Waterloo" significa, na verdade, "Se Napoleão tivesse escolhido vencer em Waterloo, Napoleão teria vencido em Waterloo". Isso é claramente falso, e não é preciso ser um filósofo para perceber.[30]

Houve outras tentativas de traduzir afirmações do tipo "poderia ter" como condicionais, e van Inwagen as detalha e explica de forma convincente por que elas fracassam.[31] Deve haver alguma maneira que não seja objetável para se interpretar tais afirmações condicionalmente, mas acho que o determinista deveria seguir em outra direção. Isso me leva a uma segunda resposta determinista para essa questão. Essa resposta diz que, antes que possamos decidir se um determinista pode dizer que um agente poderia fazer diferente, precisamos entender o que significa poder fazer diferente. A resposta determinista anterior concordou, mas essa resposta não está voltada para uma análise condicional de afirmações do tipo "poderia". Em vez disso, diz que "pode" e "poderia" são termos ambíguos, e afirmações sobre o que o agente poderia ter feito podem ser entendidas de várias maneiras. O determinista argumenta que a maioria dos sentidos de o "agente poderia ter feito diferente" é verdadeira para uma explicação determinista da ação humana. Já ofereci esse argumento em algum outro momento, mas vale a pena repeti-lo.

Ao construir esse argumento, a obra de John Canfield, Winston Nesbitt e Stewart Candlish é especialmente proveitosa,[32] e meu argumento é adaptado a partir do que eles dizem. Existem vários sentidos nos quais se pode usar "pode" e "poderia", e a maioria são sentidos nos quais um determinista suave poderia dizer que o agente poderia fazer diferente. Portanto, se a capacidade de agir diferente for um critério para a ação livre, as ações realizadas compatibilisticamente são livres. Deixe-me descrever os vários sentidos de "poder".

Um primeiro sentido de "poder" é o de *capacidade*. Dizer que alguém pode fazer diferente significa que a pessoa tem a capacidade ou o poder de fazê-lo. Isso se refere tanto à capacidade de escolher quanto à capacidade de fazer. Por exemplo, se alguém optar por não ir a um campo de golfe em uma determinada tarde, essa pessoa ainda tem a capacidade de fazê-lo.

Ela poderia dirigir ou caminhar até o clube, ela é capaz de balançar os tacos de golfe e conhece as regras e os procedimentos do jogo. Portanto, seja lá o que for necessário para chegar ao campo de golfe e jogar está dentro de seu poder ou capacidade, mesmo que ela não faça nada disso. Por outro lado, alguém paralisado da cintura para baixo pode optar por caminhar 1.600m, mas não tem a capacidade de executar essa escolha.

Um segundo sentido de "poder" é o de *oportunidade*. "Poder", nesse sentido, envolve mais do que apenas as capacidades físicas ou mentais. É preciso estar em circunstâncias que permitam executar o ato. Considere o jogador de golfe novamente. Suponha que tudo acerca dele seja igual ao descrito acima, mas ele está preso por cometer um crime. Além disso, suponha que ele esteja preso em uma solitária. Nessas circunstâncias, ele tem a capacidade de jogar uma partida de golfe, mas não tem a oportunidade. É claro, uma pessoa também pode ter a oportunidade e a capacidade de fazer algo, mas abster-se. Ainda, no sentido de oportunidade de "poder", seria correto dizer que ela poderia fazer diferente.

Terceiro, há o que John Canfield chama de sentido de "poder" *consistente com a regra*. Aqui, o que se propõe fazer (ou o que se poderia fazer, mas não se faz) é coerente com todas as regras conhecidas. Por exemplo, em um jogo de xadrez, um jogador não pode tomar o rei do outro jogador sem antes colocá-lo em "xeque". Ou seja, as regras do jogo não permitem que um jogador capture o rei de um oponente sem antes colocá-lo em risco de ser tomado na próxima jogada. Por outro lado, um instrutor de condução veicular pode dizer a um aluno, "você pode ir a 55 quilômetros por hora nesta rua". Isso significa mais do que o aluno tem capacidade e oportunidade para dirigir. O professor também indica que as leis de velocidade permitem que ele dirija tão rápido. Dizer que ele não poderia dirigir a 88 quilômetros por hora em uma zona de 55 quilômetros por hora significa que fazer tal coisa seria incoerente com as regras, embora, é claro, ele tenha capacidade e talvez oportunidade de violar a lei.

Quarto, Canfield também delineia um sentido de poder *livre de consequência ruim*. Nesse sentido, ser capaz de fazer algo significa que se pode fazê-lo sem consequências danosas. Não ser capaz de fazê-lo significa que fazê-lo teria consequências ruins. Por exemplo, é muito improvável que nesse sentido eu *possa* pular do telhado de um prédio de dez andares. Não há regra contra isso, eu tenho a capacidade de fazê-lo, e posso até ter a oportunidade de fazê-lo, mas, se o fizesse, é duvidoso que eu pudesse evitar algumas consequências muito devastadoras.[33]

Também podemos usar "pode" ou "poderia" em outros sentidos. Um deles eu chamaria de sentido de *autoridade* de poder. Nesse caso, a pessoa que pode fazer algo tem autoridade para fazê-lo, independentemente de essa autoridade ser usada ou não. Como exemplo, poderíamos dizer que "embora Hitler tenha ordenado o genocídio dos judeus durante a Segunda Guerra Mundial, ele poderia ter parado a matança a qualquer momento. Ninguém mais poderia fazê-lo, mas ele poderia". A questão é que apenas alguém em uma posição de autoridade tem o direito de ordenar ou parar tal coisa. Outros podem ter a capacidade e a oportunidade de executar a ordem, mas não podem fazê-lo até que alguém com autoridade ordene uma ação específica.

Um sexto sentido de "poder" entende que seu significado seja "razoável". Ou seja, dizer que alguém pode fazer algo significa que existem boas razões para isso, a pessoa conhece essas razões e, à luz delas, realiza o ato. O que ela faz é exatamente o que esperaríamos, já que sabemos que ela é uma pessoa que pode ser persuadida pela razão. Por outro lado, quando alguém diz que outra pessoa não pode executar uma ação específica, pode significar apenas que não seria razoável fazê-la, já que todos os argumentos são a favor de prescindi-la. Podemos dizer a alguém com responsabilidades familiares e uma renda limitada: "você não pode pegar o salário que acabou de receber e desperdiçá-lo na pista de corrida". Então, essa pessoa certamente tem a capacidade de fazê-lo, e a oportunidade de ir à pista de corrida existe. Além disso, fazê-lo não quebraria nenhuma regra. Haveria consequências ruins se ela o fizesse (então, esse poderia ser o nosso significado), mas nossa questão básica pode ser que seria algo irracional e irresponsável de se fazer; todos os argumentos são contrários. Antes de deixar esse sentido de "poder", observo que muitas vezes quando um determinista moderado como eu diz: "dadas as condições prevalecentes, o agente não poderia ter feito diferente", isso não nega a capacidade ou a oportunidade do agente de agir diferente, mas apenas significa que não lhe seria razoável fazê-lo.

Um sétimo sentido de "pode" ou "poderia" é o sentido *condicional* mencionado antes. Isso não deve ser mal interpretado. Não estou dizendo que todas as evidências apresentadas contra a análise condicional das afirmações "pode" e "poderia" devam ser ignoradas. Eu concordo com essas objeções. No entanto, embora as objeções mostrem que essa é uma maneira inaceitável de entender *todas* as afirmações do tipo "pode", isso não significa que uma análise condicional jamais seja o que queremos dizer quando dizemos "pode" ou "poderia". Por exemplo, se eu disser a alguém: "você poderia ter ido ao cinema esta noite", posso querer dizer nada mais do que, de todas as opções diante dele para as atividades desta noite, ele poderia ter ido se quisesse, desejasse ou escolhesse fazê-lo. É claro, isso pressupõe que ele tem a capacidade e a oportunidade de fazê-lo, bem como razões para fazê-lo etc., mas ainda assim a questão básica pode ser que, se ele tivesse escolhido, ele poderia ter feito. Sem dúvida, algumas afirmações do tipo "pode" podem ser interpretadas dessa maneira, mesmo que a maioria não.

Finalmente, existe o que podemos chamar de sentido *contracausal* ou *libertário* de "poder". Dizer que alguém poderia ter agido diferente nesse sentido significa que, embora houvesse vários fatores causais aproveitando-se da vontade no momento da tomada de decisão, nenhum desses fatores individualmente, nem todos eles juntos, foram suficientes para inclinar decisivamente a vontade da pessoa para um lado ou outro. Assim, embora as causas possam ter apontado para uma escolha, o agente ainda poderia facilmente ter feito a outra. Se a pessoa não pudesse ter feito diferente nesse sentido, isso significaria que as condições causais eram fortes o suficiente para determinar a escolha de um jeito ou outro. Nesse caso, os libertários, ao dizerem que o agente não poderia fazer diferente, querem dizer que o que foi feito não foi feito livremente.

Ao considerar esses oito sentidos de "pode" e "poderia", deve-se perceber que tanto um determinista suave como eu quanto um indeterminista podem defender que um agente poderia ter ou não ter realizado uma ação específica em todos os sete primeiros sentidos de "pode". Ou seja, quando o agente tem capacidade, oportunidade, razão para agir etc., a partir de uma perspectiva indeterminista, o mesmo é verdadeiro do ponto de vista determinista suave. Da mesma forma, sempre que um agente não tem capacidade, oportunidade, razão para agir etc., de uma perspectiva indeterminista, o mesmo é verdadeiro para o determinismo suave. Portanto, se uma ação for considerada livre apenas se o agente pudesse ter agido diferente, então, nos primeiros sete sentidos de "poderia ter", o determinista suave tem o mesmo direito quanto o indeterminista de afirmar que o agente poderia ter agido diferente. E isso significa que o determinismo suave é considerado como liberdade tanto quanto a liberdade libertária.

A única área de desacordo entre o determinista suave e o indeterminista se refere ao oitavo sentido. Ninguém pode, de acordo com o determinismo, defender que um agente poderia fazer diferente nesse sentido, pois fazê-lo é adotar o livre-arbítrio libertário, o que contradiz o livre-arbítrio compatibilista. Porém, esse fracasso por parte do compatibilismo é um problema crítico? De maneira alguma, e deveríamos perceber isso uma vez que reconhecemos que é o oitavo sentido sobre o qual tanto deterministas como indeterministas argumentam. Isso acontece porque o oitavo sentido inclui a definição indeterminista de livre-arbítrio, e isso é algo que um determinista suave não consentirá. Se o indeterminista disser que, a menos que se diga que o agente poderia ter agido diferente nesse oitavo sentido, a posição da pessoa não é uma liberdade "real" ou "legítima", isso não é nada além de falácia lógica, ao exigir que uma definição indeterminista de liberdade esteja correta sem provar que está. Os deterministas suaves negariam que alguém possa fazer diferente nesse oitavo sentido (contracausal) de "poder", pois admitir que existem tais ações rebaixa o determinismo suave.

O resultado do exposto acima é que se os dois lados evitarem a falácia lógica (ou seja, nenhum exigir um sentido de "poder" que pressupõe sua definição de livre-arbítrio), então o determinista suave tem tanto direito quanto o indeterminista de dizer que, em sua explicação da ação humana, o agente pode fazer diferente nos primeiros sete sentidos. Não há uso de falácia lógica por parte dos primeiros sete sentidos de "poder" e "poderia". Porém, se poder fazer diferente for crucial para a liberdade, então o determinismo suave do tipo que eu defendo atende a esse critério e se qualifica como ação livre legítima. Exigir que o determinismo suave também seja compatível com "poderia" no sentido contracausal é usar de falácia lógica.

Há uma terceira linha de argumento que responde à objeção ao determinismo de que o agente tem de ser capaz de fazer diferente para que um ato seja livre. Refere-se à questão de se uma pessoa tem de ser capaz de fazer diferente para ser moralmente responsável. Visto que os indeterministas acreditam que qualquer forma de determinismo impossibilita que um agente faça diferente do que faz, os indeterministas também estão convencidos de que, se o determinismo for verdadeiro, ninguém jamais é responsável por seus atos, já que a responsabilidade moral depende de agir livremente. Contudo, é justamente esse princípio de que o agente tem de ser capaz de fazer diferente para ser moralmente responsável que tem sofrido ataque nos últimos anos.

Em um artigo extremamente influente, Harry Frankfurt questiona esse princípio, que muitas vezes é chamado de princípio de possibilidades alternativas.[34] Frankfurt apresenta exemplos de casos em que uma ação não apenas é determinada causalmente, mas, independentemente do que o agente fizer, haverá o mesmo resultado. No entanto, Frankfurt argumenta que em tais situações não faz sentido afirmar que o agente não é moralmente responsável por sua ação. Embora isso pareça estranho, há muitas ilustrações do que é conhecido como contraexemplos de Frankfurt. Deixe-me apresentar dois.

Primeiro, considere uma situação em que Pedro é carregado, enquanto está adormecido, para uma sala onde Paulo também está dormindo. Pedro é trancado na sala e não pode sair dela quando acordar, a menos que alguém destranque a porta. Finalmente ele acorda e tem o prazer de ver Paulo lá, porque ele não gosta de Paulo e se deleita em perturbá-lo. Em vez de sair da sala, ele espera Paulo acordar, sabendo que este ficará aborrecido ao vê-lo. Finalmente Paulo acorda e se enfurece quando vê Pedro. Então, neste caso, Pedro não poderia ter saído da sala mesmo que quisesse, mas isso significa que ele não é responsável por irritar Paulo? É duvidoso que neguemos tal responsabilidade, mas isso mostra que mesmo quando não há possibilidades alternativas abertas a uma pessoa, esta ainda pode ser moralmente responsável por suas ações. Portanto, o princípio de que a pessoa não é moralmente responsável a menos que possa fazer diferente, se é que é verdade, não é universalmente verdadeiro.[35]

David Hunt oferece um segundo exemplo:

> Jones mata Smith, e o faz sob condições que são tão favoráveis quanto possível à sua liberdade e responsabilidade, dada a seguinte peculiaridade. Existe um terceiro, Black, que deseja que Jones mate Smith e que possui um mecanismo capaz de monitorar e controlar os pensamentos de uma pessoa. Pensando que Jones poderá fazer o que ele deseja que Jones faça de qualquer maneira, mas não querendo ser decepcionado nessa expectativa, Black programa o mecanismo para monitorar os pensamentos de Jones em busca de evidências de suas intenções com relação ao assassinato de Smith, e para manipular esses pensamentos a fim de garantir o assassinato de Smith, caso pareça que Jones não obterá a intenção necessária de nenhuma outra forma. Na realidade, o mecanismo não precisa intervir no decorrer dos eventos, porque Jones vai em frente e mata Smith por conta própria.[36]

Em um caso como este, Frankfurt pensava que duas coisas básicas eram verdadeiras. Uma é que Jones era incapaz de deixar de matar Smith, dado o mecanismo de Black para controlar seus pensamentos quando necessário. Porém, por outro lado, também é bastante claro que Jones ainda é moralmente responsável por matar Smith. Somente porque não poderia realmente ter feito diferente não significa que Jones seja livre de culpa moral neste caso.[37] Como Randolph Clarke diz sobre esses tipos de exemplo, "Ela não poderia ter feito diferente; mas visto que o que faz com que ela não poderia ter feito diferente não a afeta causalmente, ela ainda pode ser responsável pelo que faz."[38]

Temos de esclarecer o que esses tipos de casos mostram e não mostram. A principal coisa que eles mostram é que há casos em que um agente não poderia ter feito diferente e, no entanto, a culpa ou o elogio moral deveriam ser avaliados. Logo, a regra de que o agente tem de ser capaz de fazer diferente para ser moralmente responsável não é sem exceção. Contudo, isso não significa que cada caso seja um caso excepcional. Em muitas situações em que o agente não poderia fazer diferente, não faria sentido avaliar sua culpa moral. Pense no caso em que um ladrão de banco força a funcionária a entregar o dinheiro que está no cofre. A operadora de caixa certamente tem a capacidade de fazer diferente, mas não poderia deixar de entregar o dinheiro, pois seria incabível se recusar nessa situação. Nesse tipo de situação, o ato não foi livre, mas é assim não apenas porque não havia outras opções legítimas que ela ousasse escolher, mas também porque ela foi forçada a fazer algo contrário aos seus desejos.

Contudo, esse último argumento tem a chave de por que, com os contraexemplos de Frankfurt, o agente é moralmente responsável, mesmo que ele não pudesse fazer diferente. A razão é que, nos casos de Paulo, Pedro, Jones e Smith, Pedro fica na sala porque ele quer irritar Paulo, e Jones mata Smith porque ela quer (e esses desejos não são manipulados por Black). Então, um indeterminista poderia muito bem dizer que Pedro e Jones não são realmente livres em parte porque não poderiam fazer diferente, e também porque seus atos foram determinados causalmente por seus desejos e por quaisquer outros fatores que os levaram a agir. Por outro lado, um determinista suave diria que, uma vez que as forças desconhecidas externas a Pedro e Jones não entraram no que eles decidiram e fizeram, e já que agiram de acordo com seus desejos, eles agiram livremente, mesmo que, se tivessem tentado agir de maneira diferente, teriam sido impedidos de fazê-lo. E quando se age livremente nesse sentido compatibilista, se é moralmente responsável. Apenas os indeterministas concluem que não poder fazer diferente sempre remove a liberdade e a responsabilidade moral. Contudo, as situações do tipo Frankfurt sugerem que os indeterministas estão errados nessa questão.

Nos casos do tipo Frankfurt, portanto, ser incapaz de fazer diferente (porque algo torna o resultado inevitável) não remove os motivos para se avaliar a culpa ou o elogio moral. Nesses casos, a culpa ou o elogio são avaliados adequadamente porque o agente faz o que quer ou deseja fazer, apesar do fato de que não poderia fazer nada mais. Isso condiz com o que deterministas suaves como eu defendem, a saber, que a liberdade e a responsabilidade moral dependem de o agente agir de acordo com seus desejos. Os indeterministas poderiam dizer que seu ato não era livre em um sentido libertário, mas era moralmente responsável. De fato, essa é uma posição estranha, mas tanto pior para o indeterminismo.

É claro, isso não significa que toda vez que alguém não pode fazer diferente nós temos um caso do tipo Frankfurt. Além disso, quando um agente não pode fazer diferente porque seria imprudente fazê-lo, ou porque não há oportunidade etc. de fazê-lo, invariavelmente ele também faz o que faz contrariamente aos seus desejos. Nesses casos, nem deterministas nem indeterministas diriam que ele agiu livremente e nem o considerariam moralmente responsável.

Toda esta discussão sobre a capacidade de um agente agir diferente mostra que a questão é muito mais complexa do que se poderia pensar, e não está claro que a imagem esteja prejudicando uma posição determinista suave como a minha. De fato, Daniel Dennett afirmou recentemente que mesmo que alguém não pudesse fazer diferente, não seria importante a questão de ele ser livre ou moralmente responsável. Ele afirma isso por várias razões, mas deixe-me oferecer apenas duas. Dennett espera que seja impossível fazê-lo torturar uma pessoa inocente oferecendo-lhe mil dólares para fazê-lo. É claro, se um estranho malvado estivesse prestes a destruir o mundo a menos que Dennett torturasse a pessoa, isso poderia fazer diferença, mas Dennett pensa que essa situação contrária é suficientemente diferente de receber mil dólares em uma situação normal para torturar uma pessoa, de modo que essa nuance não prova nada sobre o que ele faria na situação normal. Dennett relaciona isso à responsabilidade moral nesse caso, conforme segue:

> Aqueles que apreciam o princípio do CDO [*could have done otherwise*, poderia ter feito diferente — minha inserção] estão sempre insistindo que deveríamos examinar se poderíamos fazer diferente *exatamente* nas mesmas circunstâncias. Eu alego algo mais forte; afirmo que não poderia fazer diferente mesmo em algum caso meio semelhante. Eu *jamais* concordaria em torturar uma pessoa inocente por mil dólares. Afirmo que não faria diferença o tom de voz usado pelo subornador, ou se eu estivesse cansado e com fome, ou se a vítima indicada estivesse bem na luz ou parcialmente escondida nas sombras. Eu sou, espero, imune a todos esses esforços.

Então, por que as intuições de alguém sugeririam que, se eu estiver certo, então, se e quando eu tiver ocasião de recusar tal oferta, minha recusa não seria considerada como um ato responsável?[39]

Tudo isso condiz com o que Dennett argumenta em seu livro *Elbow Room* [Espaço de manobra] e o que Susan Wolf argumenta em *Freedom Within Reason* [Liberdade dentro da razão]. Eles descrevem casos em que um agente tem um caráter moral muito bom e vê com muita clareza o que é certo e por que aquela pessoa não consegue fazer nada além do que é certo. O fato de que o agente nesses casos não poderia fazer diferente não nos levaria a dizer que ele não é digno de elogio (em um caso oposto em que uma pessoa age com um caráter legitimamente mau, não deixaríamos de atribuir culpa). Porém, então, isso mostra que "ser capaz de fazer diferente" não pode ser um requisito, em todo caso, para ser moralmente responsável.[40]

Dennett oferece uma segunda razão pela qual realmente não deveria importar para a responsabilidade moral se um agente poderia fazer diferente. Alguns acham que deve haver leis da natureza e condições que determinam o que acontece em nossos cérebros físicos, se o determinismo for verdadeiro. Eles também acreditam que isso nos diz se poderíamos fazer diferente. Dennett explica por que isso seria desastroso para a determinação da responsabilidade moral:

> Se nossa responsabilidade realmente dependesse, como insiste essa grande tradição filosófica, da questão de saber se poderíamos alguma vez fazer diferente do que de fato fazemos *nessas circunstâncias exatamente*, seríamos confrontados com um problema muito peculiar de ignorância: seria improvável ao extremo, dado o que parece ser o caso na física agora, que alguém soubesse se teria sido responsável algum dia. Pois a ortodoxia de hoje é que o indeterminismo reina no nível subatômico da mecânica quântica; portanto, na ausência de qualquer argumento geral e aceito para o determinismo universal, é possível que todos saibamos que nossas decisões e ações são verdadeiramente os efeitos macroscópicos ampliados das indeterminações de nível quântico que ocorrem em nossos cérebros. Porém, também é possível que todos saibamos que, embora o indeterminismo reine em nossos cérebros no nível da mecânica quântica subatômica, nossas decisões e atos macroscópicos são todos, eles mesmos, determinados; os efeitos quânticos também poderiam bem ser autocanceladores, não amplificados (como se pelos contadores

orgânicos de Geiger nos neurônios). E é extremamente improvável, dada a complexidade do cérebro até mesmo no nível molecular [...], que um dia possamos desenvolver boas evidências de que qualquer ato específico foi um efeito de larga escala de uma indeterminação subatômica crítica. Portanto, se a responsabilidade de alguém por um ato dependia de saber se, no momento da decisão, essa decisão (já) fora determinada por um estado anterior do mundo, barrando então um retorno triunfante do determinismo universal em microfísica (que excluiria toda responsabilidade nessa perspectiva), são grandes as chances de que nunca tenhamos *qualquer* motivo para acreditar em qualquer ato específico pelo qual esse alguém foi ou não responsável. A diferença crítica seria totalmente inescrutável a partir de qualquer ponto de vista privilegiado macroscópico e praticamente inescrutável a partir do mais sofisticado ponto de vista privilegiado microfísico imaginável.[41]

Ou seja, se tivéssemos de saber se o agente poderia ter agido diferente no sentido da relação dos estados mentais com os cerebrais (e das leis e dos processos físicos envolvidos), não teríamos esperança de atribuir qualquer elogio ou culpa moral por qualquer ato. Para Dennett, isso mostra que saber de fato se o agente estava fisicamente determinado dessa maneira não é possível e, portanto, saber se o agente poderia ter feito diferente não importa. Para aqueles que defendem que a mente é imaterial e que não está claro como os estados físicos de nossos cérebros afetam os fenômenos mentais, torna-se ainda mais difícil saber, dado o conhecimento atual sobre essas coisas, se o agente realmente poderia ter feito diferente. Porém, como Dennett argumenta, seria cômico, sem o tipo de informação mencionado, abster-se neste ponto de atribuir responsabilidade moral às ações.

Em resumo, passei muitas páginas discutindo a possibilidade de fazer diferente, porque é uma queixa importante que os indeterministas levantam contra o determinismo em qualquer de suas formas. Minha opinião é que um entendimento apropriado e completo de todas as questões envolvidas é totalmente coerente com qualquer coisa que o determinista suave diria sobre a liberdade humana e sobre a responsabilidade moral. O ponto adicional, à luz dos casos do tipo Frankfurt e das questões levantadas por Dennett e Wolf, é que há muitos casos em que a possibilidade de o agente fazer diferente (e se sabemos disso) em certo sentido é irrelevante para lhe atribuir culpabilidade moral. Independentemente da possibilidade de se pensar que o ato é indeterminado ou causalmente determinado, mas sem restrições, o ato pode ser livre e moralmente responsável.

A liberdade libertária e o argumento ontológico

Wesley Morriston oferece outro argumento filosófico para o compatibilismo. Morriston observa a grande importância da obra de Alvin Plantinga na filosofia da religião e na teologia filosófica. O trabalho anterior de Plantinga continha uma defesa do argumento ontológico e uma versão muito sofisticada da defesa do livre-arbítrio em resposta ao problema do mal. A defesa do livre-arbítrio repousa no livre-arbítrio libertário, e Morriston acredita que quando a liberdade libertária se une ao que Plantinga diz sobre o argumento ontológico, gera-se uma contradição. Eu acredito que o argumento de Morriston é convincente e é forte contra o livre-arbítrio libertário.

Como Morriston observa, Plantinga chama o livre-arbítrio libertário de "liberdade significativa". Tem a ver com o agente ser livre para executar uma ação ou abster-se dela porque nenhuma condição antecedente e/ou leis causais determinam o que o agente fará. Quanto às questões morais, essa liberdade nos dá a capacidade de escolher o bem ou o mal, e sem essa liberdade não poderíamos concretizar a bondade moral em nossas vidas. Embora permita a possibilidade do mal moral, essa liberdade também possibilita a bondade moral em nossas vidas.[42]

Tudo isso é ocorrência libertária comum, mas então Morriston passa para a abordagem que Plantinga faz do argumento ontológico. A questão principal é a explicação que Plantinga dá da máxima grandeza e máxima excelência. Plantinga define esses conceitos da seguinte maneira:

(27) Um ser só tem grandeza máxima em um dado mundo se tiver excelência máxima em todo mundo.

(28) Um ser só tem excelência máxima em um dado mundo se tiver onisciência, onipotência e perfeição moral nesse mundo.[43]

Dadas essas definições, suponha que Deus exista e possua a máxima grandeza. Se (27) e (28) forem considerados em conjunto, então Deus é moralmente perfeito em todos os mundos possíveis. Porém, a perfeição moral é incompatível com qualquer delito; portanto, em nenhum mundo possível Deus faz o mal. Isso também é doutrina cristã padrão, e os cristãos acrescentariam que a santidade absoluta de Deus exige mais do que Ele poder fazer o mal, mas sempre se abster. Em vez disso, exige que seja impossível a Deus, em virtude de sua natureza, pecar. Porém, isso significa que sua natureza determina que, em questões morais, Ele tenha apenas uma opção; Ele sempre tem de escolher o bem.[44]

Embora os comentários sobre liberdade sejam ocorrência libertária comum e os comentários sobre perfeição moral divina sejam ocorrência comum para muitas tradições religiosas, inclusive o cristianismo, quando as duas se juntam, um problema fascinante surge para o libertário. O problema é que se um agente tem de ser capaz de realizar um ato ou se abster dele para ser significativamente livre, então, em relação às suas próprias escolhas e ações morais, um Deus moralmente perfeito não pode ser significativamente livre. Consequentemente, Ele não pode de fato ser moralmente bom, embora possa ser o exemplo de outros tipos de bondade. Com o livre-arbítrio libertário, alguém que somente pode fazer o bem não é um modelo moral, nem alguém que não pode fazer outra coisa senão o mal é um réprobo moral. Tais agentes não são significativamente livres (no sentido libertário), portanto não podem ser agentes morais e, consequentemente, não podemos elogiá-los nem culpá-los. Como Morriston resume o problema,

> O problema, em suma, é que os pressupostos da defesa do livre-arbítrio implicam que a bondade moral não pode ser uma propriedade essencial de qualquer pessoa, enquanto as premissas do argumento ontológico implicam que a bondade moral é uma propriedade essencial de pelo menos uma pessoa, a saber, Deus. Então, ou Deus é "significativamente livre", mas então não pode ser, em essência, moralmente bom, pois isso tornaria impossível fazer o mal e, se fazer o mal fosse impossível, descartaria o livre-arbítrio libertário, ou Deus é, em essência, moralmente bom, como exige o argumento ontológico, mas então Ele não poderia ser significativamente livre no sentido libertário exigido pelos defensores da liberdade libertária. E certamente isso seria estranho, na medida em que as criaturas humanas de Deus são significativamente livres, mas Ele não é![45]

Parece bastante claro que qualquer teísta cristão evangélico exigiria que Deus fosse moralmente e essencialmente perfeito. Porém, os cristãos também exigiriam que seu Deus fosse livre. Contudo, no livre-arbítrio libertário parece que Deus não pode ser ambos. Acredito que esse é um problema significativo para qualquer pessoa comprometida com o livre-arbítrio libertário e qualquer sistema teológico que o inclua. Por outro lado, não há problema para um sistema determinista suave como o meu. Pois Deus pode ser, em essência, moralmente bom e ainda ser livre no sentido compatibilista. Ou seja, as ações de Deus são determinadas em grande parte por sua natureza. Assim, nas decisões morais, Ele não pode fazer nada além do que é moralmente correto; sua natureza exige e determina que seja assim. Porém, com o compatibilismo, isso não elimina de modo algum a liberdade divina. Visto que seus atos sempre decorrem de seu caráter, seria difícil argumentar que Ele age debaixo de restrição, ou seja, contra seus desejos. Quando confrontado com uma escolha moral, é difícil imaginar que Ele escolha o oposto de seus desejos ou suas vontades. Mesmo sua escolha de concretizar um mundo possível (o nosso) contendo em si o mal não é uma escolha que Ele teve de fazer ou foi forçado a fazer contra seus desejos de criar.[46] O modo pelo qual o mal nesse mundo se ajusta a um Deus que não o deseja e, aparentemente, tem poder para removê-lo será trabalhado no capítulo sobre o problema do mal. Porém, nada disso significa que quando se tratou de escolher criar ou não, e escolher qual mundo criar, Ele acabou criando um mundo que não desejava criar. Assim, de acordo com o compatibilismo, as ações *de Deus* em questões morais são livres, mesmo que sua perfeição moral garanta que Ele poderia escolher somente o bem. Um modelo de soberania específica da providência como o meu pode resolver esse problema, ao passo que é um grande problema para os defensores do livre-arbítrio libertário.

Outras objeções indeterministas

Agora, deixe-me responder a vários argumentos filosóficos para a liberdade libertária. O primeiro é o argumento da consequência, e inicialmente observo que sua noção de causalidade e determinismo invoca a inclusão de leis e do completo estado do universo no momento em que um ato ou evento ocorre. Como vimos, esse tipo de causalidade e determinismo é apropriado se o tema for determinismo nas ciências naturais ou físicas. No entanto, quando se trata de ciências sociais, que lidam com ações humanas, não está claro que tais leis que cobrem o comportamento humano existam. Além disso, se existirem tais leis, elas provavelmente não são nada mais do que leis estatísticas ou probabilísticas que declaram o que os seres humanos geralmente fazem nessas situações. É claro, se não houver leis de comportamento, ou apenas leis estatísticas, prova-se falso o argumento da consequência em relação ao comportamento humano.

Além disso, o fato de que a causação e o determinismo envolvidos no argumento da consequência são determinismo e causação naturais ou físicos, também é visto nas alegações do argumento sobre uma descrição completa das condições no mundo. O argumento parece presumir que as condições têm de ser idênticas ou imperceptivelmente diferentes de outras tais condições, pois, se não, e se não houver leis causais constantemente aplicáveis que incluam tais casos, como poderíamos deduzir que apenas essa combinação de leis e circunstâncias produziria o resultado esperado? Na esfera natural, podemos falar de situações repetíveis e idênticas e do que, de acordo com as leis aplicáveis, aconteceria em tais circunstâncias. Portanto, o argumento parece pressupor que o que é verdade sobre condições físicas também é verdadeiro em relação ao comportamento humano. Porém, dada a complexidade da natureza humana (e dadas as diferenças de personalidade), como poderíamos ter certeza de que quaisquer duas situações seriam idênticas? Mesmo que seja a mesma pessoa nas duas situações, as pessoas mudam com o tempo e até aprendem com as experiências passadas. Portanto, é duvidoso que o estado do mundo seja idêntico em relação ao comportamento humano de tempos em tempos, e se for assim, como podemos falar sensatamente de leis que garantem o mesmo resultado sempre? Não podemos, mas observo ainda que isso não significa que o que um agente faz em qualquer situação não seja determinado causalmente. Significa apenas que o tipo de garantia que o argumento requer baseia-se em um tipo de determinismo que não se aplica às ações humanas. Logo, embora o argumento possa ser sólido em relação à causalidade física e natural, é dúbio em relação à ação humana.

Um segundo problema com o argumento deriva da minha análise dos diferentes sentidos de "poder". O argumento afirma que o juiz não pode levantar a mão se o determinismo for verdadeiro, mas o que significa "poder"? Certamente, o juiz tem a capacidade de levantar a mão. Ele também tem a oportunidade de fazê-lo e de uma maneira que faria diferença na vida do acusado. Além disso, não haverá consequências ruins para ele mesmo caso levante a mão, ele tem autoridade para fazê-lo, e nenhuma regra o proíbe de levantar a mão. Van Inwagen diz que o juiz decidiu depois de considerar as evidências calma e racionalmente. Isso se encaixa em outro sentido de "poder". Van Inwagen não diz se o argumento é persuasivo contra o criminoso de modo que seria irracional deixá-lo ir, ou se é fraco de modo que não seria razoável executá-lo. Isso é de se esperar, uma vez que razões e argumentos não importam muito para a forma de determinismo que van Inwagen trata. Contudo, o comportamento humano não é governado por esse tipo de determinismo, logo, razões e argumentos são importantes sim. Se o argumento for muito forte em uma direção ou outra, o juiz poderá não ser capaz de fazer o oposto no sentido de que seria irracional fazê-lo, mas isso é muito diferente de dizer que o juiz não poderia levantar sua mão em razão de coisas que aconteceram bem antes de ele nascer. Se o argumento for um tanto inconclusivo, o juiz poderia levantar a mão, na medida em que seria razoável fazê-lo. Tudo isso mostra que, em uma análise cuidadosa do que poderá significar dizer que o juiz não poderia levantar a mão, o determinista suave pode refutar o argumento de van Inwagen. Ele pode criar problemas para formas fortes de determinismo, mas não está argumentando contra o determinismo suave.[47]

Um compatibilista pode responder ao argumento indeterminista sobre deliberar acerca do inevitável? Eu acredito que sim. Mais uma vez, o argumento pressupõe o determinismo rígido das ciências naturais que van Inwagen deseja aplicar ao comportamento humano, mas isso é problemático, pois o comportamento humano não é nem de longe tão previsível quanto os processos naturais. Em meu modelo determinista suave, Deus predeterminou tudo o que faço e, quando eu realizar qualquer ato, haverá condições causalmente suficientes para me levar a fazê-lo. Porém, como eu não sei de antemão o que Deus decretou acerca de minhas ações, na maioria dos casos, embora dado ato seja predeterminado antes da fundação do mundo e seja determinado causalmente, não há incoerência em minha deliberação acerca do que fazer. Pelo que sei, Deus pode ter predeterminado que eu passe por esse processo deliberativo, porque sem ele eu não teria ideia do que fazer. Portanto, em meu modelo determinista suave, não há razão para pensar que eu não posso ou não deveria deliberar acerca de realizar dada ação.

Ainda há mais uma resposta. Mesmo que admitamos o argumento de van Inwagen, o tipo de determinismo que ele tem em mente, Bruce Waller argumenta que ainda faz sentido deliberar acerca do inevitável. Como diz Waller, parte do problema com o argumento de van Inwagen é que o caso que ele oferece é muito simples e a resposta é óbvia demais. Van Inwagen imagina alguém em uma sala com duas portas, e essa pessoa acredita que uma porta está destrancada e a outra está trancada e é intransponível. A pessoa na sala não sabe qual está trancada. Isso é muito simples, porque uma opção é literal e obviamente barrada. Waller diz que a deliberação é removida pela importância, não pela inevitabilidade da conclusão. Da mesma forma, não se pode deliberar se alguém vai caminhar ou voar para a esquina, mas se pode deliberar sobre caminhar ou dirigir, mesmo que pensássemos que a eventual escolha seria inevitável.[48] Waller diz que a possibilidade de deliberar acerca de um resultado inevitável pode mostrar-se lógica se imaginarmos um caso mais complicado, tal como uma situação em que alguém tenta decidir em qual cavalo apostar em uma corrida com obstáculos. Waller explica:

> Sou um determinista e acredito que minha escolha final é completa e exclusivamente determinada (pela minha história de aprendizado, pelo meus antigos padrões de reforço, pelas atuais influências sobre mim): minha aposta será o resultado causal desses fatores determinantes, e eu não poderia escolher diferente do que escolherei. Então, eu acharei impossível deliberar acerca de várias opções, já que acredito que apenas uma é realmente possível? Certamente não. Pois ainda tenho de executar o processo de deliberação determinado a fim de chegar à minha escolha da aposta; assim como ainda tenho de ir até o balcão de apostas, mesmo que eu acredite que está determinado que chegarei a esse balcão. Reconheço que o meu processo de deliberação — incluindo minhas crenças, memórias, esperanças, mudança de conhecimento das chances, dos jóqueis e das condições climáticas — é uma parte essencial da minha escolha entre vários cavalos. Embora esse processo de deliberação esteja completamente determinado, não será menos que um processo de deliberação legítima e não será menos importante na escolha de um capricho (ainda desempenhará um papel causal em determinar minha aposta). Sem esse processo de deliberação (se em vez disso eu apostasse em um nome atraente ou meu processo de raciocínio fosse prejudicado por drogas), a seleção final provavelmente seria bem diferente. Está determinado *que* eu deliberarei, *como* deliberarei e qual será o *resultado* da minha deliberação; mas por que qualquer um desses deveria impedir a deliberação ou diminuir sua importância?[49]

Isso parece correto por vários motivos. Para começar, há muitos cavalos na corrida e seria possível escolher qualquer um deles. Ao contrário da sala com uma porta trancada, não há razão por que, se for escolhido algum cavalo na corrida, não se poderia, na verdade, apostar nele. Sabendo disso, é legitimamente possível deliberar acerca de qual escolher. Além disso, acredito que Waller está certo, porque todos os fatores que determinarão uma decisão e de que modo interagirão para isso são desconhecidos da pessoa no momento em que ela decide acerca da aposta. Se ela conhecesse todos esses fatores e soubesse o resultado inevitável, haveria pouca necessidade de deliberar, mas ela não sabe essas coisas, por isso faz sentido deliberar. Waller argumenta que mesmo que o resultado seja conhecido de antemão porque alguma máquina calcula todas as variáveis e nos diz o que faremos, ainda faz sentido deliberar, mesmo que apenas porque o cálculo e a previsão da máquina podem nos surpreender. Pensamos que a melhor opção era um cavalo diferente e, por isso, consideramos tudo meticulosamente para ver de que modo isso confirma a previsão.[50] É claro, na corrida de cavalos, como na maioria de nossas ações, não temos uma previsão antes da nossa escolha. Portanto, embora nosso ato seja determinado causalmente, ainda faz sentido nós deliberarmos.

À luz de todas essas considerações filosóficas, concluo que não apenas é possível que um modelo de soberania específica compatibilista da providência seja verdadeiro, mas também bastante plausível pensar que seja. Quando combinado com os argumentos bíblicos e teológicos também apresentados, acredito que é o melhor modelo para explicar o controle providencial de Deus sobre o nosso mundo. No entanto, é mais interessante do que parece, pois há mais dois temas a serem considerados nos próximos dois capítulos.

Capítulo Quinze

A QUESTÃO DA LIBERDADE E DO PRÉ-CONHECIMENTO

Em vários momentos deste livro, eu disse que há um problema em relacionar o livre-arbítrio ao pré-conhecimento divino. Temos de estudar esse tema. Na verdade, existem dois problemas distintos relacionados ao ensino bíblico sobre o pré-conhecimento divino. No Capítulo 11, expliquei que muitos estudiosos entendem que os termos bíblicos para pré-conhecimento se referem apenas à consciência intelectual de Deus acerca do futuro, antes que ele aconteça. No entanto, os termos bíblicos para pré-conhecimento quase sempre se referem à predeterminação, não ao pré-conhecimento. Argumentei que muitas passagens que os defensores da soberania geral acreditam ensinar que Deus decreta o futuro com base no que Ele prevê, na verdade não ensinam isso. Antes, ensinam que Deus predeterminou o futuro. Portanto, um problema inicial em torno do pré-conhecimento divino refere-se ao que o termo bíblico significa. É claro, mesmo que pré-conhecimento signifique predeterminação em muitas passagens, ainda resta a pergunta sobre como as coisas predeterminadas podem ser livres. No Capítulo 14, defendi um modelo determinista suave da providência divina e mostrei como o fato de Deus predeterminar todas as coisas poderia se encaixar com o livre-arbítrio humano. É claro, o tipo de liberdade envolvida nessa explicação é o livre-arbítrio compatibilista.

A questão neste capítulo é se o pré-conhecimento divino de nossas ações futuras se harmoniza com o livre-arbítrio libertário. Ao longo dos séculos, estudiosos bíblicos, teólogos e filósofos concluíram que as Escrituras ensinam que Deus conhece o futuro. Essa convicção vem em parte de passagens que sugerem que o conhecimento de Deus é ilimitado, mas também de passagens em que Deus prediz eventos futuros. Embora muitas dessas profecias falem da segunda vinda de Cristo e ainda não tenham sido cumpridas, muitas se referem à sua primeira vinda e foram cumpridas. Portanto, há ampla razão bíblica para concluir que Deus conhece o futuro. Por outro lado, existe uma opinião igualmente fundamentada de que os seres humanos têm livre-arbítrio. Filósofos, teólogos e exegetas bíblicos se perguntam como os seres humanos poderiam ser livres para fazer o que quiserem se Deus já sabe o que eles farão. Parece que, se Deus souber o que faremos no futuro, não há opção de se fazer algo diferente do que Ele prevê.

É claro, uma maneira de conciliar a liberdade humana e o pré-conhecimento divino é rejeitar um ou outro, mas a maioria dos cristãos evangélicos não considerou essa resolução satisfatória. Se alguém fosse forçado a escolher entre os dois, seria quase impossível fazê-lo. Se Deus não conhece o futuro de antemão, como podemos explicar todos os versículos nos quais Ele prediz eventos futuros? Por outro lado, se abrirmos mão do livre-arbítrio humano, todas as evidências bíblicas do livre-arbítrio têm de ser desconsideradas. E se os humanos não têm livre-arbítrio, parece imensamente injusto que Deus os responsabilize moralmente pelo que fazem.

À luz de tais considerações, teólogos e filósofos tentaram resolver o problema do pré-conhecimento divino e da liberdade humana de maneira a manter os dois conceitos. Neste capítulo, quero apresentar as várias resoluções oferecidas e avaliá-las. Se esse problema puder ser resolvido, poderia ser tanto por uma abordagem de soberania geral como de soberania específica da providência? Se puder, então a questão da liberdade e do pré-conhecimento deveria fazer pouca diferença para qual modelo de providência se escolhe. Contudo, se um modelo puder resolver esse problema e outros não, seria um argumento significativo para o modelo que pode resolver o problema e uma objeção importante àqueles que não conseguem resolvê-lo.

Esclarecendo o problema

Antes de examinar as várias resoluções, devo esclarecer o que está em jogo nesse problema. Primeiro, eu menciono que encontramos os termos "compatibilismo" e "incompatibilismo" nesta discussão. Já vimos esses termos antes, mas em discussões anteriores eles se referiam a diferentes noções de ação humana livre. Nas discussões sobre liberdade e pré-conhecimento, os termos aparecem novamente, mas são usados em um sentido diferente. Alguém que é compatibilista em matéria de liberdade e pré-conhecimento acredita que o pré-conhecimento divino é compatível com o livre-arbítrio humano (normalmente, o tipo de liberdade em vista é libertário). Por outro lado, alguém que não acredita que o pré-conhecimento divino seja compatível com a liberdade humana é um incompatibilista. Aqueles que defendem uma noção compatibilista de livre-arbítrio acreditam que sua visão de liberdade é compatível com o pré-conhecimento divino e acusam que o pré-conhecimento divino é incompatível com o livre-arbítrio libertário.

Aqueles que defendem o livre-arbítrio libertário estão divididos quanto a essa liberdade ser compatível com o pré-conhecimento divino. Os libertários ofereceram várias propostas para harmonizar o livre-arbítrio e o pré-conhecimento divino, mas alguns acreditam que são incompatíveis. Em um artigo muito influente e significativo intitulado "Pré-conhecimento divino e concepções alternativas da liberdade humana",[1] William Alston argumentou que aqueles que mantêm uma linha compatibilista na questão da liberdade/pré-conhecimento realmente adotam um conceito de liberdade humana diferente do libertarianismo. De fato, eles adotaram uma visão de liberdade que os coloca no campo determinista. Eu alego que muitas resoluções para o problema da liberdade/pré-conhecimento oferecidas pelos defensores do livre-arbítrio libertário são culpadas pelo erro que Alston menciona e, portanto, a resolução que propõem não fornece um sistema com liberdade libertária internamente coerente. Porém, falarei mais disso à medida que avançarmos.[2]

Em segundo lugar, temos de entender como o pré-conhecimento divino é supostamente incompatível com a liberdade humana. Muitos pensam que o problema é que o conhecimento prévio de Deus acerca de nossas ações *causa* esses atos. Se for assim, então os atos têm de ser determinados causalmente por algo que não seja o agente que os realiza e, portanto, não podem ser livres em um sentido libertário. É claro, se é disso que se trata a questão, então, como muitos compatibilistas acerca da liberdade e do conhecimento prévio apontam, não há razão para pensar que o conhecimento de Deus é causativo. Afinal, se eu sei que na próxima semana tenho uma reunião agendada e eu sei que estarei lá a menos que haja impedimento por intervenção divina, isso não significa que meu conhecimento causou a reunião ou causou minha presença nela. Se meu conhecimento não causa o que acontece, por que deveríamos assumir que é diferente no caso de Deus?

Nem deterministas, nem indeterministas alegam que o pré-conhecimento divino *causa* ações humanas livres ou qualquer outra coisa que ocorra. Em vez disso, o argumento é epistemológico. O conhecimento tem sido tradicionalmente entendido como uma noção mais forte do que mera crença. Crença é uma opinião de que algo é verdadeiro, e a opinião pode ser respaldada por evidências, mas a crença poderia estar errada. Por outro lado, os filósofos sustentam que a alegação de saber significa que se tem fundamentos que justificam sustentar essa crença e que o que se alega saber é, de fato, verdadeiro.[3] É claro, embora essa distinção entre conhecimento e crença faça sentido em relação a nós, no caso de Deus, não existe tal clareza. Visto que Deus é onisciente e sabe infalivelmente de tudo o que há para se saber, se acreditar em algo, Ele não poderia estar enganado. Porém, agora a natureza do problema da liberdade/pré-conhecimento se torna mais clara. Se as crenças de Deus acerca de minhas ações futuras estiverem corretas, ou seja, se Ele sabe o que eu farei, como posso fazer outra coisa senão o que Ele sabe que eu farei? Não é que, ao tomar minhas decisões, estou ciente do que Deus sabe sobre minha decisão e ação subsequente. Deus poderia revelar essas informações para nós, mas na maioria dos casos Ele não o fez. Porém, o simples fato de que há algo que farei e Deus sabe o que é antes que eu o faça (Ele sabia antes da fundação do mundo) parece significar que eu realmente só tenho uma opção legítima. Contudo, com o livre-arbítrio libertário, as várias opções que confrontam o agente devem ser todas opções "vivas", pois o agente sempre pode fazer diferente do que faz. De acordo com os libertários, "pode" aqui deve ser um "pode" contracausal, a fim de manter a liberdade libertária. Porém, com Deus conhecendo infalivelmente os atos futuros de suas criaturas, parece impossível que elas sejam livres nesse sentido.

Embora ocupe a atenção de filósofos e teólogos há muitos séculos, nas discussões contemporâneas esse problema aparentemente assumiu uma nova vida. O ímpeto para isso deriva em grande parte de um artigo muito influente escrito por Nelson Pike intitulado "Divine Omniscience and Voluntary Action" ["Onisciência divina e ação voluntária"]. Pike revisou o ensaio e o incluiu em seu livro *God and Timelessness* [Deus e atemporalidade]. A questão levantada pelo argumento é o problema da liberdade/pré-conhecimento, e passou a ser conhecido como o argumento do fatalismo teológico.[4] Na apresentação formal de Pike, o argumento tem muitas etapas e, para esclarecer o problema precisamente, ofereço sua elaboração em *God and Timelessness*:

1. "Yahweh é onisciente e Yahweh existe em T1" implica que "Se Jones faz A em T2, então Yahweh acredita em T1 que Jones faz A em T2".
2. Se Yahweh é (essencialmente) onisciente, então "Yahweh acredita que P" implica "P".
3. Não está ao alcance de uma pessoa em dado momento agir de modo tal que ambos, "P" e "não P", sejam verdadeiros.
4. Não está ao alcance de uma pessoa em dado momento agir de modo tal que algo que um indivíduo acreditou em um momento anterior ao tempo dado não fosse acreditado por esse indivíduo no momento anterior.
5. Não está ao alcance de uma pessoa em dado momento agir de modo tal que um indivíduo existindo em um momento anterior ao dado momento não existisse no momento anterior.
6. Se Yahweh acredita em T1 que Jones faz A em T2, e se está ao alcance de Jones em T2 se abster de fazer A, então: (1) Estava ao alcance de Jones em T2 agir de modo que Yahweh acreditasse que P em T1, e "P" é falso; ou (2) estava ao alcance de Jones em T2 agir de modo que Yahweh não acreditasse como acreditou em T2; ou (3) estava ao alcance de Jones em T2 agir de modo que Yahweh não existisse em T1.
7. Se Yahweh é (essencialmente) onisciente, então a primeira alternativa na resultante da linha 6 é falsa (a partir das linhas 2 e 3).
8. A segunda alternativa na resultante da linha 6 é falsa (a partir da linha 4).
9. A terceira alternativa na resultante da linha 6 é falsa (a partir da linha 5).
10. Portanto: se Yahweh é (essencialmente) onisciente e acredita em T1 que Jones faz A em T1 [sic], então não estava ao alcance de Jones em T2 abster-se de fazer A (a partir das linhas 6 e 7-9).
11. Portanto: se Yahweh é (essencialmente) onisciente e existe em T1, e se Jones faz A em T2, não estava ao alcance de Jones em T2 abster-se de fazer A (a partir das linhas 10 e 1).[5]

(Na décima etapa de Pike, a segunda ocorrência de "T1" deveria ser "T2".) Em resposta, Pike imagina um opositor alegando que isso não é necessariamente verdade, pois quando conhecemos as ações de alguém de antemão, não lhe é removido o poder de fazer diferente. Suponha que eu realmente saiba que um amigo sairá de férias amanhã. Se eu realmente souber disso, não poderia estar enganado. Se meu amigo não partir amanhã, eu apenas acreditei, mas estava enganado. Porém, se eu souber realmente, parece que ele não pode fazer diferente, caso contrário, ele poderia tornar falsa a minha crença verdadeira, e isso é contraditório. Pike responde que o fato de eu saber que um amigo sairá de férias amanhã significa apenas que ele sairá, não que ele *tem de sair*. Se eu acredito, neste momento, que ele partirá amanhã e ele não partir, minha crença teria sido falsa. Portanto, meu amigo não tem o poder de tornar falsa uma crença verdadeira minha, mas ele tem poder (um poder que não é utilizado) para fazer algo de modo que minha crença *teria sido* falsa. No entanto, argumenta Pike, isso não remove o problema do fatalismo teológico, pois as crenças de Deus não são como as nossas. Deus sabe de modo infalível, então suas crenças não poderiam ser falsas. Portanto, não há nenhum poder que alguém tenha que, se usado para impedir que meu amigo partisse amanhã, teria tornado as crenças de Deus falsas. Embora minhas crenças sobre meu próximo pudessem estar erradas, as de Deus não podem. Assim, o argumento do fatalismo teológico parece permanecer intacto.[6]

Vários filósofos responderam que esse argumento contém um argumento implícito que é culpado de uma falácia lógica. Como explica William Lane Craig, o argumento se desenvolve da seguinte forma:

> Necessariamente, se Deus sabe *x* de antemão, então *x* acontecerá.
> Deus sabe *x* de antemão.
> Portanto, *x* acontecerá necessariamente.[7]

Craig explica o erro da seguinte maneira:

> Porém, esse raciocínio é universalmente reconhecido como logicamente falacioso. É como pensar:
>> Necessariamente, se Jones é solteiro, Jones não é casado.
>> Jones é solteiro.
>> Portanto, Jones necessariamente não é casado.

Porém, Jones não é *necessariamente* não casado. Ele simplesmente não é casado. Ele é perfeitamente livre para se casar; nenhuma necessidade o compele a não ser casado. A forma válida do argumento seria assim:

> Necessariamente, se Jones é solteiro, Jones não é casado.
> Jones é solteiro.
> Portanto, Jones não é casado.

Essa forma do argumento não impede que Jones tenha a seu alcance o casar-se. Se ele fosse casado, não seria solteiro. Pelo fato de ele ser solteiro, sabemos com absoluta certeza que ele não é casado. Porém, ele não é necessariamente não casado, isto é, não é impossível para ele se casar.[8]

Agora, é verdade que o argumento, na primeira forma oferecida por Craig, é culpado do que se chama de falácia modal (a que Craig aponta), mas isso não responde ao dilema da liberdade e do pré-conhecimento por completo. Pois mesmo admitindo-se que uma pessoa *fará* o que Deus conhece de antemão, em vez de que ela *tem de* fazer, o problema levantado pelo argumento de Pike ainda permanece. Como Deus pode conhecer infalivelmente essas informações sobre nossas ações futuras e, ainda assim, estar ao nosso alcance nos abster delas?

Finalmente, o argumento a favor do fatalismo teológico acusa os sistemas teológicos que seguem o pré-conhecimento divino das ações humanas futuras de contradizer outra crença que eles defendem, a saber, que os seres humanos agem livremente. Visto que a acusação de contradição significa que não há forma possível de encaixar essas ideias sem contradição, a maneira de responder a essa acusação é mostrar um possível caminho para que o pré-conhecimento divino e a liberdade humana sejam verdadeiros sem contradição. Logo, a primeira pergunta para qualquer solução proposta para esse problema é se ela remove a suposta contradição. Porém, devemos fazer mais do que isso, pois é certamente possível incluir noções em nossa explicação que sejam totalmente ultrajantes, mas que, se adotadas, formariam um sistema internamente coerente. Portanto, depois de discernir se uma solução para esse problema é logicamente coerente, devemos perguntar se há motivos para acreditar que a história que o teólogo conta é verdadeira. É claro, se a resolução oferecida para o dilema da liberdade/pré-conhecimento não remover a incoerência lógica, as respostas a essa segunda pergunta são irrelevantes.

Respostas deterministas ao problema liberdade/pré-conhecimento

Para os deterministas teológicos, a questão da liberdade/pré-conhecimento não é um problema significativo. Isso não quer dizer que toda posição de soberania específica defenda ambos, mas apenas que cada sistema determinista pode lidar com essa questão de maneira coerente com suas noções básicas. Noções deterministas duras e fatalistas aparentemente excluem o livre-arbítrio. Tais sistemas não têm problemas em defender o pré-conhecimento divino de tudo o que ocorre. De fato, uma vez que muitas dessas formas mais duras de determinismo teológico afirmam que Deus decretou tudo o que ocorre, é natural que Ele saiba todo o curso da história com antecedência. O que Ele sabe sobre o futuro vem logicamente após seu decreto, por isso é difícil imaginá-lo não sabendo de antemão tudo o que acontecerá.

Então, sistemas de soberania específica comprometidos com uma forma de determinismo duro defendem o pré-conhecimento divino às custas da liberdade humana. Visto que rejeitar o livre-arbítrio, de certa forma, é coerente com a imagem mais ampla que esses sistemas oferecem, negar o livre-arbítrio como incoerente com o pré-conhecimento divino não torna esses sistemas internamente incoerentes. Portanto, se esses sistemas deterministas forem censuráveis, não será por causa de sua incapacidade de resolver o problema da liberdade/pré-conhecimento. Antes, serão censuráveis por causa de sua forma de determinismo e/ou de sua rejeição completa do livre-arbítrio.

Quanto aos sistemas deterministas suaves como o meu, a questão da liberdade/pré-conhecimento tem solução. Dada a crença de que Deus decreta todas as coisas exclusivamente com base em seus desejos, é simplesmente natural afirmar que Ele tem conhecimento exaustivo antecipado de tudo o que ocorre. É claro, esse conhecimento não faz, de modo algum, nada acontecer; apenas garante que o que Deus sabe realmente acontecerá. Porém, seu conhecimento do que suas criaturas farão exclui a liberdade da maneira que o problema da liberdade e do pré-conhecimento sugere? De forma alguma, dado o livre-arbítrio compatibilista. Nessa visão de liberdade, as ações humanas, embora causalmente determinadas, ainda são livres se forem realizadas de acordo com os desejos do agente. Ao decretar e conhecer todas as coisas, Deus certamente decretou não apenas o que faremos, mas também os fatores que nos levarão a agir. E Ele sabe em quais casos as causas restringirão nossa ação e em quais elas não restringirão. Nos casos em que as causas não restringem nossos atos, o conhecimento divino dessas causas e de nosso ato resultante não nos restringe de modo algum à medida que agimos. Na realidade, mesmo quando as condições causais restringem nossa vontade, são as condições que nos restringem, não o conhecimento de Deus. Logo, o pré-conhecimento divino exaustivo de tudo o que ocorrerá é inteiramente coerente com a história que o compatibilista do livre-arbítrio conta. Deus prevê porque Ele decreta. Ele decreta ações e eventos e meios para ambos;

logo, Ele prevê em cada caso causas que originarão o ato ou evento. Além disso, tendo decretado todas as coisas, Deus também sabe o que Ele mesmo fará em vários pontos da história. Conhecer essas informações o coloca em uma posição perfeita para intervir no momento certo, da maneira que Ele tiver escolhido (conforme exemplificado no decreto).

Assim, o determinista suave pode defender o pré-conhecimento divino e a liberdade humana, desde que a liberdade seja o livre-arbítrio compatibilista. Ainda, uma história logicamente coerente pode ser inteiramente falsa, mas nesse caso eu alego que não é falsa. A argumentação a favor da soberania específica oferecida no capítulo anterior é a razão de eu dizer isso. O fato de que o livre-arbítrio compatibilista se ajusta coerentemente com uma crença no pré-conhecimento divino de nossas ações é mais um apoio (embora não seja uma prova conclusiva) ao meu modelo de providência divina.

Respostas indeterministas ao problema liberdade/pré-conhecimento

O problema da liberdade e do pré-conhecimento é especialmente grave para os sistemas comprometidos com o livre-arbítrio libertário. Visto que os modelos de soberania geral da providência incluem essa noção de livre-arbítrio, os defensores desses sistemas têm de responder adequadamente ao problema. Os defensores do livre-arbítrio libertário são perceptivelmente cientes disso e, em vários momentos da história deste debate, ofereceram respostas diferentes. Nos últimos trinta a quarenta anos, houve defensores de cada uma das resoluções propostas aqui e ali durante a história deste debate. Portanto, na filosofia e teologia contemporâneas, este é um debate muito ativo.

Especificamente, os indeterministas propuseram cinco respostas principais para esse problema. A seguir, apresentarei e avaliarei cada uma. As cinco são: a solução boeciana, o pré-conhecimento simples, o conhecimento médio ou a solução molinista, a solução ockhamista e o conhecimento atual.

A resolução boeciana

Ao discutir a eternidade divina, vimos que Boécio propôs a eternidade atemporal como o caminho para resolver o problema da liberdade e do pré-conhecimento. De acordo com essa abordagem, Deus está fora do tempo; portanto, as distinções temporais entre passado, presente e futuro não se aplicam a Ele.

Além disso, não é correto nem dizer que Ele é simultâneo a todos os tempos, pois simultaneidade é, ela própria, uma noção temporal. No entanto, Ele vê o tempo todo de uma só vez; está tudo ali diante dele, assim como um desfile pode ser visto inteiramente por alguém no topo de uma montanha perto da rota do desfile. Coisas que são passadas, presentes ou futuras, a partir da nossa perspectiva, estão todas dentro da visão de Deus. Isso permite que Ele saiba o que é futuro para nós, mas como tudo isso é presente a partir da perspectiva dele, Boécio pensou que realmente não há problema de *pré*-conhecimento e liberdade. A partir da nossa perspectiva, o futuro ainda está aberto. Isso é assim, pelo menos em parte, porque o que Deus sabe não faz com que algo aconteça. Além disso, como não sabemos o que Ele sabe acerca do nosso futuro, não podemos ser movidos por essas informações quando fizermos nossas escolhas no futuro.[9]

Ao avaliar esta resolução, temos de fazer duas perguntas. Ela produz um sistema teológico com livre-arbítrio libertário internamente coerente? Existe alguma razão para pensar que o que ela diz sobre Deus e como Ele conhece nosso futuro é verdadeiro? Quanto à última questão, posso abordá-la brevemente, porque já dediquei um capítulo ao tópico. Como defendido no Capítulo 9, acredito que se pode argumentar com muito mais força acerca de um Deus temporal do que um Deus atemporal. Portanto, mesmo que a solução boeciana para o problema da liberdade e do pré-conhecimento torne o sistema de um indeterminista logicamente coerente, há muitos motivos para rejeitá-la, porque ela inclui um compromisso intelectual com a eternidade atemporal divina, que eu acredito ser suspeita.

Contudo, vamos analisar se essa proposta resolve o problema cuja resposta ela deveria dar. Do lado positivo, essa abordagem permite que Deus conheça nosso futuro. Por isso, defende o lado do pré-conhecimento da questão. Por outro lado, a solução enfrenta problemas com o livre-arbítrio libertário. Embora seja engenhosa, não é convincente. Apesar de ver todas essas coisas como no presente, Deus vê coisas que, da nossa perspectiva, ainda são futuro. Mesmo que Ele não saiba exatamente *onde estamos temporalmente agora,* nesse fluxo de eventos e ações, Ele ainda sabe coisas que, *da nossa perspectiva,* são *futuro.* Portanto, com a solução boeciana, estamos de volta ao mesmo problema. Como as coisas que Deus vê podem ser evitadas e como está ao nosso alcance fazer algo diferente daquilo que Deus sabe? O livre-arbítrio libertário parece ser sacrificado em favor do pré-conhecimento divino. Portanto, essa solução não representa uma crença internamente coerente na liberdade libertária e no pré-conhecimento divino de nossos futuros atos livres, já que parece negar a primeira.[10]

Pré-conhecimento simples

Uma segunda solução libertária para esse problema invoca o que é chamado de pré-conhecimento simples. De acordo com essa visão, Deus sabe exaustivamente tudo o que acontecerá em nosso mundo a partir do momento em que decide criar um mundo. Assim, Ele conhece todos os atos que suas criaturas realizarão. Ele simplesmente as vê realizando esses atos livremente (no sentido libertário) a partir do momento em que decide criar um mundo. Como Deus sabe disso? Ele sabe por meio de uma compreensão direta do futuro. Ele não deduz a partir de condições antecedentes a cada momento específico; apenas vê direta e claramente o que ocorrerá.[11]

Pode-se pensar no pré-conhecimento simples como algo semelhante à percepção comum de um objeto. A diferença aqui, é claro, é que o "objeto" é um futuro que ainda não existe. No entanto, os defensores dessa visão sustentam que Deus pode ver o que ocorrerá, da mesma forma que alguém pode alegar ver algo ao olhar para uma bola de cristal ou por um telescópio.[12] Como Hasker explica, devemos entender que esse conhecimento não é conhecimento de proposições sobre o que ocorrerá, mas sim o conhecimento (podemos até chamar de previsão) de eventos e atos que realmente ocorrerão.[13]

Porém, é importante não confundir isso com conhecimento médio, a próxima resolução a ser estudada. De acordo com o conhecimento médio, Deus conhece todos os mundos possíveis e, ao fazer isso, Ele sabe o que aconteceria em todos os mundos possíveis se fosse para colocar alguém em uma determinada situação. Munido desse conhecimento, Deus toma uma decisão sobre qual resultado Ele prefere e então escolhe concretizar o mundo possível que contém as situações e os consequentes resultados que deseja. Por outro lado, o pré-conhecimento simples defende que Deus apenas decide se criará um mundo ou não, e tendo decidido criá-lo, cria e então vê diretamente o que acontecerá nesse mundo. Ele não vê primeiro todo mundo possível e depois escolhe um deles. Visto que os defensores do pré-conhecimento simples sustentam que Deus não sabe exatamente que tipo de mundo Ele terá até que o crie, David Basinger argumenta que um Deus com pré-conhecimento simples é de certa forma um apostador. A aposta inicial é se deve arriscar criar de fato. Basinger sugere que antes de criar, Deus poderia pensar em como poderia reagir nas várias situações que podem surgir nesse mundo. Por exemplo, Deus poderia dizer a si mesmo: "Se depois de criar esse mundo eu vir que existirão nele Joe e Sue, que se apaixonarão e se casarão, mas o resultado será triste porque, um ano depois, Joe fugirá com outra mulher; nesse caso, tentarei em primeiro lugar encorajar Sue a não se casar com Joe. Por outro lado, se eu vir que eles se apaixonarão e terão uma vida longa e feliz juntos, encorajarei Sue a aceitar a proposta de casamento de Joe quando lhe for oferecida".[14] Embora Basinger levante essa possibilidade, os defensores do pré-conhecimento simples normalmente dizem que Deus primeiro cria, então vê o que vai acontecer e depois decide como responder e reagir.

Embora o apelo ao pré-conhecimento simples possa ser usado para resolver o problema da liberdade/pré-conhecimento, essa não tem sido a principal preocupação nas discussões contemporâneas. Em vez disso, a questão principal tem sido se um Deus que possui um pré-conhecimento simples seria capaz (e como seria capaz) de colocar esse conhecimento em prática em seu controle providencial do mundo. Penso que podemos avaliar o pré-conhecimento simples em relação às duas questões. Contudo, começo onde as discussões contemporâneas começam, ou seja, com o valor prático e o uso de tal conhecimento se Deus o possuir. Caso incorra em incoerência aqui, como muitos argumentam, há pouca necessidade de perguntar se essa doutrina incoerente poderia resolver o problema dos indeterministas na questão da liberdade/pré-conhecimento.

Três questões básicas foram levantadas acerca do uso prático do pré-conhecimento simples (se é que Deus o tem), embora a segunda e a terceira sejam muito semelhantes. Porém, antes de levantar qualquer uma delas, temos de perceber o que envolve o pré-conhecimento simples. De acordo com esse conceito, Deus sabe tudo o que ocorrerá, incluindo suas próprias ações futuras, simplesmente pela compreensão direta. Se algo que Ele não prevê vai acontecer, então Ele não tem pré-conhecimento simples de tudo, mas apenas de algumas coisas. Porém, dada a onisciência divina e a interconexão de eventos e atos, incluindo como vários atos de dado conjunto de agentes impactarão outros nesse conjunto, é difícil ver como Deus poderia realmente ver o futuro sem vê-lo todo.

Com esse esclarecimento, estamos prontos para as objeções ao pré-conhecimento simples no sentido de trazer qualquer vantagem positiva para Deus. A primeira é chamada de "Problema Doxástico". O pré-conhecimento simples retrata Deus como quem toma suas decisões sobre o que fazer em nosso mundo depois de ver o futuro. Esse futuro, é claro, inclui suas decisões futuras. Tomis Kapitan explica o problema oferecendo o que chama de princípio doxástico:

> É impossível para um agente racional e autorreflexivo considerar conscientemente a crença de que ele/ela executará uma ação *A* enquanto, ao mesmo tempo, delibera se vai executar *A*.[15]

A fim de poder deliberar sobre uma decisão, as opções de realizar o ato ou abster-se dele têm de ser legítimas para aquele que delibera. Porém, se Deus já sabe por meio de pré-conhecimento simples que Ele executará dada ação, é impossível que Ele faça algo diferente do que prevê. Se ele puder deliberar legitimamente e fazer uma escolha diferente daquela que Ele sabe de antemão que fará, então Ele não tem pré-conhecimento simples desse assunto. Visto que o pré-conhecimento simples diz que Deus apenas vê todas as ações, inclusive as suas próprias, com antecedência, não pode haver deliberação sobre fazer ou abster-se de qualquer uma delas. Se Deus não pode deliberar e escolher à luz do que sabe sobre o futuro, essas informações não podem ajudá-lo a planejar respostas ao que Ele vê.[16]

David Hunt chama de problema metafísico uma segunda objeção ao uso prático de qualquer pré-conhecimento simples que Deus possa ter. Talvez se possa explicar melhor com um exemplo. Imagine que Deus, por meio de pré-conhecimento simples, sabe que uma pessoa (chame-a de Osmo, como no exemplo que Hunt usa de Richard Taylor) encontrará um bilhete de loteria premiado que vale milhões. Osmo o encontrará no cruzamento da rua 7 com a rua Elm no dia 8 de maio. Seja pelo motivo que for, Deus manda alguém registrar todos os eventos da vida de Osmo em um livro, e de alguma forma, Osmo encontra esse livro. Osmo lê sobre sua boa sorte iminente e fica muito animado. Ele também vê que, para ela acontecer, ele tem de passar pelas ruas 7 e Elm no dia indicado. Isso parece um pouco estranho para Osmo, porque em sua caminhada usual para o trabalho, ele jamais pegou esse trajeto antes. No entanto, munido dessas informações, Osmo decide passar pelas ruas 7 e Elm no dia 8 de maio e encontra o bilhete de loteria premiado.

Tudo isso significa que a crença de Osmo de que se percorrer a rota indicada ele encontrará o bilhete, e a própria decisão de caminhar pelas ruas 7 e Elm, ambas dependem de seu conhecimento (graças ao pré-conhecimento simples de Deus) de que encontrará o bilhete. Portanto, a decisão de seguir a rota indicada depende de sua crença e a descoberta do bilhete depende de sua decisão. Além disso, a crença depende de seu conhecimento de que ele achará o bilhete. Se não tiver essa crença e tomar essa decisão, Osmo não pegará o bilhete da loteria. Porém, a menos que já acredite que pegará o bilhete de loteria, ele não acreditará que há uma razão para passar pelas ruas 7 e Elm, nem decidirá fazê-lo. Hunt explica o problema aparente da seguinte maneira:

> Parece que Osmo descobrir o bilhete envolve um círculo de dependência em que seu pré-conhecimento ajuda a causar o futuro que ele conhece de antemão. Porém, a suposição de que tal "laço" metafísico seja possível poderia muito bem ser incoerente. O princípio em jogo — chame-o de "Princípio Metafísico" — pode ser declarado da seguinte forma:
>
> (PM) É impossível que uma decisão dependa de uma crença que depende de um evento futuro que depende da decisão original.
>
> Chamarei o conflito entre o Princípio Metafísico e o uso providencial do pré-conhecimento de "Problema Metafísico".[17]

Porém, se Osmo tem o problema metafísico, também tem de haver um problema metafísico semelhante para um Deus que possui um pré-conhecimento simples. Pois, conhecendo de antemão tudo o que ocorrerá, como Ele poderia então decidir tomar uma decisão que Ele prevê que já decidiu tomar, na medida em que leva a certos fins que Ele também prevê? Em minha opinião, este é um problema sério para o pré-conhecimento simples, e implícito nele está também o problema doxástico, pois se Osmo prevê que ele ganhará na loteria, ele também irá prever alguns dos meios para esse fim, ou seja, acreditar que se ele passar nas ruas 7 e Elm em 8 de maio, encontrará o bilhete da loteria. Porém, então, ele não pode realmente decidir, depois de prever tudo isso, seguir a rota indicada, pois já terá previsto que tomaria essa decisão.

William Hasker levantou uma objeção que se baseia em muitos dos mesmos temas do problema metafísico. Ele afirma que se Deus tem um pré-conhecimento simples, este é totalmente inútil para seu controle providencial de qualquer coisa. O pré-conhecimento simples dá a Deus conhecimento completo de eventos e ações reais que ocorrerão, mas inclui todos os antecedentes causais desses eventos e ações. Contudo, se tudo isso é conhecido de antemão e Deus não gosta do que acontecerá, Ele não pode intervir para mudar coisa alguma do que sabe que vai acontecer, pois isso traria um futuro diferente, mas não pode haver um futuro diferente daquele que Ele prevê. Por outro lado, se Deus gosta do que Ele prevê, mas isso deve ocorrer por outros fatores que não sua intervenção, Ele não pode intervir para tentar garantir o resultado, pois fazer isso poderia mudar o resultado, o que é impossível, já que o resultado é certo. Além disso, mesmo que sua ação não alterasse o resultado, Ele ainda não poderia fazer nada que já não previu Ele mesmo fazendo. Logo, quer goste ou não do que vê por meio de pré-conhecimento simples, Deus não pode usar as informações para fazer qualquer coisa que Ele já não faria.[18]

Hasker acrescenta (acredito que corretamente) que a inutilidade do pré-conhecimento simples para a providência apareceria tanto no livre-arbítrio libertário quanto no determinismo, pois não depende de nenhum deles. Depende do fato de que não se pode mudar o que se vê infalivelmente que acontecerá nem se pode mudar os meios para esse fim quando já se prevê quais serão os meios.[19] É claro, isso não é um problema para um determinista como eu, que crê que Deus conhece de antemão com base no que Ele predetermina.[20]

O que deveríamos concluir sobre o pré-conhecimento simples? Quanto à sua utilidade para o controle providencial divino, acho que os problemas doxásticos e metafísicos, além dos problemas levantados por Hasker, lançam sérias dúvidas sobre se o pré-conhecimento simples ajudaria um Deus com tal pré-conhecimento a controlar o mundo. Logo, mesmo que o pré-conhecimento simples resolva o problema da liberdade e do pré-conhecimento para sistemas comprometidos com o livre-arbítrio libertário, ainda parece incoerente com as reivindicações desses próprios sistemas quanto à conduta providencial de Deus em nosso mundo para atingir seus objetivos gerais. Se Deus, por meio do pré-conhecimento simples, ainda não prevê esses objetivos gerais sendo alcançados, o pré-conhecimento simples não o ajudará a alcançá-los.

E quanto ao pré-conhecimento simples como uma solução para o problema da liberdade/pré-conhecimento? Devemos fazer esta pergunta do ponto de vista da coerência lógica e da adequação fatual. Se Deus tiver um pré-conhecimento simples de tudo o que ocorrerá, isso certamente defende o pré-conhecimento como final da equação, mas nos deparamos com problemas no que tange à liberdade. Para que essa solução seja internamente coerente, devemos admitir que Deus conhece de antemão os atos livres (em um sentido libertário) de suas criaturas; Ele conhece todos eles, mais todos os atos que não são livres nesse sentido. Porém, temos de primeiro perguntar:

em virtude de *que* Ele vê essas ações livres? Se Ele as prevê em virtude de enxergar as condições causais antecedentes que as provocam, isso é determinismo, não é livre-arbítrio libertário. Se Ele supostamente apenas vê infalivelmente as pessoas (no sentido libertário) fazendo tais escolhas de maneira livre, isso não é resposta de jeito nenhum, pois se essas pessoas são livres no sentido libertário, elas devem ser capazes tanto de realizar os atos como de se abster deles, mas como elas podem se abster de fazer o que Deus vê infalivelmente que elas farão? Dizer que Deus apenas as vê realizando essas ações livremente não explica como poderia ser; apenas reafirma que a liberdade (libertária) e o pré-conhecimento, afinal, se ajustam coerentemente um ao outro. Contudo, o pré-conhecimento simples tinha em vista explicar como poderia ser assim. Afirmar que é assim sem explicar como poderia ser não vai funcionar.

À luz dessas considerações, acredito que, embora o pré-conhecimento simples defenda o pré-conhecimento divino, ele não explica como é que condiz com o livre-arbítrio libertário. Isso significa que Deus não possui um pré-conhecimento simples? A questão é confusa, pois invocou-se que o pré-conhecimento simples se mistura com o livre-arbítrio libertário, e ainda não temos explicação de como isso pode ocorrer. Portanto, se a questão é se Deus tem um pré-conhecimento simples de nossas ações livres (em um sentido libertário), respondo que a pergunta, da forma como é apresentada, é incoerente, pois Deus saber infalivelmente que certos atos serão feitos com livre-arbítrio libertário é incoerente. Eu, como determinista, creio que Deus tem um pré-conhecimento simples das ações humanas compatibilisticamente livres? Acredito que Deus conhece infalivelmente todas as ações livres (compatibilisticamente) que executaremos, mas acho que Ele tem mais do que pré-conhecimento simples, como ficará evidente nas próximas seções.

Conhecimento médio

Originando-se em Luís de Molina, outra abordagem para esse problema apela para o que é chamado de conhecimento médio. Essa resolução recebeu muita atenção nas discussões contemporâneas, não apenas como uma maneira de lidar com a questão da liberdade/pré-conhecimento, mas também por causa do uso que Alvin Plantinga fez dela para defender o livre-arbítrio em resposta ao problema do mal.

Antes de podermos avaliar essa proposta, temos de entendê-la. Um de seus defensores contemporâneos mais hábeis é William Lane Craig. Craig explica que Molina distinguiu três momentos lógicos no conhecimento de Deus (algo poderia ser logicamente anterior sem ser temporalmente anterior a outra coisa). O primeiro momento lógico do conhecimento de Deus é seu conhecimento de todas as verdades necessárias, tais como as leis da lógica. Esse conhecimento também inclui o conhecimento de todas as possibilidades, inclusive possíveis pessoas que Deus poderia criar, possíveis situações em que elas poderiam ser colocadas e todas as suas ações possíveis. Declarações verdadeiras desse tipo são verdadeiras em virtude da natureza de Deus, ou seja, Ele sabe que elas são verdadeiras por sua própria natureza. Portanto, esse tipo de conhecimento é chamado de *conhecimento natural* de Deus.[21]

Contudo, Deus sabe mais do que tudo o que é possível. Antes de criar, Ele decidiu criar um dos muitos mundos possíveis. Ele não tinha de criar e, tendo decidido criar, poderia ter escolhido outro mundo possível diferente do que Ele escolheu. Portanto, a escolha e a criação de Deus foram livres. É claro, tendo decidido criar, Deus tem um pré-conhecimento exaustivo de tudo o que ocorrerá. Pelo fato de sua decisão de criar um mundo específico ter sido uma decisão livre, o conhecimento que deriva dela é chamado de *conhecimento livre* de Deus. É seu conhecimento completo do mundo real e representa o terceiro momento lógico do conhecimento de Deus.[22]

Entre o conhecimento natural e o conhecimento livre há um segundo momento lógico no conhecimento de Deus. Por seu conhecimento natural, Deus sabe tudo o que poderia acontecer a tudo que possivelmente exista no momento. Por seu conhecimento médio, Deus conhece além de possibilidades puras, pois de acordo com seu conhecimento médio, Ele sabe o que qualquer criatura possível *faria* de fato em qualquer situação. Além disso, Deus conhece essas informações para todas as criaturas em todos os mundos possíveis. O molinista acrescenta, contudo, que embora Deus saiba o que todos fariam em qualquer situação, o que eles fariam seria feito livremente no sentido libertário. Então Deus, por meio do conhecimento médio, sabe o que todos fariam livremente em qualquer situação. É proveitosa a distinção que Craig faz do conhecimento natural e intermediário ao escrever sobre Pedro negar a Cristo:

> Pelo seu conhecimento natural, Deus sabia no primeiro momento todas as coisas possíveis que Pedro *poderia* fazer se colocado em tais circunstâncias. Porém, agora neste segundo momento, Ele sabe o que Pedro de fato escolheria livremente fazer nessas circunstâncias. Não é porque Pedro estaria determinado

causalmente pelas circunstâncias a agir dessa maneira. Não, Pedro é totalmente livre e, nas mesmas circunstâncias, ele poderia optar por agir de outra maneira. Porém, Deus sabe qual maneira Pedro *escolheria* livremente.[23]

Portanto, o conhecimento médio de Deus é seu conhecimento do que uma pessoa faria livremente se colocada em qualquer circunstância. De que modo o conhecimento médio difere do pré-conhecimento simples? Podemos dizer que o pré-conhecimento simples é equivalente ao que os molinistas chamam de conhecimento livre de Deus — em outras palavras, o que Deus sabe com o pré-conhecimento simples é o conteúdo do mundo real, uma vez que Ele decide livremente criá-lo. O pré-conhecimento simples particularmente requer que o mundo real que Deus conhece, usando a terminologia de Nelson Pike, "tenha existência distinta" que seja "fora" de Deus. No caso do conhecimento médio, Deus sabe mais. Ele conhece não apenas tudo o que é real, mas também todo mundo possível e o que toda criatura livre faria livremente em toda e qualquer situação em que ela exista. Tal conhecimento não depende de essas informações (novamente, para usar a terminologia de Pike) estarem "fora de" ou serem "distintas" de Deus. De fato, elas não podem estar "fora" dele, a menos que Ele as crie, mas no momento lógico do conhecimento médio, Deus não criou, nem mesmo necessariamente decidiu criar nenhum mundo.[24]

Os defensores do conhecimento médio alegam que uma de suas grandes vantagens é que um Deus que o possuísse teria uma tremenda ajuda no planejamento de seu controle providencial do nosso mundo. Antes de decidir criar, Deus poderia examinar todos os mundos possíveis e escolher exatamente aquele em que as coisas de alguma forma se tornariam agradáveis para Ele. Deus não precisa planejar intervenção providencial, por assim dizer, às cegas. Tampouco surgem os problemas com o pré-conhecimento simples acerca do controle providencial, pois com o pré-conhecimento simples, Deus vê o que acontecerá após ser real o mundo em que tal coisa ocorrerá. Nessa altura, é tarde demais para fazer algo diferente do que Ele prevê Ele próprio fazendo. Porém, com o plano molinista, visto que Deus considera todos os mundos possíveis por meio de seu conhecimento médio, nada foi concretizado, então parece que Ele ainda pode decidir de que modo intervir providencialmente. Ele examina cada mundo possível e vê que tipo de intervenção seria apropriado e depois escolhe um mundo para concretizar. Ele não considera posteriormente de que modo poderá intervir no meio do que está acontecendo, pois já deliberou acerca disso ao consultar seu conhecimento médio. Embora o conhecimento de Deus acerca de um mundo possível inclua todas as coisas nesse mundo, inclusive suas próprias ações, até que escolha concretizar um mundo possível específico, Ele não está preso a nada.

De acordo com seu conhecimento médio, Deus conhece muitas proposições da seguinte forma:

> Se o agente x estivesse na situação S, então x executaria livremente a ação A.

Declarações desse tipo são declarações condicionais. Além disso, cada uma dessas declarações que prevalece em um mundo que Deus não escolheu concretizar é contrária aos fatos do mundo real; portanto, essas proposições são chamadas de *condicionais contrafatuais*. Visto que também nos dizem o que um agente faria *livremente,* elas são chamadas muitas vezes de *contrafatuais da liberdade.* Ao ter conhecimento médio, Deus conhece todos os contrafatuais da liberdade que são verdadeiros para todos os mundos possíveis. É claro, para alguns mundos possíveis que não foram criados, não há contrafatuais da liberdade (no sentido libertário), pois nesses mundos as criaturas de Deus não têm livre-arbítrio libertário.[25]

De que modo o conhecimento médio resolve o problema da liberdade/pré-conhecimento? Por seu conhecimento natural, Deus conhece todas as possibilidades, e em algum lugar nessas possibilidades está o futuro que será real.[26] Porém, Deus sabe mais do que isso. Deus sabe o que faríamos livremente em cada situação em que poderíamos nos encontrar. Em algum lugar desses condicionais está o conjunto que descreve o futuro que realmente ocorrerá quando Deus decidir criar um mundo possível específico. Porém, Deus sabe ainda mais do que isso, pois depois de examinar todos os mundos possíveis com seres humanos com livre-arbítrio libertário, Deus escolhe concretizar um deles. Como resultado de sua escolha, Deus conhece o futuro do nosso mundo atual; Ele também sabe quais condicionais se tornam contrafatuais da liberdade.

Então, com o molinismo, Deus realmente conhece o futuro. Ele sabe não apenas o que possivelmente poderia ocorrer; Ele também sabe o que ocorrerá. Além disso, Ele sabe o que teria ocorrido livremente se tivesse colocado suas criaturas em situações que prevalecem em outros mundos não concretizados. Visto que o conhecimento médio de Deus é o conhecimento do que suas criaturas fariam livremente (em um sentido libertário) em qualquer circunstância, escolher um desses mundos possíveis concretizará um mundo no qual os humanos fazem o que quer que seja com o livre-arbítrio libertário. Portanto, parece que o molinismo defende o pré-conhecimento divino e a liberdade humana.

Apesar da aparente plausibilidade dessa solução, muitos filósofos permanecem céticos. Um primeiro problema provém da aplicação da lei do intermediário excluído às condicionais contrafatuais. De acordo com essa lei, uma sentença é verdadeira ou falsa. Porém, alguns filósofos argumentam que as condicionais contrafatuais não podem ser verdadeiras ou falsas (verdade e falsidade são tipicamente entendidas em termos da correspondência com as condições). A alegação de que "a neve é branca" é verdadeira apenas no caso de a neve ser branca no mundo real. Porém, os contrafatuais agora não correspondem a nenhuma condição real em nosso mundo, e já que esses condicionais são contrafatuais, é difícil ver que algum dia eles corresponderiam ou não a qualquer condição real, uma vez que condições e mundos possíveis relevantes à sua verdade ou falsidade jamais prevalecerão.

Richard Otte não se intimida com esse problema, pois há uma pergunta semelhante a respeito de afirmações sobre o futuro do nosso mundo real. As futuras condições do mundo em que vivemos não prevalecem agora, mas isso não significa que as proposições a respeito delas sejam falsas. As proposições sobre o futuro podem ser verdadeiras no sentido de correspondência e, se forem verdadeiras, saberemos disso quando chegarmos ao futuro. Portanto, se uma proposição sobre o futuro pode ser verdadeira, embora corresponda a uma condição atualmente inexistente, por que um condicional contrafatual não pode ser verdadeiro, mesmo que também corresponda a uma condição que não exista agora? Otte alega que tal contrafatual é verdadeiro em virtude de corresponder a uma condição que seria verdadeira se um mundo possível diferente prevalecesse.[27] Contudo, visto que um possível mundo diferente jamais prevalecerá, uma vez que *nós* não temos conhecimento médio de todos os mundos possíveis, e uma vez que Deus não nos falou do conteúdo de seu conhecimento médio, aparentemente nós jamais estaremos em posição de verificar ou falsificar qualquer condicional contrafatual. Contudo, esse não é o caso das declarações simples sobre o futuro, pois alguém estará em posição de confirmá-las ou alterá-las, de modo que a analogia de Otte parece deficiente.

Considerações como essas levam muitos filósofos a argumentar que os condicionais contrafatuais não são verdadeiros nem falsos. Portanto, a ideia de conhecimento médio é incoerente. Outros filósofos são ainda mais negativos, pois pensam que podemos saber que esses contrafatuais são falsos. É claro, se for esse o caso, mas os contrafatuais da liberdade formarem grande parte do conteúdo de muitos mundos possíveis e forem, eles mesmos, o conteúdo do conhecimento médio, então Deus não tem conhecimento médio, e há dúvida quanto ao que Ele sabe sobre qualquer número de mundos possíveis. Ao avaliar essas objeções sobre a verdade desses contrafatuais, Basinger escreve:

> Todos concordam que se as condições hipotéticas de liberdade *fossem* verdadeiras, Deus teria conhecimento delas. Porém, alguns filósofos negam ou pelo menos duvidam, nas palavras de Robert Adams, de que tais condicionais "algum dia foram ou serão verdadeiros". Alguns, como Adams e Bruce Reichenbach, defendem essa visão porque não veem nenhuma razão compreensível para que tais proposições possam ser verdadeiras. Outros, por exemplo, William Hasker, vão ainda mais longe, alegando que o conceito de um verdadeiro contrafatual de liberdade é autocontraditório.[28]

O que diremos sobre essas coisas? Deus tem conhecimento médio? Se o tiver, isso o ajuda a lidar providencialmente com o mundo? E para nossos propósitos, o mais importante, essa proposta resolve o problema da liberdade/pré-conhecimento? Deixe-me começar respondendo à segunda pergunta. Eu acho inquestionável que se Deus tiver conhecimento médio, se os seres humanos tiverem livre-arbítrio libertário, e se o decreto de Deus (supondo que Ele faça um) for baseado em seu pré-conhecimento, então o conhecimento médio deveria lhe dar uma ajuda considerável na determinação de qual mundo possível criar. Ele pode ver o que Ele e suas criaturas fariam em qualquer mundo possível e, consequentemente, pode ver em qual mundo seu envolvimento providencial melhor alcança os objetivos.

Porém, Deus tem conhecimento médio? Parece que a resposta não precisa, em última análise, depender de nossa decisão sobre os contrafatuais de liberdade serem verdadeiros, falsos ou nenhum deles. Em vez disso, outra consideração nos ajuda a responder a essa pergunta e à pergunta se essa resolução resolve o problema da liberdade/pré-conhecimento. Na proposta que estamos considerando, os seres humanos têm livre-arbítrio libertário, mas se o livre-arbítrio libertário prevalece em mundos possíveis que Deus vê por meio de conhecimento médio, como Ele pode *saber* o que *aconteceria* se uma pessoa fosse colocada em qualquer situação e tivesse liberdade libertária para decidir o que fazer? Ele saberia disso por ver todas as condições antecedentes que causam as escolhas do agente? Se sim, tal causa, em virtude de condições antecedentes, invoca o determinismo, mas daí o agente não escolhe livremente (no sentido libertário). Bem, então, talvez Deus apenas veja com visão direta as pessoas agindo livremente em todos os mundos possíveis. Porém, isso cai na mesma objeção levantada contra o pré-conhecimento simples. Se um ato não for determinado causalmente, simplesmente não há garantia sobre o que um agente faria se colocado em uma situação. Não há mais para se enxergar do que a história do mundo levando à situação e então, o agente na situação. Além disso, se Deus realmente escolher um desses mundos possíveis, o agente fará o que Deus escolheu ao escolher esse mundo possível. Porém, se o agente fará o que Deus prevê, como pode fazê-lo livremente no sentido libertário?

O que estou sugerindo é que, para que a solução do conhecimento médio deixe o livre-arbítrio libertário intacto, parece que os únicos mundos possíveis que Deus pode conhecer por meio do conhecimento médio são aqueles em que os humanos não têm liberdade libertária. Nos mundos possíveis em que os humanos têm liberdade libertária, parece difícil saber exatamente o que eles fariam livremente em várias situações, pois ver exatamente o que eles fariam parece querer dizer que fazer diferente não é uma opção legítima. Porém, então, se Deus realmente vê o que eles fariam, alguma forma de determinismo parece ser necessária. Portanto, se a liberdade libertária é deixada intacta, parece que Deus não pode conhecer o futuro, a menos que o conheça como um conjunto puro de possibilidades. Por outro lado, se Ele realmente conhecer todos os mundos possíveis, como então há espaço para o livre-arbítrio libertário?[29]

Consequentemente, não considero o apelo ao conhecimento médio uma solução adequada ao problema da liberdade e do pré-conhecimento. Além disso, não acredito que Deus tenha conhecimento médio se este incluir conhecimento do que os seres humanos fariam livremente no sentido libertário. Por outro lado, se alguém defender alguma forma de determinismo como eu defendo, não há razão para negar que Deus tem conhecimento médio do que os seres humanos fariam (compatibilisticamente) de modo livre. A única questão é se os condicionais seriam verdadeiros ou falsos. Dado o conhecimento de todos os mundos possíveis por parte de Deus, acho que Ele sabe quais condicionais seriam verdadeiros acerca de cada mundo possível. Ele poderia conhecê-los porque veria em cada caso os antecedentes causais que provocariam as ações das quais esses condicionais falam. Portanto, embora duvide que um indeterminista poderia defender coerentemente que Deus tem conhecimento médio, não vejo razão para um determinista negar isso. Infelizmente para o libertário, a inclusão do conhecimento médio em um sistema *determinista* não lhe oferece ajuda na resolução do problema da liberdade e do pré-conhecimento.

A resolução ockhamista

Uma quarta abordagem libertária ao problema da liberdade e do pré-conhecimento advém de William de Ockham. É uma solução mais complexa do que outras e levanta questões interessantes sobre problemas como a causalidade reversa. A descrição geral dessa abordagem por Thomas Morris é um bom lugar para se começar:

> Suponha que Deus sempre acreditou que em exatamente cinco minutos meu dedo indicador direito arranhará de leve a ponta do meu nariz. Deus é necessariamente onisciente e, portanto, como um crente, Ele é absolutamente infalível. Ele não pode estar errado. Significa que ninguém está em posição de impedir que daqui aproximadamente cinco minutos meu dedo arranhe meu nariz? Significa, especialmente, que eu não estou livre em relação ao arranhão? Não, insistem os ockhamistas, tudo o que significa é que eu *arranharei*, não que eu *tenho de* arranhar ou que me falta o poder de evitar o arranhão. Eu posso impedir o evento em questão. Eu posso evitar o arranhão. Esta opção está aberta para mim. Na verdade, não vou escolhê-la, mas a alternativa existe. E os ockhamistas acrescentam que se eu me abstivesse de me arranhar, eu não provaria que Deus estava errado. Pois se eu exercitasse essa opção e deixasse quieta a ponta do meu nariz, Deus teria defendido uma crença diferente da que Ele defende de fato — Ele sempre teria acreditado que eu, na hora marcada, teria feito outra coisa com meu dedo indicador direito em vez de arranhar o nariz. Portanto, os ockhamistas defendem que para esse evento x eu estou em posição de impedir x, mas, na verdade, em vez disso eu o executarei livremente.[30]

Isso pode parecer confuso, então deixe-me explicar. Começo com duas definições importantes. A primeira é a noção de necessidade acidental de Ockham, e a segunda é sua distinção entre fatos duros e suaves. Segundo Ockham, o passado é necessário em um sentido que ele chama de necessidade acidental:

> Afirmo que toda proposição necessária está, *per se,* ou no primeiro modo ou no segundo. Isso é óbvio, já que estou falando de todas as proposições que são *simpliciter* necessárias. Acrescento isso por causa de proposições que são necessárias *per accidens,* como é o caso de muitas proposições do passado. São necessárias porque era contingente que elas fossem necessárias e porque nem sempre foram necessárias.[31]

Algo que é acidentalmente necessário não tinha de ocorrer, mas já que aconteceu, não pode ser alterado. Isso pode ser verdade também para qualquer proposição, independentemente de se tratar de passado, presente ou futuro. Por exemplo, nenhuma ação ou evento futuro tem de ocorrer e, portanto, nenhuma proposição sobre o futuro especifica o que tem de ocorrer. Um agente ainda pode fazer diferente do que a proposição no tempo futuro declara. Em alguma data futura, se o agente fizer o que está previsto, a ação se torna acidentalmente necessária, ou seja, uma vez que o ato ocorre, ninguém pode mudá-lo, mas isso não significa que ele tinha de ser executado.[32]

Ockham também distinguiu fatos duros e suaves. Nas discussões contemporâneas, há muito debate sobre como definir fatos duros e suaves e sobre quais tipos de sentenças se qualificam como fatos duros ou suaves. As complexidades desse debate podem ser entendidas na literatura apropriada,[33] mas não precisam nos deter, contanto que entendamos a noção básica de um fato duro e um fato suave. Uma proposição que é um fato duro é um fato legítimo acerca do passado. Ou seja, o que a proposição afirma ocorreu e está completamente concluído. Além disso, um fato duro é exclusivamente acerca de um evento concluído no passado e, portanto, é indiferente ao que quer que aconteça no presente ou no futuro. Se a história do mundo terminasse agora, isso não alteraria uma proposição que declara um fato duro.[34] Por outro lado, um fato suave mescla passado e futuro, passado e presente ou presente e futuro (futuro a partir da nossa perspectiva atual); sua verdade ou falsidade não é indiferente ao futuro. Exemplos ilustram a distinção. A proposição "Frank é um estudante do ensino médio durante todo o mês de outubro de 1999", se for verdade, não é um fato duro se Frank estiver no ensino médio e ainda for outubro de 1999. Se Frank abandonar a escola durante o mês de outubro de 1999, isso alteraria a alegação. Portanto, a proposição em questão se qualifica como um fato suave antes do final de outubro de 1999. Por outro lado, a partir do momento em que outubro de 1999 terminar e Frank não tiver se retirado da escola durante esse mês, uma proposição correspondente "Frank era um estudante do ensino médio em outubro de 1999" não será apenas verdade, mas acidentalmente necessária e um fato duro.

Considere outra proposição: "Frank era um estudante dos últimos anos do ensino fundamental em maio de 1997". Supondo que a proposição seja verdadeira, e que passamos de maio de 1997, a proposição é um fato duro e acidentalmente necessário. Considere mais uma proposição: "Frank acreditava corretamente, em junho de 1998, que ele terminaria o ensino médio em junho de 2003". Visto que Frank realmente acreditava nisso em junho de 1998, e já que junho de 1998 é passado agora, pode-se pensar que essa proposição é um fato duro. Contudo, já que 2003 ainda não está aqui, ainda não sabemos se a crença está correta; portanto, a proposição agora (em 2000) é um fato suave. Além disso, embora fatos duros sobre o passado sejam acidentalmente necessários, os fatos suaves não são, de modo que este também não é. Claro, tudo isso significa que Frank ainda pode fazer algo de modo que não se forme em junho de 2003 e que sua crença tenha sido errada. Na realidade, ele poderá fazer algo de modo que jamais se forme no ensino médio. A graduação em junho de 2003 não é necessária e inevitável, embora ele e seus pais possam desejar o contrário.[35]

Vamos aplicar isso ao pré-conhecimento de Deus e à liberdade humana. Deus, ao contrário de Frank, não poderia estar enganado em suas crenças; portanto, se Ele realmente acredita em algo, esse algo deve ser verdade. Ainda, *proposições* sobre as crenças passadas de Deus acerca do nosso futuro (a partir da nossa perspectiva atual) são fatos suaves. Se Deus conhece *de antemão* o futuro, podemos construir uma proposição flexionada sobre seu conhecimento da seguinte forma: "Deus acreditou (acredita, ou acreditará)[36] no tempo T_1 que x fará A no tempo T_2". Não importa como se flexione o verbo "acreditar", a proposição expressa um fato suave, não um fato duro. Agora não é acidentalmente necessário, mas após T_2 será, assumindo-se que ocorra.

Para especificar mais as questões, considere a seguinte proposição: "Deus acreditava em 1980 que eu cortaria minha grama em junho de 2003". Se Deus conhece de antemão o futuro, então deve ser possível que essa proposição seja verdadeira, mas essa proposição é um fato suave agora, porque escrevo isso em 2000, então a proposição diz algo sobre o futuro. Se eu cortar a grama em junho de 2003, a proposição será tanto verdadeira como acidentalmente necessária depois disso. Claro, não é necessário (no sentido de que isso deve acontecer e é inevitável) que quando chegar junho de 2003, eu corte a grama. Sou livre para fazê-lo ou para me abster de fazê-lo. O lado de liberdade do dilema liberdade/pré-conhecimento é defendido.

Considere mais duas proposições: 1) "Em 1950, Deus acreditava que John Kennedy seria assassinado em novembro de 1963"; 2) "Em 1950, Deus acreditava que eu estaria escrevendo esta sentença 36 anos e quatro meses após o assassinato de John Kennedy". Antes de 22 de novembro de 1963, a proposição 1) era um fato suave. Depois disso, é um fato duro e acidentalmente necessário. Quanto à segunda proposição, desde que finalizei sua redação em março de 2000, a proposição é verdadeira, acidentalmente necessária e um fato duro. Antes de escrevê-la, apesar de sua referência a um evento histórico passado (assassinato de Kennedy), ela era um fato suave. O fato de a segunda proposição ser agora um fato duro não significa que eu tinha de estar escrevendo essas frases em março de 2000. Eu poderia ter estado de férias durante todo esse mês e completamente longe da minha produção literária. Nesse caso, a proposição seria falsa. Isso mostra apenas que antes de março de 2000, era um fato suave, e estava ao meu alcance trabalhar neste capítulo em março de 2000 ou me abster de fazê-lo.

O que acabei de escrever pode ser muito perturbador. Significa que estava ao meu alcance alterar uma das crenças de Deus? Ou significa que eu poderia ter feito com que Deus acreditasse em algo diferente do que Ele realmente acreditava em 1950? Se Deus é onisciente e creu em algo sobre o meu futuro, como pode ser apenas um fato suave Deus ter crido? Isso não sugere que Ele poderia ter tido uma crença errada? Lembre-se também das proposições sobre eu cortar a grama em 2003. Eu tenho o poder de alterar o que Deus acreditava acerca disso desde pelo menos 1980? Ou eu poderia fazer algo que levaria Deus a ter uma crença diferente da que Ele tem acerca de eu cortar a grama? Tais questões são perturbadoras por muitas razões, sendo que uma das mais importantes é que elas invocam o argumento de Pike a favor do fatalismo teológico (especialmente a premissa 6). Esse argumento diz que para eu fazer algo que Deus não conhece de antemão, ou eu teria poder para alterar uma das crenças de Deus, poder para fazer com que Deus tivesse uma visão diferente da que Ele tem, ou poder para mostrar que o ser que conhecemos como Deus, que é onisciente e tem conhecimento infalível do futuro, não existe. O argumento de Pike afirma que já que nenhuma dessas três coisas está ao meu alcance, não posso fazer outra coisa senão o que Deus conhece de antemão; portanto, o fatalismo teológico parece verdadeiro. Estamos dizendo agora que o argumento de Pike pode ser rejeitado porque realmente podemos fazer uma ou mais dessas três coisas que ele disse que eram impossíveis? Se sim, então parece que agora podemos exercer poder causal sobre o passado; podemos até exercer poder causal sobre o passado de Deus!

Essas questões nos trazem ao ponto crucial da estratégia ockhamista. O ockhamista responde às perguntas sobre mudar as crenças passadas de Deus etc. negativamente, e explica que, por exemplo, se eu não estivesse escrevendo este capítulo em março de 2000, e se não cortarei a grama em junho de 2003, Deus nunca teria acreditado que eu o faria. Visto que, como onisciente, as crenças de Deus não podem estar erradas, Ele teria acreditado (no passado) e agora acredita (no presente) em algo diferente sobre o meu futuro. O que Deus acreditou no passado sobre eu cortar a grama em junho de 2003, *nós* não saberemos até chegarmos ao futuro. Naquele momento, podemos falar com precisão sobre o que Deus acreditava no passado acerca do nosso futuro. Se eu cortar a grama, então saberei que estava correto ao pensar que em 1980 Deus acreditava que eu cortaria a grama em junho de 2003. Se eu não cortar a grama, saberei que em 1980 Deus acreditou de modo diferente sobre eu cortar a grama em junho de 2003.

Alguém pode perguntar: "Se, em relação ao futuro, Deus acredita apenas no que realmente acontecerá, sua crença não exige a ocorrência?" A resposta é não, porque, por um lado, as crenças de Deus não têm poder causal para fazer um evento ou ato acontecer (os deterministas também concordam com isso). Além disso, dadas as alegações de Ockham, qualquer proposição sobre o futuro será um fato suave e, portanto, não poderá sequer ser acidentalmente necessária antes do futuro. Além disso, ainda não conheço a verdade ou falsidade da proposição referente à crença de Deus acerca de eu cortar a grama, então, mesmo que eu possa escrever a proposição, isso dificilmente garante que ela *determinará* causalmente que eu corte a grama. A proposição, se eu crer que é verdadeira, pode influenciar o que faço em junho de 2003, mas não garante nada sobre o que farei. Ainda posso decidir fazer diferente. Na realidade, eu poderia estar paralisado, morto ou simplesmente fora da cidade durante todo o mês de junho de 2003, de modo que não poderia cortar a grama. Portanto, não é necessário que eu corte minha grama em junho de 2003.

É crucial entender que a estratégia ockhamista *não* diz que Deus não sabe qual será de fato o futuro. Diz que, já que *nós* não sabemos, não sabemos exatamente o que *Ele* sabe sobre o futuro. Portanto, podemos escrever qualquer número de proposições sobre o conhecimento de Deus acerca do futuro para simplesmente acabarmos descobrindo mais tarde que a maioria ou todas elas estão erradas. Nossos erros não significam que Deus não sabia a verdade. Nós apenas não saberemos o que Ele realmente acreditava até vermos acontecer (a menos que Ele revele de antemão o que acontecerá). É claro, visto que o conhecimento de Deus não causa ações, e que não podemos ser causalmente determinados pelo que Ele sabe sobre o futuro, porque ainda não sabemos o que Ele sabe sobre o futuro, parecemos ser *livres* (no sentido libertário) para fazer algo diferente do que Ele sabe que faremos, muito embora Ele saiba que não faremos diferente.

Ainda restam perguntas. Parece que temos algum poder causal sobre as crenças passadas de Deus, e se for assim, então parece haver algo como causalidade reversa. Na literatura contemporânea tem havido discussões bastante interessantes sobre esses tópicos. Vários pontos-chave ajudarão nessa questão. William Craig é de grande proveito no assunto da causalidade reversa. Como ele menciona, o fato de alguém acreditar que pode haver tal coisa depende muito se essa pessoa defende a teoria A ou a teoria B do tempo. Se a pessoa defender a teoria B, há certa subjetividade para o tempo, ou seja, é duvidoso se realmente existe uma sucessão temporal ou apenas a percepção psicológica dela. Além disso, dada a teoria da relatividade, algo presente a partir de nosso marco referencial poderia ser passado a partir do marco referencial de outra pessoa em outro lugar do universo. Lembre-se do exemplo de um raio atingindo o trem quando discutimos a eternidade atemporal. À luz dessas considerações, se for defendida uma teoria B do tempo, poderia bem ser possível que algo que eu fizer agora (em meu marco referencial temporal) poderia afetar algo que é passado a partir da minha perspectiva temporal, mas que ainda é presente a partir do marco referencial da outra pessoa. Se for assim, esse parece ser um caso de causalidade reversa.[37]

Por outro lado, se defendermos a teoria A do tempo, faz pouco sentido dizer que algo que eu posso fazer hoje ou amanhã causaria certo efeito algum tempo antes de hoje. Eu acho que a sucessão temporal é real, por isso defendo a teoria A do tempo. Isso pode parecer encerrar o problema, mas não encerra. Apesar de tudo o que foi dito sobre a causalidade reversa, ainda parece que o que Deus acreditava, em algum momento anterior ao presente, acerca do que farei em junho de 2003 é, de alguma forma, dependente do que faço quando esse tempo chega. E se as crenças passadas de Deus dependem de minhas ações futuras, isso não significa que de alguma forma eu tenho poder (isto é, poder causal) sobre as crenças passadas de Deus? Ao contrário das premissas 6 e 8 a favor do argumento do fatalismo teológico, eu tenho, sim, poder causal sobre as crenças passadas de Deus.

Embora seja possível concluir isso, a maioria dos filósofos discorda, porque eles distinguem dois tipos de poderes que se poderia ter. Por um lado, alguém poderia ter poder *causal* sobre alguém ou alguma coisa. Nesse caso, o poder causal deveria ser interpretado de acordo com a causalidade eficiente (o tipo de causalidade que eu argumentei com relação às ações humanas, não a causalidade envolvida nas ciências naturais). Porém, há um segundo tipo de poder que se poderia ter, a saber, poder *contrafatual*. Poder contrafatual não é poder para fazer com que algo aconteça. Portanto, o poder contrafatual sobre o passado não é o poder de mudar o que já aconteceu. Em vez disso, poder contrafatual é poder para fazer algo que, se o fizéssemos, significaria que outra coisa que não ocorreu teria ocorrido. Observe todos os "condicionais"; isso significa que as sentenças estão no tempo subjuntivo e são contrárias ao fato. Elas relacionam não o que aconteceu ou acontecerá, mas o que aconteceria em alguma situação se outra coisa acontecesse.

Visto que isso se relaciona às crenças passadas de Deus, o ponto crucial é que nenhum de nós tem poder causal sobre o que Ele acreditava no passado (ou sobre qualquer outra coisa que aconteceu). As crenças de Deus não são *causalmente* dependentes do que faremos, mas são *contrafatualmente* dependentes do que faríamos, e isso significa que temos poder contrafatual sobre as crenças passadas de Deus.[38] Porém, poder contrafatual sobre as crenças passadas de Deus significa que temos agora ao nosso alcance fazer algo que significaria, se o fizéssemos, que Deus teria tido uma crença diferente da que Ele realmente tem acerca de nosso futuro. Como explica Plantinga, esse poder é totalmente inofensivo ao pré-conhecimento divino, e de maneira alguma prejudica a liberdade humana.[39] Além disso, Craig argumenta que esse poder contrafatual significa que a premissa 6 a favor do argumento de Pike para o fatalismo teológico precisa de uma quarta opção. Mesmo que Deus acreditasse que Jones cortaria a grama, Jones pode se abster de fazê-lo, mas não em qualquer um dos três primeiros aspectos que Pike menciona. Ele poderia fazer conforme segue: "Jones tem o poder de agir de uma maneira diferente, e se ele *tivesse* agido dessa maneira, Deus *teria* acreditado de maneira diferente".[40] Com essa retificação, a conclusão do argumento fatalista não procede. É claro, a opção adicional é que Jones tem poder contrafatual sobre as crenças passadas de Deus. Hasker tem dúvida quanto à distinção entre poder causal e poder contrafatual sobre o passado. Em sua obra *Foreknowledge and Necessity* [Pré-conhecimento e necessidade], ele argumenta que o poder contrafatual sobre o passado, na verdade, cai no poder para gerar o passado. Logo, se "temos de ter o poder de agir de maneiras diferentes daquelas em que Deus sempre acreditou que agiríamos, também temos de ter o poder de fazer com que Deus não tenha acreditado nas coisas que, de fato, Ele sempre acreditou".[41]

Em minha opinião, não temos de apoiar Hasker em oposição a Plantinga, Craig etc., a fim de avaliar a estratégia ockhamista.[42] Basta dizer que, se optarmos pelo poder contrafatual sobre o passado, aparentemente refutamos o argumento em favor do fatalismo teológico. Porém, ainda podemos perguntar que tipo de poder é o poder contrafatual. É um poder que qualquer um poderia usar realisticamente? Ele seria utilizável em que circunstâncias que provavelmente prevalecem em nosso mundo? Meu argumento é evocatório do argumento de Pike a favor do conhecimento médio e de nossa capacidade de fazer diferente daquilo que Deus sabe que faremos neste mundo. Se realmente quisermos ter poder sobre o que Deus acreditou no passado, então devemos ser capazes de fazer algo que o leve a ter uma crença diferente da que tinha. Porém, concordamos que isso é um absurdo. Então, onde isso nos deixa? Deixa-nos com o compromisso de sermos capazes de fazer com que Deus tenha uma crença diferente da que tem sobre o nosso futuro (o que é absurdo); ou com o compromisso de que temos poder contrafatual sobre suas crenças passadas, embora jamais o exercitemos; ou com a crença de que simplesmente devemos fazer o que Ele nos prevê fazer o tempo todo (neste caso, não podemos fazer diferente daquilo que Deus prevê, portanto o problema do livre-arbítrio libertário e do pré-conhecimento não é resolvido).

Uma questão permanece para a estratégia ockhamista. De acordo com essa abordagem, não sabemos o que Deus sabe sobre o nosso futuro (a menos que Ele nos diga), mas Deus conhece o nosso futuro. Dado o livre-arbítrio libertário, como Ele o conhece? Uma passagem nas produções literárias de Ockham trata desse assunto. Não está totalmente claro, mas é o mais próximo que ele chega de explicar como Deus conhece o futuro. Ele diz:

> Apesar [da impossibilidade de expressá-la claramente], a maneira a seguir [de conhecer contingentes futuros] pode ser atribuída [a Deus]. Assim como o intelecto [humano] com base na mesma cognição [intuitiva] de certos não complexos pode ter uma cognição evidente de proposições contingentes

contraditórias como "A existe", "A não existe", pode-se, da mesma maneira, admitir que a essência divina é cognição intuitiva, que é tão perfeita, tão clara, que é cognição evidente de todas as coisas passadas e futuras, de modo que conhece qual parte de uma contradição [envolvendo tais coisas] é verdadeira e qual parte é falsa.[43]

Isso significa que Deus conhece o futuro de maneira semelhante à maneira como conhecemos a verdade de proposições tais como "todos os solteiros são homens não casados"? Isso seria estranho, já que eventos da história do mundo são questões fatuais, não verdades analíticas. É mais provável que Ockham esteja falando por meio de analogia. Assim como nós entendemos intuitivamente se as proposições analíticas são verdadeiras ou falsas, Deus entende intuitivamente o curso da história do mundo. Isso não significa que a história seja uma proposição analítica. Antes, o argumento de Ockham é sobre o método de Deus conhecer. Ele não precisa usar um processo de raciocínio inferencial rastreando condições causais antecedentes para ver seus resultados; Ele simplesmente sabe o que irá ocorrer.

Como a abordagem ockhamista se sai ao lidar com o problema da liberdade/pré-conhecimento? Com essa visão, Deus realmente conhece o futuro e, como não sabemos o que Ele sabe sobre nossas ações, nossas escolhas não podem ser afetadas causalmente por seu conhecimento. Tomamos nossas decisões acreditando que podemos igualmente realizar determinada ação ou nos abster dela. Portanto, essa abordagem parece defender o livre-arbítrio libertário. Todos os lados concordam que o pré-conhecimento de Deus não nos leva a fazer nada. Portanto, a estratégia ockhamista parece lidar com esse problema de maneira internamente coerente.

Apesar dessa coerência, ainda se pergunta como Deus conhece intuitivamente o futuro quando as ações não estão conectadas causalmente (dado o livre-arbítrio libertário) a condições antecedentes causalmente suficientes. Ou seja, em que base Deus pode saber que um ato segue outro ou segue algum evento? Ockham diz que Deus sabe intuitivamente, mas não explica como isso pode acontecer quando não há condições antecedentes suficientes conectando dois atos ou qualquer evento e uma ação subsequente (se houvesse, isso seria determinismo). Visto que o ato não é determinado causalmente, mais de uma opção está aberta a nós; portanto, até decidirmos, parece que não há nada para Deus ver. De fato, como sugere o ockhamista, sentimos que poderíamos fazer diferente. Contudo, se Deus realmente sabe o que faremos, não seremos capazes de fazer diferente. Se alguém tentar resgatar a posição afirmando que pelo menos temos poder contrafatual sobre as crenças passadas de Deus, posso admitir isso. Porém, como não vejo uma maneira de usar esse poder, não vejo como ele resgata o livre-arbítrio libertário. As únicas maneiras em que nos parece ser possível fazer diferente do que Deus realmente conhece são que nós temos poder para fazer com que sua crença tenha sido falsa, ou que Ele tinha uma crença diferente, ou que nós temos, de fato, livre-arbítrio libertário em relação às nossas decisões atuais e futuras porque Deus não conhece o futuro. A primeira opção (nós termos poder causal sobre as crenças passadas de Deus) é absurda, a segunda ainda nos limita ao que Deus sabe de antemão que faremos, e a opção final não é o ockhamismo.

Em suma, se forem admitidas as premissas básicas da abordagem ockhamista, essa estratégia produz, sim, uma teologia internamente coerente com relação ao problema da liberdade/pré-conhecimento. Contudo, se os seres humanos tiverem livre-arbítrio libertário, é difícil ver como seus atos livres futuros podem ser previstos por qualquer pessoa. Portanto, após uma inspeção mais minuciosa, podemos dizer que, embora essa abordagem possa produzir uma posição internamente coerente, há boas razões para pensar que ela está errada como um todo, porque não explica adequadamente de que modo Deus pode ver intuitivamente (ou não) ações incompatibilisticamente livres. Como nas estratégias anteriores, parece que, para resgatar o livre-arbítrio libertário, é preciso, em algum momento, restringir o pré-conhecimento de Deus em parte ou *in toto*. A próxima opção afirma exatamente isso.

Conhecimento atual

As opções consideradas até agora defendem o pré-conhecimento divino, mas parecem criar problemas com o livre-arbítrio libertário. Uma última resposta indeterminista a esse problema opta por sacrificar o pré-conhecimento divino e manter o livre-arbítrio libertário. Esta não é uma nova abordagem ao problema, pois historicamente muitos indeterministas a defenderam. O que é novo em nossos dias é a afirmação da visão aberta de que essa visão não somente está correta nas bases filosóficas, mas também é bíblica e teologicamente defensável. De acordo com esta solução, Deus é onisciente; contudo, a onisciência significa que Deus sabe tudo o que há para saber, e o futuro simplesmente não é algo que pode ser conhecido. Isso significa que Deus tem conhecimento presente, mas não o pré-conhecimento. O conhecimento presente é um conhecimento exaustivo do passado e do presente, incluindo a cognição de todas as nossas personalidades e preferências. A partir desse conhecimento, Deus pode prever algumas coisas que faremos, mas não pode ter certeza de que as faremos. É claro, o futuro mais distante está além de seu conhecimento. Primeiro examinaremos um exemplo dessa posição na filosofia secular contemporânea e então nos voltaremos à visão aberta.

Ao optar por essa posição, Joseph Runzo argumenta que se os defensores do livre-arbítrio libertário pensam que Deus conhece o futuro, eles devem explicar como Deus poderia conhecê-lo. Runzo estuda e refuta várias alternativas e acaba concluindo que Deus não pode conhecer o futuro.[44] Um ponto importante no argumento de Runzo é a definição de conhecimento. O conhecimento normalmente é definido como uma crença verdadeira justificada. Isso significa que Deus não pode *conhecer* algo (nem qualquer outra pessoa pode) a menos que seja verdade. Porém, antes que um *evento ou ação ocorra*, uma proposição acerca deles não é verdadeira nem falsa. No momento T_1, qualquer proposição da forma "x fará A em T_2" não é verdadeira nem falsa, e se for assim, Deus não pode *conhecê-la* antes do tempo. De fato, diz Runzo, Deus não poderá nem mesmo acreditar nela antecipadamente. Sobre quais bases Ele estaria inclinado a acreditar nela? Ele poderia acreditar nela ou conhecê-la, porque Ele sabe tudo agora e sabe como cada coisa envolverá algo mais tarde, de modo lógico ou mesmo causal. Porém, isso não pode ser assim para um indeterminista, pois se Deus conhece os antecedentes lógicos e/ou causais de um ato, o ato não é incompatibilisticamente livre.[45] Ao discutir o conhecimento médio, vimos uma linha de argumentação semelhante contra a verdade ou falsidade de contrafatuais de liberdade. Agora vemos esse argumento levantado contra Deus conhecer o futuro do mundo real.

Essa resposta resolve o problema? Essa resposta resolve a aparente contradição entre onisciência divina e liberdade libertária, e essa posição tem outra vantagem. Como explica Runzo, adotar essa abordagem refuta a reclamação de que Deus poderia e deveria ter criado um mundo melhor que o nosso. Ela refuta porque a objeção pressupõe que Deus conhece um mundo melhor, mas se o livre-arbítrio libertário prevalecer em nosso mundo, e se sentenças sobre o futuro não podem ser verdadeiras ou falsas no presente, não há como Deus conhecer um mundo melhor. Se Ele não pode conhecer um mundo melhor, não se pode esperar que Ele o produza. Runzo defende a ideia da seguinte maneira:

> Imagine o momento real, T_0, no qual Deus decide instanciar um mundo criado. Que mundo Ele criaria? Presumivelmente, um mundo contendo o

mínimo possível de mal moral. Porém, que mundo é esse? Para qualquer agente moralmente responsável que Deus cria, Ele não poderia conhecer de antemão quanto mal — ou bem — esse agente moral *real* produziria. Além disso, considerando os atos de reprodução do livre-arbítrio humano, Deus não poderia nem saber de antemão quantos agentes morais humanos haveria — cada agente agindo para o mal e/ou para o bem. E, finalmente, Deus não poderia nem ter um pré-conhecimento seguro de que, se Ele criasse certas condições, então *alguns* agentes humanos ou outros cometeriam atos maus, mesmo que a identidade dos verdadeiros malfeitores dependa das relações interpessoais livres entre os agentes humanos. Pois se todo ato moral específico de todo agente humano for realmente um ato cometido livremente, então deve ser causalmente possível — ainda que improvável — que nenhum agente humano jamais cometa um ato imoral. Portanto, em T_0, para qualquer mundo possível W contendo agentes morais livres que Deus instancia, Ele não poderia conhecer de antemão a inevitável incidência de ações moralmente más *versus* moralmente boas em W.[46]

Se isso estiver certo, ninguém pode reclamar que Deus deveria ter criado um mundo melhor que o nosso. Como se pode exigir que Ele faça algo que não sabe como fazer?

De fato, existem muitas vantagens para essa resolução em relação ao problema da liberdade e do pré-conhecimento, mas é claro que qualquer um que a adote deve desistir da ideia de que Deus conhece o futuro. Embora alguns teístas achem isso problemático, os defensores da visão aberta de Deus não veem problema algum. Um Deus que não sabe o que suas criaturas livres farão pode ser muito mais aberto e receptivo à medida que elas enfrentam qualquer coisa que acontece. Um Deus assim é menos controlador tanto porque não planejou tudo com antecedência como também porque Ele aprende sobre o futuro à medida que este acontece, como nós fazemos, e depois trabalha conosco para tirar o melhor proveito de cada situação.

Além dessas implicações teológicas positivas de um Deus com conhecimento atual, os defensores da visão aberta acreditam que as Escrituras apoiam sua afirmação de que Deus não conhece nossas ações livres futuras. As Escrituras o retratam como alguém que aprende as coisas ao longo do caminho, fica surpreso ou decepcionado com o que acontece, arrependido do que aconteceu e aberto a mudar de ideia acerca de seus planos. Por exemplo, somente após Abraão passar no teste final de fé (Gn 22) é que Ele diz: *Agora sei que temes a Deus*. Gênesis 6.5,6 diz que Deus viu a maldade das pessoas antes do dilúvio e se arrependeu de tê-las feito. Isso mostra sua decepção com o que aconteceu, e teria sido difícil para Ele reagir dessa maneira se tivesse sempre sabido o que aconteceria. Também citamos Moisés suplicando a Deus que poupasse seu povo quando Ele estava prestes a destruí-lo (Êx 32—34). Moisés convenceu Deus, e Ele mudou de ideia, por isso parece improvável que Deus tivesse decidido irrevogavelmente o que aconteceria e soubesse exatamente o que faria na situação. Pelo contrário, Deus estava zangado, mas não estava afirmando com certeza exata que Israel seria destruído. Ele ainda estava aberto a que as coisas saíssem de outra forma.[47] Pinnock observa que existem versículos nos quais o Senhor diz: "Talvez eles entendam" ou "Pode ser que eles ouçam". Essas não são palavras de alguém que sabe exaustivamente o que as pessoas farão; são declarações de alguém que não sabe.[48]

Além dessas evidências do AT, há outras nos Evangelhos. É digno de nota o tratamento que Sanders dá à previsão de Jesus de que Judas o trairia. Na última ceia, Jesus predisse que um de seus discípulos o trairia. Aparentemente, soa como uma previsão direta de algo futuro, mas quando nos aprofundamos, descobrimos o contrário. Judas tinha um relacionamento amigável com Jesus e estava convencido, depois de conversar com Ele, que deveria arranjar uma oportunidade de encontrar o sumo sacerdote e os que tinham autoridade no templo. Afinal, o ensino de Jesus em Mateus 18.15-20 diz que quando duas pessoas têm queixa uma contra a outra, elas devem se encontrar, conversar e tentar resolvê-la. Quando Jesus disse a Judas para cumprir sua missão rapidamente (Jo 13.27), não se deve entender como nada além de que ele deveria ir em frente e combinar a reunião. Sanders diz que essa interpretação vem de William Klassen, mas não precisamos aceitá-la para descartar uma previsão da traição de Jesus, pois há outro entendimento dessa passagem que a descarta.[49]

Sanders sugere que Jesus e Judas provavelmente tiveram muitas discussões, já que Judas era um discípulo e era tesoureiro. Entre os tópicos discutidos estaria o papel do Messias. Talvez Judas esperasse um Messias mais nacionalista, e se fosse esse o caso, Jesus tentaria mudar o pensamento de Judas. Aparentemente, Jesus não foi muito bem-sucedido, mas Ele não desistiu de Judas. Na refeição da Páscoa, Judas parece ser colocado em um lugar de honra à mesa (Jo 13.26). Quando Jesus mergulha o pão na tigela e o entrega a Judas, isso é um sinal de amizade e não precisa ser visto como nada mais. Quanto ao desfecho, Sanders explica:

Pode-se imaginar Jesus olhando Judas nos olhos, sondando-o, levando-o a um ponto de decisão. Após esse momento, Jesus diz: *O que pretendes fazer, faze-o depressa* (Jo 13.27). Aqui, Jesus pressiona Judas a abrir o jogo, a se decidir quanto a que tipo de Messias ele quer que Jesus seja. Há um risco envolvido aqui, já que não há garantia da maneira que Judas decidirá. Judas realmente "coloca as cartas na mesa" e dá passos que acredita que forçarão Jesus a mostrar sua mão. Judas aposta em seu palpite de que ser confrontado pelas autoridades forçará Jesus a assumir o papel de libertador político e, assim, se tornar um Messias "legítimo". Nada disso estava predeterminado. Opções legítimas confrontam Jesus e Judas. O curso real da providência divina se resolve por meio dessas escolhas humanas específicas e em resposta a elas. Jesus procurou mudar a mente de Judas, mas aparentemente sem sucesso. Judas deixa o grupo e vai ao sumo sacerdote.[50]

A partir disso, vemos que as declarações de Jesus sobre o que Judas faria não são uma previsão, mas uma tentativa de confrontá-lo e desafiá-lo a mudar. Além disso, de acordo com essa citação, até mesmo Jesus ainda não havia aparentemente decidido se deveria assumir ou não o papel de libertador político. Sanders, então, nos diz que, embora a oração de Jesus no jardim — acerca desse cálice passar dele — seja vista muitas vezes como uma oração de submissão à vontade de Deus, tal interpretação ignora o fato de que Jesus apresentou sua petição três vezes e não pediu força para enfrentar a crucificação, mas pediu uma rota alternativa. Portanto, a petição "afasta de mim este cálice" não é retórica vazia, "mas um esforço sério de determinar a vontade de Deus. Jesus luta com a vontade de Deus porque Ele não acredita que tudo deve acontecer de acordo com um plano predeterminado".[51] Sanders não oferece essas passagens e interpretações para sugerir apenas que não existe um plano divino predefinido. Em vez disso, ele considera Jesus como o Filho de Deus, então essas interpretações são para Sanders mais uma evidência de que o futuro não está definido e que Deus não conhece o futuro.

Passagens como essas levam os defensores da visão aberta a acreditar que Deus não conhece nossas futuras ações livres. Porém, todos os defensores da visão aberta reconhecem que sua posição parece contradizer as profecias bíblicas sobre eventos futuros à época do escritor. Visto que os autores estão escrevendo debaixo de inspiração divina, eles escrevem a Palavra de Deus, mas então, é Deus fazendo tais previsões. Contudo, se for assim, como Ele pode fazer tais previsões sem realmente saber o que ocorrerá? A profecia preditiva não mostra que Deus conhece o futuro? Os defensores da visão aberta acham que não, mas reconhecem que têm algumas explicações a dar.

A resposta comum dessa doutrina é que todas as profecias se encaixam em três categorias. Uma vez que as entendemos, vemos que não há nada incoerente em afirmar que Deus não conhece antecipadamente nossas futuras ações livres. Primeiro, algumas profecias "podem expressar a intenção de Deus de fazer algo no futuro, independentemente de decisão das criaturas. Se a vontade de Deus é a única condição necessária para que algo aconteça, se a cooperação humana não estiver envolvida, Deus poderá garantir unilateralmente seu cumprimento e poderá anunciá-lo com antecedência".[52] Rice não nos oferece um exemplo de tal profecia, mas apenas cita Isaías 46.10,11, onde Deus diz que fará tudo o que quiser e realizará seus planos. Sanders diz a mesma coisa.[53]

Uma segunda categoria de profecias advém do conhecimento exaustivo de Deus acerca do passado e do presente, incluindo o conhecimento de nosso caráter. À luz dessa informação, incluindo tendências e inclinações existentes, Deus anuncia o que acontecerá. Rice afirma isso em termos mais fortes do que Sanders. Rice chama essas profecias de "conhecimento de Deus de que algo acontecerá porque as condições necessárias foram cumpridas e nada poderia concebivelmente impedi-lo".[54] Ele oferece como exemplo a previsão de Deus a Moisés referente àquilo que o faraó faria em resposta aos pedidos para deixar Israel ir. Sanders é um pouco mais cauteloso nesse momento, reconhecendo as implicações do livre-arbítrio libertário. Ele diz sobre essas previsões que "dada a profundidade e a amplitude do conhecimento de Deus sobre a situação atual, Ele prevê o que Ele *acha que* [o itálico é meu] acontecerá. Nesse sentido, Deus é o cientista social perfeito que prevê o que acontecerá. A capacidade de Deus de prever o futuro, dessa maneira, é muito mais precisa do que qualquer previsão humana, no entanto, uma vez que Ele tem acesso exaustivo a todo conhecimento passado e presente".[55] Poderíamos, então, chamar essas profecias de "palpites" altamente instruídos sobre o futuro, pois isso parece o máximo que podem ser, dado o livre-arbítrio libertário. Se essas informações passadas e presentes "garantirem" que a profecia está correta, os fatores conhecidos em tais conhecimentos passados e presentes não determinariam causalmente o que o agente faz? Contudo, visto que esse determinismo exclui o livre-arbítrio libertário, essas profecias não podem ser garantias.

Há uma terceira categoria de profecias. Uma profecia pode ser condicional. Ou seja, pode expressar o que Deus pretende fazer se algo ocorrer ou a menos que algo ocorra. Exemplos de tais profecias são casos de previsões aparentemente fracassadas, como a pregação da destruição de Nínive por Jonas e a previsão de Deus a Davi em 1Samuel 23.9-13. Além disso, somos informados de que Jeremias 18.7-11 declara o princípio de que Deus pode dar uma profecia que não se tornará realidade se uma certa condição for atendida, e o versículo 11 serve como exemplo disso em relação a Israel.[56]

O que devemos dizer sobre essas coisas? Negar o conhecimento de Deus sobre o futuro remove com sucesso a tensão entre pré-conhecimento divino e livre-arbítrio libertário. É claro, isso não explica a aparente contradição, mas a admite e, em seguida, escolhe um dos dois conceitos conflitantes. Modelos de soberania geral da providência baseados no livre-arbítrio libertário podem respirar facilmente se adotarem o presentismo. Por outro lado, se tais modelos incorporarem o pré-conhecimento divino, eles não podem defender o presentismo. A visão aberta é coerente com o livre-arbítrio libertário e esse tratamento do pré-conhecimento divino.

De fato, tenho defendido que a coerência lógica não é o único problema. É perfeitamente possível contar uma história sem se contradizer, mesmo que a história não corresponda ao nosso mundo. Admitindo que o presentismo resolve a aparente contradição entre liberdade e pré-conhecimento, ainda queremos saber se ele se ajusta aos fatos. Apesar das alegações do presentismo de se ajustar aos dados bíblicos e teológicos, eu discordo. A seguir, quero apresentar as objeções mais sérias à rejeição do pré-conhecimento divino como a visão aberta faz.

Primeiro, vamos examinar algumas das passagens que supostamente mostram que Deus não conhece o futuro. Considere a passagem de Gênesis 6, onde Deus expressa seu descontentamento e arrependimento por ter criado os seres humanos. É-nos dito que tal passagem mostra que Deus não apenas tem emoções e as expressa, mas também que seus planos foram frustrados. Ele não deve ter previsto o que aconteceria, e agora que isso aconteceu, lamenta ter criado a raça humana. Porém, algum versículo de Gênesis 6 diz que Deus não sabia que isso iria acontecer? Claro que não. E nenhum dos versículos diz que Ele sabia que isso iria acontecer. Isso significa que usar essa passagem para mostrar que Deus sabia ou não o que aconteceria é tirar uma conclusão da passagem. Porém, o raciocínio inferencial é sempre muito evasivo, especialmente quando o que queremos inferir não é sugerido ou rejeitado nos dados que temos. Pode-se inferir a partir da passagem que Deus não sabia que isso aconteceria, mas outra inferência é igualmente possível. À luz de outras passagens que dizem que Deus sabe todas as coisas (veja minha discussão sobre onisciência no Capítulo 7), pode-se inferir que, como esse evento era conhecido de antemão por Deus, o versículo 6 expressa sua reação ao ver quão pecaminosas são suas criaturas. Ele sabe disso não apenas como conhecimento proposicional de toda a eternidade, mas também agora como um item de conhecimento experiencial. Como argumentei, a onisciência divina não exige que Deus tenha conhecimento experiencial de tudo nem impede que Ele obtenha conhecimento experiencial de coisas conhecidas intelectualmente de antemão. Portanto, não precisamos ir tão longe a ponto de dizer que Deus realmente não sente as emoções mencionadas nesses versículos. O que quero dizer é que sentir essas emoções em certo momento não precisa significar nada além de que Deus se sentiu assim ao experimentar o que Ele sempre soube que aconteceria.

E quanto a Gênesis 22.12, em que Deus diz que agora Ele sabe que Abraão o teme? Isso não significa que Deus aprendeu intelectualmente algo que Ele não sabia antes? De fato, alguém que desconhece o ensino bíblico sobre onisciência divina poderia concluir isso. Se Deus já sabe disso, em que sentido seria um teste a partir de sua perspectiva? Contudo, temos de ver que apesar da aparente plausibilidade dessa interpretação, não é a única maneira de entender o versículo. Primeiro, o capítulo começa dizendo que Deus testou Abraão. Hebreus 11.17, o comentário neotestamentário sobre esse evento, diz que, quando foi testado, pela fé Abraão ofereceu Isaque. Assim, o que acontece em Gênesis 22 é considerado um teste de Abraão, não um teste de Deus ou de seu conhecimento.

Segundo, este não é o primeiro teste que Deus faz com Abraão, embora seja certamente o mais difícil. Deus já viu Abraão passar por uma série de testes de fé, começando com sua resposta em deixar Ur e seguir a Deus. Então, seja qual for o significado de Gênesis 22.12, não pode significar que Deus jamais teve alguma ideia de como Abraão se sentia acerca dele antes. Terceiro, se Deus sabia por experiência vivida que Abraão confiava nele e o reverenciava, no episódio de Gênesis 22, o que Ele aprendeu que já não sabia anteriormente (supondo que deveríamos entender o versículo 12 literalmente, não antropomorficamente)? A melhor resposta parece ser que Deus, ao colocar Abraão nas experiências mais difíceis, passa a ver por experiência a plenitude da devoção de Abraão. Deus sempre soube dessa devoção intelectualmente, e tendo lidado com Abraão antes, de certa forma Ele a vivenciou. A experiência que Deus tem da plena devoção de Abraão agora corresponde ao que Ele sempre conheceu intelectualmente.

À luz dos dois primeiros argumentos, acredito que a explicação oferecida em minha terceira resposta é a melhor maneira de entender a passagem. Há mais razão para pensar que sim. Os defensores da visão aberta observam muitas vezes que, quando esse episódio termina e Deus vê como Abraão se sente, Ele reafirma a aliança com ele (veja o final de Gn 22). Logo, aparentemente, a relação da aliança de Deus com Abraão estava em dúvida, ou assim parece. O que isso deixa de reconhecer e o que toda essa interpretação de Gênesis 22.12 por parte da visão aberta parece ignorar, porém, são os eventos registrados em Gênesis 15 e 17. No capítulo 15, Deus ratifica sua aliança com Abraão. Ele o faz passando unilateralmente pelos ossos e pela carne do animal de sacrifício. Os estudiosos do AT concordam que naquela cultura e época essa atividade era uma maneira unilateral e incondicional de fazer um pacto. Ou seja, mesmo se aquele com quem a aliança é firmada não faz promessa, a ação de Deus em Gênesis 15 significava que Ele se comprometeu incondicionalmente a cumprir a aliança.[57] Além disso, em Gênesis 17, Deus reconfirmou sua aliança com Abraão e instituiu a circuncisão como seu sinal.

O que a ratificação da aliança mostra sobre o nosso problema? Mostra a improbabilidade de Deus fazer um compromisso incondicional com Abraão em Gênesis 15, o reconfirmar em Gênesis 17, mas ainda não saber intelectualmente em Gênesis 22 se Abraão iria desertar. Assumir esse compromisso significa que Deus sabe que Abraão é o homem certo. Se realmente não souber disso, é tolice Deus jurar unilateralmente cumprir promessas a alguém que (por tudo que Deus sabe na visão aberta) pode apostatar e se tornar um réprobo. Não, as ações de Deus em Gênesis 15 e 17 não fazem sentido se em Gênesis 22 Ele ainda não souber intelectualmente que Abraão é o homem certo e que passará no teste. Portanto, sem tratar Gênesis 22.12 como inteiramente antropomórfico, afirmo que minha interpretação é a melhor. Ela defende o pré-conhecimento de Deus sobre o que Abraão faria e é totalmente coerente com o que Deus fez em Gênesis 15 e 17.

Quanto à maneira como Sanders lida com a traição a Cristo e suas orações no jardim, a criatividade é muito elevada, mas certamente falha até mesmo em uma leitura breve dos textos relevantes. Sanders não se baseia inteiramente na visão aberta nessa interpretação específica, e certamente não deveria fazê-lo. O texto em Mateus 26/Marcos 14/Lucas 22 simplesmente não combina com o tratamento dado por Sanders à traição a Cristo. O primeiro ponto que Sanders ignora aparece em Lucas 22.3,4, que diz que Satanás entrou em Judas, que depois foi e conversou com os principais sacerdotes e oficiais sobre como poderia trair Jesus. Esse não é um encontro com os principais sacerdotes na esperança de que Judas possa levá-los a sentar e conversar com Jesus e chegar a um entendimento mútuo. A única barganha que Satanás quer é aquela que destruirá Jesus.

Em seguida, passamos para a sala superior. Sanders diz que Jesus oferecer pão a Judas depois de mergulhá-lo na tigela é um sinal de amizade, pois Ele espera mudar a mente de Judas sobre o tipo de Messias que Ele deveria ser. Essa interpretação não combina com o texto. Em João 13.21, Jesus diz que um dos discípulos o trairá. Os discípulos estão perturbados e Pedro pergunta quem fará isso (v. 22-25). No versículo 26a, Jesus diz: É aquele a quem eu der o pedaço de pão molhado. E então lemos (v. 26b): "Tomou, pois, um pedaço de pão e, tendo-o molhado, deu-o a Judas, filho de Simão Iscariotes". Isso não é sinal de amizade. Os sinóticos mostram Jesus prevendo que quem come com Ele no mesmo prato o trairá (Mt 26.21-23; Mc 14.20; Lc 22.21), mas João diz que Jesus e Judas comeram no mesmo prato. Em Mateus 26.25, Judas pergunta categoricamente a Jesus se ele o trairá. Jesus afirma que é isso mesmo.

E o tratamento que Sanders dá ao Getsêmani? Esse é excepcionalmente problemático. Sanders diz que a petição de Jesus luta com a vontade de Deus porque Jesus não acha que tudo deve acontecer de acordo com um plano predeterminado; essa é a tentativa de Jesus determinar a vontade de Deus para Ele. Porém, ele ignora primeiro o fato de que o próprio Jesus é Deus. Essa tentativa de colocar membros da Trindade uns contra os outros é semelhante a uma antiga manobra usada para explicar doutrinas soteriológicas como propiciação; agora Sanders a usa para defender a falta de pré-conhecimento divino. Isso não vai funcionar; Jesus é totalmente Deus e totalmente homem. Como Deus, Ele já conhece e concordou com o plano. Se Jesus abandonar a cruz, o que acontece com o plano de salvação revelado em todo o AT e por meio da vida de Cristo? Se Ele renunciar à cruz, a principal razão da encarnação é anulada. Não, a petição não pode significar que Cristo não conhece o plano, ou que Ele pensa que talvez consiga fazer com que o Pai (mais sua natureza divina) o deixe se safar. A petição é mais bem entendida como a angústia de um ser humano real encarando uma morte tortuosa. Trata-se de emoção humana natural querer evitar uma experiência horrível, especialmente se não tivermos absolutamente de passar por ela, mas optarmos por fazê-lo pelo bem de outros. Porém, isso não quer dizer que os planos não estejam definidos, nem que Jesus ache que pode haver outra maneira de comprar nossa salvação. Um último problema com esse entendimento do

Getsêmani é que ele contradiz o que Sanders e outros defensores da soberania geral dizem sobre os planos de Deus para o nosso mundo. Embora Ele não tenha planos minuciosos para tudo, diz-se que Deus tem objetivos gerais que deseja alcançar. Entre eles, está chamar um povo a fim de ter um relacionamento especial com eles. Porém, isso significa proporcionar salvação para eles, como Sanders admite. Contudo, se a crucificação de Cristo não estiver definida e tiver a possibilidade de ser anulada como Sanders dá a entender, então os planos mais gerais de Deus estão em apuros. Se algo tiver de ser definido com antecedência, devem ser esses eventos. Sem a crucificação e ressurreição de Cristo, os planos mais gerais de Deus para estabelecer um relacionamento com seu povo não podem ser realizados. Para aqueles que podem responder que essa não é uma tentativa de cancelar a salvação completamente, mas apenas adiar a morte para outro dia, respondo que a petição de Jesus no jardim não pode ser vista apenas como um pedido para morrer em um dia diferente (adiar um pouco até que Ele se sinta mais disposto a fazê-lo) ou como um pedido que sugere que a salvação poderia ser feita de outra maneira. Jesus sabe que os planos estão definidos e que não há qualquer alternativa em aberto. Sua petição significa que, em sua humanidade, Ele deseja poder renunciar a essa terrível experiência. Mesmo sabendo que ressuscitará três dias após a morte, não significa que os pregos nas mãos e nos pés não doerão. Será tortura, e Jesus sabe disso. Sua petição expressa uma emoção muito humana, mas também mostra sua submissão ao que está planejado e tem de ser feito (Lc 22.42 — "contudo").

Voltando ao tratamento da profecia bíblica dado pela visão aberta, existem problemas tremendos. Não nego que algumas profecias se encaixem em algumas das categorias propostas. Embora os defensores da visão aberta ofereçam poucos exemplos bíblicos das três formas, podemos preencher algumas lacunas. Quanto à primeira categoria, que fala de coisas que não envolvem decisões humanas, coisas que Deus pode fazer unilateralmente, pensa-se em profecias sobre a destruição dos céus e da terra atuais e a criação de um novo céu e uma nova terra. Da mesma forma, as Escrituras falam de Deus ressuscitando os mortos, alguns para comparecer ao julgamento do grande trono branco e serem lançados no lago de fogo, e outros para a felicidade eterna na presença de Deus. Porém, não precisamos ir para o futuro para ver que esse tipo de previsão pode acontecer. Em Gênesis 6, Deus vê a maldade da humanidade e diz a Noé para construir uma arca porque Ele enviará o grande dilúvio. Enviar o dilúvio não requer ajuda de ninguém.

Quanto ao segundo grupo de profecias, é mais difícil afirmar a proposta da visão aberta, porque agora o cumprimento da previsão repousa amplamente nos ombros das criaturas humanas de Deus. Visto que essas criaturas têm livre-arbítrio libertário, não se pode garantir como elas agirão. Rice oferece como exemplo desse tipo de profecia a previsão de Deus sobre como o faraó responderia aos apelos de Moisés. Rice afirma que Deus conhece tão bem o caráter e o passado do faraó que Ele pode prever com precisão o que ocorrerá. As condições necessárias estão tão definidas que nada poderia impedi-las. Porém, se as condições necessárias são tais que nada poderia impedi-las, os atos do faraó não são livres no sentido libertário. Se a reação dele for verdadeiramente livre nesse sentido, então falar sobre as condições necessárias e a imprevisibilidade não faz sentido. Sanders reconhece isso e fala, em vez disso, do que Deus acha que o faraó fará. Deus é retratado como o psicólogo mestre e o cientista social que tem todos os dados. Porém, é claro, na visão aberta, um dado que Deus não pode saber é exatamente o que uma determinada pessoa fará quando realmente estiver na situação, pois o livre-arbítrio libertário o impede de saber. Talvez Deus tenha "sorte", e o faraó confirme sua previsão, mas talvez não.

Logo, mesmo que admitamos que existem profecias como a segunda categoria descreve, não há garantia de que essas previsões serão cumpridas, pois envolvem os atos de agentes com livre-arbítrio libertário. Com esse tipo de previsão, Deus realmente corre o risco de ser um falso profeta. Ainda, Deus faz tais previsões em palavras que sugerem que Ele não tem dúvidas sobre seu cumprimento. Como pode ser isso? Deus não deveria dizer: "Meu palpite ou ideia é que o faraó fará..." ou "À luz do histórico prévio do faraó, acho que ele provavelmente fará..."? Simplesmente não há espaço para Deus ter tanta confiança quanto essas previsões propõem se suas criaturas tiverem livre-arbítrio libertário.[58]

E a terceira categoria, as profecias condicionais? Aqui podemos admitir que existem tais profecias. A previsão da destruição de Nínive é uma, e admito que Jeremias 18.7-11 contém outra. Visto que afirmam o que Deus fará sob diversas condições, tais profecias parecem deixar o futuro em aberto. O que não está totalmente claro é se tais profecias deixam espaço para o livre-arbítrio libertário das pessoas envolvidas. Se Deus ameaça destruir sua cidade a menos que você se arrependa, e você se arrepende por causa da ameaça, é difícil ver de que modo o arrependimento evita se caracterizar como sendo determinado causalmente. Alguns até diriam que não foi apenas determinado causalmente, mas também restringido e, portanto, não é livre nem mesmo em um sentido compatibilista. Porém, para o libertário, se a ameaça faz com que o povo se arrependa, então o arrependimento não pode ser livre (seja restrito ou não). Todas as profecias condicionais são desse tipo? Parece que já que essas profecias oferecem opções aos destinatários, e já que suas ações subsequentes são motivadas pelos detalhes da profecia, seria difícil dizer que seus atos em resposta à profecia não são determinados causalmente. Isso não precisa ser entendido como determinismo duro, qualquer forma de determinismo servirá para defender meu argumento. E esse argumento é que parece existir profecias condicionais, mas é provável que os detalhes de muitas dessas profecias removam o livre-arbítrio libertário. Então, os proponentes da visão aberta estão dizendo que o cumprimento da parte humana de uma profecia condicional nunca é feito livremente? Esses casos seriam algumas das instâncias (que libertários admitem ocorrer) em que os humanos não agem livremente? Talvez sim, mas essa pode ser uma conclusão indesejável para os defensores da visão aberta.

Porém, sejamos caridosos e admitamos a visão aberta de que existem profecias que se encaixam em cada uma das três categorias que eles propõem, e esqueçamos por um momento os problemas que algumas dessas categorias levantam para o livre-arbítrio libertário. Ainda, há uma grande objeção a esse tratamento da profecia bíblica. O problema é que existem profecias demais que não se enquadram em nenhuma dessas categorias. Vários exemplos demonstram o problema. Primeiro, pense na profecia do carneiro e do bode em Daniel 8. Nos versículos 20 e 21, Daniel diz que o carneiro representa a Medo-Pérsia e o bode representa a Grécia. A profecia prediz a transição do poder do primeiro para o último. Porém, essa não é uma profecia que se enquadra na primeira categoria, pois, embora Deus esteja envolvido na mudança de impérios, essa profecia também envolve os governantes dos medos e persas, o governante da Grécia e seus exércitos. Se todas essas pessoas tiverem livre-arbítrio libertário, como Deus pode ter tanta certeza dessa transição de poder para a Grécia? Talvez outro país apareça e destrua o Império Medo-Persa, e a Grécia venha mais tarde. Isso alteraria tal profecia.

Esta é uma profecia do segundo tipo? De modo nenhum! Essa profecia é dada a Daniel na época do Império Babilônico. Então é possível ver que os medos e persas chegarão ao poder e até mesmo suspeitar que conquistarão a Babilônia. Porém, essa profecia também envolve a transição para a Grécia. Isso está distante demais da época de Daniel. Não é como Deus dizendo a

Moisés o que o faraó fará nos próximos dias. Bem, então talvez essa seja uma profecia do terceiro tipo, uma profecia condicional do que Deus fará dependendo do que os humanos fizerem? Novamente, isso não funciona, pois o cumprimento da profecia não depende de reações ao que Deus faz, mas de reações do reino grego ao Império Medo-Persa. Além disso, a previsão nos diz o resultado exato. Não diz que se fizer uma coisa a Medo-Pérsia vencerá, e se fizer outra, a Grécia vencerá.

Portanto, essa profecia não se enquadra em nenhuma das categorias, e seu cumprimento está muito distante temporalmente de quando ela foi dada para ser apenas um palpite de sorte. Considere outro exemplo, desta vez, do final dos tempos. Zacarias 12 se move para a consumação do programa de Deus com seu antigo povo Israel. Eu escolhi esse exemplo, em parte, porque Zacarias é pós-exílio. Portanto, são excluídas as objeções de que se cumpriu de alguma forma durante o exílio babilônico e a restauração a partir dele (pouco tempo após a profecia ter sido dada). A profecia começa dizendo que Israel será cercado por todas as nações do mundo na tentativa de atacá-lo (12.2,3). Apesar desta confederação contra ele, Deus intervirá para libertá-lo (v. 2-9, especialmente 4-9). Por um lado, Deus capacitará o povo de Israel a lutar como nunca antes (v. 6-8). Por outro lado, Deus dominará e confundirá a confederação (v. 4). O versículo 10 prediz que, no meio de tudo isso, Deus derramará seu Espírito sobre Israel, e eles olharão para aquele a quem traspassaram e lamentarão por Ele. Muitos comentaristas da Bíblia concordam que é disso que Jesus fala em Mateus 24.29-31. Por isso, eles entendem que essa passagem fala da segunda vinda de Cristo e de Israel voltar para Ele quando o Espírito Santo for derramado sobre eles e eles virem aquele a quem traspassaram.

Essa profecia se encaixa em alguma das três categorias propostas pela visão aberta? Não pode se encaixar na primeira porque não envolve somente Deus agindo de modo unilateral. As nações devem decidir atacar Jerusalém, e mais tarde, quando Cristo voltar, devem decidir lutar com Ele (ver também Zc 14). Além disso, para Zacarias 12.10ss ser verdade, Israel deve aceitar Cristo. Dado o livre-arbítrio libertário, não pode haver tais garantias, mas o que importa agora é que essa não é uma profecia do primeiro tipo.

Quanto ao segundo tipo, o cumprimento está longe demais da época de Zacarias para corresponder às exigências. Se alguém contestar que talvez Deus faça essa previsão à luz de seu conhecimento profundo do caráter das pessoas daquela época, isso não funcionará. Deus tem conhecimento exaustivo do passado e do presente de acordo com o presentismo, mas não de pessoas e eventos tão distantes quanto os de Zacarias 12—14. Deus não pode nem ter certeza de quem nascerá e viverá naquele tempo, pois as pessoas nascem pela reprodução natural, e engajar-se nisso é uma decisão que os seres humanos terão de tomar com liberdade libertária. Até que o façam, Deus não pode saber exatamente quem engravidará e quando ou quem exatamente nascerá. Portanto, dado o presentismo, Deus não poderia conhecer agora o caráter das pessoas que viverão em um futuro distante, porque Ele não pode saber quem estará vivo.

Essa é uma profecia condicional do terceiro tipo? De modo nenhum. A decisão das nações de cercar Israel não é uma afirmação condicional sobre o que *Deus* fará. Além disso, embora seja verdade que Israel se arrependerá ao ver o Messias (12.10), Deus não está dizendo que Cristo virá se eles se arrependerem. Tampouco está dizendo que Cristo não virá se não se arrependerem. Deus está dizendo que Cristo definitivamente virá, o Espírito Santo certamente será derramado sobre eles, e eles responderão voltando-se para Cristo. Essa profecia não prevê o que Deus, por conta própria, fará se ou a menos que as pessoas respondam de certa maneira.

Eu poderia continuar com muitos outros exemplos, mas a ideia está clara o suficiente. Existem muitas profecias bíblicas que não podem ser explicadas na proposta da visão aberta, e essas profecias exigem que Deus saiba coisas de um futuro longínquo. O tratamento da profecia bíblica pelo presentismo é inadequado.

Dois outros pontos precisam ser tratados antes de se encerrar esta discussão sobre o presentismo. O primeiro trata da minha abordagem de passagens que parecem ensinar que Deus aprende algo que Ele não sabia. Normalmente, essas passagens são consideradas antropomórficas. Embora eu não trate todas essas passagens dessa maneira, concordo que algumas são mais bem entendidas dessa maneira. Isso invariavelmente leva os defensores da visão aberta a reclamar da escolha arbitrária de quais passagens devem ser consideradas literalmente. Aqueles que dizem que os defensores da visão aberta são arbitrários ao considerar essas passagens literais e outras sobre a onisciência divina como metafóricas, são igualmente culpados de fazer a mesma coisa inversamente.[59]

Esta queixa está correta? Resta-nos apenas escolher nossas passagens como primárias e outras como antropomórficas, metafóricas e secundárias com base em nossos pressupostos? Se for assim, os defensores da visão aberta têm tanto direito de enfatizar suas passagens quanto seus oponentes. Felizmente, não somos deixados em um impasse. Já mencionei esse ponto sobre passagens primárias e secundárias, portanto não preciso repassar tudo novamente. Basta dizer que as passagens primárias são aquelas que nos dizem diretamente o que e quanto Deus sabe, não passagens narrativas em que se descreve Deus fazendo uma coisa ou outra. Estas últimas não podem ser ignoradas, mas as passagens primárias devem ser aquelas que oferecem diretamente o ensino que explica o conceito ou nos dizem qual éo conceito. Portanto, é um esforço inferencial passar de uma afirmação divina como "Talvez eles façam isso e aquilo" para a compreensão conceitual da onisciência divina que o presentismo propõe. É um esforço ainda maior defender que essas passagens *ensinam* essa noção. A verdade é que essas passagens apenas registram o que Deus disse em determinadas ocasiões. O modo como deveríamos entender tais afirmações deve ser decidido à luz de passagens que dizem diretamente quanto e que tipo de conhecimento Deus tem.

Finalmente, o presentismo é questionável por causa das implicações de Deus não conhecer o futuro. Deixe-me falar de algumas. Visto que Deus não pode saber, antes de criar o mundo contendo seres humanos com liberdade libertária, se algum deles livremente fará o mal, antes da criação Ele não pode saber que será necessário salvar alguém do pecado. Logo, antes de criar, Ele não pode planejar que Cristo morra no Calvário e ressuscite dentre os mortos para o perdão de nossos pecados. Os defensores do presentismo poderiam responder que isso não importa, já que a partir do momento em que os humanos são criados e pecam, Deus pode planejar a encarnação, a morte e a ressurreição de Cristo. No entanto, essa resposta ainda deixa o problema de que as Escrituras ensinam claramente que a morte de Cristo foi predeterminada antes da fundação do mundo.

Alguns poderiam responder que antes da fundação do mundo poderia ser apenas alguns minutos antes de Deus criar. Logo, visto que não demorou muito para que Adão e Eva chegassem, Deus poderia inferir, pelo caráter deles, que pecariam e então, antes da fundação do mundo, planejar a salvação. Contudo, o problema é que Adão e Eva, como criados, eram imaculadamente perfeitos. Além disso, não é provável que suas primeiras ações, ao serem criados, fossem pecar. Portanto, se antes de criar, Deus tinha qualquer palpite sobre suas prováveis ações, há muita indicação de que Ele teria a expectativa de que os dois permanecessem santos e não precisassem ser salvos. Até Sanders admite que quando Adão e Eva foram criados, cair no pecado era impensável, dado o quanto Deus os abençoou e os colocou em uma situação ideal.[60] Portanto, mesmo se admitirmos que Cristo foi predestinado como Salvador apenas alguns minutos antes da criação (portanto, antes da fundação do mundo, como dizem as Escrituras), mesmo nesse momento, não há razão para Deus planejar a salvação, dados seu conhecimento então presente e o livre-arbítrio libertário humano.

Uma vez que Adão e Eva são criados e caem, então Deus pode planejar a salvação, mas ainda há problemas em planejar a encarnação. O livro de Gênesis registra as promessas que Deus fez a Abraão sobre ser uma grande nação e sobre todos os povos serem abençoados por meio de sua semente. Os expositores da Bíblia concordam que a semente última que cumpre essa promessa é Jesus Cristo. Da mesma forma, Deus promete a Davi que o Messias virá de sua linhagem. Logo, Deus promete um Messias judeu essencialmente da casa de Davi. Isso tem implicações óbvias para a encarnação. Isso significa que o Deus-homem tem de ser de descendência judia e da linhagem de Davi. Porém, se o presentismo e o livre-arbítrio libertário estiverem corretos, Deus não tem o direito de fazer tais promessas a Abraão ou a Davi. Afinal, como Deus sabe que os descendentes de Abraão não serão destruídos por exércitos hostis? Como Ele sabe com tamanha antecedência que haverá descendentes biológicos de Abraão por perto quando chegar a hora da encarnação?

Bem, Deus tem sorte, e a nação prospera, mas Ele não sabia que isso iria acontecer, então não deveria ter feito tais promessas. A nação sobrevive de fato, e em Davi, Deus faz a promessa (2Sm 7.13-16) de nunca faltar um varão para se sentar no trono de Davi. Mais uma vez, Deus não tem o direito de fazer tal promessa. O simples fato de Israel estar indo bem com Davi não prova que a nação sobreviverá até a época da encarnação. Por questões históricas, o reino do norte e o reino do sul vão ao exílio várias centenas de anos após a época de Davi; no momento de Davi na história, Deus também não preveria isso (dado o presentismo), mas saberia que uma destruição total da nação e de seu povo *poderia* acontecer. Portanto, Ele não deveria fazer promessas de tão longo prazo a Davi, especialmente quando não pretendia cumpri-las em breve.

Mais uma vez, porém, Deus tem sorte, e a nação sobrevive ao tempo em que Ele está pronto para a encarnação. Antes desse período, no entanto, como Deus sabe que haverá uma jovem judia disposta a servir como a virgem grávida, e como Ele sabe que ela será da linhagem de Davi? Não há como Ele saber disso, dados o presentismo e o livre-arbítrio libertário. É possível que nenhuma jovem judia concordasse com o que o anjo diz a Maria, então Deus teria de ser uma jovem gentia, adiar a encarnação ou cancelar a coisa toda. Deus novamente tem sorte, e Maria obedece, mas Ele ainda não tinha o direito de contar com as coisas acontecerem dessa maneira e fazer o tipo de promessas que fez a Abraão e a Davi.

É isso que quero dizer quando afirmo que se Deus realmente tiver apenas conhecimento atual e nós tivermos liberdade libertária, parece inconcebível que Ele possa planejar a encarnação com muita antecedência. Porém, quem leria as promessas do Messias e as profecias sobre seu lugar e forma de nascer (Is 7.14; Mq 5.2) e pensaria que Deus está oferecendo apenas seus planos idealistas, ou pior ainda, está apenas planejando as coisas à medida que fala? Os proponentes da visão aberta nos dizem para considerar as Escrituras ao pé da letra, mas qual é o pé da letra das profecias do AT sobre a vinda de Cristo se não algo que refuta o presentismo? E o que as Escrituras querem dizer ao pé da letra quando dizem que Cristo foi predestinado como o cordeiro antes da fundação do mundo? O entendimento mais natural é o de que Deus fez promessas e previsões a Abraão, Davi e Israel muito antes de serem cumpridas, e Ele as fez porque sabia o que aconteceria e pode garantir o que promete, mesmo que muitas promessas e profecias exijam cooperação de suas criaturas humanas. A proposta do presentismo apresenta problemas quando aplicada a tais profecias.

Aludiu-se a uma implicação adicional do presentismo no que acabei de mencionar e em minha abordagem da profecia. Com o presentismo e o livre-arbítrio libertário, Deus não pode garantir o cumprimento de qualquer profecia que envolva futuras escolhas livres de suas criaturas. Pense em profecias sobre o anticristo no final dos tempos. As Escrituras não nos dizem quem será essa pessoa, mas que tal pessoa existirá está profetizado em muitas passagens bíblicas. Visto que Cristo não voltou e estabeleceu seu reino após derrotar o anticristo, essas profecias sobre o anticristo parecem não estar cumpridas até agora. Apesar de muitos séculos de tiranos políticos que desafiam Deus, ninguém ainda cumpriu esse papel. Além disso, não há garantia de que alguém jamais o faça se o presentismo e o livre-arbítrio libertário forem verdadeiros. Para desempenhar esse papel, alguém deve decidir fazê-lo, mas, dado o livre-arbítrio libertário, todos poderiam escolher algo diferente de ser o anticristo. Deus não pode fazer ninguém (incompatibilisticamente) desempenhar livremente esse papel. Porém, se ninguém o desempenhar, então Deus não pode cumprir as profecias sobre o anticristo. Além disso, visto que as profecias do fim dos tempos envolvem Cristo destruindo o anticristo e seus exércitos quando Ele voltar, Deus nem pode garantir que o que Ele planeja que Cristo faça unilateralmente ocorrerá. Deus deve suspender o retorno de

Cristo até conseguir alguém para desempenhar o papel do anticristo, mas, dado o livre-arbítrio libertário, talvez ninguém jamais desempenhe esse papel. Terá de ser uma pessoa extraordinariamente má, pois pense o quanto Hitler era mau, mas mesmo ele não fez o que é previsto sobre o anticristo. Como Deus poderia prever, então, há tanto tempo, que haveria uma pessoa tão horrível como o anticristo se o livre-arbítrio libertário for verdadeiro? Mesmo que surja alguém para desempenhar esse papel no futuro, Deus ainda não pode garantir o cumprimento dessas profecias. E se em algum momento de sua carreira o anticristo decidir aceitar Jesus como seu Salvador? Dado o livre--arbítrio libertário, isso tem de ser pelo menos tão possível quanto a opção de o anticristo seguir em frente com sua campanha contra Deus.

Considerações como essas levam à conclusão de que Deus não tem o direito de fazer profecias sobre o fim dos tempos que envolvam os atos livres dos seres humanos, mas muitas profecias são dessa natureza. Duas outras implicações do presentismo e do livre-arbítrio libertário devem ser mencionadas. Primeiro, como sustentam os defensores da visão aberta, se o conhecimento de Deus aumenta à medida que Ele vive dia após dia, então, à luz das novas coisas que está aprendendo, é bem possível que Ele nos dê uma revelação adicional. Ou seja, talvez haja mais Escrituras vindo para relatar novas decisões que Deus está tomando à luz das muitas coisas que está aprendendo. De fato, Deus pode simplesmente decidir mudar algumas de suas regras sobre a vida diária agora que vê a natureza da sociedade contemporânea e suas exigências. Afinal, Deus já cancelou instruções antes; não precisamos mais nos preocupar com o sistema sacrificial do AT, e muitas leis daquela época não se aplicam mais. Com o conhecimento de Deus crescendo e nenhum versículo adicional sendo dado desde o final da era do NT, Deus pode estar explodindo com coisas novas para nos dizer. Claro, por centenas de anos tem sido consenso dos cristãos que o cânon das Escrituras está encerrado. Tais crenças são baseadas, pelo menos em parte, na ideia de que Deus, a qualquer momento, sabe intelectualmente tudo o que saberá em qualquer outro momento sobre a natureza básica da realidade, sua relação com o mundo etc. Portanto, é razoável pensar que, se não há mais Escrituras desde a era da igreja primitiva, isso é porque Deus terminou de revelar o que deve estar nelas.

Em contraste, o Deus do presentismo, que está sempre aprendendo, não pode saber tudo o que saberá em seu futuro; portanto, algo que Ele aprender poderá estimulá-lo a nos dar mais Escrituras. Se for assim, como podemos ter certeza de que, quando algum lunático entra em um restaurante McDonald's ou em uma escola e começa a atirar em todos que vê porque diz que Deus lhe disse para fazer isso — como podemos ter certeza de que ele não está certo? Deus já deu comandos estranhos como este antes. Gênesis 22 parece um caso em que Deus muda suas regras para se adequar à situação. Como podemos saber que isso não está acontecendo novamente? Uma pessoa assim não poderia dizer que, assim como Deus disse a Israel para acabar com os cananeus, Ele agora soube de outra sociedade malvada; Ele não sabe se essas pessoas contaminarão o povo de Deus (quem pode saber essas coisas apenas com conhecimento atual de criaturas com liberdade libertária?) com seu paganismo, mas teme que sim, então instruiu essa pessoa e seus amigos a destruí-las? Poderíamos ter certeza de que isso não é verdade?

Isso não deve ser mal interpretado. Não estou dizendo que essas coisas vão acontecer ou são inevitáveis, mas apenas que, com o presentismo e o livre-arbítrio libertário humano, não é impossível que alguém faça tais coisas, conte tal história e esteja certo! Claro, isso não é uma prova conclusiva de que o presentismo está errado (os argumentos acima oferecem tal evidência), mas quando uma visão tem implicações tão potenciais, deveria nos levar a pensar seriamente sobre sua verdade. E não devemos confundir a questão dizendo que, bem, os sistemas deterministas têm muitas implicações que parecem indesejáveis e, portanto, não são melhores. Esse tipo de réplica comete a falácia lógica conhecida como *tu quoque* ("você também"). Os deterministas devem abordar esses problemas, mas o presentismo não pode vencer o debate dizendo a seus oponentes que eles também têm problemas!

Finalmente, o presentismo tem implicações seriamente negativas na orientação providencial de Deus para seus filhos, e isso tem grandes implicações práticas para os crentes que pedem a Deus, buscam sua direção e confiam em seu julgamento. Se pedirmos a Deus algo que não viole nenhuma de suas regras morais, Ele poderá nos dar. Porém, se Ele tiver apenas conhecimento atual, não pode saber se o que nos der acabará sendo do nosso interesse. Por que, então, alguém deve pedir a orientação de Deus para decisões como com quem se casar, onde trabalhar e quantos filhos ter? Deus realmente não sabe como essas decisões acabarão a longo prazo. Certamente, Ele sabe mais sobre o presente do que eu e então, por exemplo, em termos da pessoa com quem eu deveria me casar, Ele sabe mais sobre um possível cônjuge para mim do que eu; mas não sabe como isso será daqui a quinze ou vinte anos. Portanto, se eu consultá-lo sobre esse assunto, devo diminuir minhas expectativas de quão boa sua vontade se mostrará mais tarde. Os defensores da visão aberta tentam nos garantir que mesmo que as coisas corram mal, Deus é tremendamente engenhoso e pode inventar algo naquele momento. Porém, não pode haver garantias. Se eu casar com uma mulher que quinze anos depois inicia um caso com outro homem ou mulher, dado o livre-arbítrio libertário de minha esposa e o de seu/sua amante, pode não haver nada que Deus possa fazer para resgatar a situação se Ele deixar intacta a liberdade deles. Os defensores do presentismo dizem que Deus pode, em algumas ocasiões, anular nossa liberdade, mas mesmo que admitamos isso, pense em quantas histórias existem como a que acabei de contar! Deus anulará a liberdade em todo caso em que alguém for prejudicado assim? Lembre-se de que anular a liberdade de alguém para fazê-lo mudar não é necessariamente o caso de episódio único, de um único dia. Não, será exigido muito mais esforço da parte de Deus (e limitação da nossa liberdade) para corrigir a injustiça e o mal.

Considerações como essas levam a dizer que procurar aconselhamento de um Deus assim é um pouco melhor do que consultar um bom amigo que o conhece bem. Como um Deus com as capacidades limitadas descritas pode ser religiosamente adequado? Por outro lado, se Deus sabe todas as coisas, controla todas as coisas, tem um plano específico para a minha vida e não apenas vê como tudo em minha vida se encaixará nesse plano, mas também tem poder para fazer acontecer o que Ele ordenou para mim, esse é um Deus cuja vontade vale a pena buscar. É um Deus em quem se pode confiar porque Ele sabe o que está fazendo, em vez de confiar em um Deus que não sabe o que o futuro reserva e constrói seus planos ao longo do caminho, conforme vê o que acontece e espera o melhor. Tudo isso significa que aceitar o presentismo e a visão aberta de maneira mais geral não é apenas aceitar um *Deus* que assume riscos; é também defender crenças que significam que *nós* devemos assumir riscos, *mesmo em nossas relações com Deus*. Já existem incertezas e riscos suficientes nesta vida (alguns de nós já tiveram mais do que nossa parcela de surpresas desagradáveis) sem aumentar os riscos e outras surpresas potencialmente negativas confiando em um Deus que não sabe exatamente o que acontecerá e assume risco Ele próprio!

CONCLUSÃO

À luz dessa discussão da questão da liberdade libertária/pré-conhecimento divino, concluo que a posição que remove mais claramente a aparente contradição entre os dois é o presentismo. Contudo, essa visão deve ser rejeitada como contrária às Escrituras e à teologia evangélica. Aqueles que a defendem, de qualquer maneira, deveriam não apenas consultar os dados bíblicos cuidadosamente, mas também considerar muito seriamente as implicações (conceituais e práticas) de se defender a visão. Quanto às outras propostas libertárias para resolver o dilema da liberdade/pré-conhecimento, também vimos suas deficiências.

Em minha opinião, uma posição de soberania específica do tipo adotado neste livro lida melhor com a questão da liberdade e do pré-conhecimento. Além disso, a incapacidade das posições libertárias de responder de maneira aceitável ao problema da liberdade/pré-conhecimento, sustentando ambos os conceitos e ajustando-se ao ensino bíblico e teológico, serve como uma evidência adicional *contra* os modelos de soberania geral da providência e *a favor de* modelos de soberania específica como o meu.

Em suma, afirmo que o modelo de soberania específica proposto lida melhor com as questões abordadas até o momento, mas ainda há uma questão importante a ser tratada para confirmar essa avaliação. Se minha posição determinista suave não pode resolver o problema do mal, há razão significativa para rejeitá-la. Para o problema da relação de Deus com o mal, devemos nos voltar ao próximo capítulo.

Capítulo Dezesseis

A PROVIDÊNCIA DIVINA E O MAL

O TRADICIONAL PROBLEMA DO MAL é um desafio tanto intelectual como pessoal para os cristãos. Durante séculos, os ateus têm defendido a ideia de que o problema não pode ser resolvido e que isso é um golpe fatal na credibilidade de religiões como o cristianismo. Além disso, muitos cristãos, profundamente comprometidos com seu Deus e sua religião, veem a fé severamente abalada quando experimentam aflições terríveis.

Como vimos nos capítulos anteriores, o teísmo do processo e a visão da abertura de Deus ou teísmo aberto estão convencidos de que o problema do mal é tratado com sucesso em suas teologias, ao passo que no teísmo clássico, em geral, e nos modelos específicos de soberania da providência, em particular, tal problema é o calcanhar de Aquiles. Tenho argumentado que a melhor conjectura, sob os pontos de vista bíblico, teológico e filosófico, pode ser alcançada por meio de um modelo específico de soberania, como o meu. Porém, concordo que para confirmar essa opinião, meu sistema tem de ser capaz de resolver o problema do mal.

APRESENTAÇÃO DO PROBLEMA

O problema do mal tem sido tradicionalmente entendido como o cerne da suposta incoerência de três proposições consideradas centrais no teísmo. Essas proposições são: 1) Deus é todo-amoroso, 2) Deus é todo-poderoso e

3) o mal existe em nosso mundo. Os críticos afirmam que essas três proposições, em conjunto, são paradoxais. Portanto, se duas das proposições forem verdadeiras, quaisquer que sejam, a terceira parece ser falsa. Por exemplo, se Deus realmente se importa conosco o bastante para remover o mal em nosso mundo, mas o mal ainda existe, então Ele não deve ter poder suficiente para se livrar desse mal.[1]

Filósofos e teólogos têm considerado que essa formulação do problema confronta todos os sistemas teístas igualmente. No entanto, já argumentei detalhadamente em outra parte que a formulação tradicional do problema é demasiado simplista.[2] Não há apenas um problema do mal, mas sim muitos problemas diferentes. Posso demonstrar isso melhor enumerando os vários problemas.

Primeiro, podemos distinguir entre o problema religioso e o problema filosófico/teológico do mal. O problema religioso decorre de alguma dor e sofrimento que alguém está realmente experimentando. Como resultado dessa aflição, a relação daquele que sofre com Deus é interrompida; o sofrimento causa uma crise religiosa. O aflito se pergunta por que Deus permite que isso lhe aconteça e por que em tais circunstâncias. Visto que Deus não remove a dor e o sofrimento, quem sofre se pergunta se ainda é possível amar, adorar e servir um Deus que permitiu que essas coisas acontecessem e que não as extinguirá.

Por outro lado, o problema filosófico/teológico é muito mais abstrato. Não se trata de males particulares, mas do mal em geral. Não é preciso estar sofrendo para fazer essa pergunta. Trata-se da pergunta intelectual que questiona por que deveria haver algum mal em um mundo com um Deus onipotente e todo-amoroso. É esse problema que tem sido tratado com mais frequência ao longo dos séculos.

Segundo, podemos distinguir entre o problema do mal moral e o problema do mal natural. O primeiro é, na verdade, similar ao problema filosófico/teológico. O mal moral é pecado, as coisas más que as criaturas de Deus praticam, e esse problema questiona por que um Deus onipotente e todo-amoroso nos permitiria pecar. O mal natural, por outro lado, é o mal que resulta de processos naturais que dão errado. Inclui terremotos, inundações, fome, erupções vulcânicas, incêndios florestais, anomalias genéticas e afins. Embora alguns desses males possam ser iniciados por seres humanos (e agravados pela maneira como lidamos com eles), os males naturais em questão não resultam do pecado humano. Isto posto, nos perguntamos por que um Deus todo-poderoso e todo-benevolente não aboliria tais males.

Terceiro, há também problemas sobre o grau ou quantidade, a intensidade e a aparente gratuidade (falta de propósito) de muitos males. Alguns podem dizer que conseguem entender por que Deus permitiria algum mal, mas não conseguem entender por que há tanto mal em nosso mundo. Tudo o que Deus deseja realizar certamente poderia ser feito com menos mal. Esse é o problema da quantidade de mal, e uma variação dele refere-se a alguém que é um assassino em série e mata oito pessoas. Mesmo que Deus precise permitir que esse assassino tenha liberdade para fazer o que quiser, a fim de desenvolver e purificar suas disposições morais, certamente tudo isso seria alcançado lá pela terceira ou quarta vítima. Por que Deus permitiria que essa pessoa matasse ainda mais?

O problema da intensidade do mal não é sobre quanto mal existe, mas por que alguns males são tão nocivos. Por exemplo, alguém tem não apenas um câncer terminal, mas esse câncer é extremamente doloroso a ponto de nenhum medicamento dar um breve alívio à dor. O crítico do teísmo pode admitir que Deus tenha um propósito em permitir que essa pessoa tenha câncer, mas esse crítico se pergunta o que é alcançado pela incapacidade ou relutância de Deus em atenuar a dor, mesmo que minimamente.

Por conseguinte, há o problema da aparente falta de propósito de alguns males. Aqui, os críticos admitem que Deus pode ter uma razão para permitir muitos dos males que acontecem. De fato, muitos teístas e ateus igualmente acreditam que se um mal serve a algum propósito positivo em nosso mundo, esse propósito pode muito bem justificar a recusa de Deus em removê-lo. Contudo, existem apenas alguns males, queixa-se o crítico, para os quais parece não haver finalidade possível, e Deus certamente poderia e deveria tê-los evitado. Um dos exemplos mais usados desse mal é o de um cervo indefeso apanhado em um incêndio florestal iniciado por um raio. Ninguém é dono da floresta ou do jovem cervo, então o que acontece não é usado para punir alguém ou ensinar-lhe uma lição. Além disso, a dor e a morte do cervo não ensinam de maneira alguma uma lição a seus "pais" ou "família". Então, por que um Deus bom e onipotente permitiria esse sofrimento?

Este último problema sugere outro, o problema da dor e do sofrimento dos animais em geral. No mundo natural, os animais experimentam muita dor e sofrimento. Em muitos desses casos, o sofrimento não pode ser uma retribuição a quem quer que seja ou a um fato qualquer pelo mal que cometeram. Tampouco ensina a alguém, muito menos aos animais envolvidos, qualquer lição moral ou espiritual. Então, por que isso é necessário e por que um Deus todo-amoroso e todo-poderoso não remove tal sofrimento? No capítulo sobre a criação, observei que a questão do sofrimento dos animais é especialmente problemática se postularmos que, durante eras, antes da criação dos seres humanos, eles estavam na terra, na qual viveram e morreram. Que finalidade teriam? Mesmo que admitamos que o que acontece aos animais ensina, de alguma forma, lições morais e espirituais aos seres humanos, um Deus bom não os teria criado muito mais tarde (ou os humanos mais cedo) para que realmente houvesse seres humanos para aprender lições que Ele deseja que aprendam com o sofrimento desses animais?

Além desses problemas do mal, as discussões filosóficas acerca deles nos últimos quinze a vinte anos introduziram outra distinção que aumenta o número de problemas do mal. Os problemas intelectuais (especificamente, aqueles que não são problema religioso) podem ser apresentados de forma lógica ou evidencial. Tradicionalmente, o problema tem sido levantado apenas no que agora se chama a sua forma lógica. Essa forma do problema afirma que os sistemas teístas são logicamente paradoxais; isto é, não há como as três proposições mencionadas acima, centrais para o teísmo, serem todas verdadeiras.

Devido, em grande parte, ao trabalho substancial e monumental de Alvin Plantinga como articulador e defensor do livre-arbítrio, muitos teístas e ateus admitiram que existe uma maneira de as três proposições poderem ser verdadeiras. Porém, o teísmo ainda não está em paz, pois mesmo que a existência do mal não gere uma contradição nos sistemas teístas, ela ainda é uma forte evidência contra a probabilidade de que o teísmo seja verdadeiro. Essa é a forma evidencial do problema do mal, que também é chamado de problema indutivo ou probabilístico do mal. Aqui, a acusação não é que o teísmo se contradiga, mas que precisamente os fatos do mal, patentes a todos, são fortes evidências contra a probabilidade de que haja um Deus.

Essa distinção entre as formas lógicas e evidenciais do problema do mal significa que todos os problemas intelectuais (os problemas do mal moral, do mal natural, a quantidade do mal, a intensidade do mal, a aparente gratuidade de alguns males e o sofrimento dos animais) podem ser colocados tanto na forma lógica como na forma evidencial. Porém, há outro sentido em que não há apenas um problema do mal: o problema filosófico/teológico do mal não é apenas um problema. Em vez disso, existem tantos destes problemas quanto há de sistemas teístas com os seguintes pressupostos: Deus é onipotente (em algum sentido de "onipotente"), todo-amoroso (em algum sentido de "todo-amoroso") e o mal existe (em algum sentido de "mal"). Isso pode parecer estranho, por exemplo, para os cristãos que tendem a pensar que há apenas uma teologia cristã e nada mais. Pelo contrário, até mesmo os cristãos evangélicos e conservadores não entendem todos a mesma coisa em relação à onipotência, benevolência e ao mal. Portanto, como vimos, existem várias formas de teologia arminiana e várias formas de teologia calvinista. Também vimos outras variações do teísmo cristão na visão aberta e no teísmo do processo, teologias que afirmam ser cristãs, mas vão além dos limites da teologia evangélica. Portanto, meu argumento aqui não é que cada religião tem o próprio problema filosófico/teológico do mal, mas sim que há variações do teísmo cristão, e que cada uma enfrenta problemas do mal especificamente pertinentes à sua forma de teísmo.

Existem implicações importantes pelo fato de haver muitos problemas do mal. Em relação aos teístas, a questão é certificar-se de identificar o problema específico que o crítico, a pessoa que está sofrendo ou quem quer que seja esteja levantando antes de oferecer uma solução. Caso contrário, podemos oferecer respostas a perguntas que não estão sendo feitas. Em relação aos ateus, a implicação é que é ilegítimo reclamar que uma determinada defesa teísta seja inadequada porque não cobre todos os males e todos os problemas do mal. Nenhuma defesa o faz, nem é essa a intenção. Porém, apenas porque não resolve todos os problemas do mal não significa que a defesa não resolva nenhum. Pensar que uma dada defesa deve resolver todos os problemas do mal pressupõe erroneamente que há apenas um problema do mal, quando, na verdade, existem muitos problemas distintos.

Há mais uma "regra básica" para a forma lógica do problema do mal. A forma lógica do problema acusa sistemas teístas comprometidos com a onipotência e benevolência divinas, bem como com a existência do mal, de serem internamente incoerentes. Portanto, o próprio sistema do teísta se contradiz. Se isso for verdade acerca de dada teologia, ela desmorona.

À luz deste argumento, os teístas devem ter cuidado para não incluir em sua teologia explicações contraditórias sobre Deus, o mal e o livre-arbítrio humano. Quanto aos ateus, a implicação é que eles não podem atribuir legitimamente as próprias visões aos teístas e depois dizer a estes que sua teologia é *internamente* incoerente. A menos que o teísta defenda as visões em questão, pode haver uma contradição nas visões em discussão, mas não é *interna* ao sistema do teísta.

Visto que o problema lógico do mal se refere à contradição, precisamos esclarecer o que significa a acusação de contradição. Dizer que duas proposições se contradizem significa que elas afirmam e negam ao mesmo tempo a mesma coisa. Isso não significa que pode haver uma maneira de reconciliá-las, mas ainda não sabemos. Nem significa que Deus sabe como reconciliar as proposições, mas nós não. Significa que não há maneira *possível* de as duas proposições serem verdadeiras. Visto que essa é a acusação, a resposta precisa apenas mostrar uma maneira possível de ajustá-las de forma coerente. Felizmente, os teístas irão propor explicações plausíveis de como suas doutrinas se harmonizam, mas o único requisito é que a explicação seja possível.[3]

Estratégia de defesa e teodiceias

À luz dessas regras básicas, como os teístas, em geral, e os calvinistas como eu, em particular, deveriam responder à acusação de contradição em seus sistemas?[4] Já detalhei a estratégia básica que as defesas teístas normalmente adotam, e ajudaria falar delas aqui. Essa estratégia de quatro partes não se aplica ao problema religioso do mal, mas parece implícita ao lidar com as formas lógicas e evidenciais do problema do mal para teologias cristãs que não sejam a teonomia.[5]

O teólogo começa definindo a onipotência divina como exigindo que Deus faça o que é logicamente possível. Portanto, Ele não pode trazer à existência um mundo com estados de coisas contraditórios. Se o teísta tiver uma visão de onipotência divina que admite que Deus realize circunstâncias paradoxais, então a teologia do teísta que descreve o mundo pode, de fato, conter um paradoxo, uma vez que reflete com exatidão o mundo ao nosso redor. Portanto, para que os teístas mostrem que seu sistema não contém um paradoxo, seria melhor defender uma noção de onipotência divina que não admite que Deus opere paradoxos.

O segundo passo dessa estratégia alega que, ao criar um mundo, Deus teve de escolher entre realizar uma de duas coisas boas. As duas coisas boas são mutuamente paradoxais, então Deus não poderia fazer as duas porque a definição de onipotência do teísta não admite que Deus opere um paradoxo. Independentemente da teologia específica, uma das duas opções é remover o mal. Dependendo da teologia, a outra opção é alguma outra coisa valiosa que Deus poderia fazer ao criar um mundo. Para Leibniz, esta coisa é criar o melhor de todos os mundos possíveis. O defensor do livre-arbítrio diz que a segunda opção de Deus era criar um mundo com criaturas incompatibilisticamente livres. John Hick (*Evil and the God of Love* [O mal e o Deus de amor])⁶ defende que a segunda opção era criar um mundo em que as almas fossem desenvolvidas. Para minha teologia, a segunda opção é criar um mundo com seres humanos não glorificados.

Uma vez que apresenta essas duas opções, o teísta argumenta que Deus não pode fazer as duas conjuntamente. Se remover o mal, Ele não pode também criar o melhor de todos os mundos possíveis. Se nos der livre-arbítrio libertário, Ele não pode remover o mal. Hick afirma que para desenvolver almas tem de haver o mal, então Deus não pode desenvolver almas e também remover o mal. Minha defesa diz que se Ele remover o mal, não pode também criar seres humanos não glorificados e deixá-los agir como se pretendeu que agissem. Em cada caso, uma opção exclui logicamente a outra. Visto que o conceito de onipotência divina do teísta não admite que Deus realize paradoxos, Ele não pode remover o mal e incluir outras coisas valiosas em nosso mundo.

O terceiro passo na estratégia de defesa e elaboração da teodiceia invoca um princípio ético comumente defendido. Esse princípio diz que ninguém pode ser responsabilizado moralmente por deixar de fazer o que não poderia fazer ou por fazer o que não poderia deixar de fazer. Em outras palavras, ninguém é moralmente responsável a menos que aja livremente. Porém, segundo todas as teologias em questão, Deus não é livre nem para remover o mal tampouco para alcançar o outro objetivo positivo em nosso mundo. Portanto, Ele não é culpado por não fazer as duas coisas. Por exemplo, Deus pode remover o mal ou nos dar livre-arbítrio. Se remover o mal, Ele não é culpado por não nos dar o livre-arbítrio. Se nos der livre-arbítrio, Ele não é culpado por deixar de remover o mal. Ele não pode fazer as duas coisas concomitantemente, portanto, não é culpado por deixar de fazer as duas coisas.

Alguém poderia concordar que Deus não é culpado por deixar de realizar as duas opções juntamente, mas ainda se perguntar por que Ele escolheu a que escolheu, em vez de remover o mal. Se Deus escolheu algo mau ou pelo menos um bem menor do que remover o mal, então ainda assim parece que Ele fez algo errado. Isso nos leva ao passo final da estratégia. O teísta concorda que se Deus tivesse escolhido remover o mal, Ele teria feito algo muito bom. Contudo, o teísta argumenta que a opção que Deus escolheu é um valor de tal magnitude que é pelo menos tão valioso quanto remover o mal. Ela equilibra ou desequilibra o mal presente em nosso mundo. Logo, ao escolher esta opção em vez de remover o mal, Deus não fez nada de errado.

Em suma, a estratégia básica da teodiceia e construção de sua defesa é argumentar que Deus é um Deus bom, apesar do mal em nosso mundo, porque Ele não pode removê-lo. Ele não pode fazer isso porque mesmo um Deus onipotente não pode produzir um paradoxo. Deus poderia remover o mal ou fazer alguma outra coisa de valor com o nosso mundo, mas não os dois juntos, porque os dois excluem-se mutuamente. Visto que não pode fazer as duas coisas, Ele não tem culpa por deixar de fazer ambas. Além disso, sua escolha atribuiu um elevadíssimo valor ao nosso mundo. Deus cumpriu sua obrigação moral; Ele é um Deus bom.

Duas defesas racionalistas modificadas

Dada essa estratégia, de que modo um teísta cristão resolveria o problema do mal? Aqui temos de lembrar que devemos primeiro especificar qual problema está em questão e também articular os fundamentos da teologia em análise. Visto que o problema mais discutido é o problema teológico/filosófico (o problema do mal moral) em sua forma lógica, esse será o meu foco. Os interessados nos outros problemas e na sua forma evidencial podem consultar meu livro, *The Many Faces of Evil* [As muitas faces do mal].[7]

No capítulo 2 deste livro, descrevi três formas cristãs de teísmo: teonomia, racionalismo leibniziano e racionalismo modificado. As duas teologias que quero discutir com mais detalhes são ambas formas de racionalismo modificado, portanto, aqui vou apenas abordar a metafísica e a ética dessa forma ampla de teísmo.[8] Estou preocupado agora com apenas duas respostas racionalistas modificadas ao problema do mal moral, porque representam maneiras pelas quais um arminiano (tradicional ou não) e um calvinista podem resolver esse problema de coerência lógica.

O racionalismo modificado é um sistema metafísico que sustenta que Deus não precisa criar nada, pois sua própria existência é o bem supremo. No entanto, criar um mundo é uma coisa adequada para Ele fazer, mas não é a única coisa adequada que Ele pode fazer. Existe um número infinito de mundos possíveis, finitos e contingentes que Deus poderia criar. Alguns são intrinsecamente maus, então é melhor que Deus não crie nenhum deles, mas pelo menos mais de um é um bom mundo possível. Não existe o melhor mundo possível. Deus é livre para criar um dos bons mundos possíveis ou para não criar nada. No universo do racionalista modificado, algumas coisas são conhecidas apenas pela razão, enquanto outras só podem ser conhecidas por meio de revelação divina.

As teologias racionalistas modificadas incorporam uma de duas grandes explicações da ética: consequencialismo e não consequencialismo. As teorias éticas consequencialistas defendem que o que torna uma ação moralmente correta são suas consequências. Quaisquer ações que produzam um valor não moral desejado (como aumentar o prazer e remover a dor) são tanto moralmente boas como obrigatórias. Em contraste, as teorias não consequencialistas alegam que qualquer coisa que torne um ato moralmente certo ou errado é algo diferente de suas consequências. Um ato pode ser correto e obrigatório porque o dever o exige ou porque Deus o determina, por exemplo, mas o que o torna moralmente correto é algo para além de seus resultados.

O consequencialismo e o não consequencialismo se aplicam ao problema do mal de maneiras muito específicas. De acordo com a ética consequencialista, o mundo, tal como criado pelas mãos de Deus, contém em si o mal, mas isso não confere nenhuma mácula moral a Deus, porque Ele, em última análise, usará esse mal para maximizar o bem. Claramente, com essa explicação da ética, Deus agiu moralmente, apesar do mal em nosso mundo, se Ele usar esse mal para produzir algum bem equilibrador ou desequilibrador. Por outro lado, sistemas não consequencialistas dizem que o mundo, tal como criado pelas mãos de Deus, não contém nenhum mal. O mal é introduzido no mundo pelas atividades das criaturas de Deus. Nessa explicação da ética, Deus teria agido moralmente, apesar do mal em nosso mundo, se o mundo tal como criado não continha o mal, e se Ele colocou nesse mundo algum valor de grande importância. Então, mesmo que suas criaturas pratiquem o mal, Deus não fez nada de errado ao criar nosso mundo.

À luz dessa explicação da metafísica e da ética, como surgiria um problema do mal para uma teologia racionalista modificada? O problema pode ser formulado na forma da seguinte pergunta: nosso mundo é um daqueles possíveis mundos bons (no sentido em que o racionalista modificado usa "bom") que o racionalista modificado alega que Deus poderia ter criado? Ao abordar essa questão, os teólogos racionalistas modificados apontam para algumas características valiosas do nosso mundo e afirmam que elas fazem do nosso mundo um daqueles bons mundos. Observe que o Deus do racionalista modificado não precisa criar o melhor de todos os mundos possíveis, pois o racionalista modificado não acredita que exista tal coisa. Tampouco esse Deus tem de criar um mundo bom que seja melhor que outros mundos bons que Ele possa ter criado. O racionalista modificado defende que existem mundos possíveis bons e maus. A obrigação moral de Deus é criar um dos mundos bons. Contanto que os racionalistas modificados possam explicar por que nosso mundo é um mundo bom, apesar do mal moral nele, o Deus deles não é culpado de falhar em sua obrigação moral.

A defesa do livre-arbítrio

Nosso mundo é um daqueles possíveis mundos bons? Muitos teístas cristãos alegam que sim, porque contém seres humanos com livre-arbítrio, um valor considerado de grande importância. De fato, até mesmo muitos calvinistas apelaram à defesa do livre-arbítrio em resposta ao problema do mal. Infelizmente, fazer tal apelo gera uma contradição na teologia calvinista. Como veremos, a razão é que a defesa do livre-arbítrio pressupõe o livre-arbítrio incompatibilista. Contudo, como argumentei nos capítulos anteriores, os calvinistas são deterministas. Aqueles que acreditam que os seres humanos têm livre-arbítrio defendem o compatibilismo e rejeitam o livre-arbítrio libertário. Logo, os calvinistas deveriam resolver seu problema do mal fora dessa seara.[9]

Embora deterministas suaves como eu não possam usar a defesa do livre-arbítrio para resolver o problema do mal moral, ainda vale a pena examiná-la. Afinal, o calvinista está preocupado não apenas em convencer os cristãos comprometidos com o livre-arbítrio libertário, mas também em mostrar aos incrédulos que a teologia cristã não é autocontraditória nessas questões. De fato, não são apenas os calvinistas que devem e podem resolver o problema do mal, mas os arminianos também. Visto que várias formas de teísmo do livre-arbítrio (arminianismo tradicional, visão aberta de Deus etc.) defendem o livre-arbítrio libertário, a defesa do livre-arbítrio é a resposta típica dessas formas de teísmo ao problema do mal moral em sua forma lógica. Portanto, é vantajoso ver que esses teólogos cristãos podem resolver esse problema.

A defesa do livre-arbítrio pressupõe uma metafísica racionalista modificada. Além disso, é fundamentalmente não consequencialista em sua ética; portanto, alega que o mundo tal como criado por Deus é bom, mas o mal moral é introduzido no mundo pelas ações das suas criaturas, em particular os humanos.[10] Agostinho é um dos primeiros a defender o livre-arbítrio, e podemos ver em sua obra os itens fundamentais dessa defesa.

Agostinho inicia *On the Free Choice of the Will* [Sobre a escolha livre da vontade] perguntando se Deus é a causa do mal, e responde que não o é. Em vez disso, cada um de nós causa o mal que comete voluntariamente.[11] No restante do Livro I, Agostinho discute a natureza de Deus e depois se volta a uma longa consideração dos vários tipos de males (como eles surgem e como se relacionam com a vontade). Quanto ao modo em que os males surgem, Agostinho diz que o problema decorre de nossos desejos. Os desejos em si não precisam ser problemáticos, mas nos metemos em encrenca quando desejamos as coisas temporais em vez das eternas, e quando o fazemos excessivamente.¹² A partir do momento que desejos excessivos estão presentes em nós, desejamos de acordo com eles e trazemos o mal para o mundo.

No final do Livro 1, Agostinho pergunta por que Deus nos deu o livre-arbítrio se Ele sabia que poderíamos abusar dele — e abusaríamos.¹³ Agostinho inicia o Livro II com sua resposta básica, e no restante dos livros II e III acrescenta mais detalhes. Ele delineia três tipos de bens, conforme segue:

> Portanto, as virtudes pelas quais os homens vivem justamente são grandes bens, enquanto todos os tipos de belezas físicas [*species*] sem as quais ninguém pode viver justamente, são os bens intermediários [*media bona*] entre essas duas. Ninguém usa as virtudes para o mal. Contudo, os outros bens, os inferiores e os intermediários, podem ser usados não apenas para o bem, mas também para o mal.¹⁴

Segundo Agostinho, todos os três tipos de bens vêm de Deus, e o livre-arbítrio é um bem intermediário, porque pode ser usado para produzir o bem ou o mal.¹⁵

Visto que o livre-arbítrio é um bem intermediário que pode ser usado para o mal, Deus deveria nos tê-lo dado? Agostinho responde que Deus estava certo em concedê-lo, porque podemos usá-lo para fazer o bem. Se abusarmos do nosso livre-arbítrio, não é culpa de Deus, e a possibilidade de abusar do livre-arbítrio vale a pena em vista da possibilidade de usá-lo para fazer o bem.¹⁶

Outra questão ainda permanece, no entanto. Deus ainda não é o responsável pelo mal que praticamos com o livre-arbítrio, visto que Ele deve ter sabido de antemão que usaríamos nossa liberdade para fazer o mal? No Livro III, Agostinho argumenta enfaticamente que Deus ter o pré-conhecimento de nossos pecados não os torna necessários. Além disso, somos responsáveis por nossos pecados porque poderíamos ter agido de outro modo; nossa decisão de pecar é voluntária.¹⁷ Além disso, os defensores do livre-arbítrio acrescentam que Deus também sabia que embora usássemos essa liberdade para fazer o mal, muitos a usariam para fazer o bem e para amá-lo. Deus ponderou que valia a pena tolerar a possibilidade e o fato de usarmos a liberdade para fazer o mal, porque Ele preferia ter criaturas que o amam e o obedecem porque querem e não porque são forçadas a fazê-lo.

O livre-arbítrio, portanto, é um valor de grande importância que mostra que o nosso mundo é um daqueles bons mundos possíveis que Deus poderia ter criado. Porém, Ele não pode nos dar livre-arbítrio e também garantir que não haverá mal moral em nosso mundo. Infelizmente, temos usado nossa liberdade para pecar, mas nosso mundo ainda é um mundo bom, e muitos usam sua liberdade para fazer o bem também.

No cenário contemporâneo, ninguém promove a defesa do livre-arbítrio com tanta força e habilidade quanto Alvin Plantinga. Porém, essa defesa também tem seus detratores, e seria digno de nota uma das principais objeções levantadas contra ela. Eu afirmo que a queixa é equivocada, mas é muito instrutivo examiná-la e ver como é problemática. Resumo o principal argumento da objeção que J. L. Mackie levantou contra a defesa do livre-arbítrio. Podemos chamá-lo de "argumento da boa escolha" de Mackie.[18] Mackie escreve:

> Eu deveria perguntar: se Deus fez os homens de tal maneira que em suas escolhas livres às vezes eles preferem o que é bom e às vezes o que é mau, por que Ele *não poderia ter feito os homens de modo a sempre escolherem livremente o bem*? Se não há impossibilidade lógica em um homem escolher livremente o bem em uma ou em várias ocasiões, não pode haver uma impossibilidade lógica em escolher livremente o bem em todas as ocasiões. Então, Deus não estava diante da escolha entre fazer autômatos inocentes e criar seres que, ao agir livremente, às vezes errariam: estava-lhe aberta a possibilidade obviamente melhor de *criar seres que agiriam livremente, mas sempre fariam certo*. Claramente, o fato de ter desperdiçado essa possibilidade é incoerente com o fato de Ele ser onipotente e totalmente bom.[19] (grifos do autor)

A objeção de Mackie parece convincente em parte, porque o livre-arbítrio significa que uma pessoa pode fazer o bem ou o mal. Se for o caso, em determinada ocasião uma pessoa poderia usar sua liberdade para fazer o bem. Além disso, é no mínimo possível que alguém usaria sua liberdade em todas as ocasiões para fazer o bem. Se não é impossível fazermos o bem em todas as ocasiões, e se Deus é onipotente, por que Ele não pode fazer com que sempre façamos livremente o que é certo? Basicamente, Mackie rejeita a suposição subjacente da defesa do livre-arbítrio, a saber, que se Deus cria um mundo com criaturas livres, Ele não pode ao mesmo tempo criar um mundo sem nenhum mal moral. Mackie argumenta que Deus pode fazer as duas coisas e, portanto, a defesa do livre-arbítrio fracassa.

Alvin Plantinga e uma infinidade de defensores do livre-arbítrio responderam, como seria de esperarmos. O que Mackie propõe pode parecer convincente, mas não é, por uma razão muito simples. Se Deus determina ou faz com que façamos alguma coisa, então não a fazemos *livremente*! Logo, Deus não pode garantir que não haverá mal moral e nos dar livre-arbítrio ao mesmo tempo.[20]

À medida que refletimos, essa resposta certamente parece fazer sentido; em sua essência, ela não sugere que Mackie tenha uma compreensão equivocada do próprio significado de livre-arbítrio? Essa parece ser a mensagem subjacente desta contestação. Contudo, qual a probabilidade de Mackie não saber definir o livre-arbítrio? Não muita, mas então o que acontece nessa troca entre o defensor do livre-arbítrio e seu crítico? A resposta é que temos diante de nós dois conceitos diferentes de livre-arbítrio. De acordo com o livre-arbítrio libertário, é impossível que Deus garanta ("faça acontecer" ou "cause") que alguém faça algo livremente, pois as garantias invocam o determinismo causal, mas o livre-arbítrio libertário não pode coexistir com o determinismo causal. Por outro lado, se definirmos o livre-arbítrio como os compatibilistas/deterministas suaves, então o que Mackie propõe faz muito sentido. Portanto, parece claro que a defesa do livre-arbítrio e essa objeção baseiam-se em ideias concorrentes de liberdade humana.

O que isso significa, entretanto, se a defesa do livre-arbítrio resolve o problema do mal moral para sua teologia? Quando nos lembramos das "regras básicas" da forma lógica do problema do mal (e essa é a forma em discussão agora), vemos que a objeção de Mackie é equivocada. O problema lógico do mal acusa os teístas de *se* contradizerem, e isso apenas significa que para ter sucesso em destruir o sistema do teísta, o crítico deve mostrar que as posições que o teísta em questão defende contradizem outras visões que este mesmo teísta também defende. Então, está claro que Mackie defende o livre- arbítrio compatibilista, porém, que defensor do livre-arbítrio defende essa mesma noção? É duvidoso que algum defenda. Então, porém, Mackie está gerando um problema no sistema do defensor do livre-arbítrio ao lhe atribuir o compatibilismo e, é claro, qualquer defensor do livre-arbítrio que incorpore o compatibilismo em seu sistema se contradiz. Visto que os defensores do livre-arbítrio defendem o livre-arbítrio libertário, não o compatibilismo, Mackie não demonstrou que a defesa do livre-arbítrio não resolve o problema lógico do mal moral para as teologias que defendem a liberdade libertária. Em suma, sua objeção não demonstra que Deus poderia dar aos humanos o livre-arbítrio *libertário* e garantir, *ao mesmo tempo*, que nosso mundo estará livre do mal moral. A defesa do livre-arbítrio torna as teologias do livre-arbítrio internamente coerentes nessa questão. Os arminianos tradicionais e os teístas da visão aberta usam a defesa do livre-arbítrio para resolver esse problema, e são bem-sucedidos.

Como calvinista, acolho esse resultado, pois mostra que os ateus que alegam que nenhum teísta pode resolver o problema do mal estão errados. No entanto, argumentei nos capítulos 11, 13, 14 e 15 que existem boas razões para rejeitar o livre-arbítrio libertário e as teologias da soberania geral que o incorporam. Logo, embora eu concorde que a defesa do livre-arbítrio torne essas teologias internamente coerentes, creio que, como um todo, elas são deficientes. Porém, de forma alguma minhas objeções mostram que o defensor do livre-arbítrio não consegue resolver esse problema específico da suposta incoerência interna.

Há um preço a pagar por rejeitar as teologias do livre-arbítrio com sua liberdade libertária em favor do determinismo suave. O preço é que o que Mackie propõe parece totalmente possível com o compatibilismo. Ou seja, com o compatibilismo, parece que Deus pode fazer com que sempre façamos livremente (compatibilisticamente) o que é certo. Porém, então por que Ele não fez isso? Minha resposta não pode ser um apelo à defesa do livre-arbítrio, pois isso pressupõe uma noção diferente de liberdade que eu defendo. Em vez disso, devo oferecer uma resposta que inclua o compatibilismo e ainda explique por que Deus não pode remover o mal moral ao mesmo tempo. Se nosso mundo não incluir algum outro item valioso que torne impossível a Deus, ao mesmo tempo, remover o mal moral, então nosso mundo não é, afinal, um bom mundo possível. Volto-me agora à minha defesa de por que este é um mundo bom, apesar do mal que nele existe.

Defesa da integridade humana

Minha teologia calvinista determinista suave também pressupõe uma metafísica racionalista modificada. Quanto à ética, sou um não consequencialista. Em particular, defendo uma teoria modificada do comando divino. Ou seja, acredito que as normas morais são prescritas por Deus, mas não acredito que Ele as prescreva arbitrariamente. Ao contrário, seus preceitos refletem seu caráter. [21]

Minha defesa contra o problema lógico do mal moral tem três pontos.[22] Pergunto, primeiro, que tipo de seres Deus pretendia criar quando criou os seres humanos. Aqui me refiro às habilidades e capacidades básicas que

Deus nos deu como seres humanos. No mínimo, acredito que Ele pretendia criar criaturas com capacidade de raciocinar (essa habilidade varia para cada pessoa), seres com emoções, seres com vontades que são compatibilisticamente livres (embora a liberdade não seja a ênfase da minha defesa), seres com desejos, seres com intenções (formadas com base em desejos) e seres com capacidade de movimento corporal. Além disso, Ele pretendia que usássemos essas capacidades para viver e agir em um mundo adequado a seres como nós. Por isso, Ele criou o nosso mundo, que é administrado de acordo com as leis naturais, e evidentemente Ele não pretendia aniquilar a criação a partir do momento que a criou.

Além disso, Deus não queria que cada um de nós fosse idêntico em relação a essas capacidades. Por exemplo, alguns podem ter certos desejos iguais a outros humanos, mas essas qualidades da natureza humana não estariam conjugadas em duas pessoas, como que para obliterar a individualidade. Em outras palavras, os traços de caráter não seriam tão semelhantes em nenhuma dupla de pessoas a ponto de elas serem estereótipos uma da outra. Por fim, Deus pretendia criar seres que são finitos tanto metafísica como moralmente (quanto ao aspecto moral, nossa infinidade não precisa fazer o mal, mas apenas não temos a perfeição moral infinita de Deus). Em suma, Deus pretendia criar seres humanos não glorificados, não seres subumanos ou super-humanos ou até mesmo deuses.

Não acredito que nenhuma dessas qualidades tenha sido perdida pela queda da raça no pecado. Claro, eu acredito que o pecado afetou-nos e afetou nosso mundo, mas o que quero dizer é que não resultou na remoção de desejos, intenções, livre-arbítrio, movimento corporal e coisas assim. Por causa de nossa queda no pecado, essas capacidades não funcionam tão bem quanto funcionariam sem o pecado, mas isso não significa que não as tenhamos mais. Da mesma forma, a queda não anulou as leis básicas da natureza e da física, segundo as quais nosso mundo opera. As características fundamentais da humanidade e do nosso mundo ainda são como Deus as criou.

Como sei que é isso que Deus pretendia? Eu sei observando o tipo de seres que Ele criou quando nos formou e observando também que o mundo em que vivemos é adequado às nossas capacidades. Alguém pode responder que essa mesma linha de raciocínio poderia ser usada para dizer que Deus também pretendia criar um mal moral, porque nós o possuímos, mas não é assim. O mal moral não é algo que Deus criou quando fez outras coisas. Não é uma substância. Deus criou substâncias, inclusive o mundo e as pessoas que estão nele. Deus pretendia que pudéssemos agir, pois nos tornou capazes de agir. Porém, Ele não fez nossas ações nem as executa. Logo, não podemos dizer que Deus pretendia que houvesse um mal moral porque o temos em nosso mundo. Deus pretendia criar e criou agentes que podem agir; Ele não criou seus atos (bons ou maus).

Como sabemos, ao olhar para o que Deus fez, que Ele realmente pretendia fazê-lo? Às vezes, as pessoas não agem sem entender completamente as próprias intenções? É verdade que os humanos nem sempre sabem o que pretendem fazer, mas isso não pode ser verdade em relação à consciência de um ser onisciente acerca de suas intenções. Ao ver o que Deus fez, podemos ter certeza de que sabemos o que Ele realmente pretendia fazer.

Se os humanos forem o tipo de criaturas que descrevi, como podem praticar o mal moral (pecado)? Isso me leva ao segundo ponto da defesa, uma reflexão sobre a fonte derradeira das más ações. Minha resposta não é o livre-arbítrio, embora eu concorde que o livre exercício da vontade seja fundamental para a realização do mal moral. Contudo, como um compatibilista, não me atrevo a usar a defesa do livre-arbítrio.

De acordo com Tiago 1.13-15, defendo que as ações moralmente más se originam nos desejos humanos. Os desejos em si e por si não são maus, nem executam o mal. Tiago diz, porém, que os desejos (*epithumia* é a palavra para desejo, e pode se referir a qualquer desejo) são atraídos (*exelkomenos*) e seduzidos (*deleazomenos*) até ao ponto de o pecado ser realmente cometido (concebido).[23] Muitos filósofos morais concordariam que o ponto da "concepção" é quando uma pessoa deseja realizar o ato, se puder. Uma vez tomada essa decisão, lhe resta apenas traduzir essa escolha em ação pública manifesta.[24]

Atos moralmente maus, então, em última análise, resultam de nossos desejos. Os desejos, em si, não são maus, mas quando são despertados de modo a nos levar a desobedecer às normas morais prescritas por Deus, então pecamos. Contudo, os desejos não são os únicos culpados, pois a vontade, a razão e a emoção, por exemplo, também entram no processo, mas Tiago diz que a tentação e as ações pecaminosas começam com nossos desejos.

Se os humanos forem o tipo de criaturas descritas, e se o mal moral surge conforme sugeri, o que Deus teria de fazer para se livrar do mal moral? Isso me traz ao último ponto de minha defesa. Se remover o mal for o único objetivo de Deus, certamente Ele pode alcançá-lo. Contudo, minha visão da onipotência divina não admite que Deus realize paradoxos; portanto, se eu puder mostrar que ao remover o mal Deus iria de encontro a algum outro objetivo (ou objetivos) que deseja alcançar, então terei demonstrado por que Ele não pode remover o mal. É claro, se Ele *não pode* criar uma quimera sem gerar mais e ainda maiores problemas, não é obrigado a fazê-lo.

Minha alegação é que se fizesse o necessário para livrar nosso mundo do mal moral, Deus iria de encontro a suas intenções de criar seres humanos e o mundo como Ele o fez; nos faria perguntar se Ele tem um ou mais dos atributos designados a Ele; e / ou faria algo que não esperaríamos ou desejaríamos que Ele fizesse, porque produziria mal ainda maior do que já existe. Para ver isso, vejamos como Deus pode se livrar do mal moral.

Alguns podem pensar que tudo o que Deus precisa fazer para remover o mal moral é apenas organizar os acontecimentos, de modo que suas criaturas compatibilisticamente livres sejam causalmente determinadas a ter desejos apenas para o bem e a escolher apenas o bem sem serem constrangidas de forma alguma. Para cada um de nós, Deus deveria saber o que seria necessário e Ele deveria ser suficientemente poderoso para fazê-lo.

Contudo, isso não é tão simples quanto parece. Se as pessoas forem naturalmente inclinadas a fazer o que Deus quer, Ele pode precisar fazer muito pouca reorganização em nosso mundo para alcançar tal objetivo. Se as pessoas forem teimosas e resistirem à vontade dele, pode ser preciso muito mais manobra do que pensamos. Deus teria de fazer isso para todos, sempre que resistirmos à sua vontade. Além disso, as mudanças nas circunstâncias de um de nós afetariam as circunstâncias de outros, pois não vivemos isolados. Porém, o que poderia ser necessário para nos fazer realizar o bem poderia desestruturar a vida de outras pessoas, forçá-las a fazer algo que seja útil a Deus em relação a nós, e talvez até levá-las a fazer o mal.

Considere, por exemplo, o que Deus pode ter de fazer para mover uma única pessoa a escolher o bem livremente. Convencer essa pessoa a fazer o certo provavelmente exigiria rearranjos na vida de outras pessoas, mudanças que exigiriam que elas fizessem coisas que não querem fazer. Se quiser que essas outras pessoas façam o que Ele quer sem restrições, Deus pode precisar reorganizar até mesmo a vida de outras pessoas. Conseguir que o terceiro grupo de pessoas faça o que Ele quer sem restrições pode exigir que ainda mais pessoas façam algo que não queiram. Eu poderia continuar, mas o exemplo está claro. Preservar a liberdade de cada pessoa pode ser muito mais difícil do que supomos. É mais provável que o livre-arbítrio de alguns seja abreviado por causa das tentativas de Deus para convencer certas pessoas a fazer o bem.

Há mais razões para acreditar que pode ser mais difícil para Deus nos levar a fazer o que é certo do que pensamos. Ele não nos criou com uma inclinação para o pecado, mas mesmo Adão em um ambiente e circunstâncias ideais pecou. Segundo as Escrituras, a raça humana herdou de Adão uma natureza pecaminosa que nos dispõe ao mal. À luz dessa natureza pecaminosa, não está claro que uma reorganização mínima de eventos, ações e circunstâncias alcançaria o objetivo de nos fazer realizar o bem sem que seja coercivo conosco. Pode ser que Deus tivesse que obrigar muitas pessoas a fazer as coisas que Ele precisava que fizessem a fim de organizar as circunstâncias para convencer alguns de nós a fazer a coisa certa sem nos compelir. É claro que isso se oporia ao livre-arbítrio compatibilista para muitos de nós e provavelmente o faria com mais frequência do que podemos imaginar. Além disso, começamos a nos perguntar quão sábio é esse Deus se Ele tiver de fazer tudo isso apenas para que suas criaturas humanas façam o bem. Por que já não criar, no início, uma criatura diferente que não pudesse fazer o mal? Porém, é claro, isso seria contrário à decisão de Deus de criar humanos, não subumanos ou super-humanos.

Há um outro problema em se livrar do mal dessa maneira. Esse método também pressupõe que se Deus reorganizasse o mundo, todos nós tiraríamos a conclusão certa de nossas circunstâncias e faríamos o que é correto. Nossos desejos, intenções, emoções e vontade se encaixariam todos como deveriam se encaixar, sem restringir a liberdade absolutamente. Isso é muito duvidoso, dadas nossas mentes e vontades finitas, bem como a natureza pecaminosa dentro de nós que nos inclina para o mal. Logo, não está claro que possamos conceber coerentemente todas as mudanças que Deus teria de realizar para garantir que recebamos a mensagem certa e ajamos moralmente.

Talvez haja uma maneira mais simples e direta de Deus se livrar do mal. Embora possamos nos perguntar que outra via está aberta para Deus, existem pelo menos oito outras maneiras pelas quais Ele poderia se livrar do mal. Contudo, nenhuma delas seria aceitável. Primeiro, Ele poderia remover o mal moral eliminando a humanidade. Esta não somente é uma solução drástica que todos nós consideraríamos inaceitável, mas também contraria sua intenção de criar humanos que vivam e atuem no mundo que Ele criou.

Uma segunda maneira de Deus remover o mal moral é eliminar todos os objetos de desejo. Sem objetos de desejo, é difícil ver de que modo nossos desejos poderiam ser desviados para o mal moral. Contudo, para erradicar todos os objetos de desejo, Deus teria de destruir o mundo inteiro e tudo o que há nele, inclusive os corpos humanos. Somente as mentes permaneceriam, a menos que as mentes pudessem ser objetos de desejo que levassem alguém a se desviar.

As objeções a essa opção são óbvias. Suas implicações para a vida e o bem-estar humanos a torna inaceitável. Além disso, o Deus que descrevi teria de rejeitá-la, porque adotá-la contrariaria suas intenções de criar humanos e colocá-los em um mundo que Ele não planejou aniquilar depois de criá-lo.

Visto que o pecado acaba derivando dos desejos, uma terceira maneira de Deus livrar o mundo do mal moral seria remover os desejos humanos. Os problemas com esta solução são, mais uma vez, óbvios. Deus pretendeu fazer criaturas que têm desejos, mas se Ele remover todos os desejos humanos, isso contradiz seus planos sobre a criatura que Ele queria criar. Além disso, remover desejos também removeria o fundamento derradeiro da ação, de modo que as pessoas não agiriam, e isso contradiria a decisão de Deus de criar seres que executam as várias ações necessárias para permanecerem vivos. É claro, se isso acontecesse, o resultado seria o fim absoluto da raça. Certamente, isso seria menos desejável do que o nosso mundo é agora.

Uma quarta possibilidade parece ser uma das coisas mais prováveis que Deus poderia fazer. Ele poderia nos permitir ter desejos, mas nunca deixá-los ser despertados até o ponto em que praticaríamos o mal moral (talvez nem mesmo ao ponto em que formaríamos intenções de fazer o mal). Porém, visto que qualquer desejo pode levar ao mal, isso significa que reteríamos todos os nossos desejos, mas Deus os eliminaria ou os neutralizaria quando eles se aproximassem ou alcançassem um grau de despertamento que resultaria em pretender ou desejar um ato de mal moral. Se Deus escolhesse essa opção, Ele poderia cumpri-la de duas maneiras. Ele poderia nos fazer com a capacidade de nossos desejos correrem desenfreados, mas depois realizar um milagre para detê-los sempre que eles começassem a desenfrear. Ou Ele poderia nos fazer de um modo que nossos desejos somente seriam despertados até certo ponto, um ponto que jamais seria mal ou levaria ao mal. Abordarei a primeira opção quando discutir de maneira mais geral o fato de Deus remover o mal pela realização de um milagre. A última opção é meu interesse agora.

Quanto a essa opção, há vários problemas. Para começar, ela contradiz a intenção de Deus criar pessoas que não são estereótipos umas das outras. Não quero dizer com isso que as pessoas sempre desejam as mesmas coisas. Ao contrário, sempre que os desejos de alguém fossem atraídos para algo proibido, esses desejos poderiam ser atraídos apenas até certo ponto, um ponto que não seria o mal ou levaria ao mal. O que seria verdade para uma pessoa seria verdade para todas. Isso poderia parecer deixar muito espaço para a individualidade, mas não necessariamente. Qualquer desejo pode levar ao mal, e Deus sabe quando determinado desejo, se perseguido, faria isso. Em todos os casos, precisaríamos ser pré-programados para reprimir o desejo antes que ele fosse longe demais. Isso pareceria nos tornar estereótipos uns dos outros com mais frequência do que poderíamos imaginar.

Há outro problema em Deus nos fazer assim. Imagine como seria a vida. Sempre que um desejo começasse a ficar descontrolado, teríamos de parar de tê-lo (ou pelo menos não persegui-lo), mudar de desejo e iniciar um novo curso de ação. A imagem que vem à mente é aquela em que nossas rotinas diárias são constantemente interrompidas (se não totalmente paradas) e novos cursos de ação são implementados e logo a seguir interrompidos e novos são implementados e então interrompidos *ad infinitum*. A vida como a conhecemos provavelmente chegaria a um impasse. O mundo imaginado seria um mundo diferente (talvez radicalmente diferente), mas não necessariamente melhor ou mesmo tão bom quanto o nosso mundo. Além disso, aparentemente contrariaria a intenção de Deus de nos criar para atuar neste mundo.

Talvez a maior objeção a essa quarta opção seja a de que, para nos fazer assim, Deus teria de nos fazer super-humanos, moral e intelectualmente. Não teríamos de ser divinos ou angelicais, mas teríamos de ser muito diferentes, moral e intelectualmente, do que somos agora. Para nos fazer de modo que nossos desejos não saíssem do controle, Deus teria de nos fazer dispostos a reprimi-los sempre que eles levassem ao mal (algo bastante difícil de se fazer). Para fazer isso, também precisaríamos *saber* quando os desejos levariam ao mal, de modo que pudéssemos impedi-los de se tornarem excessivamente sedutores. O que quer que Deus tivesse de fazer para nos criar assim parece que implicaria nos fazer mais do que humanos. Se fosse assim, Deus contradiria sua decisão de criar seres humanos, e não seres sobre-humanos.

Quinta, Deus poderia permitir todos os desejos e permitir que formássemos intenções de ações baseadas nesses desejos, a menos que essas intenções levassem ao mal. Deus poderia remover essas intenções por qualquer uma das maneiras mencionadas para lidar com os desejos que produzem o mal (por milagres ou fazendo-nos de modo tal que jamais desenvolvêssemos intenções que levam ao mal). No entanto, a remoção do mal tratando as intenções dessa maneira enfrenta os mesmos problemas levantados em relação aos desejos.

Sexta, Deus poderia remover o mal moral suprimindo qualquer desejo que produzisse o mal. Poderíamos desejar as coisas boas livremente (compatibilisticamente), mas sempre que desejássemos o mal, a vontade seria eliminada. Deus poderia fazer isso por intervenção milagrosa (a ser discutida mais adiante) ou nos criando de modo que jamais desejássemos o mal. Contudo, a remoção do mal dessa maneira enfrenta os mesmos tipos de objeções que confrontam as opções de desejo e intenção.

Sétima, Deus poderia eliminar a manifestação pública do mal moral interrompendo nosso movimento corporal sempre que tentássemos realizar o mal. Ele poderia fazer isso por milagre ou interrompendo nosso movimento corporal quando este levasse ao mal. O movimento corporal provavelmente seria interrompido e parado com bastante frequência. Contudo, essa opção enfrenta os mesmos tipos de objeções que as opções de desejo, intenção e vontade enfrentam.

Se todas essas formas são problemáticas, talvez Deus ainda pudesse livrar o mundo do mal moral por meio de uma intervenção milagrosa em qualquer uma das várias fases mentais e físicas da ação. Porém, vários problemas permeiam esse método de remoção do mal moral. Primeiro, se Deus o fizesse, mudaria muito a vida como a conhecemos. A qualquer momento, Deus milagrosamente interromperia desejos, intenções, disposição ou movimentos corporais se soubesse que levariam ao mal. Como nem sempre saberíamos quando nossas ações levariam ao mal,[25] muitas vezes não saberíamos quando esperar que Deus interferisse. Podemos ficar com muito medo de fazer, tentar ou até pensar em algo, percebendo que a qualquer momento nossos movimentos ou pensamentos poderiam ser anulados. Nessas circunstâncias, a vida como a conhecemos poderia parar e isso iria de encontro ao desejo de Deus de criar pessoas que vivem e atuam neste mundo. Além disso, não está totalmente claro que um mundo em que exista uma ameaça constante de anular nossos pensamentos, disposição ou movimentos corporais seria um mundo melhor ou até um mundo tão bom quanto o que temos.

Segundo, uma coisa é falar de Deus intervindo milagrosamente para erradicar desejos, intenções, disposição ou movimentos corporais que levam ao mal. Outra é especificar exatamente o que isso significa. Quanto aos movimentos corporais, Deus provavelmente teria de paralisar uma pessoa pelo tempo necessário (talvez indefinidamente), a fim de interromper os movimentos corporais que executariam um ato maligno. É claro, interromper o movimento corporal dessa maneira, mesmo que momentaneamente, alteraria completamente a natureza da vida. A cada instante, uma série de pessoas ficaria paralisada ao tentar executar uma ação. A partir do momento que concordassem em mudar suas ações, começariam a se mover novamente, enquanto outras pessoas ficariam paralisadas. Não está claro que esse seria um mundo melhor que o nosso, e aparentemente iria de encontro à intenção de Deus de criar criaturas que possam viver e atuar neste mundo.

Além disso, é difícil imaginar que milagre Deus teria de fazer para remover um desejo, intenção ou ato de vontade que levaria ao mal. Faz pouco sentido falar sobre paralisia da intenção, do desejo ou da vontade. Deus provavelmente teria de nos deixar inconscientes ou fazer com que perdêssemos a memória pelo tempo e vezes necessários para remover pensamentos que produzem o mal. A imagem que se obtém é de um mundo de pessoas que recobram e perdem a consciência e passam por intervalos periódicos de amnésia. Isso praticamente não levaria a vida a uma paralisação e, assim, seria incoerente com a intenção de Deus de nos criar para que possamos viver e atuar neste mundo?

Até este ponto em minha defesa, discuti o mal que é produzido voluntariamente. Se um mundo em que Deus remove esses tipos de ações é problemático, então há ainda mais motivos para preocupação quando se percebe que ações involuntárias e produzidas por estímulos também podem produzir o mal. Se seria nocivo para a vida normal remover nossos atos mal intencionados, seria ainda mais nocivo remover nossas ações bem intencionadas e produzidas por estímulos que produzem o mal. Independentemente das intenções de alguém, Deus saberia quando um ato traria o mal à outra pessoa. Para livrar nosso mundo do mal, Deus também teria de remover essas ações.[26] Se a vida provavelmente chegaria a um impasse caso soubéssemos que os atos mal intencionados seriam interrompidos, pense em quão mais paralisante seria saber que *qualquer* ação poderia ser interrompida![27]

Uma objeção final à remoção do mal de modo milagroso é que isso daria motivos para questionar a sabedoria de Deus. Se Deus se dá ao trabalho de criar os seres humanos como criou, mas então tem de realizar esses milagres para neutralizá-los quando expressam essa humanidade que os levaria a produzir o mal, há motivos para questionar a sabedoria de Deus ao nos fazer como Ele fez. É claro, se Deus nos tivesse feito de maneira diferente, de modo que não tivesse de remover o mal por meio de milagres, isso iria contrariar seu desejo de criar o tipo de seres que Ele criou. Então, ou Deus tem de operar milagres e, assim, suscitar dúvidas sobre sua sabedoria, ou tem de mudar nossa natureza como seres humanos, algo que se oporia a seu objetivo de criar humanos, não sobre-humanos ou subumanos.

Essa discussão sobre o que Deus teria de fazer para remover o mal moral mostra que Deus *não pode* removê-lo sem contradizer seus desejos de criar o tipo de criatura e mundo que Ele criou (nos fazendo duvidar se é correto lhe imputar atributos tais como a sabedoria) ou criar um mundo que não desejaríamos e consideraríamos pior do que o nosso mundo atual. Alguém pode sugerir que Deus poderia evitar todos esses problemas se fizesse criaturas diferentes dos seres humanos. Em outras palavras, por que não criar criaturas sem desejos, intenções, vontade e/ou movimento corporal?

Deus poderia fazer isso e, se o fizesse, provavelmente removeria o mal moral, mas também removeria os seres humanos como os conhecemos. É difícil saber de que chamar a criatura resultante, já vez que ela não se moveria nem pensaria — até mesmo "robô" parece muito elogioso. Qualquer pessoa que pensar que existe algum valor em ser humano consideraria isso inaceitável.

Alguém poderia objetar que Deus não deveria nos fazer subumanos, mas o mal moral poderia ser evitado se Ele nos tornasse sobre-humanos. Concordo que Deus poderia fazer isso, mas afirmo que os humanos, como os conhecemos, são de grande valor. As Escrituras dizem que os seres humanos são criados à imagem de Deus (Gn 1.26,27); nunca dizem isso de anjos, animais ou qualquer outra criatura. Além disso, quando Deus completou sua obra de criação, viu que tudo, inclusive os seres humanos, era muito bom (Gn 1.31). Em Salmos 8.5-8 fala-se de Deus nos coroando com glória e honra e nos dando domínio sobre os outros elementos de sua criação. À luz dessa avaliação de Deus, quem somos nós para dizer que os humanos, enquanto criados por Deus, não têm valor? Como um racionalista modificado, tudo o que preciso mostrar é que nosso mundo é um daqueles mundos possíveis bons que Deus poderia ter criado. Claramente, um mundo que tem seres humanos é um mundo bom.

Outra objeção confronta não apenas minha teologia, mas também muitos outros sistemas cristãos evangélicos. Os teístas, inclusive eu, costumam dizer que nosso mundo é um mundo bom por causa de alguma característica nele, mas também acreditamos em um estado futuro (chame de Reino de Deus ou estado eterno) no qual não haverá mal. É consensual que, moralmente falando, será um mundo melhor que o nosso mundo atual. Visto que Deus não apenas pode criar esse mundo melhor, mas também o fará um dia, por que Ele não o fez desde o início? Já que será um mundo melhor e Deus poderia tê-lo criado, o fato de não tê-lo criado sugere a alguns que há algo de errado com Ele.

Eu respondo inicialmente que essa objeção não demonstra incoerência interna em minha teologia ou em qualquer outro sistema cristão evangélico. Os críticos do teísmo poderiam rejeitar todas as teologias evangélicas com base nisso, mas não seria uma rejeição com base na incapacidade de resolver um problema lógico do mal, um problema de incoerência *interna*.

Indo mais diretamente ao ponto, essa é uma objeção significativa, mas traz em si uma confusão. A confusão gira em torno de o que é necessário que uma teologia racionalista modificada faça para resolver seu problema lógico do mal. Os racionalistas modificados não alegam que exista um mundo melhor, mas alegam que há mais de um mundo bom possível. Além disso, o racionalismo modificado não requer que Deus crie o melhor mundo ou mesmo um mundo melhor do que algum outro mundo bom. Requer apenas que Deus crie um bom mundo possível. A tarefa para um racionalista modificado, então, é olhar para o mundo que Deus *criou* e explicar por que ele é bom, apesar do mal que há nele.

Visto ser este o requisito, nem eu nem qualquer outro racionalista modificado precisa mostrar que nosso mundo é o melhor ou até melhor do que algum outro mundo bom que Deus possa ter criado. Precisamos apenas mostrar que o nosso é um daqueles mundos bons que Deus poderia ter criado. Eu fiz isso apontando para os seres humanos e argumentando que Deus não pode fazer as duas coisas, criá-los e remover o mal. Logo, resolvi o problema lógico do mal moral em minha teologia.[28]

Deus pode remover o mal moral do nosso mundo? Eu acredito que Ele pode, se criar criaturas diferentes dos seres humanos. Ele também pode se criar seres humanos e então remover o mal em qualquer uma das formas imaginadas. Porém, vimos os problemas que surgem se Deus escolher alguma dessas opções.

Deus fez algo errado ao criar seres humanos? De maneira alguma, se considerarmos o grande valor que os seres humanos têm e o grande valor que Deus nos atribui. Como fato empírico, podemos dizer que o mal moral veio como uma contingência de um mundo povoado por seres humanos. Ainda assim, esse mundo é um daqueles bons mundos possíveis que Deus poderia ter criado. Deus é um Deus bom; nosso mundo com seres humanos demonstra sua bondade. Essa defesa contra o mal moral torna minha teologia internamente coerente e, portanto, resolve seu problema lógico do mal.

Embora mostrar coerência interna seja tudo o que é exigido de minha teologia resolver seu problema lógico do mal, ainda queremos saber se há alguma razão para acreditar nessa teologia como um todo, com seus vários compromissos intelectuais em relação a Deus, ao mal e à liberdade humana. Essa é uma questão apropriada de se colocar não apenas para minha teologia, mas também para qualquer outra. Nas páginas deste livro, apresentei os argumentos bíblicos, teológicos e filosóficos para o meu sistema teológico. Argumentei que existem boas razões para acreditar que eles refletem com precisão as Escrituras e também boas razões para rejeitar outras concepções de Deus e sua relação com nosso mundo. É claro, isso não significa que haverá concordância universal com minhas avaliações. Contudo, explica as razões pelas quais acredito que a teologia e a defesa contra o problema do mal moral em sua forma lógica, que apresentei neste livro, resultam não apenas em uma teologia logicamente coerente, mas também expressam uma concepção plausível de Deus.

Conclusão

Tanto uma teologia calvinista como uma arminiana podem resolver o problema do mal moral em sua forma lógica. Existem outros problemas do mal, e outros teístas, e eu já os abordei aqui.[29] Alguns ainda podem rejeitar o calvinismo por completo, porque acreditam que tenha uma explicação inadequada de Deus, do homem, do pecado ou da salvação. Nos capítulos anteriores, expliquei por que o calvinismo não é inadequado em seus pontos de vista sobre Deus. Outros volumes desta série defendem (ou defenderão) o argumento da posição do calvinismo em outras doutrinas mencionadas. Contudo, pelo que mostrei neste capítulo, não se pode rejeitar legitimamente um sistema calvinista como o meu com base no fato de que ele não pode resolver o problema do mal moral em sua forma lógica. Se entendermos as regras básicas desse problema, veremos que a discussão precedente trata de tais problemas com sucesso.

Capítulo Dezessete

"NINGUÉM COMO EU"

Uma das expressões muito utilizadas em nossos dias é "fácil de usar". Queremos que nossos aparelhos e computadores sejam "fáceis de usar". Nossos manuais de "como usar" também devem ter essa característica. E exigimos o mesmo de nossas instituições, como governos, universidades e empresas. Nas páginas deste livro, estudamos as várias concepções de Deus no pensamento contemporâneo e na prática religiosa. É claro que as pessoas da nossa época também estão exigindo um Deus "fácil de usar".

Por um lado, isso é encorajador, pois diz que as pessoas querem ter um relacionamento verdadeiro com seu Deus. Um Deus distante, alheio e indiferente é simplesmente inadequado para as necessidades da sociedade contemporânea. Queremos um Deus que seja importante em nossa vida pessoal e um Deus para quem sentimos que somos importantes. Por outro lado, o problema com as concepções de um Deus somente "amigável" é que sentimos que nossos contemporâneos estão clamando por um Deus que é pouco mais que um garoto de recados cósmico, sempre pronto a atender a todos os nossos desejos e caprichos. Deus deve ser compreensivo para conosco, mas Ele não ousa ter ou exercer muito poder e autoridade sobre nós. Estamos felizes com um Deus que se importa, mas nossos contemporâneos rejeitam um Deus que seja rei.

O problema, no entanto, é que as opções são apresentadas como ou/ou. Ou temos de adorar o monarca absoluto do teísmo clássico que é indiferente e absolutamente transcendente, ou temos de abraçar o Deus relacional, atencioso e persuasor gentil do teísmo do processo e de outras teologias contemporâneas. Nas páginas deste livro, argumentei que a concepção mais precisa de Deus em termos bíblicos e teológicos e a concepção mais adequada em termos religiosos o descreve como "não só/mas também"; Ele é o rei que se importa. Porém, vamos rever exatamente o que isso significa e como chegamos a esse perfil.

A concepção clássica de Deus tem estado sob grande ataque desde o último século. Muitos pensam que esse Deus não é mais do que o Deus dos filósofos, que está assentado sozinho em seu céu, afastado do tempo, das mudanças e das emoções. Ele sempre consegue o que quer e não compartilha seu poder com ninguém. Na opinião de muitos, é difícil pensar em tal Deus como um Pai que cuida de suas criaturas humanas. Se houver algum relacionamento com Ele, parece que não pode ser outro senão Ele sendo nosso juiz. Sentimos que experimentamos sua ira uma vez ou outra, mas é difícil pensar Nele como um Deus amoroso.

Neste livro, argumentei que precisamos reconstruir e rever nossa concepção do Deus clássico e, na parte 2, detalhei muitas das mudanças. Sugeri que somos biblicamente obrigados a manter a imutabilidade divina, mas não a imutabilidade absoluta da tradição clássica. Deus ainda deve ser imutável em seu ser, atributos, vontade, propósitos e normas éticas. Porém, Ele pode mudar em termos relacionais e pode interagir com suas criaturas. Isso também significa que a impassibilidade divina deve ser rejeitada. Também argumentei que a melhor conclusão sobre a eternidade divina é que ela é temporal, não atemporal. Sendo temporal, Deus sabe exatamente que horas são na história humana e pode entrar em nosso mundo para agir e reagir a nós.

Sem dúvida, os teístas do processo e da visão aberta aplaudirão essas modificações no conceito de Deus, mesmo que não concordem inteiramente com a minha nuance desses e de outros atributos divinos. Aqueles que preferem um Deus mais relacional ao Deus do teísmo clássico podem nos lembrar de que, ao concebermos Deus, devemos nos lembrar de como Ele se mostrou a nós na pessoa de Jesus Cristo, o Deus-homem encarnado. Embora Cristo seja totalmente Deus, nos lembremos que Ele se humilhou. Ele pegou a bacia e a toalha para lavar os pés de seus discípulos e nos encorajou igualmente a servirmos uns aos outros. Porém, a humilhação de Cristo foi ainda mais longe; Ele morreu em uma cruz cruel para servir a nós e à nossa salvação. De fato, este é um retrato de um Deus "amigável", se é que já houve algum.

Embora possamos aplaudir esse perfil de um Deus relacional e atencioso, pronto para arregaçar as mangas, pegar a bacia e a toalha e servir suas criaturas, isso não significa que o Deus das Escrituras seja o Deus do teísmo do processo. O Deus da Bíblia é puro Espírito; Ele não possui um polo físico consequente, e sua natureza imaterial não é a natureza primordial do processo como o "reino das possibilidades" ou mesmo como o ordenamento desse reino. Além disso, o Deus das Escrituras não é o Deus impotente do teísmo do processo, um Deus que se solidariza profundamente com nossas dores e as sofre junto conosco, mas é incapaz de fazer qualquer coisa para removê-las. Este Deus é uma vítima do mal em nosso mundo, assim como nós somos. É difícil compreender por que os teístas do processo acreditam que isso torna seu Deus atraente. Além do mais, esse Deus realmente pode saber ou não o que é melhor para nós, mas pode apenas tentar nos persuadir a ver as coisas como Ele vê e a seguir seus objetivos mais elevados para nós; não há garantia de que Ele conseguirá nos convencer a seguir seu desejo.

Tampouco o Deus atencioso das Escrituras é o Deus apostador da visão aberta, que adentra a escuridão do futuro desconhecido na ignorância do que ele reserva e apenas com objetivos gerais que podem ser frustrados pelas ações livres de suas criaturas. Em Isaías 46.9-11, Yahweh se compara aos deuses dos babilônios. Ele diz que não existe Deus como Ele, mas continua explicando o que há de tão diferente Nele mesmo em comparação aos deuses dos babilônios. Ao avaliarmos a opinião que a visão aberta tem de Deus, faríamos bem em levar muito a sério o que Ele revelou sobre si mesmo. Deus diz: "Eu sou Deus, e não há nenhum como eu. Desde o início faço conhecido o fim, desde tempos remotos, o que ainda virá. Digo: Meu propósito ficará de pé, e farei tudo o que me agrada. Do oriente convoco uma ave de rapina; de uma terra bem distante, um homem para cumprir o meu propósito. O que eu disse, isso eu farei acontecer; o que planejei, isso farei". Este não é um Deus apostador que restringe o uso de seu poder para atender aos caprichos de nossa liberdade!

A imagem que surge, então, é de um Deus que é tanto o Deus da bacia e da toalha como o poderoso Rei dos Reis e Senhor dos Senhores. Ele planejou toda a história para sua glória e nosso benefício. Ele não assenta impotentemente no céu, esperando que ajamos para então planejar seu próximo movimento. Deus e nós não somos, de certo modo, jogadores iguais em um jogo cósmico de xadrez. Em vários pontos das Escrituras (Ex: Is 6; Ap 4), a cortina do céu é aberta para que possamos ter uma ideia do que está acontecendo. A imagem é de um rei majestoso, tremendo e onipotente em seu trono, cercado pelas hostes angelicais e pelos salvos de todas as eras, curvando-se em humilde veneração e adoração. Precisamos levar essas imagens a sério! Também precisamos refletir sobre a resposta de Deus a Jó (Jó 38—41) e até mesmo sobre a glória que os discípulos de Cristo testemunharam quando o viram no Monte da Transfiguração. Este não é um Deus impotente; Ele é o rei do universo!

Alguns se queixarão de que conceder tal poder a Deus inevitavelmente leva à tirania. O amor e a autoridade não podem ser harmonizados na mesma pessoa. Afinal, não foi Lord Acton quem observou que "o poder tende a corromper, o poder absoluto corrompe absolutamente"? O que Lord Acton disse pode e costuma acontecer quando o poder é dado aos seres humanos. Porém, Deus não é homem para abusar do poder que é seu por direito. O mesmo Deus que é fiel para cumprir suas promessas também é fiel para agir de acordo com seu caráter santo e justo. Não há necessidade de temer o poder nas mãos do rei que se importa!

Outros podem objetar que um Deus que planejou tudo com antecedência deve estar muito entediado com a história. Visto que já planejou e sabe o que vai acontecer, por que se incomodar em encenar o roteiro? Somente quando há incerteza, porque as coisas não estão definidas de antemão, nossa história pode ter algum interesse real para Deus. Porém, certamente não é assim. Por que Deus iria querer passar pela história conosco à medida que vai se desenrolando quando Ele já sabe tudo o que Ele e nós faremos? Pela mesma razão que a pessoa que planeja meticulosamente todos os detalhes de uma reunião de negócios ou um culto ainda quer participar. Pela mesma razão que alguém que conhece todas as falas de todos os atores de uma peça ainda quer experimentar a performance ao vivo. Conhecer intelectualmente o plano do que acontecerá não pode substituir a experiência da ocorrência real de tudo o que está planejado. Como vimos ao fazer distinções sutis do atributo divino da onisciência, há uma diferença entre conhecimento proposicional e conhecimento experiencial. O fato de Deus saber proposicionalmente tudo o que ocorrerá porque Ele predeterminou não pode substituir a experiência do fluir da história à medida que ela passa. Saber que vou procurar a ajuda dele no momento da prova e que Ele responderá não pode substituir o fato de efetivamente me ouvir orar e depois responder à minha necessidade. Não, o "fazer" da história não é tedioso para o rei que planejou cada momento dela.

Ao longo de todo este livro, argumentei que se entendermos a natureza de Deus de uma maneira que o torne um Deus relacional e atencioso, não estaremos automaticamente presos na explicação do processo ou da visão aberta sobre a quantidade de controle que Ele tem em nosso mundo. Tampouco se for rei, Deus tem de ser distante, alheio e indiferente. A representação apropriada de Deus não é como *o* Deus atencioso da "bacia e toalha" *ou* o Deus monarca absoluto. São os dois; é o Rei que se importa!

O que venho insistindo é que nos permitamos ver o perfil bíblico completo de nosso Deus. Quando o fazemos, encontramos um Deus que é o Rei que cuida. Que essa imagem seja vista com toda sua grandeza e majestade! Que Deus seja Deus como se apresenta nas páginas de sua Palavra. Somente quando deixamos Deus ser Ele mesmo é que podemos ter esperança de começar a nos permitir ser o que Ele pretendeu que sejamos. Que Deus seja Deus! Não há ninguém como Ele!

NOTAS

Capítulo 1

1. Bruce Demarest, *The Cross and Salvation: The Doctrine of Salvation,* Foundations of Evangelical Theology (Wheaton, Ill.: Crossway, 1997).

Capítulo 2

1. Citado em John Dietrich, "Thoughts on God", *Relig Hum* 23 (Summer 1989): 110.
2. Anselm, "Proslogium" and "Monologium", em *St. Anselm: Basic Writings,* trad. S. N. Deane (La Salle, Ill.: Open Court, 1968).
3. Paul Tillich, *Systematic Theology,* vol. 1 (Chicago: University of Chicago Press, 1971), p. 211.
4. John Hick, *An Interpretation of Religion* (New Haven, Conn.: Yale University Press, 1989), p. 241-243. Citado e discutido em Harold Netland, *Dissonant Voices* (Grand Rapids, Mich.: Eerdmans, 1991), p. 205-206.
5. Tillich, *Systematic Theology,* p. 212.
6. Cf. a descrição de Netland dos conceitos dessas tradições religiosas da realidade última em *Dissonant Voices,* Caps. 2–3.
7. Aqui percebo que nem todos os teólogos usam esses termos como sinônimos. À medida que a discussão avança, indicarei diferenças onde for adequado. Contudo, para a maior parte usarei termos como "modelo", "metáfora", "imagem" e "tema" para me referir a formas de entender ou conceitualizar o papel de Deus em nosso universo e suas formas de se relacionar com ele.
8. D. Z. Phillips, "Philosophy, Theology and the Reality of God", em William Rowe and William Wainwright, eds., *Philosophy of Religion: Selected Readings* (New York: Harcourt Brace, 3d ed., 1998), p. 300.

9. Ludwig Feuerbach, *The Essence of Christianity*, trad. George Eliot (New York: Harper Torchbooks, 1957), p. 12-13.
10. Ibid., p. 13.
11. Ibid., p. 25. Cf. também Eugen Schoenfeld, "Images of God and Man: An Exploratory Study", *Review of Religious Research* 28 (mar. 1987); e Richard B. Miller, "The Reference of 'God'", *Faith Phil* 3 (jan. 1986): 8-9 para mais discussões da tese de Feuerbach.
12. Alasdair MacIntyre, "Freud, Sigmund", em *Encyclopedia of Philosophy*, vol. 3, Paul Edwards, ed. (New York: Macmillan, 1972): 251.
13. Miller, "Reference of 'God'", p. 9.
14. MacIntyre, "Freud, Sigmund", p. 251. Para um estudo detalhado do impacto do pensamento de Freud sobre teologia e as respostas teológicas a Freud, cf. Peter Homas, *Theology after Freud* (Indianapolis: Bobbs-Merrill, 1970). Para uma análise completa do pensamento de Freud, cf. Paul Ricoeur, *Freud and Philosophy: An Essay on Interpretation*, trad. Denis Savage (New Haven, Conn.: Yale University Press, 1970). Para um exemplo mais contemporâneo de um pensador que vê Deus como uma projeção mental, cf. a obra de Don Cupitt, *The Sea of Faith* (New York: Cambridge University Press, 1988).
15. Cf. a discussão proveitosa de Helmut Hoping sobre a diferença entre Ser e Deus no pensamento de Heidegger: Helmut Hoping, "Understanding the Difference of Being: On the Relationship Between Metaphysics and Theology", *The Thomist* 59 (1995): 208-214. Cf. também o artigo proveitoso de Marjorie Greene sobre Heidegger em "Heidegger, Martin", *Encyclopedia of Philosophy*, vol. 3, Paul Edwards, ed. (New York: Macmillan, 1972).
16. Tillich, *Systematic Theology*, p. 234-236.
17. Ibid., p. 186-189.
18. Ibid., p. 237.
19. Ibid., p. 239.
20. John Macquarrie, *Principles of Christian Theology* (New York: Scribners, 1966), p. 98-102.
21. John Macquarrie, *Studies in Christian Existentialism* (Philadelphia: Westminster, 1965), p. 89, 225; Cf. também Macquarrie, *Principles of Christian Theology*, p. 87, 99, 103-106, 110, 132, 183, 186, 194.
22. Tim Bradshaw, "Macquarrie's Doctrine of God", *Tyndale Bul* 44 (1993): 10.
23. O. C. Thomas, "Being and Some Theologians", *Harvard Theological Review* 70 (1977): 149. Thomas cita Macquarrie, *Principles of Christian Theology*, p. 106.
24. Para os interessados em pesquisar mais a fundo os pontos de vista de Macquarrie, cf. sua obra *God and Secularity* (London: Lutterworth Press, 1968); *Twentieth Century Religious Thought* (London: SCM, 1981); *In Search of Deity* (London: SCM, 1984); e *Thinking about God* (London: SCM, 1975). Os artigos de Bradshaw e Thomas são uma literatura secundária proveitosa sobre os pontos de vista de Macquarrie.
25. Kees W. Bolle, "Animism and Animatism", em Mircea Eliade, ed., *The Encyclopedia of Religion*, vol. 1, (New York: Macmillan, 1987), p. 298.
26. Estou em dívida com Harold Netland (conversa pessoal) por esta questão sobre a relação do animismo com a cultura japonesa etc.
27. Netland, *Dissonant Voices*, p. 42.
28. Ibid., p. 49.
29. Ibid., p. 47-49.
30. Ibid., p. 48.
31. Ibid., p.101.

32. Ibid., p. 100. Cf. também p. 100-103 para mais discussão do *kami* xintoísta.
33. Jean Hyppolite, *Genesis and Structure of Hegel's Phenomenology of Spirit* (Evanston, Ill.: Northwestern University Press, 1974), p. 324.
34. Cf. Hans-Georg Gadamer, *Hegel's Dialectic* (New Haven, Conn.: Yale University Press, 1976), p. 107 para a relação "espírito" e "dialética" em Hegel.
35. Netland, *Dissonant Voices*, p. 200-206. Para aprimoração desses pontos de vista, cf. John Hick, *God Has Many Names* (Philadelphia: Westminster, 1982); (ed.) *Truth and Dialogue in World Religions: Conflicting Truth-Claims* (Philadelphia: Westminster, 1974); e *An Interpretation of Religion*.
36. John Hick, *An Interpretation of Religion*, p. 241-243, conforme citado em Netland, *Dissonant Voices*, p. 205. Gordon Kaufman é outro teólogo contemporâneo que afirmou Deus ser imaterial, embora alegue que não há muito mais que se possa dizer sobre Deus em si. Cf. a obra de Kaufman, *The Theological Imagination: Constructing the Concept of God* (Philadelphia: Westminster, 1981). Kaufman distingue a palavra "Deus" e a realidade *Deus* (p. 21). Baseando-se em Kant, Kaufman explica que a realidade *Deus* não é algo que podemos saber por averiguação; em vez disso, dependemos da "imagem de Deus" ("Deus") que nossa mente constrói (p. 21). Enquanto em seu trabalho anterior ele tenha alegado que a construção teológica é uma combinação da imaginação trabalhando com a revelação divina, nesse livro Kaufman afirma que o conceito de Deus é puramente um produto da construção imaginativa. De fato, Kaufman acredita que isso sempre tenha sido assim, mas mostra que os teólogos deveriam reconhecer isso e continuar a tarefa de construir o conceito de Deus com seus olhos bem abertos para o que estão fazendo. Embora isso soe como se Deus não fosse nada mais do que um conceito, devemos nos lembrar da distinção de Kaufman entre "Deus" e *Deus*. Existe para ele, evidentemente, uma realidade extramental que é Deus, embora estejamos apenas em condições de construir imaginativamente nossas noções do que esse Deus é. Cf. uma revisão e interação proveitosa com Kaufman, de Garrett Green em *Relig Stud Rev* 9 (July 1983): 219-222; e outra de Douglas F. Ottati, p. 222-227 no mesmo periódico.
37. Para um troca interessante das visões de Jantzen e Gaskin, cf. Charles Taliaferro, "The Incorporeality of God", *Mod Theol* 3 (1987); e Grace Jantzen, "Reply to Taliaferro", *Mod Theol* 3 (1987).
38. Cf. Douglas Groothuis, *Unmasking the New Age* (Downers Grove, Ill.: InterVarsity, 1986), p. 18.
39. Para discussão mais aprofundada sobre o panteísmo em suas várias formas, cf. Colin Gunton, "Transcendence, Metaphor, and the Knowability of God", *JTS* 31 (October 1980): 505-507; e Douglas Hedley, "Pantheism, Trinitarian Theism and the Idea of Unity: Reflections on the Christian Concept of God", *Relig Stud* 32 (1996).
40. Para uma descrição dos pontos de vista de Ramanuja e o endosso de algumas de suas ideias enquanto proveitosas ao teísmo cristão, cf. Ninian Smart, "God's Body", *Union Seminary Quarterly Review* 37 (Fall/Winter 1981–1982).
41. Sallie McFague, *Models of God: Theology for an Ecological, Nuclear Age* (Philadelphia: Fortress, 1987), p. xii, 61, 97.
42. Sallie McFague, "Response", *Religion & Intellectual Life* 5 (Spring 1988): 40. Essa resposta foi dada a outros trabalhos, em um simpósio, publicados na mesma edição de *Religion & Intellectual Life* as follows: Mary Jo Weaver, "A Discussion of Sallie McFague's *Models of God: Theology for an Ecological, Nuclear Age*: Introduction"; Gordon D. Kaufman,

"*Models of God:* Is Metaphor Enough?"; Rosemary R. Ruether, "*Models of God:* Exploding the Foundations"; David Tracy, "*Models of God:* Three Observations"; and James Hart, "*Models of God:* Evangel-logic."
43. Graham Ward, "Introduction, or, A Guide to Theological Thinking in Cyberspace", in Graham Ward, ed., *The Postmodern God: A Theological Reader* (Malden, Mass.: Blackwell Publishers, 1997), p. xxviii-xxx.
44. Jean-Luc Marion, *God without Being* (Chicago: University of Chicago Press, 1991), p. xxiii.
45. Ibid., p. xxi-xxiv.
46. Ian T. Ramsey, *Models and Mystery* (London: Oxford University Press, 1964), p. 15-17. A taxonomia de Ramsey é adotada e aprimorada por Ruth Ann Haunz, "Development of Some Models of God and Suggested Relationships to James Fowler's Stages of Faith Development", *Religious Education* 73 (nov-dez 1978). Haunz usa "modelo" do mesmo modo que uso "imagem", "tema" e "metáfora".
47. McFague, *Models of God,* cap. 5.
48. Cf. Haunz, "Development of Some Models of God", p. 643-645 para o esboço geral dessas três principais categorias de imagens de Deus. Adotei esse esquema e o expandi e aprofundei.
49. Cf. a discussão proveitosa de Millard Erickson sobre imanência divina em sua obra *Christian Theology,* vol. 1 (Grand Rapids, Mich.: Baker, 1983), p. 302-312.
50. Ibid., p. 312-313. Nas p. 313-319 Erickson descreve uma série de sistemas que enfatizam a transcendência divina.
51. Em um comentário sobre um esboço anterior deste capítulo, Kevin Vanhoozer escreve que "muitos estudiosos de Barth negam agora que seu pensamento maduro seja 'neo-ortodoxo.' É bastante claro que Barth rompeu com outros (Ex.: Brunner, Gogarten) que são portadores mais apropriados desse epíteto. A questão séria por trás da nomenclatura é que Barth se afasta do paradoxo (mas não dá dialética) em direção à analogia: a analogia da fé".
52. Karl Barth, *Church Dogmatics,* vol. 1, part 1 (Edinburgh: T. & T. Clark, 1960), p. 368-372. Cf. também Søren Kierkegaard, *Philosophical Fragments* e *Concluding Unscientific Postscript* para pontos de vista semelhantes sobre Cristo como Paradoxo Absoluto e como o que nos revela Deus no momento do conflito.
53. Os modelos que apresentarei não são os únicos possíveis, mas são os que mais interferem no pensamento e interesse evangélicos em nossos dias. Por exemplo, em uma nota pessoal, Kevin Vanhoozer escreve que "assim como a visão 'da abertura' caracteriza a visão clássica, eu acho que há uma visão do 'panenteísmo trinitário' que busca caracterizar a visão do processo [...]. Pode haver também um modelo 'pós-moderno' que busca conceber a relação Deus/mundo diferente da categoria de ser". Quanto a esse último ponto, já o mencionamos como uma quarta categoria na taxonomia apresentada para responder as perguntas sobre a realidade de Deus.
54. John Sanders, "Historical Considerations", em Clark Pinnock, Richard Rice, John Sanders, William Hasker, e David Basinger, *The Openness of God* (Downers Grove, Ill.: InterVarsity, 1994), p. 69ss. Para maior aprimoração das várias influências gregas e subsequentes desdobramentos na teologia cristã, cf. o lembrete do capítulo de Sanders. Cf. também Georg Picht, "The God of the Philosophers", *Journal of the American Academy of Religion* 48 (1980): 72-78; Henry Jansen, "Moltmann's View of God's (Im)mutability: The God of the Philosophers and the God of the Bible", *Neue Zeitschrift für Systematische Theologie und Religionsphilosophie* 36 (1994); e William J. Hill, "The Historicity of God", *Theol Stud* 45 (1984).

55. É claro, pode-se predicar uma infinidade acerca de alguns atributos, mas não parecem ser aplicáveis a outros. Por exemplo, se aplica à eternidade, mas não à asseidade ou simplicidade.
56. Ronald Nash, *The Concept of God* (Grand Rapids, Mich.: Zondervan, 1983), p. 19-22.
57. William Alston, "Hartshorne and Aquinas: A Via Media", em William P. Alston, *Divine Nature and Human Language: Essays in Philosophical Theology* (Ithaca, N.Y.: Cornell University Press, 1989).
58. Ibid., p. 123.
59. Ibid., p. 124.
60. Nash, *Concept of God,* p. 20.
61. Ibid., p. 21-22; e Alston, "Hartshorne and Aquinas", p. 123.
62. Anselmo, "Proslogium", cap. 8, p. 13-14. Charles Hartshorne, *The Divine Relativity* (New Haven, Conn.: Yale University Press, 1948), p. 54, cita essa passagem de Anselmo.
63. Nash, *Concept of God,* p. 21. É claro, há uma questão importante quanto a qual linguagem acerca de Deus é antropomórfica e qual é literal. Pretendo abordar essa questão quando discutir o ser e os atributos de Deus (parte 2 do livro) e seu controle providencial sobre o mundo (parte 3).
64. Leibniz argumentou que Deus teve de criar um mundo e que teve de ser o melhor. Porém, isso certamente não tem sido a opinião predominante na tradição cristã.
65. Alston, "Hartshorne and Aquinas", p. 123.
66. Ibid., p. 124.
67. Ibid., p. 123.
68. Cf. William Hill, "Historicity of God", p. 325-327, para uma discussão interessante sobre a eternidade temporal do Deus do processo.
69. Alston, "Hartshorne and Aquinas", p. 123.
70. Cf. Haunz ("Development of Some Models of God"); e McFague (*Models of God*) para pontos de vista feministas que têm uma opinião positiva em relação ao Deus do processo. Cf. também o pós-modernismo revisionista de David Griffin em David Griffin, William Beardslee e Joe Holland, *Varieties of Postmodern Theology* (Albany, N.Y.: State University of New York Press, 1989) para outro exemplo do teísmo do processo de Whitehead aplicado em uso contemporâneo.
71. Clark Pinnock, Richard Rice, John Sanders, William Hasker e David Basinger, "Preface", em Pinnock, et al., *Openness of God,* p. 9.
72. Ibid., p. 8-9.
73. Richard Rice, "Biblical Support for a New Perspective", em ibid., p. 15.
74. Ibid.
75. Ibid., p. 23.
76. Ibid., p. 27-33.
77. Ibid., p. 45.
78. Ibid., p. 22-25.
79. Ibid., p. 40-42.
80. Ibid., p. 43-45.
81. William Hasker, "A Philosophical Perspective" em ibid., p. 136-137.
82. David Basinger, "Practical Implications", em ibid., p. 159, 170.
83. Essa é, p. ex., a conclusão a que John Sanders chega após sua longa pesquisa de documentos do AT que ele crê respaldar a visão aberta de Deus. Cf. John Sanders, *The God Who Risks* (Downers Grove, Ill.: InterVarsity, 1998), p. 88-89.

84. Cf., p. ex., David Basinger, "Can an Evangelical Christian Justifiably Deny God's Exhaustive Knowledge of the Future?" *CSR* 25 (December 1995): 133-134.
85. Sanders, *God Who Risks*, p. 230-235.
86. Rice, "Biblical Support for a New Perspective", p. 51.
87. Ibid.
88. Ibid.
89. Ibid.
90. Basinger, "Practical Implications", p. 156-162.
91. Hasker, "Philosophical Perspective", p. 152. Essa posição será imediatamente reconhecida como a defesa do livre-arbítrio.
92. Ibid., p. 140 e 152.
93. Para outro modelo que propõe um ponto de equilíbrio entre os dois extremos, cf. a proposta de William Alston em sua obra "Aquinas and Hartshorne: A Via Media." Alston também defende o livre-arbítrio libertário, mas não vai exatamente na mesma direção da visão aberta.
94. Para uma discussão mais completa sobre teonomia, racionalismo leibniziano e racionalismo modificado e sua relação com o problema do mal, cf. minha obra *The Many Faces of Evil* (Grand Rapids, Mich.: Zondervan, 1994), caps. 1–4. Cf. também o último capítulo deste livro.
95. Para uma discussão interessante dessa questão, cf. Richard B. Miller, "Reference of 'God'"; e Ronald Marshall, "In Between Ayer and Adler: God in Contemporary Philosophy", *Word & World* 2 (1982): 72-73.
96. Cf. o simpósio chamado "Theology and Falsification", em Anthony Flew e Alasdair McIntyre, eds., *New Essays in Philosophical Theology* (New York: Macmillan, 1973). Ainda, a obra dos positivistas lógicos oferece mais perspectivas sobre esse tópico. Cf. também a filosofia posterior de Wittgenstein, especialmente sua obra *Lectures and Conversations on Aesthetics, Psychology and Religious Belief* (Berkeley: University of California Press, 1966). Também é digna de nota a obra de R. B. Braithwaite "An Empiricist's View of the Nature of Religious Belief", em Basil Mitchell, ed., *The Philosophy of Religion* (Oxford: Oxford University Press, 1971); D. Z. Phillips, "The Friends of Cleanthes", *Mod Theol* 1 (January 1985); e "The Friends of Cleanthes: A Correction", *Mod Theol* 3 (1987).
97. Baruch Brody, "Part Introduction and Bibliographical Notes" (on God's Attributes) em Baruch Brody, ed., *Readings in the Philosophy of Religion: An Analytic Approach* (2 ed.) (Englewood Cliffs, N.J.: Prentice-Hall, 1992), p. 330.
98. William Alston, "Can We Speak Literally of God?" em Axel D. Steuer e James McClendon, Jr., eds., *Is God God?* (Nashville: Abingdon, 1981), p. 147, conforme citado em Michael P. Levine, "Can We Speak Literally of God?" *Relig Stud* 21 (1985): 54.
99. Alston escreve: "Trata-se mais da questão se tal afirmação da verdade pode ser bem-sucedida [...] o que está sendo negado é que qualquer termo predicado, usado literalmente, pode ser *verdadeiramente aplicado* a Deus, ou, como poderíamos dizer, que qualquer predicado é *literalmente verdadeiro* acerca de Deus." Alston, "Can We Speak Literally of God?", p. 147, citado em Levine, "Can We Speak Literally of God?", p. 53.
100. John Whittaker, "Literal and Figurative Language of God", *Relig Stud* 17 (1981): 39. Cf. também Levine, "Can We Speak Literally of God?" p. 56-57.
101. Netland, *Dissonant Voices*, p. 133-137.
102. Ibid., p. 138-141.
103. Ibid., p. 138.

104. Ibid. Cf. também Michael Durrant, "The Meaning of 'God'— I", em Martin Warner, ed. *Religion and Philosophy*, Royal Institute of Philosophy Supplement 31 (Cambridge: Cambridge University Press, 1992), p. 74-75, para uma crítica mais aprofundada da tese de inefabilidade, que também afirma que se trata de algo contraproducente.
105. Cf. Maimonides, "Negative Predication", em Brody, ed., *Readings in the Philosophy of Religion*, p. 338.
106. A. H. Armstrong, "On Not Knowing Too Much about God", em Godfrey Vesey, *The Philosophy in Christianity* (Cambridge: Cambridge University Press, 1989), p. 134-140.
107. Cf., p. ex., Wentzel van Huysteen, *Theology and the Justification of Faith* (Grand Rapids, Mich.: Eerdmans, 1989); e Sallie McFague, *Models of God*. Também o simpósio sobre o livro de McFague em *Religion & Intellectual Life* 5 (Spring 1988) parece concordar com essa avaliação. Cf. também Elizabeth Johnson, *She Who Is: The Mystery of God in Feminist Theological Discourse* (New York: Crossroad, 1993).
108. Defendi essa ideia com certo detalhe em uma análise do livro de Huysteen. Cf. John Feinberg, "Rationality, Objectivity, and Doing Theology: Review and Critique of Wentzel van Huysteen's *Theology and the Justification of Faith*", *Trin J* 10NS (Fall 1989): 161-184. Cf. também John H. Whittaker, "Literal and Figurative Language of God", p. 39-40; e William P. Alston, "Being-Itself and Talk about God", *Center Journal* 3 (Summer 1984) que também defende essa ideia de modo muito convincente.
109. Tomás de Aquino, "Analogical Predication", em Baruch Brody, ed., *Readings in the Philosophy of Religion*, p. 345.
110. Ibid., p. 346.
111. Ibid.
112. William Alston, "Functionalism and Theological Language", em Brody, ed., *Readings in the Philosophy of Religion*. Cf. também outros artigos úteis de Alston sobre a linguagem teológica em sua obra *Divine Nature and Human Language: Essays in Philosophical Theology* (Ithaca, N.Y.: Cornell University Press, 1989), caps. 1–2, 4-5.
113. Alston, "Functionalism and Theological Language", p. 348.
114. Ibid., p. 349.
115. Ibid.
116. Ibid.
117. Ibid., p. 350.
118. Ibid., p. 353 (Cf. também p. 350).
119. Ibid., p. 351.
120. Ibid., p. 354.
121. Ibid., p. 355.
122. Ibid., p. 361.

Capítulo 3

1. Qualquer pessoa que não esteja convencida disso em relação à teologia cristã evangélica histórica precisa apenas ler a obra de Diogenes Allen, *Philosophy for Understanding Theology* (Atlanta: John Knox, 1985) para se dissuadir dessa ideia.
2. William Beardslee, "Christ in the Postmodern Age: Reflections Inspired by Jean-François Lyotard", em David Griffin, William Beardslee e Joe Holland, *Varieties of Postmodern Theology* (Albany, N.Y.: State University of New York Press, 1989), p. 63.

3. Jürgen Habermas, "Modernity — an Incomplete Project", em Hal Foster, *Postmodern Culture* (London and Sydney: Pluto, 1985), p. 9.
4. Langdon Gilkey, *Naming the Whirlwind: The Renewal of God-Language* (Indianapolis: Bobbs-Merrill, 1969), p. 32-34, 40, 48, 53, 57-58.
5. Nancey Murphy e James W. McClendon, Jr., "Distinguishing Modern and Postmodern Theologies", *Mod Theol* 5 (abr. 1989): 192-199. Cf. também Nancey Murphy, "Philosophical Resources for Postmodern Evangelical Theology", *CSR* 26 (Winter 1996).
6. Charles Davis, "Our Modern Identity: The Formation of the Self", *Mod Theol* 6 (January 1990): 165.
7. Immanuel Kant, *Critique of Pure Reason*, trad. Norman Kemp Smith (New York: St. Martin's, 1965), p. 257-275.
8. Ibid., p. 41.
9. Cf. Alvin Plantinga, "Reason and Belief in God", em Alvin Plantinga e Nicholas Wolterstorff, eds., *Faith and Rationality* (Notre Dame, Ind.: University of Notre Dame Press, 1984), p. 24-34. Cf. também Kelly James Clark, *Return to Reason* (Grand Rapids, Mich.: Eerdmans, 1990), p. 5.
10. Cf. Plantinga, "Reason and Belief in God", p. 55-59; e Clark, *Return to Reason*, p. 134-135.
11. David Griffin, "Postmodern Theology as Liberation Theology: A Response to Harvey Cox", em Griffin, Beardslee e Holland, *Varieties of Postmodern Theology*, p. 85.
12. A metafísica inclui tradicionalmente tópicos como Deus, liberdade e imortalidade, mas nenhum deles é objeto do sentido, então, segundo a classificação de Kant, eles seriam todos noúmenos e, portanto, não seriam objetos do conhecimento.
13. Murphy e McClendon, "Distinguishing Modern and Postmodern Theologies", p. 193. Cf. também A. J. Ayer, *Language, Truth and Logic* (New York: Dover, Prentice-Hall, 1964), cap. 1 e 6.
14. Cf. Ludwig Wittgenstein, *Tractatus Logico-Philosophicus* (London: Routledge & Kegan Paul, 1971), 5.6, p. 149; 7, p. 189; e 6.522, p. 187.
15. Para alguns, proposição é aquilo a que a sentença se refere. Portanto, nessa ontologia existe entre a linguagem e o mundo a proposição que liga os dois. Mesmo que uma sentença não seja uma afirmação, ainda assim é acerca de alguma ideia proposicional e é possível ver o que a sentença diz sobre a proposição e ver se a proposição equivale às coisas em nosso mundo.
16. Murphy e McClendon ("Distinguishing Modern and Postmodern Theologies", p. 194) chamam tais teorias de expressivista ou emotivistas. Cf. a discussão deles na íntegra (p. 193-196) acerca das várias teorias da linguagem usadas pelos modernos. Cf. também Murphy, "Philosophical Resources for Postmodern Evangelical Theology", p. 188-190.
17. Cf., p. ex., R. B. Braithwaite, "An Empiricist's View of the Nature of Religious Belief", em Basil Mitchell, ed., *The Philosophy of Religion* (Oxford: Oxford University Press, 1971), p. 7980.
18. Griffin, "Postmodern Theology as Liberation Theology", p. 85-86.
19. Ibid.
20. Ibid.
21. Joe Holland, "The Postmodern Paradigm and Contemporary Catholicism", em Griffin, Beardslee e Holland, *Varieties of Postmodern Theology*, p. 15 e também p. 12. Cf. também William Edgar, "No News Is Good News: Modernity, The Postmodern, and Apologetics", *WTJ* 57 (1995): 364.

22. David Tracy, "Theology and the Many Faces of Postmodernity", *Theol Today* 51 (abr. 1994): 104.
23. Murphy, "Philosophical Resources for Postmodern Evangelical Theology", p. 190.
24. Holland, "Postmodern Paradigm", p. 11.
25. Tracy, "Theology and the Many Faces of Postmodernity", p. 105.
26. Holland, "Postmodern Paradigm", p. 10.
27. Tracy, "Theology and the Many Faces of Postmodernity", p. 105.
28. Cf., p. ex., Michael Denton, *Evolution: A Theory in Crisis* (Bethesda, Md.: Adler & Adler, 1985); e Phillip Johnson, *Darwin on Trial* (Downers Grove, Ill.: InterVarsity, 1991).
29. Holland, "Postmodern Paradigm", p. 12.
30. Griffin, "Postmodern Theology as Liberation Theology", p. 86.
31. Cf., p. ex., a proveitosa discussão de temas pós-modernos em arte, arquitetura, literatura, e mais amplamente em cultura popular em Todd Gitlin, "The Postmodern Predicament", *The Wilson Quarterly* 13 (Summer 1989).
32. David Griffin, "Introduction to SUNY Series in Constructive Postmodern Thought", em Griffin, Beardslee, e Holland, *Varieties of Postmodern Theology*, p. xii.
33. Clive Marsh, "Postmodernism: What Is It, and Does It Matter?" *Epworth Review* 21 (1994): 4445. Marsh considera muito proveitoso o resumo de James Miller na obra deste, "The Emerging Postmodern World", em F. B. Burnham, ed., *Postmodern Theology* (San Francisco: Harper, 1989).
34. Para um resumo muito proveitoso do pós-modernismo e o Deus pós-moderno, cf. Graham Ward, "Introduction, or, A Guide to Theological Thinking in Cyberspace", em Graham Ward, ed., *The Postmodern God* (Malden, Mass.: Blackwell, 1997).
35. Michel Foucault, *The Order of Things: An Archaeology of the Human Sciences* (New York: Vintage, 1973), p. xxiii.
36. Davis, "Our Modern Identity", p. 164. Para maior confirmação dessa interpretação de Foucault, cf. James M. Byrne, "Foucault on Continuity: The Postmodern Challenge to Tradition", *Faith Phil* 9 (July 1992): 335-336.
37. Em um artigo interessante, Wentzel van Huysteen pergunta se os pós-modernos são pós-fundacionistas. A ideia geral do artigo é que os pós-modernos deveriam ser pós-fundacionistas, mas isso não significa que todos sejam. Van Huysteen oferece mais exemplos de teólogos que alegam ser pós-modernos, mas ainda se agarram a alguma forma de fundacionalismo. Cf. J. Wentzel van Huysteen, "Is the Postmodernist Always a Postfoundationalist? Nancey Murphy's Lakatosian Model for Theology", em J. Wentzel van Huysteen, *Essays in Postfoundationalist Theology* (Grand Rapids, Mich.: Eerdmans, 1997).
38. Thomas Kuhn, *The Structure of Scientific Revolutions*, 2 ed. (Chicago: University of Chicago Press, 1970). Cf. caps. 3-4 e especialmente o cap. 5, em que Kuhn discute o papel dos paradigmas científicos na obra do cientista.
39. Ibid., caps. 7–10.
40. Recordo-me bem, durante os estudos de doutorado em filosofia na Universidade de Chicago, no inicio dos anos 1970, de estar sentado nas aulas e ouvir os professores criticarem a obra de Kuhn, apontando suas muitas falhas. Ao ouvir objeções tão claras, presume-se que outras pessoas verão os mesmos problemas e a rejeitarão. Porém, para minha surpresa e consternação, após uma década do término do meu doutorado, eu poderia dizer que essa visão foi considerada "ortodoxa" por um grande segmento da comunidade filosófica.
41. Richard Rorty, *Philosophy and the Mirror of Nature* (Princeton: Princeton University Press, 1979), p. 12.

42. W. V. O. Quine, "Two Dogmas of Empiricism", citado em Murphy e McClendon, "Distinguishing Modern and Postmodern Theologies", p. 200. Esse ensaio está antologizado em W. V. O. Quine, *From a Logical Point of View: Logico-Philosophical Essays* (New York: Harper Torchbooks, 1963).
43. Cf. meu artigo sobre teorias da verdade para explicações mais aprofundadas dessas várias teorias da verdade: "Truth: Relationship of Theories of Truth to Hermeneutics", em Earl Radmacher and Robert Preus, eds., *Hermeneutics, Inerrancy, and The Bible* (Grand Rapids, Mich.: Zondervan, 1984).
44. Cf. a discussão interessante sobre verdade entre Richard Rorty, Alvin Plantinga e Nicholas Wolterstorff. Em *Philosophy and the Mirror of Nature*, Rorty, ao rejeitar o fundacionalismo e a noção de correspondência da verdade, disse, ao definir verdade, que esta "é o que seus pares o permitirão criar". Plantinga o repreende por isso. Rorty responde: "Eu não acho que você consegue definir 'verdade', seja como aquilo que seus pares o permitem criar ou como correspondência com a natureza intrínseca da realidade, ou qualquer outra coisa. 'Verdadeiro', como a palavra 'bom', é um predicado primitivo, um termo transcendental que não se presta à definição." Cf. a p. 180 em Stephen Louthan, "On Religion—A Discussion with Richard Rorty, Alvin Plantinga, and Nicholas Wolterstorff", *CSR* 26 (inverno de 1996). Isso não ajuda muito, porém sugere por que a porta está tão aberta para o pragmatismo, e Plantinga continua a repreender Rorty, à luz de sua retração, por dizer que "verdade é aquilo que seus colegas deixarão você fazer" (p. 180).
45. Lyotard, conforme citado em Edgar, "No News is Good News", p. 373-374. Huston Smith afirma que entre os pós-modernos há três versões de como ver as narrativas. O que ele chama de pós-modernismo *mínimo* alega que hoje não existe cosmovisão aceita. O pós-modernismo da *linha principal* argumenta que nunca mais teremos uma metanarrativa impositiva, pois agora que entendemos como a mente funciona, reconhecemos a impossibilidade de uma cosmovisão universal precisa. Por último, o pós-modernismo *hardcore* não apenas concorda com a posição da linha principal, mas adiciona que é um "alívio" que as cosmovisões se foram, pois elas absolutizam e, ao fazê-lo, oprimem e marginalizam as minorias que não se enquadram nas estruturas dominantes que a cosmovisão estabelece. Em contraste, Smith argumenta que as cosmovisões são algo de que precisamos, que é possível formar cosmovisões válidas, e que já existem nas grandes tradições religiosas perenes do mundo. Cf. Huston Smith, "The Religious Significance of Postmodernism: A Rejoinder", *Faith Phil* 12 (jul. 1995).
46. Diogenes Allen, "Christianity and the Creed of Postmodernism", *CSR* 23 (1993): 118-119.
47. Ibid., p. 119.
48. Ludwig Wittgenstein, *Philosophical Investigations* (New York: Macmillan, 1968), seção 43, p. 20e.
49. Ibid., seção 23, p. 11e-12e.
50. Para discussões proveitosas e mais aprofundadas da epistemologia pós-moderna, cf. Allen, "Christianity and the Creed of Postmodernism"; Gary Percesepe, "The Unbearable Lightness of Being Postmodern", *CSR* 20 (set. 1990); e Kevin Vanhoozer e Andrew Kirk, eds. *To Stake a Claim: Mission and the Western Crisis of Knowledge* (Maryknoll, N.Y.: Orbis, 1999). Para uma abordagem excelente e extensiva das questões hermenêuticas associadas ao pós-modernismo, especialmente em relação a interpretar textos literários, inclusive as Escrituras, cf. Kevin J. Vanhoozer's, *Is There a Meaning in the Text?* (Grand Rapids, Mich.: Zondervan, 1998).

51. Murphy, "Philosophical Resources for Postmodern Evangelical Theology", p. 193.
52. Cf. a proveitosa discussão de Clive Marsh sobre a evolução e a relativização no pensamento pós-moderno, bem como sua relação com as teologias pós-modernas em "Postmodernism: What Is It, and Does It Matter?" p. 45-49.
53. Cf., p. ex., John W. Montgomery para este fim de argumentar a favor do miraculoso (John W. Montgomery, *Where Is History Going?* [Minneapolis: Bethany Fellowship, 1969], p. 71).
54. David Griffin, "Postmodern Theology and A/Theology: A Response to Mark C. Taylor", em Griffin, Beardslee e Holland, *Varieties of Postmodern Theology*, p. 45ss.
55. Ronald J. Allen, "As the Wordviews Turn: Six Key Issues for Preaching in a Postmodern Ethos", *Encounter* 57 (Winter 1996): 33.
56. Cf. a excelente discussão de Emil Fackenheim sobre a relação da religião com a filosofia de Hegel em sua obra *The Religious Dimension in Hegel's Thought* (Boston: Beacon, 1967), cap. 5.
57. G. W. F. Hegel, *The Phenomenology of Spirit* (New York: Harper & Row, 1967), p. 251-267.
58. Fackenheim, *The Religious Dimension in Hegel's Thought*, p. 120-149. Fackenheim cita várias passagens de *Philosophy of Religion*, de Hegel, e outras obras.
59. Leitores interessados também podem querer investigar o conceito de Trindade de Hegel. Ele defendeu o que chamava de Trindade dupla. Cf. Fackenheim, *The Religious Dimension in Hegel's Thought*, p. 149-159 para a explicação dessa ideia.
60. Richard R. Niebuhr, "Schleiermacher, Friedrich Daniel Ernst", *Encyclopedia of Philosophy* vol. 7 (New York: Macmillan, 1972), p. 318.
61. Ibid.
62. Ibid.
63. Ibid. Para uma discussão mais aprofundada da teologia de Schleiermacher, cf. Eugene F. Klug, "The Roots of Theological Liberalism", *Concordia Theological Quarterly* 44 (1980): 220-221.
64. Gilkey, *Naming the Whirlwind*, p. 74-75.
65. Ibid., p. 75.
66. Ibid.
67. Ibid.
68. Ibid., p. 76.
69. Ibid., p. 76-77. Para discussões proveitosas mais aprofundadas sobre a teologia liberal, cf. Eugene Klug, "Roots of Theological Liberalism"; Gerald Parsons, "Reforming the Tradition: A Forgotten Dimension of Liberal Protestantism", *Religion* 13 (1983): 257-271; Curtis W. Reese, "The Content of Religious Liberalism", *Relig Hum* 25 (Summer 1991): 140-144; e Bernard Ramm, "The Fortunes of Theology from Schleiermacher to Barth and Bultmann", em Stan Gundry e Alan Johnson, eds. *Tensions in Contemporary Theology* (Chicago: Moody, 1976), especialmente as p. 31-32 sobre a doutrina da teologia liberal de Deus.
70. A tolerância e o respeito por todas as pessoas e opiniões também é uma marca da pós-modernidade, mas por razões um tanto diferentes. A ênfase na liberdade individual é parte da ideia, mas uma razão maior para a tolerância pós-moderna é a crença de que ninguém tem a narrativa grandiosa que diz a todos nós quem está certo e quem está errado. Visto que todos nós somos produtos de nosso tempo e cultura e não estamos em posição de conhecer a verdade absoluta, e visto que o mundo se tornou mais populoso e povos e culturas têm contato muito mais próximo entre si do que nos séculos anteriores, se quisermos evitar guerras constantes sobre crenças que fragmentariam as sociedades, a tolerância de todos os pontos de vista é a única opção sã.

71. Søren Kierkegaard, *Philosophical Fragments* (Princeton: Princeton University Press, 1971), cap. 1.
72. Søren Kierkegaard, *Concluding Unscientific Postscript* (Princeton: Princeton University Press, 1971), p. 86-88.
73. Kierkegaard, *Fragments*, p. 16-22.
74. Søren Kierkegaard, *Fear and Trembling* (Princeton: Princeton University Press, 1970), p. 46-57.
75. Kierkegaard, *Postscript*, cap. 1, cf. especialmente as seções 1 e 3.
76. Ramm, "Fortunes of Theology", p. 36.
77. Karl Barth, *Church Dogmatics*, vol. 1, parte 1 (Edinburgh: T. & T. Clark, 1960), p. 98-137.
78. Ibid., p. 368.
79. Ibid., p. 363.
80. Ibid., p. 369.
81. Ibid.
82. Estou em dívida com Kevin Vanhoozer por essas distinções entre o pensamento anterior e posterior de Barth.
83. Paul Tillich, *Systematic Theology*, vol. 1 (Chicago: University of Chicago Press, 1971), p. 62-64.
84. Ibid., p. 163.
85. Ibid., p. 211ss.
86. Ibid., p. 235-239.
87. Paul Tillich, *Systematic Theology*, vol. 2, p. 118-119.
88. Ibid., p. 118-135.
89. Moritz Schlick, "Meaning and Verification", em H. Feigel e W. Sellars, eds., *Readings in Philosophical Analysis* (New York: Appleton-Century-Crofts, 1949), p. 148.
90. Friedrich Nietzsche, *The Gay Science* (New York: Vintage, 1974), tomo 3, seção 125, p. 180.
91. William Hamilton e Thomas J. J. Altizer, *Radical Theology and the Death of God* (Indianapolis: Bobbs-Merrill, 1966), p. 24-25.
92. Thomas J. J. Altizer, *The Gospel of Christian Atheism* (Philadelphia: Westminster, 1966), p. 15.
93. Ibid., p. 16.
94. Ibid., p. 16-17.
95. Altizer cita a obra *The Antichrist* de Nietzsche para defender sua ideia (ibid., pp 21-22).
96. Ibid., p. 40-41.
97. Ibid., p. 43-44.
98. Por exemplo, p. 51, 52 (meio), 67, 68-69.
99. Cf. p. 67, primeiro parágrafo completo. Cf. também p. 68 (último parágrafo), 69.
100. Cf. p. 71-72.
101. Ibid., p. 73-74.
102. Ibid., p. 103-104.
103. George Lindbeck, *The Nature of Doctrine: Religion and Theology in a Postliberal Age* (Philadelphia: Westminster, 1984), p. 16.
104. Ibid., p. 17-18.
105. Ibid., p. 33.
106. Ibid., p. 47-48.

107. Ibid., p. 64.
108. Ibid., p. 65.
109. Ibid.
110. Ibid., p. 67.
111. Ibid., p. 51.
112. Para uma discussão mais aprofundada do livro de Lindbeck, cf. Murphy, "Philosophical Resources for Postmodern Evangelical Theology", p. 197-199; Murphy e McClendon, "Distinguishing Modern and Postmodern Theologies", p. 205-207; e as resenhas individuais de Bradford E. Hinze e George P. Schner do livro de Lindbeck em *Relig Stud Rev* 21 (out. 1995): 299-304 e 304-310, respectivamente.
113. Jürgen Moltmann, *Theology of Hope* (New York: Harper & Row), p. 25-26.
114. Ibid., p. 143.
115. Carl Braaten, *The Future of God* (New York: Harper & Row, 1969), p. 69.
116. Ibid., p. 73. See also p. 66-71 on Jesus and the power of the future. See also Moltmann, Theology of Hope, p. 194, para uma interpretação semelhante do significado de ressurreição.
117. Moltmann, *Theology of Hope*, p. 21. Cf. também p. 327-330.
118. Ibid., p. 335.
119. Harvey Cox conforme citado em David Griffin, "Postmodern Theology as Liberation Theology", p. 83-84.
120. Para uma excelente descrição e discussão da Teologia do povo, cf. Peter Beyerhaus, *God's Kingdom and the Utopian Error* (Wheaton, Ill.: Crossway, 1992), cap. 6.
121. Gustavo Gutiérrez, *A Theology of Liberation* (Maryknoll, N.Y.: Orbis, 1973).
122. Ibid., p. 1-11.
123. Ibid., p. 33-37.
124. Ibid., p. 195.
125. Ibid., p. 197-202.
126. Ralph Moellering, "North American Responses to Liberation Theology", *Currents in Theology and Mission* 7 (1980): 224. Uma pequena amostragem de outras obras sobre a Teologia da libertação inclui Juan Luis Segundo, *The Liberation of Theology* (Maryknoll, N.Y.: Orbis, 1976); J. Andrew Kirk, *Liberation Theology: An Evangelical View From the Third World* (Atlanta: John Knox, 1979); David R. Griffin, "North Atlantic and Latin American Liberation Theologians", *Encounter* 40 (1979); e Tom Hanks, "Liberation Theology after 25 Years: Passe or Mainstream?" *Anvil* 10 (1993).
127. Mary Catherine Hilkert, "Feminist Theology: A Review of Literature", *Theol Stud* 56 (1995): 328.
128. Cf., p. ex., as tentativas proveitosas de Anne Carr de demonstrar que é possível permanecer dentro do Cristianismo e ser uma feminista por meio da reforma da tradição. Anne Carr, "Is a Christian Feminist Theology Possible?" *Theol Stud* 43 (June 1982).
129. Cf. Elizabeth A. Johnson, *She Who Is: The Mystery of God in Feminist Theological Discourse* (New York: Crossroad, 1993), p. 10ss para a distinção entre os dois tipos de teologias feministas, e sua identificação de sua teologia como reformista.
130. Poderia ser útil listar alguns dos muitos livros e artigos que explicam a teologia feminista de uma forma ou outra. Um dos livros mais importantes é o de Elisabeth Schüssler Fiorenza, *In Memory of Her: A Feminist Theological Reconstruction of Christian Origins* (New York: Crossroad, 1992). Cf. também Sallie McFague, *Models of God: Theology for*

an Ecological, Nuclear Age (Philadelphia: Fortress, 1987); e o simpósio sobre seu livro em *Religion & Intellectual Life* 5 (primavera de 1988) de Gordon Kaufman, Rosemary Ruether, David Tracy, James G. Hart e McFague.

Para panoramas gerais da teologia feminista em suas várias formas, cf. Rosemary Radford Ruether, "The Feminist Critique in Religious Studies", *Soundings* 64 (1981); Deane W. Ferm, "Feminist Theology in America", *SJT* 34 (1981); Betty Talbert-Wettler, "Secular Feminist Religious Metaphor and Christianity", *JETS* 38 (mar. 1995); Letha D. Scanzoni, "Reflections on Two Decades of Christian Feminism", *Daughters of Sarah* 20 (Fall 1994); e Carolyn Sharp, "The Emergence of Francophone Feminist Theology", *Studies in Religion* 25 (1996).

Para uma obra que discute a teologia feminista à luz da taxonomia triplicada de religiões descritas na obra de George Lindbeck, *The Nature of Doctrine*, cf. Linell E. Cady, "Theories of Religion in Feminist Theologies", *American Journal of Theology & Philosophy* 13 (September 1992).

Para literatura que discute a teologia feminista em relação à teologia do processo, cf. Nancy Frankenberry, "Classical Theism, Panentheism, and Pantheism: On the Relation Between God Construction and Gender Construction", *Zygon* 28 (March 1993); Timothy Liau, "Biblical Concept of God in Light of Feminist and Process Critiques", *Taiwan Journal of Theology* 14 (March 1992); e um grupo de artigos em uma edição de *Process Studies* concentrando-se em uma mescla de temas feministas e do processo e questões conforme seguem: Nancy R. Howell, "Feminism and Process Thought"; Kathlyn A. Breazeale, "Don't Blame It on the Seeds: Toward a Feminist Process Understanding of Anthropology, Sin, and Sexuality"; Ann Pederson, "Forensic Justification: A Process Feminist Critique and Construction"; e Heather Ann Ackley Bean, "Eating God: Beyond a Cannibalizing Christology"; tudo isso apareceu em *Process Stud* 22 (verão de 1993). Cf. também uma edição especial do periódico *Pacifica* 10 (jun. 1997), cujo tema geral é: "Feminist Theology: The Next Stage", ed. Dorothy Lee and Muriel Porter. Os artigos incluem Dorothy Lee, "Abiding in the Fourth Gospel: A Case-Study in Feminist Biblical Theology"; Patricia Moss, "Unravelling the Threads: The Origins of Women's Asceticism in the Earliest Christian Communities"; Elaine Wainwright, "'But Who Do You Say That I Am?' An Australian Feminist Response"; Graeme Garrett, "Rule 4? Gender Difference and the Nature of Doctrine"; Denis Edwards, "Evolution and the God of Mutual Friendship"; Maryanne Confoy, "The Procrustean Bed of Women's Spirituality: Reclaiming Women's Sexuality as an Integral Aspect of Christian Spirituality"; and Elisabeth S. Fiorenza, "Struggle is a Name for Hope: A Critical Feminist Interpretation for Liberation."

Para saber mais se o feminismo pode combinar com Cristianismo, cf. a crítica de Rosemary Ruether sobre a proposta de Daphne Hampson de que não pode: Rosemary Ruether, "Is Feminism the End of Christianity? A Critique of Daphne Hampson's *Theology and Feminism*", *SJT* 43 (1990). Para resenhas da obra de Elizabeth Johnson, *She Who Is*, cf. Harold Wells, "Review Article: *She Who Is: The Mystery of God in Feminist Theological Discourse*", *Touchstone* 13 (jan. 1995); e duas resenhas por Mary Aquin O'Neill e Mary McClintock Fulkerson, respectivamente. Estas apareceram em *Relig Stud Rev* 21 (Janeiro 1995). Essa é uma pequena amostragem da literatura contemporânea em teologia feminista.

131. Johnson, *She Who Is*, p. 5.
132. Ibid., p. 6.
133. Ibid., p. 7.

134. Ibid., p. 18.
135. Ibid., p. 21.
136. Nas p. 23-24, Johnson define esses termos, e nas páginas seguintes oferece ilustrações de como o cristianismo é culpado de tais coisas e tem afetado negativamente as mulheres no âmbito social, político, eclesiástico e teológico.
137. Johnson, *She Who Is,* p. 25.
138. Ibid., p. 33.
139. Ibid., p. 47-48.
140. Ibid., p. 47-49.
141. Ibid., p. 49.
142. Ibid., p. 50.
143. Ibid., p. 54-55.
144. Ibid., p. 77.
145. Cf. Elisabeth S. Fiorenza, *In Memory of Her,* cap. 1 para uma discussão da hermenêutica feminista.
146. Johnson, *She Who Is,* p. 86-87.
147. Ibid., p. 94-97.
148. Cf. ibid., p. 100 e 101 para a discussão de Johnson sobre o diálogo bíblico de Deus em termos de linguagem de cuidado maternal.
149. Ibid., p. 133-148.
150. Ibid., p. 150.
151. Ibid., p. 157-158.
152. Ibid., p. 161-166.
153. Ibid., p. 170-185. Cf. os comentários dela especialmente nas p. 185-186 sobre o que a metáfora materna acrescenta ao nosso entendimento de Deus.
154. Ibid., cap. 10–12.
155. Douglas Groothuis, *Unmasking the New Age* (Downers Grove, Ill.: InterVarsity, 1986), p. 19.
156. Ibid., p. 20.
157. Ibid., p. 21. Cf. mais citações de pensadores da Nova Era nesse sentido também, citadas por Groothuis nas p. 21-22.
158. Ibid., p. 25. Cf. p. 22-25 para resumo e discussão desses vários métodos.
159. Ibid., p. 28-29. Para uma explicação detalhada das compreensões da Nova Era acerca de Jesus, cf. a obra de Groothuis, *Revealing the New Age Jesus* (Downers Grove, Ill.: InterVarsity, 1990).
160. Citado em ibid., p. 29.
161. Ibid.
162. Cf. ibid., p. 132-155 para uma descrição e discussão dessas várias formas de espiritualidade da Nova Era.
163. Alfred N. Whitehead, *Process and Reality* (New York: Macmillan, 1929).
164. Cf. os interessantes artigos (citados na nota 130) do congresso em *Pacifica* 10 (Junho 1997). Nesses artigos, várias teólogas feministas apresentam com criatividade sua versão de diferentes áreas da teologia cristã, nos quais mesclam seu próprio feminismo com doutrinas do processo.
165. Cf. as discussões de Joe Holland sobre a teologia do Papa João Paulo II em "The Cultural Vision of Pope John Paul II: Toward a Conservative/Liberal Postmodern Dialogue" em Griffin, Beardslee e Holland, *Varieties of Postmodern Theology.*

166. Cf. John Caputo, ed., *Deconstruction in a Nutshell: A Conversation with Jacques Derrida* (New York: Fordham University Press, 1997). Esse livro é muito útil para esclarecer vários mal-entendidos de Derrida. Um de seus aspectos mais úteis é sua inclusão de uma conversa com Derrida e vários professores na Villanova University, e então um longo comentário de Caputo sobre a conversa e sobre os pontos de vista de Derrida. Caputo nos diz que antes de enviar o manuscrito final para publicação, ele o mostrou a Derrida, que aprovou seu conteúdo. Cf. também John Caputo, "The Good News about Alterity: Derrida and Theology", *Faith Phil* 10 (out. 1993).
167. Griffin, "Postmodern Theology and A/Theology", p. 31.
168. Ibid., p. 32.
169. Ibid., p. 32-33.
170. Ibid., p. 33.
171. Ibid.
172. Ibid., p. 34.
173. Ibid.
174. Ibid.
175. Ibid. Como diz Graham Ward ("Guide to Theological Thinking in Cyberspace", p. xliii), há duas maneiras de responder à situação pós-moderna. Uma é o caminho amarelo-pálido do niilismo que leva a várias formas de autoindulgência. A outra é a resposta da fé. Porém, por causa da crítica pós-moderna à verdade e ao conhecimento, é difícil ver o caminho da fé como muito atrativo.
176. Griffin, "Postmodern Theology and A/Theology", p. 41-42.
177. Ibid., p. 42-43.
178. Ibid., p. 45.
179. Ibid., p. 48-49. Griffin explica posteriormente como um Deus assim nos permite escapar do relativismo moral (p. 49-50). Além disso, esse Deus nos permite falar sobre "a verdade" das coisas (p. 50), mas esse Deus não sabe a verdade acerca do futuro, nem nós podemos saber (p. 50). Para finalizar, Griffin discute o significado e propósito da história, mas não se trata de um que inclua o compromisso do teísmo sobrenatural com um foco de história ou um destino escatológico. Para compreender o entendimento de Griffin sobre o significado e propósito da história, cf. p. 51.
180. Para excelentes discussões e crítica dos pontos de vista de Hick, cf. Harold Netland, *Dissonant Voices* (Grand Rapids, Mich.: Eerdmans, 1991), cap. 6; e Robert McKim, "Could God Have More Than One Nature?" *Faith Phil* 5 (out. 1988).

Capítulo 4

1. Porções deste capítulo apareceram como um artigo escrito pelo autor, "Process Theology", em *The Evangelical Review of Theology* 14, n. 4 (out. 1990): 291-334. Usado com permissão.
2. Para exemplos de tentativas contemporâneas de combinar a teologia do processo com outra teologia contemporânea ou de pelo menos mostrar suas semelhanças e afinidades com outras concepções contemporâneas de Deus, cf.: Michael Vertin, "Is God in Process?" em Timothy Fallon e Philip Riley, eds., *Religion and Culture: Essays in Honor of Bernard Lonergan, S. J.* (Albany, N.Y.: State University of New York Press, 1987); June O'Connor, "Process Theology and Liberation Theology: Theological and Ethical

Reflections", *Horizons* 7 (1980); William Dean, "Deconstruction and Process Theology", *J Relig* 64 (1984); John B. Cobb, Jr., "Two Types of Postmodernism: Deconstruction and Process", *Theol Today* 47 (jul. 1990); Timothy Liau, "Biblical Concept of God in Light of Feminist and Process Critiques", *Taiwan Journal of Theology* 14 (mar. 1992). Cf. também os artigos subsequentes em uma edição especial de *Process Stud* 22 (verão de 1993) dedicada ao feminismo e ao pensamento do processo: Nancy R. Howell, "Feminism and Process Thought"; Kathlyn A. Breazeale, "Don't Blame It on the Seeds: Toward a Feminist Process Understanding of Anthropology, Sin, and Sexuality"; Ann Pederson, "Forensic Justification: A Process Feminist Critique and Construction"; e Heather Ann Ackley Bean, "Eating God: Beyond a Cannibalizing Christology." Cf. também Nancy Frankenberry, "Classical Theism, Panentheism, and Pantheism: On the Relation Between God Construction and Gender Construction", *Zygon* 28 (mar. 1993).
3. Para uma discussão interessante sobre algumas das maneiras pelas quais os evangélicos têm tentado se acomodar à teologia do processo, cf. Randall Basinger, "Evangelicals and Process Theism: Seeking a Middle Ground", *CSR* 15 (dez. 1986). É claro que, desde que Basinger escreveu esse artigo, ele e outros que promoveram o teísmo aberto fizeram novas aberturas ao pensamento do processo sem se renderem inteiramente a ele. Basta dizer que, por parte de muitos grupos evangélicos, as tentativas de reconciliação continuam.
4. Alfred N. Whitehead, *Religion in the Making* (New York: Macmillan, 1926), p. 50.
5. Como explica Lewis Ford, no início Whitehead não pretendia incluir a noção de Deus em seu sistema, mas achou necessário fazê-lo para apoiar seu esquema metafísico. Ford argumenta ainda que, quando Whitehead decidiu incluir Deus, ele não idealizou imediatamente Deus em termos pessoais. Todavia, durante sua composição de *Process and Reality*, Whitehead chegou à conclusão de que era necessário idealizar Deus como pessoal, e então introduziu essa ideia. Para uma explicação do processo que levou Whitehead a esses pontos de vista, cf. Lewis S. Ford, "When Did Whitehead Conceive God to Be Personal?" *Anglican Theological Review* 72 (1990).
6. Norman Pittenger, "Understanding the World and the Faith", *Theology* 90 (1987): 179-180. Bernard Loomer ("Process Theology: Origins, Strengths, Weaknesses", *Process Stud* 16 [inverno de 1987], p. 245) alega que embora outros tenham lhe atribuído a origem do termo, se foi ele que o originou, não está feliz com isso. Ele prefere a designação "processo/pensamento relacional."
7. Loomer, "Process Theology", p. 248-249.
8. Victor Lowe, "Whitehead's Metaphysical System", em Delwin Brown, Ralph James, Jr. e Gene Reeves, eds., *Process Philosophy and Christian Thought* (Indianapolis: Bobbs-Merrill, 1971), p. 24-25, sugere que no final a influência de John Dewey com sua ênfase no empirismo e pragmatismo foi maior sobre Wieman do que a de Whitehead. É seguro dizer que a abordagem empírica ao pensamento do processo tem se inclinado mais a essa direção pragmática. Para uma excelente discussão detalhada da origem da teologia do processo e das diferentes direções das linhas empíricas e racionalistas dentro dela, cf. a discussão de Bernard Meland sobre a tradição empírica da teologia na Universidade de Chicago em Bernard Meland, "Introduction: The Empirical Tradition in Theology at Chicago", em Bernard Meland, ed., *The Future of Empirical Theology* (Chicago: University of Chicago Press, 1969).
9. Ivor Leclerc, "The Problem of God in Whitehead's System", *Process Stud* 14 (inverno de 1985): 303.

10. Ibid., p. 302.
11. Ibid., p. 301.
12. Alfred N. Whitehead, *Science and the Modern World* (New York: Macmillan, 1925), p. 144-145.
13. Ibid., p. 147.
14. Leclerc, "Problem of God in Whitehead's System", p. 303. See Whitehead, *Science and the Modern World*, p. 151: "We must start with the event as the ultimate unit of natural occurrence." Isso acompanha suas discussões nas p. 147-150 sobre energia.
15. Leclerc, "Problem of God in Whitehead's System", p. 303. As implicações da última parte da citação se tornarão claras quando explorarmos a metafísica do processo.
16. Whitehead, *Science and the Modern World*, p. 171-172.
17. Ibid., p. 187.
18. Ibid., p. 196.
19. Ibid., p. 147.
20. George R. Lucas, Jr., "Evolutionist Theories and Whitehead's Philosophy", *Process Stud* 14 (inverno de 1985). Nas p. 287-288 Lucas diferencia uma teoria evolucionária de uma cosmologia evolucionária.
21. Até mesmo Lucas admite (p. 297) que, embora "haja pouca influência explícita proveniente do campo da biologia, da evolução biológica ou das teorias evolucionistas em geral", todos são "incoerentemente pressupostos".
22. Schubert Ogden, "Toward a New Theism", em Brown, James e Reeves, eds., *Process Philosophy and Christian Thought*, p. 177-178.
23. Alfred N. Whitehead, *Process and Reality* (New York: Macmillan, 1929), p. 519-521. Conforme citado em Claude Stewart, "Process Theology: An Alternative Model for Christian Thinking", *Perspect Rel S* 9 (1982).
24. Stewart, "Process Theology", p. 118. Stewart cita a obra de Cobb e Griffin, *Process Theology: An Introductory Exposition* (Philadelphia: Westminster, 1976), p. 8-10, e sugere compará-la com a obra de John B. Cobb, Jr., *God and the World* (Philadelphia: Westminster, 1969), cap. 1.
25. Ogden, "Toward a New Theism", p. 179.
26. Ibid., p. 179-180.
27. James W. Felt, "Whitehead's Misconception of 'Substance' in Aristotle", *Process Stud* 14 (inverno de 1985). Felt mostra que quando as passagens de Aristóteles, das quais os pensadores do processo mais reclamam, são consideradas em seus contextos, elas não significam o que Whitehead entendeu que significavam. Além disso, Felt oferece uma série de outras citações de Aristóteles que mostra que ele acreditava que substâncias eram capazes de se relacionar com outras substâncias e mudar.
28. Além disso, como alega Hartshorne, dizer que Deus é amor e chamá-lo de Senhor (o que sugere que Ele pode expressar emoções e estabelecer relacionamentos) e então chamá-lo de absoluto, imutável e impassível é se contradizer. Charles Hartshorne, *The Divine Relativity* (New Haven, Conn.: Yale University Press, 1948), p. 26. São esses atributos de realidade pura, imutabilidade, impassividade, asseidade e imaterialidade que, como observa Schubert Ogden, "todos envolvem uma negação inadequada de relacionamento interno verdadeiro com qualquer coisa além de seu ser santo absoluto" (Ogden, "The Reality of God", *The Reality of God and Other Essays* [New York: Harper & Row, 1966], p. 48-49).
29. Hartshorne, *Divine Relativity*, p. 43.

30. Ogden, "Reality of God", p. 51.
31. Hartshorne, *Divine Relativity*, p. 58.
32. Ibid.
33. Eugene Peters, "Theology, Classical and Neo-Classical", *Encounter* 44 (inverno de 1983): 8-9.
34. Hartshorne, *Divine Relativity*, p. 1.
35. Peters, "Theology, Classical and Neo-Classical", p. 10.
36. Leclerc, "Problem of God in Whitehead's System", p. 304.
37. Ibid., p. 305-306.
38. Ibid., p. 314. Outras influências de Platão e Aristóteles poderiam ser identificadas, mas basta dizer que a obra *Timeu* de Platão foi especialmente significativa para Whitehead, e sua proximidade com Platão se deu muito mais profundamente do que sua familiaridade com Aristóteles. De fato, alguns têm afirmado que Whitehead provavelmente entendeu mal o "caráter do processo" da filosofia natural de Aristóteles conforme descrito em seu livro *Física* (cf. Ernest Wolf-Gazo, "Editor's Preface: Whitehead within the Context of the History of Philosophy", *Process Stud* 14 [inverno de 1985]: 217-218). De fato, quando consideramos que o tomismo está fortemente em débito com o aristotelianismo e, ainda, os pensadores do processo geralmente são negativos em relação ao teísmo tomista, começamos a questionar se Whitehead e outros entenderam corretamente Aristóteles ou o uso que Aquino faz deste.
39. Wolf-Gazo, "Editor's Preface: Whitehead within the Context of the History of Philosophy", p. 220-222, por exemplo. Para mais adaptações de Locke ao sistema de Whitehead, cf. Ernest Wolf-Gazo, "Whitehead and Locke's Concept of 'Power'", *Process Stud* 14 (inverno de 1985).
40. Whitehead, *Science and the Modern World*, p. 103 referindo-se a Berkeley.
41. Ibid., p. 101-102.
42. Ibid., p. 101. Cf. também a explicação de Wolf-Gazo sobre a relação da teoria da percepção de Berkeley com a teoria da apreensão de Whitehead. Ele escreve (p. 222-223), em referência à passagem de Whitehead citada no texto: "Essa passagem, aplicada à situação Berkeleiana, significa que o 'apreender' aqui e agora é um modo de apreender a unidade das coisas percebidas. A realidade objetiva é constituída por meio das relações entre os dois locais que se referem às duas entidades. Whitehead enfatiza não simplesmente as entidades percebidas, mas a concretização das entidades manifestas por meio da unidade do ato de apreensão. O conceito de mente dado por Berkeley é traduzido então em um 'processo de unificação preênsil' Whiteheadiano." Outros identificaram a relação de Whitehead com pensadores tais como Coleridge e Wordsworth (por meio da relação deles com Kant) e Schelling. Em especial, Braeckman mostra a correlação entre o conceito de Whitehead sobre a criatividade e imaginação e a filosofia de Schelling. Igualmente, o interesse de Whitehead nos escritores românticos (como Wordsworth) indica não apenas interesse em sua filosofia subjacente, mas também sugere a preocupação do próprio Whitehead com a estética. Cf. Antoon Braeckman, "Whitehead and German Idealism: A Poetic Heritage", *Process Stud* 14 (inverno de 1985).
43. Cf., p. ex., a discussão de Ogden sobre a importância do positivismo lógico nas discussões teológicas e como os pensadores do processo têm levado isso a sério: "Reality of God", p. 25-27.
44. Ogden, "Reality of God", p. 44-56.

45. Como diz Norman Pittenger ("Redemption: A 'Process Theology' Interpretation", *Theology* 88 [1985]: 451-452), a igreja tem de reconhecer, no cumprimento de sua missão, que Jesus não é, de modo algum, um salvador exclusivo. Ele é o exemplo clássico do amor de Deus, mas isso quer dizer apenas que Ele não é o único exemplo. Não há exclusividade para Cristo. Se temermos que isso acabe como universalismo, tais temores são concretizados. Pittenger cita Ogden com aprovação quando este escreve: "A frase 'somente em Jesus Cristo' deve ser entendida como Deus agindo para redimir na história de Jesus e em nenhuma outra, mas que o único Deus que redime qualquer história — *embora na realidade Ele redima toda história* — é o Deus cuja ação redentora é definitivamente reapresentada na palavra que Jesus fala e é" (Ogden, "Reality of God", p. 172 conforme citado por Pittenger, p. 452).
46. Para excelentes esboços das principais tendências teológicas e religiosas do século 20, cf. Langdon Gilkey, *Naming the Whirlwind* (Indianapolis: Bobbs-Merrill, 1969), cap. 1; e Ogden, "Reality of God." Cf. também a descrição de Loomer ("Teologia do processo") eas descrições de Meland (*Future of Empirical Theology*) das influências e tendências que levam à teologia do processo, bem como a obra de Pittenger, "Understanding the World and the Faith". Para uma excelente discussão da história da teologia do processo no século 20 em suas várias fases, cf. Gene Reeves e Delwin Brown, "The Development of Process Theology", em Brown, James e Reeves, eds., *Process Philosophy and Christian Thought*.
47. Whitehead, *Process and Reality*, p. 27.
48. Ibid., p. 33.
49. Ibid., p. 34-36.
50. Ibid., p. 34-35.
51. Lowe, "Whitehead's Metaphysical System", p. 4.
52. Daniel Day Williams, "How Does God Act?" *Process and Divinity* (La Salle, Ill.: Open Court, 1964), p. 166.
53. Whitehead, *Process and Reality*, p. 353 conforme citado em Williams, p. 166.
54. Lowe, "Whitehead's Metaphysical System", p. 6. Cf. também p. 7 para uma caracterização mais aprofundada de Lowe sobre a natureza da apreensão.
55. Whitehead, *Process and Reality*, p. 35.
56. Ibid., p. 32, 34.
57. Ibid., p. 392.
58. Lowe, "Whitehead's Metaphysical System", p. 6.
59. Whitehead, *Process and Reality*, p. 33.
60. William C. Tremmel, "Comments on God, Neo-Naturalism and A. N. Whitehead's Philosophy", *Iliff Review* 45 (Spring 1988): 28.
61. Whitehead, *Process and Reality*, p. 134.
62. Ibid., p. 37.
63. Ibid., p. 36-37.
64. John Hayward, "Process Thought and Liberal Religion", *American Journal of Theology and Philosophy* 6 (May and September 1985): 118.
65. Pittenger, "Understanding the World and the Faith", p. 182. Cf. também a explicação detalhada de Hartshorne sobre os problemas com a filosofia da substância em "The Development of Process Philosophy", em Ewert H. Cousins, ed., *Process Theology* (New York: Newman Press, 1971).
66. Hartshorne, "Development of Process Philosophy", p. 49-50.

67. Ibid., p. 61-62.
68. Cf. Bowman Clarke, "Process, Time, and God", *Process Stud* 13 (1983): 249-250; e Robert C. Neville, *Creativity and God: A Challenge to Process Theology* (New York: Seabury, 1980), p. 21.
69. Tremmel, "Comments on God", p. 26.
70. Whitehead, *Process and Reality*, p. 28.
71. Ibid., p. 521.
72. John B. Cobb, Jr., "A Whiteheadian Doctrine of God", em Brown, James e Reeves, eds., *Process Philosophy and Christian Thought*, p. 230.
73. Williams, "How Does God Act?", p. 171.
74. Cf., p. ex., adescrição de Williams da natureza primordial de Deus como a "visão do reino da possibilidade" e a ordem que caracteriza o mundo a fim de ele possa ser um mundo específico, e, ainda assim, essa natureza primordial é algo real, pois "há uma *estrutura* definida [grifo meu] de possibilidade que caracteriza cada realidade existente" (Williams, *Process and Divinity*, 171). Cf. também Bernard Loomer, "Christian Faith and Process Philosophy", em Brown, Jamese Reeves, eds., *Process Philosophy and Christian Thought*, p. 83-84, que diz: "A natureza primordial de Deus é a ordenação conceitual de todos os objetos eternos e possibilidades de tal modo que uma escala graduada de relevância é estabelecida entre cada possibilidade e cada entidade real. Por causa dessa ordem imutável no mundo, cada possibilidade tem uma relevância ou significado diferente para cada realidade. Essa ordenação de todas as possibilidades constitui a natureza abstrata e não a natureza concreta de Deus. Esse é o 'princípio de concreção' de Whitehead."
75. Cobb, "Whiteheadian Doctrine of God" p. 230.
76. Whitehead, *Process and Reality*, p. 521.
77. Ibid., p. 46.
78. Whitehead fala de *apreensões físicas, apreensões conceituais*, e *apreensões híbridas*. Whitehead explica que embora um sentimento físico seja o sentimento de outra entidade real, se essa realidade for objetificada por seus sentimentos conceituais, "o sentimento físico do sujeito em questão é chamado de 'híbrido'". Por outro lado, quando a entidade real que é o dado para apreensão é objetificado por um de seus próprios sentimentos físicos, a apreensão do dado é chamada de um *sentimento físico puro*. Cf. Whitehead, *Process and Reality*, p. 35, 343, e 375-376.
79. Cf. Pittenger, "Understanding the World and the Faith", p. 184, como exemplo dessa ideia.
80. Cobb, "Whiteheadian Doctrine of God", p. 223.
81. Em um artigo muito interessante, Colin Grant explica como o teísmo dipolar de Charles Hartshorne foi uma reação ao teísmo clássico e ao positivismo lógico. Por um lado, Hartshorne concordou com a teologia clássica quanto à absolutividade de Deus, embora a teologia clássica não visse que essa absolutividade é uma abstração. Ao reter a absolutividade divina, Hartshorne foi capaz de oferecer uma reformulação e defesa do argumento ontológico de Anselmo. Por outro lado, conjuntamente às demandas do positivismo, a consequente natureza de Deus, seu polo físico, é capaz de satisfazer as demandas positivistas. Grant também explica como a derivação dos pontos de vista de Hartshorne nesses modos difere de como Whitehead chegou à noção que ele tem de Deus. Cf. Colin Grant, "The Theological Significance of Hartshorne's Response to Positivism", *Relig Stud* 21 (1985).
82. Cobb, "Whiteheadian Doctrine of God", p. 216-217.

83. Lewis Ford, "The Divine Activity of the Future", *Process Stud* 11 (Fall 1981): 169. Cf. também Robert C. Neville, *Creativity and God*, para uma explicação mais completa da mesma dificuldade a partir da perspectiva da incapacidade de Deus conhecer qualquer coisa em sua proximidade imediata subjetiva à medida que vai acontecendo. Ele levanta o problema pela primeira vez no cap. 1, mas o discute repetidas vezes por todo o livro.
84. Ford, "Divine Activity of the Future", p. 169-170. Cf. Hartshorne, *Divine Relativity*, p. 22-29 para sua discussão sobre Deus e a realidade enquanto social. Para Hartshorne, isso não significa apenas que Deus e outras realidades são um agregado de ocasiões reais, mas o aspecto social do ser significa que Deus está relacionado a todas as coisas. Para mais discussão sobre a proposta de Hartshorne e uma solução diferente, cf. Ford, "The Divine Activity of the Future", p. 172; e Lewis S. Ford, "God as the Subjectivity of the Future", *Encounter* 41 (1980). Para uma discussão mais aprofundada dos pontos de vista de Ford, cf. Theodore Vitali, "Lewis S. Ford's Revision of Whitehead: God as the Future of All Occasions", *Encounter* 44 (Winter 1983).
85. Hartshorne, *Divine Relativity*, p. vii-viii.
86. Ibid., p. vii e ao longo da obra.
87. Ibid., p. viii. Cf. uma definição um tanto semelhante de "pessoal" em David R. Mason, "Reflections on 'Prayer' from a Process Perspective", *Encounter* 45 (Autumn 1984): 349.
88. Hartshorne, *Divine Relativity*, p. 45-46.
89. Ibid., p. 46. Para mais discussões sobre a questão da imutabilidade divina no teísmo tradicional e do processo, cf. Barry Whitney, "Divine Immutability in Process Philosophy and Contemporary Thomism", *Horizons* 7 (1980): 50-68; W. Norris Clarke, "Christian Theism and Whiteheadian Process Philosophy: Are They Compatible?" em Ronald Nash, ed., *Process Theology* (Grand Rapids, Mich.: Baker, 1987), p. 234-242; e Thomas V. Morris, "God and the World", em Nash, ed., *Process Theology*, p. 286-294.
90. Hartshorne, *Divine Relativity*, p. 42-59. Cf. também Ogden, "Reality of God", p. 44-70 passim.
91. Whitehead, *Process and Reality*, p. 532.
92. Hartshorne, *Divine Relativity*, p. 133.
93. Stewart, "Process Theology", p. 121.
94. Charles Hartshorne, "The Dipolar Conception of Deity", *Review of Metaphysics* 21 (1967): 274.
95. Williams, "How Does God Act?" p. 170.
96. David Griffin, *God, Power and Evil: A Process Theodicy* (Philadelphia: Westminster, 1976), p. 270, conforme citado em David Basinger e Randall Basinger, "Divine Omnipotence: Plantinga vs. Griffin", *Process Stud* 11 (Spring 1981): 13.
97. Griffin, *God, Power and Evil*, p. 269ss.
98. Basinger e Basinger, "Divine Omnipotence", p. 16. Caso contrário, a posição dos teólogos do processo sobre a noção do livre-arbítrio humano em relação ao poder de Deus não é substancialmente diferente daquela dos indeterministas arminianos tradicionais.
99. Williams, "How Does God Act?" p. 171.
100. Ibid., p. 176.
101. Arthur Holmes, "Why God Cannot Act", em Nash, ed., *Process Theology*. Essa é a proveitosa explicação de Holme acerca dos comentários de Williams na p. 176ss em "How Does God Act?"
102. Morris, "God and the World", p. 300-304.

103. Williams, "How Does God Act?" p. 180. Para uma discussão mais aprofundada sobre a ação divina no pensamento do processo, cf. o seguinte: Randolph Crump Miller, "Process, Evil and God", *American Journal of Theology and Philosophy* 1 (1980): 63-68; e Sharyn Dowd, "Is Whitehead's God the 'God Who Acts'?" *Perspect Rel S* 9 (1982).
104. William Power, "The Doctrine of the Trinity and Whitehead's Metaphysics", *Encounter* 45 (Autumn 1984): 293.
105. Cobb, "Whiteheadian Doctrine of God", p. 236.
106. Whitehead, *Process and Reality*, p. 529. Cf. também Tremmel, "Comments on God", p. 30.
107. Lewis Ford, "Divine Persuasion and the Triumph of Good", em Brown, James e Reeves, eds., *Process Philosophy and Christian Thought*, p. 290. Para uma excelente discussão da questão de coerção no que se refere ao pensamento do processo em geral, cf. David Basinger, "Human Coercion: A Fly in the Process Ointment?" *Process Stud* 15 (Fall 1986).
108. John B. Cobb, Jr., *God and the World*, p. 138.
109. Whitehead, *Process and Reality*, p. 343-344. Cf. também Joseph A. Bracken, "Process Philosophy and Trinitarian Theology—II", *Process Stud* 11 (Summer 1981): 85-86.
110. Cobb, "Whiteheadian Doctrine of God", p. 236.
111. Whitehead, *Process and Reality*, p. 31.
112. Ibid.
113. Cobb, "Whiteheadian Doctrine of God", p. 237.
114. bid., p. 237-241.
115. Ibid., p. 241ss. Para uma abordagem completa de toda a questão de Deus e a criatividade, cf. a obra de Neville, *Creativity and God*. Neville apresenta uma variedade de problemas com o conceito que o processo tem acerca de Deus e afirma repetidas vezes que o que é necessário é uma noção mais forte de Deus como criador.
116. Whitehead, *Process and Reality*, p. 517.
117. Michael Peterson, "God and Evil", em Nash, ed., *Process Theology*, p. 131-133.
118. Cf. Jeffrey Rada, "Problems with Process Theology", *Restoration Quarterly* 29 (1987): 32; Power, "Doctrine of the Trinity", p. 294; Basinger e Basinger, "Divine Omnipotence"; and Peterson, "God and Evil."
119. Ogden, "Reality of God", p. 64-65.
120. Para uma discussão mais aprofundada sobre Deus e o mal na teologia do processo, cf. a obra de Randolph Crump Miller, "Process, Evil and God"; e Nancy Frankenberry, "Some Problems in Process Theodicy", *Relig Stud* 17 (June 1981).
121. Ogden, "Reality of God", p. 61.
122. Ibid., p. 61-62.
123. Hartshorne, *Divine Relativity*, p. 89.
124. Ibid., p. 90, mas toda a discussão é reflexo do que ele discute nas p. 88-92.
125. Para uma discussão mais aprofundada do conceito que o processo tem da Trindade, cf. Power, "The Doctrine of the Trinity"; Bracken, "Process Philosophy and Trinitarian Theology—II"; e Bruce Demarest, "The Process Reduction of Jesus and the Trinity", em Nash, ed., *Process Theology*.
126. Reeves and Brown, "Development of Process Theology", p. 63.
127. Peter Hamilton, *The Living God* (London: Hodder and Stoughton, 1967).
128. Peter Hamilton, "Some Proposals for a Modern Christology", em Brown, James e Reeves, eds., *Process Philosophy and Christian Thought*, p. 379. Na p. 380, ele diz em relação à ressurreição de Cristo (que ele chama de representação de Deus a nós da sequência finita

de eventos conhecidos como a vida de Cristo) que "essa sequência vive em Deus, continuamente recriada de novo na memória viva de Deus e representada aos seguidores de Cristo na medida em que se voltam a Deus em oração e sacramento. Porém, é a sequência como um todo que é representada; *nenhuma experiência subjetiva é adicionada* [grifo meu] — ou se for, isso é outra história".

129. Tremmel, "Comments on God", p. 34-35. Cf. também Hamilton, "Some Proposals", p. 378-379; e Reeves e Brown, "Development of Process Theology" (p. 62-63) que, na p. 63, citando Whitehead (*Process and Reality*, p. 532), diz: "visto que a natureza consequente de Deus 'passa pelo mundo temporal e qualifica esse mundo', nossas vidas sendo elementos em Deus, também 'se movem para influenciar o mundo' mesmo que separado de nossa imortalidade social direta." Para noções de cristologia do processo, cf. Hamilton, "Some Proposals"; John B. Cobb, Jr., "A Whiteheadian Christology", em Brown, James e Reeves, eds., *Process Philosophy and Christian Thought;* David Griffin, *A Process Christology* (Philadelphia: Westminster, 1973); e minha obra "Process Theology", *The Evangelical Review of Theology* 14 (October 1990): 320-324. Para aprimoração de outros conceitos do processo, cf. o seguinte: Roger Ellis, "From Hegel to Whitehead" *J Relig* 61 (1981); Philip E. Devenish, "Divinity and Dipolarity: Thomas Erskine and Charles Hartshorne on What Makes God 'God'", *J Relig* 62 (out. 1982); Joseph A. Bracken, "The Two Process Theologies: A Reappraisal", *Theol Stud* 46 (1985); Santiago Sia, "Charles Hartshorne on Describing God", *Mod Theol* 3 (1987); Nancy Frankenberry, "The Emergent Paradigm and Divine Causation", *Process Stud* 13 (Fall 1983); John B. Cobb, Jr., "The Presence of the Past and the Eucharist", *Process Stud* 13 (Fall 1983); e David Basinger, *Divine Power in Process Theism* (Albany, N.Y.: State University of New York Press, 1988).
130. Cf. David Burrell, "Does Process Theology Rest on a Mistake?" *Theol Stud* 43 (1982) para uma análise das razões pelas quais a teologia do processo alega ser superior, mas não é. Como mosrtra Burrell, os pensadores do processo argumentam a necessidade de um novo teísmo por causa das deficiências do antigo, mas o que oferecem é difícil de se ver como uma melhoria, que dirá como adequado em si mesmo.
131. Neville, *Creativity and God*, p. 15, 17, 19-20.
132. Cf. Ford, "Divine Activity of the Future", p. 170-171, para dificuldades na concepção social de Deus. Cf. também Neville, *Creativity and God,* cap. 1, para outros problemas com a concepção social em geral.
133. Cf., p. ex., William Lane Craig, "Divine Foreknowledge and Future Contingency", em Nash, ed., *Process Theology;* e seu "Process Theology's Denial of Divine Foreknowledge", *Process Stud* 16 (1987).
134. Royce Gruenler, "Reflections on the School of Process Theism", *TSF Bulletin* 7 (1984): 8.
135. Neville, *Creativity and God,* p. 11.
136. David Basinger, "Human Coercion", p. 164-165. O argumento é de Basinger e ele o expôs em grande detalhe.
137. Cf. minha obra *Many Faces of Evil* para exemplos do que os teístas normalmente dizem. Eles alegam que Deus tem o poder de se livrar do mal, mas não o faz porque há uma razão moral adequada para não o fazer. Logo, Ele não é culpado por não remover o mal. Cf. também Michael Peterson em Nash, ed., *Process Theology.* Entre suas outras objeções ao teísmo do processo, Peterson se queixa corretamente de que tal teísmo não leva suficientemente a sério a dimensão moral do mal no mundo, ou seja, sua explicação do pecado e do mal é insuficiente.

138. Burrell não está convencido de que eles sequer tenham compreendido Aquino nessa questão (bem como em outras), e ele explica por quê. Cf. Burrell, "Does Process Theology Rest on a Mistake?" p. 127.
139. Cf. Ronald Nash, "Process Theology and Classical Theism", em Nash, ed., *Process Theology*, sobre os teólogos do processo apresentarem apenas duas opções, e as opções como caricatura da ortodoxia.
140. Neville, *Creativity and God,* cap. 3, descreve esse problema. Cf. também Cobb, "Whiteheadian Doctrine of God", p. 235-243.
141. Cf. William Alston, "Hartshorne and Aquinas: A Via Media", em William P. Alston, *Divine Nature and Human Language: Essays in Philosophical Theology* (Ithaca, N.Y.: Cornell University Press, 1989). No primeiro grupo estão absolutividade/relatividade; realidade pura/potencialidade; necessidade total/necessidade e contingência; e simplicidade absoluta/complexidade. O segundo grupo inclui criação divina *ex nihilo*/Deus e o mundo existem necessariamente, embora os detalhes sejam contingentes; onipotência/ poder limitado; incorporalidade/corporalidade; atemporalidade/temporalidade; imutabilidade/mutabilidade; e perfeição absoluta/perfeição relativa. Para os interessados nos detalhes, cf. o artigo de Alston. Meu apelo a Alston é para defender a ideia mais geral que estou apresentando no texto.
142. Alston, "Hartshorne and Aquinas", p. 121-124. No restante do ensaio, Alston oferece sua explicação de Deus que combina os conceitos hartshornianos e tomistas, e argumenta que os atributos em um grupo não requerem logicamente a adoção de atributos no segundo grupo.
143. Para mais críticas dos vários aspectos da teologia do processo, cf. o seguinte: Nancy Frankenberry, "Some Problems in Process Theodicy"; W. Norris Clarke, "Charles Hartshorne's Philosophy of God: A Thomistic Critique", em Santiago Sia, ed., *Charles Hartshorne's Concept of God: Philosophical and Theological Responses* (Boston: Kluwer, 1990); Michael L. Peterson, "Orthodox Christianity, Wesleyanism, and Process Theology", *Wesleyan Theological Journal* 15 (1980); e Warren McWilliams, "Daniel Day Williams' Vulnerable and Invulnerable God", *Encounter* 44 (Winter 1983).

Capítulo 5

1. Aqui somos lembrados da inquirição de Deus a Jó em Jó 38–41. Deus pergunta a Jó se ele pode fazer certo número de coisas que lidam com o mundo criado. As coisas mencionadas, contudo, são coisas que ninguém senão um ser supremo poderia possivelmente fazer. Deus usa isso para mostrar a Jó que Ele é todo-poderoso, a fim de ensinar Jó que é tolice questionar se Deus está no controle de sua situação ou sabe como superar suas circunstâncias. A questão certamente não é argumentar a favor da existência de Deus, mas creio que esses capítulos podem ser usados para defender a ideia da existência de Deus. Todas as coisas que Deus menciona são coisas que nenhum simples mortal poderia fazer; na realidade, é difícil imaginar até mesmo um ser humano muito especial fazendo-as. Porém, já que estas coisas existem, deve haver um Deus.
2. Cf. René Descartes, "Third Meditation: Concerning God: That He Exists", em "Meditations on First Philosophy", em Elizabeth Anscombe e Peter Geach, eds., *Descartes: Philosophical Writings* (London: Thomas Nelson, 1966).
3. J. L. Mackie, "Evil and Omnipotence", em Basil Mitchell, ed., *Philosophy of Religion* (London: Oxford, 1971), p. 93.

4. Cf. Alvin Plantinga, "Reason and Belief in God", em Alvin Plantinga e Nicholas Wolterstorff, eds., *Faith and Rationality* (Notre Dame, Ind.: University of Notre Dame Press, 1983).
5. René Descartes em sua obra *Meditações* (1641) dá a segunda maior ênfase à primeira forma do argumento ontológico. Sua formulação, embora levemente diferente da primeira forma do argumento de Anselmo, realmente captura os elementos básicos da posição deste último. Como observa John Hick, a principal contribuição de Descartes ao argumento foi destacar a suposição até então não explícita no argumento de Anselmo de que a existência é um atributo ou predicado. A principal ideia de Descartes é que se se pensar corretamente acerca da noção de Deus, deve-se pensar em Deus como alguém que existe. Assim como é impossível pensar corretamente sobre uma montanha sem também se perceber que sua existência requer um vale, e assim como é impossível pensar em um triângulo sem ponderar que ele tem três ângulos, também assim é impossível pensar em Deus sem ponderar que Ele tenha existência. É parte da essência de uma montanha ser acompanhada de um vale, e da do triângulo que ele consiste de três ângulos. Da mesma maneira, é parte da própria essência de Deus que Ele tenha a qualidade da existência. Em cada um dos três casos mencionados (montanha, triângulo, Deus), um atributo é considerado essencial à própria natureza. No caso de Deus, esse atributo é a existência.
6. Uma segunda maneira de fazer objeção a Gaunilo consiste em dizer que a definição de Deus como o MSC é apenas isso, uma definição, mas não se pode ir de uma simples definição para a existência da coisa definida. Como J. L. Mackie diz, o problema com qualquer argumento ontológico é que ele falha em reconhecer "a impossibilidade de estabelecer alguma realidade concreta com base em uma simples definição ou conceito, mesmo com a ajuda do menor fato empírico que alguém, tal como o tolo, efetivamente tenha do conceito". J. L. Mackie, *The Miracle of Theism* (Oxford: Clarendon, 1982), p. 52.
7. Mackie alega que essa objeção levanta um dilema para o teísta. Se Kant estiver certo, o argumento ontológico não será válido. Se Kant estiver errado e "Deus existe" for analítico, então a conclusão já foi assumida pelo simples uso do termo "Deus", e isso é usar de falácia lógica. Então, quer Kant esteja certo quer esteja errado, o argumento não é válido. Mackie, *Miracle of Theism*, p. 44.
8. Cf., p. ex., Charles Hartshorne, *The Logic of Perfection* (LaSalle, Ill.: Open Court, 1962); e Alvin Plantinga, *God and Other Minds* (Ithaca, N.Y.: Cornell University Press, 1967).
9. Aqui também devo mencionar a defesa de William Lane Craig do que é conhecido como o argumento cosmológico *kalaam*. Cf. William Lane Craig, *The Kalaam Cosmological Argument* (New York: Barnes and Noble, 1979).
10. Tomás de Aquino, *Summa Theologiae*, vol. 1 (Garden City, N.Y.: Image, 1969), IA, 2, 3, p. 68.
11. J. L. Mackie (*Miracle of Theism*, p. 88-89) levanta três objeções que ele crê que ao menos sugerem que o argumento da contingência não é totalmente irrefutável.
12. Cf. a discussão de Rowe sobre o princípio da razão suficiente em William Rowe, *The Cosmological Argument* (Princeton: Princeton University Press, 1975), cap. 2 e p. 146-151. Rowe oferece uma objeção ao princípio da razão suficiente que ele crê provar ser falso sob qualquer forma. Rowe nos pede para considerar as condições expressas pela proposição "existem condições contingentes". É claramente contingente que existam condições contingentes; portanto, de acordo com o princípio da razão suficiente, deve haver alguma condição que seja razão suficiente para haver condições contingentes. Suponha

que a existência de Deus seja a condição que explica a existência de condições contingentes. Sua existência deve ser necessária, não contingente, se quiser servir como uma razão suficiente para existir condições. Porém, então devemos também perguntar se a proposição "Deus causou a existência de condições contingentes" é contingente ou necessária. Se for contingente, não pode ser uma razão suficiente para a existência de condições contingentes; devemos buscar uma razão que não seja contingente. Portanto, o fato de Deus causar a existência de condições contingentes deve, em si, ser uma condição necessária. No entanto, como Rowe observa, isso simplesmente significa que é necessário que existam condições contingentes. Porém, no início, afirmamos que é contingente que existam condições contingentes. Assim, na realidade não temos nenhuma explicação suficiente para o fato de que existem condições contingentes se o princípio da razão suficiente estiver correto. Tudo isso sugere que o princípio da razão suficiente é falso.

13. Richard Swinburne, *The Existence of God* (New York: Oxford University Press, 1991).
14. Richard Taylor, *Metaphysics* (Englewood Cliffs, N.J.: Prentice-Hall, 1992).
15. Cf., p. ex., J. P. Moreland and John Mark Reynolds, "Introduction", em Moreland e Reynolds, eds., *Three Views on Creation and Evolution* (Grand Rapids, Mich.: Zondervan, 1999), p. 34-35. Cf. também Michael Behe, *Darwin's Black Box* (New York: Free Press, 1996); William Dembski, ed., *Mere Creation* (Downers Grove, Ill.: InterVarsity, 1998); Michael Denton, *Evolution: A Theory in Crisis* (Bethesda, Md.: Adler and Adler, 1986); and Phillip Johnson, *Darwin on Trial* (Downers Grove, Ill.: InterVarsity, 1991).
16. David Hume, *Dialogues Concerning Natural Religion* (Garden City, N.Y.: Doubleday, 1974).
17. Para uma explicação da natureza de um argumento de caso cumulativo, ver Basil Mitchell, *The Justification of Religious Belief* (New York: Oxford University Press, 1981). Mitchell argumenta que existem muitas crenças complexas para as quais argumentamos um caso cumulativo. Ele oferece como exemplos teorias científicas complexas, explicações de alguns eventos históricos e até mesmo uma dada interpretação de uma passagem-problema em uma peça literária. Da mesma forma, ele explica que podemos e devemos usar uma abordagem de caso cumulativo para justificar as crenças religiosas.
18. Em contraste com a ideia de que, uma vez que a noção Deus é descartada, somos verdadeiramente livres e capazes de tornar a vida significativa, cf. a excelente abordagem da futilidade da vida sem Deus em William Lane Craig, *Reasonable Faith* (Wheaton, Ill.: Crossway, 1994), cap. 2.
19. Thomas V. Morris, *Our Idea of God* (Downers Grove, Ill.: InterVarsity, 1991), p. 31-34.
20. Thiessen escreve, "Os termos 'essência' e 'substância' são praticamente sinônimos quando usados para se referirem a Deus. Eles podem ser definidos como aquilo que subjaz a toda manifestação exterior; a própria realidade, quer material quer imaterial; o substrato de qualquer coisa; aquilo que é inerente às qualidades ou atributos são inerentes". Henry C. Thiessen, *Lectures in Systematic Theology*, revised by Vernon D. Doerksen (Grand Rapids, Mich.: Eerdmans, 1979), p. 75. Cf. também Charles Hodge, *Systematic Theology*, vol. 1 (London: James Clarke, 1960), p. 367.
21. Moises Silva, *Philippians*, The Wycliffe Exegetical Commentary (Chicago: Moody, 1988), pp.113114.
22. Ibid., p. 115.
23. Cf., p. ex., a exposição proveitosa de O. C. Thomas de quase uma dúzia de pensadores que pensam em Deus como "autoexistente" de um modo ou outro. O. C. Thomas, "Being

and Some Theologians", *Harvard Theological Review* 70 (1977). Cf. também a discussão proveitosa de Tim Bradshaw acerca das opiniões de John Macquarrie sobre Deus como "autoexistente". "Macquarrie's Doctrine of God", *Tyndale Bul* 44 (1993).
24. Thomas, "Being and Some Theologians", p. 145.
25. Ibid., p. 147.
26. Morris, *Our Idea of God*, p. 28-35.
27. Ibid., p. 35.
28. Ibid.
29. Ibid., p. 37. Morris, é claro, não está dizendo que ser solteiro ou ser casado seja uma propriedade que confira grandeza. Ele as usa simplesmente como exemplos de propriedades que não são simultaneamente possíveis em um ser.
30. Ibid., p. 40-45.
31. Para uma discussão mais aprofundada sobre Deus como um ser necessário, incluindo respostas a argumentos que filósofos têm levantado contra a ideia, cf. Morris, *Our Idea of God*, p. 106-113; e Robert M. Adams, "Divine Necessity", em Thomas V. Morris, ed., *The Concept of God*, Oxford Readings in Philosophy (Oxford: Oxford University Press, 1987), cap. 2.
32. Os tricotomistas, a respeito da natureza humana, afirmam que os humanos têm duas partes imateriais, uma alma e um espírito, junto com um corpo material. No entanto, a discordância entre dicotomistas e tricotomistas é assunto para o volume sobre a doutrina do homem.
33. Existem algumas discussões bastante interessantes na literatura filosófica contemporânea sobre se Deus é ou não um corpo ou se tem um. Essas visões derivam um pouco das visões que o processo tem de Deus, mas os teístas do processo não são os únicos que discutem esse assunto. Cf. Grace Jantzen, *God's World, God's Body* (Philadelphia: Westminster, 1984); e J. C. A. Gaskin, *The Quest for Eternity* (Harmondsworth, Middlesex, England: Penguin, 1984). Ambos argumentam que Deus não é incorpóreo. Cf. a interação com essas visões em Charles Taliaferro, "The Incorporeality of God", *Mod Theol* 3 (1987); e Grace Jantzen, "Reply to Taliaferro", *Mod Theol* 3 (1987); Além disso, cf. Ninian Smart, "God's Body", *Union Seminary Quarterly Review* 37 (outono / inverno 1981–1982). Smart discute as visões do pensador indiano Ramanuja sobre o mundo como o corpo de Deus. Smart compara isso com o pensamento cristão e sugere maneiras de combinar as ideias de Ramanuja com a teologia cristã. Smart acredita que haveria vantagens para o pensamento cristão sobre Deus ao adotar tais pontos de vista. Para uma discussão interessante dos argumentos filosóficos em torno da questão de Deus ter um corpo, cf. especialmente William J. Wainwright, "God's Body", in Thomas V. Morris, ed., *The Concept of God*, Oxford Readings in Philosophy (Oxford: Oxford University Press, 1987). Wainwright discute se Deus é um corpo, se (se não um corpo) Deus tem um corpo e, finalmente, se nosso próprio mundo é o corpo de Deus. De interesse relacionado é P. J. Sherry, "Are Spirits Bodiless Persons?" *Neue Zeitschrift für Systematische Theologie und Religionsphilosophie* 24 (1982).
34. Em contraste, cf. a utilização um tanto equivocada de P. J. Sherry de João 4.24. Ele observa corretamente que não há nenhum artigo com pneuma, pelo que a frase "Deus é espírito" poderia ser tranquilamente traduzida como "Deus é um espírito". O resultado para Sherry é que não podemos considerar que o versículo afirme que Deus é literal e ontologicamente um ser imaterial. Em vez disso, ele diz, seguindo Orígenes, que devemos ver este versículo como paralelo a passagens como 1João 1.5 ("Deus é luz") e Deuteronômio 4.24 ("Deus é

um fogo consumidor"). A partir disso, Orígenes argumenta que o espírito deve ser entendido figurativamente. No entanto, Sherry diz que para Orígenes isso significava que Deus é incorpóreo, um ser inteligente, e que Deus nos enche de uma nova vida. (Cf. P. J. Sherry, "Are Spirits Bodiless Persons?" p. 43.) Pelo menos a primeira parte (incorpóreo) não parece figurativa, então é difícil entender por que essa afirmação é feita. Além disso, quando um substantivo sem um artigo é usado na posição de predicado em grego, normalmente se refere à qualidade da coisa designada pelo substantivo. Logo, João está dizendo que Deus é da qualidade de espírito ou qualitativamente espírito, mas esta é apenas uma maneira indireta de dizer que Ele é um ser imaterial, um espírito.

35. Gedaliahu Stroumsa, "The Incorporeality of God", *Religion* 13 (1983): 346.
36. Cf. o restante do artigo de Stroumsa.
37. Douglas J. Moo, *Romans 1–8,* The Wycliffe Exegetical Commentary (Chicago: Moody, 1991), p. 100.
38. Um exemplo de teólogo que defende essa ideia é John Gill em sua obra *Complete Body of Doctrinal and Practical Divinity,* vol. 1 (1839; reprint, Grand Rapids, Mich.: Baker, 1978), p. 48. Esse tipo de lógica também parece implícito no comentário de Lewis e Demarest, conforme segue: "Como espírito, ademais, Deus está *vivo e ativo"* (Gordon R. Lewis e Bruce A. Demarest, *Integrative Theology* vol. 1 [Grand Rapids, Mich.: Zondervan, 1987], p. 197).
39. Gill, *Complete Body,* vol. 1, p. 48-49.
40. Um exemplo de uma obra muito importante que mostra a complexidade da questão é a de P. F. Strawson, *Individuals: An Essay in Descriptive Metaphysics* (Garden City, N.Y.: Doubleday, 1963).
41. Em particular, visto que muitas leis em vários países são escritas para proteger os direitos das pessoas, é crucial determinar o que constitui a personalidade. Nos Estados Unidos, essa questão é uma consideração importante na tentativa de determinar a moralidade da prática do aborto e da eutanásia de pessoas em estado terminal que não podem interagir com seu ambiente.
42. Lewis S. Chafer, *Systematic Theology*, vol. 1 (Dallas: Dallas Seminary Press, 1947), p. 180ss.
43. Keith Ward, "Is God a Person?" em Gijsbert van den Brink, et al., eds., *Christian Faith and Philosophical Theology* (Kampen, Holanda: Kok Pharos, 1992), p. 263.
44. Ibid., p. 262-263.
45. Stanley Grenz, *Theology for the Community of God* (Nashville: Broadman & Holman, 1994), p. 110.
46. Ibid., p. 110-111.
47. Como no caso de Herman Bavinck, *The Doctrine of God* (Grand Rapids, Mich.: Baker, 1977), p. 124-125.
48. Como em William G. T. Shedd, *Dogmatic Theology,* vol. 1 (Grand Rapids, Mich.: Zondervan, 1969), p. 194.
49. Alister McGrath, *Christian Theology: An Introduction* (Oxford: Basil Blackwell, 1997), p. 243244.
50. Cf. minha obra "Truth: Relationship of Theories of Truth to Hermeneutics", em Earl Radmacher e Robert Preus, eds., *Hermeneutics, Inerrancy, and the Bible* (Grand Rapids, Mich.: Zondervan, 1984), p. 4, para uma explicação da distinção.
51. McGrath, *Christian Theology,* p. 244.
52. Cf. John e Paul Feinberg, *Ethics for a Brave New World* (Wheaton, Ill.: Crossway, 1993), cap. 1–4, para bases de personalidade no nascituro e doente terminal.

53. Cf., p. ex., a longa discussão de Shedd (p. 178-194) acerca dessas qualidades de cognição e sua aplicação a Deus.
54. Cf., p. ex., Amy Pauw-Plantinga, "Personhood, Divine and Human", *Perspectives* 8 (February 1993).

Capítulo 6

1. Alvin Plantinga parece referir-se a esses atributos usando esta convenção em *Does God Have a Nature?* (Milwaukee: Marquette University Press, 1980). Por outro lado, como observa Millard Erickson (*Christian Theology* [Grand Rapids, Mich.: Baker, 1983], I: 265), muitos teólogos reservam o termo *propriedade* para "as características distintivas das várias pessoas da Trindade. Propriedades são funções (gerais), atividades (mais específicas) ou atos (os mais específicos) dos membros individuais da Divindade".
2. Herman Bavinck, *The Doctrine of God*, trans. William Hendricksen, (Grand Rapids, Mich.: Baker, 1977 edição de bolso), p. 132-134.
3. A. H. Strong, *Systematic Theology* (Valley Forge, Pa.: Judson, 1969), p. 248.
4. Louis Berkhof, *Systematic Theology* (Grand Rapids, Mich.: Eerdmans, 1968), p. 55
5. James Barr, *Biblical Words for Time*, 2 ed. (London: SCM Press LTD, 1969). Barr não apenas explica os problemas, mas também os ilustra nas obras de estudiosos como Cullmann (*Christ and Time*); Marsh (*The Fulness of time*); J. A. T. Robinson (*In the End, God*); e C. von Orelli (*Die hebraischen Synonyma der Zeit und Ewigkeit gnetisch und sprachvergleichend dargestellt*).
6. Como já argumentado, as palavras têm um significado que se relaciona a estados de coisas do mundo apenas no contexto de uma frase. Cf. meu artigo "Truth: Relationship of Theories of Truth to Hermeneutics", em Earl D. Radmacher e Robert D. Preus, eds. *Hermeneutics, Inerrancy and the Bible* (Grand Rapids, Mich.: Zondervan, 1984), onde defendo essa ideia e cito muitos filósofos da linguagem que concordam com ela.
7. Barr, *Biblical Words for Time*, p. 161. Cf. também p. 110-115.
8. Ibid., p. 56
9. Ibid., p. 54. Cf. também p. 55-57ss. para razões pelas quais é problemático falar de noções como o "conceito de kairós".
10. Essa é a mensagem que se obtém em Clark Pinnock, et al., *The Openness of God* (Downers Grove, Ill.: InterVarsity, 1994); e John Sanders, *The God Who Risks* (Downers Grove, Ill.: InterVarsity, 1998).
11. Robert F. Brown, "Divine Oniscience, Immutability, Aseity and Human Free Will", *Relig Stud* 27 (1991): 285.
12. Ibid., p. 288.
13. Ibid., *passim*. Brown também observa que se alguém defende o determinismo teológico, esses problemas se dissolvem, pois o conhecimento de Deus de tudo o que acontecerá depende inteiramente de sua vontade, então qualquer coisa que Deus vá fazer e ser em relação ao mundo depende de suas escolhas, não das nossas. O comentário sobre o determinismo teológico que evita esse problema aparece em uma nota de rodapé na p. 287. A defesa da ideia básica acerca do indeterminismo, entretanto, se dá de forma repetida ao longo do artigo.
14. Dois outros versículos (Êx 3.14; 6. 3) às vezes são citados para ensinar a autoexistência. Em Êxodo 3.14 Deus se revela como "EU SOU O QUE SOU" e no 6.3, Ele diz que embora

tenha aparecido a Abraão, Isaque e Jacó, Ele não lhes revelou seu nome Yahweh. Pelo fato de Yahweh vir de uma raiz hebraica que significa "ser" e pelo fato de se considerar que Êxodo 3.14 significa que é da natureza de Deus ser, alguns teólogos concluem que esses versículos implicam autoexistência.
15. Stephen T. Davis, "Why God Must Be Unlimited", em Linda Tessier, ed., *Concepts of the Ultimate* (London: Macmillan, 1989), p. 4.
16. Ibid., p. 4-5.
17. Ibid., p. 5
18. Jill LeBlanc, "Infinity in Theology and Mathematics", *Relig Stud* 29 (1993): 52.
19. Ibid., p. 53.
20. Ibid., p. 54-58.
21. Franz Delitzsch, *Biblical Comentary on the Psalms*, vol. 3 (Grand Rapids, Mich.: Eerdmans, 1968), p. 389.
22. Charles Hodge, *Systematic Theology*, vol. 1 (London: James Clarke, 1960 ed.), p. 383.
23. Cf., p. ex., Berkhof, *Systematic Theology*, p. 60-66; e Strong, *Systematic Theology*, p. 278-280.
24. A ideia geral de compreender a onipresença em termos de Deus estar presente e ausente em vários aspectos distintos me foi sugerida pelo trabalho de um aluno, Samuel Dawson, para um seminário de doutorado que ministrei na Trinity Evangelical Divinity School. Contudo, o desenvolvimento dessa ideia nas próximas seções é meu.
25. Minha ideia aqui não é introduzir uma longa discussão sobre a salvação no AT e NT. Em vez disso, minha ideia é que embora Deus estivesse e esteja eticamente presente para os santos de ambos AT e NT, parece haver uma outra dimensão dessa presença ética no NT, indicada pela habitação do Espírito Santo.
26. Strong, *Systematic Theology*, p. 280
27. Boécio, "The Consolation of Philosophy", em Boécio: *The Theological Tractates*, trad. S. J. Tester, Loeb Classical Library (Cambridge, Mass.: Harvard University Press, impressão de 1990), livro 5, passagem 6, p. 423
28. Nelson Pike, *God and Timelessness* (New York: Schocken, 1970), p. 7
29. Thomas V. Morris, *Our Idea of God* (Downers Grove, Ill.: InterVarsity, 1991), p. 120. Para uma discussão mais aprofundada sobre se um ser sempiterno pode ser um ser necessário, cf. William Kneale, "*Time and Eternity in Theology*", *Proceedings of the Aristotelian Society* 61 (1960–1961): 101-107.
30. Morris, *Our Idea of God,* p. 120.
31. *TWOT* 2:672-673, 785.
32. Ibid., p. 645.
33. Ibid., p. 785.
34. Barr, *Biblical Words for Time*, p. 67-82. Não pretendo repetir as evidências de Barr porque isso vai além do objetivo desta discussão e porque acredito que ele defende seu argumento de forma convincente. Os leitores interessados devem consultar sua discussão.
35. Ver Robert Badenas, *Christ the End of the Law* (Sheffield, England: JSOT Press, 1985) para um estudo detalhado de *telos* e como se relaciona especificamente com Romanos 10. 4. O livro de Badenas e Romanos 10. 4 não são sobre a eternidade de Deus, mas ilustra minha ideia sobre o possível significado de *telos*.
36. Stephen Charnock, *The Existence and Attributes of God* (reimpressão, Minneapolis: Klock & Klock, 1977), p. 69-71, 74.
37. Ibid., p. 71-72, 75.
38. Ibid., p. 79-80.

39. Charnock também acrescenta (ibid., p. 81) que a eternidade divina significa que Deus é atemporal, e isso envolve imutabilidade (neste caso, uma noção bastante forte de imutabilidade). Visto que todas essas questões estão envolvidas no debate sobre eternidade atemporal *versus* eternidade temporal, reservarei minha discussão para a abordagem da eternidade divina que faço mais adiante neste livro.
40. Para uma exposição e explicação solidárias da imutabilidade e impassibilidade divinas, conforme defendidas por Tomás de Aquino, cf. Gerald Hanratty, "Divine Immutability and Impassibility Revisited", em Fran O'Rourke, ed., *At the Heart of the Real* (Dublin: Irish Academic Press, 1992), p. 148-162. Para uma explicação interessante de como a doutrina da imutabilidade divina moldou grande parte da teologia do reformador John Knox, cf. Richard Kyle, "The Divine Attributes in John Knox's Concept of God", WTJ 48 (1986): 164ss.
41. Cf., p. ex., Nicholas Wolterstorff, "God Everlasting", em *God and the Good*, Clifton Orlebeke e Lewis Smedes, eds. (Grand Rapids, Mich.: Eerdmans, 1975); e Thomas V. Morris, "Properties, Modalities, and God", *Phil Rev* 93 (January 1984): 42ss.
42. A KJV usa o termo em alguns lugares (Hb 6.17), mas a palavra não está no original.
43. Richard Swinburne, *The Coherence of Theism* (Oxford: Clarendon, 1986), p. 212.
44. William Mann, "Simplicity and Immutability in God", em Thomas V. Morris, ed., *The Concept of God* (Oxford: Oxford University Press, 1987), p. 254, cita as frases mais fortes e influentes desse forte senso de imutabilidade, conforme segue: Agostinho, *De Trinitate*, v, 2, 3; xv, t, 7-8; Anselmo, *Monologion*, 25; Tomás de Aquino, *Summa Theologiae*, pergunta I, questão 9.
45. Paul Helm, *Eternal God* (Oxford: Clarendon, 1988), p. 85-86.
46. Cf. minha obra "Salvation in the Old Testament", *Tradition and Testament*, John S. Feinberg and Paul D. Feinberg, eds. (Chicago: Moody, 1981).
47. Peter Geach, *God and the Soul* (New York: Schocken, 1969), p. 71.
48. Swinburne, *Coherence of Theism*, p. 164.
49. Hector-Neri Castañeda, "Omniscience and Indexical Reference", *J Phil* 64 (April 13, 1967): 203.
50. Para mais explicações de como isso pode se dar no sentido que as Escrituras ensinam, e como a imagem dada de Cristo é logicamente coerente, cf. minha obra "The Incarnation of Jesus Christ", em *In Defense of Miracles*, Gary Habermas e Doug Geivett, eds. (Downers Grove, Ill.: InterVarsity, 1997).
51. Ver cap. 1 de John S. Feinberg e Paul D. Feinberg, *Ethics for a Brave New World* (Wheaton, Ill.: Crossway, 1993), no qual explico vários sistemas de ética cristã e argumento a favor de uma teoria ética modificada do comando divino. Cf. também meu capítulo sobre teonomia em *The many Faces of Evil* (Grand Rapids, Mich.: Zondervan, 1994) para uma exposição mais clara e completa da metafísica e da ética desse sistema.
52. Devo acrescentar que algumas leis do AT são aplicações de leis éticas mais fundamentais e se relacionam a uma situação específica. Por exemplo, a regra de construir um gradil ao redor do telhado é uma aplicação da norma ética mais fundamental de amar o próximo, mas se aplica a uma época em que as casas tinham tetos planos e as pessoas passavam algum tempo sob eles. A regra de amar nosso próximo pode ser aplicada apropriadamente hoje ao se garantir que o passageiro do carro coloque o cinto de segurança. Estas são mudanças na aplicação de uma regra mais fundamental, mas as regras éticas de Deus não mudaram. Para mais informações, cf. *Ethics for a New Brave World*, cap. 1.
53. Se Deus for atemporal, as proposições indexicais não comprometem sua imutabilidade, porque seu conhecimento delas não pode mudar, visto que, como atemporal, Ele não pode

saber a verdade de nenhuma delas. Isso pode parecer comprometer a onisciência divina, mas o atemporalista pode responder que não conhecer os indexicais não põe em perigo a onisciência divina, uma vez que onisciência divina significa que se sabe tudo o que pode ser conhecido, e as proposições indexicais são desconhecidas para um ser atemporal. No cap. 9, sobre Deus, tempo e eternidade, discutiremos a persuasão de tais afirmações.
54. É claro, se Deus está fora do tempo, isso é outra história. Como veremos no cap. 9, essa é uma das questões que aparecem na argumentação sobre se Deus é temporal ou atemporal.
55. Cf. O. T. Allis, *Prophecy and the Church* (Nutley, N.J.: Presbyterian & Reformed, 1977), p. 32, para esse entendimento da passagem de Jonas. Embora eu discorde que este versículo prove que a aliança abraâmica seja realmente condicional (uso para o qual Allis coloca essa interpretação), parece correto que deve ter havido uma condição implícita pretendida por Deus na mensagem de Jonas, mesmo que Jonas não estivesse ciente dela.
56. Há uma restrição a essa ideia. Para os libertários (como os defensores da visão aberta de Deus) que não acreditam que Deus conhece o futuro e acreditam que Ele pode apresentar opções condicionais, mas que deve esperar até que nós ajamos para decidir o que Ele fará, pode haver uma flexibilidade com a imutabilidade de propósitos ou vontade (decreto). Porém, a maioria dos incompatibilistas evangélicos defende que Deus conhece o futuro de alguma forma; portanto, não há necessidade de nenhuma mudança nos propósitos e escolhas de sua parte, pois Ele já sabe o que faremos e há muito tempo decidiu como reagir.

Capítulo 7

1. Peter T. Geach, *Providence and Evil* (Cambridge: Cambridge University Press, 1977), p. 4-5.
2. Outras passagens que de uma forma ou outra mencionam o poder de Deus são Gn 23.6; Êx 9.16; Nm 14.17; Dt 11.2; Js 4.24; Ne 9.32; Jó 5.17; 6.4, 14; 8.3; 22.25,26; 23.6, 16; 24.1, 22; 26.14; 27.2, 10, 11, 13; 32.8; 33.4; 34.10, 12; 35.13; 36.22; Sl 59.11; 63.2; 68.14, 35; 106.8; 110.3; Is 30.29; 43.16; 60.16; Jr 32.19; Ez 20.33-34; Dn 4.3; Os 13.14; Sf 3.17; Mt 22.29; Mc 12.24; Lc 1.49; At 1.7; Rm 1.4; 15.13, 19; 16.25; 1Co 2.5; 4.20; 5.4; 2Co 4.7; 6.7; 10.4; Ef 3.20; 2Tm 1.8; 1Pe 5.6; 2Pe 1.16; Ap 11.17; 12.10; 15.3, 8; 16.7; 19.1, 6.
3. Embora seja debatido, há evidência de que René Descartes defendia que Deus podia concretizar uma condição logicamente contraditória. Para mais discussão sobre a posição de Descartes, cf. Harry G. Frankfurt, "The Logic of Omnipotence", *Phil Rev* 72 (1963); D. Goldstick, "Could God Make a Contradiction True?" *Relig Stud* 26 (1990); David E. Schrader, "Frankfurt e Descartes: God and Logical Truth", *Sophia* 25 (abr. 1986); e Alvin Plantinga, *Does God Have a Nature?* (Milwaukee: Marquette University Press, 1980).
4. Heiko A. Oberman, *The Harvest of Medieval Theology* (Grand Rapids, Mich.: Eerdmans, 1967), p. 37. Cf. também a explicação de Leff sobre os dois poderes em Gordon Leff, *Medieval Thought* (Baltimore: Penguin, 1970), p. 288.
5. William of Ockham, "*Sententiarum* IV", *Opera Plurima*, 4:1494-1496 (London: Gregg Press, 1962), q. 8-9, E-F.
6. Para evidências de que mesmo no século 15, nas vésperas da Reforma, havia teonomistas que acreditavam nessas e em outras doutrinas que concediam a Deus a capacidade de fazer várias coisas aparentemente impossíveis, consulte L. A. Kennedy, "The Fifteenth Century and Divine Absolute Power", *Vivarium* 27 (1989): 125-152.
7. Essa ideia tem sido afirmada por pensadores como Hendrikus Berkhof, *Christian Faith: An Introduction to the Study of the Faith* (Grand Rapids, Mich.: Eerdmans, 1986), p.

157-160; Grace M. Jantzen, "Human Autonomy in the Body of God", em Alastair Kee e Eugene T. Long, eds., *Being and Truth: Essays in Honour of John Macquarrie* (London: 1986), p. 195; e Simone Weil, *Gateway to God* (London: Fontana, 1974), p. 80.
8. Marcel Sarot, "Omnipotence and Self-limitation", em Gijsbert van den Brink, et al., eds., *Christian Faith and Philosophical Theology* (Kampen, Netherlands: Kok Pharos, 1992), p. 177.
9. Para mais discussão sobre a limitação e autolimitação do poder de Deus, cf. Sarot, "Omnipotence and Self-limitation"; D. J. Louw, "Omnipotence (Force) or Vulnerability (Defencelessness)?" *Scriptura* 28 (1989): 41-58 (esp. 50-56); e Nicholas Gier, "Three Types of Divine Power", *Process Stud* 20 (Winter 1991): 221-232. Para um estudo interessante e proveitoso da crença na tradição judaica em um Deus que é finito em conhecimento e poder, cf. Gilbert S. Rosenthal, "Omnipotence, Omniscience and a Finite God", *Judaism* 39 (Winter 1990): 55-72.
10. Para uma discussão dos meus problemas com a teonomia, cf., p. ex., John S. Feinberg e Paul D. Feinberg, *Ethics for a Brave New World* (Wheaton, Ill.: Crossway, 1993), cap. 1; e minha obra *The Many Faces of Evil* (Grand Rapids, Mich.: Zondervan, 1994), cap. 2, bem como minha discussão da teonomia em outro lugar deste livro.
11. Anthony Kenny, *The God of the Philosophers* (Oxford: Clarendon, 1979), p. 91.
12. Ibid., p. 91-92.
13. Ibid., p. 92.
14. Tomás de Aquino, *Summa Theologiae*, parte Ia, 25, 3.
15. Kenny, *God of the Philosophers*, p. 93.
16. Alvin Plantinga, *God and Other Minds* (Ithaca, N.Y.: Cornell University Press, 1967), p. 169.
17. Ibid., p. 169-170.
18. Ibid., p. 170.
19. Ibid. Cf. também Kenny, *God of the Philosophers*, p. 95.
20. Ibid.
21. Ibid.
22. Richard Swinburne, *The Coherence of Theism* (Oxford: Clarendon, 1977), p. 154-158.
23. Kenny, *God of the Philosophers*, p. 96.
24. Ibid.
25. Ibid., p. 96-97.
26. Ibid., p. 97.
27. Ibid., p. 98.
28. Ibid.
29. Philip E. Devenish, "Omnipotence, Creation, Perfection: Kenny and Aquinas on the Power and Action of God", *Mod Theol* 1 (1985): 108-109.
30. Ibid.
31. Para uma definição diferente de onipotência, juntamente com uma excelente discussão do conjunto de questões que envolvem a onipotência divina, cf. Thomas P. Flint and Alfred J. Freddoso, "Maximal Power", em Thomas V. Morris, ed., *The Concept of God* (Oxford: Oxford University Press, 1987), p. 134-167; originalmente impresso em Alfred J. Freddoso, ed., *The Existence and Nature of God* (Notre Dame, Ind.: University of Notre Dame Press, 1983). Flint e Freddoso oferecem cinco condições de adequação filosófica que eles acreditam que uma explicação de poder máximo deve atender. Eles explicam por que uma ou outra explicação não atende a uma ou mais dessas condições. Então, eles oferecem uma explicação que acreditam que atende a todas as cinco condições e resolve

vários problemas relacionados à onipotência. Diferentemente de Kenny, eles definem onipotência em termos de condições que um ser onipotente pode criar, enquanto Kenny se concentra nos poderes que um ser onipotente pode possuir logicamente. A definição de Kenny parece mais simples e direta, mas também captura as principais preocupações de Flint e Freddoso sem parte da complexidade de suas condições de adequação.

32. Yeager Hudson, "Onipotence: Must Be In fi nite?" em W. Creighton Peden e Larry E. Axel, eds. *God, Values, and Empiricism: Issues in Philosophical Theology* (Macon, Ga.: Mercer University Press, 1989), p. 93.
33. Além disso, essa parece ser a melhor maneira de lidar com quebra-cabeças como o paradoxo da pedra e o paradoxo da onipotência de J. L. Mackie. Quanto ao primeiro, George Mavrodes argumenta que a resposta vem a partir do momento que vemos que a ideia de uma pedra tão pesada que um ser onipotente não poderia levantar é contraditória. Visto que as contradições lógicas não especificam nenhum poder para fazer qualquer ato factível, o paradoxo se dissolve e de forma alguma prejudica a onipotência. Eu acredito que esta também é a melhor maneira de responder ao paradoxo da onipotência de Mackie. Cf. George I. Mavrodes, "Some Puzzles Concerning Onipotence", em Baruch A. Brody, ed., *Readings in the Philosophy of Religion: An Analytic Approach*, 2 ed. (Englewood Cliffs, N.J.: Prentice-Hall, 1974), p. 411. Para uma discussão mais aprofundada do paradoxo da pedra de uma perspectiva diferente, cf. Alfred R. Mele and M. P. Smith, "The New Paradox of the Stone", *Faith Phil 5* (julho de 1988). Para o paradoxo de Mackie, cf. J. L. Mackie, "Evil and Onipotence", Mind 64 (1955): 210.
34. Cf. meu capítulo "God Ordains All Things", em David Basinger e Randall Basinger, eds., *Predestination and Free Will* (Downers Grove, Ill.: InterVarsity, 1986).
35. Thomas V. Morris, *Our Idea of God* (Downers Grove, Ill.: InterVarsity, 1991), p. 69-73. Cf. também meu artigo em Basinger e Basinger para outros sentidos de "poder."
36. Thomas V. Morris, "Perfection and Powe", *Phil Rel* 20 (1986): 166-167.
37. Ibid., p. 167.
38. Para uma discussão mais aprofundada e suporte à noção de que Deus pode ter vários poderes que nunca usaria por causa de seus atributos morais, cf. o artigo provocativo e útil de Thomas B. Talbott, "On the Divine Nature and the Nature of Divine Freedom", *Faith Phil 5* (janeiro de 1988): 3-24, especialmente seções i-iii.
39. Cf. minha obra *Many Faces of Evil*, cap. 2–3.
40. Anne Minas, "God and Forgiveness", *Phil Quart* 25 (1975): 138-150.
41. Para mais discussão e respostas à alegação de que Deus não pode perdoar, cf. Margaret Paton, "Can God Forgive?" *Mod Theol* 4 (1988): 225-233.
42. A posição descrita é a ressaltada pelos defensores do teísmo aberto. Cf., p. ex., John Sandera acerca do controle soberano de Deus em *The God Who Risks* (Downers Grove, Ill.: InterVarsity, 1998).
43. As opiniões que acabamos de discutir também podem ser defendidas pelos defensores do teísmo aberto, mas certamente é uma posição que muitos arminianos tradicionais têm assumido.
44. As palavras bíblicas para vontade (e assim, vontade divina) são *hapes*, *sebu* e *rason* em hebraico, e *boule* e *thelema* em grego.
45. As Escrituras também ensinam que Cristo, o segundo membro da Trindade, conhece várias coisas que somente Deus poderia saber. João fala frequentemente do conhecimento de Cristo, e a ideia é quase sempre mais do que mera consciência intelectual; Cristo sabe por relacionamento pessoal (cf. Jo 7.29; 8.55; 10.14, 15, 27). Jesus também sabia de

vários fatos sobre as pessoas (Jo 5.42; 8.37; 13.18). Jesus também conhecia claramente sua missão e conhecia várias verdades espirituais (Jo 5.32; 8.14; 11.22; 12.50). Finalmente, em Apocalipse 1–3, temos as mensagens de Cristo para as sete igrejas. Repetidas vezes, Ele mostra que sabe o que está acontecendo (bom e mau) em cada igreja: Éfeso (Ap 2.2); Esmirna (2. 9); Pérgamo (2.13); Cf. também 2.19; 3. 1, 8, 15.

46. Kenny, *God of the Philosophers*, p. 91 (ênfase minha).
47. Ibid., p. 29-32.
48. David Blumenfield, "On the Compossibility of the Divine Attributes", em Morris, ed., *Concept of God*, p. 206-207.
49. Kenny, *God of the Philosophers*, p. 31.
50. Ibid., p. 31-32.
51. Ibid., p. 34.
52. Ibid.
53. Para uma discussão mais aprofundada dessas duas respostas e de toda a questão da onisciência e do conhecimento pela experiência, cf. Marcel Sarot, "Oniscience and Experience", *Phil Rel 30* (1991): 89-102.
54. Bruce Reichenbach, "Omniscience and Deliberation", *Int J Phil Relig 16* (1984): 227.
55. Tomis Kapitan levanta uma questão semelhante em termos de ação intencional em vez de deliberação. Kapitan afirma que para agir intencionalmente, o que se faz "está conectado, pelo menos causalmente, a se estar determinado a realizar certo curso de ação" (p. 107). Porém, se Deus é onisciente, é impossível Ele não ter certeza do que fará, pois já sabe tudo e, portanto, sabe de antemão qualquer ação que fará. Portanto, parece impossível Ele se qualificar como um agente intencional. O tipo de respostas que irei oferecer à questão da deliberação também se aplica aqui. Para as opiniões de Kapitan e a interação com elas, cf. "Agency and Omniscience", *Relig Stud 27* (1991): 105-120, de onde vem a citação nesta nota de rodapé. Cf. também uma resposta a Kapitan e sua réplica em David P. Hunt, "Omniprescient Agency", *Relig Stud 28* (1992): 351-369 e Tomis Kapitan, "The Incompatibility of Oniscience and Intentional Action: A Reply to David P. Hunt", *Relig Stud 30* (1994): 55-66.
56. Reichenbach, "Oniscience and Deliberation", p. 230-232. Para uma breve resposta a Reichenbach sobre toda a problemática que ele levanta em seu artigo, cf. David Basinger, "Oniscience and Deliberation: A Response to Reichenbach", Phil Rel 20 (1986): 169-172.
57. Aqui, devo acrescentar que embora a linguagem usada faça parecer que Deus está no tempo, nesse ponto do livro, de uma forma ou outra, não estou tomando nenhuma decisão sobre o assunto. Tanto os atemporalistas quanto os temporalistas que defendem a onisciência devem abordar a questão se Deus sempre soube que criaria e que mundo criaria, ou se Ele tomou uma decisão sobre esses assuntos. A questão que estou levantando confronta o teísmo, independentemente de como se lida com a questão do temporalismo / atemporalismo, e minhas respostas básicas podem ser utilizadas tanto por um temporalista como por um atemporalista.
58. Mais uma questão de interesse referente à onisciência e privacidade. Para detalhes, cf. Margaret Falls-Corbitt e F. Michael McLain, "God and Privacy", *Faith Phil* 9 (July 1992): 370-371.
59. Para mais discussões interessantes sobre a onisciência divina, cf. Jonathan L. Kvanvig, "Unknowable Truths and the Doctrine of Omniscience", *Journal of the American Academy of Religion* 57 (Fall 1989): 485-507; Kvanvig, "The Analogy Argument for a Limited Account of Omniscience", *International Philosophical Quarterly* 29 (jun. 1989): 129-137; e William E. Mann, "Epistemology Supernaturalized" *Faith Phil* 2 (October 1985): 436-456.

60. Charles Taliaferro, "Divine Cognitive Power", *Int J Phil Relig* 18 (1985): 133-134.
61. Ibid., p. 134-136.
62. Alston reflete se o conhecimento de Deus é proposicional ou não proposicional, e os leitores interessados podem consultar sua discussão. Em qualquer uma das hipóteses, no entanto, Alston argumenta que Deus adquire conhecimento intuitivamente, e esse é o ponto significativo para nossa discussão. Cf. William P. Alston, "Does God Have Beliefs?" *Relig Stud* 22 (1986).
63. Ibid., p. 294-295.
64. Ibid., p. 297-298. Para ampliar ainda mais a visão de Alston e sua aplicação desta discussão à questão de se Deus tem crenças, cf. o restante de seu artigo. Para uma resposta a Alston, que concorda com muito do que ele diz, mas oferece uma ligeira alteração, cf. William Hasker, "Yes, God Has Beliefs!" *Relig Stud* 24 (1988): 385-394.
65. É claro, isso não resolverá necessariamente todos os problemas, pois devemos reconhecer que cada membro da Trindade compartilha da mesma essência e mente divinas. Ainda, as Escrituras retratam cada um como, de alguma forma, individualizando essa mente divina para a subsistência particular, sem também multiplicar as essências divinas. Estamos claramente na presença de mistério nesse ponto, mas se de alguma forma (como parece necessário para evitar o unitarismo) houver três subsistências distintas, então faz sentido falar de conversa etc., dentro da Divindade.
66. Louis Berkhof, *Systematic Theology* (Grand Rapids, Mich.: Eerdmans, 1968), p. 69
67. Os autores bíblicos também falam da sabedoria de Cristo. Cf., p. ex., Is 11.2; Mt 13.54; Mc 6. 2; Lc 2.40, 52; e Cl 2.3.
68. *TWOT* 1:30.
69. William E. Mann, "Simplicity and Immutability in God", em Morris, ed., *Concept of God*, p. 255.
70. Eleonore Stump and Norman Kretzmann, "Absolute Simplicity", *Faith Phil* 2 (October 1985): 354355. Cf. também Herman Bavinck, *The Doctrine of God* (Grand Rapids, Mich.: Baker, 1977), p. 168, 170.
71. Mann, "Simplicity and Immutability in God", p. 255.
72. Quanto ao motivo pelo qual a doutrina era defendida frequentemente durante a Idade Média e não parecia tão estranha para os medievais como parece a nós, Nicholas Wolterstorff argumenta que a razão básica é que eles estavam trabalhando a partir de uma ontologia diferente da nossa: uma ontologia constituinte em vez de relacional. Para um desfecho completo desse ponto, cf. Nicholas Wolterstorff, "Divine Simplicity", em Kelly J. Clark, ed., *Our Knowledge of God: Essays on Natural and Philosophical Theology* (Boston: Kluwer,1992), p. 140ss.
73. Anselmo, "Monologium", cap. 1 em *St. Anselm: Basic Writings,* trad. S. N. Deane (La Salle, Ill.: Open Court, 1968), p. 40.
74. Ibid., cap. 16, p. 65.
75. A relação entre simplicidade e eternidade será discutida ao se abordar argumentos para a eternidade atemporal divina. Para nossos propósitos agora, descrevi apenas a porção do argumento de Anselmo que é relevante para a asseidade.
76. L. Berkhof, *Systematic Theology,* p. 62.
77. Bavinck, *Doctrine of God,* p. 168.
78. Morris, *Our Idea of God,* p. 114.
79. Thomas V. Morris, "On God and Mann: A View of Divine Simplicity", *Relig Stud* 21 (1985): 300.

80. Alvin Plantinga, *Does God Have a Nature?* (Milwaukee: Marquette University Press, 1980), p. 47.
81. Ibid.
82. Ibid., p. 51-52.
83. Ibid., p. 52-53.
84. Brian Leftow, "The Roots of Eternity", *Relig Stud 24* (1988): 198-199, diz que tais atributos não vão direto ao ponto, porque "um ser simples é idêntico apenas aos seus atributos reais ou intrínsecos, pois ter apenas um atributo real e intrínseco distinto implicaria complexidade real e intrínseca" (p. 199). Contudo, Plantinga usa o termo "propriedade" no sentido amplo em que é usado nas discussões contemporâneas. Além disso, também parece que a ideia de dependência de nossos atributos (intrínsecos ou extrínsecos) ainda é o que gera o desejo de defender a simplicidade. Portanto, é apropriado que Plantinga valorize esses tipos de atributos. Finalmente, é realmente discutível que a doutrina da simplicidade divina seja apenas sobre atributos intrínsecos. Como mostra Morris, trata-se, em parte, de identidade de propriedade, independentemente do tipo de propriedade de que estejamos falando. E se alguém defende a simplicidade e diz que ela se relaciona apenas com as propriedades intrínsecas, mas também admite que Deus tem essas propriedades extrínsecas, ainda se deve dizer algo sobre como essas propriedades extrínsecas se relacionam com seu ser. Elas são idênticas a Ele ou não? Se forem idênticas, então o argumento de Leftow sobre propriedades intrínsecas/exstrínsecas está fora de questão, pois todas as propriedades de Deus se tornam intrínsecas. Se as "extrínsecas" não são idênticas ao ser de Deus, mas se relacionam com Ele, então o que acontece com a noção de simplicidade?
85. Estou baseando essa discussão na argumentação de Plantinga em *Does God Have a Nature?* (p. 40-44). Para uma discussão interessante de outro problema envolvendo a simplicidade divina, cf. William Hasker, "Simplicity and Freedom: A Response to Stump and Kretzmann", *Faith Phil 3* (April 986).
86. William E. Mann, "Divine Simplicity", *Relig Stud* 18 (1981): 451-71. Cf. também William E. Mann, "Simplicity and Properties: A Reply to Morris", *Relig Stud* 22 (set./dez. 1986): 344.
87. Morris, "On God and Mann", p. 301.
88. Mann, "Simplicity and Properties", p. 344.
89. Ibid., p. 343-344, citando seus pontos de vista em "Divine Simplicity", p. 465-467.
90. Leftow, "Roots of Eternity", p. 195.
91. Morris, "On God and Mann", p. 302.
92. Mann, "Simplicity and Properties", p. 352.
93. Ibid.
94. Wolterstorff, "Divine Simplicity", p. 139.
95. Ibid.
96. Mann, "Simplicity and Properties", p. 352.
97. Além disso, William Vallicella oferece outro argumento contra essa visão. Para detalhes, cf. William Vallicella, "Divine Simplicity: A New Defense", *Faith Phil 9* (October 1992): 511.
98. Morris, *Our Idea of God*, p. 116.
99. Um teonomista, portanto, pode defender a asseidade divina como autossuficiência no sentido de que Deus não depende de propriedades ou de sua natureza para seus atributos ao manter a simplicidade. Outra maneira que um teonomista pode apoiar a asseidade divina é admitindo que Deus tem uma natureza que depende de propriedades que sejam independentes Dele mesmo, mas que Deus é aquele que criou as propriedades e as

controla, então sua autossuficiência ainda está inteiramente intacta. O fato de tal proposta ser até mesmo logicamente coerente é uma questão que deixarei para a consideração do leitor, mas mesmo que ela não seja, o teonomista pode ter uma forma de teonomia que admite que Deus faça o logicamente contraditório, então uma posição logicamente inconsistente não parece prejudicar essa forma de teonomia.

100. Se eu o entendi corretamente, essa é fundamentalmente a posição de Plantinga. Cf. Plantinga, *Does God Have a Nature?* p. 126-146.

Capítulo 8

1. TWOT 2:786-787.
2. Ibid. 2.787.
3. TWOT 1:305-307
4. Para mais discussão dos vários usos desses termos no AT, cf. *TWOT* 2:752-755.
5. Para aprimoramento desse e outros usos destes termos, cf. *TDNT* 2.
6. *TWOT* 1:14.
7. Ibid. 1:332.
8. Ibid. 1:302.
9. Ibid. 1:303.
10. Hans Conzelmann, "Charis", em *TDNT* 9:391-396.
11. Konrad Weiss, "Chrestos", em *TDNT* 9:487.
12. *TWOT* 2:842.
13. Ibid. 2:843.
14. Ibid. 2:302.
15. Rudolf Bultmann, "Eleos", em *TDNT* 2:477-485.
16. *TWOT* 1:72.
17. Cf. J. Horst, "Makrothumia", em *TDNT* 4:379-387, para uso no NT.
18. Franz Delitzsch, *Biblical Commentary on the Psalms,* vol. 3 (Grand Rapids, Mich.: Eerdmans, 1968 ed.), p. 15.
19. *TWOT* 1:346.
20. Ibid. 2:859-860. Na tradução inglesa esse versículo é Sl 40.7.
21. Konrad Weiss, "Chrestotes", em *TDNT* 9:491.
22. Ethelbert Stauffer, "Agapao", em *TDNT* 1:51-53.
23. John S. Feinberg, "Truth: Relation of Theories of Truth to Hermeneutics", em Earl Radmacher e Robert Preus, eds., *Hermeneutics, Inerrancy, and the Bible* (Grand Rapids, Mich.: Zondervan, 1984).
24. Cf. cap. 1 de John S. Feinberg e Paul D. Feinberg, *Ethics for a Brave New World* (Wheaton, Ill.: Crossway, 1993).

Capítulo 9

1. Stephen Charnock, *The Existence and Attributes of God* (reprint, Minneapolis: Klock & Klock, 1977), p. 72.
2. Nelson Pike, *God and Timelessness* (New York: Schocken, 1970), p. 7.
3. Ibid.

4. Ibidem, p. 8. Se esse é o sentido de atemporalidade envolvido, como deveríamos concebê-lo? Hasker considera a atemporalidade de Deus como algo semelhante à atemporalidade de objetos matemáticos e explica os problemas em pensar na atemporalidade de Deus como algo semelhante a isso. Cf. William Hasker, "Concerning the Intelligibility of 'God is Timeless'", *New Scholasticism 57* (primavera de 1983): 173-174.
5. Boécio, "The Consolation of Philosophy", em Boécio: *The Theological Tractates*, Loeb Classical Library (reimpressão, Cambridge, Mass.: Harvard University Press, 1990), livro 5, prosa 6, p. 423
6. Eleonore Stump e Norman Kretzmann, "Eternity", em Thomas V. Morris, ed., *The Concept of God* (Oxford: Oxford University Press, 1987), p. 222-224. Paul Fitzgerald ("Stump e Kretzmann on Time and Eternity", J Phil 84 [1985]) cita esses quatro itens de Stump e Kretzmann, mas acredita que dois outros elementos são exigidos pela definição: 1) todos os eventos são o que Stump e Kretzmann rotulam de ET-simultâneo a cada entidade ou evento eterno, e 2) cada característica eterna de uma entidade eterna é de alguma forma simultânea a todas as outras características (p. 261-262). Mais adiante neste capítulo eu explicarei e avaliarei a simultaneidade-ET.
7. Stump e Kretzmann, "Eternity", p. 225.
8. Ibid.
9. Ibid., p. 237.
10. Ibid., p. 238.
11. Eleonore Stump e Norman Kretzmann, "Atemporal Duration", em *J Phil* 84 (1987): 218-219.
12. Stump and Kretzmann, "Eternity", p. 238-239.
13. Thomas V. Morris, *Our Idea of God* (Downers Grove, Ill.: InterVarsity, 1991), p. 120. Para uma discussão mais aprofundada sobre se um ser sempiterno pode ser um ser necessário, cf. William Kneale, "Time and Eternity in Theology", *Proceedings of the Aristotelian Society* 61 (1960-61): 101-107.
14. Paul Helm, *Eternal God* (Oxford: Clarendon, 1988), p. 5.
15. James Barr (*Biblical Words for Time,* 2 ed. [London: SCM Press LTD, 1969], p. 138) concorda quando escreve que encontramos uma "escassez muita séria na Bíblia do tipo de *declaração efetival* sobre 'tempo' ou 'eternidade', que poderia formar uma base suficiente para uma visão filosófico-teológica do tempo."
16. Helm, *Eternal God,* p. 11.
17. Para detalhes, cf. William Kneale, "Time and Eternity in Theology", p. 87. Cf. também Stump e Kretzmann, "Eternity." A famosa passagem de Platão sobre a eternidade é retirada do *Timeu,* 38B5.
18. Agostinho, *De Civitate Dei,* XI, 21. Essa ideia é defendida em Kneale, "Time and Eternity in Theology", p. 94.
19. Agostinho, *Confessions* (Baltimore: Penguin, 1964), XI, 10, p. 261.
20. Ibid., XI, 11, p. 261-262.
21. Ibid., XI, 13, p. 263.
22. Ibid.
23. Pike, *God and Timelessness,* p. 8-9.
24. Boécio, "The Consolation of Philosophy", livro 5, passagem 6, p. 115-118 *passim.*
25. Anselmo, "Proslogium", cap. 19, p. 25, em *St. Anselm: Basic Writings,* trad. S. N. Deane (La Salle, Ill.: Open Court, 1968). Para uma declaração semelhante, Cf. também Anselmo, "Monologium", cap. 22, p. 81 em *St. Anselm: Basic Writings.*

26. Pike, *God and Timelessness*, p. 9.
27. Anselm, "Proslogium", cap. 5, p. 11.
28. Ibid., cap. 11, p. 19.
29. Anselmo, "Monologium", cap. 3, p. 42, e cap. 4, p. 44.
30. Ele escreve: "Visto, então ser verdadeiro sobre tudo o mais que existe que se for considerado independentemente, *sê-lo* é melhor do que *não o ser*; já que é ímpio supor que a substância da Natureza suprema seja qualquer coisa que aquilo que não é ela não é de modo algum melhor, deve ser verdade que essa substância, seja o que for, em geral é melhor de o que não é ela." "Monologium", cap. 15, p. 63-64.
31. Ibid., cap. 21, p. 76-77.
32. Tomás de Aquino, *Summa Theologiae*, ed. Thomas Gilby (Garden City, N.Y.: Image, 1969), 1A, Q 10, 1, p. 144 e 145.
33. Pike, *God and Timelessness*, p. 10.
34. Aquino, *Summa Theologiae*, 1A, Q 10, 2, p. 146.
35. Ibid., 1A, Q 2, artigo 3, p. 71.
36. Ibid., p. 70.
37. Para várias outras maneiras de derivar a eternidade atemporal, por conexão lógica, de outros pontos de vista acerca de Deus, cf. Stephen Charnock, *Existence and Attributes of God*, p. 81; Morris, *Our Idea of God*, p. 129-130. O argumento de Pike para isso está em *God and Timelessness*, p. 135-165. Cf. também Helm, *Eternal God*, p. 16-22 para uma resposta a Pike.
38. Anselmo, "Monologium", cap. 1, p. 40.
39. Ibid., cap. 16, p. 65.
40. A obra de Alvin Plantinga, *Does God Have a Nature?* (Milwaukee: Marquette University Press, 1980) é extremamente proveitosa para esclarecer a mudança de asseidade para simplicidade. Cf. suas explicações nas p. 3233. Cf. também as p. 30 e 31, nas quais o autor cita Aquino, *Summa Theologiae*, IA 3, 4, e *Summa Contra Gentiles* I, 38.
41. Como confirmação dessa interpretação, cf. o que Anselmo diz no cap. 17 do "Monologium" (p. 66-67): "Deve-se inferir, então, que se a Natureza suprema for tão boa, ela, portanto será composta de mais bens do que um? Ou, antes, é verdade que não há mais bens do que um, mas um único bem descrito por muitos nomes? Pois, tudo o que é composto requer para sua subsistência as coisas de que é composto e, na verdade, deve a elas o fato de sua existência, porque, seja ela o que for, é por meio dessas coisas; e não são o que são por meio dela e, portanto, ela não é absolutamente suprema. Se, então, essa Natureza for composta de mais bens do que um, todos esses fatos que são verdadeiros para cada composto devem ser aplicáveis a ela — já que, então, essa Natureza não é de forma alguma composta, e, contudo, é, por todos os meios, aqueles muitos bens, necessariamente todos estes não são mais de um, mas são um. Qualquer um deles é, portanto, o mesmo que todos, quer sejam considerados de uma vez só ou separadamente. Portanto, assim como qualquer coisa que é atribuída à essência da substância suprema é uma; então esta substância é o que quer que seja essencialmente de certo modo, e em virtude de uma consideração."
42. Helm, *Eternal God*, cap. 5, argumenta com alguns detalhes que a imutabilidade implica atemporalidade. Ele observa diferentes sentidos de imutabilidade e mostra como eles se relacionam com a atemporalidade.
43. William E. Mann, "Simplicity and Immutability in God", em Morris, ed., *Concept of God*, p. 255.

44. Ibid., p. 256-257. Mann usa DDI, em inglês, para se referir à doutrina da imutabilidade divina.
45. Pike explica o argumento de uma maneira mais detalhada (*God and Timelessness*, p. 43). Cf. também a explicação de Helm da conexão entre imutabilidade e atemporalidade em Helm, *Eternal God*, p. 16-22. A ênfase de Helm tende a focar a razão de um Deus atemporal ter de ser imutável, em vez de focar o oposto, mas as duas implicações são discutidas. Cf. também Charnock, *Existence and Attributes of God*, p. 81; e Morris, *Our Idea of God*, p. 127, para mais explicações da conexão entre esses atributos.
46. Morris, *Our Idea of God*, p. 125.
47. Ibid.
48. Ibid., p. 125-126.
49. Helm, *Eternal God*, p. 38. Cf. também Morris, *Our Idea of God*, p. 126.
50. Morris, *Our Idea of God*, p. 126.
51. Helm, *Eternal God*, p. 38.
52. Ibid., p. 38-39.
53. Morris, *Our Idea of God*, p. 124. Cf. também William P. Alston, "Hartshorne and Aquinas: A Via Media", em William P. Alston, ed., *Divine Nature and Human Language: Essays in Philosophical Theology* (Ithaca, N.Y.: Cornell University Press, 1989), p. 133. Alston conclui que, à luz desse problema, a única alternativa real para o temporalista é adotar a visão de Hartshorne de que Deus e o mundo são igualmente básicos em termos metafísicos. As atividades criativas de Deus, então, estariam limitadas a fazer com que o mundo concordasse com seus objetivos. A criação *ex nihilo* seria descartada.
54. Agostinho, *Confessions*, XI, 12, p. 262.
55. Morris oferece duas respostas em nome dos temporalistas, mas nenhuma delas é especialmente convincente. Cf. Morris, *Our Idea of God*, p. 124.
56. Brian Leftow, *Time and Eternity* (Ithaca, N.Y.: Cornell University Press, 1991), p. 281.
57. Cf. Leftow, p. 281, para algumas objeções às premissas.
58. Ibid., p. 282.
59. William Hasker, *God, Time and Knowledge* (Ithaca, N.Y.: Cornell University Press, 1989), p. 179.
60. Stump and Kretzmann, "Eternity", p. 237.
61. Hasker, *God, Time and Knowledge*, p. 183. Hasker suscita esse argumento pela primeira vez nas p. 179 a 180.
62. Friedrich Schleiermacher, *The Christian Faith* (Edinburgh: Clark, 1956), parágrafo numerado 53, seção I, p. 206-208.
63. Pike, *God and Timelessness*, p. 6, citando Schleiermacher, parágrafo numerado 53, seção 2, p. 209.
64. Cf. Helm, *Eternal God*, p. 41-55. Para uma discussão mais aprofundada da relação espaço e tempo e do uso dessa relação para argumentar que Deus seja atemporal, cf. Brian Leftow, *Time and Eternity*, cap. 3.
65. Robert Coburn, "Professor Malcolm on God", *Austl J Phil* 40-41 (1962–1963): 155.
66. R. L. Sturch, "The Problem of Divine Eternity", *Relig Stud* 10 (1974): 489-490. Richard Gale discute duas atividades consideradas impossíveis para um ser atemporal: ações intencionais e interação com outros seres. Cf. Richard M. Gale, "Omniscience-Immutability Arguments", *Amer Phil Quart* 23 (October 1986): 333.
67. Sturch, "Problem of Divine Eternity", p. 490.
68. Pike (*God and Timelessness*, p. 122-123) explica por que um ser atemporal não poderia fazer muitas dessas atividades. Refletir e deliberar levam tempo, por isso requerem extensão

temporal. Antecipar, lembrar e pretender requerem localização temporal. Os seres atemporais não têm extensão temporal nem localização.
69. Sturch, "Problem of Divine Eternity", p. 490.
70. Ibid. Para uma discussão mais aprofundada de como um ser atemporal poderia intentar uma ação, cf. Brian Leftow, *Time and Eternity*, p. 295-297.
71. Sua resposta é um sentido simplificado de "afeto". Cf. Sturch, "Problem of Divine Eternity", p. 491.
72. Ibid.
73. Aqui eu observo que esse problema particular confronta o teísta na forma em que eu o levanto apenas no caso de tal teísta ser um indeterminista. Sturch certamente o é e oferece sua explicação sobre a vinha de Acabe e Nabote apropriadamente. Para um atemporalista que é determinista, este não é um problema tão difícil, pois o determinista pode dizer que Deus, ao determinar todas as coisas, decidiu de uma só vez o que vai acontecer e como Ele vai reagir a tudo o que ocorrer. O único problema, então, para o determinista é se faz sentido dizer que um Deus que decidiu todas as coisas em um ato atemporal é verdadeiramente capaz de realizar as coisas que Ele planejou em nosso mundo. Porém, essa dificuldade foca pelo menos o debate temporal/atemporal sobre a eternidade, sem complicá-lo ao lidar com as dificuldades que surgem quando se mantém o livre-arbítrio libertário.
74. Paul Helm abordou várias dessas atividades como um atemporal deveria fazer. Típico de sua abordagem é o modo como lida com a lembrança. Cf. Helm, *Eternal God*, p. 59-61.
75. Mann, "Simplicity and Immutability in God", p. 257.
76. Ibid.
77. Ibid., p. 260.
78. Ibid., p. 259.
79. Ibid., p. 258.
80. Stump e Kretzmann, "Eternity", p. 240.
81. Pike, *God and Timelessness*, p. 118, cf. o problema da localização temporal (não tanto a duração temporal) como a incoerência com a atemporalidade. Cf. também Richard Swinburne, *The Coherence of Theism* (Oxford: Clarendon, 1986), p. 220-221. Também parece que se Deus age no tempo, suas ações participam da natureza do tempo, e muitos atos no tempo levam tempo para serem realizados (ou seja, eles têm um começo, meio e fim – há uma sucessão temporal neles). Portanto, se Deus realiza tais ações, há uma mudança nos estados de Deus, o que é impossível para um ser imutável e atemporal.
82. Pike, *God and Timelessness*, p. 104-105. Cf. também Helm, *Eternal God*, p. 67-68 para uma exposição desse argumento, conforme encontrado em Pike.
83. Stump e Kretzmann, "Eternity", p. 241.
84. Ibid.
85. Helm oferece dois argumentos para mostrar o erro nessa linha de raciocínio (Helm, *Eternal God*, p. 70).
86. Helm (*Eternal God*, p. 70-71) oferece esta resposta, mas ela é uma ocorrência bem comum para os calvinistas.
87. Nicholas Wolterstorff, "God Everlasting", em *God and the Good*, Clifton Orlebeke and Lewis Smedes, eds. (Grand Rapids, Mich.: Eerdmans, 1975), p. 195-196.
88. Para apresentações dessa linha de argumentação, cf. Wolterstorff, "God Everlasting", p. 197ss; Hasker, "Concerning the Intelligibility of 'God Is Timeless'", p. 182ss; e Morris, *Our Idea of God*, p. 132-133.

89. Para essa linha básica de argumentação, cf. Wolterstorff, "God Everlasting", p. 181-182,192-194. Cf. também Morris, *Our Idea of God*, p. 134-135.
90. Morris, *Our Idea of God*, p. 134-135.
91. Wolterstorff, "God Everlasting", p. 194.
92. Ibid., p. 194-195.
93. Ibid., p. 195-196.
94. Ibid., p. 196.
95. Anthony Kenny, *Aquinas: A Collection of Critical Essays* (London, 1969), p. 264, conforme citado em Anthony Kenny, *The God of the Philosophers* (Oxford: Clarendon, 1979), p. 38-39. Swinburne (*Coherence of Theism*, p. 220-221) oferece uma versão diferente do mesmo problema.
96. Outras resoluções também foram oferecidas. William Hasker, um temporalista, oferece uma em nome dos atemporalistas e depois a critica. Cf. Hasker, *God, Time, and Knowledge*, p. 162-184. Uma terceira proposta foi desenvolvida por Brian Leftow. Cf. Brian Leftow, "Eternity and Simultaneity", *Faith Phil* 8 (abr. 1991): 149-164; e a obra de Leftow, *Time and Eternity*. Cf. também Helm, *Eternal God*, p. 27.
97. Stump e Kretzmann, "Eternity", p. 225.
98. Ibid., p. 226.
99. Ibid., p. 227.
100. Ibid., p. 228. A última frase da citação é de Wesley Salmon, *Space, Time, and Motion* (Minneapolis: University of Minnesota Press, 1980), p. 76.
101. Stump and Kretzmann, "Eternity", p. 229.
102. Ibid., p. 230.
103. Ibid., p. 230-231.
104. Stump e Kretzmann, "Eternity, Awareness, and Action", *Faith Phil* 9 (October 1992): 475.
105. Stump e Kretzmann, "Eternity", p. 231.
106. Ibid., p. 232-236. Stump e Kretzmann oferecem seu exemplo com relação ao Nixon. Como Nixon não estava morto na época em que escreveram, mas está morto enquanto escrevo agora, estou atualizando o exemplo.
107. Ibid., P. 239-243.
108. Outros também levantaram alguns problemas quanto ao entendimento de Stump e Kretzmann acerca da eternidade atemporal, mas uma vez que não tocam no núcleo do debate sobre a simultaneidade-ET, eles não precisam nos embaraçar. Por exemplo, Paul Fitzgerald reclama que a eternidade atemporal parece exigir uma duração atemporal, enquanto a abordagem de Stump e Kretzmann referente à definição de Boécio parece agora tornar o eterno mais como um ponto do que uma duração. Para detalhes desta objeção e respostas a ela, cf. Paul Fitzgerald, "Stump and Kretzmann on Time and Eternity", *J Phil* 82 (1985); Eleonore Stump e Norman Kretzmann, "Comments and Criticism: Atemporal Duration: A Reply to Fitzgerald" *J Phil* 84 (1987); e Eleonore Stump e Norman Kretzmann, "Eternity, Awareness, and Action", *Faith Phil* 9 (October 1992): 464-467.
109. Delmas Lewis, "Eternity Again: A Reply to Stump and Kretzmann", *Int J Phil Relig* 15 (1984): 7475.
110. Brian Leftow, "The Roots of Eternity", *Relig Stud* 24 (1988): 211ss levanta a mesma objeção.
111. Lewis, "Eternity Again", p. 75.

112. Cf. a explicação de Lewis acerca do problema (ibid.).
113. Uma objeção levanta alguns problemas com a simultaneidade-ET quando é unida à simplicidade divina, um atributo que os atemporalistas tipicamente predicam acerca de Deus. Cf. Brian Leftow, "Roots of Eternity", p. 207208.
114. Leftow, "Roots of Eternity", p. 207.
115. Eleonore Stump e Norman Kretzmann, "Eternity, Awareness, and Action", p. 477-478.
116. Ibid., p. 478.
117. Hasker levanta a mesma objeção na p. 169 de *God, Time, and Knowledge*, embora esse ponto seja mais sobre consciência do que sobre interação causal.
118. Stump e Kretzmann, "Eternity, Awareness, and Action", p. 475-476.
119. Ibid., p. 476.
120. Ibid.
121. Até Paul Helm, um atemporalista, concorda e oferece muitas das mesmas objeções que outros têm contra a Simultaneidade-ET. Cf. Helm, *Eternal God*, p. 32-36.
122. Para aqueles que desejam aprofundar a questão da liberdade e pré-conhecimento, deixe-me sugerir alguma literatura contemporânea que a discuta de um ponto de vista ou outro. Em minha abordagem da soberania divina, liberdade humana e pré-conhecimento divino, é claro, haverá uma cobertura mais completa. Marilyn Adams, "Is the Existence of God a 'Hard' Fact?" *Phil Rev* 75 (1966); Robert Adams, "Middle Knowledge and the Problem of Evil", *Amer Phil Quart* 14 (1977); William Lane Craig, *The Only Wise God* (Grand Rapids, Mich.: Baker, 1987); John M. Fischer, "Freedom and Foreknowledge", *Phil Rev* 92 (January 1983); Alfred J. Freddoso, "Accidental Necessity and Logical Determinism", *J Phil* 80 (maio 1983); Paul Helm, *Eternal God*, p. 95-170; Anthony Kenny, *God of the Philosophers*, cap. 5; Brian Leftow, "Eternity and Simultaneity", *Faith Phil* 8 (April 1991): 148-151, 172-175; Brian Leftow, *Time and Eternity*, cap. 11; Brian Leftow, "Timelessness and Foreknowledge", *Phil Stud* 63 (1991); William Mann, "Simplicity and Immutability in God", p. 262-264; Thomas V. Morris, *Our Idea of God*, p. 129; Nelson Pike, "Divine Oniscience and Voluntary Action", em Steven M. Cahn, ed. *Phil Rel* (Nova York: Harper & Row, 1970); Nelson Pike, *God and Timelessness*, p. 53-86, 174-175; Alvin Plantinga, "On Ockham's Way Out", *Faith Phil* 3 (July 1986); e Bruce Reichenbach, "Omniscience and Deliberation", *Int J Phil Relig* 16 (1984).
123. Os interessados em prosseguir com essa questão devem consultar William Hasker, "Concerning the Intelligibility of 'God Is Timeless'"
124. Robert Coburn, "Professor Malcolm on God", p. 155-156, citado em Pike, *God and Timelessness*, p. 88-89. Cf. também a declaração muito citada de Prior em Arthur Prior, "The Formalities of Oniscience", *Philosophy* 37 (1962), conforme citado em Kenny, *God of the Philosophers*, p. 39
125. Norman Kretzmann, "Omniscience and Immutability", em Steven Cahn, ed. *Phil Rel* (New York: Harper & Row, 1970), p. 95.
126. Ibid., p. 89-90.
127. Richard Gale enfatiza que há, na verdade, uma forma de argumento que também confronta os temporalistas. Porém, em sua versão onitemporal, o argumento simplesmente diz que embora Deus permaneça onisciente por saber a cada momento o que está acontecendo, Ele mudar seu conhecimento da maneira necessária para um ser no tempo é comprometer sua imutabilidade. Cf. Richard M. Gale, "Omniscience-Immutability Arguments", *Amer Phil Quart* 23 (October 1986): 319. Agora, isso é verdade, é claro,

se pensarmos na imutabilidade no sentido sólido, que considera que Deus não sofre nenhuma mudança. Se, no entanto, entendermos a imutabilidade como eu a tenho sugerido, não há nenhum argumento contra a imutabilidade divina com base no conhecimento de Deus acerca do que está acontecendo agora.

128. Leftow, *Time and Eternity*, p. 321-334.
129. Ibid., p. 321-322.
130. Ibid., p. 323.
131. Ibid., p. 325.
132. Ibid., p. 334.
133. Meu argumento quanto a ser cuidadoso para não usar de falácia lógica nessa questão é semelhante a um argumento de Stump e Kretzmann "Eternity", p. 250-251. Ao comentar sobre o argumento em "Omniscience and Eternity" de Kretzmann, eles observam que a premissa (3) pode ser lida de várias maneiras, incluindo (3) (a) "Um ser que sabe tudo sempre sabe no presente temporal que horas são no presente temporal." Como Stump e Kretzmann argumentam, o problema com essa interpretação da premissa (3) é que ela usa de falácia lógica. Embora (3) (a) seja obviamente o sentido pretendido da premissa, de acordo com Stump e Kretzmann, o problema é que "(3) (a) é verdadeiro somente no caso de apenas uma entidade temporal poder ser onisciente, uma vez que não se pode dizer que uma entidade atemporal onisciente sabe no presente temporal, e é falácia lógica assumir que nenhuma entidade atemporal pode ser onisciente" (p. 250). Em geral, é esse o meu argumento. Antes de dizermos que Deus não pode ser onisciente a menos que conheça a verdade dos indexicais temporais, devemos decidir se Deus realmente tem de saber tais coisas. Se Ele for atemporal, não tem de saber. Se for temporal, Ele tem de saber. Visto que estamos tentando decidir se Ele é temporal ou atemporal, não podemos supor que o temporalista já venceu esse debate, de modo que Deus tem de conhecer esses indexicais. Fazer isso é usar de falácia lógica, e também é assumir que o atemporalismo é correto e, portanto, Deus pode ser onisciente sem conhecer indexicais temporais. Além disso, observo que o tratamento dado por Leftow a esse problema é atípico aos atemporalistas. Os atemporalistas geralmente pensam que isso é algo que um ser onisciente deveria saber e, portanto, tentam explicar como Deus sabe a verdade dessas proposições, apesar de ser atemporal.
134. Gale, "Omniscience-Immutability Arguments", p. 319.
135. Hector-Neri Castañeda, "Omniscience and Indexical Reference", *J Phil* 64 (1967): 203.
136. Ibid., p. 204.
137. Ibid. Neste caso, o *X* é o nome do ser do qual Kretzmann está falando.
138. Ibid., p. 205.
139. Ibid., p. 205-206.
140. Ibid., p. 206-207.
141. Ibid., p. 207.
142. Ibid., p. 208.
143. De maneira semelhante, Nelson Pike (*God and Timelessness*, cap. 5) parece pensar que esse tipo de resposta é aceitável para a defesa da eternidade atemporal. Depois de apresentar uma defesa do atemporalismo nesse ponto, uma defesa que equivale a noções semelhantes às encontradas em Castañeda, Pike conclui (p. 95): "Prior, Coburn e Kretzmann afirmam ter identificado uma série de fatos que um indivíduo atemporal não poderia saber. Porém, essa afirmação não foi demonstrada. Até onde posso determinar, tudo o

que foi demonstrado é que existem certas *formas* de *palavras* que um indivíduo atemporal não poderia usar ao formular ou relatar seu conhecimento."
144. Peter Geach, *Providence and Evil* (Cambridge: Cambridge University Press, 1977), p. 40.
145. Ibid.
146. Gale, "Omniscience-Immutability Arguments", p. 321.
147. Ibid.
148. Ibid.
149. Ibid., p. 319.
150. Ibid., p. 322.
151. Para outros problemas com uma resposta do tipo de Castañeda a esse problema, cf. os argumentos de Gale em "Oniscience-Immutability Arguments", p. 330-331. Além disso, Paul Helm oferece uma resposta adicional à questão da onisciência divina e dos indexicais temporais. O espaço não permite tratá-la aqui, embora eu o faça em uma próxima obra acerca de Deus, o tempo e a eternidade. Para os interessados na solução de Helm, cf. sua obra, *Eternal God*, p. 42-48. Por último, há uma outra tentativa recente de resolver esse dilema, vinda de Thomas Sullivan, e apela às ideias em Tomás de Aquino. Cf. Thomas D. Sullivan, "Oniscience, Immutability, and the Divine Mode of Knowing", *Faith Phil* 8 (jan. 1991).
152. Por comunhão eu quero dizer o compartilhamento ou identificação de nossos pensamentos, sentimentos e experiências com outras pessoas que fazem o mesmo conosco. Normalmente, envolve identificar coisas que a outra pessoa não sabe ou não está pensando, de modo que ambas possam pensar sobre a mesma coisa e interagir uma com a outra à medida que pensam a respeito.
153. Uma última razão para questionar se a duração atemporal faz sentido é que não está claro que todos os atemporalistas entendem atemporalidade como *duração* atemporal. Stump e Kretzmann interpretaram a definição de eternidade de Boécio dessa forma (e argumentaram que outros teístas na tradição cristã clássica defendiam uma visão semelhante), mas há razão para se questionar. Em um artigo recente, Katherin Rogers argumentou persuasivamente que muitos teístas clássicos, como Boécio, não queriam dizer que a atemporalidade deveria ser entendida como duração atemporal. Cf. Katherin A. Rogers, "Eternity Has No Duration", *Relig Stud* 30 (1994).
154. Em resposta ao motivo pelo qual Deus esperou para criar até que criasse, tanto os temporalistas quanto os atemporalistas deveriam responder que, assim como outras questões sobre Deus e suas ações, a resposta está escondida na mente de Deus. Não temos de conhecer o raciocínio de Deus por trás de seu tempo. O fato de não conhecermos o raciocínio de Deus para criar quando criou não parece uma reclamação convincente contra uma noção atemporal ou temporal da eternidade divina.
155. Cf., p. ex., sobre liberdade e soberania, meu artigo "God Ordains All Things", em Randall Basinger e David Basinger, eds., *Predestination and Free Will* (Downers Grove, Ill.: InterVarsity, 1986); e meu artigo "God, Freedom, and Evil in Calvinist Thinking", em Thomas Schreiner e Bruce Ware, eds. *The Grace of God, the Bondage of the Will*, vol. 2 (Grand Rapids, Mich.: Baker, 1995). Para a abordagem do problema do mal como um determinista, cf. minha obra *The Many Faces of Evil* (Grand Rapids, Mich.: Zondervan, 1994).
156. Cf., mais uma vez, meu artigo sobre Basinger e Basinger; e o cap. 4 de *The Many Faces of Evil*.

157. Alfred N. Whitehead, *Process and Reality* (New York: Macmillan, 1929), p. 529. Cf. também William C. Tremmel, "Comments on God, Neo-Naturalism and A. N. Whitehead's Philosophy", *Iliff Review* 45 (Spring 1988): 30.
158. Thomas V. Morris, "God and the World", em Ronald Nash, ed., *Process Theology* (Grand Rapids, Mich.: Baker, 1987), p. 300-304.
159. Cf. Jeffrey Rada, "Problems with Process Theology", *Restoration Quarterly* 29 (1987): 32; William Power, "The Doctrine of the Trinity and Whitehead's Metaphysics", *Encounter* 45 (Autumn 1984): 294, D. & R. Basinger, "Divine Omnipotence: Plantinga vs. Griffin", *Process Stud* 11 (primavera 1981); e Michael Peterson, "God and Evil in Process Theology", em Ronald Nash, ed., *Process Theology*.
160. Schubert Ogden, *The Reality of God and Other Essays* (New York: Harper & Row, 1963), p. 6465.
161. Cf. minha obra *Many Faces of Evil*, cap. 6–7, como um exemplo de como um calvinista como eu poderia abordar os problemas lógicos da moral e o mal natural.

Capítulo 10

1. Para essa expressão formal das sete proposições, cf. Richard Cartwright, "On the Logical Problem of the Trinity", em Richard Cartwright, *Philosophical Essays* (Cambridge, Mass.: MIT Press, 1987), p. 188. Isso é citado em Edward C. Feser, "Swinburne's Tritheism", *Int J Phil Relig* 42 (1997): 175; e John Zeis, "A Trinity on a Trinity on a Trinity", *Sophia* 32 (1993): 45.
2. Há muitas abordagens contemporâneas da doutrina da Trindade. A que segue é apenas uma sugestão do que há disponível. Para abordagens feministas da Trindade, cf. Elizabeth A. Johnson, *She Who Is* (New York: Crossroad, 1993), cap. 10; Marjorie Suchocki, "The Unmale God: Reconsidering the Trinity", *Quarterly Review* 3 (primavera de 1983); Rebecca Oxford-Carpenter, "Gender and the Trinity", *Theol Today* 41 (abr. 1984); e Gail Ramshaw-Schmidt, "Naming the Trinity: Orthodoxy and Inclusivity", *Worship* 60 (1986). Para discussão das noções que a teologia do processo tem da Trindade, cf. Joseph A. Bracken, "Process Philosophy and Trinitarian Theology-II", *Process Stud* 15 (1981-1982); R. J. Pendergast, "A Thomistic-Process Theory of the Trinity", *Science et Esprit* 42 (1990); Bruce A. Demarest, "The Process Reduction of Jesus and the Trinity", em Ronald Nash, ed., *Process Theology* (Grand Rapids, Mich.: Baker, 1987); e Thomas V. Morris, "God and the World", in Ronald Nash, ed., *Process Theology*. Para outras abordagens contemporâneas da doutrina da Trindade, cf. G. W. H. Lampe, *God as Spirit* (Oxford: Clarendon, 1977); e o artigo sobre as opiniões de Lampe, escrito por Christopher B. Kaiser, "The Prospects for a Thoroughgoing Model of 'God as Spirit'", *Reformed Review* 32 (1978–1979). Cf. também Thomas D. Parker, "The Political Meaning of the Doctrine of the Trinity: Some Theses", *J Relig* 60 (1980); Geevarghese Mar Osthathios, "The Holy Trinity and the Kingdom", *The Indian Journal of Theology* 31 (1982); John J. O'Donnell, "The Doctrine of the Trinity in Recent German Theology", *The Heythrop Journal* 23 (abr. 1982); Tadd Dunne, "Notes: Trinity and History", *Theol Stud* 45 (1984); Carl E. Braaten, "The Question of God and the Trinity", em Walter Freitag, ed., *Festschrift: A Tribute to Dr. William Hordern* (Saskatoon: University of Saskatchewan, 1985); Mercy A. Oduyoye, "The Doctrine of the Trinity — Is It Relevant for Contemporary Christian Theology?" em Robert Scharlemann, ed., *Naming God* (New York: Paragon House, 1985); Jürgen Moltmann, "The Unity of

the Triune God", *St. Vladimir's Theological Quarterly* 28 (1984), com respostas de John B. Cobb, Jr., Susan B. Thistlethwaite, e Fr. John Meyendorff; Jürgen Moltmann, "The Inviting Unity of the Triune God", em Claude Geffre e Jean-Pierre Jossua, eds., *Monotheism* (Edinburgh: T & T Clark, 1985); Eric C. Rust, "The Dynamic Nature of the Triune God", *Perspect Rel S* 14 (Winter 1987); Robert W. Jenson, "The Logic of the Doctrine of the Trinity", *Dialog* 26 (1987); Wolfhart Pannenberg, "Problems of a Trinitarian Doctrine of God", *Dialog* 26 (1987); Paul R. Hinlicky, "Theocentrism", *Dialog* 26 (1987); Nicholas Lash, "Considering the Trinity", *Mod Theol* 2 (abr. 1986); Rowan Williams, "Trinity and Revelation", *Mod Theol* 2 (April 1986); John Milbank, "The Second Difference: For a Trinitarianism without Reserve", *Mod Theol* 2 (abr. 1986); Geoffrey Wainwright, "The Doctrine of the Trinity: Where the Church Stands or Falls", *Interpretation* 45 (abr. 1991); Harold Wells, "The Trinity and the Good News (parts I and II)", *Touchstone* 8 (maio, set. 1990); Randall E. Otto, "The *Imago Dei* as *Familitas*", *JETS* 35 (dez. 1992); Philip Cary, "On Behalf of Classical Trinitarianism: A Critique of Rahner on the Trinity", *The Thomist* 56 (1992); e Edward C. Feser, "Swinburne's Tritheism", *Int J Phil Relig* 42 (1997). Os seguintes são de especial influência e interesse: Robert W. Jenson, *The Triune Identity* (Philadelphia: Fortress, 1982); Eberhard Jungel, *The Doctrine of the Trinity: God's Being Is in Becoming* (Grand Rapids, Mich.: Eerdmans, 1976); Bernard Lonergan, *De Deo trino: Pars Analytica* (Rome: Gregorian University, 1964); Jürgen Moltmann, *Trinity and the Kingdom* (New York: Harper & Row, 1981); Wolfhart Pannenberg, "Die Subjektivitat Gottes und die Trinitatslehre", em sua obra *Grundfragen systematischer Theologie* 2 (Gottingen: Vandenhoeck & Ruprecht, 1980); Karl Rahner, *The Trinity* (London: Burns & Oates, 1970); e a extensa abordagem de Karl Barth à doutrina em sua obra *Church Dogmatics,* vol. 1, parte 1 (reimpressão, Edinburgh: T & T Clark, 1960).
3. Wolfhart Pannenberg, "The Christian Vision of God: The New Discussion on the Trinitarian Doctrine", *Trinity Seminary Review* 13 (1991): 53-54.
4. *TWOT* 1:30.
5. A. H. Strong, *Systematic Theology* (Valley Forge, Pa.: Judson, 1907), p. 318-319, parece pensar que esse é o significado da forma plural.
6. Cf. a discussão de Millard Erickson sobre essa questão em sua obra *Christian Theology* (Grand Rapids, Mich.: Baker, 1983), vol. 1, p. 328. Erickson aborda vários que entendem que *Elohim* indica pluralidade (especialmente pluralidade de majestade), e vários que rejeitam essa visão. Nesse volume, ele próprio não toma nenhuma posição.
7. Franz Delitzsch, *Biblical Commentary on the Prophecies of Isaiah,* vol. 1 (reimpressão, Grand Rapids, Mich.: Eerdmans, 1967), p.198; e George B. Gray, *A Critical and Exegetical Commentary on the Book of Isaiah,* vol. 1, ICC (Edinburgh: T & T Clark, 1949), p. 109.
8. João Calvino, *Commentary on the Book of the Prophet Isaiah,* vol. 1 (reprint, Grand Rapids, Mich.: Eerdmans, 1948), p. 213.
9. Geoffrey Grogan, *Isaiah,* vol. 6 de The Expositor's Bible Commentary, ed. Frank Gaebelein (Grand Rapids, Mich.: Zondervan, 1986), p. 57.
10. Provavelmente, o mais perto que chegamos disso é a bênção de Deus como o Senhor Deus de Israel, nosso pai, encontrada em 1Crônicas 29.10. Embora algumas traduções modernas sugiram que "nosso pai" se refere a Israel, o hebraico permite que se refira a Israel ou a Deus. Alguns também viram na literatura de sabedoria do AT várias referências à sabedoria como que apontando para uma Pessoa da Divindade. Em particular, Provérbios 8 personifica a sabedoria, e alguns argumentaram que isso é, afinal, uma referência a Cristo

(cf. Pv 8.1, 22, 30, 31). Para uma apresentação interessante dessa posição, cf. Wayne Grudem, *Systematic Theology* (Grand Rapids, Mich.: Zondervan, 1994), p. 229-230.
11. Hermann Kleinknecht, "The Greek Use of *eikon*", em *TDNT* 2:389.
12. F. F. Bruce, *Commentary on the Epistle to the Hebrews* (Grand Rapids, Mich.: Eerdmans, 1972), p. 5.
13. Ibid., p. 6. Cf. também a confirmação de B. F. Westcott a dessas interpretações em B. F. Westcott, *The Epistle to the Hebrews* (reimpressão, Grand Rapids, Mich.: Eerdmans, 1967), p. 10-14.
14. Para uma explicação completa da ilustração desse ponto gramatical, cf. David B. Wallace, *Greek Grammar Beyond the Basics* (Grand Rapids, Mich.: Zondervan, 1996), p. 256-270. Wallace mostra a relação desse ponto com o que geralmente é chamado de regra de Colwell, tanto explicando como corrigindo erros que Colwell e outros têm cometido em relação a tal ponto. (Uma palavra de agradecimento é devida a Robert Yarbrough por trazer tal material ao meu conhecimento.) Para mais explicação das bases exegéticas de se pensar que João está predicando a divindade de Cristo, cf. Grudem, *Systematic Theology*, p. 234, nota de rodapé 12.
15. Na construção da minha análise dos dados bíblicos relativos à Trindade, achei proveitosas as seguintes obras: J. O. Buswell, *A Systematic Theology of the Christian Religion* (Grand Rapids, Mich.: Zondervan, 1972), p. 103-106, 113-123; Charles Hodge, *Systematic Theology*, vol. 1 (London: James Clarke, 1960), p. 443-448; W. G. T. Shedd, *Dogmatic Theology*, vol. 1 (Grand Rapids, Mich.: Zondervan, 1969), p. 258-266, 312-331; Herman Bavinck, *The Doctrine of God* (Grand Rapids, Mich.: Baker, 1977), p. 255-274; Bruce Demarest e Gordon Lewis, *Integrative Theology*, vol. 1 (Grand Rapids, Mich.: Zondervan, 1987), p. 257-270; Henry Thiessen, *Lectures in Systematic Theology* (Grand Rapids, Mich.: Eerdmans, 1983), p. 90-98; Erickson, *Christian Theology*, p. 322-332; Grudem, *Systematic Theology*, p. 226-239; Louis Berkhof, *Systematic Theology* (Grand Rapids, Mich.: Eerdmans, 1968), p. 85-86, 90-92; Strong, *Systematic Theology*, p. 304-326; Eugene Merrill e Alan J. Hauser, "Is the Doctrine of the Trinity Implied in the Genesis Creation Account?" em Ronald Youngblood, ed., *The Genesis Debate: Persistent Questions about Creation and the Flood* (Grand Rapids, Mich.: Baker, 1990); Wolfhart Pannenberg, "The Christian Vision of God: the New Discussion on the Trinitarian Doctrine", *Trinity Seminary Review* 13 (1991); Colin Brown, "Trinity and Incarnation: In Search of Contemporary Orthodoxy", *Ex Auditu* 7 (1991); e Randall E. Otto, "The *Imago Dei* as *Familitas*", *JETS* 35 (December 1992).
16. Roger Haight, "The Point of Trinitarian Theology", *Toronto Journal of Theology* 4 (Fall 1988): 194.
17. Hodge, *Systematic Theology*, p. 450.
18. Ibid., p. 451.
19. Para um desdobramento do argumento a favor dessa visão, cf. William R. Schoedel, "A Neglected Motive for Trinitarianism", JTS 31 (out. 1980). Schoedel faz referência especial às obras de Atenágoras, mas também invoca outros pais antigos.
20. Hipólito também é digno de nota, mas como Kelly mostra, suas opiniões são semelhantes às de Tertuliano, e a expressão dessas opiniões por Tertuliano parece ter um impacto mais duradouro. Cf. J. N. D. Kelly, Early Christian Doctrines (Nova York: Harper & Row, 1978), p. 11021. Ibid., p. 104-105.
22. Ibid., p. 110.

23. Ibid., p. 113, citando Tertuliano.
24. Ibid., citando Tertuliano.
25. Ibid., p. 113-114.
26. Ibid., p. 115. Cf. também Alister McGrath, *Christian Theology: An Introduction* (Cambridge, Mass.: Basil Blackwell, 1997), p. 294-295, para uma discussão desses termos.
27. Kelly, *Early Christian Doctrines*, p. 117-118.
28. Erickson, *Christian Theology*, p. 334.
29. Kelly, *Early Christian Doctrines*, p. 119-123; Erickson, *Christian Theology*, p. 334-335.
30. Kelly, *Early Christian Doctrines*, p. 129.
31. Ibid.
32. Ibid.
33. Atanasije Jevtich, "Between the 'Nicaeans' and the 'Easterners': The 'Catholic' Confession of Saint Basil", *St. Vladimir's Theological Quarterly* 24 (1980): 248.
34. Ibid., p. 235-245.
35. R. D. Williams, "The Logic of Arianism", *JTS* 34 (abr. 1983): 57-58.
36. Ibid., p. 58.
37. Sage Library (CD), "The Nicene Creed", p. 55.
38. Jevtich, "Between", p. 238.
39. Aqui o interessante é a citação de Jevtich referente à Carta de Atanásio, *Letter concerning the Synods of Ariminum and Seleucia* (41, 1-2), que foi escrita em 359. A carta de Atanásio diz: "Em relação àqueles que aceitam tudo o que está escrito em Niceia, mas hesitam apenas na expressão *homoousion*, não devemos agir como inimigos. Porque falamos com eles não como com arianos, nem como com aqueles que se opõem aos pais, mas como irmãos que pensam como nós, exceto por duvidarem da palavra *homoousios*. Ao confessar que o Filho é da essência do Pai e não de alguma outra hipóstase, e que o Filho não é uma criatura, mas que Ele é o verdadeiro Filho por natureza (*gennema*), e que, como o Logos e a Sabedoria, Ele é coeterno com o Pai, eles não estão longe de aceitar a palavra *homoousios*. Assim foi exatamente com Basílio de Ancira, que escreveu sobre a fé." Citado em Jevtich, p. 243-244, nota de rodapé 24.
40. Sage Library (CD), "Creed of the Council of Constantinople", p. 441.
41. *Epistula Constantinopolitani concilii ad papam Damasum et occidentales episcopos, Conciliorum Oecumenicorum Decreta* (Freiburg, Germany: Herder, 1962), p. 28; *Nicene and Post-Nicene Fathers* Series 2, 14:189. Citada em Daniel F. Stramara, Jr., "Introdução" a "Gregory of Nyssa, *Ad Graecos 'How It Is That We Say There Are Three Persons in the Divinity But Do Not Say There Are Three Gods'* (To the Greeks: Concerning the Commonality of Concepts)", *The Greek Orthodox Theological Review* 41 (1996): 375.
42. Cf. a interessante discussão da relação do Credo Niceno com o Credo de Constantinopla e o significado da doutrina formulada nela, em J. N. D. Kelly, "The Nicene Creed: A Turning Point", *SJT* 36 (1983).
43. Jevtich, "Between", p. 246-247; Cornelius Plantinga, Jr., "Gregory of Nyssa and the Social Analogy of the Trinity", *The Thomist* 50 (jul. 1986): 330.
44. Jevtich, "Between", p. 247.
45. Plantinga, "Gregory of Nyssa", p. 330-331.
46. Para uma elaboração mais aprofundada do Trinitarianismo da Capadócia, cf. a tradução de Stramara de *Ad Graecos*, de Gregório de Nissa. Cf. também Plantinga, "Gregory of Nyssa", p. 328-338; McGrath, *Christian Theology*, p. 302-304; e Erickson, *Christian Theology*, p. 335-337.

47. McGrath, *Christian Theology*, p. 314. Cf. sua discussão completa acerca dessa controvérsia nas p. 312 316.
48. Para uma análise mais completa e explicação da história e teologia do filioque, cf. Gerald Bray, "The *Filioque* Clause in History and Theology", *Tyndale Bul* 34 (1983): 91-144.
49. McGrath, *Christian Theology*, p. 306-307.
50. Ibid., p. 304-305, 314-315. Para uma proveitosa análise do ensino de Agostinho acerca da Trindade, cf. George Rudebusch, "Aristotelian Predication, Augustine, and the Trinity", *The Thomist* 53 (1989); e Sarah Lancaster, "Three-Personed Substance: The Relational Essence of the Triune God in Augustine's *De Trinitate*", *The Thomist* 60 (1996).
51. Grudem, *Systematic Theology*, p. 229-230.
52. Buswell, *Systematic Theology*, p. 107.
53. Ibid., p. 108-109.
54. Ibid., p. 111.
55. Grudem, p. 244 (nota de rodapé 24) do livro *Systematic Theology*. Por alguma razão, os editores omitiram essa nota de rodapé que estava no manuscrito original, mas o dr. Grudem a compartilhou comigo de forma cortez.
56. Ibid.
57. Buswell, *Systematic Theology*, p. 109-110.
58. Timothy W. Bartel, "The Plight of the Relative Trinitarian", *Relig Stud* 24 (1988): 130.
59. Ibid.
60. Ibid., p. 130-131.
61. Ibid., p. 144.
62. Ibid.
63. Ibid., p. 149-152. Na literatura contemporânea sobre a Trindade há muitas referências a uma "visão social" da Trindade. Não está claro se isso significa que a Trindade deve ser pensada como uma "sociedade de pessoas", sendo que todas compartilham uma essência, ou se essa visão realmente adota alguma forma de triteísmo. Diversas pessoas argumentaram que, para Richard Swinburne, é a última. Bartel parece adotar a última também. Por outro lado, historicamente, parece ser a primeira (cf. Plantinga em *Gregory of Nyssa*). Por causa dessa ambiguidade, evitei a referência a uma visão "social" da Trindade em minha formulação da doutrina.
64. Para mais discussão da lógica da doutrina da Trindade, cf. Lawrence B. Porter, "On Keeping 'Persons' in the Trinity: A Linguistic Approach to Trinitarian Thought", *Theol Stud* 41 (1980); John King-Farlow, "Is the Concept of the Trinity Obviously Absurd?" *Sophia* 22 (October 1983); Leroy T. Howe, "Ontology, Belief, and the Doctrine of the Trinity", *Sophia* 20 (April 1981); C. Stephen Layman, "Tritheism and the Trinity", *Faith Phil* 5 (July 1988); James Cain, "The Doctrine of the Trinity and the Logic of Relative Identity", *Relig Stud* 25 (1989); T. W. Bartel, "Could There Be More Than One Almighty?" *Relig Stud* 29 (1993); T. W. Bartel, "Could There Be More Than One Lord?" *Faith Phil* 11 (July 1994); Keith E. Yandell, "The Most Brutal and Inexcusable Error in Counting?: Trinity and Consistency", *Relig Stud* 30 (1994); Charles J. Kelly, "Classical Theism and the Doctrine of the Trinity", *Relig Stud* 30 (1994); Edward C. Feser, "Swinburne's Tritheism", *Int J Phil Relig* 42 (1997); Peter van Inwagen, "And Yet They Are Not Three Gods But One God", em Thomas V. Morris, ed., *Philosophy and the Christian Faith* (Notre Dame, Ind.: University of Notre Dame Press, 1988); A. P. Martinich, "Identity and Trinity", *J Relig* 58 (1978); P. T. Geach, "Aquinas", em G. E. M. Anscombe e P. T. Geach, *Three Philosophers* (Ithaca, N.Y.: Cornell University Press, 1961); P. T. Geach, *Reference and*

Generality (Ithaca, N.Y.: Cornell University Press, 1962); P. T. Geach, *Logic Matters* (Berkeley: University of California Press, 1972); W. L. Power, "Symbolic Logic and the Doctrine of the Trinity", *Illif Review* 32 (1975); Richard Cartwright, "On the Logical Problem of the Trinity", *Philosophical Essays* (Cambridge, Mass.: MIT Press, 1987); David Wiggins, *Sameness and Substance* (Cambridge, Mass.: Harvard University Press, 1980); e John Zeis, "A Trinity on a Trinity on a Trinity", *Sophia* 32 (1993).
65. John Macnamara, Marie La Palme Reyes e Gonzalo E. Reyes, "Logic and the Trinity", *Faith Phil* 11 (January 1994): 7.
66. Tudo isso é minha adaptação de ibid., p. 7.
67. Ibid., p. 8.
68. Ibid., p. 8-9.
69. Ibid., p. 9.
70. Ibid., p. 10.

Capítulo 11

1. *Westminster Shorter Catechism,* conforme citado em Louis Berkhof, *Systematic Theology* (Grand Rapids, Mich.: Eerdmans, 1968), p. 102.
2. Millard Erickson, *Christian Theology* (Grand Rapids, Mich.: Baker, 1983), p. 345-346. Erickson prefere o termo "plano" porque "enfatiza a unidade da intenção de Deus juntamente com a consistência e coerência resultantes de suas ações. Segundo, enfatiza o que Deus faz, isto é, o que Ele quer ao invés de que o homem deve fazer ou o que acontece ao homem como consequência da vontade de Deus. Terceiro, enfatiza a dimensão inteligente das decisões de Deus. Elas não são arbitrárias ou aleatórias" (p. 346).
3. Berkhof, *Systematic Theology,* p. 101; Erickson, *Christian Theology,* p. 347.
4. Erickson, *Christian Theology,* p. 347; Berkhof, *Systematic Theology,* p. 101-102.
5. John Calvin, *The Institutes of the Christian Religion,* vol. 20 de The Library of Christian Classics, ed. John T. McNeill (Philadelphia: Westminster, 1954), p. 228-229 [I, xviii, 1].
6. Bruce Demarest and Gordon Lewis, *Integrative Theology,* vol. 1 (Grand Rapids, Mich.: Zondervan, 1987), p. 295-296. Eles também observam que embora Calvino não declare uma posição específica, eles entendem que sua visão é a mais próxima do supralapsarianismo.
7. Agostinho, conforme citado em ibid., p. 298.
8. Aquino, conforme citado em ibid., p. 299.
9. Aqui estou pensando, como um exemplo, em William Lane Craig, conforme exemplificado em sua obra *The Only Wise God* (Grand Rapids, Mich.: Baker, 1987). Craig é claramente comprometido com o livre-arbítrio libertário e o conhecimento médio como a solução para o problema da liberdade/pré-conhecimento. Além disso, em outras publicações se torna claro que ele rejeitou pelo menos algumas das noções clássicas dos atributos de Deus – principalmente a atemporalidade. Não é fácil saber se Craig acredita em um decreto de Deus, mas com o que ele diz acerca do pré-conhecimento de Deus acerca do futuro por meio do conhecimento médio, não há razão para negar uma explicação do decreto tal como a que descrevo no texto.
10. John Sanders, *The God Who Risks* (Downers Grove, Ill.: InterVarsity, 1998), cap. 1.
11. Richard Rice, "Biblical Support for a New Perspective", em Clark Pinnock, et al., *The Openness of God* (Downers Grove, Ill.: InterVarsity, 1994), p. 15-16.

12. Sanders, *God Who Risks*, p. 214.
13. Clark Pinnock, "Systematic Theology", in Pinnock, et al., *Openness of God*, p. 115.
14. Sanders, *God Who Risks*, p. 234.
15. Ibid., p. 235.
16. Ibid., p. 228-229.
17. Cf. ibid., p. 228-230, e a abordagem de Sanders acerca dos dados no AT e NT nos cap. 3 e 4 do mesmo livro.
18. William Hasker, "A Philosophical Perspective", em Pinnock, et al., *Openness of God*, p. 136.
19. Cf. as seções de Sanders sobre onisciência e pré-conhecimento em *The God Who Risks*. Cf., p. ex., p. 198-199 sobre conhecimento presente ou presentismo.
20. Cf. Sanders, *God Who Risks*, cap. 4, sobre materiais do NT nos quais ele aborda a crucificação de Cristo, etc.
21. Para uma discussão mais aprofundada desse ponto, cf. Charles Hodge, *Systematic Theology*, vol. 1 (London: James Clark & Co., 1960), p. 535-537; e Erickson, *Christian Theology*, p. 352.
22. Cf. Wayne Grudem, *Systematic Theology* (Grand Rapids, Mich.: Zondervan, 1994), p. 322-327, para mais apresentação de passagens que descrevem ações humanas más que Deus ordenou e usou para seus propósitos.
23. Cf. Erickson, *Christian Theology*, p. 351-352, para a elaboração do uso que Paulo faz do argumento de Isaías.
24. Cf. C. E. B. Cranfield, *A Critical and Exegetical Commentary on the Epistle to the Romans*, vol. 2, ICC (Edinburgh: T. & T. Clark, 1979) sobre as questões em jogo em Romanos 9–11.
25. Demarest e Lewis, *Integrative Theology*, vol. 1, p. 295-297.
26. Berkhof, *Systematic Theology*, p. 118.
27. Demarest e Lewis projetam repetidas vezes o debate entre os infra e supralapsarianos como que envolvesse a questão se o decreto de reprovação e o decreto de pecado são permissivos, visto que conhecidos de antemão por Deus, ou positivos. Na verdade, isso pode ser debatido entre vários calvinistas, mas não é o ponto principal da *ordem* da questão dos decretos. O debate ao qual Demarest e Lewis se referem diz respeito mais ao debate 1) sobre a base do decreto (pré-conhecimento como presciência ou não), 2) como, se Ele decreta positivamente o mal, Deus escapa da responsabilidade como autor do pecado, e 3) se há um decreto duplo, um decreto positivo para salvar certos indivíduos e um decreto positivo para reprovar todos os outros. Cf. Demarest e Lewis, *Integrative Theology*, vol. 1, p. 295-299, 319-322.
28. Cf., p. ex., a discussão de Berkhof acerca dos argumentos pró e contra o supra e o infralapsarianismo em *Systematic Theology*, p. 120-125.

Capítulo 12

1. Matthew Arnold, "*In Utrumque Paratus*", em Jerome Buckley e George Woods, eds., *Poetry of the Victorian Era*, 3 ed. (Chicago: Scott, Foresman and Co., 1965), p. 439.
2. Matthew Arnold, "Dover Beach", em Buckley and Woods, *Poetry of the Victorian Era*, p. 499.
3. Em Thomas Hardy, outro grande escritor vitoriano, encontramos um tom muito mais pessimista. Para Hardy, os cientistas estão certos e, como resultado, não há Deus. Muitos podem achar isso libertador, mas o pessimismo de Hardy permeia tudo. De acordo com

seu poema "*Hap*" (publicado pela primeira vez em 1866), o pior cenário possível se apresenta. Nosso mundo é governado apenas pelo acaso, e o acaso é totalmente indiferente à nossa situação.

4. Cf. a discussão de Robert Jastrow sobre Einstein e a série de descobertas científicas que levou à conclusão entre os cientistas, inclusive Einstein, de que algum tipo de *Big Bang* deve ter ocorrido. Robert Jastrow, "Science and the Creation", *Word and World 4* (Fall 1984): 346-348.
5. Robert Jastrow, *God and the Astronomers* (New York: Norton, 1978), p. 116.
6. Colin Gunton, *The Triune Creator: A Historical and Systematic Study* (Grand Rapids, Mich.: Eerdmans, 1998), p. 37.
7. Ibid., p. 39.
8. A. H. Strong, *Systematic Theology* (Valley Forge, Pa: Judson, 1907), p. 378-381. Cf. também Louis Berkhof, *Systematic Theology* (Grand Rapids, Mich.: Eerdmans, 1968), p. 138.
9. Strong, *Systematic Theology*, p. 381-382.
10. Ibid., p. 383; Berkhof, *Systematic Theology*, p. 138; e Bruce Demarest e Gordon Lewis, *Integrative Theology*, vol. 2 (Grand Rapids, Mich.: Zondervan, 1990), p. 18.
11. Gunton, *Triune Creator*, p. 33-34.
12. Ibid., p. 34, citando Plotino 3.8.8-9.
13. Ibid.
14. Deixo para o leitor a tarefa de estabelecer as correlações entre essas ideias e uma compreensão tricotômica da natureza humana. Os tricotomistas admitem que tanto a alma como o espírito são imateriais, mas como afirmam que são duas substâncias separadas (portanto, duas partes distintas da natureza humana), deve haver alguma maneira de distinguir uma da outra.
15. Gunton, *Triune Creator*, p. 34-35.
16. Ibid., p. 35.
17. Demarest e Lewis, *Integrative Theology*, vol. 2, p. 18. Para um estudo histórico mais aprofundado de uma teoria da emanação, cf. Barry S. Kogan, "Averroes and the Theory of Emanation", *Mediaeval Studies* 43 (1981).
18. Richard Dawkins, *The Blind Watchmaker* (London and New York: W. W. Norton, 1986), p. 6 e 7. Citado em Alvin Plantinga, "When Faith and Reason Clash: Evolution and the Bible", *CSR* 21 (set. 1991): 17.
19. Cf. Jastrow, "Science and the Creation", para detalhes das descobertas em astronomia etc. que levaram a tais conclusões.
20. Robert J. Deltete, "Hawking on God and Creation", *Zygon* 28 (dez. 1993): 488, citando S. W. Hawking, "Quantum Cosmology", em B. S. DeWitt e R. Sosa, eds., *Relativity, Groups, and Typology II* (Amsterdam: North Holland, 1984a), p. 337, e S. W. Hawking, *A Brief History of Time* (New York: Bantam, 1988), p. 50-51, 133, 139, 148.
21. Deltete, "Hawking on God and Creation", p. 488-489. Cf. a explicação de Hawking para isso em várias obras conforme citado em Deltete, p. 489 e 490. Hawking, *Brief History of Time*, p. 44, 50-51, 61, 115-16, 135-136, 140-141, 173; "The Edge of Spacetime", *American Scientist* 72 (1984b): 358; e "The Edge of Spacetime", *New Scientist* 103 (1984c): 13-14.
22. Cf. o lembrete do artigo de Deltete para objeções a essa teoria.
23. Strong, *Systematic Theology*, p. 392, tomou essa posição. Citado em Demarest e Lewis, *Integrative Theology*, vol. 2, p. 20. Cf. a discussão mais aprofundada deles sobre outras

variedades da evolução teísta. Cf. também Arthur Peacock, "Science and God the Creator", *Zygon* 28 (dez. 1993); e John C. Polkinghorne, "Creation and the Structure of the Physical World", *Theol Today* 44 (abr. 1987). Esses autores invocam claramente a atividade de Deus embora pareça haver uma crença subjacente de que a evolução explica como Ele acabou produzindo nosso mundo.

24. Howard Van Till, "The Fully Gifted Creation", em J. P. Moreland e John Mark Reynolds, eds., *Three Views on Creation and Evolution* (Grand Rapids, Mich.: Zondervan, 1999), p. 163-169.
25. Ibid., p. 184.
26. Ibid., p. 185-186.
27. Ibid., p. 203.
28. Ibid, passim.
29. Orígenes, *On First Principles*, III.5.3. Citado e discutido em Demarest e Lewis, *Integrative Theology*, vol. 2, p. 18.
30. Eleonore Stump e Norman Kretzmann, "Eternity", em Thomas V. Morris, ed. *The Concept of God* (Oxford: Oxford University Press, 1987), p. 241.
31. Gunton, *Triune Creator*, p. 48.
32. Ibid., p. 48-49.
33. Ibid., p. 49. A última linha é da obra de Plotino, *Enneads*, 3.2.3.
34. Agostinho, *City of God*, XI. 6; citado na discussão de Gunton sobre Agostinho em *Triune Creator*, p. 82.
35. Cf. Gunton, *Triune Creator*, p. 77, para uma discussão dos pontos de vista de Agostinho sobre os dias da criação.
36. Para mais discussão e elaboração desse argumento, cf. Strong, *Systematic Theology*, p. 372-373.
37. Para mais discussão da doutrina da criação *ex nihilo* a partir de várias perspectivas, cf. Paul Copan, "Is *Creatio Ex Nihilo* a Post-Biblical Invention? An Examination of Gerhard May's Proposal", *Trin J* 17NS (1996); George S. Hendry, "Nothing", *Theol Today* 39 (1982–1983); Ted Peters, "Cosmos and Creation", *Word and World* 4 (Fall 1984): 385-390; e Thomas V. Morris, "Creation *Ex Nihilo:* Some Considerations", *Int J Phil Relig* 14 (1983). Embora a criação *ex nihilo* seja garantida pelo ensino bíblico, isso não significa que era amplamente defendida na tradição judaica, na época de Cristo, ou nos primeiros anos do cristianismo. Para discussões dessa questão, cf. o seguinte: Frances Young, "'Creatio Ex Nihilo': A Context for the Emergence of the Christian Doctrine of Creation", *SJT* 44 (1991); Jonathan Goldstein, "The Origins of the Doctrine of Creation *Ex Nihilo*", *Journal of Jewish Studies* 35 (outono de 1984); Alexander P. D. Mourelatos, "Pre-Socratic Origins of the Principle That There Are No Origins From Nothing", *J Phil* 78 (nov. 1981); Gerhard May, *Schopfung aus dem Nichts, Arbeiten zür Kierchengeschichte*, n. 48 (1978); e Ian Barbour, *Issues in Science and Religion* (New York: Harper & Row, 1971). Para uma discussão mais aprofundada da doutrina da criação na história da igreja (especialmente nos primeiros teólogos como Ireneu e Agostinho), cf. Gunton, *Triune Creator*, p. 52-86.
38. Berkhof, *Systematic Theology*, p. 132.
39. Ron Allen, "Procksch: Creation as a Wonder", artigo inédito sobre *bărā*, Western Baptist Seminary, p. 2-5.
40. Berkhof, *Systematic Theology*, p. 132.
41. Ibid.

42. Allen, "Procksch: Creation as a Wonder", p. 8.
43. Millard Erickson, *Christian Theology,* vol. 1 (Grand Rapids, Mich.: Baker, 1983), p. 368. Cf. também Allen, "Procksch: Creation as a Wonder", p. 10-11, citando Werner Foerster, "Ktizo", in *TDNT* 3:1008.
44. Esse parece ser o sentido de 2Macabeus 7.28, mas a frase não ocorre nas Escrituras.
45. Wayne Grudem, *Systematic Theology* (Grand Rapids, Mich.: Zondervan, 1994), p. 263.
46. Cf. Jon Levenson, *Creation and the Persistence of Evil: The Jewish Drama of Divine Omnipotence* (Princeton: Princeton University Press, 1988), cap. 1–2 principalmente, mas esses temas são desenvolvidos por todo o livro.
47. Erickson, *Christian Theology,* p. 368-369.
48. Grudem, *Systematic Theology,* p. 263. Cf. também Copan, "Is *Creatio Ex Nihilo* a Post-Biblical Invention?" p. 90.
49. Levenson, *Creation and the Persistence of Evil,* p. 17-20.
50. Aqui, novamente, Levenson vê isso como coerente com o tema do domínio divino sobre o caos. Apesar da vitória inicial de Yahweh sobre o caos, que resultou na criação (uma ordenação do mundo), de vez em quando a batalha irrompe novamente. Escatologicamente, o caos explodirá de novo em revolta à supremacia de Yahweh, e Ele terá de reafirmar seu direito como soberano, não apenas derrotando as forças do mal, mas também criando um novo céu e nova terra. Assim, os temas presentes nas narrativas da criação original são recapitulados escatologicamente. Cf. ibid., cap. 3.
51. B. F. Westcott, *The Epistle to the Hebrews* (reimpressão, Grand Rapids, Mich.: Eerdmans, 1967), p. 48
52. Também poderíamos adicionar o ensino de Paulo (Rm 5.12-14) de que, por meio do pecado de Adão, a morte veio a todos. Se Paulo realmente não acha que o pecado de Adão é um fato histórico (ou mesmo que houve um primeiro homem chamado Adão), e se não for, a doutrina da imputação do pecado de Adão é fabricada a partir de um conto de fadas.
53. Cf., p. ex., o comentário de Westermann sobre isso, conforme descrito em R. E. Clements, "Claus Westermann on Creation in Genesis", *Southwestern Journal of Theology* 40 (Spring 1990): 20.
54. Henri Blocher, *In the Beginning,* trad. David G. Preston (Downers Grove, Ill.: InterVarsity, 1984), p. 31.
55. Rosemary Nixon, "Images of the Creator in Genesis 1 and 2", *Theology* 97 (May/June 1994): 188191.
56. Ibid., p. 193.
57. Ibid., p. 193-194.
58. J. Oliver Buswell, *A Systematic Theology of the Christian Religion* (Grand Rapids, Mich.: Zondervan,1972), p. 157-158.
59. Cf., p. ex., Blocher, *In the Beginning,* p. 30; e o argumento detalhado para essa posição apresentada em Stephen Kempf, "Introducing the Garden of Eden: The Structure and Function of Genesis 2:4b7", *Journal of Translation and Textlinguistics* 7 (1996).
60. Cf. U. Cassuto, *A Commentary on the Book of Genesis,* parte 1 (Jerusalem: The Magnes Press, 1989), p. 96-99, para detalhes dessa proposta mais uma refutação vigorosa dessa fragmentação das partes do versículo.
61. Ibid., p. 99.
62. Cf. Clements, "Claus Westermann on Creation in Genesis", p. 18-19, 23, tanto sobre semelhanças como diferenças.

63. Cassuto, *Commentary on the Book of Genesis*, parte 1, p. 7-8. Cf. também Levenson, especialmente o cap. 6 onde ele expressa mais claramente sua explicação da relação dos sete dias da criação com outros temas etc., na literatura do Antigo oriente Próximo.
64. Bruce K. Waltke, "The Literary Genre of Genesis, Chapter One", *Crux* 27 (dez. 1991): 3.
65. Waltke (ibid., p. 5) diz que essa visão tem sido comum desde a época de Herder (cerca de d.C 1750).
66. Muitos escritores percebem esse arranjo simétrico dos dias da criação. Cf., p. ex., Blocher, *In the Beginning*, p. 27-29, 51-55; Meredith Kline, "Space and Time in the Genesis Cosmogony", *Perspectives on Science and Christian Faith* 48 (March 1996): 6-10; Grudem, *Systematic Theology*, p. 300-301, Waltke, "Literary Genre of Genesis, Chapter One", p. 5, como exemplos. Para uma explicação detalhada do ter de cada dia da criação, cf. a descrição de Buswell (*Systematic Theology*, p. 151-156) e de Demarest e Lewis, *Integrative Theology*, vol. 2, p. 26-30.
67. Conrad Hyers, "Biblical Literalism: Constricting the Cosmic Dance", em *Is God a Creationist? The Religious Case Against Creation-Science*, ed. Roland M. Frye (New York: Charles Scribner's Sons, 1983), p. 101, citado em Waltke, "Literary Genre of Genesis, Chapter One", p. 3. Cf. também Clements, "Claus Westermann on Creation in Genesis", p. 22. Como já mencionado, Levenson vê diferenças entre a explicação bíblica da criação e as explicações da literatura do Antigo Oriente Próximo, mas ele vê mais paralelos do que muitos veem. Yahweh é supremo, mas Ele não deixa de ter oposição, mesmo nas narrativas de Gênesis 1 e 2.
68. Clemente, "Claus Westermann on Creation in Genesis", p. 22.
69. Cf., p. ex., Blocher (*In the Beginning*, cap. 2, especialmente p. 52-59), que menciona corretamente esse tema, mas depois parece superenfatizá-lo alegando que toda a estrutura dos primeiros dois capítulos de Gênesis é construída basicamente para levar ao argumento do Sabá, um argumento grandemente enfatizado no Decálogo.
70. Para uma descrição detalhada dos diferentes conjuntos de ideias e dos conjuntos de ideias numericamente paralelos, cf. Cassuto, *Commentary on the Book of Genesis*, parte 1, p. 12-15.
71. Vários escritores argumentam que parece haver contradições entre as duas explicações. Mesmo os estudiosos comprometidos com a inspiração e a inerrância têm sérias dúvidas sobre se uma leitura histórica direta de ambos os capítulos pode evitar a criação de conflitos entre os dois. Cf., p. ex., as preocupações de Waltke, ("Literary Genre of Genesis, Chapter One", p. 7).
72. Buswell, *Systematic Theology*, p. 140.
73. Ibid., p. 141.
74. George J. Brooke, "Creation in the Biblical Tradition", *Zygon* 22 (June 1987): 233. Brooke reflete o pensamento de John Rogerson em sua obra *Myth in the Old Testament Interpretation* (1976); e um artigo posterior de Rogerson, "Slippery Words: V. Myth", *Expository Times* 90 (1978): 10-14. Cf. também a discussão de Mark Brett dessa opção em "Motives and Intentions in Genesis 1", *JTS* 42 (abr. 1991): 13.
75. Claus Westermann, *Genesis 1–11: A Commentary* (Minneapolis: Augsburg, 1984), p. 26-41. Descrito em Brooke, "Creation in the Biblical Tradition", p. 233.
76. Brooke, "Creation in the Biblical Tradition", p. 234.
77. George Coats, *Genesis with an Introduction to Narrative Literature* (Grand Rapids, Mich.: Eerdmans, 1983), p. 47. Citado em Brooke, "Creation in the Biblical Tradition", p. 234.
78. Mark G. Brett, "Motives and Intentions in Genesis 1", *JTS* 42 (April 1991): 14.
79. Ibid.

80. Waltke, "Literary Genre of Genesis, Chapter One", p. 8-9.
81. Ibid., p. 9.
82. Ibid., p. 6-7.
83. Blocher, *In the Beginning*, p. 34. Cf. também p. 32 para seus comentários sobre os capítulos como narrativa e p. 34 para sua rejeição deles como um reflexo da revelação de Deus transmitida de um século para o outro, possivelmente remontando a Adão e depois registrada por Moisés. Da mesma forma, Blocher não acha que o gênero registra visões como faz o livro do Apocalipse.
84. Ibid., p. 36.
85. Ibid., p. 49-59, on literary framework; e p. 98-99.
86. Aqui, estou reagindo contra o *modus operandi* de intérpretes como Henry Morris, que veem isso como uma história objetiva (também podemos dizer "ciência"), que está aberta à verificação ao organizar fatos empíricos por meio de investigações científicas. Cf. o comentário de Morris sobre Gênesis (*The Genesis Record* [Grand Rapids, Mich.: Baker, 1976]) e também seus projetos e de outros para provar a ciência da criação. Devemos ter cuidado para não impor ao texto debates modernos entre criacionistas e evolucionistas sobre as origens, quando os escritores bíblicos não poderiam ter isso em mente.
87. Demarest e Lewis, *Integrative Theology*, vol. 2, p. 24; Erickson, *Christian Theology*, p. 381; Henry Thiessen, *Lectures in Systematic Theology*, revisado por Vernon Doerksen (Grand Rapids, Mich.: Eerdmans, 1983), p. 114.
88. Thiessen descreve essa visão em termos gerais (*Lectures in Systematic Theology*, p. 114).
89. Blocher, *In the Beginning*, p. 41.
90. Cf. várias descrições da teoria do hiato ou intervalo em Demarest e Lewis, *Integrative Theology*, vol. 2, p. 23; Erickson, *Christian Theology*, p. 380; Blocher, *In the Beginning*, p. 41; e Grudem, *Systematic Theology*, p. 287.
91. Demarest e Lewis, *Integrative Theology*, vol. 2, p. 23.
92. *TWOT* 1:213 é contado 3.540 vezes no hebraico bíblico, todas na raíz Qal, exceto para 21 usos no Nifal.
93. Grudem, *Systematic Theology*, p. 288.
94. Ibid., p. 291, citando várias obras como fonte.
95. Phillip Johnson, *Darwin on Trial* (Downers Grove, Ill.: InterVarsity, 1991), p. 20-23.
96. Ibid., p. 17-18.
97. Ibid. O comentário de Darwin é citado em ibid., p. 36.
98. Cf. capítulo em ibid. sobre o registro do fóssil.
99. Ibid. (cf. p. 51).
100. Ibid., p. 54.
101. G. G. Simpson, *The Meaning of Evolution* (New Haven, Conn.: Yale University Press, 1964), p. 137.
102. J. P. Moreland e John Mark Reynolds, "Introduction" em Moreland e Reynolds, eds., *Three Views on Creation and Evolution*, p. 34-35. Cf. também Michael Behe, *Darwin's Black Box* (New York: Free Press, 1996); William Dembski, ed. *Mere Creation* (Downers Grove, Ill.: InterVarsity, 1998); Michael Denton, *Evolution: A Theory in Crisis* (Bethesda, Md.: Adler and Adler, 1986); e Johnson, *Darwin on Trial*. Além disso, há uma grande quantidade de literatura sobre criação e evolução nos periódicos. Alguns deles são muito favoráveis à evolução, enquanto outros artigos são mais favoráveis ao criacionismo. Além disso, há muita literatura que discute a relação do relato bíblico da criação com as descobertas da ciência. Cf., p. ex., os seguintes a favor da evolução: Adolf Grünbaum, "Creation

as a Pseudo-Explanation in Current Physical Cosmology", *Erkenntnis* 35 (1991); Sol Tax, "Creation and Evolution", *Free Inquiry* 2 (Summer 1982); Arthur N. Strahler, "The Creationist Theory of Abrupt Appearances: A Critique", *Free Inquiry* 11 (verão de 1991); Jastrow, "Science and the Creation"; Jack D. Maser e Gordon G. Gallup, Jr., "Theism as a By-Product of Natural Selection", *J Relig* 70 (October 1990); Deltete, "Hawking on God and Creation"; Rudolf B. Brun, "Integrating Evolution: A Contribution to the Christian Doctrine of Creation", *Zygon* 29 (set. 1994); Ernan McMullin, "Evolution and Special Creation", *Zygon* 28 (set. 1993); Delos McKown, "Scientific Creationism: The Modern Mythmakers' Magic", *Relig Hum* 16 (1982); e A. J. Matill, Jr., "Three Cheers for the Creationists! For the Services They Are Rendering to the Cause of Rational Religion", *Free Inquiry* 2 (primavera de 1982). Os mais favoráveis ao criacionismo são os seguintes: Paul Elbert, "Biblical Creation and Science: A Review Article", *JETS* 39 (jun. 1996); Polkinghorne, "Creation and the Structure of the Physical World"; Peacocke, "Science and God the Creator"; e William Lane Craig, "Theism and Big Bang Cosmology", *Austl J Phil* 69 (dez. 1991). Para obras que discutem mais geralmente a interface da ciência com a criação, cf. o seguinte: Ted Peters, "Cosmos and Creation", *Word and World* 4 (Fall 1984); Davis A. Young, "Nineteenth Century Christian Geologists and the Doctrine of Scripture", *CSR* 11 (mar. 1982); Bernard Lovell, "Creation", *Theology* 83 (1980); Wolfhart Pannenberg, "The Doctrine of Creation and Modern Science", *Zygon* 23 (mar. 1988); Dennis Ormseth, "Darwin's Theory and Christian Orthodoxy", *Word and World* 4 (Fall 1984); Richard W. Berry, "The Beginning", *Theol Today* 39 (1982-1983); Friedemann Hebart, "Creation, Creationism, and Science", *Lutheran Theological Journal* 15 (1981); Frederic B. Burnham, "Maker of Heaven and Earth: A Perspective of Contemporary Science", *Horizons in Biblical Theology* 12 (dez. 1990); Garret Green, "Myth, History, and Imagination: The Creation Narratives in Bible and Theology", *Horizons in Biblical Theology* 12 (dez. 1990); Lenn E. Goodman e Madeleine J. Goodman, "Creation and Evolution: Another Round in an Ancient Struggle", *Zygon* 18 (mar. 1983); Karl Giberson, "The Anthropic Principle: A Postmodern Creation Myth?" *Journal of Interdisciplinary Studies* 9 (1997); e um simpósio sobre criação/evolução e fé em *CSR* 21 (set. 1991) com artigos de Alvin Plantinga, Howard J. Van Till, Pattle Pun, Ernan McMullin, e uma resposta final de Alvin Plantinga a Van Till e McMullin.

103. Dick Fischer, "The Days of Creation: Hours or Eons?" *Perspectives on Science and Christian Faith* 42 (mar. 1990): 15-16, citando uma obra inédita à época, de Hugh Ross, intitulada *Biblical Evidence for Long Creation Days*.
104. Conforme observado, existem até variedades de criacionismo progressivo. Uma variante digna de nota é proposta por Newman e Eckelmann. Os dias de Gênesis 1-2 são dias solares literais de 24 horas, nos quais Deus realizou os atos de criação que as Escrituras mencionam. No entanto, depois de cada dia havia uma longa época geológica que antecedia o dia seguinte e sua intervenção milagrosa. Para detalhes, cf. Robert C. Newman, "Progressive Creationism", em Moreland e Reynolds, eds., *Three Views on Creation and Evolution*, p. 106, 107; e Robert C. Newman e Herman J. Eckelmann, Jr., *Genesis One and the Origin of the Earth* (Grand Rapids, Mich.: Baker, 1981). Cf. também a descrição proveitosa de Demarest e Lewis acerca disso e outras variantes da visão dia-era (*Integrative Theology*, vol. 2, p. 24-26).
105. Cf. essa linha de argumentação conforme Demarest e Lewis apresentam em *Integrative Theology*, vol. 2, p. 4344; Grudem, *Systematic Theology*, p. 293-294; Berkhof, *Systematic Theology*, p. 153; e Thiessen, *Lectures in Systematic Theology*, p. 114.

106. Gleason L. Archer, *Encyclopedia of Bible Difficulties* (Grand Rapids, Mich.: Zondervan, 1982), p. 61. A ideia é citada e arguida em Dick Fischer, "Days of Creation: Hours or Eons?" 18, entre outras.
107. Grudem, *Systematic Theology*, p. 297. Cf. também Buswell, *Systematic Theology*, p. 145; Berkhof, *Systematic Theology*, p. 153; Demarest and Lewis, *Integrative Theology*, vol. 2, p. 29; e a citação de Blocher (*In the Beginning*, p. 44) desse argumento no comentário de Derek Kidner sobre Gênesis.
108. Archer, *Encyclopedia of Bible Difficulties*, p. 68.
109. Cf. esse argumento, p. ex., em Fischer, "Days of Creation: Hours or Eons?" p. 19-20; Grudem, *Systematic Theology*, p. 294; e C. John Collins, "How Old Is the Earth? Anthropomorphic Days in Genesis 1:1–2:3", *Presbyterion* 20 (1994): 118-119.
110. Grudem, *Systematic Theology*, p. 294; Berkhof, *Systematic Theology*, p. 153; Buswell, *Systematic Theology*, p. 145-146; e Collins, "How Old Is the Earth?" p.119.
111. Cf., p. ex., a discussão de Collins ("How Old Is the Earth?" p. 115-116) acerca dessa questão e sua referência à obra de W. H. Green sobre genealogias.
112. Demarest and Lewis, *Integrative Theology*, vol. 2, p. 44.
113. Grudem, *Systematic Theology*, p. 292-293.
114. Robert C. Newman and Herman J. Eckelmann, *Genesis One and the Origin of the Earth* (Downers Grove, Ill.: InterVarsity, 1977); Hugh Ross, *Genesis One: A Scientific Perspective*; Davis Young, *Creation and the Flood* (Grand Rapids, Mich.: Baker, 1977).
115. Newman, "Progressive Creationism", p. 109. Cf. também Collins, "How Old Is the Earth?" p. 112.
116. Cf. o apêndice de Collins ("How Old Is the Earth?") para mais detalhes.
117. Demarest e Lewis, *Integrative Theology*, vol. 2, p. 23, citando a observação de Richard Bube, Newman e Eckelmann acerca dessa questão.
118. Cf., p. ex., Donald B. DeYoung and John C. Whitcomb, "The Origin of the Universe", *Grace Theological Journal* 1 (Fall 1980), como um exemplo de um artigo que argumenta a partir da ciência contra tentativas concordistas de adequar Gênesis a uma Terra antiga.
119. Berkhof, *Systematic Theology*, p. 154-155; e Thiessen, *Lectures in Systematic Theology*, p. 115.
120. Waltke, "Literary Genre of Genesis, Chapter One", p. 10, nota de rodapé 30. Cf. também Collins, "How Old Is the Earth?" p. 110 para o mesmo argumento básico afirmado de um modo um pouco diferente.
121. Terence E. Fretheim, "Were the Days of Creation Twenty-Four Hours Long? Yes", em Ronald Youngblood, ed., *The Genesis Debate: Persistent Questions about Creation and the Flood* (Grand Rapids, Mich.: Baker, 1990), p. 18. Cf. também Thiessen, *Lectures in Systematic Theology*, p. 115.
122. Berkhof, *Systematic Theology*, p. 154. Cf. também Fretheim, "Were the Days of Creation Twenty-Four Hours Long? Yes", p. 19.
123. Berkhof, *Systematic Theology*, p. 155.
124. Fretheim, "Were the Days of Creation Twenty-Four Hours Long? Yes", p. 19-20.
125. Buswell, *Systematic Theology*, p. 144-147.
126. Cf. Grudem, *Systematic Theology*, p. 294, nota de rodapé 54, para essa opção. Grudem apresenta essas opções, mas não acredita que nenhuma delas seja muito provável.
127. Cf. ibid., p. 305, para essa linha de argumentação.
128. Cf. Cassuto, *Commentary on the Book of Genesis*, parte 1 para mais informações.

129. Blocher, *In the Beginning*, p. 50.
130. Como um exemplo de um pensador que explica porque Gênesis 1 não é uma sequência cronológica, pode-se consultar o artigo de David Sterchi, "Does Genesis 1 Provide a Chronological Sequence?" *JETS* 39 (dez. 1996).
131. Blocher, *In the Beginning*, p. 51; Grudem, *Systematic Theology*, p. 301.
132. Kline, "Space and Time in the Genesis Cosmogony", p. 2.
133. Ibid., p. 7.
134. Ibid., p. 8.
135. Ibid., p. 8-9.
136. Ibid., p. 13.
137. Blocher, *In the Beginning*, p. 56. Cf. também Kline, "Space and Time in the Genesis Cosmogony", p.12-14; e Meredith G. Kline, "Because It Had Not Rained", *WTJ* 20 (1958): 146-157, onde Kline discutiu, por escrito, esse ponto pela primeira vez.
138. Cf. os vários ensaios em Moreland e Reynolds, eds., *Three Views on Creation and Evolution*. Minha principal preocupação é chamar a atenção para o longo artigo de Van Till sobre o que ele gosta de chamar de criação plenamente dotada. Observe como sua avaliação do registro fóssil difere daquela dos outros dois ensaístas no livro.
139. Collins, "How Old Is the Earth?" p. 110.
140. Cf. Paul H. Seely, "The First Four Days of Genesis in Concordist Theory and in Biblical Context", *Perspectives on Science and Christian Faith* 49 (June 1997): 85-95.
141. Por exemplo, considere "chegar ao farol" na obra de Virginia Woolf, *To the Lighthouse*. Trata-se de um romance simbólico, e os comentaristas concordam que o farol e chegar a ele é um símbolo, mas não simboliza verdadeiramente viajar a um farol literal. Outro exemplo pode ser a baleia Moby Dick no romance *Moby Dick*.
142. Blocher, *In the Beginning*, p. 45.
143. Ibid., p. 98-99.
144. Um exemplo é o tempo entre a morte e a ressurreição de Jesus. Ele previu três dias e três noites; Ele previu que ressuscitaria no terceiro dia; se exigirmos precisão exata, a ressurreição teria de ocorrer pelo menos 72 horas depois de sua morte ou sepultamento, mas é claro que Ele ressuscitou antes disso. Ainda, Ele esteve morto por partes de três dias, e assim manteve sua promessa de ressuscitar em três dias, apesar de tê-lo feito menos de 72 horas após sua morte.
145. Cassuto, *Commentary on the Book of Genesis*, parte 1, p. 101.
146. Ibid., p. 102.
147. Ibid., p. 102-103. Para uma explicação de por que o relato de Gênesis 2 referente à criação dos animais após a criação de Adão não contradiz o relato do cap. 1 da criação dos animais antes de Adão, cf. p. 126-129.
148. Cf., p. ex., a discussão de Cranfield acerca de Romanos 5 e 8 em C. E. B. Cranfield, *A Critical and Exegetical Commentary on the Epistle to the Romans*, vol. 1, ICC (Edinburgh: T & T Clark, 1975).

Capítulo 13

1. Peter van Inwagen, *An Essay on Free Will* (Oxford: Clarendon, 1983), p. 2-3.
2. Edward Sankowski, "Some Problems about Determinism and Freedom", *Amer Phil Quart* 17 (out. 1980): 293.

3. Francis A. Gangemi, "Indeterminacy and Human Freedom", *Relig Hum* 10 (1976): 55.
4. Edward Walter e Arthur Minton, "Soft Determinism, Freedom, and Rationality", *Personalist* 56 (1975): 368, e toda a discussão nas p. 368-369.
5. Cf. o restante do artigo de Gangemi ("Indeterminacy") para uma variedade de razões tais como por que o Princípio de Heisenberg não nos ajuda nas tentativas de explicar ações humanas.
6. Alvin Plantinga, *The Nature of Necessity* (Oxford: Oxford University Press, 1978), p. 170-171.
7. Peter van Inwagen se queixa de que a expressão livre-arbítrio contracausal é enganosa, mas isso porque pode dar a entender que a pessoa ultrapassa as leis naturais e realiza um milagre. Outros sentidos da expressão também devem ser rejeitados, e van Inwagen está correto ao fazê-lo, mas contanto que se ofereça a definição mencionada em meu texto (e muitos proponentes da ideia dizem algo semelhante à minha definição), não há necessidade de se ter medo de usar essa terminologia. Ver van Inwagen, *Essay on Free Will*, p. 14-15.
8. Walter e Minton ("Soft Determinism", p. 364) fazem uma distinção entre indeterminismo e libertarianismo. "O primeiro afirma que existem atos contracausais; o último acrescenta que atos contracausais de seres humanos são determinados por um 'eu'." No entanto, acho que esses são detalhes que não precisam nos incomodar aqui, então não vou me preocupar com essas distinções.
9. Van Inwagen, *Essay on Free Will*, p. 3-5. Nessas páginas, van Inwagen explica o que teria de ser verdade para que a causação universal implicasse logicamente o determinismo causal. Como ele mostra, o fato de que toda ação é causada não implica automaticamente que o determinismo seja verdadeiro.
10. Uma posição rara que tenta desconectar o agente causalmente de seu ato é a versão de Carl Ginet do que às vezes é chamado de "indeterminismo simples", a posição geral de que a ação livre não requer nenhum tipo de conexão causal entre os agentes e suas ações livres. Cf. Carl Ginet, "The Conditional Analysis of Freedom", em Peter van Inwagen, ed., *Time and Cause* (Dordrecht: D. Reidel, 1980), p. 171-186. Cf. também sua obra *On Action* (Cambridge: Cambridge University Press, 1990). As opiniões de Ginet são explicadas e discutidas em uma parte do artigo muito proveitoso de Timothy O'Connor, "Indeterminism and Free Agency: Three Recent Views", *Phil Phenomenol Res* 53 (set. 1993).
11. Isso se aplica às ações intencionais, mas em certo sentido também se aplica às não intencionais. Em casos de atos não intencionais, o agente agiu intencionalmente, e esse ato foi fundamental para produzir o resultado, mesmo que ele não tenha pretendido o resultado ocorrido. Por exemplo, uma mulher escolhe dirigir seu carro e o faz, mas ela não optou por bater em outro carro como resultado de sua direção. O resultado não foi intencional, mas sua ação foi parte da causa do acidente. Quanto a refletir as ações, é mais difícil dizer se pode se dizer que o agente as causou em qualquer sentido significativo de "causar". Certamente, se alguém esbarra em nós e pelo reflexo movemos um braço ou perna, o resultado do movimento de nosso braço ou perna pode fazer com que outra pessoa seja atingida por nosso pé ou mão. Portanto, a ação de bater em outra pessoa nesse caso é causada, mas uma vez que a pessoa que se moveu não pretendeu nenhuma ação, não está claro que devemos dizer que essa pessoa causou o golpe da outra ou que golpeou a outra pessoa. Apesar de tais tecnicidades, o ponto básico permanece. Cada ação e evento pode muito bem ter uma causa e, no caso de muitos deles, os libertários diriam que o agente é a causa.
12. Cf., p. ex., Norman Geisler, "God Knows All Things", em David Basinger e Randall Basinger, eds., *Predestination and Free Will* (Downers Grove, Ill.: InterVarsity, 1986), o

qual propõe que a maneira de resolver o debate entre calvinistas e arminianos e de sintetizar as questões de predestinação e livre-arbítrio é apelar para ações como autodeterminadas.

13. Cf. Thomas Talbott, "Indeterminism and Chance Occurrences", *Personalist* 60 (1979): 254; e Tom Settle, "How Determinism Refutes Compatibilism", *Relig Stud* 29 (1993): 353.
14. Talbott, "Indeterminism", p. 254. Embora essa terminologia seja raramente usada hoje, os escritores dos séculos passados às vezes falavam da vontade que escolhe a partir de uma posição de contrapeso de equilíbrio. Em outras palavras, a vontade não é decididamente inclinada em uma direção ou outra. Existem fatores causais que podem empurrar para uma direção e outros que puxam para outra, e todos esses fatores podem desempenhar um papel no pensamento do agente no momento da escolha. Porém, apesar de tais fatores, a vontade no momento da escolha está igualmente pronta para escolher qualquer uma das opções disponíveis e escolhe entre um estado de equilíbrio ou repouso.
15. Robert Nozick, *Philosophical Explanations* (Cambridge, Mass.: Harvard University Press, 1981); e Robert Kane, *Free Will and Values* (Buffalo, N.Y.: State University of New York Press, 1985); e "Two Kinds of Incompatibilism", *Phil Phenomenol Res* 50 (dez. 1989): 219-254. Cf. também essa visão causal do agente na obra de William Rowe sobre Thomas Reid (a obra de Reid é uma fonte moderna de tal visão) *Thomas Reid on Freedom and Morality* (Ithaca, N.Y.: Cornell University Press, 1991); Michael Zimmerman, *An Essay on Human Action* (New York: Peter Lang, 1984); Alan Donagan, *Choice* (London: Routledge and Kegan Paul, 1987); e Richard Taylor, *Metaphysics* (Englewood Cliffs, N.J.: Prentice-Hall, 1992).
16. O'Connor, "Indeterminism", p. 500-501. O'Connor oferece uma discussão e avaliação muito proveitosas das teorias de Carl Ginet, Robert Nozick e Robert Kane, os quais ele rotula de indeterministas causais.
17. Em um artigo interessante, Mark Pestana distingue seis tipos de atos de vontade (desejar, pretender, consentir, escolher, usar e desfrutar), e então mostra como a teoria da ação defendida por Tomás de Aquino difere em sua compreensão desses e de outros itens da teoria da ação de Duns Scotus. Cf. Mark Pestana, "The Three Species of Freedom and the Six Species of Will Acts", *The Modern Schoolman* 74 (nov. 1996): 19-29.
18. Richard Taylor, "Determinism", em Paul Edwards, ed., *Encyclopedia of Philosophy*, vol. 2 (New York: Macmillan, 1972), p. 359.
19. Kadri Vihvelin, "Freedom, Causation, and Counterfactuals", *Phil Stud* 64 (1991): 161.
20. Bertrand Russell, "On the Notion of Cause" em *Our Knowledge of the External World* (London, 1914), p. 221. Citado em Philippa Foot, "Free Will as Involving Determinism", em Bernard Berofsky, ed., *Free Will and Determinism* (New York: Harper & Row, 1966), p. 97; e Sankowski, "Some Problems", p. 292.
21. Laurence A. BonJour, "Determinism, Libertarianism, and Agent Causation", *Southern J Phil* 14 (1976): 145. Para uma definição mais formal de determinismo, cf. John V. Canfield, "The Compatibility of Free Will and Determinism", *Phil Rev* 71 (1962): 354.
22. Cf. a discussão de Clarke da literatura recente sobre essa e outras questões relacionadas à liberdade e determinismo em "Freedom and Determinism", *Philosophical Books* 36 (jan. 1995). Nas p. 11 e 12 encontra-se a referência específica à questão se o determinismo LaPlaceiano prevalece em nosso mundo e como a ciência contemporânea avalia a questão.
23. Para aprimoramento desse tipo de determinismo, cf., p. ex., Adolf Grünbaum, *Modern Science and Zeno's Paradoxes* (London: Allen & Unwin, 1967). Cf. também sua breve referência a isso em "Free Will and Laws of Human Behavior", *Amer Phil Quart* 8 (October 1971): 303.

24. Grünbaum, "Free Will and Laws", p. 302. Esse tipo de fatalismo é o que van Inwagen chama de forte inevitabilidade, e eventos ou ações que são fortemente inevitáveis ocorreriam independente do que fizermos. Van Inwagen, *Essay on Free Will,* p. 25ss.
25. Grünbaum, "Free Will and Laws", p. 302, é a fonte para essas ilustrações. Van Inwagen, *Essay on Free Will,* p. 23-28 passim.
26. Grünbaum, "Free Will and Laws", p. 302.
27. Van Inwagen, *Essay on Free Will,* p. 25-26.
28. Cf. Grünbaum, "Free Will and Laws", p. 303, explicando essa forma de fatalismo que ele extrai do livro *Dilemmas,* de Gilbert Ryle (Cambridge: Cambridge University Press, 1956). Cf. também van Inwagen, *Essay on Free Will,* p. 29s., para esse tipo de fatalismo, e van Inwagen argumenta que o fatalista desse tipo não é um inevitabilista forte nem fraco nos sentidos em que usa esses termos.
29. Para uma abordagem completa do amplo conceito de necessidade, cf. a obra de Alvin Plantinga, *Nature of Necessity.*
30. Grünbaum, "Free Will and Laws", p. 303-304. Como Andrew Ward explica, "Em linhas gerais, o compatibilista defende que, dado o agente compreender a moralidade da situação que o confronta, seu comportamento é moralmente livre na medida em que ele não é impedido de agir de acordo com as próprias decisões. Porém, o simples fato de que todos os seus desejos, e, portanto (nesta visão), todas as suas decisões, são a consequência causal do caráter naturalmente formado do agente em conjunto com as circunstâncias em redor, não constitui por si só nenhuma restrição ou limitação em sua liberdade moral". Andrew Ward, "Talking Sense about Freedom", *Phil Phenomenol Res* 50 (jun. 1990): 732.
31. Para uma discussão desses diferentes sentidos de "livre-arbítrio" etc., em Calvino, cf. E. Doumergue, *La Pensee Religieuse de Calvin,* vol. 4 de *Jean Calvin: Les Hommes et Les Choses de Son Temps* (Lausanne: Georges Bridel & Cie Editeurs, 1910), p. 168-170.
32. Lionel Kenner, "Causality, Determinism, and Freedom of the Will", *Philosophy* 39 (1964): 234-235.
33. A. J. Ayer, "Freedom and Necessity", em *Philosophical Essays,* p. 281-282; citado em Kenner, "Causality", p. 236.
34. Kenner defende muito bem essa ideia em "Causality", p. 238.
35. Louis Berkhof, *Systematic Theology* (Grand Rapids, Mich.: Eerdmans, 1968), p. 165.
36. Paul Helm, *The Providence of God* (Downers Grove, Ill.: InterVarsity, 1994), p. 18.
37. Brian L. Hebblethwaite, "Providence and Divine Action", *Relig Stud* 14 (June 1978): 224.
38. Randall Basinger e David Basinger, "Introduction", em Basinger e Basinger, eds., *Predestination and Free Will* (Downers Grove, Ill.: InterVarsity, 1986), p. 13.
39. John Sanders, *The God Who Risks* (Downers Grove, Ill.: InterVarsity, 1998), p. 213.
40. Basinger and Basinger, "Introduction", p. 13.
41. Sanders, *God Who Risks,* p. 213-214.
42. Cf., p. ex., a descrição que Sanders faz da soberania específica e sua comparação dela com a soberania geral, em ibid., p. 211-217. Cf. também Jack Cottrell, "The Nature of the Divine Sovereignty", em Clark Pinnock, ed., *The Grace of God, the Will of Man* (Grand Rapids, Mich.: Zondervan, 1989), passim.
43. Cf. minha obra "The Incarnation of Jesus", em Gary Habermas e Douglas Geivett, eds., *In Defense of Miracles* (Downers Grove, Ill.: InterVarsity, 1997).
44. Cf. Sanders, *God Who Risks,* p. 170 and 228-235, onde ele diz que Deus realiza objetivos gerais, mas nem sempre da forma que havia previsto.

45. David Basinger, "Can an Evangelical Christian Justifiably Deny God's Exhaustive Knowledge of the Future?" CSR 25 (dez. 1995): 138, diz: "Por outro lado, *se Deus pode intervir unilateralmente nos assuntos terrenos*, então Ele pode, em princípio, garantir que certos fins ocorrerão — especificamente, que o bem acabará triunfando sobre o mal em alguns contextos —, *quer Ele tenha conhecimento exaustivo do futuro, quer não.* Consequentemente, uma vez que os defensdores do CP [conhecimento presente] não negam (não precisam negar) que Deus pode intervir unilateralmente nos assuntos terrenos — que Deus pode, p. ex., anular ou retirar a liberdade de escolha —, simplesmente não é verdade que um Deus com CP não pode garantir o futuro em um sentido significativo."
46. Sanders, *God Who Risks*, p. 63-66.
47. Eu devo observar também que, embora rejeite o entendimento clássico de muitos desses atributos, uma leitura da minha discussão dos atributos divinos mostra que minha distinção sutil desses atributos difere daquela da visão aberta. Por exemplo, eu não diria que o episódio de Êxodo 32-34 é um caso legítimo em que Deus realmente mudou seus planos e propósitos. Na minha perspectiva, tudo o que aconteceu foi planejado por Deus; Ele predeterminou que o meio para poupar Israel seria a oração de intercessão de Moisés. Se isso significa que a linguagem de Êxodo 32-34 é antropomórfica, que seja. Será dito mais sobre isso posteriormente.
48. Provavelmente uma correspondência tão próxima quanto qualquer outra da posição descrita no texto é encontrada na obra de Loraine Boettner, *The Reformed Doctrine of Predestination* (Grand Rapids, Mich.: Eerdmans, 1951).
49. A partir do que foi exposto, percebemos que os modelos de soberania geral e específica da providência divina têm uma forma paradoxal. A diferença entre as duas posições paradoxais, entretanto, é muito clara. No indeterminismo paradoxal, a tensão é entre a soberania divina e o livre-arbítrio libertário. Com o determinismo paradoxal, a tensão é entre uma visão de soberania divina que remove a liberdade humana, mas ainda defende que os humanos, de qualquer modo, são moralmente responsáveis por suas ações.
50. Alguns se perguntam se o controle divino imaginado se estende aos níveis atômico e subatômico da realidade. Se isso for necessário para garantir que corpos físicos maiores (dos quais esses átomos são uma parte) funcionem de modo a contribuir para a ocorrência de eventos e ações que Deus decretou, então o controle de Deus se estende a esse nível. Por outro lado, se Deus pode fazer com que cada objeto e pessoa cumpra seus objetivos decretados sem controlar as coisas nos níveis subatômico e atômico, tudo bem. O modo que a estrutura atômica de uma entidade se relaciona com o funcionamento dos corpos maiores é uma questão que a ciência continua investigando. Qualquer que seja a resposta que a ciência acabe oferecendo, essa resposta pode se encaixar nesse modelo de soberania. Teólogos tanto da soberania específica como da geral podem concordar, e concordam, que Deus sustenta tudo o que existe, até mesmo nos níveis subatômicos de existência. Exatamente como esse poder de sustentação impacta o que as entidades farão a cada momento não está claro, mas, *prima facie*, não precisa ordenar ou impedir o controle de Deus sobre o que pessoas e objetos fazem.
51. George Mavrodes, "Is There Anything Which God Does Not Do?" *CSR* 16 (jul. 1987): 384.
52. Ibid., 391.
53. Eu levo muito a sério essas passagens que ensinam que por nosso próprio poder nada podemos fazer que agrade a Deus (cf., p. ex., Rm 3.10-12; Sl 14.1-3; 53.1-4). Logo, se for para fazermos algo bom aos olhos dele, temos de ser capacitados e habilitados por Ele.

54. Sanders, *God Who Risks*, p. 45-47, afirma que o caso de Adão e Eva é um excelente exemplo de pessoas que têm liberdade de escolha. Deus os abençoa grandemente, então não é provável que eles o desobedecessem; contudo, o improvável aconteceu por meio do livre-arbítrio. Tudo isso mostra que há liberdade legítima e que Deus corre riscos ao criar o tipo de criaturas que criou ao lhes dar essa liberdade.
55. Geisler, "God Knows All Things", p. 64-65; e Bruce Reichenbach, "God Limits His Power", em Basinger e Basinger, eds., *Predestination and Free Will*, p. 104.
56. Richard Ruble, "Determinism vs. Free Will", *Journal of the American Scientific Affiliation* 28 (jun. 1976): 73.
57. Richard Rice, "Biblical Support for a New Perspective", em Clark Pinnock, et al., *The Openness of God* (Downers Grove, Ill.: InterVarsity, 1994), p. 54-55; Cf. também Reichenbach, "God Limits His Power", p. 117-118.
58. Geisler, "God Knows All Things", p. 65.
59. Clark Pinnock, "God Limits His Knowledge", em Basinger e Basinger, eds., *Predestination and Free Will*, p. 149.
60. Ibid.
61. Sanders, *God Who Risks*, p. 222. Cf. também p. 223 para uma discussão mais aprofundada do caso de Adão e Eva.
62. Cottrell, "Nature of the Divine Sovereignty", p. 103.
63. Ibid., p. 102. Cf. p. 103 para incondicionalidade como o problema de ser liberdade legítima ou liberdade significativa.
64. Ibid., p. 103-104.
65. Pinnock, "God Limits His Knowledge", p. 146. Pinnock diz que isso deriva basicamente da onipotência divina, corretamente entendida. Onipotência não é "o poder de determinar tudo, mas sim [...] o poder que possibilita Deus lidar com qualquer situação que surgir" (Clark Pinnock, "Systematic Theology", em Pinnock, et al., *Openness of God*, p. 114).
66. Rice, "Biblical Support", p. 38. Cf. sua discussão mais geral deste ponto nas p. 36-38.
67. Sanders, *God Who Risks*, p. 233-235.
68. Ibid., p. 234. De uma perspectiva mais filosófica, cf. o argumento de David Basinger de que Deus tem apenas controle limitado dos fins últimos que ocorrem ("Human Freedom and Divine Providence: Some New Thoughts on an Old Problem", *Relig Stud* 15 [1979]: 498-509).
69. Pinnock, "God Limits His Knowledge", p. 151.
70. Sanders, *God Who Risks*, p. 225.
71. Cottrell, "Nature of the Divine Sovereignty", p. 108.
72. Marcel Sarot, "Omnipotence and Self-limitation", em Gijsbert van den Brink, et al., eds., *Christian Faith and Philosophical Theology* (Kampen, Netherlands: Kok Pharos, 1992), p. 177.
73. Cottrell, "Nature of the Divine Sovereignty", p. 108-109. Cf. também Sanders, *God Who Risks*, p.225. Cf. também Sarot, "Omnipotence", p. 182. Sarot distingue autolimitação de autorestrição. O primeiro significa desistir totalmente, enquanto o último significa agarrar-se a algo, mas se restringir de usá-lo. Sarot acredita que é problemático dizer que Deus limita sua própria onipotência, pois então Ele não seria mais onipotente. Em vez disso, Ele retém seu poder, mas simplesmente se abstém de usá-lo (p. 182-183). Como Cottrell explica ("Nature of the Divine Sovereignty", p. 110), "Um Deus soberano é um Deus

que é livre para se limitar em relação às suas obras, um Deus que é livre para decidir *não* determinar se assim escolher, um Deus que é livre para conceder o dom da independência relativa às suas criaturas. Essa liberdade não diminui a soberania de Deus; ela a aumenta".

74. Cottrell, "Nature of the Divine Sovereignty", p. 107.
75. Jerry Walls defende essa ideia no artigo "The Free Will Defense, Calvinism, Wesley, and the Goodness of God", *CSR* 13 (set. 1983): 24-31.
76. David Basinger argumenta isso tão enfaticamente como ninguém. Cf. sua obra "Human Freedom and Divine Providence", p. 492-493.
77. Como veremos no capítulo sobre o problema do mal, o que acabei de apresentar neste parágrafo é, na verdade, a defesa do livre-arbítrio. Vamos discuti-la com mais detalhes. Por ora, é suficiente observar que o defensor da soberania geral simplesmente apresenta essa linha de argumento como uma alternativa à história que o determinista conta e que aparentemente tem incoerência lógica. Para esses pontos, ver David Basinger, "Practical Implications", em Pinnock, et al., *Openness of God*, p. 170ss; e Sanders, *God Who Risks*, p. 92-94 (sobre o massacre de crianças inocentes quando Herodes intentou matar o menino Jesus).
78. Walls, "Free Will Defense", p. 29-30.
79. Geisler, "God Knows All Things", p. 69.
80. Aqui, existem muitas fontes onde os atributos divinos são redefinidos como parte do argumento geral para a visão aberta de Deus e uma noção mais geral do controle providencial de Deus. Cf. Reichenbach, "God Limits His Power", p. 114-115; Pinnock, "God Limits His Knowledge", p. 152-157; Rice, "Biblical Support", p. 18-33, 38-46; e Sanders, *God Who Risks*, p. 66-75, 173-194 como exemplos dessa compreensão dos atributos divinos e desse tipo de argumento proposto a partir dessa compreensão.
81. Sanders, *God Who Risks*, p. 82-83.
82. Ibid., p. 84.
83. Ibid., p. 86.
84. Ibid., p. 102. Para abordagem de 1Pe 1.20, cf. p. 101.
85. Ibid., p. 103-104.
86. Ibid., p. 120-123, para a abordagem completa desses versículos por Sanders.
87. Cottrell, "Nature of the Divine Sovereignty", p. 114.
88. Ibid.
89. Ibid.
90. Bernard Berofsky, "Three Conceptions of Freedom", *J Phil* 67 (1970): 209-210.
91. Alvin Plantinga, *God, Freedom, and Evil* (New York: Harper & Row, 1974), p. 29.
92. Axel Steuer defende exatamente essa ideia em relação ao controle de Deus e nosso controle de nossas próprias ações. Ele escreve: "Em resumo, os seres humanos não podem ter liberdade ou autocontrole e ainda assim permanecer absolutamente sob o controle de Deus, a menos que se mantenha a identidade de Deus e de pessoas finitas." Na medida em que o controle de Deus limita nosso controle de nossas ações, nossa liberdade é limitada. Axel Steuer, "The Freedom of God and Human Freedom", SJT 36 (1983): 172-173.
93. Patrick Francken, "Incompatibilism, Nondeterministic Causation, and the Real Problem of Free Will", *Journal of Philosophical Research* 18 (1993): 42-43.
94. Steuer, "Freedom of God", p. 164.
95. Michael Zimmerman, "Moral Responsibility, Freedom, and Alternate Possibilities", *Pacific Philosophical Quarterly* 63 (jul. 1982): 244, defende essa ideia, e quando nos voltarmos para os argumentos a favor de uma abordagem determinista suave, veremos que os compatibilistas normalmente respondem aos incompatibilistas que existem sentidos

significativos nos quais um agente poderia agir diferente, mesmo dado o compatibilismo. Consequentemente, se ser capaz de fazer diferente é um requisito para a liberdade, as escolhas feitas de maneira compatibilística devem ser livres.

96. Ibid., p. 244-245.
97. Cf., p. ex., o esboço de Wolf de como tal linha de argumentação poderia ser uma resposta às interpretações compatibilistas de "poderia ter feito diferente". Susan Wolf, "Asymmetrical Freedom", *J Phil* 77 (1980): 154.
98. Steuer, "Freedom of God", p. 164-165; e Robert Young, "Compatibilism and Freedom", *Mind* 83 (1974): 36-37.
99. Wolf, "Asymmetrical Freedom", p. 154.
100. A. C. MacIntyre, "Determinism", *Mind* 66 (1957): 33.
101. Richard Taylor, "'I Can'", *Phil Rev* 69 (1960): 88-89; Max Hocutt, "Freedom and Capacity", *Review of Metaphysics* 29 (1975): 258.
102. Van Inwagen, *Essay on Free Will*, p. 56.
103. Para uma elaboração mais completa de todo esse argumento, premissa por premissa, cf. van Inwagen, *Essay on Free Will*, p. 71-78. Para uma discussão mais aprofundada do argumento, cf. John Martin Fischer, "Van Inwagen on Free Will", *Phil Quart* 36 (abr. 1986). Para uma versão anterior dessa linha de argumentação, cf. van Inwagen, "The Incompatibility of Free Will and Determinism", *Phil Stud* 27 (1975). Para mais explicação e discussão desse tipo de argumento, cf. James W. Lamb, "On a Proof of Incompatibilism", *Phil Rev* 86 (jan. 1977).
104. Charles Fethe, "Rationality and Responsibility", *Personalist* 53 (1972): 195.
105. Cf. a explicação e elaboração que Thomas Talbott faz desse ponto em Talbott, "Indeterminism", p. 259.
106. Winston Nesbitt e Stewart Candlish, "On Not Being Able to Do Otherwise", *Mind* 82 (jul. 1973): 321.
107. Paul Gomberg vai ainda mais longe, pois sabe que um ato pode derivar do caráter das crenças etc. do agente, mas se essas coisas não surgirem de algo além do agente, mas, em vez disso, de algo que ele não controla, então ainda não podemos atribuir responsabilidade moral a esse agente. Tais considerações levaram muitos libertários a defender uma visão da causação do agente segundo a qual não apenas os agentes causam seus atos, mas também causam ou controlam tudo o que os move a agir. Ver Paul Gomberg, "Free Will as Ultimate Responsibility", *Amer Phil Quart* 15 (jul. 1978):206-207. Para mais discussões interessantes sobre esta questão, cf. o artigo completo de Gomberg; "Some Problems about Determinism and Freedom", de Edward Sankowski; e um artigo muito interessante sobre esse tema, de William Rowe, intitulado "Causing and Being Responsible for What Is Inevitable", *Amer Phil Quart* 26 (abr. 1989).
108. Talbott, "Indeterminism", p. 254.
109. Essa é minha adaptação e aplicação de um conjunto básico de ideias que Talbott defende nas p. 254-255 ao interagir com o argumento de Moritz Schlick de que uma ação deve ser causalmente determinada ou totalmente incausada.
110. Talbott, "Indeterminism", p. 256ss.
111. Aqui, essas condições causalmente suficientes provavelmente incluiriam muitas coisas verdadeiras acerca do mundo naquele momento (mas não teriam que incluir toda a história do mundo até aquele ponto no tempo) e poderiam até incluir algumas leis da natureza que produziram eventos que são determinantes no processo de tomada de decisão do agente. Pelo que sabemos, pode até haver certas leis que cubram o modo

que os humanos (ou este humano em particular) agirão em determinada circunstância, mesmo que não estejamos em posição de declarar quais são essas leis. Além disso, se os estados cerebrais físicos forem causalmente decisivos para os estados mentais, então existem provavelmente leis físicas que expliquem por que o cérebro (e derivativamente, a mente) está em um estado particular em determinado momento, um estado que teria efeitos significativos sobre o que o agente escolhe em uma ocasião específica.

112. Steuer, "Freedom of God", p. 168-169.
113. Em minha descrição das diferentes posições sobre essa questão (parte de definição deste capítulo), observei a posição do indeterminismo causal. Essa é a visão de que uma ação é causada pelo agente à luz de uma porção específica de suas crenças, mas nada anterior à escolha e ação do agente tornou inevitável que ele focasse as razões e argumentos que focou ou que ele os considerasse como mais significativos do que outros. Esse é agora o tipo de posição com a qual estou lidando no texto.
114. Patrick Francken, "Incompatibilism", p. 49, citando Fred Dretske e Aaron Snyder, "Causal Irregularity", *Philosophy of Science* 39 (1972): 69-71.
115. Os libertários querem defender a primeira ideia de que somente porque um ato é causado (embora indeterminado), isso não o torna livre em seu sentido de liberdade. Se algo diferente do agente causasse uma ação, isso não ajudaria o argumento do libertário. Logo, os libertários contemporâneos defendem a causalidade do agente, mas existem variações de causalidade do agente. Para uma discussão das teorias da causalidade do agente e sua relação não apenas com essa questão, mas com o argumento libertário a favor da liberdade de forma mais geral, cf. Susan L. Anderson, "The Libertarian Conception of Freedom", *International Philosophical Quarterly* 21 (1981): 396ss; Andrew Ward, "Talking Sense about Freedom", p.733-735; BonJour, "Determinism", p. 148-153. De especial utilidade é a obra "Two Kinds of Incompatibilism", de Robert Kane, *Phil Phenomenol Res 50* (December 1989), na qual o autor discute várias teorias de causalidade de agente e teorias de inteligibilidade teleológica, duas teorias diferentes que um incompatibilista pode defender ao concluir sua teoria de ação. Essas não são simplesmente duas maneiras diferentes de tentar responder à acusação de que o incompatibilismo é aleatoriedade; em vez disso, são abordagens separadas para oferecer uma explicação inteligível para a totalidade do que o livre-arbítrio libertário reivindica. Cf. Kane para mais detalhes.
116. Van Inwagen, *Essay on Free Will*, p. 154.
117. Ibid., p. 114-126, para sua rejeição das afirmações do tipo "poderia" como frases condicionais.
118. Ibid., p. 153-161. Para discussão desse argumento e da questão mais ampla de deliberar acerca de algo que é determinado, cf. Bruce N. Waller, "Deliberating about the Inevitable", *Analysis* 45 (jan. 1985). Um outro argumento se refere ao determinismo suave e foca o controle da mente. Cf. David Blumenfield, "Freedom and Mind Control", *Amer Phil Quart* 25 (July 1988). Aaron Snyder oferece um último argumento de que o determinismo é, de fato, autorrefutante. Cf. A. Aaron Snyder, "The Paradox of Determinism", *Amer Phil Quart* 9 (October 1972).

Capítulo 14

1. Cf. minha obra "God Ordains All Things", em David Basinger e Randall Basinger, eds., *Predestination and Free Will* (Downers Grove, Ill.: InterVarsity, 1986), p. 19-43; e "God,

Freedom, and Evil in Calvinist Thinking", em Tom Schreiner e Bruce Ware, eds., *The Grace of God, the Bondage of the Will*, vol. 2. (Grand Rapids, Mich.: Baker, 1995), p. 459-483.
2. Bruce Reichenbach, "God Limits His Power", em Basinger e Basinger, eds., *Predestination and Free Will*, afirma corretamente que a Escritura não discute a liberdade em si, embora nos desafie a fazer muitas escolhas, e fala da relação da liberdade com a lei e o pecado (p. 104). Isso é certamente correto, mas ressalta o que estou defendendo; A Escritura não oferece uma definição precisa do que significa liberdade. Portanto, ao notar que a Escritura ensina liberdade e responsabilidade moral, eliminamos certas posições determinísticas, mas não todas.
3. B. F. Westcott, *Saint Paul's Epistle to the Ephesians* (reimpressão, Minneapolis: Klock & Klock, 1978), p. 15. Cf. também T. K. Abbott, *A Critical and Exegetical Commentary on the Epistles to the Ephesians and to the Colossians*, ICC (Edinburgh: T. & T. Clark, s.d.), p. 20; e John Eadie, *A Commentary on the Greek Text of the Epistle of Paul to the Ephesians* (Grand Rapids, Mich.: Baker, 1979), p. 60.
4. Bruce Reichenbach, "Bruce Reichenbach's Response", em Basinger e Basinger, eds., *Predestination and Free Will*, p. 52-53.
5. Jack Cottrell, "The Nature of Divine Sovereignty", em Clark Pinnock, ed., *The Grace of God, the Will of Man* (Grand Rapids, Mich.: Zondervan, 1989), p. 115-116.
6. Cf. minha obra "God Ordains All Things", p. 31-32.
7. Cf. John Sanders, *The God Who Risks* (Downers Grove, Ill.: InterVarsity, 1998), cap. 1 e p. 67-70; Cf. também Richard Rice, "Biblical Support for a New Perspective", Clark Pinnock, et al., *The Openness of God* (Downers Grove, Ill.: InterVarsity, 1994), p. 22-25.
8. David Basinger, "Can an Evangelical Christian Justifiably Deny God's Exhaustive Knowledge of the Future?" *CSR* 25 (dez. 1995): 144.
9. Rice, "Biblical Support", p. 54-55.
10. John Calvin, *Institutes of the Christian Religion*, vol. 20 de The Library of Christian Classics, ed. John T. McNeill e Ford L. Battles (Philadelphia: Westminster, 1954), p. 228-229 [I, xviii, 1]. Cf. Institutes, 956 [III, xxiii, 8]; e Etienne, De Peyer, "Calvin's Doctrine of Divine Providence", *The Evangelical Quarterly* 10 (15 jan. 1938): 42.
11. Além disso, o decreto de Deus inclui o bem natural e o mal natural. Alguns eventos que ocorrem promoverão nossa saúde e bem-estar físico e material, enquanto outros, como incêndios, terremotos, inundações e doenças, normalmente são prejudiciais ao bem-estar humano. Uma vez que muitas dessas ocorrências não estão ligadas às ações humanas enquanto causa, as estou omitindo da minha definição de vontade perfeita e vontade indesejada e as usando apenas para me referir às ações das criaturas morais de Deus. No entanto, todos esses eventos são parte do decreto de Deus; aqueles que produzem o bem natural também podem cair na categoria da vontade perfeita de Deus, enquanto que aqueles que produzem o mal natural podem se enquadrar na categoria da vontade indesejada de Deus.
12. Historicamente, vários campos dentro da tradição cristã também distinguiram a vontade absoluta e condicional de Deus ou sua vontade antecedente e consequente. Contudo, esses termos são usados significando coisas diferentes por aqueles que os usam. Além disso, não vejo que eles adicionem nada que devamos saber para entender o que as Escrituras dizem sobre a vontade soberana de Deus. Portanto, eu os omiti da discussão. Para aqueles que desejam buscar esses conceitos e seus vários significados, cf. Charles Hodge, *Systematic Theology*, vol. 1 (London: James Clark & Co., 1960), p. 402-406; Herman Bavinck,

The Doctrine of God (Grand Rapids, Mich.: Baker, 1977), p. 237-238; e Louis Berkhof, *Systematic Theology* (Grand Rapids, Mich.: Eerdmans, 1968), p. 77-78.
13. Devo acrescentar que há um problema aqui para posições deterministas duras e fatalistas acerca desse assunto. Essas visões afirmam que não temos livre-arbítrio de nenhum modo. Se for assim, então parece injusto considerar os humanos responsáveis por suas más ações, já que não as fizeram livremente. Da mesma forma, considero a posição do determinismo paradoxal inaceitável, pois afirma que somos moralmente responsáveis, apesar do fato de que nossas ações não são livres. Se Deus realmente nos considera culpados em tais condições, não vejo como isso possa ser justo. O objetor imaginário de Paulo tem motivos para se queixar!
14. Aqui, cf. a discussão de Sanders sobre a súplica de Moisés por seu povo (Êx 32-34), *God Who Risks*, p. 63-66, e de Abraão suplicando por Sodoma e Gomorra (Gn 18), p. 53. Cf. também a abordagem de Rice para essas passagens ("Biblical Support", p. 27-30).
15. Por exemplo, se há um jogo de beisebol e está no final do nono período de jogo do campeonato com o placar empatado e as bases estão carregadas com dois fora, o rebatedor deseja obter uma rebatida de base. Com esse ato, ele quer realizar várias coisas: provocar o placar da vitória, aumentar seu total de RBIs, ganhar o campeonato, aumentar a ERA do arremessador e aumentar a própria média de acertos.
16. Cf. Walter C. Kaiser, Jr., *The Uses of the Old Testament in the New* (Chicago: Moody, 1985); e S. Lewis Johnson, Jr., *The Old Testament in the New* (Grand Rapids, Mich.: Zondervan, 1980).
17. De fato, esse versículo é mencionado apenas uma vez em todo o livro, mas vem em um parágrafo onde Sanders está relatando as opiniões de Agostinho e diz que este afirma que ninguém resiste à vontade de Deus. Sanders coloca o versículo (Rm 9.19) entre parênteses após a frase "ninguém resiste à vontade de Deus", cuja alegação, diz Sanders, é o que Agostinho alegava. Cf. Sanders, *God Who Risks*, p. 217 para essa referência ao versículo em questão.
18. O interesse é a inspiração verbal e plenária das Escrituras. A Bíblia ensina que isso tudo é palavra de Deus (2Tm 3.16), mas também é produto de autoria humana. Em 2Pedro 1.21 mostra-se tanto Deus quanto os escritores humanos trabalhando na produção das Escrituras. Deus apoiou os escritores de modo que o que eles escreviam era sua palavra. O termo "impelidos" é a palavra grega *pheromenoi*. Ele transmite a ideia de ser levado pelo portador até o objetivo pretendido. Os comentadores assemelham a ideia ao vento nas velas de um barco, o qual o leva adiante. Essa ideia ensina a superintendência íntima dos autores bíblicos. Por causa do envolvimento contínuo da atividade de Deus na inspiração, os evangélicos tradicionalmente defendem que um livro produzido dessa forma também deve ser inerrante. David Basinger enxerga astutamente as implicações disso para o livre--arbítrio libertário e argumenta que dado o livre-arbítrio libertário, Deus somente pode garantir a inerrância ditando as Escrituras de forma a remover qualquer liberdade humana e criatividade na redação dessas Escrituras. Visto que Basinger sabiamente rejeita a teoria do ditado da inspiração, ele pergunta sobre outras opções. Dado o livre-arbítrio libertário, ele admite que se os escritores humanos realmente estivessem envolvidos como mais do que secretários passivos tomando ditados, não haveria garantia de inerrância. Se não anula a liberdade deles, Deus não pode garantir que eles escaparão do erro. Claro, em uma leitura compatibilista do livre-arbítrio, Deus pode fazer exatamente o que os textos citados dizem que Ele faz, sem transformar os escritores bíblicos em secretários passivos. Visto

que Deus pode inclinar decisivamente suas vontades sem restrição para escrever o que Ele quiser, temos motivos para pensar que um livro produzido dessa forma é realmente a palavra de Deus e inerrante. Assim, se a doutrina bíblica da inspiração das Escrituras for compreendida corretamente, se verá que é improvável que isso aconteça a menos que os escritores tenham algum tipo de liberdade compatibilística. Para uma discussão dessa questão no que se refere à liberdade e outras questões na doutrina de Deus, cf. Stephen J. Wellum, "An Investigation of the Interrelationship Between the Doctrines of Divine Action, Sovereinity, Omniscience, and Scripture for Comtemporary Debates on Biblical Authority", unpublished PH.D dissertation, Trinity Evangelical Divinity School.

19. O que direi nos parágrafos a seguir é uma aprimoraração de um argumento defendido brevemente em um artigo meu intitulado "And the Atheist Sjall Lie Down with the Calvinist: Atheism, Calvinism, and the Fre Will Defense", *Trin J* 1NS (outono de 1980): 150.

20. Essa posição é especialmente poderosa para aqueles que acreditam que a mente é material, pois então, em última análise, todos os conceitos mentais, inclusive vontade e disposição, são redutíveis às coisas físicas e aos processos e leis que os governam. Porém, e se a mente não for material? Então existem tais leis naturais que governam o comportamento? E as mentes e vontades humanas são tais que podemos falar sobre o que elas escolherão e farão com o tipo de inevitabilidade e certeza que encontramos na ordem natural? Como Andrew Ward explica, há muitas evidências empíricas da ciência moderna (especificamente em neurofisiologia) que "favorece cada vez mais uma base física no cérebro para *todos* os nossos estados mentais, inclusive o raciocínio. Mais particularmente, traços de caráter e habilidades intelectuais são equiparados a estruturas cerebrais em vez de comparados a propriedades imateriais de uma substância que existe independentemente, a mente; e as próprias experiências conscientes são consideradas propriedades emergentes ou efeitos colaterais de eventos cerebrais" (Ward", Talking Sense about Freedom, "*Phil Phenomenol Res* 50 (June 1990): 735). Porém, como Ward explica, mesmo que isso seja verdade, "é impossível que nossa noção de liberdade moral seja entendida em qualquer base que não seja (basicamente) a ausência de restrição na expressão de um caráter naturalmente formado" (p. 739). Em outras palavras, o argumento de Ward é que mesmo se for um materialista com respeito à mente, isso ainda não significaria que não faz sentido falar da liberdade da pessoa. O determinismo que seria verdadeiro ainda poderia dar lugar ao livre-arbítrio. Se mesmo com uma visão materialista da mente é possível falar de forma significativa sobre a ação humana livre, parece mais ainda que isso é verdade para aqueles como eu, que acreditam que a mente é imaterial.

21. Eu deveria acrescentar que um fatalismo ou determinismo duro baseado em outros tipos de causalidade diferente da física ou natural deveria também ser rejeitado e seria rejeitado por um determinista suave como eu.

22. Edward Sankowski, "Some Problems about Determinism and Freedom", *Amer Phil Quart* 17 (October 1980); e Adolf Grünbaum, "Free Will and Laws of Human Behavior", *Amer Phil Quart* 8 (October 1971).

23. Aqui, pense no argumento da consequência de van Inwagen. Pode-se ser seduzido por tais argumentos a pensar que modelos de soberania específica, como determinista, pressupõem o tipo de determinismo rigorosamente atacado pelo argumento de van Inwagen e, portanto, não pode ser verdadeiro. Se um modelo específico de soberania incorporou o tipo de determinismo que o argumento da consequência ataca, essa forma de soberania específica deve ser rejeitada. Porém, toda forma que não esteja comprometida com essa noção de causalidade e determinismo não precisa se sentir ameaçada.

24. Jonathan Edwards, "A Careful and Strict Inquiry into the Prevailing Notions of the Freedom of the Will", *The Works of Jonathan Edwards*, vol. 1 (Edinburgh: Banner of Truth Trust, n.d.).
25. Cf., p. ex., A. Aaron Snyder, "The Paradox of Determinism", *Amer Phil Quart* 9 (October 1972): 354-355, sobre as razões que não são suficientes enquanto causas físicas.
26. Patricia S. Churchland, "Is Determinism Self-Refuting?" *Mind* 90 (1981): 100.
27. Cf. Timothy O'Connor, "Indeterminism and Free Agency: Three Recent Views", *Phil Phenomenol Res* 53 (September 1993): 508-511, e então as amostras de tais teorias que ele discute nas p. 511
525. Cf. também a discussão de Randolph Clarke sobre esse tipo de teoria em "Recent Work: Freedom and Determinism", *Philosophical Books* 36 (January 1995): 12-14.
28. Cf. J. L. Austin, "Ifs and Cans", in Austin, *Philosophical Papers* (Oxford: Oxford University Press, 1961); Richard Taylor, "I Can", *Phil Rev* 69 (1960); Keith Lehrer, "'Can' in Theory and Practise: A Possible Worlds Analysis", in M. Brand and D. Walton, eds., *Action and Theory: Proceedings of the Winnipeg Conference* (Dordrecht, 1976); Terence Horgan, "Lehrer on 'Could'-Statements", *Phil Stud* 32 (1977); Winston Nesbitt and Stewart Candlish, "On Not Being Able to Do Otherwise", *Mind* 82 (July 1973); e "Determinism and the Ability to Do Otherwise", *Mind* 87 (1978); e Susan Wolf, "Asymmetrical Freedom", *J Phil* 77 (1980).
29. Cf. Peter van Inwagen, *An Essay on Free Will* (Oxford: Clarendon, 1983), p. 114-116, para essa linha básica de argumentação baseada em exemplos como estes que mencionei.
30. Ibid.p. 115. Van Inwagen explica ainda que às vezes a análise condicional de afirmações "poderia ter" varia na oração "se". Essa oração pode ser "Se Smith tivesse escolhido", mas também pode ser "tivesse desejado", "tivesse decidido", "tivesse querido" ou "tivesse tentado". Porém, como Susan Wolf argumenta, em todos esses casos ainda faria sentido perguntar "mas Smith poderia ter escolhido, desejado, decidido, querido, tentado?" Isso deveria mostrar que as análises condicionais de afirmações "poderia ter" não são atribuições completas de poder, e também deveria nos convencer de que provavelmente não são equivalentes a declarações simples de "poderia ter".
31. Cf. ibid., p. 114-126, para uma discussão completa dessas opções para análises do condicional.
32. Cf. John Canfield, "The Compatibility of Free Will and Determinism", *Phil Rev* 71 (1962); e Nesbitt and Candlish's "On Not Being Able to Do Otherwise" e "Determinism and the Ability to do Otherwise."
33. Canfield, "Compatibility", p. 356-359, esboça esses quatro primeiros sentidos.
34. Harry G. Frankfurt, "Alternate Possibilities and Moral Responsibility", *J Phil* 66 (1969).
35. Esse exemplo é tirado de Michael Zimmerman, "Moral Responsibility, Freedom, and Alternate Possibilities", *Pacific Philosophical Quarterly* 63 (July 1982): 243.
36. David P. Hunt, "Frankfurt Counterexamples: Some Comments on the Widerker-Fischer Debate", *Faith Phil* 13 (July 1996): 395.
37. Ibid., p. 395-396. Para mais discussão e aprimoração das questões levantadas por esses tipos de exemplos, cf. William Rowe, "Causing and Being Responsible for What Is Inevitable", *Amer Phil Quart* 26 (April 1989).
38. Clarke, "Recent Work", p. 14-15.
39. Daniel Dennett, "I Could Not Have Done Otherwise—So What?" *J Phil* 81 (1984): 556.
40. Clarke ("Recent Work") descreve esse ponto na p. 15. Ele também observa que van Inwagen, "When Is the Will Free?" *Philosophical Perspectives* 3 (1989), ainda tenta vincular

habilidade e responsabilidade: "Quando tal agente age sem a capacidade de agir de modo diferente, ele é responsável por sua ação apenas se resultar (por meio de seu personagem) de algumas de suas ações anteriores que ele *executou* com a capacidade de agir de modo diferente. Se um agente nunca teve essa habilidade em sua vida, ele não é um agente moralmente responsável" (p. 15). Aqui, novamente, torna-se muito importante ver o que significa o sentido de habilidade de "poder". Se tiver de ser interpretado como capacidade contracausal de fazer diferente, a exigência de van Inwagen usa de falácia em favor do incompatibilismo. Se, por outro lado, capacidade significar o que eu sugeri que significa (e ambos, compatibilistas e incompatibilistas falam de habilidade nesse sentido), então um compatibilista poderia concordar com o requisito de van Inwagen, uma vez que é improvável não ser verdade acerca de todos. Por outro lado, pode-se ainda rejeitá-lo como arbitrário; ou seja, por que esse requisito anularia as responsabilidades nos casos em que Dennett e Wolff descrevem, onde pareceria *ad hoc* (em virtude do compromisso com o incompatibilismo) negar a responsabilidade moral de tais pessoas?

41. Dennett, "I Could Not Have Done Otherwise—So What?" p. 557-558.
42. Cf. Wesley Morriston, "Is God 'Significantly Free'?" *Faith Phil* 2 (July 1985): 257; e Alvin Plantinga, *God, Freedom, and Evil* (New York: Harper & Row, 1974).
43. Plantinga, *God, Freedom, and Evil*, p. 108; Morriston, "Is God 'Significantly Free'?" 258.
44. Morriston, ibid.
45. Ibid., P. 258-259. Morriston oferece duas maneiras em que um indeterminista poderia responder, mas descobre que, em qualquer um dos casos, um dos dois atributos divinos deve ser cedido – o libertário admite que Deus não é significativamente livre ou que Ele não é, em essência, moralmente bom. Cf. as p. 259-264.
46. Aqui devemos distinguir entre Deus criando um mundo com agentes que podem fazer o mal, e o próprio Deus fazendo o mal. As criaturas de Deus fazem o mal, e Ele deseja que elas não o fizessem. Por outro lado, Deus não pratica os atos perversos delas, e criar um mundo (mesmo com o mal nele) é uma ação moralmente boa da parte de Deus, desde que Ele crie um mundo moralmente bom. Um mundo possível como um todo pode ser moralmente bom, mesmo que contenha atos criaturais moralmente maus. Há mais sobre isso no capítulo referente ao problema do mal.
47. Para uma discussão mais aprofundada e objeções ao argumento da consequência, cf. John M. Fischer, "Van Inwagen on Free Will", *Phil Quart* 36 (abril de 1986). Fischer foca especialmente a premissa 6 como o problema e argumenta que a chave é o significado da frase "S pode tornar P falso". O significado disso está longe de ser tão claro quanto pode parecer, e quando se olha mais de perto as possíveis maneiras de entendê-lo, não está claro que a defesa de van Inwagen da premissa 6 seja convincente.
48. Bruce N. Waller, "Deliberating about the Inevitable", *Analysis* 45 (January 1985): 49.
49. Ibid., p. 49-50.
50. Ibid., p. 50.

Capítulo 15

1. William Alston, "Divine Foreknowledge and Alternative Conceptions of Human Freedom", *Int J Phil Relig* 18 (1985). Cf. também William Hasker, *God, Time and Knowledge* (Ithaca, N.Y.: Cornell University Press, 1989), p. 96-143, que defende a mesma posição.

2. A relação entre incompatibilismo e pré-conhecimento de ações contingentes futuras é em si mesma uma questão importante. Contudo, também tem implicações significativas para a defesa do livre-arbítrio. Segundo a defesa do livre-arbítrio, Deus não é culpado do mal moral do mundo, pois ele ocorre como resultado das ações livres e independentes dos seres humanos. Porém, como Joseph Runzo explica: "Contudo, como Agostinho viu, o sucesso da defesa do livre-arbítrio é logicamente dependente da solução para outra dificuldade: *viz*, se um Deus onisciente sabe de antemão o que devo fazer – e certamente, ao que parece, Ele tem de – então não posso agir diferente do que ajo e, consequentemente, não ajo livremente. Portanto, a insistência de que Deus é onisciente parece logicamente incompatível com a defesa do livre-arbítrio contra o problema do mal." Ver Joseph Runzo, "Omniscience and Freedom for Evil", Int J Phil Relig 12 (1981): 131. Para uma expressão adicional deste problema, ver Frederick W. Kroon, "Plantinga on God, Freedom, and Evil", *Int J Phil Relig* 12 (1981): 90.
3. A definição de conhecimento aqui é crença verdadeira justificada. Como muitas noções em filosofia, essa definição sofreu considerável ataque na epistemologia contemporânea, mas não preciso entrar nesse debate. Meu ponto é apenas que a afirmação de conhecer algo tem sido tradicionalmente considerada uma afirmação mais forte do que a mera afirmação de acreditar em algo. Se alguém alegasse conhecer algo que fosse falso, um filósofo diria que a pessoa na verdade não conhecia; ela apenas acreditava e estava errada em fazê-lo.
4. Isso não deveria ser confundido com as noções de fatalismo descritas anteriormente no cap. 13. À medida que prosseguirmos, veremos por que esse argumento é usado para defender uma posição rotulada como fatalismo.
5. Nelson Pike, *God and Timelessness* (New York: Schocken, 1970), p. 59-60. Cf. também outras descrições desse argumento em William Lane Craig, *The Only Wise God* (Grand Rapids, Mich.: Baker, 1987), chapítulo 3.
6. Essa é minha reconstrução a partir da descrição de Craig nas p. 53-54 de *Only Wise God*.
7. Craig, *Only Wise God*, p. 72.
8. Ibid.
9. Cf. Thomas V. Morris, *Our Idea of God* (Downers Grove, Ill.: InterVarsity, 1991), p. 97-99, para uma explicação mais longa e para interação com essa visão. Cf. também o ensaio de Norman Geisler, "God Knows All Things", in David Basinger and Randall Basinger, eds., *Predestination and Free Will* (Downers Grove, Ill.: InterVarsity, 1986), para um exemplo de alguém que resolve o problema da liberdade e do pré-conhecimento dessa maneira.
10. Para mais discussão dessa solução a partir de perspectivas positivas e negativas, cf. Eleonore Stump and Norman Kretzmann, "Eternity", *J Phil* 78 (1981); David Widerker, "A Problem for the Eternity Solution", *Phil Rel* 29 (1991); Eleonore Stump and Norman Kretzmann, "Prophecy, Past Truth, and Eternity", *Philosophical Perspectives* 5 (1991); e David Widerker, "Providence, Eternity, and Human Freedom: A Reply to Stump and Kretzmann", *Faith Phil* 11 (April 1994).
11. David P. Hunt, "Divine Providence and Simple Foreknowledge", *Faith Phil* 10 (July 1993): 398.
12. Hasker, *God, Time and Knowledge*, p. 56.
13. Ibid., p. 59.
14. Essa é uma adaptação de uma opção que Basinger propõe em sua discussão da tentativa de Hunt de apoiar o pré-conhecimento simples. Cf. David Basinger, "Simple Foreknowledge and Providential Control: A Response to Hunt", *Faith Phil* 10 (July 1993): 423ss.

15. Tomis Kapitan, "Providence, Foreknowledge, and Decision Procedures", *Faith Phil* 10 (July 1993):
416. Kapitan oferece uma versão antiga do princípio doxástico, mas escolhe a versão revisada mencionada em meu texto como a mais defensável.
16. Cf. o restante do artigo de Kapitan para aprimoração desse ponto. Hunt tenta uma resposta ao argumento de Kapitan, mas não parece particularmente convincente. Cf. David P. Hunt, "Prescience and Providence: A Reply to My Critics", *Faith Phil* 10 (July 1993): 428-431.
17. Hunt, "Divine Providence and Simple Foreknowledge", p. 398. Cf. também as páginas anteriores para desenvolveimento dessa ilustração.
18. Hasker, *God, Time,* p. 58-62. Hasker oferece duas ilustrações desse ponto: um futuro casamento imaginado de Susan e Kenneth; e o cerco dos exércitos Aliados na Segunda Guerra Mundial pelos alemães em Dunquerque em 1940. Qualquer coisa que Deus soubesse com antecedência sobre qualquer um desses eventos por meio de um simples pré-conhecimento não tornaria possível Ele ajudar qualquer um dos lados melhorando as condições climáticas, p. ex., pois se Deus não se vê já fazendo isso, não poderia decidir fazê-lo e mudar um futuro que Ele já previu ocorrendo.
19. Ibid., p. 62-63.
20. David Hunt acredita que pode responder isso, mas creio que sua sugestão é incoerente. Para mais discussão desse argumento, cf. Hunt, "Divine Providence and Simple Foreknowledge", p. 404-405. Cf. também a resposta de Basinger a Hunt, "Simple Foreknowledge and Providential Control: A Response to Hunt"; e a réplica de Hunt em "Prescience and Providence: A Reply to My Critics".
21. Craig, *Only Wise God,* p. 129.
22. Ibid., p. 129-130.
23. Ibid., p. 130. Cf. também a explicação mais crítica de Thomas Morris (*Idea of God,* p. 95) desses três momentos no conhecimento de Deus. Cf. também Nelson Pike, "A Latter-Day Look at the Foreknowledge Problem", *Phil Rel* 33 (1993): 150-151.
24. Pike, "Latter-Day Look", p. 151.
25. A partir dessa afirmação, pode-se começar a ver como Deus, enquanto contempla os vários mundos possíveis, começaria a afunilar as opções que são genuínas para o mundo que Ele criará. Se ele decidir criar um mundo no qual suas criaturas humanas tenham o livre-arbítrio libertário, isso automaticamente estreitará seu foco apenas naqueles mundos com criaturas que têm liberdade libertária. Deus então examinará esses mundos, observando o que aconteceria a tais criaturas em todas as circunstâncias possíveis.
26. Alguns expressaram a noção de conhecimento médio com o significado de que Deus sabe que se x ocorresse, y *poderia* ocorrer. Claro, se isso é o que significa conhecimento médio, então Deus tem apenas conhecimento de possibilidades puras. Porém, vimos que a resolução molinista concede a Deus muito mais. A formulação mais típica diz que se x ocorresse, o resultado *seria* y.
27. Richard Otte, "A Defense of Middle Knowledge", *Phil Rel* 21 (1987). Cf. também a discussão de David Hunt sobre a defesa de Otte em "Middle Knowledge: The 'Foreknowledge Defense'", *Phil Rel* 28 (1990). Cf. também o argumento de William Lane Craig semelhante ao de Otte na obra de Craig, *Only Wise God,* p. 139-140.
28. David Basinger, "Middle Knowledge and Classical Christian Thought", *Relig Stud* 22 (1985): 413. Para mais discussão dessa questão, cf. Robert M. Adams, "Middle Knowledge

and the Problem of Evil", *Amer Phil Quart* 14 (April 1977); Bruce Reichenbach, "The Deductive Argument from Evil", *Sophia* 20 (1981): 35-36; William Hasker, "A Refutation of Middle Knowledge", *Nous* 20 (1986): 545-557; e Hasker, *God, Time and Knowledge*, cap 2. Em contrapartida, além do artigo de Otte, Cf. também William Lane Craig, "Hasker on Divine Knowledge", *Phil Stud* 67 (1992).

29. Nelson Pike defendeu um argumento semelhante, isto é, uma ideia que questiona se o molinismo deixa intacta a liberdade libertária. Cf. a poderosa explicação de Pike acerca do problema nas p. 152-153 em "Latter-Day Look."
30. Morris, *Idea of God*, p. 94.
31. William of Ockham, *Ordinatio*, I, Prologue, q. 6.
32. Nem mesmo todos os deterministas diriam que a ação em questão foi a única que poderia ter ocorrido. Mesmo deterministas fortes diriam que, dadas as condições causais antecedentes no tempo *t*, x deve ocorrer, mas antes que qualquer mundo possível seja escolhido, nada dita que o mundo como o conheceremos em *t* deva ser concretizado. Somente em uma visão fatalista existe apenas um mundo que poderia ser escolhido. Logo, a noção de necessidade acidental exclui o fatalismo, mas não exclui necessariamente todas as formas de determinismo. Além disso, é compatível com incompatibilismo e compatibilismo.
33. Cf., p. ex., a literatura a seguir, que trata essa questão: Marilyn Adams, "Is the Existence of God a 'Hard' Fact?" *Phil Rev* 76 (October 1967): 492-503; John M. Fischer, "Freedom and Foreknowledge", *Phil Rev* 92 (January 1983); E. M. Zemach and D. Widerker, "Facts, Freedom and Foreknowledge", *Relig Stud* 23 (1987); John M. Fischer, "Hard-Type Soft Facts", *Phil Rev* 95 (1986); William Lane Craig, "'Nice Soft Facts': Fischer on Foreknowledge", *Relig Stud* 25 (1989); John M. Fischer, "Soft Facts and Harsh Realities: Reply to William Craig", *Relig Stud* 27 (1991).
34. Cf. William Hasker, "Foreknowledge and Necessity", *Faith Phil* 2 (April 1985): 134-137.
35. Em minha exposição das diferenças entre fatos suaves e duros, estou baseando-me principalmente na descrição e explicação de Alvin Plantinga sobre os conceitos em sua obra "On Ockham's Way Out", *Faith Phil* 3 (July 1986): 245-248. Cf. também Alston, "Human Foreknowledge and Alternative Conceptions of Human Freedom", p. 21-22.
36. Aqui, minha escolha de "crê" em vez de "conhece" não é significativa. Visto que Deus é onisciente, se Ele acreditar de fato em algo, então esse algo é verdade. Logo, a partir do momento que sabemos o que Ele creu, crê ou crerá de fato, nós sabemos o que ele conhece também.
37. Craig, *Only Wise God*, caps. 6-7.
38. Pike, "Latter-Day Look", p. 142.
39. Cf. Plantinga, *God, Freedom and Evil* (New York: Harper & Row, 1974), p. 70-71; e sua obra "On Ockham's Way Out", p. 26ss. Cf. também a discussão de Hasker sobre isso em "Foreknowledge and Necessity", p. 137-144.
40. Craig, *Only Wise God*, p. 70.
41. Hasker, "Foreknowledge and Necessity", p. 144.
42. Tenho sido grandemente ajudado em minha compreensão dessas questões por uma série de discussões. O leitor pode desejar pesquisar mais esse assunto, então apresento a seguinte lista de itens que achei especialmente útil: William Hasker, "Foreknowledge and Necessity"; Thomas Talbott, "On Divine Foreknowledge and Bringing about the Past", *Phil Phenomenol Res* 46 (March 1986); Alvin Plantinga, "On Ockham's Way Out"; William Lane Craig, *Only Wise God*; William Hasker, "The Hardness of the Past: A Reply to Reichenbach", *Faith Phil* 4 (July 1987); David Widerker, "Troubles with Ockhamism",

J Phil 87 (September 1990); Thomas P. Flint, "In Defence of Theological Compatibilism", *Faith Phil* 8 (April 1991); Nelson Pike, "Latter-Day Look"; e David Widerker, "Contra Snapshot Ockhamism", *Int J Phil Relig* 39 (1996).

43. William of Ockham, *Predestination, God's Foreknowledge, and Future Contingents*, trans. Marilyn McCord Adams and Norman Kretzmann (New York: Appleton-Century-Crofts, 1969), p. 50. A passagem citada está na discussão da questão I, suposição 6. Cf. também a proveitosa introdução de Adams and Kretzmann para o livro.
44. Runzo, "Omniscience and Freedom for Evil", p. 133-139.
45. Ibid., p. 139-141.
46. Ibid., p. 144.
47. Clark Pinnock, "Systematic Theology", in Clark Pinnock, et al., *The Openness of God* (Downers Grove, Ill.: InterVarsity, 1994), p. 121-122. Cf. também John Sanders, *The God Who Risks* (Downers Grove, Ill.: InterVarsity, 1998), p. 63-66.
48. Pinnock, "Systematic Theology", p. 122.
49. Sanders, *God Who Risks*, p. 98-99.
50. Ibid., p. 99.
51. Ibid., p. 100.
52. Richard Rice, "Biblical Support for a New Perspective", in Pinnock, et al., *Openness of God*, p. 51.
53. Sanders, *God Who Risks*, p. 130-131.
54. Rice, "Biblical Support", p. 51.
55. Sanders, *God Who Risks*, p. 131.
56. Rice, "Biblical Support", p. 51-52. Sanders, *God Who Risks*, p. 131. Esse tratamento tripartido das profecias bíblicas é uma ocorrência comum para a visão aberta. Encontra-se não apenas em Rice e Sanders, mas também em David Basinger, "Can an Evangelical Christian Justifiably Deny God's Exhaustive Knowledge of the Future?" *CSR* 25 (December 1995): 141; e em William Hasker, "The Openness of God", *CSR* 28 (Fall 1998): 118.
57. O. Palmer Robertson, *The Christ of the Covenants* (Grand Rapids, Mich.: Baker, 1980), p. 7-11 e 128-131.
58. Um defensor da visão aberta poderia dizer que o caso do Faraó é aquele em que Deus é muito dogmático porque cuidará para que o Faraó faça o que Ele prediz. Assim, neste caso o Faraó não agirá livremente e é por isso que Deus fala com tanta certeza. Bem possível, mas lembre-se, este exemplo foi escolhido pelos próprios defensores de visão aberta, não por mim. O objetivo era ilustrar como Deus poderia fazer previsões tão exatas envolvendo pessoas com livre-arbítrio libertário. Logo, dizer que talvez Faraó estará causalmente determinado a agir como Deus prediz estraga a ilustração que a própria visão aberta oferecia.
59. Cf. a queixa de Basinger (p. 144) a esse efeito em "Can an Evangelical Christian Justifiably Deny?"
60. Cf. a abordagem de Sanders do material do AT no cap. 3 de *The God Who Risks*.

Capítulo 16

1. Cf. David Hume, *Dialogues Concerning Natural Religion*, part X, in *The Empiricists* (Garden City, N.Y.: Doubleday, 1974), p. 490; e J. L. Mackie, "Evil and Omnipotence", in Basil Mitchell, ed. *Philosophy of Religion* (Oxford: Oxford University Press, 1971), p. 92, para exemplos dessa formulação tradicional do problema.

2. John S. Feinberg, *The Many Faces of Evil* (Grand Rapids, Mich.: Zondervan, 1994).
3. Como explica Alvin Plantinga, "Claramente, não precisava ser nem verdadeiro, nem provável, nem plausível, nem crido pela maioria dos teístas, nem qualquer outra coisa desse tipo.(...) O fato de que um *r* específico oferecido seja implausível, ou não adequado ao 'homem moderno,' ou uma explicação fraca de *q*, ou seja lá o que for, é completamente irrelevante" (Alvin Plantinga, "Reply to the Basingers on Divine Omnipotence", *Process Stud* 11 [Spring 1981]:26-27).
4. Aqui, uso o termo *defesa* em oposição a *teodiceia*. Nas discussões contemporâneas, os filósofos distinguem entre oferecer uma possível razão para Deus permitir o mal e explicar a verdadeira razão para Ele fazer isso. A primeira explicação é chamada de defesa, enquanto a última é chamada de teodiceia. Dada a acusação de contradição, deve estar claro que tudo o que os teístas precisam fazer é oferecer uma possível explicação (defesa) de como o mal se encaixa na existência de um Deus onipotente e todo-amoroso. Pode-se argumentar que minha defesa oferece a razão real de Deus permitir o mal, mas para o propósito de resolver o problema lógico do mal, não é necessário provar que foi especificada a razão real de Deus permitir o mal. Portanto, ofereço minha explicação mais como uma defesa do que como uma teodiceia.
5. Pode ser possível mostrar que essa estratégia está implícita nas defesas da teonomia. No entanto, pelo fato de essa teologia enfatizar fortemente o poder de Deus de fazer o que Ele quiser (até mesmo agir arbitrariamente em alguns casos), são possíveis diferentes abordagens para resolver o problema do mal da teonomia. Por exemplo, o Deus do teonomista poderia revelar que as categorias de bem e mal se aplicam a nós, mas não a Ele. Logo, as estratégias típicas que os teístas usam para mostrar que Deus é bom, apesar do mal em nosso mundo, não se aplicam necessariamente à teonomia.
6. John Hick, *Evil and the God of Love* (New York: Harper, 1966).
7. Cf. a nota 2, acima.
8. Para uma descrição da teonomia e do Racionalismo Leibniziano mais seus problemas do mal e as respostas a esses problemas, cf. caps. 2–3 de minha obra, *Many Faces of Evil*.
9. Para uma prova detalhada de que a defesa do livre-arbítrio se baseia no incompatibilismo e que isso contradiz o compatibilismo, cf. minha obra, *Many Faces of Evil* (cap. 4); e meu artigo "And the Atheist Shall Lie Down with the Calvinist: Atheism, Calvinism, and the Free Will Defense", *Trin J* 1NS (1980): 14252.
10. Devo observar aqui que os arminianos comprometidos com as éticas consequencialistas não podem usar essa defesa. Em vez disso, eles poderiam recorrer à teodiceia da construção da alma. Essa defesa inclui a ética consequencialista, e ao menos como John Hick a apresenta, ela também adota o livre-arbítrio libertário.
11. Agostinho, *On the Free Choice of the Will*, trans. Anna Benjamin and L. H. Hackstaff (New York: Bobbs-Merrill, 1964), I, 1, p. 3.
12. Ibid., book I, 3, p. 6-8; ibid., book I, 15, p. 29-33.
13. Ibid., book I, 16, p. 34.
14. Ibid., book II, 19, p. 80-81.
15. Ibid., p. 81.
16. Ibid., book II, 1, p. 36; and book II, 18, p. 79.
17. Ibid., book III, 3, p. 90-93.
18. Bennett refere-se ao argumento de Mackie dessa forma em Philip W. Bennett, "Evil, God, and the Free Will Defense", *Austl J Phil* 51 (May 1973): 39-50.

19. Mackie, "Evil and Omnipotence", p. 100-101.
20. Aqueles familiarizados com a defesa de Plantinga do livre-arbítrio reconhecem imediatamente que é muito mais complicado e sofisticado do que este breve resumo de um de seus pontos-chave. Para detalhes sobre a apresentação de Plantinga, cf. sua obra, *God, Freedom, and Evil* (New York: Harper & Row, 1974).
21. Para explicação dessa e de outras teorias éticas, cf. John S. Feinberg and Paul D. Feinberg, *Ethics for a Brave New World* (Wheaton, Ill.: Crossway, 1993), cap. 1.
22. Aqui, observo que estou abordando o problema filosófico/teológico do mal que, na verdade, é o problema do mal moral. Isso não é peculiar ao meu sistema, pois a maioria das defesas aborda esse problema. Infelizmente, muitos teístas e ateus não veem que existem outros problemas do mal que também devem ser abordados, e que uma defesa contra o mal moral não responde a todos os problemas do mal, nem precisa fazê-lo.
23. Joseph B. Mayor, *The Epistle of St. James,* in The Classic Commentary Library (Grand Rapids, Mich.: Zondervan, 1954), p. 54-55.
24. Esta interpretação do ponto de concepção do pecado certamente está de acordo com o teor dos ensinamentos de Jesus quando Ele afirmou que o pecado é cometido primeiro nos pensamentos de uma pessoa e posteriormente é tornado público. Pense, p. ex., em Mateus 5.27,28, onde Jesus ensina que se um homem desejar uma mulher em seu coração, ele já cometeu adultério com ela antes de fazer qualquer ato definitivo.
25. Nesse caso, as pessoas não teriam de ser capazes de ter esse conhecimento, já que Deus cuidaria de qualquer problema possível por meio de milagres.
26. Meu argumento aqui é semelhante à resposta de Dilley à proposta de Steven Boer (cf. cap. 4 de minha obra *Many Faces of Evil*). Cf. Steven E. Boer, "The Irrelevance of the Free Will Defence", *Analysis* 38 (1977);e Frank B. Dilley, "Is the Free Will Defence Irrelevant?" *Relig Stud* 18 (1982). Pois Deus se livrar do mal em qualquer uma das formas imaginadas produziria um mundo muito mais diferente do nosso do que poderíamos imaginar.
27. Isso não deve ser mal entendido. Se eu fosse um consequencialista, a decisão sobre quais ações são más dependeria das consequências dessas ações. Porém, mesmo aqui, eu poderia ter a intenção de realizar um ato cujas consequências seriam benéficas a outros, porém, poderia haver consequências imprevistas que acabariam de outro jeito. Nesse caso, o mal não é intencional, mas ainda é real. Deus teria de parar esses atos também. Além disso, ações reflexivas que não são precedidas por boas ou más intenções, mas que levam a más consequências, teriam de ser interrompidas. Como um não consequencialista, eu determino o certo ou o errado de um ato de outra forma que não seja pelas consequências. O ponto sobre as ações involuntárias e reflexivas, entretanto, ainda se aplica. Posso ter a intenção de fazer e executar um ato que obedeça ao comando de Deus. Mesmo assim, podem haver resultados imprevistos que sejam negativos para o bem-estar dos outros. Embora eu não seja culpado do mal, o mal que se abate sobre os outros de modo não intencional ainda é real. Portanto, Deus teria de interromper meu ato bem-intencionado nesse caso. Da mesma forma, ações reflexivas que não se prendem a intenções boas nem más, mas produzem o mal para os outros, teriam de ser interrompidas.
28. Concordo que este outro mundo seria melhor moralmente, porque não haveria mal moral nele. Porém, Deus não pode fazer esse mundo e também fazer os seres humanos não glorificados. Deus estava errado em fazer humanos não glorificados? Se somente fazer tais criaturas for mau em si, e não é. Deus é obrigado a criar este outro mundo, de qualquer maneira? De acordo com o racionalismo modificado, Deus é livre para criar ou não criar.

Se criar, Ele é livre para criar qualquer mundo bom possível disponível. Ele não é obrigado a renunciar ao nosso mundo em favor do estado eterno, desde que o nosso mundo seja um mundo bom. Eu mostrei porque o nosso mundo é bom.

29. Cf. minha obra *Many Faces of Evil* bem como a vasta quantidade de literatura sobre esse tema em livros e em periódicos filosóficos e teológicos.

Índice geral

a posteriori, 224-225, 230, 238, 242
a priori, 149, 180, 224, 251, 716
Adams, Robert, 942, 1032, 1049, 1081
Agostinho de Hipona, 27, 325-326, 348, 464, 469-472, 474, 483-484, 537-538, 604-605, 628, 674, 685-686, 718, 984-985, 1036, 1044, 1046, 1056-1057, 1060, 1076, 1080
Allen, Diogenes, 117, 1011, 1014
Allen, Ronald (Ron), 123-124, 1015, 1.060-1.061
Alston, William, 68, 83, 87-90, 215, 389-390, 924, 1009-1011, 1029, 1041, 1046, 1079, 1082
Alta crítica, 131, 135, 138, 151
Altizer, Thomas J. J., 144-147, 1016
Alves, Ruben, 157
Amiraldinismo, 663
Animismo, 44-45, 62, 174, 1006
Anjo, 22, 249, 264, 266-268, 292, 314-315, 337, 344, 360, 365, 419, 428, 693, 815, 997
Anselmo de Cantuária, 27, 35-37, 63, 66, 70, 96, 185, 225-227, 229-230, 255-257, 295, 322, 325-326, 337, 353, 401-402, 464, 469, 472-477,

537- 538, 1009, 1025, 1030, 1036, 1041, 1044-1045,
Antissobrenaturalismo, 103, 108, 123
Archer, Gleason, 26, 738, 740, 1065
Argumento do desígnio (pela existência de Deus), Cf. *Argumento teleológico a favor da existência de Deus*
Argumento cosmológico, 222, 224-225, 230-237, 247, 257, 295, 481, 1030
versão causal, 231-233
versão de contingência, 233-236, 1030
versão indutiva de Swinburne, 236-237
versão kalaam, 481, 1030
Argumento da Consequência, 840, 917
Argumento moral para a existência de Deus, 222-223, 242-245
Argumento ontológico para a existência de Deus, 225-230
Argumento teleológico para a existência de Deus, 22, 225, 237-242, 247-248
Arianismo, 594-596, 606-607
Aristóteles, 67-69, 178, 183-184, 186-187, 202, 230, 283, 673, 1022-1023, 1035, 1044, 1056
Arminianismo, 92, 292-293, 361-362, 366, 403, 497, 539-541, 628-632, 635, 656,

659-660, 663-665, 796-797, 808-811,
827, 847, 860, 875-876, 879, 979, 982,
984, 988-999, 1026, 1039, 1067-1068,
1084 Arnold, Matthew, 669-670, 758,
1058
Atanásio, 596, 598, 604, 1055
Ateísmo, 13, 65, 144-145, 236, 588, 731
Atomismo lógico, 100
Atributos essenciais, 250, 283-284, 299,
331, 400
Austin, J. L., 118, 150, 904, 1078
Ayer, A. J., 802, 1010, 1012, 1069

Barr, James, 289-290, 312, 468, 1034-1035,
1044
Bartel, Timothy W., 613-617, 620, 1056
Barth, Karl, 13-14, 64, 138-140, 188, 545,
1008, 1015-1016, 1053
Basílides, 673
Basílio de Ancira, 598, 1055
Basílio, o capadócio, 598-600, 1055
Basinger, David, 78, 864, 932-933,
942, 1008-1010, 1026-1028,
1039-1040, 1051-1052, 1067,
1069-1072, 1074-1076,
1080-1081, 1083-1084
Basinger, Randall, 805, 1021, 1026-1027,
1039, 1051-1052, 1067, 1069, 1071,
1074-1075, 1080, 1084
Bavinck, Herman, 1, 403-405, 1033-
1034,01041, 1054, 1075
Berkeley, George, 187, 734, 1010, 1023,
1057,
Big Bang, 671, 678-679, 732, 1059, 1064
Bipolar, Deus enquanto, 53-53, 194-197
Blake, William, 144
Bloch, Ernst, 151-152
Blocher, Henri, 705, 717-718, 752-753,
758, 765-766, 774, 1061-1063,
1065-1066
Boécio, 276, 278, 310, 464-465, 469,
471-474, 478, 504, 532, 537-538, 632,
930-931, 1035, 1044, 1048, 1051
Braaten, Carl, 153, 1017, 1052
Bradshaw, Tim, 43, 1006, 1031-1032
Braithwaite, R. B., 102, 150, 1010, 1012

Calvinismo, 92, 291, 293, 326, 361-362,
366, 378, 497, 540-541, 627-630,
634-635, 656-660, 662-664, 780,
789-791, 797, 801, 809, 811-813, 822,
827-828, 836, 844, 847, 856, 873,
875-876, 880, 882, 892, 899, 979-980,
982, 984, 988, 999, 1047, 1051-1052,
1058, 1068
Calvino, João, 13-14, 560, 627, 744,
799-801, 871-872, 1053, 1057, 1069
Candlish, Stewart, 905, 1073, 1078
Canfield, John, 905-906, 1068, 1078
Capra, Fritjof, 165
Caputo, John, 171, 1020
Carr, Anne, 1017
Cassuto, U., 705, 707-708, 717, 752, 768,
773-776, 1061-1062, 1065-1066
Castañeda, Hector-Neri, 328, 522,
524-528, 530, 1036, 1050-1051
Calcedônia, 268, 329, 604
Causa
 eficiente, 86, 202, 214, 702,
 final, 174, 202, 702,
 Kenner, seis sentidos de, 801-802
 material, 202, 214
 última, 191, 202, 225, 230, 233, 828
Causalidade reversa, 354, 944, 949
Ceticismo, 96, 112, 173, 248, 723
Chafer, Lewis S., 274, 1033
Chalmers, Thomas, 727
Charnock, Stephen, 313, 464, 1035-1036,
1045-1046
Churchland, Patricia, 902, 1078
Cirilo de Jerusalém, 600
Clarke, Randolph, 911, 1078
Clarke, Samuel, 230, 233, 235
Clements, R. E., 711, 1061-1062
Coats, George, 716, 1062
Cobb, John, 28, 52, 168, 179, 183, 190,
194, 198-199, 201-202, 205, 214,
1021-1022, 1025-1029, 1053
Coburn, Richard, 489, 518, 529, 1046,
1049-1050
Coinerência, 603
Collins, C. John, 763, 1065-1066

Compatibilismo, 355, 794,0796, 800, 824, 828-829, 854, 894-895, 903, 909, 915, 917, 923, 984, 987-988, 1072-1073, 1082, 1084
   e soberania específica, 847-921
Concílio de Constantinopla, 599, 603, 1055
Concílio de Toledo, 604
Concrescência, 174, 191-192, 196
Condenação, 663, 664, 813, 828, 869, 890
Conhecimento médio, 332, 383, 491-492, 632, 893, 930, 932, 937-944, 951, 954, 1057, 1081
Conhecimento presente, 811, 8953, 1058, 1070
Consciência humana, "a virada subjetiva", 96-98, 120
Consequencialismo, 982, 983, 1084-1085
Constantino, 596
Controvérsia filioque, 544, 603- 604, 612, 1056
Copleston, Fredrick, 235, 675
Cosmologia de dois registros, 754
Cottrell, Jack, 824, 827, 835-836, 856-860, 874, 892, 1069, 1071-1072, 1075
Cox, Harvey, 154, 1012, 1017
Craig, William Lane, 927-928, 937, 949-951, 1028, 1030-1031, 1049, 1057, 1064, 1080, 1081, 1082
Cranfield, C. E. B., 651, 776, 1058, 1066
Credo de Atanásio, 544, 604, 620
Credo Niceno-Constantinopolitano, 599, 604
Criação plenamente dotada, 680, 1066
Criacionismo, 108, 127, 201-202, 221-222, 670, 676, 680, 682-683, 685-686, 720, 731, 743, 745-748, 752, 759, 761-764, 777, 1063-1064
   ato de criação, 29
   criação como corpo de Deus, 51, 53-54
   criação de seres humanos, 18, 662-663, 667, 998
   criação *ex nihilo*, 68, 71, 74, 76, 201, 536, 538, 540, 671, 673, 680, 684, 685, 686-693, 695, 704, 725-727, 738, 760-761, 767, 772, 1046, 1060-1061
   criação, antes da, 312, 317-319, 468, 470, 481-483, 532, 535, 589, 685, 691-692, 750, 757, 774, 776-777, 968-969, 978
   criacionismo eterno, 682-683
   Doutrina da criação, 22, 140, 668-779
   e a literatura do antigo Oriente Próximo, 690, 708-709
   e a Trindade, 588-590
   fiat, 682, 685, 691, 755-756, 764, 772, 777
   gênero literário de Gênesis 1 e 2, 714-719
   idade aparente, 744-746, 750, 773
   sustentação da criação, 436
Criacionismo científico, 745, 751
Criatividade, como atividade de Deus, 74, 176, 201-202, 214, 539, 1027, cf. também *teologia do processo*
Cullmann, Oscar, 312, 1034

Daly, Mary, 157
Darwin, Charles, 241, 668-671, 676, 686, 732-735, 758, 1013, 1031, 1063, 1064
Darwinismo, 108
   evolução naturalista como uma teoria das origens, 676-682, 731-737
   macroevolução, 676, 734, 738, 759
   microevolução, 676, 738,760
   teísta, 679-682, 759, 1059-1060
Davis, Charles, 97, 111, 1012, 1013
Davis, Stephen T., 295-297, 299, 1035
Dawkins, Richard, 676, 735, 1059
Dawson, Samuel, 1035
De Chardin, Teilhard, 167
Decreto de Deus, ,30, 80, 326, 329, 331-335, 623-667, 755, 807, 812-816, 820, 828, 850-851, 853, 855, 1037, 1057-1058, 1075
   e pré-conhecimento, 646-655
   e liberdade humana, 780-846
   como distinto da vontade de Deus, 869-871

Defesa do livre-arbítrio, 213, 540, 876,
    915-916, 984-988, 990, 1010, 1072,
    1080, 1084
Deificação do homem, 126
Deísmo, 64, 71, 629
Deliberação, 348, 386, 467, 489, 625,
    640, 851-852, 902, 919-920, 934,
    1040
Delitzsch, Franz, 302, 450, 560, 727, 1035,
    1043, 1053
Demarest, Bruce, 628, 662, 676, 738, 741,
    1005, 1027, 1033, 1052, 1054, 1057,
    1058, 1059, 1060, 1062, 1063, 1064
Dennett, Daniel, 493, 912-914, 1078, 1079
Denton, Michael, 737, 1013, 1031, 1063
Derrida, Jacques, 56, 109, 170-171, 1020
Descartes, René, 95-99, 102-103, 110,
    113-114, 223, 260, 297, 415, 553,
    1029-1030, 1037
Determinismo, 30, 102-103, 355, 38, 386,
    537, 542 722,788-799, 1034, 1047,
    1049, 1051, 1066-1070, 1072
    duro, 793-794, 812, 847,929, 965, 1077
    suave, 540, 794-799,895, 908-909,
    919, 988, 1074, cf. também
    compatibilismo
Deus
    como além do ser, 40, 54-56
    como amor, 28, 56, 58-59, 75-79, 85, 87,
        102, 161, 163, 169, 198-199, 259,
        281, 285-288, 295-297, 300, 309,
        319, 331,347, 353, 359, 364, 394,
        401, 403-408, 412, 417, 426-427,
        429-435, 441-442, 445-446, 450,
        549, 575, 605, 634, 649-650,
        682-683, 777, 779, 826, 830,-831,
        862, 878, 975-976, 978, 1001, 1022,
        1029, 1084
    como atemporal, 15, 70, 184, 310,
        313-321, 325, 329, 393, 401,
        464-465, 467, 473, 475-485, 487,
        501, 813, 930, 931, 1036, 1041,
        1046, 1046, 1047, 1050, 1051
    como bom, 125-126, 298-300
    como espírito, 260-272, 1052
    como eterno, 310-321, 463-542
    como fiel, 403, 442, 456-462, 549, 826,
        1003
    como gracioso, 58, 128, 135, 152-153,
        301, 326-327, 332, 410, 425,
        434-443, 435, 4, 569, 580, 592,
        640-641, 645, 655-659, 662-665,
        692, 799-800, 809, 819, 827, 835
    como imanente, 37-38, 47-481-63, 65,
        93-94, 129-130, 132-133, 135, 137,
        141, 146-147, 163, 168-169, 176,
        199, 286, 593, 600, 607-608, 612,
        620, 623, 713
    como justiça, 312, 314, 403-404, 412,
        421, 424-429, 473, 555, 778, 812,
        829, 848
    como longânime, 430, 446-450, 452, 826
    como misericordioso, 300, 435, 437-438,
        441-446, 449-450, 473, 828
    como não ser, 36, 42, 55, 141, 687, 693
    como o maior ser concebível, 37, 69,
        225-226, 230, 255-260, 353,
        473-476
    como onipotente, 41, 78, 199, 207,
        259, 288, 339-340, 346, 348-353,
        355, 358-359, 379, 417, 473, 520,
        539, 575, 613, 631, 670, 707, 789,
        804, 830, 876, 976-978, 982, 986,
        1003, 1039, 1071, 1084
    como onipresente, 285,302-310, 541
    como onisciente, 68, 70, 74, 78-79, 85,
        211, 280, 284-287, 298, 322-323,
        328-329, 332-334, 337, 358,
        366-367, 371, 373-393, 410-413,
        491, 511, 517-531, 533, 536,
        539-540, 627-618, 632, 634, 659,
        664, 666-667, 813, 815, 864, 915,
        925, 933, 953-954, 960, 967-968,
        1003, 1037, 1040, 1051, 1058
    como possuidor de asseidade, 286-287,
        290-295, 299, 301, 314, 350,
        352, 401-402, 405, 411-416, 419,
        477-479, 536, 538, 575, 813, 1009,
        1022, 1041, 1042, 1045
    como providente, 22, 281, 292, 355, 371,
        485, 628, 632, 758, 780-846, 922,
        930, 957, 1070

como realidade pura, 73, 76, 1022
como restrito ao logicamente possível, 99,
    205, 339, 349-352, 358, 489, 634,
    813, 980
como sábio, 33, 162-163, 222, 241, 256,
    259, 261, 286, 288-289, 295, 314,
    318, 341, 358, 367, 394-397, 403,
    406-407, 633, 698, 826, 992
como santo, 139, 212, 285-286, 299, 334,
    354-355, 357, 393-394, 418-419,
    429-430, 452, 555, 665, 689, 915
pureza moral, 346, 372, 419-426
santidade-majestade, 418-424
como Ser-em-si, ,38, 40, 41-44
como simples, 28, 68, 70-71, 73,
    273-274, 291, 397, 400-416,
    467-468, 473-479, 488, 499-500,
    536, 538, 626, 632813, 879, 1009,
    1029, 1041, 1042, 1045, 1049
como soberano, 27, 29-30, 56,
    63, 71-72, 78, 157, 161, 215,
    269-270, 284, 294, 302, 319,
    331, 347, 360-366, 407, 415-416,
    420, 478, 590, 685, 696-697,
    702-703, 752, 767-768, 780-781,
    791, 804-821, 826, 830, 833-834,
    853-854, 860-863, 886, 888-889,
    894, 896, 1049, 1051, 1069,
    1070, 1072, 1077
como transcendente, 37-38, 40, 61-65,
    93, 129-130, 137, 139-141, 143,
    145-147, 162-163, 168, 176,
    184-186, 189, 207, 831, 1000, 1008
como um ser imaterial e material, 52-53
como um ser imaterial, 44-50, 64, 260,
    273, 503, 1007, 1032, 1033
como um ser material, 44, 50-52
como um ser necessário, 256-258
como um ser perfeito, 255-256
como uma projeção mental, 40-41, 1006
como uma unidade, 48, 196, 285-286,
    397-399, 419, 581, 589-592,
    594-595, 597, 604, 1007,
    1052-1053
como único, 140, 258, 264, 284, 299,
    397-400, 419, 457, 546-547,
    554-558, 561, 574, 577, 579, 589,
    600, 619, 710
decreto, cf. *decreto de Deus*
demonstrando benignidade, 302,
    315-316, 317, 418, 431, 437-438,
    450, 455-456, 458, 460-461, 565
determinismo paradoxo, 813, 849, 1070,
    1076
Deus Espírito Santo, 94, 150, 161, 201,
    262-263, 267, 302-310, 344-345,
    364, 417-418, 424, 434, 441, 458,
    460, 543-550, 553, 557, 565-569,
    578-586, 588-589, 593-596, 598-609,
    610, 614-615, 617-619, 641,
    645-646, 665, 701, 703, 816-817,
    870, 885, 966-967, 1008
Deus Filho, 59-60, 156, 161-162,
    258, 293-294, 306, 341, 244-246,
    433, 459, 471, 543-544, 547-549,
    553, 557, 571-573, 578, 579-586,
    588-589, 593-601, 603-613, 615-616,
    619, 701, 834, 957, 1054
Deus Pai, 64, 94, 161, 258, 264-268,
    281, 293-294, 306, 308, 318, 323,
    341, 363, 398, 424-426, 433-434,
    452, 458-459, 535, 543-544,
    547-550, 555, 565-568, 572-573,
    578-601, 603-617, 619, 654, 701,
    962, 1054
e sua relação com o mal, 975-999, cf.
    também *problema do mal*
graça comum *versus* graça salvadora,
    436-437
impassibilidade, 28, 68-70, 73, 77, 164,
    184, 213, 281, 292-293,322, 338,
    392, 626, 631-632, 813, 878-879,
    1001, 1022, 1036
imutabilidade, 28, 68-70, 73, 77, 197,
    213-214, 281, 285-287, 292-293,
    299, 315, 321-337, 338, 352,
    359, 361, 380, 383-385, 402-404,
    468, 474-475, 477-480, 486, 491,
    497, 499, 500,-501, 519, 524,
    530, 535-538, 592, 626-628,
    631-632, 659-660, 683, 813,
    864, 878-879, 887, 1001, 1022,

1026, 1036, 1037, 1045, 1046, 1049, 1050
incorpóreo, 44-53, 68, 71, 74-76, 85, 89, 262, 268-269, 272, 288, 301, 339, 375, 378-379, 1007, 1029, 1032, 1033
indeterminismo paradoxal, 808-809, 813, 1070
infinito, 15, 37, 40, 55, 65, 68, 74, 83, 85, 128-130, 227, 258-260, 266, 287, 295-302, 353, 366, 389, 481-483, 509, 623
providência meticulosa, 633, 806, cf. também *Deus: como soberano: específico*
soberania específica, 633, 638 781, 804-808, 811-821, 847-921, 923, 929-930, 974, 1069, 1070, 1077
soberania geral, 633, 781, 804-811, 821-846, 847-849, 853-855, 860-861, 863, 868, 873, 877, 879, 884, 888, 892, 896-897, 899, 922-923, 930, 959, 963, 974, 988, 1069, 1070, 1072
vontade
  decretiva de Deus, 869-871, 873
  perfeita de Deus, 871, 1075
  permissiva de Deus, 628, 872
  preceptiva de Deus, 869-872
  secreta de Deus, 870
  indesejada de Deus, 872, 1075
Deus das lacunas, 681
Devenish, Philip, 352-353, 355, 379, 1028, 1038
Dickens, Charles, 105
Dretske, Fred, 845, 1074
Dualismo como uma teoria de origens, 673-674
Dualismo mente-corpo, 102-103, 260,261

Eckelmann, Herman, 1064-1065
Einstein, Albert, 507, 671, 678, 1059
Eleição, 318, 36, 440, 445, 628, 639, 643, 654, 656, 662-663, 665, 828, 833-834, 836, 851-852, 855, 860, 877, 889-890, 892, 894
Eliot, T. S., 105,

Empirismo, 94, 102, 114, 142, 169, 187-188, 209, 217, 1021
Encarnação, ,14-15, 77, 94, 130, 145-146, 165, 250, 268, 324, 329, 336, 347, 379, 563, 570-572, 611, 617, 806, 809, 827-828, 833, 861, 893, 962, 968-970
Epafrodito, 444
Erhard, Werner, 166
Erickson, Millard J., 63, 591, 624, 691, 1008, 1053-1055, 1057-1058, 1061, 1063
Espírito Santo, cf. *Deus Espírito Santo*
Estoicismo, 67, 262, 587
Eternidade, 463-542
  argumentos a favor de uma *e.* atemporal, 475-489
  argumentos contra uma *e.* atemporal, 489-531
  como atemporal, 310-321, 327-329, 392-393, 464-506, 515-524, 527-538, 540-542, 1001-1002, 1029, 1036, 1037, 1040-1041, 1044-1051
  como temporal, 15, 193-196, 201-204, 310-321, 331-333, 380-384, 392-393, 400-402, 463-474, 476-490, 493-524, 527-542, 543-547, 630-631, 683-685, 754-756, 930-932, 1009, 1028, 1036, 1037, 1040, 1041, 1050, 1051
  e ação divina, 495-499
  e Deus como uma pessoa, 489-495
  e duração infinita, 481-483
  e imutabilidade divina, 479-480
  e imutabilidade divina, 500-501
  e liberdade divina, 484-485
  e simplicidade divina, 499-500
  e simultaneidade, cf. *simultaneidade*
  e teísmo do processo, 488-489, 538-542
  sempiternidade, 310, 312, 321, 467, 478, 483-484, 1035, 1044
Eutiques, 604
Evangelismo, 879
Evangelicalismo, 14, 38, 57, 66, 180, 322, 361, 720
Existencialismo, 138, 188
Explosão cambriana, 753

Fatos
  duros, 945-946, 1082
  suaves, 945-946, 1082
Fatalismo, 107, 384-386, 663, 790-793, 797, 847, 849, 898, 925, 927-929, 947-948, 950-951, 1069, 1076-1077, 1080, 1082
Fé, 92 96, 131, 136-138, 144-146, 155, 183, 200, 251, 304, 306, 326, 331, 370, 372, 437, 440, 548, 556-557, 664, 692-693, 848, 866, 889, 891-892, 1008, 1020, 1055
Felt, James, 184, 1022
Feminismo, 18, 71, 75, 122, 158, 168-169, 546, 1009, 1017-1019, 1052
Feuerbach, Ludwig, 40, 1006
Fílon de Alexandria, 68, 572, 587
Fiorenza, Elisabeth Schüssler, 157, 1017-1019
Física newtoniana, 102, 113, 121, 180-181
Física quântica, 121, 123, 127, 178, 184
Fitzgerald, Paul, 466, 1044, 1048
Flint, Thomas, 1038-1039, 1083
Florovsky, Georges, 13
Ford, Lewis, 179, 1021, 1026, 1027, 1028
Foucault, Michel, 111, 1013
Francken, Patrick, 837, 845, 1072, 1074
Frankfurt, Harry (contraexemplos ao modelo de Frankfurt), 910-912, 1037, 1078
Freddoso, Alfred, 1038-1039, 1049
Fretheim, Terence, 748, 1065
Freud, Sigmund, 41, 1006
Fundacionalismo, 99, 110-112, 117, 1013, 1014
  teologias, 157-164, 1017-1018

Gale, Richard, 523, 528-530, 1046, 1049, 1050, 1051
Galileu Galilei, 95
Gangemi, Francis, 783, 1067
Gaskin, J. C. A., 51, 1007, 1032
Gassendi, Pierre, 225
Gaunilo, 227, 229, 1030
Geach, Peter, 327-328, 340, 350, 528-529, 617, 1029, 1036, 1037, 1051, 1056, 1057

Geisler, Norman, 831, 1067, 1071, 1072, 1080
Geração eterna do Filho, 586, 600, 608-612, 615, 620
Gilkey, Langdon, 95, 132-133, 1012, 1015, 1024
Gill, John, 273, 1033
Goldschmidt, Richard, 734
Gottschalk, 628
Grande Comissão, 341
Gregório de Nazianzo, 599-603, 1053, 1055
Gregório de Nissa, 599-603, 1053-1055
Grenz, Stanley, 275, 1033
Griffin, David Ray, 52, 68, 100, 102, 108-110, 122, 154, 170-176, 179, 183, 190, 199, 1009, 1011-1113, 1015, 1017, 1019-1020, 1022, 1026, 1028, 1052
Grogan, Geoffrey, 560, 1053
Grudem, Wayne, 23, 609-610, 1054, 1056, 1058, 1061, 1062, 1063, 1064, 1065, 1066
Gruenler, Royce, 212, 1028
Grünbaum, Adolf, 791, 796, 898, 1063, 1068, 1069, 1077
Gunton, Colin, 672-675, 682-684, 1007, 1059, 1060
Gutiérrez, Gustavo, 155-156, 1017
  teoria do hiato, 725, 727-731, 1063

Habermas, Jürgen, 95, 1012, 1036, 1069
Haight, Roger, 587, 1054
Hamilton, Peter, 205, 1027
Hamilton, William, 144, 1016
Harnack, Adolf Von, 131
Hartshorne, Charles, 28, 52, 68-69, 73, 168, 179, 184-186, 192-193, 196-199, 204-205, 210, 213, 215-216, 229, 1009, 1010, 1022-1030, 1046
Hasker, William, 486-487, 514-515, 517, 634, 932, 935-936, 942, 950-951, 1008, 1009, 100, 1041, 1042, 1044, 1046, 1047, 1048, 1049, 1058, 1079, 1080
Hawking, Stephen, 678, 1059, 1064
Hebblethwaite, Brian, 803, 1069

Hegel, G. W. F., 47-48, 62, 105, 128-130, 134-135, 141, 144, 146, 152, 171, 1007, 1015, 1028
Helm, Paul, 325-326, 468-469, 481-482, 487, 803, 1044, 1045, 1046, 1047, 1048, 1049, 1051
Henry, Carl F. H., 13-15
Heráclito, 67
Hermenêutica da suspeita, 162, 171
Hick, John, 36, 48-49, 176-177, 190, 229, 232, 980-981, 1005, 1007, 1020, 1030, 1084
Hilkert, Mary Catherine, 158, 1017
Hinduísmo, 37, 40, 45-46, 63, 167-
Hodge, Charles, 587, 738, 1031, 1035, 1054, 1058, 1075
Holland, Joe, 104-105, 107-108, 1009, 1011, 1012, 1013, 1015, 1019
Homoiousia, 597-598
Homoousia, 597-598, 601
Houston, James M., 723
Humanização de Deus, 93
Hume, David, 97, 187, 230, 238-239, 240-242, 1031, 1083
Huxley, Julian, 167
Hyers, Conrad, 711, 1062
Hypostasis, 532, 572, 593, 598, 602, 606, 614, 1055
Hyppolite, Jean, 48, 1007

Idealismo, 135-136
Iluminismo, 95, 99, 131
Incompatibilismo, 784, 808, 831, 837, 843, 849, 923, 1074, 1079, 1080, 1082, 1084
Indeterminismo, 375, 784, 808, 831, 837, 843, 849, 923, 1079, 1080, 1082, 1084
Indexicais, 328-329, 332-333, 337, 380-384, 387, 499, 501, 517, 619-526, 528-531, 533, 1036, 1037, 1050, 1051
Individualidade, 47, 96, 104-105, 123, 130, 165, 989, 994
Inerrância, 15, 19, 30, 34, 552, 578, 718, 1062, 1076
Inferno, 167, 303, 306, 484, 875-876
Infralapsarianismo, 663, 1058

Dilúvio noético, 77, 702, 745, 751, 771, 772, 963
Islamismo, 37, 50, 158, 176-177, 397, 543

Jainismo, 40
Jantzen, Grace, 51, 1007, 1032, 1038
Jevtich, Atanasije, 594, 598, 600, 1055
John Duns Scotus, 230, 1068
John Scotus Erigina, 676
Johnson, Elizabeth, 159-160, 1011, 1017, 1018, 1019
Johnson, Phillip, 732, 735, 1013, 1031, 1063
Judaísmo, 37, 50, 63, 130, 158, 397-398, 543, 556, 575, 587, 684, 1038, 1060
Justiça, 427-428
Justificação, 99, 138, 440, 692-693, 865-866, 894, 1011, 1031

Kane, Robert, 786, 1068, 1074
Kant, Immanuel, 48-49, 94, 98, 100-101, 112, 114, 117, 128, 131, 133, 140, 149, 169, 176, 187-188, 223, 228, 230, 238, 243, 553, 1012, 1023, 1030
Kapitan, Tomis, 934, 1040, 1081
Kaufman, Gordon, 1007, 1018
Kelly, J. N. D., 588-590, 599, 1054, 1055
Kenner, Lionel, 801-802, 898-899, 1069
Kenny, Anthony, 348-349, 351-354, 373, 375-378, 380, 386, 504-505, 509, 1038, 1039, 1040, 1048, 1049

Kierkegaard, Søren, 64, 134-138, 1008, 1016
Kittel, G., 26, 571
Klassen, William, 956
Kline, Meredith G., 752, 754-757, 764, 767, 773-774, 1062, 1066
Kneale, William, 469, 1035, 1044
Kretzmann, Norman, 400, 465-467, 469, 485-486, 495-496, 498, 505-517, 519, 524-527, 532, 1041, 1042, 1044, 1046, 1047, 1048, 1049, 1050, 1051, 1060, 1080, 1083
Kuhn, Thomas, 112-114, 1013
Kurtz, J. H., 723

LeBlanc, Jill, 296-298, 1035
Leclerc, Ivor, 181, 1021, 1022, 1023
Leftow, Brian, ,409, 484-485, 512-513, 520-522, 1046, 1047, 1048, 1049, 1050
Lei mosaica, 222, 330, 418, 575, 870
Leibniz, Gottfried Wilhelm, 81-82, 230, 233, 297, 980, 1009
Leis, físicas, 102-104, 121, 199, 782, 827, 837, 99, 1067, 1073, 1074, 1077
Lessing, Gotthold, 135-136
Levenson, Jon, 690, 697, 1061, 1062
Levinas, 56
Lewis, C. S., 242-244,
Lewis, Delmas, 510-514, 516-517, 1048, 1049
Lewis, Gordon R., 628, 662, 676, 738, 741, 1033, 1054, 1057, 1058, 1059, 1060, 1062, 1063, 1064, 1065
Liberdade
　divina, 374, 484-485, 917
　e pré-conhecimento, 646-655
　humana, 15, 30, 70-71, 73-74, 80, 96, 104-105, 121, 12, 147, 292, 337, 347, 355, 361-362, 374-375, 386, 471, 481, 484, 517, 537, 540, 630-631, 661, 720, 847-850, 853-854, 863, 865, 874, 879, 883, 914, 923-924,28-930, 941, 946, 950, 987, 999, 1049, 1070, 1076
　libertária, 78, 292, 361, 485, 630-632, 654-655, 659, 785, 787, 800, 809-810, 814, 821, 823, 824, 826, 828, 837, 846, 849, 853, 860-861, 863, 876, 882-883, 897-898, 900, 908, 915-917, 924, 925, 932, 937, 943-944, 954, 967-968, 970, 972-974, 987-988, 1067, 1068, 1081, 1082
　visão de Calvino sobre, 627-629,
Lightfoot, John, 744,
Lindbeck, George, 148-151, 1016, 1017, 1018
Linguagem
　a respeito de Deus, 83-90
　religiosa, 38, 83, 89-90, 122-123, 150
　teológica, 38, 83, 89-90, 1011Locke, John, 97, 187, 1023
Lord Acton, 1003
Lowe, Victor, 190, 1021, 1024
Lukasiewicz, Jan, 844
Lutero, Martinho, 13, 64, 137, 628, 744
Lyotard, Jean-François, 116, 1011, 1014

MacIntyre, Alastair, 41, 1006, 1073
Mackie, J. L., 223, 237, 986-988, 1029, 1030, 1039, 1083
Macquarrie, John, 42, 63, 1006, 1032, 1038
Malcolm, Norman, 228, 1046, 1049
Maniqueísmo, 673
Mann, William, 325, 400, 408-413, 477, 478, 493-494, 1036, 1040-1042, 1045-1047, 1049
Marcelo de Ancira, 597
Marion, Jean-Luc, 55-56, 1008
Marsh, Cline, 110, 1010, 1013, 1015
Marx, Karl, 105, 152, 248
Materialismo, 15, 36, 51, 103, 152, 174, 260, 782, 789, 1077
Mathews, Shailer, 131
Mavrodes, George, ,815, 852, 1039, 1070
Maxwell, James Clerk, 181
McClendon, James, 95-96, 101-102, 1010, 1012, 1014, 1017
McFague, Sallie, 51, 53-54, 59, 1007, 1008, 1009, 1011
McGrath, Alister, 276, 604-605, 1033, 1055, 1056
McTaggart, J. M. E., 327
Meister Eckhart, 676
Meland, Bernard, 179, 1021, 1024
Misticismo, 47, 56, 63-64, 83, 676
Modernidade, 13, 34, 95-109, 112, 118, 123, 125, 127, 130, 133, 140, 171-172, 545
Modos de existência, 498, 508, 511, 603
Moellering, Ralph, 157, 1017
Molina, Luis de, 937, cf. também *conhecimento médio*
Molinismo, 940-941, 1082, cf. também *conhecimento médio*

Moltmann, Jürgen, 151-153, 1008, 1017, 1052-1053
Monarquianismo, 590-592
dinâmico, 590
modalístico, 590-591
Monod, Jacques, 15
Moo, Douglas, 265, 776, 1033
Moreland, J. P., 737, 760, 1031, 1060, 1063, 1064, 1066
Morris, Henry, 746, 1063
Morris, Thomas V., 248, 255-257, 310-311, 356, 405-406, 411, 414, 416, 467, 480, 482, 501, 503, 944, 1026, 1027, 1031, 1032, 1035, 1036, 1038, 1039, 1040, 1041, 1042, 1044, 1045, 1046, 1047, 1048, 1049, 1052, 1056, 1060, 1080, 1081, 1082
Morriston, Wesley, 915-916, 1079
Movimento Deus está morto, 93, 144, 146-147, 151, 186
Muktananda, Swami, 166
Mundo possível, 2, 257-258, 385, 414, 659-660, 664-667, 791, 793, 808, 812, 815, 874, 895, 915, 917, 932, 938-944, 955, 982, 988, 1078, 1079, 1082
Murphy, Nancey, 14, 95-96, 101-102, 121, 1012, 1013, 1014, 1015, 1017

Nabucodonosor, 267, 319, 363, 495, 637-638, 642
Não consequencialismo, 983-983, 1085
Nash, Ronald, 68, 1009, 1026, 1027, 1028, 1029, 1052
Naturalismo, 15, 96, 108, 127, 169, 176, 183, 241, 244, 246-247, 295, 338, 672, 676-679
   como um componente da modernidade, 102-104
   como um componente da pós-modernidade, 121-123
Natureza humana, ,36, 41, 62, 96, 106-107, 125-126, 157, 250, 260, 268, 271, 273, 286, 305-306, 329, 436, 601-603, 605, 615-616, 679, 809, 848, 885, 918, 989, 1032, 1059
   teoria da modernidade, 106-107
   teoria da pós-modernidade, 123-125
Necessidade, 15, 29-30, 68, 73, 140, 201-202, 233-234, 248, 256-258, 472, 539-540, 693, 794, 900, 927, 944-945, 1029, 1069, 1082
Neopaganismo, 45
Nesbitt, Winston, 905, 1073, 1078
Netland, Harold, 23, 45-46, 84, 1004 (notas 4 e 6).
Neville, Robert, 209-210, 212, 214, 1025, 1026, 1027, 1028, 1029
Newman, Robert C., 243, 738, 743, 1064, 1065
Newton, Isaac, 95, 123, 180, 183, 232
Nietzsche, Frederick, 55, 138, 143-145, 171, 173, 1016
Niilismo, 109, 173, 1020
Nixon, Rosemary, 706, 1061
Noeto de Esmirna, 591
Nozick, Robert, 786, 1068

Ogden, Schubert, 52, 179, 185, 189, 203-204, 1022, 1023, 1024, 1026, 1027, 1052
Ontoteologia, 55-56, 143
Oração, 37, 73, 281, 284, 363, 424, 439, 580-581, 791, 828, 831, 879-884, 957, 1028
   intercessória, 882-884, 1070
Ordem dos decretos, 662-667
Orígenes, 262, 592-594, 606-607, 674, 682-683, 737, 1032-1033, 1060
Otte, Richard, 941, 1081, 1082

Paley, William, 238-240, 737
Panenteísmo, 43, 52-53, 176-177, 204-205, 253-254, 1008
Pannenberg, Wolfhart, 546, 1053, 1054, 1064
Panteão greco-romano, 36, 45, 50, 52, 62, 167, 588
Parmenides, 67, 469, 485
Patripassianismo, 592
Paulo de Samósata, 591
Pelagianismo, 656
Pentecoste, 201, 365, 576, 586, 638

Perfeição absoluta, 68, 72, 405, 538, 1029
Perichoresis, 603
Phillips, D. Z., 39, 1005, 1010
Pike, Nelson, 310, 464-465, 468, 471,
   473-474, 487, 495-496, 925-928, 939,
   947-948, 950-951, 1035, 1043, 1044,
   1045, 1046, 1047, 1049, 1050, 1080,
   1081
Pinnock, Clark, 633, 823, 956, 1008, 1009,
   1034, 1057, 1058, 1069, 1071, 1072,
   1075, 1083
Pitagóricos, 469
Pittenger, Norman, 179, 1021, 1024, 1025
Plantinga, Alvin, 199, 229, 238, 240, 242,
   349-351, 401, 406-408, 411-413, 415,
   784, 837, 915, 937, 950-951, 978, 986,
   1012, 1014, 1026, 130, 1034, 1038,
   1042, 1023, 1045, 1049, 1072, 1084,
   1085
Platão, 67, 183, 186-187, 208, 230, 237,
   469, 485, 673, 1023, 1044
Platonismo, 157, 262, 587, 593
Plotino, 14, 85, 469, 485, 674-675, 684,
   687, 693, 1059, 1060
Pneumatomaquianismo, 595
Poder, oito sentidos de, 905-908, 918
Politeísmo, 44-45, 50-52, 62, 397, 543,
   554, 582, 588, 597, 606, 710-711
Posição concordista sobre a criação, 738,
   763-764, 1065-1066
Positivismo lógico, 100-101, 142-143,
   188, 1023, 1025
   verificacionismo, 101, 142, 188
Pós-modernismo, 13, 109-110, 117-118,
   122-124, 170-176, 545, 1008, 1009,
   1013, 1014, 1015, 1020
Pragmatismo, 109, 180, 1014, 1021
Pré-conhecimento, 79, 625, 629, 631-632,
   635, 638, 646-655, 658-660, 809, 850,
   866-867, 875, 985, 1049, 1057, 1058,
   1080, 1081
   e liberdade, 922-974
   médio, 593
   teoria simples, 631-632, 932-937, 1080
   predestinação, 15, 189, 329, 331,
      335, 362, 370, 611, 625,
      638-641, 646, 653, 662, 703,
      800-801, 822, 824, 851-853, 855,
      860, 866, 867, 869, 877, 894,
      970, 1039, 1068
Predestinação, 15, 189, 329, 331, 335, 362,
   370, 611, 625, 638-641, 643, 646, 653,
   662, 703, 822, 824, 851-853, 860,
   866-867, 869, 877, 894, 1068
Predicados, acidentais, 283
Preensão, ,122, 175, 187, 191, 197, 630,
   1023, 1025, cf. também *teologia do processo*
Predicação, monogamous, 614
Presentismo, 634-635, 959, 966-973, 1058
Price, H. H., 389
Princípio da incerteza de Heisenberg, 121,
   783, 789, 1067
Prior, Arthur, 518, 1049, 1050
Problema do mal, 72, 75, 80-81, 213, 242,
   300, 348, 537, 539-540, 645, 673,
   777, 807, 819, 874, 876, 878, 915,
   937, 974, 975-999, 1000, 1051, 1072,
   1079, 1080
   sofrimento animal, 776-777, 976
   defesa *versus* teodiceia, 980-982, 1084
   evidencial, 977-980
   intensidade do, 977
   lógico, 979, 982, 984, 1084
   moral, 203, 829-830, 874, 915, 955,
      976, 978, 983-984, 986-993, 995,
      997-999, 1080, 1085
   natural, 976-977, 1052, 1075
   filosófico/teológico, 976, 979, 1085
   religioso, 976, 980
Processão eterna do Espírito Santo, 586,
   600, 608-609, 611-612, 615
Propriedade engrandecedora, 255, 258,
   1032
Providência, 150, 281, 292, 355, 361,
   366, 371, 472, 485, 623, 628,
   632-633, 688, 849, 853, 874, 922,
   1070
Pseudo-Dionísio, 674

Quine, Willard van Orman, 114-116, 123,
   1014

Racionalismo modificado, 82, 415, 98998, 1010, 1085
Racionalismo, 81-82, 95, 97, 102, 131, 715, 998, 1084, 1085
Ramanuja, 53, 1007, 1032
Ramm, Bernard, 138, 738, 1015, 1016
Ramsey, Ian, 58-59, 1008
Rauschenbusch, Walter, 113
Razão suficiente, princípio da, 230, 232-233, 235-237, 1030, 1031, cf. também *argumento cosmológico para a existência de Deus*
Razões como causas, 901-903
Reforma, 15, 96, 107, 346, 663, 686, 1037
Reichenbach, Bruce, 384, 386, 855-856, 942, 1040, 1049, 1071, 1072, 1075, 1082
Reino milenar, 315, 427, 705
Renascença, 107
Resolução de Boécio para a liberdade e pré-conhecimento, 537, 632
Responsabilidade moral, 71, 537, 540, 626, 635, 661, 807, 812, 814, 836, 841-842, 844, 847-850, 863, 876-878, 903, 909, 911-914, 1073, 1075, 1079
Restringir, 795, 798, 817-818, 901, 929, 991-992
Revolução copernicana, 94
Reyes, Gonzalo E., 617-618, 620, 1057
Reyes, Maria La Palme, 617-618, 620, 1057
Reynolds, John Mark, 760, 1031, 1060, 1063, 1064, 1066
Rice, Richard, 76-77, 79, 825, 865-869, 958, 964, 1008, 1009, 1010, 1057, 1071, 1075, 1083
Ridderbos, N. H., 752
Ritschl, Albrecht, 131, 133-134
Rogerson, John, 715-716, 1062
Rorty, Richard, 113-114, 1013, 1014
Ross, Hugh, 743, 1064, 1065
Roszak, Theodore, 166
Rowe, William, 230, 232, 235, 1005, 1030, 1031, 1068, 1073, 1078
Ruether, Rosemary Radford, 157, 1008, 1018
Runzo, Joseph, 954, 1080, 1083

Russell, Bertrand, 179, 230, 234-235, 327, 789, 1068

Sabélio, 591, 600
Sanders, John, 68, 632-634, 805, 810, 824-825, 831-834, 836, 864-866, 884-894, 956-964, 968, 1008, 1009, 1010, 1034, 1057, 1058, 1069, 1070, 1071, 1072, 1075, 1076, 1083
Sankowski, Edward, 782, 898, 1066, 1068, 1073, 1077
Santificação, 271, 4, 440, 454 582, 641, 643, 665, 894
Schaeffer, Francis A., 13
Schleiermacher, Friedrich, 131-134, 137, 148, 487, 495-496, 545, 1015, 1046
Schoedel, William, 588, 1054
Seely, Paul, 763, 764, 1066
Shedd, W. G. T., 738, 1033, 1034, 1054
Silva, Moises, 250, 1031
Simpson, George Gaylord, 736, 760, 1063
Simultaneidade, 212, 498, 502, 505-506, 536, 931
E, 506, 508
ET, 498, 506-10, 512-517, 1044, 1048, 1049
RT, 507
T, 506
Snyder, Aaron, 845, 1074, 1078
Soberania, divina, cf. *Deus: como soberano*
Socinianismo, 403
Solução ockhamista para resolver a liberdade e o pré-conhecimento, 632, 930, 944-953
Spinoza, 47
Steuer, Axel, 844, 1010, 1072, 1073, 1074
Stewart, Claude, 183, 198, 905, 1022, 1026, 1073, 1078
Stramara, Daniel F., Jr., 599, 1055
Strong, A. H., 286, 306, 1034, 1035, 1053, 1054, 1059, 1060
Stroumsa, Gedaliahu, 262, 1033
Stump, Eleonore, 400, 465-467, 469, 485-486, 495-496, 498, 505-517, 532, 1041, 1042, 1044, 1046, 1047, 1048, 1049, 1050, 1051, 1060, 1080

Sturch, R. L., 489-492, 1046, 1047
Sublapsarianismo, 635, 663
Subsistência, 586, 593, 603, 606-607, 612, 614-615, 620, 1041, 1045
Supralapsarianismo, 627, 635, 1057
Swinburne, Richard, 230, 236-238, 247, 325-326, 328, 350, 380, 1031, 1036, 1038, 1047, 1048, 1052, 1053, 1056

Talbott, Thomas, 843, 1039, 1068, 1073, 1082
Taliaferro, Charles, 387-389, 1007, 1032, 1041
Taoísmo, 167
Taylor, Mark, 171-173, 1015
Taylor, Richard, 230, 238, 934, 1031, 1068, 1073, 1078
Teísmo dipolar, 538, 1025
Tempo, teorias do
  Proposição-A, 522-523, 528-530
  Proposição-B, 522, 528
Tennant, F. R., 237
Tentação, 396-397, 461, 553, 706, 710, 819, 990
Teodósio, 599
Teódoto, 590
Teologia da esperança, 122, 151-154, 1017
Teologia da libertação, 75, 151, 154-157, 190, 1017
Teologia da morte de Deus, 143-147
Teologia da Nova Era, 52, 122, 164-168, 169, 1019
Teologia do processo, 15, 52-53, 63, 66, 74-75, 121, 168-170, 178-217, 291, 22-323, 325-337, 464, 488, 531, 538-542, 546, 683, 697, 1018, 1020, 1021, 1024, 1027, 1028, 1029 1052
  avaliação de, 206-217
  e o decreto divino, 630-631
  modelo de Deus, 72-75
Teologia liberal, 131-134, 138, 142, 147, 545, 1015
Teologia sistemática, 17-20, 22, 206, 288, 503, 721

Teonomia (voluntarismo), 81-82, 346, 348, 358, 415, 980, 982, 1010, 1036, 1038, 1043, 1084
Teoria da ação, 799-800,
Teoria da correspondência da verdade, 101, 116, 457
Teoria da criação pré-gênesis 1, 725-727
Teoria da emanação das origens, 674-676, 1059
Teoria da estrutura literária, 752-758
Teoria da relatividade, 121-123, 178, 181-182, 184, 212, 480, 949
  teoria especial da relatividade, 507
  teoria geral da relatividade, 678
Teoria dia-era, 737-744, 748, 1064
Teoria do dia pictorial-revelatório, 723-725
Teoria eletromagnética, 181
Teoria ética, 81-82, 103, 109, 118, 143, 154, 174, 304, 306, 330-331, 425, 814, 848, 981-984, 988, 1035, 1036, 1084
  comando divino modificado, 330, 988, 1036
Teoria evolucionária, 15, 44-45, 107-108, 110, 127, 131, 158, 167, 169, 178, 182, 184, 241-242, 246, 668, 670, 672, 1015, 1022, 1059-1060, 1063, 1064
Teoria referencial da linguagem, 101, 118
Teorias das origens, dia de 24 horas, 744-752
Tertuliano, 276, 588-590, 593, 1054, 1055
Thomas, O. C., 43, 252, 1006, 1031, 1032
Thomson, James, 105
Tillich, Paul, 35-37, 41-43, 56, 62, 85-86, 141-142, 151, 189, 252-253, 1005, 1006, 1016
Tomás de Aquino, 27, 55, 63, 66-69, 86-87, 96, 160, 185, 231-233, 322, 325-326, 337, 348-349, 377-378, 407, 409, 464, 469, 473-475, 501-502, 505, 537-538, 628, 737, 1011, 1023, 1029, 1030, 1036, 1038, 1045, 1051, 1057, 1058
Tracy, David, 104, 107-108, 171, 1008, 1013, 1018
Tremmel, William C., 194, 205, 1025, 1027, 1028, 1052

Trindade, 15, 124, 164, 197, 476, 281,
    392, 398, 459, 534, 543-620, 962,
    1015, 1027, 1034, 1039, 1041,
    1052
  e lógica, 613-620
  imanente, 600, 607-608, 612, 620
  modelo econômico, 123-125, 154-157,
    451, 587, 600, 607, 612, 620
  ontológico, 599
  teoria social, 616
trinitarianismo relativo, 613, 615-617
triteísmo, 398, 552, 581, 594, 596,598-599,
    601, 603, 606, 616, 1056
Troeltsch, Ernst, 131
Turíbio, 604
Tylor, E. B., 44-45

Universais, 291, 354, 357-358, 401, 406,
    601
Universalismo, 868-869, 874
Ussher, arcebispo James, 686, 741, 744,
    772

Valentino, 673
Van Buren, Paul, 144
Van Inwagen, Peter, 617, 785, 792, 840,
    845-846, 904-905, 918,919, 1056,
    1066 1067, 1069, 1073, 1074, 1077,
    1078, 1079
Van Till, Howard, 680-682, 760, 1060,
    1064, 1066
VanGemeren, Willem, 23, 752
Vanhoozer, Kevin, 23, 1008, 1014, 1016
Visão aberta de Deus (teísmo aberto), 28,
    66, 72, 75-80, 214, 291, 361, 805, 808,
    867, 955, 975, 984, 1009, 1010, 1037,
    1070, 1072, 1083
  e o decreto divino, 631-635
Visão gnóstica da criação, 683-684
Voltaire, 34
Vontade predeterminada, 800-801

Waller, Bruce, 919-920, 1074, 1079
Walls, Jerry, 828, 830, 875-876, 1072
Waltke, Bruce K., 709, 717, 746-747, 763,
    1062, 1063, 1065
Ward, Keith, 275, 1033
Ware, Bruce, 23, 1051, 1075
Wenham, Gordon, 717
West, Cornel, 154
Westermann, Claus, 716, 1061, 1062
Whitcomb, John C., 746, 1065
Whitehead, Alfred North, 28, 52-53, 75,
    122, 168-170, 174-184, 186-188,
    190-199, 201-203, 208-209, 211-212,
    214, 216, 538-540, 542, 683, 1009,
    1019, 1021, 1022, 1023, 1024, 1025,
    1026, 1027, 1028, 1052
Wieman, Henry Nelson, 179, 1021
William de Ockham, 944
Williams, Daniel Day, 179, 199-200, 1024,
    1025, 1026, 1027, 1029
Williams, R. D., 595, 1055
Wiseman, P. J., 723-725
Wittgenstein, Ludwig, 101, 109, 118-120,
    145, 150, 376, 1010, 1012, 1014
  fase inicial de Wittgenstein, 142-143
Wolf, Susan, 913-914, 1073, 1078
Wolterstorff, Nicholas, 412, 497, 501-503,
    1012, 1014, 1030, 1036, 1041, 1042,
    1047, 1048

Xintoísmo, 37, 46, 50

Yahweh 156, 254, 280, 551, 554-555, 558,
    561-562, 564-565, 567, 574-575, 585,
    694, 697, 710-712, 748, 832, 890-891,
    926, 1002, 1034-1035, 1061, 1062
Young, Davis, 74, 1064, 1065
Youngblood, Ronald, 752, 1054, 1065

Zen, 40

Índice das Escrituras

GÊNESIS
1 686, 688-693, 715, 716, 719, 725, 728-731, 741, 742, 744-750, 753, 754, 756, 757, 767, 768, 772, 773, 776, 1064, 1065, 1066
1—2 183, 469, 680, 685-686, 688-694, 705, 709, 710-716, 718, 722, 727, 731, 732, 737, 738, 740, 743, 745, 746, 748-750, 753, 754, 763-765, 767, 770, 773, 1064
1—3 706, 715, 718, 765, 766
1—11 744, 751
1—15 717
249, 258, 568, 685-689, 690-691, 701, 706, 709, 725-730, 738, 760, 772
1.1—2.3 707
1.1—2.4a 705, 716
1.1,2 565, 730
1.2 565, 701, 709, 716, 725-730

1.3-5 755
1.3-31 709
1.5 738, 742
1.7 729
1.8 738
1.13 738
1.14 739, 756
1.14-17 756
1.14-18 756
1.15a 756
1.16 729, 739, 756
1.16,17 756
1.17 756
1.18 738
1.21 688
1.22 730
1.25 729
1.26 559, 725, 729
1.26,27 713, 997
1.26-28 707
1.27 688-689, 707, 725
1.28 713, 718, 730-731
1.31 698, 729, 997
2 689, 704, 706-707, 719, 740, 757, 773, 1066
2.1 709, 731
2.2 729

2.2,3 709
2.3 688
2.4 688, 707, 738, 746
2.4a 716
2.4b—3.24 705
2.5 707, 756-758, 767, 773-775
2.7 273, 685, 688-689, 694, 740, 757
2.8 740, 757, 776
2.9 776
2.15 713
2.15-22 740
2.17 742
2.18 707, 740
2.19,20 740
2.21-25 740
2.24 704
3 560, 706, 714, 718, 729, 750-751, 776
3.8 309
3.17,18 774
3.17-19 751
3.18 774
3.19 776
3.22 369, 559-560, 729
3.23 774

4—5 741	20.6 369	8.13 729
4.1 648	20.13 559	8.16-18 711
4.16 304	21.20 729	8.17 729
5.1 689, 707	21.33 316, 319	8.21-24 711
6 712, 959, 963	22 371, 562, 955,	9.3-7 711
6—9 249	960-961, 972	9.8-12 712
6.3 565	22.11 562	9.10 729
6.5,6 956	22.12 370, 960-961	9.16 890, 1037
6.6 77, 336, 960	22.15,16 562	9.18-26 712
6.6,7 689	23.6 1037	9.27 425
6.8 438	24.27 456, 459	10.4-15 712
7.11 752	28.3 341	10.6 731
7.12 751	30.20 454	13.21,22 266
7.17 751	31.11 562	14 249
7.19 751	31.13 280, 562	15.6 343
7.24 751	32.30 266, 268	15.11 419, 555
8.4-6 752	35.7 559	15.13 423
8.13 752	35.11 341	18.9 453
8.14 747	36.13,17,18 707	19—20 249
9 745	43.14 341	19.18 307
9.1 730	43.29 439	19.20 307
10 741	45.4-7 825	19.23 418
10.1 707	46.3 280	20.3 554
11 560, 741	48.3 341	20.3-5 254
11.5-7 307	49.24 343	20.4 265
11.7 560	49.25 341	20.5 280
12 249	50.20 365, 454, 645	20.9-11 741, 742, 748
15 249, 961		20.10,11 713
16.7-10 267	**ÊXODO**	20.11 258, 690, 731
16.13 267, 368	3 252, 563	22.27 439
17 249, 961,	3.1-6 266	24.9,10 266
17.1 280, 339, 341	3.2-6 562	24.10 266
17.8 319	3.7 368	24.11 266
17.12 747	3.13,14 555	31.2,3 565
17.17 692	3.14 252, 280, 1034-1035	31.3 396
18 831, 1076	3.15 555	31.17 748
18.2 307	3.20 269	32—34 810, 831, 880,
18.10-14 344	4.14 368	956, 1070, 1076
18.11 692	4.22 58, 561	32.1-14 70
18.14 346	6.3 280, 341, 1034	32.10-14 324
18.20,21 368	6.6 270	32.11 342
18.25 61, 426	7—11 249	32.12-14 77
19.13 270	7.17-21 711	32.14 334
19.16 442	7.19 729	33.11 270
19.19 438	8.1-4 711	33.12 368
19.26 729	8.10 399	33.13 439

33.14   308
33.16   439
33.17   368, 439
33.19   439, 441
33.20   264
33.23   264
34   441, 447
34.6   437, 443, 447, 450, 451, 456, 458
34.7   447
34.9   439
34.14   563
35.31   396, 565
36.1,2   396

LEVÍTICO
10.1-3   418
11.44,45   422
19.2   422
20.3   422
21.8   422
22.3   309
26   422

NÚMEROS
10.29   453
12.8   270
14   447
14.17   1037
14.18   444, 446, 447
14.42,43   304
22   563
22.22-35   562
23.19   323, 459, 461, 491
24.2   565
24.4   341
24.16   341
27.18   562

DEUTERONÔMIO
1.25   453
3.24   342
4.15   254
4.15-19   254, 265
4.16-18   254
4.19   254
4.21   453
4.22   453
4.24   424
4.31   444
4.32-39   399
4.34   270, 342
4.35   398, 555
4.37   342, 429, 431
4.39   398, 555
5.8   265
5.9   280
5.15   342
6.4   398, 554, 555
6.5   429
6.18   453
6.21   342
7.7   430
7.7,8   430
7.8   342, 431
7.9   461
7.19   342
8.2   370
8.7   453
8.10   453
8.16   453
9.6   453
9.26   342
9.29   342
10.15   430
10.17   341
11.2   1037
11.17   453
13   370, 371
13.3   370
13.17   445
21.8   441, 444
23.5   431
26.8   342
26.11   453
26.15   420
27.9   729
28.1,2   335
28.12   453
28.15   335
28.63   453
28.66,67   742
29.16   368
29.29   970
30.5   453
30.9   77, 453
30.15-20   490
31.21   369
32.4   428, 460
32.8   642
32.15   558
32.18   58
32.39   398, 555
32.40,41   316
32.43   441
33   269
33.3   269, 429, 430
33.16   451
33.27   312, 319

JOSUÉ
3.10   273
4.24   1037
21.45   453
24.14   457
24.15   822
24.19   421

JUÍZES
2.18   324
6   563
6.11-23   562
6.17   439
13   563
13.6   562
13.8   563
13.17   563
13.20-22   562
13.22   267
17.13   454

RUTE
1.20   341
1.21   341

1SAMUEL
2.2   419
2.6-8   364, 694, 696

2.6-8a 696	**1CRÔNICAS**	2.8 454
2.8 696	16.10 419	2.18 454
3.18 454	16.33 309	5.19 454
6.20 421	16.34 443, 452	9.6 694
15 822	16.35 419	9.8 425
15.10,11 324, 335	17.13 567	9.13 460
15.28,29 335	17.26 454	9.17 438
15.35 336	21.13 444	9.20 453
16 822	22.10 567	9.25 453
17.26 273	28.6 567	9.31 438, 444
23.9-13 959	29.10 567, 1053	9.32 1037
23.1,12 367	29.11 638	9.33 429
25.30 454	29.11,12 363	13.22 444
26.23 429	29.16 419	13.31 454
2SAMUEL	**2CRÔNICAS**	**JÓ**
7.13-16 969	2.6 307	1—2 365, 644, 816
7.14 561, 567	2.11 431	1.12 307, 646
7.23 559	5.13 452	1.21 643
7.28 454, 459	7.3 452	2.1 561
10.12 454	7.10 454	2.7 307
22.33 343	9.8 431	2.10 365, 644
24.14 444	9.23 396	4.17 422, 425
	12.6 425	5.9 301
1REIS	14.11 343	5.17 1037
2.4 457	15.3 458	6.4 1037
3.9-12 396	16.9 270, 369	8.3 428, 1037
3.12 396	20.7 59	8.5 341
3.28 396	20.9 308	9 695
5.12 396	20.21 419	9.1-12 697
8.27 307	25.8 343	9.2-4 695
8.29 270	30.9 438	9.4 341, 395
8.56 453	32.31 371	9.5-10 695
8.59,60 555		9.10 301
10.9 431	**ESDRAS**	10.9 362
10.24 396	3.11 453	11.7 341
18.21 822	7.25 396	12.7-9 301
21 490	8.18 453	12.13 367
22.19 267	8.22 343	12.19 343
	9.8 438	12.21 343
2Reis	9.15 425	12.23 642
13.23 308, 438	10.11 451	13.3 341
17.36 342		14.5 643
19.22 420	**NEEMIAS**	14.16 368
19.27 368	1.6 270	15.25 341
24.20 309	1.10 343	19.25 585

19.25-27 271	36.26,27 317	17.15 270
19.26 262	36.26-33 696	18.26,27 324
20.28 738, 746	37.16 367	18.31 398
21.15 341	37.23 340, 426	18.32 558
21.20 341	38—41 399, 695, 1003, 1029	19.1 33, 60, 221, 222, 342, 696
21.22 367	38.2 625	19.8 421
22.3 341	38.4-11 694	19.9 312, 460
22.17 341	38.7 725, 726	19.14 585
22.18 453	38.8-11 691	20.1 738, 746
22.21 455	40.2 341	20.6 369
22.23 341	42.1,2 346	21.3 454
22.25,26 1037	42.2 280, 294, 340, 362, 636, 637, 642, 851, 868	21.13 340
23.6 1037	42.3 625	22.3 419
23.10 369	42.7 280	22.28 642
23.15 310		23 60
23.16 1037	**SALMOS**	23.6 454
24.1 1037	561, 562, 564	24.3 422
24.22 343, 1037	2.4-6 561	24.5 429
26.7-13 696	2.7 576, 585, 609	24.8 343
26.12 342	3.4 420	24.8-10 574
26.14 1037	5.8 425	25.5 456, 460
27.2 1037	5.12 451	25.7 454
27.10 1037	6.9 444	25.8 452
27.11 1037	7.9 428	25.10 460
27.13 1037	8 699	26.3 456, 457, 460
28.23,24 368	8.1 696	28.2 420, 444
28.25-27 696	8.3-5 699	28.6 444
29.5 341	8.5-8 997	30.4 419
31 372	9 314	30.6 451
31.2 341	9.3 309	30.8 444, 451
31.6 370	9.7 314	31.1 425
31.35 341	9.8 427	31.5 456, 458
32.8 1037	9.13 444	31.15 643
33.4 565, 694, 1037	10.1 304	31.19 455
33.6 362	10.16 312	31.20 308
33.26 429	11.4 420	31.22 444
34.10 1037	11.7 429	33 641
34.12 1037	12.6 421	33.4 460
34.23 426	14.1 221	33.5 425, 429, 451, 452
35.2 425	14.1-3 1070	33.6-9 691, 695
35.13 1037	15.1 423	33.10,11 641
36.3 425	16.10 418, 423	33.11 324, 625
36.4 367	16.11 308	33.13-15 368
36.5 341, 395	17.7 456	33.21 419
36.22 1037		34.8 452
36.26 316		

34.10 455	57.1 444	80.3 270
34.15 270	57.10 458	82.6 573
34.16 270	59.11 1037	83.17,18 398
35.10 254	59.16 343	84.2 273
36.5 462	60.4 457	84.11 439, 455
36.6 427	60.6 421	86 444
36.7 455	62.11 340	86.2 444
36.10 429, 456	63.2 1037	86.3 444
40.9 451	63.3 456	86.5 455
40.10 425, 456, 462	65.4 420, 455	86.6 444
40.10,11 458	65.6 342	86.8 254
40.11 456	65.9-13 699	86.10 555
41.14 445	65.11 453	86.11 457, 459
41.13 316	65.11, 25 423	86.14 444
42.8 456	66.3 343	86.15 458
43.3 423	66.7 638	86.16 444
45 564	68.2 309	87.1 420
45.2 439	68.5 419, 420, 567	87.2 429
45.4 425	68.8 309	88.11 456
45.6 312, 564, 573	68.10 454	89.1 446
45.7 425, 564	68.14 1037	89.1,2,5,8 462
45.17 312	68.17 419	89.2 315
46.4 420	68.18 577	89.5 461
47.4 431	68.33 342	89.6 341
47.8 420	68.35 419, 1037	89.8 254, 461
48 315	69.16 454, 456	89.11 694
48.1 420	69.27 425	89.13 341
48.9 456	71.2 425	89.14 458
48.10 429	71.15,16 429	89.16 425
48.14 315	71.18 340	89.18 420
50.1 342	71.19 254, 425	89.20 418
50.6 427	71.22 420, 458	89.24 462
50.10 363	72.1,2 427	89.26 567
50.11 368	73.26 315	89.33 456, 462
51.1 445, 456	74.2 585	89.35 421
51.10 688	74.10-20 691	90 320
51.11 308, 424, 565	74.12-17 697	90.2 313, 316, 698, 699
51.14 427	75.10 281	90.4 320, 699, 740
51.18 451, 454	77.9 439	90.5,6 742
51.19 625	78.26 342	90.11 343
52.1 452	78.31 424	91.1 343
52.3 451	78.35 585	91.4 457, 458
52.9 312	78.52 60	92.2 456, 462
53.1 221	78.68 430	92.8 316
53.1-4 1070	79.8 445	93.4 341
56.8 368	80.1 60	94,9,10 369

95 578	107.15 451, 452	119.164 426
95.2 308	107.21 451, 452	119.172 426
95.4-6 694	107.31 451, 452	121.2 697
95.7-11 578	107.43 456	124.8 698
96.5 694	108.4 458	125.4 454
96.13 427, 458	108.7 420	128.5 453
97—99 700	109.21 454	129.4 428
97.2 427	110 577	130.2 444
97.5 309	110.1 576, 577	132.2,5 341
97.10 423	110.3 1037	132.11 459
97.12 422	111.3 312, 425	135 636
98.1 419	111.4 437	135.3 452
98.3 458	111.6 343	135.5,6 637
99.3,5,9 419	111.8 460	135.5-7 362
99.4 427	111.9 420	135.6 642, 645
100 317	112.3,9 312	135.21 585
100.2 308	112.4 441	136.1 452
100.5 316, 452, 458,	114.7 309, 558	136.4-9 694
101 647	115.3 280, 294, 362, 636,	136.5 367, 395
101.4 647	645, 851, 866	138.2 423, 456, 458
103.6 429	115.15 694	139 372
103.8 439, 443	116.1 444	139.1-4 368
103.12 371	116.5 425, 437	139.2 368
103.13 58, 441, 567	117.2 458	139.7 307, 565
103.15-18 316	118.1,29 452	139.7-10 65, 565
103.17 319, 323	119 426	139.7-12 307
103.19 636	119.39 454	139.10 269
104 695, 696, 710	119.42,151,160 456	139.13-16 695, 643
104.1-34 395	119.51 456	139.16 625
104.6-9 691	119.60 456	139.23 371
104.19 367	119.62 426	140.6 444
104.24 640	119.68 454	140.13 308
104.28 453	119.75 462	142.1 444
105.3 420	119.88 456	143.1 425, 444, 462
105.42 421	119.90 699	143.8 456
106.1 452	119.106 426	144.2 454
106.2 342	119.123 425	145.3 302
106.8 343, 1037	119.132 444	145.4,12 342
106.13 625	119.137,138 426	145.7 425, 452
106.21 585	119.140 421	145.8 437
106.45 324	119.142,144 315, 319	145.9 437, 452
106.47 420	119.142,160 459	145.11 340
106.48 316	119.149 456	145.17 418, 421, 425
107.1,9 452	119.151 460	145.21 420
107.8 451, 452	119.159 456	147.4,5 368
107.11 625	119.160 426, 456	147.5 301, 340

148.1-6   694, 700
149.2   566
149.4   77
150.1   342
150.2   282, 342

PROVÉRBIOS
2.6   367
2.6,7   396, 397
2.9   425
3.19   395, 640, 698
3.34   439
6.16-19   423
8   314, 1053
8.1   1054
8.22   314, 595, 609, 1054
8.22-25   609
8.22-30   694
8.23   314
8.24   609
8.25   609
8.30   1054
8.31   1054
9.10   419
11.20   324
12.22   324
14.21   156
15.3   270, 369
15.9   425
15.11   369
16.4   638, 694
16.9   365, 832, 885
16.33   365, 636, 643, 885
19.21   324, 625, 636, 637
20.24   832
21.1   832, 885
21.31   738, 746
22.12   369
24.10   738, 746
24.12   368
25.13   738, 746
28.13   445
30   561
30.3   561
30.4   561
30.5   421
30.32   625

ECLESIASTES
2.24   451
3.22   451
7.14   738, 746
8.15   451
12.1   566

CÂNTICO DOS CÂNTICOS
2.4   432

ISAÍAS
1   153
1.4   423, 574
1.24   341
2.2-4   60
2.3   60
2.4   61
5.7   822
5.16   421
5.19   574
5.24   423, 574
6   419, 576, 578, 560
6.1   267
6.1-13   576
6.3   419
6.5   424
6.8   560
6.9,10   576
7.14   370, 970
7.18-20   816
8.6-8   816
8.13   577
8.18   585
9.6   341
9.6,7   316, 317, 553
9.7   316
10   363, 636
10.5,6   816
10.5-7   637
10.10-12   637
10.15   363
10.17   420
10.20   574
10.21   341
11.2   1041

11.4,5   427
11.5   461
11.6-9   751
11.9   423
11.15   343
12.6   420, 575
13.3   280
13.6   343, 738
13.9   738
14   637, 731
14.3-23   729
14.24   324
14.24-27   642
14.26   625
14.27   637
16.5   460
17.7   420, 575
19.1   309
19.17   625
22.11   625, 637, 641
24   730
24.1   728, 730
25.1   461
26.4   319
26.9   429
27.13   423
29   886
29.15   369
29.15,16   696, 833, 886
29.16   362
29.19   575
29.23   422
30.11   423, 575
30.12   575
30.15   575
30.18   439
30.19   438
30.29   1037
31.3   263
34.11   728, 730
37.16   694
37.17   270
37.22-29   637
37.23   420
37.26   625, 641
37.28   368

38   432
38.17   432
38.19   461
40.3   574
40.12   645
40.12-14   694
40.13,14   645
40.14   367
40.15   363
40.18   254
40.25   420
40.25,26   694
40.26   342
40.27,28   369
40.28   316, 694
40.29   343
41.8   59
41.14   420, 575, 585
41.16   420, 575
41.20   420
42.3   460
42.5   694
42.5,6   424
42.6   280
42.13   60, 343
42.14   59
43.3   61, 420, 585
43.4   429
43.10   280, 555
43.11   61, 585
43.14   420, 575, 585
43.15   420, 688
43.16   1037
44.6   398, 555, 575
44.6-8   399
44.8   399
44.24-28   696
45   425, 886
45.1-8   886
45.1-9   637
45.5,6   398, 555
45.7   688, 832
45.7,8   694
45.9,10   886
45.9-13   833, 886
45.11   420, 575

45.12   689
45.14   555
45.17   311
45.18   555, 725, 726, 728, 730
45.18,19   694
45.19   425
45.21   312, 429
45.21,22   555
45.22   280
45.23,24   425
46   27, 637
46.5-7   637
46.9   280, 399, 555
46.9,10   324, 370
46.9-11   100,
46.10   574
46.10,11   79, 625, 645, 958
46.11   625
46.13   425
47.4   420, 585
48.11   641
48.12   575
48.13   694
48.14   431
48.16   565, 566
48.17   420, 575
49.7   575, 585
49.8   625
49.13   444
49.14,15   58
49.25,26   343
49.26   585
51.6,8   425
51.9,11   691
51.12,13   698
52.10   419
53.1   270
53.10   625
53.11   425
54.5   420, 566, 575
54.7   280
54.8   280, 444
54.17   425
55.1   60

55.5   420, 575
55.7   445
55.8   294
56.7   423
57.13   420
57.15   311, 316, 420, 585
59.1   270
59.16,17   425
60.9   420, 575
60.10   444, 451
60.14   420, 575
60.16   585, 1037
60.19,20   315
61   566
61.1   565, 566
61.1-9   566
63   565
63.7   565
63.7,10   565
63.7-14   553, 566
63.9   431, 442, 566
63.11   424
63.16   58, 567
64.1,2   309
64.3   309
64.8   58, 60, 362, 567, 696
65.2   269
65.11   423
65.16   456
65.17,18   699
65.25   423
66.1   307
66.2   700
66.13   58
66.18   368
66.20   423

JEREMIAS
1.5   368, 695
3.4   59
3.12   445
3.17   60
3.19   567
4.2   458
4.23   728, 730

4.26   309
4.28   625
5.22   309
7.18   432
9.24   77, 456
10.7-10   60
10.10   273, 316, 319, 403, 458
10.11,12   342
10.12   395, 695, 698
10.13   694
10.16   694
12.15   280
15.14   280
15.15   372, 448
16.5   456
17.9,10   575
18   833, 886, 887
18.1-6   696
18.1-10   833, 886
18.6   60, 363
18.7-11   959, 964
18.11   887, 959
20.11   343
23.1   60
23.5   425, 564
23.5,6   563
23.6   403, 563
23.9   421
23.18,22   625
23.20   638
23.23,24   307
23.24   368
23.39   309
24.6   453
25.30   420
26.19   324
27.5   342, 695
29.10   453
29.23   369
31   371, 372, 578
31.2   438
31.3   319, 431, 456
31.9   58, 567
31.12,14   454
31.20   77

31.22   688
31.31-34   578
31.33   60
31.34   371
32   453
32.17   342
32.18   343, 456
32.19   625, 1037
32.39-42   453
33.3   346
33.9,11,14   454
33.15   427
33.26   444
38   367
38.17-23   367
42.5   459, 462
44.19   432
49.20   625
50.29   420, 575
50.45   625
51.5   423
51.12   625
51.15   342, 367, 395, 694, 698
52.3   309

LAMENTAÇÕES
1.18   425
3.23   462
3.25   455
5.19,20   319

EZEQUIEL
1   267
10.5   341
11.5   369
18.4,20   437
20.9   641
20.33,34   1037
20.39   423
20.41   418
22.8,26   422
28   731
28.11-19   729
28.14   420
28.25   418

34.31   60
36.20,21   423
36.22   422
38.20   309
39.7   422, 575
39.25   280, 419
39.27   418
43.7,8   423
43.7-9   585
44.13   423

DANIEL
1.17   396
2   370
2.20,21,23   396
2.21   642
2.23   642
3.25   267
4   495
4.3   319, 1037
4.25   642
4.32,35   363
4.34   316, 317, 319
4.35   294, 362, 637, 851
4.37   457, 460
6   249
6.27   343
7   370
7.9   314
7.13,14   363
7.14, 27   319
8   370, 965
8.14   742
9.7,16   425
9.13   460
9.14   429
9.15   342
9.16,20   423
10.21   456

OSEIAS
1.7   280, 444
2.2   77
2.4   77
2.9,10   77
2.10   77

2.14   77
2.19   425, 456
2.19,20   77
3.1   431
3.1-3   59
3.2   61
3.5   454
5.3   369
11   431
11.1   58, 77, 431, 561
11.3   77
11.3,4   58
11.4   77, 431
11.8   77
11.9   280, 421, 574
13   647
13.4   585, 647
13.14   1037
14.4   431
14.9   426

JOEL
1.15   343, 738
2.1   420, 738
2.13   438, 445
3.17   423, 585
3.21   585

AMÓS
2.7   423
3   647
3.2   647
3.6   815, 832
3.7   832
4.2   421
4.12,13   696
4.13   688
5.8,9   696, 698
5.12   369
5.15   435
5.18   738
7.3   324, 334
7.6   324
7.7   60
9   698
9.5,6   698
9.8   270

JONAS
1   362
1.3   304, 307
1.10   307
2.4,7   423
3.10   334, 335
4.2   437

MIQUEIAS
1.2   423
4.12   625
5.2   318, 370, 564, 970
7.9   428
7.18   445
7.20   460

NAUM
1   647
1.3   340
1.5   309
1.7   455, 647

HABACUQUE
1.11,12   314
1.12   312, 319, 420
2.20   423
3.3   420, 558
3.6   311

SOFONIAS
1.7   309
1.14   738
3.5   425
3.11   423
3.17   431, 1037

AGEU
2.4   565, 566
2.5   566
2.7   566

ZACARIAS
1.14   280
1.16   444
2.10,11   585
2.13   420

4.10   270
8.2   280
8.3   423
8.8   425, 460
8.17   423
9.9   425
12   966
12—14   967
12.1   694
12.2,3   966
12.2-9   966
12.4   270, 966
12.4-9   966
12.6-8   966
12.10   441, 966, 967
14   747, 966
14.6   747
14.7   747

MALAQUIAS
1.2   429, 432
1.6   567
1.9   439
2.10   567
2.11   421, 429
3.1   60, 564
3.2   60
3.3   60
3.6   323, 501, 503
3.17   58
4.2   429

MATEUS
1.16   577
1.21   585
3   574
3.3   689
3.16   268
3.16,17   267, 569, 579
3.17   250
4.19   689
5—7   58
5.8   262, 271, 272
5.27,28   1085
5.45   453
6.9   58, 306

6.13   341, 363
6.25-34   568
6.26   58, 568
6.28-30   437, 453, 568
6.33   425
7   648
7.7   281
7.11   452
7.12-14   867
7.13,14   822
7.22   648
7.23   648
8.23-26   362
9.6   342, 344
9.8   344
9.13   442
9.27   444
10.1   344
10.29   368
10.30   368
11.20,21   344
11.21   367
11.23   344
11.26   625
11.27   569
12.7   442
12.31,32   579
13.35   691
13.54   344, 1041
14.22-33   344
15.22   444
15.25-28   577
16.16   273, 577
16.20   577
17   267
17.5   580
17.15   444
18.15-20   956
18.20   308, 575
18.23-35   447
19.4   688, 691, 704
19.8   691, 704
19.16,17   452
19.25,26   342
19.26   346
20.28   281

20.30,31   444
21.22   281
21.41-46   867
22.16   459
22.29   1037
23.37   59, 823
24.21   691
24.29-31   966
24.30   345
25   372
25.1   371
25.12   371
25.31   156
25.31-40   369
25.34   691
25.40,45   156
26   961
26.21-23   962
26.25   962
26.39   549
26.42   580
26.63   573
26.64   341, 573
26.65   573, 962
26.66   573
27.46   568
28.9,10   577
28.18   341
28.19   582
28.19,20   309
28.20   575

MARCOS
1.24   423
2.5-12   576
2.10-12   344
3.15   344
4.35-41   344
5.19   444
5.39   345
6.2   344, 1041
6.7   344
9.7   580
10.6   689, 704
10.17,18   452
10.47,48   444

12.14   459
12.24   1037
12.29,30   555
12.32   398, 459
13.19   688, 691
13.26   345
14   961
14.20   962

LUCAS
1.26-38   250
1.33   313, 315, 319
1.35   344, 575
1.49   419, 1037
1.50   443
1.76-79   585
2.7   611
2.11   574, 585
2.14   625
2.40   439, 1041
2.52   1041
3.25   455
4.18   566
4.18,19   156
4.34   423
4.36   344
5.17   344
5.24,26   344
6.35   437, 453
7.30   823, 834
9.1   344
9.35   580
9.43   344
10   754
10.13   344
10.19   344
10.37   442
11.50   691
12.5   343
15   77
15.3-7   60
18.13   445
18.18,19   452
18.38,39   444
19.37   344
19.46   689

21.27   345
22   961
22.3,4   961
22.21   962
22.22   645
22.42   363, 963
24   263, 264
24.19   344
24.39   262, 263, 264
24.49   345

JOÃO
1.1   572
1.1-3   691
1.3   550, 575, 691, 701
1.4   575
1.4,5,9   403
1.9   458
1.10   550, 575, 701
1.11-13   645
1.12   342
1.12,13   364
1.14   250, 438, 458, 585
1.16   439
1.17   441, 460
1.18   264, 273, 548, 569, 573, 585
1.32,33   267
2.24,25   575
3.5-8   579, 703
3.16   207, 281, 432, 569, 585, 610
3.18   569, 585
3.33   459
4   261, 264
4.20   261
4.23   261
4.24   261-264, 266, 1032
4.34   281
4.42   585
5   570
5.17   570
5.18   570, 573
5.19   575
5.21   293, 576
5.22   576

5.23   577
5.24,25   294
5.26   258, 293, 294, 314, 569, 575
5.27   576
5.28,29   576
5.29   570, 867
5.30   281, 429, 570
5.32   459, 1040
5.37   264, 273
5.42   1040
5.44   398
6.27   568
6.38   281
6.46   264, 273
6.64   575
7.18   459
7.29   1039
8.14   459, 1040
8.26   459
8.37   1040
8.44   691
8.55   1039
8.58   317
9.11   689
9.35-39   577
10   570
10.11   60, 452
10.12-16   60
10.14   452, 1039
10.15   1039
10.17   434
10.18   345
10.27   648, 1039
10.28   576
10.29   570
10.30   398, 570, 573, 581
10.34,35   573
10.36   573
11.22   1040
11.24,25   576
11.27   577
11.43,44   345, 576
12.27-30   580
12.41   267, 576
12.50   1040

13.1   575
13.18   1040
13.21   962
13.22-25   962
13.26   956
13.26a   962
13.26b   962
13.27   956, 957
13.34   434, 575
13.35   434
14   580, 584
14.6   403, 458, 575
14.9   548, 581
14.16   580, 584
14.17   458
14.21   434
14.23   308, 434, 575
14.26   579, 580, 586
14.31   434
15   580
15.1   458
15.9   434
15.10   434
15.12   434
15.13   432
15.26   458, 580, 586, 611
16   584
16.7   586
16.8-11   579
16.12   579
16.13   458
16.13-15   584
17   580
17.1   580
17.2   342
17.3   398, 458, 457, 555
17.5   317, 318, 580
17.11   424
17.17   459
17.21   307
17.21-23   581
17.21,23   308
17.23,26   433
17.24   317, 691
17.26   433
19.7   574

19.28   857
20.22   605
20.28   573
21.15-17   60
21.17   575

ATOS
1.7   1037
1.8   309
2   576, 884, 893
2.4   585
2.23   78, 363, 365, 370,
   625, 638, 643, 645,
   650, 652, 653, 833,
   834, 861, 867, 873,
   893, 894
2.24   585
2.27   423
2.32   250
2.34,35   576
3.14   423, 574
3.19   308
4.7   344
4.17-23   638
4.24   691
4.27   424
4.27,28   638, 645, 867
4.28   625, 834
4.30   424
4.33   439
5   578
5.3   578
5.4   578
7   578
7.48,49   308
7.50   700
8.29   579
9   267, 336
10.25,26   577
10.38   344
10.42   61, 576
11.23   441
13.32,33   609
13.33   576
13.35   423
13.43   441

14.3   441
14.11-15   577
14.15   569, 700
14.17   437, 452
14.26   439
15.8   368
15.11   441
15.18   312, 317, 367
15.40   439
17.24,25   294, 701
17.25   857
17.24-26   700
17.25   857
17.26   363, 625, 642
17.27,28   307
17.28   342, 362, 437, 569,
   700, 701
17.28,29   265, 266
17.31   429, 576
18.21   365
18.27   440
20.24,32   441
26   650, 651
26.5   650
28.25-27   578

ROMANOS
1   448
1—2   222
1—8   835
1.4   1037
1.5   435, 438
1.7   58, 435, 440, 568
1.16   342
1.17   324
1.18   424
1.9   251
1.19,20   33, 251, 702
1.20   222, 251, 265, 312,
   338, 342, 691
1.23   254
1.25   702
1.31,32   246
1.33,34   294
2   222, 448
2.2   460

2.4   447, 448, 451, 455
2.5   428
2.14,15   223, 778
2.25-29   835
3.4   457
3.10-12   1070
3.12   451
3.24   440
3.25,26   426
3.29,30   556
3.30   398
4   652, 692, 889
4.4   441
4.9-16   835
4.16   441
4.16,17   692
4.17   345, 692, 693
4.24   250
5   743
5.2   440
5.3,4   433
5.5   433
5.8   432
5.12   742, 749, 751, 776
5.12-14   1061
5.13   778
5.14-19   749
5.15   441
5.17   441
5.18   425
5.20   441
5.21   425, 440
6.1   441
6.14   441
6.14-18   800
6.15   441
8.2   579
8.9   306, 585
8.9,10   581
8.11   579, 585
8.18-22   751, 776
8.20   776
8.21   776
8.26   550
8.28   365, 455, 625
8.28-30   867

8.29   611, 646, 650, 653
8.29,30   625, 653, 894
8.30   611
8.31-39   653
8.32   550, 857
8.33,34   653
8.35   433
8.37-39   433
9   362, 445, 639, 651, 652, 703, 866, 877, 884, 888, 889, 890, 892
9—10   651
9—11   651, 834-836, 889, 891, 1058
9.1-6   889
9.5   573
9.6,7   889
9.6-16   834, 889
9.6-18   891
9.6-19   892
9.8   889
9.10,11   867
9.11   625, 639, 891
9.13   889
9.14   877
9.14,15   294, 639
9.15   442
9.15,16   294, 363, 445, 643
9.15-18   639, 645
9.16   877, 891
9.17   639, 813, 877, 890
9.17,18   645, 891
9.18   445, 639, 703, 877, 891
9.19   645, 703, 877, 891, 1076
9.19-21   362
9.19-22   889
9.20   688
9.20,21   60, 703, 877, 891
9.20-22   834, 891
9.22   447, 448, 834
9.23   445, 448, 625
9.23-33   834
9.32   836, 892
10   426, 651, 652

10.3   426
10.4   1035
10.6-8   307
10.9   574
10.13-17   836
10.14,15   658
10.21   836
11   445, 652, 889
11.1   651
11.2   650-652
11.5   440
11.6   441
11.7   834
11.11   445
11.11-14   365
11.11-27   834
11.14   445
11.20   836
11.22   451, 454
11.23,24   836
11.25   834
11.28   652
11.30   445
11.30,31   445
11.32   445
11.33   294, 367, 395
11.33-35   646
11.34   294
11.36   641, 700
12.1   870
12.3   438
12.6   441
13.1   363, 437, 642
15.13   1037
15.15   438
15.19   579, 1037
15.32   365
16.20   440
16.24   440
16.25   1037
16.26   317
16.27   395

1CORÍNTIOS
1.3   58, 440
1.3,4   574

1.4   441
1.9   457, 462
1.18   342
1.21   395
1.24   342, 395
1.26-31   641
1.29   310
1.30   403, 441
2   548, 574
2.4   345
2.5   1037
2.7   312, 317, 318, 395, 625
2.8   574
2.9-13   548, 578
2.10,11   579, 581
2.11   584
2.12,13   579 1037
2.13   646
2.14,15   646
2.16   646
3.10   438
3.11-14   369
3.16   581, 585
3.16,17   578
4.20   1037
5.4   1037
6.12   857
6.14   250, 345
6.19,20   578
6.20   61
8   556, 569
8.3   648
8.4   398, 556, 569
8.4-6   556
8.6   569, 701, 702
9.15,16
10.13   396, 461, 689
11   704
11.8,9   704, 766
11.9   689
12.3   150
12.4   579
12.4-6   582
12.6   857, 858
12.7,8   579

12.11 364, 579
13 271
13.10 271
13.12 271
15.10 438, 440, 441
15.42,43 345
16.23 440

2CORÍNTIOS
1.2 58, 440, 583
1.3,4 281, 550
1.12 438
1.20 324
3.17 581
3.17,18 578
4.6 700
4.7 1037
4.15 441
5 369
5.14 433
5.17 703
5.18-20 77
5.20 848
6.1 441
6.7 1037
6.18 341
7.6 281
8.1 439
8.9 441
9.8 439
10.4 1037
12 267
12.9 343, 439
13.4 345
13.11 434
13.14 345, 434, 440, 582, 583

GÁLATAS
1.1 568
1.3 58, 440, 574
1.6 441
1.15 440
2.5 459
2.9 441
2.14 459

2.20 433
2.21 441
3.13 61, 585
4.5 585
4.6 585
4.8 250
4.9 648
5.4 441
5.22 434, 450, 455
6.16 446
6.18 440

EFÉSIOS
1 395, 858
1.2 58, 440, 574
1.3-10 853
1.3-14 853
1.4 281, 318, 329, 364, 638, 641, 691, 833, 893, 894
1.4,5 867
1.4-6 641
1.5 294, 364, 625, 645, 894
1.6 441, 645
1.7 440
1.8 395
1.8,9 859
1.9 294, 645, 858, 859
1.9,10 859
1.10 858, 859
1.11 294, 362, 364, 625, 640, 642, 645, 781, 851, 853, 854, 856, 857, 858, 859, 860, 861, 863, 865, 866, 868
1.11,12 641
1.13 459
1.13,14 641
1.19,20 343
1.19-23 861
1.20 345
1.20,21 859
1.21 341
1.22,23 859
2 858

2.4 433, 442, 445,
2.5 441
2.7 441
2.8 435, 440
2.8,9 645
2.10 281, 625, 689
2.15 689
2.22 585
3 858
3.2 438
3.4 858
3.6 857, 858
3.7 345
3.7,8 438
3.8-11 639
3.9 317, 318, 691
3.10 395
3.11 319, 625, 641
3.20 1037
4.3-6 556
4.4-6 582
4.5,6 395
4.6 703
4.7 440, 577
4.8 577
4.21 459
4.24 689
4.29 441
4.30 870
4.32 870
5.2 434
5.6 424
5.9 460
5.18 870
5.22-32 59
5.25 434
6.10 343
6.21 857
6.23 434
6.24 440

FILIPENSES
1.2 58, 440
2.5-7 809
2.5-8 281
2.6 250, 544, 570

2.7   571
2.10,11   574, 577
2.11,12   818
2.12,13   364, 440, 643, 894
2.13   455
2.27   444
3.5   556
3.9   427
3.10   345
3.20   585
3.20,21   575
4.23   440

COLOSSENSES
1   571, 701
1.2   58, 440
1.5   461
1.6   441
1.11   343
1.13   342
1.15   265, 571, 572, 581, 586, 610, 611
1.16   576, 689, 691, 701
1.16,17   342
1.17   436, 576, 701
1.26   312, 317, 318
1.27   550, 581
2.3   1041
2.9   252
2.10   341
2.15   825
3.6   424
3.10   703
3.13   576
4.18   440

1 TESSALONICENSES
1.1   58, 440
1.9   273, 457, 458
5.24   462
5.28   435

2 TESSALONICENSES
1.2   58, 440,
1.6   428

1.9   309, 344
1.12   441
2.13   281, 643, 691
2.13,14   580
2.16   434, 440, 454
3.3   462
3.5   434
3.18   440

1 TIMÓTEO
1   264
1.2   58, 440, 446
1.13   446
1.14   441
1.16   446, 449
1.17   264, 273, 315, 395, 398
2   868
2.4   556, 867, 868, 869, 874, 823, 867, 868
2.5   398
2.5,6   556, 569
2.12-14   704
2.12-15   766
2.13   688
3.15   273
4   702
4.4   702
6.13   700
6.15   398
6.16   313, 316
6.21   440

2 TIMÓTEO
1.2   58, 440
1.8   1037
1.8,9   639
1.9   319, 440, 625, 641
1.14   424
2.1   440, 446
2.13   346, 457, 462
2.19   648
3.16,17   20
3.16   280, 1076
4.8   429
4.22   440

TITO
1.2   319, 459
1.4   58, 440
2.11   440, 441, 867
2.13   573
2.13,14   585
3.4   433, 451
3.5   442, 445
3.15   440

FILEMOM
3   58, 440
25   440

HEBREUS
1   576
1.2   281
1.3   571, 342, 548, 576
1.5   576, 609
1.6   577
1.8   427, 573, 581
1.9   426
1.10   269, 691, 688
1.10,11a   318
1.10-12   317, 318, 575, 703
1.11ª   318
1.11,12   232, 323
1.12   420
1.13   577
2.9   440
2.10   702
2.17   462
3.4   688
3.7-11   578
4.1-11   741
4.3   691
4.4, 10   741
4.13   367
4.16   439
5.4-6   609
6.4-6   809
6.17   324, 625, 1036
6.17,18   323
6.18   346, 459
7.3   313, 317

7.26   421
9.14   317, 579
9.24   309
9.26   691
10.4   437
10.12,13   577
10.14   440
10.15-17   578
10.16,17   578
10.23   457, 461
10.29   441
10.31   269
11   251, 692, 693
11.3   692, 693, 688
11.6   251
11.11   461
11.17   610, 960
12.9   265, 266, 569
12.10   421
12.14   271, 272
12.15   441
12.23   61
12.29   424
13.5-7   315
13.8   313, 315, 319, 323, 575
13.9   441
13.25   440

TIAGO
1.5   396
1.13   346, 421, 818
1.13-15   990
1.17   323, 452
1.18   364, 643
2.14   557
2.19   557
2.23   59
4.2   824
4.5   585
4.6   439
4.14,15   643
4.15   365
5.11   281
5.16   281

1PEDRO
1.1,2   60, 580, 646
1.2   440, 569, 579, 582, 650, 654, 867
1.3   364, 442, 445, 569
1.3,4   433
1.3,23   703
1.5   343, 439
1.10   441
1.13   438
1.15,16   421, 422
1.18,19   61, 638
1.20   78, 318, 329, 363, 370, 641, 643, 650, 652, 653, 691, 833, 861, 883, 867, 893, 1072
2.3   435, 439
2.10   445
3.7   441
3.14   281
3.15   577
3.17   364, 644, 650
3.18   281, 425
3.20   449
4.10   440
4.19   462
5.1,2   60
5.5 439
5.6   1037
5.7   203, 445
5.10   438
5.12   441

2PEDRO
1.2   440
1.3   343
1.10   689
1.16   1037
1.17   580
1.21   579, 816, 818, 1076
2.4-9   281
2.20,21   809
3   449, 651, 701, 704, 705, 771, 868
3.3   771
3.3-5   822

3.4   320, 691, 771
3.5   60, 771
3.5-7   771
3.5-9   449
3.6   771
3.8   320, 321, 501, 503, 740
3.8,9   449
3.9   822, 867, 868, 869, 874
3.10   704
3.10-12   704
3.12   704
3.13   704
3.15   450
3.17   650
3.18   440

1JOÃO
1.1   691
1.5   403, 1032
1.9   324, 461
2.1   309, 425, 550
2.2   432
2.3   648, 649
2.4   648, 649
2.5   434, 649
2.13, 14   691
2.20   424
2.27   458
2.29   426
3.1   433
3.2   271, 433
3.3   422
3.7   426
3.8   691
3.9   569
3.16   433, 575
3.17   434
4.7   434
4.8   403, 432
4.9   569, 585
4.9,10   433
4.11   474
4.12   264, 273
4.16   432
4.19   432

4.20   264, 273
5.7   551, 579
5.8 551
5.11, 12   575
5.20   458, 573

2JOÃO
434, 440, 446

JUDAS
2   446
4   441
15   281
21   434, 446
24   310
25   395

APOCALIPSE
1   575
1—3   1040
1.4   440
1.5   433, 461, 611
1.8   280, 317, 319, 339, 341, 575
1.13   575
1.17,18   316, 319, 575
2.2   1040
2.8   316, 319
2.9   1040
2.13   1040
2.19   1040
3.1,8,15   1040
3.7   419, 459
3.14   459, 461, 691
3.19   434
4   419, 1002
4.8   317, 339, 341, 419
4.9   316
4.9,10   313
4.11   294, 342, 689, 691, 701
6.10   459
7.2   273
10.6   689, 701
11.3   345
11.15   60
11.17   339, 1037
12.7-9   729
12.10   1037
13   641
13.8   641
14.7   701
14.10   309, 424
14.19   424
15.1   424
15.3   339, 460, 1037
15.4   422
15.7   424
15.8   1037
16   344, 428
16.5,7   428, 460
16.7   339, 460, 1037
16.14   339, 345
17   642
17.17   642
19.1   1037
19.2   428, 460
19.6   339, 1037
19.7-9   59
19.11   461
19.15   339, 345
20.11   704
20.11-15   61, 704
20.14,15   867
21   704
21—22   315, 704, 705
21.5   459
21.6   319
21.22   339, 341
22   704
22.4   271
22.6   459
22.8,9   577
22.13   319
22.21   440

Sua opinião é importante para nós. Por gentileza envie seus comentários pelo *e-mail* editorial@hagnos.com.br

hagnos

Visite nosso *site*: www.hagnos.com.br

Esta obra foi composta na fonte AGaramond Pro 11,5/14,3 e impressa na Imprensa da Fé.
São Paulo, Brasil.
Verão de 2021.